O IMPÉRIO DE
HITLER

Título original:
Hitler's Empire

Copyright © 2008, Mark Mazower
Todos os direitos reservados

Tradução: Miguel Mata

Revisão: Pedro Bernardo

Capa: FBA
Na capa: cidadãos gregos, nas filas de racionamento, durante a ocupação nazi
Créditos imagem: Corbis/ VMI © Copyrights: Underwood & Underwood-Corbis

Depósito Legal nº 358492/13

Biblioteca Nacional de Portugal – Catalogação na Publicação

MAZOWER, Mark

O império de Hitler. – (História narrativa ; 37)
978-972-44-1688-5

CDU 94(4)"1939/1945"
32Hitler,Adolf

Paginação: Edições 70

Impressão e acabamento:
PAPELMUNDE
para
EDIÇÕES 70, LDA.
Julho de 2016

1.ª edição: Maio de 2013

Direitos reservados para todos os países de Língua Portuguesa à exceção do Brasil
por Edições 70

EDIÇÕES 70, uma chancela de Edições Almedina, S.A.
Avenida Engenheiro Arantes e Oliveira, 11 – 3.º C – 1900-221 Lisboa / Portugal
e-mail: geral@edicoes70.pt

www.edicoes70.pt

Esta obra está protegida pela lei. Não pode ser reproduzida,
no todo ou em parte, qualquer que seja o modo utilizado,
incluindo fotocópia e xerocópia, sem prévia autorização do Editor.
Qualquer transgressão à lei dos Direitos de Autor será passível
de procedimento judicial.

O IMPÉRIO DE
HITLER

O domínio nazi na europa ocupada

MARK MAZOWER

Para meus pais

Índice

Lista de ilustrações xi
Lista de mapas xiii
Agradecimentos xxix
Abreviaturas e acrónimos xxxi

Prefácio: o panorama visto de Varzin xxxiii

Introdução 1

PARTE 1:
Em nome da Grande Alemanha 13

1 Alemães e eslavos, 1848-1918 15
2 De Versalhes a Viena 31
3 Expansão e escalada, 1938-1940 53
4 A Partilha da Polónia 77
5 Verão de 1940 101
6 Guerra de aniquilação: a invasão da União Soviética 135
7 Torne-me esta terra alemã outra vez! 177
8 A organização da desordem, 1941-1942 221

PARTE 2:
A Nova Ordem 255

9 Fazer a ocupação pagar 257
10 Os trabalhadores 293
11 Diplomacia de segunda 317

12 Solução Final: a Questão Judaica 365
13 Colaboração 411
14 Os auxiliares do Leste 441
15 Oposição 465
16 Hitler kaputt! 515

PARTE 3:
Perspetivas 543

17. Nós, europeus 545
18. A Nova Ordem na história mundial 567

Notas 595
Bibliografia 645
Índice remissivo 679

Lista de ilustrações

Foram envidados todos os esforços para entrar em contacto com os detentores de direitos. O editor corrigirá, em futuras edições da presente obra, quaisquer erros ou omissões que lhe forem participados.

1. Família com uma fotografia de Hitler e uma bandeira com a suástica, Salzburgo, 1938 (akg-images).
2. Entrada das tropas alemãs em Praga, 1939 (akg-images).
3. Hitler com Bormann, Frick, Lammers e Stuckart, Praga, 1939 (akg-images/ullstein bild).
4. Seyss-Inquart com Globocnik, 1938 (akg-images/ullstein bild).
5. Pessoal da SS com um grupo de prisioneiros polacos, 1939 (USHMM, foto cedida pelo Instytut Pamieci Narodowej).
6. Frank com Himmler, em Cracóvia, 1940 (USHMM, foto cedida pelo Muzeum Historii Fotografii Krakowskiego Towarzystwa Fotografi).
7. Himmler e Hess visitam a exposição "Planeamento e Reconstrução do Leste", 1941 (Bundesarchiv, Coblença).
8. Werner Best (Süddeutsche Zeitung Photo/Scherl).
9. Reinhard Heydrich (akg-images/ullstein bild).
10. Conversações com Molotov, 1940 (akg-images/ullstein bild).
11. O Pacto Anti-Comintern, 1941 (akg-images/ullstein bild).
12. Cocteau e Breker, 1942 (akg-images/ullstein bild).
13. O mercado negro, Bruxelas, 1942 (akg-images/Paul Almasy).
14. Retrato de Pétain no edifício da Ligue Française, 1941 (Roger-Viollet/Topfoto).
15. Moda em Longchamp, 1941 (Roger-Viollet/Topfoto).
16. Vaga de calor, Paris, 1941 (Roger-Viollet/Topfoto).
17. Exposição "O judeu e a França", 1941 (Roger-Viollet/Topfoto).
18. Carroças dos alemães da Bessarábia, 1940 (Süddeutsche Zeitung Photo/Scherl).

19. Demolição do Porto Velho de Marselha, 1943 (Établissement Cinématographique et Photografique des Armées, Ivry, DAM 1414 L6. Fotografia : Weber (Prop. Eins.)).
20. Gueto de Kovno, 1941 (USHMM, foto cedida por George Kadish/Zvi Kadushin).
21. Ciganos em Belzec, 1940 (USHMM, foto cedida pelo Archiwum Dokumentacji Mechanicznej).
22. O marechal Antonescu e a mulher, 1942 (akg-images/ullstein bild).
23. Hitler e Mussolini, 1941 (akg-images/ullstein bild).
24. Remoção da águia real jugoslava de capacetes, 1941 (akg-images/ullstein bild).
25. Aplicação do "U" de ustaša, 1941 (akg-images/ullstein bild).
26. Soldados alemães na Sérvia, 1941 (USHMM, foto cedida pelo Muzej Revolucije Narodnosti Jugoslavije).
27. Brigada guerrilheira Molotov, 1942 (USHMM, foto cedida pelo Museu da Grande Guerra Patriótica. Fotografia: Faye Schulman).
28. Insurreição do Gueto de Varsóvia, 1943 (USHMM, foto pela National Archives and Records Administration, College Park).
29. Comboio da morte de Jassy, 1941 (USHMM, foto cedida pelos Serviciul Roman De Informatii).
30. Judeus húngaros deportados, 1941 (USHMM, foto cedida por Ivan Sved. Fotografia: Gyula Spitz).
31. Pessoal de Auschwitz, 1944 (USHMM, foto cedida por anónimo).
32. Campo de concentração de Plaszow, 1943-1944 (Raimund Tisch).
33. Libertação de Dachau, 1945 (USHMM, foto cedida por Benjamin Ferencz. Fotografia: Sidney Blau).
34. Entrada das tropas soviéticas em Budapeste, 1945 (akg-images/ullstein bild).
35. Danzig, 1945 (akg-images/ullstein bild).
36. Rapagem da cabeça de uma mulher francesa, 1944 (Roger-Viollet/Topfoto).
37. A elite nazi, Mondorf-les-Bains, 1945 (revista Time, 5 de novembro de 1945/fotografia: "N. C.").

Nota: USHMM é a abreviatura de United States Holocaust Memorial Museum. As opiniões expressadas no presente livro e o contexto em que as imagens são usadas não refletem necessariamente a política do United States Holocaust Memorial Museum nem implicam a sua aprovação ou validação.

Lista de mapas

1. O desaparecimento da Áustria e da Checoslováquia
2. Polónia, 1939-1940
3. O Ocidente em finais de 1940
4. Áreas operacionais e campos, outono de 1942
5. Europa, 1942
6. Excesso imperial: disposição de tropas, dezembro de 1941
7. Plano Geral para o Leste
8. A partilha do mundo: mapa naval alemão, 1942
9. O colapso do império

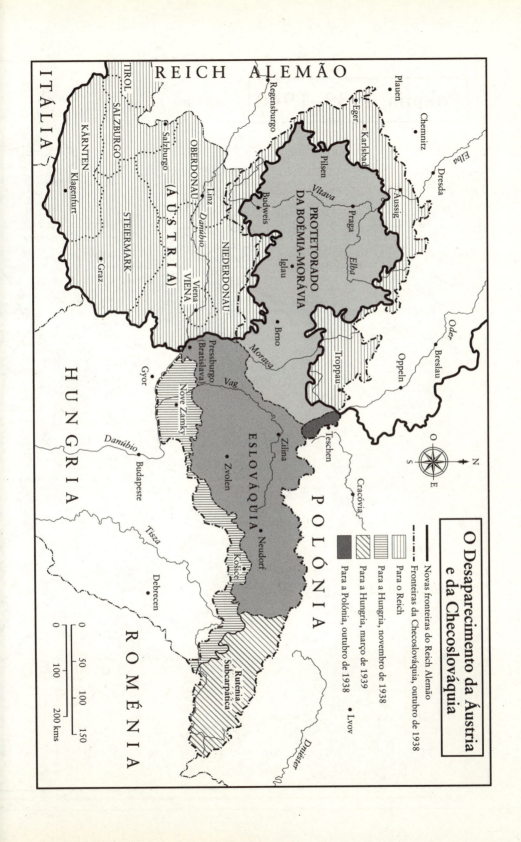

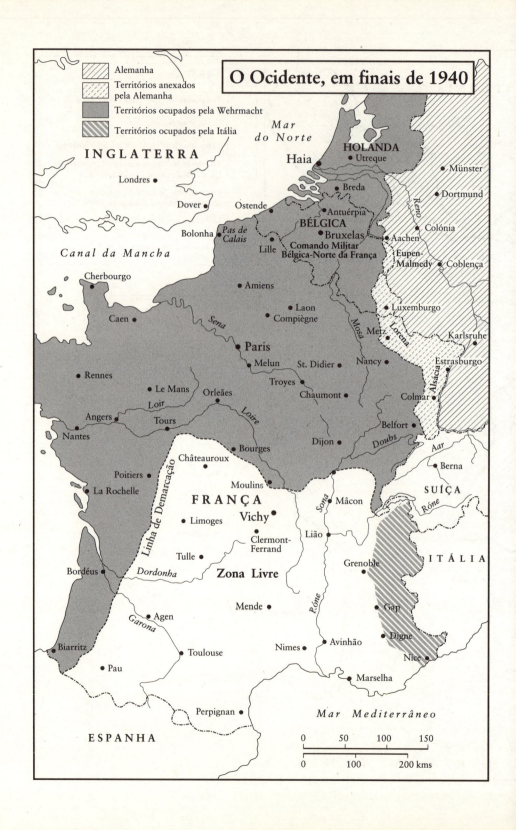

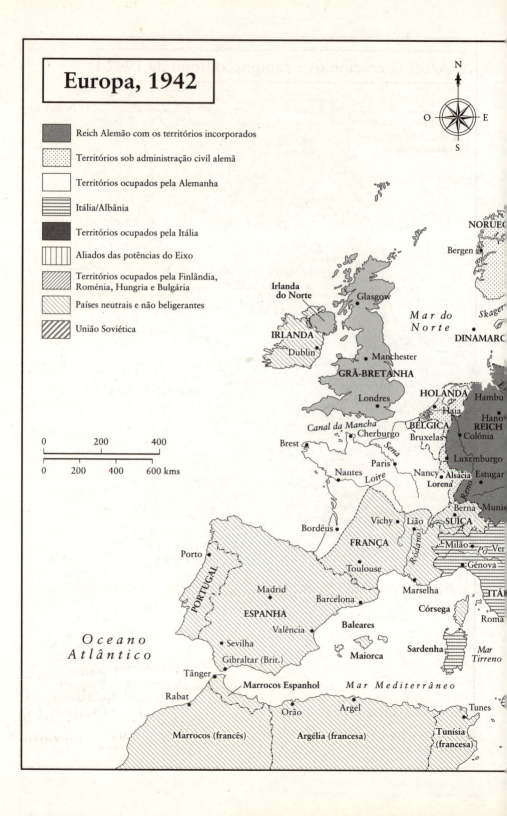

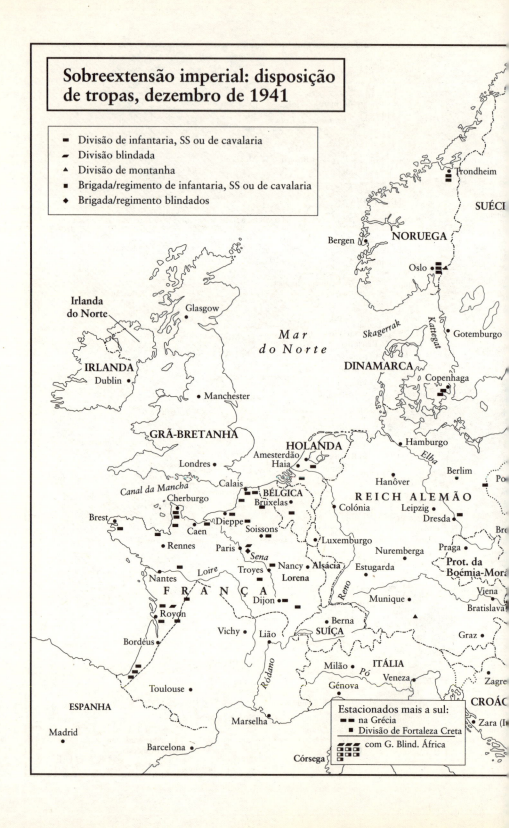

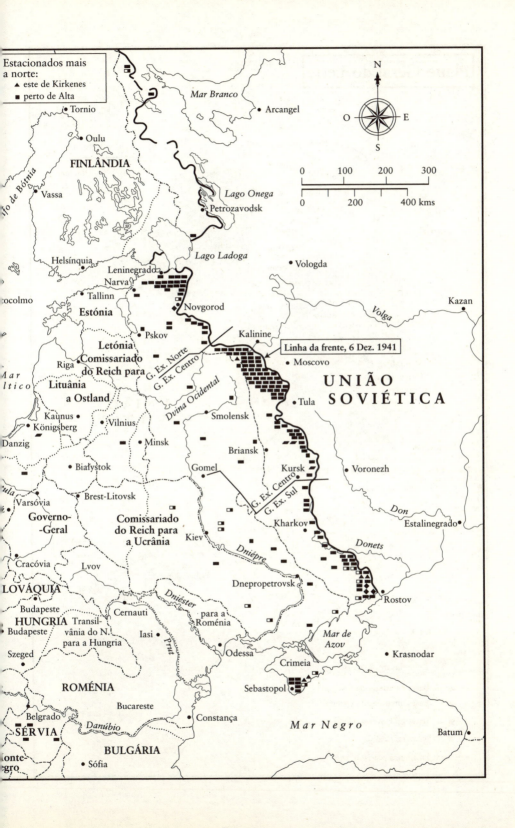

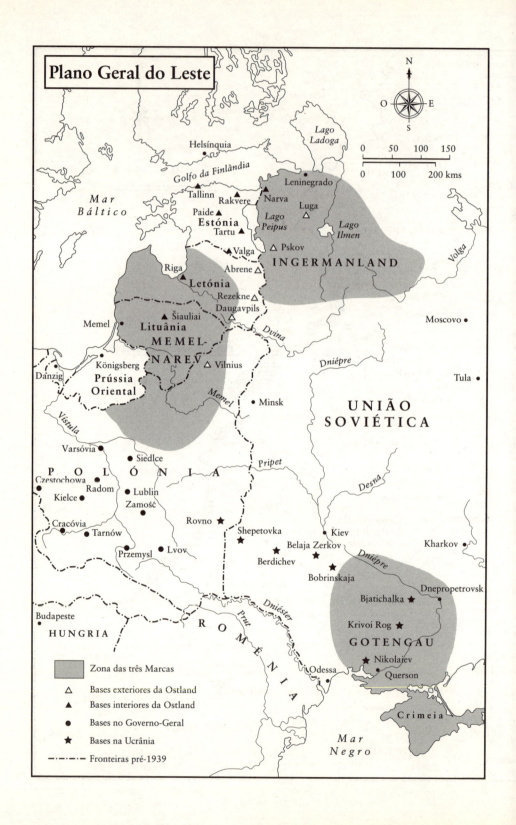

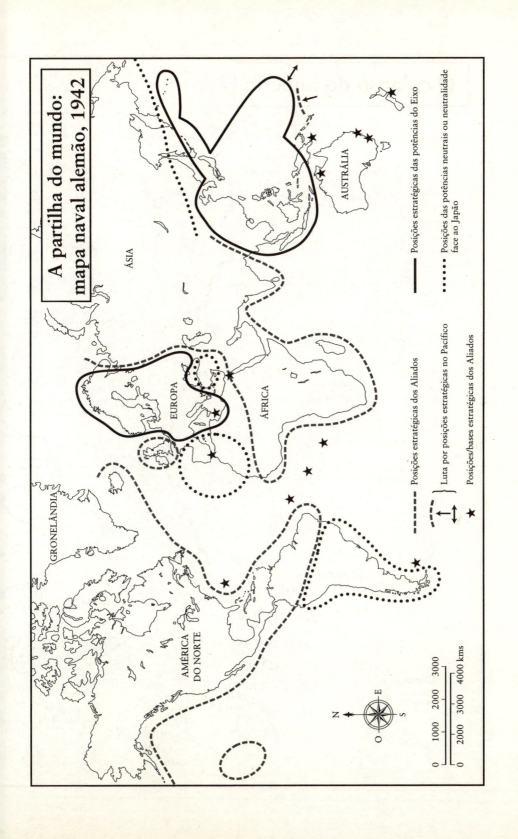

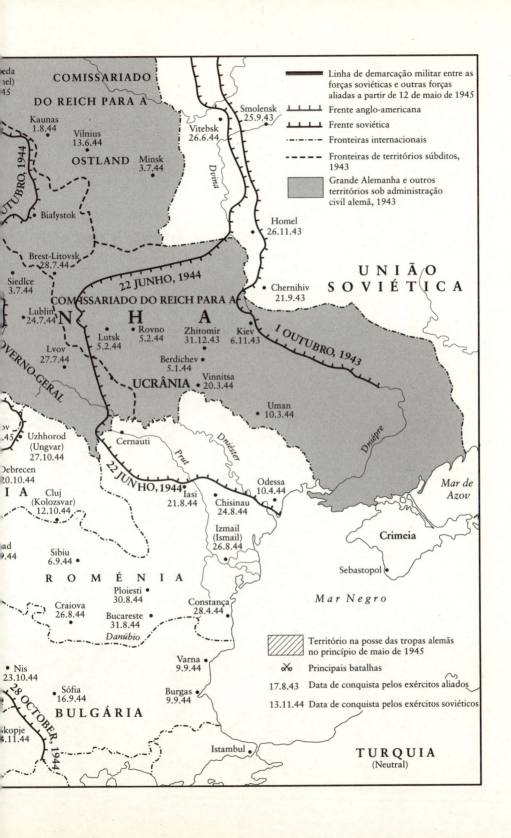

Agradecimentos

Tenho uma grande dívida para com os muitos académicos em cujas obras me baseei e para com muitos alunos maravilhosos de Princeton, Sussex, Birkbeck e Columbia. Gostaria também de agradecer a várias pessoas pela possibilidade que me deram de os incomodar, e aos seus colegas, com as minhas ideias: Florent Bayard, Pieter Lagrou, Henri Rousso, Charles Dellheim, Richard Evans, Ido de Haan, Pieter Romijn, Tony Judt, Erez Manela, Anthony Pagden, Sanjay Subrahmanyam, Robert Pippin e Gyan Prakash. Marilyn Young, Fred Cooper, Fritz Stern, Sheldon Garon e Phil Nord ofereceram-me respostas e comentários particularmente úteis, e o mesmo aconteceu com os participantes nos seminários Balzan, em Birkbeck, organizados por David Feldman, Jessica Reinisch e Elisabeth White.

Também beneficiei imenso do apoio intelectual e da amizade dos meus colegas da Universidade de Columbia. Agradeço aos meus coparticipantes no projeto de investigação sobre a Ocupação, do Centro de História Internacional, em particular a Alan Brinkley, Matthew Connelly, Victoria de Grazia, Isobel Hull, Rashid Khalidi, Martti Koskenniemi, Gregory Mann, Susan Pedersen, Anders Stephanson e John Witt. Recebi orientações preciosas de Volker Berghahn, Holly Case, Fred Cooper, Tomislav Dulic, Laura Engelstein, Catherine Epstein, Alison Frank, Carol Gluck, Gabriella Gribaudi, Hans-Christian Jasch, Pieter Judson, Simon Kitson, Pieter Lagrou, Mark Lilla, Kiran Patel, Susan Pedersen, Derek Penslar, Rachel Phipps, Pieter Romijn, Lidia Santarelli, Ben Shephard, Leonard Smith, Tim Snyder, Anders Stephanson, Adam Tooze, Mark von Hagen, Yfaat Weiss e Tara Zahra. Foram muitos os que, não obstante as suas agendas ocupadas, leram esboços e sugeriram melhoramentos, e estou profundamente grato a todos. Jessamyn Abel, Holly Case, Catherine Epstein, Benjamin Martin, Leonard Smith, Tim Snyder e Tara Zahra partilharam comigo material inédito que foi de enorme ajuda. Do mesmo modo, ainda que mais indiretamente, foram preciosas as conversas que tive ao longo dos anos com Francis Carsten, Eric Hobsbawm, Claudio Pavone, Carl Schorske e Fritz Stern, exemplos da arte do historiador e que viveram na época em apreço. A maior parte do livro foi escrita durante uma licença sabática da Universidade de Columbia e gostaria de agradecer o tempo que me foi concedido pelo Departamento de História, e a David Blackbourn, Patricia Craig, Peter Hall e Charles Maier pelo excelente acolhimento que me deram no Centro de Estudos Europeus da Universidade de Harvard e por me terem aberto a porta para as riquezas extraordinárias da Biblioteca Widener. Agradeço também a Cecilia Mackay por me ter ajudado a encontrar as ilustrações e ao Instituto Harriman pela ajuda no pagamento dos custos da sua reprodução. Andrew Wylie, com o seu apoio sempre magnífico, garantiu as condições ótimas para a produção do livro. Simong Winder sugeriu que eu o escrevesse e desde então foi uma fonte de grandes ideias, encorajamento e bom senso. Como sempre, eu não poderia ter passado sem os conselhos preciosos, a leitura atenta e a amizade de Peter Mandler. Não tenho palavras para expressar a minha dívida a Marwa Elsharky, que viveu com os nazis nestes últimos anos. Direi apenas que sem a sua paciência infindável, a sua simpatia e os seus profundos conhecimentos o livro e o autor teriam ficado a perder: *Elfi shukr, ya habibti.* Gostaria igualmente de agradecer aos meus sogros, às minhas cunhadas e a Nadeem a dádiva da sua amizade, e aos meus irmãos e seus entes queridos o apoio constante. Quanto aos meus queridos pais, beneficiei do seu apoio e encorajamento desde há mais tempo do que me lembro e em mais formas das que posso reconhecer. Este livro é para eles.

Abreviaturas e acrónimos

AK	Armia Krajowa (Exército do Interior)
BFK	British Free Corps (Corpo Livre Britânico)
DAF	Deutsche Arbeitsfront (Frente do Trabalho Alemã)
DEST	Deutsche Erd- und Steinwerke GmbH (Pedreiras Alemãs, Lda.)
DVL	Deutsche Volkliste (Lista do Povo Alemão)
EAM/ELAS	Ethniko Apeleftherotiko Metopo/Ellinikos Laikos Apeleftherotikos Stratos (Frente de Libertação Nacional/Exército de Libertação do Povo Grego)
ECE	Comissão Económica para a Europa
GPO	Generalplan Ost (Plano Geral Para o Leste)
HJ	Hitler Jugend (Juventude Hitleriana)
HKT	Ha-Ka-Ta (Sociedade das Marcas Orientais Alemãs)
HSSPF	Höhere SS- und Polizeiführer (Chefe Superior da SS e da Polícia)
JNF	Fundo Nacional Judaico
KdF	Kraft durch Freude (organização Força através da Alegria)
KONR	Comité para a Libertação dos Povos da Rússia
LVF	Légion des Volontaires Françaises contre le Bolchévisme
MSR	Mouvement Social Révolutionnaire
NKVD	Narodny Komissariat Vnutrennikh Del (Comissariado do Povo para os Assuntos Internos)
NS	Nasjonal Samling (Partido da Unidade Nacional)
NSB	Nationaal-Socialistische Beweging (Movimento Nacional-Socialista)
NSDAP	Nationalsozialistische Deutsche Arbeiter Partei (Partido Nacional-Socialista dos Trabalhadores Alemães)
OEEC	Organização para a Cooperação Económica Europeia
OKH	Oberkommando des Heeres (alto-comando do Exército)

OKW	Oberkommando der Wehrmacht (alto-comando das Forças Armadas)
OMi	Ministério do Reich para os Territórios do Leste Ocupados
OSTI	Ostindustrie GmbH (Indústrias do Leste, Lda.)
OT	Organização Todt
OUN	Orhanizatsiya Ukrayins'kykh Natsionalistiv (Organização dos Nacionalistas Ucranianos)
RKFDV	Reichskommissariat für die Festigungen deutschen Volkstums (Comissariado do Reich para o Fortalecimento do Germanismo)
RNP	Rassemblement National Populaire
RSHA	Reichssicherheitshauptamt (Departamento Principal de Segurança do Reich)
RuSHA	Rasse- und Siedlungshauptamt (Departamento Principal da Raça e do Repovoamento)
RVL	Reich, Volksordnung, Lebensraum (Reich, Ordenamento do Povo e Espaço Vital)
SA	Sturmabteilung (Secção de Assalto)
SD	Sicherheitsdienst (Serviço de Informações da SS)
SHAEF	Quartel-General Supremo das Forças Expedicionárias Aliadas
SiPo	Sicherheitspolizei (Polícia de Segurança)
SOE	Special Operations Executive (Direção de Operações Especiais)
SOL	Service d'Ordre Légionnaire
SS	Schutzstaffel (Esquadrão de Proteção)
SSPFS	S- und Polizeiführer (Chefe da SS e da Polícia)
STO	Service du Travail Obligatoire
UNRRA	Agência das Nações Unidas para a Organização de Socorros e a Reconstrução
VDA	Verein für das Deutschtum in Ausland (União para o Germanismo no Estrangeiro)
VNV	Vlaamsch National Verband (União Nacional Flamenga)
VoMi	Volksdeutsche Mittelstelle (Departamento de Ligação com os Alemães Étnicos)
WVHA	Wirtschafts-Verwaltungshauptamt (Departamento Económico e Administrativo Principal)
ZOB	Zydowska Organizacja Bojowa (Organização de Combate Judaica)
ZWZ	Związek Walki Zbrojnej (União para a Luta Armada)

Prefácio: o panorama visto de Varzin

"Embora o decréscimo gradual e a extinção das raças humanas seja uma questão obscura, podemos constatar que depende de muitas causas".

Charles Darwin, *The Descent of Man* (Londres, 1871), p. 230

As cegonhas já tinham iniciado a sua migração quando os primeiros alemães começaram a fugir da Prússia Oriental. Foi no fim do verão de 1944. Em janeiro, com vinte graus abaixo de zero, mais de três milhões de refugiados, acompanhados pelos seus animais, arrastaram-se penosamente para ocidente para escapar à vingança do Exército Vermelho. Quilómetro após quilómetro, avançaram pela neve, entupindo as estradas enquanto os soldados alemães tentavam abrir caminho em sentido contrário. Os últimos comboios civis estavam apinhados de "formas encolhidas, rígidas de frio, mal capazes de se levantarem e descerem; roupas finas, quase esfarrapadas, algumas mantas sobre ombros encurvados e rostos cinzentos e encovados. Perante a aproximação da frente, os campos de concentração foram esvaziados e os prisioneiros sobreviventes forçados a marchar cada vez mais para o interior do *Reich*; os guardas abatiam os que se atrasavam, deixando os cadáveres à beira da estrada ([1]).

Um dos refugiados era uma jovem aristocrata em fuga da propriedade de família na Prússia Oriental. Exausta depois de quatro semanas a cavalo, a condessa Marion Dönhoff atravessou o Vístula e meteu o cavalo pelas estradas secundárias da Pomerânia, cobertas de neve, até atravessar os portões da antiga propriedade de Bismarck, em Varzin. Nas suas memórias, escritas muitos anos mais tarde, ela descreve como meteu pela grande alameda de carvalhos para se proteger das rajadas violentas. Em frente da casa estavam duas grandes carroças carregadas até cima com caixas de madeira. Os papéis da família Bismarck estavam a ser mudados para ocidente por razões de segurança.

Na mansão, a refugiada encontrou a condessa von Arnim, de oitenta e um anos, decidida a não abandonar o lar onde os filhos tinham nascido e onde o marido, filho de Bismarck, falecera há muitos anos. Nessa noite, ao jantar, von Arnim deliciou a sua convidada com histórias sobre a vida na corte do *Kaiser*. Não sabemos se ela também admitiu que em tempos saudara o *Führer* como o sucessor do sogro, mas talvez a sua recusa em partir refletisse desilusão com o III *Reich* e o seu chefe. No solo gelado do jardim estava à sua espera uma sepultura recém-aberta. Pouco mais de quinze dias depois de se despedir da sua convidada, chegou o Exército Vermelho: no meio do caos violento das semanas que se seguiram, o seu suicídio passou despercebido ([2]).

Quase do outro lado do mundo, no início de 1945, uma Varzin muito diferente também foi atacada. Tratava-se de um inacessível vulcão tropical no extremo sudeste do império japonês no Pacífico. Sufocando de calor sob o seu cume, milhares de soldados japoneses, destacados originalmente para o local para constituírem a vanguarda de uma invasão da Austrália, viram-se encurralados pelo avanço anglo-americano e sujeitos a um feroz bombardeamento aéreo. Enquanto vaga após vaga de Corsairs e Venturas destruía aquela que fora a maior base naval da região, muitos soldados abrigaram-se sob a cobertura densa das plantações de coqueiros abandonadas. No verão, depois da sua rendição, os 85 000 soldados deixaram para trás quilómetros de túneis, posições de artilharia e casamatas no meio dos mangais, algumas prostitutas coreanas, um punhado de prisioneiros de guerra escanzelados e valas comuns.

Devido às chuvas torrenciais e à humidade luxuriante, o monte Varzin era um pico vulcânico densamente arborizado e ativo que dominava o magnífico porto natural da baía de Blanche, na ilha da Nova Bretanha. Os alemães tinham-na batizado Nova Pomerânia e a ilha formara um posto remoto do seu incipiente império colonial, localizado no Arquipélago de Bismarck. Localizava-se a leste da Terra do Kaiser Guilherme, parte da extensa colónia da Nova Guiné Alemã. O feito diplomático de Bismarck na criação deste reino foi comemorado em arquipélagos, vulcões e povoações; uma das principais cidades da península de Gazelle tinha o nome do seu filho mais velho, Herbert. Talvez a familiaridade destes nomes tranquilizasse alguns dos missionários luteranos que salvavam as almas dos nativos para Cristo, dos comerciantes e transportadores de copra que estabeleciam plantações e transformavam os selvagens em trabalhadores, dos antropólogos e botânicos que colecionavam e classificavam as árvores, as orquídeas e as borboletas raras da ilha. No entanto, as cerca de 16 000 pessoas que habitavam a península de Gazelle prestavam menos atenção aos nomes do que as poucas centenas de recém-chegados. "É óbvio que os nativos não conhecem os nomes dados pelos europeus", escreveu o primeiro etnógrafo da ilha, "e estes tampouco conhecem as designações nativas, pelo que já aconteceu que alguns nativos, depois de andarem à deriva nas suas canoas e chegarem a uma povoação, não conseguiram indicações de como voltar para a sua terra por o nome que lhe dão ser completamente desconhecido". Para os habitantes das aldeias situadas nas encostas do vulcão, o nome Varzin nada significava. Na verdade, os nativos pareciam nem sequer dar nomes aos lugares, mas os colonos europeus não conseguiam funcionar deste modo: para eles, os nomes significavam poder.

No ano em que as pretensões alemãs ao arquipélago foram internacionalmente reconhecidas, Sybille von Arnim desposou Wilhelm von Bismarck. Nessa altura, o sogro, já bastante velho, ainda trocava ocasionalmente Berlim pela sua propriedade de Varzin. A enorme mansão, localizada no meio das florestas da Pomerânia, fora a sua recompensa por ter presidido à vitória sobre o Exército habsburgo e transformado a Prússia na líder de um *Reich* alemão unificado. Fora em Varzin que ele ponderara a guerra contra a França, em 1870, deixando o *Kaiser* a desenvencilhar-se sozinho em Berlim. Mas Varzin era mais do que um simples lugar de retiro. Estava ligada à capital por uma das primeiras linhas telefónicas alemãs, e era de lá que Bismarck convocava os seus colegas e conduzia grande parte dos assuntos de Estado. Acalmada pela proximidade da natureza, a sua disposição inquieta e nervosa descobriu uma confirmação quase mística do poder da própria terra que ia muito além do snobismo; na sua mente, representava o seu verdadeiro reino na terra. Era, como disse um historiador, "o *Reich* em miniatura".

No seu pequeno Estado, com os seus bosques, campos e aldeia, Bismarck cultivava frutos tropicais em estufas e montou uma fábrica de papel de alguma dimensão. A matéria-prima provinha dos 4000 hectares de florestas circundantes e a força de trabalho foi alojada nas proximidades. O trabalho agrícola padecia de alguns problemas laborais e muitos camponeses alemães, esmagados por condições de vida próximas do feudalismo, mudaram-se para oeste, para as cidades. Bismarck resolveu a situação seguindo o exemplo de muitos proprietários vizinhos, empregando trabalhadores migrantes russos e polacos, que eram mais baratos. Por conseguinte, o arquiteto do Estado alemão moderno levava uma vida cada vez mais dependente de trabalhadores estrangeiros ([3]).

Os nomes não bastavam para garantir o controlo do novo paraíso tropical alemão. Havia que lidar com os nativos, quer com aqueles que podiam ser treinados para colher e processar a copra e o tabaco e o café introduzidos pelos europeus, quer com os que preferiam caçar animais e outras presas no meio das frangipanas, das palmeiras e das cerieiras. Compreender estes "filhos da natureza" era o primeiro passo para saber o que fazer com eles e era importante – pelo menos aos olhos dos novos senhores da terra – que a Alemanha se mostrasse também capaz a este respeito. "Completada a partilha do planeta entre os Estados civilizados da Europa e da América", escreveu o diretor de um museu na viragem do século, "a investigação científica do planeta tornou-se cada vez mais nacionalizada". Era importante que os leitores alemães compreendessem a importância do conhecimento científico da raça para a construção imperial dado que

> primeiro é preciso conhecer os povos que se pretende governar; não se pode esperar que um povo primitivo se familiarize com as estruturas complicadas da nossa civilização, com a nossa boa compreensão das perceções de justiça ou conceitos morais que lhe são completamente estranhos; cabe-nos a nós procurar compreender a sua cultura, os seus pensamentos, os seus sentimentos ([4]).

O etnógrafo pioneiro de monte Varzin, Richard Parkinson, teria certamente concordado. Parkinson começou como gerente de uma plantação alemã, mas tocava outros instrumentos. Enviou seis dançarinos tolai para Berlim para a Exposição Colonial de 1896, reuniu a maior coleção privada de artefactos nativos da ilha e ajudou a colecionar plantas, aves, borboletas e restos humanos, tais como esqueletos e crânios (que a prevalência do canibalismo facilitou), que vendeu a museus do estrangeiro. Infelizmente, estas atividades contribuíram para a erradicação das tradições que ele valorizava. Em 1908, um viajante ao monte Varzin observou que muitas culturas tinham "desaparecido quase por completo ou mesmo totalmente – em muitos casos, os próprios nativos desapareceram".

Parkinson via estes desenvolvimentos numa perspetiva de longo prazo. Segundo ele, a montanha era o local de um choque sangrento continuado entre as duas raças principais que habitavam a península de Gazelle. Durante o século anterior, os imigrantes provenientes das ilhas vizinhas tinham-se espalhado para o interior e para as encostas, penetrando nos locais de residência dos habitantes locais. O resultado foi "a eclosão de uma luta entre as duas tribos que continua até hoje". A chegada dos europeus tinha agudizado as tensões e a imprensa alemã deu conta de "uma *Grenzkrieg* [guerra fronteiriça] irregular e sem restrições travada sem mercê por ambos os lados". A lógica de uma competição darwinista pela vida e pela terra parecia ser tão terrível como em qualquer outro lugar, uma luta existencial entre dois grupos primitivos com rituais, línguas e inimizades próprios ([5]).

Foi na escadaria da sua propriedade de Varzin, num dia de setembro de 1894, que Bismarck emergiu para dar o grito de guerra do nacionalismo alemão contra os polacos. Estava cada vez mais preocupado com a crescente população polaca da Alemanha e a consequente ameaça à segurança do país, em especial nas fronteiras orientais. Poucas questões políticas eram mais inflamatórias. Quando estivera no poder, Bismarck encorajara os agricultores alemães a comprarem terras onde havia uma maioria polaca. Retirado da política, estava incomodado com a falta de preocupação do seu sucessor. Bismarck, que falava polaco, não era um guerreiro racial e as propriedades como a sua dependiam de trabalhadores eslavos, mas estava inquieto e os grupos de pressão nacionalistas imploraram-lhe que se pronunciasse.

Depois da sua anuência, comboios alugados para o efeito levaram milhares de "peregrinos" patriotas a Varzin para o ouvirem denunciar as atividades subversivas da nobreza rural e do clero polacos. Bismarck apelou a uma resposta forte por parte do governo prussiano. As exigências territoriais dos polacos, disse ele, não conheciam limites. Tinham sido os alemães a levar a civilização ao Leste primitivo e o domínio pertencia-lhes por direito: "Não falo com o objetivo de conquistar as boas graças dos polacos, que aliás é uma tarefa vã, mas com a intenção de exterminar os vestígios de simpatia pela Polónia por parte dos nossos compatriotas" ([6]).

Tocando a rebate em nome de um novo tipo de política racial de massas, Bismarck retratou a região como uma fronteira no combate racial entre alemães e eslavos. Em Berlim, um grupo de pressão extremamente ativo e eficaz apressou-se a exigir que outros políticos "apoiem o germanismo nas Marcas Orientais". Afirmando estar apenas a proteger os costumes e a cultura alemães, o seu verdadeiro objetivo era conter a vaga de emigração polaca e obrigar os polacos – emigrantes ou não – a abandonarem as regiões fronteiriças da Prússia. Quanto aos polacos locais, o discurso de Bismarck pareceu-lhes praticamente uma declaração de guerra e eles mobilizaram-se, boicotando as lojas alemãs, apoiando os jornais e os grupos culturais polacos e certificando-se de que vendiam terras uns aos outros e não aos alemães.

Bismarck não sabia se gostava do rumo que as coisas estavam a tomar. Ele sabia que novas conquistas a leste não resolveriam o problema polaco – só lhe acrescentariam mais polacos – e quando o país comemorou o seu octogésimo aniversário ele aconselhou moderação. Disse a uma delegação de estudantes que embora devessem aceitar a luta – porque "a vida é uma luta" –, deviam ter em conta que a Alemanha não precisava de mais guerras. "Tivemos o que precisávamos [depois da guerra contra a França]". Lutar por mais, por ânsia de conquistas e de anexação de países que não eram necessários para nós, pareceu-me sempre uma atrocidade". No fim do seu discurso de aniversário, o velho ergueu o copo à saúde do *Kaiser*: "Espero que em 1950 todos aqueles de vós que ainda estiverem vivos respondam de novo, com os corações ao alto, ao brinde: LONGA VIDA AO IMPERADOR E AO IMPÉRIO!".[7]

Bismarck, que morreu apenas três anos depois, em 1898, não poderia ter previsto o futuro. No princípio, Varzin tornou-se uma espécie de santuário do culto de Bismarck. Foram inaugurados um enorme monumento no parque e um pequeno museu no bosque, e até se erigiu uma escultura do seu cavalo predileto. Contudo, as nuvens foram-se tornando gradualmente mais negras e as guerras que ele temia aconteceram. O jovem e beligerante *Kaiser* a cuja saúde brindara foi obrigado a exilar-se na Holanda, as colónias tropicais da Alemanha foram confiscadas e a monarquia substituída por uma república. Depois, os nazis tentaram ultrapassar os feitos de Bismarck, mas a Alemanha ficou arruinada, dividida e ocupada. A Prússia desapareceu do mapa, foi restaurada uma Polónia independente e a querida Varzin de Bismarck viu-se do lado errado da fronteira. Conhecida hoje por Warcino, é uma escola de silvicultura.

Durante o III *Reich*, o governo alemão interessou-se pouco pelas colónias ultramarinas alemãs perdidas em 1918 – os nazis estavam muito mais interessados em colonizar partes da própria Europa. No entanto, os alemães que tinham ficado no que entretanto se tornara a Nova Guiné, sob administração da Austrália, mantiveram-se atentos aos acontecimentos na pátria. De facto, eram tão entusiastas da causa nazi que quando os japoneses atacaram, em 1942, os Aliados os internaram num campo, na Austrália. O campo tornou-se um pequeno bastião do nacional-socialismo nos antípodas, um último enclave do império da Alemanha no Pacífico. Gerido por simpatizantes que decoraram os seus escritórios com retratos de Hitler, organizava festas aos "mártires" caídos do Partido e a suástica ondeava sobre os barracões pré-fabricados. Em 1943, foram organizadas palestras sobre o "Leste Alemão" e sobre a amizade germano-italiana destinadas a manter a fé dos internados numa vitória final alemã. Quando o fim da guerra foi anunciado, os objetos nacionais-socialistas foram queimados numa "cerimónia triste e desafiante", ao som de discursos e de "canções sobre as lutas alemãs, a coragem alemã, a devoção alemã e a fé alemã". O comandante australiano do campo obrigou-os a ver filmes sobre Belsen para os "reeducar" e depois tentou – sem grande sucesso – persuadi-los a ficarem na Austrália ([8]).

Os internados não sabiam a sorte que tinham. O facto de terem sido capturados no Pacífico e mantidos em cativeiro na Austrália significou que continuaram a ser, enquanto europeus, membros de uma casta dominante privilegiada. O nacionalismo e a guerra poderão ter fraturado a solidariedade da elite colonial europeia da região, mas o pressuposto de uma superioridade comum não desapareceu e eles foram seus beneficiários. Entre as guerras mundiais, os australianos tinham tratado os nativos de forma brutal, mas aos alemães, independentemente das suas convicções políticas, mostraram respeito. Nas "Marcas Orientais" da Alemanha, o seu destino teria sido diferente. Também lá teriam começado como senhores de uma população polaca tratada como os nativos mas no fim ter-se-iam visto do lado vencido numa guerra de aniquilação darwinista.

Vista das encostas do monte Varzin, a Nova Ordem nazi assemelha-se à história da "guerra dos povos" da Europa. Contudo, ao contrário da luta entre os baining e os tolai, esta guerra foi uma guerra que refletiu, na sua escala, intensidade e ambição, o desejo de poder do europeu moderno, o desejo de explorar, expandir, identificar e controlar territórios e povos que o levou a África, às Américas e às ilhas mais remotas do Pacífico. Herdeiros desta tradição, os nazis comungaram deste desejo imperial, mas fizeram algo inédito e chocante para o espírito europeu do princípio do século XX: tentaram edificar um império na própria Europa e ainda para mais a toda a velocidade, em poucos anos. Este livro é sobre a primeira Varzin e as paixões que eclodiram na fronteira germano-polaca, mas está escrito da perspetiva da segunda: a longo prazo, a aposta imperial de Hitler alterou irrevogavelmente não apenas a Europa como também o lugar deste continente no mundo, logo, o próprio mundo.

Introdução

"Poderia a guerra ter sido ganha mesmo que não se tivessem cometido erros militares? A minha opinião é que não. A partir de 1941, o mais tardar, estava tão perdida como a Grande Guerra porque os objetivos políticos não tinham a mínima relação com as possibilidades económicas e militares da Alemanha. A única coisa que o método peculiar de Hitler de travar a guerra deu ao povo alemão foi milhões de mortos a mais. Foi a única coisa – não era possível ganhar a guerra. Mas há uma coisa notável, uma coisa que não me sai da cabeça: porque é que um país como a Alemanha, situado no meio do continente, não transformou a política numa arte para manter a paz, uma paz sensata... Fomos estúpidos ao ponto de julgar que poderíamos desafiar o mundo... sem vermos que isso é completamente impossível na situação em que nos encontramos na Alemanha. Quais são as razões para isto?... Não sou político nem historiador. Não sei. Só vejo a pergunta".

Tenente-general Ferdinand Heim, numa palestra a outros prisioneiros de guerra, 23 de maio de 1945 ([1])

No princípio de outubro de 1941, uma sucessão de vitórias levou a Wehrmacht aos arredores de Moscovo e convenceu Hitler de que a União Soviética estava derrotada. Poucos dias depois, ele compreendeu que se tinha enganado, mas já era tarde demais. Em Berlim, os funcionários do Ministério da Propaganda já tinham entregado aos jornalistas uma revelação brutalmente franca daquilo que a Europa tinha a esperar sob domínio nazi. Tinham-lhes dito que a guerra terminara e que o *Reich* ia criar uma "Europa atrás de arame farpado", autossuficiente e capaz de resistir a qualquer ameaça militar. A Alemanha tornar-se-ia "muito mais livre e fria" no modo como tratava "as nações dominadas por nós" e estava "fora de questão que qualquer estadozeco patético obstruísse a paz europeia com os seus pedidos ou exigências especiais". Quanto ao povo alemão, enfrentaria novos desafios e teria de lidar, em particular na sua nova fronteira euro-asiática no Leste, com o tipo de escaramuças constantes que os britânicos enfrentavam na Índia, na Fronteira do Noroeste. Em suma, teria de ser "conduzido ao ideal imperial europeu" (²).

Hitler construtor de impérios: talvez não seja assim que costumamos ver o *Führer*, mas esta era certamente uma das imagens que ele tinha de si próprio. Os nazis acreditavam que lhes tocara estabelecer um império que os elevaria ao estatuto de potência mundial. Apesar de não terem quase experiência nenhuma de colonialismo ultramarino para os guiar e de conhecerem mal a realidade britânica na Índia, impressionava-os bastante a ideia de um grupo diminuto de administradores a gerir todo um subcontinente. Para eles, o império era um "ideal" ou, dito de forma mais direta, uma violenta fantasia de domínio racial, uma demonstração do vigor de uma elite marcial educada para ser senhora de centenas de milhões de súbditos. Hitler acreditava que os alemães teriam de ser treinados nestas virtudes para competir com os senhores dos "grandes espaços" pelos recursos do globo. Tinham ficado para trás na corrida à África no fim do século XIX e não se podiam dar ao luxo de ignorar as rivalidades competitivas desencadeadas depois da Primeira Guerra Mundial. Os franceses e os britânicos tinham-se apoderado do Médio Oriente, os japoneses tinham entrado na Manchúria, em 1931, e os italianos tinham invadido a Etiópia dois anos mais tarde. A Alemanha tinha de compensar o tempo perdido (³).

A dimensão real das ambições imperiais nazis é uma questão que divide os historiadores. "Hoje é nossa a Alemanha, amanhã será o mundo inteiro", cantava a Juventude Hitleriana. Mas é difícil dizer que sonhos de dominação habitavam a mente do *Führer*. Ninguém acredita sinceramente que ele foi um mero oportunista sem um programa de política externa. Mas terá ele concebido uma campanha de conquista mundial? Convictos de que o apetite do III *Reich* era praticamente ilimitado, alguns estudiosos chamam a atenção para os seus preparativos navais para um conflito transatlântico e dizem que Hitler se guiou por um programa de política externa de confronto com os EUA datado da década de 20 do século XX. Outros duvidam que as coisas tenham funcionado de forma tão simples ou ido tão longe e sublinham a obsessão de Hitler com a Europa e os seus argumentos a favor da expansão a leste – *Lebensraum* [espaço vital] (⁴).

Estas duas perspetivas não são incompatíveis, mas a Europa teve prioridade em todos os sentidos. A diferença operativa a ter em conta será certamente entre domínio e conquista. Quase um século antes de Hitler, William Seward, secretário de Estado de Abraham Lincoln, falou em tornar os Estados Unidos "sucessores dos poucos grandes Estados que alternadamente comandaram o mundo". Para Seward, estabelecer "o controlo deste continente será, daqui a poucos anos, a influência controladora do mundo". Ele via o poder projetado através do comércio, enquanto Hitler valorizava o controlo dos recursos, mas as ambições hegemónicas de ambos não estavam muito afastadas. "Qualquer pensamento de política mundial é risível", comentou Hitler, em outubro de 1941, "enquanto não formos senhores do continente... Depois de sermos senhores da Europa, desfrutaremos da posição dominante no mundo" ([5]).

O controlo da Europa era o que realmente importava aos nazis precisamente porque eles acreditavam que a Europa ocupava a posição central no sistema geopolítico mundial. Em 1904, o geógrafo britânico Halford Mackinder argumentara, de forma célebre, que "quem dominar a Europa de Leste, dominará a Zona Central; quem dominar a Zona Central, dominará a Ilha do Mundo e quem dominar a Ilha do Mundo dominará o Mundo". Não era uma ideia implausível. Afinal de contas, em 1942 os alemães dominavam uma massa terrestre maior do que os EUA e mais densamente povoada e economicamente produtiva do que qualquer outro lugar do mundo. Independentemente dos desafios que Hitler terá considerado que viriam confrontar as gerações futuras, não há dúvida de que a conquista e consolidação desta vasta área representou o culminar da sua política externa ([6]).

Foi por esta razão que os nazis consideraram as suas ambições imperiais compatíveis com as das outras principais potências e nunca conseguiram compreender porque é que os britânicos não o entendiam assim. "Parece-nos", comentou Alfred Rosenberg, o autoproclamado filósofo do regime, "que o Império Britânico também se baseia numa pretensão de domínio definido racialmente". Não comungavam os britânicos da importantíssima combinação de sentimento de superioridade racial e ódio ao bolchevismo? Por outras palavras, os nazis planeavam dominar a Europa tal como os britânicos dominavam a Ásia ou a África – pelo menos, assim lhes parecia. Se fosse possível persuadir os britânicos a desistirem da sua hostilidade para com a ideia de uma única potência a controlar os destinos do continente não haveria razões para que as duas potências se enfrentassem. A África poderia ser novamente dividida, na linha dos debates iniciados em finais dos anos 30 e dos planos mais ambiciosos que se seguiram à queda da França. Mas para Hitler, a expansão para leste prometia à Alemanha mais do que as colónias ultramarinas poderiam alguma vez prometer e foram as terras entre o Báltico e o mar Negro que ele escolheu para a colonização alemã ([7]).

"Dizendo-o de forma precisa", observou um funcionário alemão na Ucrânia, em 1941, "estamos no meio de negros". Era o reino misterioso, inquietante e nebuloso a que os alemães chamavam o "Leste", uma terra selvagem e supostamente inculta de pântanos, florestas impenetráveis e estepes às portas da Prússia que apenas esperava a energia e a disciplina alemãs para ser posta na ordem e tornada produtiva. A *Ostrauch* – intoxicação do Leste – exerceu a sua magia sobre muitos dos que foram enviados para o governar. Todavia, um império continental encerrava uma enorme desvantagem para um regime obcecado, mais do que qualquer outro, pelo medo da contaminação racial. A proximidade do *Reich* com os detestados *Untermenschen* (*) – e amiúde fisicamente indistintos dos alemães e cada vez mais importantes como trabalhadores – alarmou Berlim e trouxe à superfície as suas tendências mais repressivas ([8]).

No próprio *Reich*, durante a guerra, o influxo de polacos, russos e ucranianos pôs a Gestapo a vigiar quintas e fábricas e acabou em enforcamentos públicos e detenções em massa. Nos territórios recém-ocupados, a guerra e a ansiedade racial fundiram-se numa combinação infinitamente mais tóxica. Afinal de contas, foi nas fronteiras orientais da Europa que os nazis fizeram a sua aposta no futuro, facto que ficou patente no campo de batalha: enquanto que as perdas militares americanas e britânicas foram de menos de meio milhão de homens cada, os russos perderam pelo menos oito milhões. Morreram na Frente Leste 2,7 milhões de alemães, comparados com 340 000 na Europa Ocidental e 151 000 em Itália. Atrás das linhas da frente, as disparidades foram ainda maiores. Durante a libertação de Paris, morreram aproximadamente 1500 franceses e francesas; durante a insurreição de Varsóvia, que decorreu ao mesmo tempo, pereceram *cem vezes* mais polacos. Dos 8,6 milhões de civis que se estima terem morrido durante a ocupação nazi da Europa, a esmagadora maioria pereceu no Leste, e na URSS morreram ainda mais. Ao contrário da guerra de 1914-1918, foi uma guerra contra civis, travada principalmente nos países selecionados para o *Lebensraum* alemão ([9]).

Por conseguinte, a Europa de Leste tem de ocupar forçosamente o centro de qualquer história do império nazi, mas existe ainda a questão mais lata da própria Europa. Afinal de contas, como vimos, os alemães iriam ser supostamente educados no "ideal imperial e *europeu*" e muitos dos apoiantes mais idealistas dos nazis noutros países acreditaram na sua palavra. Por exemplo, em 1942, o escritor francês de direita Pierre Drieu la Rochelle esperava que os alemães "conduzam a Europa na direção do futuro". Goebbels também não se poupou a esforços para retratar Hitler como comandante de uma cruzada europeia contra o comunismo. Todavia, apesar da barra-

---

(*) Sub-humanos. (*N. T.*)

gem de europropaganda antibolchevique emanada de Berlim, Hitler permaneceu um nacionalista da Grande Alemanha até ao fim e sublinhou por várias vezes em privado que a guerra estava a ser travada exclusivamente em nome da Alemanha e do seu povo ([10]). Em dezembro de 1944, disse aos comandantes do Exército que estavam a combater em prol de uma solução definitiva para a questão alemã na Europa. A guerra era uma continuação, não só da Primeira Guerra Mundial, mas também das guerras alemãs do século XIX e tinha o mesmo objetivo: "a unificação completa de todos os alemães" ([11]).

Estes discursos fazem Hitler parecer um nacionalista típico, talvez herdeiro dos pangermanistas do século XIX. Tal como outros irredentistas, o seu objetivo foi construir o maior Estado possível, deixando o mínimo possível de compatriotas fora das suas fronteiras. Foi este o prémio que os nacionalistas polacos e romenos conquistaram, por exemplo, em 1919; foi o que os húngaros e os búlgaros esperaram que os alemães os ajudassem a conseguir em 1940. No entanto, sublinhar apenas esta dimensão bastante tradicional da política nazi seria bastante enganador porque ignora a importância crítica do enfoque geopolítico no domínio da massa terrestre eurasiática como único modo concebível de a Alemanha poder rivalizar com os Estados Unidos ou a Grã-Bretanha e passa por cima do rígido racismo biológico, da implacabilidade sem limites e da indiferença perante a lei que deu forma aos contornos do nacionalismo do III *Reich*.

Em contraste, a ideia – que também veio à superfície durante a Primeira Guerra Mundial – de uma missão especificamente *europeia* para o *Reich* nunca assumiu a mesma importância exceto durante um breve momento, em 1940. Com a Wehrmacht a conquistar uma grande parte da Europa Ocidental, da Escandinávia e dos Balcãs com uma velocidade estonteante e completamente imprevista, os antigos planos de regeneração do continente através da criação de um grande bloco comercial liderado pela Alemanha foram momentaneamente tirados da prateleira. Era uma perspetiva – a Alemanha como "centro" da Europa, como coordenadora de um grande mercado interno – cujas raízes se encontravam no pensamento alemão do século XIX. Contudo, esta visão desapareceu quase tão depressa como surgiu. A racionalização das interações entre economias capitalistas preocupou os industriais e banqueiros alemães (e os nazis que lhe estavam associados, como Hermann Göring) mas pouco interessou a Hitler. Em 1941, a invasão da URSS reorientou a atenção daqueles para leste. A partir daí, o resto da Europa fixou-se na sua mente como um mero fornecedor da economia alemã, e se o regime pensou em termos europeus foi apenas porque os que geriam o esforço de guerra foram obrigados a fazê-lo. No Sul de Itália e na

Finlândia foram adotados modos de combate aos *partisans* desenvolvidos na Bielorrússia. Fritz Sauckel, o czar da mão de obra, deslocou-se de França para a Ucrânia para supervisionar as suas campanhas de conscrição. Durante a guerra, as comissões de serviço de um típico funcionário da Gestapo levaram-no do Sul da Áustria ao Noroeste da Alemanha, ao Cáucaso, à Polónia e à Eslováquia, e a dada altura ele ponderou a hipótese de se candidatar ao novo serviço colonial, em África. A guerra e a ocupação tornaram-se o modo de os nazis integrarem o continente e este acabou efetivamente por contribuir com cerca de um quarto dos recursos consumidos pelo esforço de guerra alemão. No entanto, isto foi consequência da necessidade de mobilizar os seus recursos, não lhe esteve subjacente qualquer visão positiva ([12]).

Uma razão pela qual os alemães não conseguiram pensar a Europa de forma profunda foi porque durante grande parte da guerra não tiveram de o fazer: os europeus entraram na linha e, além do mais, contribuíram com o que eles exigiam. Depois de 1945, este facto foi convenientemente esquecido. Aqueles que tinham sofrido a ocupação alemã saudaram os heroicos resistentes e passaram em silêncio por cima do facto de os funcionários alemães, na maior parte da Europa, só na fase final terem sido abertamente incomodados pela resistência. O facto de os alemães terem conseguido desviar os recursos do continente para benefício da sua economia de guerra foi atribuído à coerção. Ninguém falou nos negócios de Berlim com empresários e funcionários públicos cooperantes na Europa Ocidental e Central, nem no facto de milhares de desempregados franceses, holandeses, croatas, espanhóis e italianos se terem oferecido para trabalhar nas fábricas do *Reich* antes da entrada em vigor do programa de trabalho escravo ([13]).

No pós-guerra, uma amnésia coletiva apoderou-se de países como a Itália, a Hungria e a Roménia, que tinham combatido ao lado de Hitler e elas próprias administrado ocupações. Os croatas e os eslovacos adquiriram os seus próprios Estados, a Bulgária engoliu territórios de vizinhos e a Hungria recuperou uma grande parte do território perdido em 1918. Mussolini sonhou com um novo império romano e enviou os seus conscritos para as Cíclades – se tivessem sorte – e para o Sara, a Eslovénia ou a Somalilândia – se tivessem azar. A Roménia administrou a Ucrânia, engalanou Odessa com cadáveres e lançou centenas de milhares de soldados na luta contra o Exército Vermelho. Os nacionalistas bálticos, bielorrussos e ucranianos combateram do lado alemão, na esperança de também poderem vir a beneficiar.

A própria colaboração não foi, de todo, uma opção inexplicável, pois em 1940 a Europa vivia com os fantasmas do fracasso do liberalismo e da democracia entre as guerras e os êxitos económicos e militares alemães impunham respeito. Alguns europeus esperavam – contra toda a esperança – que os alemães unissem melhor o continente do que tinham conseguido a Sociedade das Nações ou os britânicos e franceses. Outros apenas se resignaram. O que faz a colaboração parecer ingénua foi a incapacidade quase total dos alemães para agarrarem a oportunidade política que se lhes apresentou. Como resultado, tornaram-se impopulares quase de imediato. "Um dos problemas centrais da Europa de Hitler", observou o grande historiador holandês Pieter Geyl, que passou dezoito meses no campo de Buchenwald, "foi o conflito entre a atração exercida por certas tendências da Nova Ordem e a crescente desilusão decorrente da prática do conquistador" [14].

A causa fundamental foi o nacionalismo de Hitler ou, mais precisamente, a sua convicção de que só os alemães contavam e que só neles era possível confiar politicamente. A soberania e a independência dos seus aliados podiam ser desprezadas quando necessário; as aspirações políticas dos seus colaboradores podiam ser ignoradas a qualquer momento. Ele descartou por completo os apelos para que proclamasse um programa europeu que pudesse competir com a Carta do Atlântico dos Aliados. Na sua perspetiva, a única coisa que contava era ser-se temido e obedecido. Um polícia secreto húngaro resumiu esta postura: "Nos territórios ocupados, o governo alemão, relegando as considerações de popularidade para segundo plano, funciona segundo o princípio de que só é tolerável o regime ou governo que esteja permanentemente às ordens da Alemanha". Para Hitler, esta era a essência de uma política colonial. A Europa existia fundamentalmente para servir os interesses da Grande Alemanha [15].

Tentar a criação de um império com base no nacionalismo não foi nada de novo. Os franceses haviam tido a sua missão civilizadora e os americanos também, ainda que de modo algo diferente. Mais pertinentemente, antes de 1914 os russos e os húngaros tinham tentado unir os seus territórios através da divulgação das suas línguas e culturas. O que tornou a abordagem nazi não só invulgar mas também totalmente contraproducente como filosofia de regime foi a sua insistência na definição do nacionalismo em termos tão estreitos que impediram a maioria dos povos que conquistaram de se tornarem cidadãos. "Todos os Estados liberais em matéria de naturalização de estrangeiros estão aptos para uma carreira imperial", escreveu Francis Bacon no princípio do século XVII. "Pensar que um punhado de pessoas pode, com as maiores coragem e política do mundo, abarcar um domínio extenso [é errado]; poderá perseverar durante algum tempo, mas fracassará de forma súbita". A melhor ilustração da verdade desta máxima é o destino da Nova Ordem nazi [16].

É certo que os impérios ultramarinos europeus não são propriamente um exemplo da abordagem inclusiva de Bacon. Era difícil obter a plena cidadania britânica, francesa ou portuguesa quando a cor da pele não era a correta e os sistemas duais de estatuto jurídico não foram uma invenção nazi. No entanto, fora da Europa, os regimes exclusivos desenvolveram-se geralmente durante longos períodos de tempo e em sociedades que ainda eram maioritariamente rurais. Envolveram acomodações e compromissos complexos com os governantes locais e nativos e, de qualquer modo, no período entre as guerras mundiais começaram a sofrer a pressão dos movimentos nacionalistas coloniais emergentes. Os alemães impuseram o seu domínio de forma muito súbita, no meio de uma guerra, e decidiram infligi-lo a sociedades urbanizadas que já tinham construído e moldado um sentimento poderoso de identidade nacional. O que é espantoso não é que os europeus tenham resistido mas que, na sua maioria, tenham hesitado tanto em fazê-lo.

Uma das razões foi a desorientação: a chegada da Nova Ordem abalou a legitimidade dos Estados-nação da Europa mais profundamente do que nunca. Afinal de contas, teve como propósito não só a promoção do nacionalismo alemão mas também o apagamento do sentimento de identidade nacional de outros povos. Países como a Polónia, a Checoslováquia e a Jugoslávia foram riscados do mapa. Muitas das outras nações conquistadas também tinham apenas décadas de existência. A ocupação inimiga demonstrou a fraqueza da sua coesão e como era fácil desmoronarem-se. Padeciam de profundas linhas de fratura – nas classes, na língua, na ideologia e na religião – e a guerra total desencadeou choques intestinos letais pela imagem e autodefinição da própria nação. A guerra civil esteve amiúde a um passo e na Grécia, na Jugoslávia, na Itália e na Ucrânia custou milhares de vidas.

Os instintos retaliatórios mortíferos dos alemães também foram um dissuasor extremamente eficaz. O seu impacto devastador está particularmente bem ilustrado na reação pública a episódios quase esquecidos como a execução do primeiro-ministro checo, Alois Eliáš, em 1942, nas represálias de 1941 na Sérvia, que só na pequena cidade de Kragujevac resultaram no fuzilamento de mais de 2000 civis, ou na demolição total do Bairro Velho de Marselha, com a evacuação dos seus 40 000 habitantes, em retaliação pela explosão de algumas bombas na cidade. Estes acontecimentos aterradores destroçaram o ânimo de quem deles que soube e tornaram o custo da resistência por demais evidente, não só para os que pegavam em armas como também para os civis inocentes.

Estas memórias, juntamente com as de Lidice, de Oradour e dos campos, contribuíram bastante para formar a nossa compreensão do nazismo. Em vez de ser visto como a versão extrema de um fenómeno moderno europeu comum – o nacionalismo –, o que é geralmente realçado é o seu amor patológico à violência. Os teóricos do totalitarismo, em particular, retratam-no como um exemplo do tipo de entidade política – felizmente rara – na qual um pequeno grupo de homens se apodera do poder e o detém pela atração do domínio, para esmagar a liberdade e usar o terror para perpetuar a sua posição dominante. Sublinham o controlo da elite política sobre as massas, e porque partem do princípio de que as massas foram coagidas pelo terror desde o princípio não dão muita atenção às ideias dos nazis. O ditador emerge como uma força motriz demoníaca numa espécie de contrateologia niilista.

Apesar de ter mais de meio século, o paradigma totalitário ainda exerce influência sobre nós. Explica algumas coisas. Hitler foi efetivamente central para a governação do *Reich* e – talvez mais ainda – para o modo como os alemães governaram a Europa: durante a guerra, não existiu nenhum governo realmente coletivo e a administração do continente foi conduzida por Hitler de um modo que impediu a emergência desse mesmo governo. As suas intervenções também foram amiúde decisivas, nomeadamente na intensificação dos níveis de punição coletiva. Inseguro (com alguma justificação) do grau de apoio do público alemão para os seus objetivos de longo prazo, ele garantiu que o poder permanecia nas mãos de homens da sua confiança. "Trabalhando ao encontro do *Führer*", estes homens congeminaram meios cada vez mais sangrentos para ultrapassar as muitas dificuldades criadas pelas suas próprias ambições. Por conseguinte, o Estado nazi operou com poucas restrições durante a guerra, especialmente na Europa de Leste ou nos outros territórios ocupados onde os limites ao poder executivo arbitrário tinham desaparecido ou sido minados. Um dos opositores mais inteligentes dos nazis, Léon Blum, o antigo primeiro-ministro francês, compreendeu o que estava a acontecer. Em 1942, ele escreveu acerca dos seus parentes, que se negaram a sair de Paris: "Julgam que as atrocidades do mês passado foram as últimas ou pelo menos que o horror generalizado que provocaram nos dará um longo período de sossego. Receio que não compreendam que as engrenagens se movem cada vez mais depressa e que em matéria de atrocidades se pode ir sempre mais longe; o limite nunca é atingido" ([17]).

Mas o paradigma totalitário também explica mal muitas coisas. É certo que Alemanha necessitou de coagir as populações que governava, mas a situação foi mais complexa dentro da própria Alemanha, em especial durante a guerra. Os alemães, no seu conjunto, não tiveram de ser coagidos para combater e nem nos últimos dias se assistiu a um colapso generalizado como em 1918. A resistência determinada do país não pode ser atribuída à rápida escalada do terror que teve inquestionavelmente lugar. Alguns académicos afirmaram recentemente que os despojos das conquistas permitiram ao regime comprar o apoio popular para a guerra; é um argumento discutível, mas o que não é discutível é que a população, não obstante a ausência manifesta de entusiasmo quando a guerra eclodiu, lhe deu o seu apoio. E também já não é possível afirmar que existiu uma diferença significativa, depois de 1941, entre o modo como a SS e a Wehrmacht trataram os judeus e os eslavos durante a ocupação. Os soldados alemães portaram-se de forma tão brutal com os bolcheviques, os judeus e outros *Untermenschen* como os nazis a "150%". Por conseguinte, a Nova Ordem também foi uma empresa alemã neste sentido, não apenas concebida *para* os alemães como também dependente deles e da sua participação ativa ([18]).

Existe ainda a questão das ideias e debates que deram forma ao sistema de domínio alemão durante a guerra. Nem Hitler nem ninguém previu os desafios colocados pela guerra. Pelo contrário: os nazis sonharam durante anos com a guerra, mas quando isto se concretizou ficaram abalados pelas consequências do seu próprio êxito. O resultado foi uma série de discussões sobre meios e fins, que começou em 1939 e nunca mais acabou. Ao segui-las através de memorandos privados, de artigos publicados e da imprensa, depressa se torna claro que não é possível deduzir uma única teoria de conquista nazi de *Mein Kampf* nem de nenhuma das outras declarações de Hitler. Descobrimos que em 1939 funcionários SS se interrogaram como poderiam afirmar seriamente estar a construir uma nação racialmente pura quando estavam a empurrar as fronteiras do *Reich* para lá das zonas habitadas por alemães e a governar checos e polacos. Em 1941, outros discutiram de forma acesa se deveriam privatizar as quintas estatais soviéticas ou mantê-las tal como estavam na posse de alemães. Também nunca ninguém decidiu em que medida a tomada do poder na Alemanha, antes de 1933, oferecia um modelo para a nazificação dos países ocupados ou se o nazismo era sequer exportável. Os nazis acreditavam apaixonadamente no *Führer* e no nacional-socialismo, mas esta dedicação ideológica não gerou respostas simples para os problemas que enfrentaram. Para um regime totalitário, verificou-se uma discussão surpreendentemente vigorosa sobre o verdadeiro significado do domínio continental.

Acima de tudo, os debates sobre o nacional-socialismo que não levam em conta o impacto catalítico da guerra enfermam de um problema específico. Talvez nada ilustre melhor este ponto do que a evolução do aparelho de terror. Em setembro de 1939, os seis campos de concentração principais do *Reich* albergavam apenas um total de 21 400 prisioneiros; no princípio de 1945, o sistema já se metastizara numa rede de campos enorme e pavorosamente gerida que continha mais de 700 000. Em suma, não existiu um aparelho de terror saído completamente formado da cabeça de Hitler. Foi o policiamento dos territórios conquistados a leste que possibilitou à SS a sua ascensão estonteante até se tornar a organização mais temida da Europa ocupada. Foi a guerra que alterou por completo a posição do próprio *Führer*, permitindo-lhe espezinhar o que restava da discrição judicial na Alemanha e tornando-o simultaneamente mais remoto e menos contido. Bastaram alguns meses, no inverno de 1941-1942, para que os nazis deixassem morrer em campos sobrelotados mais de dois milhões de prisioneiros de guerra soviéticos, sem testemunhas e quase sem registo. Bastaram apenas três anos, de 1941 a 1944, para que inventassem e construíssem campos de extermínio, matassem mais de cinco milhões de judeus e forçassem mais de seis milhões de europeus a trabalhar no *Reich*. Nenhuma destas coisas aconteceu – nem sequer foi contemplada – antes da eclosão da guerra.

O princípio da década de 40 é, pois, um bom exemplo de como a violência da guerra – em especial quando uma liderança política tacanha e ideologicamente motivada se combina com uma superioridade militar esmagadora – pode conduzir a uma escalada quase ilimitada no uso da força e a uma revisão constante das regras e normas. Os nazis aplicaram a ideia de guerra preventiva e em geral não se consideraram obrigados pelo direito internacional; por conseguinte, só as suas próprias restrições éticas (que um intenso nacionalismo racial enfraqueceu sempre que se tratava de estrangeiros) impuseram limites ao que entendiam ter justificação para fazer. Mas se a guerra permitiu ao regime conquistar território, também foi um meio, como o próprio Hitler bem compreendeu, de modificar os alemães e os seus valores. O nazismo procurou romper, não só com o liberalismo parlamentar, mas também, e de forma muito mais fundamental, com as noções comummente aceites de humanidade. "O homem não existe enquanto homem", escreveu em 1936 Walter Gross, chefe do Departamento de Política Racial. "Só existem homens pertencentes a esta ou àquela raça" ([19]). Foi a guerra que trouxe à superfície todas as implicações desta afirmação. Professores e sacerdotes polacos foram humilhados de forma sistemática e violenta. Quando os prisioneiros de guerra soviéticos se viram reduzidos ao canibalismo, Hitler reagiu com nojo. "São animais", garantiu ele a um visitante croata, em fevereiro de 1942: a Alemanha estava em guerra contra "uma degeneração bestial da humanidade [*Menschheitsentartung*]". Quanto aos judeus, foram obrigados a puxar carroças, como os cavalos, e a arrancar de gatas as ervas daninhas das praças, como que para proclamar que já não eram plenamente humanos ([20]).

Grande parte do interesse de hoje pela Nova Ordem centra-se no tema do Holocausto, o exemplo paradigmático da destrutividade nazi. Mas até a "guerra contra os judeus" resultou essencialmente da "guerra pelos alemães" do *Führer*. A verdade é que toda esta campanha de conquista e aniquilação racial assentou numa ilusão fantástica. As sondagens realizadas pela Wehrmacht revelaram que praticamente nenhum soldado alemão queria ficar na Polónia e muito menos na Rússia depois de terminados os combates: aquilo que os próprios homens que Himmler tencionava recompensar com quintas no Leste mais desejavam era regressar a casa. A maioria nunca teve hipótese de o fazer. Milhões de russos, polacos, judeus e bielorrussos pereceram durante a prossecução da fantasia imperial dos nazis, mas aconteceu o mesmo às pessoas que os mataram e que deveriam tomar o seu lugar: foi graças ao nazismo que soldados e civis alemães acabaram por morrer num número que não terá estado muito longe do saldo da própria Solução Final. Longe de estabelecer o Grande *Reich* Alemão, Hitler deixou o país desmembrado. O seu império apostou a sua salvação na morte de milhões de pessoas, mas a salvação nunca aconteceu e o regime de Hitler, ao consumir os seus, apenas deixou atrás de si a morte [21].

PARTE I

Pela Grande Alemanha

1
Alemães e eslavos, 1848-1918

A sequência de acontecimentos que culminou na criação do império de Hitler não começou com a invasão da Polónia, em 1939, nem com a tomada do poder no III *Reich*, em 1933, nem sequer com a criação do próprio Partido Nazi, em Munique, depois da Primeira Guerra Mundial. Os acontecimentos que se desenrolaram entre 1938 e 1945 foram o último capítulo da história de uma ideia muito mais antiga: a ideia de uma Grande Alemanha.

Pelo menos, foi o que pareceu em 1944, quando os misséis V-1 caíam em Londres e o historiador Lewis Namier deu por ele a retroceder quase um século e a pensar nos acontecimentos de 1848, o ano extraordinário em que os revolucionários derrubaram monarcas e o grito da liberdade ecoou em Paris, Praga, Viena e Veneza. Em Frankfurt, na Igreja de São Paulo, uma assembleia nacional alemã congregou-se orgulhosamente sob uma tela gigantesca a representar a Germânia – uma donzela bastante robusta de vestes clássicas com uma espada triunfantemente numa mão e a bandeira da nação alemã na outra – e os seus delegados debateram a unidade política, a liberdade de imprensa e a necessidade de uma constituição moderna. Desde então, para muita gente a Assembleia proporcionou um vislumbre do rumo *não* seguido, a expressão do espírito democrático alemão esmagado pouco depois pelo militarismo prussiano e que poderia, caso tivesse triunfado, ter poupado à Europa um século de guerras ([1]).

Não foi assim que Namier viu as coisas. Na sua perspetiva, o verdadeiro espírito de 1848 *tinha* triunfado e tinham sido os próprios deputados, com o seu sonho de uma Grande Alemanha, que tinham aberto o caminho para o desastre do nazismo. Namier argumentou que não havia fosso algum a separar os liberais alemães do século XIX dos nacionais-socialistas do século XX: tanto uns como outros comungavam do amor à nação e do ódio aos eslavos. O ano de 1848 foi o momento em que o nacionalismo parlamentar alemão revelou a sua capacidade para destruir a paz do continente. As diferenças políticas já não podiam ser ajustadas unicamente entre reis e diplomatas porque tinham passado a envolver as aspirações de povos inteiros, aspirações cada vez mais definidas em termos de terra, língua e sangue.

Nos discursos há muito esquecidos proferidos em Frankfurt, Namier discerniu a raiz primeira do expansionismo alemão. Muitos oradores expressaram a esperança de contemplar uma pátria unificada cuja superioridade económica e cultural atrairia irresistivelmente os polacos, os checos e outros eslavos; falaram de domínios que se estenderiam do Báltico ao Sudeste da Europa e, obcecados com a noção de um Estado-nação poderoso, rejeitaram a ideia de os alemães poderem alguma vez tornar-se uma minoria: "Será que meio milhão de alemães irão viver sob um governo alemão e formar parte da grande Federação Alemã, ou será que vão ser relegados para a posição inferior de estrangeiros naturalizados?". A missão de um eventual Estado-nação alemão deveria ser incluir todos os alemães nas suas fronteiras e salvar os membros da nação do terrível destino de caírem sob o jugo de um vizinho eslavo: "O nosso direito é o do mais forte, é o direito da conquista... Não há momento em que as regras jurídicas parecem mais miseráveis do que quando presumem determinar o destino das nações". Para os ouvintes de Namier, em Londres, muita desta retórica inflexível – com as suas exigências para que uma Alemanha poderosa agisse como bastião contra a Rússia e as suas comparações das "nacionalidades insignificantes" com "parasitas" destrutivos que procuravam "fundar as suas vidas no nosso seio" – deve ter soado estranhamente familiar ([2]).

Esta leitura do passado da Alemanha foi, sem dúvida, tendenciosa e anacrónica. Houve muitas diferenças entre os liberais da década de 40 do século XIX e os nacionais-socialistas de um século mais tarde, entre os que acreditavam no poder da cultura alemã e os que acreditavam no sangue alemão. Mas alguns nazis descreveram a sua história em termos bastante semelhantes. Poucos anos antes das formulações de Namier, o professor Reinhard Höhn, um dos intelectuais favoritos de Himmler, aplaudiu os homens de 1848. Segundo ele, tinham feito bem em afirmar o princípio do governo civil em detrimento do militar, algo que o III *Reich* só conseguira finalmente fazer graças ao poder do Partido Nazi. Hitler também elogiou especificamente os democratas de Frankfurt. Num discurso que proferiu na cidade depois do *Anschluss* com a Áustria, em 1938, expressou a sua felicidade por ser "o concretizador de um anseio que teve aqui a sua expressão mais profunda". Hitler disse a Josef Goebbels que "os homens de 48 não deviam ser comparados, em sentido nenhum, com os odiados 'Democratas de novembro' que tinham fundado a República de Weimar, pois eram 'idealistas da Grande

Alemanha' e tinham acreditado, como ele, numa nação alemã poderosa e com uma missão europeia. Segundo o *Führer*, tinham tentado construir uma Alemanha capaz de esmagar os eslavos e dominar a Europa. Liberto dos reis e dos príncipes que os tinham derrotado, ele triunfaria onde eles haviam fracassado ([3]).

O triunfo do nacionalismo demorou muito tempo a concretizar-se, dado que em meados do século XIX os povos de língua alemã ainda eram governados por uma variedade estonteante de ducados, principados e reinos. O significado do que as pessoas da Europa Central e Oriental tinham em mente quando se descreviam como "alemães" variava bastante de lugar para lugar e muitas mal se conseguiam perceber umas às outras porque os dialetos regionais eram muito vincados. Politicamente, a maioria dos "alemães" professava lealdade aos seus governantes e não se via como parte de um grupo, e muito menos de um grupo que devesse ser unificado num Estado. Por conseguinte, os intelectuais de Frankfurt estavam a desafiar a opinião geral e não a segui-la. Queixou-se um jornalista, em 1848: "A maioria dos camponeses austríacos nem sequer sabe da existência de uma Alemanha e que ela é a sua pátria!". Despertar os alemães para a verdade do nacionalismo foi a missão assumida por uma minoria de agitadores e levariam quase um século até que a sua mensagem vingasse ([4]).

Na pouco coesa Confederação Alemã que emergiu depois da derrota de Napoleão, os dois Estados mais poderosos eram a Áustria e a Prússia e a sua relação íntima mas tensa moldaria durante décadas a questão alemã na Europa. Com menos de metade do tamanho da sua rival, a Prússia tinha mais população de língua alemã. Tinha apenas dezasseis milhões de habitantes, contra os trinta e seis milhões de súbditos dos Habsburgos, mas desses dezasseis catorze falavam alemão, enquanto que nos domínios poliglotas do imperador Francisco José havia menos de sete milhões de falantes de alemão. Em suma, do ponto de vista dos nacionalistas, era mais provável que o Estado que pretendiam emergisse sob orientação prussiana.

Depois da Guerra Franco-Prussiana (*), os Estados alemães foram efetivamente unificados num novo *Reich* alemão e Guilherme I da Prússia foi proclamado imperador. Contudo, para muitos nacionalistas, tratava-se de uma casa semiconstruída, a chamada solução da "Pequena Alemanha", porque não incluía os territórios de língua alemã do Império Habsburgo. Infelizmente para eles, os arquitetos do novo *Reich* tinham descartado a ideia de destruir os Habsburgos. Bismarck era um homem que sabia tra-

---

(*) 1870-1871. (*N. T.*)

çar limites, até porque, como ele disse, "novas formações nesta região só poderão ser de caráter permanentemente revolucionário". O seu conservadorismo impôs limites rígidos à expansão da Alemanha e a aliança com a Áustria-Hungria permaneceu um dos pilares da política externa do *Reich* até à eclosão da Primeira Guerra Mundial e não só: em 1915, um historiador alemão observou que "a tarefa mais primária e mais imediata da guerra [era] a preservação da Áustria" (⁵).

Dentro do próprio império, os movimentos nacionalistas agitavam húngaros, italianos, polacos e eslavos do Sul. Nem todos aspiravam à independência política, dado que muitos compreendiam que a alternativa mais provável ao domínio habsburgo era ficarem encurralados entre "uma monarquia universal russa" e uma nova Alemanha poderosa. Em 1848, ao rejeitar um convite para a Assembleia de Frankfurt, o proeminente intelectual boémio František Palacký explicara, numa tirada que ficou célebre, que "se o império austríaco não existisse seria necessário, no interesse da Europa, não, da Humanidade (...) inventá-lo". Em finais do século, a crença no império como espaço multinacional abarcava todo o espectro político, desde os monárquicos católicos aos marxistas austríacos, que tinham acabado por acreditar na necessidade "de impedir o colapso da Áustria e permitir a coexistência às suas nações" (⁶).

O imperador Francisco José não estava minimamente interessado em envolver-se na bandeira do nacionalismo alemão. Ele sabia que tal política só suscitaria antipatia por parte dos seus outros súbditos, que eram muito mais numerosos, e também sabia que a religião impedia a maioria dos alemães austríacos de procurarem ajuda numa Berlim protestante. Para ele, a lealdade à Casa de Habsburgo era mais importante do que os antecedentes étnicos. Porém, com os italianos, os checos e os polacos a exigirem direitos culturais e linguísticos próprios, alguns alemães habsburgos formaram clubes e sociedades nacionalistas para se mobilizarem contra eles e fundaram escolas, jornais e associações de ginástica. As irmandades de duelistas floresceram; os estudantes bebiam e proferiam discursos estridentes e ofendidos, e brindavam à "Germânia, Mãe de Todos Nós!". Nos seus salões, sob os retratos bem visíveis de Bismarck e do *Kaiser*, engalanados com flores, falavam em combater para impedir os checos ou eslovenos locais de esmagarem o "germanismo". A carta fundadora da Alldeutsche Vereinigung abria com a jura de "pugnar por uma relação das antigas Terras Alemãs da Áustria com o *Reich* alemão que garanta permanentemente a preservação do nosso *Volkstum*" [Povo]. Na Boémia, o Partido dos Trabalhadores Alemães apelou à "manutenção e aumento do *Lebensraum* da sua nacionalidade" face à "pressão dos trabalhadores estrangeiros de cultura inferior". Estes movimentos, fortemente antieslavos e amiúde antissemitas, marcaram o meio de onde Hitler emergiu. Foi aqui – numa crítica inflexível do império, numa rejeição do seu modo de acomodar os diversos povos da Europa Central e no impulso de unificar todos os alemães num único Estado, independentemente das fronteiras nacionais existentes – que residiu o ponto de partida do futuro pensamento do *Führer* (⁷).

OS POLACOS

O nazismo foi buscar muita coisa ao nacionalismo alemão habsburgo tardio mas ainda mais aos prussianos, especialmente em relação ao tratamento dos polacos. A Polónia deixara de existir, em resultado da sua partilha entre a Áustria, a Rússia e a Prússia, em finais do século XVIII. Contudo, a partilha foi uma ideia particularmente má para os prussianos: destruiu o Estado-tampão que os protegera do poderio da Rússia e aumentou imenso o tamanho da minoria de língua polaca do país. Na província de Posen, em particular, os polacos permaneceram em maioria, não obstante os esforços do governo prussiano para atrair colonos alemães. Inspirando-se nas palavras de Jean-Jacques Rousseau, um deputado polaco à Assembleia de Frankfurt, em 1848, avisou os seus colegas alemães: "Podeis ter-nos engolido mas, por Deus, não nos digerireis".

Meio século depois, a indigestão polaca da Prússia estava pior do que nunca. Os polacos constituíam a maior minoria do país – cerca de 10% do total da população – e o facto de serem católicos só agravava a situação. A polícia do *Kaiser* tentava mantê-los sob vigilância, mas no Leste eles aumentaram tão rapidamente em número que começaram a alarmar o governo prussiano. A campanha anticatólica de Bismarck encerrou as escolas de língua polaca, confiscou propriedades da Igreja e levou à prisão de muitos padres. Todavia, os trabalhadores industriais e agrícolas polacos continuaram a constituir a maioria da população em muitas zonas fronteiriças. A cidade de Posen/Poznań era uma ilha alemã poderosamente fortificada no meio de um mar polaco: na província circundante, 800 000 polacos viviam ao lado de 400 000 alemães. Além do mais, no período de meados a final do século XIX espalhou-se entre a elite intelectual alemã uma visão dos polacos cada vez mais conflituosa e racial. O geógrafo Friedrich Ratzel, figura importante na chamada de atenção do público para a importância da colonização agrícola para a vitalidade nacional, aplicou as teorias darwinistas à ascensão e queda do *Volk* (*) e defendeu que aquilo a que chamava "espaço vital

---

(*) Povo. (*N. T.*)

[*Lebensraum*]" era necessário para garantir o seu crescimento continuado. Muitos dos seus seguidores deram aos seus argumentos um tom duro e racial. Ao explicar a sua nova ciência da geopolítica, o cientista político sueco Rudolf Kjellén falou da "ambição do Estado de se unir organicamente com o solo": expansão era "autopreservação"; os grandes Estados floresceriam, os pequenos acabariam por desaparecer gradualmente, "à medida que o mundo se tornar mais organizado". Kjellén elogiou a guerra e sublinhou a posição ambígua da Alemanha como "*Reich* do Meio", singularmente suscetível de ser ao mesmo tempo cercada e impelida pelo destino para a expansão e para a liderança ([8]).

Bismarck tinha pouca paciência para estas ideias. O seu enfoque era na consolidação interna, mas a vitória nesta luta era muito mais difícil do que as batalhas da Prússia no estrangeiro. Bismarck expulsou os trabalhadores polacos, mas a maioria regressou pouco tempo depois. De seguida, estabeleceu uma Comissão de Colonização Real Prussiana para reforçar "o elemento alemão (...) contra as tentativas de polonização". Foi o primeiro esforço alemão sério de implementação de uma política populacional em linhas nacionais e usou créditos bancários e aquisições de terra compulsivas para ajudar os alemães a fixarem-se nas zonas fronteiriças ([9]). Porém, o seu efeito principal foi a subida dos preços das terras: os colonos alemães lucraram, os contribuintes alemães pagaram a fatura. Entretanto, os polacos organizaram os seus próprios grupos de crédito e cooperativas. Entre 1896 e 1912, perderam 60 000 hectares para a Comissão, mas mais do que os compensaram com a aquisição de 100 000. A política de Bismarck não satisfez ninguém e causou um enorme ressentimento. O problema é que no fundo ignorara as realidades da industrialização em benefício de uma fantasia agrária medieval que as forças económicas globais estavam a destruir de forma irrevogável ([10]).

Por detrás de tudo isto havia uma questão que foi decisiva para os objetivos políticos dos nazis: até que ponto deveria o Estado controlar onde a sua população desejava viver? Alguns alemães responderam ao que se chamava secamente "bónus do Leste" – os subsídios estatais –, mas o seu número não era suficientemente elevado para compensar as centenas de milhares que continuavam a partir para o estrangeiro, principalmente para os EUA. Os 170 000 emigrantes atraídos para a terra pela Comissão foram ofuscados pelos 830 000 alemães que partiram, só da Prússia Oriental, em 1895. A realidade que confrontava os nacionalistas alemães não era a repovoação, mas sim a despovoação. Em 1905, um jornalista de Posen – onde a população polaca crescera a olhos vistos desde a década de 60 do século anterior – escrevia pesarosamente:

Os funcionários do *Reich* consideram uma grande desgraça serem transferidos para a nossa província. Segundo eles, esta transferência não é muito diferente de serem exilados para a Sibéria. Os camponeses, enquanto consigam desenrascar-se num sítio qualquer, fazem por não ser enviados para a nossa inóspita província, cuja terra não é particularmente fértil e onde a concorrência com os camponeses polacos é forte. Preferem emigrar para a América. ([11])

O jovem Max Weber, que estudou de perto o problema polaco, considerou as perspetivas sombrias. Culpou, em especial, os grandes latifundiários por dependerem de trabalhadores polacos. Os grandes latifúndios, escreveu Weber, eram "os nossos maiores polonizadores" e a "crise violenta da agricultura" estava a conduzir inexoravelmente ao triunfo "da nacionalidade menos evoluída". Era necessário um programa de colonização muito mais extenso do que tudo o que Bismarck estava disposto a considerar. Não bastava meter mais dinheiro nos bolsos de famílias ricas que não precisavam dele; urgia dar prioridade ao apoio ao pequeno agricultor alemão. Quarenta anos mais tarde, os argumentos de Weber encontraram um público recetivo nos círculos nazis. Num ensaio dedicado a Heinrich Himmler, chefe da SS, na altura exata em que ele estava a realojar alemães e a expulsar polacos com uma implacabilidade inimaginável antes da Primeira Guerra Mundial, um sociólogo altamente colocado no Partido Nazi pegou na análise de Weber para denunciar a falta de seriedade com a qual o antigo *Kaiserreich* (*) abordara aquela premente questão racial. Liberto da influência política reacionária da classe dos *Junkers* (**), argumentou ele, o III *Reich* estava a revelar-se mais eficaz do que qualquer um dos seus antecessores ([12]).

Com o fim do século XIX, grupos de pressão para defender as "Marcas Orientais Alemãs" emergiram e roubaram a iniciativa à antiga elite prussiana. A H-K-T (assim chamada devido às iniciais dos seus três fundadores) organizou boicotes aos negócios polacos, patrocinou palestras (por exemplo, sobre "A Civilização e o Estado Nacional" ou "O Que Une os Alemães e o Que os Divide?"), visitas às zonas fronteiriças e festivais pirosos do "Dia Alemão". Outros recordaram às pessoas as glórias do passado medieval alemão – quando as cruzadas dos Cavaleiros Teutónicos tinham germanizado o Leste pela espada – e publicaram mapas alarmantes mostrando a ameaça demográfica vinda do Leste. De uma forma ou doutra, investiu-se uma ener-

---

(*) O império alemão de 1871-1918. (*N. T.*)
(**) A aristocracia rural da Prússia e da Alemanha Oriental. (*N. T.*)

gia considerável na regeneração daquilo a que os nacionalistas chamavam "a consciência da consanguinidade nacional" (¹³).

Passado pouco tempo, os políticos alemães, pressionados, retomaram a fútil política bismarckiana. Todavia, os pangermanistas queriam que eles fizessem muito mais, por exemplo, banir o polaco das tabuletas e montras das lojas, dos registos eclesiásticos e das associações privadas, ou obrigar os jornais polacos a publicar um texto paralelo em alemão para cada notícia ou artigo. "O Estado que abre mão da unidade da sua língua oficial abre mão da sua unidade política", escreveu um advogado. Tratava-se, nada mais nada menos, de uma "guerra dos povos" e o tempo estava a escoar-se. "Temos de apoiar, com todas as nossas forças, a emigração dos alemães para as províncias polacas", escreveu alguém em 1906. "A Comissão de Colonização deve acelerar o seu ritmo de trabalho porque o período de paz é um tempo precioso para essas realizações e a paz não será infinita. A germanização das Marcas Orientais deve ser concluída antes de entrarmos em guerra contra os eslavos do Norte e do Sul" (¹⁴). Já nem a assimilação era a resposta. Pelo contrário, segundo um autor, em 1902: "Para o alemão que pretende preservar o tipo alemão contra as raças inferiores como os eslavos, fortemente mongolizados, o primeiro mandamento é: 'Nada de misturas raciais com estrangeiros'" (¹⁵).

Weber identificara o problema crucial: os proprietários de terras prussianos estavam interessados em manter os seus trabalhadores baratos, os patriotas da classe média, sensíveis à questão da raça, queriam mandá-los embora. Tentando acalmar as paixões de ambos os lados, um jornal de língua alemã de Posen recordou aos seus leitores que o que estava em jogo

> não é uma luta agressiva de "vida ou morte" travada contra toda a população polaca; não se trata, por assim dizer, de exterminar os polacos. A política polaca do governo destina-se exclusivamente a derrotar os esforços e desígnios dos nacionalistas polacos cuja concretização seria incompatível com a ideia de Estado prussiana e com a segurança do *Reich* alemão. (¹⁶)

Mas havia quem estivesse efetivamente a pensar numa luta de "vida ou morte". Bismarck estava sinceramente convicto de que a Alemanha necessitava de paz. Em 1887, observou que "a Rússia não deseja conquistar território alemão e nós não desejamos conquistar território russo. Só poderá estar em causa a questão das províncias polacas, das quais já temos demais para a nossa conveniência" (¹⁷). Por conseguinte, Bismarck não tinha paciência para os planos do seu próprio estado-maior de um ataque ao exército czarista, combinado com o apoio a insurreições nacionalistas na Polónia, na Finlândia e no Cáucaso – Bismarck considerava esta última ideia completamente louca. Porém, depois de ele desaparecer, os políticos alemães tornaram-se mais nervosos e beligerantes. Os liberais e os socialistas, que tinham tradicionalmente odiado o regime czarista, receberam o apoio dos conservadores, que temiam que o *Reich* criado por Bismarck fosse mais vulnerável a ataques do Leste do que ele compreendera. Acabaram por se lançar na guerra que agravaria os seus problemas.

A PRIMEIRA GUERRA MUNDIAL

Em 1914, o legado de Bismarck foi completamente abandonado. O chanceler Bethmann-Hollweg apelou para que a Rússia fosse empurrada de novo para leste e para que se quebrasse o seu domínio sobre os povos não russos ([18]). No verão, os exércitos das Potências Centrais empurraram efetivamente os russos para leste e os alemães entraram em Varsóvia. De súbito, a questão polaca tornou-se mais do que teórica e a Polónia russa foi dividida entre as forças de ocupação das Potências Centrais. A parte sul ficou sob administração militar austríaca, os alemães instalaram um Governo-Geral em Varsóvia.

É difícil imaginar um contraste mais vincado com a ocupação nazi durante a Segunda Guerra Mundial. A Universidade de Varsóvia foi reaberta, o ensino em polaco foi reintroduzido depois de quase um século de domínio russo e foi admitido um grande número de alunos. Graças aos alemães, foi pela primeira vez introduzida a autonomia municipal – desconhecida com os czares – e realizaram-se eleições durante a guerra. O Exército alemão também praticou uma política consciente de apoio à imprensa judaica na Polónia e o governador, o general Hans von Beseler, concedeu a autodeterminação aos judeus. Em suma, os alemães procuraram apresentar-se como libertadores da tirania russa e Beseler apelou à formação de um "Estado nacional polaco" estreitamente associado à Alemanha – no fundo, o ressuscitar do Congresso da Polónia pós-napoleónico, mas desta vez sob domínio alemão e não russo. Em julho de 1916, o general Erich Ludendorff, chefe de estado-maior do Exército alemão no Leste (*Oberost*), advogou a transformação da Polónia num principado com exército próprio, sob controlo alemão. No mês seguinte, as Potências Centrais acordaram em apoiar conjuntamente a constituição de um Reino Independente da Polónia e estabeleceram um Conselho de Estado formado por notáveis polacos para os ajudar a governar o país ([19]).

Mas se estas políticas apresentam um contraste espantoso com o modo como os nazis trataram a Polónia em 1939, outras parecem assustadoramente suas percursoras. Por exemplo, a par da sua política pró-polaca, os alemães planearam anexar parte da Polónia russa para formar uma nova faixa fronteiriça ao longo da fronteira oriental do *Reich*: a população da zona seria deportada para dar lugar a colonos alemães. Esta medida foi defendida pelo grupo de pressão pangermanista e pelas muitas figuras públicas alemãs que no verão de 1915 assinaram a chamada "Petição dos Intelectuais". Visando elevar o debate dos objetivos de guerra acima do aspeto meramente económico, a Petição apelou ao aumento da colonização alemã no antigo território russo e à construção de uma muralha humana fronteiriça [20].

A guerra estava a levar os exércitos a desenraizarem as populações, em especial nas zonas fronteiriças e frentes de combate mais sensíveis. O Exército alemão esvaziou de habitantes uma larga faixa do litoral báltico e criou, em França, uma zona com vários quilómetros de profundidade quando retirou para a Linha Hindenburg, em 1917. A política de terra queimada privava o inimigo de tudo o que a terra tinha para dar. A extraordinária devastação da faixa em frente da Linha Siegfried, em França, em 1917, foi a apoteose desta abordagem – a região foi transformada num "deserto desolado e morto" no qual árvores, edifícios e sebes foram sistematicamente arrasados com explosivos, deixando uma paisagem completamente plana. Outros exércitos também limparam as respetivas fronteiras. As forças otomanas levaram gregos e arménios do litoral do Mediterrâneo para a Anatólia. As aldeias sérvias foram despovoadas e incendiadas pelos soldados húngaros. Acima de tudo, os oficiais russos, xenófobos e receosos, forçaram mais de três quartos de milhão de civis a seguir a retirada dos exércitos czaristas das fronteiras, criando um gigantesco êxodo de refugiados [21].

Tal como sucedeu nas colónias antes de 1914 e na Europa depois de 1939, as políticas do Exército alemão enquanto força de ocupação combinaram a exploração sistemática com a pacificação violenta. Uma das razões pelas quais os alemães não conseguiram reunir um novo Exército polaco foi o enorme ressentimento que suscitaram, segundo um relatório da época, com

> toda uma série de intervenções militares e industriais, tais como o confisco de matérias-primas, fábricas e maquinaria, a aquisição forçada de casas e o abate de florestas privadas... Todas estas medidas deram origem a queixas específicas, e o mesmo sucedeu com o tratamento geralmente duro da população pelos soldados e funcionários alemães e a imposição de restrições desnecessárias à circulação das pessoas [22].

Na Bélgica, o comportamento dos militares foi ainda pior, com a deportação de quase 60 000 trabalhadores para as fábricas alemãs a prefigurar as políticas levadas a cabo na Europa, depois de 1941, numa escala muito maior. Também foram conscritos para o trabalho de guerra meio milhão de trabalhadores franceses e surgiu uma grande rede de campos de trabalho. A necessidade militar foi um argumento que se sobrepôs a todas as considerações de direito ou diplomacia internacionais e o Exército pareceu indiferente ao clamor que estas políticas suscitaram em todo o mundo. E também não se preocupou com as reações às notícias das atrocidades que cometeu na Bélgica, no outono de 1914, quando foram executadas pelo menos 6000 pessoas e milhares de edifícios foram demolidos ou incendiados. Tal como sucederia durante a Segunda Guerra Mundial, o Exército alemão pareceu pouco incomodado com o sofrimento da população local e apesar da ajuda externa a subnutrição generalizou-se – um problema muito mais grave na Bélgica, a partir de 1914, do que na Segunda Guerra Mundial [23].

Os novos senhores militares do *Reich*, Hindenburg e Ludendorff, procuraram usar o "Leste" para mostrar aos "ocidentais" da França e da Bélgica a construção de "algo duradouro" através do "trabalho alemão". No seu vasto feudo do Báltico, o *Oberost*, procuraram colonizar as florestas e os pântanos selvagens e civilizar os seus habitantes (tal como gerações alemãs anteriores tinham falado em civilizar os polacos). Ignorando as complexidades étnicas e logísticas do terreno, viram a ocupação militar como modo de explorar recursos subutilizados às portas da Alemanha. O Exército francês teve ambições semelhantes na Macedónia, mas Hindenburg e Ludendorff não pretendiam apenas conquistar a natureza; ao contrário dos franceses, também queriam conquistar racialmente a região, mantendo os eslavos sob vigilância e criando novos colonatos onde poderiam renascer os "heróis alemães". Tal como durante o período da ocupação nazi, o Exército tentou mobilizar toda a população para o trabalho obrigatório, introduziu um sistema vasto de registo e bilhetes de identidade e deportou dezenas de milhares de trabalhadores para a Alemanha. Era uma cultura que também exigia o reconhecimento constante do prestígio militar. Os estrangeiros eram obrigados a desviar-se do passeio e a tirar o chapéu quando se cruzavam com um oficial alemão e não podiam entrar numa carruagem ferroviária reservada aos alemães. O desprezo pelos civis e a ausência de restrições institucionais ao comportamento militar, combinado com ideologias de transformação social completamente irrealizáveis, permitiu ao Exército alemão tratar as populações e bens ocupados a seu bel-prazer; quando a guerra começou a correr mal, o resultado foi uma destruição desnecessária numa escala vastíssima [24].

BREST-LITOVSK

Todavia, na primavera de 1918, a guerra parecia estar a correr muitíssimo bem no Leste e a visão de um império alemão materializou-se quando os alemães impuseram uma paz punitiva a uma desalentada delegação bolchevique. Graças ao Tratado de Brest-Litovsk, assinado numa vasta e sombria fortaleza russa, estabeleceu-se uma *pax germanica* esmagadora sobre um conjunto de províncias czaristas, do Báltico ao mar Negro, uma região que prefigurou notoriamente a conquistada pela Wehrmacht em 1941. Na Frente Ocidental, os soldados alemães concentraram-se para a ofensiva decisiva, destinada a acabar com a Entente antes que a chegada da tropa americana pudesse fazer pender a balança. Enquanto isso, no Leste, estava a ser estabelecida uma nova ordem. Com o regime imperial a entrar em colapso, o Exército do *Kaiser* assumiu o controlo da situação. A Rússia, segundo um oficial alemão, não passava de "um grande monte de vermes apodrecidos a mexerem-se desordenadamente" ([25]).

Em Brest-Litovsk, os bolcheviques cederam 90% das minas de carvão, 54% da indústria e um terço do sistema ferroviário e da população da Rússia. Os soldados alemães entraram na Ucrânia e na Geórgia e, com um milhão de homens a ocupar a região, os estrategos de Berlim criaram um cordão de Estados-tampão concebido para proteger a Alemanha do bolchevismo e fornecer aos mercados os cereais, o petróleo e outros recursos que garantiriam o estatuto da Alemanha como potência mundial. Existiria na Europa "uma nova ordem [que] prometia uma permanência muito maior do que a simples anexação de território estrangeiro". Os alemães instalaram regimes obedientes na Ucrânia, na Lituânia e na Polónia e transformaram também a Roménia num satélite. O alto-comando alemão sonhava com a sua muralha fronteiriça de "seres humanos física e mentalmente sãos" a repelir a ameaça racial colocada pelos eslavos, que se reproduziam em ritmo acelerado. Outros imaginaram-se a avançar ainda mais para leste, a transformar a Crimeia numa "Riviera alemã", a abrir o caminho pelo Cáucaso até à Pérsia, ao Afeganistão e, por fim, à Índia, para pôr o Império Britânico de joelhos com a conquista das graças dos movimentos pan-islâmicos ou panturcos existentes na Eurásia ([26]).

Só havia um problema: a guerra não tinha acabado. A ofensiva ocidental de 1918 perdeu o gás e com a entrada da América no conflito o equilíbrio de forças alterou-se rapidamente em detrimento de Berlim. Alguns meses depois, com uma rapidez que o público alemão teve dificuldade em compreender, os aliados da Alemanha pediram a paz e o alto-comando alemão seguiu-lhes os passos, atribuindo convenientemente as culpas pela capitulação a uma traição por parte dos civis e não aos seus próprios erros de cálculo. Forçado a abdicar, o *Kaiser* iniciou relutantemente o seu longo exílio na Holanda. Durante os meses seguintes, a nova ordem oriental da Alemanha desmoronou-se e Brest-Litovsk tornou-se "a paz esquecida".

Mas nem todos a esqueceram. Os nacionalistas, enfurecidos, não conseguiam acreditar que a sua presa oriental lhes fora tirada das mãos e lutaram para a reclamar. Grupos de voluntários mobilizaram-se em diversos Corpos Livres (*) para defender as fronteiras da nação: combateram os socialistas em Munique e os polacos em Posen. No Báltico, o general von der Goltz foi apoiado pelas potências da Entente quando o Exército Vermelho de Trotsky conquistou Riga, em dezembro. Paramilitares e ex-soldados alemães acorreram ao quartel-general de von der Goltz, em Mitau, para preservar o que pudessem de Brest-Litovsk, não só contra os bolcheviques mas também contra os nacionalistas do Báltico e, caso fosse necessário, contra os britânicos também. Repelindo as forças bolcheviques para leste, espalharam o terror e as execuções em massa. Quinhentos civis foram fuzilados sem julgamento em Mitau e 3000 foram mortos em Riga, cuja conquista, em maio de 1919 – o ponto alto da sua aventura – eles saudaram como "o símbolo da vitória da civilização europeia sobre a barbárie asiática". Mais ou menos desconhecida hoje, a sua reconquista da Letónia e da Lituânia foi dos episódios mais violentos da guerra e precursora do futuro. "Os combates nos Estados do Báltico foram mais brutais e cruéis do que tudo o que passei até hoje", escreveu um dos participantes, Rudolf Höss, o futuro comandante de Auschwitz. "Não existia praticamente linha da frente; o inimigo estava em todo o lado. Quando as forças adversárias colidiam, era uma chacina até não restar ninguém" [27]

Enquanto afirmavam estar a salvar os Estados bálticos do bolchevismo, os alemães portavam-se como saqueadores. Para alguns, o objetivo era uma propriedade própria, para outros, o único propósito era a obediência cega aos seus líderes, "a guerra e a aventura, a excitação e a destruição". "As aldeias irrompiam em chamas, os prisioneiros eram espezinhados", recordou um deles. Recordavam tudo isto sob uma aura romântica, vendo-se como cruzados renascidos, como uma nova geração de Cavaleiros Teutónicos. "A singularidade perigosa daquela terra que me mantinha tão peculiarmente enfeitiçado atraía-me", escreveu um. "Era uma terra que transmitia à guerra algo do seu caráter turbulento e em constante mutação... Talvez tenha sido isto que deu aos Cavaleiros Teutónicos aquela demanda irrequieta

---

* Os célebres *Freikorps*. (N. T.)

que os levou continuamente a partir dos seus castelos para novas e perigosas aventuras" ([28]).

Com a consolidação do nazismo na Alemanha, na década de 30, estes homens foram marginalizados; eram demasiado indisciplinados, exigentes e imprevisíveis e muitos deles pereceram na sangria da Noite das Facas Longas (*), em 1934. Mas a guerra era o que melhor conheciam e a partir de 1939 muitos deles regressaram quando outro Exército alemão estabeleceu uma segunda Nova Ordem nos mesmos territórios orientais. O secretário pessoal de Hitler, Rudolf Hess, e o seu sucessor, Martin Bormann (que a guerra tornou um dos homens mais poderosos do *Reich*) pertenceram aos Corpos Livres. Höss, ajudado pelo seu amigo Bormann, cometeu um assassínio para vingar a morte de Leo Schlageter, seu camarada dos Corpos Livres (**). Erich Koch, vice-rei de Hitler na Ucrânia entre 1941 e 1944, foi um dos que transportaram aos ombros o caixão de Schlageter. Por conseguinte, os laços entre estes "velhos combatentes" datavam de décadas. A Polónia ocupada também foi governada por antigos membros dos Corpos Livres – o governador-geral, Hans Frank, e o chefe do Warthegau [subdivisão administrativa do regime nazi na Polónia], Arthur Greiser. O chefe da polícia alemã durante a guerra, Kurt Daluege, foi chefe de secção do Corpo Livre Rossbach e o nada diplomático ministro colocado na Roménia, Manfred von Killinger, planeou o assassínio de vários políticos destacados de Weimar. E havia mais: Erich von dem Bach-Zelewski, o general SS incumbido das operações de contraguerrilha em toda a Europa, Wilhelm Stuckart, do Ministério do Interior (um dos burocratas mais importantes do *Reich* durante a guerra), bem como Reinhard Heydrich e Ernst Kaltenbrunner, os dois chefes do Departamento Principal de Segurança do *Reich*. A segunda ocupação do Leste foi o seu momento ([29]).

Só podemos imaginar o que teria sentido o antigo comandante-em-chefe do *Reich*, o *Kaiser* Guilherme, quando os exércitos alemães invadiram a URSS, em 1941. Ele saudou as vitórias nos Países Baixos e na França, no ano anterior, mas menos de um mês antes do início desta segunda guerra contra o bolchevismo morreu no seu palácio holandês, aos oitenta e dois anos de idade. O *Kaiser* e o *Führer* comungavam do mesmo enfoque na Europa de Leste como zona crucial para a segurança nacional, da mesma obsessão com a terra, a colonização e o povoamento racial. Juntamente

---

(*) Série de execuções políticas levadas a cabo pelo regime nazi entre 30 de junho e 2 de julho de 1934, incluindo a purga da liderança da SA. (*N. do T.*)

(**) Schlageter foi fuzilado pelas tropas de ocupação francesas por sabotagem, em 1923. Höss e outros cúmplices assassinaram o alegado denunciante. (*N. T.*)

com muitos dos seus seguidores, ambos acreditavam que a expansão das fronteiras da Alemanha era necessária para garantir a segurança num mundo de luta permanente contra o perigo eslavo oriundo do Leste. Tal como Hitler, o *Kaiser* via no bolchevismo uma conspiração judaica mundial anti-alemã que exigia uma oposição implacável: ao apelar à realização de operações militares e de policiamento destinadas a eliminar os bolcheviques, ele quis que os seus homens se comportassem como "os turcos na arménia". Os seus principais generais pretenderam – precisamente como Hitler – privar a Rússia dos cereais, carvão, minérios e petróleo vitais através da ocupação da Ucrânia e do Cáucaso ([30]).

Mas as diferenças também são reveladoras. Os nazis não se pouparam a esforços para mostrar que não estavam apenas a repetir as políticas do *Kaiser* (talvez se tivessem saído melhor se o tivessem feito). Escrevendo em março de 1942, Josef Goebbels, o ministro da propaganda nazi, zombou daqueles que esperavam que a Nova Ordem, depois de empurrar o Exército Vermelho centenas de quilómetros, fosse instalar novos governos nos "Estados anões" do Leste: "Seria preciso tomarmos o regime imperial do *Kaiser* Guilherme como modelo para inaugurarmos uma política de vistas tão curtas. O nacional-socialismo é muito mais frio e muito mais realista em todas estas questões". De facto, ao contrário de Hitler, o *Kaiser* Guilherme II e o seu governo tinham falado a linguagem da libertação nacional, do monarquismo e da autodeterminação e sancionado a criação de Estados nominalmente independentes na Europa de Leste. Falavam ocasionalmente em força racial, mas este vocabulário encerrava implicações muito menos mortíferas para os civis sob a sua autoridade. A ocupação militar levada a cabo pelo Exército imperial podia ser dura mas, como mostra a experiência da Polónia, não foi nada comparada com o que estavam dispostos a fazer os civis que chefiaram o aparelho de ocupação nazi. Os polacos e judeus (e foram muitos) que previram em 1939 que o III *Reich* vitorioso se comportaria como o II sofreram uma horrível desilusão. De facto, apesar do antissemitismo prevalecente no círculo do *Kaiser*, os judeus não figuraram de forma central nos planos da Alemanha durante a Primeira Guerra Mundial. Foram menos inimigos do que potenciais aliados, encorajados com outras nacionalidades rebeldes súbditas do czar ([31]).

Mais importante ainda, na Primeira Guerra Mundial ainda existiam os Habsburgos. A solidariedade dinástica constituiu um travão decisivo na ideia de uma Grande Alemanha. Contudo, em 1918, os Habsburgos e os Hohenzollerns foram derrubados e no seu lugar surgiu, depois de 1933, um novo Estado do Povo alemão e mais poderosamente centralizado, com Hitler como seu arquiteto, que engoliu facilmente a diminuta Áustria criada em Versalhes. Hitler nasceu súbdito do imperador Francisco José, mas a sua mundividência pressupunha uma visão de ordem e nacionalidade na Europa de Leste que não era tanto pós mas sim anti-habsburgo, baseada na pureza e não na mistura étnica, na lealdade à nação e não a nenhuma dinastia supranacional. Por outras palavras, as raízes da Nova Ordem nazi não estiveram no antissemitismo nem no desejo cego de conquista, mas sim na demanda de unificação dos alemães num único Estado alemão. Sob a direção de um chefe que subiu a pulso e do seu partido de massas, a Nova Ordem pretendeu vencer onde o *Kaiser* fracassara, no estabelecimento de um domínio permanente sobre os eslavos no Leste, tornando-se deste modo suficientemente poderosa para dominar toda a Europa.

2

De Versalhes a Viena

A luta pela etnicidade nada mais é do que a continuação da guerra por outros meios a coberto da paz. Não é uma luta com gás, granadas e metralhadoras, é uma luta por lares, quintas, escolas e pela alma das crianças...".

THEODOR OBERLÄNDER ([1])

Se 1918 começou com os alemães prestes a estabelecerem uma nova ordem triunfante na Europa de Leste, terminou com eles à beira do colapso. O Império Habsburgo desintegrou-se quase de um dia para o outro e o imperador Carlos fugiu para a Suíça, acabando por ir parar à Madeira, onde faleceu poucos anos depois. Na Alemanha, a monarquia foi abolida e o *Kaiser* partiu para o exílio. Entretanto, a Grã-Bretanha e a França aceitaram finalmente a ideia de que – nas palavras de um diplomata – os seus "interesses coincidem inteiramente com o princípio da nacionalidade". Em 1919, estabeleceram um "cordão sanitário" de Estados-tampão na Europa de Leste, com governos em estreita aliança com Londres e Paris. Culpando os alemães pela eclosão da guerra, sobrecarregaram-nos com reparações e puniram-nos com perdas substanciais de território. Muitos alemães que tinham nascido súbditos habsburgos ou prussianos viram-se pela primeira vez governados por checos, polacos, estónios e letões ([2]).

Ainda antes de a guerra terminar, pelo menos um diplomata britânico interrogara-se: e se os alemães levam a sério o lema da autodeterminação nacional? Não poderia a paz conduzi-los a um *Reich* alemão ainda maior, especialmente se a monarquia dos Habsburgos se desmoronasse? Desmoronou-se em outubro de 1918. Com o império nos seus estertores de morte, os representantes dos territórios alemães da Áustria-Hungria de antes da guerra reuniram-se em Viena e declararam que constituíam a Assembleia Nacional Provisória da Alemanha-Áustria: os alemães austríacos pretendiam a unificação com a Alemanha e não viam razões para esperar. Pouco depois, aprovaram um projeto de constituição que afirmava categoricamente que "a Alemanha-Áustria é parte componente da República Alemã". Por conseguinte, foi a derrota das Potências Centrais e não a sua vitória que tornou mais próxima a Grande Alemanha (^{3}).

Os sociais-democratas austríacos queriam a união com a Alemanha republicana porque a viam como um meio seguro de se livrar de vez da monarquia dos Habsburgos. Poucos meses antes, ainda pensavam em transformar o império num "Estado de nacionalidades" – uma espécie de alternativa aos Estados-nação wilsonianos – como "uma experiência para o futuro da Humanidade", mas o momento passou e a derrota reduziu-lhe as opções. Ficaram entusiasmados com o derrube do *Kaiser* e acreditaram que o *Anschluss* lhes possibilitaria a criação da grande república alemã que os seus avós tinham vislumbrado em 1848. Poucas pessoas conseguiam imaginar uma Áustria diminuta e independente a florescer: tornar-se parte da Alemanha, além de lhe garantir prosperidade, mostraria também que, nas palavras do novo chanceler, Karl Renner, "somos uma comunidade que partilha um destino comum". Para o seu colega socialista Otto Bauer, a fusão da Áustria com a Alemanha ajudaria a criar "a Alemanha de amanhã... uma Alemanha democrática" (^{4}). No telegrama que enviou a Berlim após a proclamação da nova constituição, ele referiu que o país "expressara a sua vontade de se reunir às outras nações germânicas das quais fora separado há 52 anos". Deste modo, sugeriu ele, as feridas históricas abertas pela derrota do império pela Prússia, em 1866, poderiam finalmente sarar.

O *Anschluss* – no meio do choque do colapso habsburgo – não era um mote exclusivo da esquerda: à direita, durante a guerra, tinha havido apelos "a uma nova ordem em todas as relações políticas, nacionais e económico-sociais" com a Alemanha. Mas a esquerda era a verdadeira força motriz. Nas eleições para a nova assembleia austríaca, em fevereiro de 1919, a direita conseguiu apenas 18% dos votos, comparados com 41% para os sociais-democratas. Contudo, nem todos os austríacos desejavam a unificação e também se registou uma grande votação – mais de um terço – a favor dos sociais-cristãos católicos (*), muitos dos quais receavam o domínio da Prússia e a diluição da influência da Igreja (^{5}).

(*) Do Christlichsoziale Partei (Partido Social-Cristão). *(N. T.)*

Em Paris, existia um obstáculo muito maior à unificação alemã do que o catolicismo austríaco. Afinal de contas, as Potências da Entente não tinham combatido durante quatro anos para presidir à expansão da Alemanha. Enquanto Weimar aceitava formalmente a resolução a favor do *Anschluss*, os diplomatas alemães preocupavam-se com as reações do estrangeiro, e com razão: acordado em junho de 1919, o Tratado de Versalhes insistiu no estabelecimento de uma Áustria independente. Menos de dois meses depois, os vencedores deram o Tirol do Sul à Itália e partes da Estíria e da Caríntia ao novo reino dos sérvios, croatas e eslovenos, e os alemães da Boémia viram-se no novo Estado da Checoslováquia. E como se isto não fosse suficientemente mau, os esforços adicionais em prol da unificação foram explicitamente bloqueados: "A independência da Áustria é imutável a menos que mereça o acordo do Conselho da Sociedade das Nações". Foi em vão que os líderes austríacos realçaram a contradição óbvia com o princípio da autodeterminação subjacente à nova ordem wilsoniana na Europa. Em Viena, a Assembleia Nacional aceitou o Tratado sob protesto e em outubro de 1919 o nome do Estado foi alterado de "Áustria Alemã" para "República da Áustria". O apoio à independência aumentou com o passar do tempo, mas o *Anschluss* continuou a ser um mote aglutinador para os políticos austríacos durante toda a década de 20 e a ira popular face a Versalhes recrudesceu à medida que o núcleo do que fora um vasto império era obrigado a lidar com as consequências empobrecedoras do colapso imperial: "Fome ou *Anschluss*!", dizia uma palavra de ordem dos nacionais-democratas austríacos. Em privado, até os políticos católicos inteligentes como Ignaz Seipel, chanceler da República, eram declaradamente a favor da união. "A Áustria, na sua forma atual, nunca teve uma existência estanque", escreveu Seipel a um correspondente, em 1928. "Em consonância com toda a sua história e estilo de vida, os austríacos são um povo de um grande Estado" ([6]). Porém, enquanto o acordo de Versalhes permanecesse válido, o *Anschluss* continuaria a ser uma impossibilidade diplomática e militar.

AS MINORIAS NA SOCIEDADE DAS NAÇÕES

Pelo menos na Áustria, os alemães étnicos estavam em maioria. Noutras paragens da Europa de Leste, o estabelecimento dos novos Estados transformou-os em minorias consideráveis. No fim da guerra, havia 1,2 milhões de alemães na Polónia, 3,5 milhões na Checoslováquia, 550 000 na Hungria, 250 000 em Itália, 800 000 na Roménia, 700 000 na Jugoslávia e 220 000 nos Estados bálticos. Versalhes transformou os alemães na maior população minoritária da Europa e em 1930 estimou-se que dos 36 milhões de membros de minorias da Europa de Leste, 8 a 9 milhões eram alemães ([7]).

Seria injusto acusar os vencedores da guerra de terem ignorado o seu sofrimento. Pelo contrário, obrigaram a Polónia e outros Estados europeus do Leste a garantir-lhes direitos coletivos. A própria Sociedade das Nações acompanhou a sua aplicação, identificando-se com o tratamento correto dos alemães, judeus e outras minorias da Nova Europa cuja paz fora concebida para garantir. Foi um avanço extremamente ambicioso no direito internacional para o qual o século XIX apresentava poucos precedentes. Anteriormente, as Potências tinham dito aos Estados recém-independentes para garantirem a liberdade de pensamento e evitar a discriminação religiosa, disposições que tinham sido aplicadas à Bélgica, à Grécia, à Sérvia e a outros países antes de 1914. Todavia, as novas disposições colocaram na ribalta o comportamento dos Estados nos domínios da educação, da cultura, da economia e da administração. O problema – e o tempo iria mostrar que havia um problema – não estava na ideia da garantia de direitos coletivos, que tinha muito de bom, mas sim na sua implementação.

Em alguns países, os alemães – e as minorias em geral – tinham poucas razões de queixa. A Estónia e a Letónia, em particular, trataram-nos bem. Tendo em conta as políticas de anexação do Exército alemão na região durante a guerra, a atitude chauvinista de alguns dos barões alemães locais e a destruição provocada pelos Corpos Livres, é espantosa a forma como estes novos Estados estiveram dispostos a acomodar as suas diversas populações. A constituição estónia garantiu-lhes o direito à autonomia cultural e em 1925 foi aprovada uma lei segundo a qual um indivíduo se podia identificar com uma dada nacionalidade. Foi um modelo de como o novo regime da Sociedade poderia ter funcionado, com mais boa vontade, noutras paragens. Os deputados podiam dirigir-se ao parlamento em alemão, russo, *yiddish* ou sueco e embora muitos proprietários de terras alemães tenham ficado arruinados com a expropriação das suas propriedades, a maioria dos alemães da Estónia vivia mais modestamente, nas cidades, e não foi afetada ([8]).

Por detrás da lei de 1925 estavam os "outros" alemães, os que acreditavam nas ideias de proteção e autonomia cultural das minorias e que queriam fazê-las funcionar. Ewald Ammende cresceu durante a Primeira Guerra Mundial e assistiu ao fracasso dos esforços dos alemães, no meio do conflito, para criarem grupos de pressão de nacionalidades antirrussas descontentes. No princípio da década de 20, publicou vários artigos sobre os desafios do ajustamento político, económico e mental que os alemães enfrentavam na Europa Central e de Leste e esteve por trás da União dos Grupos Nacionais Alemães da Europa. O Congresso das Nacionalidades Europeias, que ajudou a fundar, três anos mais tarde, era a principal associação de minorias da Europa. Congregou judeus, ucranianos, alemães e outros com o objetivo de reforçar o compromisso da Sociedade com os direitos das minorias. No entanto, a sua base e o seu núcleo eram alemães e temos de compreender a sua ascensão e queda no contexto da abordagem de Weimar à conturbada questão dos alemães no estrangeiro ([9]).

Na Alemanha, tornara-se claro que a resistência armada ao acordo de Versalhes era vã. Os paramilitares de direita tinham conseguido, nalguns casos, apoderar-se de pequenas cidades, mas sem apoio político não podiam colocá-las sob controlo duradouro. No outono de 1919, os deputados tinham argumentado que independentemente dos méritos do acordo fronteiriço com a Polónia era necessário, para bem da minoria alemã existente na região, estabelecer boas relações com o governo polaco. Olharam com o mesmo realismo para a situação na Checoslováquia, onde, nos últimos dias da guerra, o *Kaiser* e Ludendorff tinham fantasiado sobre a anexação de partes da Boémia dos Habsburgos. Assinado o Tratado de Versalhes, os diplomatas alemães disseram aos alemães dos Sudetas (que abandonaram a sua antiga identidade habsburga de "boémios alemães") que deveriam cooperar com as autoridades checas. "Relações corretas" continuou a ser a palavra de ordem, apesar dos motins antialemães (e antissemitas) de 1919. As relações entre os checos e a nova Áustria depressa se tornaram sólidas, facilitadas por um extenso comércio bilateral e sem interferências de Berlim ([10]).

Contudo, não era possível normalizar os direitos das minorias entre os alemães e os seus vizinhos. Havia demasiada história envolvida – conflitos antigos em matéria de língua na Boémia dos Habsburgos e de terra na Polónia prussiana – e os alemães destes novos Estados não aceitaram facilmente que já não eram a classe governante. Na Checoslováquia, onde – como a conferência de paz de Paris prescientemente avisara – o problema dos alemães era "bastante diferente da mera proteção das outras minorias", uma nova lei do ensino obrigou ao encerramento de algumas escolas de aldeia alemãs e a universidade de língua alemã de Praga entrou em declínio.

O debate bastante acrimonioso que tinha praticamente fragmentado a monarquia habsburgo foi resolvido com uma lei que tornou o checo a língua oficial do novo país. Os funcionários alemães receberam dois anos para a aprenderem, sob pena de perderem o emprego, e a partir de 1926, quando a lei entrou plenamente em vigor, milhares de antigos funcionários públicos habsburgos foram parar ao desemprego. Em muitos lugares, só eram entregues cartas com moradas em checo; de Praga, só era possível enviar telegramas em checo; só se podia falar com as telefonistas em checo. As ruas foram rebatizadas com os nomes de heróis checos e os administradores locais, apostados no confronto, gabavam-se do seu "domínio absoluto" sobre os alemães. Os funcionários do censo decidiam se as pessoas deviam ser registadas como checos ou alemães, ignorando os sentimentos dos visados, para inflacionarem o número de checos. Além disso, tal como sucedeu noutros países, a reforma agrária tomou como alvo os agricultores alemães e subsidiou o estabelecimento de colonos checos em "regiões predominantemente germanizadas", considerando-os "portadores e promotores das ideias da nação e do Estado". Por outro lado, a atitude checa não foi apenas de repressão. Existia uma representação alemã substancial no novo parlamento e com o passar do tempo alemães e checos começaram a cooperar nos negócios, nos sindicatos e na política, aproximados pelo mesmo anticomunismo e pela vitalidade da economia checoslovaca [11].

Na Polónia, a atmosfera e a política eram consideravelmente mais duras. O Estado polaco recém-independente adquiriu 90% da antiga província prussiana de Posen e 66% da Prússia Ocidental, com uma população de língua alemã total de mais de um milhão de pessoas; o porto alemão de Danzig tornou-se uma Cidade Livre, com um comissário da Sociedades das Nações. No meio dos confrontos violentos entre soldados alemães, que decoraram os seus camiões com suásticas e caveiras, e os seus homólogos polacos, esta transferência de poder decorreu durante uma luta mais terrível do que tudo o que aconteceu na Boémia. O governo de Weimar procurou subjugar os paramilitares, mas quando os polacos contestaram as pretensões alemãs à Alta Silésia, Weimar pediu-lhes ajuda. Liderados por Manfred von Killinger, futuro embaixador de Hitler na Eslováquia e na Roménia durante a guerra, os voluntários nacionalistas – escolhidos com base na raça e no seu ódio aos judeus, comunistas e eslavos – repeliram os polacos. De seguida, as forças de Killinger foram secretamente subsidiadas pelo governo para treinarem um contingente clandestino para eventual utilização contra a Polónia e este apoio só acabou depois de alguns deles terem levado a cabo uma série de assassínios, incluindo os do deputado católico Matthias Erzberger e do ministro dos Negócios Estrangeiros de Weimar, o judeu Walter von Reichenau [12].

Na Polónia, os alemães eram vistos como cidadãos de segunda e traidores. Durante a Guerra Russo-Polaca de 1919-1921, houve relatos de que os alemães tinham aclamado os russos como libertadores e os polacos obrigaram muitos alemães a escolherem imediatamente entre a cidadania polaca ou alemã. Não era grande escolha, dado que quem optasse pela primeira se via confrontado com a conscrição imediata. Após a retirada do Exército Vermelho, os refugiados alemães fugiram da Polónia em tão grande número que o governador da Prússia Oriental chegou a propor uma troca de populações ([13]).

Mas a principal arma polaca contra os alemães foi a reforma agrária. Enquanto que no caso checo os confiscos desgastaram principalmente o poder da antiga aristocracia austríaca, os polacos também tomaram como alvo os agricultores com propriedades mais modestas no intuito de inverterem os efeitos da germanização levada a cabo pela Prússia antes da guerra. A reforma agrária afetou 68% das terras elegíveis na posse de alemães e somente 11% das terras na posse de polacos; o seu papel enquanto instrumento de nacionalização não podia ter sido mais claro. "Terra polaca para os polacos" era um lema comum e em 1923 Sikorski (*) falou em "desgermanizar" as províncias ocidentais. Os alemães que a Comissão de Colonização Prussiana tinha ajudado a instalar-se antes da guerra foram os primeiros a ser afectados ([14]).

Não admira que a população alemã tenha sido atacada por uma febre de emigração. Receosos de se virem a encontrar do lado errado da fronteira com a Polónia, milhares de alemães fugiram para ocidente. As estimativas sugerem que cerca de 575 000 alemães terão deixado a Polónia entre 1918 e 1926, incluindo mais de metade da população das partes cedidas da Poznânia e da Prússia Ocidental. Esta percentagem é enorme quando comparada com os menos de 10% que fugiram de território checo e ultrapassou até os 200 000 alemães que os franceses expulsaram da Alsácia-Lorena. Torna-se claro que teve lugar um êxodo das zonas fronteiriças ocidentais polacas que, na sua magnitude, não teve igual na Checoslováquia nem em nenhum outro lugar na altura em questão. As antigas cidades alemãs definharam e transformaram-se em cidades polacas.

Contudo, os polacos e os alemães compreenderam que tinham de impedir que a situação ficasse fora de controlo; tanto uns como outros tinham minorias substanciais no território do vizinho. As relações entre ambos foram sempre tensas durante a vida da República de Weimar, mas pelo menos permaneceram controláveis. O Ministério dos Negócios Estrangeiros alemão não estava mais disposto do que os seus críticos nacionalistas a aceitar como definitiva a fronteira com a Polónia definida em Versalhes, mas via a minoria alemã como alavanca para uma futura política revisionista; se não ficassem alemães na Polónia, as suas pretensões ao território polaco seriam muito mais fracas. Nesta ótica, a política alemã foi persuadir os membros da minoria a ficarem onde estavam. De facto, em meados da década de 20, a Alemanha de Weimar foi ainda mais longe: tentou internacionalizar o

---

(*) Władysław Eugeniusz Sikorski, primeiro-ministro polaco. (*N. T.*)

sofrimento da minoria aderindo à Sociedade das Nações e posicionando-se como a "Protetora das Minorias", por excelência, do continente.

Esta política identificou-se principalmente com a figura que dominou a diplomacia alemã antes de Hitler, Gustav Stresemann, e representou uma mudança considerável no seu próprio pensamento. Stresemann, um nacionalista conservador que durante a guerra defendera a anexação de zonas da Bélgica, da França e da Europa de Leste, foi um dos primeiros políticos alemães que saudaram a união com a "Áustria Alemã". Porém, o pós-guerra revelou-o como um pragmático e em meados da década de 20 ele arquitetou a adesão da Alemanha à Sociedade das Nações. Na leitura de Stresemann, esta medida era necessária para promover os interesses da Alemanha na Europa de Leste e, em particular, para garantir a aplicação dos tratados dos direitos das minorias, e ele usou muitas vezes este argumento para rebater as críticas dos nacionalistas contra as suas políticas pró-Sociedade. Enquanto a Alemanha fundava o Congresso das Nacionalidades Europeias, Stresemann montou uma campanha concertada para melhorar o sistema global de proteção jurídica e propôs inclusivamente que a Alemanha concebesse uma nova política para as suas próprias minorias. Tudo isto formou parte de um plano amplamente revisionista e de longo prazo que ele definiu, em privado, como "a criação de um Estado cujas fronteiras políticas abarquem todos os povos germânicos que vivem nas regiões contíguas ao povoamento alemão na Europa Central e que desejem estar ligados ao *Reich*". Não é algo muito diferente daquilo a que os nazis apelavam. A diferença mais óbvia – e não foi pequena – era que Stresemann via o caminho a passar pela Sociedade das Nações, e enquanto Hitler planeou expulsar as minorias, Stresemann concebeu a aquisição de mais minorias, daí a importância de a Alemanha se tornar um Estado modelar para aquelas que já possuía. Contudo, à semelhança de Hitler, ele via as fronteiras e as minorias como questões interligadas. Em junho, Stresemann disse em segredo aos chefes das missões alemãs no estrangeiro para "desencadearem atividades de propaganda a favor de uma revisão em grande escala da fronteira de leste" ([15]).

Stresemann acreditava que a Sociedade podia ser reformada para se tornar uma defensora mais eficaz dos interesses alemães e apostou muito do seu capital político na prossecução deste objetivo. Quase toda a gente estava de acordo que era necessária uma reforma do regime das minorias. Por exemplo, os governos franceses do pós-guerra, libertos das obrigações que pesavam sobre os Estados da Europa de Leste, tinham lançado um ataque descaradamente racista aos direitos civis dos falantes de alemão na Alsácia-Lorena, acabando por deportar 200 000 com total impunidade. Os lituanos – e posteriormente os polacos – não tinham gostado de ser vítimas e propuseram que todos os membros da Sociedade fossem obrigados a tratar corretamente as respetivas minorias. Os húngaros queriam que as minorias pudessem levar as suas queixas ao Conselho da Sociedade. No entanto, o que atraiu mais atenções foi a proposta de Stresemann no sentido da criação de uma comissão permanente das minorias, na linha da comissão dos mandatos. Briand, o ministro dos Negócios Estrangeiros francês, avisou que o alargamento das exigências de "direitos" poderia levar a Europa à guerra. Na reunião do Conselho de dezembro de 1928, rebentou uma discussão entre Stresemann e o seu homólogo polaco, August Zaleski, o ministro dos Negócios Estrangeiros. Quando Zaleski criticou a organização minoritária Deutscher Volksbund pelas suas reclamações incessantes, Stresemann, num ataque de fúria, interrompeu-o, bateu com os punhos na mesa e anunciou uma campanha alemã para ampliar o regime dos direitos das minorias. No meio de um ambiente de extrema tensão, esta proposta não chegou a lado nenhum. Entretanto, no terreno, a situação foi de mal a pior. Nos meses que antecederam a morte prematura de Stresemann (*), alguns artistas polacos de visita à Silésia foram atacados por um grupo de jovens nazis, o líder da Volksbund, o Dr. Ulitz, foi julgado em tribunal na Polónia e o Conselho da Sociedade votou contra as propostas alemãs. Acrescentando à confusão, o *Izvestia* (**) descreveu com regozijo a Europa da Sociedade como "prisão dos povos minoritários".

As últimas e substanciais realizações de Stresemann – o acordo com a França para evacuar a Renânia cinco anos antes do prazo e o Plano Young, o programa de revisão das reparações de guerra – ofuscaram os frutos escassos da sua política de leste. A sua morte prematura, o início da Depressão e a subida espantosa do Partido Nazi nas eleições de setembro de 1930 marcaram o fim de uma era. Nos anos seguintes, a Alemanha pareceu perder a confiança na capacidade da Sociedade das Nações para proteger os direitos dos alemães no estrangeiro, mas o que aconteceu a seguir foi mais do que o repúdio das fronteiras de Versalhes e a prossecução do revisionismo territorial por outros meios: foi uma rejeição total e absoluta do sistema dos direitos das minorias e de proteção legal internacional criado pela Sociedade das Nações. Foi o varrer da velha ordem pela Nova Ordem nazi [16].

(*) Stresemann faleceu em 3 de outubro de 1929. (*N. T.*)
(**) Jornal oficial do governo soviético. (*N. T.*)

RUMO À GRANDE ALEMANHA

Na Alemanha, as críticas nacionalistas contra as políticas de Stresemann já eram incontidas muito antes de a sua morte pôr termo ao breve período de Weimar como "protetora das minorias". As organizações de refugiados e os grupos nacionalistas tinham conduzido uma longa campanha contra a Sociedade das Nações, e as confrarias paramilitares, tais como a Heimatbund Ostpreussen e a Deutscher Wehrverein haviam preservado as redes de veteranos que tinham combatido em 1918-1919. Na Silésia e na Prússia Oriental, realizavam-se excursões de comboio e autocarro à "fronteira ensanguentada" para chorar a perda dos territórios perdidos e os irmãos por libertar que ainda lá viviam; no princípio da década de 30, estas excursões começaram a ser organizadas pelas próprias autoridades locais. Algumas organizações realizavam desfiles militares e acendiam fogueiras junto à fronteira, outras foram um pouco mais longe e começaram a preparar-se para o confronto armado ([17]).

A preocupação com a situação dos "Alemães no estrangeiro" não se limitou aos agrupamentos paramilitares radicais nem aos teóricos raciais de estilo nazi. Os polacos tinham conseguido um êxito espetacular na "desgermanização" das antigas possessões prussianas. Instalaram dezenas de milhares de pessoas perto de Gdansk e construíram um porto rival nas proximidades. A partida de muitos alemães contribuiu para alterações drásticas no equilíbrio populacional. Em Poznań/Posen, em 1930, os alemães constituíam apenas 2% da população, comparados com 42% em 1910; em Bydgoszcz/Bromberg, a percentagem caiu de 77% para 8,5%. Em Weimar, existia uma preocupação generalizada com os refugiados alemães e muito apoio às instituições culturais e de assistência que promoviam o "germanismo". A venerável Verein für das Deutschtum im Ausland (VDA) – que canalizava fundos estatais e privados para escolas e outras entidades minoritárias alemãs – contava com mais de dois milhões de membros. A VDA não era uma organização radical, mas também retratava os governos estrangeiros de forma hostil, como se travassem uma guerra contínua de extermínio cultural contra os alemães acossados no estrangeiro. Nos novos institutos de investigação para o estudo dos *Volksdeutsch* [alemães étnicos] floresciam opiniões mais radicais ([18]).

Por conseguinte, a partir de 1918 verificou-se um interesse renovado na missão da Alemanha "no Leste", alimentado pela difusão da "geopolítica" como abordagem à geografia política e pela popularidade das teorias do *Lebensraum*. As realizações de Bismarck, outrora heroicizadas, ficaram na ribalta: em Weimar, Bismarck foi cada vez mais criticado por se ter contentado com uma Pequena Alemanha, pela sua amizade excessiva face à Rússia e por ter abandonado o *Drang nach Osten* (*). O império hohenzollern de Bismarck – dizia a esquerda republicana – fora um veículo para a preservação do poder da autocracia prussiana. Em contraste, uma Grande Alemanha regressaria ao legado democrático das revoluções de 1848 e demonstraria as possibilidades de "uma verdadeira *Grossdeutschland* [Grande Alemanha] assente em fundações democráticas". Por seu lado, os nacionalistas raciais viam a união da Alemanha e da Áustria como a síntese de "um novo Homem alemão", mais próximo da terra e harmonizador das tradições diversas do Norte e do Sul. Os católicos do Partido do Centro entendiam que a adição da Áustria poderia contrabalançar a supremacia protestante do Norte. Em todo o espectro político de Weimar, os políticos e os intelectuais pregavam a necessidade de expansão nacional, a atenção aos alemães que viviam no estrangeiro e a necessidade de uma nova "comunidade do povo" (*Volksgemeinschaft*). Os manuais escolares ensinavam a importância da Áustria, em particular, e dos alemães étnicos. Os grupos de pressão patrocinavam palestras sobre a "Alegre Viena" e apoiavam os concertos da Filarmónica de Viena.

Nesta atmosfera de humilhação e indignação nacionais, tudo – até a música – podia ser invocado para provar o argumento da Grande Alemanha. Contrastando Bach e Handel, cuja intensidade captava "a melancolia dos matagais e dos pântanos e as poeirentas nuvens cinzentas" da paisagem do Norte da Alemanha com o suave lirismo dos "Bosques de Viena" de Mozart e Haydn, o musicólogo Robert Lach concluiu:

> Ambos os grupos estão separados, mas ambos fazem parte um do outro através do espírito alemão que encerram. Bach, Handel e Schubert e Haydn e Mozart não pertencem uns aos outros como a Alemanha e a Áustria pertencem uma à outra? Não estão unidos num espírito vivo alemão comum, tal como Beethoven uniu a música alemã e a música austríaca? Não é Beethoven um símbolo desta unificação das almas alemã e austríaca, um símbolo que acabará por vingar? ([19])

De repente, o passado parecia muito diferente. Tentando fazer a ponte entre as visões da Pequena e da Grande Alemanhas, o historiador austríaco Heinrich Ritter von Sbirk advogou uma nova abordagem que designou *Gesamtdeutsch* – ou seja, a história não da Alemanha histórica que existira

---

(*) "Marcha para Leste", um termo cunhado no século XIX para designar a expansão alemã para os territórios eslavos. (*N. T.*)

na forma do Sacro Império Romano nem da Alemanha política confinada às fronteiras de 1871, mas de todo o mundo habitado pelos alemães étnicos, um mundo que nunca existira enquanto unidade política mas que poderia existir como tal no futuro. "A tarefa da história alemã", escreveu ele no seu épico *Deutsche Einheit* (*A Unidade Alemã*) "é contribuir para a construção de uma nova casa alemã". Em 1942, von Sbirk ainda escrevia, lírico, que "a Alemanha levou a sua missão e o seu papel de liderança milenares às fronteiras do Mundo Ocidental... Não na forma de imperialismo nem com base num ideal humanitário, mas assente numa ideia nova, a do *Volkstum*, que reconhece as personalidades das nações e liga organicamente as pequenas nações à liderança do grande *Volk*". Levou até 1944 para compreender que a Nova Ordem de Hitler não ia recriar um Sacro Império Romano idealizado [20].

Tal como von Sbirk, muitos académicos nacionalistas provinham das franjas do mundo alemão – da Áustria, dos Estados bálticos ou das fronteiras prussianas. Até os que não eram nazis viram com facilidade o nacional-socialismo, ou mais precisamente o próprio Hitler, como o veículo do revivalismo nacional pelo qual ansiavam. Esta atitude era vincada, por exemplo, no medievalista judeu Ernst Kantorowicz, o qual, apesar de ser um conservador nacionalista, não era seguramente nazi [21]. Em 1941, um observador da cena intelectual alemã observou que:

> Os historiadores alemães, com a exceção da minoria republicana, necessitavam de pouca "coordenação". A Alemanha do futuro que a maior parte dos historiadores tinha concebido e para a qual trabalhava aproximava-se, em muitos aspetos fundamentais, do Estado nazi de hoje. A necessidade de poder, o primado da política externa sobre os assuntos internos, a tónica na cultura alemã, a subordinação do indivíduo ao Estado, a devoção do *Reich* à sua missão no Leste, a inclusão de todos os alemães no império e a necessidade da Alemanha de um *Führer* dotado de amplos poderes são apenas as suas características mais importantes [22].

Obviamente, tal como geralmente acontece com os intelectuais, a maioria destes académicos ficou desiludida quando os nazis não implementaram as suas ideias, mas não antes de os nazis demonstrarem o quanto lhes deviam. Em fevereiro de 1939, quando Hitler inaugurou o couraçado *Bismarck* e elogiou o seu ilustre antecessor, cujas realizações apenas tinham sido limitadas pela sua necessidade de partilhar o poder com os Hohenzollerns, não divergiu muito da visão histórica prevalecente na Alemanha nazi. Um ano mais tarde, o *Führer* falou a Goebbels na mesma veia: "Bismarck não podia ter feito mais, as dinastias barraram-lhe o caminho". Elogiando os democratas de 1848, Hitler proclamou que a Alemanha assumiria o manto de liderança do Sacro Império Romano: "Devido ao nosso brilhantismo organizacional e à nossa seletividade racial, caber-nos-á automaticamente o domínio do mundo". Bismarck, os liberais de 1848 e os imperadores católicos não passavam de elementos diversos para proveito da "Alemanha total" nazi [23].

Não restam dúvidas quanto à importância do conceito da Grande Alemanha para o movimento nazi e para Hitler. Hitler descreveu o nacional-socialismo como "filho da Liga Pangermânica" [24]. Além disso, os artigos iniciais do programa fundador do Partido não poderiam ter sido mais enfáticos. Banindo da cidadania os judeus e outros que não tinham sangue germânico, apelavam à criação de uma Grande Alemanha com base no direito da autodeterminação nacional, à revogação dos tratados de paz e de colónias para instalar a "população excedentária" da Alemanha. Quaisquer dúvidas acerca do compromisso de Hitler com estas ideias são postas de parte com uma leitura na diagonal de *Mein Kampf*. Hitler e os seus seguidores viam o esquema pós-Versalhes para a Europa de Leste não apenas como uma humilhação nacional, mas como uma ameaça biológica à sobrevivência do povo alemão no seu conjunto. Desta perspetiva, não era possível outra política externa que não a da expansão territorial e a justificação principal para a tomada do poder e para o controlo da política interna foi a preparação do país para as longas guerras de conquista de território.

É, no mínimo, surpreendente que a vasta bibliografia académica surgida nos últimos trinta anos a analisar as bases do apoio eleitoral aos nazis em Weimar não tenha dito muito sobre esta questão; concentrando-se quase exclusivamente nos fatores internos, os historiadores têm procurado construir o perfil psicológico do eleitor nazi "típico", mas apenas para concluírem que esta figura provavelmente não existiu. De facto, a necessidade de expansão, um tema crescentemente utilizado por Hitler, era muito popular. Com a "cruzada das minorias" de Stresemann bloqueada na Sociedade das Nações e o seu sucessor, Brüning, traumatizado pelo seu fracasso em forçar uma união aduaneira austro-alemã, Hitler martelou repetidamente nos seus discursos a ideia de uma "colonização oriental" moderna para resolver a "falta de espaço" da Weimar pós-Versalhes. Segundo ele, a queda de Wall Street e o aumento do desemprego só confirmavam a necessidade de mais terra como alternativa ao reduzido acesso da Alemanha aos mercados mundiais [25].

Hitler tinha um lado pragmático e paciente, e depois de instalado no poder, além do abandono quase imediato da Sociedade das Nações, o seu objetivo nos primeiros anos foi apresentar uma imagem moderada ao mundo enquanto a economia recuperava e o rearmamento prosseguia. Era crucial proteger as fronteiras ocidentais da Alemanha dos franceses. A nível formal, as relações entre a Alemanha e os seus vizinhos de leste permaneceram corretas. Contudo, o III *Reich* centralizou o controlo sobre os muitos grupos que lidavam com os assuntos das minorias alemãs e o Partido criou um novo departamento – o Volksdeutsche Mittelstelle (Departamento de Ligação com os Alemães Étnicos) – para coordenar as atividades relacionadas com os assuntos dos alemães étnicos. Em poucos anos, o departamento substituiu a antiga VDA e passou a ser gerido pela SS de Heinrich Himmler. O Estado partidário da Alemanha nazi, já não interessado em agir como "protetor das minorias da Europa", tentou apertar o controlo da liderança dos grupos de assistência e de pressão dos alemães étnicos, organizações que eram amiúde teimosamente independentes [26].

A preocupação com os alemães no estrangeiro reforçou a noção das relações internacionais como uma luta racial. No centro da propaganda e da atividade irredentista contra a Polónia, a Bund Deutscher Osten, Theodor Oberländer, um jovem palestrante sobre "assuntos do Leste" da Prússia Oriental (e posteriormente ministro no governo do pós-guerra de Adenauer), adotou um tom marcial. "A luta pela etnicidade", escreveu ele em 1936,

> nada mais é do que a continuação da guerra por outros meios a coberto da paz. Não é uma luta com gás, granadas e metralhadoras, é uma luta por lares, quintas, escolas e pela alma das crianças, uma luta cujo fim, ao contrário do que sucede na guerra, não é previsível enquanto o princípio insano do nacionalismo do Estado dominar a região oriental, uma luta que prossegue durante gerações com um único objetivo: o extermínio!

Passado um ano, Oberländer foi destituído dos seus cargos por ser demasiado *brando* em relação à questão polaca [27].

Esta ideia da política externa como a "continuação da guerra por outros meios a coberto da paz" influenciou também o modo como o III *Reich* via o direito internacional. A partir de 1933, os teóricos jurídicos nazis afirmaram o primado do interesse de cada Estado e, cada vez mais, da raça. Queriam um novo tipo de direito segundo o qual a comunidade orgânica alemã criaria as suas próprias normas jurídicas. O ideal, como explicou um deles, seria um Estado "racialmente saciado", o único que poderia desfrutar de relações pacíficas com os outros Estados no sistema internacional. Contudo, a consequência lógica desta visão não era muito tranquilizadora: os tratados e outros acordos só eram considerados vinculativos desde que não pusessem em causa a saúde racial do povo; algumas comunidades raciais eram mais fortes do que outras e podiam exercer "naturalmente" uma influência hegemónica sobre elas; por conseguinte, a guerra – e não o direito – era o árbitro final da ordem internacional. Os juristas nazis desconfiavam profundamente da noção de um direito internacional universal baseado na premissa da igualdade formal dos Estados soberanos (²⁸).

Desejosos de conquistarem a lealdade dos alemães no estrangeiro, os nazis racializaram a noção de cidadania dentro e fora do *Reich*. "Os conceitos de 'cidadão e 'camarada racial' não são coincidentes", escreveu em 1936 um conselheiro do ministro do Interior. "A raça ou o seu membro individual, o camarada racial, deve vir em primeiro lugar". Por outras palavras, a afinidade entre os alemães, onde quer que estivessem, tinha primazia sobre "o conceito formal de cidadania". A "lealdade ilimitada e inalterável para com a própria raça", que outro professor de direito viu como o princípio orientador do direito nacional-socialista, pesaria supostamente mais do que qualquer lealdade que os alemães étnicos pudessem sentir em relação à Checoslováquia, à Hungria ou a qualquer outro Estado do qual tivessem passaporte. De acordo com esta linha de pensamento, se o III *Reich* e o próprio *Führer* eram pura e simplesmente a voz do *Volk* alemão no seu conjunto, também era verdade que o III *Reich* e o *Führer* tinham o direito de falar pelo *Volk* e esperar que os alemães étnicos obedecessem às suas ordens (²⁹).

Por conseguinte, a diplomacia relativa às minorias alemãs foi virada do avesso. Abandonando Genebra em 1933, Berlim negociou diretamente com as capitais da Europa de Leste. Os britânicos e os franceses foram postos à margem e as organizações étnicas alemãs tornaram-se porta-vozes do nacional-socialismo. O governo polaco fez o jogo da Alemanha ao repudiar as suas obrigações para com a Sociedade das Nações. Alguns anos mais tarde, reconheceu a questão das minorias como um assunto bilateral e aceitou o *Reich* como advogado da minoria alemã. Nada disto foi de grande ajuda para os alemães da Polónia; pelo contrário, as expulsões e confiscos aumentaram, a taxa de desemprego subiu e cada vez mais alemães étnicos declararam-se polacos. O que isto fez foi ilustrar o modo como a ordem diplomática estabelecida em Paris, em 1919, estava a ser substituída, na Europa Central e de Leste, por uma ordem cunhada em Berlim. Na Polónia, com as antigas elites emigradas ou expulsas, a comunidade alemã permaneceu fraca. O seu destino seria determinado pelas políticas e pela força da Alemanha (³⁰).

O *ANSCHLUSS*

Para Hitler, previsivelmente, o primeiro passo no programa de expansão depois do plebiscito do Sarre e da remilitarização da Renânia foi a entrada na Áustria. O *Mein Kampf* abre com a exigência da devolução da "Áustria Alemã à grande pátria alemã" e Hitler não poderia ter escrito de forma mais clara sobre o significado da sua pátria como rampa de lançamento da expansão nacional:

> A Áustria Alemã deve regressar à grande pátria alemã, e não por causa de considerações económicas. Não e não: mesmo que a união fosse insignificante do ponto de vista económico, mesmo que fosse prejudicial, teria de acontecer. Um sangue exige um *Reich*. A nação alemã só terá o direito moral de se envolver em políticas coloniais quando abarcar finalmente os seus filhos num único Estado. Só quando as fronteiras do *Reich* incluírem o último alemão mas já não puderem garantir-lhe o pão de cada dia nascerá do sofrimento do nosso povo o direito moral de aquisição de solo estrangeiro.

O apelo ao *Anschluss*, como vimos, não era um monopólio da direita. Em 1926, na cidade natal de Hitler, Linz, os sociais-democratas austríacos tinham decidido promover "o *Anschluss* (...) por meios pacíficos" e sucessivos governos austríacos e alemães tinham procurado preparar o terreno através de uma diplomacia discreta. A exigência de visto entre os dois países foi abolida e as práticas jurídicas e empresariais foram normalizadas. Entre 1930 e 1931, o governo do chanceler Brüning trabalhou em prol de uma união aduaneira entre os dois Estados, mesmo depois de esta ideia ter provocado um conflito diplomático com a França. Ambas as partes sabiam que a sua concretização seria um golpe contra a ordem de Versalhes e alguns diplomatas alemães até acreditaram que poderia atirar os checos e os polacos para os braços da Alemanha. No entanto, o seu anúncio coincidiu fatidicamente com a falência do banco Credit-Anstalt (*), que pôs a economia austríaca de joelhos e tornou as enormes reservas de ouro da França mais importantes do que nunca; a humilhação que se seguiu foi apenas uma das razões para o colapso do governo de Brüning, enquanto a crise de Weimar entrava na sua fase terminal.

Mesmo depois de 1933 não houve um caminho direto para Viena. No ano após conquistar o poder, Hitler autorizou os nazis austríacos a prepararem um golpe. Contudo, para seu embaraço, a intentona fracassou, os cabecilhas foram enforcados e, pior ainda, a tentativa afastou a Itália fascista. A partir dessa altura, o III *Reich* desenvolveu uma abordagem "evolucionária", muito mais gradual. Em julho de 1936, a Áustria aceitou praticar uma política externa baseada no princípio de que o país "reconhece-se um

---

(*) Em 1931. Era o maior banco austríaco. (N. T.)

Estado alemão". No ano seguinte, falando aos seus principais colaboradores na área da defesa, Hitler sublinhou que "o objetivo da política alemã era proteger e preservar a comunidade racial e alargá-la". No entanto, disse-lhes também que a altura para a guerra seria no início da década de 40. Quanto à Áustria, ele continuava preocupado com a reação de Mussolini. De facto, quem queria avançar não era o *Führer*, mas sim Göring. Na sua propriedade, mostrou ao líder italiano um mapa no qual a Áustria já surgia representada como parte da Alemanha. Quando o *Duce* comentou secamente, "O *Reich* está a cumprir pontualmente o seu programa", Göring interpretou a frase como um sinal de assentimento ([31]).

Porém, no princípio de 1938 os acontecimentos atingiram subitamente o auge. Hitler substituiu o seu ministro dos Negócios Estrangeiros (*) por Ribbentrop, que era mais dócil, e demitiu o ministro da Guerra (**) e o comandante-em-chefe do Exército, Fritsch, que se opunha à ideia da invasão. Além disso, proclamou-se comandante supremo das forças armadas, realçando a subordinação do Exército ao regime. Entretanto, na Áustria, os esforços do governo para conter os nacionais-socialistas austríacos revelaram-se contraproducentes e, sob enorme pressão da Alemanha, o chanceler austríaco, Schuschnigg, foi forçado a levantar a proibição do partido, a amnistiar os assassinos condenados e até a nomear candidatos nazis para cargos importantes no governo. O advogado Arthur Seyss-Inquart (que viria a governar a Holanda ocupada) tornou-se ministro do Interior e Edmund Glaise-Horstenau (destacado para Zagreb durante a guerra) foi nomeado ministro sem pasta. A instâncias de Hitler, Schuschnigg já se livrara do chefe de estado-maior do Exército, o general Jansa, que elaborara planos de resistência militar a uma invasão alemã. Foi esta a estratégia "evolucionária" que Hitler garantiu insistentemente aos líderes nazis austríacos que tornaria redundantes uma invasão ou insurreição; dado que conduziria à tomada do país pelos nazis, mas a partir do interior, ele não desejava, segundo lhes observou, "uma solução através de meios violentos".

Porém, menos de quinze dias depois, ficou atónito ao ser informado de que Schuschnigg tencionava realizar um plebiscito. Ironicamente, um instrumento utilizado durante toda a década de 20 para apelar ao *Anschluss* ia ser invocado para o impedir. Com os nazis austríacos a provocarem desordens nas ruas de Viena, Hitler abandonou a sua abordagem "evolucionária" e ameaçou invadir se o chanceler não fosse substituído por Seyss-Inquart,

---

(*) Konstantin von Neurath. (*N. T.*)
(**) O marechal Werner von Blomberg, que também era o comandante supremo das forças armadas. (*N. T.*)

o ministro do Interior pró-nazi. Debaixo de intensa pressão, Schuschnigg acabou por se demitir, às tantas da noite de 11 de março, e Seyss-Inquart assumiu de imediato o poder, enquanto esquadrões de nazis austríacos pilhavam os edifícios ministeriais e detinham membros do antigo governo. Para grande alívio de Hitler, a Itália indicou que não poria nenhuma objeção. A Wehrmacht, que não tinha de planos de invasão atualizados, atravessou a fronteira de manhã e foi acolhida entusiasticamente pelas multidões.

Abalada pelo fervor do acolhimento, a liderança nazi viu-se confrontada com um problema constitucional sobre o qual pouco se debruçara. Deveria a Áustria permanecer um Estado centralizado, com o seu próprio governo e integrado numa estrutura federal alemã, ou ser governada diretamente de Berlim? O fosso abissal entre a ideologia e a implementação prática, entre o ímpeto imparável do poderio alemão e a incapacidade de planear o futuro – algo que seria uma característica do domínio nazi na Europa ocupada – tornou-se evidente desde a primeira hora, mas também se tornaram manifestas a energia e o radicalismo com que o regime atacou estas grandes questões de forma impulsiva. Na última vez em que o *Anschluss* estivera na ordem do dia, Hans Kelsen, possivelmente o jurista mais eminente do país, advogara a manutenção da Áustria como "Estado federal integrado num Estado federal"; no seu entender, tal opção permitiria aos austríacos manterem a sua identidade austríaca *e* a sua identidade germânica. No entanto, esta era possivelmente a opção menos apelativa para os nacionais-socialistas alemães e Hitler, depois da sua triunfante receção em Linz, decidiu-se por um "*Anschluss* total", com a integração da Áustria, das suas leis e da sua administração no Estado alemão. Em suma, a Áustria deveria desaparecer [32].

Por conseguinte, a Áustria foi completamente despojada da sua identidade (como seriam a Checoslováquia, a Polónia e a Jugoslávia): foi rebatizada Ostmark (*) e tratada como uma província do *Reich*. O direito alemão foi gradualmente alargado a todo o país e as instituições do governo austríaco foram dissolvidas ou subordinadas às suas congéneres alemãs. Um dos principais conselheiros neste processo foi Wilhelm Stuckart, um alto funcionário do Ministério do Interior do *Reich* e um homem que desempenharia um papel importante nos anos seguintes na organização da administração de outras conquistas nazis. Uma figura muito diferente mas ainda mais importante foi Josef Bürckel, o *Gauleiter* (**) nazi que supervisionara com êxito

---

(*) Marca Oriental. (*N. T.*)

(**) Os *Gauleiters* eram os líderes das *Gauleitung*, regiões político-administrativas nazis criadas em correspondência com os Estados alemães. Em teoria, coordenavam as atividades do Partido Nazi e aconselhavam o governo das respetivas regiões, mas na prática eram os senhores inquestionáveis das áreas pelas quais eram responsáveis. (*N. T.*)

a incorporação do Sarre e que foi incumbido de fazer a mesma coisa na qualidade de comissário para a reunificação da Áustria com o *Reich*. Sob a liderança de Bürckel, a Ostmark não durou muito. Foi fragmentada em sete províncias que ficaram diretamente subordinadas aos departamentos do governo central e do Partido, em Berlim. O domínio da Viena "vermelha" sobre o resto do país foi assim enfraquecido e a capital nem sequer se viu incluída entre as cinco "Cidades do *Führer*" (*) da Grande Alemanha selecionadas para projetos de construção especiais (a escolha recaiu sobre Linz, oficialmente conhecida por "Cidade Natal do *Führer*"). Pouco depois, já nada restava formalmente da Áustria.

Na primavera de 1940, concluída a sua obra, Bürckel regressou à Alemanha Ocidental; a sua experiência era necessária na Lorena, província francesa recém-ocupada. Hitler também ficou impressionado com Seyss-Inquart e nomeou-o Comissário do *Reich* para a Holanda. Os contemporâneos ficaram admirados com a suavidade do processo. Em 1938, um cientista político americano escreveu: "Outra nação foi conquistada e incorporada no sistema (...) político, económico e social alemão sem confusões, quase como se os detalhes dessa união tivessem sido trabalhados com grande cuidado durante anos" ([33]). Entretanto, o Partido gozava o seu triunfo. Os golpistas nazis enforcados pela polícia austríaca em 1934 foram celebrados como mártires da revolução nacional. Milhares de simpatizantes congregaram-se no bastião nazi de Klagenfurt, na Caríntia, para ouvir o representante de Hitler, Rudolf Hess, e para assistir ao juramento de tomada de posse de sete novos *Gauleiters*. Na antiga chancelaria austríaca, em Viena, alvo dos conjurados de 1934, foi colocada uma placa a celebrar os homens que se tinham "erguido pela Alemanha" ([34]).

Na verdade, o processo não foi assim *tão* suave. Quando a Áustria perdeu a sua identidade política, a ordem social dissolveu-se numa orgia de violência e pilhagens. Muitos "antigos combatentes" nazis, em especial os que tinham passado anos na clandestinidade, na prisão ou no estrangeiro, viram no derrube do governo de Schuschnigg o momento para a vingança. O que impressiona é a escala em que os judeus foram vítimas da vingança. Antes de o Exército alemão chegar a Viena, a cidade assistiu a um *pogrom*, com as multidões a saquearem lojas e escritórios, a atacarem os judeus nas suas casas e a efetuarem "detenções". "Foi um inferno", escreveu o dramaturgo Carl Zuckmayer, ao descrever a noite de 11 de março. "A cidade transformou-se

---

(*) As restantes eram Berlim ("Capital da Germânia"), Hamburgo ("Capital da Navegação Alemã"), Nuremberga ("Cidade das Convenções do Partido do *Reich*") e Munique ("Capital do Movimento"). (*N. T.*)

numa cena de um pesadelo de Jerónimo Bosch". Foi, prosseguiu ele, pior do que tudo o que alguma vez tinha vivido, pior do que as batalhas em que participara na Primeira Guerra Mundial ou do que as lutas de rua que se tinham seguido ao conflito, do que o *putsch* de Munique, ou do que os primeiros dias do domínio nazi na Alemanha. "Nada se comparou àqueles dias em Viena". As fotografias de pessoas sorridentes de roda dos judeus forçados a lavar os passeios de gatas não tardaram a ser vistas em todo o mundo. Contudo, estas fotos não conseguem transmitir a dimensão das pilhagens, um *pogrom* de enriquecimento que excedeu inclusivamente a destruição da Noite de Cristal, que teve lugar alguns meses depois. Foi antissemitismo como pura roubalheira, com homens de braçadeira com a suástica ou dizendo-se membros da Gestapo a efetuarem "buscas" em apartamentos e a apoderarem-se de tudo o que lhes despertava o interesse. Os judeus vienenses ficaram profundamente chocados com o ataque e perto de 500 suicidaram-se ([35]).

De facto, a capital austríaca converteu-se num laboratório de violência antissemita: figuras que viriam a assumir uma importância enorme na Solução Final, quatro anos mais tarde, tiveram um papel crucial em Viena, em 1938, por exemplo, Odilo Globocnik, um nazi da Caríntia, que Hitler nomeou *Gauleiter* em maio. A sua carreira durou apenas meses, até ser demitido por corrupção, mas foi ressuscitada quando ele se tornou comandante da polícia e da SS (SSPF*) em Lublin, na Polónia Oriental, e organizador dos campos de extermínio de Belzec, Sobibor e Treblinka.

Mas a degeneração da cidade na anarquia sob a influência de homens como Globocnik preocupou algumas figuras importantes do III *Reich*. Escandalizado pelo facto de ter sido permitido a alguns indivíduos levarem a cabo a sua "arianização" pessoal de bens judaicos (empobrecendo o Estado), o assistente de Himmler, Rheinhard Heydrich, ameaçou lançar a Gestapo contra os nazis austríacos por causa da sua indisciplina. Um dos modos através dos quais Viena indicou o futuro foi ter mostrado à SS como era importante tirar a política antissemita das mãos dos combatentes de rua do Partido. A sua resposta ficou conhecida por "modelo vienense" – um modo muito mais sistemático e burocrático de eliminar os judeus e de os espoliar dos seus bens. Foi desenvolvido por um dos "especialistas em judeus", Adolf Eichmann, através do seu recém-criado Departamento Central de Emigração Judaica, algo que ele descreveria orgulhosamente a um interrogador da polícia israelita como "uma novidade no *Reich*". Em outubro de 1938, Eichmann, sempre expedito, enérgico e inescrupuloso, gabou-se de que eram tratadas diariamente 350 candidaturas. Em menos de dois anos, a po-

---

(*) *SS— und Polizeiführer.* (N. T.)

pulação judaica da Áustria caiu de 192 000 para 57 000 pessoas, à medida que os judeus eram intimidados e espoliados e deixavam o país. Depois de os alemães conquistarem a Checoslováquia, Eichmann reproduziu o sistema no país ("limitando-se a seguir o exemplo de Viena") e após a derrota da Polónia estabeleceu uma organização semelhante em Berlim. Com a eclosão da guerra, a estrela de Eichmann ascendeu ainda mais: os seus conhecimentos e experiência tornaram-no a figura central no planeamento e organização da deportação dos judeus para os campos em todo o continente.

Em Viena, Eichmann foi auxiliado por uma terceira figura, o líder do SD na cidade, Franz Stahlecker, que também descobriu que o *Anschluss* era a rampa de lançamento para uma carreira de sucesso na SS como assassino de massas. Stahlecker tornou-se chefe da SS e da polícia (HSSPF [*]) em Praga e na Noruega e depois foi colocado no comando do *Einsatzgruppe* A, o esquadrão da morte que, sob sua liderança, matou quase 250 000 judeus no Báltico e no Norte da Rússia nos últimos seis meses de 1941. Nada disto era sequer imaginável em 1938, mas também nada disto teria sucedido sem o que aconteceu nesse ano ([36]).

Com a entrada desimpedida da Wehrmacht na Áustria, consumou-se a primeira brecha na ordem territorial de Versalhes: começou a emergir o Grande *Reich* Alemão, tal como Hitler tinha prometido. No período que antecedeu o plebiscito sobre o *Anschluss*, os nazis inundaram o país com propaganda. Faixas gigantes com citações dos escritos de Hitler – "Quem Tem o Mesmo Sangue Pertence ao Mesmo *Reich*!" – adornaram os principais edifícios públicos. No entanto, a aprovação inequívoca decorrente do plebiscito não terá sido enganadora. Até Karl Renner, o social-democrata que viria a ser o primeiro presidente do país no pós-guerra, admitiu pouco antes da votação que "embora não se tenha concretizado através dos métodos que advoguei, o *Anschluss* está concluído. É um facto histórico e eu vejo-o como uma satisfação pela humilhação de 1918 e 1919..." ([37]).

É claro que muitos dos que tinham aclamado Hitler com tanto entusiasmo durante a entrada triunfante da Wehrmacht no país mudaram rapidamente de ideias. Para um pequeno número, o motivo foi a brutalidade demonstrada para com os judeus. Não obstante a aprovação generalizada do antissemitismo do regime, a violência dos primeiros dias e semanas chocou algumas pessoas. O ataque do Partido à Igreja Católica provocou muito mais fúria. O arcebispo de Viena avistara-se com Hitler durante a visita triunfante do *Führer*, autorizara que a suástica fosse hasteada na catedral de

---

(*) *Höhere SS— und Polizeiführer*. (N. T.)

Santo Estêvão e assinava as suas cartas à maneira nazi, com "*Heil Hitler*"; não podia ter sido mais solícito. Todavia, nada disto foi suficiente para satisfazer os nazis austríacos radicais, com o *Gauleiter* Globocnik à cabeça. Confiscaram bens da Igreja, dissolveram as organizações católicas e deportaram muitos padres para Dachau. A oposição de alguns nazis católicos à cruzada de Globocnik contra a Igreja foi uma das razões que levaram à sua demissão. Fora do movimento, a raiva veio à superfície. O primeiríssimo ato de resistência de massas ao novo regime terá provavelmente ocorrido no princípio de outubro de 1938, quando milhares de jovens devotos, depois de ouvirem missa no centro de Viena, começaram a cantar "O nosso *Führer* é Cristo", após o que a polícia pôs fim à manifestação ([38]).

Apesar de embrionário, o nacionalismo austríaco era mais forte do que os nazis admitiam. As exigências de concretização do *Anschluss* tinham sempre dissimulado diversos motivos e poucas pessoas desejavam que a identidade da Áustria desaparecesse de forma tão completa como Hitler desejava. Em Viena, em particular, a incompetência, a corrupção e a implacabilidade dos novos senhores não passaram despercebidas. Os vienenses sentiram que tinham sido conquistados por um bando de rufiões provincianos da Caríntia e – talvez pior ainda – por alemães como Bürckel, com o séquito de gente duvidosa que o acompanhara do Palatinato. As solidariedades da Grande Alemanha não podiam ser criadas tão depressa como Hitler esperava, nem pelos seus métodos. "Não era tanto o nacional-socialismo que detestavam, mas sim as coisas alemãs", notou um observador. Não tardou que os alemães do *Reich* começassem a ser "incomodados e massacrados com perguntas e remoques"; eclodiram zaragatas nas cervejarias e nos jogos de futebol, e até a mulher de Göring foi pateada quando visitou a ópera. Começaram a circular anedotas fortes sobre a conquista "prussiana": dois austríacos estão sentados num café, em Viena. Diz o primeiro, "Hm", e o segundo, após um longo silêncio, responde-lhe "Hm". O primeiro repete "Hm", ao que o outro retorque, "Bom, finalmente lá nos livrámos também dos turcos" ([39]).

3
Expansão e escalada, 1938-1940

No Leste está o nosso amanhã, estão os anos futuros da Alemanha,
Lá nos esperam o perigo, as dificuldades de um povo e o rufar do tambor da vitória.

Lá os nossos irmãos mantêm a fé e a bandeira nunca desenfunou,
Mantiveram-se vigilantes durante quinhentos anos, sem agradecimentos.

Lá nos espera a boa terra que até hoje não recebeu semente,
Não existem quintas nem gado, só terra a chorar pelo arado!

Lá reconquistaremos o solo estrangeiro que foi outrora o domínio da Alemanha,
Lá haverá novos começos. Alemães, armai-vos e ouvi este refrão! ([1])

Em fevereiro de 1933, Hitler delineou, em privado, os seus objetivos como "talvez lutar por novas possibilidades de exportação; talvez, e provavelmente melhor, a conquista de novo *Lebensraum* no Leste e a sua germanização implacável" ([2]). Pouco depois, abriram-se efetivamente novas possibilidades de exportação – sem necessidade de luta –, graças aos acordos bilaterais de trocas comerciais entre a Alemanha e os Estados balcânicos. No entanto, depois do *Anschluss*, o enfoque no *Lebensraum* e na germanização tornou-se cada vez mais nítido. No ano crítico que se seguiu à ocupação aos Sudetas em outubro de 1938, o III *Reich* ocupou o resto da Boémia e a Polónia e, ao fazê-lo, passou de se apoderar de territórios com populações preponderantemente alemãs para terras habitadas principalmente por eslavos. Estes desenvolvimentos levaram o resto do mundo a interrogar-se se a busca de *Lebensraum* tinha apenas a ver com a garantia do direito à autodeterminação nacional por parte dos alemães, como Hitler tantas vezes declarara no passado. Por seu lado, os alemães viram-se confrontados com o problema do império, por outras palavras, o problema de descobrirem modos para governar maiorias não germânicas, um problema agudizado pelo crescente compromisso do III *Reich* para com a teoria racial como base do direito e da administração. Muitos austríacos e alemães dos Sudetas aclamaram os soldados da Wehrmacht como libertadores. Os checos não o fizeram, de todo, mas não deram luta. Quanto aos polacos, a sua resistência tenaz assumiu a forma de uma defesa resoluta e corajosa mas estrategicamente suicida e em condições de grande desvantagem. Por conseguinte, a experiência militar alemã de 1938-1939 oscilou entre a entrada pacífica de 24 divisões da Wehrmacht nos Sudetas e a invasão em larga escala da Polónia, em várias frentes, por 57 divisões, com mais de cinco semanas de duros combates que causaram aos alemães 16 000 mortos e 28 000 feridos, para não falar nas 66 000 baixas fatais militares polacas e nos milhares de civis executados.

O expansionismo voraz do III *Reich* chocou o resto da Europa, mas convirá não partir do princípio de que os alemães estavam a seu favor de corpo e alma. Pelo menos um alto funcionário da SS criticou em privado a entrada em Praga como "imperialismo". Segundo von Hassell, na véspera da campanha da Polónia a opinião pública via a guerra como "uma espécie de projeto do Partido". Quando Hitler se deu conta da extensão da passividade popular existente no *Reich*, sentiu confirmada a sua opinião de longa data de que a guerra era necessária, não apenas para a conquista de *Lebensraum* e para a garantia da segurança do *Reich*, mas também para testar e endurecer os próprios alemães ([3]).

OS SUDETAS: OUTUBRO DE 1938

Ainda antes do *Anschluss*, os checos estavam profundamente preocupados com o futuro. Em fevereiro de 1938, Hitler referiu-se em público aos "dez milhões" de alemães residentes nos Estados vizinhos e avisou que o *Reich* não iria "assistir impávido à sua perseguição". E enquanto Göring tranquilizava os checos, Hitler garantia confidencialmente a Konrad Henlein, o líder do Partido Alemão dos Sudetas, que a Alemanha o auxiliaria. Henlein (cujo nome de solteira da mãe era o inequivocamente não germânico Dvořaček) era um defensor convincente da causa dos alemães étnicos residentes no estrangeiro, e depois do *Anschluss* muitos alemães pertencentes a outros partidos acorreram à sua bandeira; cientes de que a sua antiga identidade habsburgo de "boémios alemães" era coisa do passado, identificavam-se cada vez mais com a causa do nacionalismo da Grande Alemanha. Na sua perspetiva, a antiga fronteira imperial que dividira o Império Habsburgo do *Reich* de Bismarck tinha-se dissolvido e nos seus comícios ouviam-se cânticos frenéticos de "*Ein Reich, ein Volk, ein Führer!*". O governo checo aprovou um novo Estatuto das Nacionalidades para promover a autonomia da minoria alemã e o uso da língua alemã, mas a medida não foi suficiente nem podia ter sido: aquando do seu encontro, Hitler e Henlein tinham acordado, nas palavras do segundo, que "devemos sempre pedir tanto que nunca sejamos satisfeitos". Restavam poucos amigos aos checos: até Churchill era da opinião de que os alemães dos Sudetas, ao apelarem à "autodeterminação", estavam apenas a pedir o que os próprios checos tinham exigido antes de 1914 ([4]).

Em setembro de 1938, em Munique, quando Hitler insistiu na cessão imediata dos Sudetas, os britânicos e os franceses concordaram. No entanto, a capitulação de Neville Chamberlain não foi, ao contrário do que ele anunciou, a "paz para o nosso tempo": foi um desastre para os checos e uma catástrofe para todos aqueles que esperavam travar o caminho da Alemanha para a guerra. Destituída de mais de um terço da Boémia e da Morávia e abandonada pelos seus aliados, a Checoslováquia – com a sua indústria de armamento vital e a sua localização crucialmente estratégica no centro da Europa – ficou rodeada de forças hostis e praticamente indefesa. O presidente Beneš, desiludido, abriu caminho a Emil Hácha, um eminente advogado que se manteve no seu posto até 1945 como uma figura trágica e destroçada. Hitler ganhara a aposta. O Exército alemão, de apenas 40 divisões, tivera pela frente 35 divisões checas bem equipadas e entrincheiradas em linhas poderosamente fortificadas, bem como uma força francesa potencialmente esmagadora de 100 divisões a ocidente. Mas tanto os britânicos como os franceses consideraram que necessitavam de muito mais tempo para se rearmar e temiam ser vulneráveis ao poderio aéreo alemão numa guerra prolongada. Por conseguinte, entregaram os Sudetas sem luta. Os guardas fronteiriços checos afastaram-se e os alemães não encontraram resistência. Quando Helmuth Groscurth, um oficial da Abwehr (*), visitou a região, no princípio de outubro, encontrou os alemães dos Sudetas eufóricos, que viam no sucedido uma doce vingança pelas humilhações de 1918. Para celebrar o colapso do breve Estado checo, foram prestadas honras militares junto às sepulturas de 56 alemães mortos

---

(*) Serviço de informações das forças armadas alemãs. (*N. T.*)

em combate contra soldados checos no fim da Primeira Guerra Mundial e foi depositada uma coroa de louros no túmulo do fundador do Partido Nazi dos Sudetas ([5]).

Groscurth reparou no porte disciplinado dos soldados alemães e nas boas relações, e até simpáticas, dos oficiais com os seus homólogos checos. Contudo, os destacamentos SS, pequenos, agressivos e mal treinados, causavam sarilhos e o mesmo acontecia com os bandos de vigilantes armados de alemães étnicos, desejosos de se vingarem dos seus vizinhos checos. O SD enviou vários milhares de judeus e antinazis para Dachau. Nos bastidores, as relações entre os militares e a administração civil e entre os alemães do *Reich* e os apoiantes de Henlein eram confusas e tensas. Um oficial de estado-maior escreveria posteriormente que fora nos Sudetas que a "inaptidão do Estado para governar" emergira "pela primeira vez numa amplitude tão crassa". A cooperação fácil que os militares tinham antevisto ao planear a administração da ocupação nunca se materializou e os oficiais que ainda se imaginavam no mundo do Exército do *Kaiser* ficaram chocados com o enorme poder concedido às organizações civis e do Partido ([6]).

Nada disto impediu os alemães dos Sudetas de serem digeridos pelo *Reich* de forma ainda mais rápida do que os austríacos. Wilhelm Stuckart, o especialista do Ministério do Interior que supervisionara a incorporação da Áustria, foi incumbido da tarefa e Henlein viu-se nomeado comissário do *Reich* para os Territórios Ocupados dos Sudetas. Depois de o Exército ceder as suas responsabilidades administrativas, Henlein foi nomeado *Gauleiter* do novo *Reichsgau* (*) dos Sudetas. No dia 21 de novembro, os Sudetas foram formalmente anexados e, pouco depois, novos deputados ocuparam os seus lugares no *Reich*stag, em Berlim. Logicamente, a unificação política mereceu a discordância inevitável daqueles que julgavam que seria o fim de todos os seus problemas: os alemães dos Sudetas queixaram-se da falta de investimento na sua região, da conscrição dos seus jovens para um exército onde eram ridicularizados por causa do seu sotaque, de serem dominados pelos "arrogantes e altivos alemães do *Reich*", e da presença continuada de checos no seu seio. Mal sabiam eles que os seus problemas estavam apenas a começar ([7]).

A CONQUISTA DE PRAGA: MARÇO DE 1939

Munique marcou o momento em que o III *Reich* substituiu os britânicos, os franceses e a Sociedade das Nações como árbitro regional na Europa

---

(*) Subdivisão administrativa. (N. T.)

Central. Os Estados mais pequenos aprovaram nova legislação antissemita – um modo simples de indicarem a sua vontade de agradar ao *Reich* – e a partir de finais de 1938 muitas das fronteiras estabelecidas pelos pacificadores de Paris foram redesenhadas em Berlim. A poderosa coligação de Estados antinazis que poderia ter travado a expansão alemã desmoronou-se catastroficamente por causa da falta de coragem de britânicos e franceses. Até a Polónia se banqueteou com o cadáver do Estado checo. Uma parte do Sul da Eslováquia e da Ruténia foi cedida à Hungria, que assim começou a recuperar da tremenda perda de territórios sofrida após a Primeira Guerra Mundial: em quatro anos, graças a Berlim, recuperou também territórios na posse da Roménia e da Jugoslávia. Os checos foram obrigados a conceder autonomia à Eslováquia e à Cárpato-Ucrânia Oriental, e os alemães que restavam em território checo receberam o direito à cidadania do *Reich*. Praga foi inclusivamente obrigada a aceitar planos para a construção de um sistema rodoviário alemão extraterritorial através do país para garantir o controlo alemão (nunca foi construído). Com a instalação de um novo governo autoritário e a aplicação de medidas contra os judeus e os antinazis, o hífen revelador inserido no nome do país – passou a chamar-se oficialmente Checo-Eslováquia – pressagiou novas fragmentações. No total, Munique privou o país de um terço do seu território e da sua população, das suas fronteiras naturais e de várias posições defensivas importantes, de 40% do seu tecido industrial, de 55% do seu carvão e de 95,5% da sua população alemã étnica ([8]).

À Alemanha, por outro lado, o ano de 1938 valeu ganhos extraordinários, e no dia de Ano Novo de 1939 o *Führer* dirigiu-se aos alemães de modo jubilante: "Quem não fica profundamente emocionado ao olhar para o Grande *Reich* Alemão... e refletir na situação em que nos encontrávamos há apenas seis anos?". Na sua Ordem do Dia aos soldados, Hitler agradeceu-lhes por terem concretizado "um sonho de muitos séculos" – o nascimento da Grande Alemanha: "Agradeço-vos a vossa lealdade inabalável. Acredito convictamente que também no futuro estareis prontos para proteger o direito da nação à vida e enfrentar qualquer tipo de agressão". O significado disto para os vizinhos da Alemanha estava a solidificar-se de forma gradual na sua mente. Teria de se aumentar a pressão sobre a Polónia para o regresso ao *Reich* de Danzig, o porto alemão declarado cidade livre em 1920 e ligado à Polónia por uma união aduaneira. Bastava isto para justificar a ocupação do resto do Estado checo para esmagar os polacos a partir de três lados. Mas com a guerra já decidida na sua mente, uma invasão de Praga teria de ser o mais suave e rápida possível. As suas instruções ao Exército determinaram que "deve ser mostrado inequivocamente para consumo externo que a ocupação é apenas uma medida pacífica e não um ato de guerra". Em público, Hitler deu sinais ambíguos. No fim de janeiro, proferiu um gigantesco discurso de duas horas e meia perante o novo Grande *Reich*stag alemão que hoje é principalmente recordado pela sua sinistra profecia de que na eventualidade de uma guerra mundial os judeus da Europa seriam aniquilados. No entanto, as suas palavras centraram-se quase em absoluto na Grande Alemanha. Hitler sublinhou que o Povo carecia de mais *Lebensraum*, mas também declarou que "podemos considerar concluído este processo de formação da nação alemã".

Os checos não tinham desistido por completo. De facto, mostraram sinais de levar a sério as garantias dadas em Munique às suas fronteiras e exigiram saber se a Alemanha se comprometia a respeitá-las. No final de fevereiro, receberam a resposta que não queriam ouvir: as garantias tinham sido "dadas prematuramente" porque a região ficava "primeiro e acima de tudo na esfera dos interesses mais importantes do *Reich* Alemão". Os planos de Berlim para a "liquidação" do resto do Estado checo foram acelerados. Os eslovacos foram pressionados para exigirem a sua independência e quando soldados checos entraram na capital eslovaca para suprimir esta exigência, em março, foi desferido o golpe final. Apoiado por Hitler, o padre e político Jozef Tiso declarou a independência da Eslováquia. No mesmo dia, o infeliz presidente checo, Emil Hácha, foi chamado a Berlim, onde Hitler lhe disse que o Exército tinha ordem de invasão. Sob imensa pressão psicológica e ameaçado por Göring de que Praga seria bombardeada do ar, o velho Hácha desmaiou e teve de ser reanimado pelo médico de Hitler, após o que se recompôs o suficiente para assinar um memorando, redigido pelos alemães, que punha o seu país sob "proteção" do *Reich*. Homens da SS Leibstandart Adolf Hitler (*) já tinham atravessado a fronteira e na manhã seguinte, quando os checos acordaram, o general Blaskowitz entrou com os primeiros soldados numa Praga coberta de neve. Às 9h30, a artilharia alemã cobriu a cidade do alto da colina do Castelo de Hradčany. Além de alguns pneus retalhados e de algumas bolas de neve atiradas contra os tanques e camiões alemães, não houve resistência.

Em Berlim, ninguém sabia o que queria verdadeiramente dizer "proteção" alemã, além do facto de os checos passarem a ser obrigados a cumprir os desejos da Alemanha em matéria de política externa. Hitler decidira expurgar do mapa o nome Checoslováquia e criar um novo Estado, o Protetorado da Boémia-Morávia. Wilhelm Stuckart, o diligente especialista do Ministério do Interior na incorporação de territórios ocupados, foi incumbido

---

(*) A guarda pessoal de Hitler. (*N. T.*)

de redigir uma nova "constituição". Fechados no Castelo de Hradčany, em Praga, na noite de 15-16 de março – enquanto um Hitler triunfante dormia no edifício –, Stuckart e os seus colegas definiram os pormenores. O decreto que redigiram a estabelecer o Protetorado justificou a ocupação em termos históricos, explicando que "os países boémio-moravos pertenciam desde há mil anos ao *Lebensraum* do povo alemão", e políticos, porque o Estado checoslovaco se revelara incapaz de garantir a ordem. O *Reich* estava alegadamente em perigo devido a uma "nova e tremenda ameaça à paz na Europa" e era "apenas um ato conforme com a lei da autopreservação que o *Reich* se decidisse a empreender uma ação decisiva em prol do restabelecimento das fundações da Ordem da Europa Central" ([9]).

De facto, o regime que os alemães estavam a instalar tinha uma semelhança óbvia com os protetorados estabelecidos pelas potências coloniais, por exemplo, com os tratados franceses com Tunes e Marrocos. Tal como os nominalmente independentes Egito, Iraque ou Cuba, o Protetorado da Boémia-Morávia retinha muitos dos atributos de soberania. Mantinha um presidente e um governo, uma milícia de 7000 homens e uma administração pública relativamente intacta. Contudo, o poder tinha de ser exercido "em conformidade com os direitos políticos, militares e económicos do *Reich*" e a interpretação destes direitos estava nas mãos de um protetor do *Reich* nomeado por Berlim e dotado de administradores distritais civis e de forças militares e policiais próprias e da autoridade de confirmar ou negar a posse aos membros do governo checo. Também o estabelecimento de um sistema jurídico dual – como na Argélia francesa – era uma reminiscência da prática colonial europeia; através dele os alemães de cidadania checa foram autorizados a candidatar-se automaticamente à cidadania do *Reich* alemão, enquanto os restantes permaneciam cidadãos do Protetorado; assim se desenvolveu uma jurisdição extraterritorial paralela para os 250 000 alemães do Protetorado.

Todavia, o facto consumado nazi denotava também algumas características novas. A primeira e mais óbvia era que pela primeira vez na história moderna tais medidas eram aplicadas por um Estado europeu a outro. Tratou-se, de facto, de uma inversão extraordinária de muitas premissas sobre as quais fora erigido o edifício do direito internacional e do sistema mundial de Estados do século XIX e o racismo foi tão manifesto nos protestos antinazis como na política nazi. "Nenhuma nação pertencente à raça branca sofreu alguma vez a imposição de tais condições", escreveu Eugene Ederly. "Foi o primeiro estatuto colonial alemão para uma nação branca e civilizada na história moderna" ([10]).

Havia um ponto menos abrangente que não era menos significativo: Hitler emitira a proclamação do Protetorado na forma de um decreto pessoal e não como uma lei do *Reich*, dando uma indicação extraordinária de quanto a expansão do *Reich* estava a aumentar o poder pessoal do *Führer*. Segundo um dos principais especialistas alemães em direito constitucional: "É evidente que a implementação da promessa do *Führer* (...) depende inteiramente dele (...). Através do ato de Hácha, a autoridade para o estabelecimento de um quadro para a organização política do povo checo foi completamente transferida para o *Führer*". A doutrina do poder executivo ilimitado transformou o decreto de 16 de março num documento que Hitler podia interpretar e reinterpretar a seu bel-prazer. O seu significado de soberania permanecia impreciso, bem como a sua definição dos poderes do protetor do *Reich*, e a relação do Protetorado com o *Reich* não era menos ambígua. Foi declarado, de forma bastante confusa, "independente em conformidade com o direito constitucional", mas "parte integral do Grande *Reich* Alemão" ([11]).

Estas ambiguidades refletiam um dilema ideológico real. Sendo esta a primeira conquista alemã de um "povo estrangeiro", ninguém sabia verdadeiramente como integrar os checos na "área do *Reich*" de modo conforme com os princípios da jurisprudência nazi. Para os dirigentes de um Estado que até então baseara as suas políticas de nacionalidade no princípio da expulsão de várias centenas de milhares de estrangeiros, a acomodação de milhões colocava questões sérias; é certo que eram eslavos e não judeus, mas os especialistas raciais do *Reich* ficaram preocupados na mesma ([12]).

Todavia, na primavera de 1939, Hitler ainda estava plenamente ciente dos olhares do mundo e queria que o seu esquema checo publicitasse o mais possível os benefícios da hegemonia alemã. Por conseguinte, o *Führer* nomeou protetor o idoso von Neurath, dado que ele, na qualidade de ex--ministro dos Negócios Estrangeiros, dava ao estrangeiro um sinal tranquilizador de que a Alemanha decidira "não privar os checos da sua vida racial e nacional". "Segundo a vontade do *Führer*", disse Stuckart a um grupo de funcionários públicos, em finais de março, "os checos devem ser tratados de modo conciliatório, ainda que com a maior firmeza e com uma consistência constante... A autonomia do Protetorado só deverá ser restringida se for absolutamente necessário". Mais tarde, em privado, Stuckart acrescentou que o novo regime da Boémia-Morávia, "enquanto primeira materialização do conceito alemão de protetorado, deve evitar tudo o que possa dissuadir outras nações passíveis de expressarem o mesmo desejo de se unir ao *Reich* alemão como protetorados". Um observador estrangeiro perspicaz, um jovem diplomata americano colocado em Praga chamado George Kennan, já adivinhara esta intenção: a ideia do Protetorado, escreveu ele em finais de abril, "foi congeminada numa altura em que muitos alemães, segundo todas as indicações, contavam estender pacificamente a sua hegemonia à Hungria e a outros países da Europa Central. Assim sendo, os termos do Protetorado checo teriam sido importantes enquanto precedente e, em particular, como encorajamento para que outros países sentissem que a sua absorção para a órbita alemã não significaria necessariamente o término da sua existência nacional" ([13]).

Os alemães esperavam que a sua política eslovaca também enviasse o sinal de que apoiavam outros movimentos nacionalistas. Depois de o Exército alemão ocupar temporariamente a Eslováquia para bloquear eventuais contramedidas checas, o governo eslovaco assinou um Tratado de Proteção com a Alemanha. Os observadores regozijaram-se com a visão incongruente de um destacamento SS formando a guarda de honra para um sacerdote católico quando o veterano autonomista da Eslováquia, o padre Jozef Tiso, desembarcou no aeroporto de Tempelhoff, em Berlim, para as negociações que conduziram à independência do seu país. A carreira de Tiso fazia-o parecer muitas coisas para muita gente: fora um defensor leal da Hungria, da monarquia e da Igreja, antissemita violento, membro pragmático do sistema republicano checo entre as guerras e defensor do autoritarismo, mas permanecera sempre fiel às suas raízes provinciais eslovacas e nunca tivera ilusões sobre a sobrevivência de um povo impotente como os eslovacos num mundo em constante mutação sem alguns patronos e aliados poderosos. Depois da chegada de Hitler ao poder, Tiso compreendeu a necessidade de obter o apoio da Alemanha, nem que fosse para garantir que quando a Checoslováquia se visse ameaçada os eslovacos conseguiriam, de algum modo, preservar a sua liberdade de manobra ([14]). Todavia, uma semana mais tarde os eslovacos devem ter-se interrogado sobre o verdadeiro preço da proteção alemã, quando o Exército húngaro invadiu subitamente o Leste do país e ocupou o que restava da Ruténia Eslovaca – os húngaros agiram com o consentimento da Alemanha. Vista de fora, a Eslováquia ostentava os atributos da soberania e foi reconhecida por 27 países (incluindo a França, a Grã-Bretanha e a URSS). Na prática, existia no país uma forte presença de conselheiros alemães e uma grande missão que controlava o comércio, a economia e a política interna.

No entanto, sob orientação de Jozef Tiso, os políticos católicos conservadores da Eslováquia exploraram o pouco espaço de manobra que lhes fora concedido. Aproveitando-se da relutância de Berlim em abandonar a sua pose de libertadora, criaram um sistema político de estilo autoritário mas não nazi e marginalizaram a sua própria extrema-direita. Obrigaram os alemães a negociar duramente antes de lhes permitirem usar a Eslováquia para se posicionarem contra os polacos e apesar de aprovarem prontamente legislação antissemita, seguindo o exemplo alemão, não se mostraram interessados na racialização do seu direito interno. Por conseguinte, a Eslováquia tornou-se, em vários aspetos, um mostruário da Nova Ordem. Os alemães nunca se sentiram tão seguros dos eslovacos como desejavam e embora a Eslováquia parecesse a toda a gente um Estado fantoche, havia quem considerasse, em Berlim, que o país se tornara um exemplo do que poderia acontecer quando se permitia demasiada liberdade às "pequenas nações" ([15]).

Não era por acaso que os alemães estavam conscientes das atenções internacionais. Muito mais do que Munique, foram a invasão de Praga e a criação do Protetorado que alarmaram o resto da Europa e suscitaram novas desconfianças acerca dos planos de Hitler. No seu diário, o ministro dos Negócios Estrangeiros de Itália, o conde Ciano, interrogou-se "que peso poderá atribuir-se no futuro às declarações e promessas [alemãs] que nos tocam mais diretamente?". Em público, o primeiro-ministro britânico, Neville Chamberlain, interrogou-se sobre o que acontecera ao princípio da autodeterminação nacional, tão postulado pelos alemães. "Os acontecimentos que tiveram lugar esta semana", prosseguiu ele, "em total desrespeito pelos princípios estabelecidos pelo próprio governo alemão, parecem cair numa categoria diferente e devem levar-nos a todos a perguntar: 'Trata-se do fim de uma aventura antiga ou do princípio de uma nova?'".

A resposta inflexível de Hitler chegou quando ele lançou à água o couraçado *Tirpitz*. "A Providência não criou o Povo alemão para cumprir obedientemente a lei, aplaudido por ingleses ou franceses, mas sim para concretizar o seu direito à vida", proclamou ele. A Inglaterra falava em virtude "na sua velhice". Tal como a Alemanha se mantinha afastada da Palestina, "a Inglaterra não tem nada a ver com o *Lebensraum* alemão". Com que direito matavam os ingleses os árabes na Palestina "só porque defendem a sua pátria", enquanto que, em contraste, os alemães "tratam dos seus assuntos de forma calma e ordeira?". Não se tratava de apoiar o anticolonialismo árabe, mas da exigência de que a Alemanha pudesse manobrar na sua esfera de influência. Sublinhando a ausência de ódio dos alemães aos checos, Hitler afirmou que o *Reich* "não tenciona atacar outras nações" e desejou a criação de uma comunidade ideológica entre a Itália fascista e a Alemanha nazi para demonstrar internacionalmente o que já era manifesto em Espanha, que a direita era superior, em poder e determinação, às forças da "Grã-Bretanha democrática" e da "Rússia bolchevique". De seguida, Hitler desfrutou de alguns dias navegando ao largo da Heligolândia num novo cruzador. Foi uma viagem que permaneceu uma das memórias mais felizes da sua vida ([16]).

A GUERRA DOS POVOS

Enquanto Hitler desfrutava do ar fresco do mar do Norte, uma intensa atividade diplomática entre Londres, Varsóvia, Paris e Bucareste estava a transformar o ambiente político na Europa. Foi nesta altura que a caminhada para uma guerra mais generalizada – a guerra que ele só esperava travar daí a alguns anos – se tornou finalmente imparável. Em janeiro de 1939, os polacos tinham-se de novo mostrado inflexíveis face às exigências de Hitler. As constantes pretensões alemãs auguravam um conflito. Hitler insistiu publicamente na anexação de Danzig e de Poznań e Berlim forçou a Lituânia a devolver uma faixa de antigo território prussiano conhecida por Memel. Por fim, os britânicos e os franceses abandonaram a política de apaziguamento e deram à Polónia uma garantia de apoio militar. Quando os italianos invadiram a Albânia, aqueles dois países deram também garantias à Grécia e à Roménia.

O valor real destas garantias era uma questão em aberto. Nem o governo britânico nem o governo francês queriam lutar e esperavam ardentemente que as garantias fossem dissuasoras. Mas Hitler não se deixou enganar e respondeu intensificando as relações da Alemanha com a Itália fascista. "Firmemente unidos pela unidade interior das suas ideologias e pela solidariedade abrangente dos seus interesses", lia-se no preâmbulo do tratado, "o povo alemão e o povo italiano estão igualmente determinados a lutar lado a lado e com união de esforços em prol da garantia do seu *Lebensraum* e da manutenção da paz. Deste modo, que lhes foi prescrito pela história, a Alemanha e a Itália desejam, num mundo de agitação e desintegração, prosseguir a missão de salvaguarda das fundações da cultura europeia".

Por detrás da pose pacífica, aceleravam-se os preparativos alemães para a guerra. Os dois governantes acordaram (ou assim entendeu o *Duce*) que a altura ideal para a guerra seria 1943, mas a aliança italo-alemã – a aliança mais importante para a Alemanha durante a Segunda Guerra Mundial – nunca foi uma relação baseada na confiança e no dia seguinte à assinatura do tratado Hitler disse aos seus generais que planeava atacar a Polónia "na primeira oportunidade". Munique convencera-o da fraqueza das potências ocidentais e as armas, os cavalos, o ouro e o território checos tinham reforçado consideravelmente as capacidades do Exército alemão, permitindo-lhe formar o equivalente a dez novas divisões. Avesso a envolver-se prematuramente numa guerra na qual estava convencido que a Grã-Bretanha e a

França interviriam, o *Duce* levou Hitler a libertar a Itália das obrigações assumidas com o tratado. Porém, na última semana de agosto, isto era menos importante para Hitler do que teria sido antes, uma vez que, num golpe diplomático que provavelmente terá sido o maior da sua carreira, ele chegara a um extraordinário entendimento com Estaline em relação à Polónia. O Pacto Ribbentrop-Molotov, que decidiu a partilha do país, abriu o caminho à invasão alemã.

Ao contrário de Mussolini, Hitler acreditava que a França e a Grã-Bretanha não se envolveriam e que a Polónia seria esmagada rapidamente. Tudo indica que ele ficou genuinamente abalado com a notícia de que os britânicos estavam dispostos a lutar. Contudo, de uma maneira ou de outra, acreditava que – tal como expressou em meados de agosto – "a grande guerra devia ser travada enquanto ele e o *Duce* ainda eram jovens" ([17]). No dia 22 de agosto, enquanto Ribbentrop voava para Moscovo para assinar o pacto de não-agressão, Hitler estava no seu bastião de montanha, em Berchtesgaden, a proferir um discurso perante os seus comandantes militares. As notas tiradas na época indicam de forma exata o tipo de guerra que ele antevia:

> Uma luta de vida ou de morte... A destruição da Polónia tem prioridade. O objetivo é eliminar as forças ativas, não é chegar a uma linha definida... Darei uma razão propagandística para iniciar a guerra, não interessa se é plausível ou não. Ninguém perguntará ao vencedor se falou verdade ou não. Quando se desencadeia ou trava uma guerra, o que conta não é o que está certo, é a vitória. Fechai os vossos corações à piedade. Atuai de forma brutal. Oitenta milhões de pessoas devem obter o que é seu por direito. A sua existência deve ser salvaguardada. O homem mais forte é que tem razão. Agi com a maior dureza ([18]).

No dia 1 de setembro, com quase dois milhões de soldados alemães a penetrarem na Polónia a partir de oeste, norte e sul, o *Führer* emitiu a seguinte proclamação:

> À Wehrmacht!
> O Estado polaco rejeitou a regulação pacífica das relações de vizinhança pela qual pugnei e recorreu às armas. Os alemães da Polónia estão a ser perseguidos com um terror sanguinário e a ser expulsos das suas terras. Uma sucessão de violações fronteiriças, de natureza não tolerável por uma grande potência, prova que os polacos já não querem respeitar as fronteiras do *Reich* alemão. Para pôr fim a esta loucura, não me resta outra solução que não enfrentar a força pela força.

No *Reich*, Goebbels promoveu um sentimento antipolaco com histórias assustadoras acerca do sofrimento dos alemães étnicos. No dia 11 de agosto, disse aos editores dos jornais que "a partir de agora, a primeira página deverá conter notícias e comentários sobre crimes polacos contra os *Volksdeutsche* [alemães étnicos] e todo o tipo de incidentes que mostre o ódio dos polacos a tudo o que é alemão". Esta ofensiva propagandística teve um impacto enorme numa população desejosa de recuperar os territórios perdidos em 1918. "Os jornais trazem-nos diariamente relatos do tratamento cruel dos alemães na Polónia, das ameaças contra Danzig e dos comentários insanos e vergonhosos feitos sobre o *Reich* pelos belicistas polacos", escreveu um tenente. "Por conseguinte, ninguém se surpreendeu quando no dia 25 de agosto, às 18h00, recebemos ordens para nos prepararmos para partir". "O Povo regressa ao Povo", escreveu outro observador. "Onde estão aqueles que quiseram pôr fronteiras em torno desta terra? Onde estão aqueles que odiaram e ridicularizaram a voz do povo e julgaram que poderiam manietar as comunidades dispersas de um povo com as grilhetas de Versalhes?" ([19]).

Não houve nada de particularmente nazi no apoio dado a uma guerra para corrigir as injustiças de Versalhes; grande parte da Alemanha subscreveu-a. O que foi característico do regime – e dos militares que o apoiavam – foi o extremismo dos seus planos para transformar o conflito numa luta racial impiedosa contra os polacos. Os manuais de instrução apresentaram aos soldados uma imagem tenebrosa do polaco e os seus oficiais confirmaram-na. "Soldados da 21.ª Divisão! Estão em causa a honra e a existência da pátria", proclamou um general na véspera da invasão. "A Prússia Oriental está em perigo... Entraremos na antiga terra alemã que nos foi arrancada pela traição de 1919. Nestas antigas regiões do *Reich*, os nossos irmãos de sangue sofrem perseguições horríveis! Este é o espaço vital do povo alemão" ([20]).

O alto-comando do Exército não devia ter ficado surpreendido com a rescrita das leis da guerra por Hitler. Quando a invasão começou, o general von Brauchitsch, comandante-em-chefe do Exército, sublinhou que os civis "não eram o inimigo" e que os soldados alemães deveriam obedecer às disposições do direito internacional. Avisou os polacos que os sabotadores, os guerrilheiros e os franco-atiradores seriam tratados com dureza, mas isto era condizente com a política militar da Primeira Guerra Mundial, a par da tomada de reféns para garantir a obediência da população civil. Mas Hitler já tinha dado aos seus principais comandantes um sinal de que os seus planos incluíam a "aniquilação física" da população polaca e que planeava a matança seletiva de milhares de membros da elite intelectual, social e política do país. Inseguro – e com razão, como se veria – da vontade do Exército para obedecer a tais ordens, ele virou-se para a SS de Heinrich Himmler para a sua execução.

Tal como tinha feito em campanhas anteriores, a SS formou *Einsatzgruppen* (Grupos de Operações Especiais), muitos deles chefiados por veteranos das guerras fronteiriças de 1919. Oficialmente, a sua missão era proteger a retaguarda do Exército, executar operações de policiamento e combater os insurretos. Contudo, as suas instruções eram tenebrosamente vagas; em conversações com o Exército, ficou acordado que deveriam "combater todos os elementos, em território estrangeiro e na retaguarda das tropas de combate, que sejam hostis ao *Reich* e ao povo alemão". Em meados de agosto, os *Einsatzgruppen* foram informados de atrocidades polacas contra civis alemães e avisados dos planos polacos para montar resistência através de organizações de sabotagem secretas (segundo o modelo do movimento clandestino de Pilsudski na Primeira Guerra Mundial). Para prevenir estes desenvolvimentos, Reinhard Heydrich, o número dois de Himmler, foi pessoalmente instruído por Hitler no sentido de efetuar "a liquidação de vários círculos da liderança polaca, num total de milhares de pessoas". Ao transmitir estas ordens aos seus homens, Heydrich sublinhou que "a força motriz do movimento de resistência encontra-se na elite intelectual polaca" e reforçou a ideia de que no contexto daquela luta "tudo é permitido". As leis da guerra – independentemente da sua interpretação – foram esquecidas ([21]).

Tendo aprendido com as campanhas checas, o alto-comando do Exército exigiu o controlo total sobre todas as forças na Polónia. Queria, em particular, ter mão na SS e nos administradores civis que iriam assumir a governação regional à medida que a frente avançasse, mas não logrou os seus intentos. A questão de saber se as unidades SS e da polícia ficariam inteiramente sob controlo do Exército ficou por decidir e Heydrich, apesar de ter o cuidado de não antagonizar os generais, viu claramente na campanha da Polónia uma oportunidade para provar o valor da SS. A desconfiança de Hitler face aos militares também era evidente; as suas ordens, pouco antes da invasão, tornaram os administradores civis mais independentes dos militares do que no passado. Tudo isto alimentou as dúvidas dos militares e apesar de as provas serem circunstanciais parece que a ansiedade sobre o que Hitler autorizara exatamente as unidades SS a fazer terá levado o Exército a convocar reuniões adicionais com Heydrich. No dia 29 de agosto, o Exército deu finalmente a sua concordância aos planos dos *Einsatzgruppen* para a detenção de até 30 000 polacos.

Invadida por três lados e tendo mobilizado tardiamente, a Polónia estava numa situação irremediável; os alemães dispunham do dobro dos soldados e do triplo dos aviões e dos tanques. Além disso, havia 800 000 soldados soviéticos na fronteira oriental do país. Os polacos basearam a sua estratégia na expectativa de que os britânicos e os franceses acorressem rapidamente em seu auxílio, mas depressa se desiludiram: nenhum dos seus parceiros planeara atacar a Alemanha durante o princípio da invasão, contando que os combates se arrastassem como acontecera na última guerra. Beneficiando do domínio do ar, a Luftwaffe bombardeou as cidades e vilas polacas e metralhou colunas de refugiados e comboios. Todavia, os polacos defenderam-se renhidamente e infligiram baixas pesadas aos alemães. No dia 9 de setembro, o governo polaco apelou à resistência armada generalizada e mesmo depois da rendição de muitas unidades os civis prosseguiram a luta, dando precisamente origem ao tipo de combate irregular que sempre trouxera à tona o pior do soldado alemão. Pela primeira vez desde a chegada de Hitler ao poder, os seus soldados viram-se a braços com um inimigo furtivo e muito determinado.

Foi um choque palpável logo no princípio. "Eclodiu um combate difícil contra os bandos [polacos]... que só podem ser destruídos através do recurso a medidas draconianas", observou o quartel-mestre general Eduard Wagner no dia 3 de setembro. O problema do policiamento agudizou-se devido à rapidez extraordinária do avanço alemão: os polícias uniformizados viram-se subitamente numa zona de guerra e com a responsabilidade pela "pacificação" de uma área enorme, tendo para isso pouca preparação ou informação prévias. No mesmo dia, o chefe da SS, Himmler, emitiu uma ordem de "fuzilamento imediato" dos "insurretos" ([22]).

Na verdade, nem os soldados nem a SS tinham ficado à espera dessas ordens e a partir do dia 2 de setembro civis polacos de todas as idades foram vítimas da tropa de combate, por vezes na execução de represálias por ataques da "guerrilha", outras vezes em matanças indiscriminadas. A pequena vila de Złoczew foi uma das primeiras a passar pelo que sofreriam dezenas de milhares de outras por toda a Europa nos seis anos seguintes: foi totalmente incendiada e foram mortas quase 200 pessoas, incluindo crianças. Noutro caso, um investigador militar informou que 20 polacos, "os chamados criminosos", tinham sido fuzilados sumariamente. Alguns dos crimes mais vis foram investigados, pois o Exército não estava habituado àquele grau de violência – estaria dali a um ou dois anos. Um SS e um sargento da polícia foram detidos pela polícia militar por terem morto 50 judeus. Porém, apesar de enfrentarem a pena de morte, receberam uma sentença branda, "pois em virtude das muitas atrocidades cometidas pelos polacos contra os alemães étnicos estavam num estado de irritabilidade" ([23]).

Estas atrocidades não eram puramente imaginárias. De facto, o tratamento infligido pelos polacos aos alemães étnicos desempenhou um papel importante na agudização da "guerra dos povos". Preocupados com organizações clandestinas e milícias de "autodefesa" financiadas pelos nazis, os polacos tinham encerrado muitas instituições culturais e religiosas alemãs depois da invasão da Checoslováquia e no início da invasão da Polónia a polícia prendeu 10 000-15 000 membros da minoria alemã com base em listas preparadas e deslocou-os para longe das linhas da frente. Atacados por civis e soldados polacos, morreram entre 1778 e 2200 alemães, alguns de exaustão ou maus-tratos, outros fuzilados em massa ([24]).

Quando descobriram provas destas mortes, os invasores responderam de forma ainda mais violenta. Em Bydgoszcz – o caso mais notório –, centenas de residentes alemães tinham sido mortos devido aos rumores de que havia franco-atiradores a disparar sobre os soldados polacos. O total de mortos foi de 700-1000 pessoas e alguns dos cadáveres estavam horrivelmente mutilados ([124]). Quando a infantaria alemã entrou na cidade e os descobriu, prendeu vários milhares de polacos, incluindo professores, padres, advogados, funcionários públicos e outros membros da elite intelectual, e todos os que foram apontados por um alemão étnico como estando envolvidos em atividades antialemãs foram imediatamente abatidos. Estabeleceu-se um tribunal marcial na câmara municipal para julgar os prisioneiros, mas não conseguiu dar conta do recado.

Hitler ficou furibundo com as informações de que tinham sido assassinados civis alemães no "Domingo Sangrento" de Bydgoszcz e exigiu uma resposta dura. Nos dias seguintes, o Exército entregou mais de 500 prisioneiros à SS para execução e uma rusga realizada num dos bairros da cidade rendeu outros 900, dos quais 120 foram abatidos nos bosques e campos vizinhos. Cinquenta alunos de uma escola foram executados depois de um deles ter disparado sobre um oficial alemão; o Exército fuzilou 50 "padres, professores, funcionários públicos, ferroviários, funcionários dos correios e pequenos empresários". Novas instruções impuseram o fuzilamento imediato de quaisquer civis encontrados na posse de armas. No total, estima-se que entre 5 e 13 de setembro terão sido mortos 1000 civis polacos na cidade e 5000 na região ([26]).

Este episódio, um dos mais violentos de toda a campanha, sugere várias motivações para a brutalidade dos alemães durante a invasão. Muitas das vítimas eram reféns tomados ao abrigo de orientações militares draconianas mas habituais, para serem mortos a título de represália. Foram vítimas do modo de a Wehrmacht combater a guerrilha e não da política racial nazi; aliás, em 1914, os soldados alemães e habsburgos tinham atuado de modo semelhante ao serem atacadas por franco-atiradores e guerrilheiros. No entanto, os soldados também se viam como vingadores numa "guerra de povos" germano-polaca. Acima de todos e determinante a dar o tom, estava o próprio Hitler; foi o *Führer* que insistiu que os crimes cometidos por alemães não fossem punidos e que a resposta a qualquer oposição polaca fosse o aumento da violência.

Entre os militares, havia sinais de incómodo. A ordem dada por Himmler no dia 3 de setembro, no sentido de abater de imediato os culpados, não foi do conhecimento de muitos oficiais do Exército e acabou por ser rescindida. No entanto, os generais estavam preocupados com a crescente indisciplina e brutalização dos seus homens. Um chefe de estado-maior de divisão observou: "Os primeiros dias da guerra já demonstraram que os soldados e os oficiais sem experiência de guerra não foram sequer ensinados ou então foram mal instruídos (...) O nervosismo e a insegurança instintivos e os correspondentes fuzilamentos e atos incendiários desabridos são uma vergonha para a disciplina e para a reputação do Exército, destroem desnecessariamente alojamentos e provisões e causam à populaça dificuldades que poderiam certamente ser evitadas" [27].

Alguns comandantes começaram a dar-se conta da abrangência dos desígnios de Hitler para os polacos e ficaram preocupados com a reputação do Exército e com o possível impacto sobre o tratamento futuro dos soldados alemães às mãos de exércitos estrangeiros caso se envolvessem em atividades de "extermínio étnico [*volkstümliche Ausrottung*]". Contudo, não encontraram apoio junto dos seus superiores. No dia 7 de setembro, Heydrich emitiu ordens secretas aos seus esquadrões da morte para que a "liquidação da liderança polaca" fosse completada até ao princípio de novembro. Cinco dias depois, quando tentou que o Exército acelerasse a matança "da nobreza, do clero católico e dos judeus", o almirante Canaris, chefe da Abwehr, expressou o seu horror. "O mundo responsabilizará por estes métodos a Wehrmacht, sob cujos olhos estas coisas teriam lugar", avisou ele o general Wilhelm Keitel, chefe do alto-comando das forças armadas. Mas o submisso Keitel limitou-se a dizer-lhe que era uma política de Hitler e que se o Exército não se quisesse envolver a tarefa seria confiada à SS e aos administradores civis que lhe sucederiam. Depois de várias reuniões, incluindo uma entre o general Brauchitsch e o *Führer*, Brauchitsch disse aos seus principais comandantes no terreno que "os *Einsatzgruppen* foram incumbidos de certas missões étnico-políticas nas zonas ocupadas segundo instruções emanadas do *Führer*" e que estas estavam "fora das responsabilidades dos comandantes locais". A liderança do Exército limitou-se a lavar as mãos da questão.

Era exatamente isto que o *Führer* exigia. No princípio de outubro, Hitler concedeu uma amnistia geral a todos os soldados alemães condenados por crimes cometidos durante a invasão, uma medida ampla e interpretada, com razão, como luz verde para uma futura "dureza" por parte dos soldados. O seu ordenança comentou que ele estava farto do "sentimentalismo piegas" da Wehrmacht; posteriormente, Hitler criticou o general von Blaskowitz, o comandante militar na Polónia, pela sua "atitude infantil" quando este decidiu punições duras contra homens da SS por crimes de guerra e se queixou abertamente de violações grosseiras das normas internacionais [28].

No meio da violência, levou algum tempo a emergir a forma do futuro que aguardava a Polónia. Nas palavras posteriores do intérprete do *Führer*: "Os nazis continuavam a falar num *Reich* de mil anos mas não conseguiam pensar o futuro durante cinco minutos!". A progressão rápida da Wehrmacht significou que, no dia 8 de setembro, as unidades alemãs se apoderaram do Corredor [de Danzig/Gdansk], chegaram aos arredores de Varsóvia e isolaram um grande número de forças polacas em redor de Poznań. Contudo, em meados de setembro, com Varsóvia a resistir e Mussolini a defender um acordo negociado, Hitler e os seus conselheiros ainda hesitavam entre vários cenários possíveis. Um era a chamada "Quarta Partilha", entre a Alemanha e a URSS; outro era permitir a existência de um Estado polaco residual depois de a Alemanha anexar os seus territórios ocidentais; o terceiro era dividir esta Polónia residual (a solução checa) para constituir um pequeno Estado ucraniano no Sudeste da Polónia. Contudo, do ponto de vista alemão, todos tinham desvantagens, e o último nunca seria aprovado por Estaline (depois de encerrar a questão polaca, a última coisa que ele queria era reabrir a ucraniana) [29].

O fator russo revelou-se decisivo. Alarmado com a facilidade do avanço alemão, o Exército Vermelho entrara sem cerimónias na Polónia Oriental a meio da invasão alemã, dando por sua vez a Hitler uma surpresa desagradável devido à rapidez da sua progressão. Os soldados soviéticos e alemães encontraram-se de forma bastante pacífica na linha de demarcação e em Brest-Litovsk, lugar do momento de triunfo da Alemanha vinte anos antes, desfilaram em conjunto, após o que a Wehrmacht retirou. Mas o Exército Vermelho estava demasiado perto. Hitler continuava a estender um ramo de oliveira aos britânicos e os italianos também queriam que ele tratasse a Polónia de um modo que não impedisse uma solução diplomática com Londres e Paris. Por conseguinte, em 19 de setembro, num discurso surpreendentemente moderado, Hitler sublinhou que "os nossos interesses são de natureza muito limitada" e elogiou "o soldado polaco", apesar de lamentar os "milhares de compatriotas chacinados".

Mas Estaline não estava interessado na sobrevivência de nenhum tipo de Estado polaco. Além do mais, oferecia aos alemães territórios adicionais na Polónia Oriental, na zona de Lublin, em troca do reconhecimento de que a Lituânia pertencia à sua esfera de influência, e estas propostas eram apelativas para os alemães, que começaram a pensar na região de Lublin como uma possível "reserva" para os judeus. Com setembro a chegar ao fim e sem os britânicos darem sinais de estar interessados num compromisso, as conversações privadas de Hitler sugeriam um desfecho bastante abrangente. A Polónia desapareceria do mapa e o território sob controlo alemão seria dividido em três zonas etnicamente homogeneizadas, com os polacos no meio, a servirem de tampão entre os novos territórios do *Reich*, a oeste, e uma pequena reserva judaica na fronteira soviética:

> 1. Entre o Vístula e o Bug: fica para a judiaria [incluindo do *Reich*] e para outros elementos suspeitos. Constrói-se uma muralha intransponível no Vístula, ainda mais poderosa do que a do Ocidente. 2. Cria-se um amplo cordão de território ao longo da fronteira anterior para ser germanizado e colonizado. Será uma grande tarefa para a nação: criar um celeiro alemão, um campesinato forte, para reinstalar os bons alemães oriundos de todo o mundo. 3. Entre estas zonas, forma-se um Estado polaco. ([30])

A Polónia Ocidental tornar-se-ia assim o setor crucial para a expansão do *Reich*. A Alemanha recuperaria as antigas terras prussianas e outros territórios, que repovoaria com colonos. Os polacos "racialmente valiosos" seriam germanizados e os "agitadores" existentes no seio dos "intelectuais polacos" seriam mortos. "Daqui a trinta anos", observou o seu ordenança, Hitler queria que "as pessoas pudessem atravessar o país de carro sem nada que lhes recordasse que estas regiões tinham sido motivo de disputas entre alemães e polacos" ([31]).

O Exército não queria obviamente ser associado a uma tarefa tão letal, que ia muito além daquilo com que lhe tinham pedido para ser conivente durante a invasão. A Wehrmacht mantinha uma presença importante na Polónia, na esperança, em particular, de esmagar a última resistência esporádica e para guarnecer a fronteira com a URSS. Todavia, a administração da ocupação foi confiada a civis fora da cadeia de comando e a Polónia Ocidental foi preparada para anexação. Hitler e os seus conselheiros demoraram mais de um mês para decidir a extensão do domínio alemão além das antigas fronteiras prussianas. Alguns dos conselheiros mais experientes eram avessos a controlar territórios com populações maioritariamente polacas; receavam que a sua germanização fosse demasiado difícil. Todavia, vários *Gauleiters* de regiões fronteiriças queriam expandir os seus feudos e Göring exigiu acesso fácil à cidade industrial de Łódź. E havia razões estratégicas para avançar a fronteira da Alemanha muito mais para leste. Finalmente, depois de conversações que levaram todo o mês de outubro, Hitler decretou uma nova fronteira bem no interior da Polónia de antes da guerra. O destino de Łódź ficou decidido depois de uma visita de Himmler, Goebbels e Wilhelm Frick, o ministro do Interior. Foram criados dois novos *Reichsgaue* – um em redor de Danzig e o outro incluindo Poznań e Łódź – e as fronteiras orientais das províncias da Alta Silésia e da Prússia Oriental foram alargadas. Foi a versão fantasticamente aumentada de Hitler da ideia da muralha fronteiriça da Primeira Guerra Mundial. Hitler não se acanhou perante o desafio: nos territórios a integrar no *Reich* viviam 8,9 milhões de polacos, 603 000 judeus e 600 000 alemães ([32]).

Para germanizar estas terras conquistadas o mais rapidamente possível, Hitler passou por cima do Exército e dos ministérios civis e escolheu camaradas de Partido que só a ele responderiam. Dois deles eram rivais acérrimos que tinham chefiado o aparelho nazi de Danzig antes da guerra: Albert Forster, *Gauleiter* de Danzig, e Arthur Greiser, que se mudou para sul e instalou o seu quartel-general em Poznań. Greiser estava desejoso de dar provas no seu novo cargo de prestígio – aderira relativamente tarde ao Partido Nazi e, pior ainda, aos olhos de Hitler, fora mação – e abraçou de corpo e alma o programa do *Führer*. "Ele liquidará os intelectuais polacos sempre que o entender justificado", confidenciou aprovadoramente Hitler a um ordenança. "Eles mataram-nos a nós primeiro, pelo que não nos devemos furtar à missão quando se trata de nos vermos livres de agitadores" ([33]).

Hitler parece ter continuado a manter a esperança de persuadir as potências ocidentais de que o domínio alemão traria estabilidade à Europa de Leste. A 6 de outubro, no dia que se seguiu à sua visita triunfal às ruínas de uma Varsóvia bombardeada e recém-conquistada, ele proferiu um longo discurso de vitória no *Reich*stag. Continuando a falar em termos da existência continuada de um Estado polaco residual (*Reststaat*) – uma conversa de fachada –, Hitler insistiu que o mesmo teria de se conformar com as prioridades estabelecidas por Berlim: fronteiras alemãs estáveis, uma nova ordem económica e, mais importante ainda, "um realojamento das nacionalidades" para pôr fim a "uma causa de fricções internacionais persistentes". Parecia que ele só queria melhorar Versalhes e levar a paz à Europa de Leste. "As revisões do Tratado de Versalhes que implementei", prosseguiu ele, "não provocaram o caos na Europa. Pelo contrário, constituíram requisitos para a criação de condições claras, estáveis e, acima de tudo, toleráveis". Suscitando a possibilidade de uma conferência de paz com a Inglaterra, Hitler sublinhou que a Alemanha e a Rússia estavam a estabilizar "esta zona de agitação". "Para o *Reich* alemão, esta missão, que não pode ser considerada imperialista, significa uma ocupação de entre cinquenta a cem anos... Em última análise, tudo isto beneficia a Europa" ([34]).

Era um conceito bizarríssimo daquilo que os britânicos considerariam provavelmente tranquilizador. A verdade é que eles já não acreditavam em nada do que ele dizia e deixaram bem claro que não estavam interessados em nenhum tipo de acordo. "Desapareceu toda e qualquer possibilidade de entendimento", observou sombriamente Ciano, o ministro dos Negócios Estrangeiros italiano. Houve duas consequências imediatas. Primeiro, Hitler preparou-se para uma ofensiva contra a França; segundo, decidiu-se em relação à Polónia. No dia após o discurso, incumbiu Himmler de uma nova missão: o reforço do "germanismo" trazendo "de volta" ao *Reich* os alemães étnicos para que pudessem ser reinstalados nos territórios recém-conquistados. "A Polónia está acabada", comentou Goebbels, o ministro da Propaganda (um dos dos ministros de Hitler mais antipolaco), no dia 10 de outubro. "Já ninguém fala numa restauração do antigo Estado polaco". Hitler criou um Estado residual, conhecido por Governo-Geral, sob o controlo do seu antigo advogado pessoal, Hans Frank, na parte do país não destinada à anexação – entre Varsóvia e Cracóvia. Em finais de outubro, quatro meses mais cedo do que o planeado, a Polónia ocupada pela Alemanha ficou inteiramente sob controlo civil. "Os militares são demasiado brandos e conciliatórios", escreveu Goebbels no seu diário, acrescentando mais tarde, depois de uma conversa com Frank: "Estão a levar a cabo uma política burguesa piegas em vez de uma política racialmente consciente. Mas Frank levará a sua avante". O alto-comando do Exército ficou satisfeito por poder lavar as mãos da Polónia e virou as suas atenções para a futura ofensiva a oeste ([35]).

Os alemães tinham instalado um Governo-Geral na Polónia durante a Primeira Guerra Mundial mas esse não era um modelo para o que Hitler tinha em mente. Houve toda a diferença do mundo entre uma ocupação tradicional, socialmente conservadora e administrada segundo os princípios das leis da guerra, e a versão nazi, muito mais violenta e apostada numa alteração sociopolítica e demográfica radical durante "cinquenta ou cem anos". O governador-geral do *Kaiser* fora um militar, o general Hans von Beseler, enquanto que Hans Frank era um alto quadro do Partido. Von Beseler constituíra uma assembleia de aristocratas polacos e prometera ao país uma forma de independência; Frank presidiu ao assassínio em massa da elite polaca e representou a alternativa a toda e qualquer forma de autonomia. Os polacos deveriam ser transformados numa força de trabalho escrava minimamente instruída para uso dos alemães, pelo que não necessitariam de políticos próprios. "O *Führer* não tenciona assimilar os polacos", escreveu Goebbels. "Serão enfiados no seu Estado retalhado e deixados entregues a si próprios... Conhecemos as leis da hereditariedade racial, podemos tratar das coisas em função delas". A demarcação racial rígida assente em bases devidamente "científicas" era, segundo os nazis, o único meio de garantir uma "paz perpétua" entre os dois povos (³⁶).

Todavia, este terrível destino atingiu particularmente os polacos e não os eslavos como um todo. Não obstante a retórica nazi, em teoria e cada vez mais na prática os cientistas raciais e os conselheiros políticos distinguiam entre diferentes grupos de eslavos. Os eslovacos foram autorizados a governar-se a si próprios e mesmo no Protetorado da Boémia-Morávia os alemães governaram através de uma burocracia checa e de um presidente-fantoche checo; tudo isto foi negado aos polacos. "Os princípios aplicados ao Espaço Boémio-Morávio não podem ser aplicados ao Espaço Polaco devido ao desabrido caráter polaco, que se revelou de forma exacerbada durante a campanha da Polónia como um elemento que requer um método de dominação diferente", explicou posteriormente um jornalista alemão na Polónia. Por outras palavras, o vigor da resistência polaca durante a invasão foi decisivo para a não aplicação de uma solução política checa à Polónia. No entanto, é difícil imaginar os alemães a tratarem os polacos como trataram os checos, tendo em conta as décadas de conflito entre eles (³⁷).

Após a derrota da Polónia, a SS ponderou a hipótese de fuzilar também as elites checas, mas esta ideia nunca foi implementada de modo sistemático. Em novembro de 1939, foram efetuadas detenções em massa de académicos em Cracóvia e Praga, e enviados alguns milhares para campos de concentração. As universidades de ambos os países foram encerradas por tempo indeterminado, de acordo com a decisão nazi de eliminar o ensino superior na Europa de Leste. Contudo, em Praga, von Neurath seguiu um rumo mais moderado, com a bênção de Hitler. Von Neurath era um conservador da velha guarda e não um nazi, e Hitler deixou-o fazer o que mantivesse a paz política e as fábricas a funcionar. O governo conseguiu continuar a financiar a Academia Checa das Artes e das Ciências e as rações checas permaneceram tão ou mais altas do que as do próprio *Reich*. As greves parciais foram suprimidas com pouco derramamento de sangue. Quando Hans Frank visitou o Protetorado, observou com surpresa que

> Viam-se grandes cartazes vermelhos em Praga anunciando que tinham sido fuzilados sete checos. Eu disse para comigo: se quisesse afixar um cartaz por cada sete polacos fuzilados, nem todas as florestas da Polónia chegariam para produzir o papel necessário. (³⁸)

Tal como este comentário indica, o destino do Governo-Geral foi muito mais terrível. Enquanto primeira "colónia" alemã, seria governada diretamente a partir de Berlim, outro exemplo de como a guerra e a conquista estavam a alargar o poder pessoal do *Führer* e a diminuir o âmbito daquilo a que um estudioso chamou "o mundo conceptual jurídico da administração alemã". Era, escreveu um jornalista do Partido, "um tipo inteiramente novo de unidade administrativa dentro da área de proteção do Grande *Reich* Alemão". Werner Best, jurista da SS e fundador do Departamento Principal de Segurança do Reich (RSHA), que deveria coordenar a política de segurança no crescente império nazi, viu no Governo-Geral o "primeiro tijolo" de um novo espaço continental. O próprio Frank – ambicioso, inteligente, histriónico e profundamente corrupto – estabeleceu o seu minigoverno em Cracóvia, com reuniões ministeriais, ministérios e secretários de Estado. Não tardou a ser conhecido por "Rei da Polónia" e o seu domínio como *FrankReich* ([39]).

Frank referiu-se algumas vezes ao Governo-Geral como "um Estado-protetorado, uma espécie de Tunes", e outras como uma "reserva vitalícia" para o "povo polaco". Mas a Polónia, enquanto termo, deveria desaparecer e qualquer referência aos "territórios polacos ocupados" – como tinham sido conhecidos em setembro – era desencorajada para não dar a entender que o país beneficiava de uma semivida legal. A teoria internacional da ocupação militar, na forma que emergira no século anterior, estabelecia claramente a natureza provisória da autoridade da potência ocupante e afirmava a soberania continuada do inimigo vencido; só um tratado de paz – do ponto de vista formal – tinha o poder para transferir a soberania de um Estado para outro. Por conseguinte, o Ministério do Interior aconselhou cinicamente o abandono de toda e qualquer referência a "territórios ocupados" no título do Governo-Geral, dado que isto poderia implicar compromissos legais "aos quais não desejamos certamente ficar agarrados".

Os juristas do Exército foram os mais relutantes em descartar as normas jurídicas internacionais. Em meados de abril de 1940, durante os preparativos para a guerra no Ocidente, o Alto-Comando das Forças Armadas (OKW) perguntou se a Polónia ainda existia *de jure*, uma questão com implicações para o tratamento de quaisquer polacos que pudessem ser capturados em França. O Ministério dos Negócios Estrangeiros respondeu que não: a guerra com a Polónia tinha terminado com a decisão de Hitler de pôr fim à administração militar do país. Os tratados com a União Soviética e a Eslováquia tinham-se referido ao "anteriormente existente Estado polaco". Os suecos, que tinham aceitado proteger os interesses polacos, foram informados com firmeza de que a Polónia já não existia. Mesmo assim, os diplomatas não estariam muito seguros da sua argumentação, pois solicitaram que o seu conselho não fosse tornado público ([40]).

Depois da queda da França, com a perspetiva de novas ocupações militares no Norte e Oeste da Europa, os juristas regressaram ao tema. Na Academia Alemã do Direito, os tradicionalistas argumentaram ousadamente que a anexação unilateral de território polaco e a subsequente ocupação do Governo-Geral eram ilegais; outros discordaram, assumindo a perspetiva nazi de que quem fazia a lei era o *Führer*. Aqueles que se encontravam no meio sugeriram prudentemente que o estatuto jurídico do Governo-Geral permanecia impreciso. Foram de novo dadas instruções para retirar toda e qualquer referência a "territórios ocupados" do título do próprio Governo-Geral, por medo de comparações prejudiciais com o tratamento muito mais convencional de franceses e belgas pela Wehrmacht. Por conseguinte, quando Hitler se encontrou com Frank em Berlim, pouco antes da queda da França, o *Führer* ditou a mudança de título e, a partir de 1940, a Polónia residual passou a ser conhecida simplesmente por "Governo-Geral". Hitler disse a Frank que era uma maneira de deixar claro que o território do Governo-Geral permaneceria parte do "território do *Reich* alemão [*deutsches Reichsgebiet*] para sempre". A Polónia desaparecera ([41]).

4
A partilha da Polónia

"A guerra oferece a oportunidade, talvez pela última vez na história do mundo, para a Alemanha assumir de modo decisivo a sua missão de colonização no Leste... Não deve ser dissuadida por palavras; deve empenhar-se de forma resoluta; com o tempo, teremos de nos habituar à ideia de um realojamento de grandes massas de pessoas". Estas frases poderiam ter sido escritas em 1939 ou 1940 mas provêm de um conjunto de planos muito anterior elaborado em 1915 sob o título "Terra sem Gente" (*Land ohne Menschen*), um esquema congeminado em Berlim durante a guerra para empurrar a fronteira racial germano-eslava para leste e criar uma muralha de agricultores alemães em solo polaco. Como vimos, foi uma ideia que atraiu muitos decisores políticos, intelectuais e planeadores alemães e só a derrota impediu a sua concretização ([1]).

Os nazis não foram, pois, os primeiros nacionalistas alemães a pensar em soluções radicais para o problema polaco através da colonização e da expulsão. Todavia, as autoridades do III *Reich* não tiraram grande coisa destas discussões anteriores para definir o que fariam depois da derrota da Polónia. Era óbvio que os antigos territórios prussianos seriam incorporados no *Reich*, mas o que fazer com os seus habitantes, que eram esmagadoramente polacos? E o que fazer também com a súbita decisão de Hitler de anexar uma enorme quantidade de terras que nunca tinham sido prussianas – uma decisão que duplicou de imediato o número de polacos integrados dentro da nova fronteira alemã? Antes da guerra, alguns especialistas académicos tinham especulado sobre "melhorar" os polacos libertando-os do "domínio judaico", mas esta política era demasiado pró-polaca para o que Hitler tinha em mente. Ele pretendia destruir por completo a liderança polaca e as suas declarações em agosto e setembro centraram-se na "limpeza política" necessária para concretizar este intento. O resultado foi a execução de cerca de 50 000 polacos e 7000 judeus durante a invasão. Contudo, não havia planos – ou assim parecia – para o que fazer com os restantes milhões de polacos nem – mais espantosamente ainda – para identificar os colonos alemães que deveriam constituir uma nova muralha fronteiriça contra eles. Em comparação com o zelo com que Hitler e os seus apaniguados definiram as dimensões destrutivas da tarefa, era como se tudo o resto se fizesse sozinho (²).

Apesar de os nazis se negarem obstinadamente a enfrentar o facto, o défice demográfico permanecia o mesmo há pelo menos um século. Não havia alemães disponíveis nem interessados em número suficiente para reinstalação em território polaco. Este problema era especialmente agudo para os nazis dado o seu racismo biológico extremo e a sua aversão à ideia de transformar polacos em alemães através da assimilação cultural. Segundo estimativas polacas, mais de 90% da população dos territórios anexados pelo *Reich* era polaca (as estimativas nazis eram marginalmente mais otimistas). Para agravar a situação, os alemães vinham-se deslocando para ocidente em número cada vez maior, não só de dentro da Polónia de entre as guerras mas também no interior do próprio *Reich*. Em 1937-1938, a emigração alemã da Prússia Oriental aumentou em flecha e observavam-se tendências migratórias semelhantes na Silésia, na Baviera e, ironicamente, até nos Sudetas. Do ponto de vista do regime, a conquista aconteceu mesmo a tempo de impedir os próprios alemães de traírem o interesse nacional abandonando as zonas fronteiriças.

Em relação às comunidades alemãs étnicas fora das fronteiras do *Reich*, a política nazi, a partir de 1933, fora mantê-las onde estavam e utilizá-las como quintas colunas; a alegada preocupação de Berlim com o sofrimento das grandes minorias da Europa Central permitiu-lhe imiscuir-se nos assuntos húngaros e romenos. Contudo, pela mesma lógica, isto impossibilitava que as minorias fossem reinstaladas na Polónia Ocidental. Esta política só não foi seguida num caso politicamente sensível. Depois de o *Anschluss* levar o *Reich* à fronteira de Itália, Hitler apressou-se a garantir a Mussolini que não usaria a minoria alemã em Itália contra ele e em 1938 encetou negociações com Roma para a "transferir" para o *Reich*. Foi assinado um acordo em junho de 1939 – um elemento crucial de consolidação da aliança do Eixo – e Himmler foi incumbido de repatriar o primeiro grupo de 9000-10 000 cidadãos do *Reich* (*Reichdeutsche*), enquanto prosseguiam negociações sobre o destino dos restantes, na sua maioria ex-cidadãos habsburgos (³).

As conversações arrastaram-se e o número em causa não era grande, mas fora estabelecido um precedente. Poucos meses depois, a ideia de repatriar os alemães étnicos de forma sistemática ganhou subitamente uma nova urgência devido ao Pacto Molotov-Ribbentrop e à invasão soviética da Polónia Oriental. Estes acontecimentos provocaram nervosismo nas repúblicas do Báltico, especialmente depois de Moscovo começar a exigir a colocação de tropa nesses países. Os líderes dos alemães do Báltico, aterrorizados e receosos de caírem nas mãos do Exército Vermelho, recordaram a Himmler os massacres perpetrados pelos bolcheviques em Riga no fim da Primeira Guerra Mundial. Entre um ambiente de quase pânico em Berlim, Hitler decidiu organizar a sua deslocação "para a pátria", nem que fosse para garantir que não haveria nenhum conflito com os russos. Por conseguinte, um mês depois da sua primeira e histórica visita a Moscovo, Ribbentrop foi de novo enviado para tratar deste assunto. Graças aos soviéticos – ou mais precisamente, ao medo que deles tinham os alemães do Báltico –, encontrara-se subitamente uma nova fonte de colonos para a Polónia Ocidental. O regime tentou fingir que vinha planeando tudo isto há algum tempo, mas na verdade apenas reagiu aos acontecimentos [4].

No princípio de outubro, vários paquetes alemães fizeram-se subitamente ao mar e rumaram aos portos bálticos de Riga, Tallinn e Liepăja. Foi enquanto navegavam que Hitler proferiu o seu discurso de "oferta da paz" no Reichstag. Contudo, à luz destes acontecimentos, podemos ver que as suas palavras apaziguadoras não se dirigiram apenas a Londres. A sua afirmação de que "fragmentos da nação alemã" seriam retirados do Leste e do Sudeste da Europa e devolvidos ao *Reich* também pretendeu tranquilizar Estaline e evitar um choque desnecessário com a Rússia.

Os primeiros navios acostaram nos portos bálticos a 7 de outubro para repatriar os alemães que desejassem partir, no dia em que Himmler foi nomeado chefe da Comissão do *Reich* para o Reforço do Germanismo (RKFDV). "As consequências do Tratado de Versalhes na Europa foram abolidas", começava o decreto de nomeação. "Por conseguinte, o Grande *Reich* Alemão pode agora trazer e instalar no seu território alemães que eram obrigados a viver no estrangeiro e pode também organizar o realojamento de grupos populacionais dentro da sua esfera de interesses de modo a separá-los mais satisfatoriamente uns dos outros". Foi este o verdadeiro início da nova política populacional para a Polónia ocupada. Não houve nenhum plano geral, mas sim uma resposta em pânico a uma crise regional que depois foi vendida pelo regime como uma importante iniciativa política. Mas Himmler, de forma brilhante, transformou tudo isto num meio de expandir o poder da SS na Polónia e noutras paragens. Em muitos aspetos, foi aqui que começou verdadeiramente a transformação da SS num Estado dentro de um Estado [5].

Os deveres da RKFDV eram três: supervisionar a repatriação dos alemães étnicos do estrangeiro; manter os polacos e os judeus da Polónia ocupada sob vigilância de modo a "eliminar" a sua "influência nociva";

expulsá-los em número suficiente para permitir a reinstalação de alemães, em particular nos territórios ocidentais anexados. Começando pelos Estados bálticos, pela Polónia Oriental e pela Rússia para evitar choques com o aliado soviético, sob a liderança de Himmler o programa de repovoamento tornou-se um vasto projeto de engenharia populacional que expulsou centenas de milhares de polacos e judeus dos seus lares na Polónia Ocidental, acelerando a caminhada para o genocídio, e instalou centenas de milhares de alemães étnicos como colonos. Pouco importava aos nazis que os recém-chegados – especialmente os da Rússia – falassem mal alemão, vestissem roupas bizarras e tivessem maus dentes "catastróficos", raquitismo e um nível elevado de senilidade prematura: eram alemães, pareciam ter salvaguardado a sua pureza racial e podiam ser utilizados para colonizar o "Leste recém-recuperado". Num discurso proferido a 6 de outubro, Arthur Greiser, *Gauleiter* da nova província do Warthegau, traçou o objetivo que Hitler acabara de lhe atribuir: "Daqui a dez anos, não haverá nenhum bocado de terra que não seja alemão; todas as quintas pertencerão a colonos alemães. Já vêm a caminho, oriundos de todas as províncias do *Reich*, dos Estados bálticos, da Lituânia, da Roménia, da Rússia e do Tirol para se instalarem nesta região. Vêm unanimemente para travar uma luta implacável contra o campesinato polaco" ([6]).

Nos Estados do Báltico, a quem embarcavam para o *Reich* os agentes alemães pintaram um quadro cor-de-rosa daquilo que os aguardava. Os artigos de propaganda mostravam quintas cuidadas mas aparentemente desabitadas à espera de novos proprietários. Na verdade, aqueles que aguardavam a sua repatriação não se deixaram enganar e muitos sabiam que os polacos estavam a ser expulsos para lhes darem lugar. O seu motivo para a partida não era o empenho na causa nazi, mas sim o receio de ficar caso os soviéticos assumissem o poder. Demorou algum tempo para se chegar a acordo com os governos do Báltico em termos de indemnizações económicas e pelo menos 7000 alemães negaram-se a partir. Contudo, a maioria partiu de bom grado em dois meses. Aterrorizados pela aproximação do domínio soviético, muitos letões e estónios candidataram-se também, muitas vezes afirmando que tinham parentes ou conhecidos alemães. O terror era ainda maior entre os alemães da Volínia que viviam na Polónia Oriental. Muitos tinham sido deportados pelas autoridades czaristas durante a Primeira Guerra Mundial e sabiam das deportações das zonas fronteiriças soviéticas na década de 30. Perante a notícia de que também seriam realojados, ficaram delirantes. Quando o primeiro grupo partiu, em finais de dezembro, três meses de domínio soviético tinham aumentado o seu desejo de se irem embora. De facto, muitos estrangeiros – incluindo polacos, ucranianos e até judeus – arriscaram a vida implorando para ser incluídos nos comboios: alguns ucranianos e polacos foram admitidos, os judeus não ([7]).

Os navios provenientes do Báltico acostaram em portos da Prússia Ocidental em meados de outubro, ao som de bandas de música, e proferiram-se discursos a celebrar a "chegada à pátria" dos passageiros. Enquanto membros da Juventude Hitleriana os saudavam acenando com bandeirinhas, as expulsões "selvagens" dos proprietários polacos vagavam rapidamente os apartamentos para eles se alojarem. As vítimas tiveram pouco tempo para fazer as malas – por cada pessoa, só foi autorizada uma mala, uma muda de roupa, alguns alimentos e 200 zlótis. A Sra. J. K., expulsa de Gdynia, recordou que os gendarmes alemães que lhe deram apenas algumas horas para partir lhe disseram "que além de eu dever estar pronta, o apartamento devia ser varrido, a louça lavada e as chaves deixadas no guarda-louça para que os alemães que iriam viver na minha casa não tivessem trabalho". Ela e outros na mesma situação foram transportados para o Governo-Geral em vagões abertos, tendo apenas palha para se aquecer ([8]).

Este programa de expulsão teve como vítimas principais os polacos mas também alterou o destino dos judeus da Polónia. Desde a invasão, tinham sido rotineiramente escolhidos para punições e humilhações. As suas lojas e casas faziam de alvos à passagem dos soldados alemães e os agentes da Gestapo obrigavam-nos a "limpar" as praças e ruas, como que para expiarem a sua presença poluidora. O III *Reich* transformara os seus jovens conscritos em antissemitas fervorosos que gostavam de zombar publicamente dos "inimigos da raça" rapando-lhes a cabeça ou batendo-lhes quando não eram lestos a saudá-los. Apesar da eclosão da violência antissemita organizada na Polónia antes da guerra, muitos polacos demoraram a compreender o novo *ethos* e a perceber quem o sancionava. "Todas as brutalidades têm de ser toleradas", disse um major alemão a recrutas da polícia polaca, em outubro de 1939, pois tinham sido ordenadas "de cima" ([9]).

Porém, para os "especialistas judaicos" do *Reich*, a conquista da Polónia complicara incomensuravelmente a sua tarefa. Entre 1933 e 1939, as suas políticas de emigração forçada tinham reduzido a população judaica do *Reich* em mais de metade, de 503 000 para 240 000, e embora as conquistas de 1938 e 1939 tivessem colocado sob sua responsabilidade novas áreas de povoamento judaico – 180 000 judeus na Áustria e 85 000 na antiga Checoslováquia –, fora implementada a mesma política e cerca de metade dos judeus tinha fugido ou sido expulsa devido às operações de Eichmann. Em setembro de 1939, a grande maioria dos 400 000 refugiados fugidos da Grande Alemanha desde 1933 era composta por judeus (fatidicamente, quase metade permaneceu na Europa em virtude da diminuição das oportunidades de realojamento de refugiados fora do continente) ([10]). A Polónia veio alterar por completo a equação. Os alemães viram-se responsáveis – mal tendo considerado previamente a questão – por mais de dois milhões de judeus polacos, a terceira maior população judaica do mundo a seguir aos EUA e à URSS e quase dez vezes maior do que a do Velho *Reich*.

Atingidos por este problema inesperado, Himmler e Heydrich quiseram solucioná-lo o mais rapidamente possível. Propuseram-se concentrar-se nos territórios recém-incorporados da Polónia Ocidental e torná-los *Judenrein* (*) no espaço de quatro meses expulsando toda a sua população judaica para leste. Quando Estaline ofereceu a transferência do distrito de Lublin para o Governo-Geral, abriu a perspetiva da criação de uma "reserva judaica" na nova fronteira com a URSS ([11]). Este desenvolvimento pôs a trabalhar a imaginação de Adolf Eichmann, o especialista em "emigração judaica" do SD, que sugeriu que se metessem lá também os judeus que restavam na Áustria e em território checo ([12]).

No entanto, foram enviados apenas cinco comboios de judeus para um pequeno campo de trânsito no rio San antes de Himmler ser obrigado a cancelar a operação. Os guerreiros da raça deram-se conta de que o sentimento antissemita não era a única força motriz da política de ocupação alemã. Hans Frank ficou furioso com a ideia de que o seu Governo-Geral tivesse de albergar a reserva judaica do *Reich* e dos seus novos territórios, e Hitler era avesso a instalar muitos judeus na fronteira sensível com o Exército Vermelho. E surgira outro problema. Depois da chegada dos primeiros transportes de alemães do Báltico para Danzig, tornou-se claro que a deportação dos judeus – especialmente de Viena e do Protetorado – não libertaria o número de habitações necessárias para os imigrantes alemães na Polónia Ocidental. Com milhares de alemães étnicos em movimento e a capacidade de transporte esticada ao limite, a decisão de Hitler de "consolidar o germanismo" na Polónia Ocidental passou a ter prioridade sobre os planos para a expulsão dos judeus do Grande *Reich* Alemão ([13]).

Dado que na Polónia Ocidental havia quase nove milhões de polacos e apenas 603 000 judeus, não fazia sentido, ao contrário do que Himmler exigia, dar prioridade à expulsão destes. O programa de germanização tinha como objetivo a instalação dos recém-chegados – independentemente das suas profissões de origem – no campo e os judeus polacos eram predominantemente urbanos. E não foi apenas a este nível estratégico que as deportações parecem ter sido mal concebidas. As detenções iniciais tinham privado os agricultores de mão de obra e as cidades de trabalhadores especializados

---

(*) "Limpos de judeus". (*N. T.*)

e funcionários públicos polacos, todos eles bastante necessários. Decorridos alguns meses, alguns dos rivais de Himmler começaram a criticar os seus esquemas como dogmáticos, mal pensados e prejudiciais para o esforço de guerra alemão.

Um dos primeiros dissidentes, e dos mais agitadores, era o jovem *Gauleiter* de Danzig-Prússia Ocidental, Albert Forster, nazi desde a primeira hora e um homem a quem Hitler dava ouvidos. Forster chefiara o aparelho do Partido Nazi em Danzig durante anos e a sua nomeação para *Gauleiter* dera-lhe aquilo que um funcionário desesperado do Ministério do Interior designou por "autoridade ducal" na região. Apesar de, enquanto oficial honorário da SS, Forster estar nominalmente sob a autoridade de Himmler, ele recusou que as políticas raciais de Himmler determinassem a sua abordagem. As cidades costeiras polacas da sua província foram as primeiras a ser evacuadas. As expulsões "selvagens" e posteriormente mais organizadas de polacos tinham-nas transformado em cidades fantasmas e – ironicamente – haviam mesmo feito definhar o porto de Danzig, pelo qual a guerra alegadamente eclodira. Gdynia, situada em frente, fora rebatizada Gotenhafen. Contudo, depois da expulsão dos seus habitantes, em 16 de outubro, devia ter-se-lhe chamado "Totenhafen" (Porto da Morte), segundo um jornalista sueco que descreveu como uns meros 17 000 alemães do Báltico iriam supostamente tomar o lugar dos 130 000 habitantes originais da cidade. O porto estagnou, a maquinaria foi embalada e requisitada e só os apartamentos e o mobiliário deixados pelos polacos ofereceram alguns despojos. Forster ficou preocupado e pôs fim às expulsões. Resmungando que não estava interessado em velhos nem em "plutocratas", apenas deixou ficar 12 000 alemães do Báltico; os outros 5000 tiveram de seguir para sul. Depois disto, foram sempre deportados muito menos polacos do *Gau* (*) de Forster do que do Warthegau, e muito menos alemães foram autorizados a instalar-se na sua região. Considerando os colonos paus-mandados de Himmler, na prática Forster desligou-se da política de repovoamento. Com Hitler avesso a agir, Himmler ficou furioso mas nada pôde fazer ([14]).

A atitude do eterno rival de Forster, Arthur Greiser, não podia ter sido mais diferente. Ambos tinham sido nomeados por Hitler ao mesmo tempo, mas Greiser esperava transformar o seu gigantesco Warthegau num modelo para a nova guerra racial. Estava em desvantagem, pois da população do *Gau* anterior à guerra, cerca de 4,9 milhões de pessoas, 4,2 milhões eram polacos e 435 000 judeus. Apenas 325 000 – menos de 10% do total – eram alemães étnicos. Isto significava que a germanização teria de ser descartada

---

(*) Região administrativa do Partido Nazi. (*N. T.*)

ou promovida com um vigor extremo. Greiser não deixou dúvidas quanto à sua opção. Abraçou os planos de Himmler e foi assim que no Warthegau a SS implementou o seu Primeiro Plano de Curto Prazo, em dezembro de 1939, o verdadeiro início da limpeza étnica sistemática. Não obstante o tempo invernoso, Heydrich quis avançar sem demoras – havia 128 000 alemães étnicos a caminho oriundos da Polónia Oriental – e mais de 87 000 vítimas, na sua maioria polacos, foram metidas em comboios destinados ao Governo-Geral. Muitas vezes eram espoliadas e espancadas pelos próprios funcionários incumbidos da sua expulsão e algumas pereceram de frio durante a viagem, mas para Himmler este foi apenas o primeiro passo de um programa de deportações muito mais abrangente ([15]).

Infelizmente para a reputação da SS, as expulsões de dezembro não correram nada bem. Até o fiel Greiser se mostrou crítico. A polícia devia ter identificado os indivíduos considerados riscos de segurança ou cuja deportação libertaria alojamentos e oportunidades de trabalho para os novos imigrantes, mas a Gestapo enganou-se nas suas fichas de intelectuais polacos e a polícia de Łódź garantiu a quota pré-definida fazendo uma rusga num bairro judeu e detendo 7000 judeus em menos de seis horas. A sua pressa significou a inexistência de instalações para registar ou interrogar os judeus, obrigando "pessoas com crianças a ficarem de pé durante horas, ao frio e debaixo de nevões", segundo relatou, escandalizado, o *SS-Sturmbannführer* (*) Richter. Outras deportações foram suspensas porque os campos de internamento locais já estavam atribuídos aos alemães étnicos. Alguns deportados afirmaram que eram etnicamente alemães e a ausência de procedimentos de triagem adequados levou o SD a pensar que talvez fossem mesmo ([16]).

As repercussões económicas da deportação das pessoas erradas foram especialmente alarmantes. Por exemplo, os caminhos de ferro locais, já com muita falta de pessoal, empregavam 12 000 polacos e 4200 alemães. Os administradores ferroviários insistiram em diferimentos para os polacos e quando lhes foram comunicados planos para a deportação do seu pessoal avisaram que quaisquer expulsões repentinas seriam "insuportáveis para a economia de guerra e que poderiam pôr em causa os vários movimentos populacionais de grande escala" ([17]). Hans Frank e a sua equipa do Governo-Geral foram ainda mais veementes nos seus protestos. Tinham de lidar com o fluxo de recém-chegados espoliados que lhes entrava pela fronteira e enfrentavam a possível chegada de um milhão de polacos e judeus em poucos meses. Era demasiado, especialmente à luz do ataque previsto à França, que muitos temiam que não fosse rapidamente concluído. Para desafiar Himmler, Frank

---

(*) Patente paramilitar do Partido Nazi equivalente a major. (*N. T.*)

recebeu o apoio de Hermann Göring, que era muito mais poderoso e que (enquanto os seus homens espoliavam a economia do país) receava o caos que os enormes movimentos populacionais poderiam causar. O Exército também entrou na liça. Numa declaração invulgarmente franca e que levou à sua destituição, o coronel-general von Blaskowitz, sucessor de Rundstedt como comandante na Polónia, protestou contra a tacanhez daquela política brutal:

> É um erro chacinar dezenas de milhares de judeus e polacos como está a acontecer; dada a dimensão enorme da população, nem o conceito de um Estado polaco nem os judeus serão eliminados desta forma... Se as altas patentes da SS e da polícia exigem atos de violência e brutalidade e os louvam publicamente, daqui a muito pouco tempo ver-nos-emos confrontados com a lei do rufião... O programa de repovoamento está a causar um descontentamento especial e crescente em todo o país. É óbvio que a população, faminta e a lutar pela sua sobrevivência, só pode observar com a maior preocupação como as massas dos realojados são forçadas a procurar refúgio junto dela sem dinheiro e, por assim dizer, nuas e famélicas. É mais do que compreensível que estes sentimentos atinjam um clímax de ódio descontrolado perante o número de crianças que morrem de fome em cada transporte e os vagões cheios de pessoas mortas de frio. A ideia de que é possível intimidar a população polaca através do terrorismo e esfregar-lhe a cara na lama revelar-se-á certamente falsa. [18]

Hitler ficou furioso mas não podia ignorar a apreensão de uma fonte tão poderosa. O confronto teve lugar durante uma conferência convocada por Göring na sua propriedade de Karinhall, no princípio de 1940. Frank apelou ao fim imediato das deportações: a expulsão de dezenas ou centenas de milhares de pessoas para leste era pura e simplesmente impossível com a guerra a decorrer; com a capacidade de transporte ferroviário, os efetivos da polícia e a capacidade de alojamento no limite, criava demasiada perturbação. Göring apoiou-o: fazer as colheitas nos territórios incorporados exigiria trabalhadores polacos, pelo que não fazia sentido livrarem-se deles. Por conseguinte, Göring decidiu que não haveria novas expulsões sem aviso prévio a Frank, e no dia 11 de março Himmler anunciou relutantemente a suspensão da política de deportação.

Uma consequência foi o agravamento significativo da situação dos judeus da Polónia Ocidental, que ficaram encurralados em guetos que tinham sido considerados soluções temporárias pré-deportação. A ideia de meter os judeus em guetos estivera sempre presente mas a iniciativa era geralmente tomada pelas autoridades locais. Os funcionários de Greiser em Łódź, onde existia a maior comunidade judaica do Warthegau, foram os primeiros a construir um gueto, depois de compreenderem que não seria possível a deportação imediata. A construção começou em fevereiro de 1940 e terminou em abril. O gueto tornou-se um modelo para outras cidades e uma espécie de atração turística. Pela mesma altura, foram construídos outros guetos no Warthegau ([19]).

Em julho, o bloqueio das deportações começou a preocupar as autoridades do Warthegau. Com mais de 160 000 pessoas no gueto de Łódź, sem água corrente nem um sistema de esgotos a funcionar, uma crise de saúde pública estava a tornar-se uma séria possibilidade e ameaçava estender-se ao resto da cidade. Greiser avisou Frank de que "seria impossível manter estes judeus amontoados no gueto durante o inverno". Greiser previra que seriam deportados até outubro e o seu comandante da polícia recordou a Frank que o gueto fora estabelecido "na condição de que a deportação dos judeus começasse em meados do ano, o mais tardar". Frank não quis saber. Tal como Greiser estava determinado a tornar a sua região "livre de judeus", Frank queria a *sua* capital, Cracóvia, *Judenrein* até ao fim do ano e não precisava dos judeus de Greiser para lhe dificultar a tarefa. Aliás, o próprio Himmler cancelara todos os transportes de judeus para o Governo-Geral pouco depois da queda da França, ao inteirar-se de uma possível solução para o "problema judaico" da Europa de Leste – o estabelecimento de uma reserva gigantesca para os judeus na colónia francesa de Madagáscar ([20]). No verão de 1940, parecia que os planos de Hitler para uma nova ordem racial na Europa tinham terminado logo após o seu começo. Apesar das deportações, a grande maioria dos habitantes estrangeiros dos territórios anexados permaneceu onde estava ([21]).

Nem toda a gente considerava que se tratava de uma história de fracassos. Para um dos chefes do repovoamento, era quase espantoso que a Alemanha tivesse reinstalado mais colonos num único ano – e ainda por cima, durante uma guerra – do que a Comissão Real de Colonização Prussiana em vinte e oito. Os homens de Himmler tinham colocado os alemães étnicos em mais de sessenta campos de acolhimento e fornecido colchões e palha, estábulos, alimentos e cuidados médicos excelentes. Tinham sido abertas escolas para as crianças e havia aulas para os que tinham esquecido o alemão. Greiser gabou-se da produtividade do Warthegau, do seu espetacular desempenho agrícola com uma colheita recorde, em suma, do modo como pusera fim "ao capítulo infeliz da história alemã caracterizado pela expressão 'Povo sem Espaço'" ([22]).

Mesmo assim, havia motivos de preocupação para os que determinavam as políticas para a nova fronteira étnica da Alemanha. A política judaica estava num impasse e havia receios face aos custos financeiros, sanitários e de segurança envolvidos na guetização. Em breve estariam mais 275 000 alemães étnicos em marcha para ocidente, no seguimento da entrada soviética, no verão, na Bessarábia e na Bucovina romenas, e o mais provável é que tivessem de permanecer em campos de trânsito por tempo indeterminado. Além disso, o Warthegau já estava cheio de alemães étnicos que reclamavam estar à espera de realojamento desde o princípio do ano e Himmler visitou um campo perto de Łódź para tentar acalmá-los. "É forçoso que compreendais que tendes de esperar", disse-lhes ele. "Antes de receberdes a vossa quinta, um polaco vai ter de ser expulso. Muitas vezes, os buracos são tantos que temos de pôr os edifícios em condições ou combinar quintas... No verão já podereis andar nas vossas terras" ([23]).

O ritmo vagaroso do programa de repovoamento estava a causar insatisfação em todos os lados. A polícia de segurança estava preocupada com a ameaça colocada pelos polacos e receava uma rebelião. Além disso, apercebeu-se de que os polacos tinham começado a antecipar as evacuações e pareciam saber quando se realizariam (não era difícil; os alemães levaram algum tempo a perceber que o aparecimento de funcionários que marcavam as casas com giz era um sinal bastante claro da iminência de expropriação). Quando as autoridades chegavam para confiscar as quintas, os proprietários tinham desaparecido, engrossando uma população errante que, com a chegada do inverno, poderia entregar-se ao banditismo. Em finais de 1940, havia cerca de 35 000 polacos em fuga. O fecho da fronteira com o Governo-Geral não pareceu ser grande ajuda ([24]).

Quanto aos recém-chegados, as queixas com que Himmler fora recebido eram apenas a ponta do icebergue. Alguns sentiam-se enganados e não gostavam do tratamento que tinham nos campos de realojamento nem dos modos intimidatórios e sabichões dos funcionários que os administravam. Mesmo depois de lhes terem sido atribuídas propriedades, algumas pessoas disseram-se desagradadas por estarem a tomar posse do que pertencia a outros; outras ficaram mais incomodadas com o estado arruinado dos bens e com o isolamento que sentiam. Além do mais, o seu comportamento político e sexual permanecia sob estrita vigilância e as suas propriedades podiam ser atribuídas a terceiros caso eles suscitassem a desconfiança das autoridades. A intensa pressão para que desistissem de lealdades regionais mais antigas e das suas tradições religiosas era mais uma fonte de tensão e foi um dos fatores subjacentes a um poderoso ataque nazi à Igreja no Warthegau. Os relatos de dificuldades conduziram ao envio de assistentes sociais mas estes amiúde agravavam a situação; ao que parece, os alemães do *Reich* não conseguiam evitar referir-se aos alemães étnicos em termos humilhantes e arrogantes – "material colono" ou "ingénuos, não passam de crianças grandes". Com o azedar das relações entre os colonos e as autoridades, verificaram-se protestos e detenções e alguns abandonaram as quintas que lhes tinham mandado ocupar e regressaram aos campos [25].

No Governo-Geral, foi a vitória sobre a França que permitiu aos alemães tirarem a máscara. Até à primavera, o destino da região ainda fora definido com um olho nas reações internacionais. Dizia-se que seria uma potencial pátria polaca na qual "os polacos (...) ficarão sob soberania alemã mas não como cidadãos alemães, será uma espécie de reserva". Porém, com a vitória no Ocidente e desaparecidas as últimas perspetivas de uma conferência de paz, tornou-se clara a extensão das ambições de Hitler. O *Führer* disse a Frank que o Governo-Geral seria ligado muito mais estreitamente ao *Reich* e que funcionaria como uma "reserva de mão de obra" para a Alemanha. Já não se falava numa "pátria polaca". Sob "a liderança absoluta da nação alemã", a região foi declarada pronta para a profunda germanização do "núcleo racial alemão" da população.

Na prática, a germanização do Governo-Geral não poderia avançar muito quando ainda havia tanto a fazer nos territórios incorporados a ocidente. Quase não havia alemães na região. O que a nova política racial significou verdadeiramente foi a intensificação da campanha mortífera contra o nacionalismo polaco. Em novembro de 1939, registara-se uma vaga de detenções de intelectuais e notáveis em todo o país. Tinham sido feitos reféns na véspera do dia nacional polaco e mais de 100 docentes da Universidade de Varsóvia haviam sido enviados para o campo de concentração de Oranienburg, onde dezassete professores idosos morreram. Após uma pausa de alguns meses, teve lugar uma segunda vaga de detenções. Frank receara um recrudescimento da resistência nacionalista durante a campanha de França e para o impedir mandara prender e encarcerar mais de 30 000 membros da elite polaca, dos quais 3000 foram fuzilados. A chamada Ação AB (Operação Especial de Pacificação) "destina-se a eliminar, a ritmo acelerado, o grosso dos políticos rebeldes da resistência e outros indivíduos politicamente suspeitos na nossa posse", confessou Hans Frank. "Tenho de admitir abertamente que isto custará a vida a alguns milhares de polacos (...) mas todos nós, enquanto nacionais-socialistas, temos neste momento o dever de garantir a não emergência de mais nenhuma resistência por parte do povo polaco" [26].

Frank acreditava que morta a elite, as massas polacas entrariam na ordem. A sua chamada "política de fragmentação" procurava transmitir ao "trabalhador" polaco que a repressão não o teria por alvo desde que ele permanecesse obediente às ordens alemãs. Frank não estava muito preocupado com aquilo que designava por manifesta falta de realismo político dos polacos; os pequenos centros de oposição que sobrevivessem podiam ser ignorados enquanto permanecessem descoordenados. Todavia, ao vangloriar-se da sofisticação da sua estratégia, como é possível que não lhe tenha ocorrido que os polacos só poderiam interpretar o domínio alemão como brutal, arbitrário e violentamente repressivo?

Em primeiro lugar, enfrentavam a ameaça diária de espancamentos e morte. As execuções e os assassínios rotineiros continuavam a ser comuns. Em Łódź, soldados alemães mataram um polaco que entrou na carruagem ferroviária errada e depois dispararam sobre os transeuntes quando estes protestaram, matando três. Outros polacos foram abatidos por terem oferecido comida e bebida aos deportados. As punições coletivas por ataques concretos ou alegados contra alemães tornaram-se a norma. Além disso, todos os polacos foram declarados sujeitos a trabalho obrigatório. Com o agravamento da escassez de mão de obra da Alemanha, eram indiscriminadamente capturados nas ruas e enviados para o *Reich* ou postos a trabalhar nas estradas e em instalações militares. As mulheres enfrentavam a possibilidade de serviço doméstico, de trabalho nas quintas ou até (diziam os rumores) de serviço nos bordéis militares. As prisões e os campos de trabalho – como o novo campo de Auschwitz, estabelecido na época da Ação AB – rapidamente ficaram sobrelotados e o local de execuções nos arredores de Varsóvia, em Palmiry (*), tornou-se tristemente célebre. No inverno gélido de 1940-1941, a taxa de mortalidade subiu tão rapidamente que eram necessárias duas semanas para conseguir uma missa de *requiem* para um ente querido nas igrejas de Varsóvia. Do seu quartel-general ricamente decorado, no Castelo de Wewel, em Cracóvia, Frank ponderava ocasionalmente que a situação estava a ficar fora de controlo. Era uma ilusão absoluta, insistiu ele, pensar que o Governo-Geral podia ser controlado através de "uma campanha de extermínio [*Ausrottungsfeldzug*] dirigida contra os camponeses e trabalhadores polacos". Contudo, a sua alternativa – uma aliança alemã com os trabalhadores polacos contra os "grandes capitalistas" que afastaria as massas da elite – não era menos fantasiosa ([27]).

Os "grandes capitalistas" da Polónia eram fruto da imaginação de Frank. Na prática, os alemães vinham pilhando a economia polaca de forma sistemática desde o princípio. Enquanto generalíssimo económico do *Reich*,

---

(*) A aldeia de Palmiry era rodeada por uma floresta onde decorreram muitas das execuções. (N. T.)

Göring montou uma rede de agentes para deitar a mão a todos os ativos móveis. Os seus homens, juntamente com a Wehrmacht e, mais tarde, a SS, também assumiram o controlo de empresas polacas. Libertos da maioria das restrições legais e encorajados a explorar o país e os seus recursos para fins próprios, era compreensivelmente difícil para muitos alemães saberem onde acabava a "organização" e começava a pilhagem. Com os funcionários a deitarem a mão a tudo o que lhes interessava, a corrupção começou a desgastar a sua autoridade, prejudicando os esforços de Frank para criar uma "administração colonial" modelar que tornaria o Governo-Geral autossuficiente. As "requisições selvagens" tinham de ser controladas, insistiu ele no princípio de 1940, para que não desaparecesse por completo o respeito dos *alemães* pela propriedade privada. De facto, "a frase 'organizar' significa ladroagem e roubalheira". Mais preocupado com os animais do que com os seres humanos, Frank observou, alarmado, que o número de vacas, porcos e galinhas caíra a pique ([28]).

Estas considerações teriam tido mais peso se a ganância do próprio Frank fosse menos notória. Acontece que o problema da corrupção – que se tornaria uma característica vincada da Nova Ordem em toda a Europa – estava ligado, no caso da Polónia, a duas coisas em particular. Uma era o confisco dos bens judaicos. Fonte comum de enriquecimento dos funcionários do Partido no *Reich* pré-1939, tornou-se ainda mais lucrativa no Leste, onde o Partido e a SS eram mais poderosos e o combate a comportamentos do género praticamente inexistente. Os auditores estatais descobriram, para seu espanto, que muitos funcionários da SS na antiga Polónia tinham criado "fundos especiais" para uso pessoal. Greiser abriu uma "conta de depósito" num banco de Poznań para "dinheiro confiscado aos judeus e aos inimigos do *Reich*". Em Lublin, Globocnik efetuou "grandes transferências de joias confiscadas". Em Estanislau, uma busca aos escritórios da SS revelou dinheiro, moedas de ouro e todo o tipo de divisas amontoadas em arcas, secretárias e arquivadores, bem como caixotes cheios de joias ([29]).

A corrupção era também uma imagem do calibre dos alemães que preenchiam a burocracia da ocupação. Até finais de 1940, mais de 2100 funcionários públicos foram destacados para os territórios recém-anexados da Polónia Ocidental, comparado com apenas 70 na antiga Áustria, 480 no Protetorado e 860 nos Sudetas. Todavia, a sua qualidade era muito variável. Muitos tinham sido enviados pelo Partido, que via os territórios anexados como uma potencial base de poder; em muitos casos, além do zelo ideológico, possuíam poucas ou nenhumas qualificações administrativas. Outros foram atraídos pela perspetiva de enriquecimento. Muitos eram funcionários públicos de carreira que tinham sido demitidos na Alemanha por embriaguez ou corrupção e que foram amnistiados em setembro de 1939 e autorizados a redimir-se em cargos no Leste. Muitas vezes, estes homens procuravam confirmar as suas credenciais comportando-se de forma especialmente dura com os polacos ([30]).

Entretanto, os polacos eram transformados em cidadãos de segunda e atingidos por uma barragem de proibições. Foram proibidos de usar as praias, as piscinas e os jardins públicos. As universidades foram encerradas e as organizações políticas e culturais dissolvidas. As antigas bibliotecas e coleções de arte foram sistematicamente saqueadas e o seu acervo enviado para a Alemanha. Proibidos de usar condecorações militares e até uniformes escolares, eram obrigados a ocupar a parte de trás das gares ferroviárias, dos comboios e dos autocarros, e a levantar-se, caso necessário, para os alemães se poderem sentar. Os adultos tinham de saudar os alemães uniformizados e quando não o faziam eram sovados. Tinham de tirar o chapéu na presença de funcionários alemães e ceder-lhes passagem. Os lojistas foram instruídos a atender primeiro os clientes alemães e os polacos só podiam fazer compras a certas horas. Foram atribuídas aos polacos rações muito mais baixas que aos alemães (mas ainda assim superiores às dos judeus); o chocolate foi proibido e o leite era frequentemente reservado para as crianças alemãs com a justificação – nas palavras de Robert Ley, chefe da Frente do Trabalho Alemã – de que "uma raça inferior necessita de menos alimento". As crianças polacas nem sequer estavam autorizadas a ver filmes infantis alemães, dado que "a transmissão de valores sentimentais alemães (...) parece (...) fundamentalmente questionável" ([31]).

Os decretos discriminatórios eram aplicados de forma rigorosa e os funcionários públicos alemães que não os levavam a sério podiam ser demitidos. Todavia, a lógica kafkiana da burocracia deu origem a regras que eram amiúde contraditórias. Um bom exemplo é o caso da "saudação hitleriana". Em algumas zonas, os polacos *tinham* de a fazer à passagem de um funcionário alemão. Noutras, estavam *proibidos* de a fazer e os funcionários registavam os lapsos com alarme (dado que era "um privilégio dos alemães e das raças reconhecidamente germânicas como os flamengos, os holandeses, os noruegueses, etc. (...), mas não das de sangue desigual, como os polacos, checos, ucranianos, etc...""). Contudo, por recearem que o anúncio público desta ideia pudesse prejudicar o prestígio alemão, recomendaram que não se fizesse nada. Resultado: uma confusão ainda maior ([32]).

O Warthegau de Greiser tornou-se o cenário da prior repressão, com os zelosos funcionários alemães a inventarem medidas cada vez mais imaginativas e surreais para porem os *Untermenschen* na ordem. Alguns puniam-nos por andarem de bicicleta, empurrarem carrinhos de mão ou até – em

Kutno – por sorrirem de forma irónica. O frenesim regulamentador pariu a "Proibição de os Transeuntes Manterem as Mãos nos Bolsos na Presença de Pessoal Militar". Num contexto mais sério, o Warthegau assistiu também a um ataque generalizado à Igreja Católica, com o confisco de muitos mosteiros e a dissolução das organizações eclesiásticas.

O número dois de Greiser, August Jäger (*) – um idoso funcionário público prussiano de cabelos brancos –, era um veterano das guerras anticlericais do *Reich* e senhor de uma hostilidade tão veemente que foi alcunhado de *"Kirchen-Jäger"* (Caçador de Igrejas). No entanto, a intensidade da hostilidade antipolaca no Warthegau também refletiu o sucesso de Greiser na construção, a partir do zero, de um aparelho do Partido Nazi extremamente ativista. As unidades de voluntários armados (*Selbstschutz*) foram dissolvidas, mas os nazis alemães locais e muitos alemães étnicos recém-chegados da Polónia Oriental ou da Roménia, desejosos de confirmarem as suas credenciais nacionalistas (especialmente por serem amiúde ridicularizados por outros alemães por causa dos seus sotaques e costumes), atuavam como pioneiros na defesa das prerrogativas dos alemães num mar de polacos potencialmente rebeldes [33].

No outono de 1940, quando a SS e o Partido reconheceram finalmente que a região continuaria a ter uma grande população polaca ainda durante algum tempo, a repressão adquiriu um caráter mais sistemático, burocrático e até pedagógico. "Dado que ainda somos obrigados a usar mão de obra polaca", proclamou Greiser,

> é impossível evitar a presença quotidiana e o contacto dos cidadãos alemães com os polacos pertencentes à mesma esfera de trabalho. Do mesmo modo, devido à escassez de habitações e de pessoal doméstico, ainda não é possível evitar bairros com polacos nem a coabitação na mesma casa. Por conseguinte, torna-se indispensável orientar a atenção da população alemã, com a ajuda das medidas que se impõem, para a necessidade da estrita observância da demarcação nas suas relações pessoais com indivíduos pertencentes à comunidade nacional polaca.

O problema de distinguir os alemães dos polacos e vice-versa era uma preocupação constante numa sociedade em que havia alemães aboletados em casas polacas e na qual alemães e polacos constituíam equipas de bombeiros ou de trabalho conjuntas. Os alemães receberam instruções para usarem sinais distintivos de forma a evitar receber o tipo de tratamento brutal

---

(*) Este apelido significa também, em alemão, «caçador». (*N. T.*)

habitualmente infligido aos polacos: quem se esquecesse depressa tinha a memória avivada por socos e insultos. Em algumas cidades, os polacos foram distinguidos através da obrigatoriedade de usarem uma letra P de cor violeta e distribuíram-se panfletos avisando os alemães para não confraternizarem com eles: "Tal como não há judeus decentes, também não há polacos decentes". A imprensa publicitava o julgamento de alemães como o trabalhador agrícola Karl Lossain, que pagou o bilhete a um colega polaco para irem juntos ao cinema. Se as amizades eram proibidas, as relações sexuais entre alemães e polacos podiam custar a vida aos segundos. O princípio orientador era "uma separação implacável dos membros da nação alemã dos da nação polaca", anunciou um alto funcionário do Warthegau. Os alemães que a ignoravam arriscavam a "detenção de proteção" (*) e até o envio para um campo de concentração ([34]).

O ataque alemão ao nacionalismo polaco tomou como alvos específicos as cidades. Nos territórios anexados, os polacos foram expulsos das zonas urbanas: Poznań (por causa da qual polacos e alemães tinham entrado em choque desde meados do século XIX) perdeu 70 000 habitantes em poucos meses, Łódź 150 000. A população de Kalisz caiu de 80 000 para 43 000 habitantes, a de Włocławek de 67 000 para 18 000. No entanto, o destino mais dramático foi o reservado a Varsóvia. Hitler proibiu toda e qualquer reconstrução durante a guerra e aprovou planos para a conversão da antiga capital polaca numa cidade de província alemã depois da vitória. Administrando a cidade como nó de comunicações do império do Leste, 120 000 alemães desfrutariam das zonas verdes de uma "Varsóvia inteiramente nova" na margem esquerda do Vístula; na margem oposta, uma força de trabalho de "escravos polacos" ficaria amontoada numa área muito mais pequena" ([35]).

Os preparativos para esta política de separação começaram durante a guerra. No outono de 1940, Varsóvia foi dividida em três distritos, com os alemães a tomarem posse do centro, com os melhores hotéis, restaurantes e avenidas. A vida tornou-se mais difícil para os polacos, mas o destino dos judeus foi pior. A construção do gueto ocupou a maior parte do ano de 1940 e em novembro foi finalmente isolado do resto da cidade com muros de tijolo, arame farpado e tábuas. Os 80 000 polacos que residiam na zona receberam ordem de partida e foram substituídos por 150 000 judeus. Das vilas e aldeias circundantes foram trazidos outros judeus, e em março de 1941 a

---

(*) Ou "detenção de segurança" (*Schutzhaft*), eufemismo que designava a detenção arbitrária (sem mandato nem direito de assistência por um advogado, por exemplo) de opositores ao regime ou outros indesejáveis. (*N. T.*)

população do gueto atingiu o pico de 460 000 pessoas. Embora Varsóvia já fosse uma cidade sobrelotada antes da guerra, no gueto 15% da capacidade de alojamento da cidade tinha de albergar um terço da sua população. Dado que a maioria dos residentes estava na miséria e que as rações eram de menos de um décimo das atribuídas aos habitantes alemães da cidade, o gueto era uma armadilha letal. A taxa de mortalidade disparou de 23,5‰ em 1940 para 90‰ em 1941 e para uns espantosos 140‰ em 1942. A ordem era mantida por uma força de polícia judaica, havia um conselho que respondia perante as autoridades alemãs e as sopas dos pobres tentavam alimentar o maior número de pessoas possível. No entanto, nenhum destes grupos tinha verdadeiro controlo sobre a situação.

À semelhança do que acontecera com o seu equivalente em Łódź, o gueto – o maior da Polónia ocupada, de longe – tornou-se uma atração para os alemães de passagem pela cidade. Os espectadores congregavam-se, fascinados, nos muros para observarem os "judeus orientais". Esses espectadores incluíam "oficiais, frequentemente funcionários civis da administração do Governo-Geral, funcionários uniformizados, membros do serviço de trabalho, ferroviários, enfermeiras da Cruz Vermelha". Joe Heydecker, um soldado alemão, descreveu horrorizado os basbaques.

> A maioria permanecia lá durante muito tempo, silenciosa, impávida, a observar as entradas e saídas das pessoas, os controlos e a brutalidade. Alguns viravam as costas, outros permitiam-se oferecer palavras de encorajamento. A maioria permanecia silenciosa, sem dar o menor sinal que permitisse descobrir os seus pensamentos ou sentimentos.

Heydecker fez as suas incursões não autorizadas no gueto para fotografar as ruas desoladas e cheias de neve. A sua câmara captou a polícia polaca, judaica e alemã nos postos de controlo atrás de barreiras toscas com vedações e arame farpado, os vendedores de rua com os seus cestos de pão, carrinhos com livros e até – um dia – com balões. Dos profissionais imaculadamente vestidos, de gravata e sobretudo elegante, até aos mendigos escanzelados e barbudos com os pés envoltos em trapos húmidos, Heydecker captou um espectro da vida nas ruas do gueto nos meses que antecederam a deportação da maioria dos residentes para o campo de extermínio de Treblinka ([36]).

COMPARAÇÃO DAS OCUPAÇÕES

Um modo de compreender mais plenamente a natureza da ocupação alemã da Polónia é compará-la com as ocupações da Áustria e da Checoslováquia ou, inclusivamente, recuar ainda mais, até às ocupações da Primeira Guerra Mundial levadas a cabo pelo exército do *Kaiser*. Mas talvez uma comparação ainda melhor seja com a ocupação soviética da Polónia Oriental e dos Estados bálticos que decorreu na mesma altura. Estaline não foi certamente o primeiro líder russo a querer proteger as suas fronteiras ocidentais mediante um acordo com os alemães. Em 1756, foi feita aos prussianos uma proposta para pôr fim à "desordem" na Bielorrússia Ocidental e na Ucrânia Ocidental, e as partilhas da Polónia foram justificadas de modo semelhante. Na Primeira Guerra Mundial, os negociadores czaristas sublinharam a importância estratégica da região e nos anos 20 do século XX os planeadores militares soviéticos reafirmaram a necessidade de rever a fronteira oriental da Polónia. Por conseguinte, do ponto de vista soviético, o Pacto Ribbentrop-Molotov representou a concretização de exigências territoriais de longa data ([37]).

Em meados de setembro de 1939, o Exército Vermelho entrou praticamente sem oposição na Polónia Oriental e no ano seguinte ocupou os Estados bálticos e a Bessarábia romena. Com os polacos desmoralizados pela invasão alemã, o Exército Vermelho sofreu apenas 1000 mortos em combate e só em torno de Grodno, onde a resistência polaca foi obstinada, executou um número considerável de prisioneiros de guerra polacos. Em contraste, como vimos, os alemães perderam vinte vezes mais homens e executaram quase 60 000 civis ([38]). No entanto, Estaline comungava do desejo de Hitler de quebrar o poder do nacionalismo polaco e foi pelo menos tão perentório quanto à inexistência de um Estado polaco independente depois da partilha do país. Com efeito, ambos pretendiam regressar à tradicional abordagem russo-alemã à questão polaca. Contudo, os meios que adotaram foram tudo menos tradicionais: a Polónia tornou-se rapidamente uma terrível experiência laboratorial para o estudo comparativo do totalitarismo. Na mente dos habitantes daquelas fronteiras imperiais, poderia ser o último capítulo de uma longa história de movimentos populacionais forçados, massacres e ocupações estrangeiras, mas ambos os ocupantes empregaram a violência numa escala inconcebível pela imaginação dos impérios do século XIX. O culminar mortífero aconteceu na época da Ação AB alemã, quando a NKVD executou mais de 15 000 oficiais polacos – os cadáveres do grupo maior foram posteriormente exumados de valas comuns na floresta de Katyn pelos alemães – e 7305 outros detidos em cadeias da NKVD (existe a possibilidade, embora ainda não haja provas nesse sentido, de que os crimes alemães e soviéticos estejam ligados e que as partes tenham trocado informações sobre as vítimas).

Ambos os lados organizaram também deportações em grande escala. Os alemães, como vimos, deram prioridade à organização de transferências de alemães *para* os territórios recém-anexados. Até finais de março de 1941, segundo os cálculos de Eichmann, 408 000 polacos e judeus foram expulsos para o Governo-Geral e um número idêntico ou superior foi enviado para o Velho *Reich* como trabalhadores obrigatórios. Estes números são enormes mas podiam ter sido muito maiores, pois só os preparativos militares de 1941 contra a URSS impediram Heydrich de deportar mais 831 000 pessoas. As autoridades soviéticas também deportaram centenas de milhares de civis, numa série de quatro grandes operações consideravelmente brutais, mas não foram contrabalançadas por migrações para as regiões de origem.

Em fevereiro de 1940, 140 000 membros das famílias de ex-militares polacos que entre as guerras mundiais tinham recebido terras nas províncias orientais da Polónia foram enviados para campos de prisioneiros de delito comum nas florestas da Sibéria. Em abril, numa operação destinada a limpar uma faixa de território ao longo da fronteira ucraniana, 66 000 pessoas – na sua maioria mulheres e crianças – foram enviadas para o Cazaquistão; em junho, uma vaga de detenções teve como alvos os "contrarrevolucionários" e "espiões" que tinham entrado na zona soviética fugidos dos alemães (talvez não surpreendentemente, muitos destes 76 400 indivíduos eram judeus). Finalmente, na véspera da invasão alemã de junho de 1941, 88 000 pessoas foram deportadas da Polónia e dos Estados bálticos. Segundo dados soviéticos, um total de cerca de 380 000-390 000 polacos foram enviados para leste na qualidade de "deportados especiais". Outras estimativas apontam para 1,25 milhões ([39]).

Mas apesar de as duas potências envolvidas na partilha terem levado a cabo políticas semelhantes em alguns aspetos, fizeram-no para fins diferentes. O III *Reich* tinha anexado territórios com 10,7 milhões de habitantes, dos quais mais de 90% eram polacos e apenas 6% eram alemães; todavia, o propósito da anexação – aliás, da própria guerra –, absurdamente ambicioso, fora a inversão deste desequilíbrio demográfico através da eliminação do maior número possível de estrangeiros, o que, neste caso, significava principalmente polacos. Em contraste, nos territórios ocupados e depois anexados pela URSS, mesmo segundo as estatísticas oficiais polacas de entre as guerras os polacos não estavam em maioria – seriam talvez 5,3 milhões num total de 13 milhões; também vivia na região um grande número de ucranianos, bielorrussos, judeus e outros. Mais importante ainda, a política soviética, apesar de ter como objetivo esmagar o nacionalismo polaco e impedir quaisquer ameaças à segurança que dele decorressem, especialmente junto das fronteiras, não pretendeu livrar-se da totalidade de nenhum grupo nacional ou étnico específico. O seu propósito era a revolução social, não a purificação nacional. Esta é uma das razões pelas quais as deportações alemãs se destinaram a expulsar totalmente do *Reich* os estrangeiros, enquanto as soviéticas empurraram as suas vítimas para as profundezas da URSS.

As categorias de inimigos tomadas como alvo pelas duas polícias secretas, apesar de sobrepostas no caso da elite polaca, diferiram noutros aspetos, em particular em relação aos judeus. Isto explica certamente o fluxo constante de judeus que tentaram atravessar a linha de demarcação *para* a zona de ocupação soviética, enquanto os polacos se deslocavam na direção oposta. No lado soviético, não houve nenhum equivalente aos assassínios a tiro esporádicos, sem critério e quase invariavelmente impunes, de judeus perpetrados pelos soldados alemães e pelas unidades SS. Em contraste, a política alemã deixou claro que os judeus tinham perdido todos os seus direitos e que já não estavam protegidos pela lei. Este facto tornou-se evidente muito antes de ter sido tomada qualquer decisão para os exterminar e foi sublinhado num relatório enviado da Polónia ocupada, em fevereiro de 1940, para o governo polaco no exílio ([40]).

Numa perspetiva mais lata, a base do direito nazi era a diferença racial e nacional. Embora os polacos pudessem ser levados pelos alemães a sentir-se numa posição superior à dos judeus, foram sempre tratados, segundo a lei, como súbditos de segunda. No caso soviético, as coisas foram diferentes. Aliás, as distinções étnicas e religiosas não contavam. Foi decerto por esta razão que muitos judeus polacos de esquerda, especialmente os mais jovens, acolheram o Exército Vermelho com entusiasmo. Depois de sentirem o vento gélido de um nacionalismo polaco cada vez mais antissemita, abraçaram a promessa de igualdade cívica. O facto de o domínio soviético se traduzir no fim das instituições tradicionais da vida do *shtetl* (*) (para não falar do fim dos outros partidos políticos) perturbava os seus anciãos mas não os incomodou a eles ([41]).

Todavia, os jovens judeus de esquerda não foram os únicos a saudar a chegada dos soviéticos. O Exército Vermelho proclamou-se libertador das suas "nações irmãs" – os ucranianos e os bielorrussos – da desintegração do Estado polaco, retórica que não caiu totalmente em saco roto. Os camponeses da Polónia Oriental foram cortejados pelos recém-chegados, convidados a participar na destruição dos "fascistas polacos" e aliciados com o parcelamento das grandes propriedades. Os soviéticos largaram panfletos instando-

---

(*) Pequena cidade ou vila com uma grande população judaica na Europa Central e de Leste. (*N. T.*)

-os a "expulsar os proprietários com foices e machados" e nalgumas zonas rurais os bielorrussos e os ucranianos foram encorajados a aderir ao Partido e a entrar para a administração local; nos centros urbanos, onde eram poucos, os judeus foram convidados a desempenhar um papel semelhante ([42]).

Dito de outro modo, as duas ocupações prometeram às suas vítimas futuros políticos e económicos muito diferentes. No caso alemão, os territórios anexados seriam governados para benefício de menos de 10% da população. Não houve nenhuma revolução social, o capitalismo continuou a funcionar e o impacto principal sentiu-se na violência arbitrária e no confisco improvisado de mão de obra, terras e outros bens. A cidadania foi limitada aos alemães e a questão crucial consistia em decidir quem era alemão. Na Polónia Oriental ocupada pelos soviéticos, a cidadania foi imposta quase de imediato à população e o aparelho da política participativa de massas – assembleias, eleições, plebiscitos e constituições – foi introduzido com o intuito de demonstrar o desejo popular de incorporação na União Soviética. Se o direito alemão foi colocado à margem dos estrangeiros, o direito soviético foi um instrumento para estender o poder de Moscovo. Por conseguinte, no Leste houve uma explosão da política, no Oeste a sua eliminação. Ambos foram governados por sistemas unipartidários, mas num dos casos o partido estava vedado à maioria da população. Nenhum ofereceu as virtudes da democracia liberal e ambos foram brutalmente repressivos, mas isto não significa que os seus efeitos tenham sido iguais.

É certo que a força também foi utilizada em grande escala na zona soviética, porque os planos soviéticos eram, à sua maneira, tão ambiciosos e determinados como os dos nazis. Onde não se pôde jogar a carta da nacionalidade, como por exemplo nos Estados bálticos (onde o Exército Vermelho assumiu o controlo em junho de 1940), o domínio soviético foi frequentemente mais duro do que na Polónia Oriental. Além do mais, a ideia da revolução social, da substituição da propriedade privada capitalista pela posse comunal, foi alimentada pela inveja dos funcionários soviéticos: se a Polónia Ocidental foi o Leste primitivo para a Alemanha, a Polónia Oriental foi, ironicamente, a primeira amostra do capitalismo para a União Soviética e desencadeou nacionalizações de bancos, de empresas e da pouca indústria que havia. As propriedades privadas e as terras parceladas pelo Estado polaco entre as guerras ou pertencentes a mosteiros e igrejas foram expropriadas através de políticas ambiciosas de reforma agrária destinadas a conquistar as graças do campesinato local. Na Bielorrússia, em particular, uma reforma agrária generalizada fez pender decisivamente a posse da terra para os pequenos proprietários. No Governo-Geral, os alemães continuaram a usar o zlóti; na zona soviética, a sua abolição causou perturbações e perdas enormes para quem tinha poupanças – uma medida que ajudou o ataque ao capitalismo e o alargamento do sistema económico soviético (⁴³).

Depois de os alemães lançarem a sua invasão da URSS, em junho de 1941, tornou-se rapidamente evidente que a ocupação soviética deixara um legado amargo. Uma das primeiras coisas que os alemães fizeram nas zonas anteriormente ocupadas pelos soviéticos foi filmar a obra macabra da NKVD em sucessivas prisões: só nas cadeias de Lvov os investigadores de crimes de guerra da Wehrmacht descobriram milhares de cadáveres. Os letões, os lituanos, os ucranianos, os bielorrussos, os romenos e os polacos estavam consumidos pelo ódio aos bolcheviques e muitos atiraram as culpas pelos seus sofrimentos para cima dos seus vizinhos judeus. A propaganda alemã encorajou-os e eles prepararam-se, tal como as populações locais, para novos massacres (⁴⁴).

Durante o avanço, o Exército alemão embrenhou-se na floresta de Katyn, onde se viu confrontado com a obra mais macabra dos seus antigos parceiros na partilha da Polónia. Os aldeões falaram aos militares dos locais de matança soviéticos nos bosques e em abril de 1943, depois do degelo, os alemães descobriram os cadáveres bem preservados de mais de 4000 oficiais do Exército polaco abatidos três anos antes por ordem de Estaline. A descoberta causou sensação a nível internacional. Os alemães levaram ao local especialistas forenses suíços, húngaros e croatas e prisioneiros de guerra britânicos e americanos e publicitaram o local como prova dos "crimes bolcheviques contra a humanidade". É claro que tinham razão, mas compreensivelmente o mundo recusou acreditar na sua palavra. Para vencer a batalha da opinião pública internacional e na esperança de fragmentar a aliança anglo-soviética, o Ministério dos Negócios Estrangeiros alemão preparou uma apresentação diplomática sobre as descobertas de Katyn. Publicada pelo Partido Nazi em 1943 – enquanto Himmler erradicava sistematicamente as provas de atrocidades alemãs numa escala muito maior –, descreveu as enormes valas comuns de Katyn como uma espécie de "monumento à Europa". A luta pela Grande Alemanha desencadeara uma espiral macabra de brutalidade de Estado, e o pior ainda estava para vir (⁴⁵).

5

Verão de 1940

Hitler considerara inevitável uma guerra generalizada na Europa. Contudo, longe de imaginar que teria início em 1939, ele e os seus planeadores julgaram que ainda disporiam de mais três ou quatro anos para a Alemanha se rearmar. Hitler invadiu a Polónia na crença de que a Grã-Bretanha e a França se manteriam à margem, como tinham feito durante a crise de Praga, mas, caracteristicamente, logo que compreendeu que nem uma nem outra recuariam, começou de imediato a planear levar-lhes a guerra. Só o mau tempo e as objeções horrorizadas dos seus generais o impediram de lançar uma ofensiva a oeste antes do fim de 1939. Por conseguinte, era óbvio que a luta decisiva teria início na primavera seguinte. Tal como Hitler disse a Mussolini, em março, não havia "nenhuma outra possibilidade de pôr fim ao presente conflito" ([1]).

Ninguém previu o que aconteceu a seguir. As memórias da Grande Guerra e do impasse prolongado na Frente Ocidental ainda estavam bem presentes e os adversários da Alemanha gozavam de considerável superioridade numérica sobre a Wehrmacht em homens e equipamento. Além do mais, a mobilização dos recursos da Alemanha era caótica e a produção de armamento estava abaixo das metas. Todavia, graças ao dispositivo medíocre da oposição, a algumas decisões estratégicas inspiradas, a um moral elevadíssimo e à sorte, os soldados alemães levaram tudo à sua frente: a Holanda capitulou em apenas quatro dias e a Bélgica em dezoito, e os franceses aguentaram-se pouco mais de um mês. Os alemães, que tinham previsto uma guerra prolongada, viram-se-lhes atribuídos os segredos da *Blitzkrieg*. Os soldados britânicos retiraram do continente, deixando para trás grandes quantidades de equipamento, e em finais de junho a Wehrmacht apoderou-se inclusivamente das Ilhas do Canal (*). Ao mesmo tempo, conseguiu improvisar

---

(*) Arquipélago britânico junto à costa da Normandia. (*N. T.*)

uma campanha escandinava na qual a tropa alemã ocupou a Dinamarca sem combate. Encontraram muito mais resistência na Noruega, mas esmagaram-na no princípio de junho. Foi, em todos os aspetos, um feito militar notável ([2]).

A Europa ficou petrificada por esta série de acontecimentos verdadeiramente espantosa e toda a gente ficou à espera de ver o que fariam os alemães a seguir. O desafio político que confrontava o *Reich* era muito mais do que a consolidação do *Lebensraum* na Europa de Leste. Nas palavras de Wilhelm Stuckart, o especialista constitucional do Ministério do Interior, a Alemanha teria de passar da construção de uma *Volksgemeinschaft* (comunidade do povo) no interior das suas fronteiras para a construção de uma *Völkergemeinschaft* (comunidade de povos) no continente. Quase sem preparativos prévios, o III *Reich* teria de forjar uma estratégia política para defender os seus ganhos no Ocidente e dar forma a uma Nova Ordem para a Europa. Nestas tarefas, os objetivos raciais nazis – a razão de ser da guerra a leste – tinham menos importância do que considerações de ordem militar, diplomática e económica. Contudo, no meio da extraordinária euforia que se apoderou da liderança de Berlim, parecia que bastariam a determinação e a força para ultrapassar qualquer oposição. Os planeadores deixaram de acreditar que qualquer combinação de Estados pudesse ameaçar politicamente o *Reich*: "Tem ao seu dispor os recursos económicos do Norte, do Oeste e do Sudeste". A Inglaterra continuava a bater-se, mas a maioria dos observadores partiu do princípio de que não tardaria a ser chamada à razão. No inebriante verão de 1940, quando a guerra pareceu ganha, os pensamentos alemães viraram-se para o futuro e a forma de uma Europa nazi foi discutida mais intensamente do que noutra altura qualquer, antes ou depois ([3]).

PARA UMA NOVA ORDEM

No dia 9 de abril, a Dinamarca tornou-se o primeiro país a capitular. A invasão ficou concluída em poucas horas, antes de os dinamarqueses terem sequer tempo de declarar guerra: a resistência era manifestamente fútil. Por conseguinte, em comparação com a Polónia, a Dinamarca foi tratada pelos alemães com tanta moderação que é difícil imaginar o mesmo Estado a lidar com ambos os países. No caso da Polónia, os nazis espezinharam o direito internacional e riscaram o país do mapa, enquanto que os dinamarqueses negociaram a forma mais suave de administração alemã em toda a Europa. O país permaneceu formalmente independente e o rei Cristiano manteve o trono: Copenhaga continuou a ser o centro político da vida dinamarquesa durante toda a guerra e os políticos que fugiram viram-se marginalizados. O parlamento manteve-se em funções e até se realizaram eleições relativamente livres, em 1943 – sabêmo-lo porque o Partido Nazi Dinamarquês foi esmagado pelos partidos que já existiam antes da guerra, conseguindo apenas 2% dos votos. Os desejos alemães eram transmitidos através do antigo embaixador, Cecil von Renthe-Fink, que se tornou plenipotenciário do *Reich* e supervisionou os assuntos dinamarqueses com uma pequena equipa e muito pouca interferência. A integridade territorial do país foi garantida e a pequena minoria alemã foi instruída com firmeza no sentido de não provocar sarilhos.

Renthe-Fink sublinhou a importância de manter a "aparência exterior" de independência para enfraquecer a oposição aos alemães noutras paragens. Desejoso de avançar sobre a Noruega, o *Führer* concordou: na Dinamarca não haveria nenhuma administração civil e o Exército desempenhou um papel modesto. Talvez fosse pura e simplesmente política de fachada, como lhe chamou posteriormente um funcionário nazi, mas as primeiras impressões eram importantes numa altura em que os alemães não sabiam como iriam correr as invasões da Noruega e dos Países Baixos. Além disso, o esquema prometia garantir o que a Alemanha realmente necessitava dos dinamarqueses – lacticínios e conformismo em matéria de política externa – a custo muito baixo. No entanto, ao contrário do que habitualmente se julga, a hegemonia alemã foi exercida de forma mais complicada e indireta. Os dinamarqueses terminaram a guerra como membros das Nações Unidas mas pelo menos durante três anos encontraram um nicho favorável na Nova Ordem alemã ([4]).

Os alemães planeavam tratar a Noruega do mesmo modo, mas o país revelou-se uma caso militar e político muito mais sério. Depois de um ataque de surpresa que permitiu que Oslo caísse nas mãos dos alemães, os noruegueses ripostaram com denodo. Para complicar a situação, Vidkun Quisling, um extremista de direita com escasso apoio no país, aproveitou-se da oportunidade para declarar a constituição de um governo provisório sob sua liderança. Hitler simpatizava com as suas opiniões mas pô-lo de lado e nomeou um velho camarada do Partido para comissário do *Reich*. O homem que escolheu, Josef Terboven, era governador da província da Renânia, onde gozava de uma merecida reputação de implacabilidade. Ganhara a Cruz de Ferro na Primeira Guerra Mundial, abandonara os estudos universitários, participara no *putsch* de Munique, em 1923, e desposara a antiga secretária de Goebbels. O tosco Terboven, que se instalou na residência do príncipe-herdeiro (onde cinco anos mais tarde se suicidaria mandando-se pelos ares), não tinha os dotes de persuasão que teriam sido necessários para levar os abalados deputados noruegueses a constituir um governo pró-alemão. O presidente do parlamento instou o rei Haakon a abdicar, mas este recusou com irritação e fugiu para Londres, onde formou um governo no exílio. Entretanto, em Oslo, o interregno político ia-se arrastando. Em finais de setembro, Terboven perdeu a paciência: aboliu unilateralmente a monarquia, dissolveu todos os partidos, exceto o Nasjional Samling (NS) de Quisling, e anunciou a formação de uma comissão estatal, maioritariamente constituída por membros do NS, para administrar o país. Foi uma bofetada tremenda na classe governante do país e condenou desde o início o novo governo à ilegitimidade. Embora fossem muitas as críticas populares ao rei pela sua fuga, Quisling era muito mais detestado e a Noruega acabou por ficar contra ele em peso.

Existia um ambiente de desorientação semelhante na Holanda, cujos monarca e ministros também fugiram para Londres. O Exército holandês tentara resistir, mas devido ao terreno pouco acidentado não aguentou tanto tempo como o norueguês. No dia 14 de maio, um bombardeamento em massa da Luftwaffe precisou apenas de dez minutos para transformar o centro de Roterdão em escombros e madeira queimada, provocando a morte de quase 1000 pessoas e deixando 78 000 sem abrigo. Depois da devastação que os bombardeiros alemães tinham infligido a Varsóvia, em setembro, foi um lembrete terrível do poder do bombardeiro e os holandeses capitularam prontamente. O marechal de campo von Brauchitsch nomeou um comandante militar para o país, pois Hitler prometera à Wehrmacht que na Europa Ocidental – ao contrário da Polónia – poderia levar a cabo uma ocupação militar de tipo mais tradicional ([5]). Porém, decorridos poucos dias, Hitler mudou de ideias e, tal como na Noruega, optou por uma administração civil. Dado que os comissariados civis tinham sido o prelúdio da incorporação dos Sudetas e da Polónia Ocidental no *Reich*, os holandeses ficaram preocupados, especialmente porque o homem indigitado por Hitler para o posto foi Arthur Seyss-Inquart, o esquivo advogado que desempenhara um papel de relevo no *Anschluss*. Os militares ficaram enojados com "a desonestidade absoluta da nossa liderança de topo: decidida logo após um esquema semelhante para a Noruega, a nomeação de Seyss-Inquart não augurava nada de bom para os seus planos para manterem a SS e o Partido fora da Europa Ocidental".

Na verdade, as instruções dadas por Hitler a Seyss-Inquart, bastante vagas, foram tudo menos radicais: tranquilizar os holandeses e encorajar a colaboração. Ao contrário das conquistas anteriores da Alemanha, a Holanda era uma potência colonial e Hitler estava particularmente desejoso de impedir as suas colónias de se rebelarem e fugirem ao controlo alemão. Sem uma marinha suficientemente poderosa para as proteger, tinha de tratar os holandeses com alguma brandura. Por conseguinte, Seyss-Inquart procurou acalmar os holandeses afirmando que a Alemanha não tinha desígnios "imperialistas" sobre o país. Pouco tempo depois, sublinhou que a ocupação era exclusivamente militar e que não implicava nenhuma pretensão aos territórios holandeses. Autorizou a existência da maioria dos partidos e manteve conversações com políticos conservadores. Entretanto, os altos funcionários públicos holandeses dedicaram-se à tarefa concreta de administrar a ocupação sob supervisão alemã e o direito holandês permaneceu em vigor a menos que explicitamente revogado ou emendado. Por conseguinte, inicialmente a ocupação prosseguiu sob a supervisão de pessoal alemão relativamente pouco numeroso [6].

Contra o conselho dos seus ministros e ao contrário dos seus homólogos holandês e norueguês, o jovem rei belga, Leopoldo, não abandonou o país. Terá ficado favoravelmente impressionado com o tratamento dado pelos alemães à Dinamarca, mas se estava à espera de algo semelhante enganou-se: em termos estratégicos e territoriais, a Bélgica era muito mais importante do que a Dinamarca. Ao contrário do que esperava, Leopoldo não foi autorizado a formar um novo governo e os distritos de Eupen e Malmédy, ganhos pela Bélgica em Versalhes, foram reincorporados no *Reich*. Hitler, que ainda antes da invasão se recusara a comprometer-se com a preservação da independência da Bélgica, contemplava claramente a ideia de alargar ainda mais as fronteiras da Alemanha. "Há ideias (...) no ar em relação à Bélgica", confidenciou Göring aos seus subordinados mais próximos. Leopoldo estava preocupado mas quando finalmente se avistou com o *Führer*, em novembro de 1940, Hitler disse-lhe simplesmente que "a independência política interna" da Bélgica "seria maior quanto mais a Bélgica alinhasse com a Alemanha em matéria de política externa e de assuntos militares". A Alemanha "não voltaria" a deixar a Bélgica tornar-se uma "rampa de lançamento para um ataque ao *Reich* ou ao continente europeu". A independência política da Bélgica seria restaurada?, persistiu Leopoldo, obstinadamente. Hitler limitou-se a dizer que a Bélgica "ocuparia uma posição no quadro da cooperação política e económica com o *Reich* alemão". "Tal declaração", prosseguiu ele, "não podia ser tornada conhecida do grande público, pois seria interpretada como um sinal de fraqueza". As perspetivas não eram tranquilizadoras [7].

Contudo, apesar da incerteza política que ensombrava o seu futuro, os belgas, em alguns aspetos, estavam melhor do que se davam conta. Dado o significado estratégico do país para a continuação da campanha contra a Grã-Bretanha, a Wehrmacht conseguiu manter-se à frente da ocupação durante quase toda a guerra. Dois departamentos nortenhos franceses – o Pas de Calais e o Norte – foram adstritos à Bélgica para fins administrativos e a totalidade do território, com cerca de doze milhões de habitantes, era administrada pelo comandante militar da Bélgica e Norte da França, o general barão Albert von Falkenhausen, que era muito amigo da bebida. Apesar de ser sobrinho do homem que administrara a Bélgica durante a Primeira Guerra Mundial, von Falkenhausen foi uma escolha invulgar. Ex--adido militar no Império Otomano, no Japão e na China de Chiang Kai--chek (onde se tornara devoto dos clássicos confucianos), Falkenhausen era um conservador da velha guarda. Fora chamado da reforma e era um dos membros mais mundanos de uma casta militar que, na generalidade, era bastante provinciana e tacanha. O seu chefe de gabinete, Eggert Raeder, também não era nazi, mas sim um antigo funcionário público prussiano e chefe da Comissão de Estudos do Exército, responsável pelo planeamento da ocupação. Apesar de membro honorário da SS, o engenhoso Raeder – o verdadeiro poder por trás de Falkenhausen – não hesitava em opor-se à SS nem ao Partido Nazi, cujos membros considerava fantasistas perturbadores e perigosos. No princípio, Raeder e Falkenhausen conseguiram desfeitear Himmler, que pretendia acelerar a nazificação da Bélgica, e também mantiveram o Partido à distância. Na medida do possível, deixaram os belgas administrar o país, no que tiveram a ajuda dos empresários e dos altos funcionários públicos autóctones, que o governo de saída instruíra no sentido de não abandonarem o país. Os tribunais belgas continuaram a ser sondados sobre a constitucionalidade dos decretos burocráticos, o que garantiu – pela primeira vez – uma quase legitimidade aos novos esquemas. Alguns funcionários públicos foram saneados e muitos presidentes de câmara que fugiram em pânico durante a invasão foram exonerados, mas, em termos básicos, tal como na Holanda, o aparelho do Estado permaneceu intacto ([8]).

O grande prémio era, obviamente, a França: nenhum dos outros ganhos da Alemanha se lhe aproximava em importância. Apesar de uma contenda inicial relativamente equilibrada em alguns setores da frente, os alemães avançaram espantosamente depressa. Chegaram ao Canal da Mancha numa semana; Dunquerque caiu menos de duas semanas depois e no dia 14 de junho entraram em Paris. O idoso mas lúcido marechal Henri-Philipe Pétain, o herói de Verdun, na Primeira Guerra Mundial, assumiu o cargo de primeiro-ministro e anunciou que iria pedir um armistício. Com entre seis e oito milhões de civis a fugirem para o Sul, congestionando as estradas e espalhando o pânico, a desmoralização da França era total. A vitória alemã foi tão absoluta e tão rápida que poucos acreditavam que tivesse mesmo acontecido ([9]).

As notícias da catástrofe reverberaram por toda a Europa. "Quando Paris caiu, as pessoas choraram nas ruas", recordou uma jovem judia em Varsóvia. Para os democratas, significou o provável prolongamento indefinido da guerra contra Hitler; os políticos polacos e checos emigrados ficaram esmagados pelo pessimismo porque se tornou óbvio que a resistência ao domínio alemão não iria ser de curto prazo. Por outro lado, os fascistas, de Portugal à Roménia, saudaram o triunfo do *Reich* como o sinal para a mudança internacional para a direita: o legado mortiço esvanecente da Revolução Francesa sucumbira finalmente à autoridade, à energia juvenil e à disciplina do nacional-socialismo. Da Holanda, o idoso *Kaiser* Guilherme II enviou ao seu antigo cabo uma mensagem de felicitações. Depois da humilhação de Versalhes, o simbolismo da vitória era incontornável, e as negociações do armistício franco-alemão tiveram lugar na carruagem ferroviária utilizada pelos triunfantes generais franceses em 1918. Todavia, enquanto gozava o seu momento de vitória e visitava alguns dos campos de batalha da Grande Guerra, Hitler teve o cuidado de não exagerar: era absolutamente vital evitar o tipo de situação que se desenvolvera na Noruega. Pétain tinha de ser encorajado a permanecer em França para liderar o país e impedir que a guerra alastrasse às colónias francesas. A prioridade era manter um governo francês a administrar a ocupação em nome dos alemães. Por conseguinte, não obstante as suas exigências iniciais draconianas – o pagamento de "custos de ocupação" exorbitantes e a deportação de 1,5 milhões de prisioneiros de guerra franceses para a Alemanha –, Hitler ponderou cuidadosamente o que os franceses aceitariam e conteve o seu impulso inicial de retalhar o país através de anexações ([10]).

Esta certeza não significou que estivessem fora dos seus propósitos de longo prazo. Afinal de contas, os nazis não queriam apenas a derrota da França nem o colapso da sua aliança com a Inglaterra: a França seria permanentemente quebrada para que nunca mais constituísse uma ameaça para a Alemanha. No dia 12 de julho, Goebbels delineou esta intenção para os seus colegas do Ministério da Propaganda em termos que tinham a marca inequívoca do pensamento de Hitler:

> A nova ordem para a Europa deverá ser conscientemente colocada sob os auspícios exclusivos da Alemanha (...). No futuro, a França terá apenas o papel de um pequeno Estado atlântico (...). Além das exigências territoriais da Itália em relação à França, as nossas exigências também serão muito grandes (...). No que toca à França, a máxima será: a destruição da Paz de Vestefália. Há quem fale inclusivamente da revogação da partilha acordada

no Tratado de Verdun, em 843 (*). Por esta razão, tudo o que servir para encorajar o revivalismo político ou económico da França será destruído (...). O tratado de paz eliminará a França, não só como grande potência mas também como um Estado com influência na Europa.[11]

Alterações fronteiriças drásticas – a excisão de uma grande parte do Norte da França, até ao estuário do Somme – foram gizadas em segredo pelo fiabilíssimo Stuckart. Além de aumentarem o território do *Reich*, os funcionários alemães sonhavam com uma descentralização intencional do Estado francês – enfiar o governo em Vichy adequava-se bem a esta ideia – de forma a enfraquecer o nacionalismo francês, uma versão mais suave da política polaca. A sua análise racial demonstrou que a França era uma "mistura" (*Vermischung*) na qual as cidades e os centros industriais tinham deixado que os "piores elementos" corrompessem os melhores em nome de um "Estado abstracto": sob a orientação alemã, seria concedida às regiões mais liberdade em relação ao governo central. Os planos de Stuckart tinham a mesma justificação: a libertação da força dos "elementos raciais sãos" enfraqueceria o poder da "França parisiense". Apelando a uma "Nova Ordem do povo" para a Europa, que permitiria aos alemães criarem aliados gratos junto das minorias das regiões, outros recomendaram a concessão da autodeterminação aos bretões e aos bascos. Até pensaram em implementar ideias semelhantes do outro lado do Canal depois de os britânicos se renderem: separariam a Escócia do Reino Unido, criariam uma Irlanda unificada e concederiam a autonomia ao Oeste de Inglaterra. Era, em suma, uma visão de garantia da hegemonia alemã no Ocidente através de uma política de nacionalidades, uma espécie de imagem espelhada do que franceses e britânicos tinham tentado fazer na Europa de Leste a partir de 1918 [12].

Tudo isto pertencia ao futuro e permanecia especulativo e confidencial. Os termos do armistício não foram tão draconianos. Pétain teria quase certamente recusado a ocupação total do país ou a cedência da esquadra francesa, mas nunca foi posto à prova. A França foi dividida em zonas ocupada e não ocupada, com o governo francês nominalmente soberano em ambas. Isto possibilitou que áreas estratégicas cruciais – a costa atlântica, o Canal da Mancha e uma via terrestre para Espanha – permanecessem sob o controlo operacional da Wehrmacht, enquanto o governo francês era autorizado a gerir o país. Ao contrário do que sucedeu na Polónia, as convenções

---

(*) A Paz de Vestefália foi uma série de tratados que pôs fim à Guerra dos Trinta Anos (1618-1648) e cujas disposições territoriais beneficiaram largamente a França. O Tratado de Verdun dividiu o Império Carolíngio em três reinos, sem ter em conta as continuidades linguísticas e culturais dos territórios em causa (*N. T.*)

de Haia e de Genebra *foram* consideradas em vigor, e embora a Wehrmacht tenha interpretado o direito da ocupação como significando que os seus decretos eram a fonte última da lei, na prática eram tantos os decretos emanados de Vichy que os funcionários alemães acabaram simplesmente por estabelecer linhas orientadoras para as políticas e intervir apenas quando as consideravam ameaçadas. O país era administrado pelos funcionários públicos franceses, supervisionados de forma bastante moderada por uma pequena equipa da Wehrmacht destacada junto do comandante militar, em Paris. O poder alemão viu-se ainda mais diluído pelo facto de – como tantas as vezes aconteceu – os ocupantes não falarem a uma só voz. A única indicação real inicial das intenções de longo prazo do *Reich* foi a recusa a Pétain de instalar a sua administração na capital francesa; para gáudio dos hoteleiros locais, o marechal escolheu a modorrenta cidade termal de Vichy para sede do novo governo nacional. Por conseguinte, em França, tal como na Dinamarca, os alemães conseguiram complementar o seu triunfo militar com um feito político significativo: temperando a ideologia com pragmatismo, criaram um governo leal e mais ou menos aceite a nível nacional para trabalhar com eles e administrar o país. É certo que a França era muito mais importante do que a Dinamarca e a Wehrmacht ocupou grande parte do país, mas as suas tropas estavam muito dispersas e bastava um pequeno número de funcionários alemães para coordenar as políticas com Vichy. Durante os primeiros dois anos da ocupação, os alemães ficaram, de um modo geral, satisfeitos com os resultados. De facto, enquanto o sistema político dinamarquês mal se alterou em consequência da guerra e da derrota, em França, a ascensão de Pétain significou o fim da III República e a emergência de uma nova ordem constitucional. Pétain recebeu poderes executivos inéditos como chefe de Estado, o parlamento foi suspenso por tempo indeterminado e os ministros de antes da guerra foram culpados pela falta de preparação do país em 1940 e levados a tribunal. Falou-se de uma nova constituição (que nunca se concretizou) e o regime proclamou uma revolução nacional – com fortes tons antirrepublicanos e antissemitas – em nome da família, do trabalho e da pátria. A vitória alemã possibilitou o triunfo do autoritarismo em França, mas esta transformação política decorreu das decisões dos próprios franceses ([13]).

O alargamento do poder alemão à Europa Ocidental resultou basicamente das necessidades estratégicas de Berlim. Não se prendeu com nenhum programa ideológico grandioso e a enorme variedade dos regimes de ocupação estabelecidos em 1940 é indicativa das dúvidas de Hitler quanto ao seu enquadramento no seu grande desígnio, que era de orientação predominantemente oriental. Afinal de contas, a Dinamarca só fora atacada como rampa de lançamento para a invasão da Noruega e a própria Noruega só fora encaixada nos planos alemães para frustrar os intentos anglo-franceses de ocupação das jazidas minerais do Norte da Suécia.

No verão de 1940, também não era claro onde terminaria a campanha ocidental da Alemanha. Por exemplo, havia o problema da Suíça. Durante a invasão da França, os suíços tinham abatido vários aviões alemães por terem entrado involuntariamente no seu espaço aéreo, e os políticos suíços temiam que depois da França a Suíça fosse a nova vítima. De facto, tinham elaborado planos de defesa conjunta com os franceses contra a Alemanha, planos que minavam a sua postura de "neutralidade armada": os alemães tinham descoberto os planos e ficado furiosos. Deslocar a política suíça para a direita, como alguns conservadores vinham querendo fazer desde há muito, era uma maneira de os apaziguar. No entanto, os alemães revelaram-se de novo bastante contidos nas suas exigências. Não insistiram para que os suíços aprovassem novas leis raciais nem medidas que poderiam ter posto em causa a política de neutralidade da Suíça. Protestaram contra as críticas ao *Reich* na imprensa suíça mas não foram mais longe, em grande medida porque sabiam que a França estava a ver como tratavam os suíços e porque queriam, acima de tudo, trazer Vichy inteiramente para o lado do Eixo. Os planos de invasão foram postos na prateleira, não porque os alemães temessem o Exército suíço, mas porque também não queriam um conflito com os italianos por causa da divisão do país. Por conseguinte, os suíços permaneceram fora da guerra, pacífica e prosperamente (ainda que às vezes com algum nervosismo), oferecendo comércio, serviços bancários e preciosas facilidades de trânsito ao Eixo e, muito mais tarde, locais de encontro discretos para os intermediários do Eixo e dos Aliados ([14]).

Um assunto muito mais importante por concluir era o problema da Grã-Bretanha, no qual Hitler hesitou de uma forma que não lhe era habitual. A sua postura basicamente pró-britânica não se alterou depois de Dunquerque e ele fez várias tentativas para chegar a um entendimento. Durante a invasão da França, Hitler confessou que esperava um acordo com Londres "assente na divisão do mundo" e fez uma oferta pública de paz em meados de julho, num discurso ao *Reichstag*, que foi rápida e publicamente rejeitada. No entanto, Hitler foi-se dando gradualmente conta da dificuldade de separar a Grã-Bretanha dos EUA e começou a contemplar iniciativas mais drásticas. Dias antes da sua oferta de paz, ordenou preparativos para um ataque anfíbio através do Canal da Mancha e em agosto o Exército elaborou planos operacionais detalhados. Efetuar-se-iam desembarques no Sussex, em Kent, em Dorset e na Ilha de Wight, após o que as forças alemãs avançariam até à linha Colchester-Severn, entrariam nas Midlands e cercariam Londres. Contudo, os chefes da marinha alemã mostraram-se extremamente preocupados com os riscos de uma invasão e o próprio Hitler revelou-se estranhamente hesitante, esperando que uma "demonstração de força" da Luftwaffe bastasse para modificar a política britânica. As informações militares alemãs sobrestimaram as forças disponíveis para a defesa e Hitler também parece ter sentido alguma relutância em dar um passo que poderia ter provocado o colapso do Império Britânico ([15]).

Enquanto prosseguia o planeamento da invasão, um major do SD, o jovem Walter Schellenberg, um dos ajudantes pessoais de Himmler e chefe da espionagem do RSHA, compilava um manual sobre a Grã-Bretanha para uso da Gestapo. Auxiliado, ao que parece, pelas informações de dois agentes do MI6 que tinham sido raptados junto da fronteira holandesa em novembro, o documento secreto de Schellenberg, intitulado *Informationsheft GB*, oferece um vislumbre da Grã-Bretanha que é, ao mesmo tempo, estranhamente perspicaz e completamente bizarro. A "liberdade democrática da Grã-Bretanha" é classificada um embuste. Os sindicatos "não se preocupam com a política" e o arcebispo de Cantuária e o Conselho de Relações Exteriores da Igreja de Inglaterra são os responsáveis pela propaganda antigermânica, e o mesmo acontece com a Universidade de Oxford, cujos "Panfletos de Oxford" sobre a atualidade mundial merecem especial menção. As bibliotecas, as universidades e vários académicos e políticos antinazis emigrados são descritos como se tivessem interesse para os serviços de informações alemães. A Inglaterra é supostamente governada por maçons, judeus e uma pequena elite formada em colégios privados. O cavalheiro inglês "nunca pensou em questões filosóficas, quase não conhece as culturas estrangeiras, vê a Alemanha como a encarnação do mal, mas aceita o poder britânico como inviolável". No fim, a "Lista Especial de Procurados GB" (*Sonderfahnungsliste GB*), inclui 2820 indivíduos que deverão merecer a atenção especial da Gestapo, entre os quais 30 que deverão ser detidos logo que forem encontrados. Se os alemães tivessem conquistado a Inglaterra – ao jeito imaginado por Len Deighton no romance *SS-GB* –, a Gestapo teria perseguido não só políticos, sindicalistas e oficiais militares, mas também figuras sinistras como Noel Coward, Nancy Cunard e Sigmund Freud (incluído na lista apesar de ter falecido em setembro) ([16]).

Alguns dos visados temiam tanto a invasão que fugiram para o outro lado do Atlântico. O escritor Stefan Zweig foi para os EUA e de lá para o Brasil, onde se suicidou, em 1942, depois de completar *O Mundo de Ontem*, o seu lamento comovente por uma Europa que ele considerava irremediavelmente perdida. Todavia, a "Lista Especial de Procurados GB" depressa se tornou uma mera curiosidade histórica. Em finais do outono, depois de ataques infrutíferos aos aeródromos britânicos e de pesados bombardeamentos que mataram mais de 23 000, a Luftwaffe abandonou a Batalha de Inglaterra e Hitler descartou a ideia de uma invasão. Já tinha decidido atacar a URSS no ano seguinte, como meio indirecto de pressionar os britânicos. Entretanto, os diplomatas alemães tentavam sondar o moral do outro lado do Canal, mas as informações eram fragmentadas e até o embaixador alemão em Dublin tinha dificuldade em perceber o que se estava a passar. Alegadamente, "a vida organizada de Londres" durante a Batalha de Inglaterra "ruíra por completo; até houve registo de pilhagens e sabotagens". Por outro lado, a recuperação teria sido "surpreendentemente rápida". Alguns viajantes oriundos do Reino Unido diziam que os britânicos nunca capitulariam; outros previam que estavam à beira do fim da resistência. Hitler não parece ter demonstrado o mínimo interesse pela questão ([17]).

ÁFRICA

Antes de avançar contra a União Soviética, Hitler virou a sua atenção para a posição britânica no Mediterrâneo. A marinha alemã estava bastante interessada nesta nova estratégia "periférica", vendo nela uma última hipótese de brilhar antes da guerra terrestre contra a União Soviética, mas não era suficientemente poderosa para enfrentar sozinha os ingleses. Hitler desencadeara uma guerra generalizada na Europa com o programa que supostamente daria ao *Reich* a maior marinha do mundo ainda em fase inicial. A marinha que possuía nem sequer fora capaz de transportar a sua força de invasão através do Canal da Mancha. Por conseguinte, no caso do Mediterrâneo e, em especial, do Norte de África, o novo senhor da Europa descobriu que teria de agir mais como diplomata e estadista do que como comandante-em-chefe; para fazer o melhor uso dos parceiros da Alemanha, teria de arbitrar e bajular onde não pudesse impor. No entanto, esta tarefa revelou-se muito mais difícil do que a conquista de metade da Europa. A Itália, sua aliada, e a Espanha, que ele desejava ardentemente que entrasse na guerra, queriam aproveitar-se da derrota da França e cobiçavam-lhe as possessões africanas. O dilema do *Führer* era como satisfazer ambas sem afastar a França, que era potencialmente mais importante do que qualquer uma delas. A capacidade de Bismarck de pôr os seus inimigos uns contra os outros não estava ao alcance de Hitler, que também foi prejudicado pela sua avidez de territórios.

Na guerra contra a Grã-Bretanha, o apoio da Espanha era obviamente vital. No dia 19 de junho – no período entre a nomeação de Pétain e a assinatura do armistício –, Madrid oferecera-se para entrar em guerra com a Grã-Bretanha em troca de Gibraltar, do Marrocos francês e de vários outros territórios africanos. Os soldados espanhóis tinham ocupado a Tânger francesa dias antes e Franco pretendia alargar ainda mais o seu império norte-africano. Os britânicos, preocupados, treinaram uma equipa que ficaria fechada durante um ano ou mais num *bunker* de observação escondido para vigiar os movimentos navais do Eixo a partir do Rochedo. Felizmente para os homens em causa, nunca foram postos à prova. Hitler desejava muito ter os espanhóis no conflito mas não estava preparado para fazer as concessões que eles exigiam.

Um dos motivos era que se tivesse acedido, ter-lhe-ia sido impossível aliciar Pétain para participar na guerra. Pétain estava a jogar habilmente com cartas fracas e Hitler receava que se cedesse algumas das possessões francesas aos espanhóis as restantes desertassem para os britânicos e para os Franceses Livres (*). Outra razão era o facto de a Alemanha ter a sua própria lista de pretensões sobre Marrocos, e havia agentes alemães em Casablanca a fazerem em segredo o reconhecimento dos aeródromos franceses. Quanto à marinha alemã, pretendia inclusivamente bases nas Canárias. Quando Hitler se avistou com Franco no crucial encontro de Hendaia, em 23 de outubro, foi um diálogo de surdos. Os espanhóis leram os termos alemães para que eles entrassem na guerra e ficaram espantados ao constatar não lhes era oferecido nada de definido em África. Como sempre, Hitler estava relutante em assumir compromissos. Franco falou durante imenso tempo sobre o direito histórico da Espanha a Marrocos e negou-se a contemplar qualquer participação na guerra sem a garantia alemã de o honrar. Hitler ficou aborrecido e, mais tarde, disse a Mussolini que preferia arrancar um dente a ter outra conversa daquelas ([18]).

Em Espanha, os fascistas estavam muito entusiasmados face à perspetiva de uma participação no conflito e não conseguiam compreender a hesitação de Franco. Para eles, a vitória na guerra civil significara a hipótese de reconstruir a grandeza espanhola no país, e a derrota da França era uma oportunidade para a levar ao estrangeiro e participar na construção de uma Europa anticomunista. Segundo Rafael Garcia Serrano, membro da Falange, a "Nova Europa" baseava-se em três conceções de Europa: 1) como Ocidente (contra os bárbaros bolcheviques asiáticos); 2) como Civilização (baseada nos princípios romano-cristãos); 3) como Império. Outro homem de direita escreveu que havia dois tipos de nações: as nascidas para gover-

---

(*) As Forças Francesas Livres, que tinham decidido prosseguir a luta contra o Eixo depois da capitulação da França. (*N. T.*)

nar e as nascidas para obedecer. Como podia a Espanha não se "mobilizar agressivamente" e tornar-se uma das "quatro, cinco ou seis grandes unidades (...) chamadas a governar o mundo neste século, no qual vai desaparecer a ficção da liberdade para os minúsculos Estados nacionais?". Mas apesar de muitos espanhóis terem sido autorizado a combater, especialmente depois de a Alemanha invadir a URSS, Franco era mais realista e prudente e recusou-se a comprometer o país do lado do Eixo. Tratando com Berlim de forma a ganhar tempo, ele acabara por compreender que seria muito provável que os alemães usassem uma eventual entrada espanhola na guerra como pretexto para enviarem a sua tropa para Marrocos. Em consonância, a sua polícia intensificou a vigilância aos alemães no Norte de África e dificultou a vida aos engenheiros germânicos que auxiliavam na reconstrução das defesas espanholas nas Canárias. Foi, pois, basicamente graças à ganância alemã que Gibraltar nunca foi atacada. Os alemães elaboraram planos para a sua conquista, mas puseram-nos na prateleira aquando dos preparativos para a invasão da União Soviética. Além disso, tinham planos de contingência para invadir a própria Espanha na eventualidade de um desembarque britânico, planos que só abandonaram em 1943 ([19]).

O que Franco acabara por compreender era que ser aliado da Alemanha podia ser mais perigoso do que permanecer neutral. Foi uma lição que os italianos aprenderam tarde demais. Também eles cobiçavam as possessões francesas no Norte de África; aliás, as suas exigências eram ainda maiores porque viam na guerra a hipótese de dominarem todo o Mediterrâneo. Todavia, Mussolini foi menos astuto do que Franco e não compreendeu que ser o aliado mais próximo de Hitler contava pouco na nova corrida a África: de facto, as pretensões da Itália podiam ser ignoradas pelos alemães precisamente porque ela já participava na guerra, e tudo o que a Itália ganhou no verão, ao declarar tardiamente guerra à França, foi uma zona de ocupação entre Grenoble e Nice. Ribbentrop garantiu ao ministro do Comércio italiano que a África seria dividida em duas esferas de interesses, entre os dois parceiros do Eixo, cuja amizade – previu ele – duraria "séculos". Contudo, os italianos apenas receberam a promessa de Orão e não, ao contrário do que esperavam, do resto da Argélia e do Marrocos francês. Foi demasiado tarde que os italianos se deram conta, como Franco, de que os alemães poriam sempre em primeiro lugar as suas próprias pretensões em África.

Historicamente, a Alemanha fora ambivalente em relação ao seu destino colonial. Antes da Primeira Guerra Mundial, com o *Kaiser* Guilherme II, os devotos da Samoa e da África do Sudoeste Alemã tinham-se digladiado com os proponentes da expansão para leste, para as terras dos eslavos. Contudo, nos anos 30 do século XX, a "conciliação ideológica" do *Lebensraum* com o colonialismo alemão foi concluída a favor do primeiro. A *Kolonialpolitik* e a *Ostpolitik* passaram a ser vistas não como alternativas, mas como uma "necessidade complementar", com a primeira a garantir o acesso a matérias-primas escassas necessárias para a salvaguarda da sobrevivência do povo alemão e a segunda a providenciar terras para povoamento. No entanto, os entusiastas coloniais julgaram ser chegada a sua hora. O especialista colonial do Partido, Ritter von Epp, participara, no virar do século, na sangrenta repressão internacional da Revolta dos *Boxers*, na China, e na aniquilação da rebelião dos hereros, na África do Sudoeste Alemã. No outono de 1939, von Epp saudou a eclosão da guerra como "a ressurreição do império colonial alemão" [20]. Von Epp e quejandos não tinham aceitado a perda das colónias alemãs após a Primeira Guerra Mundial e ansiavam pela criação de uma nova *Mittelafrika* alemã. Estudaram a política colonial britânica e francesa e exploraram modos de aumentar a produtividade do trabalhador africano intensificando a corveia. Apesar de admirarem os britânicos, consideravam a sua política de governação indireta demasiado branda. Na Nigéria, escreveram eles, os britânicos tinham infelizmente permitido às populações nativas um grau de autoadministração que até um "governo colonial alemão" duro teria dificuldade em inverter. Em suma, planeavam para África um regime ao pé do qual os impérios existentes teriam parecido tolerantes, progressistas e justos [21].

No verão de 1940, Hitler ordenou a aceleração dos preparativos para a implementação de uma administração colonial alemã. O fim dos anos 30 assistira a um debate internacional sobre o valor das colónias enquanto bases de recursos para os seus senhores europeus e os diplomatas de Berlim apressaram-se a falar no desenvolvimento de uma política africana para o bem-estar económico da Europa. Segundo eles, o que era necessário era "racionalizar o desenvolvimento colonial da África para benefício de toda a Europa" [22]. Mas o Ministério dos Negócios Estrangeiros não falava propriamente pelo III *Reich*. Aquilo que outros em Berlim concebiam realmente para a África tinha pouco a ver com o resto da Europa. Pretendiam um bloco sólido de território controlado pela Alemanha através do coração do continente, ligando o novo império centro-africano do *Reich* a bases navais no oceano Índico e no Atlântico. A Wehrmacht incorporou missões nas colónias africanas nos seus planos de rearmamento e os africanistas do *Reich* prepararam-se para servir nos trópicos. A Universidade de Hamburgo começou a ministrar cursos para administradores coloniais, foram desenhados novos uniformes e receberam-se centenas de candidaturas. Redigiu-se uma lei a constituir um Ministério das Colónias, mas não chegou a ser publicada, e foram elaborados decretos que estendiam as leis raciais nazis a África.

Os funcionários públicos prepararam avisos sobre as doenças tropicais e os perigos das relações sexuais com as nativas. As empresas industriais alemãs forneceram especialistas em matérias-primas africanas. Estes planos desenvolveram uma vida própria e muito depois de o novo império alemão do Sul ter sido ofuscado pela contenda no Leste, a burocracia colonial continuou a planear um futuro que nunca aconteceu. Até os decretos que proibiam os negros de se deslocarem sozinhos na Alemanha – existia no *Reich* uma pequena comunidade de germano-africanos e uma trupe ambulante chamada Espetáculo Germano-Africano que atuava em trajes "nativos" – foram revogados para não darem azo a publicidade negativa em África. Só em finais de 1942 Martin Bormann pôs fim às atividades de propaganda colonial ([23]).

Os sonhos alemães de uma "Euro-Afrika" foram basicamente um produto do verão de 1940. Foi o momento alto dos africanistas e também o ponto em que a África revelou os limites do poderio alemão e os custos da impetuosidade de Hitler. A Wehrmacht tinha subjugado uma grande parte da Europa Ocidental. Contudo, apesar de a Alemanha se dizer uma potência mundial, descobriu a dificuldade de projetar a vontade de Hitler fora da Europa. A campanha norte-africana foi uma exceção única e temporária. A marinha gigantesca do futuro não fora planeada para estar pronta antes de meados dos anos 40, e neste sentido as vitórias de Hitler aconteceram cedo demais. A fraqueza da Alemanha funcionou em benefício da França, permitindo a Vichy assumir-se como a única realidade que existia nas colónias entre os nazis e o gaullismo, um argumento que foi reforçado quando os fiéis a Vichy repeliram ataques anglo-gaullistas em Dacar, em setembro de 1940. Os espanhóis podiam ter sido induzidos a participar na guerra a dada altura se a diplomacia alemã tivesse sido mais astuta e Hitler menos cúpido. Mas o momento passou e o resultado foi que Hitler não conseguiu ter nem a França nem a Espanha a seu lado na guerra. Com as atenções da Alemanha a virarem-se de novo para leste, a França permaneceu uma força considerável a nível internacional (ainda que bastante debilitada) e o Atlântico e o Mediterrâneo continuaram a ser disputados pelos britânicos e seus aliados. Só os italianos combatiam ao seu lado, mas isso parecia cada vez mais um pau de dois bicos ([24]).

No verão de 1940, uma das formas pelas quais parecia que a África podia servir a Europa era oferecendo uma pátria para os judeus. No fim de um memorando do Ministério dos Negócios Estrangeiros escrito em novembro, um pequeno ponto dizia: "Madagáscar deve ser adquirida pelo *Reich* alemão, não por razões de política colonial mas para fins de instalação dos judeus". Seis meses antes, um ambicioso funcionário do ministério reagira à vitória da Alemanha sobre a França propondo exatamente essa saída para o impasse da "questão judaica". No dia 3 de junho, com os planos da SS para expulsar os judeus da Alemanha para a Polónia bloqueados, o novo especialista do ministério em assuntos judaicos, Franz Rademacher, fez a seguinte proposta: em vez da Palestina ou da região de Lublin, porque não usar a colónia francesa de Madagáscar como reserva para os judeus? Na Polónia ocupada, isto pareceu a solução que vinham procurando, uma maneira de retomar a política de emigração forçada anterior à guerra. Hans Frank disse à sua equipa que deviam ser prontamente emitidas instruções no seguinte sentido: "Todos os judeus, incluindo os do Governo-Geral, deverão ser enviados para as colónias africanas que o Estado francês venha a ceder para este fim ao *Reich* alemão" ([25]).

Rademacher não foi, de todo, o primeiro a falar em Madagáscar neste contexto. A ilha surgira em fantasias antissemitas no século XIX, e nos anos 30 do século XX polacos e franceses tinham discutido ideias semelhantes. Os franceses eram recetivos à ideia de instalar europeus na colónia, mas os polacos não conseguiram decidir se preferiam ver-se livres dos seus judeus ou ajudar os camponeses polacos. Só depois do *Anschluss*, ao pender de forma acentuada para o antissemitismo, é que o governo polaco explorou a sério, com as autoridades francesas e grupos judaicos, a possibilidade de uma transferência em massa de judeus para Madagáscar. Porém, o fracasso das potências da Sociedade das Nações para lidarem de forma adequada com a crise de refugiados de finais dos anos 30 deixou em suspenso a opção de Madagáscar. Rademacher viu-a como um modo de demonstrar a utilidade ideológica do Ministério dos Negócios Estrangeiros e de o recolocar no centro do planeamento alemão para o pós-guerra. Era outra ideia em que a Alemanha poderia ter êxito onde a Sociedade das Nações falhara ([26]).

O seu memorando de 3 de julho, intitulado "A Questão Judaica no Tratado de Paz", argumentava que, com a vitória iminente, o Ministério dos Negócios Estrangeiros deveria ser mandatado para efetuar os preparativos diplomáticos necessários. O tratado de paz com a França deveria garantir a disponibilização de território ultramarino para uso da Alemanha e os diplomatas deveriam fixar "a posição da nova área ultramarina de povoamento judaico de acordo com o direito internacional". Referindo-se ao *Reich* como se fosse o sucessor da Sociedade das Nações, Rademacher propôs a transferência de Madagáscar para a Alemanha "a título de mandato", o realojamento dos seus 25 000 habitantes franceses, a conversão da baía de Diego Suarez numa base naval e a atribuição do resto da ilha aos judeus, sob um governador SS. "Neste território, os judeus auto-administrar-se-ão e disporão de presidentes de câmara, de polícia e de administrações postal e ferroviária". Existiriam num limbo jurídico, como cidadãos "do mandato de Madagáscar", sob controlo alemão, sem a possibilidade de criarem um Estado soberano próprio. E Rademacher concluía papagueando a linguagem paternalista das potências mandatárias da Sociedade:

> Podemos usar, para efeitos de propaganda, a generosidade que a Alemanha demonstra aos judeus ao conceder-lhes a autodeterminação nos domínios da cultura, da economia, da administração e da justiça, e sublinhar que o sentido de responsabilidade alemão em relação ao mundo não nos permite conceder imediatamente um Estado independente a uma raça privada de independência nacional desde há milhares de anos: para tal, terão de dar provas à história. ([27])

A ideia não tardou a ter ampla divulgação. O ministro dos Negócios Estrangeiros, Ribbentrop, mencionou-a aos italianos. Em agosto, Hitler falou na "evacuação" total dos judeus da Europa depois da guerra. O assunto também surgiu em conversações com o novo primeiro-ministro romeno, Ion Girgurtu. Quando Girgurtu, homem abastado, com cãs e monóculo, e laços estreitos com a Alemanha, disse que Hitler deveria implementar "uma solução para toda a Europa", Ribbentrop retorquiu que se estava a pensar nesse sentido. Estudos de exequibilidade levados a cabo por um geólogo e um estatístico resultaram num veredicto favorável. Heydrich, o número dois de Himmler, concordou que, dado o grande número de judeus na posse dos alemães, se impunha uma "solução territorial" e a SS começou a elaborar planos semelhantes. Uma ilha "impediria qualquer contacto prolongado entre os judeus e outras nações"; podiam ser enviados primeiro, como "pioneiros", agricultores, trabalhadores e construtores judeus ([28]).

Enquanto a conquista de territórios em África pelo Eixo esteve na ordem do dia, as autoridades nazis viram nela a possibilidade de enviar para o ultramar toda a população judaica da Alemanha – possivelmente até do resto da Europa. Nesta altura, não estavam certamente a pensar em termos de extermínio de massas e muito menos em construir campos de morte. De facto, em outubro de 1940, para grande irritação dos franceses, cerca de 29 000 judeus foram expulsos de Bade, do Sarre, da Renânia e da Alsácia-Lorena para França, o que levou Vichy a desenvolver a sua própria "política de emigração em massa para estrangeiros", uma política que teria despejado os judeus e outros indesejáveis nas Caraíbas francesas (o plano acabou por ser frustrado pelas autoridades coloniais francesas, que não queriam sobrepovoar Guadalupe nem as Antilhas) ([29]).

Todavia, com os britânicos a manterem o controlo dos mares, o Plano Madagáscar foi-se afigurando cada vez menos plausível. Rademacher planeou uma conferência para o discutir mas nunca se realizou. Em fevereiro de 1941, Hitler ainda matutava na questão. A guerra, observou ele de forma incerta, originara novas dificuldades, obrigando-o a lidar com os judeus não apenas na Alemanha – a sua intenção inicial – mas também "em toda a comunidade do Eixo". "Quem lhe dera saber para onde podiam ser enviados dois milhões de judeus", registou o seu ordenança. "Com tantas dificuldades, era difícil saber. Ele abordaria a França e pedir-lhe-ia para disponibilizar espaço para o realojamento em Madagáscar". Nesta altura, era uma discussão irreal. Quando Martin Bormann perguntou a Hitler como seriam transportados, Hitler respondeu-lhe ironicamente: "Numa frota da KdF [Kraft durch Freude = Força através da Alegria]?"(*). E acrescentou que "tinha ponderado muitas outras ideias que não eram tão simpáticas". Por outras palavras, o Plano Madagáscar ficou suspenso antes da invasão da URSS. Em outubro de 1941, o chefe de Rademacher no Ministério dos Negócios Estrangeiros sabia que a sua premissa subjacente – a conveniência de forçar os judeus a deixarem a Europa – estava ultrapassada: desde finais de junho que os esquadrões da morte SS vinham assassinando dezenas de milhares de judeus soviéticos. Alguns meses depois, Rademacher escreveu a um especialista em assuntos coloniais que "o *Führer* decidiu que os judeus não serão deportados para Madagáscar mas para o Leste. Por conseguinte, Madagáscar já não precisa de ser contemplada na Solução Final". "Deportação para o Leste" era um eufemismo. As possibilidades de 1940 tinham desaparecido na lama e nas neves da Rússia e com elas esfumara-se também a hipótese das "soluções territoriais" ([30]).

A ORGANIZAÇÃO DA ZONA ECONÓMICA GERMANO-EUROPEIA

"Se alguém nos perguntar como concebemos a nova Europa, teremos de responder que não sabemos", disse francamente Goebbels a um grupo de jornalistas, no dia 5 de abril. "É claro que temos algumas ideias, mas se as puséssemos em palavras criar-nos-iam imediatamente mais inimigos... Hoje falamos de *Lebensraum*. Qualquer um pode interpretá-lo à sua maneira. Quando chegar a altura, saberemos muito bem o que queremos". Tal como os

---

(*) Organização integrada na Frente do Trabalho Alemã, essencialmente criada para promover as vantagens do nacional-socialismo junto do povo através da disponibilização de atividades recreativas próprias da classe média, nomeadamente cruzeiros, incluindo à Madeira. Teve bastante sucesso até 1939, ano em que entrou em colapso por causa da guerra. (*N. T.*)

seus rivais britânicos – Chamberlain e Churchill –, Hitler quis evitar durante o máximo de tempo possível o debate inútil da Primeira Guerra Mundial sobre objetivos de guerra ([31]), em parte porque não tinha formulado plenamente as suas ideias, mas também porque – como Goebbels sugeriu – as anexações e as alterações fronteiriças que ele pretendia fazer estariam mais bem dissimuladas. Porém, o silêncio de Hitler parecia inspirar os seus seguidores, já que era obviamente necessário algum planeamento para um eventual acordo de paz. Em 23 de maio, o idoso secretário de Estado dos Negócios Estrangeiros, Ernst von Weizsäcker, interrogou-se sobre a forma como Berlim poderia manter coeso "o continente pangermânico como entidade económica, mas também política e moralmente" [*die Methode den pangermanischen Kontinent zusammenzuhalten*]. "É forçoso", escreveu outro diplomata, o antinazi Ulrich von Hassell, "contar com uma nova estrutura para a Europa, à imagem de Hitler, alcançada através de uma paz que apoie os seus objetivos mais latos" ([32]).

Com os objetivos políticos de longo prazo do regime envoltos numa ambiguidade intencional e com os tratados de paz adiados *sine die*, os debates sobre a Nova Ordem concentraram-se na economia, pegando em ideias de reorganização da economia europeia que datavam da Primeira Guerra Mundial e até noutras mais antigas. O triunfo militar alemão e o período pós-depressão na Europa tinham tornado mais plausíveis do que nunca os planos alemães de racionalização e reforma para o continente. O *Reich* continuava a debater-se com escassez de mão de obra, mas as taxas de desemprego ainda eram elevadas em grande parte da Europa Ocidental e a Nova Ordem parecia proporcionar um meio para as reduzir em benefício de todos. Para os tecnocratas e empresários alemães, a missão do *Reich* era tirar a Europa da recessão dos anos 30 e demonstrar a superioridade do modelo fascista de um sistema comercial organizado sobre o fracassado e fragmentado padrão-ouro liberal. Os economistas alemães viam desde há muito as premissas básicas da economia de mercado livre como uma justificação teórica ultrapassada da supremacia inglesa e sugeriram que os sistemas fascistas de comércio controlado tinham muito mais probabilidades de gerar prosperidade na Europa. Na sua ótica, a vitória da Alemanha sobre a França prometia um futuro mais próspero e um papel mais forte e autossuficiente para a Europa no mundo. A Sociedade de Planeamento Económico Europeu e de Economia do Grande Espaço, de Werner Daitz, queria um bloco europeu do marco a competir com os japoneses, os americanos "e os sobreviventes do bloco da libra". Andreas Predöhl, diretor do internacionalmente famoso Institut für Weltwirtschaft (*) baseado em Kiel, disse que

---

(*) Instituto de Economia Mundial. (*N.T.*)

com a Inglaterra fora da Europa, a sua versão da teoria económica devia ser descartada para que o continente pudesse beneficiar com a liderança da Alemanha e avançar para uma "nova economia mundial". Keynes e os suecos não eram os únicos a saudar o fim do *laissez-faire*; os economistas nazis estavam na mesma linha ([33]).

Com as vitórias a sucederem-se, proliferaram documentos de posição, textos sobre políticas e memorandos não solicitados. No dia 30 de maio, enquanto o Exército alemão avançava sobre Dunquerque, o vice-diretor do departamento de política económica do Ministério dos Negócios Estrangeiros sintetizou o consenso emergente. A sua premissa básica, declarou ele, era que "a vitória final foi alcançada e a Inglaterra vai aceitar todas as condições alemãs". Para ele, saber se países como a Holanda, a Bélgica e a Noruega iriam ser politicamente incorporados no *Reich* ou não era uma questão secundária. O que contava era a integração económica, através do comércio bilateral entre Estados e de cartéis controlados e talvez mesmo de uma união económica e monetária. A Inglaterra e a Rússia seriam forçadas pelos seus próprios interesses a continuar a lidar com o *Reich*. Quanto aos Balcãs, os interesses do *Reich* já estavam bem servidos, sem a necessidade de conquista militar, pelas relações comerciais bilaterais existentes ([34]).

Mas a política continuava a intrometer-se. Poder-se-ia confiar em países nominalmente independentes para satisfazerem os desejos alemães? Afinal de contas, a Grécia e a Roménia tinham sido apanhadas na teia comercial do *Reich* antes da guerra mas isso não as impedira de aceitar as garantias militares anglo-francesas em 1939. Um dos satélites-modelo do *Reich*, a Eslováquia, dava sinais de independência; em julho, teve de se aplicar a Tiso uma pressão política pouco subtil para que aceitasse "conselheiros" alemães e alguns ministros importantes do seu governo foram substituídos. "Chegou a altura de deixar uma vez mais perfeitamente claro", escreveu o ministro alemão na Eslováquia, "em particular, no que toca aos países do Sudeste Europeu, que a Eslováquia se situa no nosso *Lebensraum*, isto é, só os nossos desejos contam". O outro "protetorado modelo", a Dinamarca, também estava a encetar negociações comerciais com outros países sem consultar os alemães e não se conseguia decidir em relação à ideia de uma união aduaneira e monetária ([35]).

Como que para indicar que noções de soberania ou independência formais pertenciam ao passado da diplomacia, Hitler tirou o planeamento do futuro da Europa ao Ministério dos Negócios Estrangeiros e entregou-o a Göring e ao ministro da Economia, Walter Funk. Göring era o elemento mais importante do grupo de figuras do III *Reich* cuja visão para a Europa se baseava em ideias mais antigas, pré-nazis, de hegemonia económica alemã no continente e não nas fantasias de pureza racial de Himmler. Foi em consonância com essas ideias que ele disse a Funk – que revelara a sua fiabilidade supervisionando a arianização da economia alemã e ajudando a organizar o esforço de rearmamento – para elaborar propostas para um "bloco económico centro-europeu". Criticando Versalhes por ter fragmentado os mercados europeus numa série de unidades mais pequenas e inviáveis, separadas por barreiras alfandegárias e pelo nacionalismo económico, Göring desejava "a unificação da Europa em larga escala", sob a liderança da Alemanha, num bloco que pudesse competir com os Estados Unidos.

Funk era um ex-jornalista de questões económicas deprimido e indolente, mas em julho proferiu um discurso grandiloquente que atraiu as atenções internacionais. Anunciando que "o ouro não terá nenhum papel futuro" como base do sistema monetário europeu, Funk falou na reconstrução europeia, no pragmatismo alemão, no planeamento para o continente como um todo e na criação de "um sentido de comunidade económica mais forte entre as nações europeias". Tal como a Alemanha mostrara ao mundo como sair da Depressão, iria agora conduzir "uma Europa unida" à prosperidade e a uma melhor qualidade de vida. É claro que, em privado, a sua ênfase era ligeiramente diferente: acima de tudo estavam a vitória na guerra e os interesses alemães. Em privado, Funk rejeitara a ideia de fazer da unificação da Europa uma prioridade. Estava mais interessado na retoma da economia depois da guerra e em garantir que Berlim se tornasse o centro do sistema financeiro e comercial do continente. Um grupo de trabalho do Ministério da Economia levou a cabo amplas consultas com dirigentes empresariais alemães, holandeses, belgas e suecos e recomendou um sistema de transportes unificado, a livre circulação de capitais e o estabelecimento de uma "união económica europeia" principalmente assente em acordos entre grupos empresariais e comerciais e não entre governos. Subjacente a todas estas ideias, havia uma corrente de desconfiança em relação à liderança nazi. Mais tarde, muitas delas pareceram estranhamente prescientes: o enfoque no estabelecimento de tarifas comuns sobre as importações de fora da Europa, em descobrir áreas de complementaridade entre as diferentes economias europeias e na necessidade de seguir os interesses de negócios foram temas, entre outros, retomados depois da guerra, quando muitos destes homens desempenharam papéis de relevo na construção do Mercado Comum ([36]).

Mas não havia como fugir ao facto de a liderança política do III *Reich* não poder ser dada como garantida e aquilo que Funk quis realmente dizer com "um espaço europeu unificado sob liderança alemã" permaneceu ambíguo. Quando lhe pediram um comentário, o economista britânico John Maynard Keynes disse que não havia nada de mal na ideia de planear a recuperação europeia; a questão era saber se se poderia confiar num regime nacional-socialista para o fazer (foi uma observação razoável: com o passar do tempo, os debates no Ministério da Economia foram adquirindo um tom cada vez mais coercivo). Os economistas alemães conheciam bem as ideias de Keynes e viam-nas como a confirmação da sua opinião de que até nos "chamados países liberais" os economistas começavam a aceitar que as flutuações do mercado fossem controladas pelo Estado. Todavia, o *Führer* repreendeu Funk por encorajar o debate público destas questões: em matéria de economia, tal como nos assuntos políticos, Hitler preferia não ter as mãos atadas ([37]).

Entediado pelos debates sobre a lei das patentes ou a reforma das tarifas na Europa, Hitler estava muito mais interessado, em 1940, em promover a sua verdadeira paixão por planos de construção e de infraestruturas gigantescos. Graças a Speer, o seu arquiteto predileto – que se tornaria o responsável máximo pelo armamento do *Reich* –, podemos vislumbrar as duas facetas do seu fascínio por cidades. Hitler viu filmes com as notícias da devastação de Roterdão, Varsóvia e Coventry com indiferença e até com prazer. Perto do fim da guerra, furioso e humilhado pelos bombardeamentos anglo-americanos de Hamburgo e Dresden, fantasiou delirantemente sobre a destruição de Nova Iorque "num furacão de fogo". Descreveu os arranha-céus transformados em "tochas gigantescas, desmoronando-se uns em cima dos outros, com o clarão das explosões a iluminar a escuridão do céu". Mas o outro lado desta indiferença era a atenção enfeitiçada que ele dava ao futuro das cidades alemãs. "Londres será um amontoado de escombros", disse ele a Speer, enquanto contemplava transformar Berlim em "Germânia", o centro do império. Seria bifurcada por avenidas colossais que conduziriam, no centro, a um grande arco triunfal. Quando o pai de Speer viu a sala onde Speer e Hitler ficavam debruçados sobre os modelos à escala até às tantas da manhã, encolheu os ombros e disse ao filho: "Vocês estão completamente loucos" ([38]).

Com a vitória a oeste, a maluqueira aumentou: já não bastava a Hitler que a nova estação ferroviária de Berlim fosse maior do que a Grand Central nova-iorquina; planeou uma praça com 900 metros de comprimento e 300 de largura para receber os passageiros. Inspirada na Avenida dos Carneiros, em Karnak, seria rodeada por peças de artilharia capturadas e outros troféus de guerra. Em 1941, quando a Wehrmacht invadiu a URSS, Hitler disse ao Exército que necessitava de 200 canhões pesados soviéticos e de alguns tanques bem grandes para colocar em exposição ([39]). A nova ponte sobre o Elba teria como modelo a Golden Gate de São Francisco – mas seria maior

– para que os alemães que chegassem a Hamburgo por mar dissessem: "O que têm de extraordinário a América e as suas pontes? Nós conseguimos fazer a mesma coisa". A sede regional do Partido Nazi seria alojada num arranha-céus visível a quilómetros de distância, com uma enorme suástica em néon para orientar a navegação. As instalações navais projetadas para Trondheim e St. Nazaire caracterizaram-se por um gigantismo semelhante. O regime já tinha praticamente concluído a construção do maior campo de férias do mundo, em Rügen, com o seu bloco de apartamentos de cimento monstruosamente vasto; levava mais de uma hora a percorrer os corredores, com mais de um quilómetro de comprimento, que conduziam a 11 000 quartos. No III *Reich* conquistador, até as estâncias de praia deveriam ser as maiores do mundo; a América seria posta no seu devido lugar pela perícia alemã. Dezenas de cidades receberiam avenidas suficientemente amplas para a realização de desfiles militares. Novos edifícios administrativos, blocos de apartamentos e pavilhões descomunais permitiriam a dezenas de milhares de pessoas assistir aos comícios do Partido. Com o frenesim do planeamento a varrer a Alemanha, dezenas de autoridades locais solicitaram a reconstrução das suas cidades e apresentaram os seus próprios projetos de melhoramento urbano ([40]).

A procura de materiais de construção subiu em flecha. No verão de 1940, eram tantos os agentes alemães a pedir preços do granito escandinavo que um comprador de Hamburgo se interrogou se todas as cidades do *Reich* tinham ido "à pedra" na Noruega (o próprio Hitler encomendou alguma para os seus edifícios). Foram também assinados contratos enormes com fornecedores finlandeses, italianos, belgas, suecos e holandeses, e projectou-se uma frota inteira, dotada de estaleiros próprios, para o transporte dos pesados blocos para o *Reich*. A SS despertou para o potencial económico do seu sistema de campos. Os campos antigos foram aumentados com a adição de barracões-oficinas e fábricas, e os novos, tais como Mauthausen, Natzweiler e Gross-Rosen, foram situados perto de pedreiras e de fábricas de tijolos. A SS criou uma empresa especial, a Deutsche Erd— und Steinwerke GmbH (DEST) para fornecer pedra para as necessidades de construção de Hitler; não foi um grande sucesso e Hitler, desiludido, terá sugerido à SS que fabricasse chinelos e sacos de papel, como faziam os presos há décadas ([41]).

Outro dos seus esquemas prediletos foi um sistema de comunicações pan-europeu. A Organização Todt (OT), um grupo de engenharia controlado pelo Estado, emergiu dos primeiros projetos de construção de autoestradas do III *Reich*; em 1940, já construía também fortificações e pontes. Fritz Todt guindara-se de inspetor de estradas a ministro do Armamento e Munições, e apesar de cada vez mais convencido de que não seria possível ganhar a guerra, especialmente depois da invasão da URSS, supervisionou vários projetos destinados a perdurar além do conflito. Um deles foi uma autoestrada que ligaria a Áustria e a Alemanha à Escandinávia – um modo de incorporar pacificamente a Suécia na órbita do *Reich*; outra estender-se-ia de Calais a Varsóvia e, por fim, até Moscovo; uma terceira terminava, via Lublin, em Rostov do Don. Ao mesmo tempo, com um entusiasmo que deixava exausto o ministro dos caminhos de ferro do *Reich*, Hitler falava em converter a Alemanha no nó de uma rede ferroviária normalizada europeia. Ordenou aos projetistas ferroviários de Munique que desenhassem uma estação enorme e concebeu comboios que terminariam, tal como a autoestrada, em Rostov: transportando centenas de passageiros em carruagens com dois pisos, poderiam atingir velocidades máximas de 200 km/h e necessitariam de poucas horas para completar a viagem. Quanto à nova estação, seria naturalmente o maior edifício do mundo com estrutura metálica ([42]).

O ÁRBITRO DA EUROPA

Mas uma única superpotência é sempre alvo de desconfiança e a ascensão da Alemanha foi tão rápida e absoluta que causou preocupação, mesmo entre os seus potenciais aliados. O embaixador alemão na Turquia, von Papen, informou que o presidente turco tinha "receio de uma futura hegemonia mundial alemã". Salazar, o ditador português, questionou abertamente se Hitler não iria ficar inebriado com a vitória e germanizar a Europa de formas inaceitáveis para o Sul católico ([43]). E embora Laval e outros políticos franceses quisessem pôr os seus ovos no cesto alemão, alguns dos homens de Pétain também estavam preocupados.

Estas ansiedades levaram cada vez mais os países neutrais da Europa a esperar que Mussolini fosse uma influência moderadora sobre o seu poderoso aliado. Em agosto, em Lisboa, o embaixador francês em Portugal teve uma conversa franca com o seu homólogo italiano. Conheciam-se há muitos anos e o francês sentiu-se à vontade para dizer sem rodeios que, na sua opinião, a Itália tinha de ser preservada como contrapeso à Alemanha. Era difícil imaginar, prosseguiu ele, que "na organização política da nova Europa, a Itália, que teve sempre um peso decisivo no equilíbrio europeu, não faça por reestabilizar o equilíbrio que a guerra abalou e que pode abalar ainda mais". Se o Eixo ganhasse rapidamente a guerra, o poder da Alemanha seria "alucinante". A Itália poderia ter um grande império africano, mas "o Moloch da Europa será a Alemanha". O resultado seria que "nós, os vencidos, e vocês, os vencedores, ver-nos-emos, através de uma relação de forças matemática, numa posição subordinada". Apesar de procurar indubitavelmente semear a discórdia entre italianos e alemães, o astuto diplomata francês estava apenas a expressar o que muitos italianos pensavam ([44]).

Nenhuma potência estava mais desesperada para definir a sua posição em relação ao *Reich* do que o seu principal aliado e parceiro ideológico. Visto em retrospetiva, a Itália podia ter explorado a contenda europeia ficando como árbitro entre as potências ocidentais e o *Reich*: Munique foi o ponto alto desta abordagem. Todavia, esta posição não era suficientemente gloriosa para ser adotada pelo fundador do fascismo, e depois do início da guerra Mussolini deixou claro que ficaria ao lado do seu pupilo ideológico. Obviamente, a realidade é que o seu país estava praticamente falido: a ganância, o orgulho e o receio de ficar fora dos acordos do pós-guerra foram as únicas razões que levaram Mussolini a participar no conflito ([45]). Os italianos não tardaram a dar-se conta dos custos. Em junho, depois de Ciano se "esmerar" para expor as pretensões italianas sobre a França, Hitler "não lhes prestou atenção e limitou-se a proferir um longo monólogo de vitória". Os debates de Funk sobre a nova ordem económica também aterrorizaram os italianos, que recearam que os alemães tivessem congeminado os seus planos sem os consultarem e enviaram uma delegação a Berlim para obter garantias. Como observou o embaixador de Mussolini em Berlim, Alfieri, o *Lebensraum* era uma coisa, o *Wirstchaftsraum* era outra completamente diferente – mais difusa, maior e mais vaga. A Alemanha *disse* que pretendia dividir a Europa, a África e o Próximo Oriente entre os dois parceiros do Eixo, mas quando lhe perguntaram onde se situaria o espaço económico da Itália, Funk referiu-se vagamente ao Mediterrâneo. E também não era claro onde se situariam exatamente as fronteiras que dividiriam as duas zonas de influência no Norte de África, no Levante e no Sudeste Europeu. Era duvidoso que um bloco da lira pudesse ser um parceiro viável de um bloco do *Reichsmark* ou que existisse alinhamento suficiente dos interesses económicos para uma parceria duradoura terminado o conflito ([46]).

Precisamente por a ideia de um império paralelo parecer tão abrangente e uma receita para uma subserviência permanente às exigências alemãs, alguns italianos queriam uma relação muito diferente com o III *Reich*. Afinal de contas, para os fascistas convictos estava em causa o próprio futuro da Europa. A queda da França pareceu validar os valores pelos quais combatiam desde 1922, mas também suscitou a questão de saber se a Nova Ordem seria verdadeiramente fascista ou meramente nazi. Na sua perspetiva, se a Itália não exercesse uma influência permanente sobre a Alemanha, havia o perigo de a Nova Ordem ser nazi e de o fascismo e o nazismo acabarem por se digladiar. Foi por esta razão que, em agosto de 1940, o ministro da

Educação italiano, Giuseppe Bottai, aconselhou Mussolini a não pugnar por um esquema "bi-imperial". Tal esquema seria motivado, escreveu Bottai, por "uma desconfiança inicial face à Alemanha e (...) pelo terror do seu predomínio". Bottai criticou aqueles que esperavam "uma vitória do Eixo no sentido da constituição de duas esferas de influência separadas, de duas unidades económicas relativamente autárcicas, de duas autonomias, isto é, que possibilitem à Itália uma futura manobra política que possa vir a ser antialemã". Na sua perspetiva, isso seria um erro porque "reforçaria o racismo [da Alemanha] no seu sentido mais materialista e o seu imperialismo no sentido de uma maior arrogância". Como indicam estas francas observações críticas, os fascistas italianos foram capazes de formular algumas das denúncias mais implacáveis das ideias nazis surgidas na Europa na época. O próprio Bottai estava consciente da natureza expansionista do imperialismo alemão e do impacto destrutivo do seu "orgulho racista". O contributo específico da Itália para a Europa deveria ser, sugeriu ele, temperar as ideias da Alemanha atraindo-a para um sistema de colaboração com outros Estados. Foi com base neste raciocínio que Bottai e outros comentadores italianos se dedicaram, durante a guerra, a congregar europeus das áreas da cultura e da vida intelectual com a mesma perspetiva. Queriam que a Itália do *Duce* agisse como a Grécia para a Roma berlinense [47]. Todavia, as ideias de Bottai assentavam numa ilusão de grandeza: ele imaginava que ao fascismo italiano ainda estava reservada uma missão europeia e, menos plausivelmente ainda, que os alemães lhe prestariam atenção. Na verdade, o modelo "bi-imperial" de domínio do Eixo teve origem em Berlim e os alemães não faziam a menor tenção de deixar os italianos influenciarem verdadeiramente o modo como geriam a Europa.

A primazia incontestada da Alemanha também deu origem a uma tensão muito mais prenhe de consequências com a União Soviética. Em agosto de 1939, Estaline acreditara que podia ficar a ver as potências europeias a lutarem entre si até à exaustão. Decorrido menos de um ano, este prognóstico revelou-se horrivelmente errado e a Alemanha emergiu de forma inesperada como senhora do continente e árbitro do seu destino. Temendo que a zona báltica da sua fronteira com o Ocidente expusesse a URSS a um ataque alemão, Estaline deu início, em finais de 1939, a uma guerra desastrosa com a Finlândia que deslocou a sua fronteira para ocidente com um custo tremendo em vidas e prestígio. Em junho de 1940, chocado com a dimensão do sucesso da Wehrmacht a ocidente, aproveitou-se do drama que se desenrolava em França para ocupar os Estados bálticos, a Bessarábia romena e o Norte da Bucovina. Muitas destas iniciativas estavam previstas nos termos do acordo com a Alemanha, mas os alemães não contavam que ele agisse tão depressa. Apesar de os alemães proclamarem o seu "desinteresse político" em ambas as regiões e de a última coisa que Estaline queria nesta altura ser um conflito com o seu novo parceiro, não existia uma confiança real entre as duas potências. De facto, em finais de julho, Hitler ordenou secretamente o planeamento de uma campanha no Leste no ano seguinte, para demonstrar aos britânicos a situação desesperada em que se encontravam: "A Rússia é o fator com o qual a Inglaterra mais conta (...). Se a Rússia for derrotada, vai--se a sua última esperança. A Alemanha será senhora da Europa e dos Balcãs (...). Decisão: como resulta deste argumento, a Rússia deverá ser atacada. primavera de 1941". Incrivelmente, as indicações são que Hitler não acreditava que a campanha exigisse, no máximo, mais do que alguns meses ([48]).

A penetração soviética na Bessarábia e no Norte da Bucovina, em particular, deu origem a problemas indesejados nos Balcãs e a dificuldades acrescidas para os alemães. Um dos efeitos mais inesperados da derrota total da França foi deixar a Roménia sem patrono e os abutres congregaram-se. No seguimento da conquista do Norte do país pelo Exército Vermelho, a Hungria e a Bulgária apresentaram exigências territoriais para uma revisão das fronteiras e surgiu o espectro de uma guerra regional. Tendo negociado recentemente um acordo de petróleo por armas com Bucareste, Hitler queria que a disputa desaparecesse – a última coisa que lhe passava pela cabeça era ter de lutar por causa da Transilvânia –, mas cabia-lhe a ele e aos italianos a resolução do problema. Em finais de agosto, depois de uma conferência realizada em Viena, as potências do Eixo entregaram à Hungria mais de 25 000 km2 e quase 2,5 milhões de súbditos romenos no Norte da Transilvânia; alguns dias depois, foi cedido à Bulgária outro pedaço do país. Ambas as regiões eram etnicamente mistas e muita gente fugiu para a Roménia através das novas fronteiras. Contudo, num pormenor interessante, os alemães não instaram os húngaros nem os romenos a levarem a cabo uma troca de populações generalizada, não obstante tal medida ser condizente com o apoio retórico de Hitler à ideia de Estados etnicamente puros. Pelo contrário, foi constituída uma comissão germano-italiana que acabou por se comportar de forma muito parecida com a antiga e desprezada Sociedade das Nações, prestando informações sobre as condições nos campos de refugiados e tentando persuadir ambos os governos da Transilvânia a tratarem de forma correta as respetivas minorias ([49]). Na Roménia, a dramática perda de território provocou um furacão político. O rei Carol foi forçado a abdicar a favor do filho, Miguel, mas o verdadeiro poder ficou nas mãos do novo ditador do país, o general Ion Antonescu. Fora um francófilo fervoroso mas tornara-se pró-alemão em igual medida; de facto, seria em breve o aliado mais fiável e admirado de Hitler. Depois da Arbitragem de Viena, os alemães garantiram o que restava da Roménia, principalmente para evitar uma invasão húngara e que rebentasse uma crise que podia levar os russos a internarem-se ainda mais no país e pôr em causa o acesso alemão aos campos petrolíferos. No entanto, os acontecimentos deixaram a Roménia muito desestabilizada pela rápida ascensão da Guarda de Ferro, um dos movimentos fascistas mais terríveis da Europa.

A questão crucial era, em muitos aspetos, o petróleo, e Hitler enviou uma missão militar para proteger os campos petrolíferos – uma divisão completa, não as unidades de instrutores solicitadas pelos romenos. Isto irritou profundamente Estaline. Em julho, os britânicos tinham tentado provocar fricções entre ele e os alemães dizendo-lhe que, no seu entender, cabia à União Soviética manter a união e a liderança dos países balcânicos. Estaline desmentira-os com firmeza, negando a existência de qualquer ameaça alemã de domínio sobre a Europa de Leste. Mas isto fora antes de a tropa alemã chegar ao mar Negro. Os soviéticos protestaram que deveriam ter sido consultados e questionaram a necessidade de uma garantia alemã à Roménia. E contra quem era dada a garantia?, perguntaram eles ([50]). O anúncio súbito do Pacto Tripartido – um acordo entre a Alemanha, a Itália e o Japão – veio agravar a situação: não admira que os russos se interrogassem sobre onde e se se enquadravam em algo que se assemelhava bastante à ressurreição do antigo Pacto Anti-Comintern ([51]).

Porém, a Alemanha ainda estava dependente dos cereais e de outras matérias-primas soviéticas, e enquanto decorriam os exercícios militares alemães de preparação para a invasão da primavera, o ministro dos Negócios Estrangeiros soviético, Molotov, foi convidado a deslocar-se a Berlim para sanar a situação. O seu encontro com Ribbentrop e Hitler, que teve lugar em novembro de 1940, revelou-se um dos encontros diplomáticos mais decisivos da guerra. Os alemães procuraram manter as conversações num plano elevado, falando numa nova divisão dos territórios do mundo e oferecendo à União Soviética o seu quinhão dos despojos. Ribbentrop e Hitler tentaram demonstrar ao taciturno diplomata soviético que não havia nenhuma dificuldade para incluir as ambições russas na futura ordem mundial. Os russos poderiam estender a sua influência a sul, em direção ao oceano Índico – Ribbentrop apontou vagamente para o mapa –, enquanto o Eixo se limitaria à África e os japoneses à Ásia Oriental. Molotov não ficou impressionado e retorquiu no seu estilo preciso, obstinado e professoral. O que significava realmente a expressão "Nova Ordem"? Os alemães não tinham conquistado a Índia; como podiam dispor dela? Incapaz de obter deles uma resposta coerente, Molotov procedeu então a identificar as preocupações territoriais existentes no cerne da política externa russa desde o tempo dos czares: controlo da Finlândia, do mar Negro, dos Balcãs e dos Estreitos (*). Objetariam os alemães, perguntou ele, se a Rússia desse uma garantia militar à Bulgária na linha da que eles tinham dado à Roménia? As perguntas acutilantes de Molotov não eram de resposta fácil, e apesar de os alemães terem saído da reunião convencidos de que não haveria nenhuma rutura imediata, os motivos de divisão eram mais do que óbvios.

Quem ficou também desagradada pela negociata romena da Alemanha foi a Itália. Mussolini ficou furioso porque ela lhe suscitou o seu eterno receio de ficar de fora da divisão dos despojos na Nova Europa. Afinal de contas, ele tinha muito pouco para mostrar em nome da sua decisão de participar na guerra e o Sudeste Europeu devia ser a *sua* zona de influência, onde ele ponderava inclusivamente a ideia de criar um "bloco balcânico" sob liderança italiana. "Hitler confronta-me sempre com factos consumados", resmungou o *Duce* quando soube que os alemães tinham enviado "conselheiros" para a Roménia. "Desta vez, vou pagar-lhe na mesma moeda. Vai descobrir pelos jornais que ocupei a Grécia. Assim fica restabelecido o equilíbrio" ([52]).

Foi, pois, uma birra orgulhosa que desencadeou a desastrosa invasão italiana da Grécia, em outubro de 1940, o primeiro revés do Eixo na guerra. De forma disparatada e impaciente – sem esperar sequer que o seu ultimato a Atenas expirasse –, Mussolini lançou 140 000 soldados mal equipados contra algumas das montanhas mais acidentadas da Europa e no princípio dos nevões de inverno. O momento foi espetacularmente mal escolhido, o resultado foi devastador. Os gregos ripostaram, surpreendendo toda a gente com a tenacidade da sua resistência, e depressa se tornou claro que tinham travado o avanço italiano e que, em alguns pontos, o tinham mesmo repelido. Hitler apercebeu-se da delicadeza psicológica da situação – agravada pelo êxito das operações britânicas contra os italianos na Líbia, na Eritreia e na Etiópia – e compreendeu que, apesar da sua intenção de se manter à margem do Sudeste da Europa, teria de ir em auxílio de Mussolini. Em novembro, deu ao *Duce* uma reprimenda mal dissimulada por se ter metido numa empresa imprudente e que dera origem a "repercussões psicológicas e militares muito graves", lançando dúvidas sobre a força do Eixo na mente dos neutrais e trazendo os ingleses para os Balcãs. Seria necessária outra diversão da tropa alemã na altura em que ele estava a planear a guerra contra a União Soviética. No inverno, Hitler enviou uma missão militar à Bulgária para abrir o caminho aos soldados que seriam necessárias contra a Grécia ([53]).

(*) O Bósforo e os Dardanelos, de modo a garantir o acesso ao Mediterrâneo. (*N. T.*)

O que se seguiu foi a última campanha vitoriosa alemã no continente europeu. A Grécia foi o principal alvo, já que a concentração militar britânica no seu território ameaçava os campos petrolíferos romenos. No entanto, a Jugoslávia foi acrescentada à lista no último minuto. A adesão do país ao Eixo, em março, desencadeara um golpe popular em Belgrado e apesar de o novo governo ter professado a sua fidelidade a Berlim, Hitler decidiu derrubá-lo. Iniciado no dia 6 de abril, o avanço alemão foi imparável e os combates terminaram rapidamente. Os antigos oficiais habsburgos que comandavam as forças alemãs estavam decididos a prevenir toda e qualquer repetição da resistência dos sérvios em 1914. Belgrado foi bombardeada intensamente pela Luftwaffe e o país foi ocupado ao fim de 11 dias de combates e com o custo de apenas 151 alemães mortos. Pouco depois, caía a Grécia. Aconteceu tudo tão depressa que, não obstante os argumentos de alguns historiadores, são poucas as provas de que estas operações nos Balcãs tenham tido qualquer efeito significativo nos preparativos para o ataque à União Soviética ([54]).

A Itália adquiriu finalmente o seu mini-império no Sudeste da Europa (mas a Hungria e a Bulgária também tiveram de ser contentadas). Os alemães queriam deixar o menor número possível de soldados na região e enviaram rapidamente várias divisões para norte, para a Frente Leste. Contudo, os custos foram pesados em termos de eficiência administrativa. A Jugoslávia foi fragmentada em mais zonas de ocupação do que qualquer outro país da Europa; à semelhança da Checoslováquia e da Polónia, era uma criação do odiado sistema de Versalhes, pelo que foi riscada do mapa. A Itália e a Alemanha apoderaram-se de faixas de território e a Hungria e a Bulgária também se serviram. A Sérvia foi colocada sob ocupação militar alemã e a Croácia tornou-se um Estado-satélite, estendendo-se para a Bósnia e a Herzegovina. A Itália ficou com "predominância" em grande parte do país, anexou a costa da Dalmácia e incorporou o Kosovo na Albânia, que também administrava; a Alemanha ficou com "predominância" no Leste. A Grécia também foi fragmentada – em zonas de ocupação italiana, búlgara e alemã – mas, ao contrário da Jugoslávia, ficou sob controlo nominal de um débil governo colaboracionista sedeado em Atenas. Não eram esquemas que tendessem a promover a governação racional nem a garantir a estabilidade.

BARBAROSSA

No dia 18 de dezembro de 1940, Hitler emitiu a sua diretiva secreta para "esmagar a Rússia soviética numa campanha rápida". Os objetivos globais eram "erguer uma barreira contra a Rússia asiática na linha Volga-Arcangel" que eliminasse definitivamente a URSS como potência industrial e europeia. Hitler quisera derrotar a Inglaterra e a França primeiro para que o *Reich* se pudesse preparar para o confronto inevitável com os bolcheviques, mas o seu insucesso contra a Inglaterra conduziu à abertura desta nova frente muito mais cedo do que o previsto. A vitória inesperadamente rápida sobre a França proporcionou o modelo de um novo tipo de ofensiva – a *Blitzkrieg* – e Hitler parece ter acreditado que, depois dos triunfos do Exército no Ocidente (e baseando também a sua análise no desempenho lamentável do Exército Vermelho contra a Finlândia, no princípio do ano), a guerra seria rapidamente concluída de forma vitoriosa. "Os bolcheviques desmoronar-se-ão como um baralho de cartas", previu Goebbels em maio de 1941 ([55]).

Antes do lançamento da invasão da URSS, Hitler já estava a pensar além da eliminação do inimigo. Estava prestes a concretizar a visão continental que delineara no final dos anos 20: no fim do outono de 1941, ele esperava que o Eixo fosse o senhor militar incontestado da Europa. A Alemanha reinaria do Atlântico ao Cáucaso. As guerras fronteiriças além-Urais contra o que restasse da Rússia eram para ele o equivalente alemão da Fronteira do Noroeste do Raj – um terreno de teste à virilidade alemã. Os "territórios recém-conquistados no Leste" seriam guarnecidos por uma "força de segurança" de cerca de 60 divisões e a Ucrânia tornar-se-ia "uma base comum de abastecimento alimentar " para o Eixo. A Fortaleza Europa já não enfrentaria nenhuma ameaça séria por terra e poderia ser defendida com forças muito mais pequenas do que fora necessário até então. Seguro no Leste, o Grande *Reich* Alemão poderia concentrar todos os seus esforços na derrota dos britânicos, forçando-os a sentarem-se à mesa das negociações por via de operações conduzidas num vasto arco, do Magrebe ao Afeganistão. Seria executado um ataque a Gibraltar, em outubro, a França ajudaria a derrotar os britânicos no Norte de África e os espanhóis teriam de se chegar à frente. No Médio Oriente, unidades motorizadas ligeiras desgastariam as posições inimigas na Palestina e no Egito. O Império Britânico seria posto de joelhos.

Entre os conselheiros principais de Hitler, não eram muitos os que comungavam da sua confiança. Depois de terem evitado em 1939 uma guerra em duas frentes, "por um milagre", consideravam uma loucura começar desnecessariamente uma em 1941. O ministro dos Negócios Estrangeiros, Ribbentrop, via no acordo de 1939 com Molotov o seu maior feito. Além do mais, os russos continuavam a honrar os seus importantíssimos contratos, fornecendo ao *Reich* cereais e outros bens de absoluta necessidade. O tráfego com o Japão tornar-se-ia muito mais difícil se a rota terrestre através da URSS fosse cortada. Mais influente do que o peso-pluma Ribbentrop, o segundo homem mais poderoso do *Reich*, o *Reichmarschall* Göring, também era da opinião de que a Alemanha necessitava de tempo para consolidar os seus ganhos. A Nova Ordem ainda estava em projeto e Göring sabia que o alargamento do conflito imporia rapidamente ao *Reich* algumas limitações económicas severas. Os efetivos estavam esticados ao máximo, as reservas alimentares eram baixas e as hierarquias de comando eram confusas e caóticas. Os soldados alemães patrulhavam do Círculo Ártico ao Egeu, amiúde em regiões que não ofereciam ao *Reich* nenhuma espécie de benefício óbvio.

No entanto, Hitler viu uma oportunidade histórica na rapidez da vitória no verão de 1940 e na falta de resistência no Ocidente. A Rússia poderia ser eliminada de uma vez por todas sem a posição alemã ficar exposta. Ele detestava ter de depender da boa vontade de Estaline para a obtenção de alimentos e outros bens e preferiu garanti-los através da conquista. As elevadas quotas de cereais que Estaline lhe aceitou fornecer em janeiro de 1941 – e o cumprimento impecável das promessas soviéticas nos meses seguintes – apenas o convenceram da necessidade de deitar a mão às riquezas da Ucrânia. A Inglaterra não era uma ameaça. Era melhor invadir imediatamente a União Soviética e concluir a guerra antes que o apoio americano ao Reino Unido se tornasse demasiado grande. Os bombardeamentos aéreos das cidades alemãs e a continuação da resistência britânica começavam a afetar o povo alemão e a encorajar a oposição em todo o continente. E a par destas considerações estratégicas, havia preocupações ideológicas maiores do que nunca. Nem o ataque à Polónia, que prefigurou a violência racial da *Vernichtungskrieg* (*) antibolchevique, se comparou com a escala e a intensidade do confronto anunciado. Foi a mais bem preparada de todas as campanhas alemãs, e os preparativos incluíram a especificação do tratamento da população inimiga. Foram elaborados códigos de conduta impiedosos e constituídos novos esquadrões da morte SS: seria uma luta existencial até à morte contra o maior inimigo racial-ideológico da Alemanha. Na manhã de 22 de junho de 1941, sem aviso prévio, começou a invasão. Depois de um enorme bombardeamento de artilharia, um exército de mais de três milhões de soldados, um milhão de cavalos e 600 000 veículos avançou numa frente de mais de 2000 km, da Finlândia ao mar Negro. Tinha pela frente uma força ainda maior, que foi apanhada completamente desprevenida. Com este conflito épico, mortífero e implacável como catalizador, o caráter do domínio nazi da Europa alterou-se de

---

(*) Guerra de extermínio. (*N. T.*)

forma irrevogável. Hitler já demonstrara que o seu programa era incapaz de conquistar politicamente a Europa; tal como observara Weiszäcker, o diplomata veterano, "a unidade ideológica da Europa está reduzida à Alemanha, à Itália e à Espanha" – e esta última era duvidosa. Restava o uso da força [56].

6

Guerra de aniquilação: a invasão da União Soviética

O princípio da brutalidade implacável, o tratamento do país segundo os pontos de vista e métodos utilizados em séculos passados contra povos escravizados de cor e o facto, que desafia qualquer política sensata, de o desprezo por aquele povo não ser expressado apenas através de atos contra indivíduos mas também por palavras em todas as ocasiões possíveis e impossíveis... tudo isto é um amplo testemunho da completa falta de instinto em relação ao tratamento de um povo estrangeiro, que dadas as suas consequências só pode ser classificado de patético e desastroso.

Gauleiter e *Generalkommissar* Alfred Frauenfeld, 10 de fevereiro de 1944 ([1])

Quando Hitler decidiu rasgar o Pacto Molotov-Ribbentrop, fê-lo inicialmente por razões estratégicas. Na sua perspetiva, bater a URSS eliminaria do continente europeu o único aliado potencial de Londres com algum peso e obrigaria os britânicos a negociar. Contudo, a ideia de um ataque de surpresa depressa se transformou no seu eterno sonho de estender o *Lebensraum* da Alemanha para as profundezas do Leste. A invasão da Rússia foi provavelmente ideia do Exército, em 1940, e os seus planeadores sublinharam os benefícios económicos prováveis: segundo eles, a ocupação da Rússia europeia privaria o regime bolchevique dos seus recursos mais valiosos e colocá-los-ia sob controlo da Alemanha. Esta mensagem foi música para os ouvidos de Hitler, que pura e simplesmente ignorou as vozes discordantes. O ministro das Finanças, von Krosigk duvidou (com razão, como se viu) que uma guerra contra a Rússia melhorasse o abastecimento alimentar do *Reich*. A maioria dos conselheiros económicos de Göring também tinha grandes dúvidas. Quanto à embaixada alemã em Moscovo, talvez na melhor posição para avaliar, objetou que Estaline não era uma ameaça, pois não tinha planos para combater a Alemanha, e que a ocupação da fértil Ucrânia se revelaria extremamente dispendiosa pois as quintas coletivas soviéticas, que eram mecanizadas, parariam por falta de combustível. Foi uma análise que Hitler provavelmente nunca viu ([2]).

E mesmo que tivesse visto, é provável que a tivesse ignorado. Longe de prever a contenda prolongada, atroz e, em última análise, fatal que se seguiu, ele estava completamente confiante na obtenção de uma vitória relâmpago como a que acabara de obter sobre a França. "Se atacarmos corretamente este colosso logo à primeira", previu ele, em agosto de 1940, "ele ir-se-á abaixo muito mais depressa do que o mundo julga". Mas a história tinha outra surpresa na manga: tal como os franceses se renderam mais cedo do que o previsto, o Exército Vermelho revelou-se um inimigo muito mais formidável do que Hitler alguma vez imaginara. A *Blitzkrieg* arrastou-se até ao Natal e depois mais um ano, e outro ainda ([3]).

A recusa da URSS em ceder transformou a guerra europeia numa guerra global. Em agosto de 1941, menos de dois meses depois do início da invasão alemã, Churchill e Roosevelt estavam pouco confiantes na longevidade do regime bolchevique ao assinarem a Carta do Atlântico, que lançou as fundações da ordem internacional do pós-guerra. Em dezembro, já tinham mudado de opinião. Os seus contactos diplomáticos com Moscovo intensificaram-se rapidamente e nasceu a parceria entre os Três Grandes, que moldaria a estratégia da guerra e da paz. Antes do fim de 1941, Anthony Eden, o secretário dos Negócios Estrangeiros britânico, foi enviado a Moscovo. A campanha destinada a forçar a capitulação dos britânicos cimentou a aliança que acabaria por derrotar a Alemanha.

Durante uma visita às linhas da frente nos arredores da capital soviética, pouco depois de um contra-ataque ter repelido a Wehrmacht, Eden e os seus anfitriões foram confrontados com a devastação infligida pelos alemães: "Era um espetáculo assustador", escreveu Ivan Maisky, o embaixador soviético em Londres, que viajava com ele.

> Nem uma casa, nem uma barraca, nem uma vedação! Uma planície coberta de neve e, qual desfile fúnebre, com longas filas de fogões e chaminés de aldeia que tinham escapado ao fogo. Era impossível não nos interrogarmos sobre o que teria acontecido àqueles que tinham vivido nas casas que já não existiam.

As estradas, as valas e os campos cobertos de neve estavam pejados de cadáveres de soldados alemães e russos, congelados em poses estranhas, com os braços abertos ou de gatas.

Na cidade de Klin, o grupo visitou a modesta casa de madeira que fora o refúgio estival de Tchaikovsky. "A casa tinha sobrevivido", escreveu Maisky,

> "mas no interior estava tudo virado do avesso, partido e conspurcado. Um dos quartos do primeiro andar tinha sido transformado em casa de banho. Noutras salas, espalhados pelo chão, havia pilhas de livros semiqueimados, bocados de madeira, pautas de música rasgadas. Os fascistas alemães tinham evidentemente prestado homenagem, à sua maneira, a um dos maiores génios da história da música. Eden e eu andámos lentamente de sala em sala. Por fim, Eden não se conteve e disse, com uma expressão de asco: 'Era isto que nos tocaria se os alemães tivessem desembarcado nas nossas ilhas'". (⁴)

Na verdade, foi muito pior. Para Hitler, entre britânicos e soviéticos havia toda a diferença do mundo: *aquele* era o confronto decisivo que ele vinha prevendo há vinte anos e tencionava travá-lo em conformidade. Em finais de março de 1941, ele falou aos seus comandantes numa "guerra de aniquilação" – uma guerra "entre duas ideologias" – na qual as regras normais deixavam de se aplicar. Estavam em jogo a derrota do inimigo mais perigoso do nazismo, o bolchevismo, e o controlo territorial do "Leste", as terras entre o Báltico e o mar Negro das quais o Grande *Reich* supostamente necessitava para a sua própria sobrevivência. Hitler sublinhou aos militares a grande diferença em relação às campanhas na Europa Ocidental: "no Leste, dureza hoje significa brandura no futuro". Em suma, seria o "momento do destino", não só para o *Führer* mas também para o seu Exército, que aumentara, desde que ele chegara ao poder, em 1933, de 115 000 para 3,8 milhões de homens (⁵).

A maioria deste Exército foi enviada para a Frente Leste, onde pereceria numa contenda cujas perdas colossais eram incomparáveis com tudo o que se vira até então. Os alemães morriam em números inéditos em combate contra a tropa soviética e em março de 1942 um terço dos soldados de primeira linha já tinha morrido ou desaparecido em combate ou sido ferido; já tinham morrido mais homens de frio do que todas as baixas mortais britânicas ou americanas em toda a guerra. Também já tinham sido capturados mais de três milhões de soldados soviéticos, dos quais, espantosamente, mais de dois milhões *já* tinham morrido de fome nas mãos dos alemães.

Outros 100 000 ou mais prisioneiros de guerra soviéticos tinham sido executados a sangue frio pela polícia de segurança alemã. De facto, mais do que a luta épica na frente, foi a conduta das forças atrás das linhas de combate – contra prisioneiros de guerra, guerrilheiros e não-combatentes – que deu testemunho do impacto ideológico do nacional-socialismo nos militares e na sociedade alemães ([6]).

Tema de muita controvérsia recente, a brutalidade que muitos soldados alemães "comuns" demonstraram para com os civis soviéticos refletiu muito mais do que as habituais tensões da guerra. As longas linhas de abastecimento e a falta de recursos não ajudaram, nem o facto de haver muito poucos soldados para a proteção das áreas de retaguarda, na sua maioria defendidas por conscritos dispersos, mal treinados e velhos. Se a Wehrmacht tivesse conquistado todo o território que previu – apenas se apoderou de metade –, a sua defesa teria sido ainda mais difícil. Todavia, os efeitos letais desta deficiência logística foram exacerbados pela eterna crença dos militares na retaliação através do contraterror e pelo racismo intenso do regime. A violência que se desencadeou não tinha comparação com nada do que acontecera até ao momento – nem sequer na Polónia. Centenas de milhares de civis foram fuzilados ou enforcados e milhares de aldeias foram incendiadas enquanto os alemães e os seus auxiliares locais perseguiam os esquivos guerrilheiros. Os habitantes judeus, tidos como apoiantes do bolchevismo e dos guerrilheiros, foram mortos em número cada vez maior, primeiro em represálias esporádicas, depois de forma mais sistemática. Em finais de 1941, já era evidente que se tratava de uma guerra de aniquilação no verdadeiro sentido do termo ([7]).

PLANEANDO A GUERRA ERRADA

A crueldade insensata e contraproducente da ocupação alemã foi prefigurada logo à partida. Nem os militares nem Hitler tinham previsto uma luta prolongada e, com base em informações surpreendentemente más, a opinião generalizada em Berlim era a de que as purgas tinham enfraquecido o Exército Vermelho, como demonstrara o seu fraco desempenho na guerra de inverno de 1939-1940 contra a Finlândia. Em finais de julho de 1940, quando Hitler proclamou confidencialmente pela primeira vez que haveria uma campanha a leste no ano seguinte, a marinha considerou que "a Rússia ainda é um mistério para nós" *e* afirmou convictamente que "as forças russas podem ser consideradas muito inferiores aos nossos soldados testados em combate". Num manual sobre as forças armadas soviéticas publicado alguns meses depois, o inimigo era apresentado como "inapto para a guerra moderna e incapaz de resistência decisiva contra uma força bem comandada e equipada". Os oficiais russos tinham todos os defeitos do seu caráter nacional – "lentidão de pensamento, esquematismo, medo da responsabilidade e de tomar decisões" ([8]).

Por conseguinte, em Berlim eram poucos os que, independentemente das suas opiniões quanto aos benefícios políticos da guerra, duvidavam que a Wehrmacht conseguisse empurrar o Exército Vermelho para as profundezas do Leste. É claro que os generais queriam mais homens para a tarefa – como sempre querem – e estavam preocupados com a ausência de reservas. Os receios de uma guerra em duas frentes não tinham desaparecido por completo. O comandante-em-chefe do Grupo de Exércitos do Centro, von Bock, prescientemente, avisou Hitler de que embora pudessem alcançar a vitória no campo de batalha, tinha dúvidas de "conseguirmos obrigar os soviéticos a negociar a paz". Mas Hitler não estava preocupado; como vimos, imaginava meia dúzia de divisões alemãs a manterem uma Rússia enfraquecida permanentemente à distância por trás de uma nova fronteira, de Arcangel a Astracã, numa espécie de "semipaz" colonial. E a verdade é que o prestígio que conseguira com as vitórias-relâmpago na Europa Ocidental, em 1940, tinha tornado a sua posição incontestável ([9]).

Todo o planeamento operacional subsequente teve como base pressupostos iniciais extremamente questionáveis. Aquando dos preparativos para o ataque, as linhas de abastecimento ficaram esticadas ao limite e a pressão sobre o sistema de transportes do *Reich*, já de si muito sobrecarregado, foi ignorada. No outono de 1939, o *Reichsbahn* dispunha de menos comboios do que em 1914, mas a preferência de Hitler pelas táticas motorizadas cegou-o para as potenciais consequências, especialmente no meio da lama outonal e dos nevões do inverno. Mas a culpa não foi só de Hitler; refletiu as deficiências de uma casta militar que menosprezava a importância da logística (e das informações) a favor da perícia operacional. Os planeadores dos estados-maiores partiram do princípio de que os soldados alemães poderiam socorrer-se do sistema e das infraestruturas ferroviários soviéticos e não previram a tática de terra queimada utilizada por Estaline depois de ele superar o choque inicial da invasão.

Os militares alemães também ignoraram quase por completo a ocupação. Quando lhe foram apresentadas as propostas do Exército para administrar a Rússia nas linhas do modelo francês e belga, Hitler explodiu: o Exército não percebia nada de política e as administrações militares não serviam para coisa nenhuma. Himmler, falando "de maneira respeitosa e lamentosa", meteu-se na conversa, deplorando o modo brando de gestão das ocupações da Polónia, da Holanda e da Noruega por parte do Exército e apelando à substituição dos oficiais insuficientemente motivados por homens da SS. Quando o *Führer* deixou bem claro que queria uma transferência rápida da ocupação para uma administração civil, os militares puseram o assunto de lado. "A administração e a exploração do território são questões que podem ficar para mais tarde", lia-se nas instruções do alto-comando do Exército de 3 de abril. "*Não é um assunto* do Exército". Mas este foi outro erro de cálculo: mais de metade do território que caiu nas mãos dos alemães – dois milhões de quilómetros quadrados – permaneceu sob controlo militar até ao fim ([10]).

Desejosas de conquistarem as graças do *Führer*, as altas patentes sancionaram um repúdio muito mais abrangente das leis da guerra do que tudo com o que tinham concordado na Polónia. Um passo nesta direção foi a chamada Ordem Barbarossa, que ordenou "a máxima severidade" em relação a quaisquer "civis inimigos" que tentassem "interferir" com as operações militares. Os oficiais tinham o direito de ordenar represálias contra qualquer aldeia de onde tivesse havido disparos contra as tropas; os soldados não seriam punidos por atos contra civis inimigos, mesmo que configurassem crimes militares. Desejoso de proteger os tribunais militares de Hitler – com receio de que ele os eliminasse se, como acontecera na Polónia, absolvessem civis –, o alto-comando suspendeu-os indefinidamente em matéria de crimes perpetrados por civis na Rússia: os oficiais ficaram livres para decidir sozinhos o destino dos civis russos.

A segunda ordem, o chamado "Decreto dos Comissários", foi muito mais longe. A liderança nazi tinha decidido que, no seguimento da invasão, os funcionários do Partido Comunista deviam ser mortos; por conseguinte, no dia 6 de junho, a tropa e a SS receberam instruções para executar os comissários soviéticos capturados. Na qualidade de "originadores dos métodos de combate bárbaros e asiáticos" do Exército Vermelho, foi-lhes negado o estatuto de combatentes e ficaram sujeitos a ser imediatamente abatidos ou entregues à SS. Alguns oficiais alemães, escandalizados, viram no decreto "a transformação sistemática do direito militar relativo às populações conquistadas em despotismo incontrolado – aliás, em caricatura do direito". Em seu benefício, diga-se que alguns protestaram em privado, mas os seus superiores seguiram obedientemente os desejos de Hitler e ignoraram as suas reticências ([11]).

Por fim, em 12 de junho, menos de quinze dias antes da invasão, chegaram as "Orientações para a Conduta dos Soldados na Rússia", que apresentaram a guerra como uma luta de vida ou de morte contra uma ideologia e não contra um Estado. O bolchevismo foi descrito como "inimigo mortal do povo alemão nacional-socialista" e a luta contra ele "exige medidas implacáveis e enérgicas contra os agitadores, irregulares e sabotadores bolcheviques e contra os judeus, e a erradicação total de qualquer resistência ativa ou passiva". Muitos comandantes fizeram imediatamente eco destas intenções nas suas diretivas pré-invasão. O general Hoepner, que seria executado pela sua participação no atentado à bomba contra Hitler, em julho de 1944, alertou os seus soldados para o facto de que:

> A guerra contra a Rússia é um capítulo importante na luta pela sobrevivência da nação alemã. É o antigo combate do povo germânico contra o povo eslavo, da defesa da cultura europeia contra a inundação moscovito-asiática e para repelir o bolchevismo judaico. O objetivo deste combate é a destruição da Rússia, pelo que deverá ser travado com uma severidade inédita. Toda a ação militar deverá ser orientada, quer no planeamento, quer na execução, por uma determinação férrea para exterminar o inimigo de forma impiedosa e total. Em particular, não deverá ser poupado nenhum aderente do sistema russo-bolchevique. ([12])

Apesar desta conversa sanguinária, Hitler não tinha grande fé na fiabilidade ideológica da Wehrmacht e considerava que a tarefa de eliminar por completo a "elite judaico-bolchevique" era uma missão "que não se pode pedir ao Exército regular". Por conseguinte, em março, incumbiu Himmler de "tarefas especiais resultantes de uma luta entre dois sistemas políticos opostos". Na primavera, foram criados quatro Grupos de Operações Especiais SS (*Einsatzgruppen*) para liquidar a oposição nas áreas recém-ocupadas. Tinham sido formados grupos semelhantes em campanhas anteriores mas nunca para fins tão mortíferos. No contexto das suas missões de policiamento, os *Einsaztgruppen* foram nominalmente colocados às ordens de comandantes do Exército, mas em relação às suas chamadas "tarefas políticas" só respondiam perante o RSHA, em Berlim ([13]).

Em abril de 1941, os *Einsatzgruppen* receberam instruções para limpar os territórios recém-conquistados de "elementos suspeitos", abater todos os funcionários do PC e "outros elementos radicais" e "todos os judeus com cargos no Estado e no partido". Os seus comandantes – oficiais superiores da SS com formação académica – foram informados dos termos do acordo com o Exército e instruídos no sentido de "garantir uma cooperação totalmente leal com a Wehrmacht". O Exército não sabia provavelmente que Reinhard Heydrich instruíra secretamente os seus homens para que instigassem *pogroms*. Alguns meses mais tarde, o comandante do *Einsatzgruppe* A escreveria: "Importava demonstrar que as populações locais tinham sido as primeiras a tomar medidas como reação natural contra décadas de subjugação pelos judeus" ([14]).

Esta cautela refletiu provavelmente a incerteza de Heydrich acerca da anuência do Exército, mas escusava de se ter preocupado. Pressionado como estava, o Exército tinha muito poucos soldados para destacar para as áreas de retaguarda. Embora os seus comandantes possuíssem autoridade sobre os homens de Heydrich, não apenas nas zonas de combate como também nas zonas de retaguarda logo atrás da frente, de um modo geral cooperaram bem com a SS. Os efetivos eram escassos: em outubro de 1943, dos 2,6 milhões de soldados alemães no Leste, apenas 100 000 patrulhavam as vastas áreas de retaguarda mais afastadas da frente. Os próprios *Einsatzgruppen* só contavam com alguns milhares de homens cada um, dado que nesta altura a SS ainda não tinha acesso a forças maiores, exceto quando formadas pelos rufiões, polícias e fanáticos antibolcheviques que conseguia recrutar em território soviético. Mas o que faltava aos alemães em número era compensado pelo terror. "Tendo em conta a vasta dimensão dos territórios conquistados no Leste", insistiu Hitler um mês após a invasão, "as forças disponíveis para estabelecer a segurança nestas áreas só serão suficientes se, em vez de punirem a resistência com sentenças de tribunal, as forças ocupantes espalharem um terror de tal ordem que esmague a vontade de resistir entre a população" ([15]).

FUTUROS PÓS-SOVIÉTICOS

A questão da administração dos territórios recém-conquistados era considerada por Hitler muito menos urgente do que a forma como seriam policiados. Uma coisa era clara para ele: a região tinha um significado estratégico, económico e racial tão vital – afinal de contas, a sua conquista fora a razão de ser da guerra – que a tarefa de a administrar teria de ser entregue a membros fiáveis do Partido. O Ministério dos Negócios Estrangeiros foi mantido à margem e os planos que desde há muito acarinhava de fazer a ligação com os nacionalistas ucranianos, georgianos e baltos regressaram à gaveta. Seriam nomeados comissários do *Reich* para gerir os antigos territórios soviéticos em moldes estabelecidos na Noruega e na Holanda. A única verdadeira questão era se deveriam responder diretamente a Hitler – como acontecia naqueles dois países – ou se devia ser criado um novo órgão intermediário para coordenar as políticas em toda a zona pós-soviética ([16]).

Sinal da pouca importância que Hitler dava ao assunto foi ter escolhido para ponderar a questão Alfred Rosenberg, um alemão do Báltico dado à metafísica que estudara em Moscovo e tinha alguns conhecimentos sobre a URSS e os seus problemas com as nacionalidades. Rosenberg considerava-se o "filósofo do movimento [nazi]" e era autor de uma obra racial verborreica e de grande sucesso de vendas, *O Mito do Século XX*. Hitler não gostava dos seus escritos – dizia que eram "coisas que ninguém percebia" – mas prezava-o por ter aderido ao Partido logo no início. Mais significativamente, considerava-o um fraco e fora precisamente por esse motivo que lhe confiara a liderança do Partido durante o seu período na prisão após o *putsch* de Munique. Goebbels, que o desprezava profundamente, chamava-lhe "Quase Rosenberg" porque "quase se tornou académico, jornalista e político – quase". Não obstante as suas muitas tarefas – a chefia do departamento de política externa do Partido e os seus contributos para a teoria racial e a ideologia nazi –, Rosenberg não pertencia, de todo, ao círculo íntimo de Hitler. Rosenberg preparava-se para proferir um discurso sobre um dos seus temas prediletos, "A Questão Judaica enquanto Problema Mundial", por ocasião da inauguração do seu Instituto de Pesquisa sobre a Questão Judaica (pejado de artigos raros pilhados das principais coleções europeias de objetos judaicos), quando foi convocado à presença do *Führer*. Conversaram durante duas horas, no princípio de abril, e depois da reunião Rosenberg foi incumbido da "direção central de todo o espaço leste-europeu" ([17]).

Ao elaborar os seus planos administrativos e políticos para a paz pós-soviética, Rosenberg rodeou-se de um círculo de homens que, tal como ele, entendiam que os alemães deviam ser os libertadores do bolchevismo. O memorando que entregou a Hitler na primeira reunião propunha a construção de uma aliança anticomunista, a cooperação com os emigrados antissoviéticos de Berlim e o estabelecimento de uma coligação de Estados satélites na ex-URSS. Levar-se-ia a cabo "a aniquilação total da administração estatal bolchevico-judaica" e a Rússia substituiria o Governo-Geral como lugar de expulsão das massas racialmente indesejadas. Hitler vinha pensando em termos parecidos. Em julho de 1940, falara na criação de "um Estado ucraniano e de uma federação dos Países Bálticos, Bielorrússia e Finlândia". Os estudos operacionais que mandou efetuar postularam a fragmentação da URSS e a criação de Estados independentes não bolcheviques sob controlo alemão. Duas semanas antes de se encontrar com Rosenberg, Hitler ainda falava em "repúblicas livres de Estaline" fora da Rússia e em aplicar "a força mais brutal" no "grande reino russo". Estes planos tomavam o acordo de Brest-Litovsk como modelo básico e não pareciam muito diferentes do que aquilo que os homens do *Kaiser* tinham tentado realizar em 1918 ([18]).

Em termos organizacionais, Rosenberg começou por propor a criação de quatro novos Comissariados do *Reich*, passando ele a ser uma espécie de coordenador e de agente de ligação com os ministérios em Berlim. Decorridas algumas semanas, os seus planos tornaram-se mais ambiciosos: advogou a criação de um Ministério do Leste sob a sua chefia. Esta ideia foi muito má por vários motivos. Rosenberg era um péssimo administrador – Goebbels comentou que ele "só sabia teorizar, não organizar". Além disso, como observou o secretário de Estado do Ministério do Interior, Wilhelm Stuckart, o novo ministério iria inevitavelmente provocar todo o género de disputas jurisdicionais com os ministérios já existentes. Mas Hitler não se deixou impressionar pelas objeções – a última coisa que queria era os velhos ministérios a tentarem gerir a URSS como a Alemanha – e avançou com a nomeação.

Mas foi como se estivesse a preparar Rosenberg para falhar. Afinal de contas, por esta altura já tinham sido confiadas responsabilidades bastante abrangentes no Leste a homens muito mais poderosos do que ele, homens que não faziam a menor tenção de lutar em prol dos ucranianos ou dos bielorrussos e que só queriam terras para os alemães. Um deles era Heinrich Himmler, que considerava o Leste sua coutada e que passou lá mais tempo do que o próprio Rosenberg – até transferiu o seu quartel-general para a Ucrânia, em 1942. Hitler já confiara à SS os "assuntos políticos" nos territórios soviéticos ocupados e Himmler observou que 90% dos assuntos da região eram políticos; não queria que se prometesse aos estrangeiros nada que pudesse de alguma forma comprometer o seu grande esquema de germanização do Leste. Conciliar isto com a ideia de Rosenberg de uma coligação de nacionalistas eslavos anticomunistas era obviamente impossível.

Um inimigo ainda mais poderoso era o *Reichmarschall* Göring, já incumbido, antes da nomeação de Rosenberg, de gerir os assuntos económicos nos territórios ocupados do Leste. O objetivo de Göring era explorar as terras conquistadas para benefício imediato da Alemanha e uma semana após a invasão Hitler incumbiu-o formalmente desta missão, erodindo ainda mais a autoridade de Rosenberg. E como se a posição do novo ministro já não fosse suficientemente fraca, Göring assestou outro golpe a Rosenberg, arquitetando nas suas costas a nomeação do *Gauleiter* da Prússia Oriental, Erich Koch, para comissário do *Reich* para a Ucrânia, talvez o posto crucial da nova administração civil. Enquanto que Rosenberg acreditava convictamente que os ucranianos deviam adquirir um Estado independente, Koch, outrora um apreciador fervoroso de Dostoievsky, mudara completamente de opinião e adquirira um desprezo profundo e ostentoso pelos eslavos. Em Berlim, Rosenberg era criticado como um homem que se preocupava mais com os ucranianos do que com os alemães, enquanto a reputação de Koch era a de alguém que dava andamento às coisas. Rosenberg tinha a sua licenciatura e os seus livros, mas Koch, um homem entroncado, oriundo da classe trabalhadora e vociferante, tinha um cadastro brilhante como impulsionador da criação de porcos na Prússia Oriental e prometia fazer o mesmo no Leste ([19]).

De facto, como Koch bem sabia, a situação alimentar da Alemanha estava muito presente na mente de Göring. No princípio de 1941, os planeadores previram problemas por causa das más colheitas e ameaçaram reduzir as rações. A população alemã queixava-se da escassez e dos preços elevados dos produtos alimentares, o que contribuiu para a determinação das autoridades do *Reich* em tirar dividendos rápidos da invasão da URSS. Herbert Backe, o secretário de Estado do Ministério da Alimentação e Agricultura, disse inclusivamente a Hitler que "a ocupação da Ucrânia libertar-nos-ia de todas as preocupações económicas". E também lhe recordou que, além da Ucrânia, o resto da Rússia europeia não era uma zona de excedentes alimentares. No entanto, o regime estava perfeitamente preparado para ver a fome espalhar-se entre a população civil dos territórios ocupados desde que os alemães fossem alimentados. No dia 2 de maio, ficou decidido que o prosseguimento da guerra com êxito exigiria que a Wehrmacht fosse "alimentada a expensas da Rússia", mesmo com a consequência de que "dezenas de milhões de homens morrerão certamente de fome". O "apoio à economia de guerra" era a "lei superior" e os territórios recém-ocupados deviam ser considerados "de uma perspetiva colonial e economicamente explorados através de métodos coloniais". Göring previu "o maior número de mortes em massa desde a Guerra dos Trinta Anos" [20]. Backe chegou mesmo a elaborar "Doze Mandamentos" para os futuros administradores do Leste. "Não desejamos converter os russos ao nacional-socialismo, mas sim fazer deles nossos instrumentos", escreveu ele. "Há séculos que o russo aguenta a pobreza, a fome e a austeridade. O seu estômago é flexível; nada de falsa piedade!" [21].

Rosenberg, com os seus poderes em termos de segurança e economia reduzidos a nada, continuava a querer que o *Reich* se comprometesse com uma visão política para o futuro dos territórios outrora governados pela URSS. Considerava importante que as diferenças entre os russos e os restantes fossem sublinhadas à partida: a propaganda alemã devia mencionar "o povo ucraniano e a sua liberdade" ou "a salvação das nações estónia, letã e lituana", mas nunca devia "falar em Rússia nem em território russo" [22]. Na véspera da invasão, Rosenberg sintetizou a sua conceção política fundamental como:

> Retomar, de um modo inteligente (...) os anseios de libertação de todos estes povos e dar-lhes forma em certos tipos de Estados, isto é, criar entidades estatais a partir do gigantesco território da União Soviética e robustecê-los contra Moscovo, de modo a libertar o *Reich* alemão do pesadelo oriental durante os próximos séculos. [23]

Mesmo que fosse necessário manter provisoriamente a governação dos territórios a cargo de administradores civis alemães, "o território conquistado, no seu conjunto, não deve ser tratado como objeto de exploração". Rosenberg avisou que "verificar-se-á o pior cenário possível do ponto de vista político se as pessoas, face às nossas medidas de exploração económica, chegarem à conclusão de que o nosso regime lhes provoca mais carestias do que os bolcheviques" ([24]).

Foi exatamente isto que aconteceu, e aconteceu porque Hitler nunca levou a abordagem de Rosenberg a sério. Ele queria manter os russos em baixo mas não estava para elevar os ucranianos. Pouco depois da invasão, o seu desprezo pelas aspirações políticas dos habitantes dos territórios ocupados tornou-se claríssimo. Na primeira semana de julho, Hitler adotou a opinião de que Moscovo e Leninegrado deviam ser tornadas inabitáveis de modo a "privar dos seus centros não só o bolchevismo mas também o nacionalismo moscovita". Para Hitler, tal como Rosenberg, a luta era dupla, contra uma ideologia e contra um país. Ao contrário de Rosenberg, ele acreditava que a Alemanha não necessitava da ajuda de nenhuma força antirrussa para subjugar a Rússia. A guerra terminaria num ápice e ele já estava a pensar nos minerais e nas colheitas que a Alemanha obteria e em abrir as "belezas da Crimeia" aos turistas alemães, que para lá se deslocariam por autoestrada e domariam os primitivos eslavos com a energia e a visão arianas ([25]).

Em fevereiro de 1944, com a ocupação alemã da Rússia a chegar ao fim, um dos colaboradores mais próximos de Rosenberg condenou de forma devastadora a abordagem geral alemã, referindo-se a uma

> obra-prima de tratamento errado e o mais notável e espantoso dos feitos: ter conseguido, no espaço de um ano, afugentar para os bosques e pântanos, como guerrilheiros, pessoas que eram totalmente pró-alemãs e que nos tinham saudado com júbilo como libertadores, influenciando assim, de um modo decisivamente negativo, o rumo dos acontecimentos no Leste...

Mas foi o próprio Hitler quem gizou as linhas mestras desta política na reunião crucial que teve com Göring, Rosenberg, Bormann e Keitel dois anos e meio antes, no seu quartel-general, em Rastenburgo, nas florestas da Masúria. Estava-se a 16 de julho de 1941 e ele acreditava que a guerra não iria durar muito tempo, dado que a Wehrmacht já tinha alcançado várias vitórias esmagadoras e o Exército Vermelho recuava tão depressa que centenas de milhares de soldados soviéticos estavam a ser cercados e capturados.

Hitler não poderia ter sido mais franco. Começou a reunião sublinhando que se tratava de uma campanha cujos frutos só beneficiariam a Alemanha. No curto prazo, poderia ser taticamente útil para os alemães assumirem o papel de libertadores, mas o importante era evitar declarações supérfluas e, acima de tudo, que os alemães soubessem o que queriam aquando da divisão "deste enorme bolo". Tinham de impedir a emergência de qualquer outro poder militar na região e além disso, "primeiro: governar; segundo: administrar; terceiro: explorar" o povo e os recursos que lá encontrassem. Era um programa para uma guerra colonial de extração. Só os alemães podiam ter armas; procurar apoio noutras nacionalidades era uma ilusão. A pacificação seria garantida "abatendo toda a gente que parecesse minimamente suspeita" ([26]).

Como se tudo isto não bastasse, um panorama bem longe dos sonhos de Rosenberg de ver a Alemanha a liderar uma coligação de Estados eslavos, os seus planos sofreram um revés adicional quando Hitler decidiu retalhar a Ucrânia ligando a antiga Galícia dos Habsburgos ao Governo-Geral e cedendo parte do Sul da Ucrânia, incluindo Odessa, à Roménia. Não havia como conquistar as boas graças dos ucranianos. Os territórios intermédios existiriam apenas para servir a Alemanha e os alemães "europeizariam" a estepe drenando pântanos, construindo autoestradas, estabelecendo plantações e fundando "cidades alemãs". Hitler previu que seriam habitadas por "dois ou três milhões de homens" oriundos "da Alemanha, da Escandinávia, dos países ocidentais e da América". Ele argumentara amiúde no passado que a Europa fora prejudicada pelas migrações transatlânticas em massa do século anterior; a sua política inverteria a direção do fluxo transcontinental, enviando milhões de pessoas para o Leste. O resultado final seria "germanizar este país através da imigração de alemães e olhar para os nativos como peles-vermelhas" ([27]).

Não foi certamente grande consolo para Rosenberg o facto de na mesma conferência ter sido aprovado o seu plano básico para a administração civil. Depois de o Exército passar a pasta, a região seria governada por quatro comissários civis do *Reich* – um para a Ucrânia, outro para os Estados do Báltico e Bielorrússia (que constituiriam uma nova entidade territorial chamada Ostland), um terceiro para o Cáucaso e um quarto para a Rússia (só os primeiros dois foram estabelecidos). Rosenberg ficou à frente de todo o projeto, com o título de ministro dos Territórios Ocupados do Leste.

Como vimos, a sua posição real era muito débil. A sua nomeação nem sequer foi anunciada publicamente porque Hitler queria esperar por uma grande vitória – nunca aconteceu nenhuma suficientemente enfática – para fazer o anúncio. Entretanto, Hitler reservou para si próprio o poder de nomear os comissários do *Reich* e seus subordinados, os comissários-gerais, e seriam estes homens a ter o poder no terreno; de facto, Rosenberg devia delegar-lhes o seu poder de legislar por decreto. Obviamente, ainda tinha menos possibilidades de dar ordens a Himmler, a Göring ou ao Exército. Como um dos seus subordinados mais informados comentou apreensivamente, "será difícil a administração civil governar uma terra sem o controlo absoluto da polícia e da economia". Quanto aos objetivos políticos de Rosenberg, Göring ignorou-os airosamente nas suas instruções aos planeadores económicos do Exército: "Tudo o que houver para utilizar deverá ser utilizado de imediato. As considerações são puramente económicas, não políticas. O *Führer* não decidiu em definitivo nenhum resultado político. Por conseguinte, não deve ser dada nenhuma consideração à futura ordem política". Na verdade, Hitler deu sempre muito mais importância à pilhagem da região e dos seus recursos e ao esmagamento de qualquer resistência do que a ponderar como deveria ser governada ([28]).

Mesmo assim, Rosenberg continuou a falar na construção de uma Nova Europa liberta do bolchevismo. Era o tipo de linguagem que alguns dos seus subordinados adaptariam posteriormente, com bastante facilidade, às necessidades americanas nas batalhas de propaganda da Guerra Fria, mas no ttt não foi longe. Como não pertencia ao círculo íntimo de Hitler, Rosenberg mal voltou a vê-lo uma dúzia de vezes – o porteiro do *Führer*, Martin Bormann, tinha uma opinião dos eslavos que fazia Hitler parecer um moderado – e os seus subordinados ignoravam-no praticamente e seguiam o seu próprio caminho. Quando ele se queixou a Hitler de Koch, no outono de 1941, o *Führer* pô-lo firmemente no lugar, dizendo-lhe: "Não se intrometa na administração interna dos Comissariados do *Reich* e limite-se a diretivas latas e gerais, que deverão ser acordadas comigo primeiro" ([29]).

De facto, o Ministério do Leste tornou-se uma anedota. Inicialmente instalado nos escritórios da antiga missão comercial soviética e depois realojado devido aos bombardeamentos aéreos aliados, o Ost-Ministerium ("OMi") depressa foi alcunhado de "Ministério do Caos" (Cha-Ost). A toupeira de Himmler, o oficial SS Gotlob Berger, começou como oficial de ligação com a SS mas acabou mais ou menos a dirigir o departamento político. Foi Berger quem descreveu memoravelmente o vice de Rosenberg, o *Gauleiter* da Vestefália-Norte, como "demasiado fraco para fazer algo de bom e demasiado cobarde para pecar". Mais impressionante era o diretor do departamento político de Rosenberg, Georg Liebbrandt, que Berger descreveu como "uma mistura de homem de negócios, intelectual e negociante de cavalos", mas Liebbrandt acabou por ser forçado a sair devido à sua reputação de pró-ucraniano.

Em geral, o ministério atraiu os descartados e rejeitados de outros departamentos e foi inundado com candidaturas de gente sem qualificações e com idade a mais desejosa de ir para o Leste. Um observador comentou mordazmente que enquanto Estaline tinha escolhido os seus melhores funcionários políticos para serviço nas províncias ocidentais da URSS, os nazis escolhiam os piores. Recrutados através do Partido, muitos dos chamados *Ostnieten* (falhados do Leste) eram rufiões de rua já com alguma idade, oriundos das fileiras da SA; segundo um SS, eram "broncos e lambe-cus cuja carreira dependia praticamente da do respetivo *Gauleiter*". Rosenberg só gostava deles porque, na qualidade de membros da SA, detestavam Himmler e a SS. Havia também antigos antinazis desejosos de uma "segunda oportunidade" para se redimirem, agricultores à procura de mais terras, oportunistas "coloniais" e alemães étnicos à procura de uma oportunidade para se tornarem *echte Deutsche* (*). Poucos falavam russo ou tinham a menor ideia do que os esperava. Atraídos pelo uniforme vistoso que lhes valeu o epíteto de Faisões Dourados, pareciam mais preocupados com a hierarquia, as condecorações e as regalias do cargo do que com as responsabilidades da governação. Em 1944, num memorando privado, um secretário de imprensa preconceituoso descreveu o administrador típico do Ministério do Leste como "o pequeno alemão, frequentemente, do ponto de vista racial, um tipo bastante oriental".

> Colocados nos vastos territórios do Leste, com uniformes pretensiosos, títulos, salários, subsídios diários e rações (...) um tipo que se atavia com um revólver e um chicote ou qualquer outra coisa que julga que lhe confere um domínio natural, um porte superior e uma virilidade genuína. É o tipo (...) do burocrata (...) ocioso e inútil (...) o "Organizador" eternamente esfomeado com o seu bando de hienas que pensam como ele e o seu numeroso séquito, reconhecível por duas grandes letras, "MV" – mulheres e vinho (...) gente que goza de um luxo oriental em termos de comida, alojamento e transporte, um luxo que é maior quanto mais modestas são as suas circunstâncias originais.

Não eram propriamente os "verdadeiros senhores" nem os "vice-reis" que Hitler tinha previsto a administrarem o Leste [30].

Os conflitos mais frustrantes de Rosenberg eram com o seu próprio subordinado, o *Reichskommissar* Koch. Este detestava a Ucrânia e governava a província com uma pequena equipa a partir da pequena cidade de Rovne,

---

(*) "Verdadeiros alemães". (*N. T.*)

principalmente porque tinha boas ligações de transportes à Prússia Oriental, da qual continuou a ser o *Gauleiter* e onde passava a maior parte do tempo. Pensou em mudar-se para Kiev, mas Hitler estava tão decidido a não dar o mínimo sinal de encorajamento aos nacionalistas ucranianos que lhe disse para não o fazer. Koch era leal e caiu em força sobre os grupos nacionalistas ucranianos anteriormente tolerados ou encorajados pelo Exército. Na sua opinião, expressa com uma clareza brutal no seu primeiro discurso, em dezembro de 1941, os alemães eram a raça dos senhores (*Herrenvolk*) e todos os outros tinham o dever de os servir. "Sugarei este país até ao tutano", disse ele. "Não vim para cá para espalhar a felicidade, mas sim para ajudar o *Führer*". Os emigrados ucranianos de Berlim, de visita ao Comissariado do *Reich*, ficaram chocados com as suas referências habituais aos ucranianos como "pretos". Quando os homens de Rosenberg compilaram estudos dos sistemas agrários da ex-URSS, Koch escarneceu. "Eu tenho de me arranjar para obter a colheita dos ucranianos para alimentar a pátria e o Exército, enquanto Rosenberg fica em Berlim e encomenda livros!". Na sua opinião, o trabalho de Rosenberg na Ucrânia só começaria depois de ganha a guerra; até lá, quem mandava era ele, e iria organizar "a maior pilhagem possível" ([31]).

O conceito de governação de Koch não ia muito além da repressão, da pilhagem organizada e da vigilância: bilhetes de identidade obrigatórios ajudaram a controlar os movimentos da população, foi introduzida uma nova moeda, com o respetivo banco central, e a economia foi estreitamente regulada através do controlo dos preços, dos salários e das horas de trabalho. Koch foi nomeado guardião de todos os antigos bens soviéticos administrados em nome da Alemanha. Rejeitou liminarmente a possibilidade de privatizar grandes setores da economia, o que teria sido a maneira mais fácil de explorar o sentimento antibolchevique, e entrou por várias vezes em choque com Rosenberg por causa desta questão. Mas Rosenberg não foi o único com quem o vociferante Koch entrou em conflito; as suas relações com o Exército e a SS deterioram-se rapidamente e Berger, que tratou com ele em nome de Himmler, descreveu-o como "borracho incapaz de um comportamento decente". Numa condenação devastadora que foi parar à secretária de Himmler três anos depois, um dos subordinados de Koch, Alfred Frauenfeld, desancou as suas "táticas de brutalidade, fruto da estupidez e da predisposição (...) complementadas por uma incompreensão absoluta de conceitos políticos e ideológicos". Estava muito bem, prosseguiu ele, ter continuado a dizer que os alemães se estavam simplesmente a comportar como os britânicos nas suas colónias, mas o resultado não poderia ter sido mais desastroso para os interesses alemães do que se tivessem sido os próprios britânicos a planeá-lo ([32]).

Afinal de contas, não obstante as suas atitudes sem rodeios e desprezíveis, Koch dependia da ajuda dos ucranianos. O seu pessoal – menos de 1000 funcionários – estava inteiramente dependente dos chefes das aldeias, dos presidentes de câmara e dos agentes de informações. E os polícias de Himmler também. O ramo da SiPo/SD em Kiev, que policiava a província a partir do antigo edifício da NKVD, na rua Korolenko, tinha um efetivo de cerca de 120 agentes e 70 intérpretes e motoristas. O controlo das várias centenas de milhares de residentes de Kiev, para não falar nos quatro milhões de habitantes da região circundante, teria sido claramente impossível sem as competências dos polícias, destacamentos de segurança e informadores ucranianos. Eram os seus agentes que caçavam os judeus escondidos e ajudavam a descobrir as células da NKVD que haviam ficado para trás e os grupos clandestinos de resistentes comunistas (33).

Rosenberg tinha mais influência junto dos oficiais do Exército que dirigiam a Região Militar Sul, que continuou a controlar uma grande parte da Ucrânia Oriental mesmo depois de a parte ocidental ter sido transferida para Koch, em setembro de 1941. Tal como Rosenberg, a Wehrmacht tendia a distinguir de forma inequívoca entre ucranianos e russos. Muitos dos seus oficiais superiores recordavam-se de ter apoiado a causa nacionalista ucraniana na Primeira Guerra Mundial e antes da chegada de Koch o general Karl von Roques sublinhara aos seus soldados que "a região ucraniana deve ser vista como o *Lebensraum* de um povo amigável". O oficial de ligação da Wehrmacht junto de Rosenberg, Hans Koch (sem relação com o comissário), foi uma influência importante. Nascera na Lvov dos Habsburgos e combatera ao lado dos ucranianos durante e depois da Primeira Guerra Mundial. Para homens como ele, a ocupação alemã oferecia a hipótese de reconstruírem o tipo de relações imperiais com os eslavos que se tinham desfeito depois do colapso do império de Francisco José (34).

Por conseguinte, ao contrário do *Reichskommissar* Koch, os militares viram-se frequentemente como portadores da "liberdade" aos ucranianos, e também compreenderam o valor propagandístico de satisfazer os seus anseios de emancipação do bolchevismo. Em finais de novembro, quando a questão ucraniana foi discutida no alto-comando do Exército, a sua concordância com Rosenberg mantinha-se intacta: "Nada de 'atitudes de pretos' [*Negerstandpunkt*] para com os ucranianos, mas sim um trato racional de acordo com as orientações do ministro Rosenberg", notou um oficial superior presente. Rosenberg estava particularmente preocupado com o impacto das requisições dos homens de Göring, que vasculhavam toda a Ucrânia em busca de alimentos: "Se as equipas económicas privarem impiedosamente a população do seu pão de cada dia, o nosso tratamento razoável de nada servirá. A população será atirada para os braços da propaganda russa". Não foi, pois, apenas o desprezo racial politicamente motivado de Erich Koch que minou as relações germano-ucranianas; mesmo nas zonas sob controlo militar, a pilhagem das reservas alimentares, em conformidade com as orientações implacáveis emanadas de Berlim, constituiu um obstáculo à colaboração genuína ([35]).

O homólogo de Erich Koch na Ostland, menos agressivo, era Heinrich Lohse, outro dos antigos membros do Partido favorecido por Hitler. Lohse era "a essência pura dos manda-chuvas nazis das pequenas cidades", segundo uma testemunha, "um homem grosseiro, vão e pateta, com aspeto de morsa". Tal como Koch, combinou o seu novo cargo em Riga com o de governador de província no *Reich* (neste caso, o Schleswig-Holstein). Também se rodeou de amigalhaços do seu cargo anterior. Também era amigo da bebida e apreciador de boa comida, e depressa montou uma burocracia enorme e quase integralmente redundante nos Estados bálticos, onde a maior parte do trabalho concreto de governação permaneceu nas mãos de funcionários locais. Ambos os homens combinavam uma espécie de génio para as lutas intestinas necessárias para ter êxito junto de Hitler com a incapacidade absoluta para estabelecer uma base duradoura para o domínio alemão ([36]).

Contudo, os Estado bálticos, onde o Exército alemão foi saudado com genuíno júbilo, ocupavam um lugar diferente da Ucrânia na imaginação racial nazi. Hitler e Rosenberg sublinharam que o destino destes Estados seria tornarem-se alemães. "Setecentos anos de atividade alemã já tinham tornado a região báltica parte do *Lebensraum* da Grande Alemanha", disse Rosenberg a Lohse. "O objetivo de um comissário do *Reich* para a Estónia, a Letónia, a Lituânia e a Ruténia Branca deve ser o estabelecimento de um protetorado alemão e depois transformar a região numa parte do Grande *Reich* Alemão... O mar Báltico deve tornar-se um mar interior germânico à guarda da Grande Alemanha". Nas cidades, decorreu o processo habitual de germanização e a popularidade dos ocupantes caiu rapidamente a pique. Em Riga, Hitler, Rosenberg, Göring, Bismarck, Moltke, von der Goltz e até os Corpos Livres deram o nome a grandes avenidas e foi criado um Museu Alemão para explicar como os alemães tinham levado a cultura aos Estados bálticos ([37]).

Mas os baltos estavam muito mais acima na hierarquia racial nazi do que os eslavos: os alemães não estavam proibidos de os desposar, ao contrário do que acontecia com os polacos, por exemplo, e os letões, os lituanos e os estónios podiam oferecer-se para serviço na Frente Leste. Nos três antigos Estados bálticos, os alemães deixaram a governação quotidiana entregue a pequenos grupos de altos funcionários públicos locais e atuaram mais em termos de supervisão, especialmente depois de se darem conta do elevado calibre de muitos dos que trabalhavam sob sua orientação. Os letões e os lituanos continuaram a administrar forças de polícia próprias, executavam campanhas antibolcheviques e antissemitas pelos alemães e usavam a sua língua nos assuntos oficiais, exceto quando lidavam com os alemães. Apenas Riga – onde estavam sedeados 10 000 ou mais funcionários alemães – permaneceu sob a governação direta de um presidente de câmara alemão ([38]).

Por conseguinte, o domínio alemão no Báltico contrastou com o regime irrealistamente brutal de Koch na Ucrânia e o seu esmagamento determinado de todas as aspirações nacionalistas. Mas o mesmo aconteceu, surpreendentemente, com outra parte da Ostland. A Ruténia Branca – a designação alemã da enorme região principalmente criada a partir da Polónia Oriental pré-1939 e da Bielorrússia soviética – formava a parte sul do gigantesco Comissariado do *Reich* de Lohse. O seu *Generalkommissar*, baseado em Minsk, era outro antigo nazi, Wilhelm Kube, um homem que fora condenado por peculato no *Reich* e exonerado das suas funções no Partido. Todavia, apesar das suas muitas deficiências, conseguiu combinar o genocídio com um mínimo de realismo político. Quando foi pelos ares com a explosão de uma bomba posta debaixo da cama pela sua criada bielorrussa (que trabalhava para a resistência), em setembro de 1943, Kube, imensamente fútil e corrupto, já se tinha identificado com a região e dependia de um consultor político bielorrusso.

Kube gostava de se imaginar como patrono da cultura local e de se armar em potentado. No entanto, ao contrário de Erich Koch, Kube também compreendeu as realidades impostas pela escassez de pessoal alemão e viu que valia a pena cultivar os eslavos locais como força antirrussa, especialmente face à ameaça crescente dos guerrilheiros. Enquanto os seus polícias massacravam os judeus, ele formou uma guarda privada de jovens bielorrussos e autorizou o estabelecimento de organizações políticas e de assistência social, aconselhando-se principalmente com os emigrados antibolcheviques que tinham regressado a Minsk de Berlim e Varsóvia. "Cultivar a cultura, a civilização e a educação da Ruténia Branca (por outras palavras, bielorrussas) é uma tarefa urgente das escolas na província da Ruténia Branca", proclamou ele. Kube disse aos autóctones que deviam este revivalismo cultural a Hitler, criador da Nova Europa, e tornou obrigatório o ensino do bielorrusso; o russo e o polaco foram explicitamente proibidos. A política de nacionalidades antirrussa de Rosenberg emergiu de forma embrionária na Ruténia Branca ([39]).

Mas apenas – convém sublinhar – de forma embrionária. Poucas partes da Europa sofreram mais sob domínio alemão do que a Bielorrússia; a estimativa oficial é de que terá morrido mais de um quarto da população, e terão sido incendiadas 9000 aldeias. Num terreno pantanoso e densamente arborizado, mal servido de estradas ou de outras possibilidades de transporte, a ocupação foi sempre precária e frágil. Com Kube, entrou em vigor um ror de decretos repressivos idêntico ao de outras paragens e centenas de milhares de bielorrussos foram enviados como trabalhadores-escravos para o *Reich*. E assistiu-se igualmente à punição coletiva indiscriminada de comunidades inteiras, ao tratamento sádico dos camponeses e a massacres que assolaram o campo em 1942 e 1943. Foi tão grande a escala da destruição – um produto da contraguerrilha, em particular – que até chocou os assistentes sociais que chegaram no pós-guerra vindos da Alemanha e da Polónia devastadas: a Bielorrússia estava muito pior do que tudo o que tinham visto.

Nas memórias que escreveu na prisão depois da guerra, Alfred Rosenberg mal se refere a tudo isto. Talvez não seja surpreendente, dado que passou uma grande parte do tempo como ministro a encomendar planos infindáveis para a governação do Leste pela Alemanha depois da guerra, debruçando-se sobre as minúcias arcanas das complexidades étnicas e económicas da região. Ao rever nostalgicamente as suas experiências durante a guerra, Rosenberg foi especialmente lírico em relação à digressão oficial que realizou pela Ucrânia no verão pós-Estalinegrado. Acompanhavam-no dois *Gauleiters*, velhos amigos seus, que

> ficaram de olhos esbugalhados quando viram, do meu comboio especial, os vastos espaços do Leste. Tudo ultrapassava as dimensões habituais: os campos de trigo, a estepe táurica, os pomares de cerejeiras. Ouviram os relatórios dos comissários distritais acerca dos grandes melhoramentos nos ofícios e no apoio aos agricultores, e sobre as preocupações e anseios da população local. Ouviram as arrazoadas do *Reichskommissar* Koch, que por mais de uma vez exibiu a sua vaidade de pavão. De seguida, visitámos Askania Nova, santuário de árvores e aves na estepe, obra do colono alemão Falz-Fein. Pouco depois, estávamos na Crimeia, nos seus magníficos Jardins Botânicos, e no pacífico ambiente da noite bebemos o vinho doce da região. Visitámos Livádia e dormimos onde Schinkel teve o sonho artístico de construir um castelo sobranceiro ao mar Negro. Passámos por Simeis, onde, vinte e seis anos antes, eu tinha passado um verão, e contemplámos o mar Negro...

À parte a sombra provocada pelo seu ódio de estimação, Erich Koch, é um retrato do domínio nazi como melhoramento colonial e da guerra como a realização dos sonhos de civilização do *Grossraum* do Leste. Rosenberg retrata-se como herdeiro dos grandes criadores alemães do passado. Há a reserva da vida selvagem com os seus bisontes, cavalos selvagens, avestruzes e antílopes protegidos, e os pomares, as vinhas e os campos de trigo tornados frutíferos através de um hábil cultivo. Há a excursão turística ao famoso castelo do czar Nicolau, onde, apenas ano e meio depois, Estaline acolherá Churchill e Roosevelt para a conferência de Ialta. É a ocupação que Rosenberg desejava ter criado, quase uma paródia das fantasias de Hitler sobre o Leste, uma ocupação sem as aldeias incendiadas e vazias, as pilhas de cadáveres, as caças ao homem, os guetos e as cidades famintas [40].

OS PRISIONEIROS DE GUERRA

De facto, tudo podia ter sido bastante diferente. Ao atravessar a fronteira, a Wehrmacht foi recebida com alegria por grande parte da população da URSS Ocidental, especialmente nas zonas da Polónia e dos Estados bálticos ocupadas pelo Exército Vermelho em 1939 e 1940. Havia bons motivos para estas emoções porque nos últimos dias do domínio soviético tinham acontecido coisas terríveis (e estavam planeadas coisas piores). Milhares de pessoas tinham sido assassinados pela NKVD antes de esta partir: mais de 1500 alegados "elementos antissoviéticos" foram chacinados em Lutsk, para cima de 500 em Dubno. Havia listas para uma nova vaga de deportações. Em muitos lugares, a partida dos soviéticos desencadeou tumultos e pilhagens. Alguns oficiais recusaram-se a obedecer às diretivas de terra queimada do Kremlin, preocupados com o seu impacto sobre a população civil, e verificaram-se tiroteios ocasionais com funcionários do PC. Por mais de uma vez, depois de os alemães chegarem, os populares, cheios de ressentimento, indicaram os membros do Partido, que foram detidos e fuzilados. A sociedade soviética estava a desmoronar-se sob o impacto da invasão, tal como acontecera com a francesa no ano anterior [41].

Por conseguinte, não admira que em muitas zonas os alemães tenham sido acolhidos com alívio ou que a tropa tenha sido recebida por delegações de jovens camponesas sorridentes com as tradicionais flores, pão e sal. Esperavam recuperar as suas terras e atirar para trás das costas as memórias amargas da coletivização, da fome e das deportações. Na Ucrânia Ocidental e nos Estados bálticos, muitos nacionalistas dispararam sobre os soldados soviéticos em retirada, para ajudarem os alemães. "Toda a gente estava contente com a chegada dos alemães", recordou um ucraniano. "Saudamos o exército alemão como nosso libertador do bolchevismo", proclamaram outros. "*Heil* Hitler!". No princípio de julho, um relatório de um *Einsatzgruppe* dava conta de que, especialmente nas zonas ocupadas pelo Exército

Vermelho em 1939, "os soldados alemães foram (...) frequentemente tratados como libertadores e pelo menos com uma neutralidade amistosa". Até um antieslavo como o general Hoepner ficou impressionado com o acolhimento caloroso dado aos seus soldados. Os populares ajudavam os soldados alemães feridos e serviam de guias e de carregadores debaixo de fogo ([42]).

É claro que nas fileiras do Exército Vermelho havia muitos que pensavam do mesmo modo. A ideia de que houve uma resistência imediata e unânime aos invasores alemães é um mito. De facto, embora muitas unidades tenham lutado duramente contra os invasores, outras amotinaram-se e mataram os seus comissários. Os reservistas tentaram evitar a mobilização e, no geral, muitas unidades manifestaram pouca vontade de combater. O alto-comando soviético ficou suficientemente perturbado para formar unidades especiais para bloquear a retirada e tratou com dureza todos quantos se perdiam das suas unidades. Em meados de julho, o próprio Estaline observou que "em todas as frentes", havia muitos homens "dados ao pânico e até a desertar para o inimigo" e que "à primeira pressão, deitam fora as armas... e arrastam outros com eles" ([43]).

A rapidez do avanço da Wehrmacht foi extraordinária. Decorridos dois dias após o lançamento da invasão, os alemães tinham conquistado Grodno, Vilnius e Kaunas; em finais de junho, Lvov caíra também. O Grupo de Exércitos do Norte avançou a toda a velocidade através dos Estados bálticos, onde os conscritos desertaram do Exército Vermelho para se juntarem a unidades de "guerrilheiros" que combatiam ao lado dos alemães; o Grupo de Exércitos do Centro avançou para sul e em meados de julho conquistou Smolensk, e o Grupo de Exércitos do Sul entrou no Sul da Ucrânia. Durante a progressão, fizeram um número de prisioneiros inesperadamente elevado: 320 000 só em torno de Bialystok e Minsk, no princípio de julho; outros 300 000 durante os combates por Smolensk. Na primeira semana de agosto, o número de prisioneiros de guerra soviéticos seria já de 900 000; no fim do mês, elevou-se para milhão e meio. Outros 660 000 foram capturados durante a luta por Kiev, em setembro, e um número aproximadamente idêntico em outubro, na bolsa de Briansk-Viasma. Com a chegada das chuvas e a queda súbita e acentuada das temperaturas, a Wehrmacht viu-se responsável por mais de três milhões de soldados soviéticos ([44]).

Os soldados alemães tinham recebido mensagens ambíguas sobre a forma como deviam tratar os seus homólogos russos que se rendiam. A secção de propaganda da Wehrmacht instou os soldados a "cravar uma cunha entre o regime soviético e o povo soviético" e até se referiu à população russa como "potencialmente amigável". Hitler, na sua alocução aos alemães no dia seguinte à invasão, declarou que "o povo alemão nunca nutriu nenhum sentimento hostil contra as nacionalidades da Rússia" (⁴⁵). Contudo, ao mesmo tempo, recordou aos seus soldados que os comunistas "não são seus camaradas", e o Exército alertou contra "o comportamento soviético traiçoeiro na guerra". "Em contraste com o modo cavalheiresco como a guerra foi travada na Noruega", declarou um aviso, "durante a guerra contra a Rússia todos os oficiais e soldados alemães deverão ter em conta as tácticas traiçoeiras, enganosas e anticastrenses do método soviético de fazer a guerra". Os soldados foram especialmente alertados para estarem atentos aos intelectuais, comissários e judeus e contarem com "um tratamento indigno, sádico e brutal infligido aos feridos e prisioneiros de guerra" (⁴⁶).

A imagem do Exército Vermelho transmitida aos soldados foi racializada de forma irremediável e confusa. Por vezes, eram os judeus os responsáveis por uma influência perniciosa, mas mais frequentemente, em especial na primeira fase da guerra, os nazis acreditaram que estavam a salvar a Europa dos "Mongóis", dos "Tártaros" ou de outros representantes das hordas "asiáticas". As instruções do comando supremo da Wehrmacht para a conduta dos soldados na Rússia observaram que "os soldados asiáticos" do Exército Vermelho, em particular, eram "impenetráveis, imprevisíveis, insidiosos e frios". O próprio Hitler falou num *Mongolensturm* (*) e a propaganda alemã referiu-se à "cobarde massa eslavo-mongol" que compunha o material humano da URSS. Por vezes, a operação Barbarossa pareceu um duelo entre os godos e povos nórdicos e os tártaros sub-humanos. Estes estereótipos raciais tiveram um papel importante na tragédia que se desenrolou (⁴⁷).

A Wehrmacht tinha uma experiência considerável no tratamento de grandes quantidades de prisioneiros de guerra. Na campanha da Polónia, capturou mais de meio milhão de soldados; no verão de 1940, depois do colapso dos exércitos holandês, belga e francês, fez dois milhões de prisioneiros. Não podendo lidar com todos, os alemães apressaram-se a libertar os prisioneiros holandeses sob palavra de honra de que não voltariam a pegar em armas, bem como os flamengos e quase um terço dos franceses. Com o argumento de que pelo facto de a Polónia ter deixado de existir como Estado os soldados polacos não podiam ser legitimamente considerados prisioneiros de guerra ao abrigo da Convenção de Genebra, os alemães usaram-nos como trabalhadores civis. Esta adulteração das regras internacionais relativas aos prisioneiros de guerra deixou os polacos (e os jugoslavos e, em 1943-1944, os italianos) numa posição desvantajosa, mas não

---

(*) Invasão mongol. (*N. T.*)

foi nada em comparação com o que aguardava os prisioneiros do Exército Vermelho ([48]).

Durante o verão e o outono de 1941, os juristas militares alemães travaram um combate prolongado e infrutífero com os seus superiores hierárquicos a propósito do tratamento dos prisioneiros de guerra soviéticos. Insistiram que o facto de a URSS não ter aderido plenamente à Convenção de Haia nem à Convenção de Genebra de 1929 sobre prisioneiros de guerra era irrelevante: os alemães deviam tratar corretamente os soldados soviéticos capturados. Todavia, o marechal Keitel, chefe do OKW, fez jus ao seu epíteto de "lacaio" de Hitler (*Lakeitel*) e rejeitou os seus conselhos. "Estas dúvidas correspondem a noções militares sobre guerras cavalheirescas", escreveu ele. "A nossa missão é suprimir um modo de vida". Os juristas alcançaram um pequeno sucesso com o abandono da ideia de deportar 500 judeus para o Leste por cada soldado alemão morto em cativeiro soviético, mas Helmuth von Moltke, o especialista em direito internacional da Abwehr, passou noites sem dormir. "Não tenho boas recordações dos últimos dois dias", escreveu ele, em novembro. "Prisioneiros russos, judeus deportados, prisioneiros russos, reféns fuzilados, extensão gradual na Alemanha de medidas 'testadas' nos territórios ocupados, judeus deportados, prisioneiros russos, uma clínica para os nervos onde homens da SS são tratados por se terem ido abaixo durante a execução de mulheres e crianças. Assim foi o mundo nos últimos dois dias" ([49]).

O OKW tinha contado com 1,35 milhões de prisioneiros de guerra soviéticos em campos no Governo-Geral, na Alemanha e noutros territórios ocupados. Porém, vários fatores conspiraram para tornar estes cálculos completamente errados. Primeiro, ao contrário das intenções de Hitler, a guerra não terminou em semanas nem em meses, o que pôs pressão nos sistemas de abastecimento e de transporte. Em segundo lugar, Hitler proibiu o transporte de prisioneiros de guerra soviéticos para o *Reich* por motivos raciais, o que provocou o aumento dos engarrafamentos e da sobrelotação dos campos de trânsito situados longe das infraestruturas desenvolvidas existentes mais a ocidente. Em terceiro lugar, a quantidade de prisioneiros revelou-se muito maior do que o previsto pelo OKW. Em Nuremberga, Keitel e Jodl tentaram defender-se chamando a atenção para as dificuldades logísticas. Mais recentemente, a sua argumentação foi seguida por alguns historiadores. Nas palavras de um deles, tratou-se de "morte à fome de massas", mas não de "assassínio de massas". Contudo, não é assim tão fácil desligar o que aconteceu das atitudes ideológicas atrás referidas ([50]).

O racismo e a política reforçaram-se mutuamente; por exemplo, no caso das primeiras libertações de prisioneiros. Antes da Operação Barbarossa, o

Exército libertou apenas os flamengos, tratou os soldados das colónias francesas muito pior do que os brancos e planeou manter os soldados judeus do Exército polaco capturados separados dos prisioneiros de guerra não judeus. Na campanha da Rússia, também foram as considerações de natureza racial e política que ditaram quem seria autorizado a regressar a casa. Os prisioneiros de guerra soviéticos de nacionalidade báltica receberam tratamento preferencial, bem como os ucranianos, em especial os agricultores, desejados por Göring e pelo Exército para as colheitas. Por outro lado, o alto-comando do Exército ordenou que os "asiáticos (dependendo da raça), os judeus e os russos falantes de alemão" fossem empregues na frente, em batalhões de trabalho. O número de prisioneiros libertados foi menos de 10% do total. Dos mais de 3 milhões de prisioneiros de guerra soviéticos que morreram à guarda dos alemães durante a guerra, dois terços nunca deixaram os territórios ocupados e, de uma forma ou outra, permaneceram sob supervisão de Wehrmacht ([51]).

Desde os primeiros dias da invasão, com longas filas de prisioneiros a serem afastadas das linhas da frente, os guardas abateram os atrasados e até – como acontecera na Polónia – os camponeses que deixavam comida à beira da estrada. Um rapaz polaco, Waldemar Lotnik, viu uma coluna de 15 000 homens arrastar-se à sua frente durante mais de uma hora; os guardas matavam os que caíam e abriram fogo quando eles se atiraram aos legumes que ele e o avô levavam na sua carroça. Alguns oficiais superiores alemães ficaram chocados. "É horrível a impressão causada pelos 10 000 prisioneiros de guerra russos que, quase sem guarda, se afastam de Smolensk", escreveu o marechal de campo von Bock, em outubro. "Pálidos como a morte e meio mortos de fome, os infelizes arrastam-se. Muitos caem mortos e de cansaço pelo caminho". Depois da guerra, o adjunto de von Bock foi mais explícito: "Colunas de homens em marcha, com quilómetros de comprimento, à guarda de 10-20 *Landesschützen* (*) que fechavam a coluna e matavam com pistolas-metralhadoras todos os que não conseguiam manter o ritmo... Esta atitude não resultou do calor da batalha, mas sim de ordens emanadas da liderança de topo com uma espécie de arrogância irreligiosa" ([52]).

Talvez nada tenha modificado tanto a perceção dos civis em relação às intenções dos alemães como estas marchas da morte, com os cadáveres emaciados que deixavam atrás de si. "Perdemos por completo a simpatia da população", escreveu um observador na Ucrânia. "As pessoas não compreendem a morte a tiro dos prisioneiros de guerra exaustos nas aldeias e nas

---

(*) Os batalhões de *Landesschützen* eram constituídos por reservistas e tinham geralmente por missão a guarda de prisioneiros e a guarnição de centros urbanos. (*N. T.*)

localidades maiores, onde deixamos os cadáveres" (⁵³). Fazer passar soldados soviéticos famintos pelo coração de Kiev e de outras cidades pareceu um gesto intencional destinado a intimidar a população. Os guardas receberam instruções contraditórias, por vezes para dispararem apenas sobre os que tentavam fugir, outras para demonstrarem "a máxima vigilância, extrema cautela e a maior desconfiança"; deveriam responder ao mínimo sinal de resistência "sem dó nem piedade" e "utilizar prontamente" as armas. Alguns tinham gozo no seu poder e atormentavam os prisioneiros com pedaços de pão (⁵⁴).

Os prisioneiros soviéticos eram metidos em recintos rodeados de arame farpado e com a sua capacidade várias vezes ultrapassada. Na segunda metade de 1941, existiam já 81 campos de prisioneiros de guerra na zona operacional alemã, dos quais 47 eram campos de trânsito. Albergando centenas de milhares de homens, os medicamentos depressa se esgotaram e o tifo e outras doenças propagaram-se. O sol intenso da estepe provocou uma desidratação extrema e o calor estival enlouqueceu alguns homens. Eram guardados por um número diminuto de alemães e ucranianos e outros não-russos mal treinados, desejosos de provarem a sua fiabilidade aos seus novos senhores. No Dulag (Campo de Trânsito) 131, 92 guardas vigiavam 18 000 prisioneiros; no Dulag 220, mais de 8550 prisioneiros eram guardados por 30 homens.

A partir de agosto, a situação agravou-se ainda mais. A Wehrmacht começou a entrar em zonas devastadas pelas táticas de terra queimada do Exército Vermelho e os alimentos eram poucos. O tempo piorou, transformando as estradas em lamaçais, e o número gigantesco de prisioneiros feito durante as enormes operações de cerco de setembro e outubro intensificou a pressão sobre o sistema logístico. "O número de prisioneiros de guerra em Briansk é cada vez mais crítico... e não é possível transportá-los", registou uma unidade. Uma semana mais tarde, a situação tornou-se ainda mais desesperada: "O problema dos prisioneiros de guerra torna-se cada vez mais grave (...) Também há problemas de aprovisionamento, já que o pessoal do campo de trânsito não consegue dar conta do recado (...) E para piorar as coisas, chegou a estação das chuvas, que prejudica a utilização de camiões exceto em boas estradas, e a verdade é que nos arredores de Briansk já não se consegue obter alimentos" (⁵⁵).

Nesta altura, em vez de esperarem que Berlim organizasse transportes de longo alcance, alguns comandantes criaram unidades de trabalho formadas por prisioneiros de guerra para procurarem provisões, recorreram à ajuda dos aldeãos e recordaram aos seus homens a necessidade de tratarem adequadamente os prisioneiros. Mas foi demasiado pouco e demasiado tarde.

As taxas de mortalidade continuaram a subir de forma inexorável. Em julho, tinham-se registado mortes de fome em massa entre os prisioneiros em Minsk, cenário do primeiro grande cerco, e após o surto de epidemias de disenteria e tifo a taxa de mortalidade disparou. Só no Governo-Geral, até ao dia 20 de outubro, morreram 54 000 prisioneiros; nos dez dias seguintes, morreram outros 45 690. Mais a leste, na bolsa Briansk-Viasma, em novembro, a taxa de mortalidade *diária* era de 0,6%-2,2%. Em Bobruisk, muitos prisioneiros, famintos, tentaram fugir de noite e foram abatidos; de manhã, 1700 estavam mortos – 10%. Muito antes de o mundo descobrir a visão macabra dos campos SS sobrelotados no *Reich*, em 1945, os campos de prisioneiros de guerra da Wehrmacht – nunca visitados por nenhum jornalista – foram palco de horrores de magnitude igual ou superior. Em fevereiro de 1942, apenas restavam vivos 1,1 milhões de prisioneiros de guerra soviéticos (dos 3,9 milhões capturados) e destes só 400 000 conseguiam trabalhar. A taxa de mortalidade global entre os prisioneiros de guerra soviéticos cativos dos alemães durante a Segunda Guerra Mundial foi de 57,5%; morreram tantos soldados britânicos e americanos em cativeiro alemão durante toda a guerra como nestes campos num único dia. Não admira que os generais alemães acreditassem que "o *Führer* deseja a dizimação das massas eslavas" ([56]).

A escassez alimentar foi apenas um dos problemas cruciais. Em setembro de 1941, Backe, secretário de Estado do Ministério da Alimentação, ordenou à Wehrmacht que se alimentasse dos territórios ocupados. Dada a perturbação causada à agricultura pela guerra, isto não teria sido fácil, nem nas melhores circunstâncias. Em outubro, Berlim estava ciente de que esta medida causaria a morte de muitos prisioneiros de guerra. No Governo-Geral, um oficial de estado-maior observou que "a morte em massa dos prisioneiros de guerra [soviéticos] não pode ser evitada, pois os prisioneiros estão no fim das suas forças". Quando Backe bloqueou propostas no sentido de deslocar um grande número de prisioneiros para ocidente, receando o impacto no consumo de alimentos no *Reich*, o quartel-mestre-general do Exército introduziu uma distinção que é principalmente significativa pelo pressuposto que lhe está subjacente: o Exército podia tentar alimentar os prisioneiros integrados em destacamentos de trabalho, mas "os prisioneiros que não trabalhem (...) terão de passar fome" ([57]).

Na verdade, os afetados não foram apenas os prisioneiros de guerra, mas toda a população soviética, especialmente nas cidades. Muitas áreas urbanas tinham sido devastadas pelos combates, por sabotagens ou pelos explosivos colocados pela NKVD para serem detonados após a sua partida. De qualquer das formas, Hitler planeara arrasar as principais cidades russas e usar a fome para as despovoar. Hitler ordenou que Kiev fosse arrasada e ficou furibundo ao ser desobedecido. De qualquer modo, foram instalados postos de controlo para impedir a entrada de comida na cidade e os mercados ilegais foram desmantelados. O comandante do Exército protestou e outros criticaram aquilo a que chamaram política de "extermínio", mas Göring não cedeu. A população de Kiev caiu de 850 000 habitantes, em junho de 1941, para 400 000 em outubro e 295 000 em meados de 1943. Em novembro de 1941, o inspetor-chefe do armamento da Wehrmacht na Ucrânia estava desesperado. "Em última análise", escreveu ele, "só os ucranianos conseguem produzir objetos de valor económico. Se abatermos os judeus, deixarmos morrer os prisioneiros de guerra e permitirmos que a população das grandes cidades morra de fome, não poderemos responder à pergunta: *Quem produzirá então ativos económicos aqui?*". E o que nem sequer ele terá compreendido é que se tratava de uma política intencional. Outras cidades seriam também massacradas pela fome de forma deliberada, quer através da ocupação, quer de cercos. A experiência de Kiev levou Göring a declarar que era contraproducente ocupar as grandes cidades, especialmente porque a Alemanha ficaria "responsável pelo abastecimento alimentar". "Quanto maior for o caos na Rússia", ordenou Hitler no princípio de outubro, "mais fácil será para nós administrar e explorar os territórios ocupados do Leste" ([58]).

Com a aproximação da primavera de 1942, Rosenberg – que não teve nenhuma influência real nesta área de política – avisou que a morte de milhões de prisioneiros de guerra soviéticos podia ter consequências catastróficas. Reforçaria a resistência do Exército Vermelho e prolongaria a guerra. Além disso, prejudicaria a administração e a exploração adequadas dos territórios ocupados. Embora nalguns casos, alegou ele, os comandantes dos campos tivessem aceitado o auxílio na alimentação dos prisioneiros, a maioria rejeitara-o, preferindo deixá-los morrer de fome ou de frio. À semelhança de vários comandantes do Exército presentes no terreno, Rosenberg criticou até o número excessivo de execuções por motivos "políticos". Hitler negara-se a revogar a Ordem dos Comissários, apesar de provocar o endurecimento da resistência e de dissuadir muitos comunistas de se passarem para o outro lado.

Rosenberg acusou Himmler, em particular, de ingenuidade racial e política. A SS tinha selecionado e morto grupos de prisioneiros de guerra (como os muçulmanos soviéticos) que eram uma importante fonte potencial de apoio pró-alemão. Embora o seu ministério viesse constantemente a chamar a atenção de Himmler para este facto, em novembro um esquadrão da morte apresentou-se num campo de prisioneiros perto de Nikolaev, para liquidar "asiáticos". Criticando a atitude de que só porque os polacos tinham sido tratados com dureza, os do Leste deviam ser tratados ainda pior, Rosenberg queixou-se de que o resultado fora o afastamento de uma população mais antibolchevique e potencialmente mais pró-alemã do que os habitantes da Europa Ocidental, cujo tratamento fora muito mais suave. E concluiu com otimismo: "Todos os comandantes de campo devem tornar-se responsáveis por transformar os seus prisioneiros em propagandistas a favor da Alemanha quando regressarem a suas casas" (59).

Todavia, em fevereiro de 1942, a última coisa que estava na mente dos comandantes dos campos era a propaganda. Por exemplo, Johannes Gutschmidt, de 65 anos de idade, antigo oficial do exército do *Kaiser* e monárquico assumido, dispunha de menos de 200 homens sob o seu comando e a dada altura viu-se responsável pela guarda de 30 000 prisioneiros de guerra. Envidou esforços para obter comida e medicamentos para os detidos e preocupou-se com a inexistência de abrigos contra a chuva e com a vulnerabilidade do campo aos guerrilheiros que supostamente se congregavam nos bosques vizinhos. No fim de outubro, Gutschmidt registou o primeiro caso de canibalismo no campo; vários prisioneiros tinham comido partes de um camarada morto. Em meados de novembro, apesar de se ter disponibilizado de alguma comida, muitos deles estavam a morrer: estavam exaustos e sofriam da falta de alojamentos adequados. Com o termómetro a indicar temperaturas abaixo de zero, a taxa de mortalidade diária aproximou-se de 1%. Nos campos da região, grassava uma epidemia de tifo. Noutras paragens, a situação ainda era pior: num campo em Viasma registaram-se 4000 mortes e o comandante foi ameaçado com uma investigação pelo seu superior hierárquico, que ficou chocado. No dia 21 de janeiro de 1942, Gutschmidt mandou fuzilar dois soldados russos apanhados a comer cadáveres; no dia seguinte, assinalou o aniversário do *Kaiser* no seu diário. A última entrada no diário, no princípio de março, é sombria:

> 8 de março de 1942 [Smolensk]
> Todos os prisioneiros de guerra aptos para trabalhar estão a ser enviados para a Alemanha para libertar trabalhadores do armamento para a frente. Dos milhões de prisioneiros, só alguns milhares são capazes de trabalhar. É incrível o número dos que morreram de fome, muitos estão doentes com tifo e os restantes estão tão fracos e miseráveis que não podem trabalhar. A administração alemã não lhes forneceu provisões suficientes e é provável que haja um pé de vento a sério quando chegarem tão poucos à Alemanha para trabalhar. (60)

Do ponto de vista alemão, este foi efetivamente o aspeto mais contraproducente da questão. Não foi o impacto sobre a população horrorizada, que viu, com razão, nos cadáveres descarnados um programa de privações mais lato que acabaria por tomá-la por alvo, nem foi o impacto sobre o Exército Vermelho, cujos soldados passaram a resistir de forma muito mais resoluta. Foi deixar-se morrer os prisioneiros de guerra soviéticos em grande número quando o *Reich* sofria cada vez mais de falta de mão de obra. Se a guerra tivesse terminado tão depressa como Hitler esperava, isto não teria tido importância e a redução da economia de guerra teria diminuído a procura de mão de obra. Enquanto a vitória pareceu iminente, a mão de obra nunca foi uma prioridade. Mesmo quando as coisas se modificaram, no outono, quando os planeadores de Berlim, confrontados com 2,6 milhões de postos de trabalho por ocupar, compreenderam que teriam de pensar para o futuro, o receio de que os prisioneiros de guerra soviéticos espalhassem doenças ou o bolchevismo bloqueou o seu transporte para a Alemanha. Os relatos de que estavam a morrer em massa não foram levados muito a sério e Göring despertou tarde demais para o seu potencial valor para a economia de guerra do *Reich*. O resultado, como Rosenberg observou com acrimónia, foi que, dos 3,6 milhões de cativos estimados, só "algumas centenas de milhares" estavam capazes de trabalhar ([61]).

A GUERRA DE GUERRILHA

As instruções aos soldados alemães que combatiam no Leste não lhes deixaram a mínima dúvida sobre o modo como lidar com a resistência. Enquanto as tropas de combate progrediam no terreno, as divisões de segurança e os *Einsatzgruppen* SS esmagariam toda e qualquer oposição através de execuções em massa e represálias. É, pois, irónico que não tenha havido quaiquer planos de resistência soviéticos elaborados antes da guerra, dado que Estaline acreditava que em qualquer guerra contra a Alemanha a luta seria travada em solo inimigo. Considerava que falar em guerra de guerrilha equivalia a derrotismo, abandonou todos os planos para a travar, em finais dos anos 30, e ignorou o aviso de Jukov, no princípio de 1941, de que na eventualidade de uma guerra a Alemanha poderia ocupar território soviético.

Contudo, depois da invasão, a atitude do Kremlin depressa se alterou. Decorrida uma semana, o Partido e outros funcionários soviéticos foram instados a "formar destacamentos de guerrilheiros e grupos diversionários"; o avanço do inimigo devia ser prejudicado com a destruição de pontes, estradas, linhas telefónicas e de cabo e depósitos de abastecimento. Em meados de julho, já havia planos para fomentar a resistência com o envio de ajuda para a retaguarda das linhas alemãs e instruções aos líderes do partido dos distritos ameaçados de ocupação iminente para prepararem a organização de células clandestinas. Receberam ordens para "liderar pessoalmente a luta na retaguarda inimiga (...) dando o exemplo". Os "batalhões de destruição", inicialmente formados para lidarem com os para-quedistas alemãs largados atrás das linhas soviéticas, deviam ser convertidos em formações de guerrilha depois de os alemães ocuparem as respetivas zonas.

Porém, devido ao caos provocado pela fase inicial da invasão, estas instruções demoraram algum tempo a surtir efeito. Os primeiros destacamentos de guerrilha foram muitas vezes formados pelos membros do Partido ou por soldados, por iniciativa própria, e não tinham experiência, equipamento e coordenação, problemas que não podiam ser facilmente ultrapassados, mesmo em regiões onde o terreno favorecia a guerra irregular. Embora seja exagero, ao contrário do que alguns historiadores afirmam, dizer que nos últimos meses de 1941 os alemães tiveram pela frente um inimigo imaginário – não tiveram –, a verdade é que não enfrentaram a força de guerrilha coordenada e eficaz que começou a emergir um ano depois. Por exemplo, a sul de Leninegrado, no inverno de 1941 havia cerca de 4000 guerrilheiros, mais empenhados em sabotar linhas-férreas e pontes do que em matar alemães. Em meados de dezembro, encontrar comida e abrigo e lidar com a hostilidade dos camponeses tornou-se pelo menos tão urgente para os guerrilheiros como atacar os ocupantes [62].

Hitler ficou encantado com o apelo de Estaline à resistência. Na sua ótica, abria a porta à possibilidade de "exterminar todos os que se nos opuserem"; a pacificação das vastas áreas conquistadas exigia que se abatesse a tiro "quem se atreva sequer a olhar de lado para nós". O alto-comando militar seguiu a deixa do *Führer*. A resistência devia ser quebrada através de um terror tal que levasse a população a perder "toda e qualquer inclinação para resistir" e o marechal de campo von Brauchitsch alertou para a "bestialidade" bolchevique e decretou "dureza" através do recurso a execuções sumárias e ao incêndio de aldeias inteiras.

No entanto, não foram só as ordens que determinaram o comportamento dos soldados. Na verdade, muitas unidades de primeira linha comportaram-se mais razoavelmente com os civis do que as suas ordens prescreviam. "Durante os dias que se seguiram à ocupação destes *raioni* (*)", lia-se num relatório sobre a região de Leninegrado, "os alemães levaram a cabo uma política de conciliação da população. No início (...) os alemães não tiraram

---

(*) Em russo no original. Unidade administrativa semelhante ao distrito. (N. T.)

nada à população. Melhor ainda, ofereceram doces às crianças e açúcar aos camponeses". Os oficiais do Exército encorajaram a abertura das igrejas e promoveram a ideia, prontamente aceite nalgumas zonas, de que "o poder soviético não regressará". "O poder soviético está claramente acabado", avisavam os camponeses os potenciais guerrilheiros, "pois quase toda a Rússia foi conquistada pelos alemães": os prisioneiros de guerra fugidos eram escorraçados pelos camponeses, que temiam a reação dos alemães se fossem descobertos. Noutros casos, os aldeãos solicitaram a proteção alemã para impedir os guerrilheiros de lhes roubarem as colheitas e de raptarem a sua gente. No princípio do verão de 1941, muitos comandantes do Exército protelaram a implementação das ordens severas que tinham recebido, compreendendo que fazia mais sentido uma política conciliatória. Em julho, o OKH aconselhou a evitar represálias contra os locais por ataques que não tivessem cometido [63].

Todavia, à medida que se foi deslocando para leste, a frente foi deixando áreas cada vez maiores de florestas, pântanos e estepes entregues ao policiamento dos destacamentos de segurança da retaguarda, que se viram confrontados com dificuldades imensas para restaurar a ordem. Era a primeira vez que a Wehrmacht enfrentava resistência com a duração de mais de algumas semanas e o incómodo provocado por esta experiência foi multiplicado pelas baixas pesadas que estava a sofrer na frente. Os desertores e prisioneiros de guerra fugidos dos campos vagueavam pelas estradas e eram vistos como uma ameaça potencial à segurança. As informações fiáveis eram escassas e as tropas estavam irremediavelmente empenhadas ao limite. A 707.ª Divisão de Infantaria, com apenas 4500 homens, foi inicialmente responsável por todo o Comissariado-Geral da Ruténia Branca, um território com 60 000 km2 e dois milhões de habitantes. Para agravar a situação, as pesadas baixas sofridas na frente sugavam o pessoal disponível: entre junho e agosto de 1941, a 281.ª Divisão de Segurança, estacionada no Noroeste da Rússia, passou de 11 449 para 3137 efetivos devido a transferências de pessoal. Dado que os melhores soldados eram os primeiros a ser transferidos, a divisão acabou com reservistas de meia-idade a patrulharem de bicicleta as estradas secundárias. Concentrados em "pontos fortes" ao longo das estradas principais e das linhas de caminho de ferro, sentiam-se rodeados de espiões e sabotadores e afastados das populações pelo seu desconhecimento das línguas autóctones, pelo seu racismo e pelo seu medo [64].

Com o decorrer do verão, estas unidades de segurança desfalcadas viram-se confrontadas com novos problemas. As táticas de terra queimada do Exército Vermelho tinham deixado tudo em ruínas e os civis que viviam atrás das fronteiras pré-1939 eram muito menos amistosos do que os dos territórios ocidentais. Pior ainda, a vantagem psicológica passara para o inimigo e o fim da guerra já não parecia iminente. Com muitos ex-soldados do Exército Vermelho encurralados atrás das linhas alemãs, as condições para a resistência consolidaram-se e surgiram os primeiros sinais verdadeiros de atividade da guerrilha. Foi nesta altura que os soldados do Grupo de Exércitos do Centro se começaram a comportar de forma muito mais implacável, abatendo civis em grande número e todos os soldados do Exército Vermelho que encontravam. O general von Schenckendorff exigiu que a partir do dia 16 de setembro todos os "soldados do Exército Vermelho fugidos e a vaguear" entre os rios Beresina e Dniepre fossem imediatamente abatidos. Contudo, ainda antes, alguns oficiais da 221.ª Divisão de Segurança tinham apelado à tomada de medidas mais drásticas e incrementado a matança de "alegados guerrilheiros" ([65]).

Durante outubro e novembro, o número de mortes civis na Bielorrússia e na Ucrânia aumentou rapidamente. Os soldados da 403.ª Divisão de Segurança, que tinha uma reputação de ferocidade, chegaram a incendiar várias aldeias por semana e a fuzilar dezenas de "guerrilheiros" – que muitas vezes não passavam de soldados do Exército Vermelho isolados das suas unidades e que se escondiam nas matas para evitar ser capturados. Havia uma ligação direta entre o tratamento infligido pelos alemães aos prisioneiros de guerra e a ameaça da guerrilha: muitos soldados tentavam simplesmente regressar a casa, na esperança de evitarem a fome que os aguardava nos campos de prisioneiros, quando os alemães os capturavam ou fuzilavam. A fuga para os bosques parecia amiúde a opção mais segura, acabando por confirmar involuntariamente as suspeitas dos alemães. Segundo a 286.ª Divisão de Segurança,

> Algumas destas pessoas são prisioneiros em fuga ou que foram deixados para trás pelas colunas de prisioneiros de guerra que atravessam as localidades. Alguns foram enviados para a retaguarda pelas tropas de combate sem serem acompanhados por pessoal alemão e apenas com a ordem vaga de irem "para oeste". A maioria vagueia sem armas. No entanto, isto não anula a possibilidade de os indivíduos errantes, em particular os oficiais, se juntarem aos grupos de guerrilheiros que encontrem.

Algumas unidades ordenaram, "por uma questão de princípio", que os refugiados fossem detidos ou "liquidados" ([66]).

Outro fator que contribuiu para reduzir as inibições dos soldados em relação à matança indiscriminada de não-combatentes foi a sua pronta identificação do inimigo com os judeus. As orientações de maio tinham determinado uma atuação implacável contra "agitadores bolchevistas, guerrilheiros, sabotadores e judeus e a eliminação total da toda a resistência ativa e passiva". Até o general Lemelsen, que, numa atitude invulgar, protestou contra os fuzilamentos "irresponsáveis, insensatos e criminosos de prisioneiros de guerra e civis", via o bolchevismo como o produto de "um grupo judaico e criminoso". Estas opiniões pareciam tornar lógica a escolha de judeus para castigos coletivos, quer pelo que os bolcheviques tinham feito, quer por ataques a soldados alemães. Foi este o raciocínio subjacente à proposta abortada do Exército de deportar judeus em retaliação por qualquer morte de prisioneiros de guerra alemães. E desde o início da invasão, verificaram-se fuzilamentos em massa levados a cabo por unidades da Wehrmacht e pelos *Einsatzgruppen* e seus auxiliares locais. Iniciados no Báltico, em finais de junho, estes massacres estenderam-se à Polónia Oriental e à Ucrânia.

A SS trabalhava afincadamente para estabelecer a ligação entre o bolchevismo, os guerrilheiros e os judeus e exigir a execução de mulheres e crianças. Em finais de julho, Himmler ordenou uma "operação de limpeza" em redor de Pinsk e sugeriu que se levasse as mulheres e crianças para os pântanos vizinhos para que lá fossem afogadas. Quando os soldados informaram que as águas eram pouco profundas, as vítimas foram abatidas em execuções em massa. As ordens de Himmler chocaram alguns SS, e apesar de eles se dizerem envolvidos em operações de contraguerrilha, era óbvio para toda a gente – e para eles próprios – que se tratava de algo muito diferente. Alguns dias mais tarde surgiu a confirmação macabra. Numa pequena cidade ucraniana descobriu-se um grupo de noventa criancinhas abandonadas que tinha passado acidentalmente despercebido aquando da visita de um dos *Sonderkommandos* SS. Quando o general von Reichenau decidiu que "a operação (...) tinha de ser concluída de modo adequado", foram abatidas a tiro pelos auxiliares ucranianos. O oficial da Wehrmacht que as descobriu comparou a ideia de as matar a uma atrocidade da NKVD, mas os seus camaradas explicaram-lhe que "a eliminação das mulheres e crianças judias era uma questão de necessidade urgente, independentemente da forma que assumisse" ([67]).

A verdade é que a Wehrmacht, de um modo geral, continuou a entender estas matanças como parte da guerra contra os guerrilheiros e sabotadores. No fim de setembro, mais de 33 000 judeus de Kiev foram mortos na ravina de Babi Yar, nos arredores da cidade. O massacre de Babi Yar é bem conhecido, mas o que é menos referido é que teve lugar no início da ocupação alemã da cidade, depois de minas soviéticas com retardadores terem mandado pelos ares muitos membros da recém-instalada administração militar e provocado o caos e o pânico entre os soldados alemães.

Na verdade, grande parte da população da cidade ficou aliviada ao ver a NKVD pelas costas e ajudou os alemães a descobrir e despoletar outras minas. Os alemães e muitos ucranianos culparam de imediato os judeus pelas explosões e associaram-nos aos "guerrilheiros". A Wehrmacht já tinha elaborado planos para deter os homens judeus que restavam para trabalhos forçados quando as explosões ocorreram. Em conjunto com a SS, optaram por levar a cabo uma "ação punitiva" em massa, numa escala inédita. As liquidações na ravina foram efetuadas pela polícia SS e por guardas ucranianos, que taparam em seguida o local detonando explosivos colocados nas faldas da ravina, mas só depois de revistarem as roupas e se apoderarem do dinheiro das vítimas. Nesta fase da invasão, as matanças de judeus já eram suficientemente comuns para os executores saberem como organizar o processo de modo a maximizarem os despojos ([68]).

Em suma, no outono de 1941, os judeus estavam a ser massacrados em grande número, a pretexto da guerra de contraguerrilha. Como disse aos soldados um dos colegas mais próximos de Himmler e comandante do *Einsatzgruppe* B, Arthur Nebe: "Onde há guerrilheiros há judeus e onde há judeus há guerrilheiros". Na Ucrânia, o marechal de campo pró-nazi von Reichenau – um dos oficiais generais prediletos de Hitler – emitiu uma ordem instruindo os seus homens a demonstrarem "pleno conhecimento da necessidade da expiação dura mas justa dos judeus sub-humanos". "A guerra contra o inimigo atrás da frente", prosseguiu ele, "não tem sido travada com a necessária severidade". Emitida dias depois do massacre de Babi Yar, esta ordem foi uma luz verde para o assassínio em massa e uma forte indicação aos soldados no sentido de apoiarem inquestionavelmente a SS. Outros oficiais generais seguiram de imediato o exemplo de von Reichenau. "Esta luta contra as Forças Armadas Soviéticas não deve ser travada unicamente de acordo com as regras europeias da guerra", declarou no mês seguinte o comandante do 11.º Exército, von Manstein,

> Também será travada atrás da frente: os guerrilheiros e os franco-atiradores vestidos à civil atacam soldados isolados e pequenas guarnições (...) A judiaria constitui o intermediário entre o inimigo na retaguarda e o resto do Exército Vermelho que ainda combate e a Liderança Vermelha (...) o sistema judaico-bolchevique deve ser exterminado de uma vez por todas e nunca mais ser permitido a atacar o nosso *Lebensraum* europeu. ([69])

A partir de outubro – com as novas orientações, mais severas, a coincidirem com a intensificação da atividade da guerrilha –, a taxa de mortalidade dos civis subiu em flecha. A política de reféns também desenvolveu uma dimensão antissemita própria. Nos Balcãs, a população judaica de Belgrado foi detida pelo comandante militar da cidade para constituir uma reserva de reféns. Na Ucrânia, o general no comando da Zona de Retaguarda Sul, Karl von Roques, instruiu os soldados no sentido de selecionarem judeus e russos para execuções de represália – de preferência aos ucranianos. Isto não significou certamente o fim da matança de ucranianos (nem de sérvios); pelo contrário, os camponeses, incluindo mulheres e crianças, continuaram a ser mortos em grande número em ataques de represália. No entanto, os ucranianos, ao contrário dos judeus, eram geralmente atacados no contexto de uma verdadeira guerra de contraguerrilha ([70]).

Em outubro e novembro, os soldados e a polícia alemães receberam instruções para fazer "desaparecer" os judeus do campo e a contrainsurreição tornou-se uma cobertura para o genocídio. Por exemplo, no dia 6 de outubro, de manhã cedo, um pelotão de 15 homens de um regimento de infantaria colocado numa pequena cidade bielorrussa recebeu ordens para matar os cerca de 1000 residentes judeus. Fizeram-no, por grupos de dez, e depois deslocaram-se às aldeias vizinhas. Os voluntários que havia no pelotão participaram alegremente nestes "jogos de judeus"; regressados, o oficial no comando anunciou que "os guerrilheiros tinham sido abatidos em combate". Porém, como um dos perpetradores confirmou depois da guerra, "Na realidade, era praticamente do conhecimento geral na companhia que isto significava judeus que não eram de todo guerrilheiros". No princípio de dezembro, estas unidades, juntamente com destacamentos da polícia, já tinham abatido cerca de 20 000 judeus bielorrussos. Seis meses mais tarde, o comissário-geral Wilhelm Kube escreveu de Minsk que, "sendo a judiaria (...) o principal sustentáculo do movimento de guerrilha" na região, tinham sido "liquidados" 55 000 judeus bielorrussos em dez semanas e previu que os poucos que restavam vivos também acabariam por ser abatidos, eliminando – nas suas palavras – o risco de os guerrilheiros "continuarem a poder contar minimamente com a judiaria" ([71]).

Nesta altura, a identificação dos judeus como guerrilheiros tornara-se uma profecia que se cumpria a si própria: sem nenhum outro refúgio disponível, o punhado de sobreviventes da população judaica anterior à guerra – quase um milhão de pessoas – gravitou para os guerrilheiros. Todavia, apesar da existência de brigadas e campos de guerrilheiros judeus, estes constituíam apenas 5% dos efetivos totais da guerrilha. Matar judeus era eficaz porque era facílimo, mas na prática teve pouco impacto sobre um inimigo composto, na sua maioria, por bielorrussos, ucranianos e russos ([72]).

A CAMINHO DA SOLUÇÃO FINAL

Desde os primeiros dias da invasão, mesmo quando não havia nenhuma ameaça da guerrilha, os judeus foram identificados e executados. No fim de junho, depois de combates renhidos para conquistar o crucial porto báltico de Liepaja (Libau) aos soviéticos, a Wehrmacht encorajou os defensores a renderem-se informando-os de que: "Não vos faremos nada. Só matamos judeus e comunistas". Nos dias seguintes, os soldados regulares e os membros do *Einsatzkommando* SS 1a assassinaram judeus na cidade e nas aldeias vizinhas. Os comandantes militares introduziram os primeiros decretos discriminatórios contra os judeus, obrigando-os a apresentarem-se para trabalho e a usarem uma estrela amarela e banindo-os dos lugares públicos. E foi o comandante da guarnição de Liepaja quem instruiu um esquadrão da morte SS no sentido de iniciar as execuções em massa, que prosseguiram até meados de julho e fizeram pelo menos 2500 vítimas. Estes acontecimentos só foram excepcionais pela altura em que ocorreram; seis meses mais tarde, eram já corriqueiros em todos os territórios ocupados ([73]).

Os massacres de Liepaja apontaram para a colaboração estreita entre o Exército e a SS, fomentada por um fervor ideológico que associava os judeus à criminalidade e ao bolchevismo. "A luta contra o bolchevismo", ordenou o OKW, no dia 12 de setembro de 1941, "exige um ataque implacável e enérgico, acima de tudo, contra os judeus, os principais disseminadores do bolchevismo" ([74]). Importa também notar o carácter espetacular de muitas das matanças, que com frequência decorriam à vista dos soldados e dos civis. Na cidade de Daugavpils, no Leste da Letónia, 13 000 judeus foram mortos num jardim público no centro da cidade e numa estância recreativa de fim de semana situada nas proximidades. Não foi a chacina secreta dos campos da morte polacos do ano seguinte; pelo contrário, constituiu a sequela de uma espécie de martirológio letal. De facto, à medida que os alemães entravam nas sucessivas cidades da região ocupada pelo Exército Vermelho depois de setembro de 1939, os cadáveres deixados para trás pela NKVD eram geralmente expostos em público e eram também comemoradas outras vítimas do bolchevismo. Os judeus eram identificados como os responsáveis e forçados a exumar os corpos e a enterrá-los, tornando-se depois vítimas dos alemães e dos seus auxiliares. Ao levarem as matanças para as praças das aldeias e cidades, os alemães estavam a avisar implicitamente os não judeus do que lhes poderia acontecer e ao mesmo tempo a torná-los seus cúmplices ([75]).

Apesar do envolvimento da Wehrmacht nas chacinas, a política antissemita era da responsabilidade da SS. As instruções de Heydrich aos *Ein-*

satzgruppen começaram por definir principalmente a sua "campanha de autolimpeza" em termos da luta contra o bolchevismo. No dia 2 de julho, receberam instruções para liquidar os funcionários comunistas e "os judeus com cargos partidários e públicos", bem como "outros elementos radicais (sabotadores, propagandistas, franco-atiradores, assassinos políticos, agitadores, etc.), mas deviam também encorajar as populações a iniciar "tentativas de autolimpeza por parte dos elementos anticomunistas ou antissemitas nas zonas a ocupar" – uma luz verde para os massacres desencadeados em várias partes da Ucrânia e dos Estados bálticos nas primeiras semanas da ocupação. Este segundo conjunto de ordens sugeria um ataque muito mais abrangente aos judeus do que o primeiro e implicava pôr os antissemitas locais a fazer o trabalho sujo da SS sem deixar rasto de documentos potencialmente incriminatórios ([76]). Por conseguinte, os *Einsatzgruppen* instigaram prontamente *pogroms* e massacres junto daqueles que designaram por "grupos de guerrilha lituanos" (milícias pró-alemãs) e "grupos independentes". Mesmo assim, o ritmo da matança era demasiado lento para a SS. Em 13 de julho, o chefe do *Einsatzgruppe* B informou que "nos primeiros dias, só foram mortos 96 judeus" em Grodno e Lida; por conseguinte, "ordenei que fossem desenvolvidos esforços maiores". Na Letónia, os alemães ficaram inicialmente desapontados com a passividade da população, mas a energia mortífera demonstrada pela polícia e pelos grupos fascistas depressa alterou a sua opinião ([77]).

A Letónia e a Lituânia, com as suas populações judaicas relativamente pequenas e um ressentimento popular generalizado contra a breve mas severa ocupação soviética, tornaram-se os laboratórios para o genocídio. Os administradores civis de Rosenberg estavam de olho nos bens judaicos e pretendiam concentrar os judeus em guetos como força de trabalho cativa. Todavia, a SS, profundamente frustrada pelo impasse da política judaica na Polónia e desejosa de evitar atrasos semelhantes no caso soviético, tinha algo muito mais drástico em mente. Segundo o representante de Himmler, o ex-funcionário da Gestapo Franz Stahlecker, que chegou a Riga depois de estar ao serviço em Viena, em Praga e na Noruega, a região do Báltico oferecia a possibilidade de um "tratamento radical da questão judaica" pela primeira vez: os judeus do Báltico *podiam* ser erradicados porque não eram tão importantes para a economia como os do Governo-Geral; *tinham* de ser erradicados porque, ao contrário do que sucedia no Governo-Geral, funcionavam como "disseminadores do bolchevismo". Stahlecker disse aos homens de Rosenberg que podiam "limpar o campo" e concentrar os judeus em algumas cidades, onde seriam "selecionados" em função da sua capacidade de trabalho. Foi a receita para um assassínio em massa sistemático que ignorou pura e simplesmente as necessidades da economia de guerra local ([78]).

Stahlecker foi fiel à sua palavra e o seu *Einsatzgruppe* B desencadeou uma vaga de matanças por toda a região. Apostada na aniquilação total, incentivada pelo próprio Himmler e ajudada pela nomeação do mortífero Friedrich Jeckeln como comandante supremo da SS e da polícia em Riga, em outubro de 1941, a SS ignorou todas as objeções de Rosenberg e Lohse. No princípio de 1942, segundo uma estimativa do próprio Jeckeln, a SS já tinha matado 229 052 judeus, restando apenas 3700 como trabalhadores em campos e guetos na Letónia e 34 500 na Lituânia: a região do Báltico adquiriu a distinção macabra de ser a primeira parte da Europa a ser declarada livre de judeus. Do ponto de vista da SS, foi um feito e uma oportunidade: os guetos da Ostland, que se esvaziavam tão depressa, tornaram-se o lugar para onde podiam deportar e, em última análise, matar os judeus que restavam na própria Alemanha, contornando o Governo-Geral. No inverno de 1941-1942, transportes provenientes da Alemanha, da Áustria e do Protetorado chegaram a Riga e a Minsk, onde muitos judeus foram imediatamente abatidos. Metade dos enviados para Riga morreu passados poucos meses. Dos milhares de judeus alemães que chegaram a Minsk, restavam apenas dez aquando da Libertação (*).

Grande parte das matanças foi perpetrada por unidades auxiliares autóctones, chefiadas por homens como o polícia letão Viktors Arajs. No Báltico, os polícias e suas famílias tinham sido especificamente atacados pela NKVD, mas a vingança não foi o único motivo de "odiadores de judeus" sádicos como Arajs: também foram impelidos pelo fervor nacionalista, pela embriaguez do poder e pela cupidez. Arajs e os seus homens, frequentemente embriagados, torturaram, violaram e mataram nas zonas rurais letãs. As unidades da polícia também deram o seu contributo detendo e guardando os judeus até à chegada dos esquadrões da morte. Os zelosos agentes de polícia recebiam as suas ordens, deslocavam-se em viaturas até às quintas onde supostamente estariam escondidos judeus, matavam-nos nos campos ou nos bosques e ordenavam aos trabalhadores rurais que enterrassem os corpos ([79]).

Os outros esquadrões da morte SS não se pouparam a esforços para acompanhar o ritmo de Stahlecker. Em meados de outubro, quando o *Einsatzgruppe* A deu conta de 118 430 judeus abatidos na Ostland (juntamente com 3387 "comunistas"), o *Einsatzgruppe* C, a sul, gabou-se de um total aproximado de 75 000 judeus. Um mês depois, o *Einsatzgruppe* B estimou

---

(*) Em julho de 1944. (*N.T.*)

as suas vítimas, até ao fim de outubro, em 45 467, e no dia 12 de dezembro o *Einsatzgruppe* D, o que operava mais a sul, contabilizou 54 696 vítimas, sendo a esmagadora maioria judeus. Se tivermos em conta que outros destacamentos SS e – como vimos – unidades da Wehrmacht também tomavam por alvo os judeus em "operações de limpeza", é provável que em finais do ano já tivesse sido morto pelas forças alemãs, atrás das linhas de frente, meio milhão de judeus, um número que à chegada da primavera já teria aumentado em 50% ([80]).

Historicamente, a Europa de Leste não era um lugar que desconhecesse as matanças de civis. Todavia, estes números gigantescos ultrapassaram em muito as mortes na guerra de contraguerrilha ou em anteriores campanhas antissemitas nos territórios sob controlo alemão. Não se verificou nada de igual – quer em termos numéricos, quer em relação à sua organização sistemática – nos *pogroms* czaristas nem durante o sangrento interregno de 1918-1919, quando milhares de judeus morreram às mãos de bandos polaco ou ucranianos. O antissemitismo local esteve frequentemente presente, permitindo aos alemães recrutarem auxiliares e dificultando a possibilidade de as vítimas fugirem ou se esconderem, mas não foi a principal causa. O que estes acontecimentos demonstram é que a dada altura, no outono, a liderança nazi resolveu tentar eliminar a população judaica dos territórios soviéticos ocupados.

Contudo, apesar de até finais de 1941 ter acabado por perecer meio milhão de judeus, haveria ainda uns dois milhões nos antigos territórios soviéticos. Os próprios chefes dos *Einsatzgruppen* tinham a convicção de que apesar de estarem a "aniquilar ao máximo os judeus", fora do Báltico "não é exequível uma liquidação completa dos judeus, pelo menos por enquanto". Não era apenas por causa do tamanho da população judaica da URSS, comparado com o número relativamente pequeno de unidades SS – uns 3000 homens no total – incumbidas da missão, nem pelo facto de o inverno ter abrandado o processo, nem por causa da crescente relutância da população em apoiar assassinos alemães à medida que estes avançavam mais para leste. Foi também por causa do papel crucial dos judeus como artífices e trabalhadores na economia de muitas cidades. Até alguns alemães consideravam que os judeus não eram a única fonte de "perigo político" e argumentaram que "não devemos negligenciar a missão principal de destruir o sistema comunista em benefício da tarefa mais fácil de destruir os judeus". Segundo outros, o facto de muitos judeus terem fugido para o outro lado dos Urais "representa um contributo importante para a solução da questão judaica na Europa". Por outras palavras, para muitos dos envolvidos no aparelho da morte da própria ocupação, existiam motivos políticos e económicos de força maior para não se procurar a aniquilação total da população judaica da região (⁸¹).

Mas não era assim que os decisores políticos de Berlim viam as coisas. Para eles, as considerações económicas ficavam atrás do extermínio, e no inverno de 1941-1942 o aparelho de morte foi reforçado. Carrinhas enviadas de Berlim percorreram as zonas rurais da Bieolorrússia e da Ucrânia, providenciando instalações móveis de gaseamento; ao mesmo tempo, com a aceleração das matanças, a pressão sobre os pequenos *Einsatzgruppen* foi gradualmente aliviada com a formação de inúmeras forças de gendarmaria e respetivos auxiliares nas áreas sob administração civil: em meados de 1942, contavam com 165 000 efetivos, que no princípio de 1943 ascenderam a 300 000. Foram estes polícias alemães e os seus auxiliares ucranianos que levaram a cabo muitas das execuções a partir de 1942 (⁸²).

Na Bielorrússia, onde a maioria dos judeus chegara ao inverno de 1941, os administradores lançaram uma nova campanha de massacres, no princípio de 1942, que só foram contidos pelo congelamento do solo, que "impedia a abertura das valas comuns para os judeus". Com o degelo, a matança intensificou-se. O comissário-geral Kube, que necessitou de tempo para se habituar à ideia de executar judeus transportados da Alemanha – incluindo veteranos de guerra condecorados, oriundos "dos mesmos círculos culturais que nós" –, não mostrou a mesma preocupação pelos pertencentes às "hordas animais da região". O sobrelotado gueto de Minsk tornou-se o lar de dezenas de milhares de pessoas enregeladas, miseráveis e aterrorizadas que se abrigavam nas ruínas provocadas pela conquista alemã. A maioria foi assassinada numa série de execuções que tiveram lugar em 1942. No princípio de 1943, Kube mostrou orgulhosamente a um grupo de italianos horrorizados o interior de uma igreja de Minsk, onde pilhas e pilhas de malas e embalagens testemunhavam o êxito do genocídio.

Na Ucrânia, Koch estava desejoso de ver os judeus mortos para aliviar a procura de alimentos e encorajou os seus homens a cooperarem com a SS. Himmler instou os chefes da SS e da polícia a implementarem plenamente as suas ordens para matar todos os judeus de modo a "limpar a Ucrânia para futuro povoamento por alemães". No fim de julho de 1942, Himmler, impaciente, decidiu um diferendo antigo sobre as definições de "judeu" com a ordem para não se dar demasiada atenção às definições: o importante era "que os territórios ocupados do Leste fiquem livres de judeus". Os administradores civis de Rosenberg cooperaram, registando prontamente os judeus e internando em guetos improvisados os que residiam em zonas rurais isoladas. Na verdade, os homens de Rosenberg reconquistaram gradualmente à SS o controlo das suas forças policiais, mas isto não se traduziu em nenhum abrandamento do ritmo dos assassínios. Pelo contrário, a segunda vaga de matanças, que transitou de 1942 para o ano seguinte, foi ainda mais letal do que a de 1941-1942. Uma estimativa recente sugere que a partir de abril de 1942 morreu o dobro dos judeus do que até esta data ([83]).

Quando os alemães retiraram, estavam mortos muito mais de dois milhões dentro das fronteiras de 1941. Destes, 1,6 milhões tinham talvez habitado os territórios ocupados pela URSS depois de 1939. Por conseguinte, a geografia revelou-se de importância crucial. Os judeus sofreram o grosso da violência alemã em todo o lado, mas foi onde o Exército Vermelho ocupara recentemente o poder que morreram em maior número. Foi aqui que os esquadrões da morte alemães atacaram primeiro e com menos aviso prévio, e onde conseguiram explorar o ódio das populações polaca, báltica e ucraniana aos ocupantes soviéticos. A cultura do *shtetl* da antiga Zona de Residência czarista, coração da judeidade europeia antes de 1939, nunca mais recuperou ([84]).

7
Torne-me esta terra alemã de novo!

"A solução mais radical e, em teoria, mais perfeita para o problema seria a expulsão de todos os checos do país e o seu povoamento por alemães. No entanto, esta solução é impossível porque não existem alemães suficientes para uma ocupação imediata dos territórios que pertencerão, num futuro previsível, à área da Grande Alemanha. [Expulsar todos os checos] deixaria os campos incultos e as cidades desertas.

von Neurath, Protetor do *Reich*, Praga, 1940 ([1])

Chegado em 1941 à pequena cidade de Poniatowec, no Warthegau, na qualidade de presidente de câmara, um funcionário público prussiano chamado Franz Bock viu-se nas terras selvagens das fronteiras do *Reich*. Era um lugar atrasado e rude. O prefeito da região, seu superior hierárquico, era um antigo talhante; o presidente da câmara anterior usara o bar local como escritório. A vida parecia estranha e desconhecida. Porque é que, interrogou-se ele no primeiro dia, os habitantes o cumprimentavam de forma tão obsequiosa e se afastavam para lhe dar passagem? Porque é que as únicas pessoas da cidade que falavam corretamente a língua alemã eram os judeus, enquanto que o alemão que geria a fábrica de cimento respondera às suas perguntas num incompreensível dialeto meio polaco? E quem eram aqueles recém-chegados dos Balcãs com trajes estranhos, que se diziam alemães étnicos refugiados provenientes de além-Roménia? ([2])

Bock queria contribuir de forma empenhada para o restauro do "germanismo". Era manifestamente necessário muito "trabalho nacionalista" para endireitar o local. Todavia, a arrogância e a insensatez dos seus colegas nazis barravam-lhe constantemente o caminho. Dois SS chegaram à cidade para exibir o mais recente filme de propaganda de Goebbels, *Regresso a casa*, que retratava os membros da minoria alemã da Polónia de antes da guerra como vítimas brutalizadas e indefesas salvas pelo *Führer*, e Bock não entendeu que interesse havia em promover o ressentimento contra os polacos, até porque alguns habitantes locais tinham entrado ilegalmente no cinema e estavam a ver o filme. "Tudo o que levei meses a construir será destruído por este filme em horas", pensou ele, preocupado. A situação não melhorou na noite seguinte, quando os dois SS, embriagados, acordaram o "Ancião Judeu" da cidade e lhe ordenaram, sob a ameaça das armas, que enviasse duas raparigas para o quarto. Foram efetivamente enviadas algumas raparigas judias, rebentou uma zaragata e quando as notícias do sucedido se espalharam, os alemães foram detidos e metidos na prisão por terem infringido a legislação racial. Passado algum tempo, serenada a confusão, uma equipa da Gestapo apresentou-se na cidade e ordenou a Bock que selecionasse alguns dos "seus" judeus para serem executados em público. Foi a última gota e ele demitiu-se, convencido de que as coisas tinham sido mais bem geridas no tempo do *Kaiser*. Trabalhar para transformar de novo antigas terras polacas em terras alemãs era uma atividade infinitamente mais difícil, mais desagradável e mais desorganizada do que ele alguma vez imaginara ([3]).

À semelhança de outros alemães da sua geração e da sua classe social, Bock não precisava de filmes como *Regresso a casa* para se recordar dos sofrimentos dos alemães étnicos na Europa de Leste depois da Primeira Guerra Mundial. Toda a gente sabia como, em 1918, as suas terras tinham sido confiscadas ou rodeadas por aglomerados subsidiados de novas povoações. Funcionários hostis tinham-nos desencorajado de falarem alemão ou de se declararem alemães nos censos e até a paisagem fora desgermanizada através de alterações aos nomes de famílias, ruas e cidades inteiras. Em muitas zonas, os alemães tinham sido expulsos; noutras, tinham vendido os seus bens e partido ou cedido à pressão para alterarem a sua nacionalidade. O regime nazi tinha como prioridade a inversão dos efeitos dessas décadas. "Torne-me esta terra alemã de novo!", ordenou Hitler a um funcionário depois da conquista do Norte da Jugoslávia, em 1941. A sua mensagem àqueles que nomeou para as outras regiões fronteiriças do *Reich* foi basicamente a mesma ([4]).

Contudo, o objetivo de Hitler não era apenas recuperar as perdas sofridas pela Prússia e pelo Império Habsburgo em 1918, mas sim criar um Estado alemão numa escala nunca antes vista e levar todos os alemães, independentemente das suas opiniões ou lealdades políticas, a contribuir para o projeto. Apoiados nos recursos do Estado e do aparelho policial mais poderosos da Europa, os nazis levaram as transferências forçadas de populações e o realojamento colonial a novos extremos. Trouxeram quase 800 000 alemães étnicos para "casa", para o *Reich*, e projetaram cidades para alojar milhões. Ao mesmo tempo, planearam livrar a Europa de Leste de uma grande parte da sua população não alemã para libertar quintas e pastagens para os colonos alemães.

Toda esta visão teve subjacentes duas ideias eminentemente modernas. Uma foi uma intensa nostalgia pelo passado, em particular pelo passado medieval há muito desaparecido que proporcionava o modelo para a sociedade com que os nazis sonhavam e que lhes forneceu a sua principal justificação histórica para o que estavam a fazer. Herdeiros dos historiadores românticos do século XIX – Himmler cresceu com as suas histórias –, os nazis viram-se a reconquistar as terras que os cavaleiros alemães tinham conquistado e colonizado muitos séculos antes. Este encanto com a história distinguiu o colonialismo nazi dos seus rivais ultramarinos europeus – os britânicos e os franceses raramente ou nunca afirmaram estar a recuperar terra que fora sua. Que outra razão houve para invadir a URSS em nome de um imperador cruzado do século XII (Barba-Roxa)? Que outra razão houve para Himmler ter tomado os Cavaleiros Teutónicos como modelo para a SS ou gastado tanto tempo a conceber rituais e a escrever discursos em memória do homem que ele acreditava ter sido "o mais alemão de todos os governante alemães", Henrique, *o Passarinheiro* (*), deslocando-se todos os anos para o honrar na catedral de Quedlinburgo? A Grande Alemanha foi, em suma, uma tentativa assumida de retroceder o tempo, um ódio à vida moderna que só podia ter emergido da própria modernidade. O III *Reich* – e a SS em particular – sublinhou a pureza do exemplo dado pelos antepassados da Alemanha e sonhou restaurar o seu modo de vida – agrário, autossuficiente, hierarquizado, de espada em punho. Hitler compreendeu o valor das autoestradas e a necessidade de compromissos com a sociedade industrial, nomeadamente na forma do armamento moderno. Himmler era muito mais obcecado do que o seu *Führer*: encheu a sua bem financiada Sociedade da Herança Ancestral Alemã de historiadores e arqueólogos enérgicos e determinados, e antes de a guerra rebentar já estava a tentar transformar os seus seguidores em proprietários rurais que cultivavam os seus campos em comunidades de aldeias pseudomedievais ([5]).

(*) Primeiro monarca alemão da dinastia otónida, geralmente considerado o fundador do Estado alemão medieval. (N. T.)

O outro elemento moderno da política nazi foi o seu compromisso com a "ciência" da raça. Descartando aquilo que consideravam ser as ideias erróneas e tíbias da política de nacionalidades do *Kaiser*, pretenderam converter a raça e a biologia no princípio orientador da administração. "A nossa missão não é germanizar o Leste no sentido antigo do termo – levando a língua e as leis alemãs aos seus habitantes", declarou Himmler, "mas sim garantir que no Leste só habitam homens de sangue verdadeiramente alemão e germânico" ([6]).

Este empenho numa política restrita de diferenciação racial foi inovador. Antes dos nazis, muitos países europeus sonharam salvar as "suas" minorias conquistando território aos vizinhos. No século XIX, a Sérvia, a Grécia, a Bulgária e a Roménia aspiraram a cumprir o seu desígnio nacional através da expansão, e foi precisamente a mesma lógica que levou os políticos polacos, a partir de 1918, a disputar aos ucranianos e lituanos o máximo de território possível. O historiador A. J. P. Taylor observou, mordaz, que "em termos de assuntos internacionais, Hitler não teve nada de mal, exceto o facto de ser alemão". Nesta perspetiva, tinha razão. Taylor riu-se daqueles que descreviam o ditador alemão como um homem singularmente maléfico, mas o que foi importante acerca de Hitler não foi a sua malignidade, mas sim o seu compromisso com o racismo biológico ([7]).

A Alemanha de antes da guerra financiou generosamente a ciência racial – e as ciências em geral – e o III *Reich* foi um patrocinador particularmente generoso. A partir de 1939, os especialistas raciais do III *Reich* deixaram de ser consultados apenas sobre a saúde da população da Alemanha e passaram a contribuir para a tomada de decisões que afetaram todo o continente. Homens de bata branca organizaram painéis de classificação e programas de formação para decidirem, dos eslavos ou alemães étnicos que mandavam despir e mediam, quais os que eram "regermanizáveis". As suas decisões ditavam se as pessoas eram enviadas para campos de trabalho ou para as povoações de colonos, se a sua gravidez era permitida ou se teriam de abortar, se podiam ficar com os filhos ou se teriam de entregá-los para adoção. Todavia, deixá-los pronunciarem-se sobre as políticas a seguir teve resultados inesperados. A disciplina da ciência racial estava em tumulto e muitos académicos alemães já se tinham apercebido das dificuldades. O determinismo racial à moda antiga parecia difícil de conjugar com as novas descobertas no campo da genética e também não era particularmente útil para explicar as características de um dado povo ou *Volk*. Estes debates não chegaram ao público alemão, que foi cuidadosamente protegido deles pelo regime. Contudo, a forma de distinguir um alemão de um não alemão – a preocupação crucial dos governantes do novo império – não gerou consenso entre os especialistas ([8]).

"Cada alemão tinha ideias próprias sobre a raça", observa um historiador recente. O tema estava efetivamente num estado de fluidez. A "Escola de Breslau" acreditava na procura de olhos azuis e cabelo louro, mas Otto Rench e Fritz Lenz, duas luminárias do racismo académico, entendiam que as características físicas eram sinais grosseiros, já que a maioria dos indivíduos era racialmente misto. Para Hans Günther, um divulgador da ciência nazi, até a Alemanha continha traços de todas as grandes raças europeias – nórdica, báltica oriental, alpina e dinárica –, bem como quantidades diminutas – felizmente – de sangue mediterrânico e da Ásia interior. Alguns hereges resolveram o problema da correspondência das categorias de raça e povo falando numa "raça alemã", mas esta solução simples foi criticada pela maioria dos académicos como não sendo científica. Havia dúvidas semelhantes sobre a utilidade de se falar em "eslavos", que os especialistas consideravam compostos por uma variedade de subgrupos muito mais pequenos e de diferente "valor" racial. E a própria questão do valor criava divisões: alguns acreditavam em hierarquias raciais, outros insistiam que a diferença não encerrava nenhuma conotação de valor.

Tudo isto traduziu-se numa confusão enorme, não só em relação aos alemães, como também aos judeus. Especialistas como o geneticista Otmar von Verschuer, diretor, durante a guerra, do Instituto de Antropologia, Hereditariedade Humana e Eugenia Kaiser Guilherme, e chefe de Josef Mengele, tinham sérias dúvidas de que os judeus fossem sequer uma raça. Verschuer enumerou as características que os antropólogos raciais tinham determinado serem identificadoras dos judeus – o passo bamboleante, o gosto pelo alho, as neuroses, a intelectualização, a fala algaraviada e a tendência para o crime de colarinho branco. Contudo, segundo ele, os judeus eram uma raça rafeira, basicamente indistinguível dos alemães em termos de sangue. Verschuer interrogou-se se não estariam talvez a tornar-se uma raça separada através da consanguinidade e do isolamento. O que era claro para ele era que os seus traços negativos se sobrepunham aos positivos e ameaçavam a saúde daqueles entre os quais viviam ([9]).

Ao comprometer-se com uma política baseada no racismo biológico, o regime condenou-se efetivamente a si próprio a uma incerteza extrema, o que deu discrição aos decisores políticos e permitiu uma enorme variação na política das nacionalidades de lugar para lugar. Deste ponto de vista, o caso dos judeus foi excecional: foi aplicado um conjunto estrito de orientações que não contemplava quase nenhuma exceção. Noutros casos, os alemães seguiram critérios de identificação nacional e racial nem sempre muito diferentes dos utilizados noutras paragens. Por vezes, triaram as pessoas de modo bastante seletivo – como no Warthegau, cujas autoridades seguiram tendencialmente a linha elitista de Himmler. Na porta ao lado, na Prússia Ocidental, limitaram-se a pressionar o maior número possível de pessoas a declararem-se alemães. A assimilação – a política que supostamente devia ter sido abandonada – foi, pois, ressuscitada, com a conjugação de critérios raciais alegadamente estanques com os determinantes culturais e políticos mais tradicionais de identificação da nacionalidade.

Todavia, a arbitrariedade da germanização foi acompanhada pelo aparecimento da sofisticação e da abrangência tecnológicas. Durante a guerra, os alicerces podres da ciência racial foram obscurecidos por uma burocracia enorme e cada vez mais mecanizada dedicada ao aperfeiçoamento dos métodos sistemáticos de identificação e controlo de populações nos quais os polícias e os estatísticos do regime trabalhavam desde os anos 30. Dez dias depois do início da guerra, os alemães foram obrigados a usar bilhete de identidade. O censo do Grande *Reich* Alemão, há muito atrasado, foi realizado e possibilitou a fácil identificação dos judeus e de outras minorias, e foram estabelecidos departamentos de estatística populacional para realizar censos semelhantes em Praga, Cracóvia e Riga. Os estatísticos alemães também cooperaram entusiasticamente com os seus homólogos de países tecnologicamente avançados, como a Holanda. Na altura em que foi alvejado em Praga, Reinhard Heydrich – então protetor interino da Boémia e da Morávia – estava a trabalhar num esquema para a triagem racial de toda a população. De facto, nenhum outro país tentou alguma vez uma política tão ambiciosa de classificação, separação e realojamento colonial em tão pouco tempo e numa área tão vasta. Nenhum outro dedicou tantos recursos à sua implementação nem adotou métodos tão mortíferos e sofisticados na sua prossecução. Em suma, a germanização levada a cabo durante a guerra constituiu a tentativa mais enérgica e ambiciosa de nacionalização de pessoas e territórios da história da Europa. Explica porque é que o conceito nazi de ocupação implicou algo muito mais permanente, violento e destrutivo do que a cedência temporária da soberania mandatada pelo direito internacional liberal e contribuiu, mais do que qualquer outro fator, para uma transformação cada vez mais violenta da vida no próprio *Reich* e para a ascensão da SS – o motor da germanização – como sua principal instituição política e militar ([10]).

AS ORIGENS

Pouco disto era previsível em 1938 e um observador dos acontecimentos na Áustria e nos Sudetas dificilmente teria adivinhado a escala das ambições nacionalizadoras do regime durante a guerra. Afinal de contas, ambas as regiões já tinham populações preponderantemente alemãs. As pessoas do Velho *Reich* podiam rir-se dos seus sotaques e modos estranhos – os insultos aos "burros dos Sudetas" nas fileiras da Wehrmacht em expansão eram suficientemente frequentes para causarem preocupação no Exército –, mas mesmo assim o mais provável é que em 1918, se tivessem tido a possibilidade de o fazer, os alemães dos Sudetas tivessem votado a favor da incorporação na Alemanha. Por conseguinte, os nacionalizadores não tiveram muito que fazer.

Os Sudetas, com a sua grande população checa, colocaram dilemas específicos. Henlein, o líder dos alemães dos Sudetas, pretendia germanizar a região invertendo a reforma agrária de entre as guerras, expulsando os checos para leste e diminuindo o uso da língua checa. Os alemães étnicos ativistas começaram por expulsar muitos checos, deixando claro que não deviam regressar. Todavia, a sua frustração com a lentidão com que as coisas estavam a acontecer extravasou durante a Noite de Cristal, com gritos de "Primeiro os judeus, depois os checos!" e "Fora com os checos!". A verdade é que Berlim tinha as suas razões para querer os checos na região. Não obstante a existência de uma cláusula de "transferência de populações" nos Acordos de Munique (evocando a troca de populações entre a Grécia e a Turquia, em 1922-1923), a preocupação principal de Hitler, ao olhar para o Leste, era manter a minúscula minoria alemã numa Checoslováquia residual. Não queria dar aos checos nenhuma razão para expulsarem os alemães dos Sudetas, que receberam instruções para se portarem bem. Henlein conteve as suas coortes e conciliou-as com subsídios de "Assistência às Fronteiras" para piscinas e bibliotecas ([11]).

Ao colocar pela primeira vez milhões de estrangeiros sob domínio alemão, a conquista de Praga, na primavera de 1939, suscitou aos nazis uma questão nova e premente: em que termos devia um "povo estrangeiro" ser incorporado na "área do *Reich*" de modo conforme aos princípios da jurisprudência racial? Pouco mais de um ano antes, o próprio Hitler colocara a possibilidade de obrigar muitos dos checos a abandonarem o seu país. No início da invasão, um alto comandante do Exército foi ainda mais longe, ao ponderar a organização da "aniquilação física" dos checos; não seria possível em condições normais, admitiu ele, mas como resolver o problema de outro modo? Era uma medida demasiado radical, mas a opção da expulsão não desapareceu. Em outubro de 1941, Heydrich falou na eventual deportação de metade da população do país para a Sibéria. Mas isto era para o futuro: entretanto, a valia crescente da economia checa para o esforço de guerra exigia uma abordagem menos drástica ([12]).

Na Boémia e na Morávia, havia poucos alemães em terras que eram supostamente adequadas para estar na linha da frente da germanização.

Por razões óbvias, os nazis não podiam contar com esses autoproclamados alemães – uma grande percentagem do total –, os quais, por acaso, até eram judeus (muitos judeus falantes de alemão declararam-se alemães no censo checo realizado entre as guerras; depois de 1945, os judeus sobreviventes foram expulsos pelos checos por este motivo). Por conseguinte, os nazis viram-se confrontados, pela primeira vez, com um sério défice numérico, dado que os alemães constituíam apenas 3% da população. Depois da criação do Protetorado, a SS conseguiu expropriar uma quantidade enorme de terras checas, mas o difícil foi encontrar alemães para as ocupar. Em vez das 150 000 famílias que tinham previsto, apenas instalaram 6000 em cinco anos. O solo continuou a ser cultivado por trabalhadores checos, que também colhiam os alimentos que os alemães comiam [13].

O *Reich* também dependia de trabalhadores checos para manter as linhas de produção a funcionar. O protetor von Neurath e o seu número dois, Karl Frank, sublinharam que a Alemanha continuaria dependente da mão de obra checa no futuro próximo. "Os seres humanos são o capital do império e no novo *Reich* não podemos dispensar o trabalho de sete milhões de checos", escreveu Frank, em 1940. Frank reforçou a ideia de que os checos não podiam, no seu conjunto, ser "reduzidos a uma nação serva por motivos raciais" e propôs que se usasse "o açúcar e o chicote" – por outras palavras, incentivos materiais e ameaças – para encorajar candidatos à germanização. Seria criado um grande número de alemães onde ainda não existisse, procurando-se na população checa vestígios de ascendência alemã. Expulsar os checos, como queriam alguns puristas raciais do Partido Nazi e da SS, seria pura e simplesmente contraproducente para o *Reich* em termos económicos enquanto houvesse uma guerra para vencer [14].

As leis da cidadania ofereceram outro modo útil de melhorar os números. Afinal de contas, depois da Primeira Guerra Mundial, muitos Estados europeus tinham introduzido sistemas de classificação forçada. Na Checoslováquia, em 1921, as autoridades multaram milhares de pessoas por se terem declarado alemães e reclassificaram-nas unilateralmente como checos. Na Alsácia francesa, na Eslovénia e na Polónia foram seguidas políticas semelhantes. O que a nova lei da cidadania introduzida pelos nazis teve de extraordinário foi o facto de ser *menos* coerciva do que estas suas antecessoras, seguindo a preferência dos alemães da Boémia, anterior a 1914, pela classificação voluntária. Distinguia entre cidadãos do *Reich* (os alemães) e "membros do Estado" de segunda classe (os checos), mas deixava aos indivíduos a possibilidade de optarem. As autoridades foram evidentemente influenciadas por considerações de pureza racial e não conseguiram convencer-se a usar a lei para converter um grande número de checos em alemães.

No entanto, a sua abordagem teve a desvantagem de permitir aos alemães não se declararem alemães. De facto, muitos alemães não correram a tornar-se cidadãos do *Reich* por recearem o serviço de trabalho obrigatório, a conscrição e a nazificação. "Partiu-se do princípio de que todos os alemães étnicos pediriam para se tornar alemães do *Reich*", escreveu um perturbado funcionário público alemão em Praga, em agosto de 1939. "Este raciocínio (...) foi um erro (...) Há que dizer que, neste aspeto, os alemães étnicos desiludiram-nos". Assim, ironicamente, os nazis descobriram que nem a conquista bastava para travar o lento declínio do número dos autodeclarados alemães na Boémia ([15]).

Desesperados para aumentar o seu número, os alemães apontaram aos chamados "anfíbios" – um termo originalmente usado no Império Habsburgo e empregado pelos cientistas sociais nazis para designar pessoas (frequentemente bilingues) de identidade étnica ambígua. Estas pessoas representavam um fenómeno que fora considerado perfeitamente normal no século XIX, mas o triunfo do nacionalismo tornara-o uma bizarria. Os "anfíbios" (por vezes também chamados "hermafroditas") eram em grande número em todas as terras fronteiriças alemãs e no Protetorado residiam às centenas de milhares. Segundo um administrador alemão, havia muitos checos que "no seu valor racial e étnico não parecem assim tão maus, muitas vezes porque, devido ao facto de os pais pertencerem a ambas as nacionalidades, não sabem a que lado devem pertencer" ([16]).

As definições oficiais nazis de germanidade no Protetorado refletiram um entendimento da nacionalidade surpreendentemente aberto e não biológico. "O alemão é aquele que professa lealdade à nação alemã, desde que esta convicção seja confirmada por certos factos, nomeadamente a língua, a educação, a cultura, etc.", observou Karl Frank, em março de 1939. "Qualquer definição mais precisa do termo 'alemão' não é possível dadas as relações atuais". Deixar as coisas assim em aberto permitiu-lhe tentar conquistar os "anfíbios" aliciando-os a matricularem-se em escolas de alemão ou atraindo-os aos serviços de assistência social alemães. De facto, só entre março de 1940 e dezembro de 1941, 80 000 – cerca de 1% da população – declararam-se pelo lado alemão e outros 300 000 fizeram-no até ao fim da guerra ([17]).

Confrontados com novos incentivos e penalidades para optarem por um dos lados, os "anfíbios" exploraram as oportunidades proporcionadas pela guerra ou, como tinham feito na República Checa, curvaram-se perante a nova realidade. Uma viúva cujo marido, um checo, morrera nos anos 20, recebeu apoio da assistência social porque – nas suas próprias palavras – "criou os filhos como alemães de cepa num ambiente exclusivamente checo, apesar da sua enorme pobreza, sem nunca sucumbir às influências checas". Muito tempo depois, um escritor checo recordaria ter sido arrastado pelo pai para uma escola alemã. "Pela primeira vez na minha infância, revoltei-me contra a autoridade do meu pai e desatei a gritar para as janelas abertas da câmara municipal de Schlesisch Ostrau: "Não quero ir para uma escola alemã! Deixem-me ir para a minha escola checa!". Foi apoiado pelo seu antigo professor checo, que "se debruçou da janela do primeiro andar da câmara e gritou ao meu pai, em checo: 'Larga o rapaz, teutão de pacotilha". Este tipo de decisão pôs filhos contra pais, mulheres contra maridos e checos pró-Protetorado contra antinazis. "Os alemães estão a abrir escolas alemãs onde não as havia", alertou em 1939 um jornal checo clandestino. "Isto é convosco, mulheres. Está nas vossas mãos decidirem se os vossos filhos crescem checos ou germanizados, se vão ser patriotas ou traidores" ([18]).

No seu conjunto, esta primeira experiência de germanização castigou os nazis. Além de descobrirem que muitos alemães étnicos não sentiam nenhum entusiasmo ao declarar-se alemães, desconfiaram que muitos "anfíbios" o faziam exclusivamente por oportunismo. Depois da queda da França, as autoridades nazis ficaram particularmente receosas de haver muitos "elementos indesejáveis" a registar-se como alemães. Eram "elementos oportunistas", "os piores da nacionalidade checa", impelidos por um materialismo crasso; era frequente os seus filhos nem sequer falarem alemão. Durante um breve período sob o consulado de Reinhard Heydrich, as autoridades seguiram um rumo muito mais coercivo, triando e apoderando-se de crianças checas pela força. Depois do assassinato de Heydrich, em 1942, as crianças da aldeia de Lidice, que foi arrasada em retaliação, foram enviadas para um lar adotivo SS, perto de Poznań, onde lhes deram nomes alemães. Mas o que é extraordinário é o número reduzido destes casos em comparação com as dezenas de milhares de raptos de crianças na Polónia. Apesar de 50% dos checos terem sido considerados germanizáveis, comparados com apenas 3% dos polacos, foram os polacos que sofreram o grosso da germanização forçada. Os checos eram demasiado importantes do ponto de vista económico e demasiado obedientes do ponto de vista político para valer a pena aliená-los.

Em finais de 1942, os alemães já tinham mais ou menos aceitado o seu fracasso e apenas lhe restou promoverem a sua versão bizarra de nacionalismo checo. Fundaram uma organização de juventude e tentaram fomentar algo que designaram por "Nacionalismo Checo leal ao *Reich*". As crianças marchavam sob a suástica, cantando canções checas, e passavam as férias em "Campos de Férias de Verão de Heydrich". No verão de 1944, os alemães ajudaram a organizar uma Semana da Juventude Checa, em Praga.

Nem o SD nem a resistência checa sabiam ao certo como lidar com este movimento profundamente ambíguo, que num instante parecia colaboração e no minuto seguinte um revivalismo nacionalista. Mas uma coisa era certa. A confiança inicial dos teóricos racistas fora infundada: os alemães eram pouco numerosos e não era fácil criar mais, especialmente quando a guerra começou a correr mal ao *Reich* ([19]).

A RECONQUISTA DA POLÓNIA

Em todo o processo de germanização, a parte mais importante foi a Polónia, em particular os territórios anexados. A sua integração no *Reich* aumentou a importância do que estava em jogo para a política racial porque significava que teriam de ser germanizados o mais rapidamente possível; de facto, em outubro de 1939 esta tornou-se a prioridade de Hitler e dos homens incumbidos da missão, que a cumpririam recorrendo a todos os meios ao seu dispor.

Todavia, o desafio demográfico era quase tão grande como no Protetorado, a sul. Os funcionários do Departamento Político-Racial do Partido Nazi observaram, com nervosismo, que a conquista estava a trazer populações eslavas cada vez maiores para dentro das fronteiras do *Reich*. Considerações de ordem económica e de segurança tinham deslocado a nova fronteira alemã muito para além das linhas de 1914, dando ao *Reich* a maioria das indústrias polacas do ferro, do aço e dos têxteis, mas incluindo ao mesmo tempo muitos mais polacos e judeus. Chamando a atenção para o facto de os alemães constituírem apenas 7% da população nos novos territórios, comparados com 86% de polacos e 5% de judeus, os especialistas apelaram a uma "dizimação implacável da população polaca". Só a "transferência" impiedosa da maioria dos polacos podia contribuir para evitar o cenário de pesadelo de uma polonização insidiosa dentro do próprio *Reich*. Aconselharam o encerramento das escolas polacas e a proibição dos serviços religiosos em polaco, e os restaurantes, cafés, cinemas, teatros, jornais, livros, associações e sindicatos polacos também foram atacados. Em suma, Berlim devia procurar a "eliminação impiedosa de todos os elementos impróprios para germanização" ([20]).

Em maio de 1940, Himmler inspirou-se nestas ideias ao partilhar com Hitler os seus pensamentos sobre o tratamento "da população estrangeira do Leste". Procurando recuperar a sua autoridade sobre a política populacional depois do caos que ele próprio originara ao tentar deslocar centenas de milhares de pessoas para o Governo-Geral, o seu conselho básico foi dividir os estrangeiros no máximo de "fragmentos étnicos" possíveis de forma a privá-los de todo e qualquer sentido de identidade nacional e triá-los à procura das "pessoas racialmente valiosas" cujo sangue alemão as tornava dignas de serem enviadas para o *Reich* para reeducação. Os judeus seriam enviados para o estrangeiro numa "emigração em grande escala", para África ou "qualquer outra colónia". Os ucranianos e os polacos também desapareceriam como unidades coletivas por via da fragmentação e da privação cultural, sobrevivendo apenas no Governo-Geral como uma "classe trabalhadora sem líderes" que forneceria ao *Reich* mão de obra migrante e sazonal para a construção de estradas, para o trabalho em pedreiras e para a construção civil, "participando nas realizações culturais eternas [alemãs]". A única coisa que se pode dizer a favor da abordagem de Himmler é que descartou o extermínio físico como "bolchevique", "antialemão" e "impossível". Nesta altura, na primavera de 1940, ele ainda estava a mais de um ano de distância do mundo do Holocausto ([21]).

Estes planos assentavam obviamente na capacidade de definir o germanismo e isolá-lo do seu meio ambiente. Contudo, os especialistas raciais do Partido Nazi tinham opiniões diferentes sobre esta matéria. Por um lado, as coisas pareciam estáveis e óbvias: um alemão era aquele que "em termos culturais, de costumes e de comunidade familiar vive como alemão, se for de sangue alemão ou aparentado" (estas pessoas tinham direito à cidadania alemã, mas teriam de alterar os seus nomes se estes denotassem sinais de origens eslavas; todos os restantes "não terão direitos políticos"). No entanto, os especialistas aceitaram a necessidade de uma política destinada a "extrair os grupos nórdicos do resto da população e a germanizá-los". Prevendo que seriam poucos os englobados por esta categoria, recomendaram o seu envio – especialmente das crianças – para a Alemanha propriamente dita. Quanto às crianças polacas que parecessem "racialmente valiosas", as autoridades deviam cortar-lhes os laços com os pais e transferi-las para custódia alemã com novos nomes. A germanização significava claramente uma coisa no Protetorado, onde os checos ainda gozavam de um grau substancial de autodeterminação, e algo de muito mais coercivo nas partes da Polónia que seriam transformadas em províncias do *Reich* e onde a luta étnica entre alemães e eslavos denotara, durante décadas, uma dureza que não existia em mais nenhum outro lado.

Foi por esta razão que Hitler marginalizou o papel do funcionalismo público tradicional e do Exército nestas regiões. Receando que fossem demasiado tacanhos e inibidos para tomar o tipo de medidas que ele tinha em mente, depositou a sua confiança em funcionários do Partido e, acima de tudo, na SS de Himmler, que estava em franca expansão. Através do recém--criado Comissariado do *Reich* para o Reforço do Germanismo (RKFDV) e das agências associadas, os funcionários de Himmler expulsaram polacos e judeus, repatriaram alemães étnicos e organizaram o seu alojamento temporário e a sua posterior reinstalação. Especialistas em assistência aos refugiados, agrónomos e médicos cooperaram com polícias, antropólogos raciais e projetistas urbanísticos em prol do que Himmler chamou "a verdadeira germanização da terra" – a sua ocupação "do ponto de vista racial". Em janeiro de 1940, Konrad Meyer, que iria conceber o plano para a germanização da Rússia europeia, previu a expulsão de pelo menos três milhões de polacos e mais de meio milhão de judeus da Polónia Ocidental para criar espaço para um número semelhante de colonos alemães. Os especialistas do Partido Nazi faziam Meyer parecer um moderado; queriam ver-se livres de um número ainda maior [22].

Entre as guerras, o governo polaco instalara agricultores em terra alemã. No entanto, Hitler não os queria banir apenas a eles; os homens de Himmler tencionavam remover todos os proprietários polacos e judeus e substituí-los por colonos alemães. Trabalhando com rapidez e entusiasmo para "tornar esta terra alemã de novo", apoderaram-se de quatro quintos da terra nas regiões incorporadas, cerca de 626 000 quintas em seis milhões de hectares. Chegaram ao Warthegau 536 951 alemães étnicos, 85% dos deslocados para os territórios anexados, mas depois do abrandamento da primeira vaga de expulsões, em 1939-1941, muitos polacos continuaram a trabalhar sob orientação alemã em terras que lhes tinham pertencido [23].

Dada a exigência do *Führer* de que os novos colonos fossem exclusivamente do "melhor e mais sadio sangue alemão", os burocratas do Departamento Central de Imigração eram rigorosos na triagem dos alemães étnicos recém-chegados e na seleção dos que poderiam fixar-se permanentemente na região. Os funcionários baseavam-se num conjunto de instruções cada vez mais complicado, supostamente clarificadas através de aulas de biologia, antropologia e eugenia. Havia o tipo corporal (numa escala de "mal-formado" (1) a "figura ideal" (9)), o tipo racial (de "tipo sanguíneo não europeu", passando por "cruzamento equilibrado de nórdico, fálio ou dinárico" até "nórdico puro"), o caráter, o intelecto, o cadastro político e os antecedentes hereditários. Os examinadores começavam pelas características físicas mas acabavam a tentar avaliar uma mistura confusa de características pessoais, sociais e psicológicas. Eram fotografadas famílias inteiras, examinadas clinicamente e interrogadas sobre os seus ascendentes e as suas convicções políticas. No fim do processo, a elite era considerada adequada para realojamento e os restantes eram enviados para a Alemanha propriamente dita para nova monitorização e educação [24].

Na verdade, aos alemães étnicos de Itália e da URSS que foram autorizados a permanecer onde estavam juntaram-se, em muitas zonas, bastantes alemães do *Reich*. Inicialmente hesitantes em instalar-se no Leste, foram atraídos pelas isenções fiscais introduzidas pelo regime em finais de 1940. O seu número nunca se aproximou dos dois milhões de agricultores previstos no princípio de 1940 por Darré, o ministro da Agricultura, mas representaram várias centenas de milhares de pessoas. Apesar de Himmler falar em manter a custódia das terras para serem atribuídas aos veteranos de guerra terminado o conflito, estes "caçadores de terras" instalaram-se, na expectativa de conseguirem ganhos fáceis, e não davam descanso aos funcionários das conservatórias. Eram atraídos pela perspetiva de participar num vale-tudo em grande escala, mal disfarçado com um verniz de legalismo depois de Göring ter emitido um decreto sujeitando todas as quintas polacas ao confisco. Apresentavam-se amiúde com cartas de recomendação influentes, por vezes tão influentes que não podiam ser ignoradas. De facto, o regime estava a usar as propriedades polacas para comprar a lealdade das suas principais figuras. Na fronteira com a Prússia Oriental, o *Gauleiter* Erich Koch apoderou-se de algumas propriedades e acrescentou-as aos seus grandes domínios privados. O general Guderian tirou uma folga dos seus deveres militares para percorrer o Warthegau à procura de uma propriedade. Quando von Manstein lhe perguntou como encontrara a que escolhera, Guderian disse-lhe que "lhe tinham dado uma lista de belas propriedades polacas, que ele visitara durante alguns dias até se ter decidido pela mais adequada". Os proprietários polacos tinham continuado a residir no lugar, mas quando ele tomou conta da propriedade já lá não estavam e – segundo disse a Manstein – não fazia ideia do que lhes tinha acontecido ([25]).

A germanização também estava a transformar as cidades polacas. Quando os alemães étnicos chegaram a Łódź – rebatizada Litzmannstadt (*) –, os especialistas em realojamento requisitaram residências polacas e judaicas, bem como escolas e outros edifícios, para acomodar os recém-chegados, e organizaram destacamentos de trabalho compostos por judeus para limpar os imóveis. Enquanto os especialistas elaboravam planos para a racionalização do antigo "espaço" polaco no pós-guerra, eram estabelecidas zonas alemãs separadas, e a partir da ubíqua "Praça Adolf Hitler" – como passou a chamar-se geralmente a praça central – assistiu-se à alteração generalizada dos nomes das ruas e dos edifícios. A deportação de muitos residentes polacos e judeus possibilitaria o realinhamento do centro de Łódź num eixo

---

(*) Em honra do general alemão Karl Litzmann, conquistador da cidade na Primeira Guerra Mundial. (*N. T.*)

totalmente diferente; a par de novas zonas industriais e de subúrbios para os trabalhadores alemães, surgiriam teatros, cinemas, parques e salas de concerto modernos. Os cartões de Natal dos gestores alemães de Auschwitz mostravam o novo modelo de centro urbano moderno que foi também planeado para a cintura industrial da Silésia, que se encontrava em rápida expansão ([26]).

Depois de Hitler ter ordenado a integração política do Governo-Geral no *Reich*, estes esquemas tornaram-se a política oficial na região. Hans Frank sonhava expulsar os judeus das cidades, limpar o gueto de Cracóvia, a sua capital, e substituí-lo por "bairros residenciais limpos, alemães, nos quais se possa respirar ar alemão". Contudo, a escassez de alemães étnicos foi um obstáculo ainda maior aqui do que a ocidente. Frank pretendia procurar os "núcleos raciais" de "germanismo" dispersos e recuperá-los para a nação. "Falo abertamente em germanização", disse ele à sua equipa. "Quantas vezes não vimos, com espanto, uma garota loura e de olhos azuis a falar polaco? Perante isto, digo: 'Se esta criança aprendesse alemão, podia ser uma bonita rapariga alemã'". Mas o outro pilar da germanização era o próprio Partido Nazi, cuja rede se estendia por todo o país. Ao inaugurar uma Casa do Partido em Cracóvia, Frank falou em germanizar a região em poucas décadas, "talvez menos", para que um dia o *Führer* pudesse dizer o mesmo que dissera recentemente de Essen, que era "o *Gau* mais ariano do *Reich* alemão". O Governo-Geral, prosseguiu ele, devia tornar-se tão alemão como a Renânia: "E se alguém me disser: 'Isso é impossível', perguntar-lhe-ei: 'Estarmos aqui sentados em Cracóvia e termos Casas do Partido em Varsóvia e Lublin é menos plausível do que esta terra, se a governarmos como deve ser, tornar-se alemã?" ([27]).

A probabilidade de estas fantasias se tornarem realidade dependia obviamente da conceção do regime de quem era ou se podia tornar alemão. Os esquemas de realojamento de 1939-1940 envolveram principalmente os alemães étnicos que tinham ficado sob controlo soviético e não afetaram quase nenhuma minoria alemã da Europa Central. Acontece que o número total de alemães disponíveis para realojamento não era elevado. Em *Mein Kampf*, Hitler rejeitara a ideia de assimilar "elementos racialmente estrangeiros" e criticara a política de germanização prussiana por ter cometido esse erro. Todavia, a tradução destas atitudes em políticas significou ficar com uma forma de triagem racial que excluía muita gente que podia ter engrossado a comunidade do povo alemão.

Himmler não se sentiu incomodado por isto. Sendo, como muitos racistas, um esteta, atribuía muita importância à aparência física. "O exame racial deverá impedir o desenvolvimento de tipos mongólicos no Leste recém-povoado, ordenou ele. "Quero construir uma província loura". Para "liquidar" a minoria polaca nas regiões que iriam tornar-se parte do *Reich*, Himmler ordenou que as crianças "cuja aparência racial indique sangue nórdico" fossem raptadas e "sujeitadas a um processo de seleção racial e psicológico" (²⁸). Como estes comentários sugerem, a sua preocupação principal era a pureza do "sangue". "Temos de fazer com que, agora que somos fortes", declarou ele depois da queda da Polónia, "as pessoas do nosso sangue regressem para junto de nós, na medida em que estiver ao nosso alcance, e que ninguém do nosso sangue se perca para o mundo exterior" (²⁹).

Contudo, na Polónia, este entendimento exclusivo e quase biológico da nacionalidade complicou a elaboração de uma política coerente para os chamados "germanizáveis". Muitos cidadãos polacos tinham laços familiares com alemães e em muitas zonas as populações eram tão mistas como no Protetorado. Himmler, perdido nas suas teorias históricas, podia falar em "seleção racial" (*Auslese*) e em peneirar (*Siebung*) para garantir que "os mongóis, os mongóis mistos e os hunos" eram despachados para o Governo-Geral, mas havia muitas bases para esta triagem. Confrontadas com a perspetiva de o programa de realojamento vir a despovoar as novas fronteiras orientais do *Reich* ao livrar-se dos polacos antes de se encontrarem alemães em número suficiente para ocuparem o seu lugar, as autoridades do Warthegau regressaram a uma política de assimilação e procuraram introduzir novas orientações em relação à cidadania para estabelecer a quem podiam atribuir um bilhete de identidade alemão. O próprio Hitler, menos dogmático que Himmler, compreendeu o problema e depois de esclarecer que *toleraria* algum grau de assimilação as orientações ficaram definidas. Até na Polónia, como se veio a verificar, o regime nazi foi forçado a recuar da sua insistência inflexível na biologia como critério de nacionalidade.

A chamada Lista do Povo Alemão (DVL), introduzida por decreto em março de 1941, foi concebida, nas palavras de Forster, *Gauleiter* de Danzig-Prússia Ocidental, para ajudar todos quantos "tinham sido subjugados e perdidos por causa da pressão polaca no decorrer dos séculos... O conteúdo e o objetivo reais do decreto visam garantir que nem uma gota de sangue alemão se perde para a nação alemã". Retórica à parte, tratou-se da introdução de uma abordagem surpreendentemente flexível à nacionalidade alemã, que possibilitou que muita gente aspirasse à cidadania mesmo não falando alemão. A Lista estabeleceu quatro categorias: a elite (Classe 1) cobria os antigos cidadãos polacos falantes de alemão que tinham sido membros de sociedades ou uniões alemãs entre as guerras; a Classe 2 compreendia pessoas "de ascendência racial alemã" que tinham mantido as suas características alemãs, por exemplo falando alemão durante o domínio polaco; a Classe 3 incluía os alemães em casamentos mistos e respetivos filhos, e os "renegados" da Classe 4 tinham "trabalhado de forma ativa e hostil contra a Alemanha" apesar das suas origens alemãs.

As pessoas aceites num dos dois primeiros grupos recebiam um bilhete de identidade azul e a cidadania alemã – os da Classe 1 também podiam aderir ao Partido; a Classe 3 recebia um BI verde e a "filiação no Estado" – ficavam essencialmente numa situação condicional, enquanto que os da Classe 4, embora sem obterem sequer a filiação, permaneciam suscetíveis a um exame futuro com vista à sua "regermanização". O incentivo principal para a entrada das pessoas nas classes 1 a 3 era a imunidade dos seus bens a um eventual confisco e uma maior probabilidade de beneficiarem da pilhagem de bens polacos; por outro lado, ficavam automaticamente sujeitas à conscrição para as forças armadas. Um indivíduo das categorias 3 ou 4 não podia casar com ninguém das categorias 1 ou 2 e os pertencentes à categoria 4 ficavam frequentemente marcados para vigilância policial [30].

Mas nem sequer este sistema complexo esgotava as permutas possíveis, e um sistema judicial especial, liderado por Himmler, decidia os casos especialmente bicudos associados à DVL. Uma requerente do estatuto de alemã étnica com base nas suas atividades pró-alemãs na Polónia antes da guerra era filha de pai judeu. O tribunal decidiu que não podia ser admitida na lista, mas ela recebeu um certificado declarando que não era polaca, mas sim uma "habitante privilegiada e protegida do *Reich*" (outra categoria, à margem das fronteiras da cidadania existentes). Neste caso, as considerações raciais sobrepuseram-se às de ordem política, dado que o tribunal não quis empurrar uma pessoa com iniciativa e potencial de "liderança" para o campo antialemão. Noutro caso, um homem com antecedentes alemães "puros" residente na Polónia desposara uma mulher cujo pai era indiano. A inspeção racial demonstrou que a mulher e o filho revelavam vestígios de "sangue estrangeiro, efetivamente negro", mas o homem fora membro de grupos políticos pró-alemães entre as guerras, o que obrigara a família a fugir para a Alemanha em 1939. O indivíduo foi colocado na categoria 1 e a mulher e o filho na 2, em nome dos seus "sacrifícios" pela Alemanha. Parece uma solução pragmática mas a realidade foi mais dura: o tribunal determinou que se informasse o homem, "de uma maneira amigável", que não devia ter mais filhos com a mulher [31].

No princípio de 1944, cerca de 2,75 milhões de pessoas, de uma população total de 9,5 milhões, já tinham passado com sucesso as verificações da DVL nos territórios incorporados. Para os puristas raciais, os resultados foram desanimadores:

População dos Antigos Territórios polacos (janeiro de 1944) (em milhares)

	Warthegau	Danzig-Prússia Ocidental	Alta Silésia	Prússia Oriental
Alemães do *Reich*	194	c. 50	c. 100	6
Colonos alemães	245	52	38	8
Alemães [DVL]:	493	938	1420	46
Classe 1	218	113	97	9
Classe 2	192	97	211	22
Classe 3	64	726	976	13
Classe 4	9	2	54	1
Polacos e outros	3450	689	1040	920
População total	4382	1729	2598	980
Alemães/ /População total	21,2%	60%	60%	6,2%
DVL 3-4/ População alemã	7,8%	78,1%	66,1%	24,8%

Nota: *os números são os do original (nem todos os totais estão corretos).*
Fonte: *NO-3568, in International Military Tribunal, Trial of the Major War Criminals, vol. 4 (Washington, 1949), pp. 937-939.*

O que os números deste quadro mostram é que com um défice acentuado de alemães de qualquer tipo – do *Reich*, locais ou colonos – nas novas províncias, a DVL desempenhou um papel crucial no aumento dos números. As listas tiveram menos impacto no Warthegau de Greiser, que acolheu mais colonos do que qualquer outro *Gau* e foi, correspondentemente, mais estrito na concessão da cidadania a ex-cidadãos polacos. Mas que frutos deu esta ortodoxia racial? Um défice populacional enorme que nem todos os esforços da RKFDV e da SS conseguiram reduzir e uma maioria polaca numerosa e alienada, na sua maioria miserável e residente em campos temporários ou em aldeias indicadas para o efeito [32].

Compreendendo onde tudo isto levaria, Albert Forster, o grande rival de Greiser, tinha seguido na província vizinha de Danzig-Prússia Ocidental um rumo completamente diferente e aproveitado ao máximo as possibilidades oferecidas pelo sistema DVL. Ignorando os especialistas raciais da SS, manteve os colonos afastados e engrossou a lista com um número enorme de indivíduos mistos da Classe 3. Forster tinha uma teoria muito própria, segundo a qual muitos autóctones não eram sequer polacos, mas sim "cassubianos" (*), prontos para a germanização. Considerava a ênfa-

---

(*) Grupo étnico de eslavos ocidentais do Norte e centro da Polónia, descendentes diretos de uma antiga tribo de pomeranianos. (*N. T.*).

se de Himmler numa seleção racial rigorosa um disparate pegado e viu a virtude de evitar a prolongada agitação da deportação e do realojamento. A partir de 1941, tendeu a admitir na Lista todo e qualquer ex-cidadão polaco que falasse alemão razoavelmente – uma condição que não tardou a ser descartada – e que não tivesse feito nada que incomodasse politicamente as autoridades.

Na verdade, Forster não permitiu aos polacos tornarem-se alemães, obrigou-os. "Durante o processo de germanização dos polacos com base no Registo Étnico", recordou um funcionário depois da guerra, "houve muitos casos em que aldeias ou cidades inteiras foram incluídas compulsivamente no registo em função de quotas fixas determinadas por Forster. Por exemplo, um líder local ou um presidente de câmara recebiam instruções para registar 80% dos residentes, mesmo que a população fosse pelo menos 80% polaca". De uma maneira ou de outra, quase dois terços da antiga população polaca do *Gau* de Forster foram inseridos na DVL. Viam-se grupos de assalto de polacos mal germanizados desfilar pelas ruas das suas cidades a cantar canções nacionais polacas ([33]).

"Se eu tivesse o aspeto do Himmler, não falava tanto em raça", terá dito Forster. Himmler não ficou apenas furibundo com o insulto, mas também com a política, em especial com o rival de Forster, Greiser, a transmitir-lhe um rol de queixas sobre o modo violento e ineficiente como o novo *Gau* estava a ser gerido. Himmler não gostou nada que dois dos mais íntimos e grosseiros dos camaradas de Partido de Forster tivessem insultado um alemão étnico "de ascendência incontestável" tratando-o por "polacóide" quando ao mesmo convertiam polacos em alemães por via administrativa. Forster foi recordado com enfado de que não havia nenhuma competição para ver quem germanizava o respetivo *Gau* primeiro; o importante era garantir que a germanização produzia uma "população racialmente impecável", pois "uma gota de sangue falso que entra nas veias de um indivíduo nunca pode ser removida". Mas ao que parece Hitler sentiu-se menos incomodado e os especialistas raciais apoiaram a afirmação de Forster de que uma grande percentagem da população autóctone da Prússia Ocidental descendia de colonos alemães. Entre a ideia de Himmler de uma elite racial pequena e cuidadosamente selecionada a dominar uma subclasse polaca e a visão de Forster, igualmente nacional-socialista, da germanização através da conscrição forçada para organizações de massas, existia um fosso intransponível ([34]).

Menos contenciosa do que Forster, a administração provincial da Alta Silésia também manteve as equipas de realojamento de Himmler à distância, argumentando, com grande sucesso, que a prioridade devia ser manter a economia regional a funcionar em pleno. Depois de algumas expulsões iniciais de polacos, as autoridades decidiram que a Alta Silésia era demasiado importante como base industrial para se arriscar a sua desestabilização com as grandiosas iniciativas demográficas de Himmler. "As oportunidades de realojamento na Alta Silésia são extremamente limitadas – ou estão quase totalmente esgotadas –, disse lamentosamente o seu *Gauleiter* ao chefe da RKFDV, em janeiro de 1943. O grande número de indivíduos da Classe 3 também revelou a sua verdadeira opinião sobre as orientações raciais da SS. Ele preferiu manter os seus trabalhadores polacos a qualquer preço e só introduziu o sistema de classificação racial um ano depois da sua implementação no Warthegau. Inicialmente sujeita a críticas, esta política de retenção e de não liquidação de um segmento substancial da população polaca pareceu cada vez mais apelativa à medida que a guerra se foi prolongando [35].

O próprio Hitler considerava o misticismo racial de Himmler impraticável e, apesar da sua hostilidade face a sérvios e russos em geral, o *Führer* tinha uma opinião diferente em relação a outros grupos de eslavos. Elogiou os checos como "trabalhadores industriosos e inteligentes" e especulou se os ucranianos de olhos azuis não seriam "descendentes camponeses de tribos germânicas que nunca migraram". De facto, chegou à conclusão – comum entre os antropólogos alemães – de que, em termos raciais, não existia uma categoria de "eslavos"; era um termo linguístico, nada mais. Isto não impediu que continuasse a ser usado, mas ajuda a explicar porque é que o *Führer* permitiu que Himmler e Forster definissem o germanismo cada qual à sua maneira [36].

O GRANDE *REICH* ALEMÃO

É claro que o precioso sangue alemão também existia na Europa Ocidental. Logo em meados de outubro de 1939, Hitler disse aos chefes do Partido para contarem com a eventual incorporação da Bélgica e da Suíça na Alemanha. Seis meses depois, Rosenberg saudou a vitória sobre a Dinamarca com as palavras: "Tal como o *Reich* de Bismarck nasceu em 1866, o Grande *Reich* Alemão nascerá do que está a acontecer hoje". Quase de imediato, a sombra da anexação pairou no Ocidente sobre regiões a que Hitler tinha pretensões baseadas em motivos históricos ou raciais [37].

Em França, ao recuperarem os territórios que tinham pertencido ao *Kaiserreich*, os alemães não estavam dispostos a perdoar. Logo após a Primeira Guerra Mundial, os franceses tinham purgado as províncias da Alsácia e da Lorena, classificado as suas populações em função das "origens sanguíneas" e expulsado mais de 90 000 pessoas num ano: a população alemã do

Departamento do Mosela caiu de 164 502 habitantes em 1910 para menos de 45 000 em 1921. A derrota da França, em 1940, proporcionou aos alemães a possibilidade de se vingarem. Em junho, junto da Catedral de Estrasburgo, Hitler teve a seu lado o último presidente da câmara alemão da cidade, em 1914. "O que achais?", perguntou o *Führer* aos soldados eufóricos. "Devemos devolver esta joia à França?". "Nunca!", foi a resposta. Ignorando os protestos franceses, Hitler pôs *Gauleiters* de confiança à frente das regiões fronteiriças francesas e disse-lhes para as germanizarem em poucos anos ([38]).

Na Alsácia, onde Robert Wagner – *Gauleiter* da vizinha Bade – foi nomeado governador civil, os prisioneiros de guerra franceses oriundos da região foram libertados na condição de assinarem uma declaração afirmando-se de sangue alemão. Quando os civis que tinham fugido dos combates regressaram, encontraram nas ruas faixas com *slogans* em alemão saudando o seu regresso à Grande Alemanha. A anexação não parecia longe. Ao mesmo tempo, começou o processo de expulsão dos indesejáveis: cerca de 10 000 judeus foram expulsos para a França, juntamente com dezenas de milhares de não judeus. Estabeleceram-se organizações nazis e a legislação alemã entrou em vigor. Na mente de Wagner, a maioria da população da província era alemã, mesmo que não se desse conta disso. A língua alemã passou a ser obrigatória, mas ele reconheceu que muitos dos habitantes continuavam leais à França; contudo, na sua opinião, tal facto demonstrava apenas a sua ascendência alemã, pois "a fidelidade é a qualidade característica dos alemães". Por conseguinte, a cultura – e não a raça – tornou-se o seu foco. Wagner ordenou a alteração dos nomes das ruas e das empresas para os seus equivalentes em alemão e removeu os livros franceses das bibliotecas públicas, queimando-os numa fogueira gigantesca no Natal. Quem falava francês em público ia parar a um campo de concentração e dezenas de milhares de jovens foram conscritos para a Wehrmacht e para a Waffen-SS.

O ex-discípulo/mestre geriu ao pormenor a transformação, ilustrando o lado mais ridículo da mentalidade nacionalista ao ditar a lei sobre os nomes das pessoas. Os nomes "estrangeiros" foram proibidos, com a polícia secreta a vasculhar as listas telefónicas. Apercebendo-se da possibilidade de desvios, Wagner proibiu que "René" se convertesse em "Renatus" ou "Marcel" em "Marcellus", publicou listas de nomes alemães aceitáveis e de nomes franceses inaceitáveis e definiu regras de transcrição (para evitar, por exemplo, que os diversos membros da família Dumoulin se tornassem Vondermühlen, Zurmühlen, Müller e Dümuler). A política das nacionalidades transformou-se em onomástica.

Em pouco mais de seis meses, só em Estrasburgo mais de 2000 pessoas "ofereceram-se" para alterar os seus nomes, mas nem sequer os homens de Wagner chegaram a um consenso sobre o que era um nome verdadeiramente alemão: alguns consideravam "Johann" demasiado judaico; quando alguém insistiu em transformar "Robert" em "Rupprecht", um crítico observou que o próprio *Gauleiter* se chamava Robert. E não tinha o ministro da Agricultura o nome Darré, que soava tão francês, e o chefe da Saúde não era Leonardo Conti? Quando o Sr. "Boulois" foi obrigado a mudar o nome para "Bulwa", outro funcionário queixou-se de que não tinha "nada de germânico": "nomes como Bulwa nem sequer são europeus, assentariam melhor ao chefe de uma tribo africana". Um motorista chamado Houillon viu o seu nome "germanizado" para Hüller e depois Hujung, e um Boulanger ficou indeciso entre Bäcker e a preferência dos peritos por Bulanger (a última palavra pertenceu a Wagner, que se decidiu por Hujung e Becker).

No outono de 1943, já toda a gente – exceto Wagner – estava mais que farta da charada. Um funcionário nazi – um autonomista alsaciano de longa data – perguntou sarcasticamente se "numa época de guerra total é absolutamente necessário que os funcionários e os especialistas puxem pela cabeça para decidir se um Charpentier se deve chamar Scharpenter ou simplesmente Zimmermann, e se o facto de um tal Caquelin se tornar Kagel é decisivo para o resultado da guerra". Por muito que estas medidas possam parecer risíveis, a verdade é que quando os alemães legalizaram finalmente a mudança de nomes – no princípio de 1943 – já tinham sido recebidas mais de 50 000 candidaturas. Mais duvidoso é que tenham feito o que Wagner (cujo apelido original era Backfisch) pretendia, "libertar o alsaciano do opróbrio de ser apenas meio alemão" ([39]).

O empenho mortífero na guerra da nacionalidade teve, pois, o seu lado ridículo. Tal como alguns teóricos raciais receavam que os alemães do *Reich* pudessem ficar com um complexo de inferioridade se alguma vez se vissem confrontados com os magníficos espécimes raciais que seriam escolhidos para povoar os territórios orientais, outros acreditavam que o purismo exagerado de Wagner ameaçava despertar ressentimento no *Reich*. Wagner sentia-se incomodado por muitos dos alemães que chegavam à Alsácia provenientes do *Reich* terem nomes que soavam franceses: preocupado com as eventuais queixas de alsacianos que tivessem sido obrigados a mudar de nome, ele tentou insistir que apenas trabalhassem na província alemães com nomes devidamente alemães. Frick, o ministro do Interior, ficou furioso. Mesmo terminado o conflito, disse ele a Wagner, não havia planos para fazer os alemães do *Reich* alterarem o nome, exceto talvez no caso dos eslavos, e o próprio *Führer* não via a necessidade de germanizar os nomes de famílias descendentes de refugiados huguenotes, quer na Alemanha, quer na própria Alsácia. Mas o poder dos *Gauleiters* era tal que Wagner não lhe ligou nenhuma. No que lhe dizia respeito, todos os nomes tinham de ser germanizados e as estatísticas proclamaram a sua política um sucesso.

Na porta ao lado, Josef Bürckel, *Gauleiter* da Lorena, estava muito menos preocupado com nomes. Estava atarefado a expulsar franceses e judeus e a manter afastados os alemães étnicos (que muitas vezes eram, na sua ótica, menos desejáveis racialmente do que os autóctones). Preferia procurar colonos, caso fossem necessários, no seio do campesinato da Alemanha Ocidental. Bürckel foi outro *Gauleiter* que deu grande importância a manter a SS e as suas fantasias raciais à distância. Quando deportou mais de 60 000 falantes de francês – quase 15% da população da região – sem os examinar racialmente primeiro, a SS ficou furiosa. Quando propôs a deportação de outros 40 000 indesejáveis para a Ucrânia como colonos, a SS objetou que o programa de repovoamento não era um caixote do lixo nem uma punição; acabou por ser levada a cabo uma "deportação controlada" de cerca de 10 000 pessoas, sob supervisão da SS. Mas esta foi apenas uma vitória temporária para Himmler na sua luta mais ou menos constante contra os barões do Partido, cujas opiniões toscas acerca da germanização antagonizavam frequentemente as suas ([40]).

O choque entre Himmler e o Partido por causa da germanização seguia também o seu curso nos Países Baixos e na Escandinávia. Aos olhos do regime, as populações destes países não eram alemãs (*Deutsche*) mas sim "germânicas" (*Germanen*), pelo que estavam prontas para uma eventual incorporação política. O que causava divergências entre a SS e o Partido era a forma da sua concretização. O Partido queria ajudar os nazis holandeses e noruegueses a constituírem movimentos de massas: queria uma réplica da revolução nacional-socialista tal como acontecera na Alemanha e via em figuras como o norueguês Quisling ou o holandês Anton Mussert os *Führers* naturais dos seus povos.

O problema é que estes homens, além de profundamente odiados e politicamente marginais, também eram nacionalistas, com conceções próprias sobre a relação futura com a Alemanha. No dia 1 de maio, Quisling apresentou a Hitler um programa político para "uma união constitucional de todos os países germânicos": isto não significaria a absorção da Noruega na Grande Alemanha, mas uma "federação germânica livre sob a liderança da Alemanha". Do mesmo modo, Mussert advogou uma Grande Holanda (aumentada pela adição da Flandres belga), que não se uniria ao *Reich*. Em agosto, propôs uma "Liga dos Povos Germânicos" sob a liderança de Hitler. Os holandeses governariam um território racialmente purificado de judeus (que seriam enviados para a Guiana) e de valões. O Partido Nazi Holandês de Mussert garantiria a soberania holandesa, o que não era *de todo* o que os alemães tinham em mente ([41]).

Himmler, ciente das limitações destes homens, tinha uma estratégia muito diferente. Em conformidade com a sua conceção da natureza elitista da política, ele rejeitou a ideia da criação de partidos de massas pró-alemães. Afinal de contas, a Nederlandse Unie fora fundada em 1940 para ajudar na nazificação da Holanda, mas transformara-se rapidamente num obstáculo. Himmler preferia encorajar a formação de pequenas elites leais, grupos de voluntários armados, que aprenderiam alemão, combateriam pelo *Reich* contra os esquemas separatistas dos seus rivais e tomariam conta do poder na qualidade de "paladinos do ideal da Grande Alemanha". Não haveria nenhuma federação de Estados nacionais-socialistas aliados, antes uma única Grande Alemanha, unida pela solidariedade racial. Em setembro de 1940, Himmler criou uma pequena unidade holandesa; no ano seguinte, "roubou" o número dois (e rival) de Quisling, Jonas Lie, o chefe da polícia, para comandar a nova unidade SS holandesa, nomeando-o *Standartenführer* (*). O chefe da segurança de Mussert também desertou para a SS. Mussert ficou preocupado com o significado de tudo aquilo: "A liderança da SS considera o povo holandês alemão", lamentou-se ele. "É terrível. O que sairá de tudo isto?". De facto, nos Países Baixos, a luta entre o Partido e a SS caiu num impasse. A consequência principal foi que o número reduzido e decrescente de pessoas que desejavam ser associadas à causa nazi ficou dividido ao meio pelas lutas intestinas, enfraquecendo a capacidade dos alemães para controlarem os acontecimentos e ajudarem os que se lhes opunham ou que pretendiam simplesmente seguir uma linha mais pragmática ([42]).

No entanto, a germanização do Norte da Jugoslávia, a partir de abril de 1941, mostrou que o Partido e a SS nem sempre estavam em campos opostos. Talvez se tenham dado melhor porque havia muito menos coisas em jogo. Nesta parte da Europa, o argumento a favor da autodeterminação nacional era uma irrelevância embaraçosa, dado que mesmo no período habsburgo menos de 8% da população falava alemão, e a situação agravara-se: o censo jugoslavo de 1931 revelara 29 000 alemães – uma queda de quatro vezes em vinte anos – a viverem entre mais de um milhão de eslavos ([43]).

Mas como sempre acontecia nas regiões que pretendia germanizadas, Hitler ignorou as realidades demográficas e entregou o Norte da Eslovénia a dois membros do Partido Nazi Austríaco – Siegfried Uiberreither e Franz

---

(*) Coronel. (*N. T.*)

Kutschera, um antigo grumete e um jardineiro. Ambos aceitaram também nomeações de Himmler, garantindo que a germanização dos eslavos do Sul teria lugar em concertação com a SS. A anexação destes territórios aos *Gaus* austríacos adjacentes foi agendada para o princípio de 1942, mas sofreu vários adiamentos em virtude dos ataques dos guerrilheiros às patrulhas alemãs e nunca foi implementada formalmente. Porém, isto não travou o processo de germanização. Centenas de professores alemães foram apressadamente colocados em jardins-escola eslovenos e a língua eslovena foi proibida para uso oficial. As aulas de alemão tornaram-se obrigatórias e matricularam-se nos cursos quase 400 000 pessoas. Os alemães criaram uma única organização nacionalista de massas em cada província, facilitando o mais possível a adesão.

Decorridas poucas semanas do início da ocupação, foram também elaborados planos de deportação drásticos – vindos, com toda a probabilidade, do próprio Himmler. Para proteger a nova fronteira sul do *Reich*, Himmler pretendia expulsar um em cada três eslovenos para sul, para o recém-fundado Estado da Croácia. Foi uma ideia desastrosa. Foram deportados 80 000 eslovenos, menos do que os 260 000-280 000 previstos por Himmler mas um número idêntico ao de outras paragens em termos de percentagem da população. Contudo, ao invés do que sucedia na França ou na Polónia, as deportações suscitaram uma resistência quase imediata. Os alemães levaram a cabo detenções e fuzilamentos de represália em massa e incendiaram aldeias. A Eslovénia tornou-se um dos primeiros cenários de uma terrível guerra de guerrilha. Nada funcionava e Himmler foi obrigado a reduzir as deportações. Os efeitos estenderam-se à Croácia quando o governo *Ustaša* começou a expulsar sérvios para dar lugar aos eslovenos. Quando a Sérvia se negou a acolher mais refugiados, os croatas começaram a matá-los. Os esquemas de germanização de Himmler desencadearam um genocídio e provocaram uma insurreição ([44]).

Os planos de expulsão de Himmler pararam por completo no verão de 1942 e até os poucos alemães étnicos por ele instalados em lares eslovenos ao longo da nova faixa fronteiriça com a Croácia começaram a reclamar: as suas novas habitações não eram tão boas como as que tinham deixado para trás, os campos eram mais pobres e, para piorar as coisas, disseram alguns, era difícil dormir à noite numa casa de onde os donos tinham sido expulsos. Tiveram muito mais com que se preocupar quando os guerrilheiros começaram a atacá-los: quando a SS atendeu finalmente as suas reclamações, já vários haviam sido mortos ou expulsos pelos guerrilheiros. Quando os colonos pediram para ser afastados da fronteira, a SS ofereceu-lhes recompensas para não se irem embora. Himmler não terá dado muita atenção ao que estava a acontecer, pois tinha coisas mais importantes em que pensar. Mas devia ter dado: o fracasso do programa de repovoamento na Eslovénia foi um aviso do que estava para acontecer ([45]).

O PLANO GERAL PARA O LESTE

No verão de 1942 – a última vez em que os alemães se sentiram verdadeiramente confiantes na vitória –, Himmler andou num virote. Num momento estava a estudar planos para enviar alemães étnicos do Tirol do Sul para o mar Negro, a centenas de quilómetros de distância, no instante seguinte lidava com o problema do crescente movimento de guerrilha na Ucrânia e na Bielorrússia. Havia as questões da escolha do substituto de Reinhard Heydrich, assassinado na Boémia-Morávia, da organização da sua deslocação à Finlândia e do tratamento das informações que chegavam do Médio Oriente e da URSS. Havia ainda os aniversários de membros do seu estado-maior – Himmler oferecia sempre presentes generosos aos seus colaboradores – e condecorações para atribuir. A Waffen-SS, em rápida expansão, também precisava da sua atenção – uma das suas unidades de elite iria participar no assalto ao Cáucaso. Por fim, tinha ainda de se ocupar da "Questão Judaica" – transportes, guetos (só na Bielorrússia eram mais de 160), política laboral, esterilização e um novo programa de extermínio ultrassecreto. No dia 17 de julho, visitou o recém-aumentado campo de concentração de Auschwitz, onde inspecionou os projetos de melhoramento de terras, as instalações de aquacultura e agrícolas, e o próprio complexo do campo. Na vizinha Birkenau, Himmler e a sua comitiva assistiram a uma "seleção" de judeus holandeses recém-chegados e ao subsequente assassínio, por gaseamento, de várias dezenas. Segundo o comandante de Auschwitz, foi depois desta experiência que Himmler ordenou que se deixasse de abrir valas comuns e se começasse a queimar os cadáveres ([46]).

Na altura da visita de Himmler a Auschwitz, o seu fisioterapeuta finlandês, Felix Kersten, encontrou-o num estado de tamanha excitação que era impossível levá-lo a relaxar. Uma conversa com Hitler deixara Himmler tão eufórico que ele sentia que era "o dia mais feliz" da sua vida. Hitler tinha finalmente dado a bênção aos planos abrangentes que Himmler lhe apresentara para a germanização do "Leste". "Será a maior obra colonizadora jamais vista no mundo", gabou-se Himmler. De facto, as visões limitadas de 1940 tinham sido deixadas muito para trás e a questão já não era apenas o que fazer com a Polónia. Himmler descreveu a Kersten uma visão de colonatos de agricultores armados espalhados por toda a União Soviética, até aos Urais. Ligados à Alemanha por autoestradas continentais – troços das quais já estavam a ser construídos por trabalhadores judeus –, constituiriam uma muralha fronteiriça que protegeria a Europa de "uma irrupção da Ásia". Os planos e mapas contidos na sua volumosa pasta assinalavam quintas e plantações florestadas, aldeias e cidades modelares e todas as infraestruturas necessárias para garantir a vida de uma nova classe de agricultores-soldados "financeiramente poderosos e independentes". "Depois de ele ter concretizado tudo isto, o nome de Adolf Hitler será o maior da história germânica", exultou Himmler, "e incumbiu-me de cumprir esta missão" [47].

Hitler ficara igualmente cativado. Alguma semanas depois, numa noite amena, sentou-se com Albert Speer num banco sob as árvores junto da sua cabana de madeira no seu quartel-general ucraniano. A tranquilidade apenas era perturbada pela voz baixa e rouca do *Führer* enquanto ele previa que a Wehrmacht avançaria pelo Cáucaso e entraria no Irão e no Afeganistão. "Se durante o próximo ano conseguirmos cobrir a mesma distância... no fim de 1943 montaremos as nossas tendas em Teerão, em Bagdad e no golfo Pérsico. Os poços de petróleo irão finalmente secar para os ingleses". Atrás da frente, na Rússia europeia, os povos germânicos da Europa instalar-se-iam e multiplicar-se-iam. Dizendo a Speer para tomar nota de tudo, Hitler começou a fazer contas – 80 milhões de alemães, 10 milhões de holandeses ("que na realidade são alemães"), 300 000 do Luxemburgo, etc. Impressionado com as crianças ucranianas louras e de olhos azuis que vira – as histórias de que os godos se tinham instalado na região há 1600 anos estavam obviamente corretas –, acrescentou o número redondo de 10 milhões de supostos eslavos que podiam ser "regermanizados". Depois de chegar a um total de 127 milhões de potenciais alemães, o *Führer* começou a projetar taxas de natalidade a muito longo prazo. Speer ouviu tudo sem emoção, mas Hitler estava inebriado com os números. Para ele, era o verdadeiro nascimento do império [48].

O Plano Geral para o Leste estava em gestação desde há vários meses, nas mãos de um pequeno núcleo de investigadores académicos jovens e talentosos associados à SS – especialistas em povoamento agrícola, ciência racial e geografia económica. Trabalhavam sob a liderança do professor Konrad Meyer, que chefiava a unidade de Planeamento e Solo da RKFDV e que, depois da guerra, viria a construir uma carreira de sucesso como projetista urbanístico na Alemanha Ocidental. Os seus colegas incluíam o jovem geógrafo económico Walter Christaller, cujas teorias influentes e aclamadas sobre a otimização espacial de povoações e "lugares centrais" foram adotadas, depois de 1945, em projetos a nível internacional, desde o Punjabe e a Cisjordânia ao Midwest. A especialidade de Meyer e Christaller era o mapeamento racional do espaço e das populações: como e onde projetar povoações e as ligações entre elas. O Leste ofereceu-lhes uma oportunidade tremenda para porem as suas teorias em prática. Christaller escrevera, em 1940 (na revista *Raumforschung und Raumordnung* [*]): "o planeamento cuidadoso e o desenvolvimento carinhoso das "Aldeias Principais" do novo Leste são especialmente prementes de modo a enraizar os futuros colonos oriundos do Oeste e do Sul do *Reich* e permitir-lhes encontrarem um novo lar nos espaços abertos do Leste" ([49]).

Meyer e a sua equipa trabalhavam nos territórios polacos anexados, mas pouco depois da invasão da URSS, Himmler disse a Meyer-Hetling (o seu apelido aumentara com as suas ambições) para pôr de lado os trabalhos em curso e elaborar um "Plano Geral para o Leste", a longo prazo. Em outubro de 1941, em Posen, a equipa de Meyer montou uma exposição subordinada ao tema "Planeamento e Reconstrução no Leste" e Meyer mostrou a Himmler e a Heydrich maquetas de aldeias e complexos agrícolas complementados com interiores modernos e sistemas agrários racionalizados. Himmler e Heydrich gostaram manifestamente do que viram: poucos meses depois, Himmler disse a Meyer-Hetling que os seus planos deviam cobrir também toda a região entre Leningrado e a Crimeia ([50]).

Os demógrafos e os especialistas em segurança também deram o seu contributo. No princípio de outubro de 1941, em Praga, Heydrich proferiu perante os seus colegas um importante discurso programático sobre a Europa, um dos primeiros sinais das novas ambições da SS para o Leste: primeiro, disse ele, havia os países habitados por "homens germânicos (…) do nosso sangue" – Noruega, Holanda, Flandres, Dinamarca e Suécia –, que seriam incorporados ou de algum modo associados à Alemanha. Depois, havia os países eslavos da Europa de Leste; finalmente, em terceiro lugar, os "espaços" até aos Urais, que seriam explorados em termos de mão de obra e matérias-primas. Heydrich descreveu uma "muralha alemã" de "sangue germânico" contra "a torrente asiática" (Himmler faria uma descrição idêntica a Kersten, no verão seguinte). Toda a orientação da política racial alemã, prosseguiu ele, seria deslocada para leste, do Protetorado, do Warthegau e da Prússia Ocidental para a própria Rússia, o que significava que a Polónia, o Protetorado e os Estados bálticos teriam de ser germanizados com "o espírito colonial" com que os alemães tinham povoado as mesmas regiões nos tempos medievos ([51]).

(*) *Investigação e Ordenamento do Espaço.* (N. T.)

Uma reformulação tão ambiciosa dos planos de povoamento alemães suscitou vários problemas a homens mais práticos, homens menos obcecados com os Cavaleiros Teutónicos ou com histórias do Faroeste. Rolf-Heinz Hoeppner, chefe do Departamento Central de Repovoamento, em Posen, conhecia bem as dificuldades inerentes à tradução de visões grandiosas em termos práticos no meio de uma guerra. No dia 3 de setembro, enviou a Eichmann, o especialista do RSHA em questões judaicas, um longo memorando que demonstra, sem quaisquer dúvidas, que antes do discurso de Heydrich em Praga já estavam a ser planeadas, para depois do conflito, deportações da Europa de Leste em larga escala, com incidência sobre todos os não "regermanizáveis". Segundo Hoeppner:

> Depois do fim da guerra será necessária a deportação, em larga escala, dos vários territórios conquistados pela Alemanha, de grupos populacionais indesejáveis para o Grande *Reich* Alemão. Esta medida tem a ver com a solução final da questão judaica, que afeta, além do Grande *Reich* Alemão, todos os Estados sob controlo alemão, e inclui, acima de tudo, a deportação dos membros racialmente não germanizáveis de povos primariamente do Leste e do Sudeste da esfera de povoamento alemã.

Existia claramente um grande ponto de interrogação suspenso sobre o destino de *todos* os povos "não germanizáveis" da Europa de Leste, e não apenas dos judeus. O próprio Hoeppner sugeriu, numa admissão do desconhecimento das propostas da liderança, que vastas áreas da URSS deviam ser disponibilizadas para estas populações sob o controlo administrativo da SS. Colocava-se a questão prática de saber se seria possível iniciar os transportes, especialmente para os judeus, durante a guerra. No entanto, havia uma questão mais básica que tinha de ser resolvida primeiro. Nas suas palavras:

> Será pura fantasia discutir a organização destas áreas de acolhimento, dado que primeiro devem ser tomadas decisões fundamentais (...) é essencial que sejamos totalmente claros, desde o início, sobre o que fazer com as populações deslocadas que são indesejáveis para as zonas de povoamento da Grande Alemanha. O objetivo será garantir-lhes algum tipo de subsistência ou deverão ser totalmente erradicadas? [52]

Subsistência ou extermínio? Hoeppner estava às escuras em relação a esta questão crucial e de longo prazo. E não era o único, o que não admira, tendo em conta os números envolvidos. Segundo as estatísticas da Conferência de Wannsee (*), os judeus da Europa eram nove milhões, mas a população não alemã da Europa de Leste era muitas vezes maior.

Hitler não era o único a contar corpos febrilmente. As complexidades demográficas também pesaram na mente do Dr. Erhard Wetzel, um especialista racial do Partido Nazi colocado no Ministério do Leste de Alfred Rosenberg. Comentando os cálculos realizados pelo RSHA de Heydrich, Wetzel observou que não obstante a sua concordância com o objetivo global de germanização do Leste, o RSHA tinha subestimado as probabilidades demográficas contra o seu êxito. Baseara os seus cálculos em projeções de taxas de natalidade fantasiosas ao prever reinstalar dez milhões de alemães no Leste até aos anos 70.

Wetzel também considerou o estudo demasiado otimista em relação ao número de estrangeiros a deportar. O RSHA estimava que as regiões-alvo eram habitadas por 45 milhões de pessoas, dos quais mais de 30 milhões foram designados racialmente indesejáveis e marcados para expulsão. Este número incluía mais de 80% da população da Polónia, 64% da bielorrussa e 75% da ucraniana (o destino dos restantes 14 milhões não era claro – presumivelmente, seriam germanizados, mortos ou utilizados como "hilotas"). Contudo, segundo os cálculos de Wetzel, havia que lidar com 60-65 milhões de pessoas e deportar pelo menos 46-51 milhões. Wetzel identificou os polacos, em particular, como "o mais forte numericamente, logo, o mais perigoso dos grupos étnicos estrangeiros que o Plano marcava para deportação". Avaliando a população polaca em 20-24 milhões, Wetzel receava que a sua deportação para a Sibéria Ocidental criasse "uma fonte de constante agitação contra o domínio alemão". Contudo, também não parecia possível recorrer ao extermínio em massa. Nas suas palavras reveladoras, "é óbvio que não se pode resolver o problema polaco liquidando os polacos do mesmo modo que os judeus" porque os alemães ficariam com o ónus da culpa "durante anos" e afastariam os seus vizinhos.

Por outro lado, a germanização, mesmo que se evitassem critérios excessivamente rígidos, não cobriria, independentemente da sua definição, mais do que uma pequena fração da população. Olhando para o futuro, Wetzel

---

(*) Reunião de membros da liderança nazi, em 20 de janeiro de 1942, que teve por objetivo informar os chefes de departamento responsáveis pelas políticas aplicadas aos judeus de que Reinhard Heydrich fora nomeado o principal responsável pela "Solução Final". Heydrich apresentou um plano (Protocolo de Wannsee) para a deportação da população judaica da Europa e do Norte de África francês para o Leste e para a utilização dos judeus em trabalhos de construção, durante os quais morreriam. No entanto os recuos da Alemanha nos vários teatros de guerra inviabilizaram o plano e levaram a que os judeus fossem enviados para campos de concentração e extermínio ou assassinados nos locais que habitavam. (N. T.)

receava que um realojamento radical dos russos, que se multiplicavam notoriamente depressa, viesse apenas lançar as sementes de uma nova guerra racial "volvidos 25 ou 30 anos". E Wetzel discerniu no horizonte um inimigo ainda maior – uma "Grande Ásia e uma Índia independente", as quais, com as suas centenas de milhões de habitantes, representavam, a longo prazo, uma ameaça maior do que os eslavos à pureza racial da Europa. Havia alguma maneira de evitar aquela perspetiva sombria? Não a julgar pela solução bastante nula de Wetzel, que era obrigar os eslavos a emigrar, talvez para o Brasil, que "necessita urgentemente de pessoas", e trocá-los por alemães instalados no Brasil que podiam ser enviados como colonos para a Crimeia [53].

Tal como os comentários de Wetzel indicam, o RSHA parece ter-se preocupado principalmente com a determinação do número de alemães disponíveis para povoamento e de estrangeiros a deportar e matar. Elaborados pelo centro do aparelho policial de segurança, eram planos obviamente ligeiros no que toca às dimensões jurídicas, geográficas e económicas do repovoamento. Que forma de posse da terra se devia introduzir e que tipos de comércio e indústria deviam ser contemplados? Quais as densidades populacionais ótimas e qual devia ser o equilíbrio entre as zonas urbanas e rurais? Quantos colonatos deviam existir, de que tamanho e quão distantes uns dos outros? Que estradas seriam necessárias para os ligar? Quantos trabalhadores seriam necessários – e a que custo – e como seria o orçamento? Foi aqui que Meyer-Hetling e os seus jovens economistas e geógrafos deram o seu contributo. Em maio de 1942, concluíram o processamento do material do RSHA e elaboraram um plano ("Bases Jurídicas, Económicas e Espaciais para a Reconstrução do Leste") para o repovoamento de três grandes áreas de colonização alemã: "Ingermanland", a sul de Leninegrado, a zona sul do Báltico e "Gotengau", na Crimeia e Sul da Ucrânia. Uma linha de "bastiões" atravessaria a Galícia e a Ucrânia, ligando as três zonas. Anéis de aldeias alemãs rodeariam por completo cidades novas e totalmente modernas de 15 000-20 000 habitantes, que seriam junções ferroviárias e rodoviárias cruciais. O Estado teria o monopólio da terra e a SS arrendá-la-ia por longos períodos. As grandes cidades eslavas, tais como Varsóvia e Leninegrado, seriam definitivamente reduzidas em tamanho [54].

Parecia difícil apontar a este plano falta de ambição, mas foi exatamente o que Himmler fez, recambiando os seus arquitetos para o estirador. Himmler não gostou da ideia de três zonas de povoamento separadas e disse que a Letónia, a Estónia e o Governo-Geral deviam ser contemplados para o povoamento alemão (foi precisamente nesta altura que Himmler ordenou a destruição total e imediata da população judaica do Governo-Geral). De facto, os planeadores deviam pensar, disse-lhes ele, num "Plano Geral de

Povoamento" que ligasse os colonatos propostos para o Leste com a Alsácia-Lorena, a Eslovénia, a Polónia e as terras checas. Himmler necessitava de informações detalhadas sobre os custos de mão de obra e de materiais para todo o projeto, à semelhança do que Meyer tinha preparado para os territórios polacos anexados. Finalmente, necessitava que o calendário fosse reduzido de 30 para 20 anos. Era o apreciado "otimismo" de Himmler em ação, um otimismo indistinguível da recusa de enfrentar os factos quando contradiziam as suas obsessões políticas.

O debate sobre a exequibilidade destas exigências e a tentativa de as satisfazer ocuparam muitos meses. Enquanto a guerra corria de mal a pior, os especialistas perdiam-se em fantasias cada vez mais grotescas. Ignorando as dificuldades de ordem prática que a germanização dos territórios fronteiriços já tinha demonstrado – os custos económicos, a violência, a hostilidade e a agitação, a infelicidade crescente dos colonos empancados nos campos de trânsito durante meses e anos –, especulavam quantos dos 70 milhões de eslavos deviam ser mortos, expulsos, "desnacionalizados" ou aceites em parceria. O departamento de Meyer calculou o número de alemães "disponíveis" para o povoamento com projeções demográficas a 30 anos e chegou a previsões verdadeiramente astronómicas dos eventuais custos envolvidos. A mania do planeamento de Himmler cobria todos os pormenores. Chegou ao ponto de envolver o seu arquiteto paisagístico preferido para que os colonos não fossem "privados da imagem harmoniosa de solar e jardim, povoação, campos e paisagem" que caracterizava a "essência alemã". À medida que a ordem fosse imposta na estepe russa, a sujidade, a poeira, a pobreza e a desorganização dariam lugar a estradas amplas, limpas e orladas de sebes, a moradias com jardins abrilhantados com videiras e "flores tradicionais" e a pequenos cemitérios ensombrados por carvalhos, tílias, bétulas, freixos, teixos e zimbros, que guardariam as fiadas de lápides simples viradas para leste ([55]).

O ARRANQUE: REPOVOAMENTO E ASSASSÍNIO EM MASSA

De certa maneira, esta é a história de um plano que nunca foi executado, de um exercício de utopia do género pelo qual Himmler e Hitler eram célebres, apenas digno de nota pela sua combinação tóxica de nacionalismo romântico e conhecimentos sociológicos. A defesa de Meyer durante o seu julgamento, depois da guerra, foi precisamente a de que os seus esquemas nunca tinham sido implementados. No entanto, dada a existência de tanta confiança na vitória – pelo menos até ao princípio de 1943, quando Hitler proibiu todo e qualquer planeamento para o pós-guerra –, estas ideias não ficaram confinadas ao estirador: Himmler tentou arrancar com elas onde pôde e bloquear quaisquer políticas que ameaçassem obstruir a sua implementação.

Uma das suas vítimas foi o Ministério do Leste. O "Ministério do Caos" nunca fora entusiasta de uma germanização generalizada. A estratégia política de Rosenberg de recrutar estrangeiros para uma cruzada antibolchevique ia diretamente contra a política racial de Himmler de os manter como uma subclasse. Quando visitou a região do Báltico, em setembro de 1941, Himmler ordenou de imediato a deslocação dos russos da Estónia "para o Leste", para permitir o futuro povoamento alemão, e insistiu que os filhos dos infelizes deportados pelos soviéticos em 1940-1941 fossem levados para o *Reich* para se aferir a sua possível germanização. Na Lituânia, a SS confiscou mais de 6000 quintas para realojar alguns dos alemães étnicos do país que esperavam pacientemente em campos de trânsito desde que tinham abandonado a Lituânia, dois anos antes. No outono de 1943, já tinham sido trazidos do *Reich* cerca de 30 000 alemães do Báltico, e tornara-se óbvio para os lituanos que se os alemães vencessem a guerra o mais provável seria a sua "deportação para o Leste" [56].

Na Ucrânia, os apoiantes das comunidades étnicas alemãs tinham uma luta difícil pela frente. "Não estamos propriamente encantados com os vossos *Volksdeutschen*", ouviu um dos seus defensores SS. Pareciam racialmente inferiores e casavam com ucranianos. Onde estavam as aldeias organizadas e limpas de alemães louros e de olhos azuis que os homens de Berlim tinham esperado encontrar? Os funcionários queixavam-se: "são pobres, vestem trapos, têm ar de desregrados e não parecem alemães. As casas e as aldeias têm um aspeto miserável, selvagem e arruinado, não parecem aldeias alemãs limpas e bem tratadas". Quando começavam a receber o auxílio dos serviços de assistência social nazis, pareciam tornar-se preguiçosos e dependentes de esmolas. Nas suas festas de Natal, as crianças "punham-se à volta da árvore e cantavam canções ucranianas". Para chegar ao seu público-alvo, a propaganda que encorajava os alemães étnicos a alistarem-se nas forças policiais teve de ser traduzida para ucraniano. Sem se deixar desencorajar, Himmler prosseguiu com os seus planos para instalar alemães em redor do seu quartel-general de campanha, em Hegewald – foram construídas cerca de 28 aldeias numa área de 300 km2 – e arrancou com o projetado povoamento da Crimeia, mas decorridos apenas alguns meses muitos dos infelizes alemães étnicos para lá enviados tiveram de ser recambiados para os campos do Warthegau devido ao avanço do Exército Vermelho [57].

O Plano Geral para o Leste também definiu as políticas fora da antiga URSS. Na Boémia-Morávia, também marcada para se tornar parte integrante do *Reich*, Heydrich iniciou cedo a deportação dos judeus, concentrando-os provisoriamente em Theresienstadt (a praça-forte seria transformada numa colónia alemã), e ordenou que se acelerasse o confisco de terras e a classificação racial das crianças checas. A população de Praga, um milhão de pessoas, incluía apenas 23 000 alemães, mas Heydrich não se deixou demover. Segundo a proposta de Meyer, a germanização da Boémia-Morávia devia ser concretizada através da germanização de metade da população checa e da deportação dos restantes (cerca de 3,6 milhões de pessoas) para o Leste. Estes esquemas não desapareceram com a morte de Heydrich. Pelo contrário, foi no seu funeral que Hitler amedrontou o presidente checo, Hácha, com a ameaça de deportar toda a população checa caso se verificassem novos ataques graves aos interesses alemães. Hitler gabou-se uma noite aos seus companheiros: "E acrescentei que, tendo nós concretizado a migração de vários milhões de alemães, era uma ação que não teria nenhuma dificuldade para nós" ([58]).

O Plano Geral para o Leste também deixou a sua marca na Polónia. De facto, ao abrandar de forma significativa o ritmo do repovoamento no Warthegau, intensificou o do Governo-Geral. Himmler estava desejoso de avançar com projetos-piloto e a principal zona de ensaios que escolheu foi a região de Lublin, na parte oriental, onde o seu SSPF, Odilo Globocnik, pretendia "encarcerar" os polacos e "esmagá-los económica e biologicamente" através de um povoamento alemão em massa. A elegante cidade renascentista de província de Zamość – hoje classificada Património Mundial pela UNESCO – seria a capital dos 60 000 colonos alemães. Em agosto de 1942, Himmler visitou a cidade com o seu administrador alemão e disse-lhe para deitar imediatamente abaixo a cidade velha e substituí-la por um novo centro urbano alemão que se chamaria Pflugstadt (Cidade do Arado). Tentando ganhar tempo, o seu acompanhante, que prezava a unidade arquitetónica de Zamość, perguntou ao *Reichsführer* qual o aspeto que devia ter uma "cidade alemã": afinal de contas, existiam o medievalismo de Nuremberga e o neoclassicismo que Speer favorecia. Para resolver a questão, Himmler enviou para Zamość uma equipa de arquitetos e projetistas urbanísticos, que ainda estavam a trabalhar nos seus projetos quando o Exército Vermelho entrou na cidade. Foi uma pequena vitória das táticas dilatórias de um dos administradores civis mais sãos da Polónia ([59]).

Estava muita coisa em jogo. Frank quisera esperar até ao fim da guerra para trazer colonos alemães, com o argumento de que a perturbação desorganizaria inevitavelmente o contributo polaco para a economia de guerra. Contudo, Himmler, sempre a andar para a frente, não viu razões para esperar. Contava com o apoio de Martin Bormann, o líder do Partido Nazi, que ainda era mais antieslavo do que ele, e é possível que ambos estivessem a contar que o povoamento bem sucedido da zona de Lublin lhes permitisse ir mais longe: fragmentar o próprio Governo-Geral em três novos *Gaus* e talvez até convencer Hitler a dissolver o ministério de Rosenberg e alargar o controlo da SS e do Partido nos territórios ocupados do Leste (60).

Porém, o esquema revelou-se um erro de cálculo enorme e o princípio do fim de todo o projeto de colonização de Himmler. Em Lublin, o abrutalhado Globocnik foi um desastre. Os seus métodos imaturos e incrivelmente violentos provocaram exatamente a reação que Hans Frank previra. Entre finais de novembro de 1942 e o verão de 1943, para obter espaço para os colonos, os seus soldados desenraizaram 100 000 aldeãos de pelo menos 300 aldeias: milhares foram enviados para os campos de Maidanek e Auschwitz. As famílias foram analisadas em termos raciais e muitos pais separados dos filhos; alguns até acabaram nas câmaras de gás. Tal como na Eslovénia, estas medidas avivaram as chamas da resistência e colocaram novos desafios às pressionadas autoridades alemãs.

Decorridas semanas sobre a primeira operação, a região de Zamość estava em tumulto: os lavradores fugiam para se juntar aos bandos de guerrilheiros nos bosques e registavam-se ataques aos colonos, com vários mortos. A guerra de guerrilha ameaçava espalhar-se a todo o Governo-Geral, que até ao momento permanecera relativamente tranquilo. Himmler ordenou represálias implacáveis, incluindo, "se necessário", a "aniquilação" de aldeias inteiras, mas isto não conseguiu erradicar a agitação. E Himmler não se revelou mais capaz em relação à colonização: apesar de milhares de quintas polacas e ucranianas terem sido identificadas para expropriação, ele conseguiu obter apenas 10 000 colonos, em lugar dos 50 000 previstos. Os colonos eram uma misturada: da Sérvia, da Bucovina, da Bélgica e de outras paragens, incluindo famílias antialemãs do Luxemburgo e citadinos sem experiência rural. Em Berlim, Goebbels referiu-se à ideia do repovoamento como uma "gigantesca idiotice política".

Hans Frank e os seus administradores civis ficaram furiosos: graças à selvajaria inepta de Globocnik, os polacos e os ucranianos tinham perdido a sua hostilidade aos bolcheviques e receavam que com os alemães viessem a ser "tratados como os judeus". O significado disto era por demais conhecido na região de Lublin, onde dos 250 000 judeus residentes em abril de 1941 restavam apenas vivos 20 000 em finais de 1942. Os receios não eram completamente infundados: o próprio Frank, dirigindo-se confidencialmente a dirigentes do Partido Nazi, especulou que algumas pessoas, ao interrogarem-se sobre o que fazer com os polacos desalojados, diriam talvez que os incapazes de trabalhar podiam ser "exterminados". A sua opinião, muito pouco tranquilizadora, foi que "o extermínio de milhões de seres humanos depende de condições que de momento não podemos cumprir" (⁶¹).

Em maio de 1943, Frank queixou-se de que as "zonas recém-povoadas [estavam]... num estado de rebelião declarada". Os aldeãos eram expulsos com minutos de aviso e enviados para campos onde eram divididos em função da sua capacidade de trabalho: "Estas medidas provocaram um pânico indescritível entre a população", levando metade dos destinados à expulsão a fugir; os boatos varriam as zonas rurais como ondas de choque e a situação agravou-se ainda mais quando as forças policiais retaliaram com fuzilamentos em massa, matando crianças e velhos. Segundo relatos publicados no verão pelo *Polish Fortnightly Review* (*), tinham sido despovoados distritos inteiros, deixando

> apenas o gado (...) a vaguear pelos campos. Muitas pessoas são mortas imediatamente. Algumas crianças foram mortas ao pontapé, as restantes são segregadas – crianças até aos 13 anos, mulheres e idosos com mais de 50 anos são levados para a sua destruição. Há confirmação de que nos dias 2 e 5 de julho foram assassinadas nas câmaras de gás de Maidanek crianças, mulheres e velhos transportados por dois comboios, cada um com 30 vagões (...) As pessoas vagueiam pelos campos e escondem-se nos bosques, e são atacadas com armas de fogo e por aviões.

A resposta de Himmler, ignorando a agitação política e a perturbação económica, foi que a germanização tinha de prosseguir: a própria Lublin ainda só era 10% alemã e ele queria que esta percentagem subisse para 25% até 1944 (⁶²).

A improbabilidade de isso acontecer foi revelada pelos infelizes testemunhos dos próprios examinadores raciais da SS. Maria L. era "de sangue 100% alemão" e casada com um "polaco puro"; no entanto, negou-se a ser classificada como alemã, declarando, em tom de desafio, que tinha desposado um polaco, que estava à espera do regresso dele e que "não queria que ele a encontrasse transformada em alemã". Johanna W. era "racialmente digna" mas "recusa-se a aprender a língua alemã ou a tornar-se alemã". Brunhilde M. "demonstrou, quando do exame, uma atitude que pode ser classificada de totalmente antialemã... O marido, um oficial polaco, foi morto em combate. Ela rejeitou todo e qualquer laço ao germanismo, não quis ter nada a ver com ele". O facto de pessoas comuns terem assumido uma postura tão

---

(*) Boletim noticioso publicado pelo Ministério da Informação do governo polaco exilado em Londres. (*N. T.*)

corajosa apesar das prováveis consequências – Brunhilde M. foi enviada para um campo de concentração e os filhos foram-lhe tirados, esterilizados e enviados para adoção – indicia que em 1943, os "polacos regermanizáveis" eram uma raça em vias de extinção. Dada a escassez de alemães étnicos e a relutância da maioria dos candidatos em se aventurarem como pioneiros numa região que se estava a transformar numa zona de guerra, o projeto de Himmler e Globocnik parecia condenado ao fracasso [63]

No Warthegau, a repressão dos polacos ainda era mais dura do que no Governo-Geral. A polícia secreta procurou "quebrar as forças biológicas do povo polaco" elevando a idade de casamento para impedir os polacos de terem filhos e dando apoio à ilegitimidade. Era como se nada fosse proibido na guerra das populações, como se nenhuma instituição – o matrimónio, a família – estivesse a salvo quando se tratava da segurança da nação alemã. Em finais de 1942, foi introduzida uma nova política de seleção para germanização das crianças polacas em orfanatos; seriam enviadas para lares administrados pela SS para eventual adoção por famílias alemãs, uma política que foi alargada, numa escala mais pequena, a outras comunidades. Mas as crianças polacas corriam outros riscos. Himmler estava preocupado com os "tipos racialmente bons" que havia entre os eslavos e declarou que era dever dos alemães "ficar-lhes com as crianças, retirá-las do seu ambiente, se necessário roubando-as"; em última análise, o que interessava era acumular o material humano para empurrar as fronteiras da Alemanha bastante para leste para que se tornasse a potência decisiva da Europa" [64].

Alguns anos mais tarde, depois da guerra, no seu julgamento, Werner Lorenz, o afável chefe da agência de repovoamento VoMi (*), defendeu as suas atividades pondo-as numa perspetiva histórica. A questão da deslocação de populações não tinha nada de novo, explicou ele. Os alemães vagueavam pela Europa desde os tempos medievais. O que a criação dos novos Estados-nação em Versalhes tinha feito fora transformá-las em minorias em desvantagem. Em vez de seguir o útil precedente da troca de populações greco-turca de 1923, a Sociedade das Nações tinha encorajado enganadoramente as minorias a permanecerem dentro de fronteiras injustamente traçadas. Mas não as tinha protegido – nos anos 20, centenas de milhares de alemães tinham fugido da Polónia sem qualquer compensação e o resultado fora a instabilidade internacional. Tudo o que a Alemanha tentara fazer – em muitos aspetos, a razão da guerra – fora "trocar essas minorias" de

---

(*) Acrónimo de Volksdeutsche Mittelstelle (Departamento de Ligação com os Alemães Étnicos). (N. T.)

modo a "garantir o desenvolvimento pacífico da Europa". E Lorenz não resistiu a chamar a atenção para a expulsão dos alemães da Europa de Leste, aprovada em Potsdam, em 1945, e então em curso, para argumentar que esse tipo de medidas não era ilegal. O que realmente contava, sugeriu ele, era o modo como eram executadas [65].

As considerações de natureza humanitária nunca incomodaram Lorenz nem os seus colegas durante a guerra. Pelo contrário, viram no humanitarismo um sinal de fraqueza. O interesse dos projetos de repovoamento nazis era o facto de irem gerar soluções definitivas através da aplicação do poder do Estado e de um controlo apertado sobre a vida das pessoas. Os seus arquitetos conheciam muito bem o resultado das tentativas alemãs anteriores e foi por isso que procuraram aprender com as deslocações populacionais permanentes como a troca greco-turca. Nas palavras do chefe da Unidade de Investigação do Povoamento, em Posen, estas "medidas radicais só podem ser compreendidas no espírito de uma nova época". As comunidades étnicas alemãs antigas e dispersas teriam de ser desenraizadas para criar um novo "germanismo unido e combativo". Era o sonho da "muralha humana" que emergira no fim do século XIX e que agora parecia ao alcance. A colonização japonesa do Manchukuo foi estudada atentamente como um exemplo da "criação de colonatos no meio de populações estrangeiras" e os especialistas em povoamento alemães tentaram aplicar as lições da Ásia na Europa de Leste [66].

Ninguém fez muito caso das reclamações dos próprios alemães étnicos, que supostamente deviam sacrificar as suas tradições, os seus lares e as suas comunidades para bem do *Reich*. Todavia, mesmo nos círculos nacionais-socialistas os planos de Himmler foram criticados pela sua falta de exequibilidade, pelas suas consequências indesejadas em tempo de guerra e pela sua gestão lamentavelmente medíocre. Os seus especialistas raciais, excessivamente hipnotizados pela conceção elitista da política da SS, foram acusados de elevar demasiado a fasquia do germanismo e de afastar, desde o início, indivíduos e grupos que podiam ter sido – e talvez precisassem de ser – germanizados, dada a escassez de alemães. A germanização da Polónia Ocidental foi um objetivo que mereceu o consenso do regime e que Hitler tornou uma prioridade inequívoca, mas quando surgiu a ideia de fundar colónias nos Estados bálticos, na Galícia e na Ucrânia e, mais tarde, a ideia do próprio Plano Geral para o Leste, houve muito mais dúvidas – mesmo antes do fiasco sangrento de Zamość e da retirada da Crimeia e da Ucrânia.

A crítica interna mais devastadora terá sido a que surgiu do seio da própria SS, em março de 1942, quando foi solicitada ao *Hauptsturmführer* (*)

(*) Capitão. (*N. T.*)

Helmut Schubert, um economista colocado na RKFDV, a sua opinião sobre o Plano Geral para o Leste. A sua reação foi oposta à de Himmler: longe de ser demasiado modesto, o Plano era demasiado ambicioso, estava perigosamente divorciado do grande panorama económico e continha um sem fim de contradições. A falha principal eram os recursos humanos ou, mais precisamente, a sua escassez. Schubert previu que "depois da guerra, o problema central será o fosso entre as possibilidades políticas e económicas muito maiores da Alemanha e a dimensão da força laboral alemã". Não era apenas por os prognósticos demográficos do Plano serem implausíveis nem pela pouca probabilidade de os povos "germânicos" nos quais Himmler depositava as suas esperanças quererem mudar-se para o Leste – a Companhia Holandesa do Leste ajudou a recrutar 1000 agricultores holandeses, o Plano previa três milhões. Como podiam os autores falar num "povoamento total" da Lituânia quando "ainda hoje" continuavam a existir 40%-60% de trabalhadores polacos nos territórios incorporados? O que julgavam que a "germanização total" iria conseguir na Estónia, na Letónia e no Governo-Geral quando a experiência demonstrava a extrema lentidão e os magros resultados da germanização? E não compreendiam que um povoamento eficaz requeria mais trabalhadores urbanos do que camponeses para as necessidades destes últimos serem adequadamente supridas?

Por conseguinte, afirmou Schubert, o esboço traía uma completa ausência de preocupação com os níveis de recursos humanos e com a orientação global da economia alemã. Os muitos milhões de indivíduos necessários para a "germanização total" do Leste – Schubert concordou que uma abordagem parcial resultaria simplesmente numa "mistura racial" – só podiam ser encontrados "na condição de se cumprirem certos pressupostos muito drásticos". O argumento principal de Schubert era que a deslocação secular da Alemanha da terra para a indústria iria inevitavelmente continuar depois da guerra; na verdade, acelerar-se-ia se a Alemanha se tornasse, como muitos homens de negócios esperavam, o centro manufator da Europa e dependesse das matérias-primas e dos alimentos da Europa de Leste. A Alemanha do pós-guerra tornar-se-ia "uma grande zona industrial", cada vez mais urbanizada (Schubert receava a ameaça racial e social implícita) e, mais preocupantemente ainda, dependente de "uma presença crescente e permanente de trabalhadores estrangeiros", especialmente na agricultura. O campesinato alemão seria substituído, na Alemanha, por quintas maiores com mão de obra não alemã recrutada, a "germanização total" do Leste através do repovoamento tornar-se-ia impossível e haveria uma "infiltração progressiva de sangue inferior".

Resumindo e concluindo, a Alemanha tinha de escolher entre uma qualidade de vida elevada (e o controlo económico da Europa) e a desindustrialização, o povoamento colonial do Leste e a pureza racial. Nenhum teórico político do capitalismo de finais do século XX teria posto de forma mais crua o dilema fundamental do nacionalismo: prosperidade e globalização ou homogeneidade étnica e estagnação. Schubert concluiu que a segunda opção não era impossível, mas implicaria um grau muito maior de controlo do Estado sobre a indústria e os recursos humanos. Sem uma gestão quase permanente da economia, em tempo de paz, pelo Partido e pela SS, as forças do mercado e os industriais egoístas tornariam o Plano Geral para o Leste inexequível e, ao mesmo tempo, destruiriam "o valor do sangue germano--germânico" ([67]).

O longo memorando de Schubert estava imbuído de racismo mas também era extremamente perspicaz. O autor pertencia a um pequeno núcleo de críticos do povoamento agrupados em torno de Walter Darré, o cada vez mais marginalizado ministro da Agricultura, que eram da opinião de que não havia alemães suficientes para satisfazer toda a gente e viam no expansionismo agrário de Himmler a provável extinção do campesinato alemão. Apoiavam o ideal de uma nação camponesa etnicamente pura, mas argumentavam que uma entrega excessiva ao império tornaria a sua concretização mais difícil e não mais fácil. Mas o ineficiente Darré foi definitivamente posto de lado em 1942; para mais, Himmler detestava "pessimistas".

É claro que o regime não se podia dar ao luxo de ignorar a questão dos recursos humanos suscitada por Schubert. Na verdade, na mesma altura, Hitler, que olhava com renovada atenção para as necessidades de mão de obra do *Reich*, nomeou um plenipotenciário para as suprir. No entanto, a sua função não era planear para o pós-guerra, mas sim a conscrição de mais trabalhadores obrigatórios para a economia do *Reich*. Por outras palavras, a crise económica parecia aumentar, em vez de diminuir, o risco de "mistura racial" que tanto alarmava Schubert e outros nazis. O próprio Hitler estava disposto a tolerá-la em nome da vitória e um dos elementos mais próximos de Himmler, Gottlob Berger, respondeu ao jovem analista à eterna maneira dos políticos nomeados que sabem o que o seu patrono quer ouvir: as coisas não estavam assim tão más, disse Berger ao cético economista SS, a taxa de natalidade estava a subir e havia camponeses alemães que podiam ser deslocados do *Reich* para leste. A verdadeira ameaça, concluiu Berger eram… os advogados! Pouco depois, Schubert foi enviado para a Frente Leste ([68]).

Como vimos, Himmler, indiferente a tudo, seguiu o seu caminho. Em setembro, vendeu aos seus colaboradores mais próximos a ideia de que a sua tarefa principal nos primeiros 20 anos de paz seria reunir "os povos germânicos" para que aumentassem de 83 para 120 milhões de indivíduos – o número a que Hitler chegara com Speer. Teriam de repovoar todo o Governo-Geral, o Báltico, a "Ingermanland" e a Crimeia; construir estradas, autoestradas, ligações ferroviárias e uma "rede de pérolas" de pequenas cidades até ao Don e ao Volga. Este "Leste germânico" estender-se-ia até aos Urais para que quando a Europa – daí a meio milénio – acertasse as contas com outros continentes, o caminho dos seus inimigos fosse barrado por uma sólida falange de 500 a 600 milhões de "germânicos" [69].

A ideia de uma "muralha fronteiriça", surgida pela primeira vez durante a Primeira Guerra Mundial, tornara-se, na imaginação fértil de Himmler, algo cada vez mais desligado da realidade. A guerra demonstrou a existência de poucos limites para a capacidade do III *Reich* de expulsar ou até de exterminar populações inteiras, mas nem sequer os nazis podiam fazer surgir alemães onde não existiam, pelo menos enquanto dessem primazia à raça e ao sangue em detrimento da assimilação cultural. Os povos "germânicos" da Holanda e da Escandinávia mostraram pouco interesse em instalar-se na Ucrânia ou no Báltico – apenas umas centenas aceitaram – e foram odiando cada vez mais os seus senhores alemães. A solidariedade racial era um mito minado pela brutalidade das pessoas que mais falavam nela. E encontrar voluntários na Alemanha não se revelou mais fácil: o máximo que a maioria estava disposta a deslocar-se para leste era o Warthegau ou os Sudetas; preferiam mudar-se para ocidente, para a Lorena. Por conseguinte, os esquemas de nacionalização do *Reich* foram-se abrindo cada vez mais aos estrangeiros e apenas continuaram a ser letais no caso dos judeus.

Na prática, os projetos de repovoamento de Himmler na Polónia Ocidental pararam em finais de 1942. Os seus esforços para arrancar com as primeiras fases do Plano Geral para o Leste foram um fracasso colossal. O seu projeto-piloto, em Zamość, pôs o Governo-Geral em tumulto e fez Hans Frank parecer um visionário e um moderado; o projeto de Hegewald, na Ucrânia, de menores dimensões, sofreu um destino semelhante e os alemães étnicos que se tinham instalado no local foram escorraçados pelas milícias e guerrilheiros ucranianos. Eram cada vez mais os alemães étnicos à procura de uma saída. Na Volínia soviética, no inverno de 1939-1940, muitos ucranianos, bielorrussos, polacos e até judeus tinham implorado para ser contados como alemães e levados para o *Reich*; cinco anos mais tarde, viam-se os alemães dos Sudetas a falar checo às claras e na Silésia e no Warthegau muitos indivíduos da Classe 3 da DVL solicitavam a anulação da sua categorização. Quando os guerrilheiros gregos começaram a aceitar desertores da Wehrmacht, muitos destes supostos alemães professaram subitamente ser polacos ou russos [70].

No verão de 1944, as colónias de pioneiros, do Báltico à Crimeia, tinham já sido abandonadas e os campos de trânsito do Warthegau voltaram a encher-se com colonos que fugiam dos bolcheviques pela segunda vez em quatro anos. A frente foi-se aproximando das fronteiras pré-1939 do próprio *Reich* e depois atravessou-as, reduzindo gradualmente a Grande Alemanha até também ela desaparecer com a ocupação pelo inimigo. Durante os três anos seguintes, os países do Leste da Europa exerceram a sua vingança, e com a expulsão dos últimos alemães étnicos existentes no seu seio deslocaram decisivamente a fronteira de povoamento entre alemães e eslavos centenas de quilómetros para ocidente. As minorias alemãs da Europa de Leste foram desenraizadas e a maioria das suas comunidades desapareceu. O feito de Himmler, a reinstalação de 800 000 alemães étnicos entre 1939 e 1944, nada foi quando comparado com uma crise de refugiados que envolveu dez vezes mais pessoas.

Todavia, mesmo na derrota as memórias das políticas populacionais nazis e das mentalidades que lhes tinham dado origem não desapareceram. Em universidades e grupos de reflexão da Alemanha Ocidental, os ecos da ideia do agricultor de fronteira chegaram aos anos 50. Os especialistas académicos que fizeram a transição de Hitler para Adenauer falaram em reinstalar os refugiados da Europa de Leste de modo a formar dentro do país uma nova "muralha fronteiriça" de pequenos proprietários agrícolas: seriam um bastião contra o comunismo na frente leste-alemã e checa da Guerra Fria. A linguagem racial desapareceu, mas o anticomunismo não, invocado ao serviço da democracia e do Mundo Livre. Os subsídios agrícolas, uma das políticas nucleares do Mercado Comum, voltariam a ligar os camponeses ao parlamentarismo e a preservar uma nação saudável [71].

A longevidade desta linguagem indica que aquilo que consideramos políticas de nacionalidade nazis faziam efetivamente parte de uma tradição europeia mais lata. Por exemplo, do outro lado do Reno, os franceses continuaram a recear um declínio populacional até meados dos anos 50 (e durante mais tempo, quando o seu receio do ritmo de multiplicação dos alemães foi substituído pelo receio do ritmo de multiplicação dos norte-africanos). Os seus principais demógrafos avisaram que os nazis tinham sido muitíssimo bem sucedidos: ao dizimarem os polacos e outros aliados orientais tradicionais da França, os alemães tinham preservado as suas elevadas taxas de natalidade durante a guerra, para melhor desencadearem a sua vingança. Além do mais, havia o receio generalizado de que a expulsão das minorias alemãs da Europa de Leste e a sua concentração dentro das fronteiras da Alemanha tivessem aumentado o risco de instabilidade.

E os receios não eram apenas dos franceses. "Os alicerces demográficos da ameaça alemã estão a ser reconstruídos", declarou em 1948 Eugene Kulischer, autor da análise mais séria sobre a história da população europeia. "O extermínio dos alemães étnicos teria sido uma imitação da crueldade nazi, mas concentrá-los numa Alemanha residual foi um desastre". Muitos comentadores previram um revivalismo nazi e evocaram memórias vívidas do movimento revisionista que tivera lugar na Alemanha após a derrota na Primeira Guerra Mundial. O próprio Kulischer advogou "uma política demográfica drástica" no sentido de cercear a taxa de natalidade alemã e promover a emigração da Europa em larga escala. Depois da guerra, o ex-ministro da Economia alemão, Hjalmar Schacht, escreveu memorandos úteis propondo o realojamento de alemães em colónias na África Ocidental como uma espécie de válvula de segurança populacional. Os planos de Himmler terão sido únicos na sua ambição e brutalidade, mas não foram certamente os primeiros nem os últimos a considerar a demografia e a colonização como a chave da segurança nacional. Passar-se-iam várias décadas até os europeus aprenderem a ver as coisas de maneira diferente [72].

8

A organização da desordem, 1941-1942

Em finais de 1942, a Alemanha ocupava aproximadamente um terço da massa terrestre europeia e governava quase metade dos seus habitantes. A suástica flutuava sobre as Ilhas do Canal, a oeste, e no monte Elbrus, no Cáucaso, e do Norte da Noruega ao Sara. No entanto, estes vastos domínios não eram formalmente administrados como um todo e os alemães nunca criaram nada comparável ao Ministério da Grande Ásia Oriental através do qual os japoneses administraram o seu império durante a guerra. Hitler nomeava pessoalmente os administradores dos territórios conquistados, que eram, na maior parte dos casos, exclusivamente responsáveis perante ele. Desde Napoleão que um único indivíduo não detinha um poder tão absoluto ([1]).

Para o ajudar, Hitler virou-se primeiro para os camaradas de partido que tinham participado na luta pelo poder. "Sei muito bem como é difícil encontrar os homens certos para os cargos mais importantes", disse ele a Martin Bormann, chefe da chancelaria do Partido. "Somos constantemente obrigados a recorrer aos mesmos indivíduos. Quando selecionei os nossos comissários para os territórios ocupados do Leste, fui dar sempre aos nomes dos meus antigos *Gauleiters*". Aos 38 líderes regionais do Partido que ocupavam cargos no Velho *Reich*, foram acrescentados dez, a partir de 1938, em territórios previamente austríacos, checos e polacos. Contudo, este número subestima a extensão do envolvimento do Partido durante a guerra porque também foram escolhidos nazis de longa data para chefes da administração civil no Luxemburgo, em Bialystok e nas zonas fronteiriças eslovenas, e outros tornaram-se comissários do *Reich* para a Noruega, a Holanda, a Ucrânia, os Estados bálticos e a Bielorrússia, e até houve um plenipotenciário para o Sudeste da Europa. A maioria já ocupava cargos de autoridade nas províncias do *Reich*, mas estes homens adquiriram no estrangeiro um poder que nem imaginavam ([2]).

Outros perderam poder ou foram preteridos. O comandante-em-chefe da Força Aérea e líder do Plano Quadrienal, Hermann Göring, ainda era provavelmente o segundo homem mais poderoso do *Reich* no início da campanha da Polónia, mas apesar de permanecer à frente da exploração económica dos territórios conquistados, a promoção a marechal de campo do *Reich* depois da queda da França marcou o apogeu da sua influência e ele passava mais tempo a caçar nos bosques da sua luxuosa propriedade (um biógrafo contemporâneo bem informado enumerou os seus primeiros visitantes diários: alfaiate, barbeiro, negociante de arte e joalheiro). O Ministério dos Negócios Estrangeiros, presa de lutas intestinas sob a liderança do mesquinho e vaidoso Ribbentrop, foi marginalizado com a diminuição do espaço para a diplomacia tradicional: corridos da Europa Ocidental e de Leste, os seus emissários apenas permaneceram influentes na Dinamarca, na França e nos Balcãs. Quanto aos generais do Exército, Hitler nunca confiou plenamente na maioria deles. E tinha ainda menos paciência para o Ministério do Interior, que contara usar a guerra como uma oportunidade para levar a cabo a centralização do governo que planeara para a Alemanha. Ironicamente, a centralização do poder revelou-se mais fácil de implementar para os funcionários públicos de países como a França ou a Bélgica do que para os seus homólogos alemães, envolvidos numa luta contra a hidra que era o Partido Nazi ([3]).

O Partido estava em ascendência porque Hitler considerava os seus líderes fundamentais para travar uma guerra racial eficaz e para construir a nova Grande Alemanha. Para estas tarefas, queria homens "constantemente alerta", "um novo tipo de homem, uma raça de senhores, uma casta de vice-reis" – queria "liderança política" e não "administração". Considerava o funcionalismo público tacanho e apegado a ideias antiquadas. Os resultados deste Estado dual eram previsíveis. Ainda antes da guerra, ao instalar os seus *Gauleiters*, responsáveis apenas perante ele, em numerosos feudos, Hitler causara o caos burocrático. "Era fácil de ver", escreveu um observador bem colocado, "que o nosso Estado do *Führer*, supostamente muito centralizado, já se tinha começado a fragmentar em dezenas de satrapias e vintenas de ducadozinhos". À medida que o *Reich* se foi expandindo e tornando uma potência imperial, os funcionários públicos alemães assistiram ao aumento da confusão ([4]).

Só havia um refúgio possível para aqueles que viam a iminência do desastre e procuravam um meio menos personalizado e mais eficiente de gerir as coisas, só existia um homem possuidor de prestígio e dinamismo suficiente para bater o pé ao Partido – Heinrich Himmler, chefe da polícia e da SS. A SS tinha iniciado a sua carreira muito antes, como um pequeno serviço de segurança para a liderança do Partido. Porém, combinando as tarefas associadas ao Estado com as partidárias e inculcando nos seus membros um sentimento fortíssimo de disciplina interna e espírito de corpo, a SS, em 1941, já era possivelmente o órgão mais poderoso do *Reich* e uma alternativa e concorrente do próprio Partido Nazi. Himmler era uma figura improvável para a acumulação de um poder tão extraordinário; amorfo e sem carisma, era um pedante obcecado e gostava muito mais de falar do budismo tibetano, da procriação das raças e das raízes indo-germânicas da civilização do que de economia, direito ou guerra. No entanto, deu prova das suas capacidades organizadoras durante muitos anos, rodeou-se de assistentes capazes (ainda que desprovidos de escrúpulos) e soube, melhor que ninguém, aproveitar as oportunidades proporcionadas pela guerra: até ao fim do conflito, o "fiel Heinrich" foi nomeado comissário do *Reich* para o reforço do germanismo (RKFDV), ministro do Interior, chefe dos serviços de informações políticos e militares, comandante do Exército do Interior e supervisor da administração dos prisioneiros de guerra, e até tinha a seu cargo as alfândegas e as fronteiras.

Se o Partido era uma organização de massas, mantido coeso apenas pela lealdade ao *Führer* e incapaz de impor disciplina aos seus poderosos *Gauleiters*, a SS de Himmler – um exemplo de governação centralizada por uma elite cuidadosamente escolhida – tinha uma visão muito diferente do nacional-socialismo. É certo que a SS terminou a guerra com um grande quinhão de psicopatas sádicos, guardas de campos de concentração dados ao gatilho e bêbados, mas os seus escalões de topo – especialmente no seu ramo de informações, o SD – incluíam analistas e decisores políticos de altíssimo gabarito que esperavam que o seu profissionalismo implacável salvasse a missão europeia da Alemanha da gestão medíocre e amadora do Partido (depois da guerra, os menos conhecidos lavaram o sangue das mãos e tornaram-se industriais, advogados, professores e consultores de gestão).

Alguns sentiram-se suficientemente confiantes da sua visão do nacional-socialismo para escreverem críticas devastadoras à forma como a guerra estava a ser gerida. Estavam profundamente empenhados na criação de uma nova ordem racial na Europa sob liderança alemã, mas não tinham a certeza de que o *Führerstaat* fosse suficientemente bem administrado para a concretizar. Infelizmente para eles, Himmler era um homem que não gostava de críticas. Além do mais, a elite do SD foi submergida pela expansão desordenada da própria SS durante a guerra. Entre 1939 e 1941, os reformistas – dentro da SS e do funcionalismo público – ainda esperavam que a SS se pudessem tornar o motor de um Estado racial devidamente organizado; em 1942, começaram a perder a esperança. Para piorar a situação – do seu ponto de vista –, a expansão da SS originou uma contrarreação e muitos *Gauleiters* do Partido apressaram-se a alertar para os perigos de conferir demasiado poder a Himmler. O Partido prometia caos descentralizado, a SS ameaçava um excesso letal de ordem centralizada. Foi entre estes pólos que decorreu o debate nacional-socialista sobre o modo de governação da Nova Ordem.

A RESSURREIÇÃO DO PARTIDO

A Alemanha e a Itália do século XIX eram Estados que tinham alcançado a independência nacional através da integração. No entanto, a integração era um processo e não um acontecimento e estava longe de terminada aquando da emergência do fascismo e do nazismo, meio século mais tarde. Ambos os movimentos prometeram governos executivos fortes depois de períodos de fragmentação parlamentar e agradaram aos funcionários públicos, desejosos de eficiência e força nacional. Todavia, Hitler e Mussolini ascenderam ao poder aos ombros de partidos de massas. Eram movimentos baseados nas províncias, cujos quadros desconfiavam do Estado e dos seus funcionários e procuravam manter o poder nas cidades regionais, longe da influência corruptora da capital. Por conseguinte, implicitamente, o Partido constituía um desafio não só ao monopólio estatal da violência, mas também à própria noção de um poder executivo centralizado e forte fora das suas fileiras. Partido ou Estado? Este era o dilema fundamental do fascismo.

Na abordagem ao dilema, os regimes da Itália fascista e da Alemanha nazi seguiram direções totalmente diferentes. Em Itália, onde Mussolini nunca conseguiu controlar com firmeza o seu indisciplinado partido, a adesão cedo se tornou pouco mais do que uma garantia de promoção, o preço para ascender a um cargo, dado que Mussolini consolidou todo o poder no aparelho do Estado. Na Alemanha, por outro lado, a liderança política e ideológica do Partido Nazi por parte de Hitler era incontestada e o Partido permaneceu tão indispensável para ele quanto o funcionalismo público era suspeito. Na sua ótica, a revolução nazi só estaria concluída com o estabelecimento da Grande Alemanha, e apesar de ele necessitar do Exército para derrotar os inimigos da Alemanha no campo de batalha, a germanização – para não falar na manutenção de um moral elevado na frente interna – requereria o Partido. Neste sentido, a guerra foi "o segundo estágio da revolução nacional-socialista" ([5]).

Depois da anexação da Áustria e dos Sudetas, os funcionários públicos tentaram impor o seu controlo sobre as novas regiões (*Reichsgaue*). De facto, no princípio, pareceu que o Ministério do Interior iria poder usar a Áustria para testar o novo sistema de governação centralizada das províncias que vinha tentando há anos introduzir no *Reich* propriamente dito. Contudo, os *Gauleiters* recém-nomeados para a Áustria pediram diretamente a Hitler proteção contra os "burocratas", e depois da conquista da Polónia esta tendência de pender para o Partido intensificou-se. Ao mandatar os novos *Gauleiters* – Forster e Greiser – para germanizarem os seus territórios o mais rapidamente possível e tão brutalmente quanto necessário, Hitler não os quis manietados pela burocracia ministerial. Para os ajudar, concedeu-lhes poderes de que nem sequer gozavam os seus equivalentes no *Reich* de antes da guerra: para fúria dos funcionários públicos, eles geriam pessoalmente todos os ramos da administração, incluindo "administrações especiais" para a justiça, finanças, caminhos de ferro e correios (que em todas as outras regiões permaneciam sob o controlo de Berlim). Por conseguinte, ambos puderam tratar as antigas províncias polacas como zonas onde "a teoria nacional-socialista poderá ser posta 100% em prática" (segundo um jornal alemão) ([6]).

Em 1940, Hitler deixou claras as suas intenções de anexação mais abrangentes confiando o Luxemburgo ao *Gauleiter* de Coblença e a Alsácia ao de Bade. A Lorena passou a ser governada pelo mais enérgico dos três, Josef Bürckel, *Gauleiter* de Saarpfalz, que acabara de supervisionar a anexação da Áustria ([7]). A Noruega e a Holanda também foram entregues a homens do Partido: como vimos, faziam parte da zona "germânica" que se estendia muito para além dos confins do *Reich* "Alemão". No ano seguinte, nomeados do Partido austríaco tomaram conta das regiões fronteiriças eslovenas. A criação do Ministério dos Territórios Ocupados do Leste, sob a liderança do teórico do Partido, Alfred Rosenberg e, em especial, a nomeação de *Gauleiters* como Koch, Lohse e Frauenfeld para comissários, representou apenas o culminar desta tendência.

A ascensão do Partido não podia divorciar-se da crescente concentração do poder nas mãos do próprio *Führer*. Das 650 ordens legislativas principais promulgadas durante a guerra, somente 72 foram leis formais; as restantes foram decretos ou ordens emitidos em nome do *Führer*, na maior parte dos casos em segredo. Por outras palavras, o III *Reich* não foi governado como outros Estados, nem sequer como outras ditaduras. O conselho de ministros deixou de se reunir em fevereiro de 1938 e foi substituído, em setembro do ano seguinte, por um Conselho de Defesa do *Reich* ministerial. No entanto, também este órgão foi minado pela preguiça de Göring e pela falta de apoio de Hitler: raramente se reuniu a partir de dezembro de 1939 e as tentativas posteriores para o ressuscitar fracassaram. A guerra foi cada vez mais conduzida a partir do remoto quartel-general de Hitler na

Prússia Oriental, e os nomeados para administrarem os territórios recém-conquistados respondiam diretamente ao *Führer*. Raramente reunidos em conjunto, não eram encorajados a comparar apontamentos sobre as suas experiências e não apresentavam relatórios regulares a Berlim; na verdade, não eram sequer obrigados, insistiu Hitler, a responder a nenhum funcionário do Estado. A pessoa do *Führer* tornou-se o tribunal de recurso para todos os seus problemas ([8]).

Os *Gauleiters* eram, na sua maioria, veteranos da Primeira Guerra Mundial, homens radicais e impacientes, com poucos ares e delicadeza, e uma educação bastante básica. Alguns eram nulidades apagadas, mas havia muitos "tiranos", tais como Bürckel no Sarre/Lorena, o "Rei Mu" Mutschmann na Saxónia ou Erich Koch na Prússia Oriental/Ucrânia – rápidos a enfurecerem-se, competitivos e ciosos da sua autoridade pessoal. Muitos tinham uma fraqueza pelo álcool e pelo dinheiro. Eram homens dotados de alguma energia e dinamismo, mas de modo algum dados à organização. Depositavam a sua confiança em indivíduos; no *Führer*, acima de tudo, mas também nas suas camarilhas de subordinados, que levavam geralmente consigo quando mudavam de cargo. Hitler foi-lhes extremamente leal e manteve-os nos cargos durante longos períodos – alguns governavam os seus *Gaus* desde finais dos anos 20 –, o que promoveu o seu sentimento de imunidade. Quando se viu forçado a ver-se livre do corrupto e ineficiente Otto Globocnik, em Viena, decorridos poucos meses da sua nomeação, Hitler resmungou que só queria "descartar um *Gauleiter* nas piores circunstâncias" ([9]).

O FRACASSO DA CENTRALIZAÇÃO

Os funcionários públicos olhavam para tudo isto horrorizados. Frick, o ministro do Interior, e o seu enérgico secretário de Estado, Wilhelm Stuckart (descrito por um colega como "o verdadeiro ministro do Interior"), vinham tentando otimizar a administração da Alemanha desde antes da guerra. A expansão do território controlado pela Alemanha e a crescente influência do Partido tornou a tarefa muito mais urgente e difícil. Ao dar rédea solta aos seus *Gauleiters*, Hitler minou a esperança de Stuckart de que o Ministério do Interior pudesse funcionar como posto de controlo de todos os contactos ministeriais com os territórios recém-ocupados. Igualmente perturbadora, a nomeação de Himmler para responsável máximo da germanização passou por cima dos departamentos ministeriais e criou um departamento de povoamento racial inteiramente gerido pela SS. Hans Kehrl, um dos intermediários de Göring, disse a Stuckart que, na sua opinião, o *Reich*, apesar de se encontrar "numa luta de vida ou de morte", carecia de "um governo funcional"; Hitler nunca estava em Berlim; não havia reuniões ministeriais e os diferentes ministros desperdiçavam o seu tempo a determinar quem era responsável por quê. Para sua consternação, Stuckart concordou com ele ([10]).

O Ministério do Interior tentou ripostar. Em 1939, procurou conter a nascente RKFDV de Himmler e clarificar a sua jurisdição. Em 1940, ofereceu-se para a ajudar a supervisionar os territórios recém-tirados à França. Porém, Hitler – como vimos – preferiu pôr os seus antigos camaradas de partido a administrar a Alsácia, a Lorena e o Luxemburgo e apoiou-os contra o Ministério do Interior quando rebentaram as inevitáveis discussões sobre quem mandava. Os governadores e os *Gauleiters* reclamaram dos funcionários públicos de Berlim. Um descreveu-se como "carteiro do governo"; outro referiu-se irritadamente ao "centralismo e burocratização exagerados da administração desde a conquista do poder". O próprio Martin Bormann criticou de modo acerbo o "centralismo desolado" dos ministérios ([11]). Hitler concordou: rejeitou a ideia de um departamento central gerido por funcionários públicos para coordenar a política de ocupação ou para supervisionar a introdução da legislação do *Reich*. A última coisa que queria era uma normalização das regras e procedimentos que atasse as mãos dos seus homens ([12]). Tudo dependia do indivíduo, não de uma estrutura impessoal qualquer. Os seus governantes-modelo, os britânicos, eram constantemente invocados para sustentar a seguinte conclusão: "Existem hoje pequenas nações com mais habitantes do que o império mundial britânico!". Algumas noites depois, revisitou com irritação o tema: "Entre nós, a conceção de Estado monolítico implica que tudo deve ser dirigido a partir do centro... Na Índia, os ingleses fazem exatamente o contrário. Cento e quarenta e cinco mil homens governam trezentos e cinquenta milhões. No lugar deles, precisaríamos de milhões de funcionários!" ([13])

Por conseguinte, tirando a conclusão oposta à dos reformadores do Ministério do Interior, ele argumentou que a conquista exigia uma "descentralização maciça":

> a própria extensão do território do *Reich* obriga-nos a fazê-lo. Não se pode supor que um regulamento aplicável ao velho *Reich* ou a parte dele é automaticamente aplicável a Kirkenes [no Norte da Noruega], digamos, ou à Crimeia. Não há possibilidade nenhuma de governar este gigantesco império a partir de Berlim nem pelos métodos até agora usados.

Por outras palavras, não haveria nenhuma burocracia imperial centralizada. Quando Göring lá se resolveu a mexer-se – em janeiro de 1942 – para apoiar a causa do Ministério do Interior, Hitler bloqueou-o de imediato ([14]).

Os funcionários públicos não estavam convencidos. Aos seus olhos, a criação de um ministério completamente desnecessário para administrar a ex-URSS – e logo sob a chefia do incompetente fala-barato Rosenberg – foi um passo de gigante em direção a um desgoverno catastrófico; teria sido melhor, argumentou Stuckart, governar cada região conquistada à URSS através de um comissário do *Reich* responsável exclusivamente perante o *Führer*, tal como sucedia na Holanda e na Noruega. O prolongamento indefinido da guerra para além do inverno de 1941 reforçou as suas apreensões. Ao verem os problemas criados pelos corruptos membros de segunda categoria do Partido que trabalhavam para Rosenberg – os "Faisões Dourados" –, os funcionários públicos chamaram a atenção para os custos do esbanjamento de recursos humanos por causa da duplicação de tarefas e da criação arbitrária de novos cargos: "Todos fazem um trabalho só para ter a certeza de que outro departamento não o agarra" ([15]). O próprio Stuckart foi devastador acerca do impacto sobre a autoridade alemã na Europa se nada fosse feito para pôr fim ao desperdício e conter o Partido:

> Não é concebível, a manter-se a utilização pródiga dos recursos humanos, que sejamos capazes de reconstruir eficazmente a Europa nem de liderar o continente. Como resultado da organização dupla e tripla dos assuntos na Alemanha, não só as pessoas ficam detidas no *Alt Reich* quando são urgentemente necessárias para o desenvolvimento dos novos territórios, como também corremos o risco de o erro de uma organização sobreposta ser exportado para os novos territórios, onde conduzirá às mesmas deficiências. ([16])

A pressão sobre os recursos humanos especializados era certamente imensa. Já em novembro de 1939, só na Polónia ocupada tinham sido colocados cerca de 70 000-80 000 funcionários. Em 1943, existiam mais de 263 000 funcionários públicos alemães no conjunto dos territórios ocupados, a maioria no Leste. Porém, Hitler nutria uma desconfiança tão enraizada em relação ao funcionalismo público que não levou os seus avisos a sério. "Em casos de discordância", recordou Stuckart depois da guerra, "tínhamos de ter previamente em conta que Hitler decidiria contra a opinião do Ministério". O *Führer* negou-se constantemente a fazer algo que atasse automaticamente as mãos dos seus emissários pessoais. No Leste, acima de tudo, recusou cometer "o erro da arregimentação eterna" a partir de Berlim ([17]).

Não admira, pois, que em 1942 uma equipa do Ministério do Interior tenha chegado a algumas conclusões sombrias sobre o impacto do modo de governação personalizado de Hitler:

Um dos princípios organizacionais mais característicos do Estado nacional-socialista é o de que as tarefas de grande prioridade política, que só podem ser cumpridas de modo atempado empregando o máximo de recursos de poder, não sejam atribuídas a organismos com competências claramente definidas, mas a *um individuo de confiança dotado de plenos poderes*. Em termos organizacionais, isto não suscita objeções se os organismos administrativos existentes forem colocados à disposição desta espécie de comissário e se o mesmo – funcionando simplesmente como uma autoridade central – fizer uso delas e não criar um aparelho próprio. Todavia, gera inevitavelmente as maiores dificuldades quando os comissários deste tipo governam ao nível de *Gau* ou de *Kreis* (*) e quando, mais cedo ou mais tarde, adquirem a forma de uma nova autoridade dotada de poderes abrangentes próprios. ([18])

Não obstante a verbosidade, o problema básico manifestava-se de forma claríssima: demasiada governação personalizada, demasiada improvisação, demasiados órgãos e acrónimos novos. Aquilo a que os funcionários públicos chamavam "administração especial" (*Sonderverwaltung*) estava a tornar-se uma enorme dor de cabeça graças a criações como o ministério de Rosenberg, a agência económica de Göring para o Leste (Haupttreuhandstelle Ost) e a RKFDV de Himmler. E isto apenas no Leste.

A solução dos funcionários públicos foi a mesma de sempre: eficiência administrativa através da centralização. Todos os organismos, excetuando aqueles que o tempo demonstrara exigirem uma gestão especializada – os caminhos de ferro, as finanças, os correios e a justiça – deviam ser colocados sob a gestão central do Ministério do Interior. Se tal não acontecesse, concluíram – e não parecia que estivesse para acontecer num futuro próximo –, a única esperança do ministério seria ligar-se a uma das instituições que tinham demonstrado a sua capacidade para prosperarem no meio das lutas intestinas. Isto significava o Partido ou a SS, e os funcionários públicos tinham poucas dúvidas sobre a que lhes parecia a mais adequada.

OS CRÍTICOS: A CAMINHO DA SS?

É neste contexto que devemos compreender o significado de um volume que Heinrich Himmler recebeu, em junho de 1941, pelo seu quadragésimo aniversário, exatamente cinco anos depois de ter assumido a chefia da polícia alemã. Apesar de pouco lido hoje, o *Festgabe zum 40. Geburtstage des*

(*) Distrito. (*N. T.*)

Reichsführer SS Heinrich Himmler (*) é uma bela compilação de ensaios, quase todos da autoria de um círculo íntimo de líderes de topo da SS, que passa em revista as realizações até ao momento, saúda Himmler como o arquiteto da Nova Ordem e recomenda, de forma enviesada mas inequívoca, uma nova orientação para o domínio alemão.

O primeiro contributo – sobre o grandioso tópico "Autoridade Central, Descentralização e Unidade Administrativa" – era da autoria do próprio Wilhelm Stuckart. Além de ser um funcionário público empenhado e trabalhador, Stuckart era também um dos principais teóricos do III *Reich* da administração e do direito nazis e pertencia à SS. De facto, há algum tempo que era conhecido como o homem de Himmler no Ministério do Interior. Concebera a nova relação da Áustria e da Checoslováquia com o *Reich*, fora responsável pelos comentários sobre as Leis de Nuremberga e desempenharia um papel importante na Conferência de Wannsee.

Todavia, a principal preocupação de Stuckart não era a política racial, mas sim a coerência administrativa. Descrito por um colega como "guardião do Santo Graal da Unidade Administrativa", no seu ensaio Stuckart procurou demonstrar a Himmler que o funcionalismo público não era a instituição tacanha e juridicamente inibida do passado. *Podia* ter iniciativa e mostrar criatividade e dinamismo; os funcionários públicos poderiam ser os "pioneiros da cultura, colonizadores e inovadores económicos no melhor sentido destas palavras". "É mais do que tempo", escreveu ele, em 1940, "de o alto funcionário público ser libertado do opróbrio do jurista". Stuckart argumentou a Himmler que um funcionalismo público dinâmico, refeito à imagem do nacional-socialismo, poderia fornecer a liderança central, unitária e forte de que a Alemanha tanto necessitava ([19]).

À primeira vista, era estranho que Stuckart se tivesse dirigido a Himmler. A necessidade de abolir todas as novas agências que tinham surgido como cogumelos durante a guerra foi uma das principais recomendações de Stuckart, ao passo que Himmler era um dos mais bem sucedidos expoentes da arte negra da "administração especial". Contudo, a SS tinha outros aspetos que as tornavam atrativa para os racionalizadores. Em primeiro lugar, estava estreitamente ligada ao Ministério do Interior através da nomeação de Himmler para chefe da polícia alemã: em finais dos anos 30, a SS tinha levado mais longe do que ninguém a fusão das agências estatais com as do Partido. A própria tomada do controlo da polícia por Himmler envolvera, desde o princípio, uma extrema centralização, retirando às províncias

---

(*) "Presente por ocasião do 40.º aniversário do *Reichsführer SS* Heinrich Himmler". (*N. T.*)

o seu controlo sobre o policiamento para criar uma força genuinamente nacional; neste sentido, Himmler também era um brilhante expoente da administração unitária advogada por Stuckart. De facto, muitas das queixas dos funcionários regionais do Partido contra os burocratas de Berlim eram particularmente dirigidas a Himmler. Típico era Martin Mutschmann, *Gauleiter* de longa data da Saxónia, que sublinhou a supervisão tirânica dos burocratas policiais de Himmler em Berlim e se queixou das montanhas de papelada exigidas "para cada dente novo para um polícia ou pela morte de cada cão-polícia" ([20]).

A crença de Himmler no valor de uma elite ideologicamente fiável, jovem e eficientemente organizada e a sua desconfiança em relação ao Partido (e aos seus combatentes de rua) também tornavam a SS uma atração para muitos funcionários públicos de carreira politicamente empenhados que não gostavam necessariamente daquilo que o Partido representava. Note-se que duas das principais figuras da Gestapo – Heinrich Müller, seu chefe, e Franz Joseph Huber, chefe da Gestapo em Viena a partir de 1939 – se tornaram altas patentes da SS sem nunca ter pertencido ao Partido. De facto, existia no seio da SS um poderoso sentimento anti-Partido que vinha à superfície em momentos de descuido. Heydrich, o vice de Himmler, declarara cruamente, depois de março de 1933 (*): "Já não precisamos do Partido. Desempenhou o seu papel e abriu o caminho para o poder. Agora, a SS deve infiltrar-se na polícia e criar uma nova organização no seu interior". O sangrento ajuste de contas da Noite das Facas Longas, no ano seguinte, foi o primeiro teste desta estratégia e foi passado de forma brilhante ([21]).

A guerra reavivou a antiga animosidade, com os *Gauleiters* e Himmler a disputarem o controlo da política racial, e a SS depressa comungou da opinião do funcionalismo público de que o Partido era uma força desordeira e incapaz de gerir adequadamente os territórios conquistados. "Na minha longa experiência do Partido", escreveu o HSSPF Richard Hildebrandt, sobre as suas impressões acerca da governação de Forster em Danzig-Prússia Ocidental, "nunca conheci um *Gau* onde as coisas fossem feitas de forma tão arbitrária e com tão pouca razão e senso". Seria possível pronunciar dezenas de veredictos semelhantes, e não apenas sobre esta região em particular. Em janeiro de 1941, von Hassell, um homem com muitos contactos e bem informado, escrevia no seu diário: "O Partido e a SS são profundamente antagónicos" ([22]).

(*) O mês da conquista do poder pelos nazis, com o resultado de 43,9% nas eleições legislativas (dia 5) e a nomeação de Hitler ditador da Alemanha (dia 23). (*N. T.*)

O desdém pelo Partido era especialmente pronunciado no serviço de informações da SS, o Sicherheinsdienst (SD), cujos quadros, jovens e com formação académica, o tinham transformado não só no cão de fila da ideologia nacional-socialista, mas também numa espécie de grupo de reflexão informal. O seu monopólio sobre a vigilância interna deixava os *Gauleiters* pouco à vontade, até porque às vezes estes eram suas vítimas. Os homens que dirigiam o SD também eram muito diferentes dos *Gauleiters*, – na idade, nos antecedentes e na mentalidade – com os quais tinham pouco em comum: eram, em média, dez anos mais novos, a maioria não estava ligada ao Partido há muito tempo (embora fossem todos nacionalistas de direita) e eram indiferentes às suas antigas fissuras sectárias. Enquanto os *Gauleiters* gostavam da ribalta, os trinta e tal líderes do SD viam-se a si próprios como membros disciplinados de uma elite extremamente centralizada e estavam convencidos de que a sua proficiência ajudaria a defender o nacional-socialismo melhor do que os famosos instintos dos idosos combatentes de rua. Heydrich, o fundador da organização, seguia o modelo dos serviços secretos britânicos (tal como o compreendia) e recrutava em especial nas universidades, garantindo uma fornada de jovens advogados, sociólogos e filólogos, muitos deles recém-doutorados ([23]).

O "pai espiritual" do chamado "SD Intelectual" também contribuíra para o volume de aniversário de Himmler. O professor Reinhard Höhn, que era por vezes referido como o "conselheiro científico" de Himmler, era um jovem sociólogo e professor de direito com ambições políticas. Depois da guerra, fundou a Academia de Liderança Económica de Harzburg, onde pôs em prática as ideias de gestão da SS formando homens de negócios nas suas teorias de "liderança não autoritária" (*Führung*) e tornando-se o guru por excelência dos estudos sobre gestão na Alemanha Ocidental dos anos 50. Ficou por mencionar, na época, a sua rápida ascensão pelos degraus académicos vinte anos antes, graças aos seus contactos na SS, uma ascensão que o marcou como um táctico sinuoso e um temível cão de guarda da pureza ideológica do nazismo. Höhn implementou o projeto "esferas da vida" da SD, um programa de vigilância ambicioso e de inspiração sociológica que analisava o estado de espírito do público "para benefício da liderança". Apesar de forçado a abandonar o seu cargo quando vieram a público algumas das suas críticas de juventude a Hitler, Höhn permaneceu muito próximo de Himmler ([24]).

Aquando da eclosão da guerra, o *Standartenführer* Höhn dirigia um grupo de reflexão financiado pela SS que explorava os problemas da expansão territorial e da ocupação. No verão de 1940, o seu projeto de investigação sobre a história da luta da Alemanha contra os polacos antes de 1914 já ia bem avançado e o seu contributo para o *Festgabe* de Himmler, no ano seguinte, baseou-se nesta temática. Em "A Luta pela Reconquista do Leste Alemão: Experiências do Povoamento Oriental Prussiano, de 1886 a 1914", Höhn identificou os "muitos erros fatais" cometidos pelo Estado guilhermino. Seguindo Max Weber, Höhn argumentou que a Prússia não conseguira proteger a terra alemã contra os polacos porque fora prejudicada pela ausência de uma governação unificada, pela hegemonia dos *Junkers* e por uma relutância liberal em intervir no mercado. A culpa cabia principalmente ao parlamentarismo e à multiplicidade dos partidos políticos, mas também ao domínio da aristocracia rural, cuja necessidade de mão de obra polaca barata minara constantemente as necessidades maiores da nação.

Himmler ficou interessado e comentou que era ali que o III *Reich* se poderia revelar superior à Prússia: Weber não teria imaginado o grau a que o *Reich* de Hitler podia usar o poder do Estado contra os polacos. Nem tudo precisava de ser deixado ao mercado e, se necessário, a germanização seria garantida pela imposição de serviço agrícola obrigatório no Leste para todos os jovens. Desta vez, por outras palavras, com a ajuda da RKFDV, os polacos seriam definitivamente eliminados das terras alemãs e a SS, vanguarda de um Estado central poderoso, provaria a sua importância vital para a segurança definitiva do *Lebensraum*. Seriam assim concluídas as guerras germano-polacas que datavam de meados do século XIX [25].

Um terceiro contribuinte ofereceu a Himmler a análise mais abrangente de todas – nada menos do que uma teoria nacional-socialista da ocupação continental. Tal como os seus amigos Höhn e Stuckart, o *Brigadeführer* Werner Best era dedicado à causa nacional-socialista. Arquétipo do administrador do aparelho de terror nazi, Best, filho e neto de funcionários públicos, era um homem trabalhador e que se orgulhava da sua "objetividade impessoal". No entanto, na sua juventude, a ocupação francesa do Ruhr tornara-o um radical. Formou-se em direito e Himmler e Heydrich socorreram-se frequentemente dos seus serviços nos anos 30, usando a sua conceção do direito nacional-socialista como justificação para uma doutrina de poder policial praticamente ilimitado. Em 1938, interrogou o comandante-em-chefe, o general Fritsch, por acusações de homossexualidade (*), e em 1939 foi decisivo no estabelecimento do Departamento Principal de Segurança do *Reich* (RSHA) [26].

(*) Acusações falsas montadas pela SS, que no entanto levaram à sua demissão de comandante-em-chefe do Exército, aproveitada por Hitler para substituir as altas chefias militares por homens da sua confiança. (*N. T.*)

Se Best tivesse ficado na chefia do RSHA, a organização podia ter sido mais do que uma ideia ambiciosa; podia ter-se transformado no núcleo de uma SS altamente centralizada, algo que nunca conseguiu verdadeiramente. Mas a carreira de Best na SS bateu numa parede. Como era habitual nele, a disputa rebentou por causa de um artigo que escreveu numa revista de direito nazi. A sua defesa do papel dos advogados numa sociedade nacional--socialista enfureceu o seu chefe, Reinhard Heydrich, um homem que via o direito como pouco mais que um incómodo e que provavelmente temia Best como rival. Tinham sido colegas bastante próximos mas a relação tornou-se tão má que Best saiu e arranjou um cargo como administrador nas autoridades de ocupação militar de Paris. Os seus colegas da Wehrmacht sentiram-se incomodados por trabalharem com uma figura tão notória da SS, mas depressa aprenderam a apreciar as suas virtudes. Best, adaptável e competente, tornou-se um supervisor extremamente eficaz da burocracia de Vichy e esta experiência, reforçada por uma visita de estudo a outras capitais da Europa ocupada, forneceu-lhe a inspiração para a sua análise notável ([27]).

No seu contributo para a coletânea (o seu relacionamento com Himmler não parece ter sido afetado pela querela com Heydrich), Best analisou os desafios administrativos que confrontavam o *Reich* no estrangeiro e propôs uma tipologia de regimes de ocupação. Quando os alemães tinham entrado em Praga, em março de 1939, o conhecido jurista Carl Schmitt falara do direito do *Reich* ao seu "grande espaço" (*Grossraum*) mas não dissera nada acerca de como devia ser governado. Best propôs-se preencher esta lacuna e argumentou que havia quatro maneiras de administrar um "grande espaço" de acordo com os princípios nacionais-socialistas. O primeiro era associativo: a Dinamarca de 1940 era o melhor exemplo de domínio alemão "informal" com um ligeiro toque do Ministério dos Negócios Estrangeiros. Outro era supervisor, sendo os exemplos o seu próprio bailiado, em França, bem como a Holanda e a Bélgica, onde os funcionários alemães operavam através do funcionalismo público autóctone, preservando-o praticamente intocado. O terceiro era uma ocupação "governante" – como no Protetorado da Boémia-Morávia, onde a reformulação alemã da burocracia local era muito maior e tinha de se manter mais alerta às ameaças aos interesses alemães. A categoria final de Best era "colonial" – o Governo-Geral, por exemplo –, com o nível civilizacional inferior dos habitantes a requerer que os ocupantes assumissem o fardo da governação reduzindo as suas funções ao mínimo em nome da "ordem e da saúde".

Em termos básicos, Best apelou a uma abordagem autolimitativa e contida à ocupação. Nunca se coibindo de dizer o que pensava, foi crítico das ideias do Partido sobre a Europa de Leste e distinguiu a ideia de um governo colonial da servidão. Alertou contra a transformação dos povos "inferiores" em escravos, prevendo que essa atitude conduziria à sua destruição ou à resistência de massas, e nem uma nem outra serviriam os interesses da Alemanha. E também avisou – desta vez com a Europa Ocidental em mente – que não se podia apressar a conversão das instituições políticas de um país estrangeiro. A nazificação devia avançar lentamente e, nalguns casos, nem sequer ser tentada. Neste aspeto, a sua análise baseava-se no seu relativismo racial – cada raça devia ser autorizada a desenvolver as suas próprias instituições ([28]).

Convém não ficarmos com uma ideia errada acerca de Best. Não era um liberal, estava longe de se opor ao extermínio em termos abstratos e, na verdade, abordou sem rodeios a questão do que fazer com as raças – "uma ou mais" – que pudessem ser inteiramente indesejadas no *Grossraum*. Apesar de falar em termos abstratos e sem se referir especificamente aos judeus ou aos ciganos, Best foi inequívoco: podia ser necessário que a *Führungsvolk* (raça dos senhores) viesse a "destruir (ou expulsar totalmente da sua esfera) esses grupos indesejados". Um ano mais tarde, Best repetiu as suas palavras numa prestigiosa revista de ciência política: "A aniquilação e a expulsão", declarou ele, não "contradizem, segundo a experiência histórica, as leis da vida, quando executadas de forma total". Como o biógrafo de Best observou, nesta época não houve nenhum paralelo no *Reich* para o seu apelo declarado ao extermínio racial sistemático, um apelo ainda mais arrepiante devido à sua linguagem académica e abstracta ([29]).

Não admira que um dos colegas de Best em Paris o tenha descrito como um "teórico da destruição". No entanto, a destruição não era a sua resposta para todos os problemas raciais. Pelo contrário, depois de ter sumariado, como vimos, todas as opções para a governação "racional" de outros povos em linhas raciais, Best defendeu a extensão dos princípios da "administração supervisora" o mais amplamente possível. Na antiga Polónia, governada de arma na mão, o domínio alemão exigia dezenas de milhares de funcionários do *Reich*. Em contraste, havia apenas cerca de 200 funcionários alemães em Paris e menos de 1000 no conjunto da Zona Ocupada. O rácio de alemães para os administradores locais variava entre 1:43 000 na Dinamarca e 1:15 000 em França, e 1:3700 na Noruega e 1:1790 no Protetorado. Por conseguinte, a ocupação ao estilo francês parecia barata e eficaz.

O plano de Best para o domínio indireto sob liderança alemã ligava-se de forma impecável ao apelo de Stuckart à eficiência administrativa. No seu mundo ideal, apenas seriam necessárias pequenas equipas de decisores políticos alemães para manter debaixo de olho os funcionários públicos franceses, belgas ou noruegueses; os gratos escoceses, bretões e galeses – tal como os eslovacos ou os croatas – necessitariam ainda de menos: a maioria dos Estados europeus policiar-se-ia a si própria sob supervisão alemã. De facto, da perspetiva alemã, este ideal não estava muito longe da realidade em 1940-1941. É certo que havia disputas com os governados mas não nas questões essenciais. Os dinamarqueses revelavam-se fornecedores fiáveis de carne, manteiga e peixe; os agricultores eslovacos e os trabalhadores checos davam o que os alemães queriam. Os funcionários públicos franceses, belgas e holandeses identificavam os comunistas e os judeus e cooperavam com os seus parceiros alemães, mantendo ao mínimo a necessidade de pessoal alemão. Com Best no comando das operações, o *Reich* conseguiu reduzir em dois terços as suas forças de ocupação em França, nos últimos meses de 1941, possibilitando a deslocação de soldados para a Frente Leste e para os Balcãs. Parecia efetivamente o que Hitler defendia: um equivalente alemão do domínio britânico na Índia.

A OCUPAÇÃO SUPERVISORA SOB PRESSÃO

Todavia, na perspetiva de Himmler, a conceção de administração supervisora de Best tinha uma grande desvantagem. Ao argumentar que os estrangeiros se deviam autopoliciar, não dava à SS, a principal agência de policiamento e segurança, nenhum ponto de entrada em grande parte da Europa ocupada. De facto, em 1940 e no princípio de 1941, os seus homens tinham sido geralmente ignorados sempre que tinham tentado impor-se e dizer aos *Gauleiters* ou aos generais que administravam as novas conquistas do *Reich* qual deveria ser a sua política de policiamento. No entanto, alguns dias depois da oferta da coletânea a Himmler, deu-se a invasão da URSS, à qual se seguiu uma escalada do problema da resistência e da sabotagem em todo o continente. Havia opiniões discordantes quanto à gravidade da situação na Europa, no verão de 1941. Em França, por exemplo, os colegas da Wehrmacht de Best acreditavam que tinham a situação controlada. Porém, Himmler e Heydrich aperceberam-se de uma abertura e insistiram que eles eram demasiado brandos. Pretendiam nomear os seus HSSPF para controlarem o policiamento e queriam também implementar, em todo o continente, a sua conceção abrangente da segurança como "administração política". Até ao momento, Hitler demonstrara pouco interesse pelos planos obsessivos de Himmler para a unidade germânica e estava mais preocupado em manter a situação calma no Ocidente para se poder concentrar na vitória na guerra. Porém, quando Himmler afirmou que a Wehrmacht ou o Ministério dos Negócios Estrangeiros não estavam a combater os opositores do *Reich* e que subestimavam as ligações continentais na guerra ao bolchevismo, Hitler prestou-lhe atenção. Best esperara persuadir Himmler da necessidade de um toque relativamente ligeiro, mas Himmler não estava para o ouvir [30].

Foram os acontecimentos na antiga Jugoslávia, no verão, onde uma rebelião eclodiu mais rapidamente do que em qualquer outro lugar, que deram a Himmler a sua primeira oportunidade real de assumir o controlo da Europa. Apanhados de surpresa, especialmente depois da facilidade com que, alguns meses antes, tinham conquistado o país, os alemães, com poucos recursos disponíveis, tentaram esmagar a insurreição que eclodiu na Sérvia, na Croácia e no Montenegro. Contudo, as necessidades da Frente Leste não possibilitaram o envio de suficientes soldados e a dada altura o comandante militar, em Belgrado, duvidou seriamente que conseguissem manter o controlo do país. Hitler estava convencido de que só a aplicação de medidas draconianas impediria a oposição ao domínio alemão em toda a Europa. No dia 16 de setembro, apelou ao emprego "dos meios mais drásticos" contra qualquer provocação e exigiu que por cada soldado alemão morto fossem fuzilados entre 50 e 100 reféns. Segundo a sua ordem, as "relações políticas" existentes deviam ser ignoradas.

Na verdade, a última coisa de que se poderia acusar os militares alemães na Sérvia seria de brandura, e eles cumpriram de bom grado o decreto de Hitler. No dia 4 de outubro, depois de os guerrilheiros terem emboscado e morto um grupo de soldados alemães, Franz Böhme, o comandante da Wehrmacht na Sérvia, determinou o fuzilamento de reféns à escala máxima de 100 para 1 e, tendo já internado os comunistas e os judeus, decidiu executar os segundos como reféns. Alguns dias mais tarde, o principal oficial administrativo do comandante militar da Sérvia, Harald Turner, descreveu o resultado numa carta a um SS seu amigo destacado em Danzig:

> Já deves saber que vai para aqui um vendaval... Há cinco semanas, encostei os primeiros 600 à parede e depois, numa operação de limpeza, demos cabo de 2000, e noutra de uns 1000, e entre uma e outra mandei fuzilar 2000 judeus e 200 ciganos de acordo com a quota 1:100 por terem assassinado soldados alemães de forma bestial; outros 2200, também quase todos judeus, vão ser fuzilados nos próximos oito dias. Não é bonito mas tem de ser feito, nem que seja para deixar bem claro o que significa atacar um soldado alemão, e além disso a questão judaica resolve-se mais rapidamente assim. Na verdade, para sermos exatos, é falso que por cada alemão assassinado – aliás, o rácio de 1:100 devia ser suportado pelos sérvios – sejam fuzilados 100 judeus, mas tínhamos os judeus em campos; afinal de contas, eles também são de nacionalidade sérvia e, além disso, têm de desaparecer. [31]

Em finais de 1941, graças a represálias mais brutais do que em qualquer outro lugar da Europa ocupada, a rebelião na Sérvia estava praticamente esmagada ([32]).

Parecia livre o caminho para a instalação de uma "administração supervisora" em Belgrado, nas linhas estabelecidas em França. Os diplomatas e os oficiais de informações alemães escolheram o general Milan Nedic, ex-chefe do estado-maior jugoslavo, para liderar o novo governo sérvio. Harald Turner – enviado de Paris para Belgrado – esperava que o governo de Nedic administrasse o país sob a sua supervisão, tal como Pétain fazia para Best. Em 1942, quando Stuckart lhe perguntou como é que cada vez mais territórios podiam ser governados com cada vez menos pessoal, Turner retorquiu: "A administração alemã [na Sérvia] cumpre as suas tarefas sob a forma da chamada administração supervisora [*Aufsichsverwaltung*]... Estes métodos revelam o seu valor dia após dia". O único problema era o do costume: embora os funcionários civis sérvios se revelassem tão fiáveis como os franceses, as agências alemãs digladiavam-se e obstruíam-se umas às outras. O moral da história foi o que Stuckart quis ouvir: "Quanto mais simples e definida for a cadeia de comando alemã, maior será a poupança em recursos humanos" ([33]).

Tal como Best em França, Turner reconheceu a possibilidade – aliás, a necessidade – de o *Reich* arregimentar os nacionalistas sérvios para uma campanha comum. A consequência lógica de tentar introduzir um aspeto político na política de represálias foi tornar os judeus e os comunistas vítimas. Em abril de 1942, Turner gabou-se a Himmler de que "há alguns meses, fuzilei todos os judeus que apanhei nesta zona, concentrei todas as mulheres e crianças judias num campo e com a colaboração do SD consegui uma "carrinha de desparasitação" que entre 14 dias e 4 semanas efetuará a limpeza total do campo". No verão de 1942, graças a estes gaseamentos, Turner afirmou orgulhosamente que a Sérvia era "o único país onde questão judaica e cigana" fora "resolvida". Para Turner, a receita de Best – assassínio em massa dos judeus combinado com o controlo hegemónico de outras nacionalidades (por outras palavras, a "administração supervisora") – adequava-se na perfeição ao caso sérvio ([34]).

Porém, para Himmler, tudo isto era demasiado inteligente e ele recordou a Turner que não se devia esquecer que "um sérvio é um sérvio" e que o povo sérvio tinha "séculos de prática e experiência de revoltas". De forma incrível, Himmler tentou argumentar que a Wehrmacht e Turner não estavam a ser suficientemente severos e em janeiro de 1942 nomeou um HSSPF para Belgrado – um austríaco violentamente antieslavo chamado August Meyszner, cujo lema era: "Gosto mais de um sérvio morto do que de um sérvio vivo". Meyszner considerava que Turner estava a ser ingénuo ao tentar arregimentar os sérvios pró-alemães para uma campanha comum. No entanto, a abordagem de Turner tinha uma sombria lógica política própria e o seu afastamento foi uma vitória de pirro para Himmler, já que a política de Turner na prática foi prosseguida pelo homem que o substituiu, um nazi austríaco com bons contactos chamado Hermann Neubacher. Neubacher desprezava aquilo a que chamava a "tese do extermínio totalmente primitiva" de Meyszner e também procurou construir uma sólida frente anticomunista sérvia contra os guerrilheiros. Com a guerra a ir de mal a pior na Rússia e na Ucrânia, os alemães estavam pressionados ao limite e Neubacher – tal como Turner e Best – compreendeu que o *Reich* não podia dar-se ao luxo de policiar países inteiros sozinho. Por conseguinte, a SS perdeu o seu combate na Sérvia e os princípios da "administração supervisora" e o governo de Nedic permaneceram em vigor até à partida dos alemães. Fracassara a primeira tentativa de Himmler para se apoderar de um país europeu [35].

Muito mais importante era a situação em França. O comandante militar do país observava de perto a situação na Sérvia, dado que também em França – ainda que numa escala muito menor – a invasão da URSS provocara um aumento dos ataques armados contra o pessoal militar alemão. As coisas tinham estado bastante sossegadas até ao verão de 1941, e os alemães apenas haviam levado a cabo 25 sentenças de morte desde a sua chegada. Contudo, ao diminuírem o número de soldados, com a transferência de unidades para o Leste, registou-se uma vaga de assassinatos e ataques espetaculares que culminaram, em outubro, na morte a tiro do comandante militar de Nancy, na rua, por um jovem membro da resistência comunista. A Wehrmacht não considerou que houvesse motivos para preocupação, mas Hitler ficou furioso com esta brandura e interveio diretamente para insistir na implementação da sua ordem de quotas de represálias.

Ao contrário do que sucedeu na Sérvia, a Wehrmacht resistiu a estas ordens. Os franceses não suscitavam a mesma antipatia que os sérvios e Pétain era uma força muito mais considerável do que Nedic. Existia um governo funcional e seria uma idiotice miná-lo. Por conseguinte, o comandante militar, em Paris, Otto von Stülpnagel, argumentou veementemente que as represálias deveriam ser calibradas de forma a não porem em causa as boas relações com o grosso da população que trabalhava em prol do esforço de guerra alemão. Não obstante os desejos do *Führer*, as "relações políticas" existentes não deviam ser ignoradas. Von Stülpnagel propôs algo semelhante ao que a Wehrmacht implementaria na Sérvia. Depois de, seguindo as instruções de Hitler, fuzilar 95 reféns e deter algumas centenas, sugeriu que se multassem os judeus de Paris e que se deportassem 1000, juntamente com 500 comunistas, para o "Leste". Mas isto não foi suficiente para apaziguar o *Führer*, que observava a situação e exigia novas punições: a "administração supervisora" de Best estava claramente debaixo de fogo pela sua brandura. Von Stülpnagel foi forçado a demitir-se, em fevereiro, e Best acabou por sair também.

O resultado *pareceu* a Himmler muito mais satisfatório do que na Sérvia. Best e a Wehrmacht perderam o direito crucial de supervisionar a polícia francesa, que passou para a SS. Na primavera de 1942, foi nomeado um HSSPF para França – Carl-Albrecht Oberg, que dirigia o distrito de Radom, na Polónia ocupada. A SS parecia prestes a tomar conta da Europa Ocidental, tal como no Leste, e a introduzir a sua conceção de policiamento de ocupação. Best saiu de França para administrar a Dinamarca, um país muito mais pequeno e menos importante cuja relação pouco estreita com o *Reich* se adequava na perfeição às suas opiniões sobre ocupação. O resultado foi um triunfo para Himmler ou, mais precisamente, para o seu número dois e ódio de estimação de Best: Reinhard Heydrich.

BEST OU HEYDRICH?

O antigo chefe e némesis de Best, Reinhard Heydrich, era o número dois da SS e um combatente enérgico, implacável e ambicioso nas lutas intestinas. Em termos da política de ocupação na Europa, Heydrich era uma estrela em ascensão. Em maio de 1942, quando se deslocou triunfalmente a Paris para instalar pessoalmente o HSSPF, as relações entre ele e Best já estavam completamente degradadas. "Em tempos, prometi à tua mulher", escreveu Best a Heydrich, em abril de 1942, pouco antes da visita deste a Paris, "que seria um verdadeiro amigo para ti. Mas tu não queres um amigo. Queres um subordinado". Heydrich pôs a questão de um modo diferente. O que estivera em causa fora se "os advogados" – homens como Best – deveriam ter o poder para decidir sobre todas as questões ou limitar-se a um papel de aconselhamento. Não era nada de pessoal; afinal de contas, Best também era "um Velho Nazi". Heydrich tinha rompido com Best, segundo disse a Kurt Daluege, o comandante da polícia regular alemã, porque estava decidido a separar a sua conceção de "administração policial" de Best e do "regimento de juristas". Heydrich era um estratego da governação de ocupação por mérito próprio e um homem politicamente muito mais eficaz e poderoso do que Best [36].

Depois de organizar os esquadrões da morte para a invasão a URSS, o violinista e arquiteto da expansão da SS para o Leste ficou sem saber o que mais fazer. Himmler alarmou-se ao ser informado de que nas primeiras semanas do ataque o seu irrequieto número dois andava a voar sobre as linhas da frente; chegou a ser abatido mas conseguiu regressar a salvo. Porém, em setembro de 1941, com apenas 37 anos de idade, Heydrich recebeu a prestigiosa nomeação para protetor interino da Boémia-Morávia. Era a sua oportunidade de sair da sombra e demonstrar as suas capacidades governativas.

Heydrich engendrara a sua promoção aproveitando os sinais dispersos de resistência, sabotagem e agitação que se tinham multiplicado entre os checos desde a invasão da URSS. O protetor instalado em Praga, von Neurath, acreditava ter o país na mão, mas Heydrich encorajou o adjunto de von Neurath, Karl Hemann Frank, a passar ao *Führer* uma imagem muito diferente. Alarmado pelo que estava a acontecer na antiga Jugoslávia, Hitler estava recetivo a apelos a uma liderança mais dura e Frank acreditou que poderia substituir von Neurath. Em parte, Frank tinha razão: poucos dias depois de Hitler emitir o seu decreto dos reféns draconiano, von Neurath foi exonerado, alegadamente por razões de saúde, mas quem o substituiu foi Heydrich.

Depois de instalar a sua jovem família numa propriedade luxuosa nos arredores de Praga (onde a mulher ordenou de imediato aos trabalhadores de um campo de concentração que abrissem uma piscina), Heydrich deitou mãos à sua nova tarefa. O seu objetivo básico era esmagar toda a oposição ao domínio alemão mantendo a força laboral checa obediente e produtiva. Tal como Best, Heydrich pretendia "um aparelho governativo com o menor número possível de trabalhadores capazes (alemães) e a crescente devolução dos assuntos administrativos, o foco do seu trabalho administrativo prático, aos ministérios checos". Mas a sua abordagem foi mais draconiana. Lançando a Gestapo num reinado de terror breve mas inédito, à sua chegada, Heydrich chocou os checos e acalmou-os. Alois Eliáš, o primeiro-ministro, foi detido e condenado à morte por espionagem (tal como a maioria dos políticos checos, mantinha contactos com Londres); em dois meses, foram executadas 400 pessoas. Era a repressão numa escala que ultrapassava, de longe, tudo o que a Wehrmacht estava a fazer em França. Mas Hitler deu-lhe a sua aprovação imediata, comentando que o destino de Eliáš avisaria os políticos de outros países que teriam de se portar com maneiras. Ao mesmo tempo, Heydrich tentou conquistar as boas graças dos trabalhadores checos com entradas gratuitas para os jogos de futebol no 1.º de Maio e o aumento das rações alimentares. A lei marcial foi levantada em janeiro e alguns estudantes foram libertados dos campos. Pareceu funcionar. "O Protetorado está na melhor das disposições", anotou Goebbels com aprovação, em fevereiro de 1942. Podia haver problemas noutros lugares – o embaixador alemão em Ancara foi atacado, os guerrilheiros soviéticos mataram o comandante do *Einsatzgruppe* A e a Gestapo receava uma campanha terrorista por todo o continente – mas o Protetorado parecia um modelo de tranquilidade ([37]).

Himmler admirou o modo como a combinação destra de terror policial, proteção da qualidade de vida e controlo administrativo discreto mas firme tinha devolvido os checos à obediência. Hitler também estava muito agradado. Heydrich esperava que o seu desempenho em Praga fosse uma rampa de lançamento para voos mais altos. Em maio de 1942, disse ao seu número dois que Hitler bem poderia pô-lo à frente da França, o que teria significado a conquista definitiva da Europa Ocidental pela SS. Por conseguinte, a sua deslocação a Paris, nesse mês, assinalou a sua intenção de alargar o modelo de ocupação de Praga ao mais importante dos países sob controlo alemão. Na verdade, as ambições de Heydrich iam ainda mais longe. Durante as semanas que antecederam a sua morte, trabalhou num plano de reforma da administração alemã do continente e estava prestes a avistar-se com Hitler para o discutir quando foi assassinado por comandos checos transportados de Londres por avião ([38])

NACIONAL-SOCIALISMO E NACIONALISMO EUROPEU

Em finais de 1941 e no princípio de 1942, Himmler e Heydrich – com o apoio de Hitler – promoveram um policiamento e punições coletivas mais duros, ao mesmo tempo que Best, o teórico do poder policial ilimitado no *Reich*, pregava o contrário. Estava em jogo toda a base da ocupação alemã no continente. É fácil perceber a falta de realismo da abordagem férrea de Himmler e Heydrich, mas Best também não era propriamente o realista que ele próprio se julgava. Pois havia uma pergunta básica à qual ele nunca respondera: porque haviam os europeus de aceitar a liderança da Alemanha nacional-socialista a não ser através da coerção?

Em 1942, apenas cerca de 90 milhões – no máximo – dos 244 milhões de pessoas sob o domínio do III *Reich* eram alemãs. E as restantes? Não deveria haver o reconhecimento das suas aspirações nacionais? De facto, era o nacional-socialismo a exploração de todo um continente em benefício de um "povo de senhores" imperial? Hitler, Himmler e Heydrich não tinham nenhum problema com esta ideia; eram essencialmente nacionalistas alemães e consideravam todos os outros movimentos nacionalistas uma potencial ameaça. Não era o caso do grupo Stuckart-Höhn-Best. Opositores daquilo que designavam por "imperialismo", receavam que durante o seu percurso o nacional-socialismo tivesse perdido de vista o seu propósito original, a criação de uma Alemanha nacionalmente homogénea. O que os distinguia dos seus adversários – quer fossem os *Gauleiters* do Partido Nazi, quer os conservadores como Schmitt ou os membros da oposição como von Hassell – era sua convicção que a conquista alemã de territórios que não faziam nem nunca tinham sido destinados a fazer parte do *Lebensraum* do *Reich* colocava um desafio ideológico e organizacional real ao nacional-socialismo [39].

Numa atitude característica, tentaram debater o problema por escrito. Em 1941, fundaram uma revista chamada *Reich, Volksordnung, Lebensraum* para advogar uma "ligação mais forte entre a prática e a teoria" no modo como a Alemanha geria o seu *Lebensraum* e o correspondente ordenamento do *Grossraum* circundante. Os seus artigos tentaram mostrar como uma Nova Ordem estabelecida em moldes nacionais e raciais podia ser administrada eficientemente e de acordo com os princípios da ciência administrativa moderna. Stuckart até ajudou a criar uma academia internacional de administração para definir normas comuns daquilo a que uma geração europeia posterior chamaria "boa governança". Com o prosseguimento da guerra, tornaram-se críticos do uso excessivo e indiscriminado da força por parte do regime.

Distinguiram, em particular, entre uma política tosca de "domínio de senhores" (*Herrschaft*) e o objetivo desejado de "liderança" (*Führung*), a qual, nas palavras do estudioso do direito Carl Bilfinger, "não ordena nem impõe" [40]. A diferença entre as duas era amplamente debatida pelos teóricos políticos nazis desde 1933. Para eles, Hitler não era o "ditador", um rótulo falso atribuído pelos liberais do estrangeiro, mas sim uma figura em estreita comunhão com as necessidades e aspirações do seu povo. Todavia, a aplicação desta teoria dúbia à política externa implicava um grande malabarismo, dado que a base da pretensão do *Führerstaat* à lealdade dos seus súbditos – a de que o *Führer* expressava a vontade do seu Povo – terminava obviamente nas fronteiras do *Reich* ou, pelo menos, nas fronteiras do "germanismo". Era necessário especificar em separado os benefícios que a liderança continental alemã podia conferir aos estrangeiros. Foi esta a tarefa que o grupo RVL (*) viu perante si, apesar de a sua confusa gíria pseudobiológica – a devastação intelectual infligida pelo nazismo ao pensamento alemão deixara marcas – não lhe ser de grande ajuda para proporcionar uma resposta convincente.

(*) Reich, Volksordnung, Lebensraum (*Reich*, Ordenamento do Povo e Espaço Vital). (*N. T.*)

Na sua perspetiva, o potencial contributo do nacional-socialismo para a paz regional e continental dependia, em primeiro lugar, da sua capacidade de impor a separação étnica. Povos diferentes não podiam coexistir harmoniosamente: esta era a sua premissa básica. A abordagem da Sociedade das Nações, com a sua fé na proteção jurídica internacional das minorias e a sua aposta na assimilação, desestabilizara a Europa. De acordo com as "leis da vida" – os seus textos abundam em conceitos e metáforas naturais –, estes nacionais-socialistas descartaram a assimilação porque poderia conduzir à "mistura de sangues", que era fatal para uma "raça governante". Por conseguinte, manter os grupos populacionais afastados era essencial (e um argumento usado com frequência contra o crescente recurso da Alemanha à mão de obra escrava importada ou a favor de novas leis raciais draconianas para manter os estrangeiros no seu lugar). O próprio Hitler, no seu discurso de 6 de outubro de 1939 perante o *Reich*stag, referira-se a "uma nova ordem de constelações etnográficas que significa o realojamento das nacionalidades a fim de que (…) surjam linhas divisórias melhores do que as atuais". Decorridos quase três anos, embora as políticas se tivessem tornado cada vez mais violentas, a lógica subjacente permanecera praticamente a mesma: o assassínio em massa sistemático da população judaica do Governo-Geral foi descrito por Himmler como parte da "separação étnica necessária das raças e povos na Nova Ordem europeia, bem como no interesse da segurança e da pureza do *Reich* Alemão" ([41]).

Todos eles concordavam que seria necessária dureza com os povos mais primitivos, inferiores ou racialmente tóxicos; até o extermínio podia ser necessário, como vimos. No entanto, insistiam que, em geral, a hegemonia alemã não deveria significar desnacionalização nem repressão: neste sentido, o apoio de Turner ao governo de Nedic, na Sérvia, era inteiramente consonante com os seus princípios. Stuckart afirmou que o nacional-socialismo, em virtude do seu nacionalismo explícito, respeitava as diferenças nacionais e oferecia a liberdade da subjugação. A SS, incumbida de supervisionar o policiamento do continente, devia, ao mesmo tempo, manter os diferentes povos afastados e o conjunto coeso. No entanto, a força não devia ser automaticamente o primeiro recurso, nem sequer contra "povos hostis à raça" (*rassefremde Völker*), e não havia regras gerais para a sua aplicação. A organização da Europa pela Alemanha diferiria da francesa porque não seria imposto um conjunto único de normas; cada grupo racial "digno" seria autorizado a desenvolver-se de forma independente e a desfrutar do seu próprio *Lebensraum*. A solução para o problema do nacionalismo europeu era, pois, um continente de nações, cada uma no seu espaço, trabalhando em conjunto sob o domínio do líder "natural" da região, a Alemanha. Estes sentimentos estiveram subjacentes às proclamações da administração alemã na Holanda, em novembro de 1941, e na Noruega (em relação à formação de um governo colaboracionista), três meses depois. Ambas falaram em cooperação, construção e ajuda mútua, contrastando-as com o "egoísmo" e a "procura ilimitada do lucro" nas relações internacionais sob a liderança capitalista anglo-americana.

Mas Hitler não tinha o menor interesse em liderar nenhuma tentativa de promoção da cooperação entre as nações. Nada podia estar mais longe da sua mente. Hitler considerava irrelevante, ainda que problemático, o facto de outros europeus serem nacionalistas. Homens como Erich Koch, na Ucrânia, estavam claramente a seguir uma política de desnacionalização de acordo com os desejos de Hitler e as abordagens mais conciliatórias eram ignoradas. Quando Hans Frank, no Governo-Geral, ou Kube, na Bielorrússia, se inclinaram minimamente para o reconhecimento dos grupos nacionalistas, expuseram-se, como acontecera com Turner na Sérvia, a acusações de "brandura" ou, pior ainda, de "humanitarismo desproposidado". Ao discutir os planos alemães para a Polónia, Best alertara Heydrich contra transformar povos parceiros em escravos; contudo, passados dois anos, era exatamente isto que alguns teóricos SS do repovoamento estavam a recomendar, numa escala ainda maior. Aquando dos debates sobre a região do Báltico, um deles disse que no futuro os alemães deviam desempenhar o papel de espartanos e os russos de hilotas ([42]).

Em 1942, o grupo RVL começou a ser assaltado pelas dúvidas comuns aos intelectuais descontentes que veem o mundo desmentir as suas teorias. A hegemonia – *Führung* – da Alemanha fora minada, receavam eles, por uma atitude de "raça de senhores" que pusera em causa a longevidade do domínio alemão. Um artigo publicado anonimamente, intitulado "Classe Governante ou Povo Líder" ("Herrenschicht oder Führungsvolk"), expressou a sua desilusão. Escrita por Best, esta crítica devastadora aparentemente explorava as razões do colapso da antiga Roma, mas, entre linhas, previa o fracasso da missão continental do nacional-socialismo por causa do seu abandono das "leis da vida" raciais. Os alemães tinham-se comportado como senhores de outros povos, dependendo excessivamente do trabalho escravo e aumentando a ameaça da "mistura de raças". Afinal, nada tinham aprendido com a luta de Bismarck contra os polacos; os vencedores tinham sido os polacos porque se tinham mantido mais próximos da terra. Além disso, os alemães tinham-se tornado indiscriminada e excessivamente violentos: não era possível pensar em "expulsar ou aniquilar" todos os outros povos do *Grossraum* porque isso era contrário ao próprio objetivo de estabelecer uma hegemonia. Um verdadeiro "Povo governante" não perdia de vista a importância de estabelecer "uma cooperação estreita com os seus *Bundesgenossen* (*)". Em suma, os alemães tinham ignorado a diferença crucial entre "liderança" e "domínio". Best concluía com um ataque inequívoco ao próprio Hitler. Numa alocução pela rádio, em outubro de 1941, o *Führer* comparara triunfantemente os bolcheviques derrotados com as hordas de Gengiscão. Best deu um toque muito diferente à mesma alusão: Gengiscão fora o governante cujos poderes destrutivos tinham ultrapassado os construtivos e cujas vastas conquistas não se tinham consolidado e se haviam fragmentado depois da sua morte ([43]).

HANS FRANK E O ESTADO DE DIREITO

O assassinato de Heydrich, na primavera de 1942, foi um importante ponto de viragem na tentativa da SS para controlar o continente. Na Bélgica, a Wehrmacht bloqueou a nomeação de um HSSPF e, tal como na Sérvia, o aparente controlo estabelecido pela SS em França teve um impacto limitado na política de represálias: entre setembro de 1941 e maio de 1942 foram fuzilados 471 reféns, um aumento enorme em comparação com o período anterior, mas no ano e meio seguinte o número baixou para 254 e a Wehrmacht sentiu-se de novo otimista em relação ao estado da ordem pública. O próprio HSSPF Oberg cooperava estreitamente com o novo comandante militar – eram camaradas de armas do tempo da Primeira Guerra Mundial. A deportação dos judeus, que Heydrich esperara utilizar como uma cunha para expandir o controlo da SS sobre a ocupação na Europa Ocidental, continuou a ser um caso especial, já que agradava a toda a gente lavar as mãos desta tarefa desagradável. Em finais de 1942, Himmler começou a ficar alarmado com a incapacidade de Oberg para se impor no país ([44]).

Contudo, no Leste, a SS esteve sempre numa posição muito mais forte. Como vimos, Himmler neutralizou rapidamente o impotente Rosenberg e adquiriu enorme poder na ex-União Soviética. Na Polónia Ocidental, contava com a cooperação total de Greiser, no Warthegau; prosseguia a sua disputa com Forster, o *Gauleiter* de Danzig-Prússia Ocidental, mas não havia grande coisa em jogo, até porque já quase lá não havia judeus. Só havia um lugar onde Himmler travava uma luta verdadeiramente séria pelo poder: o Governo-Geral.

O seu governante, Hans Frank, munido de vaguíssimas instruções de Hitler para se orientar, pretendia transformar o que restava da Polónia – depois de ter morto as suas elites – num modelo de governação colonial

---

(*) Confederados. (*N. T.*)

no sentido de Best. Em 1940, observou que estava a crescer no *Reich* uma "consciência imperial" e que o Governo-Geral tinha de dar provas. Não obstante a beligerância teatral da sua retórica e das sucessivas campanhas letais contra as instituições nacionais polacas, o governador-geral começou a dar-se conta de que continuava a necessitar dos trabalhadores, dos camponeses e dos administradores polacos para cumprir as quotas de cereais, de mão de obra e de outros bens. Apesar da colocação de milhares de alemães no Governo-Geral, Frank queixava-se constantemente de que lhe faltava pessoal e recorria aos funcionários civis polacos para manter a governação a funcionar. Advogado da missão civilizadora alemã no seu novo *Grossraum*, Frank foi ao ponto de dizer aos subordinados que tinham a responsabilidade de mostrar aos povos não germânicos que o seu modo de vida podia ser preservado com o nacional-socialismo, o que encorajaria outros povos a pôr-se sob "proteção" do *Reich* ([45]).

Todavia, as pretensões coloniais de Frank – se é que devemos considerá-las algo mais do que expressões teatrais da sua manifesta vaidade – complicavam-se pelo facto estranho de a Polónia ser também vital para a SS e para Himmler, em especial, na sua qualidade de responsável máximo pelo repovoamento. Em 1940, Frank e Himmler enfrentaram-se por causa da questão de saber se o Governo-Geral poderia aceitar todos os polacos e judeus que os homens de Himmler queriam expulsar dos territórios ocidentais anexados. Em 1941, bateram-se por causa dos planos para estabelecer colonatos alemães na parte oriental do Governo-Geral. Em ambos os casos, os objetivos de Himmler foram antagónicos aos de Frank, dado que desestabilizaram a região, provocaram o caos económico e tomaram a generalidade dos polacos como alvos, minando o propósito de Frank de governar com algum tipo de apoio polaco. Era inevitável um choque entre os dois homens, mas não era inevitável que viesse a suscitar a questão daquilo que as conquistas no estrangeiro estavam a fazer ao Estado de direito no próprio III *Reich*.

Orgulhoso do seu estatuto ministerial, Frank, à semelhança dos outros sátrapas do Partido, interpretava o lema "unidade administrativa" no sentido de manter todos os poderes nas suas mãos. Frank gostava de recordar aos seus homens que no Governo-Geral não havia *nenhuma* autoridade maior do que a sua, e dizia frequentemente à polícia e à SS que deviam obedecer-lhe a ele e não a Himmler ([46]). Se neste aspeto Frank se comportava como qualquer outro *Gauleiter*, noutro aspeto crucial era único. Ex-advogado particular de Hitler, Frank era uma figura relativamente importante no *Reich* e identificava-se fortemente com a nazificação do direito alemão. Era presidente da Academia de Direito Alemã, que fundara (e para a qual levara Best, Höhn e Stuckart), chefiava a secção de direito constitucional do

Partido Nazi e chegou a descrever-se, com a sua pompa característica, como "um timoneiro no mar do sentimento jurídico". Vendo no Governo-Geral uma "província-modelo" para as suas teorias de racionalidade governamental, estabeleceu um gabinete legislativo para supervisionar o "desenvolvimento unificado do direito" e encheu a sua administração com mangas de alpaca da academia. Frank introduziu os tribunais e a jurisdição alemães, aboliu o supremo tribunal polaco e tornou os veredictos dos tribunais polacos sujeitos a "reexame" por juízes alemães. Em suma, esperava desenvolver a "missão imperial" da Alemanha através da elaboração de um sistema de justiça colonial. O Governo-Geral seria colonizado pelos juízes nazis ([47]).

Porém, foi precisamente aqui que o "Rei da Polónia", como Frank se tornou ironicamente conhecido, perdeu a simpatia de Hitler. Para o *Führer*, a principal razão para não anexar o Governo-Geral ao *Reich* fora precisamente para que as autoridades alemãs *não* se sentissem obrigadas pela lei. Tal como Himmler e Heydrich, Hitler detestava os juristas e quanto mais a guerra se prolongava mais a sua antipatia aumentava. "Uma das razões, e a não menos importante, pelas quais consegui preencher os cargos cruciais com homens capazes de cumprirem os seus deveres", declarou ele, "foi o facto de não terem sido recrutados por possuírem formação jurídica, mas por terem passado com distinção na escola da vida". "Nunca perco uma oportunidade para ser mal-educado com os juristas", disse ele a Himmler, em novembro de 1941. Não percebiam de nada, exceto de "parágrafos", e muito menos das necessidades da política racial: "O Povo vive apesar dos juristas, não por causa deles" ([48]).

No outono de 1941, a luta entre Frank e a SS agravou-se rapidamente depois de Himmler começar a construir a sua colónia pioneira em Zamość sem informar Frank. Frank acusou o representante de Himmler, o HSSPF Wilhelm Krüger, com quem mantinha desde há muito um relacionamento difícil, de ir por trás das suas costas e construir "um Estado dentro do Estado". Algumas semanas mais tarde, numa palestra sobre "A Técnica do Estado", Frank tornou a acusação pública. Numa declaração clássica das críticas do Partido à excessivamente centralizada SS, Frank contrastou as tradições francesas obsoletas da centralização do Estado com a superior via alemã de unidade sob o princípio do líder. "Temos agora uma grande escola no Leste, o grande e gigantesco Leste do nosso Grande *Reich* Alemão", gabou-se ele. "Posso afirmar tranquilamente que a construção puramente técnico-lógica de um novo tipo de administração que vimos levando a cabo nos *Gaus* orientais, no Governo-Geral e nos novos Comissariados do *Reich* se poderá tornar, em grande medida, o modelo de uma futura estrutura administrativa para o *Reich*". Atacando diretamente a SS, reiterou a acusação:

"Nenhuma área oficial pode ter regras de ação próprias, o que a isentaria de controlos [e a tornaria] um Estado dentro do Estado... O particularismo dos cargos deve ser eliminado!" (⁴⁹).

Mas Himmler também tinha as suas armas e estava preparado para desferir golpes baixos. A corrupção no Partido era um interesse predileto da SS e em nenhum outro lugar era tão generalizada como no *"FrankReich"* (como os brincalhões chamavam ao Governo-Geral). No inverno, a SS compilou um dossiê incriminatório sobre o próprio governador-geral. Frank enchera armazéns de chocolate, café e outros luxos. A mulher encomendara muitas peles – casacos de pele de toupeira e de arminho, sobretudos de pele de castor, de rato almiscarado e de arminho, capas de pele de cordeiro, de raposa prateada e de raposa azul –, muito abaixo do seu valor real, à firma evidentemente não ariana de Apfelbaum, em Varsóvia. Os agentes de Frank negociavam no gueto joalharia, máquinas de café, anéis, pulseiras de ouro, comida enlatada e muitos outros artigos. "Nos círculos governamentais alemães", lia-se no relatório da Gestapo, "é tópico de conversa diário o facto de a família do governador-geral ir às compras ao gueto". Havia comboios regulares da propriedade polaca de Frank para a sua residência na Baviera, transportando quantidades enormes de ovos, frutos secos, mobiliário, aves, óleo de cozinha e lacticínios. Transpirou inclusivamente que o Dr. Lasch, o governador da Galícia, com quem Frank alegadamente partilhava uma amante polaca, fora contratado para vasculhar a Europa Ocidental ocupada em busca de tesouros artísticos para a residência de Frank: quadros, mobílias, materiais de construção. Em março de 1942, Frank foi convocado para um encontro com Himmler, Bormann (chefe da chancelaria do Partido) e Lammers (chefe da Chancelaria do *Reich*), no quartel-general de Hitler (⁵⁰).

Frank defendeu-se com firmeza mas acabou por admitir que Lasch, seu antigo colega, devia ser investigado. As descobertas foram incriminatórias. Interrogado pela SS, Lasch revelou que Frank considerava Himmler e Heydrich responsáveis por "todo um mundo de injustiça, autoridade policial, opressão do povo, campos de concentração, crueldade". E como se tal não bastasse, Frank ficara incomodado com o julgamento, pelo tribunal de Praga, do primeiro-ministro checo, Eliáš, um julgamento engendrado por Heydrich. Segundo Lasch, Frank via-se como o defensor da lei, defendendo a "justiça" contra a "injustiça" de Himmler, e estava a preparar o terreno para uma campanha, no pós-guerra, destinada a travar a SS, com a ajuda do exército e da SA: era esta a base da luta já em curso no Governo-Geral. Frank, um farsante e um supersticioso que andava sempre a chamar a atenção para a sua suposta semelhança física com Mussolini, até tinha criticado o *Führer* por não governar através do seu conselho de ministros, como ele se orgulhava de fazer em Cracóvia ([51]).

Lasch morreu em maio, na prisão, uma ocorrência bastante invulgar num regime que matou poucos dos seus a partir de 1934 e que só pode ter intensificado o ódio de Frank a Himmler. Todavia, a credibilidade de Frank em Berlim ficou seriamente abalada. O que surpreendeu foi que quando a SS começou a dar ordens aos administradores de distrito de Frank, ele contra--atacou e fê-lo com algum estilo. Ao discursar para estudantes e professores universitários em Berlim, Munique, Heidelberga e Viena, Frank insistiu que "uma nação não se deixa ser governada pela força... A nação alemã vive em liberdade devido ao seu direito e nunca poderá ser obrigada a tornar-se uma *Volksgemeinschaft* pela força". Sem limitar os seus comentários à Polónia, Frank expressou abertamente a sua preocupação pela ascensão meteórica da SS e pelo seu impacto na própria Alemanha. Era como se estivesse a avisar os ouvintes do que a guerra fizera ao nacional-socialismo; as vitórias gloriosas no Leste tinham acarretado uma alteração imprevista e perigosa do equilíbrio entre o poder policial e a lei. Isto tornara-se essencialmente visível no Governo-Geral, mas havia sinais de alerta para o conjunto do *Reich*. A brutalidade, disse ele aos estudantes de Munique atónitos, "nunca é sinónimo de força" ([52]).

Frank também concentrou a sua atenção para o que estava em jogo para a Europa. Soando bastante a Best, recordou os ouvintes de que a Alemanha não estava apenas a encetar um novo capítulo da história dos impérios. Não estava interessada – insistiu ele – em escravizar outros povos nem em impedir o desenvolvimento da sua vida cultural. Não podia haver Nova Ordem sem lei. A lei teria de preservar a vida das nações mais pequenas da Europa. E falando com uma clareza invulgar, Frank avisou que seria um desastre se os ideais do nacional-socialismo se tornassem os de um "Estado policial". Os juristas podiam cometer erros, declarou ele sob uma estrondosa ovação, mas ainda eram "melhores do que qualquer Estado policial". As credenciais do orador não eram grande coisa: afinal de contas, Frank presidira à destruição do direito alemão, lucrara com a ascensão do nazismo e estava a revelar-se um governante implacável e letal na Polónia. Mas as palavras deixaram marcas ([53]).

Durante os meses seguintes, os argumentos de Frank foram analisados à lupa pelo SD, e desconsiderados pelo seu "liberalismo" antiquado; a questão não era se devia prevalecer o Estado de direito, mas sim que tipo de direito. Os juízes tinham efetivamente de garantir uma maior conformidade com as necessidades e desejos do Povo, mas o lembrete de Frank de que o *Reich* precisava de se apresentar melhor como legislador do continente foi aceite consensualmente. Era obviamente indesejável que as pessoas vissem os alemães como vândalos e os fascistas italianos como os novos romanos: "Só poderemos edificar uma Nova Ordem duradoura para um continente seguindo a via da Lei. É claro que podemos destruir pela força uma ordem velha e podre, mas uma Nova Ordem deverá crescer e ser servida pela Lei". Segundo o SD, que não tinha por hábito esconder as verdades desagradáveis daqueles que eram autorizados a ler os seus relatórios – cada vez mais pessimistas –, as opiniões de Frank não eram exclusivas dele; eram partilhadas não só pelos "nossos inimigos", mas também por "muitos dos nossos *Volksgenossen*". E a opinião geral prevalecente na Europa ocupada também não era animadora: "Temos certamente de nos libertar da odiosa acusação de que só queremos pôr uma bota cardada em cima do pescoço dos outros Povos da Europa, que devíamos estar a conduzir para uma Nova Ordem". De facto, nas terras nórdicas, "o nosso método de fuzilar os inimigos do *Reich* é comparado com os métodos bolcheviques; aliás, as pessoas até comparam o nacional-socialismo com o bolchevismo" ([54]).

O autor destes comentários sabia certamente do que estava a falar. O macabro Otto Ohlendorf era um prussiano sombrio, dinâmico e presumido, acabado de regressar do Sul da Ucrânia e era profundamente crítico da política alemã na região. A sua comissão de serviço não fora, de todo, normal: enquanto comandante do *Einsatzgruppe* D, supervisionara o assassínio de 90 000 judeus. Não apreciara particularmente o seu trabalho, mas permanecera conscientemente no seu posto e por mais tempo do que os seus camaradas, os comandantes dos outros *Einsatzgruppen*. De facto, tal como sucedia com Frank, não foi o destino dos judeus que fez Ohlendorf concluir que a Alemanha estava no mau caminho em termos políticos: não há registo de nem um nem outro protestarem contra os assassínios em massa, nos quais estavam profundamente implicados. Para eles, os judeus foram sempre um caso à parte e eles tinham coisas mais importantes com que se preocupar. O que verdadeiramente os enfurecia era a idiotice da supressão das aspirações nacionais dos povos da ex-URSS e a atribuição de demasiado poder a um homem como Himmler, tão falho de realismo político ([55]).

A querela entre a SS e Frank não podia ter eclodido numa altura mais crítica. No *Reich*, estava em causa o destino da profissão jurídica alemã. O sistema judicial alemão estava no limbo desde 1941, quando tinha morrido o ministro da Justiça, Gürtner, um dos poucos moderados sobreviventes entre os ministros do *Reich*. Quase dois terços dos juízes alemães tinham sido nomeados antes de 1933 e os radicais do Partido apelavam a saneamentos generalizaos ([56]). Em abril, realizou-se uma sessão extraordinária no

Reichstag. Naquele que seria o seu último discurso neste fórum, Hitler, de rosto severo, exigiu – e os deputados confirmaram-no obedientemente – o reconhecimento do seu papel como árbitro da justiça alemã, com o direito de demitir todo e qualquer juiz "que não compreenda as necessidades do momento". O discurso não caiu bem no público alemão, que não conseguiu compreender porque é que Hitler tinha necessidade de mais poderes e anunciara novas pressões sobre as instituições jurídicas. Os avisos de Frank contra os "ideais de Estado policial" e o seu apelo para que Hitler protegesse o sistema judiciário não comoveram o *Führer*, até porque, em especial, o assassínio industrializado dos judeus polacos estava a entrar numa fase nova e mais intensa. "Permitam-me uma palavra de aviso aos nossos cavalheiros do direito", declarou Hitler, a 22 de julho de 1942, no dia a seguir ao discurso de Frank em Heidelberga. "Deviam abster-se de impor a sua mania dos regulamentos à administração dos nossos territórios do Leste". No fim de agosto, Frank foi privado das suas honrarias partidárias. Apresentou a sua demissão de governador-geral, enviando a Hitler uma carta na qual denunciou o poder crescente da polícia secreta e a erosão do direito no *Reich*. Hitler ignorou a carta e manteve Frank no cargo [57].

A justiça tornou-se muito mais severa na Alemanha na fase final da guerra, tal como Frank previra. As sentenças de morte pronunciadas pelos tribunais dispararam de 250 em 1939 para 4457 em 1942 e 5336 no ano seguinte. Além de importar mão de obra escrava racialmente indesejável, o *Reich* estava a importar também a violência racial e o terror intensificados que a SS espalhava além-fronteiras. Ao mesmo tempo, a SS acelerou o extermínio dos judeus polacos, e em finais de 1942 dos dois milhões de judeus do Governo-Geral apenas restavam 300 000 (longe de se preocupar com *isto*, Frank fez chacota em público). O aparelho policial e de terror tornou-se mais poderoso e mais mortífero, quer na Alemanha quer na Europa de Leste. O próprio Himmler reconheceu a ligação. "O desenvolvimento político do *Reich* está a acelerar-se em resultado das experiências da guerra", observou ele, em junho de 1942, numa aparente ligação da controvérsia sobre o sistema judiciário à aceleração da Solução Final. "Temos de implementar algumas decisões, especialmente nos territórios recém-ocupados, que também são de importância decisiva para a futura orientação política do *Reich*" [58].

Contudo, tal como as críticas de Frank indicam, a SS não podia atuar a seu bel-prazer e mantinha-se o velho dilema Partido-Estado. De facto, os *Gauleiters* do Partido estavam tão entrincheirados como sempre. Apoiados pelo *Führer*, homens como Koch e Forster desafiavam Himmler com impunidade. Até Frank, depois de tudo o que disse, permaneceu no seu cargo. O assassinato de Heydrich e o fiasco do repovoamento atingiram gravemente a SS e Himmler tinha dificuldade em controlar algo que se estava a tornar cada vez menos uma organização e cada vez mais um conjunto de mini-impérios díspares. Quando finalmente se tornou ministro do Interior, em 1943, este facto em pouco contribuiu para resolver a luta entre o Estado e o Partido. O novo ministro prometeu fazer a quadratura do círculo, tal como o seu antecessor, prometendo, por um lado, "uma poderosa força central", "ininterrupta por cargos especiais" "e, por outro, descentralização e governo local forte". Mas o impasse manteve-se. Nas palavras desiludidas de Ohlendorf, Himmler estava apenas a "organizar a desordem" ([59]).

PARTE 2

A Nova Ordem

9

Fazer a ocupação pagar

Em novembro de 1937, na Chancelaria do *Reich*, um grupo muito restrito – os ministros da Guerra e dos Negócios Estrangeiros e os chefes dos três ramos das forças armadas – ouviram Hitler expor longamente a sua visão para os próximos cinco a oito anos. No entanto, a mensagem básica foi muito simples. Havia pouco tempo a perder, uma vez que, em todo o mundo, disse-lhes ele, era de novo visível "o impulso primitivo de colonizar". A verdadeira força motriz era a necessidade económica. Levara recentemente à expansão do Japão e da Itália e a Alemanha tinha de lhes seguir os passos. O *Reich*, com o seu "núcleo racial comprimido", nunca seria autossuficiente em matérias-primas nem alimentos e a sobrelotação constituía uma ameaça real para o futuro do país. Aumentar a sua qualidade de vida significava conseguir acesso aos recursos de outros povos.

Todavia, a participação do país na economia mundial torná-lo-ia vulnerável à pressão britânica – nem Hitler nem os seus ouvintes tinham esquecido o bloqueio imposto à Alemanha na Grande Guerra –, pelo que o único escape seguro para a Alemanha era a Europa: "Se aceitarmos a segurança da nossa situação alimentar como o ponto principal em causa", disse ele, "o espaço necessário para a garantir só pode ser procurado na Europa e não – como na visão capitalista e liberal – na exploração de colónias. Não se trata de adquirir população, mas de obter espaço para uso agrícola. Além do mais, as áreas produtoras de matérias-primas podem ser procuradas mais utilmente na Europa, na proximidade imediata do *Reich*, do que no ultramar". Hitler tinha a Áustria e a Checoslováquia em mente, em primeiro lugar, prevendo que a sua conquista melhoraria o abastecimento alimentar do *Reich*, em especial se, como previu, a Alemanha conseguisse forçar três milhões de checos a emigrarem. Se escolhessem o momento certo, a Grã-Bretanha e a França não interfeririam e a Alemanha sairia economicamente reforçada e numa posição forte para se continuar a expandir ([1]).

Hitler tinha a tendência para pensar na economia em termos da quantidade de carvão, ferro e aço, gorduras alimentares e cereais que poderia extrair de um dado território. Via a economia internacional como um jogo de soma zero e não como um jogo em que a sorte de todos estava ligada através da interdependência mútua. Era certamente assim que via especificamente a Europa de Leste. Contudo, depois da conquista da França, surgiu subitamente uma possibilidade muito maior – a da hegemonia continental. Os especialistas em política económica, cientes das pressões existentes sobre a economia alemã desde o princípio dos anos 30, ficaram imensamente aliviados. "Administramos um território que vai do oceano Ártico ao mar Negro e do golfo da Finlândia ao Atlântico", gabou-se o ministro da Economia pouco depois da invasão da URSS. "Nunca antes na história do mundo houve que gerir uma economia idêntica [*Wirtschaftsverwaltung*]". Este território, complementado em breve com as novas terras conquistadas à URSS em 1941-1942, facultou uma base de recursos superior, em quase todos os aspetos, à disponível a Estaline; a União Soviética só permanecia à frente em petróleo ([2]).

Mas os recursos não eram a história toda. O PIB europeu era maior do que o do Império Britânico ou dos EUA (mesmo sem ter em conta o contributo potencial das colónias francesas, belgas e holandesas), mas a sua riqueza era gerada menos através da extração do que do desempenho de mercados financeiros sofisticados, abertos e interligados. A crise económica de entre as guerras mundiais atingira o comércio entre os países do continente e reduzira as suas transações com o resto do mundo, mas estas redes e interações comerciais permaneciam cruciais para a prosperidade europeia. Por outras palavras, o verdadeiro desafio que se colocava à Alemanha era menos como extrair recursos do que como geri-los ([3]).

Porém, Hitler, desejoso de construir a Fortaleza Europa, subestimou os custos de quebrar as ligações internacionais do continente. Depois de a guerra eclodir e de a Europa ficar isolada dos seus parceiros comerciais ultramarinos pelo bloqueio britânico, revelou-se cruamente a sua dependência extrema do abastecimento externo em cereais, rações para animais, petróleo e carvão. Em muitas ocasiões, não havia substitutos de curto prazo para os bens importados e superar o seu desaparecimento teria exigido, no melhor dos cenários, uma gestão hábil, visão e vontade de aceitar compromissos, o que não eram as virtudes mais prezadas na Alemanha de Hitler. Longe de contribuir para o esforço de guerra alemão, a conquista deixou algumas das vítimas do *Reich* necessitadas da assistência alemã para não passarem fome: de um ponto de vista estritamente económico, não valia a pena ter invadido importadores líquidos como a Noruega e a Grécia. Todavia, a corrida para a guerra e o facto de o *Reich* combater com margens absolutamente mínimas só vieram intensificar a tendência dos nazis para darem prioridade a políticas de pilhagem. O resultado, sem surpresa, foi que a ocupação alemã desencadeou crises fiscais e monetárias nos sucessivos países, crises que desgastaram a autoridade do Estado, alimentaram as tendências inflacionárias e destruíram os mercados internos frágeis. Durante a guerra, o rendimento nacional não aumentou em nenhum lugar da Europa fora do *Reich*. Em suma, o desempenho económico do continente foi desastroso, especialmente nas regiões que Hitler considerara as mais vitais para conquistar. Uma excelente história económica recente da economia de guerra alemã sublinha esta dura realidade: enquanto a produção dos EUA subiu em flecha, a Fortaleza Europa estagnou ([4]).

Todavia, no curto prazo, Hitler conseguiu muito do que queria porque embora o bolo continental estivesse a minguar, o *Reich* consumia uma fatia cada vez maior. Apesar de ser apenas uma potência mundial de média dimensão, a Alemanha, através da força bruta, conseguiu reorientar para si própria uma percentagem muito substancial do comércio e da produção europeus. Entre 1940 e 1944, o contributo dos territórios conquistados para o consumo de aço da Alemanha aumentou de 3% para 27% e a percentagem de trabalhadores estrangeiros na força laboral do *Reich* subiu de 3% para 19%, permitindo ao país lançar milhões de homens na Frente Leste. Ao mesmo tempo, o consumo alemão aumentou em um oitavo devido ao contributo dos territórios ocupados – *não* incluindo o papel crucial da mão de obra estrangeira. Os trabalhadores polacos, checos e franceses foram especialmente importantes. Espantosamente, 7,4% da população *total* do Governo-Geral trabalhava no *Reich*. Em 1943, mais de metade da força laboral francesa trabalhava para o esforço de guerra alemão e mais de um terço do rendimento nacional da França era sorvido para benefício da Alemanha. No Protetorado da Boémia-Morávia, cada vez mais incorporado na economia do *Reich*, o rendimento nacional subiu acima dos níveis de antes da guerra, apesar dos fluxos de saída líquidos de recursos para o Velho *Reich*; graças a um significativo crescimento industrial, para não falar nos 600 000 trabalhadores na Alemanha (e mais de 200 000 nos campos de concentração), o desemprego desapareceu e os salários acompanharam a inflação ([5]).

Se a economia da Nova Ordem funcionou, foi apenas no curto prazo e porque a cooperação capitalista entre a Alemanha e outros países do Ocidente se revelou muito mais produtiva do que os modos colonialistas de extração que Hitler exigiu no Leste. Até os países ocupados que necessitaram da ajuda alemã para manter as suas economias a funcionar, como a Bélgica e a Holanda, se revelaram contribuintes líquidos substanciais para o esforço de guerra alemão. Por exemplo, Goebbels ficou impressionado com o modo como as fábricas holandesas cumpriam obedientemente as ordens do *Reich*. Um estudioso das relações germano-belgas refere o "êxito extraordinário" dos alemães em porem a generalidade do Noroeste da Europa a trabalhar (⁶). O valor dos materiais saqueados desta região equivaleu provavelmente a quase quatro vezes o dos obtidos no Leste e a Europa Ocidental também contribuiu com a parte de leão do tributo financeiro pago na forma de custos de ocupação e outros impostos. Mesmo na questão do importantíssimo abastecimento alimentar, o fracasso abissal da política agrícola alemã na União Soviética foi compensado pelas entregas enormes da França e do Governo-Geral. Tudo isto demonstrou, mais uma vez, as limitações da visão colonialista de Hitler e mostrou que sociedades industriais densamente administradas podiam ser exploradas mais lucrativamente do que as agrárias e com poucas ligações ao exterior.

Obviamente, foram os estrangeiros que sofreram o ónus, na forma de rações cada vez mais reduzidas e dietas empobrecidas. Viam-se por todo o lado longas bichas, fura-vidas e negociantes do mercado negro. A habitação escasseava, devido às requisições e aos bombardeamentos, e muitos bens tornaram-se uma memória distante, apenas possíveis de obter nos restaurantes de luxo reservados aos alemães e a quem os servia. Mesmo assim, a produção alimentar europeia não caiu tanto como na Primeira Guerra Mundial, e se franceses e italianos estavam pior do que em 1914-1918, é provável que os belgas, os alemães e os centro-europeus não estivessem, pelo menos até ao último ano de guerra. Os aumentos acentuados da mortalidade infantil e das epidemias foram localizados e as taxas de natalidade subiram de forma acentuada em muitas regiões: o racionamento e o mercado negro mantiveram com vida a maioria das pessoas. A fome foi rara, atingindo apenas a Grécia no primeiro inverno da ocupação e a Holanda no último. Na Europa de Leste, a história foi completamente diferente. Muita gente passou fome nos campos de concentração, nos guetos, no Governo-Geral e em todos os territórios soviéticos, em parte porque a polícia alemã destinou grupos inteiros à morte por subnutrição.

O modo como a Alemanha geriu a economia europeia – tal como a sua abordagem às políticas da raça e das nacionalidades – foi fundamentalmente moldado não só pela ideologia, mas também pelo curso da guerra. Em 1938-1939, o *Reich* construiu o seu domínio comercial e industrial na Europa Central e de Leste e depois da conquista da França, crente de que também tinha vencido no Ocidente, começou a ponderar a forma da Nova Ordem para o continente. Contudo, a partir do inverno de 1941-1942, ao perceber que a União Soviética permanecia invicta, as necessidades de curto prazo da economia de guerra tornaram-se muito mais prementes. Foi este o verdadeiro ponto de viragem da gestão global da ocupação, pois marcou uma exploração muito mais violenta do continente e dos seus recursos. Aproveitando o colapso do sistema judiciário alemão, a SS presidiu a um crescimento espantoso da população dos campos de concentração – de 21 400 em 1939 para mais de 100 000 em meados de 1942 e mais de 700 000 no princípio de 1945 – e transformou-se num importante fornecedor de mão de obra escrava. Göring reduziu ao máximo o consumo alimentar nos territórios ocupados para garantir a manutenção da qualidade de vida na Alemanha e Fritz Sauckel, o novo plenipotenciário do trabalho, conduziu uma série de campanhas de recrutamento brutalmente eficazes, da França à Ucrânia, que forçaram mais de cinco milhões de pessoas a trabalhar no *Reich* e provocaram resistência em todo o continente. As vítimas eram metidas em fábricas onde as condições se tinham tornado tão difíceis como nos campos de concentração. Albert Speer, recém-nomeado por Hitler ministro do Armamento, obrigou milhares a trabalharem até à morte em fábricas de mísseis subterrâneas, minas de carvão e fábricas de maquinaria. "Quereis a guerra total?", gritou Goebbels na primavera de 1943, em Berlim, aos seus ouvintes escolhidos a dedo. Quer quisessem quer não, já a tinham.

A CONQUISTA

Em finais dos anos 30, o esforço de rearmamento alemão esbarrou nas limitações do *Reich* em termos de recursos. Os países da Europa Central e de Leste que exportavam as suas matérias-primas para a Alemanha, com créditos enormes a acumular-se nas suas contas, começaram a virar-se para clientes que pagavam em divisas. A conquista oferecia uma alternativa para garantir dinheiro e bens.

As reservas de ouro e divisas da Áustria foram parar ao Reichsbank, bem como as reservas checas – num valor estimado de 100 milhões de dólares –, enviadas obedientemente de Londres, pelos britânicos, depois da conquista de Praga. Grandes quantidades de matérias-primas foram retiradas da Áustria, da Checoslováquia, da Polónia e da Europa Ocidental, aliviando a escassez de metais no *Reich* e permitindo que 40% da produção industrial alemã permanecesse orientada para os consumidores até à invasão da União Soviética. Uma das primeiras ordens de Hitler aquando da invasão da Checoslováquia foi para o Exército assumir o controlo das enormes fábricas de ferro e aço de Ostrava. Os cavalos eram especialmente vitais para a Wehrmacht, que requisitou mais de um milhão. Os produtos acabados, em especial as armas e munições, tiveram o mesmo destino: em duas semanas, a Checoslováquia ficou sem armamento suficiente para equipar dez divisões da Wehrmacht e os despojos incluíram mais de 1000 aviões. A história repetiu-se noutros lugares. Um terço dos bens confiscados em França foi para uso militar – mais de 314 000 espingardas, 3 milhões de obuses de artilharia e 2000 tanques. No caso do Governo-Geral, Göring ordenou que "devem ser retiradas todas as matérias-primas, ferro-velho, maquinaria, etc., que possam ser usadas na economia de guerra alemã". Os seus especialistas em pilhagem trabalharam depressa. Da Grécia, em cinco meses foram enviados para a Alemanha bens no valor de quatro milhões de *Reichsmarks*, e outra unidade de pilhagem especial enviada para a Ucrânia em 1941 retirou milhares de máquinas-ferramentas para a indústria aeronáutica alemã ([7]).

O impacto do Exército alemão nas economias conquistadas também se fez sentir de outras maneiras. Agências de crédito móveis emitiram para os soldados marcos de ocupação temporários e sobrevalorizados, dando--lhes um enorme poder de compra que permitiu aos "gafanhotos" transferir quantidades substanciais de produtos para casa. Depois da conquista de França, estes "besouros da batata" (como lhes chamavam as vendedoras das lojas parisienses) caíram aos enxames sobre a Hermès e outras lojas de alta-costura – com fotografia das mulheres e namoradas na mão para terem a certeza de que compravam o tamanho certo – e limparam as prateleiras. Na Bélgica, "as longas procissões de soldados dobrados sob o peso das suas muitas compras eram uma 'imagem quotidiana'" ([8]). Göring e Hitler sublinharam sempre a importância de possibilitar à soldadesca alemã regressar do serviço militar no estrangeiro com despojos, pois sabiam que os manda-chuvas do Partido estavam a saquear o continente numa escala muito maior. Um economista poderia ter dito que isto não era *totalmente* contraproducente: dado que as invasões provocavam geralmente uma crise deflacionária temporária e que por vezes até faziam cair os preços, o papel--moeda alemão ajudava a injetar liquidez e a recomeçar a vida económica. Contudo, a ameaça de deflação desaparecia rapidamente e era substituída por pressões inflacionárias que nunca mais paravam ([9]).

Geralmente, depois das invasões a Wehrmacht encorajou a retoma da atividade económica "normal". Em alguns aspetos, a sua tarefa foi mais fácil do que na Grande Guerra, dado que em 1940 muitos funcionários públicos dos Estados conquistados presumiram que a guerra estava terminada e que era seu dever trabalhar com os alemães. Por conseguinte, ordenaram a reabertura das empresas e das lojas, congelando os salários e os preços para impedir quaisquer aumentos de preços repentinos. Muitos empresários também não viram motivo nenhum para não cooperarem: a "Política da

Produção", lançada pelos magnatas industriais belgas em junho de 1940, foi imitada em toda a Europa Ocidental. Entretanto, as requisições militares diretas foram substituídas pela aquisição e pelo aprovisionamento centralizados. Na Holanda, a Inspeção do Armamento já estava a funcionar antes da chegada do comissário do *Reich*, Seyss-Inquart, procurando empresas holandesas às quais poderia "subcontratar" as necessidades militares alemãs. Uma leitura estrita das Convenções de Haia teria impedido obrigar a população a trabalhar deste modo para o ocupante, mas, em geral, este tipo de objeção – apesar de suscitado pelos funcionários holandeses, franceses e belgas – foi ignorado. Os empresários tinham lucros a fazer e concorrentes a vigiar. Além do mais, o receio de que os alemães deportassem trabalhadores para o *Reich* se eles não se apresentassem voluntariamente ao trabalho levou os decisores políticos, os trabalhadores e os patrões a verem a retoma da produção como um mal menor.

Na Europa Ocidental, pelo menos, tiveram escolha. Em grande parte da Europa de Leste, os alemães saquearam tudo o que encontraram. O exemplo foi dado pela gigantesca Reichswerke HG, de Göring. Em finais de 1939, estabeleceu-se numa posição dominante na Áustria e na Boémia-Morávia, apoderando-se de minas de carvão e de fábricas de ferro e de aço, tornando-se provavelmente o maior conglomerado industrial do mundo. Depois de 1941, as suas subsidiárias apoderaram-se das empresas mineiras, metalúrgicas e manufatoras soviéticas. Em meados de 1944, a Reichswerke HG empregava mais de 400 000 trabalhadores, a sua maioria fora do *Reich*. Tudo isto fez parte de uma estratégia para expulsar os capitais franceses e britânicos da Europa Central e de Leste e construir, entre Linz e a Alta Silésia, uma zona alemã de produção de armamento e produtos químicos e de extração mineira supervisionada pelo Estado. Empresas como o gigante da indústria química, a I. G. Farben, aderiram ao esquema. Não tinham sido especialmente a favor da guerra, mas depois de esta começar aproveitaram-na ao máximo. Avançando na esteira da tropa, despediram os funcionários judeus e aceitaram nazis nos conselhos de administração em troca de poderem deitar a mão às empresas não alemãs ([10]).

O objetivo de longo prazo era libertar o *Reich* – e o Partido, em particular – do monopólio dos antigos barões independentes do carvão e do aço do Ruhr sobre a energia e colocar setores cruciais da economia da Grande Alemanha mais firmemente sob controlo do Estado. A partir do *Anschluss*, Göring sublinhou que o *Reich* não estava em guerra para ajudar meia dúzia de empresários a terem lucros maiores. Por exemplo, a economia austríaca, declarou ele, devia ser "firmemente mantida nas mãos do Estado". Para Göring, a área da Europa Central e de Leste sob ocupação alemã formava "uma zona económica homogénea" que requeria a supervisão de Berlim ([11]). A sua política de pilhagem no Governo-Geral não tardou a ser revogada e a sua empresa começou a gerir firmas em vez de as desmantelar. Hans Frank, em Cracóvia, reclamou o mérito por esta mudança:

> No dia 15 de setembro de 1939, recebi a incumbência de administrar os territórios orientais conquistados com ordens explícitas para explorar implacavelmente esta região como uma zona de guerra e uma terra pronta para saquear, para transformar a sua estrutura económica, social, cultural e política num monte de ruínas, por assim dizer. A obra de iluminismo levada a cabo durante os últimos meses deu origem a uma mudança completa de atitude. Hoje em dia, a área do Governo-Geral é considerada uma parte valiosa do espaço vital alemão. O princípio da destruição total converteu-se no princípio do desenvolvimento desta área de modo a gerar benefícios para o *Reich*. ([12])

Mas Frank estava a ser demasiado autocongratulatório e o rendimento nacional polaco caiu catastroficamente 40% depois da invasão alemã. A vida económica do país dificilmente poderia ser reanimada por uma mudança de atitude depois de os mercados existentes antes da guerra terem sido tão violentamente retalhados pela partilha e com uma percentagem substancial das empresas sobreviventes com uma gestão obviamente temporária. De modo mais fundamental, os polacos tinham perdido toda a autonomia e estavam à mercê de planos alemães para o seu país que não lhes ofereciam nenhum incentivo para cooperarem.

Por outro lado, a política alemã na Dinamarca mostrou o que podia ter sido feito na Europa de Leste se os nazis tivessem optado por aquilo a que um quadro empresarial desiludido chamou "contentar-se com o atingível". O contraste com a Polónia era inacreditável. Hitler tinha dito que os dinamarqueses deviam ser tratados "do modo mais amistoso possível" dada a sua não resistência, pelo que os contratos de negócios seguiam as "práticas normais". Isto significou que os dinamarqueses geriam a economia praticamente sozinhos, através de uma Comissão Governamental Germano--Dinamarquesa, o que possibilitou aos alemães utilizarem de forma intensa mas não esmagadora os estaleiros, as fábricas de máquinas-ferramentas e outras indústrias cruciais do país. Os alemães confiaram nos dinamarqueses. Não houve nenhuma "reorganização" da economia em moldes nazis, nenhuma aquisição em massa de ativos, nenhuma pilhagem de depósitos nem de reservas de divisas, nem sequer o recrutamento forçado de mão de obra. Cientes da postura cética – para não dizer hostil – do público dinamarquês e desejosos de garantirem o acesso continuado aos lacticínios, ao peixe e à carne da Dinamarca, os alemães intervieram o menos possível nas transações comerciais. Tinham o que queriam, mas o resultado foi que a sua percentagem da produção industrial dinamarquesa nunca terá excedido 10%, em comparação com 30-40% em França ([13]).

Mais ninguém se saiu assim tão bem. Na ótica de Hitler, a resistência militar demonstrada pelas outras potências europeias bastava para as colocar numa categoria diferente. No entanto, as consequências para a Europa Ocidental foram menos graves nos primeiros um ou dois anos do que talvez fosse de esperar. As autoridades de ocupação alemãs valorizaram acima de tudo a estabilidade política e limitaram a corrida aos ativos que ameaçou seguir-se à conquista. Berlim, vendo na capacidade industrial da Europa uma válvula de escape para a economia sobreaquecida do *Reich*, tentou evitar danificar as suas infraestruturas com intervenções excessivas, pilhagens e reestruturações. Aliás, a lista de compras da indústria pesada alemã era bastante modesta em comparação com os ambiciosos objetivos de guerra formulados pelos alemães em 1914. Foi, pois, a pensar na Europa Ocidental que o ministro da Economia, no verão de 1940, previu a emergência de uma pan-Europa baseada, não na fusão de Estados, mas numa "união de economias nacionais", com os negócios do setor privado a serem realizados sob a supervisão de funcionários governamentais. Construindo sobre os estreitos contactos criados entre empresários proeminentes em toda a Europa Ocidental antes da guerra, o ministério patrocinou encontros e promoveu a ideia de uma americanização coordenada das indústrias regionais; alguns industriais chegaram mesmo a fantasiar, durante algum tempo, com um parlamento industrial europeu sob os auspícios da Alemanha.

As vantagens desta cooperação e entendimento mútuo tornaram-se depressa evidentes. Depois da conquista de França, Göring quis que a Reichswerke tomasse conta das indústrias europeias, tal como fizera na Europa Central, mas desta vez teve muito menos êxito. Depois de tentar impedir os industriais alemães de se deslocarem a França para investigarem o espólio, em junho de 1940, foi desfeiteado, ao tentar apoderar-se de um conglomerado luxemburguês do aço, a Arbed, por uma parceria entre o Deutsche Bank e a gigantesca sociedade gestora de participações sociais belga, a Société Générale, liderada pelo seu hábil presidente Alexandre Galopin, um homem a quem os alemães chamavam o "rei não coroado da Bélgica" (*). Pensando a longo prazo, os empresários alemães e os seus parceiros da Europa Ocidental

---

(*) Galopin estabeleceu a "doutrina Galopin", uma tática de mal menor que permitiu o desenvolvimento industrial da Bélgica durante a Segunda Guerra Mundial. Fundou

não queriam Göring nem os *Gauleiters* a perturbar as suas relações de longa data, relações anteriores ao regime nazi e que, na sua perspetiva, podiam muito bem sobreviver-lhe, e viram a guerra como uma oportunidade para as aproveitar. No fim do verão de 1940, Gustav Schlotterer, o homem incumbido por Funk de construir a nova ordem económica na região, avistou-se com industriais franceses, holandeses e belgas para discutir as possibilidades de cooperação a longo prazo. O ambicioso banqueiro belga barão de Launoit, descrito por um admirador alemão como "um verdadeiro eurovisionário", mostrou-se muitíssimo interessado: "O Ruhr, o Sul da Holanda, a Bélgica, o Luxemburgo, a Lorena e o Norte da França (...) constituem uma unidade económica natural no que toca ao carvão e ao aço... Nós, homens de negócios, devemos romper fronteiras e aprender a cooperar" ([14]).

O que lhes permitiu levarem a sua avante foi a falta de interesse de Hitler pela região. O seu olhar estava fixado no Leste, o que lhe importava era que o carvão e o aço continuassem a ser produzidos e enquanto assim foi os interesses do Ruhr e dos seus parceiros no estrangeiro não sofreram interferências. Este arranjo servia aos tecnocratas do Ministério da Economia. Apesar de nominalmente subordinado a Göring, o ministério encorajava os banqueiros alemães a proporem empresas estrangeiras prontas para ser controladas, mas queria que isso fosse feito de forma estratégica e discreta, evitando uma corrida indecorosa. Deplorava os confiscos feitos sem quaisquer planos que tinham acontecido em alguns países e recomendou "aquisições cuidadosas de ações" feitas numa "base puramente comercial". O resultado foi que gestores holandeses, franceses e belgas astutos conseguiram pôr firmas alemãs umas contra as outras. Homens de negócios ambiciosos como o magnata holandês Fentener van Vlissingen ou o belga de Lanoit cooperaram com parceiros alemães na banca, no comércio, na indústria pesada, na indústria química e na construção. Por vezes, até as forças armadas alemãs protegeram interesses estrangeiros contra ataques empresariais, como quando a Luftwaffe impediu a I. G. Farben de adquirir o fabricante belga de películas fotográficas Gevaert. O resultado foi que nenhuma das maiores empresas da Bélgica e da Holanda (como a Unilever e a Philips) sofreu uma perda de controlo significativo e a penetração económica alemã foi, em geral, travada por uma teia de dificuldades legais e escassez de capital ([15]).

Não admira, pois, que as organizações patronais dos países ocupados tenham respondido de forma positiva ao apelo alemão para uma "*entente* económica" e parecido satisfeitas em "trabalhar em comum" desde que isso

---

o Comité Galopin, constituído por líderes empresariais, bancários e industriais, que definiu a política económica e social e estabeleceu regras para lidar com os ocupantes. (*N.T.*)

mantivesse o Partido à distância. O seu lema era: "Mais vale o pior industrial do que o melhor *Gauleiter*". O Ministério dos Negócios Estrangeiros alemão e a Wehrmacht dispuseram-se a ajudar os patrões. Quando a assembleia nacional francesa ilegalizou as exportações de capital, os alemães limitaram-se a um protesto brando. A "colaboração" influenciou setores tão diversos como os seguros, a indústria química, a indústria automóvel e os têxteis artificiais: existia um entendimento tácito entre os empresários franceses e os seus parceiros alemães. Como observou um funcionário público francês, estes nem sempre eram motivados pelo

> desejo de hegemonia ou domínio mas, antes pelo contrário, pela intenção de se precaverem contra todas as eventualidades. O facto é que alguns deles não estão certos de uma vitória alemã nem da continuação do regime nazi, ou estão a agir como burgueses em busca de associação com burgueses estrangeiros para influenciarem o estado social do seu país. ([16])

Este tipo de cooperação deixava Göring frustrado. Apesar da imensa produtividade da parte da Reichswerke no aço francês, a França fornecia apenas 8% da mão de obra e 2% do valor líquido do conglomerado, em comparação com os cerca de 68% da mão de obra e do valor líquido representados pelos territórios conquistados pelos alemães em 1938-1939 ([17]).

Ao observarem a situação, os nacionais-socialistas, irritados, sentiam que os empresários da Europa Ocidental não estavam a ser tratados como vencidos. No entanto, nem Hitler nem os militares viam nenhum motivo para alterar este rumo pragmático: os belgas seguiam a sua "política de produção", com os gigantescos grupos do país a acomodarem os desejos alemães. A política holandesa de "cooperação", sob a supervisão fiável de altos funcionários públicos de carreira (incluindo Max Hirschfeld, que era judeu – um caso certamente único em toda a história da ocupação nazi), faziam sair das linhas de montagem canhões pesados e metralhadoras, transmissores e hidroaviões com uma fiabilidade exemplar. O Departamento Central de Contratação, estabelecido na Holanda, que supervisionava 20 000 empresas, sublinhou que, em geral, não tinham "oferecido resistência à aceitação de contratos alemães". Em suma, o sistema funcionava ([18]).

Depois da guerra, um funcionário alemão que servira na Holanda falou nos benefícios da sua "cooperação":

> Durante a guerra, houve a possibilidade de modernizar a indústria [holandesa], de aumentar as linhas de montagem, de adquirir gratuitamente processos técnicos modernos, de desenvolver ideias, de manter postos de

trabalho e, em especial, de ter lucros interessantes, o que possibilitou ao orçamento nacional cumprir os seus deveres através da tributação. ([19])

Era difícil conjugar este veredicto excessivamente otimista com as políticas exploradoras que motivavam a estratégia económica alemã, e ainda mais difícil levá-lo a sério depois do desmantelamento e da destruição generalizados que acompanharam a retirada alemã em todas as frentes, desde o Sul da Ucrânia à França Central. Mas não estava completamente enganado; por vezes, a ocupação promoveu a modernização e permitiu certamente a alguns empresários lucros astronómicos. Por exemplo, em França, fez disparar a produção de têxteis artificiais. Reorganizadas sob supervisão alemã e aproveitando os conhecimentos técnicos e, até, o capital alemães, as fábricas produtoras de viscose e de seda artificial lançaram as bases de uma indústria que se expandiria rapidamente depois da guerra. Na Alta Silésia, os novos investimentos nas indústrias de extração mineira, química e de armamento conduziram a um aumento rápido da produção e do emprego que estiveram na génese das indústrias químicas polacas nos anos 50. De modo mais amplo, a política de Göring de industrialização liderada pelo Estado na Europa Central e de Leste beneficiou os seus herdeiros do pós-guerra, os novos regimes comunistas da região, que descobriram que não precisavam de apertar muito o setor privado; os nazis já o tinham feito por eles ([20]).

Os planos alemães para dominar o continente não se limitaram às esferas dos negócios e da indústria. Com o propósito de tornar o marco "a moeda europeia mais importante", Berlim obrigou os países a canalizarem os seus fluxos comerciais e monetários através da capital alemã, onde tentou simultaneamente centralizar e normalizar os serviços financeiros do continente. Isto só poderia ter acontecido durante a guerra, juntamente com a sobrevalorização intencional e sistemática do marco. A França e a Bélgica sofreram a utilização mais nociva das taxas de câmbio, mas na Holanda foi quase tão mau. No Protetorado, a sobrevalorização ajudou os alemães a comprarem barato os ativos checos, mas também beneficiou a exportação dos produtos checos. No Governo-Geral, esgotou as reservas e deixou a região sem ativos ([21]).

Acima de tudo, aumentou de forma significativa a carga fiscal que os alemães impuseram aos países conquistados. Segundo as leis da guerra, os exércitos tinham o direito de angariar dinheiro nos territórios ocupados para cobrir as suas despesas. Desde a Guerra Franco-Prussiana de 1870-1871, tinha-se também tornado habitual os Estados vitoriosos imporem reparações ao inimigo vencido, supostamente para pagar os custos de âmbito mais geral relacionados com a guerra. Os alemães combinaram estes princípios e tornaram os seus chamados custos de ocupação um dos meios principais de financiamento do esforço de guerra. O que começou como pagamentos isolados depressa se converteu em exigências regulares muitíssimo maiores do que os empréstimos forçados exigidos ocasionalmente. Em março de 1944, segundo cálculos do OKW, a França – o maior contribuinte, de longe – já tinha pago 35,1 mil milhões de marcos, o equivalente a entre um quarto e um terço do seu rendimento nacional durante o mesmo período. A seguir estavam a Holanda, com 12 mil milhões, e a Bélgica, com 9,3 mil milhões. Os noruegueses foram muitíssimo onerados – um terço do rendimento nacional –, tendo em conta a pobreza do país e os seus recursos limitados. Na Europa de Leste, onde não foram aplicados custos de ocupação (no sentido estrito do termo), as exigências foram igualmente pesadas. O Governo-Geral pagou cerca de 5,5 mil milhões de marcos, na maioria na forma de saque. No Protetorado da Boémia-Morávia, mais de metade do orçamento governamental era transferido para o *Reich* na forma de contribuições ([22]).

E como se tudo isto não bastasse, o poder de compra alemão foi também aumentado através da expansão do sistema de acordos de compensação desenvolvido na Europa de Leste antes da guerra. Em julho de 1941, o ministro da Economia, Funk, saudou o comércio de trocas como o futuro da Europa, algo que a libertaria das restrições da era do padrão-ouro. Entretanto, foi certamente um meio eficaz de explorar os países ligados ao *Reich*. Antes da guerra, a Holanda tinha um pequeno défice comercial com a Alemanha; em poucos anos, passou a ter um enorme *superavit*, com o *Reich* a absorver 79% das exportações holandesas, em comparação com 15% em 1938. A Bélgica não estava muito atrás, com 72%, e os seus créditos valiam quase o mesmo que os custos de ocupação que tinha de pagar. Antes da guerra, a França enviava para a Alemanha 3-4% das suas exportações; em 1943, exportava 17% e o seu enorme excedente comercial ultrapassava de longe o de qualquer outro país ([23]).

No fundo, isto era expoliação organizada, e o que os nazis consideravam essencial para o esforço de guerra alemão provocou uma perturbação enorme a toda a gente. Em toda a Europa ocupada, os mercados ficaram destruídos devido à fuga dos civis e o comércio ultramarino parou, enquanto que as requisições esgotaram as quintas e as reservas e a conscrição de mão de obra esvaziou de trabalhadores campos e fábricas. A grande incerteza em relação ao futuro provocou o açambarcamento e corridas às lojas, que esgotaram *stocks*. As autoridades de ocupação procuraram encorajar a retoma da atividade económica normal o mais rapidamente possível, mas na prática os seus esforços foram prejudicados pela proliferação dos postos de controlo militares, pelos controlos associados à guerra e pela criação de fronteiras temporárias ou permanentes que destruíram os antigos canais de distribuição nacionais. As múltiplas partilhas da França, da Polónia, da Jugoslávia e da Grécia ergueram novas barreiras ao comércio e aos negócios e isolaram os fornecedores dos seus clientes. As entregas forçadas, um sistema de compensações eficiente e as taxas de câmbio fixas possibilitaram a transferência de quantias gigantescas para mãos alemãs mas ao preço da exposição dos países em causa a pressões inflacionárias intensas. Em conjunto, estes fatores encorajaram receios de caos ou de colapso iminente e cosntituíram um desafio enorme para os administradores. Em França, com o aumento dos protestos face às exigências alemãs, o comandante militar, Otto von Stülpnagel, alertou contra o exagero das expectativas e a destruição da economia francesa: "Para uma vaca dar leite, é preciso alimentá-la" [24].

Na própria Alemanha, o controlo dos salários e dos preços garantiu a estabilidade, até porque foi combinado com um sistema de racionamento bastante eficaz; ao mesmo tempo, o aumento de impostos absorveu o excesso de liquidez. Em França, o antigo ministro das Finanças, Pierre Cathala, gabou-se (depois da guerra) da estabilidade do franco e da credibilidade continuada do tesouro francês, que tinham impedido o pânico. "A moeda, o crédito e o sistema financeiro da França tinham (…) resistido", afirmou ele sem ironia, "no mais pleno sentido da palavra" [25]. Contudo, nos casos mais graves, a inflação provocou o colapso da autoridade do Estado e o abandono total de uma economia monetária. Relativamente suave no Protetorado e no Governo-Geral, a inflação foi um problema muito mais sério na Bélgica e pior ainda na Sérvia, na Croácia e na Grécia. A hiperinflação foi provocada pela incapacidade do governo em suprir mais do que uma pequena fração das suas necessidades através da tributação e pelo aumento enorme da massa monetária causado pela impressão de notas pelos bancos centrais. No fim da guerra, as receitas fiscais da Grécia cobriam menos de 6% dos gastos do governo, uma percentagem muito inferior à de qualquer outro lugar e um indicador seguro da desintegração do Estado. O preço do soberano de ouro aumentou quinze vezes nos primeiros dois anos da ocupação e voltou a disparar perto do fim.

A Grécia era um aviso do que poderia acontecer quando as políticas de ocupação corriam mal e quando as exigências alemãs só podiam ser cumpridas imprimindo dinheiro. Em julho de 1942, o ministro das Finanças, von Krosigk, avisou Göring de que "na Grécia (…) já não existe um mercado legal nem um mecanismo de preços que possa atuar como base de estabilização e reorganização (…). Se a guerra se prolongar, será necessário impedir os países cujo potencial exploramos de uma ruína económica prematura".

Alguns meses depois, o comissário alemão no banco central belga, ao escrever sobre pressões inflacionárias perigosas devido à dificuldade de controlar o mercado negro, sublinhou o risco de "tornar a Bélgica uma 'Grécia' monetária". Os administradores alemães não queriam saber da Grécia para nada, que nem sequer tinham querido invadir, mas sabiam que os custos para o esforço de guerra alemão seriam muito maiores caso se deixasse a Bélgica ou a França ir pelo mesmo caminho ([26]).

Com o prolongamento do conflito, as considerações de estabilidade e produção impuseram-se ao planeamento para o pós-guerra (de facto, em 1943, este tipo de planeamento acabou oficialmente). A maioria dos administradores da Europa Ocidental ocupada estava demasiado preocupada com a manutenção da produção para querer encetar grandes alterações. Em 1940, o Ministério da Economia abundara em esquemas para uma transformação abrangente dos sistemas de produção e distribuição europeus. Dois anos mais tarde, estes esquemas tinham poucos defensores. Por conseguinte, os crentes alemães e os seus apoiantes estrangeiros que tinham visto a ocupação como a hipótese de nazificar a economia europeia ficaram cada vez mais frustrados. Em 1941, um desalentado nazi holandês refletiu que "as agências alemãs ajudam-nos o melhor que podem mas não podem desorganizar a vida económica no meio de uma guerra em nome de uma possibilidade vaga só para a pôr nas mãos dos 3% de membros do NSB (*)" ([27]).

De facto, a relutância em experimentar era visível em todo o lado. As organizações de agricultores anteriores à guerra foram frequentemente dissolvidas e substituídas por equivalentes pró-alemães, mas quando os agricultores as ignoraram e se viraram para o mercado negro os alemães ou os seus parceiros nas burocracias belga, holandesa e francesa pouco puderam fazer. Nos territórios ocupados do Leste, as quintas coletivas soviéticas foram mantidas de modo a facilitar o controlo das colheitas. A partir de 1940, a economia europeia existiu apenas no papel. Não houve nenhum planeamento generalizado digno de nota, pelo menos antes da emergência do poderoso Ministério do Armamento de Speer (e mesmo assim só para objetivos de guerra extremamente específicos). A Áustria, as antigas terras checas e os territórios da Polónia Ocidental e do Leste da França foram absorvidos sem dificuldades na economia do *Reich*, mas não houve uma estratégia global para a Europa: o Ministério da Economia era demasiado fraco, Göring era demasiado errático e não tinha mãos a medir e a Wehrmacht concentrou-se, muito compreensivelmente, na missão de curto prazo e cada

---

(*) Nationaal-Socialistische Beweging in Nederland (Movimento Nacional-Socialista na Holanda). (*N. T.*)

vez mais impossível de ganhar a guerra. A antiga ideia de uma união aduaneira continental foi suspensa e o que foi implementado revelou-se parcial e fragmentário: o Protetorado passou a integrar a zona comercial do *Reich*, mas o mesmo não aconteceu com a Dinamarca, cujos decisores políticos rejeitaram a ideia de uma união; as restrições às trocas comerciais foram abolidas com a Holanda mas não com a Bélgica. Os acordos de compensação bilaterais tornaram a Alemanha o centro do comércio europeu, mas a sua escassez perene de capital impediu-a de avançar com planos de investimento a longo prazo. Entretanto, o nível da exploração originou pressões económicas que enfraqueceram as burocracias estatais e puseram em dúvida a sua capacidade para lançar impostos ou manter os seus cidadãos vivos e protegidos.

A ALIMENTAÇÃO

Poucas questões demonstraram esta realidade de forma mais crua do que a do abastecimento alimentar. Na Primeira Guerra Mundial, o bloqueio britânico e a prolongada mobilização de milhões de homens para os exércitos tinham provocado uma crise alimentar grave na Europa Central. Foi esta a razão pela qual o III *Reich*, desde o início, regulou a agricultura interna de forma muito mais apertada do que a indústria. De facto, foi por estarem convencidos de que as carestias da Primeira Guerra Mundial tinham provocado o colapso alemão que os nazis optaram pela autarcia como estratégia de guerra e objetivo para a paz. A nível interno, procuraram vencer a "batalha da produção", mas como Hitler acreditava que o país não podia atingir a autossuficiência dentro das suas fronteiras nunca duvidou da necessidade de uma guerra de conquista. Os frutos dessa guerra seriam a "segurança alimentar" alemã e a libertação do continente europeu dos fracassos da política agrícola internacional de entre as guerras, que o tinham tornado perigosamente dependente das importações ultramarinas e posto em perigo o ganha-pão dos seus agricultores. Assim, ao solucionar o problema fundamental do único continente do mundo perigosamente carente de abastecimento alimentar, o fascismo demonstraria a sua superioridade sobre o liberalismo e mostraria que a tirania do mercado podia ser subjugada pela vontade política e pela gestão do Estado ([28]).

No entanto, esta visão cor-de-rosa assentava em premissas profundamente problemáticas. Nos anos 30, o colapso do comércio internacional incentivou o protecionismo na Europa e libertou os agricultores da ameaça das importações de cereais baratos do ultramar. A produção de trigo disparou, mas na véspera da guerra ainda não era suficiente para alimentar o continente. De uma população estimada de 355 milhões de pessoas (em 1942), cerca de 100 milhões viviam em países com excedentes alimentares, principalmente na Europa de Leste, e 44 milhões viviam em países incapazes de suprirem três quartos das suas necessidades, na sua maioria no Noroeste da Europa. A Alemanha estava ligeiramente pior do que a média; apesar de um aumento substancial da sua autossuficiência desde 1929, ainda necessitava de importar cerca de um quinto dos seus cereais. Esta posição afigurava-se pior contabilizando o défice muito maior da Europa em gorduras, rações animais e óleos. Só havia dois resultados possíveis. Ou os alemães conseguiam aumentar a produtividade da agricultura europeia em tempo de guerra – tentaram fazê-lo mas fracassaram rotundamente –, ou garantir aos alemães alimentos do resto da Europa significaria que outros europeus teriam de comer menos. Foi isto que contemplou efetivamente o plano de nutrição de guerra do *Reich*, datado de abril de 1939: prevendo uma queda a pique no abastecimento alimentar até dois anos após a eclosão de uma guerra, determinou a exploração radical das potências vencidas para manter o consumo alemão de alimentos num nível satisfatório ([29]).

Através do comércio e depois da conquista, a produção alimentar da Europa de Leste foi efetivamente redirecionada para o *Reich*. Depois da derrota e partilha da Polónia, a abundante colheita de 1940 nos territórios ocidentais anexados demonstrou o contributo potencial das novas conquistas. Não fossem os esquemas nazis de repovoamento racial, que ameaçaram os agricultores polacos de expulsão ou germanização, e este contributo teria sido maior. A verdade é que houve uma contradição entre os ambiciosos planos alemães de repovoamento racial e etnográfico, com consequências inevitavelmente perturbadoras, e a necessidade de garantir um abastecimento alimentar fiável e constante para os consumidores alemães do *Reich*. Não foi por acaso que o parceiro agrícola mais bem sucedido da Alemanha na Europa de Leste foi a quase independente Eslováquia, onde a produção floresceu graças à intensa procura alemã e à ausência de qualquer ameaça real aos agricultores eslovacos por parte dos ideólogos nazis ([30]).

No Protetorado da Boémia-Morávia, a SS e os seus esquemas de repovoamento tiveram um efeito de perturbação menor e foram geralmente mantidos à distância pelas inclinações pragmáticas do protetor, pelo Ministério dos Negócios Estrangeiros e pelo Ministério da Agricultura. As quedas na produção foram mantidas dentro de limites aceitáveis e os fornecimentos ao *Reich* prosseguiram. No Governo-Geral, muitos camponeses polacos assumiram inicialmente uma visão mais otimista acerca da invasão do que seria de esperar. Independentemente do ambiente nas cidades, onde as consequências catastróficas da ocupação se fizeram sentir logo à partida, os agricultores optaram por esperar para ver como correriam as coisas. "Até finais de 1939 ou ao princípio de 1940, os alemães não nos incomodaram, e alguns dos capatazes das quintas começaram a dizer uns para os outros que 'chegaram bons senhores e 'esta é a cultura ocidental'", recordou um aldeão. "A maioria dos habitantes da aldeia não disfarçou o seu contentamento pelo desfecho dos acontecimentos", recordou outro. "Regozijaram--se com os 'senhores magníficos' que os alemães seriam". Inspirado pelo desejo de civilizar os polacos, o Departamento de Alimentação e Agricultura do Governo-Geral – onde trabalhavam nada mais nada menos que 2000 agrónomos alemães – procurou modernizar e mecanizar a lavoura polaca, melhorar a produção, consolidar as propriedades e libertar a mão de obra excedentária para a indústria alemã. No princípio, distribuiu parte das receitas provenientes das propriedades expropriadas, combateu o crime, ofereceu empregos administrativos e estabeleceu quotas relativamente baixas para as primeiras entregas de cereais, o que lhe valeu o apoio dos habitantes ([31]).

No entanto, a agricultura polaca permaneceu nas mãos dos agricultores polacos, os quais, com o futuro negro que se antevia para a Polónia, careciam de incentivos para participar na "batalha da produção". Dado que os planos de longo prazo de Frank incluíam a criação de quintas gigantescas que seriam arrendadas a agricultores alemães em recompensa pelo serviço militar e a transformação dos polacos numa classe de trabalhadores rurais sem terra, não admira que a produção de cereais tenha demorado algum tempo a aumentar. O fracasso das requisições, em 1940, obrigou Frank a adotar uma política de bónus, e apesar da resistência continuada dos camponeses às suas leis draconianas estes incentivos – combinados com a presença da SS nos campos aquando da colheita e com novas leis de requisição severas que determinavam o fuzilamento dos chefes das aldeias caso as quotas não fossem cumpridas – aumentaram as entregas de cereais de 383 000 toneladas em 1940-1941 para mais de um milhão dois anos depois. Os camponeses polacos depressa desenvolveram um ódio aos alemães, mas estes não se importavam com isso desde que obtivessem os cereais. Quando começaram a diminuir as entregas dos fornecedores habituais, nomeadamente a Hungria e a Roménia, os agricultores polacos e checos tornaram-se cruciais para a estabilidade política da Alemanha ([32]).

A Europa Ocidental estava numa situação muito diferente, pois necessitava ainda mais do que a Alemanha de importar alimentos. A invasão, desencadeada na primavera, com a inerente mobilização e o pânico do desfecho, afetou gravemente a colheita de 1940, e com as requisições de gado, centenas de milhares de homens nos campos de prisioneiros de guerra e a escassez de fertilizantes e outros auxiliares à produção o panorama a longo prazo não era bom. A Bélgica – o "arsenal do fascismo" – carecia de ajuda para evitar a fome e a Noruega também. No outono de 1940, com o aproximar de um verão preocupante (para os especialistas agrícolas de Berlim), Göring resumiu a situação de forma incisiva: a Alemanha não tinha de se preocupar com a situação alimentar da Bélgica nem da Noruega, e a França devia fazer mais para aumentar a produção. Esperava-se que a França, que nunca tinha entrado nos cálculos da Alemanha como fornecedor alimentar do *Reich*, se alimentasse a si própria e ao milhão de soldados destacados para o país. No entanto, era possível que a Noruega, a Holanda e a Dinamarca necessitassem de atenção. A catástrofe foi evitada e nem a Noruega nem a Bélgica passaram realmente fome, mas também não contribuíram em nada para minorar as necessidades alimentares do *Reich*. A Holanda contribuiu, passando dos cereais para a batata; quanto aos agricultores dinamarqueses, os mais afortunados de todos, tiveram receitas recordes com as exportações para a Alemanha. A ocupação, escreve um historiador, "foi o necessário para tirar a agricultura dinamarquesa da prolongada depressão dos anos 30" ([33]).

Sendo os agricultores mais numerosos e mais difíceis de controlar do que os empresários, a agricultura testou as capacidades de gestão da Nova Ordem, mais do que a indústria. Com a desintegração dos mercados nacionais, a proliferação dos postos de controlo e o aumento astronómico dos custos de transporte, tornou-se mais difícil fornecer os alimentos a quem deles necessitava e as zonas ricas ficaram isoladas das pobres. Os Estados enfraquecidos pelo impacto da derrota e da subserviência não conseguiam exercer facilmente o seu poder sobre os agricultores, que podiam ignorar as suas exigências, sabotá-las ou até – como acontecia cada vez mais – resistir-lhes de armas na mão. Sendo o principal mecanismo de obtenção das colheitas as quotas determinadas oficialmente e com preços predeterminados, determinar os preços mal ou deixá-los muito abaixo dos do mercado negro dava aos agricultores incentivos para desviarem os seus produtos para canais ilegais; fixar os preços demasiado alto podia fazer com que os trabalhadores urbanos não conseguissem comprar alimentos e protestassem. Além do mais, os preços das entregas pressupunham uma confiança intacta na moeda, mas a verdade era o oposto. Com a inflação omnipresente, até as autoridades que compravam para o Estado se viram forçadas, a meio da guerra, a passar para um sistema de trocas no qual forneciam aos agricultores bens de consumo escassos em troca de produtos agrícolas.

Com os preços dos fornecimentos em alta para maximizar a produção dos camponeses, as cidades ficavam geralmente na mó de baixo. Amiúde, os diários e as memórias do tempo da guerra testemunham o espanto dos citadinos perante o modo como as pessoas viviam no campo: o que surpreendeu o líder da resistência polaca ao deslocar-se de Varsóvia para o Warthegau foi exatamente o mesmo que impressionou um advogado belga que passou um fim de semana fora de Bruxelas, perto do fim da guerra, a bater-se com a deliciosa comida local. Neste conflito de interesses entre os produtores de alimentos relativamente bem nutridos e os consumidores urbanos mal alimentados, os preços altos deram origem a tensões políticas nas cidades que só o racionamento eficiente podia aliviar. Ao introduzir o racionamento, em setembro de 1940, o marechal Pétain insistiu que "todos devem assumir a sua quota-parte das dificuldades". Contudo, o novo sistema de verificações e controlos apenas veio intensificar a perceção popular da existência de desigualdades sociais ([34]). Quando o sistema entrou em colapso, a fúria daí resultante alarmou amiúde as autoridades. Na Noruega, os trabalhadores entraram em greve por causa do congelamento dos salários, protestando contra as rações inadequadas, e verificou-se o mesmo em França, no inverno de 1941-1942. O comissário do *Reich* para a Noruega, Terboven, disse às autoridades norueguesas que o racionamento tinha de funcionar "de modo socialmente justo", mas estas pura e simplesmente não tinham os alimentos e recursos humanos para o garantir. As iniciativas hesitantes de introdução do racionamento nas cidades dos territórios ocupados do Leste padeceram dos mesmos problemas. Os funcionários públicos foram um dos segmentos da classe média urbana que viu os seus rendimentos destruídos pela inflação, o que aumentou os incentivos à corrupção e reduziu ainda mais a confiança do público na sua capacidade para distribuírem os alimentos de forma justa. "Donas de casa: se quereis manteiga", disse um jornal clandestino de Lião aos seus leitores, em 1942, "ide ter com o prefeito. Acabou de receber 30 kg do mercado negro. Servi-vos de 250 g". Nos países onde a população apoiava generosamente o esforço de guerra – na Alemanha ou no Reino Unido –, o racionamento funcionou e chegou até a ser popular, por vezes. Com a ocupação, o racionamento foi muito menos eficaz, dado que as autoridades do Estado não tinham a legitimidade popular ou das forças policiais para garantir o abastecimento necessário. Na verdade, viram-se frequentemente dependentes das organizações de caridade e de assistência social nacionais – os alemães até as licenciaram na Polónia e mais a leste –, cujas sopas dos pobres e sistemas de distribuição proporcionavam a única alternativa ao colapso social absoluto ([35]).

    O mercado negro foi outra fonte essencial de produtos alimentares, até porque na maioria dos países as rações oficiais não eram fixadas a níveis suficientemente elevados para garantirem a saúde das pessoas. A fome observada entre os milhares de detidos nas prisões e asilos psiquiátricos belgas e franceses sem acesso a fontes alternativas de aprovisionamento demonstrou a importância crucial do mercado negro. O caso extremo foram os guetos da Europa de Leste: em Varsóvia, como disse um funcionário alemão em agosto de 1941, os judeus perceberam que "se ficassem no gueto morreriam de fome" ([36]).

Mas até nos guetos se comerciava ilegalmente com o mundo exterior, correndo riscos extraordinários. Noutros lugares, assistiu-se a um tráfico constante entre as cidades e o campo, com os citadinos a trocarem mobiliário, artigos de valor e objetos de família por comida. Os próprios alemães vendiam produtos excedentários aos traficantes do mercado negro e os departamentos de aprovisionamento da Wehrmacht compravam-lhes comida. "Sublinha-se que, em princípio, todos os departamentos que desejem adquirir artigos regulamentares não o deverão fazer no mercado negro", recordou Hans Frank aos seus subordinados, entre os quais grassava a corrupção – afinal de contas, a expectativa de enriquecerem era uma das razões principais pelas quais muitos deles serviam na Polónia – com o próprio Hans Frank a dar o exemplo. Segundo uma fonte clandestina polaca, "a corrupção entre os alemães é indescritível". "A troco de dinheiro, obtém-se um passaporte estrangeiro, é-se isentado de trabalhar e até de usar a braçadeira prescrita para os judeus; a troco de dinheiro, obtêm-se informações sobre o destino de pessoas detidas. Os agentes da Gestapo, que foram incumbidos de combater os traficantes do mercado negro, fazem negócios com eles, etc." ([37]).

As cabeças mais sensatas reconheceram que era melhor trabalhar com o mercado negro do que tentar suprimi-lo. No Norte da Rússia, o policiamento rigoroso dos traficantes do mercado negro "teve um resultado completamente negativo", segundo um especialista militar contemporâneo. "Os produtos desapareceram dos mercados (...) e a população urbana ficou sem os alimentos mais básicos. Com a restauração deste tipo de mercados, desapareceram estes perigosos sintomas". Na Bélgica, a administração militar ignorou quase por completo as operações antimercado negro efetuadas pelos funcionários civis belgas, ajudando provavelmente a salvar o país da fome que a sua presença podia ter provocado. A administração alemã também interveio de forma decisiva na Grécia, em outubro de 1942, para transformar "o mercado negro (...) num mercado completamente livre". A estratégia foi concebida pelo antigo presidente da câmara nazi de Viena, Hermann Neubacher, um empresário de sucesso, que durante vários meses conseguiu fazer os preços descer de forma muito significativa ([38]).

Mais alto era o que estava em jogo na Grécia, um país que, tal como a Bélgica e a Noruega, dependia das importações para sobreviver. No primeiro inverno da ocupação, sofreu a primeira fome grave da Europa: a conjugação de requisições, açambarcamento, inflação descontrolada e custos de distribuição elevados provocaram uma rutura catastrófica no abastecimento alimentar. No princípio do outono, os primeiros cadáveres emaciados nas ruas de Atenas revelaram a tragédia anunciada. Nos seis meses seguintes, dezenas de milhares de pessoas morreram de fome ou de causas relacionadas. A maioria residia em Atenas ou numa daquelas ilhas espetaculares, mas áridas, das Cíclades que hoje acolhem os turistas de verão. Ninguém quis nem programou a fome, mas os alemães também não se deram ao trabalho de fazer grande coisa para a combater. Continuaram a confiscar produtos alimentares e prestaram escassa assistência: segundo as autoridades de Berlim, se a Alemanha dispunha de alimentos a mais, a Noruega, a Bélgica e a Holanda tinham prioridade. "Não nos podemos preocupar indevidamente com os gregos", comentou Göring. "É uma infelicidade que vai atingir muita gente além deles". Na primavera de 1942, com a comida a ameaçar escassear na própria Alemanha, o tom endureceu. "Será que os habitantes das cidades gregas, que parecem consistir exclusivamente em traficantes, agentes do mercado negro, recetadores de artigos roubados, ladrões e gente que se furta ao trabalho, merecem ser mantidos vivos com os alimentos das potências do Eixo?", perguntou um jornal de língua alemã. "Resta saber durante quanto tempo poderão as potências do Eixo, na sua luta árdua, continuar a alimentar uma população de milhões de ociosos!" ([39]).

A fome também atacou ocasionalmente a Europa Ocidental. A única fome grave registou-se na Holanda, nas últimas semanas da guerra, quando as cidades da costa holandesa ficaram temporariamente isoladas por um embargo alemão. No meio de um tempo gélido, as rações caíram a pique para cerca de 450 calorias diárias, muito abaixo do nível de subsistência; quem pôde fugiu para o campo em busca de comida; morreram cerca de 10 000 pessoas, principalmente velhos, crianças e pobres ([40]). Em França, centros urbanos como Paris e Lião e zonas de monocultura como o Herault viram os primeiros sinais de carestia acentuada no aumento da taxa de mortalidade nos segmentos mais vulneráveis da população – os velhos, os doentes, os mendigos e todos os que, por uma ou outra razão, não tinham acesso ao mercado negro. Em outubro de 1942, Vichy introduziu complementos alimentares especiais nas cidades para afastar a fome e os economistas alertaram para a existência de riscos graves para a saúde no futuro.

Embora não tenha existido uma verdadeira fome na Polónia ocupada – fora dos guetos, onde milhares morriam de fome –, o grau de deslocação e discriminação pôs uma pressão enorme sobre o abastecimento alimentar. A lista de produtos alimentares proibidos aos polacos mas disponíveis para os alemães incluía pão branco, carne de vaca e de porco, arroz, mel, todo o tipo de peixe, frutos silvestres, sumos de fruta e até cebolas. As crianças foram particularmente afetadas, com as suas rações a caírem abaixo das 500 calorias diárias. Uma mulher explicou que só tinham conseguido evitar a fome trocando roupas por manteiga, farinha ou cevada. O açúcar e o sal eram raros. As pessoas transformavam pedaços de terreno em hortas e cultivavam batatas e centeio ([41]).

Foi na URSS que a fome teve as consequências mais devastadoras. Tal como nos guetos, o aumento acentuado da taxa de mortalidade indicou uma política intencional, mas a quantidade dos que morreram nos territórios soviéticos ocupados foi ainda maior. Parte do problema deveu-se ao mau planeamento. As estimativas alemãs do valor exato do excedente russo em cereais foram tão altivas e erradas como os seus preparativos para a guerra em geral. Sobrestimaram consideravelmente a sua dimensão, tal como não conseguiram prever minimamente a política de terra queimada que o Exército Vermelho implementou na retirada. Esta política desorganizou de tal forma as infraestruturas económicas e destruiu tantos tratores e outras alfaias agrícolas que mesmo uma administração muito mais sofisticada teria tido dificuldades para repor a produção em níveis anteriores à guerra. Com a Wehrmacht a viver da terra – na expectativa de uma vitória rápida –, as quintas russas e ucranianas foram devastadas pelas requisições e pelo abate de animais numa escala imensa.

Todavia, a fome refletiu basicamente o êxito e não o fracasso do planeamento alemão. O poder em ascensão no Ministério da Agricultura e Alimentação, Herbert Backe, era um defensor de longa data da desindustrialização da Rússia. O seu objetivo era enfraquecer a classe trabalhadora urbana criada por Estaline e devolver o país à condição de fornecedor de trigo da Europa Ocidental, como fora antes de os bolcheviques tomarem o poder – antes de 1914, exportara acima de dez vezes mais cereais do que nos anos 30. Na perspetiva de Backe, Estaline conduzira o país na direção errada, devastara a agricultura russa e condenara o resto da Europa à dependência dos cereais transatlânticos. Controlando os cereais soviéticos, a Alemanha poderia criar uma genuína economia do *Grossraum* continental e conceber uma divisão do trabalho mais eficiente entre o Ocidente industrial e o Leste agrícola. Fixado no celeiro russo e ucraniano, Backe deu pouca ou nenhuma importância aos 70% da produção soviética de ferro fundido, aos 58% da produção de aço e aos 64% da produção de carvão que cairiam nas mãos dos alemães ([42]).

E também não se preocupou com os consumidores russos. Para os habitantes das cidades soviéticas, em particular, as implicações foram incrivelmente sombrias. Enquanto que na Primeira Guerra Mundial os militares alemães tinham posto as necessidades da população civil da Europa de Leste acima das da própria Alemanha, os nazis puseram-nas no fim. Quando uma reunião de planeamento realizada antes da invasão e presidida por Backe previu um excedente de 8,7 milhões de toneladas de cereais, dependendo do "nível de consumo interno", a conclusão lógica era inequívoca: milhões de pessoas das regiões deficitárias em termos alimentares, incluindo Moscovo e Leninegrado, deviam ser isoladas dos produtores de cereais e entregues à fome. Previram-se "gravíssimas dificuldades decorrentes da fome". Era então assim que o relógio russo iria ser posto a andar para trás, para o seu passado desindustrializado e desurbanizado; não havia lugar para "falsos humanitarismos", pois isso "reduziria a resiliência da Alemanha" na guerra. E dado que as manufaturas da Europa Ocidental eram mais importantes para a Alemanha do que as da Rússia, concluíram os planeadores, os excedentes em cereais russos deviam ser usados para manter vivos os trabalhadores fabris da Europa Ocidental e não os da Rússia. Ano e meio depois, a política permanecia inalterada. "A situação do abastecimento alimentar no conjunto da Europa", declarou Göring, "torna necessária a obtenção do maior excedente agrícola possível nos territórios ocupados do Leste para alimentar as tropas e a população do *Reich* num futuro previsível. Para se conseguir este objetivo, o consumo alimentar da população indígena deve ser mantido o mais baixo possível" ([43]).

A "estratégia da fome" de Backe põe numa perspetiva diferente o tratamento das cidades russas e ucranianas pelos alemães: o cerco de Leninegrado e os cordões em torno de Minsk e Kiev destinaram-se a entregar a população à fome, a destruir a cultura urbana e a empurrar os habitantes para a terra. O dinheiro deu lugar às trocas e as cidades esvaziaram-se, com os habitantes a fazer-se à estrada em busca de comida. Como que para lhes lembrar o que tinham pela frente, passavam pelos cadáveres esqueléticos de prisioneiros de guerra e civis famintos caídos nas valetas. Tal como na Europa Ocidental, mas numa escala muito maior e com temperaturas negativas, o êxodo congestionou as estradas. "Quem voa sobre os territórios soviéticos ocupados ou os percorre de automóvel", escreveu um funcionário ministerial, no inverno de 1942, "repara nas multidões que seguem pelas estradas: são às centenas de milhares e, segundo os especialistas, chegam frequentemente a um milhão. Estas multidões estão em movimento, à procura de comida ou para ir vender comida nas cidades" ([44]).

As consequências terríveis foram que a população de uma cidade como Kharkov, de um milhão de pessoas antes da guerra, caiu para cerca de 250 000 em dois anos. A retirada soviética também teve o seu efeito.

1. Entusiasmo em Salzburgo com a chegada das tropas alemãs: uma família com uma fotografia de Hitler e uma bandeira com a suástica, 13 de março de 1938.

2. Checos enfurecidos assistem à entrada das tropas alemãs em Praga, 15 de março de 1939.

3. Nascimento do Protetorado: Hitler e (*da esquerda para a direita*) Bormann, Frick, Lammers e Stuckart no castelo de Hradcany, em Praga, 16 de março de 1939.

4. Arthur Seyss-Inquart (*à esquerda*) com Odilo Globocnik, em 1938.

5. Pessoal SS conduz um grupo de prisioneiros polacos vendados para o local de execução na floresta de Palmiry, perto de Varsóvia, em finais de 1939.

6. Anfitrião relutante: Hans Frank com Heinrich Himmler em Cracóvia, em 1940.

7. O lar ideal: Himmler e Rudolf Hess de visita à exposição "Planeamento e Reconstrução do Leste", em Berlim, 20 de março de 1941.

8/9. Teóricos da ocupação: Werner Best (*à esquerda*) e Reinhard Heydrich.

10. Conversações com os soviéticos, 12 de novembro de 1940: (*da esquerda para a direita*), Molotov, Frick, intérprete, Ribbentrop e Himmler.

11. O Pacto Anti-Comintern, Berlim, 26 de novembro de 1941: (*da esquerda para a direita*), Ribbentrop, Witting (Finlândia), Goebbels, Tuka (Eslováquia), Raeder, Lorkovic (Croácia), Frick, Scavenius (Dinamarca).

12. Jean Cocteau (*à esquerda*) e Arno Breker na Orangerie, em Paris, maio de 1942.

13. O mercado negro na rue Lombard, em Bruxelas, em 1942.

14. A imagem de Pétain adorna o quartel-general do movimento colaboracionista Ligue Française d'Epuration, d'Entraide Social et de Collaboration Européenne, março de 1941.

15. A moda em Longchamp, outubro de 1941.

16. Vaga de calor: a piscina de Pré Catelan, em Paris, junho de 1941.

17. A exposição "O judeu e a França" no Palácio Berlitz, em Paris, 1941.

18. "Pioneiros": campo de trânsito com as carroças de alemães da Bessarábia antes de subirem o Danúbio de navio em direção ao Reich, outubro de 1940.

19. Uma multidão assiste à demolição do Porto Velho de Marselha, 1 de fevereiro de 1943.

Desde o início, o Exército Vermelho deixou pouca coisa para trás e destruiu muitas das fábricas da cidade. Contudo, os alemães condenaram Kharkov a uma morte lenta. Alguns anos mais tarde, um sobrevivente recordou:

> A cidade está destituída de coisa que se coma, como um deserto ou uma cidadela há muito sitiada e isolada do mundo exterior. Todas as pontes e linhas férreas foram pelos ares, todo o tipo de infraestruturas de comunicações e transportes foram destruídas. É rigorosamente proibido entrar na cidade ou sair... Não há armazéns, nem mercados, nem lojas de espécie alguma. Todos os armazéns foram destruídos ou saqueados e roubados nos últimos dias antes da retirada do Exército soviético... Quem era capaz e mais forte tentou fugir da cidade como de um lugar assombrado pela pestilência, deixando para trás haveres, casas e parentes... Havias pessoas que, exaustas e extremamente fracas devido à perda de forças causada pela fome, arriscavam a vida para salvar os seus entes queridos. Com temperaturas de 30° ou 40° abaixo de zero, muito carregadas, mal se movendo, com os pés embrulhados em trapos velhos, percorriam 200 km-300 km debaixo de vendavais, enfrentando tempestades de neve, até aldeias distantes, para trocarem as suas últimas roupas quentes por milho ou farinha... Muitos morriam, gelavam, perdiam-se. [45]

Contudo, dado que as economias urbana e rural não podiam ser separadas uma da outra da forma tão completa que Backe imaginava, o resultado cumulativo foi que a produção agrícola nunca correspondeu às expectativas alemãs. A maior parte era para alimentar a Wehrmacht. A Ucrânia *entregou* excedentes alimentares depois da colheita de 1942 e no ano seguinte, mas a dura linha repressiva de Erich Koch afastou a população e minou os esforços débeis do Exército para chamar os ucranianos para a causa alemã. O Ministério da Agricultura enviou milhares de especialistas agrícolas, mas isso de nada serviu. Decidindo *não* desmantelar as quintas coletivas, com a justificação de que a sua existência facilitava a recolha da colheita, no princípio de 1942 os alemães emitiram um Novo Decreto Agrícola que adiou toda e qualquer decisão sobre o seu destino. O decreto prometia libertar os camponeses da "tirania" do "governo judaico-soviético de Moscovo", mas a sua falta de clareza suscitou a desconfiança dos agricultores e decorrido um ano já era óbvio para muitos observadores alemães que a principal oportunidade de conquistar as boas graças dos camponeses fora desperdiçada.

Os economistas do Exército e do Ministério do Leste fizeram um rol de críticas. "Grandes segmentos do campesinato ucraniano estão sob a influência da propaganda inimiga", observou, em outubro, um dos assistentes de

Rosenberg, "e perderam a fé na seriedade das nossas intenções". O decreto agrário fora um desastre e as hesitações alemãs acerca da restauração da propriedade privada nos Estados bálticos tinham sido "contrárias a todo o bom senso político". O funcionário avisou de forma crua que exterminando os judeus e matando camponeses em represália pelos ataques da guerrilha, a Alemanha se arriscava a perder a Ucrânia "como fonte do nosso abastecimento alimentar" ([46]). Porém, quando os decisores políticos começaram a ponderar alternativas o mal já estava feito. As entregas de cereais da URSS nunca corresponderam às expectativas de Backe (nem às de Hitler) e o resultado da invasão confirmou todas as dúvidas e hesitações daqueles que se lhe tinham oposto. O domínio nazi sobre a "Califórnia" da Alemanha no Leste condenou milhões de cidadãos soviéticos à morte e tornou a tarefa do *Reich* na Europa Ocidental mais difícil ao transferir para a região o ónus de fornecer alimentos à Alemanha.

Na primavera de 1942, a Alemanha compreendeu que as rações alimentares do *Reich* teriam de ser reduzidas. Dada a convicção de Hitler de que a própria segurança do regime estava ligada à manutenção dos padrões de vida alemães, esta foi seguramente uma das crises políticas mais sérias por que o regime passou durante a guerra. Foi entendida no exterior como um sinal de fraqueza e as notícias dos cortes foram imediatamente exploradas e aproveitadas pela "propaganda da fome" soviética. O SD informou confidencialmente que o moral do público tinha "atingido um nível baixo nunca antes visto" ([47]). Decidido a que os cortes fossem invertidos o mais rapidamente possível, Hitler, preocupado, substituiu o seu ministro da Agricultura e Alimentação, o cada vez mais ineficiente Walter Darré, pelo dinâmico Backe. Darré era um homem movido fundamentalmente por sonhos raciais românticos de ressuscitar a vida do campo na Alemanha, enquanto Backe era um expansionista duro e um pragmático que, tal como o seu colega Heydrich, acreditava em fazer o seu trabalho. O que importava era a comida e não os camponeses. Backe atacou o mercado negro no *Reich* e concentrou-se em melhorar o fornecimento de cereais proveniente do Leste ([48]).

Os resultados, mortíferos, tornaram-se visíveis quase de imediato. No Governo-Geral, que na melhor das circunstâncias não se conseguia alimentar a si próprio, a administração de Frank não sabia como aumentar as entregas de alimentos, até porque já considerava as rações dos polacos demasiado baixas. Os bónus para os agricultores podiam funcionar mas, tal como no caso russo, a resposta de Backe foi outra: reduzir drasticamente o consumo local. Um segmento da população já estava a começar a passar fome e podia ser descartado. "No Governo-Geral", disse Backe aos funcionários de Frank, no dia 23 de junho, algumas semanas antes das colheitas, "ainda há 3,5 milhões de judeus. A Polónia deve ser saneada durante o próximo ano". Poucas semanas antes, Himmler anunciara às altas patentes SS que a "errância dos judeus" estaria acabada até final do ano. Himmler incumbiu o SSPF Globocnik, em Lublin, de assassinar todos os judeus da Polónia não necessários para trabalhar, uma missão que foi cumprida graças aos novos campos de extermínio de Treblinka, Sobibor e Belzec. Deste modo, a crise alimentar contribuiu para acelerar a Solução Final. Para ajudarem Backe, os homens de Himmler também tomaram a seu cargo a recolha da colheita polaca. Segundo as instruções do ministro, Varsóvia devia ser isolada e os camponeses que não cumprissem as respetivas quotas seriam fuzilados (⁴⁹).

Göring também desempenhou o seu papel. No princípio de agosto, convocou uma reunião crucial, em Berlim. Foi uma das pouquíssimas ocasiões em que os chefes das diferentes administrações da ocupação foram reunidos e permitiu ao marechal de campo do *Reich* expor a nova linha dura. Censurando os comissários do *Reich* e os comandantes militares presentes por porem os interesses dos estrangeiros acima dos dos alemães, determinou uma postura muito mais severa para o futuro. A Alemanha tinha conquistado "territórios enormes", mas o consumo alimentar no *Reich* estava a baixar para as "rações miseráveis da Primeira Guerra Mundial":

> Em todos os territórios ocupados, vejo pessoas de barriga cheia enquanto a nossa gente passa fome. Por amor de Deus, não fostes enviados para lá para cuidar do bem-estar das pessoas que vos foram confiadas, mas sim para vos apoderar-vos do máximo possível para que o povo alemão possa viver. Espero que empregueis todas as vossas energias neste sentido. Esta preocupação constante com os estrangeiros tem de acabar de uma vez por todas. Tenho à minha frente os relatórios sobre o que planeais entregar. Quando olho para os vossos países, isto não parece nada. É-me perfeitamente indiferente que me digais que a vossa gente está a cair de fome. À vontade, desde que nenhum alemão caia de fome". (⁵⁰)

Göring não podia ter sido mais franco: "Parece-me que dantes a questão era relativamente mais simples. Chamava-se pilhagem". De seguida, Göring versou sobre cada país: os holandeses eram "uma nação de traidores à nossa causa" e enfraquecê-los não faria mal nenhum, desde que não prejudicasse os agricultores e os trabalhadores das fábricas de armamento. A França devia entregar 1,2 milhões de toneladas de cereais e não 550 000, como no ano anterior. A Bélgica não era tão pobre como dizia ser. Atirou números. Noruega: "Têm peixe: 400 000". Quando Terboven referiu que era um número inferior ao do fornecimento do ano transato, Göring respondeu: "500 000!". Os protestos inevitáveis dos políticos e dos funcionários públicos dos territórios ocupados não lhe interessavam. Ele não era, segundo sublinhou, a favor da "colaboração": "a colaboração é uma coisa que só o Sr. Abetz [o embaixador alemão em França] faz". Só os dinamarqueses escaparam: a sua relação económica especial estava a dar os resultados desejados ([51]).

Enquanto esta tosca negociata prosseguia, Hitler tinha a mente virada para o futuro, estimulada pelas visões do Plano Geral para o Leste. Durante todo o mês de agosto, falou sobre o plano aos seus convidados para jantar. A Alemanha estava a avançar para "espaços vazios" e teria de aprender a governá-los. Os eslavos entregariam as colheitas em troca de produtos manufaturados alemães de má qualidade; qualquer falatório acerca de os civilizar seria punido com uma estada num campo de concentração. "Nenhuma potência do planeta nos expulsará!", gabou-se ele, e os guerrilheiros iriam pelo mesmo caminho que os "peles vermelhas" da América. O Leste produziria um excedente anual de dez a doze milhões de toneladas de cereais – como efetivamente produzira antes da Grande Guerra – e a Alemanha tornar-se-ia "o Estado mais autossuficiente" do mundo, com milhões de camponeses alemães a responderem ao apelo da terra ([52]).

Felizmente para os alemães, a colheita de 1942 foi mais do que satisfatória. Ajudadas pelo excelente tempo estival e pelo aumento do policiamento, os fornecimentos de cereais europeus aumentaram de dois milhões de toneladas para mais de cinco milhões em 1942-1943: nesta altura, a Alemanha já obtinha dos territórios ocupados um quinto dos seus cereais. A chave foram o Governo-Geral e a França, com entregas significativamente mais elevadas. Por conseguinte, em meados de setembro, o regime pôde anunciar que as rações voltariam a subir na Alemanha. A crise alimentar chegara ao fim e Göring estava eufórico: num discurso de "Ação de Graças pela Colheita", no princípio de outubro, previu futuros incrementos, dado que "existem nos territórios do Leste ovos, manteiga e farinha em quantidades inimagináveis!". Hitler afirmara que se conseguissem aumentar as rações até outubro, os britânicos teriam de "abandonar toda e qualquer esperança de nos vencer pela fome". O regime apresentou o feito como um fracasso britânico e a confirmação de uma vitória final alemã" ([53]).

Goebbels, o especialista em propaganda, sabia que as gabarolices de Göring não ajudavam politicamente a Alemanha e instruiu os jornalistas alemães a mudarem de assunto. Mesmo assim, os europeus – juntamente com os administradores alemães responsáveis pela ordem pública no estrangeiro – reagiram furiosamente às exigências acrescidas. Em França, por exemplo, o homem do Ministério dos Negócios Estrangeiros em Paris, o embaixador Otto Abetz, alertou para a possibilidade de "tumultos, perturbações graves da ordem pública e a demissão ou derrube imediatos do atual governo". Era preciso trabalhar com os franceses, sublinhou ele, dado que a Alemanha carecia de recursos humanos próprios para fazer as colheitas. Ao contrário do que Göring insinuara, a política de colaboração não podia ser pura e simplesmente descartada. Da URSS ocupada chegaram avisos semelhantes: a colheita de 1942 fora valiosíssima, mas com o aumento da escassez de alimentos a população estava a ser empurrada para os braços dos guerrilheiros e começava a ver o bolchevismo como o menor de dois males. O futuro demonstraria que Goebbels tinha razão e que Göring tentara idiotamente o destino: o período de 1942-1943 foi efetivamente o ponto alto das entregas alimentares à Alemanha. Diminuíram ligeiramente no ano seguinte e de forma muito mais acentuada no outro, e nem sequer os aumentos continuados da produção na Alemanha conseguiram compensar as quebras ([54]).

"A saúde da Europa (...) 'não está muito má'", escreveu um comentador no *International Affairs*, no verão de 1944, avisando que apenas a possibilidade da ocorrência de epidemias aquando da libertação era causa de séria preocupação. Na verdade, se tentarmos avaliar os desenvolvimentos na saúde e na qualidade de vida no conjunto da Europa ocupada, a experiência do continente revela algumas características inesperadas.

Na medida em que o objetivo da política alemã foi a preservação de um abastecimento alimentar fiável para o *Reich*, este objetivo foi amplamente alcançado através da combinação de controlos rigorosos na Alemanha e de aumentos acentuados dos fornecimentos do exterior. Em retrospetiva, a crise de 1942 representou um percalço temporário que foi corrigido com o aumento da pressão sobre os consumidores estrangeiros. Só na fase final da guerra é que os alemães começaram a sofrer uma queda abrupta em quantidade de alimentos consumida, e foi depois do conflito que o verdadeiro colapso ocorreu. As importações de alimentos tornaram-se cada vez mais importantes: um quinto dos cereais (comparado com 10% antes da guerra), um terço da carne (comparado com 7%) e um quarto das gorduras eram importados, principalmente da França, da URSS, da Dinamarca e da Holanda. Dado que a racialização da política alimentar significou não só matar os consumidores indesejados mas também manter a saúde dos "dignos de viver", o *Reich* também deu muita atenção à nutrição. A sua campanha de promoção do pão de trigo ("O pão de trigo é melhor e mais saudável!"), juntamente com anúncios de crianças bochechudas com dentes sãos, foi acompanhada de incentivos aos agricultores para que produzissem pão integral, não só na Alemanha mas também no Protetorado, na Holanda, na Bélgica e na França. Não obstante a resistência dos consumidores, a campanha do pão de trigo foi alargada aos cereais e aos biscoitos. O *muesli* foi promovido como uma forma mais saudável de pequeno-almoço. Tudo isto contribuiu para um registo demográfico muitíssimo melhor em comparação com 1914-1918: neste período, a taxa de natalidade caiu para metade, enquanto na Segunda Guerra Mundial – em 1942 – baixou menos de um quinto. Se Hitler teve como objetivo evitar os danos demográficos de 1914-1918, conseguiu ([55]).

Fora da Alemanha, apesar das variações acentuadas dos níveis das rações e do consumo global de alimentos e das requisições alemãs, a saúde permaneceu surpreendentemente boa em grande parte do continente. Em geral, o problema básico prendia-se com a distribuição e não com a produção. Foi solucionado de forma mais satisfatória quando o Estado era forte e as comunicações relativamente fáceis, isto é, na Europa Ocidental e Central. O racionamento foi introduzido e manteve o consumo em níveis inferiores aos anteriores à guerra mas suficientemente altos para evitar a fome generalizada. Na verdade, algumas das sociedades mais afetadas eram aliadas da Alemanha: na Carélia, na Finlândia, algumas populações rurais viveram pouco acima do nível de subsistência; em Itália, as rações oficiais eram das mais baixas da Europa e o fracasso patético do regime para garantir o abastecimento alimentar do país depois de muitos anos de gritaria sobre a "batalha dos cereais" contribuiu em muito para a insatisfação e a fúria populares em relação ao fascismo. Só na ex-União Soviética e em partes da Jugoslávia e da Grécia é que a subnutrição se espalhou de forma generalizada e ameaçou mortes em massa – terras onde o Estado era mais fraco e a ideologia racial alemã teve o impacto mais devastador. Todavia, em termos globais, a queda no consumo alimentar não se comparou com o sucedido na Primeira Guerra Mundial, pelo menos até aos últimos meses dramáticos da guerra. No caso da maioria dos europeus, os avanços na lavoura e o bom tempo ajudaram a manter a fome à distância.

As pessoas também permaneceram notavelmente saudáveis. Registaram-se poucas epidemias e os dados demográficos indiciam um impacto inesperadamente reduzido nas taxas de mortalidade infantil ou de natalidade. A Dinamarca, protegida pela sua posição benigna na Nova Ordem, foi o país mais beneficiado e assistiu ao aumento continuado da taxa de natalidade, muito para lá dos níveis dos anos 30. Mas mesmo em França, onde as pessoas sentiram a escassez de alimentos de forma ainda mais acentuada por não terem vivido nada de comparável na Grande Guerra, a queda catastrófica de 1914-1918 não se repetiu: pelo contrário, verificou-se um aumento rápido, historicamente inédito e substancial nos nascimentos a partir de 1941, algo que os demógrafos do pós-guerra atribuíram à "resistência da natalidade" mas que prosseguiu depois do conflito, como aconteceu em quase todos os lugares. Foram visíveis tendências semelhantes em países mais privados de alimentos, como a Holanda, graças a uma taxa de mortalidade relativamente baixa e a taxas de natalidade elevadas [56]. A população – que cresceu ligeiramente no Reino Unido e de forma mais rápida nos EUA – diminuiu muito pouco na Europa Ocidental. Na Jugoslávia, na Grécia e na Polónia, as quedas foram muito mais acentuadas. O caso pior foi decerto a URSS: estudos recentes indicam que a catástrofe na Ucrânia, por exemplo, ultrapassou a fome de 1933; os números são menos fiáveis para a Bielorrússia, mas o resultado poderá ter sido ainda pior. Com a sua política, a Alemanha conseguiu, pois, isolar o povo alemão contra o desastre demográfico e infligi-lo àqueles que mais temia e desprezava. O resto da Europa escapou a grandes danos epidémicos, mas a pressão que as carestias alimentares colocaram sobre a legitimidade das instituições estatais e o receio bastante real da fome tornam facilmente compreensível o motivo pelo qual nada disto ajudou politicamente os alemães [57].

Na melhor das hipóteses, o impacto relativamente limitado da política alimentar alemã sobre a saúde em grande parte da Europa Ocidental e Central ajuda a explicar porque é que o impacto sobre a ordem pública não foi tão grande como seria de esperar, pelo menos antes do inverno de 1942-1943. A evolução das atitudes populares pode ser traçada através dos relatórios da polícia secreta militar na Bélgica. Em outubro de 1940, deu conta da ansiedade do público face à organização do aprovisionamento para o inverno e de dúvidas sobre a competência das autoridades belgas. Ao mesmo tempo, refere que cerca de 80% da população "aceita a realidade da ocupação alemã" e que espera que os alemães velem pela distribuição justa dos produtos alimentares. Em março de 1941, o sentimento antialemão estava a aumentar, principalmente por causa das carestias alimentares. Um ano depois, o mercado negro era já um facto aceite e a generalidade das pessoas estava convencida de que os alemães iam perder a guerra no Leste. Mas continuavam a ser "passivas" e não se acreditava na probabilidade da ocorrência de problemas graves. As greves que se realizaram foram em protesto contra as rações e salários baixos e não diretamente contra os alemães. Em meados de 1942, tornou-se cada vez mais difícil separar a deterioração do abastecimento alimentar do domínio alemão. Contudo, em setembro, a GFP (*) ainda referia a "calma generalizada, a ordem e a segurança não estão

---

(*) Acrónimo de Geheime Feldpolizei, a polícia secreta militar alemã. (N. T.)

ameaçadas". Em França, as avaliações da Wehrmacht das ameaças à ordem pública eram muito semelhantes. Por outras palavras, até finais de 1942, a imunidade da Europa Ocidental ao colapso económico parece tê-la mantido calma. A oposição de massas declarada ainda levaria algum tempo a surgir, depois de a guerra se ter virado claramente contra os nazis ([58]).

OS RECURSOS

O verdadeiro calcanhar de Aquiles do esforço de guerra alemão não foram os alimentos mas sim a energia. Em 1943, os EUA produziram 67% do petróleo do mundo, a URSS cerca de 10% – aproximadamente o equivalente à produção da Califórnia. Os britânicos controlavam o Iraque, nominalmente independente, mas enquanto a Royal Navy travou e venceu a Batalha do Atlântico contra os submarinos alemães foi o petróleo americano que permitiu à Grã-Bretanha manter-se na luta. Os alemães controlavam apenas os campos petrolíferos da Roménia, cuja produção, cada vez mais reduzida, era menos de 2% do total mundial, e alguns poços velhos na Hungria e na Galícia. Em termos gerais, a Europa – objeto das ambições imperialistas de Hitler – dependia completamente das importações de petróleo, o que colocava o III *Reich* numa desvantagem tremenda e tornava praticamente impossível travar uma guerra prolongada. Contrariamente à mitologia da Segunda Guerra Mundial, o III *Reich* viu-se obrigado a travar, no século XX, uma guerra com tecnologia do século XIX – cavalos e carvão ([59]).

Durante um momento, em 1940, Berlim acreditou que o mundo árabe, rico em petróleo, poderia fazer parte do jogo. Compreendendo que a vitória na Primeira Guerra Mundial deixara os britânicos a controlar as reservas petrolíferas do Médio Oriente, alguns alemães esperaram que a queda da França permitisse à Alemanha entrar na região. Criou-se uma nova empresa petrolífera estatal, a Kontinental Öl AG (que também controlaria os campos petrolíferos polacos e russos), e em maio de 1941 uma equipa alemã foi enviada à Síria. Ribbentrop, o ministro dos Negócios Estrangeiros, apoiou sem reservas esta expedição, com o intuito desesperado de evitar a invasão da URSS e manter a pressão sobre a Grã-Bretanha apoiando as forças pró-alemãs entre os nacionalistas árabes. Mas Hitler não levou a ideia muito a sério, pois estava convencido de que a derrota do bolchevismo proporcionaria rapidamente riquezas muito maiores e tornaria desnecessária qualquer concessão aos árabes. Não podia ter sido maior o contraste com a intervenção decisiva de Churchill. Nos meses seguintes, agindo com rapidez, os britânicos esmagaram um golpe pró-alemão no Iraque, ocuparam a Síria e o Líbano (juntamente com os Franceses Livres) e forçaram a abdicação do xá do Irão. O fracasso do Eixo em conquistar o Egito e o controlo cada vez mais apertado dos britânicos sobre o país puseram definitivamente fim às perspetivas de Hitler naquele sentido. Isto tornou ainda mais urgente a conquista dos campos petrolíferos do Cáucaso – que vinham fornecendo a Alemanha desde 1939 –, até porque a partir de maio de 1942 Hitler foi sendo avisado pelos seus principais comandantes de que sem aquela fonte não seriam possíveis operações ofensivas no ano seguinte. Manietada pelas interferências do *Führer*, a Wehrmacht chegou a Maikop, em agosto, e a Grozny, em outubro, mas o fracasso na conquista de Estalinegrado obrigou, alguns meses depois, ao recuo da tropa. Não haveria nenhuma solução militar para o problema energético da Alemanha [60].

Foi em vão que Hitler se virou para os cientistas. Supunha-se que a hidrogenação, em particular, preencheria o fosso energético através da produção de combustíveis sintéticos. O investimento em fábricas como o complexo químico construído em redor de Auschwitz – responsável, em finais de 1944, por 15% da produção alemã de metanol – permitiu à Luftwaffe continuar a operar, mas a hidrogenação é um processo caríssimo, com grande necessidade de combustíveis, e as quantidades requeridas teriam consumido uma percentagem muito grande do carvão da Alemanha; mesmo assim, a produção de combustíveis sintéticos atingiu o auge em 1943. Em 1944, os danos provocados pelos bombardeamentos aéreos aliados e a perda dos campos petrolíferos romenos tornaram insolúveis as dificuldades energéticas da Alemanha. Aumentar o número de caças de pouco servia sem combustível para os pôr a funcionar [61].

O panorama não era tão negro em relação ao carvão, mas quase. A conquista da Checoslováquia, da Bélgica, da Holanda e da França proporcionou à Alemanha uma capacidade significativa de extração mineira. No entanto, em termos continentais, a situação continuava a não ser a melhor. A Alemanha era o principal exportador de carvão da Europa mas a França era o maior importador do mundo e a Dinamarca, a Itália e a Noruega também dependiam em absoluto das importações. Graças à cooperação entre os administradores e os proprietários de minas belgas e franceses, a produção recuperou rapidamente, em 1940, e atingiu o auge em 1942-1943. Contudo, a partir deste período caiu de forma inexorável, com efeitos devastadores na produção de aço e prejudicando a estratégia de Speer de cooperação industrial. Hitler estava ciente das implicações. Em agosto de 1942, avisou cruamente o chefe da Reichswerke, Hermann Göring, e o líder dos produtores de carvão alemães, Paul Pleiger, de que se a escassez de coque impedisse o aumento da produção de aço a guerra estaria perdida. Na primavera, os continuados bombardeamentos aéreos anglo-americanos do Ruhr tomaram como alvo o nodo crucial da economia energética alemã e desorganizaram toda a estratégia de rearmamento de Speer ([62]).

Com a derrota à vista, começou a desmoronar-se a aliança do carvão e do aço de 1940 entre alemães, belgas e franceses. Os mineiros tinham protestado contra as baixas rações desde o primeiro inverno da ocupação – as mulheres dos mineiros belgas acenavam com sacos de batatas vazios em frente das câmaras municipais – mas os alemães nunca as aumentaram o suficiente para os apaziguar. A partir de 1943, o absentismo aumentou e alargou-se o fosso da produtividade entre os mineiros alemães e os estrangeiros. Entre 1938 e 1944, a produção diária média das minas de carvão francesas caiu 39%. Enquanto a percentagem dos alimentos e da mão de obra estrangeiros na produção global alemã continuou a aumentar, a produção de carvão no estrangeiro diminuiu de 28% para 20% do total alemão. Foi aqui que o sofrimento das populações urbanas da Europa, em particular, prejudicou os seus senhores. Em 1943, as greves eram já coisa comum e a diminuição da produção acelerou-se. As reservas de carvão caíram para níveis perigosamente baixos, tornando cada vez mais difícil ao *Reich* fornecer ao resto da Europa o combustível necessário para que a produção continuasse. De facto, isto tornou-se quase impossível depois de os bombardeamentos aéreos aliados das infraestruturas de comunicações, em finais de 1944, terem devastado o sistema de distribuição de carvão da Alemanha e provocado a paragem das fábricas ([63]).

Será então possível dizer que a ocupação rendeu? Uma avaliação recente conclui que, em geral, uma ocupação tem mais probabilidades de render em zonas com economias industriais modernas, dado que é mais fácil utilizar os seus recursos e a comunicação e o controlo saem relativamente baratos. Este argumento parece plausível no caso dos nazis: não obstante os seus sonhos imperiais no Leste, foi a Europa Ocidental que deu o maior contributo para o esforço de guerra alemão. Mas há dois senões. Um é que nem a ocupação gerida de modo mais eficiente bastará na ausência de certas matérias-primas vitais. Se tivessem ganho a guerra em 1941, os alemães poderiam certamente ter comprado ao estrangeiro o petróleo e as outras matérias-primas de que necessitavam. A visão de Hitler de uma autossuficiência total teria sido moderada e a política económica internacional da Alemanha teria estado mais próxima da que foi proposta pelos gestores das indústrias química e naval alemãs, que nunca desistiram da ideia de comerciar com o resto do mundo e continuaram a lidar discretamente com empresas americanas e de outros países. Todavia, a guerra contra a URSS tornou esta realidade difícil e a participação dos EUA no conflito impossibilitou-a. Com a guerra a prolongar-se e a tornar-se uma luta de desgaste entre gigantes industriais, as deficiências energéticas críticas da Alemanha começaram a pesar. A outra questão é que uma análise puramente económica ignora a importantíssima dimensão ideológica da gestão da economia de guerra pelo III *Reich*. Se geriu a economia da Europa Ocidental ligeiramente melhor do que a da Europa de Leste, não foi por ser apenas mais fácil, mas sim, acima de tudo, porque estava menos em jogo, em termos ideológicos. Na Europa Ocidental, a SS era mais fraca, os tradicionalistas eram mais influentes e o próprio Hitler tinha ideias menos abrangentes para o futuro da região ([64]).

10

Os trabalhadores

Em nenhuma outra esfera o fosso entre a ideologia e a realidade originou mais dilemas para o III *Reich* e tentativas mais violentas de os resolver do que na questão do trabalho. Tendo como objetivo político primário a criação de um Estado racialmente puro, os nazis abominavam a ideia de importar trabalhadores estrangeiros para a Alemanha, especialmente da Europa de Leste. Todavia, quando a contenda com a União Soviética colocou a possibilidade de uma longa guerra de desgaste, tornou-se claro que o conflito não podia ser vencido sem eles. A partir de 1942, em particular, o seu número aumentou rapidamente e em 1944 era de mais de sete milhões. A chegada súbita ao *Reich* de uma população enorme e principalmente eslava constituiu uma revolução social inesperada e profundamente perturbadora num país onde as pessoas eram constantemente bombardeadas com a mensagem de que os habitantes do Leste eram primitivos, pestíferos e perigosos. O modo que o regime encontrou para as tranquilizar foi obrigar os trabalhadores a usar insígnias, mantê-los atrás de arame farpado, policiar os seus movimentos e puni-los com dureza por pisarem o risco. Em suma, a necessidade de trabalhadores estrangeiros conduziu diretamente a uma radicalização das próprias leis raciais do *Reich*.

OS TRABALHADORES ESTRANGEIROS, 1939-1942

Em finais dos anos 30, a diminuição do mercado de trabalho na Alemanha levou os agricultores a queixarem-se de falta de mão de obra. Em novembro de 1938, surgiram receios de que esta carência pudesse ameaçar o abastecimento alimentar alemão. Os estrangeiros constituíam um quarto da força de trabalho agrícola em 1936-1937, percentagem que aumentou para 43% em 1938-1939. Göring apoiou este influxo e não entendeu que as "considerações de política racial" devessem ser primordiais. Na sua opinião, os trabalhadores estrangeiros eram um mal necessário. Mas à medida que cada vez mais alemães foram sendo mobilizados, a importância daquelas cresceu: em 1940, 60% da força de trabalho agrícola da Alemanha era constituída por estrangeiros. Centenas de milhares de prisioneiros de guerra polacos, em particular, foram privados do seu estatuto de ex-combatentes, incluídos na categoria de trabalhadores civis e distribuídos pelas quintas alemãs. Dada a obsessão de Hitler com a segurança alimentar da Alemanha, foi absolutamente extraordinário o *Reich* depender cada vez mais dos polacos para se alimentar, em especial quando estavam a ser expulsos das suas próprias quintas no Warthegau e na Prússia Ocidental; ironicamente, muitos destes polacos eram obrigados a trabalhar no *Reich*. Hitler estava convencido de que os alemães necessitavam de mais terra para sobreviver, mas mesmo na terra que tinham precisavam dos polacos para as colheitas ([1]).

Independentemente do caráter delirante da lógica económica nazi, nenhum alemão ciente da questão da raça tomou de ânimo leve as implicações destes desenvolvimentos para a segurança. Para os impedir de contaminarem a população alemã, os trabalhadores polacos receberam um tratamento especial: além de serem obrigados a usar insígnias (uma medida precursora das estrelas amarelas dos judeus), foram proibidos de entrar nos restaurantes e de andar de bicicleta, e com bordéis especiais para não aviltarem as mulheres alemãs. Os seus salários foram fixados abaixo dos níveis alemães até que os agricultores começaram a ver-se livre dos trabalhadores alemães, o que levou o regime a impor-lhes um "imposto de compensação social" para eliminar este incentivo. No entanto, o regime continuou a não se preocupar muito com a dependência da Alemanha dos recém-chegados: a escassez de mão de obra fora resolvida e as objeções ideológicas podiam ser contestadas enquanto o policiamento os mantivesse na ordem e eles permanecessem nas zonas rurais.

Aliás, depois da nova ronda de conquistas no Ocidente, esta dependência dos polacos pareceu apenas uma necessidade temporária. A derrota da França e dos Países Baixos rendeu muitos prisioneiros de guerra e o acesso a mercados laborais europeus afetados por anos de recessão e desemprego. Só na França e em Itália, existia mais de um milhão de desempregados. Outros estrangeiros chegavam ao *Reich* em busca de trabalho, provenientes de lugares tão distantes como a Hungria, a Bulgária e a Espanha. Por conseguinte, no verão de 1940, as necessidades da Alemanha pareciam poder ser inteiramente satisfeitas no futuro previsível, e o *Reich* libertou os prisioneiros de guerra belgas, holandeses e noruegueses e alguns franceses. Os 1,2 milhões que permaneceram no cativeiro foram postos a trabalhar na agricultura e rastreados para trabalho nas minas e na indústria.

As atitudes face ao exército de trabalhadores cada vez mais multinacional eram diversas. O Departamento Principal de Segurança do Reich (RSHA) tentou distinguir entre "trabalhadores de raça germânica" e "racialmente estrangeiros" e definiu diferentes conjuntos de punições para uns e outros. Contudo, esta medida deu origem a alguns resultados bizarros: por exemplo, os trabalhadores holandeses pertenciam a uma nação inimiga derrotada, mas em teoria eram racialmente superiores aos croatas, italianos e eslovacos que se ofereciam para trabalhar no *Reich*. O público alemão não fazia distinções subtis: em geral, as pessoas antipatizavam com qualquer trabalhador estrangeiro que não fosse obediente ou que desse nas vistas. Os jovens italianos eram alegadamente "barulhentos e briguentos": queixavam-se da comida e entupiam as sanitas. As francesas eram "imorais", os holandeses "arrogantes". Dizia-se que os trabalhadores estrangeiros tornavam as viagens de comboio desagradáveis devido ao seu "fedor insuportável", às suas roupas imundas, ao barulho que faziam, ao lixo que faziam e à tendência para começarem a cantar. No entanto, em contraste com a ideia fantasista do Partido Nazi de que eram apenas um incómodo temporário, um alto funcionário do Ministério do Trabalho avisou que tão cedo não se iriam embora e previu, e bem, que o desenvolvimento económico da Europa, mesmo no pós-guerra, se caracterizaria por grandes movimentos da mão de obra:

> Mesmo depois do fim da guerra, não será possível dispensar a mão de obra estrangeira na Alemanha. Tal como no passado, o seu emprego será mais necessário na agricultura, mas também na indústria, de modo a realizar as grandes tarefas futuras da paz. A constituição de uma economia europeia macroregional integrada servirá para promover este desenvolvimento. Juntamente com a importação de mais trabalhadores dos Estados continentais para a Alemanha, o intercâmbio de mão de obra na forma dos chamados trabalhadores convidados também ganhará certamente ímpeto com a igualização intereuropeia da mão de obra. ([2])

Convencidos de que a vitória estava próxima e confrontados com estas desagradáveis previsões, os nazis endureceram a sua abordagem. Os trabalhadores estrangeiros foram proibidos de recorrer aos hospitais a menos que em perigo de vida e os seus campos foram colocados sob vigilância constante. As autoridades locais interditaram-lhes a utilização de piscinas, retiraram-lhes os suplementos de Natal e só os deixavam ir as compras em certas alturas. Um dos motivos para estas restrições infindáveis, especialmente nas zonas rurais, foi os regulamentos muitas vezes serem ignorados. As relações amistosas que havia entre polacos e alemães nas aldeias e nas quintas isoladas preocuparam as autoridades, que apelaram a uma vigilância renovada e à arregimentação (³).

Depois da invasão da URSS, a captura de três milhões de soldados e de vastos territórios com enormes reservas de mão de obra aumentaram as possibilidades económicas e os riscos de modo totalmente novo. Dado que o regime acreditava na iminência da vitória e considerava que teria acesso a todos os trabalhadores estrangeiros de que necessitasse, não fez planos para utilizar os prisioneiros de guerra russos. Na verdade, Hitler bloqueou a sua utilização no *Reich*. Afinal de contas, o fim da guerra traria a desmobilização rápida da Wehrmacht, aliviando definitivamente a escassez de mão de obra da Alemanha. Mas isto era um risco, pois se a guerra não corresse como previsto a Alemanha ver-se-ia rapidamente a braços com enormes dificuldades: a mobilização para a Barbarrossa sangrou ainda mais as reservas de mão de obra e deixou um número recorde de postos de trabalho por preencher na economia alemã. E este problema não era apenas teórico: a produção de carvão do Ruhr, o centro da economia energética do *Reich*, caiu 15% entre março e agosto de 1941. Só em outubro é que Hitler acabou por ceder e autorizar a exploração total dos prisioneiros de guerra soviéticos na Alemanha, mas nesta altura já era demasiado tarde para a maioria deles. Não havia muita simpatia na Alemanha pelo seu sofrimento: pelo contrário, as pessoas ficaram tão escandalizadas com as notícias de que o *Reich* estava a alimentar milhões de prisioneiros de guerra que as rações foram cortadas nos campos de prisioneiros. Os soldados do Exército Vermelho que conseguiram chegar vivos à Alemanha estavam demasiado debilitados para trabalhar e tiveram de ser especialmente "engordados".

Himmler e o Partido não suportavam a ideia de que a dependência da Alemanha de trabalhadores estrangeiros pudesse tornar-se permanente. A guerra criara uma situação absurda que eles queriam acabada o mais rapidamente possível: "A atual situação político-racial é de tal ordem que mal nos livramos de 500 judeus no *Reich* trazemos imediatamente dez vezes mais gente de raças estrangeiras racialmente indesejáveis", queixou-se um analista no inverno de 1941-1942. Receando o colapso da segurança, Himmler esperava que as necessidades da Alemanha pudessem ser satisfeitas por "povos germânicos" e pela assimilação de outros "aptos para germanização". Porém, esta ideia – como todas as ideias de Himmler – ignorava os factos económicos e não solucionava a crescente escassez de mão de obra do *Reich*. Entre maio de 1939 e maio de 1942, a conscrição reduziu a força laboral civil em 7,8 milhões de indivíduos. Com a Wehrmacht a sofrer perdas substanciais na Frente Leste, aumentar a produção de armamento implicava resolver a crise da mão de obra (⁴).

AS RUSGAS DE SAUCKEL

Na primavera de 1942, sob a liderança do jovem Albert Speer, começou uma racionalização da economia que daria rapidamente origem a incrementos notáveis na produção. Todavia, a Alemanha também necessitava manifestamente de alguém que alguns designavam por "ditador da mão de obra" para implementar um programa laboral a nível europeu. Para o fazer, Hitler, no seu modo característico, passou por cima do Ministério do Trabalho e nomeou Fritz Sauckel, *Gauleiter* de longa data da Turíngia, para plenipotenciário do trabalho. As suas instruções a Sauckel foram para que garantisse um aumento drástico no contributo do continente para a resolução o problema da mão de obra alemão.

Em certos aspetos, Speer e Sauckel não podiam ser mais antagónicos, eram duas gerações diferentes de nacionais-socialistas. Speer era um dos jovens tecnocratas cultos e bem-falantes que não escondiam o seu desprezo pela estupidez dos "barões" do Partido. Sauckel, um ex-marinheiro e trabalhador manual, era um dos antigos dirigentes do Partido. Na verdade, eram ambos organizadores competentes e as suas tarefas complementavam-se: o trabalho de Sauckel era encontrar os trabalhadores para preencher as lacunas nas fábricas de Speer. Independentemente do que disse depois da guerra, Speer necessitava de Sauckel – tal como necessitava de Himmler e da Wehrmacht – porque sem o recrutamento forçado da mão de obra europeia o aumento da produção de armamento teria sido impossível.

Durante ano e meio, Sauckel teve um enorme sucesso na gestão daquilo que um historiador descreveu recentemente como "um dos maiores programas de trabalho coercivo jamais vistos no mundo". Em abril de 1943, Sauckel informou orgulhosamente Hitler de que as coisas estavam a correr bem: em termos de força laboral, "o nosso *Reich* nacional-socialista constitui um exemplo notável quando comparado com os métodos do mundo capitalista e bolchevique". Na realidade, o panorama era muito menos cor-de-rosa. Com o endurecimento das condições de trabalho na Alemanha, muitos voluntários partiram e, regressados aos seus países, contaram que tinham sido mal alimentados e tratados brutalmente. Quando os que foram considerados pelos alemães "inaptos" para o trabalho foram mandados embora – como também aconteceu na primeira metade de 1942 –, as suas histórias horríveis não contribuíram em nada para facilitar o recrutamento. Em finais de 1942, os homens de Sauckel começaram a deter as pessoas com métodos que espalharam o terror no Governo-Geral e nos territórios ocupados do Leste. Em 1942, só dos territórios soviéticos Sauckel conseguiu enviar mais de um milhão de trabalhadores para o *Reich*. Em meados de 1943, havia

2,8 milhões de novos trabalhadores nas fábricas alemãs e no fim do ano seguinte eram já mais de cinco milhões. Se compararmos este número – alcançado em apenas trinta meses – com os 10 a 20 milhões de africanos transportados através do Atlântico como escravos, há mais de um século, compreenderemos o temível poder coercivo ao dispor do Estado moderno (525).

As pessoas lembravam-se naturalmente do tráfico de escravos como o único paralelo concebível para a brutalidade extraordinária e amiúde indiscriminada dos homens de Sauckel. Segundo um assistente de Speer, o altamente crítico Otto Bräutigam:

> Passámos depois pela experiência grotesca de termos de recrutar milhões de trabalhadores nos Territórios Ocupados do Leste depois de os prisioneiros de guerra terem morrido à fome como moscas, para preenchermos as lacunas que surgiram na Alemanha... No abuso continuado e irrestrito da humanidade eslava, eram usados métodos de "recrutamento" provavelmente originários dos períodos mais sombrios do tráfico de escravos. (6)

Em Cracóvia, um nacionalista ucraniano pró-alemão queixou-se às autoridades:

> O nervosismo geral é ainda maior devido aos métodos incorretos para conseguir trabalhadores que vêm sendo usados com mais e mais frequência nos últimos meses. A caça ao homem selvagem e implacável levada a cabo nas cidades e no campo, nas ruas, nas praças, nas estações e até nas igrejas e de noite, nas casas das pessoas, abalou profundamente o sentimento de segurança dos habitantes. Todos estão expostos ao perigo, a ser detidos em qualquer sítio e a qualquer hora pela polícia, de forma súbita e inesperada, e levados para um campo de trânsito. Nenhum parente sabe o que lhes aconteceu e só meses depois é que se conseguem notícias do seu destino, através de um postal. (7)

A caça ao homem ainda era pior nas zonas rurais. Uma carta explícita de um aldeão da Polónia Oriental descreve uma incursão nos seguintes termos:

> Há novidades por aqui. As pessoas estão a ser levadas para a Alemanha. Algumas pessoas do distrito de Kowkuski estavam destinadas para ir no dia 5 de dezembro mas não quiseram e a aldeia foi incendiada. Ameaçaram fazer a mesma coisa em Borowytschi porque nem todos os que estavam marcados para ir quiseram ir. Chegaram três camiões com alemães, que lhes deitaram fogo às casas. Incendiaram doze casas em Wrasnytschi e três em Borowytschi. No dia 1 de outubro, teve lugar um novo recrutamento força-

do de trabalhadores. Vou-te descrever os acontecimentos mais importantes. Nem imaginas a bestialidade. Lembras-te certamente do que nos disseram sobre os soviéticos durante o seu domínio sobre os polacos. Não acreditámos e agora parece igualmente incrível. Chegou a ordem para fornecer 23 trabalhadores, mas ninguém se apresentou. Fugiram todos. A milícia alemã apareceu e começou a pegar fogo às casas dos que tinham fugido. O incêndio tornou-se muito violento porque não chovia há dois meses. Além disso, os sacos com cereais estavam nos pátios das quintas. Podes imaginar o que aconteceu. As pessoas que acorreram ao local foram proibidas de apagar o fogo e foram espancadas e detidas – arderam sete quintas. Entretanto, os polícias incendiaram outras casas. As pessoas caíram de joelhos e beijaram as mãos dos polícias mas eles bateram-lhes com mocas de borracha e ameaçaram incendiar a aldeia inteira...

Durante o incêndio, a milícia foi às aldeias vizinhas e pôs os trabalhadores sob prisão. Onde não encontraram os trabalhadores, prenderam os pais, até que os filhos apareceram. Foi assim a noite inteira em Bielosirka. Os trabalhadores que não apareceram seriam fuzilados. As escolas foram encerradas. Os professores casados foram postos a trabalhar aqui, os solteiros vão trabalhar para a Alemanha. Apanham seres humanos como costumavam fazer os apanhadores de cães. Já andam à caça há uma semana e ainda não apanharam os suficientes. Os trabalhadores presos estão trancados na escola. Não podem sair, nem para as suas funções naturais, têm de o fazer como os porcos, na mesma sala. Certo dia, as pessoas de muitas aldeias foram em peregrinação ao Mosteiro de Potschaew. Foram todas presas e encarceradas e vão ser enviadas para trabalhar. Entre elas há coxos, cegos e velhos. ([8])

À luz de tais acontecimentos, não admira que o próprio Sauckel, ao percorrer os territórios ocupados, encontrasse cada vez mais receio e fúria junto dos funcionários de cuja cooperação necessitava. Para atingirem as quotas, os seus homens muitas vezes ignoravam os salvos-condutos válidos e os documentos de isenção emitidos por outras agências e recrutavam trabalhadores especializados cuja deportação prejudicava o trabalho de guerra alemão. Além disso, o impacto social e político era catastrófico. Rosenberg avisou Sauckel de que as suas rusgas estavam a fomentar a resistência da guerrilha nos territórios do Leste porque os camponeses fugiam para os bandos. Confrontados com a escolha entre serem enviados para a Alemanha e ver as suas casas incendiadas, tinham pouco a perder. Os economistas da Wehrmacht também estavam profundamente desagradados. O Exército, particularmente preocupado com as colheitas e os caminhos de ferro, queria manter os trabalhadores onde estavam. Todavia, as necessidades do *Reich* eram prioritárias e os agentes de Sauckel continuaram a saquear a ex-URSS:

mais de metade dos civis soviéticos que trabalhavam na Alemanha em 1944 chegou *depois* da queda de Estalinegrado.

Mas Sauckel também se virou para a Europa Ocidental. Num ano, o número de trabalhadores belgas na Alemanha quase duplicou, enquanto o número de franceses subiu de 135 000 para 667 000. Ribbentrop alertara o ministro dos Negócios Estrangeiros italiano para o facto de que "o *Führer* teria de tomar medidas radicais nos territórios ocupados para mobilizar o potencial laboral local" para que a Alemanha conseguisse combater o rearmamento americano ([9]). A França passou por uma versão mais suave das táticas brutais que estavam a ser utilizadas na Polónia e na Ucrânia. Em março de 1944, o ex-marinheiro gabou-se aos seus colegas de que

> até comecei a usar um comboio e um grupo de agentes franceses, masculinos e femininos, que a troco de um bom salário, como se fazia antigamente para "engajar", iam à caça de homens e embriagavam-nos com álcool e com palavras para os enviarem para a Alemanha. Além disso, incumbi uns homens capazes de criarem para nós uma organização especial de fornecimento de mão de obra e eles treinaram e armaram um grupo de locais, com a colaboração do HSSPF, mas ainda tenho de pedir armas para eles ao Ministério das Munições, porque só no ano passado foram abatidas a tiro várias dezenas de homens muito capazes da organização. Apliquei todos estes métodos, mesmo que pareça grotesco, para refutar a alegação de que não existia uma organização para trazer mão de obra destes países para a Alemanha. ([10])

Em 1943, os custos começaram a aumentar em termos de agitação, de perturbações da ordem pública e de cada vez mais resistência ao domínio alemão. Os funcionários de Sauckel eram atacados e os registos e os ficheiros policiais que os ajudavam a selecionar trabalhadores através dos canais burocráticos eram frequentemente queimados pelos resistentes. O resultado foi que os recrutadores começaram a deixar a seletividade de lado e a arrebanhar indiscriminadamente pessoas nas ruas, nos cinemas, nas praças e nas estações de comboio. Estas "razias" e "blocos" tornaram-se difíceis de distinguir das operações policiais. Em Varsóvia, em janeiro de 1943, foram capturadas 35 000 pessoas em quatro dias. Os terríveis "blocos" que tiveram lugar nos bairros "vermelhos" de Atenas, no verão de 1944 – organizados pela SiPo/SD, mas executados principalmente pela polícia de segurança grega e por informadores –, enviaram milhares de pessoas para o campo de Haidari, de onde seguiram para o *Reich*: os ativistas da resistência (conhecidos ou supostos) foram abatidos no local.

A ocupação alemã da Zona Livre de França e o anúncio governamental da criação do STO (Service du Travail Obligatoire) resultaram numa agitação pública generalizada que culminou no assassínio do chefe de operações de Sauckel em Paris. Com os jovens a fugirem para as montanhas para não serem enviados para a Alemanha, Vichy argumentou que desenraizar os trabalhadores e obrigá-los a ir para a Alemanha não era a melhor maneira de usar o seu trabalho. Albert Speer concordou e defendeu veementemente uma política mais diferenciada e a manutenção dos trabalhadores onde estavam quando já produziam para o esforço de guerra alemão. Em setembro, Speer, recém-nomeado ministro do Armamento e da Produção de Guerra, começou a intervir diretamente. Numa reafirmação da política de colaboração, Speer e o ministro da Indústria francês, Jean Bichelonne, acordaram que as empresas que produziam para o esforço de guerra alemão deviam ficar imunes às rusgas. Depois de Hitler dar a sua aprovação, o sistema foi alargado a grande parte da Europa Ocidental. Em março de 1944, Sauckel, frustrado, declarou que só em França eram afetados mais de 1,3 milhões de trabalhadores, o que o impedia de cumprir as suas metas. Speer respondeu que embora houvesse 2,7 milhões de trabalhadores isentos na Europa Ocidental, este número ainda era uma percentagem relativamente pequena do total da força laboral.

O debate sobre a mão de obra que teve lugar em Berlim, em julho de 1944, enquanto os Aliados penetravam no Norte da França, foi particularmente acrimonioso. Sauckel queixou-se da falta de apoio da Wehrmacht, a qual, segundo disse, "via o programa de recrutamento de mão de obra como algo desonroso". Exigiu novas incursões e maior severidade. Todavia, alguns dos presentes consideraram que face à inexistência de recursos humanos para tal, essa abordagem se revelaria contraproducente. Até o chefe do RSHA, Ernst Kaltenbrunner, avisou que dispunha de apenas 2400 homens em França e que seria duvidoso "que com essa parca força se pudesse deter classes etárias inteiras". Quanto aos diplomatas, levantaram dúvidas sobre as pressões que poderiam aplicar a governos estrangeiros; estavam seriamente enfraquecidos e pressioná-los ainda mais não ajudaria em nada [11].

Graças às memórias de Speer, escritas depois da guerra e pejadas de autojustificações e desculpas, o significado da controvérsia Speer-Sauckel foi exagerado, até porque só se aplicou verdadeiramente aos trabalhadores da Europa Ocidental: Speer teve menos para dizer sobre o Leste e as rusgas de Sauckel continuaram a enviar para o *Reich* centenas de milhares de infelizes. Os acordos sobre cooperação industrial que Speer concluiu com o seu homólogo de Vichy encaixaram facilmente na visão prevalecente em Berlim de uma economia europeia com duas dimensões, com a Alemanha a lidar de uma forma com os seus parceiros industriais e de outra com o Leste agrário. Mas dispensar os trabalhadores estrangeiros nunca foi uma opção, até porque em 1944 a economia de guerra alemã estava completamente dependente deles. Constituíam pelo menos um quinto do total da força de trabalho (em 1940 eram 3%) e estavam não só na agricultura, mas também nas minas, na construção, no armamento e na metalurgia. Na verdade, a indústria tornara-se mais dependente deles do que os agricultores. Dos que trabalhavam no setor fundamental das munições, 30% eram estrangeiros: mais de 16 000 trabalhavam para as fábricas da BMW em Munique, um fornecedor crucial de motores para a Luftwaffe. Quando os alemães ocuparam a Hungria, a força de trabalho do país era tão essencial para eles que até judeus húngaros foram enviados para trabalhar no *Reich* – uma ocorrência inédita. Em suma, Speer, enquanto ministro do Armamento, dependeu do sucesso dos esforços de Sauckel e dificilmente terá procurado sabotá-los ([12]).

OS TRABALHADORES ESTRANGEIROS E A INTENSIFICAÇÃO DO TERROR

A política do nazismo de expulsar populações estrangeiras do país foi, pois, violentamente invertida. De facto, graças a Sauckel, havia mais estrangeiros na Alemanha do que nunca. Por outras palavras, não foi depois da guerra mas sim durante que a Alemanha se tornou um "país de imigração". Uma pequena cidade como Ösnabruck, onde antes da guerra mal se viam estrangeiros, viu-se subitamente com 12 000 – um quinto da população –, falantes de cerca de 19 línguas diferentes. Alojados em casernas, salões de baile, escolas, edifícios vazios, residências particulares e campos construídos para o efeito, as suas figuras mal alimentadas, miseravelmente vestidas e esqueléticas eram uma presença constante nas ruas da cidade. Não admira que a sua chegada tenha agravado a abordagem punitiva do policiamento das relações entre alemães e estrangeiros, levando a SS a penetrar ainda mais no sistema jurídico e semeando o terror na vida dos trabalhadores estrangeiros ([13]).

O Decreto Polaco de março de 1940 foi apenas o princípio. Dois anos mais tarde, a crise judicial do verão de 1942 foi exacerbada pelo êxito de Sauckel. Acima de tudo, foi o descontentamento com o influxo de trabalhadores estrangeiros que levou Himmler a convencer o recém-nomeado ministro da Justiça, Otto Thierack, a outorgar-lhe jurisdição penal sobre aquilo a que chamou "elementos associais". Esta decisão fatídica abriu o caminho para uma postura muito mais dura face aos trabalhadores estrangeiros. A arrepiante justificação de Thierack para o seu extraordinário enfraquecimento do poder do sistema judiciário sublinhou a presença ameaçadora destes estrangeiros e mostrou que a sua presença entre os alemães era provisória. Nas palavras do novo ministro:

> Tendo em mente o objetivo de livrar o povo alemão de polacos, russos, judeus e ciganos, e de abrir os territórios do Leste que serão acrescentados ao *Reich* como área de povoamento para a cultura alemã, é minha intenção entregar os processos penais contra polacos, russos, judeus e ciganos à jurisdição do *Reichsführer* SS. Ajo na convicção de que o sistema judiciário só pode dar um contributo menor para o extermínio destes elementos étnicos. ([14])

Esta linguagem não era a do Ministério da Justiça. Thierack terá querido que a disposição se aplicasse em exclusivo aos territórios ocupados do Leste, mas para Himmler significou que a SS adquirira poderes penais sobre os trabalhadores estrangeiros também na Alemanha. Todavia, em finais de 1942, os *Gauleiters* e o Ministério da Justiça protestaram tão veementemente contra esta expansão do poder da SS que o novo ministro tentou recuar. Thierack declarou que "é hoje impossível avançar com base na ideia de que pretendemos de alguma forma aniquilar estas pessoas"; teria de "se garantir alguns procedimentos jurídicos nos tribunais". Todavia, como sucedera com todos os outros juristas nazis antes dele, os seus protestos vieram tarde demais: a SS, a polícia e o Partido estavam demasiado preocupados em manter os inferiores raciais e inimigos potenciais do *Reich* afastados dos alemães. A SS explicou que "o polaco e o russo soviético, só por existirem em território sob hegemonia alemã, representam uma ameaça à ordem nacional alemã". Por conseguinte, para a SS, a Grande Alemanha já existia na forma de um espaço quase legal que se estendia da Renânia à frente soviética: no policiamento da guerra contra o inimigo racial, as fronteiras entre o nacional e o estrangeiro estavam a dissolver-se e a SS negou-se a aceitar a necessidade de as distinguir, independentemente das implicações para a situação jurídica dentro do próprio *Reich* ([15]).

Além de endurecer as regras, a SS arregimentou o alemão comum para manter os trabalhadores estrangeiros na linha. Neste caso, como em outros, a Gestapo contou com membros do público para a informarem sobre as atividades suspeitas: médicos, guardas, colegas de trabalho, vizinhos e membros do Partido e da Juventude Hitleriana foram alertados para os perigos colocados pela nova ameaça no seu seio e encorajados a denunciar os trabalhadores estrangeiros e todos quantos simpatizassem abertamente com eles. Em finais de 1943, Himmler sublinhou que "nenhum deles é perigoso desde que tomemos medidas severas à mais pequena ninharia". A humilhação e o castigo públicos chamavam a atenção para as novas regras. Por exemplo, um homem acusado de relações sexuais com uma polaca foi levado pela sua aldeia por 80 membros da SA e da Juventude Hitleriana, ao som das trombetas, após o que foi admoestado por um funcionário do Partido em frente da câmara municipal. Caso fossem detidos, os trabalhadores enfrentavam o encarceramento, os campos de concentração ou até a execução pública. Começou a haver enforcamentos públicos nas cidades e nas aldeias; só no Sul católico se registou uma desaprovação declarada ([16]).

Nos últimos meses da guerra, com a Wehrmacht obrigada a defender, a repressão intensificou-se ainda mais e o regime começou a ficar seriamente preocupado com a subversão na frente interna. Himmler sublinhou a necessidade de garantir "a ordem e a disciplina entre os trabalhadores estrangeiros, em toda e qualquer circunstância, bem como a prevenção de atos de sabotagem, a formação de grupos de resistência e as reuniões revolucionárias, etc.". Os capatazes e os supervisores foram alertados para que estivessem atentos. O tom com que estas matérias foram discutidas é dado pela acta de uma reunião de proprietários de minas do Ruhr convocada para falar dos trabalhadores russos. O poderoso chefe da Frente Alemã do Trabalho, Robert Ley, avisou os presentes de que a extração de carvão era crucial para a vitória alemã: "Há que extrair o carvão, aconteça o que acontecer. Se não for convosco, cavalheiros, será contra vós". E numa tirada de borracho (*), traçou o destino apocalíptico que os esperava caso falhassem: "Depois de nós, não há nada, tudo acabará... A Alemanha será destruída. Toda a gente será chacinada, assassinada, queimada e destruída. Afinal de contas, queimámos intencionalmente as nossas pontes. Resolvemos praticamente a questão judaica na Alemanha. Só isto é algo espantoso". Todos os presentes concordaram que os trabalhadores russos tinham de ser mantidos na ordem, se necessário com recurso a espancamentos. "Debaixo do chão está escuro e Berlim fica muito longe", comentou Paul Pleiger, que copresidia à reunião com Ley e era um dos líderes industriais mais importantes do *Reich* ([17]).

A dureza no local de trabalho foi acompanhada por algumas sugestões para melhoramento dos incentivos. Dispostos a cooperarem com a Gestapo para lidar com os agitadores, os "madraços" ou simplesmente os que "não necessitamos", os gestores também ponderaram aumentar o desempenho dos trabalhadores tratando-os melhor. Participaram em cursos para aprender como otimizar a produtividade e introduziram bónus, embora seja duvidoso que incentivos como permitir aos trabalhadores usar a insígnia "Ost" na manga em vez de no peito tenham feito uma grande diferença.

(*) Ley era alcoólico. (*N.T.*)

No último ano da guerra, foram introduzidos salários indexados à produtividade e levantadas algumas restrições ao movimento. No entanto, quando as sirenes tocavam e os bombardeiros aliados apareciam, os trabalhadores estrangeiros eram barrados dos abrigos municipais, o que provocou a morte de um número desproporcionado. No fim, com a escassez extrema de carvão e alimentos, as suas condições de vida eram verdadeiramente terríveis. Um relatório das autoridades locais, no inverno de 1944-1945, descreve um campo administrado por uma companhia berlinense:

> As salas estão completamente às escuras. O ginásio está completamente às escuras. No meio, arde uma fogueira. Há montes de palha no chão, com os estrangeiros deitados em cima... O vestuário dos trabalhadores é escasso, sujo e esfarrapado... Hoje, apenas se apresentaram ao trabalho 150-160 dos 320 trabalhadores; 120 ficaram no campo porque estão sem calçado (têm inchaços nos pés). Cerca de 40 estão constipados... O campo é imundo e desorganizado, o fornecimento de roupa aos trabalhadores é inadequado, o aquecimento é insuficiente, os trabalhadores estão cobertos de piolhos. ([18])

Por conseguinte, a conversa de melhorar as condições do "trabalhador do Leste" não deu praticamente em nada, tendo sido constantemente minada por atitudes muito mais fundamentalistas e severas. Uma foi o desprezo racial, produto de uma sociedade preocupada com as interações étnicas e que acabara por desprezar a maioria dos povos não germânicos. Outra foi a fria avaliação empresarial dos trabalhadores. Tal como Hitler, as empresas alemãs nunca os viram como um recurso escasso ou valioso, e muito menos como seres humanos a serem acarinhados e preservados. Eram bens baratos e deviam trabalhar até ao esgotamento. O terceiro fator foi o medo da vingança. Tal como o discurso de Ley sugeriu, muitos alemães – mesmo quando não sabiam ao certo o que se passara no estrangeiro – estavam bem cientes do ressentimento e da hostilidade que o comportamento da Alemanha provocava nas suas vítimas. O regime falou a linguagem da vingança e da retaliação desde que ascendeu ao poder e avisou constantemente que recairiam sobre a Alemanha na eventualidade de uma derrota do nazismo. Por fim, assistiu-se a uma espécie de paranoia sobre "criminosos" à solta enquanto a Alemanha se desmoronava. Nos últimos meses da guerra, com os nazis a tornarem-se cada vez mais violentos contra todo o tipo de pretensos criminosos, Himmler apelou a execuções em massa dos agitadores estrangeiros. Em Düsseldorf, por exemplo, mais de 200 prisioneiros de guerra italianos foram enforcados aos grupos em cadafalsos improvisados, acusados de pilhagens depois de um bombardeamento aéreo devastador. No fim da guerra, a Gestapo estava a matar alemães e trabalhadores estrangeiros para eliminar os "criminosos perigosos" como alegadas ameaças à ordem pública ou simplesmente por estarem demasiado debilitados para poderem ser deslocados ([19]).

O TRABALHO ESCRAVO E A SS

Enquanto entidade que administrava os campos de concentração, a SS tinha fontes próprias e potencialmente valiosas de mão de obra. Porém, quando a guerra eclodiu, a população prisional era muito pequena: em setembro de 1939, os campos principais de Dachau, Sachsenhausen, Buchenwald, Mauthausen, Flossenbürg e Ravensbrück alojavam apenas um total de 21 400 prisioneiros, numa altura em que o Gulag continha mais de 1,3 milhões. Himmler só despertou para o seu significado no grande ponto de viragem de 1941-1942. Na primavera de 1942, o número de presos era já o dobro e, mais importante ainda, a SS tinha começado a construir ou expandir outros nove campos, incluindo três – Auschwitz, Stutthof e Lublin-Maidanek – concebidos para receberem, cada um, um número de detidos muitíssimo superior ao total sob custódia da SS antes da guerra. Os planos que determinaram esta expansão nunca foram totalmente executados, mas a população dos campos aumentou muito depressa, para 110 000 em setembro de 1942 e 200 000 em junho de 1943. Auschwitz, Dachau e outros campos estavam rodeados de numerosos campos satélites. No princípio de 1945, existiam mais de 700 000 prisioneiros e cerca de 40 000 guardas em 20 campos principais sobrelotadíssimos e 165 campos de trabalho administrados pela SS. O sistema alemão transformara-se em algo próximo das dimensões do Gulag ([20]).

Sistema de campos SS: números de prisioneiros

Campo	Setembro de 1939	Abril de 1942	Agosto de 1943	Janeiro de 1945
Dachau	4000	8000	17 300	57 560
Buchenwald	5300	9000	17 600	87 300
Sachsenhausen	6500	10 000	26 500	60 800
Flossenbürg	1600	4700	4800	40 300
Auschwitz	-	c. 20 000	72 000	67 000
Lublin	-	c. 9500	15 400	-
Total para todos os campos de concentração	c. 21 000	c. 75 000	224 000	714 000

Fontes: TWC, v, R-129; 1468-PS; N. Wachsmann, Hitler's Prisons: Legal Terror in Nazi Germany *(Londres, 2004), pp. 394-395;* H. Krausnick e M. Broszat (orgs.), Anatomy of the SS State *(Londres, 1973), pp. 247-248.*

O catalisador da nova política foi, como vimos, o desejo de Himmler de se antecipar à vitória iminente dando início, de imediato, ao trabalho preparatório para o Plano Geral para o Leste. Isto implicava a utilização de mão de obra estrangeira, não no *Reich* – algo em relação ao qual Himmler teve sempre as maiores reservas – mas mais a leste. Por conseguinte, Himmler começou a deslocar o foco do sistema dos campos para leste, para as franjas do *Reich* e para o Governo-Geral, com a construção dos megacampos de Auschwitz e Lublin. Este último, em particular, foi projetado para se tornar um centro de povoamento, triplicando as suas dimensões, com o centro da cidade renovado, novas indústrias e um anel de povoações em redor. Este salto enorme na utilização da mão de obra escrava impunha uma renovação do sistema dos campos moribundo e Himmler confiou-o ao enérgico Oswald Pohl, que foi posto na chefia de um novo departamento da SS, o Departamento Económico e Administrativo Principal (WVHA). Combinando a administração dos campos e a principal unidade de construção da SS e as suas operações empresariais, o WVHA destinava-se a organizar a paz para a SS no Leste. O talentoso e frio engenheiro-chefe da SS, Hans Kammler, subordinado de Pohl, elaborou planos para o campo de Lublin na expectativa de, finda a guerra, dar início à construção das estradas e das povoações com "brigadas de construção" compostas por 175 000 trabalhadores escravos ([21]).

A ambição extraordinária subjacente a estes planos durou a maior parte do ano, apesar de em 1941 apenas terem sido entregues à SS 30 000 prisioneiros de guerra soviéticos. Kammler, Pohl e Himmler não estavam minimamente preocupados. Os planos de construção de Kammler para depois do conflito falavam descaradamente em explorar "presos, prisioneiros de guerra, judeus, etc.", e em março de 1942 os três homens viram o transporte de judeus eslovacos robustos para Auschwitz como o início do projeto. O professor Konrad Meyer, principal arquiteto do Plano Geral para o Leste, previu que seriam necessários 850 000 trabalhadores durante os próximos 25 anos ([22]). Por conseguinte, nas palavras de Pohl a Himmler, "a guerra provocou uma alteração marcada na estrutura dos campos de concentração e modificou os seus deveres em relação à utilização dos prisioneiros". A mobilização dos prisioneiros para a economia de guerra e para "fins de construção na paz vindoura" tinha precedência sobre as considerações de segurança ou a doutrinação ideológica. Himmler concordou. No discurso muito importante que proferiu perante altas patentes da SS, em junho (por ocasião do funeral de Heydrich), ele sublinhou que

> se não enchermos os campos com escravos – é minha intenção, aqui nesta sala, dizer as coisas de forma muito firme e muito clara –, com trabalhado-

res escravos que construirão as nossas cidades, as nossas aldeias e as nossas quintas sem se olhar a perdas, nem depois de anos decorridos sobre a guerra teremos dinheiro suficiente para dotar as colónias de modo a que pessoas verdadeiramente alemãs lá possam viver e criar raízes na primeira geração. ([23])

Pohl não era um romântico. Queria que os comandantes dos campos começassem a agir como gestores e não como polícias e que garantissem que os campos eram economicamente produtivos. Porém, ainda mais do que os empresários alemães, a SS tratou os seus prisioneiros como se houvesse uma reserva inesgotável. A nova política obrigou-os a trabalhar até ao limite da sua resistência e mais ainda, reduzindo os intervalos, exigindo horas de trabalho ilimitadas, degradação e uma vigilância constante. A sua utilização, segundo Pohl, tinha de ser, "no verdadeiro significado da palavra, exaustiva". Não era fácil dizer quão grande era a reserva de prisioneiros, nem a capacidade dos próprios campos. Tornara-se embaraçosamente óbvio que Richard Glücks, o inspector dos campos de concentração, nem sequer sabia quantos prisioneiros continham. Pohl queria tudo isto mudado e tentou acompanhar o desempenho através de estatísticas de produtividade ([24]).

Na verdade, o fornecimento de prisioneiros estava prestes a disparar muito para lá das capacidades de gestão da SS. Canalizados em grande número para os campos com o desenvolvimento da Solução Final, os judeus "inaptos para o trabalho" eram imediatamente enviados para os campos de extermínio, sendo os restantes "selecionados" para "extermínio pelo trabalho". Este mesmo destino esperava os trabalhadores estrangeiros e alemães que caíam nas mãos da polícia. O acordo Thierack-Himmler de 1942 enviou os detidos para os campos sem passarem pelo sistema judicial. A ideia de "os exterminar pelo trabalho", observou Goebbels na altura, deveria ser aplicada "incondicionalmente aos judeus e ciganos, aos polacos condenados a três ou quatro anos de servidão penal e aos checos e alemães condenados à morte ou à servidão penal perpétua". Isto resultou que se entregasse à Gestapo, só em finais de 1942, 35 000 trabalhadores "do Leste". A intensificação da guerra de guerrilha na Europa de Leste acrescentou muitos mais, bem como a decisão de transferir para os campos todos os polacos condenados a longas penas de prisão no Governo-Geral. Em menos de dois anos, o número de detenções mensais duplicou para os números registados em finais de 1944 ([25]).

Pohl era um administrador enérgico mas também era vaidoso (tal como Frank, tendia a gabar-se da sua suposta semelhança com Mussolini), dogmático e, segundo um ex-colega, um autêntico diletante em questões económicas. Na segunda metade de 1942, após a chegada de um número enorme de prisioneiros aos campos, as condições pioraram de tal forma que a população do sistema baixou – de 115 000 para 83 000. A "destruição pelo trabalho" estava a ser levada demasiado longe, mesmo para a SS ([26]). Só não se percebe porque é que os gestores da SS ficaram surpreendidos quando obtiveram finalmente um retrato claro da mortalidade nos campos – graças às suas estatísticas – e compreenderam como era elevada. Em dezembro de 1942, os militares e o Ministério do Armamento de Speer criticaram-nos pela sua ineficácia, argumentando que mais valia enviar os trabalhadores para as fábricas de Speer e manter os judeus em guetos para uso pelo Exército ([27]).

Se havia algo a que Himmler era sensível era à acusação de ineficiência e ao receio de que pudesse pôr em causa o seu controlo sobre a política racial. Sob a sua incumbência, uma comissão interna da SS começou a investigar a gestão dos campos. Descobriu tamanha teia de corrupção, bens roubados, assassínios arbitrários e sacos azuis que centenas de SS foram expulsos ou detidos. Um terço dos comandantes dos campos foi substituído. "Devem ser usados todos os meios para reduzir a taxa de mortalidade", disse Glücks aos seus subordinados, em janeiro de 1943. Por conseguinte, de finais de 1942 ao princípio de 1944, o WVHA conseguiu reduzir a taxa de mortalidade dos prisioneiros de uma espantosa média mensal de 10% para 2%-3%. Mesmo assim, era um número astronómico. Além do mais, durante o mesmo período, centenas de milhares de judeus foram gaseados à chegada, em Auschwitz-Birkenau, enquanto outros eram mortos pela fome noutros lugares. Os gestores do sistema dos campos não acompanharam o fornecimento de alimentos aos campos, não cercearam o comportamento letal dos guardas nem tomaram outras medidas óbvias que teriam mantido vivos mais prisioneiros. Pelo contrário, as novas medidas implementadas ajudaram a matar as pessoas mais depressa.

Com a expansão do sistema, Himmler procurou distinguir os diferentes tipos de campo e as respetivas funções de modo a realçar a utilidade económica, em particular das instituições administradas pelo WVHA. Afinal de contas, nesta altura ele era responsável pelos campos de prisioneiros de guerra, de internamento, de trabalho e de trânsito, bem com pelos centros de extermínio e pelos campos de concentração propriamente ditos, sob o controlo do inspetor dos campos de concentração e do WVHA. Em maio de 1943, Himmler escreveu, de forma reveladora, que o campo de trabalho de Salaspils, perto de Riga, só podia ser convertido num campo de concentração se "incluir uma fábrica de armamento genuína e verdadeiramente importante". Por conseguinte, os presos continuaram principalmente a extrair turfa, a trabalhar em pedreiras e minas e a produzir cimento, trabalho que ele descreveu como "apenas para os manter ocupados". Mas o facto de os prisioneiros dependerem ou não do WVHA não implicava nenhuma diferença apreciável no modo como eram tratados. Pelo contrário, as instalações mais industrializadas – incluindo crematórios modernos – e a existência de recursos médicos apenas significaram que os prisioneiros podiam ser assassinados em maior número. Os médicos dos campos matavam os prisioneiros doentes com injeções de fenol; outros eram simplesmente gaseados ou queimados. Tal como os judeus, escreveu um oficial SS em Lublin, aquando do repovoamento de Zamość, os polacos enviados para Auschwitz deviam ser "liquidados" caso fossem doentes mentais ou deficientes físicos ou se estivessem doentes. A única diferença era que, "ao contrário dos judeus, os polacos devem morrer de morte natural". Entretanto, os óbitos deixaram de ser inscritos nas conservatórias locais e nos campos um novo código de registo ajudou a disfarçar o número crescente de mortes [28].

A taxa de mortalidade resultante foi colossal. Em finais de 1942, dos 12 658 prisioneiros transferidos de prisão preventiva no *Reich* para os campos (a maioria foi para Mauthausen-Gusen), 5935 já estavam mortos no princípio de abril do ano seguinte. A taxa de mortalidade global ainda era mais elevada. Estimativas recentes indicam que dos 1,65 milhões de prisioneiros dos campos que trabalharam para a economia de guerra alemã, não sobreviveram à guerra mais de 475 000; muito poucos foram libertados. O sistema dos campos cresceu enormemente desde o seu início modesto, depois da conquista do poder pelos nazis, e este crescimento acarretou a subida em flecha das taxas de mortalidade. Nas mãos da SS, foi demasiado esbanjador e letal para se tornar o grande fornecedor de mão de obra de que o esforço de guerra do *Reich* tanto necessitava.

Os números contam a história, apesar de ser uma história impessoal. O tamanho da força laboral alemã diminuiu entre 1939 e 1944, de 39 milhões para 29 milhões, inteiramente por causa da conscrição militar, e grande parte desta queda foi compensada pelos sete milhões de trabalhadores estrangeiros, na sua maioria arregimentados à força pelos agentes de Sauckel. Contra estes números, os 475 000 sobreviventes famintos e debilitados dos campos de Himmler representam uma condenação inequívoca da idiotice económica do nazismo. Uma política muito diferente teria possibilitado à força laboral alemã expandir-se e não contrair-se. Afinal de contas, milhões de trabalhadores em potência foram premeditadamente assassinados (na Solução Final) ou mortos à fome (nos campos de prisioneiros de guerra). Porém, no III *Reich* e, acima de tudo, para a SS – como os seus chefes frequentemente proclamaram –, algumas coisas eram mais importantes do que a economia.

NEGÓCIOS COM A SS

Em matéria de negócios, a SS foi muito melhor a destruir do que a construir. Depois do *Anschluss*, enquanto Göring transformava a Reichswerke num imenso conglomerado industrial gerido pelo Estado, a SS aventurou-se no mundo da produção. As suas primeiras iniciativas neste domínio tinham-se centrado nas pedreiras e na construção e a SS tinha aberto campos como Mauthausen, Flossenbürg e Gross-Rosen a contar com os grandes projetos de reconstrução planeados para o *Reich*. Aproveitando o seu acesso privilegiado aos ativos expropriados aos judeus, em particular, Pohl e o WVHA apoderaram-se de muitas pequenas empresas, desde serrações a fábricas de produtos alimentares. No entanto, as suas aquisições tinham pouca lógica – fábricas de engarrafamento de água mineral aqui, oficinas de reparação de bicicletas ali, fabricantes de cerâmica acolá. Ocupado com outros assuntos, Himmler ponderou ocasionalmente a ideia de uma indústria de armamento SS para produção de peças antiaéreas, lança-granadas e metralhadoras. Todavia, homens com experiência empresarial era coisa que não abundava na SS e a combinação de uma força laboral faminta e brutalizada com a obsessão de Himmler com o repovoamento agrário do Leste no pós-guerra e a falta de capital para investir impediu a SS de criar um império fabril digno de nota ([29]).

Um exemplo particularmente macabro da sua incompetência económica foi a débil experiência empresarial resultante do extermínio dos judeus polacos na Operação Reinhard. No outono de 1942, Himmler decidiu contestar as críticas ao genocídio – a Wehrmacht, em particular, estava preocupada com a desorganização provocada na produção fabril polaca com a remoção dos judeus dos seus postos de trabalho – criando "algumas fábricas grandes com judeus em campos de concentração", em redor de Lublin, para produzirem para o esforço de guerra. Embora nunca se tenham materializado na forma concebida por Himmler, o grupo OSTI (*) de Odilo Globocnik, na zona de Lublin, empregava várias dezenas de judeus polacos em várias atividades, incluindo uma vidraria, uma fábrica de escovas, carpintarias, uma oficina de montagem de bicicletas e uma empresa farmacêutica. Nem Globocnik – cruel, corrupto e amigo da pândega – nem os seus homens eram gestores naturais; um deles comentou que "quando ouço a palavra indústria, até me dá náuseas!". Os especialistas empresariais da SS também estavam confusos: a OSTI fora formada em março de 1943, com Pohl como presidente do conselho de administração e "Globus" como diretor

---

(*) Ostindustrie GmbH (Indústrias do Leste, Lda.). (*N. T.*)

executivo. Mas era apenas uma operação policial, uma fachada para lucros pessoais ou uma iniciativa comercial séria? A resposta surgiu pouco depois. Gerida de forma amadora e bárbara, a OSTI foi um subproduto momentâneo das políticas de pilhagem e genocídio e não o cerne de uma nova preocupação da SS com a indústria, e a sua má gestão foi um dos motivos que provocaram a segunda demissão de Globocnik na sua carreira e o seu envio de Lublin para chefiar a polícia de Trieste. Antes da sua exoneração, ele tinha sugerido – e Himmler tinha-o apoiado – que o gueto de Łódź passasse a ser administrado pela OSTI. Estava preocupado porque os industriais e a Wehrmacht pareciam estar a fazer encomendas no gueto e não à OSTI. No entanto, os responsáveis pelo centro industrial do Warthegau conseguiram anular a ideia: nada do que a SS tinha feito indicava que pudesse igualar a eficiência com a qual a força laboral do gueto de Łódź, chefiada por um empresário alemão, produzia uniformes para a Wehrmacht ([30]).

Nas mãos da SS, o extermínio dos judeus polacos permitiu o enriquecimento privado numa escala enorme, mas gerou poucos ganhos económicos para o esforço de guerra alemão. Globocnik afirmou que a Operação Reinhard tinha rendido, entre setembro de 1942 e dezembro de 1943, mais de 1900 vagões ferroviários de roupas usadas. Durante a matança de centenas de milhares de judeus polacos, os seus homens apoderaram-se de ativos no valor de milhões de marcos que disseram que tencionavam remeter para a OSTI. No relatório final de Globocnik, a lista de artigos nos quais os seus cálculos se basearam ocupa várias páginas e inclui diversas moedas, desde o *pengo* húngaro à libra australiana e quantidades enormes de joias, relógios, metais preciosos, pastas, canivetes, óculos de sol, cigarreiras, despertadores e navalhas de barbear. O que não foi para presentes de Natal para os colonos alemães ou para membros da SS ou para os bolsos fundos dos funcionários envolvidos, terá contribuído para o financiamento da OSTI, com pouco dinheiro. Mesmo assim, a empresa não prosperou. Foi-se arrastando durante a maior parte de 1943, enquanto Himmler quis preservar uma pequena força de trabalho judaica no Leste; em novembro, depois das revoltas nos campos de extermínio de Treblinka e Sobibor, os seus últimos empregados foram assassinados durante a sangrenta Operação "Festival das Colheitas" que aniquilou os últimos judeus da Polónia. Em fevereiro de 1944, muitas das outras empresas da SS foram declaradas insolventes. Em outubro, Speer reclamou o controlo da mão de obra em todo o *Reich*, deitando por terra as grandes ambições económicas da SS ([31]).

Speer gabou-se posteriormente de que ajudou a impedir a ameaça de uma tomada de controlo da economia pela SS ao recordar a Hitler a importância de manter a produção de armamento nas mãos de quem a sabia gerir, mas os interesses de Himmler – além dos ocasionais devaneios – nunca foram nesse sentido. Permaneceu empenhado nos seus programas de construção para o pós-guerra, no Leste, uma visão de repovoamento colonial que planeava utilizar técnicas de governação modernas para restaurar uma ordem pseudomedieval na qual a indústria se enquadrava de forma bizarra. Quanto à guerra, se o dever lhe exigisse que matasse os trabalhadores judeus, matá-los-ia. Por conseguinte, disse a verdade quando tranquilizou Speer que "tenho outras ambições que não tornar-me um concorrente neste setor [a produção de armamento]".

Tinha havido apenas um pequeno conflito entre os dois homens, no outono de 1942, sobre se os prisioneiros dos campos deviam trabalhar para empresas do exterior ou se deviam instalar-se fábricas nos campos. A causa foi a fábrica de armamento Gustloff, em Buchenwald, um projeto-piloto para a utilização da mão de obra dos campos na produção de armamento, onde tinha havido atrasos nas entregas. Mas ter a SS como patrão podia ser desconcertante. Depois de várias intervenções enérgicas de Himmler, os gestores da Gustloff começaram a recear que a SS começasse a policiá-los tão apertadamente como aos seus trabalhadores escravos. Nem sequer Hitler considerou boa ideia ter a SS a dizer aos industriais alemães como gerir as suas operações. Terminado o assalto com Speer na mó de cima, Himmler mostrou-se cooperante: foram estabelecidos novos campos dentro e fora do *Reich* e até as proibições sobre o emprego de judeus na Alemanha foram afrouxadas no interesse da produção de guerra. A mão de obra dos campos de concentração foi canalizada para a economia relacionada com o armamento e em troca a SS recebeu acesso privilegiado a munições e material de guerra ([32]).

No último ano da guerra, o foco da gestão da economia europeia pela Alemanha esteve principalmente limitado à preocupação com a produção de armamento. Depois de lhe terem sido conferidos poderes abrangentes sobre as economias de todos os territórios ocupados, Speer pôde finalmente concentrar-se em centralizar a produção de armamento europeia para o esforço de guerra alemão, direcionando tudo para o aumento da produção e concentrando-se nos ganhos de produtividade. A ascensão de Speer demonstrou a confiança que Hitler depositava nele: aliás, era transparentemente claro que Speer representava uma alternativa melhor do que Himmler em matéria de produção de armas (ou de qualquer outra coisa). Enquanto os campos combinavam uma produtividade medíocre com uma elevada taxa de mortalidade e uma corrupção generalizada, nas fábricas geridas por Speer a produtividade aumentou. Apesar dos aumentos modestos no rendimento nacional alemão, as suas reformas geraram um crescimento espantoso na produção de munições sem exigirem uma grande reestruturação da economia. A produção de aviões de combate duplicou num ano. Em meados de 1943, é duvidoso que Himmler, mesmo que o quisesse fazer, tivesse conseguido desafiar Speer ([33]).

A partir do outono de 1943, os prisioneiros dos campos de concentração foram utilizados em número significativo na produção de armamento e esta tendência acelerou-se em 1944, agravando consideravelmente as suas condições de vida. O comandante de Auschwitz, Rudolf Höss, explicou durante o julgamento de Nuremberga:

> A razão principal pela qual os prisioneiros estavam em tão más condições perto do fim da guerra e pela qual tantos foram encontrados doentes e escanzelados nos campos foi porque todo o prisioneiro tinha de ser empregue na indústria de armamento até ao limite extremo das suas forças. O *Reichsführer* recordava-nos este objetivo constantemente e em todas as ocasiões e proclamou-o por intermédio do chefe do Departamento Económico e Administrativo Principal, o *Obergruppenführer* Pohl, aos comandantes dos campos de concentração e aos dirigentes administrativos nas chamadas reuniões de comandantes. Os comandantes foram instruídos no sentido de desenvolverem todos esforços para o conseguirem. O objetivo não era ter o máximo de mortos possível nem destruir o máximo de prisioneiros possível; o *Reichsführer* estava constantemente preocupado em empenhar todas as forças disponíveis na indústria de armamento. ([34])

No princípio de 1942, haveria 25 000 prisioneiros de campos de concentração a trabalhar para a economia de guerra; em finais de 1944, eram 400 000-420 000 e a SS e a indústria alemã cooperavam na sua exploração. Alojados principalmente em antigos campos de trabalhadores escravos judeus (cujos prisioneiros originais tinham sido mortos), alguns prisioneiros ajudavam a construir a indústria química baseada no carvão, na Silésia. No *Reich*, o campo de Oranienburg alimentava uma fábrica da Heinkel, Sachsenhausen fornecia a Daimler-Benz, Dachau estava ligado à BMW. A Krupp recorreu aos campos por causa da escassez de mão de obra e os seus gestores inspecionaram Buchenwald à procura de trabalhadores especializados. A força laboral da Volkswagen, constituída principalmente por trabalhadores estrangeiros, produzia veículos militares, peças para aviões, foguetes e muitas outras armas: a empresa fornecia jipes à SS, que em troca construíram e guarneceram um campo especial perto da fábrica principal ([35]).

Speer pediu a Himmler que lhe fornecesse o maior número de trabalhadores possível. Em maio, o ministro da Justiça, Thierack, autorizou-o a utilizar também os detidos das prisões. Na primavera de 1943, talvez metade da população dos campos – cerca de 5% da força de trabalho do *Reich* – trabalhava diretamente para o esforço de guerra ou para a Direção de Construção da SS, chefiada por Kammler. Através de Kammler, a SS deu o seu apoio aos programas de fabrico de foguetões da Volkswagen e da Porsche, e forneceram 60 000 prisioneiros que escavaram túneis nas montanhas Harz para a produção da V-2. A gestão não era sofisticada; aquando da chamada, os guardas SS davam um soco na cara dos prisioneiros: os que ficavam de pé eram considerados "aptos para o trabalho". Para Kammler, indiferente aos milhares que morriam, era uma maneira eficiente de utilizar as reservas de mão de obra e ele estava plenamente satisfeito com a produtividade alcançada ([36]).

A aposta de Hitler falhou e a sua tentativa de travar uma guerra continental a despeito das capacidades económicas da Alemanha saiu-lhe pela culatra. A resistência continuada da URSS, as suas reservas de homens aparentemente inesgotáveis e o sucesso notável do seu esforço de rearmamento apesar das carências debilitantes de alimentos condenaram toda a estratégia de Hitler. A fase decisiva da contenda foi o primeiro ano e meio após a invasão da URSS, quando as novas conquistas do *Reich* e o choque profundo causado à economia soviética valeram muitas vantagens à Alemanha numa altura em que a economia americana ainda se estava a preparar para a guerra. Foi naqueles meses cruciais que o talento nazi para o desperdício e para a incompetência, os erros estratégicos de Hitler e a incapacidade do regime para converter recursos em armas tão eficazmente como os seus inimigos custaram muitíssimo caro ao *Reich*.

A sua má gestão da mão de obra, um dos seus ativos mais escassos, foi decisiva. Durante toda a guerra, a Alemanha alinhou menos de metade dos 35 milhões de homens usados por Estaline e depois do outono de 1942 a disparidade entre os seus exércitos avolumou-se de forma inexorável. A Alemanha sangrou na Frente Leste, incapaz de igualar o adversário em recursos humanos (a sua população era cerca de metade da da URSS), em gestão ou em produção de armamento. No Ocidente, a Alemanha encontrou pela frente forças britânicas e americanas praticamente ilesas, apoiadas por reservas abundantes de homens e alimentos. Quando a guerra chegou ao fim, tinha perdido 3,2 milhões de homens. A URSS perdeu mais do dobro deste número e sofreu muitas mais mortes civis, mas a sua rápida mobilização deu testemunho da superior vontade de vencer dos soviéticos e da maior adaptabilidade industrial e tecnológica do seu regime. A sua facilidade de acesso aos recursos minerais e ao petróleo e o fornecimento de equipamento através do programa Lend-Lease (*) foram ajudas enormes. No entanto, não devemos ignorar que, no caso dos recursos humanos, a URSS superou obstáculos que, em certos aspetos, foram muito maiores do que o III *Reich*: decorrido um ano sobre a invasão, a sua força laboral diminuíra de 85 para 53 milhões de pessoas. Dada a existência de quase pleno emprego, nem o esvaziamento do Gulag, que aconteceu rapidamente, pôde compensar as perdas. Por conseguinte, foi mobilizada a totalidade da população e os trabalhadores existentes foram rapidamente redirecionados para as indústrias de guerra. Apesar das evacuações e das perdas tremendas em instalações industriais, em 1942 a URSS produziu mais canhões do que os alemães ([37]).

Avesso a reduzir a qualidade de vida dos civis de forma tão implacável como o regime soviético e preocupado com os bombardeamentos aéreos em massa que acabaram por matar centenas de milhares de pessoas no *Reich*, Hitler só conseguiu prosseguir a guerra para além de 1942 graças à Wehrmacht – sem dúvida a melhor força de combate da guerra – e à exploração cada vez mais intensiva da indústria, da agricultura e da mão de obra europeias. Apesar de brutalmente eficaz, esta política teria sido muito mais útil se milhões de trabalhadores não tivessem sido assassinados de forma intencional e indiferente. Alguns trabalharam até morrer ou foram mortos pela fome, outros foram enforcados, gaseados ou fuzilados como inimigos raciais. Em todos os casos, foram testemunho da impossibilidade de travar uma guerra racial em várias frentes ao mesmo tempo. O sentimento de solidariedade racial que equipou o soldado alemão e o tornou um combatente tão formidável constituiu uma limitação quando houve que mobilizar a mão de obra e outros recursos fora do país. Deste ponto de vista, tanto o liberalismo como o comunismo foram motivadores ideológicos muito mais eficazes do que o nacional-socialismo numa guerra prolongada. Afinal, os críticos de Hitler na SS tinham razão: a Alemanha podia ter pureza racial ou domínio imperial, não as duas coisas ao mesmo tempo ([38]).

(*) Programa ao abrigo do qual os EUA forneceram material de guerra ao Reino Unido, União Soviética, China e outros países e movimentos aliados, entre 1941 e 1945. (*N.T.*)

11
Diplomacia de segunda

> *Sendo o egoísmo nacionalista desabrido a essência do totalitarismo, era inevitável que todos os países que se tornaram fascistas, de forma mais ou menos espontânea, tivessem um objetivo: a preservação ou restauração da sua independência e da sua integridade nacionais, razão pela qual se revoltaram inevitavelmente contra o domínio alemão. Isto desvendou o panorama inesperado de uma Europa totalitária, determinando a condenação da pátria do totalitarismo...*
>
> Condessa Waldeck, Athene Palace (1942), pp. 300-301

A CRUZADA CONTRA O BOLCHEVISMO

"Nada de ilusões acerca de aliados!". Foi assim que o general Franz Halder, chefe do estado-maior general do Exército, resumiu as palavras de Hitler sobre o assunto quando falou aos seus generais na véspera da Operação Barbarossa. O *Führer* abriu uma exceção para os finlandeses, que tinham sido atacados pelos russos no inverno de 1939 e ripostado de forma espantosamente eficaz: até ele reconheceu que eram adversários fiáveis e empenhados do Exército Vermelho, e vinha-lhes fornecendo armas. Mas em relação aos romenos, os outros aliados dos quais esperava um apoio substancial, a sua opinião refletia o habitual desprezo austríaco ("cobardes, corruptos e depravados", fora o seu veredicto, segundo as notas de um dos presentes). Nem Hitler nem os seus oficiais acreditavam que a Alemanha precisaria da ajuda de mais ninguém ([1]).

Na verdade, a Roménia, liderada pelo general Antonescu, usou 587 000 homens no conflito, o que a tornou, juntamente com a Finlândia, o apoiante militar mais importante da Alemanha. Não querendo ficar atrás, os húngaros também alinharam, mas com muito menos entusiasmo, e solicitaram que os seus soldados fossem retirados até novembro. Quanto aos restantes, o seu contributo foi praticamente simbólico. Mussolini queria dar provas depois do desempenho abjeto dos seus soldados na Grécia, em França e na África Oriental, e enviou três divisões. O general Franco suavizou o golpe que assestara ao optar por manter a Espanha fora do conflito autorizando o alistamento de voluntários na chamada Divisão Azul. Desejosos de demonstrarem a sua solidariedade e de conquistarem as boas graças da Alemanha para as suas novas pretensões territoriais, os croatas e os eslovacos enviaram unidades a título simbólico, e de toda a Europa chegaram pequenos grupos de antibolcheviques holandeses, franceses, valões, flamengos e noruegueses.

Numa carta a Mussolini, uma semana depois do ataque ao Exército Vermelho, Hitler pareceu satisfeito: "Grande parte da Europa foi despertada de um desinteresse verdadeiramente letárgico". As pessoas tinham aparentemente compreendido que "a luta da Alemanha contra o bolchevismo" fazia parte de "uma política comum que, em última análise, é verdadeiramente europeia". Mas o que significava isto? Eram apenas palavras ou a conversa do *Führer* sobre a "Europa" implicava realmente uma recompensa para todos quantos lhe dessem apoio? Com os fluxos e refluxos da guerra, desencadeou-se em Berlim, em Roma e não só um debate acérrimo sobre qual deveria ser esta política antibolchevique "europeia" ([2]).

O instinto de Hitler disse-lhe, como sempre, para prometer o menos possível, especialmente dada a sua convicção de que a guerra podia ser rapidamente ganha sem a ajuda de ninguém. Em termos da eventual distribuição de territórios soviéticos, Hitler foi categórico: só o *Reich* tinha o direito de a determinar. Numa reunião de planeamento crucial, em 16 de julho, Hitler ficou espantado por um jornal de Vichy se ter atrevido a descrever a luta contra o bolchevismo como "a guerra da Europa, pelo que deveria ser travada em nome de toda a Europa". A Alemanha, prosseguiu Hitler, não devia fazer "declarações supérfluas"; mesmo com aliados como a Roménia – ele tornara-se um admirador do general Antonescu – nunca se sabia como poderiam evoluir as relações ([3]).

No mês seguinte, Roosevelt e Churchill encontraram-se e emitiram a sua declaração de objetivos de guerra na forma da Carta do Atlântico. O Ministério dos Negócios Estrangeiros alemão criticou a sua falta de qualquer "conceção nova de Europa" e viu uma hipótese para o III *Reich* apresentar a sua visão para o mundo do pós-guerra. O ministério disse que a declaração demonstrava que a Inglaterra, em virtude da sua localização geográfica e dos seus interesses, nunca poderia agir como "organizadora e protetora de uma Europa unificada", e solicitou uma resposta: "Nós não temos concorrência... Temos o caminho livre para contrapor ao plano da Inglaterra um plano construtivo para a Europa" (⁴). O aliado mais próximo de Hitler era da mesma opinião. O *Duce* também queria aproveitar a oportunidade para igualar as democracias liberais na guerra de palavras global. As pessoas, disse ele ao seu conselheiro diplomático, Anfuso, não combateriam pela Alemanha só pela honra de serem "organizadas" pelo *Reich*. Havia que lhes prometer algo mais definido. Mussolini pretendia uma declaração conjunta na qual o Eixo se comprometesse a respeitar "os ideais nacionais e sociais europeus". Nas palavras de Anfuso, necessitavam da garantia de que a Alemanha não estava a travar uma guerra colonial na Europa nem exclusivamente pelo "povo dos senhores", mas sim por uma nova Europa (⁵).

Por conseguinte, no fim de agosto, quando Mussolini visitou Hitler na Frente Leste para celebrar o êxito da Wehrmacht contra o Exército Vermelho, apresentou-se munido de documentos políticos, elaborados por diplomatas italianos, para uma possível "proclamação de princípios sociais e económicos do Eixo em oposição às formulações anglo-saxónicas". Os seus diplomatas falavam de um futuro político para a Europa que incluía garantias de soberania e independência para os Estados-membros. Mussolini só fora informado sobre a invasão da União Soviética no último momento e nunca esteve tão convencido como Hitler de que a operação seria rapidamente concluída. Além disso, sabia perfeitamente que a entrada na guerra roubara liberdade de manobra à Itália e os relatos de maus-tratos infligidos a trabalhadores italianos no *Reich* tinham-no tornado consciente da falta de sensibilidade da Alemanha, mesmo em relação ao seu aliado mais importante (⁶).

Durante a longa viagem até ao quartel-general de Hitler nas florestas prussianas – infestado de mosquitos –, os diplomatas italianos rezaram para que o *Duce*, por norma estranhamente silencioso na presença de Hitler, tivesse a coragem de suscitar a questão do futuro do continente. É a Filippo Anfuso, do Ministério dos Negócios Estrangeiros – "considerado um dos homens mais belos de Roma", segundo um colega alemão –, que devemos uma impressão vívida do encontro entre os dois ditadores. Segundo Anfuso, Hitler já revelava os efeitos físicos de viver a maior parte do tempo no seu novo e vasto complexo de *bunkers* subterrâneos. O seu olhar era menos ágil e ele pareceu-lhe magro e desgastado. Mas não perdera o hábito de se entregar a longos solilóquios e insistiu triunfalmente aos seus convidados italianos que a vitória estava à mão, apesar da resistência animalesca dos asiáticos sub-humanos. Os italianos não se terão apercebido das enormes discussões sobre estratégia que tinham tido lugar no princípio do mês entre

Hitler e os seus generais sobre a maneira de encostar o Exército Vermelho à parede, nem da incerteza que começara a insinuar-se devido à continuada resistência soviética. O próprio Mussolini notou que Hitler parecia obcecado com "um desejo quase religioso de libertar a Europa do bolchevismo, com a palavra 'Europa' a surgir de forma recorrente no seu discurso e a substituir ocasionalmente 'Alemanha'". Todavia, conclui Anfuso, "não foi possível detetar nas suas palavras qualquer indício acerca do futuro da Europa". Quando ele repetiu insistentemente que estava a defender a Europa do "marxismo asiático", os seus convidados italianos interrogaram-se em surdina: "Que Europa? A Europa da Raça dos Senhores? De Atenas e Roma? Do Papa? Dos socialistas? De Talleyrand? De Carlos V?" ([7]).

Convencido, ao que parece, de que a vitória estava à esquina, Hitler mostrou-se eufórico ao visitar as ruínas fumegantes na frente com o seu aliado. Mussolini mal conseguiu meter uma palavra. O *Duce* estava com uma disposição muito diferente, marcado pela morte recente do seu filho predileto, Bruno, de 23 anos, num acidente aéreo e, como frequentemente acontecia nos seus encontros com Hitler, parecia relutante em insistir na sua opinião. Os seus verdadeiros sentimentos, no encontro que terá sido o mais crítico de todos entre os dois homens, apenas se manifestaram em momentos estranhos e de forma imprevisível. A dada altura, insistiu em pilotar o pequeno avião em que se deslocavam, alarmando Hitler e a comitiva; viram-se aflitos para o convencer a não tentar fazer a aterragem. Por vezes, igualou os monólogos do *Führer* com os seus, alargando-se sobre as campanhas de Trajano no Danúbio. E quando Hitler comparou os feitos dos seus exércitos com os de Frederico, *o Grande*, Napoleão e Alexandre e se referiu a planos de conquistas além dos Urais e na Ásia, Mussolini esvaziou-o com uma única frase do poema de Pascoli sobre o conquistador grego: "E depois?", disse ele com sentimento. "Vamos chorar pela lua, como Alexandre Magno?" ([8]).

Em privado, o *Duce* disse aos seus ajudantes que não seria possível vencer a guerra sem uma declaração de princípios políticos do Eixo. Ele queria que Hitler declarasse que não se tratava de uma mera "guerra colonial" para benefício da Raça dos Senhores, mas sim do nascimento de uma nova ordem política para a Europa. Porém, avesso, como sempre, a incomodar Hitler com uma questão espinhosa, Mussolini delegou em Anfuso a incumbência de a debater com o ministro dos Negócios Estrangeiros alemão, Ribbentrop, que instalara o seu quartel-general numa propriedade vizinha. Mas a altura era má – um mês antes, Ribbentrop tivera a maior discussão da sua carreira com Hitler. O ministro, que passara a ser *persona non grata* na "Toca do Lobo", não gostou da abordagem italiana. Na verdade, seguiu-se uma disputa de vários dias por causa da redação do comunicado, que durou até ao último minuto: o comboio que levava a delegação italiana de regresso a casa foi inclusivamente parado nos arredores de Klagenfurt, pouco antes de chegar à fronteira, para que pudesse haver mais uma discussão. No fim, a proclamação original italiana, cheia de promessas e juras aos povos da Europa, foi irremediavelmente diluída e o texto final apenas referiu debilmente a "erradicação do bolchevismo e da exploração plutocrática". Para Hitler, nada daquilo era relevante, pois não fazia sentido entregar-se a declarações sonantes enquanto o Eixo estivesse aparentemente a ganhar, e daí para a frente seriam supérfluas.

Todavia, não obstante as tremendas vitórias de setembro, com o cerco de Kiev e, em outubro, o avanço da Wehrmacht até Moscovo, o Exército Vermelho não se vergou e as perdas alemãs aumentaram. "Começaram a mudar os discos do gramofone": foi assim que o chefe dos intérpretes do Ministério dos Negócios Estrangeiros recordou aqueles meses. "Em vez de 'Ganhámos a guerra', os estrangeiros passaram a ouvir, 'Vamos ganhar a guerra' e por fim, 'Não podemos perder a guerra'". No Ministério dos Negócios Estrangeiros havia muita simpatia pelas propostas italianas; os diplomatas alemães queriam reafirmar a necessidade de uma via política. "A propaganda agressiva, perturbadora e polémica deve ser complementada com algo mais positivo, em especial no que toca ao futuro da Europa", avisou um documento de posição, em finais de setembro. O conselheiro de Ribbentrop para a propaganda, um jornalista e deputado do *Reich*stag chamado Karl Megerle, falou não só em cooperação económica, como também em parceria política e até em liberdade e independência ([9]).

Entre 25 e 27 de novembro de 1941, os ministros dos Negócios Estrangeiros da Alemanha, da Itália e do Japão, tinham previsto um encontro, em Berlim, para renovar o Pacto Anti-Comintern de 1936. Haveria oito novos signatários: Bulgária, Croácia, Dinamarca, Eslováquia, Espanha, Finlândia, Hungria e Roménia. Ao reunir os aliados e simpatizantes da Alemanha para celebrar a libertação iminente do continente da ameaça do bolchevismo, o encontro parecia o momento óbvio para emitir uma declaração sobre o futuro da Europa. O *Führer* mostrou momentaneamente alguns sinais de ser mais diplomático e elogiou em público o contributo dado pelos fiéis aliados da Alemanha: "nas fileiras dos nossos soldados alemães, fazendo causa comum com eles, marcham os italianos, os finlandeses, os húngaros, os romenos, os eslovacos e os croatas; os espanhóis juntam-se agora à peleja; os belgas, os holandeses, os dinamarqueses, os noruegueses e, sim, até os franceses aderiram a esta grande frente". Em meados de outubro, Hitler deu luz verde para Ribbentrop preparar um "manifesto europeu" que seria emitido com a esperada proclamação de vitória, no inverno. As esperanças italianas de agosto pareciam prestes a cumprir-se ([10]).

Mas tudo não passou de outro crepúsculo e talvez do resultado do pessimismo temporário de Hitler em relação ao rumo da guerra. Sempre que pensou ter a vitória à vista, esqueceu-se da diplomacia. Em finais de outubro, o ministro dos Negócios Estrangeiros de Itália, o conde Ciano, informou Mussolini de que o *Führer* se convencera de novo de que Estaline estava "fora do jogo". Hitler acreditava que a transferência da indústria e da mão de obra soviéticas para trás dos Urais não tinha nenhuma hipótese de sucesso e de que um Estado altamente centralizado (no qual, disse Hitler, "o Estado até distribuía as escovas de dentes, partindo do princípio de que os russos lavavam os dentes") não poderia montar subitamente um novo quartel-general. A Rússia podia tanto continuar a lutar como o *Reich* lutaria "se perdesse o Ruhr, a Alta Silésia, 90% das fábricas de munições, 60% dos meios de comunicação". Apesar de errónea, era uma avaliação perfeitamente razoável. Contudo, apesar das grandes vitórias na Ucrânia, Ciano detetou indícios de incerteza nas afirmações bombásticas: Hitler, pensou ele, ainda estava a pensar se chegariam mais surpresas "da vasta região que permanece sob o controlo de Estaline", surpresas muito piores do que as minas de ação retardada que tinham mandado oficiais do *Reich* pelos ares nas recém-ocupadas Kiev e Odessa. O próprio Ciano sentia que o golpe de misericórdia ainda estava para desferir e desconfiava que os alemães eram da mesma opinião ([11])

Por conseguinte, a ênfase retórica de Hitler no contributo "europeu" para a luta continuou mas sem verdadeira convicção. Hitler avisou – como passaria a fazer até ao fim da guerra – que quaisquer compromissos futuros seriam simplesmente vistos como uma fraqueza pelos inimigos da Alemanha. Ribbentrop recebeu ordens para purgar o seu discurso de toda e qualquer referência ao futuro político da Europa. A "solidariedade" e a "comunidade europeia" que Hitler via a emergirem na luta antibolchevique eram principalmente de caráter militar; a sua visão envolvia os estrangeiros arregimentados e organizados sob a liderança da Alemanha numa cruzada comum. Não tinha nada a dizer sobre disposições políticas para o continente no pós-guerra ([12]).

Na cimeira de novembro, Hitler não conseguiu eliminar a sensação, entre os seus convidados, de que os alemães eram os "donos da casa". Pontificou, mas disse pouco. "A Europa estava a caminhar para um grande período de paz", disse ele ao ministro dos Negócios Estrangeiros búlgaro, Popov. Para o lacónico ministro dos Negócios Estrangeiros dinamarquês, Scavenius, as previsões cor-de-rosa das perspetivas económicas do continente foram envoltas numa verborreia sem significado. "Depois de os ricos territórios da Europa de Leste que sempre tinham sido mobilizados *contra* a Europa serem organizados *para* a Europa", garantiu-lhe Hitler, "a Europa poderia tornar-se autossuficiente". Ao obsequioso ministro dos Negócios Estrangeiros croata, Hitler sublinhou o "sacrifício de sangue" da Alemanha e o seu direito à liderança: "se somos líderes no combate, também temos direito a um papel de liderança na nova organização da Europa". A sua opacidade sistemática acerca do futuro político do continente encobria, em particular, o destino dos territórios ocupados do Leste. Só na véspera da conferência anti-Comintern é que os alemães anunciaram publicamente a formação de administrações civis, do Báltico à Ucrânia, dependentes do Ministério das Áreas Ocupadas de Rosenberg. Todavia, a propaganda alemã era lacónica e as orientações estipularam explicitamente que "todas as declarações concretas sobre os objetivos políticos alemães só servirão o inimigo na sua tentativa de desacreditar e prejudicar precisamente a forma da obra de reconstrução planeada para o Leste através de uma campanha de insinuações e distorções". Alguns meses mais tarde, quando o Ministério dos Negócios Estrangeiros reuniu um grupo de nobres e chefes tribais caucasianos exilados e os alojou no Hotel Adlon, Hitler disse rispidamente aos seus diplomatas para "se absterem de falar de colaboração com os povos do Leste" ([13]).

Havia uma falta de clareza semelhante em relação à Europa Ocidental. Quando Göring se avistou com o marechal Pétain, este explicou-lhe que era muito difícil trabalhar com os alemães sem uma perceção mais clara do futuro:

> [Pétain] era, como se sabia, um grande defensor da ideia de colaboração mas (...) teve de referir que a França não fora informada da sua posição na nova ordem da Europa. A França estava, por assim dizer, a avançar para o futuro de olhos fechados. Queria saber mais sobre a futura organização da Europa e sobre o lugar que nela ocuparia (...) Quanto aos procedimentos militares, também era necessário um plano para uma obra de paz como o desenvolvimento da nova Europa. ([14])

A resposta de Göring, muito pouco tranquilizadora, foi que "isso dependeria da aproximação entre os dois povos". Göring até lembrou a Pétain que tinha dito aos delegados da reunião anti-Comintern para pensarem em termos de um "livro de contabilidade política na qual a Alemanha registaria os débitos e créditos de cada país" e que ele abriria no fim da guerra para "fazer o balanço". Só uma coisa era certa, continuou Göring: alguém teria de pagar a guerra e não seria a Alemanha. Mais uma vez, uma questão política foi evitada e transformada numa questão de economia.

A tosca inadequação deste tipo de "diplomacia de segunda" (como lhe chamou Ciano) chocou toda a gente menos os seus praticantes. Hitler deu o tom e os seus ministros seguiram-no. Mesmo quando foram obrigados a solicitar mais soldados aos seus aliados, os líderes do III *Reich* permaneceram profundamente relutantes em expor a sua visão política para o futuro da Europa. A verdade é que provavelmente não tinham nenhuma. Para eles, a única coisa que contava era a conquista da URSS e a exploração continuada do resto da Europa. Tudo o resto podia esperar. "Congeminar uma 'Carta do Atlântico é muito simples", disse Hitler aos fiéis num dos últimos grandes comícios em que discursou. "Esta estupidez não tardará a ser retificada pelos factos". O que os britânicos e os americanos estavam simplesmente a fazer, disse ele, ao falarem de libertação das privações e da necessidade de garantir o trabalho, era a roubar o programa dos nazis. Os alemães não precisavam de falar; agiam ([15]).

Os italianos mal podiam acreditar. Segundo Mario Luciolli, da embaixada em Berlim, os alemães só conseguiam conceber a reconstrução europeia em termos materiais. As suas hipóteses de vencerem a guerra eram prejudicadas, mais ainda do que pela ameaça militar dos seus inimigos, por uma incompreensível – nas suas palavras – "esterilidade política". No cerne da política alemã, com a sua monótona repetição de vitória atrás de vitória, existia uma "vacuidade intrínseca". O racismo de Himmler fora levado a um extremo "difícil de compreender para um italiano", originando "horrores" como "os massacres sistemáticos, a matança de mulheres e crianças e a prostituição forçada". As ofertas sinceras de colaboração feitas aos alemães resultavam invariavelmente em "desilusão imediata, humilhação e rejeição". "Todas as perguntas feitas à Alemanha sobre o modo como se propõe resolver os problemas de hoje e de amanhã, da guerra e da paz, ficam sem resposta: a Alemanha é muda" ([16]).

Luciolli observou depois da guerra que um dos paradoxos do fascismo italiano fora o facto de um regime sensível à mínima dissensão ter permitido a um diplomata subalterno como ele redigir um prognóstico tão condenatório do fracasso do Eixo. Contudo, neste caso não foi surpreendente, pois Luciolli apenas expressou o que os seus superiores pensavam em segredo. De facto, foi o seu próprio ministro, Ciano, que o instou a pôr os seus pensamentos por escrito e que depois os enviou a Mussolini. E Mussolini não discordou. "[Os alemães] não têm senso político", disse ele alguns dias mais tarde a outro dos seus ministros depois de ler um relatório sobre a Holanda. "Tiveram a oportunidade de criar uma boa situação nos países ocupados e deixaram-na fugir. Agora são odiados. Disse-o e escrevi-o muitas vezes ao *Führer*. É preciso dar uma forma definida à Europa Ocidental". Mas era fácil criticar os alemães e os diplomatas estão sempre à procura de soluções políticas. Quão diferentemente se comportaram os seus aliados quando o poder lhes caiu nas mãos? ([17])

OUTRAS OCUPAÇÕES

Os aliados da Alemanha – tal como a maior parte dos nacionalistas europeus em meados do século XX – eram crentes da expansão territorial. As perspetivas de mais terras, às quais podiam geralmente apresentar-se pretensões baseadas em motivos histórico-legais, etnográficos ou civilizacionais, eram a principal razão pela qual estavam dispostos a sacrificar tantos dos seus soldados. Mesmo assim, a dimensão e a natureza dos seus objetivos diferiam dos da Alemanha. No fundo, só estavam interessados em combater pela sua segurança – como era o caso da Finlândia – ou para recuperar direitos históricos a terras das quais tinham sido privados por acordos de paz anteriores. Apenas a Itália imitou as ambições imperiais do III *Reich*. Quanto aos restantes, depois de terem alcançado os seus objetivos, o seu interesse na guerra depressa se desvaneceu. Os húngaros ficaram satisfeitos com os ganhos territoriais conseguidos até ao verão de 1941 e aos croatas e eslovacos bastou-lhes a independência e a preservação do que a generosidade alemã lhes tinha dado. Os búlgaros, se terem sequer que declarar guerra à URSS, viram-se, em 1943, a ocupar a maior parte dos territórios que tinham reclamado desde a sua constituição em Estado, em 1878. Só os romenos combateram para recuperar os territórios dos quais tinham sido privados por uma decisão alemã.

Estas diferenças de objetivos e fins eram bastante evidentes quando comparadas com os sonhos de domínio de Hitler, muito mais indefinidos e incipientes, mas os contrastes em meios e táticas não foram tão nítidos. Muitos dos aliados do *Reich* acabaram por administrar regimes de ocupação próprios, sob hegemonia alemã. Uma análise destes regimes ajuda a responder a uma pergunta crucial: quanto do que aconteceu sob domínio alemão refletiu especificamente o comportamento e a ideologia alemães ou mesmo nazis, e quanto fez parte de um conjunto mais lato de respostas europeias à guerra e à ocupação?

Por exemplo, os húngaros, em alguns aspectos, seguiram um antigo modelo habsburgo. O seu lema era "em frente, para as fronteiras de há mil anos", e depois de as terem alcançado incorporaram quase de imediato os territórios e concederam-lhes representação no parlamento húngaro (que foi, sem dúvida nenhuma, o fórum mais livre deste tipo durante a guerra na Europa Central). Políticos sérvios e croatas da Jugoslávia anterior ao conflito foram eleitos deputados e instaram as novas minorias a tornarem-se cidadãos húngaros leais. Por conseguinte, apesar do antibolchevismo e do crescente antissemitismo oficial, o rompimento com as tradições políticas do século XIX foi menos radical do que no III *Reich*. Mas a verdade é que a Hungria não era governada por um cabo antimonárquico, mas por um antigo almirante habsburgo e ajudante de campo do imperador Francisco José. Horthy envolveu-se no misticismo nacionalista da medieva Coroa de Santo Estêvão. Poucos se recordaram de que, no princípio dos anos 20, Horthy impedira o imperador Carlos de retomar o trono; o que toda a gente sabia era que ele se intitulava a si próprio "Sua Alteza Serena, Regente do Reino da Hungria" ([18]).

Mas noutros aspetos, a Hungria de Horthy e a Alemanha de Hitler não eram muito diferentes e a nova política populacional também deixou marcas no país. Sempre apostadas na magiarização, as autoridades classificaram as populações dos seus novos territórios como antigas e novas (pós-1918) e tentaram expulsar muitas destas últimas. Muitos milhares de pessoas foram deportadas para a Sérvia e para a Roménia, libertando terras e propriedades que podiam ser usadas para instalar húngaros ou vendidas para providenciar receitas ao Estado. Quando as objeções dos seus vizinhos (e a ameaça de expulsões retaliatórias em sentido contrário) impediram os húngaros de expulsarem toda a gente que queriam, eles estabeleceram campos para dissidentes, atacaram as igrejas e as escolas dos sérvios e dos judeus nos seus "Territórios do Sul" (anteriormente pertencentes à Jugoslávia), proibiram as atividades culturais em línguas minoritárias e tornaram o húngaro obrigatório. Só os alemães étnicos foram protegidos desta intensa barragem de nacionalização, graças à supervisão e influência do *Reich* ([19]).

Em termos de brutalidade, algumas unidades húngaras não ficaram muito atrás das alemãs. De facto, na Ucrânia demonstraram face à população civil uma implacabilidade que surpreendeu os soldados alemães que combatiam a seu lado. Em janeiro de 1942, depois de sofrerem perdas às mãos dos guerrilheiros, proclamaram que deixariam de fazer prisioneiros. Foi também neste inverno que soldados e gendarmes húngaros massacraram vários milhares de sérvios e judeus na cidade de Novi Sad e arredores, na Jugoslávia sob ocupação húngara, numa série de represálias por alegados ataques da guerrilha. Centenas de vítimas foram alinhadas, abatidas a tiro e lançadas para o gelo quebrado do Danúbio; durante semanas, deram cadáveres às margens do rio (estes acontecimentos viriam a inspirar o escritor Danilo

Kiš, que lhes sobreviveu; o pai estava à espera para ser abatido quando chegou a ordem para pôr fim à operação). As matanças foram sancionadas pelo governo de Budapeste como modo de realçar a força do movimento de guerrilha na região e recordar aos alemães a utilidade da presença húngara ([20]).

Estas acções lembravam as do sangrento Terror Branco ao qual o líder húngaro, o almirante Horthy, presidira quando esmagara os bolcheviques depois da Primeira Guerra Mundial. Recuando um pouco no tempo, também evocaram a brutalidade com que as unidades húngaras do exército habsburgo tinham tratado os sérvios em 1914. E tal como na Primeira Guerra Mundial, a violência dos militares húngaros contra os civis foi criticada pelos políticos de Budapeste, preocupados com a influência do Exército. Os massacres de Novi Sad suscitaram uma investigação oficial que resultou em acusações contra os oficiais responsáveis, algo impossível de imaginar no III *Reich*. Todavia, convém não idealizar o regime do almirante Horthy: sempre a manobrar entre os alemães, os britânicos e os americanos, ele só levou a investigação de Novi Sad a sério quando compreendeu que podia ser uma maneira indolor de dar a entender aos últimos que a Hungria pretendia a paz ([21]).

O comportamento igualmente implacável dos búlgaros enquanto ocupantes também sugere muitos paralelos com o passado: para eles, foi essencialmente a continuação das lutas regionais que remontavam às Guerras dos Balcãs, à Luta Macedónia de 1904 e até a disputas mais antigas. Na verdade, a Bulgária só apoiou o Eixo por uma razão: a construção da Grande Bulgária prometida pelos russos, em 1878. A parceria com a Alemanha nazi foi o que mais aproximou os búlgaros deste sonho. Em troca de proporcionarem à Alemanha acesso privilegiado a matérias-primas vitais, foram autorizados a administrar a maior parte da Macedónia jugoslava e o Kosovo; a partir de 1942, também policiaram parte da Sérvia propriamente dita, que foi discretamente anexada de facto e tiranizada por uma forte presença militar búlgara. Ao contrário dos húngaros, os búlgaros nunca tinham governado a maior parte destes territórios e o precedente em que se basearam foi a sua brutal política de ocupação na Primeira Guerra Mundial.

No Norte da Grécia, anexaram 16 000 km2 e 590 000 habitantes, e deram à região o nome de "províncias do Egeu". Nesta zona, a sua política de ocupação foi ainda mais abrangente do que na antiga Jugoslávia. Invertendo décadas de helenização, expulsaram muitos gregos, tornaram o búlgaro língua oficial e instalaram professores búlgaros para ensinar as crianças camponesas, muitas das quais eram bilingues. Quando se verificou uma insurreição na cidade grega de Drama, em reação a estas políticas, os búlgaros esmagaram-na, matando cerca de 3000 pessoas. Aqueles que se recusaram a optar pela nacionalidade búlgara receberam ordem de expulsão e dezenas de milhares de gregos foram expulsos ou enviados para a Europa Central para trabalharem para os alemães. Em 1943, as comunidades judaicas locais foram deportadas para Treblinka e Auschwitz. Em 1944, restariam apenas metade dos habitantes locais. Ao mesmo tempo, chegou uma classe governante completamente nova, atraída por concessões de terras e outras. Diretores regionais de colonização supervisionaram a expropriação das propriedades gregas e a instalação de dezenas de milhares de búlgaros ([22]).

Mas o regime de ocupação mais brutal à margem do nacional-socialismo – e o mais admirado pelo *Führer* – terá sido o do general Ion Antonescu, o ditador romeno. Antonescu era um soldado de carreira intensamente xenófobo. Nos anos 20, um colega que o conhecia bem descreveu-o como "brutal, dúplice, muito vaidoso e com uma determinação feroz para ter êxito". Tal como a maior parte da elite política e administrativa da Roménia, Antonescu era fervorosamente antissemita. Originalmente francófilo, tornou-se um apoiante da causa nacional-socialista antes de ser nomeado ditador – ou *Conducator*, como gostava de ser chamado – pelo rei Carol da Roménia, em setembro de 1940. O país fora recentemente humilhado pela entrega do Norte da Transilvânia à Hungria e Estaline abocanhara partes das províncias da Bucovina e da Bessarábia. Antonescu obrigou Carol a abdicar a favor do seu filho Miguel, de 18 anos de idade, e entrou na guerra ao lado dos alemães, pensando ser aquela a maneira mais provável de recuperar os territórios perdidos.

No inverno de 1940-1941, depois de assegurar a Hitler que participaria no ataque à URSS, Antonescu esmagou uma tentativa de golpe de Estado pelo movimento fascista romeno da Guarda de Ferro, sua antiga aliada. A Guarda de Ferro vinha provocando tumultos e matara mais de 100 judeus num *pogrom* sangrento, até que Antonescu entrou em ação. A sua maior preocupação era a lei e a ordem e livrar-se da maior ameaça interna à sua posição: Antonescu tinha os seus próprios planos para os judeus. Havia dezenas de milhares de refugiados romenos a chegarem à Roménia vindos do Norte da Transilvânia, ocupado pela Hungria, e Antonescu criou um departamento para o seu realojamento, financiando-o principalmente através da expropriação e redistribuição de bens pertencentes aos judeus romenos. Depois da invasão da URSS, a jurisdição do departamento alargou-se à Bessarábia e ao Norte da Bucovina, rapidamente reconquistadas aos soviéticos pela Wehrmacht e pelo Exército romeno e reincorporadas no país, em finais de julho ([23]).

Mas Antonescu queria mais e Hitler acedeu. O *Führer* não estava disposto a devolver o Norte da Transilvânia aos romenos (o que teria enfurecido os húngaros), mas prometeu-lhes uma grande parte do Sul da Ucrânia, incluindo a cidade de Odessa. Esta região, entre os rios Dniestre e Bug, que nunca fora parte da Roménia e na qual a maioria dos romenos não estava minimamente interessada, foi batizada "Transnístria". A decisão de Hitler, que salvou a face a Antonescu, foi de grande significado estratégico dado que, juntamente com a cedência da Galícia ao Governo-Geral, significou a impossibilidade da emergência de um Estado ucraniano independente e substancial sob controlo alemão. Em finais de agosto, a Roménia instalou uma administração civil na Transnístria e em meados de outubro, com auxílio alemão, a tropa romena repeliu o Exército Vermelho e conquistou Odessa.

Para Antonescu, os novos territórios eram basicamente um peão para reforçar o seu jogo quando chegasse a altura de exigir a devolução da Transilvânia, e a falta de interesse do governo neles a longo prazo significou que foram tratados como pouco mais do que uma fonte de despojos. Até os alemães ficaram chocados com a destruição desnecessária de edifícios pelos romenos, com os seus saques, pilhagens, violações e matanças. "As pilhagens dos soldados romenos atingiram proporções tais", escreveu a Antonescu o general comandante do 11.º Exército alemão, "que é de prever o surgimento de uma aversão política [aos alemães] por parte dos ucranianos". A administração civil instalada pouco depois estava organizada um pouco melhor, mas também acabou por se tornar sinónimo de corrupção e venalidade. Os gendarmes, em particular, eram notórios pelos seus confiscos arbitrários, por se emborracharem e por atacarem civis sem provocação. Havia quem resumisse a política romena como "Pilhar e Romanizar". Antonescu disse aos seus ministros: "Tirem o máximo possível da Transnístria, mas sem deixar registos escritos" (24).

Antes da guerra, viviam na Transnístria 3 a 4 milhões de pessoas, mas em finais de 1941 eram apenas 2,2 milhões. A população de Odessa caiu de 620 000 para cerca de 300 000 pessoas quando o Exército Vermelho retirou; mais de metade dos 180 000 judeus conseguiu fugir. Apesar de planos vagos para colonizar as zonas rurais circundantes com romenos, a romanização fazia pouco sentido dada a predominância de ucranianos e moldavos nestas áreas e de russos e judeus nas cidades. Por conseguinte, a política de nacionalidades de Antonescu foi tíbia e muito menos rígida do que a dos alemães. Muitos funcionários romenos eram bessarábios que falavam russo e tinham vivido sob domínio czarista antes de 1917; ao contrário dos alemães, simpatizavam com os autóctones e conseguiam comunicar facilmente com eles. O presidente da câmara de Odessa, Gherman Pîntea, falava russo, formara-se na Universidade de Odessa e era antigo capitão do Exército russo; quando ia ao mercado, de madrugada, era cumprimentado pelo seu patronímico russo. O governador romeno até ordenou ao seu pessoal que aprendesse russo no prazo de três meses, algo que teria sido inimaginável na administração alemã, a norte. Dado que o nacionalismo ucraniano não era forte, os romenos sentiram-se relativamente pouco ameaçados e permitiram que o ucraniano continuasse a ser a língua de instrução em 80% das escolas da região: cada aldeia votou a língua em que desejava que as crianças fossem ensinadas e o alemão e o romeno tornaram-se línguas estrangeiras obrigatórias. Na prática, até esta política, muito mais suave do que aquilo que os alemães estavam a fazer na porta ao lado, foi frequentemente ignorada devido à falta de pessoal pedagógico ou de livros. O sistema soviético manteve-se praticamente em vigor e a alteração crucial foi o aparecimento de escolas privadas. Criaram-se forças auxiliares de polícia ucranianas, que quando não tinham uniformes usavam braçadeiras coloridas.

A venalidade ímpar da administração romena teve alguns benefícios. Possibilitou às pessoas fugirem às requisições, às sentenças de morte e ao trabalho obrigatório a troco de dinheiro, e também lhes permitiu *comprar* a participação em negócios: abolindo os controlos sobre os preços e distribuindo licenças a quem pagasse, os romenos recebiam a sua parte e mantinham-se à distância enquanto as iniciativas individuais galvanizavam a economia local. Os bens saqueados – especialmente a judeus – injetavam capital. Em Odessa, abriram e floresceram cabeleireiros, cafés, lojas, tabernas e cinemas. Os visitantes alemães ficavam espantados com a comida disponível, com os restaurantes bem fornecidos, com os bares e quiosques que vendiam compotas, doces e roscas de pão caseiros, tudo em marcado contraste com a miséria das partes da Ucrânia sob seu controlo. Num breve momento entre o princípio dos anos 20 e o colapso do comunismo, em 1989, os habitantes de Odessa, no meio de uma guerra total e de um genocídio, abraçaram o capitalismo.

De certo modo, funcionou. Depois da primavera de 1942, não houve escassez de comida e no seguimento da colheita desse ano verificou-se, pelos padrões da região, algo próximo da abundância: os camponeses e outras pessoas com acesso ao mercado prosperaram. Até os jornalistas alemães ficaram impressionados. "Sabia-se que a vida na Transnístria era incomparavelmente melhor do que em qualquer outro lugar dos territórios ocupados na Europa", escreveu um jovem russo, traficante no mercado negro. Ao caminhar pela lama de uma imunda cidade do Norte da Transnístria, ele descobriu

> algo que a distinguia de todas as outras cidades da Rússia e da Ucrânia sob ocupação alemã: uma abundância de comida no mercado... Havia gordura, tão rara na Ucrânia. Havia manteiga, toucinho, óleo vegetal, carne – que

quase tínhamos esquecido que existia: porco, frango, ganso – e muitas outras coisas que nos fizeram arregalar os olhos. E, para mais, não era caro. Comprámos muito mais do que necessitávamos, o suficiente para uma semana.

Não era certamente o resultado da sofisticação da ocupação romena. Mostra o que podia ter acontecido nos antigos territórios soviéticos se os alemães tivessem deixado os mercados florescer e não tivessem planeado destruir a ordem social ([25]).

Porém, em letalidade pura, as ocupações romena e alemã não estiveram muito longe. O que o governo romeno queria da Transnístria era usá-la principalmente como lixeira étnica que lhe permitisse resolver finalmente o seu problema com as minorias. Um destes grupos eram os ciganos: desejoso de reinstalar os romanichéis nómadas o mais longe possível de Bucareste, o regime, com a sua incompetência caracteristicamente cruel, deportou mais de 25 000 ciganos para a Transnístria. O tifo matou milhares no inverno de 1942-1943, após o que as suas condições de vida melhoraram ligeiramente. Não houve uma política organizada de execuções sistemáticas, mas segundo um estudo recente mais de metade morreu ([26]).

As medidas do regime contra os judeus foram mais sistemáticas e consideravelmente mais letais. O antissemitismo romeno já era motivo de preocupação internacional no século XIX, e sob a égide da Alemanha nacional-socialista as autoridades descortinaram a possibilidade de aplicarem medidas radicais do tipo que as democracias tinham sempre impedido de implementar. A Guarda de Ferro estava suprimida, mas a sua tendência para culpar os judeus pelos males do país era amplamente comungada pela administração. Os relatos de que no verão de 1940 os judeus da Bessarábia e da Bucovina se tinham regozijado com a chegada dos soldados soviéticos vieram deitar achas para a fogueira.

Antonescu avistou-se de novo com Hitler na véspera da Barbarossa e pouco depois criou unidades especiais para instigar a limpeza étnica da parte norte do país. Deu instruções específicas, em particular, ao Exército e ao Ministério do Interior para que organizassem o "transporte" dos 45 000 judeus da cidade fronteiriça de Jassy, e foram de imediato feitos os preparativos com base nos acontecimentos do ano anterior, que tinham sido numa escala muito menor. As portas das casas dos cristãos foram marcadas com uma cruz para as distinguir e espalharam-se intencionalmente rumores de que para-quedistas soviéticos tinham aterrado na cidade. Depois da eclosão do *pogrom*, na noite de 28 de junho, soldados, gendarmes e centenas de civis invadiram as ruas, entraram nas casas e levaram os residentes sob prisão para o quartel-general da polícia. Muitos judeus foram espancados, mortos ou violados em casa e nas ruas. Mais de 1000 foram abatidos na parada do quartel-general da polícia, quando os alemães abriram fogo de forma indiscriminada. Outros foram espancados e torturados e metidos em vagões ferroviários que foram cheios até ao triplo da sua capacidade com mortos e vivos e onde quase não se conseguia respirar. Enquanto os comboios se arrastavam pelas planícies com a sua carga humana debaixo do calor estival, mais de 2700 pessoas morreram de desidratação; os corpos eram atirados para as gares ou para os campos. Ao todo, pereceram entre 13 000 e 15 000 pessoas [27].

O jornalista italiano Curzio Malaparte, que estava de visita a Jassy, escreveu na manhã seguinte:

> Fui à janela e olhei para a rua Lapusneanu. Havia formas humanas espalhadas pela rua, jazendo em posições bizarras. Os esgotos estavam cheios de cadáveres empilhados uns em cima dos outros. Várias centenas de corpos tinham sido atirados para o meio do adro da igreja. Matilhas de cães cheiravam os mortos, da maneira temerosa que fazem os cães quando andam à procura dos donos; pareciam cheios de respeito e piedade; moviam-se por entre aqueles pobres cadáveres com delicadeza, como se receassem pisar os rostos ensanguentados e as mãos rígidas. Grupos de judeus, vigiados por polícias e soldados armados com pistolas-metralhadoras, desimpediam a rua dos cadáveres para que não bloqueassem o trânsito. Estavam sempre a passar camiões alemães e romenos carregados de cadáveres. No passeio, ao pé da *lustrageria* (*), estava sentada uma criança morta, encostada à parede e com a cabeça a pender-lhe sobre o ombro... A estrada estava pejada de pessoas – esquadrões de polícias e soldados, grupos de homens e mulheres e bandos de ciganos de cabelos encaracolados e compridos tagarelavam alegre e barulhentamente uns com os outros enquanto despojavam os cadáveres, levantando-os, virando-os ao contrário, deitando-os de lado para lhes tirarem os casacos, as calças e a roupa interior; roçavam os pés nas barrigas hirtas para ajudar a tirar os sapatos; chegavam pessoas a correr para participarem no saque; outras iam-se embora com pilhas de roupa nos braços. Era um corrupio alegre, uma ocasião festiva, uma combinação de festim e dia de mercado. [28]

O massacre de Jassy fez parte de um plano muito mais abrangente concebido pelo regime de Antonescu e cujo alvo eram os cerca de 275 000 judeus que viviam fora da Velha Roménia, nas fronteiras da Bucovina e da Bessa-

---

(*) Em romeno no original: loja de candeeiros. (*N. T.*)

rábia. No ano anterior, estas províncias tinham passado por um turbilhão. Durante a ocupação soviética, a grande comunidade de alemães étnicos partira para o *Reich* e muitos romenos tinham fugido para sul; outros tinham sido deportados pelo NKVD. Recuperadas as províncias, os romenos quiseram livrar-se dos judeus, que viam como uma quinta coluna pró-soviética. Seria o primeiro passo da limpeza étnica na totalidade do país. No dia 8 de julho, o ministro dos Negócios Estrangeiros, Mihai Antonescu, sublinhou o significado do momento aos outros ministros:

> Mesmo que alguns tradicionalistas entre vós não me compreendam, sou a favor da migração forçada de todo o elemento judaico da Bessarábia e da Bucovina; devem ser expulsos para o outro lado da fronteira... Em toda a nossa história, nunca existiu um momento mais apropriado, mais pleno, mais consequente e mais livre para a libertação étnica total, para uma nova autoavaliação nacional, para uma limpeza da nossa nação... Utilizemos este momento histórico... Se necessário for, façamos uso das metralhadoras. ([29])

Foram emitidas ordens especiais aos comandantes militares para que instigassem *pogroms* nas aldeias. Logo que os soldados romenos entraram nas províncias ocupadas pelos russos, obrigaram os judeus a saírem de suas casas e reuniram-nos para deportação: os que eram demasiado velhos ou estavam doentes foram de imediato abatidos e muitas mulheres foram violadas. Os restantes foram levados para o outro lado do Dniestre, para território que ainda estava sob controlo da Wehrmacht. Os militares alemães foram apanhados completamente de surpresa e ficaram horrorizados face à perspetiva de ter de lidar com tantos judeus numa altura em que estavam preocupados com as suas linhas de abastecimento para a tropa na frente de combate. Hitler podia admirar em privado o "radicalismo" de Antonescu, mas os comandantes alemães queriam que os romenos fossem menos voluntariosos. Até o *Einsatzgruppe* D, chefiado pelo oficioso Ohlendorf, criticou acerrimamente a falta de orientação e o sadismo dos romenos e censurou-os pelas suas pilhagens e violações e pelo rasto de cadáveres que deixavam atrás de si. Os homens de Ohlendorf empurraram milhares de judeus para o lado romeno do rio, abatendo os que não conseguiam acompanhar a marcha.

"Os romenos agem contra os judeus sem o mínimo planeamento", escreveu um observador alemão. "Ninguém objetaria contra as muitas execuções de judeus se o aspeto técnico da sua preparação, bem como o modo como são levadas a cabo, não estivessem ausentes. Os romenos deixam os executados onde caem, sem enterro". O que tornava a situação mais grave para os alemães era o facto de os romenos estarem aparentemente a congeminar a expulsão do outro grupo étnico numeroso da Bucovina, os ucranianos. Graças aos seus aliados, os alemães já tinham de acolher os ucranianos que tinham atravessado o Dniestre em fuga, à procura de proteção. Já era mau que os romenos os estivessem a afastar, mas pior ainda era planearem descarregar os seus judeus em cima da Wehrmacht ([30]).

A desaprovação da Wehrmacht foi rapidamente transmitida a Bucareste. "Prossegui com a eliminação do elemento judaico, mas apenas de modo sistemático e lento", instruíram os alemães. Mas os romenos não lhes deram grande importância, talvez porque Antonescu estava seguro do apoio de Hitler. Além do mais, os seus grandes rivais, os húngaros, também estavam a expulsar judeus emigrados para a Ucrânia ocupada pelos alemães. Todos os dias eram empurrados 1000 para o outro lado da fronteira e no dia 10 de agosto já havia 14 000 refugiados miseráveis e assustados congregados na pequena cidade de Kamenets-Podolsk. Com o Exército sem saber o que fazer, o HSSPF Friedrich Jeckeln deu mostras da iniciativa que o tornaria uma figura crucial do Holocausto oferecendo-se para os "liquidar": em três dias, os seus homens, auxiliados por unidades húngaras, abateram mais de 20 000 pessoas em enormes crateras abertas por bombas nos arredores de Kamenets-Podolsk; a chacina – a maior sob o domínio alemão até à data – terminou em finais de agosto ([31]).

Depois de a Transnístria ficar inteiramente sob controlo romeno, aceleraram-se as expulsões para a nova província a partir do Norte da Roménia. Em meados de 1942, restavam apenas 14 000 judeus na Bucovina e na Bessarábia; tinham morrido cerca de 40 000 e mais de 135 000 tinham sido deportados para campos de trabalho improvisados e para cidades e aldeias no Sul da Ucrânia. Quando os transportes se aliviaram da sua carga desesperada e frequentemente meio morta, os observadores alemães partiram do princípio de que "o propósito da ação é a liquidação destes judeus". Afinal de contas, as estradas, os trilhos e as pontes do Dniestre estavam pejados de cadáveres. Entretanto, os oficiais romenos regressavam a casa carregados de anéis, sedas, joias e outros despojos ([32]).

A situação agravou-se quando os romenos conquistaram finalmente Odessa. No dia 16 de outubro, depois de uma batalha renhida, os soldados romenos e alemães, nervosos e lestos a carregar no gatilho, entraram nos escombros incendiados do antigo porto soviético. Fizeram reféns entre os civis que tinham ficado para trás e ordenaram aos judeus que desimpedissem as estradas. Contudo, apesar dos avisos dos locais, os soldados foram apanhadas completamente de surpresa quando, seis dias depois, uma mina soviética de ação retardada mandou pelos ares o recém-instalado quartel-general militar, matando o comandante romeno e 60 soldados. Antonescu exigiu imediatamente a morte de 18 000 judeus a título de represália e que 100 fossem enforcados nas praças "de cada setor regimental". Desconhecendo a proveniência destas ordens, o novo presidente da câmara de Odessa, Pîntea, escreveu a Antonescu uma carta horrorizada:

> Acordei esta manhã para uma visão medonha: em todas as ruas principais e nos cruzamentos estavam enforcadas quatro ou cinco pessoas e os habitantes, aterrorizados, fugiam em todas as direções. Horrorizado, perguntei quem era responsável por este ato bárbaro, esta desgraça da qual nunca seremos absolvidos pelo mundo civilizado. As autoridades que contactei disseram-me que não sabiam de nada. [33]

O que Pîntea também não sabia era que aquilo era apenas o princípio: nos dias seguintes, os soldados e os gendarmes enforcaram judeus em cabos do elétrico, varandas e postes telefónicos: as estradas que conduziam ao centro da cidade ficaram alinhadas com forcas e Odessa transformou-se numa "cidade de cadáveres pendurados". O Exército matou pelo menos 22 000 pessoas: a maioria foi fechada em armazéns no subúrbio de Dalnic, regada com gasolina e queimada viva. Pelo menos um armazém cheio de pessoas foi destruído com explosivos, em cumprimento de uma ordem direta de Antonescu, num ato macabro de vingança. Milhares de sobreviventes foram levados para norte, em colunas enormes que Pîntea tentou mas não conseguiu mandar parar. As vítimas, deixadas sem comida nem água, passavam as noites em campos lamacentos onde os guardas as roubavam e violavam. Nas semanas seguintes, outros judeus foram enviados para norte em vagões para o gado. Dois anos mais tarde, ainda havia cadáveres e bocados de corpos congelados espalhados pelos arredores da cidade. Com a aproximação do Exército Vermelho, o ministro da Defesa romena sugeriu limpar o local do massacre para "encobrir as atrocidades". "De que está a falar?", inquiriu Antonescu; nenhum dos ministros se apressou a recordar ao esquecido *Conducator* que o instigador fora ele [34].

Cimentada por estes crimes e pelo empenho militar romeno na Frente Leste, a relação entre Hitler e o marechal Antonescu tornara-se bastante íntima. Em finais de 1941, Hitler confidenciou-lhe que a intenção final da Alemanha era deportar todos os judeus da Europa para reservas de mão de obra rudimentares na Rússia. Tal como Hans Frank, que discutira o assunto com Hitler na mesma altura, Antonescu compreendeu claramente o que aquilo significava e as reuniões ministeriais que se seguiram proporcionam uma leitura arrepiante. No dia 16 de dezembro, o marechal disse aos seus funcionários para "expulsarem imediatamente os *Yids* da cidade", pois receava um ataque soviético a partir de Sebastopol. Alguém propôs deixá-los morrer à fome num antigo quartel da marinha soviética. Antonescu preferia a ideia de os afogar a todos – o senão era a eventual perda de um navio – e prosseguiu:

> Os alemães querem levar os *Yids* da Europa para a Rússia e instalá-los em certas zonas mas este plano não vai ser executado já. Entretanto, o que fazemos? Vamos aguardar uma decisão de Berlim? Vamos esperar por uma decisão que nos diz respeito a nós? Vamos garantir a segurança deles? Metam-nos em catacumbas; atirem-nos ao mar Negro! [Pela parte que me toca], podem morrer cem, mil, todos, mas eu não quero a morte de um único funcionário ou oficial romeno. ([35])

Por conseguinte, no gélido inverno de 1941-1942, a maioria dos judeus do Sul da Transnístria e os judeus sobreviventes de Odessa foram desenraizados e forçados a marchar até "zonas de realojamento" perto do rio Bug. Tal como antes, a intenção claríssima era conduzi-los para o outro lado do rio, para território alemão. Porém, os alemães voltaram a resistir e Eichmann criticou a descarga "desorganizada e indiscriminada" dos judeus pelos romenos no Comissariado do *Reich* ([36]). Os judeus vaguearam pelos campos invernais ucranianos dos dois lados do Bug, com pouca guarda, e muitos morreram gelados ou de fome. Passavam frequentemente por aldeias de alemães étnicos, cujos habitantes, auxiliados pela SS, formaram uma Liga de Defesa dos alemães étnicos para os matarem. As primeiras vítimas pereceram em finais de janeiro de 1942, perto da aldeia alemã de Novo America, onde camponeses armados detiveram e abateram cerca de 200 judeus; os cadáveres foram enterrados para evitar epidemias e o vestuário e outros pertences ficaram na posse da aldeia.

De quando em quando, esquadrões SS atravessavam a linha de demarcação, no rio Bug, e iam buscar judeus para trabalharem em secções da Durchgangstrasse IV, a nova autoestrada destinada a ligar a Polónia ao Sul da Ucrânia. Alojados em campos de trabalho, eram mortos quando deixavam de ser úteis. Outros foram obrigados pelos romenos a trabalhar até à morte. As marchas dos "mortos-vivos" continuaram em 1942 e 1943, com o governo de Bucareste a discutir medidas de "descongestionamento" das cidades da região e a construir à pressa campos para o seu "lixo humano" em florestas, a massacrar os prisioneiros em ravinas e valas comuns ou a entregá-los aos alemães. O número exato de vítimas nunca será conhecido mas uma estimativa recente e fiável sugere que até ao fim da ocupação morreram na Transnístria entre 115 000 e 180 000 judeus ucranianos (apenas sobreviveram 20 000) e mais de 100 000 dos 147 000 judeus da Bucovina e da Bessarábia. No total, estima-se que terão perecido entre 280 000 e 300 000 judeus romenos e ucranianos ([37]).

Nenhum outro aliado da Alemanha, com a possível exceção da Croácia, conseguiu igualar o regime romeno em letalidade pura. E tal como no caso croata, poucas ou nenhuma destas matanças resultaram da pressão alemã. Na verdade, quando os alemães começaram a pressionar realmente o regime, no verão de 1942, o governo fez marcha-atrás por razões próprias (discutimo-las abaixo); os alemães não puderam fazer nada. O facto de até ao fim da guerra terem sobrevivido 375 000 judeus na Velha Roménia constitui a prova mais inequívoca possível da liberdade de manobra dos romenos. Por outras palavras, as matanças de 1941-1942 foram uma iniciativa romena, uma espécie de "guerra paralela" contra os judeus, travada com meios diferentes mas praticamente para os mesmos fins que o conflito a norte. Enquanto os alemães pareceram estar na mó de cima, o governo orgulhou-se de que a Roménia, como disse Mihai Antonescu, "se conta entre as nações dispostas a cooperar resolutamente na solução final do problema judaico – não apenas o local, mas também o europeu" ([38]).

O IMPÉRIO MEDITERRÂNICO DE ITÁLIA

A Itália fascista foi única entre os aliados da Alemanha. Hitler manteve sempre um forte sentido de lealdade para com Mussolini e as duas potências fascistas cimentaram os seus laços com o Pacto de Aço, em 1939. Ambas eram expansionistas e o preâmbulo do pacto referia a necessidade das partes "de garantirem o seu espaço vital". Os italianos falavam abertamente em alargar o seu império em ambas as costas do Mediterrâneo e em remover definitivamente os franceses e os britânicos da região. A ascensão da Alemanha pareceu proporcionar-lhes a possibilidade de o fazerem.

Contudo, se a aliança beneficiava claramente a Itália, era menos óbvio o que proporcionava aos alemães. A trapalhada dos italianos na invasão da minúscula Albânia, em 1939, foi um aviso. Viram-se aflitos com a minicampanha que lançaram tardiamente contra a França, no verão de 1940 e depois, no outono, atamancaram a invasão da Grécia. A vacuidade das pretensões imperiais do fascismo ficou exposta em agosto de 1941, e um observador bem colocado comentou que só a Alemanha poderia "ajudar os italianos a erguerem o seu império mediterrânico". O sucesso contra as minúsculas guarnições que os britânicos deixaram na Somalilândia Britânica, em 1940, foi a única vitória que os italianos alcançaram na guerra sozinhos. Mas custou muitas baixas e não foi duradoura: em março de 1941, quando os britânicos enviaram soldados sikhs para reconquistar a região, a maioria dos soldados italianos estava doente com malária e capitulou de bom grado. Em dois meses, pressionados pelos britânicos e pelos guerrilheiros etíopes, os italianos perderam também Adis Abeba e o imperador etíope, Hailé Selassié, regressou ao trono que perdera em 1936. Os mapas gigantescos colocados nas praças principais das cidades italianas para que as pessoas pudessem acompanhar o rumo da guerra na Europa, em África e no Médio Oriente não tardaram a desaparecer.

Não era apenas a mediocridade dos generais italianos que preocupava os alemães. As forças armadas italianas estavam mal equipadas e eram mal coordenadas, excessivamente burocratizadas e lideradas por carreiristas com mentalidade defensiva e pouco sentido estratégico ou competência administrativa. Ao contrário de Hitler, Mussolini não se conseguira impor ao seu estado-maior general nem obrigá-lo a obedecer às suas ordens. Além disso, não conseguia definir prioridades e dispersou a suas forças em demasiadas frentes. Quando enviou os primeiros 60 000 soldados para a Frente Leste (com a justificação de que "não posso ser menos do que a Eslováquia"), o comandante do contingente teve um ataque de coração no caminho; foi um presságio que Mussolini devia ter tido em conta ([39]).

Ao nível mais fundamental, a Itália não podia suportar verdadeiramente o peso das ambições fascistas. A guerra ainda era menos popular em Itália do que na Alemanha e o regime estava ciente disso: os generais alemães deploravam o facto de os italianos não terem abandonado a sua "mentalidade de tempo de paz". Os seus homólogos italianos hesitavam em disciplinar os seus homens e os conselhos de guerra italianos eram na prática muito menos repressivos do que durante a Primeira Guerra Mundial. A verdade é que o país estava praticamente na bancarrota por causa dos custos das campanhas na Etiópia e em Espanha e teria beneficiado bastante de um período de recuperação. Franco garantiu a convalescença à Espanha ao não participar na guerra e manteve-se no poder tempo suficiente para fazer um brinde com o presidente Nixon, em 1970. As pretensões imperiais de Mussolini impediram-no de seguir um rumo semelhante. O rendimento nacional italiano era inferior ao das outras grandes potências e o país gastava uma percentagem menor nas suas forças armadas – 23% em 1941, comparados com 52% para a Alemanha e 53% para o Reino Unido. Por conseguinte, a Itália só entrou na guerra depois de o governo apresentar aos alemães uma lista de compras de material que – nas palavras de Ciano – teria quebrado o lombo de um camelo ([40]).

Todavia, os contra-argumentos estratégicos e militares contavam pouco para Hitler quando contrabalançados pelo facto de Mussolini se lhe ter juntado: era a sua relação especial. "Sem a amizade de Mussolini", disse ele ao embaixador italiano, "eu estaria sozinho no mundo". Hitler falava frequentemente como se os interesses das duas potências fossem perfeitamente compatíveis. "Os nossos interesses estão a norte, os vossos a sul", disse ele ao *Duce*. Poderiam dividir a Europa entre ambos, prosseguiu Hitler, uma vez que a busca de *Lebensraum* da Alemanha a levava para leste, para a Polónia e para a Rússia, enquanto que o *spazio vitale* italiano estava principalmente nos Balcãs, no Mediterrâneo e na costa norte de África. Mussolini concordou: travariam uma "guerra paralela". Na verdade, com a exceção das questões navais no Mediterrâneo, é notável que tenha existido tão pouca coordenação a sério ou planeamento conjunto, e Hitler recusou-se a ter no *Duce* um confidente. Apesar de quatro reuniões em 1940, e de três no ano seguinte, o *Führer* escondeu do seu aliado mais próximo os seus planos para invadir a Escandinávia, enviar uma missão militar para a Roménia ou até para atacar a URSS, e Mussolini pagou-lhe na mesma moeda surpreendendo-o com a invasão da Grécia ([41]).

E também não havia nenhuma "guerra paralela" para ser travada individualmente. No início, os alemães deixaram o Norte de África e o Mediterrâneo aos italianos, que ficaram relativamente agradados com a sua ausência (mesmo quando podiam ter utilizado a sua ajuda). Nos Balcãs, o princípio orientador dos alemães foi pôr os seus aliados a administrar a ocupação o mais possível. No entanto, apesar de Hitler insistir em tornar a Itália a potência dominante nos Balcãs Ocidentais – os italianos acabaram por destacar meio milhão de soldados para a região –, os alemães nunca confiaram verdadeiramente neles para os governarem de forma adequada. E teve de ser enviada uma pequena força expedicionária alemã para o Norte de África, comandada por Rommel. Quando Mussolini viajou de avião para o Norte de África, na expectativa de uma iminente entrada triunfal em Alexandria, Rommel negou-se a recebê-lo; o desalentado regresso do *Duce* a Itália, depois de se ter tornado óbvio que o Egito não seria conquistado, marcou o início da sua queda. Aquilo que começara, no verão de 1940, como uma "guerra paralela", degenerara numa relação muito mais desigual.

Alguns historiadores discerniram um programa por detrás das pretensões territoriais do *Duce*, mas é difícil evitar a impressão de que foram congeminadas à última da hora. Em 1940, a sua lista de desejos centrou-se na Córsega, em Tunes e noutras possessões francesas na África e no Médio Oriente. Contudo, alguns meses mais tarde, as energias italianas foram desviadas para os mares Adriático e Jónio. Na Grécia, ficou patente que a Itália, apesar de governar a maior parte do país, tinha pouco poder. Continuou a existir um governo grego e os conselheiros alemães eram um contrapeso aos homens de Roma. As poucas políticas imperiais que os italianos introduziram correram desastrosamente mal. Tentaram separar as ilhas do continente, ligando as Cíclades, em particular, às possessões italianas no Dodecaneso. O resultado foi o caos administrativo, o colapso económico e a fome, que só na pequena ilha de Siro causou milhares de mortos [42].

No entanto, as políticas de nacionalidade no incipiente império italiano foram muito diferentes das alemãs. Sem colonos nem um grande reservatório de minorias para repatriar, Roma pôs as diferenças culturais à frente da pureza racial. O seu mito histórico era o da Roma antiga e não o dos Cavaleiros Teutónicos; não houve nenhum programa sério de triagem racial nem nenhum equivalente da SS, mas sim redes de escolas Dante Alighieri ricamente financiadas para ensinar a gregos, albaneses e croatas as glórias da literatura italiana. A sua fraqueza também preparou melhor os italianos para reconhecerem as aspirações nacionais de outros povos. Por exemplo, os italianos apoiaram os nacionalistas albaneses e encorajaram a formação de um partido fascista albanês. Tal como Ciano afirmou mordazmente, em 1942, "não era possível exportar o fascismo para um país e ao mesmo tempo negar-lhe o princípio do nacionalismo que é a própria essência da doutrina [fascista]... A nossa ação na Albânia constitui uma prova concreta perante o mundo de que na nova ordem concebida por Roma as nações não serão subjugadas mas sim prezadas" [43].

Isto era essencialmente para inglês ver: dizia mais sobre as críticas da Itália à abordagem alemã à ocupação do que sobre a sua administração da Albânia, onde os políticos locais continuavam em segundo plano em relação ao procônsul italiano. Além disso, as limitações do modelo tornaram-se muito mais óbvias depois da sua introdução no Montenegro. Em junho de 1941, um "conselho consultivo" obediente declarou "a restauração do Montenegro". Contudo, este novo "reino" durou um dia – nem sequer foi nomeado um chefe de Estado –, até as forças pró-sérvias, opostas à independência, organizarem uma enorme sublevação popular. Apanhado completamente de surpresa, o Exército italiano respondeu com a execução sumária de vários milhares de civis: o general Pirzio Biroli (*) insistiu que "a fábula do 'bom italiano' tem de acabar", e foi preciso um mês para esmagar a rebelião [44].

Na Eslovénia, destinada à anexação imediata, esta fábula teve um tempo de vida ainda mais curto. A região nunca figurara na lista de compras de Roma e os seus 340 000 habitantes – a fazer fé no censo italiano – incluíam

---

(*) Governador do Montenegro. (N.T.)

menos de 500 italianos. Mesmo assim, os italianos apoderaram-se de uma zona truncada e economicamente manietada em redor de Liubliana, tudo o que os alemães lhes deixaram depois de se terem servido do resto da província. A Província da Liubliana deveria tornar-se um modelo de administração "benevolente", revelando os méritos superiores do domínio italiano aos infelizes eslovenos sob ocupação alemã, do outro lado da fronteira, a norte. Os funcionários públicos jugoslavos foram mantidos nos seus postos – eram poucos os italianos que falavam a língua –, mas foi introduzida a legislação italiana relacionada com a assistência social. Assistiu-se às habituais alterações de nomes de ruas e lugares, à demolição de monumentos eslavos e habsburgos e à depreciação da língua eslovena.

Roma pôs rapidamente em prática um programa de italianização forçada, reprimindo o nacionalismo esloveno e disseminando as instituições fascistas. Tal como Antonescu – mas de modo menos mortífero –, Mussolini via na guerra e na expansão a possibilidade de o Estado "concretizar o máximo da sua unidade étnica e espiritual para que os três elementos de raça, nação e Estado venham a coincidir". O estabelecimento de um Estado fronteiriço predominantemente não italiano não teria sido incoerente com esta estratégia mas, à semelhança de outros regimes nacionalistas, a Itália fascista preferiu ficar com o território e preocupar-se com o povo depois. Enquanto os estatísticos italianos cartografavam o perfil étnico-racial da população, novas leis de cidadania determinavam como os felizardos podiam tornar-se cidadãos italianos de pleno direito. Nas palavras do *Duce*, devia ser concedido "tratamento especial" aos "alógenos" que se demonstrassem totalmente leais; quanto aos outros, "quando a etnicidade entra em conflito com a geografia, é o grupo étnico que deve ser removido: as trocas de populações e os êxodos forçados são providenciais". Muitos eslovenos foram detidos e internados e a província não tardou a ver-se a braços com uma grave insurreição. Contudo, não havia nenhum equivalente italiano da RKFDV e o regime italiano não parece ter planeado o tipo de movimentos populacionais forçados que estiveram no cerne da guerra alemã ([45]).

Ao longo da costa da Croácia, com as suas antigas cidades portuárias venezianas à sombra de montanhas de carste, as políticas do regime fascista foram ainda mais abrangentes e intrusivas. Grande parte foi anexada e convertida no Governo da Dalmácia, liderada pelo diplomata Giuseppe Bastianini. Realizaram-se obras públicas, construíram-se estradas, sistemas de drenagem e edifícios públicos. Todavia, os planos para a criação de colónias de duros colonos italianos nunca saíram verdadeiramente da fase de projeto. A "reitalianização" implicou um saneamento minucioso da sala de aula, doses maciças de cultura italiana e a expulsão dos habitantes que se tinham instalado no local depois da Primeira Guerra Mundial. "Aqueles que não desejam que o seu espírito beba nas fontes de Virgílio, Horácio e Dante (...) têm mais é que meter pela estrada mais curta que leva à fronteira. Aqui manda Roma, a sua língua, a sua ciência e a sua moralidade, e o leão de São Marcos está de regresso – armado", declarou Bastianini. Roma pretendia "restabelecer o fluxo benéfico original de costa a costa do Adriático" e "restaurar a preeminência da classe governante italiana". Seria dada aos eslavos da Dalmácia a possibilidade de serem assimilados – outra diferença significativa em relação à política alemã – e os que não quisessem seriam deportados. Mas os eslavos não ficaram convencidos. A oposição, tácita e declarada, aumentou rapidamente, fomentada pelos comunistas e pelos nacionalistas croatas de Zagreb ([46]).

O verdadeiro problema era a relação profundamente conturbada com a Croácia. Tal como muitos outros pedaços de território legados à Itália pelos alemães (as ilhas do Egeu eram outro exemplo), a Dalmácia não era por si só uma unidade económica viável. Para dispensar os subsídios permanentes e dispendiosos do continente, teriam de ser restauradas as suas antigas ligações com o interior, rico em recursos. Por conseguinte, de forma quase inevitável, em virtude da dependência das indústrias costeiras das matérias-primas e fornecimentos do interior, os italianos viram-se cada vez mais arrastados para a ex-Jugoslávia, em particular para a Croácia e a Bósnia ([47]).

A emergência da Croácia – que causaria tantos problemas ao Eixo – foi decidida à última da hora. Até finais de março de 1941, Hitler partiu do princípio de que a Jugoslávia, tal como os seus vizinhos do Danúbio, se tornaria um membro fiável do Pacto Anti-Comintern, mas a Wehrmacht entrou em Zagreb saudada por multidões extáticas e no seguimento da invasão da Jugoslávia o estabelecimento do Estado Independente da Croácia foi um modo óbvio para conquistar para a Alemanha o apoio do grosso da população croata e de reduzir o número de soldados alemães necessários para ocupar o país. Um emissário especial do Ministério dos Negócios Estrangeiros deslocou-se a Zagreb para persuadir Vladko Maček, o líder do Partido Camponês, uma formação política moderada, a assumir o poder. O emissário era o coronel SS Edmund Veesenmayer, intermediário de Ribbentrop e um homem que estivera envolvido no *Anschluss* e no estabelecimento do governo de Tiso na Eslováquia. Mas Maček não alinhou. Só depois de ele ter recusado o convite é os alemães se viraram para os fanáticos do *Ustaša* (*), um movimento terrorista marginal constituído por alguns milhares de na-

---

(*) A raiz do nome encontra-se no verbo croata *ustati* (erguer-se), pelo que um *ustaša* significaria um insurreto ou rebelde. (*N. T.*)

cionalistas radicais. Uma semana depois de o seu adjunto ter anunciado a formação de um novo Estado – que Maček instou os croatas a apoiarem –, o líder do *Ustaša*, um antigo advogado e deputado chamado Ante Pavelić, regressou do exílio em Itália e assumiu o poder. Tal como Antonescu, o *Conducator*, e Tiso, o padre-presidente eslovaco, Pavelić adotou de imediato um título apropriadamente ditatorial – *Poglavnik*, ou chefe – para se alinhar com os ditadores que o tinham colocado no poder [48].

Os seus "olhos brilhavam com um fogo profundo na sua face pálida e cor da terra", observou Curzio Malaparte depois do seu primeiro encontro com Pavelić.

> Tinha estampado no rosto um ar indefinido de estupidez, talvez por causa das suas enormes orelhas que, vistas de perto, pareciam ainda maiores, mais ridículas e mais monstruosas do que nos seus retratos (...) As mãos eram largas, grossas, peludas, com nós dos dedos musculosos. Percebia-se que as mãos o incomodavam, não sabia onde as pôr.

Aquando do seu segundo encontro, alguns meses depois, Pavelić mudara a disposição do seu escritório, aproximando a secretária da porta para desencorajar eventuais assassinos. Pareceu a Malaparte mais pálido e ralado com preocupações, com o rosto "marcado por uma mágoa profunda e sincera". Mas depois Malaparte reparou no cesto de papéis em cima da secretária de Pavelić, cheio de ostras "como são às vezes exibidas nas montras da Fortnum & Mason, em Picadilly, em Londres" e o ditador disse-lhe que continham olhos de pessoas, enviados pelos seus leais seguidores, que incendiavam e matavam por todo o país [49].

Os italianos queriam ficar com a Croácia e o trono foi oferecido a um membro da Casa de Saboia, o duque de Espoleto, que se tornou Tomislav II, rei da Croácia, príncipe da Bósnia e Herzegovina, voivoda da Dalmácia, Tuzla e Temum. Mas Pavelić não precisava de se preocupar, pois a iniciativa constituiu o último fôlego patético da abordagem tradicional da Europa à construção de Estados nos Balcãs – cada Estado balcânico novo recebera um monarca europeu desde a Grécia, em 1832 – e não significou mais nada. De facto, quando anunciou a sua abdicação, no verão de 1943, o novo rei, muito sensatamente, ainda não pusera os pés no seu reino. Como sempre, a "predominância" da Itália era muito condicional e a Alemanha garantiu para si a maioria dos interesses económicos vitais do país antes de os italianos se começarem a mexer. Os soldados alemães ocuparam a zona oriental e apesar de o resto ficar supostamente na esfera de influência italiana os croatas resistiram ao seu avanço.

Os monárquicos italianos tiveram o bom senso de se manter à distância: o reinado de terror desencadeado pelo *Ustaša* explicou amplamente porque é que os alemães tinham geralmente o cuidado de evitar entregar o poder à extrema-direita radical. Dos 6,3 milhões de habitantes do novo Estado, apenas 3,3 milhões eram croatas: havia 1,9 milhões de sérvios, 700 000 muçulmanos, 150 000 alemães e 40 000 judeus. Contudo, apesar disto, os *ustaše* estavam determinados a erradicar violentamente a influência não croata no país, em particular a sérvia e a judaica. O governo proibiu o uso do cirílico, legalizou o confisco dos bens dos judeus e aprovou uma nova lei da nacionalidade. Ao mesmo tempo, esquadrões paramilitares iniciaram uma campanha de chacinas contra sérvios, judeus e ciganos e durante mais de um mês, até os protestos alemães obrigarem a um breve abrandamento, as unidades do *Ustaša* levaram a cabo uma sucessão de massacres, por vezes tomando como alvo os notáveis sérvios, mas outras, em especial no leste da Herzegovina, chacinando comunidades inteiras no meio de cenas de uma violência e de um sadismo grotescos. Quando as cadeias ficaram sobrelotadas, construiu-se um grupo de campos de concentração em Jasenovac, perto do rio Sava, que logo se tornaram centros de matança terríveis. Em junho, sérvios croatas proeminentes apelaram ao governo sérvio, em Belgrado, para levar os alemães a intervir. Não sabiam que Hitler já se tinha avistado com Pavelić no seu retiro de Berchtesgaden, onde o instara a prosseguir com a sua política de "intolerância nacional" durante cinquenta anos ([50]).

O programa de deportações de Himmler, a norte, veio agravar a situação. Na intenção de deportarem um grande número de eslovenos *para* a Croácia, os alemães deixaram os *ustaše* desenraizar 180 000 sérvios e empurrá-los para a Sérvia, para se conseguir espaço para os eslovenos, que eram católicos. Mas isto foi apenas o princípio; tal como sucedeu na Roménia, depois de as expulsões serem bloqueadas, a matança intensificou-se. Depois de a Alemanha invadir a URSS, Hitler voltou a aconselhar os *ustaše* a lidarem brutalmente com os seus inimigos internos e as chacinas prosseguiram pelo outono, resultando na morte de muito mais de 100 000 pessoas. Intensificaram-se devido às campanhas antiguerrilha do verão de 1942 e no princípio de 1943 os militares alemães estimaram que os *ustaše* tinham assassinado pelo menos 400 000 pessoas ([51]).

Quase todos os representantes do Eixo em Zagreb ficaram horrorizados, mas não se conseguiram pôr de acordo em relação ao que fazer, em especial porque Pavelić tinha o apoio do principal representante político alemão, Siegfried Kasche, ex-combatente dos Corpos Livres e membro da SA. Kasche não tinha formação nem antecedentes diplomáticos – segundo o homem do SD em Zagreb, mal sabia onde ficava a Croácia – mas a SA nunca tinha perdoado à SS a Noite das Facas Longas, em 1934, na qual tinham sido assassinadas as suas chefias, e o Ministro dos Negócios Estrangeiros, Ribbentrop, estava tão desesperado para manter Himmler e a SS fora do Sudeste da Europa que começara a nomear homens como Kasche, nenhum deles diplomata de carreira, para cargos ministeriais na região (os ministros na Eslováquia, na Roménia e na Hungria pertenciam a esta categoria, com consequências previsíveis para a diplomacia alemã).

Por seu lado, os italianos estavam convencidos de que a brutalidade de Pavelić estava a fomentar as atividades anti-Eixo e a empurrar os sérvios para as montanhas. "Estamos exclusivamente na Croácia para favorecer este odioso regime do *Ustaša* e os seus excessos", protestaram eles. Um oficial foi ainda mais direto, observando que "os croatas são nossos inimigos". De facto, em setembro de 1941, quando os militares italianos entraram na Bósnia-Herzegovina na tentativa de estancar o derramamento de sangue, operaram com bandos *chetniks* (*) contra as forças de Pavelić ([52]).

O serviço secreto de informações alemão, em Zagreb, e a Wehrmacht comungavam do pessimismo dos italianos. Um oficial bem informado da Abwehr considerou "pura utopia" o sonho *ustaša* de expulsar nem que fosse 250 000 sérvios; os três milhões de croatas teriam de aprender a coexistir com os sérvios e a não tratá-los como "hilotas" nem tentar convertê-los à força ao catolicismo. O principal conselheiro militar alemão dos croatas, um cosmopolita e antigo oficial de estado-maior habsburgo chamado Glaise von Horstenau, também era cético. Nascido em Braunau, a cidade natal de Hitler, três anos antes do *Führer*, a sua atitude básica em relação à política das nacionalidades permanecia enraizado no modelo imperial. Criticou os *ustaše* porque na sua visão da Croácia não havia lugar para minorias e por procurarem "governar um *Völkerstaat* (Estado de grupos étnicos) como um Estado-nação homogéneo". No entanto, esta crítica eminentemente habsburga ao etno-nacionalismo croata não demoveu Hitler. Durante algum tempo, o *Führer* instou Pavelić a ser mais moderado, mas depois do colapso italiano, em 1943, insistiu que os funcionários alemães demonstrassem uma "atitude positiva" para com o líder croata. O colapso do seu grande aliado nos Balcãs significava que ele não podia dispensar os mais pequenos, por muito brutal ou contraproducente que fosse a sua política interna. Vários oficiais da Wehrmacht tentaram explicar-lhe que a violência insana do regime de Pavelić era causa de enorme instabilidade e agitação, que "perturbava uma paz" que apenas era mantida "pela ponta da baioneta alemã" e que seria muito melhor substituí-lo por uma administração militar alemã.

(*) Forças paramilitares sérvias de tendência nacionalista e monárquica. (*N.T.*)

De todas as vezes, graças às pressões enérgicas de Kasche, a partir de Zagreb, Hitler recusou e Pavelić sobreviveu ([53]).

AS CONTRAINSURREIÇÕES

Ao contrário do que o governador Pirzio Biroli esperara, o mito do "bom italiano" não morreu nas montanhas do Montenegro. Floresceu depois da guerra – pelo menos, em Itália – e o pretenso contraste entre os italianos, trapalhões mas humanitários, e os alemães, eficientes mas mortíferos, permitiu o esquecimento discreto de muitos dos crimes do Exército italiano. Quando um ou outro académico solitário chamou a atenção para as 50 000-60 000 vítimas dos campos de concentração da Cirenaica, nos anos 20, ou revelou a chacina em massa de civis etíopes com fuzilamentos e gás mostarda, o público italiano não prestou muita atenção. Filmes como *Mediterrâneo* retrataram a ocupação italiana como um Club Med, um idílio erótico interrompido apenas pelos sons distantes das bombas; Hollywood também deu o seu contributo e *O Bandolim do Capitão Corelli* contrastou os musicais italianos nas ilhas gregas com a letalidade da Wehrmacht. No seu filme *A Vida é Bela*, Roberto Benigni deu um passo mais longe e transformou a figura de seu pai, que combatera no exército de Mussolini, na vítima das vítimas, um judeu enviado para Auschwitz. As condições que confrontaram os soldados italianos enviados para cativeiro na Alemanha, a partir de setembro de 1943, foram efetivamente horríveis e causaram a morte de muitos deles, mas isto não altera o facto de esses mesmos soldados terem travado uma guerra "suja" pelo Eixo.

Na Jugoslávia, o comportamento do Exército italiano muitas vezes não foi diferente do dos alemães. O general Robotti determinou que a Província de Liubliana fosse considerada um campo de batalha e os habitantes considerados "nossos inimigos". Na eventualidade de ataques, far-se-iam e executar-se-iam reféns. Os soldados não deviam fazer prisioneiros e os oficiais receberam ordens para "manter o espírito agressivo do nosso soldado". Robotti deu instruções aos seus homens para "odiarem, odiarem-nos mais do que estes bandidos nos odeiam". O seu superior hierárquico, o general Mario Roatta, deu o tom: em Itália, Roatta dava festas no seu iate "ao estilo dos antigos pagãos", mas no terreno não havia comandante mais impiedoso. A sua famigerada "Circular 3C" de março de 1942 destinou-se a demonstrar que os soldados italianos podiam combater com tanta dureza como os seus aliados alemães. A palavra de ordem foi: "Nada de dente por dente; uma cabeça por um dente!". Roatta confirmou a política dos reféns e exigiu uma rutura com a imagem da benevolência italiana. É verdade que, segundo ele, a destruição punitiva de aldeias inteiras raramente devia ser levada a cabo, mas as táticas que delineou tinham essencialmente por alvo toda a população civil ([54]).

A experiência de contrainsurreição do Exército italiano fora principalmente adquirida nas campanhas da Líbia, no princípio dos anos 20, e na conquista da Etiópia, em 1935-1936. Em ambos os casos, os militares tinham recorrido ao internamento, à seleção e fuzilamento de reféns, a políticas de terra queimada e ao bombardeamento de áreas civis a título de punição coletiva. Nem Mussolini nem o chefe do Exército à época, o general Badoglio, tinham tentado mitigar estas políticas; pelo contrário, encorajaram-nas em nome do prestígio italiano. Com exceção da utilização de gás, que os italianos decidiram não usar na Europa, o 2.º Exército tratou praticamente da mesma maneira os "nativos" jugoslavos da Croácia, do Montenegro e da Eslovénia. A cidade de Liubliana foi cercada por barreiras de arame farpado e bairros inteiros foram isolados e revistados. Mussolini sugeriu a possibilidade de uma "transferência em massa" da população civil e exortou Roatta a "fazer muitos reféns e fuzilá-los sempre que necessário". Dezenas de milhares de pessoas foram encarceradas numa vasta rede de campos que se estendia até à Grécia; aprovisionados de forma deficiente, estes campos depressa se tornaram locais de doenças com taxas de mortalidade comparáveis às verificadas nos campos sob controlo alemão. Em finais de 1942, havia mais de 30 000 eslovenos internados em condições tão más que o Vaticano protestou. Na ilha de Rab, os prisioneiros estavam tão enfraquecidos pela fome que não puderam ser embarcados nos navios que os deveriam transportar para o continente: as rações exíguas e as condições horríveis traduziram-se na morte de mais de 10% das menos de 10 000 pessoas (incluindo 1000 crianças) que transitaram pela ilha.

A situação foi mais calma na Grécia, pelo menos até ao outono de 1942, dado que o Exército italiano estava ciente da existência de um governo grego que, por muito fraco que fosse, desejava apoiar. Contudo, a partir do princípio de 1943, com a guerrilha a estender-se aos montes Pindo, aumentou a ferocidade da contrainsurreição e os campos encheram-se. Foram incendiadas aldeias e houve fuzilamentos em massa. A Cruz Vermelha deu conta da existência de pelo menos sete campos de concentração com milhares de detidos que sofriam de frio, subnutrição e malária ([55]).

Qual era a diferença entre isto e a prática da Wehrmacht? Como qualquer exército colonial, tanto os militares italianos como os alemães combinavam uma violência extrema com a ideia de que eram defensores da ordem. Criticavam os guerrilheiros e os *ustaše*, cuja brutalidade, nas palavras de um major alemão, era "ao arrepio de todas as leis da civilização".

Uns e outros acreditavam que com Pavelić a Croácia enfrentava a desintegração social e a anarquia, um "desregramento generalizado" que dera origem a "condições semelhantes às da Guerra dos Trinta Anos". E no que tocava aos insurretos, nem um nem outro Exército se considerava obrigado pelas leis da guerra porque os seus opositores não se comportavam como combatentes respeitadores das mesmas.

Mas havia algumas diferenças. Na Sérvia ocupada, os alemães abriram a sua campanha antiguerrilha, no outono de 1941, com maior dureza que os italianos, matando mais de 11 000 civis em menos de três meses. As quotas para represálias foram interpretadas de forma mais literal do que a italiana e em várias ocasiões foram detidos e fuzilados centenas ou mesmo milhares de civis. Muitos comandantes da Wehrmacht nos Balcãs tinham servido na Sérvia como jovens oficiais habsburgos, em 1914, e mal podiam esperar para vingar a humilhação sofrida na altura pelo Exército imperial; os italianos estavam mais interessados em conter os croatas, seus aliados nominais.

De facto, uma das diferenças cruciais foi a atitude italiana para com os insurretos sérvios – *chetniks* nacionalistas e *partisans* comunistas. Enquanto os alemães atacavam ambos, o general Roatta tentou fraturar a insurreição alistando anticomunistas sérvios e montenegrinos para lutar contra os guerrilheiros. Obviamente, o governo *ustaša* também ficou furioso porque os sérvios eram o seu principal inimigo. Ignorando-o por completo, Roatta (e Pirzio Biroli, no Montenegro) armou os bandos *chetniks* sérvios e combateu a seu lado nas montanhas. Além de os italianos estarem mais conscientes do que os alemães de que lhes faltavam homens ou recursos para lutar contra todos os rebeldes ao mesmo tempo, tinham menos inibições para admitir este facto. Os decisores políticos italianos de alto nível duvidavam abertamente que as grandes operações de contrainsurreição pudessem alguma vez ter um efeito permanente; "passados quinze dias, vamos estar no ponto de partida", disse um deles. Consideravam que era mais fácil exagerar a ameaça militar colocada pelos insurretos e sugeriram aos militares que não os tentassem eliminar – uma missão impossível – mas que garantissem que não ameaçavam as linhas de abastecimento ([56]).

A Wehrmacht não nem sempre descartou a ideia de colaboração local e também soube jogar este jogo. Por exemplo, na região das minas de ferro de Mitrovica, no Kosovo, a 60.ª Divisão de Infantaria Motorizada do general Eberhard deu mais autonomia aos albaneses do que a que tinham com os italianos na Albânia. Eberhard criou uma gendarmaria albanesa, construiu escolas e apoiou um regime local que atraiu tantos albaneses que os italianos desconfiaram que tudo aquilo fazia parte de uma campanha para os fazer parecer mal ([57]). Mas esta era uma zona em que a população era essencialmente pró-alemã. Enquanto força de contrainsurreição, a Wehrmacht manteve-se fiel à ideia de subjugar a guerrilha com superioridade numérica e poder de fogo através de batidas extremamente bem planeadas nas montanhas, com muitos milhares de soldados. Alguns comandantes questionaram se a política de reféns não estaria simplesmente a proporcionar recrutas aos guerrilheiros, mas as sugestões dos serviços secretos alemães para a conclusão de alianças políticas com os *chetniks* e quejandos foram rejeitadas e as críticas de Glaise de que a Wehrmacht estava a agravar a situação com a sua própria "política de terror" caíram em orelhas moucas [58].

Até que ponto podemos então atribuir a violência do Exército alemão à ideologia nazi ou fascista? Os soldados húngaros, búlgaros e italianos também foram evidentemente capazes de exercer represálias brutais e de perpetrar execuções em massa; além do mais, na Primeira Guerra Mundial os Exércitos alemão e habsburgo também lidaram de forma draconiana com os franco-atiradores e os irregulares. Todos os regimes aliados a Hitler eram obviamente nacionalistas empedernidos e a estereotipificação fácil do inimigo pelos soldados facilitou o obscurecimento da distinção – nunca muito clara – entre combatentes e civis. Numa época em que se falou das leis da guerra como nunca antes, os exércitos acostumaram-se à ideia de que contra aqueles que não combatiam de forma "civilizada" poucas ou nenhumas restrições havia ao que podiam fazer. A linguagem maniqueísta utilizada para descrever a guerra contra o bolchevismo também desempenhou aqui o seu papel: os comunistas não podiam, por definição, ser adversários dignos, e os inferiores raciais também não. Porém, muito antes da Revolução Russa, os oficiais do Exército habsburgo que entraram na Sérvia em 1914 recorreram à linguagem do "fanatismo" e da "traição" com consequências previsivelmente letais: em poucas semanas, os seus homens prenderam e internaram numerosos reféns, incendiaram aldeias e mataram vários milhares de civis a sangue frio [59].

O recurso ao castigo coletivo para obrigar as populações a obedecer foi certamente reforçado quando os comandantes se sentiram – como é evidente que se sentiram na URSS e nos Balcãs ocupados – com homens a menos e missões a mais. Nesse momento, considerações de prestígio semelhantes às evidentes nas campanhas coloniais travadas pelos italianos e outros empurraram-nos para a via de represálias horríveis. O Exército italiano estava a cumprir ordens aquando dos massacres na Etiópia, em 1937, e da "pacificação" do Montenegro em 1941, e o mesmo aconteceu com os húngaros em Novi Sad e os búlgaros em Drama. Os aliados da Alemanha ter-se-ão ocasionalmente chocado com a brutalidade da Wehrmacht na Ucrânia e na Bielorrússia, mas quando foram ameaçados pelas guerrilhas não responderam de modo muito diferente. A desagradável verdade é que a guerra de contrainsurreição foi mais o produto de uma certa maneira europeia de combater do que do nazismo. As tecnologias tinham mudado nas décadas anteriores, mas noutros aspetos as potências combateram praticamente com o espírito e com as regras que tinham observado nas suas campanhas coloniais e na Primeira Guerra Mundial. É óbvio que houve uma diferença crucial: no passado, as autoridades civis tinham ocasionalmente conseguido exercer uma influência moderadora sobre os militares – como aconteceu, por exemplo, em 1917, na Sérvia ocupada. Com os nazis, os extremistas foram os civis, exortando permanentemente os seus soldados a perderem as inibições e a aumentarem o grau do terror. Confrontada com a ameaça do guerrilheiro, a Wehrmacht, em particular, perdeu as poucas restrições que tinham inibido os seus antecessores ([60]).

OS PEQUENOS ESTADOS E A GRANDE ALEMANHA

Devido ao facto de a Itália ter passado com uma rapidez extraordinária de parceiro quase igual (em 1938) para parceiro menor (em 1940), o sistema de alianças do Eixo foi sempre marcado pela realidade crua do poder esmagador da Alemanha. "Vamos tentar fazer uns aos outros o menos mal possível", disse o embaixador francês ao ministro dos Negócios Estrangeiros italiano, em junho de 1940. "Afinal de contas, temos de viver nesta Europa, cujos novos senhores – como sabe – são bastante duros!" ([61]). Por conseguinte, no cerne da situação diplomática alemã encontrava-se aquilo a que poderíamos chamar o problema dos pequenos Estados. Os comentadores nazis proclamaram o fim do conceito liberal de soberania; os comunicados de imprensa diziam às pequenas nações para se habituarem a obedecer aos desejos de Berlim. Os alemães afirmavam falar pela Europa e exibiam os seus parceiros – da Eslováquia e Croácia à Finlândia e Bulgária – como prova desta afirmação. Todavia, na prática, independentemente do ilusionismo diplomático, as relações entre a Alemanha e os seus aliados foram marcadas pelo desprezo da primeira e pela desconfiança dos segundos.

No cerne das relações da Alemanha com os seus aliados estava a questão da soberania. Os nazis declararam que o direito internacional fora substituído pelas necessidades da solidariedade racial, uma doutrina com implicações profundamente ameaçadoras para os outros Estados. Um grupo de cidadãos destes Estados ao qual o *Reich* tentou deitar a mão durante a guerra foram os judeus – os esforços em grande parte infrutíferos da Alemanha para fazer com que os seus aliados lhos entregassem são discutidos no capítulo seguinte. Contudo, igualmente perturbadora e mais duradoura foi a pretensão de Berlim à fidelidade dos alemães étnicos residentes no estrangeiro.

Na primavera de 1942, a Wehrmacht conscreveu os alemães étnicos da Sérvia para novas unidades sob o seu comando. Em maio, autorizou a Waffen-SS a recrutá-los. Um corpo que começara como guarda pessoal de Hitler tornara-se em 1939 uma força capaz de alinhar vários regimentos. Estando impedida de recrutar alemães no *Reich* e nos territórios anexados, os estimados dois milhões de alemães étnicos da Hungria, Roménia, Jugoslávia e Eslováquia, juntamente com os que se encontravam nos campos de repovoamento, ofereciam a única alternativa de "sangue alemão" se a Waffen-SS quisesse continuar a expandir-se. Himmler aproveitou a oportunidade e decretou, secretamente, que as minorias alemãs tinham a obrigação de cumprir serviço militar em prol do *Reich* e não dos respetivos governos nacionais ([62]).

Todavia, era difícil convencer os governos estrangeiros a aceitar esta disposição, pois tinham relutância em abrir mão do controlo sobre este (ou qualquer outro) grupo dos seus cidadãos. Os alemães tiveram menos dificuldades onde as autoridades eram mais fracas, como na Sérvia ocupada. A Croácia e a Eslováquia, apesar de serem essencialmente Estados fantoches, negociaram arduamente. Com a Roménia e a Hungria, as negociações nunca foram conclusivas e Horthy e Antonescu fizeram inclusivamente finca-pé a Hitler quando este interferiu na questão. Na Hungria, os alemães só levaram a sua avante depois de ocuparem o país; na Roménia, apesar da existência de uma grande minoria étnica alemã, nunca conseguiram. O resultado foi que, não obstante a rápida expansão da Waffen-SS – no outono de 1944 alinhava mais de meio milhão de homens –, só foi recrutada uma percentagem relativamente pequena dos alemães étnicos da Europa Central. Tendo em conta o sucesso dos alemães na conscrição noutras paragens, isto é uma indicação notável da capacidade dos seus aliados para defenderem os seus interesses e quiçá também da relutância das minorias em serem recrutadas para uma guerra que parecia cada vez mais perdida. O III *Reich* seria o Estado mais poderoso da Europa mas por vezes atingiu surpreendentemente depressa os limites do que podia fazer. O sucesso impunha obediência: com a derrota no horizonte, os seus amigos e aliados endureceram a sua postura.

O modo como os alemães tratavam os voluntários estrangeiros foi outra razão que provocou a deterioração rápida das relações com os seus aliados. Os soldados da Divisão Azul juraram fidelidade à pessoa de Hitler e sofreram muitas baixas em combate, mas eram duramente condenados pelos seus camaradas alemães por confraternizarem com os russos e frequentemente agredidos quando, de licença no *Reich*, eram vistos na companhia de mulheres alemãs. Por exemplo, no verão de 1943, em Riga, rebentou um escândalo quando as alemãs começaram a passar tempo numa casa na praia frequentada por soldados espanhóis em convalescença da Frente Leste. Por detrás da propaganda do "exército europeu" de Hitler havia um sentimento de desprezo e arrogância racial que maculou o tratamento alemão de italianos, romenos e outros ([63]).

Os interesses dos alemães e dos seus aliados começaram a divergir em 1942. Os alemães careciam de auxílio – mais do que nunca. Estavam a ficar sem mão de obra, soldados, trigo, petróleo e outros recursos para a alimentar a máquina de guerra: como vimos, foi na primavera e no verão desse ano que Berlim envidou os primeiros esforços sérios para mobilizar os recursos do continente. Por outro lado, nesta altura, os aliados da Alemanha já tinham alcançado a maioria dos seus objetivos. A Finlândia recuperou o território perdido em 1939. A Bulgária adquiriu o Nordeste da Grécia, a Dobrudja e uma grande parte da Macedónia jugoslava. Os políticos romenos rejeitaram a oferta de Hitler para atravessarem o Dniestre e avançar mais para leste e começaram a questionar se a Transnístria era realmente uma compensação adequada pela Transilvânia. Quanto à Hungria, as suas principais pretensões foram satisfeitas muito antes, no verão de 1940, e o seu novo governo declarou falta de interesse em mais conquistas. A Itália agarrava-se desesperadamente ao seu império norte-africano com o auxílio militar alemão e as suas possessões balcânicas estavam a ferro e fogo. Os nacionalistas italianos sentiam-se desiludidos: tinham acreditado que a guerra proporcionaria a ressurreição do império marítimo veneziano no Adriático e no Egeu, mas o que lhes tocara fora uma versão nacionalista alemã mais assertiva do avanço habsburgo para o Mediterrâneo. Por outras palavras, era uma boa altura para os aliados da Alemanha reconsiderarem a sua posição. O avanço do Eixo fora finalmente travado a leste e a oeste, com o desembarque de forças anglo-americanas em Marrocos e o Exército Vermelho a impor um impasse ao Eixo nas ruínas de Estalinegrado: além do mais, quando a cidade caiu, a Roménia, a Hungria e a Itália sofreram baixas pesadíssimas, o que pôs ainda mais à prova a sua lealdade a Berlim. Em fevereiro de 1943, o general italiano Ambrosio foi categórico: "O nosso inimigo é o alemão" ([64]).

Foi nesta atmosfera de intrigas, desalento e profunda desconfiança que muitos dos aliados da Alemanha começaram a instar novamente Berlim a formular uma definição mais clara do que poderiam esperar numa Europa sob hegemonia alemã. No outono de 1942, os colaboradores do Norte da Europa, como o nazi holandês Anton Mussert e o ministro presidente norueguês Vidkung Quisling, insistiram na necessidade de uma liderança alemã mais sensata. "Pretendeis vencer a guerra para construir a Europa", disse Laval a Hitler. "Construí primeiro a Europa para vencer a guerra!".

No Ministério dos Negócios Estrangeiros alemão, um pequeno grupo de jovens ativistas era da mesma opinião. Apesar de muitos serem nazis por convicção, acreditavam que a Alemanha se enganara ao pensar que podia governar a Europa sozinha e elaboraram um plano de paz que contemplava a restauração do direito internacional, o fim da tentativa de exportação do nacional-socialismo e a devolução da independência a checos e polacos. Não tinham fé na liderança de Ribbentrop, mas a sua única alternativa era esperar para ver o que conseguiria ele fazer com o plano. Em finais de 1942, depois de muitas insistências, Ribbentrop apresentou-o a Hitler. "Não são necessários preparativos para a paz", foi a resposta do *Führer*. Ele não precisava de "diplomatas secos" nem de "juristas" para formularem a paz; ele próprio seria capaz de a ditar em duas horas, quando chegasse a altura ([65]).

No *Reich*, uma intensa diplomacia cultural – prefigurando as campanhas igualmente esbanjadoras da Guerra Fria cultural – fazia de uma espécie de substituto de compromisso político sério e os alemães organizaram várias conferências internacionais nas quais foi publicitado o tema da Europa. Por exemplo, foi organizado o Encontro Cultural da Juventude Europeia – uma espécie de Festival Eurovisão da Canção nazi, com os grupos a disputarem o "Prémio Musical de Weimar" – e foi fundada uma Organização da Juventude Europeia, numa cerimónia que incluiu valsas de Strauss dirigidas pelo maestro Karl Böhm. Wilhelm Stuckart, sempre atento, reuniu funcionários públicos europeus para debater a administração moderna, jornalistas italianos e alemães formaram uma nova união internacional e alguns escritores de nomeada e muitos de segunda categoria participaram no Congresso dos Escritores Europeus. Alfred Rosenberg até pensou em organizar um congresso antissemita europeu para ajudar a conquistar as boas graças das "classes cultas" do resto da Europa ([66]).

Os italianos estavam particularmente interessados nestes eventos – desde finais dos anos 30 – porque viam neles um meio de forjar uma comunidade política fascista unificada em todo o continente. Mas a liderança nazi duvidava do seu valor e, em novembro, Hitler ordenou o fim das demonstrações de "uma tendência europeia ou internacional". Nem todas acabaram – em finais de 1944 Rosenberg ainda estava a preparar o seu congresso antissemita de alto nível – mas a decisão do *Führer* mostrou a sua irrelevância. A opinião de Hitler acerca da situação pode avaliar-se pela sua decisão, no mesmo mês, de pôr toda a França sob domínio alemão. O que era a colaboração quando comparada com a segurança de uma ocupação pela Wehrmacht? No mês seguinte, rejeitou as opiniões dos ministros dos Negócios Estrangeiros da Alemanha e de Itália quando o exortaram a ponderar pôr fim à guerra no Leste: segundo disse a Ciano, estava "certo da vitória".

Estas eram aquilo a que um observador alemão chamou as "fantasias" do *Führer* "no bosque sombrio de Rastenburg". Quando Ribbentrop sugeriu uma aproximação a Estaline para a Alemanha se concentrar na derrota das forças anglo-americanas no Mediterrâneo, Hitler reagiu violentamente e proibiu que se voltasse a falar no assunto ([67]).

A invasão aliada do Norte de África e a subsequente ocupação da França preocupou os aliados da Alemanha. Receando serem os próximos, os espanhóis avisaram os alemães de que se defenderiam contra qualquer invasão. Manifestando claramente a sua desilusão na liderança da Alemanha, os espanhóis disseram aos alemães que o *Reich* devia "abandonar a ideia de anexar as áreas ocupadas do Leste como 'protetorados' ou 'governos-gerais': a Alemanha devia criar Estados nacionais independentes". Os finlandeses, que diziam a mesma coisa há meses, desistiram e decidiram retirar da guerra logo que possível. O marechal Mannerheim anunciou publicamente o fim próximo das operações ofensivas e encetou negociações com americanos e soviéticos ([68]). Os Estados da Europa Central e de Leste também deram início a manobras diplomáticas. Os húngaros e os romenos encetaram negociações secretas com britânicos, americanos e russos e esperaram que um "bloco latino", liderado pela Itália, pudesse negociar uma saída para a guerra, com ou sem os alemães. A situação parecia tão desesperada que eles continuaram a insistir mesmo depois de os Aliados declararem a sua política de rendição incondicional, em Casablanca, em 1943.

No seguimento da catástrofe de Estalinegrado, os alemães deram temporariamente alguns sinais de ter em conta a inquietação dos seus aliados. Em fevereiro, verificou-se uma importante mudança de rumo quando Goebbels instruiu a imprensa no sentido de evitar falar na colonização do Leste e de se referir de forma positiva ao papel das nações leste-europeias na luta contra o bolchevismo judaico. Num aviso inequívoco Himmler, e sinal de que todo o falatório acerca de um império alemão no Leste teria de ser moderado, pelo menos temporariamente, ele prosseguiu: "O princípio nacional-socialista de que só o solo pode ser germanizado é utilizado pelo inimigo como prova de que a nossa intenção declarada é levar a cabo expulsões em massa". Hitler tinha obviamente sancionado esta linha mais suave, mas continuava a existir uma ambiguidade intencional quanto ao eventual destino político dos "pequenos povos" do Leste ([69]).

O Ministério dos Negócios Estrangeiros regressou às conversações que tivera com os italianos mais de um ano antes. Ribbentrop estava farto de ver Goebbels a dar o tom na questão europeia; o interesse enorme dos aliados da Alemanha, do qual os seus diplomatas davam conta, impunha uma resposta diplomática séria ([70]). Contudo, a manifesta inadequação do ministro para a tarefa era um segredo conhecido do meio. Não se tratava apenas da sua extravagância nem da sua utilização desregrada dos fundos do ministério, nem das exigências incessantes da mulher ("as tapeçarias da residência dos Ribbentrops tiveram de ser mudadas quatro vezes porque as cores não eram bem ao gosto de *Frau* Ribbentrop"). Muito pior era a sua inaptidão política. "Na sua megalomania", disse alguém que o conhecia bem, ele estava a "partir a louça". A frustração entre os seus subordinados até deu origem a uma conspiração, que urdiram com a SS, para se verem livres dele. Himmler mostrou alguma cautela mas o principal SS da conjura, Walter Schellenberg, chefe dos serviços de espionagem, considerou que o derrube de Ribbentrop era essencial para "fazer progressos junto dos americanos". Mas o plano teve tanto sucesso como a conspiração mais ambiciosa e importante contra Hitler, no ano seguinte. Os conjurados foram demitidos do ministério – um acabou num campo de concentração, o outro na Frente Leste – e a posição do ministro saiu reforçada ([71]).

Quando se deslocou a Roma, em finais de fevereiro, Ribbentrop, sempre igual a si próprio, consternou os seus anfitriões ao descartar categoricamente uma paz negociada com Estaline – Mussolini vinha apelando neste sentido há meses para aliviar a pressão no Norte de África – e insistir em maior dureza contra os guerrilheiros e os judeus. Porém, em relação à ideia de uma declaração para a Europa, as partes pareciam mais próximas. Megerle, conselheiro de Ribbentrop, disse aos italianos que compreendiam que sem uma declaração a Alemanha podia não conseguir manter a Europa consigo. "Eles estão perfeitamente cientes", informou o seu interlocutor, "de que não podem continuar a pensar em governar pela baioneta e pela violência e que é absolutamente necessário associar os povos europeus ao futuro do continente em termos que sejam aceitáveis para todos ou pelo menos para a maioria". Mas havia uma condição. O Ministério dos Negócios Estrangeiros alemão tinha tão pouca influência junto de Hitler que necessitava de ajuda. De facto, realçou Megerle, a responsabilidade de a declaração se concretizar cabia aos italianos. Só haveria hipótese de o *Führer* mudar de ideias, sublinhou Megerle, se Mussolini falasse com ele. As suas palavras indicavam uma manifesta falta de confiança no seu chefe, mas em Berlim, alguns dias mais tarde, os diplomatas alemães continuaram com o mesmo refrão: Mussolini tinha de agir, disseram eles aos seus colegas italianos, e depressa. As "pequenas nações da Europa" viravam-se para a Itália como "mãe da civilização e da justiça". Talvez se pudesse emitir uma declaração no próximo encontro entre os líderes do Eixo, como contra-ataque à conferência de Casablanca ([72]).

Em março de 1943, o Ministério dos Negócios Estrangeiros redigiu outra declaração sobre uma confederação europeia para o pós-guerra que comprometia inequivocamente a Alemanha na preservação dos direitos dos pequenos Estados. "Sou da opinião", escreveu Ribbentrop, "de que devemos, o mais rapidamente possível, logo que consigamos um sucesso militar significativo, proclamar a Confederação Europeia em termos bastante específicos". Imaginando uma brilhante cerimónia intergovernamental, Ribbentrop sublinhou a necessidade de menosprezar as Nações Unidas. O anúncio da Confederação Europeia pelo Eixo, observou ele, irá "sossegar os receios dos nossos amigos e aliados de que possam ser postos sob a administração de *Gauleiters* alemães logo que a paz for concluída", garantir aos neutrais que não serão engolidos pela Alemanha depois da guerra e encorajar as pessoas sob ocupação alemã a combaterem ao lado da Alemanha. O seu esboço referia-se aos membros da Confederação como "Estados soberanos", garantindo-se mutuamente a liberdade e a independência política. Era como se a revolução nacional-socialista no direito internacional nunca tivesse acontecido [73]

Mas Mussolini, envelhecido e desalentado, mal conseguia suportar o peso destas expectativas. Ciente de que se conspirava em Roma para o derrubarem, demitiu Ciano dos Negócios Estrangeiros, mas não houve nenhuma verdadeira mudança de rumo. O "substituto" de Ciano, Bastianini, recém-chegado da Dalmácia (Mussolini assumira a pasta dos Negócios Estrangeiros), informou que os romenos e os húngaros viam Roma como porta-voz das "pequenas nações". Nas suas notas informativas para o *Duce*, Bastianini sublinhou a questão fundamental: as potências do Eixo, escreveu ele, tinham de, acima de tudo, dar à Europa uma nova ordem que garantisse a independência dos Estados mais pequenos.

> Cada um deles tem interesses específicos a salvaguardar. Porém, todos – aliados, neutrais ou inimigos – têm uma coisa em comum, que é o interesse geral dos Estados mais pequenos num regime internacional que garanta a sua preservação, um interesse que reconhecem não só para si próprios mas também, em geral, para todos os pequenos Estados, os quais, independentemente das suas divisões em matérias específicas, se sentem unidos na solidariedade que sempre une os mais fracos face aos mais fortes. [74]

Bastianini apontou – como tantos críticos vinham fazendo em Roma, Berlim e Tóquio – o exemplo dos japoneses na Ásia Oriental, que pareciam (pelo menos, da perspetiva da Europa) ter combinado de forma brilhante a hegemonia com um apelo aos sentimentos nacionais dos outros povos da região numa espécie de cruzada anti-imperialista. Porque é que o Eixo não fazia a mesma coisa? Porquê ficar preso, numa abordagem passiva e negativa, a objetivos de guerra que cediam o terreno às Nações Unidas e não ser mais enérgico na proclamação das virtudes sociais e económicas de uma vitória do Eixo e das consequências positivas da libertação da ameaça dupla do bolchevismo soviético e da plutocracia americana?

O momento da verdade chegou num período de muito frio, no princípio de abril de 1943, com a primeira cimeira do ano entre os dois líderes do Eixo. Nos corredores barrocos do Palácio de Klessheim, antiga residência dos arcebispos de Salzburgo, renovado e transformado em centro de conferências, os diplomatas alemães foram pródigos em conselhos; Mussolini devia falar com o *Führer* de forma muito brutal. Contudo, marginalizados como sempre, tiveram de perguntar aos italianos o que tinham dito os dois líderes. Tendo em conta o assunto em apreço, tinham dito muito pouco. Mussolini fora de novo esmagado pela energia verbal do *Führer*. Hitler já descartara a ideia de Mussolini de uma paz separada com Estaline (tal como ignorara o apelo de Antonescu para chegar a acordo com os Aliados ocidentais de forma a prosseguir a guerra no Leste) e Mussolini não voltou a referi-la. O *Führer* inundou um Mussolini adoentado com "uma interminável torrente de palavras" na qual as insinuações acerca de uma nova arma secreta que garantiria a vitória se combinaram com exigências de maior brutalidade contra os guerrilheiros dos Balcãs. O fraco Ribbentrop viu de onde soprava o vento: a postura nazi foi que não seria possível nenhuma declaração enquanto pudesse ser vista como uma expressão de fraqueza alemã.

No palácio, os conselheiros de imprensa do *Reich* explicaram aos italianos porque é que não havia saída. Uma espécie de "contra-Carta do Atlântico" iria simplesmente lançar a confusão na Europa; "a experiência alemã nos territórios ocupados", prosseguiram eles, "demonstrava que a única maneira eficaz de administrar territórios é a militar, sem apostar em colaboradores nem em auxiliares autóctones". Os italianos, opinaram eles, fazendo eco de Hitler, "ainda têm a doença da política [*sono ammalati di politica*] porque com eles o pensamento antecede sempre os acontecimentos e a ação, enquanto que na guerra não é a teoria que gera a realidade, antes pelo contrário: a realidade gera teorias". Os estadistas romenos, húngaros e franceses que seguiram os italianos a Klessheim receberam a mesma mensagem: não haveria nenhuma paz separada com a Rússia e declarações sobre a Europa só na altura certa. Quisling deslocou-se ao palácio em visita e conseguiu obter um compromisso público com "uma vida livre e independente para as nações do continente europeu". Todavia, o ambiente era tenso porque os alemães detetaram (e com razão) derrotismo nos visitantes. "Têm razão", confidenciou sombriamente um diplomata italiano ao seu diário. "A Europa revolta-se em peso contra as tentativas hegemónicas da Alemanha, conduzidas com tanta bestialidade" ([75]).

A QUEDA DO FASCISMO

No dia 28 de julho de 1943, o Ministério do Interior italiano, em Roma, recebeu um relatório de Nápoles sobre "o derrube completo da política interna" provocado, dois dias antes, pela dramática demissão de Mussolini pelo rei:

> O golpe desorientou completamente os fascistas (...) e atingiu-os profundamente (...). O que causou a maior impressão foi o facto de a imprensa ter assumido, de um dia para o outro, um tom oposto ao anterior, e todas as pessoas entendem-se livres para expressar as suas ideias e propagandear princípios, sejam eles socialistas, católicos, liberais, comunistas ou anarquistas. ([76])

A queda do *Duce* e a reafirmação da liberdade em Itália foram acontecimentos verdadeiramente chocantes. Foi a primeira vez que um regime fascista caiu, e não foi um regime qualquer, mas sim o que desencadeou a revolução fascista. As notícias preocuparam os nazis e encantaram os seus opositores. "Desordens em Itália", escreveu um advogado belga no seu diário, em 28 de julho de 1943. "O Partido Fascista foi dissolvido. Grandes manifestações antifascistas (...). É o fim fatal das ditaduras" ([77]). Os alemães sabiam que os seus aliados estavam à procura de uma maneira de sair da guerra e que os observavam para ver como iriam reagir. No Ministério dos Negócios Estrangeiros, os conselheiros de Ribbentrop para a Europa advogaram a restauração da plena soberania à Bélgica, à Holanda e à Noruega. Todavia, a opinião de Hitler não se alterou: "todos os nossos vizinhos são nossos inimigos; temos de lhes tirar o máximo possível, mas não podemos nem devemos prometer-lhes nada". A Alemanha continuava a querer uma liberdade de manobra total para depois de uma eventual vitória, informou o embaixador italiano em Berlim. Até Quisling comentou, desiludido, aos funcionários alemães em Oslo que a Europa se estava a unir – contra os alemães ([78]).

Mas Hitler teve uma resposta decisiva para tudo o que estava a acontecer em Itália. No princípio de setembro, quando foi subitamente anunciado um armistício com os Aliados, os soldados italianos em serviço nos Balcãs, na França e na Rússia foram apanhados de surpresa, mas os alemães não. Descendo em força pela península, a sua tropa ocupou o máximo possível do país. Numa violação flagrante mas previsível das regras da guerra, desarmaram os seus ex-camaradas de armas e enviaram-nos para campos de internamento e de trabalho mal aprovisionados, onde muitos adoeceram e morreram. Os poucos que resistiram – nomeadamente em Cefalónia e Corfu – foram abatidos. "As forças armadas italianas deixaram de existir", disse o lacónico e irado comunicado do alto-comando alemão, num claro aviso a outros aliados que pudessem sentir-se tentados a seguir o exemplo italiano. Uma unidade de planadores SS salvou Mussolini (nunca se saberá até que ponto queria ser salvo), que foi levado com a família para Viena e colocado à frente de um governo fantoche sedeado perto da pequena cidade de Salò, à beira do lago Garda. Longe de escapar à guerra, grande parte de Itália (juntamente com as zonas de administração italiana da Grécia e da Jugoslávia) viu-se sob férrea ocupação alemã.

Simbólico da nova posição do *Duce* era o facto de residir numa moradia com soldados e oficiais de ligação alemães aboletados ao lado, a vigiarem os seus visitantes e a controlar-lhe o acesso ao mundo exterior. A segurança era apertada, havia uma antiaérea no telhado e até o secretário pessoal de Mussolini tinha dificuldade em aceder-lhe. Os seus "ministérios" estavam dispersos pelos vários hotéis da zona e por cidades do Norte de Itália. Roma estava nas mãos dos militares alemães, que apenas permitiam ao *Duce* manter na cidade um pequeno gabinete de coordenação. Embora no papel a Itália a que ele presidia se estendesse até às suas fronteiras legais, na prática o Nordeste foi colocado sob controlo de *Gauleiters*, que expulsaram os funcionários públicos italianos como prelúdio para a anexação. Esta medida, ainda mais do que a presença aliada no Sul do país, representou um golpe tremendo para o prestígio do seu governo. Houve protestos e o próprio Mussolini observou: "Os alemães lamentam ter autorizado a formação de um governo, especialmente presidido por mim". O único aspeto positivo da situação, do ponto de vista italiano, era que as relações entre as diferentes agências alemãs – o Ministério dos Negócios Estrangeiros, a SS, os vários ramos das forças armadas (nenhum dos quais coordenava as suas políticas com os outros) e os recrutadores de mão de obra de Sauckel – eram a confusão do costume, o que permitia ao governo de Salò pô-las umas contra as outras [79].

Contudo, durante o inverno de 1943-1944 a intensificação das atividades da guerrilha perspetivou uma guerra civil e aumentou o desejo dos alemães de administrarem eles próprios a região. Ao mesmo tempo, a perda de territórios no Leste fez aumentar a importância do Norte de Itália para o *Reich*. Em março de 1944, uma onda de greves assolou o interior industrializado e Hitler ordenou a deportação de 20% dos trabalhadores para a Alemanha. A ordem foi sensatamente ignorada para evitar a desorganização das fábricas e promover um crescimento ainda mais acelerado do movimento de guerrilha. Os alemães puseram fim às greves deportando 1000 líderes grevistas, a maioria dos quais nunca regressou. Entretanto, os recrutadores de Sauckel caçavam nas cidades. Irritado, Hitler tinha afirmado que se poderiam levar três milhões de italianos para trabalhar no *Reich*, mas a meta de Sauckel era 1,5 milhões; no entanto, em 1944 só conseguiu 66 000. Os recursos agrícolas italianos também atraíram as atenções alemãs. "As perdas em produtos alimentares no Leste devem ser compensadas com a exploração intensificada deste país", disse Herbert Backe, ministro da Alimentação interino, ao quartel-mestre-general do Exército. A Itália, um país onde as rações eram das mais baixas da Europa, tinha de proporcionar fornecimentos acrescidos ao *Reich* ([80]).

Enquanto os seguidores irredutíveis do *Duce* se esforçavam por explicar os acontecimentos do verão, em torno do lago Garda era um corrupio de conjuras, conspirações e acusações. Com os restos do Partido Fascista num caos e predispostos a vingar-se, o fascismo virou-se sobre si próprio e foram criados tribunais especiais para punir os traidores. O genro de Mussolini, o conde Ciano, ex-ministro dos Negócios Estrangeiros, foi julgado por um destes tribunais e executado, juntamente com cinco membros do Grande Conselho que tinham votado a favor da deposição do *Duce*. Mussolini não interveio. "Para mim, Ciano já morreu há algum tempo", disse ele. A filha, Edda, mulher de Ciano, disparou uma série de cartas amarguradas a Mussolini e a Hitler e depois fugiu para a Suíça, para publicar os diários do marido, mas os alemães pareceram aliviados com as execuções. "Não há dúvida", escreveu um diplomata italiano a Mussolini, a partir de Berlim, "de que os julgamentos de Verona demonstraram aqui que a República Italiana cortou os seus laços com o passado e que tenciona estar sempre e de todas as formas próxima da Alemanha" ([81]).

Na verdade, a deserção italiana apenas tinha aumentado a desconfiança habitual do *Führer* em relação a todos os seus aliados. Os chefes dos serviços de informações mantinham-no a par das tentativas dos aliados de abandonar o conflito, e ele interpretou, e justamente, a relutância geral em aceitar novas deportações de judeus como um sinal de que se estavam a afastar. Os finlandeses, a sofrerem pela primeira vez intensos bombardeamentos aéreos soviéticos, eram os que estavam mais adiantados, tendo enviado delegados a Moscovo para negociações de paz. Todavia, do ponto de vista de Hitler, os piores traidores eram os húngaros. Em março de 1944, Hitler convocou o regente húngaro, o almirante Horthy, a Klessheim, onde o apostrofou pela sua traição e exigiu liberdade de manobra para ocupar o país, para que não acontecesse "um segundo caso Badoglio" (*). A Hungria queria seguir o exemplo dos italianos mas estava desfavorecida pela sua posição geográfica no coração da Europa. Contudo, Horthy, então com 75 anos de idade, não era homem que se deixasse intimidar facilmente e até Hitler ficou embaraçado e surpreendido quando ele abandonou a reunião, furioso, com o rosto vermelho, depois de o *Führer* ter ameaçado a segurança da sua família. Houve que tomar medidas de emergência para o impedir de partir – um ataque aéreo falso que obrigara a cancelar os comboios e bloqueara as linhas telefónicas – e entretanto Horthy acabou por aceder a permanecer no seu cargo e supervisionar uma ocupação militar temporária e uma mudança de governo.

Por conseguinte, a tropa alemã entrou na Hungria, o segundo ex-aliado a ser ocupado, depois da Itália, e que não seria o último. O propósito principal da ocupação foi a instalação de um governo mais pró-alemão, a exploração dos recursos económicos em benefício do *Reich*, cada vez mais pressionado, e o reforço das defesas do país. A Waffen-SS, graças a um novo tratado sobre o serviço militar, recrutou 40 000 alemães húngaros, a penetração económica alemã intensificou-se e várias centenas de milhares de judeus foram deportadas para Auschwitz com uma rapidez espantosa, devido à eficiência da gendarmaria húngara. Mesmo assim, o matreiro Horthy conseguiu prosseguir as suas negociações com os Aliados e em julho, para ira dos alemães, acabou com as deportações ([82]).

No verão de 1944, com as forças anglo-americanas a avançarem da sua testa-de-ponte e os russos a progredirem com grande rapidez, os aliados da Alemanha começaram a desaparecer. A meia dúzia de chefes de Estado e primeiros-ministros que enviou telegramas ao *Führer* após a sua afortunada sobrevivência ao atentado à bomba de 20 de julho não incluiu os romenos nem os finlandeses, e nem sequer os croatas. O general Antonescu fez a sua última visita à Toca do Lobo duas semanas mais tarde e foi derrubado pouco depois, num golpe pró-soviético que apanhou os alemães completamente de surpresa. O Exército romeno passou-se para o inimigo, pondo em perigo a posição de muitas unidades da Wehrmacht na Ucrânia e reforçando substancialmente o esforço de guerra aliado. No outono de 1944, havia mais soldados romenos a combater contra os alemães do que franceses.

No mesmo mês, a Turquia, que era neutral, rompeu relações diplomáticas com a Alemanha e a Finlândia elegeu o marechal Mannerheim para chefe de Estado, com a incumbência de fazer a paz com os russos. Na Es-

---

(*) O general Badoglio, nomeado primeiro-ministro de Itália após o derrube de Mussolini, assinou o armistício com os Aliados e declarou guerra à Alemanha. (*N. T.*)

lováquia, o Exército revoltou-se contra o governo de Tiso, na esperança de abrir os desfiladeiros dos Cárpatos ao Exército Vermelho. A rebelião fracassou, não obstante o apoio de um grupo heterogéneo de unidades da guerrilha, mas os 40 000 soldados alemães enviados para ocupar o país demoraram vários meses a controlar a situação: as represálias custaram milhares de vidas e enviaram dezenas de milhares de pessoas para campos de concentração no *Reich*. Na Dinamarca, sob lei marcial desde a demissão do governo, no verão de 1943, o Conselho da Liberdade, na clandestinidade, coordenava atividades de sabotagem com os Aliados e depois do desembarque na Normandia desencadeou uma série de ataques e protestos contra o terror alemão.

Hitler falava cada vez mais como se a Alemanha estivesse sozinha. Os seus telegramas a Mussolini e ao imperador japonês, por ocasião do quarto aniversário do Pacto Tripartido, referiram a sua "confiança inabalável na vitória final sobre os nossos inimigos". Mas isto só soava a falso. Na mesma semana, o *Führer* ordenou o "empenho total de todos os alemães" no Volkssturm, uma força de defesa civil constituída principalmente por garotos e homens demasiado velhos ou inaptos para o serviço militar; a sua criação for necessária devido ao "fracasso de todos os nossos aliados europeus". Uma afirmação muito pouco diplomática tendo em conta que os croatas e a Noruega de Quisling permaneciam fiéis, mas o rancor e a raiva do *Führer* eram cada vez maiores. Quando Horthy anunciou na rádio que tinha acordado um cessar-fogo com o Exército Vermelho, que se aproximava dos arredores de Budapeste, Hitler raptou-lhe o filho, obrigou-o a demitir-se e instalou um governo do movimento fascista Cruz de Flechas. Duplicando o número de divisões alemãs enviadas para o país, Hitler congratulou o novo primeiro-ministro, Ferenc Szálasi, um antissemita ferrenho, por lhe ter garantido a convicção continuada da Hungria "nos ideais de uma Europa nova e justa".

O regime da Cruz de Flechas de Szálasi foi – como a República de Salò de Mussolini – um exemplo da acentuada viragem à esquerda que teve lugar nos movimentos fascistas e nazis na Europa no fim da guerra: era o verdadeiro nacional-socialismo, e a sua ênfase racial contribuía para definir os dois componentes. A intenção de Szálasi era eliminar a velha guarda aristocrata e implementar uma revolução nacional-socialista. Todavia, os alemães estavam menos interessados nos seus sonhos ideológicos do que em manter o país a funcionar sem percalços. A Hungria ocupava uma posição vital enquanto porta para a Áustria e para o Sul da Alemanha e era uma fonte crucial de petróleo, bauxite e manganésio. O Exército, com um milhão de homens, podia ser utilizado contra os soviéticos, os seus alemães étnicos integrados à força na Waffen-SS e as centenas de milhares de judeus húngaros podiam contribuir para a redução da extrema escassez de mão de obra do *Reich*. Por exemplo, havia batalhões de trabalho de judeus húngaros nas minas de cobre de Bor, na Sérvia Oriental (um dos seus membros foi o poeta Miklós Radnóti, cujos últimos poemas foram descobertos no bolso da frente do seu sobretudo depois de ter sido abatido).

De facto, espantosamente, a tomada do poder pela Cruz de Flechas concretizou-se com muito pouca resistência, muito menos do que previam os alemães. O afastamento de Horthy pareceu ser tão chorado como o do imperador habsburgo Carlos, 25 anos antes. Enquanto bandos de jovens psicopatas da Cruz de Flechas montavam o último gueto da Europa em Budapeste, as divisas, as obras de arte e o equipamento industrial eram levados para a Alemanha. A Hungria praticamente não tinha liberdade de manobra, mas Szálasi agia como se não o compreendesse. Solicitou por várias vezes autorização para nomear um plenipotenciário diplomático para Berlim (pedidos que foram ignorados) e negou-se a permitir o recomeço das deportações de judeus (enquanto os homens da Cruz de Flechas os chacinavam em grande número). Hitler viu-se frustrado por um fantoche que era sua criação ([83]).

A sensação de isolamento existencial e abandono do *Führer* emergiu no longo discurso que ele preparou para o povo alemão, em novembro de 1944. Hitler cobriu muitos dos seus temas habituais e depois começou a falar das "sucessivas traições" que tinham vitimado os alemães desde o ataque russo de finais de 1942. Houve referências lisonjeiras a Mussolini, Tiso, Szálasi e Pavelić, "líderes de nações jovens", mas eram muitos os que o tinham desiludido dentro e fora do *Reich*. Mas ele continuou a ameaçar com a "aniquilação" aqueles que contestavam a sua autoridade. "O tempo dos compromissos e das reservas acabou de vez". Na sua longa proclamação de Ano Novo, em 1945, Hitler foi ainda mais longe. A Itália, a Finlândia, a Hungria, a Roménia e a Bulgária tinham capitulado por causa da "cobardia e falta de determinação dos seus líderes".

Obstinado até ao fim, o *Führer* zombou também da tendência dos Aliados para planearem o futuro da Europa no meio de uma guerra que ainda não tinham ganho:

> a nomeação teórica de comissões e mais comissões para tratar das questões europeias, a fundação de organizações para regular o abastecimento alimentar depois do colapso alemão (...) a proclamação de acordos económicos e a criação de redes de tráfego e de bases aéreas, bem como a elaboração e promulgação de leis que por vezes são verdadeiramente idiotas sobre o tra-

tamento do Povo alemão. Eles agiram sempre como se já tivessem ganho a guerra, como se pudessem considerar, com todo o tempo do mundo, todas as medidas necessárias para a Europa ser governada por quem já demonstrou ser um triste exemplo de como não governar as pessoas.

Não foi o seu discurso mais conseguido, e era difícil evitar o contraste com a sua própria abordagem ([84]).

12

A Solução Final: a Questão Judaica

DECISÕES

No dia 18 de novembro de 1941, foi finalmente anunciada a nomeação de Alfred Rosenberg para ministro dos Territórios Ocupados do Leste. Os propagandistas cantaram os seus feitos pessoais e as perspetivas que se abriam à "Nova Ordem" sob liderança civil no Leste. Informando os jornalistas alemães sobre os muitos desafios que havia a enfrentar, o novo ministro declarou sem reservas que:

> O território do Leste é chamado a resolver uma questão que se coloca aos povos da Europa: a questão judaica. No Leste, vivem ainda cerca de seis milhões de judeus, e esta questão só pode ser resolvida através da erradicação biológica de toda a judiaria da Europa. A questão judaica só fica resolvida para a Alemanha quando o último judeu deixar território alemão, e para a Europa quando não houver um único judeu no continente europeu até aos Urais. Esta é a tarefa que o destino nos atribuiu... É necessário expulsá-los para além dos Urais ou erradicá-los de outra forma. (^{1})

Não era um tema novo para Rosenberg, um racista com tendências místicas e um fervoroso antibolchevique que pregava a necessidade de uma cruzada europeia contra os judeus desde que trocara a sua Estónia natal pela Alemanha, no fim da Primeira Guerra Mundial. "Não se pode juntar fogo com água nem o judeu com o ariano", escreveu ele, em 1918, apelando a "todos os povos europeus" para que se unissem aos alemães no combate aos judeus. Um ano depois, Rosenberg tornou-se um dos primeiros membros do Partido Nazi. Enquanto chefe do seu departamento de política externa e editor do jornal do Partido, Rosenberg fez da ameaça da influência mundial judaica uma das suas principais preocupações. Foi um acérrimo defensor da ideia da "reserva" de Madagáscar e fundou o Instituto de Investigação da Questão Judaica (cujos académicos saquearam as bibliotecas e museus do continente em busca de objetos da cultura judaica para levar para Frankfurt). Em julho de 1944, Rosenberg ainda estava a planear obsessivamente a realização de um Congresso Internacional Antissemita "científico", repleto de vedetas, que evitaria o perigo de uma "terceira guerra mundial" ao sensibilizar a Grã-Bretanha e os Estados Unidos para a ameaça judaica ([2]).

Como os seus comentários indicam, em 1941, os nazis viam pelo menos três aspetos interligados no "problema judaico" – o alemão, o "oriental" e o europeu. Tinham chegado ao poder prometendo livrar a Alemanha de judeus, e a emigração forçada do *Reich* e dos territórios recém-conquistados permaneceu a sua estratégia preferida durante mais de um ano após o início da guerra. O plano de Madagáscar de 1940 foi uma versão revista desta estratégia e na verdade só em outubro de 1941 é que Heydrich deixou inequivocamente claro – numa mensagem ao Ministério dos Negócios Estrangeiros (depois de a Espanha ter proposto deportar os judeus espanhóis residentes em França para o Marrocos espanhol em alternativa a entregá-los aos alemães) – que o *Reich* estava a desencorajar a emigração judaica do continente europeu.

O ponto de viragem foi a invasão da União Soviética. Nos primeiros dias e semanas da campanha, os judeus foram mortos nos territórios recém-ocupados em número superior ao de qualquer outra guerra ou *pogrom* anteriores. Em julho e agosto, esquadrões da morte da SS, apoiados por auxiliares locais, perpetraram massacres sistemáticos em muitas cidades e aldeias. Os campos de morte do Leste também eram vistos como um destino final para os judeus da Alemanha. Quando os romenos e os húngaros começaram a expulsar dezenas de milhares de judeus das suas recém-adquiridas províncias fronteiriças para o antigo território soviético, estavam apenas a fazer o que os nazis planeavam numa escala muito maior e mais sistemática: "a transferência para o Leste" teve um significado literal antes de se tornar uma frase de camuflagem alemã.

Em agosto, o regime começou a ser pressionado pelos *Gauleiters* para usar os territórios do Leste para tornar o *Reich* "livre de judeus" o mais rapidamente possível. Além de ser uma questão de prestígio para eles, sugeria um modo de aliviar a escassez de habitações provocada pelos bombardeamentos aéreos aliados. Numa reunião convocada por Josef Goebbels (que além de ministro da Propaganda era *Gauleiter* de Berlim), os sucessivos oradores reclamaram que não percebiam porque é que depois terem passado pelo inferno na Frente Leste chegavam a casa e davam com os judeus

a gozarem de tanta liberdade na Alemanha. Hitler resistiu inicialmente à ideia de deportar os judeus alemães com a guerra em curso e até hesitou em decretar o uso da estrela amarela, apesar de já ser obrigatório no Governo-
-Geral e no Warthegau há dois anos. No entanto, mudou de ideias com a notícia de que Estaline respondera ao profundo avanço alemão na Ucrânia com a deportação de centenas de milhares de alemães do Volga. Muitas das atrocidades nazis tinham origem em ideias de vingança e Rosenberg sugeriu retaliar contra a medida soviética com a deportação de "todos os judeus da Europa Central" para os territórios do Leste. Dado que as dificuldades logísticas intrínsecas a esta medida seriam imensas com a ofensiva alemã ainda em bom andamento, Heydrich sugeriu que se começasse pelas principais cidades alemãs e Hitler concordou ([3]).

Todavia, ainda não era claro para onde deviam ir os judeus alemães nem o que lhes aconteceria. A Wehrmacht estava com dificuldades para guardar e alimentar os três milhões de prisioneiros de guerra soviéticos e já resistira às tentativas romenas e sérvias para despejarem os respetivos judeus em território ocupado pelos alemães porque não sabia o que fazer com eles. Mas a mente fértil de Heydrich não parava. Inicialmente, Heydrich pensou usar os campos de prisioneiros de guerra, mas o estabelecimento de grandes guetos – ainda que já sobrelotados – em lugares como Minsk, Riga e Łódź sugeria outra resposta, com menos complicações jurisdicionais: poderiam certamente alojar os judeus do Velho *Reich*, em especial se alguns dos residentes fossem mortos. Łódź, nas terras anexadas do Warthegau, era o mais próximo, e em meados de setembro Himmler solicitou ao *Gauleiter* Arthur Greiser que preparasse o gueto para "aproximadamente 60 000 judeus", dado que Hitler queria "o Velho *Reich* e o Protetorado esvaziados e libertos de judeus, progredindo do Oeste para o Leste". No mês seguinte, cerca de 20 000 judeus foram transportados de Viena, de Praga e de grandes cidades alemãs. Decorridos alguns meses, muitos tinham morrido de frio ou de fome, e a partir de janeiro de 1942 os restantes começaram a ser gaseados no campo vizinho de Chelmno.

No outono, Himmler também se deslocou mais para leste. Visitou os Estados bálticos, onde os massacres de judeus eram generalizados, e deslocou-se à Bielorrússia, onde assistiu a um fuzilamento. Em outubro, viajou até à Ucrânia para se encontrar com o HSSPF Friedrich Jeckeln, que algumas semanas antes levara a cabo as primeiras execuções em massa verdadeiramente grandes, em Kamenets-Podolsk. Nos arredores de Kiev, na ravina de Babi Yar, dezenas de milhares de pessoas tinham sido metralhadas alguns dias antes da sua chegada, e a matança prosseguia. Himmler falou com Jeckeln e enviou-o para norte, para o Báltico, depois de decidir que os guetos de Riga e Minsk também iriam acolher judeus alemães. A chegada de Jeckeln garantiu que não viveriam muito tempo.

Nesta altura, os campos de morte do Leste ainda eram mais um macabro teatro público do que um segredo cuidadosamente guardado e muitos milhares de militares alemães de ambos os sexos presenciavam – quando não participavam – massacres por todo o lado, do Báltico ao Sul da Ucrânia. De facto, em finais de janeiro, o chefe da Gestapo, Heinrich Müller, enviou um telegrama aos *Einsatzgruppen* dizendo-lhes para "impedir a aglomeração de espectadores durante as execuções em massa" ([4]). Alguns dos observadores ficaram horrorizados e mal puderam acreditar no que estava a acontecer. Um oficial – calejado, nas suas palavras, pela sua participação na Primeira Guerra Mundial e na campanha da Polónia – protestou que nunca vira nada tão medonho. Os administradores alemães também ficavam consternados com a entrada dos esquadrões da morte de Himmler nas suas cidades. Não tinham previsto nada de semelhante e viam-se aflitos para desanuviar a atmosfera de terror, desconfiança e alienação.

Por exemplo, um intérprete alemão chegou a Borisov, na Bielorrússia, e soube, por intermédio de um russo que trabalhava para o SD, que os judeus da cidade iriam ser liquidados daí a três dias:

> À minha observação espantada de que seria impossível enviar 8000 pessoas para a Eternidade numa única noite e de modo relativamente ordeiro, ele retorquiu que não era a primeira vez que o tinha feito e que conseguiria dar conta do recado com os seus homens: já não era um leigo na matéria.

No dia acertado, bielorrussos que trabalhavam para a SS levaram a cabo as execuções num bosque tão próximo da cidade que se ouvia facilmente os disparos das espingardas. Entretanto, "as mulheres e as crianças choravam e gritavam" e "os veículos passavam pelas ruas em direção ao gueto e regressavam com novas vítimas – tudo isto ante os olhares da população civil e do pessoal militar alemão que ia aparecendo". De noite, a matança estendeu-se ao gueto e à cidade, onde alguns judeus se tinham escondido ou para onde tinham tentado escapar.

> Naquela noite não era aconselhável para ninguém – nem para um membro da Wehrmacht – aventurar-se nas ruas, não fosse ser morto ou ferido pelos polícias russos, dado o ambiente de nervosismo prevalecente. Por volta das dez horas, deflagrava um incêndio na cidade e ouviam-se tiros por todo o lado.

A matança continuou no dia seguinte e os veículos regressavam do bosque com as roupas das vítimas. Grupos isolados de judeus atemorizados aguardavam a execução. O intérprete concluiu o seu relatório dando conta de "um boato (...) segundo o qual as casas vazias dos judeus vão ser preparadas para judeus da Alemanha, que serão por sua vez liquidados da mesma maneira que os judeus de Borisow" ([5]).

Quando Fedor von Bock e o seu Grupo de Exércitos do Centro progrediam pela lama em direção a Moscovo, os oficiais do seu estado-maior confrontaram-no com as notícias do massacre de Borizov e pediram-lhe que mandasse retirar o *Einsatzgruppe*. Estavam furibundos e alguns sentiam-se profundamente perturbados. Relatórios semelhantes tinham sido passados à Abwehr, cujo chefe, o almirante Wilhelm Canaris, já ficara consternado com as ilegalidades da Wehrmacht na Polónia e estaria, ao que parece, a compilar um dossiê sobre atrocidades semelhantes na União Soviética. Todavia, Bock negou-se a intervir. Não era um grande admirador de Hitler e apresentou ao *Führer* um memorando em que criticava "estes crimes inauditos"; porém, tal como a maioria dos seus camaradas generais na Rússia, recusou-se a usar o Exército contra a SS ([6]).

Histórias como esta – associando as deportações ao assassínio em massa sistemático – chegaram inevitavelmente à Alemanha, onde deram origem a uma crescente inquietação do público. Chegaram em cima de reações muito ambivalentes em relação à introdução da estrela amarela. Em algumas cidades verificou-se uma oposição declarada. "O reacender da questão judaica com a obrigatoriedade do uso da Estrela de David foi acolhido pela população de Berlim com uma condenação quase universal e nalguns casos com manifestações espantosas, em público, de simpatia pelos judeus", relatou um diplomata americano, em meados de outubro. "Esta reação tornou-se cada vez mais óbvia para todos os observadores". Grupos de judeus idosos, sobrecarregados com embrulhos e malas, que desfilavam pelas ruas em longas colunas ou eram transportados como sardinhas em lata em camiões da Gestapo, faziam aumentar a inquietação. Muitos alemães – até o comissário para a Bielorrússia, Wilhelm Kube – entendiam que os judeus alemães eram de uma estirpe diferente da dos "orientais" e, em particular, estavam contra o assassínio de ex-militares.

Até alguns SS reagiram de modo idêntico: em maio de 1942, no campo de trabalho de Konin, no Warthegau, um rabi polaco ficou espantado quando uma limusina chegou ao campo e dela saíram vários oficiais SS, "seguidos por um velhote com ar grave e muito bem vestido, de óculos com armação de ouro. O motorista descarregou seis malas de couro, cada uma com uma etiqueta com o nome do proprietário. Os oficiais apertaram-lhe a mão, disseram-lhe cortesmente adeus e foram-se embora". O recém-chegado, que aos judeus polacos parecia um visitante de outro planeta, era "um asquenaze no verdadeiro sentido da palavra", um médico e ex-militar condecorado berlinense. Tal como muitos outros judeus alemães, o Dr. Hans Knopf permaneceu profundamente apegado ao seu país: pendurou sobre a cama um retrato seu a cavalo e às vezes vestia o uniforme, com a condecoração atribuída pelo *Kaiser*. Quando se suicidou, pouco antes da eliminação do gueto, em 1943, os que entraram no seu quarto encontraram

> Em cima da secretária do doutor, coberta com uma toalha de mesa branca (...) inúmeras fotos de família, cuidadosamente dispostas (...). Havia também fotografias do seu passado militar, incluindo algumas nas várias frentes da guerra de 1914-1918. Eram um testemunho vivo ao seu passado militar grandioso e patriótico (...). Havia cartas e medalhas nos estojos originais, tudo organizado cronologicamente. E na cama, entre os lençóis brancos, jazia o nosso camarada médico, num delicado pijama de seda, com as medalhas e citações mais importantes no lado direito do peito. ([7])

O regime nazi não foi certamente indiferente à opinião pública, que acompanhou de perto. Em agosto, pôs fim à campanha de eutanásia depois de duras críticas públicas por parte dos bispos católicos. "As nossas camadas intelectuais e sociais redescobriram subitamente os seus sentimentos de humanidade pelos pobres dos judeus", escreveu Goebbels enojado no seu diário. "Os judeus põem uma velhinha com a Estrela de David a coxear pela Kurfürstendamm abaixo e o bom do alemão perdoa-lhes logo tudo o que eles nos infligiram nos últimos anos e décadas". Goebbels, na qualidade de um dos principais proponentes de medidas "radicais", fora informado por Heydrich, em finais de setembro, dos planos para deportar os judeus alemães, e não se poupou a esforços para alterar o sentimento do público. No dia 16 de novembro – no meio das deportações –, escreveu um artigo duro intitulado "Os judeus são culpados! (*Die Juden sind schuld*), no qual esclareceu que o futuro traria a sua "aniquilação":

> Ao desencadear esta guerra, a judiaria mundial avaliou mal as forças ao seu dispor. Agora está a sofrer o processo gradual de aniquilação que nos tinha destinado e que teria desencadeado sobre nós sem hesitações se tivesse tido o poder para o fazer. Agora está a perecer pela sua própria lei. Olho por olho, dente por dente. Nesta contenda histórica, todos os judeus são nossos inimigos, quer vegetem num gueto polaco, quer lutem pela sua magra existência em Berlim ou em Hamburgo, quer toquem as trombetas da guerra em Nova Iorque ou em Washington.

Os judeus alemães eram, declarou Goebbels, tão responsáveis pela guerra como os judeus da Europa de Leste ou dos Estados Unidos. O que quer que estivessem a sofrer, era "mais do que merecido". A publicação do artigo no semanário *Das Reich*, seguida de uma transmissão pela rádio, não terá deixado muitas dúvidas ao público alemão de que o regime tencionava "finalmente livrar-se deles". Mas a ofensiva de propaganda de Goebbels foi intencionalmente vaga. Na verdade, a lição que ele, Himmler e outros tinham aprendido depois de fazer marcha-atrás na campanha de eutanásia era a de que os sentimentos do público tinham sido desnecessariamente despertados e que o "clamor inútil" dificultara ao regime fazer o que precisava. A experiência dos envolvidos nos gaseamentos, na sua maioria desempregados, continuava disponível para utilização contra os judeus, mas o pessoal seria colocado no Leste, no mais absoluto sigilo (⁸).

Foi um período crucial para a política judaica do regime. As diretivas que o Ministério do Leste emitiu no princípio de setembro mencionavam medidas drásticas e ações de retaliação e segregação no contexto de uma política que seria "abrangentemente resolvida em toda a Europa *depois da guerra*" (itálicos do autor). Contudo, no dia 15 de novembro, Erich Lohse, comissário do *Reich* para a Ostland, continuava confuso sobre as intenções da política e perguntou se existia ou não "uma diretiva para liquidar todos os judeus no Leste". Ele tinha impedido o *Einsatzkommando* 2 de matar judeus em Liepăja, na Letónia, porque, tal como muitos outros administradores civis, estava preocupado com as implicações para a economia local. Rosenberg avistou-se com Himmler para discutir esta questão e foi depois desta reunião e de outra, posterior, com o *Führer*, que Rosenberg – recém-revelado ao mundo como ministro para os Territórios Ocupados do Leste – deu a conferência de imprensa que abre este capítulo. Mas no momento em que gozava finalmente de reconhecimento ministerial, o ideólogo nazi que escrevia obsessivamente sobre os judeus há mais de vinte anos capitulara perante algo que nem sequer ele imaginara – a insistência de Hitler e Himmler no assassínio em massa sistemático (⁹).

Depois de estabelecer a sua autoridade sobre a questão judaica na antiga União Soviética, Himmler virou-se para o *Reich*. Era uma questão muito diferente do que tirar da frente um fraco como Rosenberg. Havia que lutar contra os ministérios que zelavam ciosamente pela sua jurisdição sobre as questões da cidadania alemã. Numa reunião muito demorada com o secretário de Estado Stuckart, Himmler tentou afirmar a primazia da SS no *Reich*: como ele observou no seu livro de apontamentos, "os assuntos judaicos são meus". No entanto, vários transportes com judeus alemães já tinham sido enviados para Kovno e massacrados quando Himmler sofreu um sério embaraço. É provável que as notícias dos fuzilamentos de Kovno tenham chegado à Alemanha e causado suficientes reações negativas para preocupar Hitler e Himmler, pois quando um transporte com judeus alemães foi enviado para Riga, Himmler instruiu os seus homens no terreno para que não houvesse nenhuma "liquidação". Infelizmente, a mensagem chegou demasiado tarde para o mortífero Jeckeln, o chefe da SS e da polícia, que imediatamente após a chegada dos deportados os conduziu para as valas comuns e abateu (como de costume, as roupas, despidas antes da morte das vítimas, foram lavadas e enviadas para a Alemanha). Receoso de que a sua competência fosse posta em causa, Himmler invetivou furiosamente Jeckeln sobre a necessidade futura de seguir as instruções à letra. Na verdade, em Berlim, alguns altos funcionários horrorizados já estavam a expressar as suas preocupações. No Ministério do Interior, o assistente de Stuckart para os assuntos judaicos, Bernhard Lösener – autor do comentário de referência sobre as leis raciais de Nuremberga – ouviu relatórios em primeira mão dos massacres e ficou chocado. Confrontou o seu chefe e exigiu autorização para se demitir. "Não sabe que estas coisas acontecem em função de ordens emanadas do mais alto nível?", perguntou-lhe Stuckart. Lösener acabou por se demitir; Stuckart, apesar de comungar das reticências do seu subordinado, era um homem pragmático e ambicioso; ficou e acabou a dirigir o ministério sob a supervisão direta de Himmler ([10]).

Quando Stuckart e Lösener se reuniram, alguns dias antes do Natal, já muita coisa tinha mudado. A segunda semana de dezembro foi uma das mais dramáticas de toda a guerra. Pearl Harbor foi atacado a 7 e no dia seguinte a Grã-Bretanha e a América declararam guerra ao Japão. Hitler desistiu finalmente de tentar conquistar Moscovo e ordenou uma "transição para a defensiva". A Alemanha declarou guerra aos Estados Unidos a 11 e no dia seguinte Hitler presidiu a uma reunião importantíssima no seu apartamento. Dirigindo-se aos *Gauleiters*, passou em revista a situação internacional e nacional e procurou inspirá-los para mais um ano de luta. Prevendo a intensificação da guerra submarina no Atlântico, respondeu às reservas dos presentes em relação à aliança com o Japão. Os "interesses da raça branca", pregou ele, devem ceder aos interesses do povo alemão: a Alemanha estava a lutar pela sobrevivência, não se tratava de nenhuma "bonita teoria". Deviam evitar os sentimentalismos e o excesso de teorização porque "numa luta de vida ou morte, todos os meios são justificados". Hitler recordou-lhes que a sua missão era garantirem que o moral interno permanecia alto e acenou-lhes com a promessa de resolução do problema da habitação depois da guerra. E depois chegou à "questão judaica". Segundo Goebbels, cujo diário é a nossa única fonte para este discurso, o *Führer* decidiu fazer uma limpeza total [*reinen Tisch zu machen*]. Profetizou aos judeus que se desencadeassem outra guerra mundial, isso significaria a sua aniquilação. Não foram só palavras [*Dass ist keine Phrase gewesen*]. A guerra mundial concretizou-se, pelo que a consequência necessária deve ser a aniquilação da judiaria. ([11])

Não há dúvida de que foi a luz verde para a organização do assassínio em massa sistemático além dos territórios da URSS. Esta política, que já fora acordada pelos responsáveis, foi comunicada a alguns dos principais membros do Partido. Poucos dias mais tarde, Lohse recebeu finalmente a resposta à sua pergunta de meados de novembro sobre a existência de uma diretiva de liquidação. Foi informado de que "a clarificação da questão judaica já deverá ter sido alcançada através de debates verbais". "As considerações de natureza económica devem ficar fundamentalmente de lado na resolução do problema" ([12]). Depois de regressar de Berlim a Cracóvia, Hans Frank informou os seus funcionários do Governo-Geral:

> [Os judeus] devem ser eliminados. Entrei em negociações para os deportar para o Leste. Em janeiro, terá lugar, em Berlim, um grande debate sobre esta questão… Em qualquer dos casos, iniciar-se-á uma grande migração judaica. Mas o que fazer com os judeus? Pensais que vão ser instalados em aldeias criadas para o efeito [*Siedlungsdörfer*] na Ostland? Em Berlim, disseram-nos: para quê tanto trabalho? Não podemos fazer nada com eles na "Ostland" nem no "Comissariado do *Reich*". Liquidem-nos vocês. Meus senhores, tenho de vos pedir que vos livreis de todo e qualquer sentimento de piedade. Devemos aniquilar os judeus onde quer que os encontremos e onde quer que seja possível, de modo a mantermos a estrutura do *Reich* como um todo. Naturalmente, isto será conseguido por métodos que não os sugeridos pelo chefe do departamento, o Dr. Hummel, e os juízes dos tribunais especiais também não podem ser responsáveis pelo processo dadas as limitações do quadro de procedimentos jurídicos. Estas visões obsoletas não podem ser aplicadas a acontecimentos tão gigantescos e únicos. De qualquer dos modos, temos de encontrar um meio que conduza ao fim e os meus pensamentos vão neste sentido.
>
> Os judeus são, no nosso caso, glutões extremamente malignos. Temos aproximadamente 2 500 000 no Governo-Geral; incluindo mistos e afins, talvez sejam 3 500 000 judeus. Não podemos fuzilar nem envenenar 3 500 000, mas conseguiremos certamente tomar medidas que conduzirão de alguma forma à sua aniquilação, isto em ligação com as medidas gigantescas a serem determinadas em conversações no *Reich*. ([13])

Os comentários de Frank são reveladores. Indicam que Hitler, pela primeira vez, deixara bem claro que se tratava de uma política ativa de extermínio, e não apenas nos territórios soviéticos ocupados. Teriam de ser mortos os judeus do Governo-Geral, que eram pelo menos dez vezes mais numerosos do que os judeus alemães. Mas como e onde? A deportação para a URSS foi descartada; não havia nenhum lugar para os judeus polacos irem. Frank não fazia evidentemente a menor ideia de como levar a cabo uma tarefa tão espantosa e inédita.

Se a reunião com o *Führer*, em meados de dezembro, marcou o momento em que altos dirigentes do Partido foram envolvidos na nova política, foi na conferência de Wannsee, reagendada para janeiro, que os funcionários públicos foram integrados no projeto para iniciarem os trabalhos práticos relativos ao planeamento e implementação. Como sempre acontecia no III *Reich*, onde cada iniciativa política era considerada – geralmente com bastante razão – uma luta pelo poder à custa de terceiros, a implementação iminente de uma abordagem nova e abrangente à questão judaica fez com que muitos burocratas receassem um novo aumento do poder da SS. O Ministério do Interior queria preservar a sua palavra sobre os limites jurídicos da natureza judaica na Alemanha; o Ministério dos Negócios Estrangeiros queria certificar-se de que não era ultrapassado nas negociações com os governos estrangeiros; o Ministério do Leste ainda estava a tentar ganhar espaço para a sua própria abordagem à política racial nos territórios pós-soviéticos, e Frank, cujo Governo-Geral alojava a maior população judaica fora dos territórios do Leste, não estava disposto a dar nenhuma margem de manobra à SS. Tinham pela frente Reinhard Heydrich, que esperava que a "coordenação" da questão judaica abrisse o caminho para o estabelecimento de um controlo mais apertado da SS sobre o Estado alemão em geral.

Todas as pessoas que conheciam Heydrich ficavam espantadas com a sua obstinação e determinação para sair por cima em todos os conflitos. Em Wannsee, ele conseguiu de facto os seus intentos, nomeadamente o reconhecimento geral de que – como dissera Himmler – "a questão judaica era" da SS. Todos concordaram que os dois homens seriam "responsáveis pela gestão oficial central da solução final da questão judaica, sem olhar a fronteiras". Para Heydrich, em particular, ficar responsável pela questão era quase de certeza um meio para atingir um fim. Através da sua eficiência, a SS demonstraria como a administração alemã da Europa ocupada em geral poderia ser otimizada e gerida adequadamente, num quadro à margem da confusão de jurisdições concorrentes que afetavam a maioria das outras áreas de política. No entanto, Wannsee foi dominada pela questão das deportações do *Reich*. O seu aceleramento foi a prioridade explícita, tendo em conta "o problema da habitação e as necessidades sociais e políticas adicionais" no *Reich*; Heydrich sublinhou que não haveria deportações "selvagens" como as que tinham tido lugar em 1939, em Viena, e em 1940, na Alemanha Ocidental, e Hitler teria de dar "previamente a necessária aprovação". Os *Gauleiters* teriam de aprender a esperar. Além disso, havia ainda que resolver questões complicadas relativas aos casamentos mistos e seus descendentes ([14]).

Assim, embora a reunião tenha preparado o terreno para o alargamento das medidas antissemitas alemãs a todo o continente, dos cerca de 11 milhões de judeus visados, foram os 131 800 do Velho *Reich*, os 43 700 da Áustria e os 74 200 do Protetorado que tiveram o seu destino sob consideração imediata. Dado que as mortes infligidas pelos *Einsatzgruppen* nos territórios soviéticos ocupados já eram muito superiores a estes números, matar nesta escala não constituía nenhum problema para a SS. O motivo crucial era a "seleção". Segundo Heydrich, os judeus alemães idosos seriam enviados para um gueto especial. No seguimento das suas ordens (ele também tinha jurisdição sobre o Protetorado), a antiga praça-forte habsburga de Theresienstadt já recebera os primeiros prisioneiros judeus; cerca de 50 000 seriam amontoados numa área antes habitada por menos de 10 000 pessoas, e muitos morreriam em Theresienstadt ou em Auschwitz. Ao mesmo tempo, os "judeus sãos" seriam utilizados em "trabalhos adequados" no Leste, na construção de estradas, "durante os quais uma grande percentagem será eliminada por causas naturais"; os sobreviventes teriam de ser "tratados da forma apropriada".

Esta combinação de seleção, assassínios e "extermínio pelo trabalho" (como ficaria conhecida) já fazia parte da política alemã no Leste, onde os judeus desde o início tinham sido obrigados a fazer trabalhos forçados. Todavia, apesar dos apelos do representante de Frank para que se desse início à "solução final" no Governo-Geral o mais rapidamente possível, Heydrich limitou-se a comentar que a calendarização das "ações de evacuação" dependeria dos acontecimentos militares. A SS ainda não dispunha de locais para matanças em série suficientemente grandes para dar conta dos números em apreço e a diplomacia estava numa fase muito preliminar com a maioria dos países. Além disso, não havia a ideia de que o grosso da matança tivesse de ocorrer antes do fim da guerra, o qual se calculava estar a poucos meses de distância no Leste.

De facto, a Solução Final como hoje a entendemos só tomou forma nos seis meses seguintes. Foi só nessa altura que as matanças na ex-URSS se fundiram com o desenvolvimento de um programa de extermínio sistemático na Polónia e com o princípio de uma política continental de deportações para Auschwitz. Aliás, no início deste período Himmler ainda estava a tentar atingir dois objetivos que não eram facilmente conciliáveis – cumprir as ordens de Hitler para matar os judeus e construir uma força laboral suficientemente grande para executar o Plano Geral para o Leste no pós-guerra. A sua forma de os combinar foi o "extermínio pelo trabalho" dos que podiam trabalhar e o assassínio imediato dos restantes. Foi precisamente nesta altura que Auschwitz, na fronteira do *Reich* alemão expandido, num ponto de trânsito conveniente do sistema ferroviário da Alta Silésia, se transformou no campo de trabalho mais importante do sistema SS, enquanto desenvolvia as instalações de gaseamento que o tornaram o principal destino dos judeus europeus entre meados de 1942 e meados de 1944 ([15]).

Todavia, não foi em torno de Auschwitz, mas no Governo-Geral e no Warthegau que no inverno de 1941-1942 surgiram, no mais absoluto sigilo, campos específicos para o extermínio, desligados do programa de trabalho obrigatório e administrados inteiramente à margem do sistema de campos de concentração. Frank podia não saber como matar os judeus da Polónia, mas alguns nazis tinham ideias bem concretas em relação a esta matéria. A SS, ainda mais do que a Wehrmacht e o próprio Partido, era uma organização que gostava que os seus homens mostrassem iniciativa. Tal como o HSSPF Jeckeln avançara com as matanças, provando em Kamenets-Podolsk, em agosto de 1941, que os judeus podiam ser massacrados numa quantidade até então inimaginável, e outros tinham infligido aos judeus represálias em massa no contexto da guerra antiguerrilha, os oficiais SS na Polónia recorreram aos especialistas em gaseamentos do programa de eutanásia T-4 para resolverem os seus problemas locais e regionais. Ao fazê-lo, demonstraram o papel crucial desempenhado pelos funcionários nazis de nível médio no alargamento do genocídio. Nas palavras de Ian Kershaw, a Solução Final, que emergiu lentamente, "uniu vários 'programas' que estavam organizacionalmente separados" ([16]).

No Warthegau, a iniciativa pertenceu a Arthur Greiser e aos chefes de segurança da província. Com o gueto de Łódź a ficar sobrelotado com os transportes provenientes de outras paragens, eles estavam a sentir a pressão porque se começaram a aperceber de que a antiga ideia de deportarem os judeus para leste já não era uma possibilidade. Mas também tinham jurado tornar a região "livre de judeus" e estavam particularmente desejosos de manter Łódź como o seu centro industrial mais importante, produtivo e livre de doenças. Uma das ideias foi congregar todos os judeus do Warthegau num campo de trabalho gigantesco. Em julho de 1941, o SD alertara para a existência de fome no gueto e perguntara "se a solução mais humanitária não seria eliminar por outros meios os judeus que não estão aptos para trabalhar" (o funcionário em causa também queria esterilizar as mulheres "para que o problema judaico fique plena e definitivamente solucionado nesta geração") ([17]).

Em outubro de 1941, houve execuções em massa na floresta de Kazimierz, indicando que a SS ainda estava a pensar em termos de matar os judeus do Warthegau como na Rússia. É no entanto possível que tenham sido utilizadas nessa altura, e até antes, camiões de gaseamento para matar homens, mulheres e crianças judeus – a informação é escassa. Estes veículos tinham sido utilizados na região no verão anterior, para matar deficientes mentais e doentes idosos polacos, provavelmente para libertar espaço nos hospitais para uso dos militares alemães. Operando no quadro da campanha de eutanásia, alguns dos homens envolvidos nesta unidade secreta, a pedido das autoridades do Warthegau, alargaram as suas operações e estabeleceram uma base permanente para as suas atividades.

O local que escolheram foi uma mansão deserta rodeada por uma vedação e árvores, nos arredores da aldeia de Chelmno, a cerca de 45km de Łódź. Em dezembro, este *Sonderkommando* começou a matar os judeus que viviam no lugar e a partir de janeiro iniciou os transportes de pessoas da cidade. Os transportes aumentaram depois da chegada de um novo chefe da Gestapo, Otto Bradfisch, dos campos de morte do Leste, e mais de 150 000 pessoas foram assassinadas no local. À chegada, eram informadas que iam ser enviadas para a Alemanha para trabalhar, mas que tinham de tomar banho primeiro: os camiões iriam conduzi-las aos balneários. Depois de 50-70 pessoas subirem para o camião, as portas eram fechadas e o monóxido de carbono era bombeado para o interior. O camião descarregava os corpos na floresta vizinha e os que ainda estavam vivos eram abatidos a tiro.

Apesar das fortes medidas de segurança e do grande secretismo, não era possível manter completamente secretas operações nesta escala. Por exemplo, logo no princípio, um funcionário florestal alemão, Heinz May, e o filho, seguiam numa estrada entre Chelmno e Kolo quando foram obrigados a parar por causa de um camião que se despistara:

> O meu filho saiu do nosso camião e dirigiu-se a um grupo de homens com uniformes da polícia que estavam atarefados à volta do veículo. Pouco depois, ouvi-os ralhar com o meu filho; saí do camião e aproximei-me... O camião caído na valeta tinha cerca de quatro metros de comprimento e dois de altura. A porta traseira estava trancada com um ferrolho de ferro do qual pendia um cadeado. Do camião e dos homens que estavam à sua volta vinha um cheiro muitíssimo desagradável.

Quando perguntei se faltava muito tempo para a estrada ficar desimpedida, disseram-me, de forma muito mal-educada, que iriam empurrar o camião um pouco para o lado para eu tentar passar. Alguns dias depois, o meu filho foi a Kolo. Quando regressou, disse-me que a polícia estava a reunir grupos de judeus e que os levavam de camião. (...) Fiquei sem dúvidas nenhumas de que algo terrível estava a acontecer na floresta de Ladorudz, algo em que ao princípio eu não conseguira acreditar. Telefonei imediatamente ao guarda-florestal Stagemeir e perguntei-lhe o que se estava a passar no seu distrito florestal. Ele respondeu que o Distrito Policial 77 fora totalmente cercado pela polícia militar. Durante as suas andanças em serviço, quando se tinha aproximado das sentinelas, disseram-lhe para dar meia volta e abandonar imediatamente a zona, caso contrário seria fuzilado...

Stagemeir disse-me que havia um grande destacamento de polícia militar estacionado em Chelmno. O palácio no lado ocidental de Chelmno fora rodeado de uma alta vedação de madeira (...). Passei por lá de regresso à floresta e confirmei que o que Stagemeir me contara (...) era verdade. Em Chelmno, havia filas e filas de camiões com toldos improvisados. Estavam cheios até mais não com mulheres, homens e até crianças (...). Durante o pouco tempo que lá estive, vi o primeiro camião avançar até à vedação de madeira. As sentinelas abriram os portões. O camião desapareceu no pátio do palácio e dirigiu-se para a floresta. As duas sentinelas fecharam os portões. Não havia a mínima dúvida de que estavam a acontecer ali coisas terríveis, coisas nunca vistas na história humana. ([18])

Os homólogos da SS do Warthegau, na província oriental polaca de Lublin, funcionavam em moldes semelhantes mas seriam responsáveis por quase dez vezes mais mortes. O principal organizador, Odilo Globocnik, era um daqueles muitos homens das fileiras nazis que, mais do que um fracasso na vida civil, a trocaram em busca de aventura e empenho, com a cabeça cheia de fantasias de vingança nacional e aniquilação. Himmler salvou-lhe a carreira em 1939, depois de ter sido demitido por corrupção do posto de *Gauleiter* de Viena, e enviou-o para a Polónia para chefiar a SS de Lublin. Por conseguinte, "Globus" era um homem com provas a dar e totalmente leal a Himmler, chegando inclusivamente a pedir-lhe conselhos sobre uma eventual noiva. Mas era abrasivo, fanático e violento para quem o irritava e geralmente considerado um rufião incompetente. O seu grande amigo e outro *Gauleiter*, Friedrich Rainer, um administrador muito mais contido e capaz, comentou os "métodos pessoais agressivos" de Globocnik e a sua falta de cuidado com as palavras que usava (o seu mentor austríaco descreveu-o de forma mais arguta, como combinando "a frescura de uma jovem donzela com a ratice de uma camponesa") ([19]).

Acompanhado por um séquito de rufiões caríntios seus conterrâneos e secretárias que o adoravam, Globocnik enfiou-se numa elegante moradia modernista e começou a congeminar ideias para levar a guerra racial à fronteira polaca. Em 1939, Frank tivera de bloquear a sua proposta para transformar Lublin numa "reserva judaica". De seguida, Globocnik reuniu milhares de judeus (e de ciganos deportados da Alemanha) para construir grandes fortificações militares ao longo da fronteira nazi-soviética. Quando a ideia da "muralha fronteiriça" foi abandonada, Globocnik já montara uma rede de campos de trabalho centrados numa aldeia chamada Belzec – armadilhas mortais sobrelotadas e guardadas por alemães étnicos de gatilho fácil que tinham sido "treinados" pelos seus homens. Eram um bando de sádicos e ladrões e o seu terror arbitrário contra judeus e polacos deu origem a queixas furiosas de Frank e dos administradores civis, que tentaram por diversas vezes afastar Globocnik.

Mas Himmler prezava "Globus" pela sua iniciativa e implacabilidade, e descrevê-lo-ia mais tarde como "um homem perfeito como nenhum outro para as tarefas de colonização no Leste". Em julho de 1941, Himmler colocou-o à frente do planeamento de uma faixa de bastiões da polícia "no novo Espaço do Leste". Globocnik congeminou esquemas estapafúrdios para um sistema de segurança colonial de "bases que se estendiam até aos Urais"; os judeus que não fossem necessários para as construir seriam mortos "imediatamente". Reunindo planeadores e especialistas raciais, Globocnik viu Lublin como um laboratório para o Plano Geral para o Leste, uma rampa de lançamento contra os eslavos. Na sua mente, seriam reproduzidas – desta vez com sucesso – as guerras de nações que os nacionalistas alemães que ele admirara em garoto tinham travado contra os eslovenos na fronteira sul da Áustria: Lublin tornar-se-ia a primeira colónia puramente alemã na Polónia Oriental e um elo crucial num "nó de novas colónias" que se estenderia do Báltico à Transilvânia e cercaria os polacos, "estrangulando-os económica e biologicamente de forma gradual" ([20]).

Mas primeiro a região tinha de ser liberta dos judeus. A par da construção de campos muito grandes e das execuções em massa, atividades bastante públicas, Globocnik eram um dos poucos nazis – além de Arthur Greiser, Wetzel, do Ministério do Leste, e outros – que vinham discutindo em segredo a forma de explorar a experiência das equipas de gaseamento do programa de eutanásia. Estes debates deram origem, em Riga, à utilização de camiões de gaseamento, posteriormente utilizadas noutros lugares dos territórios do Leste. Em Minsk, experimentou-se o gás dos tubos de escape (e o assassínio de deficientes mentais com explosivos, com resultados ainda mais desastrosos). Os homens de Heydrich levaram uma carrinha de gás para o campo de Sachsenhausen e empurraram lá para dentro 40 prisioneiros de guerra soviéticos nus, após o que o RSHA ordenou a conversão de trinta carrinhas. Todavia, foi em Lublin que ocorreu o desenvolvimento mais letal desta abordagem. Sob ordens diretas de Himmler e totalmente à margem de Eichmann e dos seus especialistas em assuntos judaicos, Globocnik organizou pessoalmente a construção dos campos de extermínio secretos – e escolheu o seu pessoal – onde seriam mortos mais de 1,2 milhões de judeus polacos. O nome de código escolhido, atribuído pouco depois do assassínio de Heydrich e em sua memória, foi Operação Reinhard ([21]).

A OPERAÇÃO REINHARD E A ACELERAÇÃO DO GENOCÍDIO

Entre as transmissões de rádio alemãs decifradas e recentemente tornadas públicas pelo Public Record Office, em Londres, conta-se uma pequena mensagem ultrassecreta enviada de Lublin no dia 11 de janeiro de 1943 e que foi intercetada. Contém o relatório quinzenal do major SS Hermann Höfle, chefe dos assuntos judaicos no quartel-general de Globocnik para a Operação Reinhard, destinado ao vice-comandante do SiPo/SD no Governo-Geral. Em apenas três linhas, resume o que descreve enigmaticamente como "chegadas registadas até 31 de dezembro de 1942" da seguinte forma: "L 12761, B 0, S 515, T 10335, total 23611. Total... 31.12.42, L 24733, B 434508, S 101370, T 71355, total 1274166".

Depois de percebermos que as iniciais se referem a campos no distrito de Lublin – L = Lublin-Maidanek, B = Belzec, T = Treblinka, S = Sobibor – torna-se claro, como demonstraram os autores de um recente comentário ao documento, que estamos na presença de estatísticas em primeira mão, fornecidas pelo quartel-general de Globocnik, do número de pessoas assassinadas até finais de 1942 no âmbito da Operação Reinhard. Segundo os números, tinham "chegado" nos transportes um total de mais de 1,2 milhões de pessoas, quase todas enviadas para os três campos de extermínio. Destas, nada menos de 713 550 (foi obviamente esquecido um zero no total relevante do documento) foram mortas em Treblinka. Maidanek era um campo de extermínio e trabalho muito grande, a poucos quilómetros do centro de Lublin; a sua existência não podia ser mantida em segredo. Mas os outros três eram campos muito pequenos – Belzec media 200 m x 250 m –, situados em zonas escassamente povoadas e com bons acessos ferroviários. Além dos alojamentos dos guardas, continham apenas as câmaras de gás, dissimuladas, e uma zona de receção, vestiários e alojamentos rudimentares para os trabalhadores judeus que eliminavam os cadáveres enterrando-os em grandes valas ou, mais tarde, queimando-os em piras. Estes campos deviam supostamente estar envoltos em secretismo, mas não eram segredo nenhum para os habitantes das áreas circundantes, que foram temporariamente utilizados na sua construção e que mais tarde passaram a vasculhar os locais à procura de artigos de valor. Os boatos chegaram depressa às cidades vizinhas e os passageiros do caminho de ferro Lvov-Lublin cheiravam o campo de Belzec, escondido atrás dos pinheiros, e falavam abertamente uns com os outros da putrefação dos corpos [22].

Tal como a SS no Warthegau, Globocnik e os seus homens começaram com métodos "orientais" na eliminação da população judaica local; no outono de 1941, alinharam centenas de judeus à beira de antigos fossos anti-tanque e abateram-nos. Graças a Himmler, que passou o mês de setembro com Globocnik, este estava bem informado sobre as primeiras experiências com Zyklon B (*), em Auschwitz, realizadas no princípio do mês, e mantinha contactos diretos com os especialistas em gaseamento da eutanásia sobre o estabelecimento de um centro de extermínio mecânico no Governo-Geral [23]. No dia 17 de outubro, Globocnik avistou-se com Hans Frank e acordaram efetuar "transferências" de judeus de Lublin para o outro lado do rio Bug; contudo, uma vez que Rosenberg tinha deixado claro a Frank que não seriam autorizadas deportações transfronteiriças, "transferências" não passava obviamente de um eufemismo para extermínio. Foi também na noite de 17 de outubro que Hitler disse aos seus convidados que a única tarefa no Leste era a germanização da terra e que os autóctones podiam ser tratados como "peles-vermelhas". "Nesta matéria, sou frio como o gelo", prosseguiu ele. "Quando comemos milho canadiano não pensamos nos índios" [24].

No princípio de novembro, já estavam em curso trabalhos para converter o antigo campo de trabalho de Belzec num centro de gaseamento. Himmler e Globocnik mantiveram-se em estreito contacto durante o inverno e no dia 14 de março de 1942 jantaram juntos. Três dias depois, chegaram a Belzec os primeiros transportes, 40-60 vagões de mercadorias com judeus de Lublin. Pouco depois, chegaram transportes dos distritos de Lvov e Cracóvia. Quase 58 000 judeus foram gaseados em Belzec até ao fim do mês, quando se tornou óbvio para os organizadores que tinham encontrado um meio de extermínio em massa que aliviaria a pressão sobre os esquadrões da morte. Com os conselhos adicionais dos especialistas da eutanásia, foram construídos um segundo campo de extermínio, em Sobibor, a leste de Lublin, que começou a funcionar em finais de abril, e um terceiro, em Treblinka, nos arredores de

---

(*) Marca do pesticida à base de cianeto usado nas câmaras de gás e que tinha como componente principal o ácido prússico (*Blausäure* em alemão, daí a designação B). (*N. T.*)

Varsóvia, no princípio do verão. Na vizinhança dos campos principais, havia campos de trânsito, mais pequenos – esquálidos, mal guardados e sobrelotados, onde os prisioneiros, "famintos, fedorentos, gesticuladores, enlouquecidos" eram mantidos e espoliados antes de ser enviados para a morte. Todos os campos eram servidos por pessoal do programa de eutanásia do *Reich* e guardados por ucranianos que tinham passado pelo campo de instrução estabelecido por Globocnik. Todavia, a organização era medíocre e Globocnik, que não era um gestor, muitas vezes deixava de estar em contacto com os homens que administravam realmente os campos. Quando o brutal chefe da equipa da eutanásia, um ex-polícia de carreira chamado Christian Wirth, partiu subitamente de Belzec para Berlim para informar sobre as primeiras matanças, Globocnik não soube da sua partida ([25]).

Um apontamento no diário de Goebbels, no fim de março, transmite a sensação de que se prepara algo de novo e medonho: Globocnik, escreveu ele, está a "transferir" os judeus do Governo-Geral para o Leste, a começar por Lublin, com "métodos bastante bárbaros que não devem ser descritos com mais detalhe aqui; não resta muito dos judeus". Estes métodos envolvem "procedimentos que não atraem muitas atenções". Segundo Goebbels, "sessenta por cento devem ser liquidados, só podendo ser postos a trabalhar quarenta por cento". O mérito é atribuído a Hitler, "paladino resoluto de uma solução radical". E o que interessa particularmente a Goebbels, enquanto *Gauleiter* de Berlim, é que "os guetos que ficarem livres nas cidades do Governo-Geral serão enchidos com judeus transferidos do *Reich*; de tempos a tempos, renovar-se-á esta operação" ([26]).

Um sentimento de excitação e urgência apoderou-se dos incumbidos da matança secreta, que se sentiam sob uma pressão constante para a acelerar e terminar antes que viesse a público. Globocnik era da opinião de que "a ação judaica deve ser executada o mais rapidamente possível para evitar o perigo de nos vermos um dia a meio por causa de dificuldades que nos obriguem a interrompê-la". Victor Brack, uma das figuras principais do programa, observou que Himmler queria que eles "trabalhassem o mais depressa possível, até por razões de dissimulação". No entanto, o *Reichsführer* não mostrou interesse pela sugestão de Brack de que fazia mais sentido esterilizar os "2-3 milhões" de judeus da Europa capazes de trabalhar em vez de os matar. A ansiedade acerca da crescente escassez de mão de obra do *Reich* tinha levado Himmler a relaxar ligeiramente a política de seleção, no princípio de 1942, mas era contra a sua natureza, até porque ele acreditava que a guerra chegaria ao fim no verão ([27]).

Em meados de junho de 1942, já tinham sido assassinados cerca de 280 000 judeus polacos. A maioria fora morta em Belzec, Chelmno e Sobibor, mas alguns tinham perecido nas novas câmaras de gás de Auschwitz-Birkenau. Todavia, o processo ainda não era suficientemente rápido para Himmler, pois só na antiga Polónia ainda havia mais de dois milhões de judeus. E para agravar a situação, a escassez de mão de obra estava a suscitar queixas de que a eliminação dos judeus causava problemas económicos; além disso, em meados de junho os preparativos para a nova ofensiva de verão no Leste levaram à proibição absoluta de transportes não militares, lançando o caos no calendário das deportações. A resposta de Himmler foi ordenar a construção de câmaras de gás maiores em Belzec. Em julho, manifestou a sua impaciência com aqueles que ainda tentavam reter trabalhadores judeus no Governo-Geral por razões económicas, informando os inspetores de munições do Governo-Geral de que no futuro só a SS teria autorização para supervisionar os trabalhadores judeus nos seus campos; os restantes teriam de ser entregues.

No dia 16 de julho, depois de uma reunião com Hitler, Himmler contactou o Ministério dos Transportes e insistiu que se disponibilizasse mais comboios para Sobibor. Um dos motivos para a reunião pode ter sido o desejo de Globocnik de se precaver com uma ordem formal que abarcasse as matanças que já tinham tido lugar. Depois de ter assistido a um gaseamento em Auschwitz, Himmler deu instruções explícitas ao superior de Globocnik, o HSSPF Friedrich Krüger, no sentido de concluir "o realojamento de toda a população judaica do Governo-Geral" até ao fim do ano. No fim deste mês fatídico – o mesmo em que Himmler recebeu a aprovação de Hitler para um esboço preliminar do Plano Geral para o Leste –, Himmler escreveu a um ajudante que "os territórios ocupados do Leste ficarão livres de judeus. O cumprimento desta ordem muito difícil foi colocado nos meus ombros pelo *Führer*" ([28]). Outros também compreenderam esta realidade. No Governo-Geral, que em agosto tinha dificuldade em cumprir as quotas de alimentos a enviar para o *Reich*, Hans Frank disse ao seu governo que "a ordem para a aniquilação total dos judeus", que tornara a sua vida mais fácil nuns aspetos (reduzindo a procura de alimentos no Governo-Geral) mas mais difícil noutros (aumentando a escassez de mão de obra especializada), viera das "altas instâncias" e não podia ser contestada. As consequências letais do triunfo burocrático de Himmler sobre Frank tornaram-se evidentes: no que dizia respeito aos judeus (e ao contrário da situação dois anos antes), as considerações raciais passaram a impor-se às económicas. Frank quisera que Globocnik fosse demitido por causa dos seus constantes choques com a administração civil, mas Himmler defendera o seu jovem e transviado protegido para defender a Solução Final ([29]).

No Governo-Geral, onde o seu poder estava no auge, Himmler só falhou o seu prazo por um ou dois meses. No entanto, no verão de 1942 foi também tomada a decisão de avançar com deportações de toda a Europa, transformando o que até então fora, em grande medida, uma questão interna alemã numa questão de diplomacia internacional. A França e a Eslováquia tinham-se mostrado dispostas a entregar alguns dos seus judeus aos alemães – terão acreditado, durante algum tempo, que seria para trabalharem – e estes aumentaram a pressão.

Em meados de agosto, o bem informado embaixador húngaro em Berlim, László Sztójay, relatou "uma mudança de atitude radical em relação à resolução da questão judaica (...). Enquanto o chanceler e, por conseguinte, o Partido Nacional-Socialista, tinham dantes a opinião de que a solução do problema judaico em países que não a Alemanha teria de ser adiada até ao fim da guerra, esta posição deixou de ser válida e o *Führer* deu instruções categóricas no sentido de a questão ser resolvida de imediato (...). Segundo informações absolutamente fiáveis, o *Reichsführer* Himmler declarou numa reunião de líderes da SS que o governo alemão deseja concluir estas deportações no espaço de um ano" ([30]).

Tal como Himmler receara, a notícia não tardou a espalhar-se, e com bastantes pormenores. No dia 17 de julho, o *Gauleiter* da Alta Silésia, Fritz Bracht, acompanhou-o numa visita a Auschwitz (*). Bracht assistiu com Himmler à seleção e extermínio de um transporte de judeus da Holanda e à noite ofereceu-lhe uma festa. Uma semana mais tarde, um homem de negócios alemão chamado Eduard Schulte, cujo assistente tinha bons contactos junto de Bracht, viajou de comboio até à Suíça com informações importantes que transmitiu, através de intermediários, a Gerhard Riegner, do Congresso Mundial Judaico. O famoso Telegrama Riegner, enviado de Genebra a vários judeus americanos proeminentes, no princípio de agosto, resumiu a alteração de política com considerável exatidão:

> RECEBEMOS RELATÓRIO ALARMANTE DIZENDO QUE NO QUARTEL-GENERAL DO FUEHRER FOI DISCUTIDO E ESTÁ EM CONSIDERAÇÃO UM PLANO SEGUNDO O QUAL A TOTALIDADE DOS JUDEUS DOS PAÍSES OCUPADOS CONTROLADOS PELA ALEMANHA EM NÚMERO DE TRÊS MILHÕES E MEIO A QUATRO DEVERÃO APÓS DEPORTAÇÃO E CONCENTRAÇÃO NO LESTE SER EXTERMINADOS DE UMA SÓ VEZ PARA RESOLVER DEFINITIVAMENTE A QUESTÃO JUDAICA NA EUROPA STOP AÇÃO ESTARÁ PLANEADA PARA OUTONO MODOS DE EXECUÇÃO AINDA EM DISCUSSÃO STOP FALOU-SE DE ÁCIDO PRÚSSICO STOP... ([31])

(*) Auschwitz pertencia ao *Gau* da Alta Silésia. (*N. T.*)

Enquanto estas notícias eram recebidas e avaliadas pelos políticos aliados, culminando no seu aviso público, em dezembro de 1942, de que os crimes de guerra nazis não ficariam por punir findo o conflito, os arquitetos da Solução Final tinham um novo fator para ponderar. Havia inquietação na própria Alemanha, alimentada pelos relatos da propaganda aliada e por soldados que regressavam do Leste. A chancelaria do Partido sentiu-se obrigada a emitir orientações confidenciais sobre como responder à ansiedade acerca das "operações muito duras" em curso contra os judeus no Leste. Os alemães foram recordados porque é que era desejável uma "severidade implacável" nas referidas medidas, foram informados de que iriam ser alargadas a toda a Europa e tranquilizados de que os idosos e os veteranos de guerra condecorados judeus seriam realojados separadamente, em Theresienstadt ([32]).

Enquanto o *Führer* abria o ano de 1943 com a previsão de uma vitória iminente, a ofensiva alemã em direção aos campos petrolíferos do Cáucaso acabava em fracasso, condenada pela vitória soviética em Estalinegrado e pelo cerco do 6.º Exército. Foi nesta altura que Himmler incumbiu o chefe dos seus estatísticos, Richard Korherr, de compilar os dados disponíveis em "A Solução Final da Questão Judaica na Europa"; o texto final do relatório ficou pronto em abril. Himmler declarou-o "excelente" – ainda que, com a sua meticulosidade típica, tenha ordenado que a frase "tratamento especial dos judeus" fosse substituída por "transporte de judeus das províncias orientais para o Leste russo" – e solicitou a elaboração de um sumário para Hitler.

Korherr, um nacionalista tímido mas fervoroso, orgulhava-se dos seus conhecimentos de estatístico e da sua objetividade; era um dos muitos especialistas técnicos de cujas competências a Solução Final dependia, e em resposta à solicitação de Himmler passou duas semanas debruçado sobre documentos no gabinete de Eichmann ([33]). A sua estimativa final foi que a população judaica dos territórios destinados ao *Lebensraum* alemão – a Alemanha propriamente dita, a Áustria, os Sudetas, o Protetorado e a antiga Polónia – decrescera de 3,1 milhões em março de 1939 para 606 103 em finais de 1942. A totalidade da região estava prestes a tornar-se "limpa de judeus".

Olhando para cada território desde o início do domínio nazi e procurando saber em que medida o declínio do número de judeus se devia às "transferências" (deportações e mortes), Korherr chegou a algumas conclusões importantes. Na Alemanha, onde a diminuição era maior – sem surpresas, dado que os nazis estavam no poder desde 1933 –, eram muito mais os judeus que tinham emigrado do que sido deportados. O mesmo se aplicava à Áustria – testemunho da eficiência cruel do departamento de emigração judaica de Eichmann – e aos territórios polacos anexados, de onde muitos judeus tinham fugido ao domínio alemão. Contudo, nas terras checas e no Governo-Geral, a queda enorme na população judaica – Korherr estimou que em finais de 1942 havia apenas 15 550 judeus no Protetorado e 297 914 no Governo-Geral, em comparação com mais de dois milhões no início da guerra – resultara esmagadoramente de "transferências" para os campos de extermínio, em 1942. As deportações dos primeiros três meses de 1943 eram responsáveis por outros 113 000. A população judaica da Alemanha estava, nas suas próprias palavras, "a aproximar-se do fim".

Declínio da população judaica na Europa Central

País	Emigração	"Transferências"	Decréscimo total	Restantes
Velho Reich + Terra dos Sudetas (desde 1/33 e 9/38) Áustria (desde 3/38)	382 (71%)	100 (19%)	540	51
Áustria (desde 3/38)	149 (70%)	48 (23%)	212	8
PBM (desde 3/39)	26 (25%)	70 (69%)	102	16
Territórios Anexados do Leste (desde 9/39)	335 (60%)	222 (40%)	557	233
Governo-Geral (desde 9/39 e 6/41)	428 (25%)	1274 (75%)	1702	298

Notas
PBM = *Protetorado da Boémia-Morávia. Os números estão arredondados para cima, ao milhar. Decréscimo total = emigração + "transferências" + "outros decréscimos" (principalmente devidos ao que Korherr definiu como "mortalidade acrescida"). Esta última categoria foi omitida. As percentagens referem-se ao decréscimo total da população judaica (incluindo mortes naturais e suicídios).* ([34])

Aquilo que se destaca nesta fase é o papel decisivo desempenhado pelos campos da Operação Reinhard, onde já tinham sido mortos mais de 1,2 milhões de judeus – muito mais de metade do total até à data. Korherr também estimou que tinham sido mortos 633 300 judeus nos territórios soviéticos ocupados (quase certamente uma estimativa por baixo das mortes decorrentes da Barbarossa). Embora ele tenha calculado que ainda estariam "em liberdade" cerca de 308 519 judeus (principalmente na antiga Polónia e na URSS), a maioria dos que se encontravam no *Lebensraum* alemão estava em guetos (297 914), campos de trabalho especiais (185 776) e campos de concentração (9127): eram principalmente os que tinham sobrevivido às constantes seleções e enfrentavam o "extermínio pelo trabalho". Seria de esperar que Himmler tivesse ficado satisfeito, dado não existir nenhum paralelo histórico para a matança organizada de civis nesta escala e em tão curto espaço de tempo. Na verdade, a sua reação, ao ler o relatório de Korherr, foi incentivar os seus homens. "Aquilo que neste momento é de suma importância para mim", escreveu ele, em 9 de abril de 1943, "é que sejam transportados tantos judeus para o Leste quanto for humanamente possível" ([35]).

Mas os campos de extermínio tinham cumprido a sua missão e os sinais de resistência começavam a aumentar. Quando os alemães tentaram limpar os guetos de Varsóvia e Bialystok, depararam com oposição armada; em Vilnius, muitos judeus fugiram do gueto e juntaram-se aos guerrilheiros. Centenas de milhares de judeus polacos e bielorrussos tinham sido mortos em Treblinka, mas a partir de maio a chegada dos transportes tornou-se muito ocasional e os trabalhadores judeus que eram obrigados a exumar os cadáveres e a queimá-los compreenderam que não tardaria a chegar a sua vez. Em agosto, verificou-se uma tentativa de fuga; os portões principais foram tomados de assalto e, apesar de a maioria dos envolvidos ter sido abatida pelos guardas, várias centenas conseguiram escapar e alguns evitaram a rede lançada para os capturar. A história repetiu-se dois meses depois, em Sobibor, quando os prisioneiros apanharam os guardas de surpresa e mataram 12; várias centenas de prisioneiros conseguiram fugir.

Himmler decidiu dar por terminada a Operação Reinhard. Os últimos guetos foram eliminados na Operação "Festival das Colheitas", uma designação macabra, e os campos de extermínio foram encerrados. Além dos trabalhadores judeus de Auschwitz e do gueto de Łódź, restavam poucas grandes concentrações de judeus. Globocnik foi transferido para sul, para a costa do Adriático, para a sua cidade natal, Trieste, onde espantou os habitantes da cidade ao proferir um discurso em italiano e esloveno por ocasião do aniversário de Hitler, em abril de 1944. Perdeu muito poder mas nenhum dos seus instintos. Levou consigo os seus esquadrões da morte e estabeleceu um campo para judeus numa fábrica de arroz abandonada, na cidade, o único com uma câmara de gás em solo italiano. Globocnik concentrava no campo judeus e guerrilheiros, que depois enviava para Auschwitz. O seu trabalho estava quase concluído.

A QUESTÃO JUDAICA NA EUROPA

O regime pensou à escala continental desde o princípio e em finais de 1941, o mais tardar, a sua abordagem à questão judaica englobou toda a Europa. Korherr observou que enquanto em 1880 a Europa continha 85% da população judaica mundial, este número diminuíra para 60% em 1937 e segundo as suas previsões continuaria a decrescer, pelo que em 1943, "a Europa não deverá conter mais de 1/3 da população judaica mundial". No entanto, os seus relatórios também sublinharam o enfoque do regime na "limpeza" dos territórios da futura Grande Alemanha e da sua extensão para a antiga URSS. Segundo Korherr, até finais de 1942, somente 8,5% dos "transferidos" eram oriundos de outros países europeus, principalmente da Eslováquia (56 691), da França (41 911), da Holanda (38 571) e da Bélgica (16 866). Era uma percentagem relativamente pequena do total da população judaica da Europa Ocidental, Central e do Sul, e com a exceção da Eslováquia os números não representavam a maioria da população judaica nos países em causa. Em 1942, tinham sido deportados para Auschwitz cerca de 175 000 judeus, um número enorme, mas que há que comparar com os 1,2 milhões de judeus, maioritariamente polacos, que tinham morrido nos campos de extermínio do Governo-Geral. Se é certo que no ano de 1942 os alemães aniquilaram a maior comunidade judaica da Europa (a polaca), foi apenas entre abril e junho desse ano que as autoridades nazis concentraram verdadeiramente as suas atenções no resto da Europa. No entanto, a tarefa revelar-se-ia muito mais difícil do que o esperado [36].

A Alemanha nazi não era propriamente a única no seu antissemitismo intensificado. Durante os anos 30, com a Europa a guindar para a direita, muitos países viraram as costas ao liberalismo emancipador do século XIX e introduziram legislação antissemita destinada a cercear os direitos dos judeus e amiúde a obrigá-los a emigrar. Na Europa de Leste, em particular, a formação de Estados nacionais avivou as chamas do antissemitismo ao dar origem a um sentimento de competição entre judeus e gentios – por lugares nas universidades, pelo controlo de negócios e por oportunidades profissionais. Seguiram-se esquemas de quotas, boicotes e migrações, e a violência contra os judeus tornou-se mais comum. A partir de 1938, a legislação antissemita foi apertada na Roménia e introduzida na Hungria e em Itália. Em 1939, foi introduzia na Eslováquia depois da independência; os alemães enviaram para o país o assistente austríaco de Eichmann, Dieter Wisliceny, na qualidade de conselheiro especial para os assuntos judaicos. Mesmo na

Bulgária, uma nova lei "para proteção da nação" foi discriminatória face aos direitos civis dos judeus (³⁷).

No entanto, o III *Reich* foi único por duas razões. Em primeiro lugar, era a potência em ascensão na Europa, e transformou a questão judaica num teste de solidariedade e compromisso internacionais. Além disso, era um país onde a visão da liderança política sobre a "questão judaica" estava muito à direita da opinião pública. Mesmo no governo, Hitler só era ultrapassado por Goebbels na virulência dos seus sentimentos sobre a questão. O mesmo não se podia dizer de Pétain, Mussolini, Tiso ou Horthy, que defendiam algo a que poderemos chamar opiniões antissemitas tradicionalmente conservadoras e que os puseram em choque com os radicais raciais dos seus países. Por conseguinte, não admira que Heydrich tenha iniciado as matanças em massa em zonas onde não existia autoridade política que o bloqueasse e onde a SS possuía mais influência – os territórios ocupados do Leste. Só depois, munida do prestígio aí adquirido, conseguiu a SS alargar a política de extermínio ao Governo-Geral e ao próprio *Reich*. E se impedir os seus colegas – do Ministério do Interior, por exemplo – de suscitarem questões infindáveis de jurisdição e definição foi bastante difícil, muito mais difíceis foram os desafios inerentes ao trato com os governos estrangeiros e as administrações colaboracionistas. No momento em que o representante dos Negócios Estrangeiros em Wannsee recordou a Heydrich a necessidade de consultar os diplomatas na resolução da questão judaica no estrangeiro, a Solução Final entrou numa fase diferente, transitando do *Lebensraum* alemão e da Grande Alemanha para outros países.

Os primeiros avisos das dificuldades que aí vinham foram dados pelas tortuosas negociações sobre a questão dos judeus estrangeiros que ainda se encontravam na Alemanha. Em finais de 1941, ao dar início às primeiras deportações sistemáticas de judeus alemães, o regime instruiu o Ministério dos Negócios Estrangeiros para abordar governos cooperantes para ver se tinham objeções à inclusão dos seus cidadãos. Em novembro, os búlgaros sugeriram a adoção de uma política comum para os judeus "de todos os países europeus"; Luther, o funcionário dos Negócios Estrangeiros incumbido desta questão, gostou da ideia e propôs que se obrigasse todos os países a adotar a legislação alemã antissemita, o que privaria os judeus estrangeiros da sua nacionalidade. Segundo a sua sugestão, se os países do Pacto Anti--Comintern avançassem com estas medidas, pressionariam países como a Hungria, nos quais, "devido à influência da judiaria e da opinião católica", ele previa relutância. Todavia, os seus colegas do departamento jurídico não tinham tanta certeza: não iriam os outros Estados resistir a essa legislação – "teoricamente possível mas *invulgar* no uso internacional" – como uma interferência na sua soberania nacional? Era exatamente o tipo de argumento legalista que enfurecia Heydrich e Himmler, mas, na verdade, identificou um dos maiores obstáculos ao alargamento da Solução Final: a relutância de muitos dos aliados mais importantes da Alemanha em fazerem algo que pudesse ser considerado uma diminuição da sua soberania ([38]).

No início, vários países pareceram dispostos e até desejosos de cooperar com o *Reich*. Na Conferência de Wannsee, a Croácia, a Roménia, a Eslováquia e a França foram identificadas como países improváveis de se revelarem problemáticos. Todos tinham introduzido legislação antissemita de acordo com o modelo alemão e em França, onde a opinião pública vinha culpando cada vez mais os judeus pela escassez alimentar e outras dificuldades, o regime introduzira medidas antissemitas como parte da sua Revolução Nacional, sem pressões por parte da Alemanha. Preocupada com os planos alemães para usar a Zona Livre como depósito de judeus, Vichy não abriu a boca quando os alemães enviaram um comboio cheio de judeus para Auschwitz, em março de 1942, alegadamente em retaliação por ataques da resistência. Entretanto, os romenos e os croatas estavam atarefados a chacinar os judeus sem precisar de encorajamento. Tanto a Roménia como a Croácia pareciam abertas à ideia de deportarem os restantes para os campos alemães. Quanto à Eslováquia, foi a fonte das primeiras grandes deportações. O governo extremamente antissemita do monsenhor Josef Tiso respondeu "com prontidão", em fevereiro de 1942, quando Himmler solicitou o envio de 20 000 judeus jovens e sãos. Interessado desde há algum tempo em resgatar do *Reich* 120 000 trabalhadores eslovacos, o governo acreditou que a entrega dos judeus podia ser um modo de negociar o seu regresso. Para Himmler, foi um maná: o seu plano de expansão da população de trabalhadores escravos sob o seu controlo, em Auschwitz, para os grandes "projetos de construção em tempo de paz", tinha-se complicado devido a atrasos na organização dos transportes com partida na Alemanha. O entusiasmo eslovaco sugeriu-lhe uma alternativa.

Alguns judeus eslovacos foram efetivamente enviados para o campo de Auschwitz, então em rápida expansão, a pensar que faziam parte do programa de trabalho obrigatório. "Partiram acreditando ingenuamente, mesmo durante o transporte, que iam trabalhar em fábricas, no *Reich*, tal como lhes tinham dito", recordou uma sobrevivente do segundo transporte de mulheres, Margita Schwalbova. Contudo, a chegada proporcionou-lhes "uma humilhação e um choque incríveis": foram despidos, rapados, vestidos com uniformes russos velhos e postos a trabalhar a demolir casas, a drenar lagos e a construir estradas até serem "esgotados até à morte", espancados, gaseados ou injetados com fenol depois das visitas dos médicos SS. Em Auschwitz, a notícia de que o governo eslovaco se queria ver livre das famílias dos deportados iniciais – pelo menos mais 50 000 pessoas – levou à construção, na primavera, de duas novas câmaras de gás, em Birkenau. A primeira seleção e gaseamento de 638 eslovacos aconteceu no dia 4 de julho.

Mas Auschwitz não foi o único destino dos eslovacos. Entre finais de março e meados de junho, cerca de 40 000 pessoas, incluindo famílias inteiras, foram enviadas em 38 comboios para a região de Lublin para serem entregues aos "cuidados" do pessoal da *Einsatz Reinhard*. Os funcionários locais alemães não conseguiram lidar com esta quantidade de pessoas e enquanto os transportes que chegaram a Lublin foram sujeitos a seleção, outros foram descarregados em guetos de trânsito ou dispersos pelas aldeias vizinhas. Alojados frequentemente nas casas de judeus deportados, ficaram entregues a si próprios durante dias e semanas, sem comida, ou foram postos a trabalhar na agricultura ou em campos de trabalhos forçados. Foi um destes campos, em Izbica, a meio caminho entre Lublin e Belzec, que Jan Karski, o destemido emissário da resistência polaca (*), visitou, disfarçado de guarda ucraniano (^{39}).

No verão, os planos de Himmler sofreram um sério revés com o assassínio do seu número dois, Heydrich, em Praga. Himmler respondeu pressionando Eichmann para que acelerasse a Solução Final em toda a Europa. Himmler assumira temporariamente a chefia do RSHA e queria evidentemente demonstrar que não haveria abrandamento do ritmo. Durante uma visita a Auschwitz, em 17 de julho, disse ao comandante, Höss, que o campo seria o destino para os judeus da Europa. "O programa de Eichmann prosseguirá", disse-lhe ele, "e a partir de agora será acelerado todos os meses. Trate de terminar a construção de Birkenau. Os ciganos têm de ser exterminados, e com a mesma inflexibilidade com que o senhor exterminará os judeus incapazes de trabalhar" (^{40}).

O eficiente Eichmann deu o seu melhor para obedecer. Em junho, conseguiu o acordo do Ministério dos Negócios Estrangeiros para o transporte de 40 000 judeus de França e da Holanda e de 10 000 da Bélgica "para o campo de Auschwitz, para serviço de trabalho": os comboios deveriam começar a rodar em meados de julho. Porém, com a disseminação das notícias e dos boatos sobre os campos de extermínio, e ao tornar-se evidente que a ofensiva alemã de 1942 não conseguira derrotar definitivamente os russos, começou a haver reservas e até oposição declarada à política alemã.

(*) Em 1942 e 1943, Karski informou o governo polaco no exílio e os Aliados sobre a situação na Polónia ocupada, em especial a destruição do gueto de Varsóvia, que visitou clandestinamente por duas vezes, e os campos de extermínio. (*N. T.*)

O canal eslovaco foi o primeiro a fechar-se. Graças à confusão na região de Lublin, alguns deportados escaparam e um ou dois regressaram à Eslováquia com cartas dos guetos. Começaram a propagar-se notícias sobre as condições na zona de Auschwitz. Quando o Vaticano protestou, o governo respondeu em tom de desafio. "Nenhuma intervenção estrangeira nos fará parar na via da libertação total da Eslováquia da judiaria", insistiu o presidente Tiso. "Se é cristão o que está a acontecer aos judeus, se é humano?", perguntou ele num discurso, em agosto. "Teria sido muito pior se não nos tivéssemos visto livres deles a tempo. E fizemo-lo segundo a ordem de Deus: 'eslovacos, deitem-nos fora, livrai-vos da vossa peste'". Mas a verdade é que ele estava a ter em conta os protestos e o tempo verbal pretérito no seu discurso foi significativo. A pressão da Igreja e a fúria da opinião pública resultaram na concessão de isenções a talvez 20 000 judeus, pondo efetivamente um ponto final nas deportações eslovacas. "A transferência dos judeus da Eslováquia chegou a um impasse", informou o embaixador alemão, em junho. Apesar das palavras firmes de Berlim, apenas 4000 judeus deixaram o país até à partida do último comboio, no fim de Setembro [41].

Em França, a nova administração de Pierre Laval também estava indecisa: seria a salvaguarda da soberania mais bem garantida obedecendo aos interesses alemães ou resistindo-lhes? O prestígio francês vira-se aparentemente reforçado no verão de 1942 com a anuência do governo às deportações; eram o *quid pro quo* para a preservação da autoridade da polícia francesa. Contudo, quando Laval foi informado de que os alemães queriam deportar mais judeus para Auschwitz para "serviço de trabalho", Vichy reagiu com cautela, sublinhando que considerava os cidadãos franceses muito diferentes dos judeus estrangeiros ou apátridas: os alemães viram-se forçados a concordar e as deportações do verão começaram com estes últimos. Na Bélgica e na Holanda, teve de se seguir a mesma política [42].

Com o decorrer do verão, as coisas, na perspetiva de Eichmann, foram de mal a pior. Um acordo que negociara com os romenos nas costas do Ministério dos Negócios Estrangeiros deu para o torto quando o comissário para os assuntos judaicos romenos foi intencionalmente mal recebido durante uma visita ao ministério. Os romenos, como vimos, não ficavam em nada atrás dos alemães no fervor do seu antissemitismo, mas a diplomacia alemã na Roménia – nas mãos de nomeados políticos completamente incompetentes – era um desastre. Além do mais, o governo romeno, tal como o eslovaco, começava a aperceber-se de muitas razões para tratar com reservas as exigências dos alemães. Em primeiro lugar, não era possível ignorar a importância económica dos judeus para o país. Segundo, os relatos sobre o que estava a acontecer nas províncias fronteiriças tinham consternado muitos romenos, que eram muito menos tímidos a dar voz às suas críticas do que os alemães. Até o governo de Antonescu estava a ficar desiludido: empenhara o Exército romeno no esforço de guerra alemão, mas isso não tornara mais próxima a recuperação da Transilvânia. Todavia, a contestação declarada também não era alternativa. O governo optou por ganhar tempo mostrando simpatia para com o ponto de vista alemão mas sem fazer nada ([43]).

Em Berlim, era palpável um sentimento de frustração. No fim de setembro, Ribbentrop ordenou ao Ministério dos Negócios Estrangeiros para "apressar o mais possível a transferência de judeus dos vários países da Europa". Era mais fácil nas zonas sob controlo alemão direto, especialmente as que tinham um funcionalismo público eficiente. Os holandeses, que eram pioneiros na utilização de registos de dados e da tecnologia de identificação pessoal, tinham criado um registo central de judeus que impressionou a polícia alemã. Em meados de outubro, com a colaboração das autoridades holandesas, foram transportados cerca de 45 000 judeus; alegadamente, a população não estava "a causar problemas nenhuns". A polícia norueguesa mostrou-se igualmente cooperante. Todavia, tudo isto fazia o Ministério dos Negócios Estrangeiros alemão fazer pior figura, dado que era precisamente nos países dos quais fora excluído que as deportações estavam a avançar ([44]). Os dinamarqueses, por exemplo, deixaram claro que as exigências alemãs para a introdução de medidas antissemitas discriminatórias colocariam graves problemas constitucionais e obrigariam o governo a demitir-se. Avessos a ir tão longe em virtude do grande valor econômico do país para o *Reich* e da dimensão relativamente pequena da sua população judaica, os alemães optaram por uma abordagem gradual que não forçasse a questão. Mas isto aconteceu provavelmente porque a Dinamarca era uma questão de somenos: os húngaros e os italianos estavam a ser um problema muito maior ([45]).

A Hungria tinha uma população judaica bastante grande (cerca de 700 000 indivíduos) e a Itália era o principal aliado do *Reich* na Europa. Ambas eram manifestamente contrárias à política de deportação dos judeus para o Leste. Os húngaros não tinham inicialmente mostrado tantos escrúpulos ao obrigarem milhares de judeus galícios e eslovacos a atravessar a antiga fronteira soviética, em 1941, para serem abatidos. Os judeus húngaros tinham sido retirados do Exército e formados em batalhões especiais de trabalho na frente (onde muitos morreram). Todavia, em 1942, quando os diplomatas alemães disseram aos húngaros para introduzir legislação antissemita adicional antes de enviarem os judeus para o Leste, o primeiro-ministro Miklós Kállay avisou explicitamente os alemães de que se tratava de "um assunto interno húngaro". Este era o nó da questão para os húngaros – e não apenas para eles. Não era uma questão de antissemitas contra pró-semitas (embora fosse por vezes o caso), antes a dinâmica de uma aliança entre desiguais, na qual um dos lados tenta forçar a questão e o outro resiste para afirmar a sua liberdade de manobra. Para ambos, a questão judaica tornara-se um teste à natureza do seu relacionamento.

Esta situação desencadeou uma série de duelos diplomáticos, cada vez mais exasperados e ao mais alto nível. Em dezembro de 1942, Budapeste disse aos alemães que não introduziria a estrela amarela nem aceitaria a deportação dos judeus húngaros para o Leste. No mês seguinte, para sua segurança, várias famílias de judeus húngaros foram repatriadas de Bruxelas e Amesterdão. A Hungria, aliada da Alemanha, estava a tornar-se um refúgio para os judeus enquanto a sorte da guerra se virava contra o *Reich* e Budapeste tentava, em vão, sair do conflito. Em janeiro de 1943, um exasperado funcionário do Ministério dos Negócios Estrangeiros alemão teve uma atitude muito pouco diplomática com o embaixador húngaro, Sztójay, ao dizer-lhe que "o *Führer* está decidido, independentemente das circunstâncias, a remover todos os judeus da Europa durante a guerra" e que "nos causa grande inquietação que um único país, no centro da Europa, que é nosso amigo, dê abrigo a um milhão de judeus. Não podemos assistir passivamente a esta ameaça a longo prazo".

Hitler lançou um ataque violento à política húngara quando se avistou com o regente, Horthy, em abril. Por seu lado, Horthy relembrou ao *Führer* que na Hungria havia muitos judeus batizados, incluindo muita "gente estimável". Tinha feito tudo o que era possível contra os judeus, mas "não se pode assassiná-los nem eliminá-los de outra forma qualquer". Hitler não estava certamente habituado a uma linguagem tão franca e respondeu com emoção. Porque é que os húngaros não tinham feito como os eslovacos? Livrar o país de judeus criaria oportunidades para os húngaros. E as pessoas que falavam do assassínio dos judeus esqueciam-se de que "só havia um assassino – o judeu". No dia seguinte, quando Ribbentrop se lhes juntou, o assunto veio de novo à baila, desta vez de forma ainda menos ambígua. Ribbentrop, menos contido nas suas palavras do que Hitler, disse sem rodeios ao húngaro que "os judeus devem ser aniquilados [*vernichtet*] ou enviados para um campo de concentração. Não há outra possibilidade". Hitler interveio na conversa. "Não passam de parasitas. Pusemos a Polónia em ordem. Os judeus que não queriam trabalhar foram abatidos. São como bacilos da tuberculose a infetar um corpo são". Para os alemães, como o embaixador húngaro depressa observou, a postura da Hungria sobre a questão judaica tornara-se um teste ao seu compromisso para com a Alemanha.

Os húngaros introduziram uma nova lei antissemita que lançou muitos judeus no desemprego, mas pouco mais fizeram, negando-se a obrigar o uso de emblemas ou a cortar as rações dos judeus [46].

Ainda mais perturbadora para os alemães – porque mais difícil de ultrapassar – era a atitude nada cooperante dos seus principais aliados, os italianos. Tal como os húngaros e os romenos, o regime italiano introduzira, antes da guerra, legislação racial que discriminava os judeus. No entanto, a população judaica do país era pequena e extremamente assimilada e não havia muita compreensão nem tradição do ânimo racial subjacente à política nazi. Em 1942, devido às rivalidades no seio do Ministério dos Negócios Estrangeiros alemão, a pressão diplomática exercida sobre Roma foi relativamente pequena. Ribbentrop insistiu em ocupar-se pessoalmente das relações diplomáticas com Itália. Contudo, uma vez que só levantou a questão dos judeus em 1943, a óbvia resistência e protelamento dos funcionários italianos nos Balcãs não sofreu praticamente contestação. No verão de 1942, o plenipotenciário italiano na Grécia tinha rejeitado a proposta do RSHA para introduzir o uso de insígnias no território sob controlo italiano, acrescentando inclusivamente que se os alemães o fizessem na sua zona, os judeus italianos teriam de ficar isentos. Quando as autoridades militares alemãs na Grécia começaram a conscrever judeus para a construção de estradas na sua zona, muitos fugiram para sul em busca da proteção italiana [47].

Os italianos também não foram cooperantes na Jugoslávia. Pelo contrário, desde 1941, muitos altos funcionários estavam tão horrorizados com a violência genocida dos *ustaše* que vinham fazendo os possíveis para proteger as potenciais vítimas. Quando o governo croata encarcerou mais de dois terços dos judeus croatas em campos de concentração, muitos procuraram refúgio na zona italiana. Bastianini, o governador da Dalmácia, recambiou alguns e enviou outros para internamento em Itália, mas os seus colegas foram mais compreensivos. Ao ser informado dos massacres de judeus pelos *ustaše* na cidade de Mostar, o diplomata Pietromarchi ficou escandalizado: "Esta regressão, que desonra a humanidade, devêmo-la à nossa amiga, a Alemanha". E censurou Bastianini, dizendo-lhe que devolver judeus "indesejáveis" aos croatas significava "condená-los ao extermínio. A Itália e o Exército devem evitar a vergonha de se tornar cúmplices nesta perversão". Os oficiais superiores do Exército eram da mesma opinião. Facilitar tais massacres mancharia a sua reputação. Ao inteirar-se de que os italianos deviam ajudar a capturar judeus e entregá-los aos alemães, o general Paride Negri protestou: "É absolutamente impossível porque a deportação de judeus vai contra a honra do Exército italiano" [48].

Em agosto de 1942, Ribbentrop solicitou oficialmente o auxílio italiano e Mussolini pareceu assentir, escrevinhando *"nulla osta"* (nenhuma objeção) no memorando que lhe fora enviado. Todavia, os principais administradores civis e comandantes militares na Croácia estavam perfeitamente dispostos a contornar Mussolini. A entrega de judeus estava "fora de questão", disse o general Roatta a Pietromarchi. Era uma questão de humanitarismo (é óbvio que para os oficiais superiores italianos como Roatta, este conceito aplicava-se aos judeus jugoslavos mas não, por exemplo, aos etíopes nem aos senussis). Mas Roatta também estava preocupado com o prestígio italiano. O bloqueio aos croatas e aos alemães recordava-lhes que os italianos tinham primazia na zona. Quando mais Pavelić garantia aos alemães que resolveria a questão judaica logo que tivesse poder para o fazer, mais incentivo tinham os italianos para o impedir [49].

Em finais de 1942, os italianos que ocupavam altos cargos já sabiam o destino que aguardava os judeus. Mussolini fora informado por um dos seus principais ajudantes, Giuseppe Pièche, general dos *carabinieri*, que os judeus croatas entregues aos alemães tinham sido "'liquidados' com gás venenoso nos vagões ferroviários nos quais foram fechados". Relutantes em rejeitar diretamente as exigências alemãs, os comandantes do 2.º Exército italiano anunciaram publicamente que os judeus italianos na Croácia ficariam sob a sua proteção, mas que capturariam e entregariam os judeus croatas a Zagreb. Estas notícias levaram muitos refugiados judeus sob o seu controlo a suicidar-se. O que não sabiam era que o 2.º Exército não fazia tenção de os entregar. Tentando ganhar tempo, manteve-os em campos italianos, no continente, até à primavera de 1943, quando foram enviados para a ilha de Rab. Ao contrário dos eslovenos que lá estavam internados, a morrer por falta de comida, os judeus receberam alimentos suficientes para se manter vivos. Libertados pelos guerrilheiros aquando da rendição de Itália, em 1943, foram dos muitos judeus balcânicos que beneficiaram com a política italiana.

Este extraordinário desfecho deveu pouco às inclinações do *Duce* e refletiu o seu fraco controlo sobre o Estado italiano. Mussolini ouviu com atenção quando Göring, Ribbentrop e Himmler se avistaram com ele para o instarem a entregar os judeus da Croácia (e posteriormente, de França), mas apesar aparentemente de concordar com eles que "a Itália não se deve tornar a protetora dos judeus" e de culpar o "humanitarismo sentimental" dos seus generais, deixou-se convencer pelos argumentos contrários dos seus subordinados. Os seus generais avisaram-no de que se a Itália entregasse os judeus aos *ustaše* perderia também a confiança da população ortodoxa, o que minaria toda a sua política para a Jugoslávia. Até Bastianini, promovido a vice-ministro dos Negócios Estrangeiros, mudou de ideias e referiu-se à política de extermínio em termos precisos. "Sabemos o destino que aguarda os judeus que são deportados pelos alemães", recordou ele ao *Duce*. "São gaseados. Todos – mulheres, velhos e crianças. Não participaremos nestas atrocidades. E vós, *Duce*, não o deveis permitir. Estais preparado para assumir pessoalmente esta responsabilidade?" ([50]).

Não há provas de que o *Duce* fosse convictamente contra nem a favor. Gostava de se armar em duro quando falava com os alemães, mas na prática costumava sobrecarregar os seus subordinados com o fardo da decisão. Permitira que os seus prefeitos na fronteira jugoslava recambiassem os refugiados judeus muito depois de não haver dúvidas quanto ao seu destino. Todavia, não deixar entrar refugiados era uma coisa, tornar-se cúmplice no extermínio era outra. Mussolini tentou furtar-se a tomar decisões sozinho, em especial as que reduzissem o seu espaço de manobra e o ligassem ainda mais aos alemães. Em dezembro de 1942, Roatta conseguiu convencê-lo de que os judeus croatas não deviam ser imediatamente entregues aos croatas. Por outro lado, Mussolini recebeu também o conselho cínico do seu confidente, o general Pièche: se ele considerasse que "a entrega, logo, o extermínio" devia avançar, garantir que os croatas faziam o seu trabalho sujo e não envolver o Exército italiano. Na mente de Mussolini, pelo menos, internar os judeus croatas era a solução perfeita porque mantinha todas as suas opções em aberto ([51]).

Em março de 1943, os alemães fartaram-se também das dilações italianas na Grécia e deportaram a grande comunidade judaica de Tessalonica, e fizeram com que os búlgaros deportassem os judeus gregos sob seu controlo. Os búlgaros anuíram mas insistiram que decidiriam separadamente o que fazer com os judeus que eram cidadãos búlgaros. O governo grego, numa posição muito mais fraca, protestou em privado, mas os funcionários de Tessalonica cooperaram prontamente, com receio de que os alemães entregassem a cidade aos búlgaros. Em ambos os casos, funcionários consulares italianos passaram passaportes a muitos judeus e deram o seu melhor para alargar a sua proteção aos restantes.

Também nesta situação, o impulso humanitário que moveu inquestionavelmente estes funcionários, os quais, afinal de contas, viam com os seus olhos o que se estava a passar, deve ser colocado a par do aspeto político. No princípio de 1943, com a guerra a correr decisivamente contra o Eixo e os húngaros e outros a pressionarem a Itália para que insistisse numa paz negociada, a questão judaica assumiu um novo significado. Mostrar que a Itália ainda tinha poder suficiente para bloquear as intenções alemãs era ainda mais valioso diplomaticamente do que no verão anterior. E havia também motivos económicos, nomeadamente a proteção de uma comunidade próspera e tradicionalmente pró-italiana. Nas palavras do plenipotenciário italiano em Atenas, "havia mil razões, desde a nossa humanidade ao nosso prestígio", para recusar internar os judeus na zona italiana. Considerações muito semelhantes explicam a política italiana no Sudeste da França quando a Itália ocupou aquela parte do país, em novembro de 1942: Roma protestou quando a polícia de Vichy efetuou detenções de judeus e insistiu que a política racial era da responsabilidade exclusiva da potência ocupante. O que importava, acima de tudo, era manter o prestígio italiano: alguns judeus tiveram a sorte de beneficiar desta postura. Embora não seja de rotular exclusivamente a ideia do italiano humanitário – a *brava gente* que é tão prontamente contrastada com os brutais alemães – de mito interesseiro do pós-guerra, não restam grandes dúvidas de que os diplomatas e generais da Itália viram razões políticas fortes e egoístas para tentarem navegar num rumo muito próprio em relação à Questão Judaica da Europa [52].

A comparação entre o "nobre sentimento de justiça e humanidade" do fascismo italiano e a "brutalidade e rapacidade" dos seus aliados nazis teve origem nos próprios funcionários fascistas italianos. A sua análise da falência dos modos de domínio alemães foi perspicaz, mas também foi interesseira, pois salvou, para o reino dos ideais, uma noção de fascismo mais pura e mais politicamente sofisticada da sujeira genocida da realidade da guerra. "Esta é uma das épocas mais negras da história humana, talvez a mais negra – nunca houve tanta chacina", disse o papa a um diplomata italiano, em janeiro de 1943. "E no entanto", retorquiu Pietromarchi, "no meio de tanta maldade, os italianos ficaram imunes à febre... O instinto que faz os nossos soldados sentirem repugnância pelas atrocidades foi nutrido pelo cristianismo". E Pietromarchi confidenciou ao seu diário a convicção de que "um dia, o humanitarismo do nosso povo será tido em conta". Alguns meses depois, o general Pièche usou o mesmo argumento. "As autoridades alemãs censuram-nos por protegermos os judeus e por não as apoiarmos na sua campanha racial, como a Bulgária fez. Pois eu acredito que o nosso comportamento, inspirado como é nos princípios da humanidade, será um dia reconhecido como o mais oportuno nestes tempos". Convencida de que a guerra estava perdida, grande parte da elite do fascismo esperava que a prudência e o humanitarismo pudessem acabar por convergir [53].

Por conseguinte, quanto mais a guerra se prolongou, menos inclinados se sentiram os aliados da Alemanha a entregar-lhe os seus cidadãos – mesmo os judeus. Os búlgaros e os romenos disseram que sim e nada fizeram até ao fim da guerra. Depois de condenarem os judeus gregos a Treblinka, os búlgaros formaram batalhões de trabalho judaicos e enviaram-nos para as zonas rurais, também para proteger os judeus búlgaros dos alemães. No governo de Antonescu havia a preocupação de o seu prestígio estar a sofrer com as deportações. Não parecia um fantoche dos alemães, quando outros governos aliados – nomeadamente o da Hungria – não se tinham rebaixado com deportações ou com a guetoização? Em outubro de 1942, foram suspensos os transportes de judeus para a outra margem do Dniestre. A forte oposição da rainha-mãe romena ajudou, mas os cálculos estratégicos e diplomáticos terão pesado também. O governo limitou-se a ignorar as objeções alemãs e as conversas do marechal Antonescu com Hitler sobre o assunto deixaram patente o desacordo entre ambos. "O *Führer* expressou a opinião, diferente da do marechal, de que quanto mais radicalmente se trata os judeus, melhor", registaram as actas do debate. Quando Ribbentrop perguntou a Antonescu se os judeus romenos não podiam ser enviados para a Rússia, ele respondeu que queria deslocar 100 000 para trabalharem nas minas da Crimeia. "Mas pede, contudo", lê-se nas actas, "que não sejam assassinados, dado que numa ocasião anterior se viu forçado a parar a deportação de judeus para a Rússia quando se soube que tinham sido pura e simplesmente assassinados". Era difícil acreditar que se tratava do mesmo homem que ordenara a morte de mais de 18 000 judeus em Odessa, mas Antonescu já sabia de onde soprava o vento ([54]).

A Bulgária e a Roménia passaram-se para o inimigo antes de os alemães conseguirem impedi-las. Todavia, mesmo quando os alemães impediram defeções ocupando os seus antigos aliados – como fizeram na Itália e na Hungria –, descobriram rapidamente que esta medida não lhes garantia necessariamente maior controlo. Em novembro de 1942, instalaram-se na Zona Livre de França, mas o número de judeus deportados em 1943 e 1944 foi inferior ao de 1942. Dannecker, o acólito de Eichmann que dera início às deportações em França, não fez muito melhor depois de ter sido enviado para Roma, em 1943. Poucos dias depois de chegar, a sua equipa organizou o transporte de judeus italianos para Auschwitz. De Trieste, Globocnik enviou mais de 1100 judeus para norte até fevereiro de 1945. No entanto, terão sobrevivido à guerra 40 000 judeus italianos (de uma população de 50 000 antes do conflito), escondidos ou com a resistência. Os alemães tiveram mais sucesso na Grécia continental, que tiraram aos italianos na mesma altura, mas também ali sobreviveram muito mais judeus escondidos do que no Norte da Grécia.

O país que mais preocupava os alemães era a Hungria, onde existia a maior comunidade judaica que restava na Europa. Naturalmente, os judeus ficaram de imediato sob ameaça com a ocupação do país pela Wehrmacht, em março de 1944, e até julho do mesmo ano mais de 435 000 judeus húngaros foram enviados para Auschwitz, um número muito superior ao de qualquer outro país: nunca antes nem depois, como referem os autores de uma história recente do campo, foi Auschwitz "menos eficiente como reserva de mão de obra" e "mais eficiente como centro de extermínio". Em 1942, chegaram ao campo perto de 175 000 judeus, quase 105 000 entre janeiro e março de 1943 e 160 000 entre abril de 1943 e março de 1944. Ou seja, os transportes húngaros marcaram o apogeu da sua mortífera carreira. Em maio e junho de 1944, foi morto nada menos de um terço do milhão de pessoas assassinadas em Auschwitz. A quintuplicação da taxa de mortes mensal ultrapassou a capacidade oficial dos novos incineradores, que era de 132 000 cadáveres por mês ([55]).

Além de ser o momento do grande triunfo de Eichmann, a Hungria foi também o fim da sua carreira ativa de genocida, pois nessa altura ocorreu algo de inédito e o almirante Horthy, ainda regente de um país nominalmente soberano, decidiu parar as deportações a meio. O papa, Roosevelt e o rei da Suécia, entre outros, vinham insistindo com veemência para que ele agisse e as notícias do desembarque na Normandia e do poderoso avanço do Exército Vermelho para ocidente convenceram-no da necessidade de encontrar uma forma de abandonar o conflito. Nesta altura, tanto os alemães como os seus aliados entendiam que a cumplicidade na Solução Final demonstrava solidariedade e que, pelo contrário, rejeitá-la era um modo de assinalar a intenção de se afastar do Eixo. Intervindo no Ministério do Interior e substituindo as unidades da gendarmaria por regimentos do Exército leais, Horthy, então com 75 anos de idade, travou os planos de Eichmann e impediu os judeus de Budapeste, em particular, de serem deportados. Eichmann ficou espantado. "Isto não pode ser!", exclamou ele. Mas não podia prosseguir sem a cooperação húngara, e em setembro Himmler ordenou a dissolução da sua unidade. No mês seguinte, Horthy foi afastado pelos alemães e substituído pelo radical de direita e antigo oficial habsburgo Ferenc Szálasi. Todavia, Szálasi também não estava disposto a entregar os judeus húngaros aos alemães e em finais de 1944 na prática as deportações tinham parado. O seu movimento antissemita da Cruz de Flechas optou por expandir o programa de trabalho obrigatório da Hungria e, com a ordem pública num caos, os seus membros entregaram-se a uma orgia de matanças. Com Budapeste assediada e bombardeada pelo Exército Vermelho a partir de dezembro, o governo se Szálasi retirou da capital para a parte ocidental do país, deixando Budapeste entregue a alguma da pior violência da guerra, com os esquadrões da morte a massacrarem os judeus nas ruas.

O fim das deportações na Hungria e a abrupta deterioração da posição estratégica alemã, no verão de 1944, abriram a possibilidade de algo muito mais radical – o regresso à política de emigração abandonada pelos alemães em 1941. Em Budapeste e noutros lugares neutrais no estrangeiro, agentes judeus e alemães encetaram conversações secretas para a compra dos judeus húngaros por dinheiro ou bens. Os motivos dos judeus eram fáceis de entender. Quer agindo a título individual, quer como membros de organizações políticas ou de assistência, o seu objetivo era salvar o máximo de judeus possíveis de uma morte certa. A verdadeira controvérsia histórica prende--se com o lado alemão. Até que ponto foram as negociações sérias e o que procuraram alcançar?

Importa notar, em primeiro lugar, que a ideia de abrir exceções à política de extermínio foi incluída no sistema desde a primeira hora. Com o decurso do conflito, Himmler, em particular, viu os judeus como uma alavanca útil para influenciar britânicos e americanos. Convencido do enorme poder dos judeus sobre a política dos Aliados e preocupado com a rápida progressão do Exército Vermelho na Polónia, na Roménia e na Bulgária, ele esperava que as negociações sobre os judeus pudessem servir como uma espécie de abordagem de paz ao Ocidente. Em 1943, destinara uma pequena secção no campo de Bergen-Belsen a "judeus privilegiados" com parentes no estrangeiro. A ideia era que publicitassem o bom tratamento que lhes era dado pelos alemães e que servissem de reféns na eventualidade de qualquer viragem desfavorável na política dos Aliados. Um raciocínio semelhante levou-o a dar a sua bênção às tentativas de fechar um acordo em que os judeus seriam libertados em troca de entregas de material de guerra. Contudo, nenhum destes esquemas poderia ter ido muito longe. O antissemitismo de Himmler exagerou imenso o grau de influência das organizações judaicas sobre a política britânica ou americana: na verdade, pouco podiam fazer face às instruções claras dos seus governos no sentido de não entrarem em negociações com conteúdo "político". Para Churchill e Roosevelt, a chave era a política de rendição incondicional – o que significava nada de negociações separadas com os alemães – e a aliança com a URSS ([56]).

Acima de tudo, Hitler, a quem Himmler permanecia leal, não fazia tenção de permitir a fuga de muitos judeus. Por conseguinte, apenas houve pequenos gestos. Por exemplo, membros do clã industrial húngaro Weiss foram levados de avião para Portugal em troca do controlo da sua fábrica de armamento, que Himmler queria para a Waffen-SS. Himmler permaneceu empenhado na Solução Final e durante o verão e o outono de 1944 resistiu aos pedidos de trabalhadores judeus da Wehrmacht e depois de Speer: a título excecional, 100 000 judeus húngaros foram enviados para trabalhar em fábricas de material de guerra. O gueto de Łódź – o último centro judaico na antiga Polónia – foi eliminado, com o campo de extermínio de Chelmno a ser reativado para o efeito. De facto, face ao avanço do inimigo, os campos nas orlas do *Reich* foram sendo esvaziados e os prisioneiros massacrados, assassinados em marchas de morte inúteis ou transferidos para outros campos no interior do *Reich*, onde a sobrelotação, o excesso de trabalho, a falta de provisões, as doenças e a brutalidade dos guardas não tardaram a fazer disparar a taxa de mortalidade.

Na primavera de 1945, Himmler promoveu discretamente as tentativas de países neutrais para intervirem e salvarem alguns prisioneiros. As conversações com Jean-Marie Musy, ex-presidente da Suíça, para a libertação dos campos, caíram por terra quando Hitler soube da libertação de 1200 judeus e proibiu furiosamente quaisquer contactos. Em fevereiro, o conde Bernadotte, vice-presidente da Cruz Vermelha Sueca, propôs a entrega de todos os prisioneiros dinamarqueses e suecos à Suécia; milhares de prisioneiros foram salvos desta maneira. Para Himmler, que se envolveu pessoalmente apesar da proibição inequívoca de Hitler, as negociações representavam um meio de abrir um diálogo que talvez pudesse ser alargado à questão mais lata de negociar a saída da Alemanha da guerra [57].

Foi seguramente este o raciocínio subjacente ao encontro mais extraordinário de Himmler, as conversações secretas que manteve, em Berlim, com Norbert Masur, um judeu alemão emigrado cuja missão de salvamento foi conduzida em nome do Congresso Mundial Judaico. Acompanhado pelo fisioterapeuta finlandês de Himmler, Felix Kersten, Masur chegou de Estocolmo no dia 19 de abril, num voo carregado de pacotes da Cruz Vermelha. A capitulação da Alemanha estava por semanas. Conduzido num automóvel da Gestapo com os faróis quase apagados pelas "ruínas fantasmagóricas, passando por infindáveis montes de escombros", chegaram – depois de várias paragens que lhe deixaram os nervos em franja – à propriedade de Kersten, a cerca de 60 km de Berlim, relativamente perto do campo de mulheres de Ravensbrück. No dia seguinte, Himmler ficou retido por causa das comemorações do aniversário de Hitler – a sua relação com Hitler, já muito deteriorada, teria piorado ainda mais se Hitler tivesse sabido da visita de Masur – e Masur passou a manhã a falar com Walter Schellenberg, o jovem chefe dos serviços de espionagem de Himmler, que estava profundamente deprimido e convencido de que a derrota da Alemanha não estava longe. Schellenberg avisou Masur de que embora apoiasse pessoalmente a sua missão, Hitler opunha-se terminantemente a toda e qualquer proposta de salvamento dos judeus e perdera por completo a cabeça ao inteirar-se das anteriores negociações com os suíços. Durante a tarde, Masur passeou pela propriedade. Por fim, às 2h30 da manhã, chegou um automóvel com Himmler.

Sentámo-nos à mesa, que estava posta para café para cinco pessoas. Himmler estava impecável no seu uniforme, com as insígnias de patente e as condecorações reluzentes. Parecia bem cuidado, fresco e de espírito animado apesar da hora tardia, exteriormente calmo e a controlar a situação. Tinha melhor aspeto em pessoa do que nas fotografias. Talvez o seu olhar irrequieto e penetrante fosse uma expressão de sadismo e dureza, mas se eu não conhecesse o seu passado nunca teria acreditado que aquele homem era singularmente responsável pelo maior extermínio da história.

Enquanto tomavam as suas bebidas, acompanhadas com açúcar e bolos trazidos da Suécia, Himmler lançou-se num longo monólogo. Defendeu a política da Alemanha contra os judeus e culpou-os pelos males do país. Disse que sempre tinha desejado uma política de expulsão, mas que esta falhara por causa da recusa do mundo em acolher refugiados judeus. Depois, a guerra pusera a Alemanha em contacto com as "massas judaicas do Leste", que eram constituídas por proletários, guerrilheiros e doentes. À pergunta de Masur sobre como é que os judeus podiam ter auxiliado os guerrilheiros quando estavam em guetos, Himmler respondeu que disparavam sobre os soldados alemães *do interior* dos guetos. Os crematórios eram apenas uma medida sanitária; a guerra contra os russos fora puramente preventiva. Quanto aos campos, ele preferia ter-lhes chamado "campos de educação", um nome que não teria originado as mesmas reações desfavoráveis. Desejoso de se defender, o *Reichsführer* sentia-se ofendido com a má publicidade e a "propaganda de ódio" que tinham acolhido a descoberta de Bergen-Belsen e Buchenwald (*). Masur respondeu perguntando-lhe que medidas práticas podiam ser tomadas para mudar as coisas e conseguiu que ele concordasse – depois de uma breve conversa em privado com Schellenberg e o seu ajudante, Brandt – libertar 1000 judias de Ravensbrück. Deviam, insistiu Himmler, ser classificadas como "polacas". As conversações chegaram ao fim depois de duas horas e meia. Masur ficou impressionado com a calma de Himmler, com o seu cinismo em relação ao destino dos alemães ("os melhores serão destruídos connosco; o que acontecerá aos restantes é irrelevante") e com a sua falta de paixão (ao contrário de Hitler) em relação aos judeus.

(*) Buchenwald foi libertado pelos americanos no dia 11 de abril e Bergen-Belsen pelos ingleses, quatro dias depois. O cenário que se deparou aos soldados foi transmitido ao mundo via rádio pelos correspondentes que acompanhavam os soldados, Edward Murrow (CBS) e Richard Dimbleby (BBC). (*N. T.*)

De manhã, Masur regressou ao aeroporto de Tempelhoff através dos subúrbios devastados. Passou por inúmeras carroças de refugiados alemães, carregadas com os seus haveres, em fuga da frente e dos caças, e por longas colunas de prisioneiros do campo vizinho de Oranienburg, que eram conduzidas para norte. E depois, Berlim – "um campo de ruínas de dimensão inacreditável" –, com as fachadas das casas bombardeadas a pairar sobre as ruas desertas. No aeroporto, ao som da artilharia soviética, foi saudado por uma guarda de honra SS e um "*Heil Hitler*"; aterrou duas horas depois, em Copenhaga; "era uma sensação maravilhosa estar de novo numa cidade onde não havia casas danificadas, com pessoas calmas e bem vestidas. Cerca de 7500 mulheres de Ravensbrück chegaram à Suécia, transportadas em camiões pela Dinamarca ([58]).

Foram as afortunadas. Em Ravensbrück, local de experiências médicas, esterilizações forçadas e atos de sadismo inenarráveis, vinham decorrendo há vários meses gaseamentos sistemáticos e outro tipo de matanças: das cerca de 130 000 pessoas ali internadas, apenas sobreviveram 40 000. Entre os executados, contavam-se agentes do SOE e da resistência polaca: não era um campo específico para judeus. Ravensbrück era um centro importante de mão de obra para as indústrias de armamento situadas nas proximidades (a Siemens era um dos principais empregadores) e no princípio de 1945 ficara seriamente sobrelotado devido às chegadas de prisioneiros de Auschwitz e de outros campos do Leste. Para a maioria das prisioneiras, a intervenção de Masur e da Cruz Vermelha Sueca chegou tarde demais. Até os bebés e as grávidas foram gaseados – mais de 2000 até abril. Depois da partida do último transporte, os 15 000 sobreviventes foram conduzidos para uma zona rural; os que não conseguiam acompanhar o passo eram abatidos pelos guardas SS. Uma semana mais tarde, quando o Exército Vermelho libertou o campo, restavam apenas alguns milhares de prisioneiros doentes e moribundos, na sua maioria mulheres ([59]).

FIM DE PARTIDA: O ENCOBRIMENTO

Quando chegaram à Alemanha os relatos dos primeiros massacres nos territórios ocupados do Leste, em 1941, o regime nazi, como vimos, viu-se obrigado a reconhecer a inquietação do público. Por conseguinte, ao mesmo tempo que intensificou a sua ofensiva de propaganda, culpando os judeus pelo seu próprio destino, também aumentou o secretismo, especialmente em relação ao envolvimento dos especialistas em gaseamentos. A partir do inverno de 1941-1942, os campos de extermínio da Operação Reinhard, em particular, foram construídos numa atmosfera da maior confidencialidade.

Quando o oficial SS Max Täubner foi julgado – um caso muitíssimo invulgar – por um tribunal de Munique, o que se puniu não foi a sua matança não autorizada de milhares de judeus, mas sim a sua fanfarronice, a sua gabarolice de que tinha ido para o Leste "para dar cabo de pelo menos 20 000 judeus" e o seu hábito de exibir a sua macabra coleção de fotografias. Täubner alegou em sua defesa a existência de uma ordem do *Führer* para matar judeus, mas foi-lhe relembrado que o extermínio era um segredo de Estado e de seguida condenado a dez anos de cadeia e a ser expulso da SS e privado dos seus direitos cívicos por comportamento "indigno de um homem alemão honrado e decente". O veredicto pronunciado contra Täubner cumpriu duas funções: ao deixar claro que era permissível matar judeus "por motivos puramente políticos" e não por razões "egoístas, sádicas ou sexuais", demonstrou novamente a inexistência de impeditivos legais ao assassínio em massa, e ao mesmo tempo reafirmou o caráter extremamente confidencial da Solução Final e do dever de silêncio dos envolvidos ([60]).

Ainda antes do caso Täubner, que acompanhou de perto, Himmler já tivera preocupações em relação ao segredo. Quando as primeiras denúncias dos assassínios em massa alemães surgiram na imprensa aliada, no inverno de 1942, Himmler ordenou ao chefe da Gestapo, Heinrich Müller, para se certificar de que todos os cadáveres eram enterrados ou queimados. O assassínio nesta escala tão vasta já causara problemas ambientais embaraçosos. Ao contrário dos romenos, que durante as matanças de 1941 deixavam pura e simplesmente os corpos à beira da estrada ou lançavam-nos ao Bug, onde ficavam a flutuar, os alemães enterravam-nos em fossos. Contudo, no campo de extermínio de Chelmno, o degelo da primavera deixou corpos descongelados a flutuar em grandes lagos e poças e espalhando tamanho fedor que provocou queixas das aldeias vizinhas. No outono, noutros campos da Operação Reinhard foram também identificadas ameaças à saúde pública e ao abastecimento de água potável. O governador militar alemão da zona de Treblinka informou os seus superiores de que "os judeus de Treblinka não são devidamente cobertos com terra. Devido a isto, o ar está saturado com um fedor insuportável a cadáveres". Com a rápida expansão da Solução Final, aumentou a pressão para se encontrar uma solução ([61]).

O *Standartenführer* Paul Blobel, que fizera tropa na Primeira Guerra Mundial como engenheiro e comandara o esquadrão SS que organizara os massacres de Babi Yar, nos arredores de Kiev, foi o homem escolhido por Himmler para a missão. Começando por Auschwitz e Chelmno, Blobel ordenou a abertura das enormes valas comuns e a incineração dos restos mortais em crematórios especiais ou em fogueiras gigantescas. Emitiu instruções semelhantes para Belzec, Sobibor e Treblinka, e os seus subordinados visitaram os campos para se certificarem de que a queima de centenas de milhares de cadáveres se fazia de acordo com as instruções.

Em 1943, a equipa de Blobel começou a ocupar-se dos locais de matanças mais dispersos na antiga ex-URSS. Pequenas unidades da sua Operação 1005, um grupo de homens do SiPo/SD que juraram segredo, visitaram os locais e organizaram grupos de prisioneiros judeus para realizarem os trabalhos de desenterro e queima dos cadáveres. Em agosto de 1943, dois anos depois da sua última visita, Blobel regressou à ravina de Babi Yar. Os cadáveres das suas vítimas judias, mais de 30 000, jaziam sob novas camadas – prisioneiros de guerra, guerrilheiros e civis soviéticos executados. Os destacamentos de prisioneiros consistiam geralmente em judeus que eram executados depois de concluírem a sua tarefa, sendo frequentemente queimados nas piras em que tinham trabalhado. Em pelo menos um caso, foram transportados para o local de trabalho numa carrinha de gás na qual foram depois mortos. No inverno de 1943-1944, os homens de Blobel já tinham percorrido os campos da morte do Báltico à Bielorrússia. Contudo, apesar de queimarem um número enorme de cadáveres, a rapidez do avanço do Exército Vermelho apanhou-os de surpresa. Na Estónia, os soldados soviéticos encontraram fogueiras a arder.

Por conseguinte, limitada aos últimos dois anos da guerra e principalmente centrada no Governo-Geral e nos territórios ocupados do Leste, a Operação 1005 não conseguiu destruir todas as provas. Era uma missão impossível. Os campos de extermínio da Operação Reinhard foram arrasados em 1943, deixando apenas vestígios para os arqueólogos e especialistas forenses de finais do século XX descobrirem onde se localizavam. No seguimento da publicidade soviética acerca das suas descobertas macabras quando da libertação do campo de Lublin-Maidanek, no verão de 1944, Himmler tentou acelerar a eliminação das valas comuns. Os campos foram encerrados e os prisioneiros abatidos ou forçados a empreender marchas para longe da frente. Mas o genocídio fora numa escala demasiado grande e o avanço do Exército Vermelho era demasiado rápido para permitir um encobrimento total. Em finais de 1944, Himmler ordenou a demolição das câmaras de gás e dos crematórios de Auschwitz-Birkenau. Grupos de prisioneiros receberam ordens para dinamitar as paredes, lançar os restos das cinzas humanas ao Vístula e arrasar as antigas valas comuns. Demasiado pouco, demasiado tarde. Os próprios prisioneiros estavam decididos a conservar as provas do crime. Quando os russos chegaram a Auschwitz, em finais de janeiro de 1945, encontraram prisioneiros doentes, edifícios e documentos. Havia cadáveres empilhados na neve ou dentro de barracões.

Os armazéns continham montanhas de malas, sacas com cabelo, xailes de oração e outros restos do milhão de vítimas do campo.

Com o encolhimento das fronteiras da Grande Alemanha e o Exército Vermelho a aproximar-se cada vez mais de Berlim, deu-se a última inversão na política alemã. Desde o início, o objetivo primordial fora livrar a Alemanha de judeus, fossem quais fossem os meios. Porém, agora, com a evacuação dos sucessivos campos, os prisioneiros – pelo menos os que conseguiram sobreviver às longas deslocações de comboio em vagões para o gado ou às marchas sob um frio gélido – eram enviados para a Alemanha. As ordens da SS determinaram que nenhum devia cair vivo nas mãos do inimigo. Os prisioneiros doentes deviam ser abatidos e os campos desmantelados ou destruídos com explosivos antes da partida. Eichmann terá encorajado pessoalmente os comandantes dos campos a matarem o máximo de judeus possível. Na primavera de 1945, a política de "liquidação em massa dos prisioneiros" parece ter sido discutida mais amplamente. A Alemanha tornou-se o centro da matança. As marchas da morte percorriam sem destino as cidades de província, nos ramais ferroviários havia comboios imóveis carregados de cadáveres congelados. Só em Bergen-Belsen, durante as últimas semanas antes da libertação morreu de doença e de fome o número espantoso de 35 000-40 000 pessoas. Estima-se que dos 600 000 prisioneiros libertados dos campos pelos Aliados em 1945, cerca de 100 000 eram judeus; nos meses anteriores, tinham morrido 80 000-100 000 [62].

O GENOCÍDIO E O IMPÉRIO NAZI

A Solução Final teve na génese a ideologia nazi e o ânimo pessoal do *Führer*. No entanto, o que aconteceu aos judeus da Europa decorreu das circunstâncias da guerra e alterou-se com o seu curso. Não obstante a relutância de muitos países em aceitarem refugiados judeus, a emigração forçada – a política em vigor até ao princípio de 1941 – reduziu substancialmente a população judaica da Alemanha antes da guerra; no entanto, esta política deixou de ser praticável quando os alemães conquistaram a Polónia e a sua enorme população judaica lhe caiu nas mãos. No modo descrito por Himmler a Masur, os alemães tinham esbarrado com os grandes centros da judiaria leste-europeia e de facto parece que, não obstante os memorandos que viriam a ser redigidos pelos especialistas, os dirigentes do III *Reich* tinham pensado muito pouco no problema.

Só com a invasão da URSS emergiu uma nova política, no contexto de planos cada vez mais ambiciosos para resolver os problemas étnicos da Europa através de movimentos populacionais forçados. A "guerra de aniquilação" contra o bolchevismo judaico desencadeou o genocídio dos judeus que viviam na URSS de 1941, o que por sua vez abriu um precedente letal para o tratamento dos judeus do Grande *Reich* Alemão, que foram transportados para os campos de morte do Leste. Olhando para a Europa como um todo, Hitler concebeu pela primeira vez a extinção da vida judaica no continente. Originalmente sem data final precisa, a situação alterou-se rapidamente quando os novos campos da Operação Reinhard demonstraram que era possível matar a maior população judaica da Europa num ano. No verão de 1942, recorrendo mais ao campo de Auschwitz, muito aumentado, do que aos campos muito mais pequenos da Operação Reinhard, Hitler e Himmler decidiram matar os judeus da Europa o mais rapidamente possível, enquanto exploravam aqueles que conseguiam trabalhar. No entanto, os desafios diplomáticos e logísticos de uma política de extermínio em massa coordenada a nível continental eram consideráveis e tornaram-se mais difíceis à medida que a posição da Alemanha na guerra se foi deteriorando. Em 1941, no Leste, foram mortos cerca de 1,1 milhões de judeus (mais de dez vezes o número do ano anterior) e com o extermínio dos judeus polacos, no ano seguinte, o total de mortos disparou para 2,7 milhões. Contudo, em termos quantitativos, estes dois anos representam o auge do genocídio. O número de vítimas caiu para 500 000 em 1943 e 600 000 em 1944. São números enormes, refletindo a destruição de comunidades veneráveis de judeus europeus, mas do ponto de vista nazi traduziram uma resistência crescente a uma política que eles julgavam capaz de unir todo o continente atrás deles ([63]).

As atitudes para com os judeus afetaram inquestionavelmente as hipóteses de sobrevivência daqueles que fugiam à chacina. Em toda esta terrível história, não há nada mais triste do que os relatos de mulheres e crianças judias a saírem dos bosques, na Polónia, e a entregarem-se nos postos da gendarmaria pedindo para ser abatidas. A sua certeza de que estavam condenadas se pedissem auxílio aos cristãos é arrepiante. Noutras paragens – por exemplo, nas zonas rurais italianas, francesas ou gregas –, as atitudes foram bastante diferentes e permitiram que muitos judeus se escondessem. No entanto, a visão aqui esboçada sugere que se olharmos para o nível internacional e perguntarmos o que é que afetou a política, o que verdadeiramente contou não foi tanto as atitudes face aos judeus, mas sim se a questão judaica se enquadrou nos objetivos de guerra e nas relações políticas da Alemanha e seus aliados. Para compreendermos a escala e a intensidade das deportações, os fatores críticos são o momento e a política.

O exemplo clássico é Vichy: por exemplo, Laval e o seu chefe de polícia, René Bousquet, eram menos antissemitas do que Pétain e Xavier

Vallat (*), mas foram responsáveis pelo envio dos judeus franceses para o Leste. Enquanto a Alemanha pareceu estar a ganhar a guerra, foi mais fácil para Berlim obter a cooperação vital das forças policiais, das autoridades ferroviárias e outras nos países estrangeiros. Porém, logo que se tornou óbvio que os judeus não estavam a ser deportados para trabalhar e quando os Aliados denunciaram a política alemã, os alemães tiveram mais dificuldades para levar a sua avante. Quanto mais se foi sabendo, mais as populações se chocaram. Quanto às elites, a deportação dos judeus suscitou questões de soberania às quais os alemães não tinham sido sensíveis no passado. A recusa em cooperar foi um modo relativamente franco de húngaros, italianos e outros assinalarem o seu desejo de escapar à aliança com Berlim, exatamente como cooperar fora uma marca da sua lealdade. O facto de os políticos envolvidos na sua maioria serem antissemitas e terem expectativas exageradas sobre a influência dos judeus na política dos Aliados tornou-os ainda mais desejosos de se distanciarem de Himmler e dos seus homens. Foi por isto que a Solução Final teve mais êxito em 1941 e 1942 e encontrou maior resistência depois. A vontade de aniquilação de Hitler manteve-se inamovível mas os custos aumentaram de forma inexorável.

E há um último ponto a ter em conta: dado que a Solução Final da Questão Judaica emergiu de planos nazis ainda mais ambiciosos para a reorganização racial de uma grande parte da Europa de Leste – planos que nunca foram claramente definidos e que estiveram em permanente alteração –, as fronteiras da matança foram sempre indefinidas. Na Alemanha, viu-se como esta questão era sensível nas longas discussões entre juristas e funcionários públicos sobre quem se qualificava para isenção da deportação. Os judeus ocupavam certamente um lugar especial na demonologia política do III *Reich* mas há indicações inquietantes de que os judeus eram apenas um – o mais urgente – dos alvos étnicos do regime, que já dera início à matança dos deficientes mentais e físicos, as "vidas indignas de vida". Além disso, durante a guerra, em muitas zonas da Europa ocupada, foram dadas instruções para tratar os ciganos "como os judeus". De facto, muitos *foram* assassinados, pois existiam há muito políticas contra os ciganos não só na Alemanha, mas também na Hungria, na Roménia e na Eslováquia, e em Auschwitz foi estabelecido um "campo cigano" à parte. Nos Estados bálticos, a polícia autóctone e a polícia alemã registaram e capturaram os ciganos, mataram muitos e deportaram outros para campos de trabalho. Todavia, a política para os ciganos foi menos consistente e eles também não foram claramente uma prioridade para Hitler. Por outro lado, em setembro

---

(*) Comissário-geral para os Assuntos Judaicos. (N. T.)

de 1942, Thierack, o ministro da Justiça, ordenou inequivocamente que "os ciganos [sob custódia policial] devem ser incondicionalmente exterminados". Foram mortos 250 000 – talvez mais –, muitos deles gaseados em Belzec e Auschwitz ([64]).

Há também indícios de que depois de eliminar os judeus, a SS planeava virar-se contra alguns dos eslavos. Heydrich previu o exílio na Sibéria para os milhões de checos que não podiam ser assimilados, o que significava claramente a sua morte. Os principais cientistas raciais alemães já estavam a discutir "o extermínio do povo russo" e a brutalidade das expulsões de Globocnik em Zamość lançou a consternação nas zonas rurais polacas: difundiram-se por todo o lado rumores de que depois do gaseamento dos judeus seria a vez dos polacos. O comandante territorial do Governo-Geral avisou que um dos principais catalisadores da resistência na Polónia era que os polacos viam no que fora feito aos judeus "um retrato atroz do seu destino". O responsável pelas condições sanitárias de Varsóvia, Wilhelm Hagen, perdeu o emprego depois de enviar a Hitler uma carta de protesto contra os planos para tratar 70 000 dos 200 000 polacos destinados a realojamento – velhos e crianças – "de modo idêntico ao dos judeus". Se um funcionário do escalão médio da administração alemã acreditava nisto, não admira que muitos polacos previssem algo de semelhante ([65]).

E não era totalmente uma fantasia. Como vimos, as iniciativas genocidas de Globocnik foram principalmente movidas pelo desejo de extinguir a vida judaica e polaca na região, fazendo a seleção – como fez com os judeus – entre os que podiam trabalhar e os outros. Neste sentido, o destino dos judeus – tão ligado que estava à visão política de Hitler – apontaria possivelmente para horizontes mais amplos de aniquilação na eventualidade de uma vitória nazi.

13

Colaboração

Encontramo-nos hoje numa situação horrível – o destino da França já não depende dos franceses.

Marc Bloch, *Strange Defeat:*
A Statement of Evidence Written in 1940 (1968), (*) p. 174

Tendo a França sido a única grande potência a cair sob domínio alemão, os franceses foram sempre um caso especial – especial na dimensão das suas esperanças e ilusões, nos seus recursos e na liberdade que os alemães lhes deram para provarem ser parceiros de confiança. Para o marechal Pétain, a colaboração foi a única maneira de preservar a posição da França como grande potência imperial. A sua ambição era a uma escala muito diferente da dos políticos eslovacos, croatas ou bálticos que apenas aspiravam à independência, e significou um relacionamento muito mais tenso com Berlim. É que a colaboração não dependia apenas do desejo de colaborar, mas também de ter oportunidades para colaborar – e quem as dava eram os alemães ([1]).

A derrota da França deu origem a uma súbita transformação política interna. Pétain apresentou o seu regime como uma rutura absoluta com o passado parlamentar da França e prometeu uma revolução autoritária. Contudo, na realidade, mantiveram-se subjacentes fortes correntes de continuidade com a III República. Não era tanto o facto de ele próprio ter sido

---

(*) *L'Étrange défaite. Témoignage écrit en 1940*, obra publicada a título póstumo, em 1946 (Marc Bloch foi executado pela Gestapo em 1944). (*N. T.*)

eleito para a sua última assembleia: isto nunca foi coisa para a qual ele gostasse de chamar atenção e a sua decisão de levar a tribunal figuras de relevo dos governos anteriores à guerra destinou-se não só a culpá-las pela derrota mas também, em termos mais gerais, a demonstrar a falência da velha ordem (o julgamento, em Riom, em 1942, tornou-se um embaraço e teve de ser concluído à pressa). Muito mais importante foi a continuidade escondida dada pelos presidentes de câmara, gendarmes, ministérios e prefeitos da França. Vichy saneou alguns dos seus funcionários públicos, mas apoiou-se bastante nos restantes; de facto, a ocupação conferiu-lhes mais poder do que antes porque tanto os alemães como Pétain necessitavam de burocratas, enquanto podiam facilmente dispensar os políticos e seus partidos. Em suma, a colaboração foi uma aposta falhada na mudança, mas também é a história das continuidades tornadas possíveis por um poderoso sentimento de tradição nacional e de espírito de corpo administrativo, continuidades que conduziram da III República a Vichy e de Vichy à IV e à V.

A noção de colaboração chama a atenção para o relacionamento da França com os alemães, mas isto apenas suscita a questão de quem falava pela França. Na verdade, os conflitos intensos entre as diferentes agências alemãs em Paris nada eram em comparação com a desunião da França. Se o país não estivesse tão acerrimamente dividido aquando da invasão, a ocupação teria provavelmente seguido um rumo muito diferente, como mostra o exemplo da Noruega. De facto, na direita francesa, foram muitos os que saudaram o colapso da democracia parlamentar e viram na ocupação a possibilidade de acertar com a esquerda contas pendentes há décadas, desde a época do caso Dreyfus e até da Revolução. Todavia, este grupo só era relativamente unido por oposição à Frente Popular. Alguns opositores da III República admiraram e adoraram os ocupantes, outros odiaram-nos. Muitos apoiaram Pétain, pelo menos durante algum tempo, mas outros detestaram-no e esperaram que os alemães se livrassem dele em benefício de uma alternativa de direita mais radical. A história da colaboração é como um daqueles diferendos de família terrivelmente complicados que a guerra de conquista de Alemanha expôs e agravou, e explica porque é que a ocupação constituiu uma ameaça tão grande à unidade nacional e ainda hoje é uma questão tão sensível ([2]).

NA VIA DA COLABORAÇÃO

"Foi concebida uma colaboração entre os nossos dois países. Aceitei-a em princípio". Com estas palavras, o marechal Philippe Pétain, de 84 anos, herói da Batalha de Verdun, partiu do seu encontro com Hitler, em

Montoire, em outubro de 1940, e anunciou a vontade do seu governo de trabalhar com Berlim. Alguns franceses ficaram escandalizados. "O único direito que temos é o de comentar as mensagens e louvar a sabedoria de um marechal da última guerra que nem consegue contar as medalhas que tem, um velho pensionista que repete as palavras de quem lhas sugere", escreveu Jean Guéhenno depois da subida de Pétain ao poder, em julho. Mas esta opinião era minoritária. Charles Maurras, o chefe de longa data da direita antirrepublicana francesa e uma influência ideológica crucial no próprio Pétain e em muitos dos seus posteriores críticos ultradireitistas, saudou "a obra-prima do marechal". Escrevendo em *L'Action Française*, depois de Montoire, ele prosseguiu:

"Sois a favor daquilo a que o marechal chama 'colaboração?'"
"Não me cabe a mim ser a favor".
"Sois contra?".
"Não".
"Neutral?".
"Não".
"Nesse caso, permiti-la-eis?".
"Não me cabe a mim permiti-la, e muito menos discuti-la".

Para Maurras, contava menos o que Pétain dizia do que o facto de a colaboração inaugurar uma nova era na história francesa. O "regime do debate" chegara ao fim; começava o reinado da obediência, da disciplina e da autoridade ([3]).

Haveria em 1940, na Europa, país mais dividido do que a França? Guéhenno e Maurras, não obstante todas as suas diferenças, concordavam que a derrota representava não apenas a vitória dos alemães sobre os franceses, mas também o triunfo da direita sobre a Frente Popular e a III República. E concordavam noutras coisas, pois ambos viam – um com desalento, o outro com regozijo – que esta alteração no poder era aceite pela massa dos franceses e francesas. O facto de tal acontecer sob o choque da ocupação alemã não agradava nem a um nem a outro, pois eram ambos instintivamente antialemães. Contudo, para muita gente à direita, naqueles primeiros dias e meses o domínio alemão era o preço a pagar pela restauração da grandeza da França.

A colaboração envolvia, pois, um ato de equilibrismo sumamente delicado. Era um modo de os conservadores como Pétain levarem por diante a Revolução Nacional autoritária e realizarem uma transformação abrangente da vida francesa, mas era também um esforço de preservação da autonomia

e da soberania da França face ao esmagador poderio alemão. O nacional-
-socialismo facilitou a viragem à direita em França – razão pela qual, por
exemplo, Laval disse em junho de 1942 que desejava a vitória da Alemanha
– mas um domínio nazi demasiado abrangente não deixaria qualquer espaço para a colaboração. Os políticos de Vichy eram nacionalistas franceses
e apostaram na hipótese de o nacional-socialismo estar disposto a confiar
neles o suficiente para lhes conceder o poder que procuravam.

No princípio, muita gente acreditou que era uma aposta que valia a pena
em nome da estabilidade do país. Menos de dois anos depois, Pétain ver-
-se-ia atacado de todos os lados, acusado pelos gaullistas de ter vendido a
França aos alemães e de "gaullismo" pelos fascistas. Porém, no traumático
verão de 1940, tudo isto pertencia ao futuro e ele pareceu encarnar a unidade. Danificado e estonteado, desfigurado pelo caos, pela criminalidade
e pela desintegração social espantosamente rápida vivida por milhões de
pessoas durante a fuga em pânico ao avanço alemão, o país abraçou a figura
tranquilizadora do marechal que tinha posto fim aos combates e restaurado
a calma. Nasceu um culto da personalidade e choveram dádivas no átrio do
Hotel du Parc, em Vichy; centenas de cidades e aldeias batizaram ruas e praças com o seu nome. Foi uma adulação que Pétain nada fez para dissuadir.
Sem uma doutrina clara, sem partido e sem constituição, nada encarnava de
forma mais tangível a Nova Ordem em França do que a sua pessoa.

Quando Pétain sepultou a III República não foram muitos os que a choraram. Só mais tarde a questão política e ética central se tornou a de escolher entre colaboração e resistência. Em 1940, a questão era que tipo de colaboração garantiria melhor o futuro do país. Os católicos que favoreciam
um Estado "orgânico" tinham pouco em comum com os combatentes de
rua racistas que queriam abolir a Igreja. Os empresários pró-fascistas que
pretendiam reprimir os sindicatos marxistas interrogavam-se se poderiam
confiar em ex-socialistas com a sua retórica anticapitalista e os apelos a
uma sociedade de iguais racialmente purificada e despesista nas políticas da
habitação e de assistência social. Com a Europa a virar à direita, a direita
revelou as suas muitas faces.

Tal como Tiso na Eslováquia, Franco em Espanha, Horthy na Hungria
ou Salazar em Portugal, Pétain era, acima de tudo, um homem de direita
que olhava para o passado, um representante de uma ordem conservadora
mais antiga, um revolucionário contravontade. Antipatizava com o termo
"revolução" – estava cheio de conotações erradas –, preferia falar em "renovação". Não estava interessado em partidos políticos e recusou-se a fundar
um. O que pretendia era purgar a França de judeus, comunistas e mações,
policiar a sociedade contra os agitadores e regressar aos valores putativos

da França camponesa – obediência, paternalismo, família e trabalho duro. O culto da maternidade e o conservadorismo sexual anteriores à guerra foram reforçados com novas leis que visavam o aborto e a homossexualidade. Os empresários saudaram a abolição dos sindicatos independentes e, apesar de as associações patronais também terem sido dissolvidas, o equilíbrio de poder pendeu decisivamente a seu favor, como acontecera com os regimes fascistas na Itália e na Alemanha. Os notáveis locais e a Igreja saudaram a ênfase do regime na deferência à autoridade. Ao mesmo tempo, Vichy teve os seus modernizadores – um grupo mais jovem de tecnocratas e administradores acabados de sair dos colégios administrativos de elite, que planearam avançar com uma reforma da infraestrutura industrial e institucional do país sem serem bloqueados pelos partidos políticos nem pelos ativistas sindicais ([4]).

Assim era Vichy, a pequena e sonolenta cidade termal que se viu subitamente no centro na Nova Ordem francesa. Em contraste, Paris, a capital, tornou-se o centro de uma certa espécie de oposição. Apesar de já não ser a sede do governo, permanecia um viveiro da política francesa e acolhia, em particular, alguns dos críticos mais violentos de Pétain. Em Paris, próximos dos alemães em mais do que um sentido, estavam os "ultras", todos aqueles para quem Pétain era demasiado conservador, demasiado tímido e insuficientemente *político*. Era a base do Parti Populaire Français, um agrupamento de direita fundado antes da guerra e liderado por Jacques Doriot, um ex-comunista e metalúrgico que passou parte da guerra na Frente Leste à frente de uma unidade de voluntários franceses. Lá se encontrava também Marcel Déat, mais professoral, na expectativa de criar um único partido fascista pró-alemão que expulsaria Pétain do poder. Quando Pétain demitiu inesperadamente o seu número dois, o astuto Pierre Laval, por recear que ele estivesse a conspirar para o derrubar, Laval juntou-se a Déat. Por detrás deles, ideológica e financeiramente, estava o embaixador alemão em Paris, Otto Abetz, ex-professor de arte e francófilo fervoroso desde os anos 20 (Abetz era casado com uma francesa e saiu-se tão bem a saquear objetos de arte judaicos em Paris, nos primeiros meses da ocupação, que foi promovido a embaixador). O "Rei Otto", como era conhecido devido às festas espetaculares que dava na embaixada, considerava Pétain demasiado antiquado, desligado da realidade e elitista, e apoiava Déat e Laval porque queria tornar a colaboração genuinamente popular e dinâmica. À semelhança dos funcionários nazis colocados na Holanda, na Eslovénia e noutras paragens, Abetz acreditava que um novo partido contribuiria para solidificar o sentimento pró-alemão – afinal de contas, fora vital para a revolução nazi na própria Alemanha –, e assim nasceu o Rassemblement National Populaire (RNP).

Déat detestava Pétain porque era da opinião de que o marechal estava a andar com a França para trás e a esbanjar a oportunidade para o *verdadeiro* revivalismo nacional que restauraria a sua glória. Talvez tivesse razão, mas se pensava que os alemães o iam apoiar a *ele* estava redondamente enganado: a última coisa que Hitler queria era uma França ressurgente; além do mais, Otto Abetz era considerado um peso pluma em Berlim e estava longe de ser o árbitro da política francesa. A colaboração, comentou Göring com desdém, era algo que o "Sr. Abetz" fazia, como se a verdadeira administração da França não tivesse nada a ver com as suas politiquices. Para Göring, a prioridade era saquear os produtos do país. Para Hitler e para o comandante militar da Wehrmacht, a prioridade era a ordem pública, não a convergência ideológica. A França não foi certamente o único país onde os alemães preferiram apoiar os conservadores fiáveis em vez dos radicais obstinados e fantasistas sem base de poder. O verdadeiro significado dos "ultras" era a ameaça implícita que constituíam: o RNP era uma espada que os alemães podiam suspender sobre a cabeça de Pétain.

É que Pétain era decerto demasiado independente e cauteloso para Hitler poder confiar nele. O marechal podia ter pensado que só uma vitória alemã lhe permitiria levar a sua Revolução Nacional a bom porto, mas não via certamente nenhum motivo para correr a participar na guerra ao lado da Alemanha. E não mudou de ideias mesmo quando os britânicos, desesperados para impedir toda e qualquer adição ao poderio naval do Eixo, afundaram a esquadra francesa no porto argelino de Mers-el-Kébir, em julho de 1940, matando 1300 marinheiros e provocando uma vaga de protestos antibritânicos no séquito do marechal. A participação na guerra fora o compromisso que Hitler esperara extrair de Pétain no seu encontro em Montoire, em outubro, mas desiludiu-se. Pétain era da opinião de que outra guerra como a de 1914-1918 custaria demasiado caro ao país e manteve esta opinião até ao fim. Vichy faria os possíveis para defender as suas possessões coloniais contra ataques britânicos e fê-lo ativamente em 1940-1941, chegando a bombardear Gibraltar. Todavia, agarrou-se à neutralidade de facto como a opção mais prudente e a sua capacidade para manter o país em paz foi uma das fontes da popularidade interna do regime, especialmente na Zona Livre.

Nem sequer os sentimentos profundamente antibritânicos do almirante Darlan, que se tornou o número dois de Pétain no princípio de 1941, foram suficientes para pôr os franceses ao lado dos alemães, mas foi por pouco. Na perspetiva de Darlan, uma vitória britânica teria o efeito provável de transformar a França num "Domínio de segunda classe, uma Irlanda continental". Todavia, felizmente para os franceses, as suas propostas para um Grande Desígnio, uma parceria com o *Reich* que tornaria a França a principal potência do Mediterrâneo, foram rejeitadas por Berlim. Os alemães eram tão gananciosos com os franceses como com os espanhóis e igualmente adversos a considerarem os termos do seu auxílio: foram, pois, ironicamente, o III *Reich* e a sua recusa de conceber "transformar o Armistício em colaboração" que salvaram a neutralidade de Vichy. O resultado foi que muitos governos aceitaram a legitimidade do regime de Pétain e mantiveram com ele relações diplomáticas cordiais, pelo menos até novembro de 1942, quando os alemães ocuparam todo o país. Vichy rompeu relações com a Grã-Bretanha depois de Mers-el-Kébir, mas a Austrália e o Canadá continuaram a reconhecer o regime.

E os EUA também. Em 1940, Roosevelt avisou o embaixador americano, o almirante Leahy, de que Pétain "ocupa uma posição única no coração do povo francês". Leahy permaneceu em Vichy durante dois anos, esforçando-se por impedir o regime de alinhar com os alemães. As relações entre as duas potências só foram rompidas, por Laval, depois da invasão aliada do Norte de África, uma medida que Roosevelt lamentou publicamente. Seja como for, o sistema de governo estabelecido por Vichy continuou durante alguns meses sob domínio aliado na Argélia: os campos de concentração no Sul do país permaneceram em funcionamento e a legislação antissemita manteve-se em vigor ([5]).

Para os alemães, uma França neutral ainda podia servir os seus interesses; o que realmente contava eram os fornecimentos de bens e mão de obra e a estabilidade na França metropolitana e nas suas possessões no estrangeiro. Com a guerra a ser travada principalmente no Leste, a prioridade militar, no que tocava à França, era manter ao mínimo o número de soldados destacados para o país. As mudanças internas que Pétain esperava implementar não os ameaçavam; pelo contrário, desde que ele permanecesse relativamente popular e fosse leal – e os prisioneiros de guerra na posse dos alemães ajudavam a garanti-lo –, a sua iniciativa para criar um Estado mais centralizado e autoritário só facilitaria a ocupação. Por conseguinte, os alemães tinham poucos motivos – especialmente em 1940-1941, quando acreditaram que a guerra chegara praticamente ao fim – para insistir numa ajuda militar maior do que aquela que a França estava disposta a prestar. Com os gaullistas a ganharem força no estrangeiro, apoderando-se da África Equatorial Francesa no outono de 1940 e ajudando os Aliados a invadirem a Síria e o Líbano no verão seguinte, Pétain foi empurrado para uma posição mais pró-alemã. Não que tenha resistido muito: continuou a acreditar claramente na probabilidade de uma vitória alemã muito depois da invasão da URSS e o antibolchevismo que partilhava com Hitler cimentou o laço improvável entre ambos.

Mas não havia uma verdadeira confiança entre os dois países, e cada um dos parceiros desencadeou sobre o outro uma crescente ofensiva de espionagem. Os alemães organizaram uma gigantesca operação de recolha de informações contra Vichy, triplicando o número dos seus espiões na Zona Livre no primeiro ano da ocupação. Todavia, os serviços de contraespionagem de Vichy mostraram-se à altura: vigiavam os agentes alemães, prenderam quase 2000 em dois anos e chegaram a executar algumas dezenas. Tal como os espanhóis, os franceses eram particularmente vigilantes contra os agentes alemães no Norte de África. Os agentes de Vichy chegaram a negociar com redes de resistência antialemã no continente, permitindo-lhes continuar a comunicar com Londres depois de determinarem que não acalentavam sentimentos "antifranceses". Animados pelo patriotismo (como o entendiam), estes resistentes e muita gente em Vichy comungavam de uma aversão aos alemães ([6]).

Depois da invasão da URSS e da onda de ataques contra o pessoal militar alemão em França, o ato de equilibrismo tornou-se mais difícil e o regime foi perdendo apoios. Com as execuções de franceses pelos alemães a dispararem de 8 em 1940 e 51 nos primeiros nove meses de 1941 para mais de 500 nos seis meses seguintes, a popularidade de Pétain caiu a pique. No princípio de 1941, a França ainda era a favor da colaboração, observou um notável colaboracionista, mas no ano seguinte os apoiantes de Pétain já não podiam falar abertamente. Nas suas palavras sombrias, "os franceses leais entraram na noite; os outros terão de ser obrigados a 'obedecer pela força'" ([7]). O meio-termo desapareceu, a legitimidade de Pétain esfumou-se e os seus rivais em Paris, sentindo (erradamente) chegada a sua hora, começaram a lutar uns contra os outros. Numa despedida de voluntários para a Frente Leste, Déat, o aliado de Laval, foi alvejado e sobreviveu por pouco. Déat, outrora considerado por Léon Blum seu sucessor natural no movimento socialista francês, estava a ficar impaciente e ponderou uma marcha sobre Vichy, ao estilo de Mussolini, para tomar o poder para o fascismo francês.

Os "ultras" começavam a agitar-se – especialmente depois de Heydrich e de a SS virarem as suas atenções para a França – e havia homens muito mais extremistas do que Déat. Eugène Deloncle era um ex-oficial de artilharia condecorado, uma personagem duvidosa das franjas violentas do fascismo francês de antes da guerra, cuja organização paramilitar antirrepublicana, a Cagoule, fora apoiada, nos anos 30, por executivos de direita do gigante dos cosméticos, a L'Oréal. O comandante militar de Paris "tolerara" cautelosamente mas não "validara" a organização criada por Deloncle para suceder à Cagoule, o Mouvement Social Révolutionnaire (MSR), apostado na "construção de uma nova Europa juntamente com a Alemanha nacional-socialista e todos os países europeus libertados do capitalismo liberal, do judaísmo, do bolchevismo e da maçonaria". O MSR – tão dado a proclamações como todos os outros agrupamentos políticos da ocupação – propunha-se regenerar "racialmente" a França, impedir os judeus de "poluírem" a raça francesa e criar uma economia socialista. Saquear os bens dos judeus ajudava, tal como ajudava também – apesar da pretensa dedicação do movimento ao socialismo – o apoio continuado da L'Oréal, mas quando Deloncle tentou tomar conta do RNP de Déat o combate enfraqueceu os dois homens.

As lutas intestinas entre as agências alemãs em Paris tinham a mesma intensidade. Deloncle também era apoiado pelo SiPo/SD. Na noite de 2 para 3 de outubro de 1941, os seus homens, equipados com explosivos fornecidos pelo SiPo/SD, tentaram dinamitar sete sinagogas de Paris. Seis dos edifícios e outros em redor ficaram danificados; entre os feridos, contaram-se dois soldados alemães e muitos residentes franceses. Quando a polícia militar investigou as explosões, o SD tentou encobrir o seu envolvimento alegando que se tratava provavelmente de "uma coisa entre judeus" e houve um choque frontal com o comandante militar da Wehrmacht, que descobriu rapidamente os factos depois de o agente responsável por Deloncle se ter gabado da operação durante uma bebedeira num clube noturno de Paris. O general von Stülpnagel exigiu o afastamento dos dois oficiais SS mais graduados em Paris e impediu Deloncle de se juntar aos seus homens na Frente Leste. O caso criou uma fratura entre a Wehrmacht e a SS que deu a Heydrich a abertura para assumir o policiamento em França e nomear um HSSPF para o país, na primavera seguinte. Quanto a Deloncle, perdeu o controlo do MSR, meteu-se em contactos secretos com agentes dos Aliados e acabou morto num tiroteio com a Gestapo, em janeiro de 1944. Não foi um fim incaracterístico no mundo tortuoso do extremismo francês ([8]).

Mas alguns dos seus camaradas *cagoulards* mais jovens e mais prudentes navegaram pela guerra com mais sucesso: André Bettencourt, que em 1941 escreveu vários artigos pró-alemães de grande agressividade, acabou como herói da resistência condecorado. Depois da guerra, entrou para a dinastia L'Oréal pelo matrimónio, ajudou a branquear o cadastro bastante sujo da empresa e chegou a ministro. Um dos companheiros de Bettencourt nas franjas da Cagoule subiu ainda mais alto. Como tantos outros da direita, François Mitterrand serviu Vichy – no seu caso, ajudando a administrar o departamento que lidava com os prisioneiros de guerra franceses – e quando perdeu a sua fé em Pétain entrou para a resistência ([9]).

Pétain, Déat, Deloncle – a colaboração englobou um vasto espectro de possibilidades, muitas das quais espelharam e intensificaram as rivalidades acérrimas entre as várias agências alemãs. Quando alguém observou a Laval que a Alemanha nazi era um Estado autoritário, ele retorquiu: "Sim, e quantas autoridades!". Tal como acontecia noutras paragens, essas autoridades digladiavam-se em Paris. O comandante militar, com o seu quartel-general no Hotel Majestic, batia-se com a SS e a embaixada de Abetz com o Propaganda-Staffel (*) de Goebbels; era uma situação que oferecia oportunidades infindáveis para maquinações e muito espaço para as iniciativas francesas.

BONS ALEMÃES E MAUS FRANCESES: A GUERRA DE COCTEAU

As ambiguidades da colaboração revelam-se de forma ainda mais acentuada no reino das artes, onde os alemães deram aos franceses muita margem de manobra. A Paris ocupada não foi apenas um lugar de bichas, racionamento e ansiedade; também foi, em especial nos primeiros anos da guerra, um centro próspero de edição livreira, desfiles de moda, estreias cinematográficas e galerias de arte. A ocupação alemã, pela sua própria permissividade, intensificou o que estava em jogo para a identidade da cultura nacional francesa e desencadeou lutas ferozes entre conservadores e modernistas sobre a natureza da arte e o poder da censura. Além de opressores, os alemães tornaram-se protetores de pintores e poetas – pelo menos daqueles que não estavam excluídos da sua proteção por razões raciais.

A guerra de Jean Cocteau ilustra muitos destes paradoxos. O famoso surrealista, homossexual e viciado em ópio simbolizava a decadência que Vichy tinha debaixo de mira. Os "ultras" racistas de Paris também tinham muitos motivos para o abominar, pois na véspera da eclosão da guerra ele assinara uma petição da Liga Internacional contra o Antissemitismo e antes disso fora cabeçalho dos jornais ao gerir os feitos de Panama Al Brown, um brilhante peso supermosca que foi o primeiro campeão do mundo hispânico na história do boxe. Seria, pois, de esperar que a história da guerra de Cocteau fosse uma história de resistência modernista contra os filisteus da colaboração. Em muitos aspetos, foi, com a sua resistência difícil a Vichy e ao seu coro de rufiões fascistas de Paris, mas ao fazê-lo encontrou entre os alemães alguns dos seus aliados mais sólidos. E qual era a dúvida? Na mente de Cocteau, os alemães também podiam ser artistas e só as almas mesquinhas não conseguiam compreender que algumas coisas estavam acima da Nação.

A ocupação e Vichy colocavam desafios enormes à carreira de qualquer artista ambicioso. Em finais de agosto de 1941, com a primeira rusga a enviar milhares de judeus parisienses para o campo de internamento de Drancy, nos subúrbios norte, Cocteau parecia prestes a sofrer às mãos da censura

---

(*) Departamento de propaganda. (N. T.)

de Vichy. Quando os supervisores culturais do regime baniram a sua nova peça, *La machine à écrire*, o autor respondeu como sempre, procurando patronos e proteção. A quem melhor podia ele recorrer contra as autoridades de Vichy senão aos próprios alemães, quando os seus funcionários em Paris eram tão amáveis, como o romancista Ernst Jünger, um ícone célebre da direita que se tornara crítico do fascismo? De facto, através de Jünger e do seu colega Gerhard Heller, estudioso ávido da literatura francesa, Cocteau conseguiu revogar a proibição de Vichy. Os seus críticos franceses ficaram escandalizados. Depois de a produção de outra peça de Cocteau ter sido também autorizada, tomaram o assunto em mãos: os fascistas de Deloncle, que pouco antes tinham tentado dinamitar as sinagogas parisienses, irromperam pelo teatro e atacaram os atores.

A luta contra os "ultras" prosseguiu mesmo depois de os homens de Deloncle terem sido postos sob rédea curta. Quando o ministro da Educação de Vichy rotulou uma das suas obras de "inoportuna", Cocteau ofereceu uma leitura privada aos seus amigos alemães para ver o que pensavam: adoraram. Parecia mais fácil, escreveu o editor Gaston Gallimard, comunicar com os "bons alemães" do que com os "maus franceses". Otto Abetz, o embaixador alemão, e a sua mulher francesa eram muito mais simpáticos do que Céline, o romancista de direita cuja violência das vituperações aos seus compatriotas deixava os alemães espantados. Depois das suas agradáveis conversas com Cocteau e de uma visita a Picasso no seu estúdio, Ernst Jünger – que não era um liberal – ficou chocado com o espanto de Céline "por nós, soldados, não estarmos a fuzilar os judeus, não estarmos a enforcá-los ou a exterminá-los, o espanto por quem tem baionetas se negar a usá-las até às últimas consequências".

Céline não foi único escritor de relevo a fazer do fascismo um culto. O jornalista e crítico Lucien Rebatet, que publicou *Les Décombres*, uma violenta diatribe antissemita contra os responsáveis pela queda da França, elogiava a cultura alemã e discerniu "um profundo significado político" no estilo disciplinado da Orquestra de Câmara de Berlim. Posto à frente da prestigiosa *Nouvelle Revue Française*, o romancista Drieu la Rochelle enveredou por uma linha antidemocrática e pró-alemã e sonhava com uma terceira via fascista, entre a América e a ameaça do bolchevismo. O mesmo aconteceu com Robert Brasillach, outro jovem e brilhante extremista literário que considerava que os franceses eram "um povo absurdo e medíocre" e insistia em elogiar os juvenis alemães e em criticar os senis detentores de cargos de Vichy. A sua paixão por um belo leitor alemão do Instituto Alemão acabou em tragédia quando o jovem morreu em combate na Frente Leste. De visita à floresta de Katyn na qualidade de jornalista, Brasillach recordou o seu amigo e saudou a amizade entre ambos como a expressão de uma Europa rejuvenescida que derrotaria a complacência burguesa e as "forças do Leste". Brasillach via em Pétain e Vichy um beco sem saída e com o colapso da colaboração depositou exclusivamente a sua fé nos alemães. A queda de Mussolini chocou-o profundamente e pareceu determinar o fim do seu ideal de uma Europa fascista: "Uma França fascista numa Europa fascista, que sonho belo! Porque já não existe uma Europa fascista". Todavia, ao contrário de muitos outros "ultras", ele negou-se a abdicar das suas convicções. Mesmo nos dias negros de finais de 1944, quando viu o vento a soprar a favor do "templo da paz universal, a fraternidade forçada de todas as raças e credos", Brasillach continuou a considerar que o fascismo fora "a verdade mais entusiasmante do século XX" ([10]).

Esta era a visão "ultra" mas não, de todo, a de Cocteau: ele não era um extremista e dava mais valor à sociabilidade do que à ideologia. "Os acontecimentos entediam-me", confidenciou na mesma altura o poeta Paul Valéry a Gerhard Heller. "Os acontecimentos são a espuma das coisas. O que me interessa é o mar". No tocante à política, também era esta a opinião de Cocteau. As sombras envolveram-no, com os amigos a fugirem para o estrangeiro ou a esconderem-se. Alguns escreveram-lhe cartas angustiadas antes de serem presos e deportados e um ou dois suicidaram-se. Juntamente com Picasso, Cocteau assistiu ao funeral do pintor judeu emigrado Chaim Soutine, em 1943, num gesto de solidariedade para com um homem que morrera a fugir à Gestapo. No entanto, a vida social de Cocteau continuou a ser o louco turbilhão de sempre. Cocteau extasiava-se, como tantas outras vezes, com a "beleza prodigiosa" de Paris – com os alemães que vinham para lhe prestarem homenagem, os visitantes da Zona Livre que ficavam "estupidificados pela cidade", os restaurantes "que servem tudo o que supostamente é proibido"; os caçadores de autógrafos continuavam a perseguir os atores de cinema e teatro nas ruas. "Os alemães devem ficar espantados com esta primavera parisiense", cogitou ele, em 1942. "Com estas flores, estes chapéus de senhora, estes carrinhos empurrados por equipas de ciclistas, com a inacreditável graça da resistência do ar! Paris digere tudo e não assimila nada. É um espetáculo de profunda leveza..." ([11]).

Cocteau tinha uma relação particularmente próxima com o escultor favorito de Hitler, Arno Breker, cujos nus monumentalmente bombásticos, símbolos gigantescos de "uma raça renovada e esplêndida", lhe tinham valido a fama no III *Reich*. Breker era um francófilo e conhecia a cena artística parisiense desde os anos 20: fora ele quem, juntamente com Albert Speer, servira de cicerone a Hitler numa visita a Paris numa madrugada de junho de 1940, pouco depois da queda da cidade. Em maio de 1942, no mês em que os judeus franceses da zona alemã foram obrigados a usar a estrela amarela, foi inaugurada na Orangerie uma exposição dedicada aos trabalhos de Breker, patrocinada pelos alemães. Para assinalar a ocasião, Cocteau escreveu um tributo afetuoso intitulado "Saudação a Breker", documento que lhe causaria muitos problemas. "Saúdo-te, Breker", escreveu ele. "Saúdo-te da elevada pátria dos poetas, uma pátria onde não existem pátrias, exceto na medida em que cada uma delas traz consigo o tesouro do labor da sua nação". O texto foi recebido com uma desaprovação indignada e muitos amigos escreveram-lhe a protestar e a exigir-lhe explicações. Cocteau ficou consternado por os seus críticos não o terem compreendido; o que ele mais prezava em relação a Breker era a amizade e fora esse elo pessoal que o levara a escrever, e não uma qualquer intervenção no jogo político da colaboração.

Não que ele desconhecesse a postura política de Breker nem a sua estreita relação com Hitler. Nas suas conversas aquando da visita de Cocteau à exposição, Breker dissera-lhe que o que realmente importava era a vitória no Leste; "em França, só temos burocratas que querem demonstrar o seu zelo e promover o seu prestígio". A vitória sobre a Rússia, prosseguiu Breker, traria a felicidade à França. Os dois amigos falaram de Hitler – que supostamente acarinhava Breker como um filho –, da fragilidade de Pétain e do problema dos judeus. "Não há exceções", avisou Breker firmemente Cocteau, que tinha vários amigos judeus. "É um duelo até à morte". No tocante a Hitler, as suas opiniões estavam mais próximas. Provavelmente influenciado pelos elogios de Breker ao *Führer*, Cocteau persistiu em ver o líder alemão como uma mais-valia em relação aos velhos parlamentares, uma figura mítica que não devia ser impedida de "cumprir plenamente a sua missão". Hitler, escreveu Cocteau, era "um poeta acima da compreensão da alma dos escravos", e criticou os seus compatriotas – na privacidade do seu diário – por o tratarem com "falta de respeito e uma ingratidão total" ([12]).

Cocteau tinha muito que agradecer. Era o patrocínio alemão que o protegia dos extremistas franceses. Sem se interessar particularmente pela política, Cocteau mostrou como podia ser fácil um criador de mitos de espírito independente viver a arte sob a ocupação alemã – aliás, com o apoio dos alemães. Com a aprovação dos censores, a guerra viu o arranque da sua carreira de realizador de cinema. Quando foi publicado numa revista de direita um artigo a denunciá-lo, ele comentou que "todos os alemães se riram". Aparte os "ultras", a atarefada carreira de Cocteau tinha lugar para quase toda a gente, incluindo até o marechal cujo regime o atormentara. Em 1942, Cocteau contribuiu para uma obra luxuosa de idolatria vichyta, um livro de homenagem intitulado *De Jeanne d'Arc à Philippe Pétain*. Com o subtítulo de *500 ans de l'histoire de la France*, a obra, ricamente ilustrada, foi publicada mesmo a tempo da visita do marechal a Paris. A ocupação estava a chegar ao fim, mas Pétain ainda era popular e recebeu um acolhimento caloroso. Joana d'Arc era um tema bastante apropriado – dada a ambiguidade da sua associação – para a guerra de Cocteau: símbolo de um sentimento inicial antibritânico, especialmente depois do desastre de Mers-el-Kébir, quando o livro apareceu, em 1944, Joana já se passara para os gaullistas como exemplo de resistência ao ocupante. Cocteau não estava muito longe de o fazer também ([13]).

O seu caso não foi atípico. As agências alemãs em Paris desenvolveram uma diplomacia cultural muito enérgica e o mundo da arte francês durante a guerra caracterizou-se pelas suas ambiguidades e oportunidades. Para os ambiciosos e alheados, foi tempo de fundar jornais e editoras, e embora os críticos da linha dura como Lucien Rebatet pudessem ter visto na ocupação a hipótese de livrarem a França do cosmopolitismo judaico e do modernismo decadente, o modernismo não era facilmente banido. Picasso continuou a pintar na privacidade do seu estúdio; Braque continuou a expor. Vichy era resolutamente antiquada e preferia encomendar tapeçarias retratando os camponeses franceses em paisagens idílicas, mas em Paris, o "abstracionismo patriótico" – com vermelhos, brancos e azuis – merecia a aprovação dos gaullistas e dos alemães. Depois da guerra, o Museu de Arte Moderna de Manhattan propagou o mito de que o nazismo correra com o modernismo da Europa e possibilitara que Nova Iorque sucedesse a Paris, mas isto não é estritamente verdade. Alguns artistas fugiram; outros – como Soutine e Hrémègne – esconderam-se ou isolaram-se, como Fautrier e Matisse. Todavia, sob o olhar surpreendentemente desinteressado das autoridades de ocupação, Paris permaneceu hospitaleira para muitos tipos de arte.

Isto aconteceu porque a gestão alemã da cena artística parisiense teve como objetivo, na medida do possível, garantir alguma normalidade no meio das privações, da censura e da propaganda, e facultou aos franceses numerosos incentivos para se conformarem com o novo regime. Além da proibição de expor trabalhos de artistas judeus e emigrados, eram poucas as barreiras. Picasso não podia expor em público, a pedido do governo espanhol, mas a proibição não impediu uma nova editora de arte, as Éditions du Chêne, de publicar uma atraente edição das suas mais recentes naturezas-mortas, juntamente com estampas emolduradas – numa altura em que havia escassez de papel em toda a Europa. Com quase o dobro das galerias de arte em 1943 do que dois anos antes, a entrada no mundo artístico francês era indiscutivelmente mais fácil do que nunca. Os livreiros e os editores apressaram-se a cumprir as novas regras estipuladas pelos censores alemães para aproveitarem o clima favorável. Os franceses estavam mais desesperados do que nunca para ler e as vendas de Simenon e outros êxitos dispararam ([14]).

A diplomacia cultural alemã apontou a pintores e escritores de nomeada, promoveu conferências e montou exposições. O Ministério dos Negócios Estrangeiros montou uma rede de institutos culturais em toda a Europa – de Lisboa a Sófia – mas foram mais ativos em França do que em qualquer outro lugar. O embaixador Otto Abetz, cujos esforços em prol da reconciliação franco-alemã datavam dos anos 20, ressuscitou o seu antigo Cercle France-Allemagne, batizou-o Groupe Collaboration e atraiu um círculo de escritores, editores e jornalistas. Tal como sucederia depois de 1945, a aproximação franco-alemã foi apresentada como um ideal europeu, um meio de trazer a paz ao continente. Pessoalmente, Abetz via "a ideia de Europa" de forma mais cínica, como algo que podia ser "usurpado pelo *Reich* sem prejuízo da exigência de primazia continental ancorada pelo nacional-socialismo no povo alemão" ([15]).

A "propaganda ativa" de Abetz deu origem a uma série de enormes exposições. A primeira, "La France européenne", inaugurou em Paris no verão de 1941 e atraiu 635 000 visitantes, e seguiram-se outras – sobre os melhoramentos domésticos que poupavam mão de obra, sobre "os Judeus e a França", sobre o perigo do bolchevismo para a Europa. Estas exposições perderam rapidamente popularidade depois de 1942, quando o sentimento do público se tornou hostil, mas mesmo assim atraíram um total de mais de três milhões de visitantes. Mas houve muitos outros pontos altos culturais. Herbert von Karajan regeu o réquiem de Mozart e a Orquestra Filarmónica de Berlim tocou Wagner e Strauss. Houve palestras de intelectuais eminentes como Carl Schmitt e Hans-Georg Gadamer, discípulo de Heidegger, que falaram no Instituto Alemão sobre Herder, os defeitos da democracia e o poder da ideia do *Volk*. Para Gadamer, bem como para tantos outros intelectuais alemães, um passeio ao longo do Sena, em Paris, era a altura ideal para imaginar um futuro de paz, seriedade elevada e reconciliação nacional sob a liderança do *Reich* ([16]).

E as deslocações não foram todas de sentido único. Os alemães recompensaram os artistas e escritores franceses simpáticos convidando-os para eventos de alto nível no *Reich*. Uma delegação de pintores franceses – incluindo Vlaminck, Derain e de Segonzac – visitou a Alemanha no princípio de 1942. Os cantores franceses atuaram nos campos de prisioneiros de guerra franceses no *Reich* – entre eles, Maurice Chevalier, que declarara a sua fé em Pétain, com ótimos resultados para a sua carreira. Houve as celebrações de Mozart, em Viena, em finais de 1941, e conferências em Weimar, organizadas pelo Ministério da Propaganda de Goebbels, que juntaram Brasillach e Drieu a uma lista pífia de escrivães de segunda por ocasião da convenção anual dos escritores alemães. A segunda convenção, em 1942, transformou-se num encontro da nova União dos Escritores Europeus, controlada pelos alemães, durante o qual autores alemães e franceses de segunda categoria conviveram com representantes da "Nova Europa". (Entre os quais o idoso Knut Hamsun, laureado com o Nobel, que viria a enfurecer Hitler durante um encontro privado, em Berchtesgaden, ao queixar-se do caráter destrutivo da política alemã na Noruega e exigindo o afastamento do comissário alemão em Oslo. Outro delegado à convenção, um italiano muito mais novo e já conhecido pelo seu europeísmo e amor à literatura alemã, foi o brilhante Giaime Pintor, que morreria menos de dois anos depois, nos arredores de Roma, como guerrilheiro antifascista).

Em nenhum outro lugar da Europa foi a diplomacia cultural tão promovida pelos alemães como na França ocupada. Os nazis associavam o país às artes e admiravam-no e desprezavam-no por isso. Tinha dominado a Europa, mas isso fora antes de se deixar degenerar graças ao seu apego antiquado ao parlamentarismo, à sua dependência dos soldados das colónias e ao seu encorajamento dos imigrantes judeus, árabes e leste-europeus. Hitler acreditava que a procura do gosto na música, nos livros, na gastronomia e na moda amolecera os franceses; os seus interesses podiam ser encorajados em segurança, até porque assim o domínio alemão seria mostrado sob um prisma muito mais tolerante do que noutras paragens. A sua visita a Paris, em 1940, permaneceu uma recordação vívida e ele ficou muito agradado por não ter sido obrigado a destruir a cidade – "um documento cultural europeu": teria sido muito mais doloroso, observou ele no ano seguinte, do que ordenar a destruição de Moscovo e Leninegrado (três anos mais tarde, como é sabido, ultrapassou estes escrúpulos e ordenou ao último comandante alemão da capital francesa que a deixasse em ruínas). Afinal de contas, Paris era a bitola pela qual a sua futura Berlim seria avaliada ([17]).

OS ADMINISTRADORES

Quem administrava verdadeiramente a França? Não era certamente o "Rei Otto" Abetz e o seu séquito de intelectuais, e também não era a SS, cuja presença, mesmo depois da chegada do HSSPF Carl Oberg, em maio de 1942, permaneceu bastante pequena. De facto, a teoria da "administração supervisora" de Werner Best faculta um guia bastante exato de como a ocupação estava organizada. O país era supervisionado pela Wehrmacht, mas estava nas mãos do funcionalismo público francês.

A continuidade do Estado em períodos de agitação mais violentos é um dos grandes temas não escritos da história moderna europeia e em nenhum outro período foi isto mais evidente do que durante a Segunda Guerra Mundial. Em França – ao contrário do Leste –, os alemães não tiveram objetivos imediatos que não a administração de uma ocupação eficiente e ordeira, o que tornou os funcionários públicos mais importantes do que os políticos. A política era basicamente uma distração, enquanto a administração era a essência de uma ocupação militar. E dado que os burocratas só podiam funcionar deste modo se fossem considerados de confiança, os alemães foram mais sensíveis à opinião pública do que seria de supor, monitorizando-a cuidadosamente e procurando moldá-la, especialmente através das campanhas de propaganda já referidas ([18]).

Vichy também tinha interesse em preservar um aparelho administrativo forte. Sem ele, o regime podia facilmente tornar-se um simples testa-de-ferro da influência alemã, incapaz de chegar ao povo francês. Tal como alguns intelectuais alemães congeminaram fragmentar a França, Vichy estava determinada a mantê-la una e o funcionalismo público era, de longe, o instrumento mais importante para o conseguir. Quanto aos próprios funcionários públicos, em alguns aspetos a ocupação foi muito menos perturbadora para eles do que para os políticos. De facto, com a classe política bastante enfraquecida, o domínio alemão proporcionou-lhes a oportunidade de avançarem com políticas de centralização e otimização da administração do país que os políticos tinham bloqueado durante anos.

No princípio, foram apanhados completamente desprevenidos. Estavam tão certos de que a guerra não terminaria rapidamente que, ao contrário dos holandeses, por exemplo, mal se tinham preparado para o que fazer em caso de derrota. No verão de 1940, com Paris a esvaziar-se em pânico, o Ministério da Educação ainda estava a enviar aos professores circulares recordando-lhes como se deviam candidatar ao seu retiro anual nas termas. Contudo, depois de Pétain se instalar no governo, as forças da continuidade reafirmaram-se rapidamente. Os receios pela segurança internacional do país tinham dado origem a alguma centralização, a saneamentos e a repressão no princípio da guerra, em setembro de 1939, e Vichy apenas intensificou esta tendência.

Em alguns aspetos, a continuidade foi bastante inesperada. Afinal de contas, Vichy não era um país governado por funcionários públicos, como a Bélgica e a Holanda; em França existia um governo legítimo, com um programa claro de rutura com o passado. Todavia, Pétain (tal como de

Gaulle, quatro anos mais tarde) tinha todos os motivos para preservar as instituições estatais para poder governar de modo eficaz. Por conseguinte, os saneamentos originaram menos mudanças do que seria de esperar, o que levou os extremistas de direita a queixarem-se com veemência; em 1944, Marcel Déat criticou a "comuna reacionária" da capital, afirmando que os seus membros eram "profundamente *attentistes*", para não dizer gaullistas. Fossem ou não gaullistas, quase 80% dos presidentes de câmara dos subúrbios parisienses eram republicanos e vinham de antes do conflito. Quanto ao campo, a mudança por motivos puramente políticos foi geralmente desencorajada; os alemães também receavam que tivesse impactos negativos na eficiência e na continuidade. Na Aquitânia e na Charente, por exemplo, metade dos funcionários autárquicos que ocupavam cargos em 1939 ainda se mantinham nos mesmos quando a ocupação terminou ([19]).

Por conseguinte, a promessa de Vichy de uma revolução autoritária disfarçou a realidade da sua dependência do funcionalismo público. É claro que os burocratas podiam servir – e serviram – de instrumentos de repressão, nomeadamente na captura dos judeus e dos opositores políticos, mas em geral não faziam tenção de oferecer o dinamismo revolucionário exigido pela extrema-direita francesa. O culto de Pétain disfarçou o vácuo político no cerne do seu governo e a sua recusa em autorizar a formação de um partido político único significou que, ironicamente, os funcionários públicos franceses nunca tiveram pela frente nada que se aproximasse da concorrência radical que os *Gauleiters* infligiram aos seus homólogos alemães ou que a NSB usou – com muito menos êxito – na sua tentativa para tomar conta do funcionalismo público holandês. Com o conservador Pétain no poder, a França ficou salvaguardada da nazificação que ameaçou outros países, pelo menos até a guerra ir demasiado adiantada para fazer muita diferença. Aumentando o seu controlo sobre as províncias, criando uma nova camada de superprefeitos e impedindo a maioria dos novos comissariados criados especialmente pelo regime de terem demasiada influência, os altos funcionários públicos franceses presidiram a uma expansão da burocracia e a uma consolidação do poder do Estado que Wilhelm Stuckart, do Ministério do Interior do *Reich*, teria invejado. Os alemães conquistaram a França, mas o Estado francês sobreviveu mais ou menos intacto.

Os funcionários públicos consideravam que desempenhavam um papel vital na preservação de uma França que a ocupação desmembrara e que poderia enfrentar uma nova fragmentação na paz caso o apoio da Alemanha aos separatistas regionais viesse a ter peso. Todavia, ao responderem a estes desafios, estavam também a seguir desígnios mais antigos de racionalização e modernização do Estado que muitos deles vinham ativamente proposto desde os anos 20. O almirante Darlan, que liderou o governo depois da demissão de Laval, era um reformista deste molde: era contra toda e qualquer "politização" da administração, não se deixou minimamente impressionar pelo antiquado movimento legionário de 600 000 membros que Pétain imaginou que poderia fazer as vezes de partido político e estava desejoso de explorar o choque da derrota para impor uma "nova administração". Quando o líder da Legião se gabou de que *era* o Estado, Darlan certificou-se de que não era. Desiludidos com os parlamentos e os partidos, Darlan e os seus tecnocratas elaboraram propostas de reforma burocrática e depositaram a sua confiança nos funcionários públicos ([20]).

É claro que este rumo tinha os seus perigos, o principal dos quais era o alheamento do sentimento do país. Parte da elite do funcionalismo público desprezava a opinião pública e não tinha confiança nela. Segundo um deles, "a opinião não passa de uma mulher enorme!". No entanto, as cabeças mais frias receavam que o regime, como qualquer outro governo autoritário, assumidamente burocratizado e sem ala política, se arriscasse a ficar isolado. Um prefeito alertou para o perigo da criação de "verdadeiros governadores, como nas nossas colónias distantes". Na ausência de partidos políticos para mediarem as preocupações populares, Xavier Vallat, o primeiro caudilho antissemita de Vichy, receava a emergência de "um fosso que pode tornar-se um abismo de incompreensão" ([21]). "O seu governo", disse um senador veterano a Pétain, "corre o risco extremo de perder o contacto com o país exceto através dos funcionários públicos, cujas antenas e visão sofrem de deformação profissional". Estes receios levaram Pétain a abrir a porta aos notáveis locais, mas esta medida não foi suficiente e expô-lo a acusações da direita de que o problema do regime era falta de energia e incapacidade para mobilizar os franceses ([22]).

A dependência dos funcionários públicos acarretou outro risco para um governo cada vez mais nervoso e paranoico. Vichy acompanhava a opinião pública e vigiava os seus próprios quadros para detetar qualquer sinal de deslealdade: a Gestapo não se comparava aos serviços de segurança franceses, extraordinariamente eficazes, quando se tratava de investigar as opiniões políticas dos proprietários dos cafés ou dos professores. Todavia, quando Vichy tentou sanear funcionários públicos, descobriu que o funcionalismo defendia os seus com unhas e dentes. A partir dos primeiros saneamentos, em 1940, depois das leis contra os judeus, os comunistas e os mações, em particular, os altos quadros revelaram uma relutância extrema em despedir os seus funcionários, preferindo emitir avisos ou transferi-los para cargos menos delicados. Houve grandes disparidades no efeito dos saneamentos nos ministérios: os do Interior e da Guerra, como seria de esperar, foram especialmente minuciosos, os do Trabalho e dos Negócios Estrangeiros muito mais resistentes. Com a guerra a correr de mal a pior, Vichy sentiu-se cada vez menos capaz de confiar no funcionalismo público, o que exigiu a organização constante de reafirmações de lealdade. Em julho de 1941, Pétain ordenou a todos os funcionários públicos que *repetissem* a negação obrigatória de que eram mações e seguiu esta medida com uma vaga de cerimónias públicas de juramentos de fidelidade. "Está-se comigo ou contra mim", insistiu ele, "e este pensamento aplica-se, acima de tudo, aos servidores do Estado". Seguiu-se uma "inflação" de juramentos que exigiu a absurda lei de abril de 1942, estipulando quando um juramento podia ser legalmente exigido ([23]).

*

Nesse mês, o regresso de Laval ao poder significou o fim dos projetos de reforma administrativa de Darlan, mas ele nada fez para cercear o poder do Estado. Pelo contrário, como homem da III República, Laval sentia-se muito mais à vontade do que Darlan a trabalhar com as antigas instituições e os seus funcionários e tinha menos desejo de as alterar. "Regressámos à III República", queixaram-se furiosamente os desiludidos pétainistas, que viram esfumar-se as suas esperanças de uma revolução. O que Laval queria, centrado como estava na política externa, era que os funcionários administrassem a França sem agitações, com eficiência e de forma suficientemente competente para merecer o respeito dos alemães.

Mas os funcionários públicos, que tinham conseguido tão habilmente manter e até aumentar o seu poder nos primeiros meses da ocupação, descobriram que o preço estava aumentar – e bastante. Tudo começou antes do regresso de Laval ao poder, com a vaga de ataques ao pessoal militar alemão que se seguiu à invasão da União Soviética. A crise dos reféns de agosto de 1941 teria afetado muito menos as relações franco-alemãs se Hitler não se tivesse envolvido pessoalmente. Foi a sua insistência em infligir represálias maciças aos franceses que provocou a primeira rutura grave com Vichy. Todavia, do ponto de vista do governo, o que contava era restaurar o controlo francês sobre o processo judicial. Dito francamente, se alguém ia fuzilar franceses, deviam ser outros franceses. Foi por isto que Vichy quis fazer o trabalho sujo dos alemães, estabelecendo tribunais especiais para descobrir e julgar os comunistas e outros suspeitos.

Uma vez tomado este rumo, não se sabia onde iria desembocar. O acordo franco-alemão sobre o policiamento, no mês seguinte, foi ainda mais revelador de até onde iriam os funcionários públicos para preservarem a soberania francesa. O policiamento era a função mais vital do Estado francês para os alemães controlarem, até porque as forças policiais, em grande parte republicanas, se tinham revelado um parceiro sólido e fiável. Pela mesma lógica, era vital para Vichy mantê-las sob controlo francês. O negociador que o conseguiu era uma brilhante estrela em ascensão, René Bousquet, um dos prefeitos mais jovens de França, nomeado secretário-geral da polícia por Laval. Um sinal da sua autoconfiança absoluta foi o facto de ter negociado sozinho pelo lado francês; as exigências alemãs foram apresentadas pelo HSSPF Carl Oberg, juntamente com os seus colegas do SiPo/SD, Knochen, Lischka e Hagen. Bousquet, que não era um ideólogo de direita, tinha as suas raízes políticas na tradição radical-socialista da III República. Para Bousquet e Laval, o que verdadeiramente interessava era chegar a um acordo com a SS que recuperasse a autonomia da polícia francesa, "o sinal mais notável da soberania do seu governo", segundo Bousquet – e marginalizasse os amadores perigosos, tais como o autointitulado Darquier de Pellepoix, o novo comissário para os assuntos judaicos ([24]).

Para o conseguir, Bousquet estava preparado para apostar. Seguro e autoconfiante, conseguiu convencer Oberg a aceitar que a polícia francesa não seria obrigada a entregar detidos nem a fornecer reféns aos alemães. Em troca, ultrapassou em muito as instruções de Laval na questão da deportação dos judeus. Cooperou na grande rusga aos judeus estrangeiros realizada em Paris, em meados de julho, e na Zona Ocupada, no mês seguinte. As instruções de Pétain tinham sido no sentido de se garantir que a polícia francesa não participaria nas detenções, mas Bousquet ofereceu a sua ajuda e ignorou os protestos dos eclesiásticos franceses de forma tipicamente burocrata, dizendo que "o papel da opinião pública é agitar-se a si própria; o papel do governo é decidir". Sempre preocupado com a questão da soberania, o governo distinguiu de forma inequívoca entre judeus franceses e estrangeiros. Graças às ordens insistentes de Bousquet, a polícia fez o trabalho dos alemães e prendeu os judeus estrangeiros. Desejoso de garantir que o lado francês fornecia a quota fixada, Bousquet recordou aos prefeitos a necessidade de deportar também as crianças. Os alemães tinham discutido a questão e decidido que as crianças também deviam ser deportadas. Resultado: os judeus deportados para Auschwitz incluíram mais de 2600 crianças e adolescentes entre os 2 e os 16 anos.

Os representantes do SD ficaram desiludidos. Em junho, a equipa de Eichmann planeara deportar 100 000 judeus de França mas reduzira este número depois de perceber que Vichy só começaria pelos judeus estrangeiros. Em julho, Eichmann ficou furioso quando o primeiro transporte, a partir de Bordéus, teve de ser cancelado porque apenas se tinha encontrado na cidade 150 judeus apátridas, e descompôs o seu delegado em Paris pela "vergonha". No princípio de setembro, os alemães calcularam que apenas tinham sido deportados de França 27 000 judeus.

Oberg, o chefe da SS em França, era muito mais realista do que os "especialistas judaicos" e felicitou Bousquet: "a polícia francesa tem realizado um trabalho digno de louvor"; as rusgas demonstravam que os polícias franceses eram de confiança. Oberg sabia que, em virtude das exigências da nova ofensiva na Frente Leste, os efetivos alemães estavam esticados ao limite. O número de soldados disponíveis para a ocupação baixara de 100 000 para 40 000 em poucos meses e Oberg tinha sob o seu comando direto menos de 3000 polícias alemães; dado que Bousquet controlava 47 000 homens, a cooperação era obviamente uma boa ideia. De facto, como provariam os acontecimentos do ano seguinte, as deportações em massa seletivas eram praticamente impossíveis sem a colaboração da polícia francesa. Pessimista mas sempre realista, Bousquet via no auxílio ativo a Oberg a única alternativa à queda na "subordinação total" ([25]).

Este inteligente funcionário público estava a ser levado, passo a passo, pela via da repressão intensificada. Embora Oberg resistisse aos seus superiores – Himmler e Hitler – para não enfraquecer Pétain ainda mais, a política alemã de execuções em massa e rusgas continuou, enfurecendo a opinião pública francesa. A situação agravou-se de forma considerável no princípio de novembro de 1942, quando os alemães responderam aos desembarques aliados no Norte de África entrando na Zona Livre e incrementando a vigilância em todo o país. A resposta de Bousquet, com o aumento das exigências alemãs, foi negociar e depois insistir para que a polícia francesa fosse autorizada a executar as operações. Oberg já não era o protetor de antigamente; estava na mira de Berlim por passar demasiado tempo em Paris e Himmler criticou-o por ser muito "diplomata" e pouco duro. De facto, foi a intervenção direta de Himmler e Hitler que levou Bousquet a novos extremos durante a chamada Batalha de Marselha ([26]).

Na realidade, não foi bem uma batalha, mas sim a primeira grande operação de destruição urbana levada a cabo na Europa. Na sua conversa com Norbert Masur, mais de dois anos depois, Himmler falou com orgulho sobre o sucedido. "Durante a nossa ocupação, houve lei e ordem em França, apesar de eu só dispor de 2000 polícias alemães", disse Himmler a Masur. "Toda a gente tinha trabalho e toda a gente tinha que comer. Só *nós* conseguimos limpar a zona portuária de Marselha, instituir condições de salubridade e estabelecer a lei e a ordem, algo que nenhum governo francês conseguiu". E era verdade que nem Vichy nem os alemães gostavam da cidade, especialmente das vielas labirínticas e incontroláveis do Porto Velho, cói de desertores alemães, refugiados judeus e resistentes. Uma noite, no princípio de dezembro de 1942, explodiu uma pequena bomba à frente do Hotel Astoria, entre La Canabière e a avenida Garibaldi; algumas horas depois, explodiu outra junto de um automóvel alemão estacionado à frente do Hotel de Rome et San Pierre. Ambos eram usados pelos alemães, mas as explosões não fizeram vítimas, com exceção de dois transeuntes que ficaram feridos. No entanto, os alemães impuseram o recolher obrigatório e iniciaram buscas para encontrar células da resistência. No dia 3 de janeiro, verificaram-se duas explosões, uma à porta de um bordel militar alemão, que feriu várias pessoas que estavam no interior, e outra à frente do Hotel Splendid, que feriu duas pessoas, uma delas fatalmente. O comandante militar alemão declarou a lei marcial. Quando Himmler ouviu as notícias, culpou Oberg por não tomar medidas enérgicas. Hitler ficou alegadamente "muitíssimo incomodado e desagradado" e ordenou a evacuação imediata e que se arrasasse do Porto Velho. Kurt Daluege, o chefe da polícia alemã, foi enviado para Paris e um regimento de polícia SS partiu para a cidade para assumir o controlo; entretanto, os militares informaram Vichy de que a polícia francesa e a gendarmaria seriam colocadas sob as ordens dos alemães. Alguns dias mais tarde, apesar dos protestos de Laval, o prefeito regional, Rivalland, foi substituído e chegou a Marselha um regimento SS, com vários milhares de homens [27].

Laval e Bousquet estavam desesperados para recuperar o controlo da situação porque estes novos desenvolvimentos tinham deitado por terra as pretensões de soberania de Vichy. Realizaram-se negociações dramáticas e tensas em Paris, num ambiente muitíssimo carregado – de um lado, os funcionários públicos franceses, liderados por Bousquet, do outro, Oberg e os restantes membros da SS e da polícia alemã. Oberg leu uma carta de Himmler declarando que Hitler queria Marselha "limpa" em nome da "saúde da Europa do futuro": era o "cancro da Europa, um refúgio para o submundo internacional [*la pègre internationale*]" e os bairros do Porto Velho deviam ser destruídos. Os franceses mal podiam acreditar, como também não acreditaram que 40 000 pessoas fossem enviadas para norte, para triagem num campo de concentração. Não havia nenhum precedente, na Europa Ocidental, para uma punição coletiva em semelhante escala, até pela relativa insignificância das explosões. Mas apesar de as ordens parecerem inequívocas, Bousquet negociou. Chamou a atenção para as consequências imprevisíveis da operação, para a dificuldade de garantir a segurança dos próprios soldados alemães e para os problemas que os alemães poderiam ter para organizar o transporte de um grupo de pessoas tão grande pelo país. O seu pedido de adiamento de um mês foi recusado, mas no fim ele e Laval decidiram insistir que se a operação era mesmo para avançar, devia ser levada a cabo pela polícia francesa, que ficaria também responsável por decidir quem seria deportado ou detido. Três dias depois, em 16 de janeiro, Berlim deu o seu assentimento e em menos de uma semana chegaram a Marselha 16 000 polícias para executar a maior operação deste tipo jamais vista em França. Durante dia e meio, bateram as ruas casa a casa, verificaram os documentos de identidade de 40 000 residentes e prenderam quase 6000. A meio da operação, Oberg disse a Bousquet que, por causa do rebentamento de outra bomba, a totalidade das 40 000 pessoas seria deportada para norte, para o campo de Compiègne, tal como fora originalmente planeado. Bousquet protestou e uma nova ronda de negociações acabou no acordo de que seriam entregues aos alemães todos os estrangeiros sem documentos em dia e todos os alemães e italianos apanhados na rusga. A maioria dos quase 1600 deportados era constituída por refugiados judeus da Europa de Leste, que foram metidos em vagões de mercadorias pelos SS de Oberg. Oberg e Bousquet inspecionaram pessoalmente o comboio antes da partida e Bousquet deixou sair um punhado de pessoas. Para os que não tiveram tanta sorte, a viagem para norte demorou quase um dia e meio e quando o comboio chegou alguns já estavam mortos. O resto da população do Porto Velho foi despejado num antigo campo militar francês enquanto as suas residências eram pilhadas e sistematicamente demolidas por uma empresa contratada para o efeito. Depois, iniciou-se a destruição dos bairros. Foram necessárias mais de duas semanas e a operação só terminou no dia 17 de fevereiro. Foram destruídos com explosivos mais de 1400 edifícios, numa área de 14 hectares ([28]).

É difícil imaginar um teste maior à vontade de Vichy de cumprir as ordens dos alemães do que este ato de vandalismo e assassínio completamente gratuito e colossal. Não admira que ao encontrar-se com Bousquet, em abril, Himmler o tenha descrito como "um colaborador precioso no quadro da colaboração policial". Mas nesta altura, o moral da polícia francesa já começava a ruir e Bousquet estava a perder a confiança na SS. Alguns diziam que ele só era mantido em funções por falta de alternativa melhor. Um dos problemas básicos eram as condições de trabalho. Apesar de depender bastante da polícia – para caçar os seus inimigos (reais e imaginados), para vigiar a opinião pública e até para manter os próprios alemães debaixo de olho –, Vichy nada fizera para compensar os agentes pela sua carga de trabalho, que aumentara imenso. Muitas das esquadras continuavam a ser viveiros de pulgas mal equipados e sem fundos, e revelaram-se demasiado vulneráveis a ataques quando a resistência começou a emergir. Além destas preocupações, a ocupação alemã da zona livre tornou mais difícil aos polícias afirmarem que não atuavam em nome dos alemães. Oberg passou a transmitir ordens diretamente aos oficiais da gendarmeria, que tinham reuniões semanais com a SS.

Acima de tudo, as novas rusgas de Sauckel em busca de trabalhadores testaram ao limite a lealdade dos funcionários públicos. Fiável no cumprimento de ordens para prender judeus estrangeiros e comunistas, a polícia reagiu de forma mais hesitante quando teve de dar caça aos refratários depois da imposição do serviço de trabalho obrigatório, em fevereiro de 1943. Foi por esta altura que chegaram as notícias do desembarque aliado no Norte de África e da vitória soviética em Estalinegrado, e muitos "pétainistas da primeira hora" começaram a ter dúvidas. Jean Borotra, ex-estrela do ténis e campeão de Wimbledon, que ocupara o cargo de responsável pelos desportos de Vichy e se dedicara a transformar a França numa nação de atletas, foi preso pela Gestapo ao tentar fugir para o estrangeiro e enviado para um campo na Alemanha (onde sobreviveu à guerra). O jovem François Mitterrand, apesar de ter recebido uma condecoração de Vichy, começou a virar-se para a resistência.

De facto, muitos dos funcionários públicos franceses estavam cientes da emergência de uma fonte de legitimidade alternativa em Argel, onde o Comité de Libertação Nacional, reconhecido pelos Aliados, começou a organizar saneamentos de burocratas "indignos" no Norte de África e na Córsega. De Gaulle estava apenas do outro lado do Mediterrâneo. Em junho, Laval, referiu-se ironicamente na rádio aos funcionários públicos que estavam a "examinar as suas consciências". Eram cada vez mais. Em outubro, o escritor Georges Bernanos descreveu com desdém como

> nos últimos seis meses, assistimos a uma verdadeira epidemia de conversões entre os funcionários de Vichy... Se os servos do Império Romano se tivessem convertido assim em massa ao cristianismo, a Cruz teria sido colocada no Capitólio muito antes de Constantino e Nero, instruído na nossa santa religião pelo pio Agripa, teria possivelmente acabado os seus dias num mosteiro. Mas para os funcionários públicos a que me refiro, o martírio não é uma vocação; é a pior de todas as soluções possíveis... As suas consciências de funcionários públicos atravessaram oceanos para se apressarem a ajudar a liberdade ameaçada, mas os seus corpos de funcionários públicos permaneceram onde estavam... ([29])

O ESTADO MILICIANO

Ao perderem a confiança na polícia francesa, os alemães procuraram apoio noutro lado. Estavam preocupados com o crescimento do *Maquis* (*) e pela débil resposta da gendarmaria a estes "terroristas" e começaram a renegar os acordos com Bousquet que limitavam o seu envolvimento nos assuntos da polícia francesa. Em 1943, por exemplo, prenderam quase 35 000 pessoas por motivos políticos e a polícia francesa deteve menos de 10 000. Instando Vichy a atuar de forma mais enérgica para extirpar os "insuficientemente colaboracionistas", os alemães exigiram funções de comando para os seus candidatos. Philippe Henriot chegou de Paris para assumir a pasta de ministro da Informação e Propaganda. Quanto aos polícias de Bousquet, tiveram como rivais os milicianos paramilitares de Joseph Darnand, um ex-membro da Cagoule de Deloncle, próximo de Pétain e pró-alemão fervoroso que no verão de 1943 se tornara oficial da Waffen-SS. (^{30})

Darnand ganhara fama de homem de ação e o lema do seu Service d'Ordre Légionnaire (SOL), que fundou em 1941, era "contra a Apatia, pelo Entusiasmo". Tal como a SS, defendia um elitismo de nacionalistas – se necessário, contra a nação. "Estamos decididos a salvar a França apesar da opinião pública", proclamou ele, "e se necessário, contra ela". Darnand teria partido para combater na Frente Leste se Oberg não lhe tivesse dito que era preciso em França. Juntamente com Laval, Darnand tinha criado a Milícia, uma organização com base no modelo do Partido Nazi, para injetar algum dinamismo em Vichy depois de Pétain ter vetado a ideia de um partido de massas; a Milícia nasceu do antigo SOL, mas depressa passou a ser usada pelos alemães em operações antirresistência.

Com os seus incessantes apelos à ação, a sua desconfiança em relação às autoridades, a sua pressa, a sua brutalidade e a sua estupidez pura, a Milícia foi uma resposta paramilitar clássica a uma emergência. Em junho de 1943, contava com cerca de 30 000 membros, dos quais apenas metade a tempo inteiro. Trajando camisas castanhas, jaqueta azul e boina larga, a maioria dos seus membros era muito jovem e geralmente de meios modestos. Se alguns eram crentes, outros eram criminosos condenados em busca de uma saída ou que tinham simplesmente aderido para não ser enviados para trabalhar na Alemanha. A polícia considerava-os criminosos e estava, dizia-se, à espreita da "primeira oportunidade para estrangular a Milícia". Por seu lado, os milicianos consideravam que os funcionários públicos de

---

(*) Designação francesa abreviada de *maquisards*, grupos de guerrilha que actuavam nas zonas rurais da França ocupada (*N.T.*).

carreira já não eram de confiança e que deviam ser demitidos. No princípio de dezembro de 1943, um grupo de milicianos matou o ex-patrono político de Bousquet, Maurice Sarraut, precipitando a rutura final entre Bousquet e o regime. Bousquet demitiu-se e no fim do mês Darnand foi nomeado secretário-geral para a manutenção da ordem. Na sua primeira reunião como chefe da gendarmeria, Darnand queixou-se da passividade desta e instou-a a tornar-se "fervorosa, quente, revolucionária como a Milícia" ([31]).

O monopólio estatal da força – sempre ameaçado sob ocupação – desintegrou-se e a França viu-se confrontada com a anarquia e a guerra civil. Aconteceu a mesma coisa noutras partes da Europa – em Itália, por exemplo, ou na Grécia – onde armas alemãs fluíram para as mãos dos esquadrões da morte e dos bandos anticomunistas. Os roubos multiplicaram-se porque os criminosos engenhosos se vestiam de polícias e era impossível distinguir os verdadeiros dos falsos. Além disso, o aumento súbito da resistência assustou muitos conservadores. Em fevereiro de 1944, Charles Maurras, apóstolo da ordem e da disciplina, escreveu que "a melhor resposta às ameaças dos terroristas é sujeitá-los a um contraterror legítimo". Quando uma unidade de resistentes, disfarçada de milicianos, matou o ministro da Informação, Henriot, e a mulher no seu apartamento de Paris, a Milícia respondeu assassinando vários políticos e intelectuais judeus conhecidos, incluindo Vitor Basch, presidente da Liga dos Direitos do Homem, e o ex-ministro Georges Mandel. A Milícia mudou-se para a antiga Zona Ocupada, estabeleceu o seu quartel-general em Paris e passou a trabalhar ao lado dos alemães para sua própria proteção – a unidade de Dijon era conhecida por "Milícia SD". Durante a primeira metade de 1944, os milicianos caçaram desertores e refratários e ordenaram aos prefeitos para deixarem de se queixar dos seus crimes.

Por conseguinte, a ascensão de Darnand originou uma verdadeira crise do Estado, especialmente depois de a legislação promulgada em abril de 1944 pôr o poder policial nas suas mãos e lhe permitir fugir aos canais judiciais normais. Darnand apelou à polícia para que servisse "sem dúvidas nem restrições mentais". Contudo, não obstante o seu sucesso na nomeação de milicianos fiáveis para altos cargos, os seus apelos caíram em orelhas moucas. Na semana que se seguiu ao Dia D, quase um terço dos gendarmes do Auvergne abandonou os seus postos e a maioria juntou-se ao *Maquis*. A Milícia estava cada vez mais isolada, era cada vez mais detestada e temia a vingança que a Libertação traria. Por conseguinte, quando os alemães abandonaram finalmente a França, no outono de 1944, foram acompanhados por vários milhares de milicianos e suas famílias, que empreenderam a longa viagem até Sigmaringen, a pequena cidade do Alto Danúbio que se converteu na última sede do governo de Pétain. Muitos foram conscritos para a Divisão *Charlemagne* da Waffen-SS e acabaram a combater o Exército Vermelho na Polónia. Alguns foram dos últimos soldados a render-se em Berlim, em abril de 1945 ([32]).

Os milicianos caracterizavam-se pela sua intransigência impetuosa, pela sua crueldade e pela falta de realismo político. Por esta altura, os polícias e os funcionários públicos da França, mais prudentes e previdentes, já tinham assumido uma atitude de *attentisme* que lhes permitiu comungar da alegria dos seus compatriotas no fim de uma ocupação que tinham servido mais ou menos fielmente. Foram muitas as mulheres desafortunadas humilhadas publicamente e que ficaram com a cabeça rapada pelo crime de terem convivido com soldados alemães, e alguns notáveis da política e ícones culturais foram investigados e julgados aquando da Libertação, mas os saneamentos do funcionalismo público deixaram muitas figuras de Vichy escapar impunes. René Bousquet recebeu um castigo mínimo, foi felicitado pelo seu papel na resistência e construiu uma carreira de sucesso na banca e na imprensa. Maurice Papon, secretário-geral da prefeitura da Gironda, tornou-se um muito controverso chefe da polícia de Paris durante a Guerra da Argélia, político e ministro: só em 1997-1998 foi condenado pelo seu papel na deportação de judeus de Bordéus.

A longevidade destes homens dá uma pista para a dinâmica subjacente à colaboração em França. Os franceses não foram uma nação de colaboracionistas, mas no início deixaram-se seduzir em grande número pela ideia da colaboração. O governo de Pétain foi inicialmente popular porque parecia prometer a restauração da ordem depois do caos da derrota. Os mais impacientes em relação ao governo eram os membros da extrema-direita, que desconfiavam que a Revolução Nacional de Pétain não passava de uma restauração conservadora disfarçada em vez da rutura fascista com o passado que desejavam. Contudo, em finais de 1941, o mais tardar – a crise dos reféns foi um ponto de viragem, mas a rutura foi acentuada pela carestia alimentar –, o público francês virou as costas a Vichy. "A opinião geral parece ser muito desfavorável ao governo", informou o prefeito de Puy de Dôme, em outubro. A administração, cada vez mais desligada da opinião pública, permaneceu fiel aos ideais da colaboração e respondeu de forma positiva mesmo depois de os alemães terem aumentado significativamente as suas exigências. Entretanto, muitos dos apoiantes de Pétain entravam na resistência nesta ou naquela forma, garantindo assim uma transição fácil para a IV República do pós-guerra ([33]).

A defesa intransigente da soberania francesa por Vichy dependeu cada vez mais do seu controlo sobre a polícia. Porém, como os alemães bem compreenderam, a polícia – tal como o funcionalismo público em geral – dependia, para ser eficaz, do apoio do público, que se foi esfumando no meio do aumento da violência. Na primavera de 1944, o regime necessitou da ajuda da Milícia para se agarrar ao poder enquanto a gendarmaria se via a braços com uma "verdadeira conspiração do silêncio" sempre que tentava caçar os "terroristas". A maioria dos funcionários públicos aguardava ansiosamente o inevitável e Pétain, ainda visto com simpatia em grande parte do país, perdeu toda a sua credibilidade como líder nacional. A legitimidade acumulara-se há muito nas figuras que, do Norte de África, regressaram em triunfo ao continente com os exércitos anglo-americanos no verão de 1944 ([34]).

20. À procura de abrigo no gueto de Kovno, 1941.

21. Ciganos deportados da Alemanha no campo de concentração de Belzec, 1940.

22. O marechal Antonescu e a mulher em casa, março de 1942.

23. Hitler e Mussolini inspecionam tropas italianas na Ucrânia, 28 de agosto de 1941.

24. Remoção da águia real jugoslava de capacetes do exército, Croácia, maio de 1941.

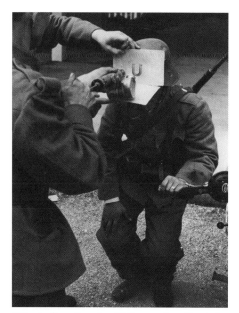

25. Aplicação do "U" ustaša, Croácia, maio de 1941.

26. Tropas alemãs incendeiam uma aldeia sérvia, 1941.

27. Comissários da brigada guerrilheira Molotov, Bielorrússia, 1942.

28. Judeus capturados durante a insurreição do gueto de Varsóvia, abril-maio de 1943.

29. Cadáveres são retirados do comboio da morte de Jassy sob a supervisão de um polícia romeno, 1 de julho de 1941.

30. Judeus húngaros deportados atravessam Kamenets-Podolsk a caminho do local de execução, Ucrânia, 27 de agosto de 1941.

31. Pessoal de Auschwitz durante um retiro de fim de semana, 1944.

32. Trabalhadores forçados no campo de concentração de Plaszow, 1943-1944.

33. Sobreviventes do Dachau no dia a seguir à libertação do campo, 30 de abril de 1945.

34. As tropas soviéticas entram em Budapeste, janeiro-fevereiro de 1945.

35. Danzig, 1945.

36. Rapagem da cabeça de uma mulher acusada de ter dormido com um alemão (note-se o retrato de Hitler, à esquerda), França, 1944.

37. A elite nazi no cativeiro, Mondorf-les-Bains, verão de 1945. Göring na presidência, Ribbentrop na segunda fila, à esquerda, de pé, atrás de Lammers, tendo Walter Funk ao lado; entre ambos, Seyss-Inquart. Robert Ley está virado para a direita, com Alfred Rosenberg atrás do seu ombro direito e Fritz atrás do esquerdo. Neste grupo de militares, funcionários do Partido e burocratas, veem-se também von Krosigk, Dönitz, Frank, Jodl e Keitel.

14
Os auxiliares do Leste

Terá a colaboração sido uma ilusão nascida da indiferença alemã? Teria ela sido possível nas regiões que os nazis estavam decididos a riscar do mapa e transformar em zonas de povoamento alemão? Alguns polacos disseram que o seu país era o único sem colaboracionistas. Observaram que, ao contrário dos checos, tinham resistido aos alemães, e que tinham sofrido por isso, pelo menos tinham-se mantido na via da virtude. Em janeiro de 1945, o Exército do Interior polaco declarou que "a Polónia é um país organicamente antifascista. No nosso país, não há nenhum Hácha, nenhum Quisling [nem] Vlasov [nem] nenhum partido pró-fascista". No mesmo ano, um jornalista polaco descreveu o país como "o mais puramente moral entre todas as nações que tiveram de viver sob ocupação [nazi]" ([1]).

Não se tratava propriamente de uma questão de moralidade, e é difícil dizer se os polacos se comportaram melhor ou pior do que qualquer outro povo em circunstâncias comparativamente horríveis. A verdade é que revelações recentes sobre a participação polaca em massacres antissemitas, em 1941, complicaram o debate, na Polónia, sobre a ética durante a guerra. A questão é que, tal como no caso francês, foi a política alemã que definiu as opções, e no caso polaco não existiu verdadeiramente oportunidade para colaborar dada a decisão de Hitler de destruir a própria identidade da Polónia. Além do mais, o governo no exílio do general Sikorski foi reconhecido no estrangeiro logo em finais de 1939. O governo de Sikorski teve ao seu dispor, só em França, mais de 80 000 soldados, bem como uma grande força aérea, três contratorpedeiros e um serviço de informações bastante respeitado. Estabeleceu uma presença clandestina na Polónia ocupada – a Delegação do Governo – e muitos funcionários, como o vice-presidente da câmara de Varsóvia, que trabalharam com os alemães, garantiram a autorização prévia da Delegacia de modo a evitar o estigma da colaboração ([2]).

Na verdade, houve uma indicação muito breve – é difícil dizer quão séria – de que os alemães ponderavam instalar um governo fantoche polaco. Em meados de setembro, antes de Hitler ter tomado a sua decisão final sobre o destino da Polónia, a Gestapo prendeu Wicenty Witos, o líder veterano do Partido Camponês e três vezes primeiro-ministro, e ofereceu-lhe a libertação se ele colaborasse. Witos recusou e voltou a recusar em várias ocasiões, mas embora a política alemã se tenha modificado consideravelmente depois, outros polacos continuaram a sentir-se atraídos por Berlim, tal como se tinham sentido nos anos 30 e até antes – a tendência pró-alemã da política polaca remontava muito atrás para desaparecer de um dia para o outro. Muitas pessoas lembravam-se da Primeira Guerra Mundial, quando as Potências Centrais tinham proclamado uma Polónia independente. Władysław Studnicki, seguidor do grande advogado da cooperação polaco-germânica da Primeira Guerra Mundial, Josef Pilsudski, estivera envolvido na proclamação germano-austríaca de 1916 e pressionou os alemães para que instalassem de novo um governo polaco para que este pudesse utilizar o Exército polaco contra os soviéticos ([3]). Mais ambíguo foi o caso de outro pilsudskista, Leon Kozłowski (*). Depois de ser preso e torturado na prisão da Lubyanka, em Moscovo, fugiu para *ocidente* e em janeiro de 1942, numa conferência de imprensa organizada pelos alemães, previu que os soviéticos iriam perder a guerra. Evitou fazer comentários pró-alemães, mas mesmo assim especulou-se que os alemães estavam a considerá-lo para liderar um governo colaboracionista ([4]).

Na verdade, em 1942 quase ninguém em Berlim pensava em semelhante coisa: as intenções do *Reich* para a Polónia apontavam numa direção muito diferente. Tipicamente, só depois de Estalinegrado – e mesmo assim de forma hesitante e sem a mínima convicção real – é que a ideia de promover uma cruzada germano-polaca contra o bolchevismo começou a atrair os alemães. Goebbels e Hans Frank, em particular, queriam explorar o choque sentido em toda a Polónia quando as sepulturas dos oficiais do Exército polaco assassinados pelo NKVD foram descobertas na floresta de Katyn, e membros da Cruz Vermelha Polaca foram incluídos entre os especialistas forenses, jornalistas e outros levados ao local. Enquanto se caçavam os últimos judeus do gueto de Varsóvia, Hans Frank tentou alterar o rumo nesta direção. O Concelho Central de Assistência polaco foi oficialmente reconhecido no Governo-Geral e Frank quis que o seu presidente, Adam Ronikier, fosse seu intermediário junto dos políticos polacos. Ronikier recusou mas Frank não se deixou demover. Em junho de 1943, disse a Hitler que a Alemanha devia de-

---

(*) Político e primeiro-ministro da Polónia em 1934-1935. (*N. T.*)

sistir de "ideologias inúteis e supremacias falsamente concebidas" e aumentar as rações, melhorar as condições dos trabalhadores polacos no *Reich*, pôr fim às execuções públicas de mulheres e crianças e abrandar o uso do terror (⁵).

No Governo-Geral, Frank teve vários gestos públicos na direção de uma política mais pró-polaca. Sendo um pianista amador entusiasta, inaugurou um novo Museu Chopin, em Cracóvia (só depois é que veio a saber que a jovem prodígio que teve a honra de tocar para ele no piano de Chopin era meio judia). Agradeceu publicamente aos camponeses polacos pelo seu duro labor, inaugurou um teatro e publicou folhetos instando os polacos a apoiarem os alemães contra os russos. O governador de Cracóvia chegou mesmo a participar numa cerimónia comemorativa dos soldados polacos mortos na campanha de 1939. Mas Hitler não se convenceu e, mais importante ainda, os polacos também não. O seu ódio a Frank já era demasiado grande para que acreditassem no que dizia, e em finais de janeiro de 1944 Frank escapou por pouco quando o seu comboio foi mandado pelos ares nos arredores de Cracóvia (⁶).

Como sabemos, a Alemanha, além de ter anexado a parte ocidental do país, ponderava apoderar-se também do Governo-Geral. Nestas circunstâncias, não podia ter surgido nenhum Pétain polaco. E, no entanto, havia bons motivos para os nazis terem levado o modelo de uma ocupação colaboradora (como os alemães tinham feito na Polónia, durante a Primeira Guerra Mundial) mais a sério do que levaram. Na verdade, as pressões económicas e administrativas que forçaram o *Reich* a recorrer consideravelmente aos funcionários públicos para administrar as ocupações na Europa Ocidental aplicavam-se também à Polónia. De facto, a administração polaca do Governo-Geral cresceu muito depressa a partir de 1939: depois da guerra, Frank estimou que chegou a haver 250 000 funcionários públicos polacos às ordens de cerca de 40 000 funcionários alemães. Excluindo o pessoal dos caminhos de ferro e dos correios, o número de alemães oscilou entre apenas 7300 em 1940 e 14 753 quatro anos mais tarde, juntamente com 50 000--80 000 SS e polícias e até meio milhão de soldados. Dado que um número desproporcionado de alemães estava baseado nas grandes cidades – e cada vez mais concentrado nestes centros urbanos à medida que a insurreição se foi espalhando pelo campo –, os administradores civis de Frank dependeram cada vez mais dos polacos em muito mais domínios do que estes números sugerem, e isto apesar de os seus regulamentos determinarem o uso do alemão nos assuntos governamentais e discriminarem "todos os estrangeiros". Os alemães descobriram demasiado tarde que, à semelhança da maioria das potências imperiais, não tinham recursos humanos suficientes para fazer tudo sozinhos (⁷).

Nas zonas rurais polacas, a própria brutalidade do regime de Frank refletiu a precariedade do seu controlo. Por exemplo, no condado rural de Janow, 50 funcionários públicos alemães, apoiados por cerca de 500 polícias, administravam uma área com 150 000-200 000 habitantes. Contavam com o auxílio de aproximadamente 1500 funcionários do governo polaco – na sua maioria, professores, funcionários municipais e das aldeias, guardas-florestais e membros da administração alimentar. Os polacos cobravam os impostos, supervisionavam as colheitas, distribuíam alimentos e o correio, emitiam documentos de identidade, operavam os caminhos de ferro, mantinham as estradas e tomavam conta dos refugiados (para não falar nas dezenas de milhares de polacos e judeus que construíam estradas, abriam canais de irrigação e fossos antitanque e trabalhavam nas pedreiras em condições horríveis) ([8]).

Ao contrário do que aconteceu na Europa Ocidental, os alemães recorreram ao terror desde o princípio para manter os polacos na ordem. Na eventualidade de ataques da guerrilha, os funcionários públicos polacos podiam ser fuzilados como reféns ou enviados para os campos de concentração. Entretanto, os cargos eletivos e as instituições de autogestão, como as cooperativas, foram eliminados ou passaram a ser dirigidos por indivíduos nomeados pelos alemães, e a nobreza, em particular, foi vigiada de perto e as suas propriedades postas sob supervisão alemã direta ou simplesmente confiscadas. Sujeita a saneamentos periódicos, a burocracia absorveu refugiados que falavam alemão dos territórios anexados da Polónia Ocidental, bem como alguns ucranianos e alemães étnicos. No princípio, estas medidas pareceram funcionar de forma satisfatória para os alemães: um recente estudo em profundidade descreve uma situação de "cumprimento generalizado" – pelo menos até 1942. Muitos funcionários públicos polacos regressaram obedientemente ao trabalho depois da invasão e verificou-se um fluxo de novos recrutas atraídos pelas rações oficiais ou pela esperança de evitarem as deportações para trabalharem ou outros deveres ([9]).

O estado do país era tão miserável e as alternativas tão poucas que estes empregos continuaram apelativos mesmo depois de se tornar evidente a dureza dos alemães para aqueles que os ocupavam. Os funcionários responsáveis pela colheita eram particularmente vulneráveis. "Lembro-me de que em Krasnik, o *Kreislandwirt* (*) gritou, "Porcos polacos, esqueçam a Polónia! Quem não entregar a sua quota será enviado para [o campo de concentração de] Maidanek!", recordou o membro de uma das comissões das quotas alimentares. "Perante os nossos olhos, cinco chefes de aldeia foram presos

---

(*) Em alemão no original: chefe da agricultura de distrito. (*N.T.*)

porque as suas aldeias não tinham entregado as respetivas quotas. Morreram todos passado uma semana". Temendo este tipo de tratamento se falhassem, os capatazes das aldeias tornaram-se violentos e agressivos para os camponeses, que passaram a viver cheios de medo. "Hoje é o último dia para a entrega da quota de cereais", escreveu um médico polaco, em novembro de 1940. "Durante todo o dia, têm chegado à cidade carroças cheias de cereais. Os camponeses têm medo de ser presos, por isso trazem as suas quotas a tempo" ([10]).

Contudo, em 1943, a mudança na sorte da guerra e a emergência de bandos de criminosos e de resistentes armados nas florestas marcou uma nova atmosfera. "Que nenhum capataz, secretário, chefe de aldeia ou seu assistente me venha dizer que as pessoas não lhe dão ouvidos", avisou um funcionário de condado, em janeiro de 1943. "Exijo-lhes que imponham a sua vontade em toda e qualquer circunstância". Mas isto já não era possível porque esses detentores de cargos tinham de se preocupar com outros que não os alemães. A violência começou a espalhar-se pelo campo, que fora muito mais seguro e pacato (a menos que se fosse judeu) do que as cidades e muito menos afetado pelos alemães. Os muitos ataques da guerrilha desencadeavam, a título de retaliação, incursões de pacificação alemãs que deixavam dezenas de aldeias em cinzas e milhares de habitantes mortos. Tal como em França, a brutalidade aumentou ao aproximar-se o fim da ocupação, minando o moral e a eficácia dos funcionários públicos, condenando o pouco que restava da "linha flexível" de Hans Frank e obrigando os alemães a dependerem cada vez mais do SD, da polícia e da própria Wehrmacht.

O POLICIAMENTO DO LESTE

Garantir a colaboração da polícia e dos auxiliares locais foi importante para os alemães nos territórios ocupados do Leste por uma razão principal: a Solução Final. Incumbidas do assassínio de centenas de milhares de pessoas, muitas das quais viviam em povoados dispersos e remotos, as tropas de Himmler – e acima de tudo os poucos milhares de homens dos *Einsazgruppen* SS – dependiam da ajuda de terceiros e começaram a recrutar auxiliares locais antes de terem autorização oficial para tal, na segunda metade de julho de 1941. Não foi difícil encontrá-los, pois não tardaram a aparecer voluntários. Alguns eram criminosos ou ex-comunistas desejosos de provarem a sua fiabilidade aos alemães. Outros tinham sofrido às mãos dos bolcheviques – em especial os polícias, que chegaram com sede de vingança. "Quase todos os polícias letões têm um bocadinho de sadismo no sangue", escreveu o funcionário alemão que administrava Daugavpils, uma cidade de província – foi demitido pouco depois por corrupção, tendo sido encontrados na sua posse casacos de pele e colheres de prata (pertencentes a judeus assassinados), dúzias de barras de sabão, blusões e centenas de cigarros. Mas muitos ofereceram-se por convicção, para fugir à fome, ao cativeiro ou ao trabalho obrigatório. Na Polónia, os que foram utilizados em operações antissemitas incluíam jovens conscritos para a organização de trabalho Baudienst ([11]).

Os membros dos grupos fascistas bálticos foram uma fonte crucial de recrutas entusiastas e muitos deles rivalizaram com os nazis na sua mescla de antissemitismo com anticomunismo. A sua obra assassina ficou bem patente, por exemplo, na cidade de Vilnius, um dos grandes centros de conhecimento judaicos, onde milhares de judeus foram assassinados num antigo salão de beleza por jovens que pertenciam a uma conhecida organização paramilitar que existia antes da guerra (*). Com idades geralmente compreendidas entre os 17 e os 25 anos, estes atiradores escoltaram colunas de vítimas, através de postos de controlo da polícia, até à floresta de Ponary, onde as abateram a tiro em fossos gigantescos abertos pelos soviéticos para armazenarem combustível de aviação. Os que tentaram fugir pelos pinhais foram caçados. Aos soldados alemães curiosos que apareceram para assistir, os atiradores justificaram o ato dizendo-lhes que era o que os *bolcheviques* lhes tinham feito a eles.

Todavia, o elevado idealismo racial não foi a única motivação: as recompensas materiais eram consideráveis. O jornalista polaco Kasimierz Sakowicz viu homens a negociarem sobre os cadáveres nos pinhais. "Para os alemães, 300 judeus são 300 inimigos da humanidade", escreveu Sakowicz, "para os lituanos, são 300 pares de sapatos, de calças, etc.". E não foram apenas os atiradores que se aproveitaram dos despojos. Num dia, foram vendidas meias de seda na aldeia vizinha; noutro, venderam-se peles, camisas de noite ou ouro extraído dos dentes das vítimas. Com dezenas de milhares de cadáveres a encherem os fossos e os bens e a violência a espalharem-se pelas zonas rurais – alguns guardas embriagados deram em começar a abater polacos e outros lituanos –, verificaram-se querelas e lutas e, pelo menos num caso, um dos executores, por se ter apoderado de relógios "que pertenciam a terceiros", foi obrigado a pôr a estrela de David e depois foi abatido. Quando os aldeãos apareciam na expectativa de comprar roupas, os guardas ofereciam-se para abater judeus "do tamanho certo" do próximo comboio ([12]).

(*) A Lietuvos Šaulių Sąjunga (União dos Atiradores Lituanos). (*N. T.*)

Alguns académicos sugeriram recentemente que a arianização da Europa Ocidental e Central ajudou à aceitação da Solução Final pelo público. É um argumento exagerado, dado que na maior parte da Europa Ocidental não havia muitos judeus, mas torna-se bastante mais plausível no caso da Europa de Leste, onde a população judaica era muito maior e mais urbanizada, onde a assimilação não estava tão avançada nem era vista como uma parte tão integral da identidade política, e onde a qualidade de vida era bastante inferior. Os alemães étnicos da Hungria saudaram o ataque aos judeus levado a cabo em 1944, depois de a Wehrmacht ter entrado no país: "o processo de purificação", segundo um relatório, "revelou-se muito benéfico para o grupo alemão étnico".

Na Ucrânia, as roupas dos grupos de ciganos e judeus assassinados pelas forças alemãs também foram oferecidas aos alemães étnicos. Na antiga Zona de Residência, na Polónia Oriental e no Oeste da Bielorrússia, em 1941 ainda havia *shtetls* maioritariamente judaicos como ilhas de vida urbana num mar de camponeses cristãos. Muitos polacos ignoraram as instruções do governo no exílio e aproveitaram-se dos bens dos judeus. "Os casos de roubo generalizado de bens que pertenciam aos judeus são um testemunho eloquente da decadência moral prevalecente", avisou um jornal clandestino, em 1942. Nas cidades, "nos departamentos e nos escritórios, toda a gente comerciava". Nas zonas rurais, muitos camponeses roubavam os judeus sobreviventes e denunciavam-nos ou matavam-nos. Os chefes da resistência estavam profundamente preocupados com a sua "desmoralização e selvajaria" ([13]).

"Uma turba de camponeses desceu à cidade à procura de pechinchas e a pedir coisas, prometendo, em nome da Santíssima Trindade, devolvê-las depois da guerra", recordou um sobrevivente no dia em que os judeus foram expulsos de uma vila. "Não tardou muito, começaram a ir-se embora com as cabras e as vacas que os judeus não podiam levar com eles". Os camponeses juntavam-se com as suas carroças nos arredores dos *shtetls* à espera do massacre ou da expulsão dos judeus; nas cidades maiores, os guetos eram esventrados pelos saqueadores depois do seu abandono. Por toda a Ucrânia e Bielorrússia, ruas, bairros e até aldeias e vilas inteiras ficaram desertas meses a fio, com os edifícios saqueados ou utilizados como armazéns ([14]).

Mas os camponeses eram pouco sentimentais e muito desconfiados, e o facto de se apoderarem dos bens de quem já não os podia usar não se traduzia automaticamente em apoio aos alemães nem às suas opiniões. "Não era uma questão de ódio puro e duro, nem de antissemitismo tradicional. A propaganda nazi do tipo habitualmente bizarro mal chegava àquelas aldeolas isoladas. Era antes uma questão de isolamento total", escreveu Michael

Zylberberg, um sobrevivente judeu, sobre os aldeãos entre os quais viveu algum tempo.

> Para eles, os judeus estavam abaixo do desprezo, eram um grupo bizarro e estranho, de outro planeta...Era como se os judeus tivessem desaparecido há séculos. A reação geral era de indiferença e era difícil imaginar que alguma vez tivesse existido uma cooperação amigável. Os aldeãos não sabiam em pormenor o que acontecera aos judeus, mas interrogavam-se se alguma vez regressariam, dado que muitos deles deviam dinheiro a judeus. Esta última questão perturbava-os muito.

A primeira vaga de matanças de judeus não foi acolhida com uma reação negativa generalizada, mas em 1942 começou a surgir uma pergunta na mente dos cristãos. "Agora são os judeus, quando será a nossa vez?", perguntavam alguns. Em finais do ano, nos arredores de Brest circularam rumores de que "depois das ações contra os judeus", seria a vez de polacos, russos e ucranianos. Apesar de incentivados a participar na pilhagem dos bens dos judeus – e muitos participaram –, os habitantes locais sentiam-se cada vez mais incertos face aos alemães e à onda de desregramento na qual eles próprios participavam ([15]).

Os alemães preferiam canalizar diretamente o património dos judeus para as autoridades locais, o que, aliás, facilitava o pagamento da administração e o recrutamento de forças policiais e auxiliares adicionais para o combate aos guerrilheiros. Na Bielorrússia, em particular, onde os nacionalistas foram autorizados a alistar-se em organizações aprovadas pelos alemães, como a Organização de Autoajuda Popular e a União da Juventude Bielorrussa, as receitas provenientes da venda das casas dos judeus tornaram-se a única fonte de rendimento para as autoridades locais. Tal como na Polónia, os alemães apoiaram-se nos presidentes de câmaras autóctones e o controlo dos guetos e dos seus recursos proporcionou-lhes uma fonte importante de fundos.

As matanças abrandaram no inverno de 1941-1942, mas no ano seguinte houve de novo massacres e foi também neste ano que teve lugar a verdadeira expansão das forças policiais locais – a *Schutzmannschaft* e a *Hilfspolizei*, composta por alemães étnicos –, especialmente depois de Hitler ter aprovado a expansão das unidades locais para auxílio no combate à guerrilha. Os recrutas juravam "ser verdadeiros, valentes e obedientes, e cumprir as missões de forma consciência na luta contra o bolchevismo assassino". Estes polícias, sob ligeira supervisão alemã, eram os verdadeiros senhores das comunidades locais e tornaram-se tristemente célebres pela sua corrupção, embriaguez e crueldade. Na maioria, eram aldeãos bielorrussos e ucranianos muito jovens, e capturavam e matavam judeus, polacos e ciganos sem o menor escrúpulo. Em 1943, havia nada menos de 45 000 bielorrussos a servir como polícias auxiliares: apesar da sua inferioridade numérica face aos guerrilheiros, mataram judeus e aldeãos em operações de antiguerrilha tão eficientemente como os alemães, até serem transportados para oeste para fugirem ao avanço do Exército Vermelho, após o que foram integrados na Waffen-SS ([16]).

O FIM DA GERMANIZAÇÃO

Berlim necessitou dos estrangeiros para muito mais do que matar judeus. A germanização existiu sempre em duas dimensões. Uma – a prioridade de Himmler em 1939-1942, quando ele julgou que o fim da guerra estava iminente – remetia para o futuro. A sua expressão primária foi o Plano Geral para o Leste; as colónias estabelecidas em Zamość e Hegewald foram os primeiros passos nesse sentido. Esta visão da nova elite da Europa era exclusiva, orgulhosa e intransigente. Mas a outra dimensão estava orientada para as necessidades da guerra e com o prolongar do conflito e o recuo do Plano Geral para o Leste aumentou em importância e urgência. Os alemães deixaram de se poder dar ao luxo de ser tão seletivos sobre quem incluíam no seu rebanho; de facto, ao relaxarem os critérios do germanismo, descartaram o princípio de que só os alemães podiam lutar pelo *Reich*, a ponto de os eslavos – e até russos – entrarem para as fileiras das forças armadas alemãs. Não houve uma verdadeira mudança de intenções no topo do III *Reich*, mas as necessidades da guerra permitiram que a promessa da colaboração cintilasse brevemente no Leste.

No verão de 1942, Hitler incumbiu Himmler de decidir como é que os povos "germânicos" poderiam contribuir para a Nova Ordem. A Noruega e os Países Baixos eram alvo das atenções dos recrutadores da SS desde 1940 e começou-se de imediato uma campanha de propaganda que saudava a união vindoura entre o *Reich* e os outros "povos germânicos" do Norte e do Nordeste europeus. Himmler estabeleceu um "Grupo de Trabalho para o Espaço Germânico" e abriu uma "Casa Germânica" em Hanôver: a cerimónia de inauguração contou com a presença de grupos SS da Europa Ocidental.

O verdadeiro objetivo de tudo isto era encontrar recrutas "germânicos" para combater na Frente Leste, e milhares de voluntários alistaram-se e partiram. Depois de Estalinegrado, o esforço intensificou-se. O fascista belga

Léon Degrelle converteu a sua Légion Wallonie na SS Freiwillige Sturmbrigade Wallonien, na esperança de que o apoio de Himmler o aproximasse da conquista do poder na Bélgica. A Legião Flamenga do partido nacionalista VNV tornou-se a SS Freiwillingen Legion Flandern. As divisões Charlemagne e Nordland (*) também nasceram destas legiões nacionais, destinadas a serem os núcleos da futura SS europeia. Nestas unidades, que nunca atingiram plenamente o estatuto de divisões, os voluntários combateram até ao fim com o desespero de homens que não tinham nada a que regressar. A SS até formou um pequeno Britische Freikorps (BFK), cujos membros – algumas centenas de prisioneiros de guerra britânicos que eram uma mistura de simpatizantes de Mosley (**) e aventureiros – usavam a bandeira do Reino Unido nos seus uniformes da Waffen-SS; nunca entraram em combate, mas um número muito diminuto de soldados britânicos serviu noutras unidades SS. Nada menos de 125 000 europeus serviram nas fileiras da Waffen-SS – cerca de 50 000 holandeses, 40 000 belgas (valões e flamengos) e 20 000 franceses. Não são números insignificantes, mas demonstram que a Europa não estava desejosa de se voluntariar ([17]).

Se o número de recrutas "germânicos" nunca foi suficiente para Himmler, a Wehrmacht tratou de garantir que o das suas unidades puramente alemãs também não era. Himmler formou as primeiras divisões da Waffen-SS – Adolf Hitler, Das Reich e Totenkopf – para demonstrar que a SS também podia ter um papel como força militar, e estas unidades foram as grandes responsáveis pela reputação de brutalidade e fanatismo adquirida pela Waffen-SS. Contudo, no início, a Waffen-SS era uma pequena fração do tamanho da Wehrmacht e atrair voluntários alemães para as suas unidades tornou-se cada vez mais difícil (***). No próprio *Reich*, os recrutadores, que batiam a Juventude Hitleriana e o Serviço de Trabalho, informaram que "os jovens, além de serem anti-Waffen-SS, opõem-se, em geral, a toda e qualquer forma de serviço militar". A SS tentou recrutar à força "voluntários" para servirem nas frentes de combate, mas os seus oficiais eram críticos em relação à motivação e instrução dos novos recrutas ([18]).

Por conseguinte, com o aumento das perdas alemãs e a diminuição das barreiras ideológicas à conscrição de estrangeiros, Himmler compreendeu que confinar-se à Europa Ocidental seria contraproducente: era obviamente

---

(*) A Charlemagne, composta por franceses, foi constituída como brigada em 1944 e passou a divisão no ano seguinte. A Nordland foi formada em 1943, com pessoal escandinavo (principalmente dinamarqueses). (*N. T.*)

(**) Oswald Mosley, fundador e líder da União Britânica de Fascistas. (*N. T.*)

(***) No *Reich*, a Waffen-SS apenas podia recrutar no âmbito de pequenas quotas estabelecidas pela Wehrmacht, ou aceitar voluntários. (*N. T.*)

muito mais sensato explorar os receios e ansiedades daqueles que se encontravam diretamente no caminho do Exército Vermelho. Tomada a decisão de procurar recrutas num universo mais abrangente, a Waffen-SS expandiu-se incrivelmente depressa. Em 1942, dos 170 000 homens nas suas fileiras, apenas 18 200 não eram alemães do *Reich*; no fim da guerra, 19 das suas 38 divisões eram basicamente constituídas por estrangeiros – quase um milhão –, na sua maioria oriundos da Europa de Leste. Em 1944, a Waffen-SS tinha-se tornado um exército enorme e extremamente burocrático, sem pretensões reais de exclusividade racial, e os seus soldados eram cada vez mais alemães étnicos do Sudeste da Europa ou membros de outras nacionalidades ([19]).

A pioneira foi a Divisão Prinz Eugen, constituída por alemães étnicos e formada para ajudar a Wehrmacht no difícil combate aos guerrilheiros na Jugoslávia. Os recrutadores de Himmler também começaram a conscrever à força alemães étnicos da região sérvia do Banato, e quando as pessoas protestaram ele respondeu com desdém: "Ninguém quer saber o que fazemos lá com os nossos alemães raciais". A Hungria, a Jugoslávia, a Roménia e até a Polónia contribuíram com mais homens para a Waffen-SS do que a Europa Ocidental. As diretivas raciais foram rapidamente relaxadas e chegaram a Himmler queixas de que os seus homens recrutavam quase toda a gente: os "recrutas completamente inadequados" da Hungria incluíam homens "com epilepsia, tuberculose aguda e outros problemas físicos graves". Alguns nem sequer eram alemães étnicos. Um oficial de uma divisão julgou ser "perfeitamente possível que muitos dos alemães raciais voluntários não considerem esta guerra como sua nem considerem servir na Waffen-SS como o seu dever para com o povo alemão". De facto, muitos destes "alemães" desertaram ou, quando surgiu a oportunidade, renderam-se aos soldados americanos ou britânicos declarando-se polacos ou húngaros. Já no princípio de 1942, a SS tinha observado com bastante irritação o comportamento de alguns alemães étnicos da Alta Silésia vistos "nos bares polacos de uniforme, a falarem com os polacos em polaco" e com conversas derrotistas sobre a Frente Leste ([20]).

Himmler também estava a repensar as suas teorias raciais para aproveitar o intenso anticomunismo dos Estados bálticos, os quais, em finais de 1942, forneceram quase tantos voluntários como os Países Baixos, e havia muitos letões a servir os alemães nas forças armadas, nas unidades de polícia, nos batalhões de trabalho e nos esquadrões da morte SS. Em 1943, Himmler tinha já conscrito mais de 30 000 homens "germanizáveis" para as legiões SS letã e estónia, e várias altas patentes militares dos Estados bálticos eram oficiais superiores da SS. Em tempos, Himmler barrara os franceses e os valões de servirem na Waffen-SS por não serem suficientemente "germânicos";

todavia, depois de inspecionar alguns estónios em instrução, descobriu que "racialmente, não eram distinguíveis dos alemães... Os estónios pertencem verdadeiramente a uma das poucas raças que pode, depois de segregados alguns elementos, fundir-se connosco sem prejuízo para o nosso povo" ([21]).

Na verdade, Himmler até pensou em conceder uma maior autonomia política aos estónios e letões porque viu que a indisponibilidade da Alemanha para o fazer estava a prejudicar os seus esforços de recrutamento. Depois de Estalinegrado, o jovem ministro das Finanças de antes da guerra, Alfred Valdmanis, membro da Administração Autónoma Letã, disse aos alemães que a Administração só cooperaria no recrutamento de voluntários para a Frente Leste se a Alemanha se comprometesse a privatizar a propriedade – continuava em vigor muita legislação da era soviética –, deixasse de prender os patriotas letões e, acima de tudo, avançasse no sentido de reconhecer a independência da Letónia. Este letão sem papas na língua foi enviado para a Alemanha, onde ficou até ao fim do conflito sob vigilância do SD (em 1945, fugiu para o Canadá, onde se tornou diretor-geral para o desenvolvimento económico da Terra Nova, mas acabou demitido e preso por fraude). Os alemães continuaram a fazer o seu jogo habitual, prometendo concessões para o futuro enquanto a sua lista de exigências aumentava sem parar. Em novembro de 1943, Hitler pôs definitivamente de parte a ideia de autonomia política para os povos bálticos, mas a decisão não foi tornada pública para não estancar o fluxo de recrutas ([22]).

Depois de Hitler ter levantado a sua proibição à formação de "legiões nacionais" SS, Himmler começou a recrutar em áreas cujas populações nunca tinham sido minimamente consideradas "germanizáveis" mas que tinham alguma associação histórica com a Alemanha ou os habsburgos. Uma destas regiões era a Bósnia, onde os regimentos muçulmanos tinham adquirido um estatuto lendário ao combaterem pelo imperador Francisco José, na Primeira Guerra Mundial. Himmler repetiu a experiência, recrutando milhares de muçulmanos – muitos dos quais tinham sido atacados pelos *ustaše* croatas e pelos *chetniks* sérvios – para a Divisão Handschar, em 1943. Os ulemás bósnios avisaram as pessoas para não colaborarem, mas o mufti de Jerusalém foi levado de avião para dar a sua bênção e o próprio Himmler, que decidira que os muçulmanos bósnios não eram eslavos mas sim arianos, inspecionou a divisão em Sarajevo. Com os seus fezes adornados com as runas SS e os seus estandartes bordados com a cimitarra que dera o nome à unidade (*), os soldados usufruíam de privilégios idênticos aos dos seus antecessores habsburgos, incluindo rações especiais e concessões às suas práti-

---

(*) Do bósnio *Handžaru*, punhal. (*N. do T.*)

cas religiosas. Porém, os que se alistaram – e foram muitos – a pensar que se iriam comportar como as antigas unidades dos Habsburgos, a proteger os seus lares e em serviço de gendarmeria, depressa se desiludiram. Depois da instrução, em França – onde alguns se amotinaram –, foram principalmente utilizados em operações antiguerrilha na Jugoslávia, onde adquiriram fama de cometerem atrocidades.

Com o modelo habsburgo em mente, havia outros grupos étnicos atrativos, nomeadamente os ucranianos. Eram antibolcheviques e pró-alemães, mas a sua integração significaria inverter a política nazi estabelecida e lidar com outro dos muitos preconceitos de Hitler. O *Führer* era da opinião de que os habsburgos tinham errado ao insistirem na independência ucraniana na Primeira Guerra Mundial e nunca perdoara aos ucranianos por terem matado o governador militar alemão, em 1918 [23]. Além disso, os ativistas ucranianos também não ajudavam a sua causa; as duas principais fações da Organização dos Nacionalistas Ucranianos (OUN), um movimento de tipo fascista, a OUN-B (liderada por Stepan Bandera), e a OUN-M (chefiada por um antigo oficial austríaco chamado Andriy Melnyk), passavam grande parte do tempo a digladiar-se. Depois da invasão da URSS, o desprezo de Hitler pelo que ambas defendiam ficou patente na cedência do Sudoeste da Ucrânia aos romenos e da Galícia ao Governo-Geral. As esperanças de Rosenberg no estabelecimento de uma Ucrânia independente esfumaram-se e quando os homens da OUN-B da Abwehr se amotinaram em protesto foram enviados para o campo de concentração de Sachsenhausen. No Comissariado do *Reich* de Koch, o ativismo ucraniano foi forçado a passar à clandestinidade. "Nenhum soldado alemão morrerá por aqueles pretos", declarou Koch, acrescentando que sempre que encontrava um ucraniano inteligente se sentia obrigado a fuzilá-lo [24].

Mas os ucranianos puderam ser mais úteis na Galícia, onde contaram com o apoio do governador, o SS-*Brigadeführer* Otto Wächter. Ao mesmo tempo que ajudava a organizar a matança dos judeus da região (uma política da qual era um acérrimo proponente), Wächter permitiu a formação de um comité nacional ucraniano e autorizou os ucranianos a desenvolverem trabalho social e de assistência. O número de escolas em língua ucraniana no Governo-Geral, por exemplo, aumentou de 2510 em 1939 para mais de 4000 em 1942, e os polacos começaram a ficar declaradamente preocupados com esta ressurgência [25]. O passo seguinte natural era o recrutamento de uma divisão ucraniana para a Waffen-SS e Wächter abordou Himmler, que aprovou a ideia na condição de não haver menção da palavra "Ucrânia". Por conseguinte, em 28 de abril de 1943, Wächter anunciou a formação da Divisão SS Galizien e os seus principais colaboradores ucranianos apelaram ao alistamento de voluntários. A resposta foi esmagadora. Ofereceram-se perto de 100 000 homens, quase todos da Ucrânia Ocidental, numa demonstração da oportunidade que os alemães tinham esbanjado com a brutalidade de Koch na Ucrânia.

Dos 30 000 aceites, muitos dos mais velhos tinham combatido pelos austríacos na Primeira Guerra Mundial; para eles e para os oficiais alemães envolvidos, as memórias da sua antiga camaradagem nunca estiveram longe e a divisão adotou a melodia de marcha oficial do exército habsburgo. Os alemães ficaram espantados com a intensidade da resposta. A instrução dos soldados era acompanhada por palestras sobre a história ucraniana, por frequentes serviços religiosos e concertos e por muita bebida, especialmente quando eram visitados pela família. Himmler inspecionou a divisão em maio de 1944 e no mês seguinte foi enviada para a Frente Leste, ficando sob o comando operacional de um antigo oficial habsburgo [26].

Em três anos, a política alemã pareceu virar 180 graus. Todavia, apesar dos cartazes de recrutamento que mostravam soldados alemães e ucranianos a combater juntos nos milheirais, a confiança recíproca entre Himmler e os ucranianos não aumentara muito. Os alemães continuavam sem fazer promessas sobre um futuro Estado ucraniano; apenas queriam carne para canhão. Quanto aos ucranianos, sabiam que tinham poucas razões para confiar em Himmler. A Divisão SS Galizien não durou muito tempo: foi esmagada em poucos dias pelo Exército Vermelho, perto da cidade de Brody, reagrupando-se com apenas 1500 sobreviventes dos 14 000 efetivos originais.

Mas o seu sacrifício não foi completamente em vão. Himmler ficou impressionado com o seu desempenho e ordenou a sua reconstituição. A unidade foi autorizada a chamar-se "ucraniana" e a sua propaganda assumiu um tom mais declaradamente nacionalista. Todavia, a guerra afastou-a cada vez mais da Ucrânia e os interesses alemães e ucranianos começaram a deixar de convergir. Depois de ser utilizada em selváticas operações antiguerrilha na Eslováquia, a maioria dos seus homens desertou quando os alemães retiraram para o outro lado dos Cárpatos. Os soldados destacaram para perto dos seus lares, num derradeiro combate para salvar a Galícia do comunismo, e prosseguiram a luta contra os soviéticos e os polacos muito depois de a guerra ter terminado [27].

O veredicto dúbio do *Führer* sobre os soldados ucranianos emergiu numa conversa surreal, em Berlim, no *bunker*, em finais de março de 1945. Foi severo, prosaico e totalmente coerente com as suas atitudes políticas de sempre:

HITLER: Nunca se sabe o que vai acontecer. Acabei de ouvir, para meu espanto, que apareceu subitamente uma divisão SS ucraniana. Não sei absolutamente nada sobre esta divisão SS.

GÖHLER [oficial de ligação da SS]: Já existe há bastante tempo.

HITLER: Mas nunca foi mencionada em nenhuma das nossas conferências. Ou tem ideia do contrário?

GÖHLER: Não, não tenho.
...
HITLER [referindo-se às unidades estrangeiras em geral e à divisão ucraniana em particular]: Ou a unidade é de confiança ou não é de confiança. Presentemente, nem sequer posso criar novas formações na Alemanha porque não tenho armas. Por isso, é uma idiotice fornecer armas a uma divisão ucraniana que não é totalmente fiável... Se for composta por [antigos] rutenos austríacos, o que há a fazer imediatamente é tirar-lhes as armas. Os rutenos austríacos eram pacifistas. Eram cordeiros, não eram lobos. Eram uns miseráveis, mesmo no Exército austríaco. Isto tudo é um engano... Não estou a dizer que não se possa fazer nada com esses estrangeiros. Pode-se certamente fazer alguma coisa. Mas é preciso tempo. Se os tivéssemos durante seis ou dez anos e controlássemos as suas pátrias como a antiga monarquia fez, tornar-se-iam certamente bons soldados. Mas se os recebemos quando a sua pátria fica algures [em território inimigo], porque haveriam eles de combater? ([28])

À PROCURA DO DE GAULLE RUSSO

Ao recrutar estrangeiros para a causa nazi, Himmler seguiu os passos da Wehrmacht: de facto, a SS nunca igualou o Exército no número de estrangeiros que este recrutou. Há já algum tempo que os comandantes do Exército vinham improvisando o necessário para encontrar colaboradores locais e vasculhando os campos de prisioneiros de guerra em busca dos chamados "*Hiwis*" (*Hilfswillige* = voluntários auxiliares). Para os manter escondidos dos olhos de Hitler, só foram formalmente incluídos na ordem de batalha da Wehrmacht muito depois de Estalinegrado, mas antes do inverno de 1941 já havia muitos russos e ucranianos a servir como tradutores, motoristas, cozinheiros, criados e guardas. "Muitos sargentos e tenentes tinham os 'seus Ivans'", recordou um observador, e a sua dependência crescente destes homens – na primavera de 1943, estes auxiliares eram já meio milhão – ajudou muitos oficiais alemães a habituarem-se à ideia de trabalharem de forma mais sistemática com as 'unidades do Leste'" ([29]).

Com o aumento das necessidades do *Reich* em termos de efetivos, os argumentos para o recrutamento de "soldados do Leste" tornaram-se mais difíceis de contestar e em finais do verão de 1942 a sua posição foi regularizada ao abrigo de novos regulamentos do Exército que regeram as suas condições de serviço. No fim da guerra, quase metade dos soldados de primeira linha da 134.ª Divisão de Infantaria eram antigos prisioneiros de guerra soviéticos. Grande parte desta mudança deveu-se ao extraordinário chefe do departamento de organização do alto-comando do Exército, Claus von Stauffenberg. Inspirado pela sua visão neobismarckiana de uma Alemanha unida em parceria com uma Rússia pós-bolchevique – até perder a fé na capacidade dos nazis para a concretizarem –, Stauffenberg é naturalmente mais conhecido como o homem cujo desespero face ao modo como Hitler estava a conduzir a guerra o levou a pôr uma bomba no *bunker* do *Führer*, em julho de 1944.

Stauffenberg tinha muitas razões para se sentir frustrado. Conseguir que o *Führer* aceitasse servir-se do anticomunismo russo foi obviamente ainda mais difícil do que ultrapassar os seus preconceitos contra os ucranianos. As suas objeções aos russos eram sobejamente conhecidas e ele tentou que o Exército limitasse a utilização dos voluntários soviéticos a pequenas unidades antiguerrilha. Revelou-se mais fácil fazê-lo mudar de ideias em relação aos não russos, e a visita de um general turco a solicitar a libertação dos prisioneiros turcos abriu a porta para a criação de "legiões" de turquestanos, muçulmanos do Cáucaso e – incongruentemente – georgianos e arménios. Um corpo de cossacos, acompanhados pelas suas mulheres e manadas, combateu ao lado dos alemães até que a sua pouca fiabilidade e elevada taxa de deserções levaram a que fosse transferido para o Ocidente. Houve também um corpo de cavalaria calmuca e unidades tártaras. Dispersados pela Europa, na primavera de 1945, alguns acabaram na Bretanha, onde aterrorizaram a população local. No total, segundo uma estimativa, pelo menos 650 000 ex-cidadãos soviéticos vestiram uniforme alemão. A Wehrmacht estava a tornar-se um Exército multinacional a contragosto ([30]).

No entanto, a indicação mais clara de que a política não estava a ser determinada pela SS mas sim pela Wehrmacht, muito mais pragmática, foi a decisão de procurar colaboradores militares entre os próprios russos. Foi o maior sapo que Hitler teve de engolir. Além dos seus preconceitos antirrussos, a sua relutância pode ter sido influenciada pelo fiasco que ocorreu em novembro de 1942, quando cerca de 2500 voluntários russos de uma unidade antiguerrilha secreta mataram os oficiais de ligação alemães e raptaram o seu comandante, entregando-o aos guerrilheiros. Em meados de 1943, Hitler ainda insistia que "nunca construiremos um exército russo". Porém, em janeiro de 1942, Otto Bräutigam, conselheiro de Rosenberg, avançara a ideia de criar um "contragoverno russo" liderado por uma figura tipo "de Gaulle", a ser idealmente escolhida entre os generais do Exército Vermelho capturados. Rosenberg era demasiado tímido para sancionar uma sugestão tão ousada e Hitler, naturalmente, rejeitou-a. Quando alguns generais russos presos foram entrevistados, deixaram claro que a Alemanha teria de assumir compromissos políticos mais definitivos do que os que Hitler estava disposto a assumir. No entanto, os oficiais que serviam no Leste sabiam que os alemães não podiam ser tão altivos. Com a situação a deteriorar-se em Estalinegrado, o chefe dos serviços de informações do Exército no Leste, o general Gehlen, apelou à "formação de um governo nacional russo fictício", utilizando "personalidades com nomes sonantes" de entre os generais cativos para serem os testas-de-ferro de um "Comité Nacional de Libertação da pátria". No Natal de 1942, o Exército, o Ministério do Leste e o Ministério da Propaganda concordaram que era necessária uma abordagem mais política ao futuro da região ([31]).

Um candidato possível para o papel de "de Gaulle russo" era um general soviético bastante conhecido, Andrey Vlasov, que fora capturado no verão, depois de uma tentativa fracassada de levantar o cerco de Leninegrado. Vlasov, alto e magro, era uma figura impressionante que tinha desempenhado um papel de relevo na defesa e Moscovo e a Wehrmacht estava interessada na sua experiência militar e em usá-lo politicamente. No cativeiro, Vlasov disse de caras aos alemães que embora houvesse muitos militares soviéticos prontos a derrubar Estaline, não sabiam se deviam contar com os alemães ou com os anglo-americanos. Chamando a atenção para a resiliência do regime soviético, Vlasov sublinhou que os alemães não o conseguiriam derrubar sem ajuda russa; só um exército russo alternativo teria alguma hipótese de o derrotar. Vlasov admitiu que pendia para os alemães, mas a questão era que futuro concebiam eles para a Rússia.

Cientes de que Hitler e Bormann, em particular, se oporiam violentamente a toda e qualquer sugestão de guerra política com ajuda russa, os apoiantes de Vlasov na Wehrmacht tentaram conseguir o apoio de Alfred Rosenberg e do seu Ministério do Leste. Rosenberg anuiu, na condição de o programa de Vlasov não contradizer a sua política de apelar às nacionalidades não russas, e insistiu que toda e qualquer propaganda fosse dirigida ao lado soviético da frente. Contudo, quando os aviões alemães começaram a sobrevoar as linhas soviéticas, largando milhões de panfletos em nome de Vlasov a apelar ao fim do estalinismo, a uma paz honrosa e a um lugar para a Rússia numa Nova Europa "sem bolcheviques nem capitalistas", também os largaram "acidentalmente" sobre território controlado pelos alemães. A Wehrmacht deu conta de um interesse enorme entre os russos sob seu controlo e a causa de Vlasov viu-se bastante promovida. Na primavera de 1943, Vlasov foi autorizado a visitar os territórios ocupados para publicitar o seu "Exército Russo de Libertação" (como passaram a ser chamadas as *Osttruppen*). Falando em Smolensk, ladeado por oficiais alemães, Vlasov declarou que não queria ressuscitar o czarismo, o capitalismo nem o bolchevismo. Foi uma mensagem de nacionalismo russo puro e duro. "O povo russo viveu, vive e viverá", declarou ele ao pé dos oficiais alemães. "Nunca será possível reduzi-lo ao estatuto de um povo colonial". Vlasov denunciou as atrocidades alemãs contra a população civil e previu que a guerra da Alemanha no Leste fracassaria a menos que o *Reich* tornasse claros os seus planos de longo prazo para a URSS ([32]).

Escusado será dizer, tudo isto ia obviamente contra o pensamento de Hitler. Em junho de 1943, Hitler proibiu explicitamente a promoção de quaisquer colaboracionistas nos antigos territórios soviéticos; o máximo que estava disposto a tolerar seria uma campanha de propaganda. Segundo ele, seguir a estratégia japonesa – "algo como a chamada China livre ou nacionalista na Ásia Oriental" – era demasiado perigoso porque qualquer força armada russa considerável poderia virar-se contra os seus apoiantes alemães. Como tantas vezes fazia, virou-se para as alegadas experiências da Primeira Guerra Mundial, neste caso as consequências dos esforços alemães para criar um exército polaco. "Já tivemos uma lição trágica com os polacos na Guerra Mundial", objetou ele.

> Ludendorff disse mais tarde: "As pessoas disseram-me para eu arranjar 500 000 homens". Qualquer pessoa sensata deveria ter dito imediatamente: "Esses 500 000 polacos não combaterão contra a Rússia, estão é a montar um exército para atacar a Alemanha e a Áustria, se necessário, e libertar a Polónia. Cada nação pensa nos seus próprios interesses ou em mais nada [*oder sonst gar nicht*]... Imaginar que o nosso objetivo é constituir Estados independentes e autónomos é teorizar em terra de maluquinhos".

Para os nazis da linha dura como Hitler e Erich Koch, um apoio real aos nacionalistas russos, ucranianos ou outros era um anátema. Era ali, no topo, que se encontrava o obstáculo principal a qualquer esforço para recrutar colaboracionistas no sentido aplicável à Europa Ocidental ([33]).

Até a ideia de uma proclamação a "todos os povos do Leste" era mais do que o *Führer* estava disposto a tolerar e nem sequer Goebbels conseguiu convencê-lo. Quando Hitler soube que algumas *Osttruppen* tinham desertado para os guerrilheiros, as unidades restantes foram transferidas para a Europa Ocidental e para os Balcãs, e a ideia de um "exército de Vlasov" pareceu acabada. O próprio Himmler ainda era um dos maiores opositores de Vlasov. Em outubro de 1943, reafirmou o seu desprezo pela ideia de recrutar sub-humanos e criticou explicitamente o pensamento de estabelecer "um exército de libertação comandado pelo general Vlasov". Na verdade, Himmler nem conseguia acreditar que Vlasov tivesse tido o atrevimento de dar lições a oficiais alemães sobre o modo como tratavam os russos, e que nenhum dos alemães tivesse protestado ([34]).

Todavia, as objeções raciais de Himmler começavam a ser moderadas pela cada vez maior escassez de efetivos no Leste e perto do fim a SS estava a tornar-se a última esperança dos orientais. A Waffen-SS dispunha de quase 30 divisões e incluía, como vimos, muitos ex-cidadãos soviéticos. O corpo de cossacos transferira-se recentemente para a SS para garantir melhor equipamento e o comissário-geral SS para a Bielorrússia estava a apoiar os círculos nacionalistas da região ainda com mais vigor do que o seu antecessor civil. Na primavera de 1944, Himmler aceitou a ideia de recrutar muçulmanos soviéticos para um "Corpo Turco do Leste", expandindo o regimento turco que combatia os guerrilheiros na Bielorrússia. O líder proposto para a nova SS Östtürkischer Waffenverband foi Wilhelm Hintersatz, mais conhecido por "Harun-el-Raschid Bei", um antigo oficial austríaco que se convertera ao Islão e que trabalhara com Enver Paxá no estado-maior-general turco. Himmler continuava a sonhar com um avanço alemão até aos Urais, mas as suas fantasias tinham um toque habsburgo cada vez mais pronunciado e ele falava em construir, além da "Muralha do Leste" alemã, "uma fronteira defensiva no Leste, composta por neocossacos, inspirada nas fronteiras austro-húngaras e segundo o modelo russo dos cossacos e dos colonos-soldados" ([35]).

Um colaboracionista particularmente sórdido que se juntou à SS nesta altura foi um aventureiro psicopata chamado Bronislav Kaminsky. Antítese do ativismo político disciplinado e elevado de Vlasov, Kaminsky era um engenheiro da pequena cidade de Lokot, na Bielorrússia, que tivera problemas com o NKVD e governara a região como seu "império" pessoal durante dois anos desde a invasão alemã. O seu chamado Exército Russo de Libertação Nacional, uma organização improvisada, fora formado com a ajuda da Wehrmacht, contava com mais de 10 000 homens e era mantido na ordem pela tendência de Kaminsky para a violência; os oficiais de ligação alemães que visitavam o seu acampamento, na floresta de Briansk, habituaram-se a ver os seus ex-ajudantes enforcados na entrada principal. "Hans Inteligente" von Kluge, o comandante do Grupo de Exércitos do Centro, tolerava os roubos, as pilhagens e as violações dos "famosos" homens de Kaminsky porque ele ajudava a dirigir as operações antiguerrilha a partir da sua autoproclamada República de Lokot, e Kaminsky foi condecorado com a "Cruz de Ferro dos Povos do Leste de Primeira Classe" ([36]).

Mas o que acontecia fora de vista, nos remotos pântanos e bosques da Bielorrússia, chocou até os alemães quando foi reencenado centenas de quilómetros a oeste. No verão de 1944, os homens de Kaminsky retiraram em desordem da Bielorrússia e, reagrupados na nova 29.ª Divisão da Waffen-SS, foram enviados para Varsóvia para ajudar a esmagar a insurreição que eclodira na cidade. No bairro operário de Ochota, distinguiram-se por uma sucessão de crimes tão horríveis que chocaram os seus superiores hierárquicos alemães. Mataram cerca de 30 000 pessoas num dia, deixando as caves cheias de cadáveres metralhados, e roubaram e violaram o pessoal de um hospital oncológico. Os oficiais SS no comando ficaram enojados e retiraram-nos da frente de combate. Sob o peso dos despojos e a influência do álcool, entregaram-se a uma brutalidade vagarosa que apenas veio prolongar a resistência dos desesperados residentes polacos e tornou mais difícil a missão dos alemães. Quando se dirigia para Łódź, carregado de relógios e joias, Kaminsky foi detido e fuzilado, presumivelmente pela Gestapo. Quando lhe ofereceram os sobreviventes da brigada de Kaminsky, Vlasov referiu-se-lhes desdenhosamente como "mercenários" e rejeitou-os a quase todos ([37]).

O general russo era claramente de um calibre muito diferente do de um oportunista dissoluto como Kaminsky. No outono de 1944, com o Exército Vermelho a romper devastadoramente as linhas do Grupo de Exércitos do Centro e a avançar sobre as fronteiras da Polónia e da Roménia, Himmler começou a repensar a opção Vlasov – os espirituosos chamavam-lhe V-100, por causa da obsessão do regime com as "armas secretas". Nas palavras de Hitler, eram "tempos do que podemos fazer, não do que queremos fazer". Convencido de que os alemães ainda conseguiriam dar a volta por cima e repelir os russos para leste dos Urais, Himmler avistou-se com Vlasov e aceitou apoiá-lo na criação do Comité de Libertação dos Povos da Rússia" (KONR), cuja primeira reunião teve lugar no Castelo de Hradčani, em Praga, em novembro. Himmler teve de se impor aos receios dos seus responsáveis pela segurança para que Vlasov pudesse reunir o comité num país eslavo sob ocupação ([38]).

Mas qual o verdadeiro significado desta iniciativa quixotesca numa altura em que o Exército Vermelho progredia rapidamente para oeste e estava prestes a invadir solo alemão? O comité, expressão da falência dos esforços alemães de guerra política no Leste, era apenas mais um dos governos patéticos e totalmente fictícios criados muito fora do prazo de validade, como o novo governo de Pétain em Sigmaringen, e também havia – ou seriam criados pouco depois – comités nacionais albanês, croata, sérvio e grego: as termas e as estâncias de esqui austríacas enchiam-se de colaboracionistas que aguardavam nervosamente o fim do seu exílio. O KONR não passava de um espetáculo de propaganda puro, encenado para benefício dos próprios russos. Nenhum dos ministros de Hitler esteve presente em Praga e nem sequer Himmler apareceu. Os planos para tratar o KONR como um governo soberano foram descartados. Os alemães enviaram um comboio especial de Berlim para transportar os "delegados" – muitos dos quais eram trabalhadores do Leste retirados de campos de concentração e vestidos a rigor para a ocasião. Vlasov redigiu um manifesto sem nenhuma menção a Hitler nem ao nacional-socialismo e com 14 pontos, um sinal claro às Potências Ocidentais de que estava a pensar em Woodrow Wilson e em 1918, mas tudo aquilo não passava, nas palavras de um observador alemão, de um "cabaré"; se Hitler tivesse pensado que havia a menor hipótese de o manifesto se concretizar na prática, Vlasov nunca teria sido autorizado a publicitá-lo ([39]).

Não importava que todos aqueles esquemas existissem apenas enquanto opções fantasiosas; mesmo naquela hora tardia, as guerras intestinas de Berlim mantinham uma vida própria e Vlasov era um brinquedo. Alfred Rosenberg, inimigo de longa data de Himmler, não conseguiu abster-se de se imiscuir, apesar de liderar um ministério sem significado (quando o homem de Himmler no ministério, Gottlob Berger, finalmente se demitiu, em dezembro de 1944, iniciou o seu relatório a Himmler com as palavras: "Assunto: Ministério do *Reich* dos Territórios Ocupados do Leste Inexistentes"). O facto de os únicos soldados alemães em solo russo serem prisioneiros de guerra não impediu Rosenberg de dedicar os seus últimos meses no cargo a dificultar a vida a Vlasov e aos seus apoiantes da SS. Furioso por ter sido marginalizado por Hitler – que não o via desde novembro de 1943 –, Rosenberg alertou para o perigo do nacionalismo russo e encorajou os representantes das nacionalidades não russas a realizarem congressos rivais: "comités nacionais" minúsculos de azeris, tártaros, "turquestanos" e "caucasianos" travaram uma guerra de papelada contra os "Grandes Russos" de Vlasov. No princípio de 1945, subiu o pano para o último ato da farsa, uma conferência constituinte de nacionalistas ucranianos, em Weimar, e a formação de um exército nacional ucraniano. Rosenberg e o Ministério do Leste e Himmler e a SS digladiavam-se por nada: Vlasov e os outros grupos cada vez mais patéticos de nacionalistas anticomunistas não passavam de peões na sua rivalidade sem nexo. O Leste permanecia o que sempre fora para os nazis, um lugar onde a imaginação era desabrida e a realidade podia ser ignorada.

A maioria dos russos que pendia para a opção Vlasov era naturalmente constituída por homens mais realistas. Os seus debates ansiosos sobre o significado de tudo aquilo, monitorizados pelo SD, transmitem uma perceção perspicaz das alternativas sombrias que tinham pela frente:

> A minoria mantém que a Alemanha perdeu a guerra e que vai ser ocupada pelos anglo-americanos... Entre estes russos prevalece a opinião de que depois da sua vitória, a Inglaterra e a América destruirão o bolchevismo na Rússia e estabelecerão uma "democracia genuína". "Se alinharmos com Vlasov", dizem estes russos, "os anglo-americanos não nos perdoarão".
> A outra parte dos russos considera que (...) a vitória sobre o bolchevismo na Rússia só é possível com a ajuda de um verdadeiro Exército russo. Os russos dizem também: "Expressámos com frequência o desejo de nos juntarmos ao Exército de Vlasov, mas foi sempre recusado. Disseram-nos para nos alistarmos na Waffen-SS. Não quisemos fazê-lo porque não é uma força russa genuína". ([40])

Movido por sentimentos semelhantes e apesar do apoio de Himmler, Vlasov recusou autorizar quaisquer soldados sob o seu comando a integrarem a Waffen-SS. Depois de uma forte discussão, os sub-humanos russos levaram a melhor sobre a SS. Em dezembro de 1944, Himmler autorizou a formação da primeira divisão de Vlasov como unidade independente; no mês seguinte, foi autorizada uma segunda e Vlasov, na qualidade de comandante-em-chefe, recebeu o poder de comando direto, independente da Wehrmacht ou de Hitler. Foi a hora de glória do seu "Exército Russo de Libertação", mas dois anos de debates tinham gerado o parco retorno de 50 000 soldados, tendo em conta os milhões de cidadão soviéticos que tinham trabalhado para a Wehrmacht e os muitos milhões mais assassinados ou deixados morrer à fome.

Mas a liderança nazi derivara para um mundo onírico. Que motivos havia para que Himmler se esforçasse mais para conquistar o apoio dos russos quando em janeiro de 1945 ele ainda parecia acreditar a sério que a Rússia poderia ser orientada à força para leste e para sul e transformada num "Estado Siberiano Russo-Oriental", com a sua fronteira ocidental a passar por Moscovo? Sumamente confiante quando não havia o mínimo motivo para tal, o *Reichsführer* SS via perigos onde não existiam e até entendeu as modestas iniciativas sérvias e eslovacas de reconhecimento de Vlasov como sinais da emergência de uma perigosa frente pan-eslava antialemã. Nenhum dos outros líderes nazis era melhor a enfrentar a verdade. Goebbels considerava Vlasov um fantoche e Göring, quando o conheceu, só soube falar das patentes, dos uniformes e do protocolo militar do Exército Vermelho. O ministro das Finanças, von Krosigk, queria intensificar "a propaganda de Vlasov contra os bolcheviques" para realçar os contrastes entre a qualidade de vida na Alemanha e na Rússia – segundo ele, era (absurdamente) "o toque de trombeta que fará desmoronar-se a Jericó soviética". Só Hitler era mais realista, vendo os soldados de Vlasov não como fonte de uma arma psicológica eficaz que derrubaria o Exército Vermelho, mas como mais carne para canhão a ser enviada para a linha da frente para poupar vidas alemãs. Vlasov e a sua equipa foram despachados para o Hotel Richmond, em Karlsbad, e o *Gauleiter* dos Sudetas, Konrad Henlein, ficou escandalizado com os russos a desfrutarem de tais luxos e ameaçou pô-los na rua.

O que muito provavelmente lhes iria acontecer ficou claro em fevereiro, após a queda de Budapeste. Entre os destroços da cidade arruinada – uma massa de escombros depois de um dos cercos mais terríveis na Europa –, os soldados do Exército Vermelho procuraram os "vlasovistas" e abateram de imediato a maioria. Quem admitisse falar russo ou não respondesse em alemão com um uniforme alemão vestido arriscava-se a execução imediata. Na verdade, nenhum dos homens de Vlasov fora enviado para Budapeste mas o seu nome passara a ser aplicado a todos os cidadãos soviéticos que se tinham passado para o inimigo [41].

O exército de Vlasov só travou o seu primeiro e último combate a sério mesmo no fim da guerra, em Praga, e ironicamente foi *contra* os alemães. No princípio de maio, vários dias depois do suicídio de Hitler, a 1.ª Divisão de Vlasov, estacionada nos arredores de Praga, fez uma coisa notável: em resposta a um pedido dos insurretos checos, mudou de lado e ajudou os checos, que tentavam expulsar a SS da cidadela de Hradčani. Estava desejosa de mostrar a sua postura antialemã aos Aliados e acreditou que o tinha feito. Mas os americanos negaram-se a entrar na cidade, honrando o seu acordo de linhas de demarcação com Estaline, e com o Exército Vermelho prestes a avançar de leste os checos viraram-se contra os homens de Vlasov e ordenaram-lhes que deixassem a cidade. A maioria chegou às linhas americanas mas foi entregue aos soviéticos: Vlasov e os seus oficiais superiores foram executados por traição em 1946 [42].

No geral, o destino dos "auxiliares do Leste" da Alemanha não foi feliz. Os cossacos foram entregues aos russos e os colaboracionistas croatas e eslovenos aos homens de Tito, que assassinaram a maioria. Todavia, ao compreenderem que esta seria a sorte que provavelmente esperaria outros que também tinham combatido pelos alemães, os Aliados abandonaram a sua política de repatriação obrigatória e as coisas começaram a ficar melhores para os sobreviventes. Classificados como Pessoas Deslocadas depois de provarem que não tinham pertencido à SS (mas alguns tinham), muitos ucranianos e bálticos fixaram-se nos EUA, no Canadá, na Austrália e na Grã-Bretanha ou permaneceram na Alemanha Ocidental. Com a ajuda dos contactos de Reinhard Gehlen no mundo dos serviços de informações – Gehlen fora discreto mas particularmente eficaz como chefe de informações dos serviços militares alemães no Leste –, os chefes dos serviços de informações americanos contornaram as barreiras impostas pelo Congresso ao recrutamento de criminosos de guerra nazis e financiaram os emigrados anticomunistas durante os anos 50, na esperança de que estes ajudassem os EUA a montar um movimento de resistência viável na parte ocidental da URSS. Novo fracasso: o "exército fantasma" não estava à altura da contra-espionagem soviética. No entanto, os seus apoiantes da CIA – plenamente informados mas indiferentes aos horrendos crimes de guerra perpetrados pelos seus protegidos – ajudaram alguns dos principais colaboracionistas a encontrar um novo lar, garantindo que o Dia da Bielorrússia era celebrado anualmente à volta do churrasco em South River, em Nova Jérsia ([43]).

15

Oposição

"Mas as guerra e as rebeliões não são apenas uma maldição e uma desgraça; também geram esperança e criatividade... Ao optarmos pela guerra, compreendemos quem éramos. Só no conflito armado poderíamos afirmar-nos e forçar o inimigo a compreender-nos e a reconhecer-nos"

Milovan Djilas, *Wartime* (Nova Iorque, 1977), p. 22

"MÉTODOS POLACOS"

Ao entrarem na Polónia, em 1939, os alemães encontraram uma resistência obstinada, e quando a Wehrmacht entregou o controlo a uma administração civil ainda havia soldados polacos a combater nos bosques. Na primavera do ano seguinte, já tinham sido todos caçados e mortos. Contudo, a pacificação não se traduziu em aceitação e a hostilidade da população face aos alemães era inequívoca. "As crianças, em particular, tratam os alemães na rua de forma extremamente malcriada", queixou-se um administrador destacado para o país. Confrontados com uma "resistência passiva" em larga escala, outros ficaram espantados: "o polaco sente-se senhor da rua". Não havia nenhuma "resistência às claras", escreveu o *Kreishauptmann* (*) de Biłgoraj, mas as ordens alemãs só eram obedecidas quando aplicadas à força. Os ocupantes faziam reféns, retinham as rações e executavam os notáveis para mostrar aos polacos, "que são experientes nas coisas revolucionárias", que o III *Reich* seria mais duro do que os czares russos [1].

(*) Chefe de distrito. (N. T.)

Na verdade, a oposição aos invasores não fora, de todo, erradicada pela mortífera "limpeza racial da casa" efetuado pelos homens de Heydrich nos primeiros dias da ocupação. Pelo contrário, recordou um ativista, "surgiam sociedades secretas por todo o lado, como cogumelos depois da chuva". A Gestapo considerou que o fenómeno era demasiado descoordenado e que os polacos estavam demasiado desunidos para constituírem uma ameaça significativa. É verdade que após a derrota a maioria dos partidos políticos e centenas de outros grupos mais pequenos haviam formado células clandestinas, mas decorrido um mês após a invasão alemã os partidos existentes antes de 1939 tinham constituído o Conselho Principal de Defesa Nacional, e emergira também a principal organização de resistência armada, a União Para a Luta Armada (ZWZ), posteriormente conhecida por Exército do Interior (AK) ([2]).

Apesar desta fermentação, verificou-se pouca resistência armada declarada. O major Henryk Dobrzanski "Hubal" – o "major louco", como os alemães chamavam ao antigo cavaleiro olímpico – recusou-se a depor as armas e liderou um pequeno grupo de soldados até aos primeiros meses de 1940, na expectativa da abertura de uma nova frente no Ocidente. A sua tropa infligiu pesadas baixas a várias unidades alemãs, mas o preço foi elevado: os alemães incendiaram várias aldeias e mataram cerca de 700 pessoas. O sentimento da população virou-se contra Hubal e a resistência receou que as suas atividades prejudicassem o recrutamento. Porém, quando o ZWZ lhe disse para pôr fim às suas operações ele recusou e prosseguiu as suas incursões até ser encurralado e morto pelos alemães, em finais de abril. Seguiram-se quase de imediato vagas de detenções destinadas a impedir o surgimento de um movimento de resistência unificado. Em consequência da chamada Ação AB (Pacificação Extraordinária), cerca de 30 000 polacos foram detidos e enviados para campos de concentração, incluindo o novo campo de Auschwitz; 3500 foram abatidos numa zona de execuções nos arredores de Varsóvia. Realizada no seguimento do internamento dos professores da Universidade de Cracóvia e coincidente com o assassínio em massa de oficiais polacos pelos soviéticos, a Ação AB demonstrou que a oposição aberta e sem auxílio aos alemães seria um suicídio ([3]).

Estes acontecimentos confirmaram a opinião prevalecente entre os oficiais militares na reserva envolvidos em atividades clandestinas: consideravam que devia ser montada uma organização clandestina que só se revelaria no momento exato em que parecesse possível expulsar os alemães. Era a mesmíssima estratégia que tinham seguido com algum êxito durante a Primeira Guerra Mundial, quando vários anos de meticulosos preparativos clandestinos tinham culminado na insurreição de outubro de 1918. A sua intenção era repetir as mesmas táticas. A resistência, escreveu o comandante das forças clandestinas, em novembro de 1939, só se deveria revelar quando a Alemanha parecesse à beira da derrota "ou pelo menos manca. Poderemos então cortar as veias e os tendões da outra perna e derrubar o colosso alemão". Pensaram inicialmente em termos de meses, esperançados na ajuda do aliado da Polónia, a França, mas o colapso francês no verão de 1940 desmentiu catastroficamente este prognóstico e muita gente ficou tão desalentada que abandonou a resistência na segunda metade de 1940, ao compreender que o fim da ocupação não estava para breve [4].

A Polónia tornou-se, pois, o primeiro e mais paciente expoente da abordagem do "exército secreto" à resistência. Muitos outros países – a Noruega, a Jugoslávia, a Dinamarca, a Holanda, a Bélgica e a França – seguiram esta estratégia: não provocar baixas civis desnecessárias e não atrair as atenções dos alemães para as atividades estrategicamente valiosas de sabotagem e recolha de informações que os grupos de resistência também podiam desenvolver foram as suas justificações principais – e plenamente compreensíveis. As coisas teriam seguido um rumo muito semelhante na Grã-Bretanha, a avaliar pelo que sucedeu nas Ilhas do Canal, onde a resistência foi de igual modo desencorajada pelas autoridades locais.

Por conseguinte, a partir do verão de 1940, os polacos concentraram-se na construção de algo que se tornaria o Estado clandestino mais notável do continente, com ramos educativo, judicial, de assistência social e propaganda. Os seus objetivos eram impedir a desintegração da sociedade polaca sob a pressão das políticas de ocupação nazis e preparar-se para o momento em que os alemães pudessem ser expulsos [5]. Por conseguinte, a inexistência de incidentes armados no Governo-Geral até 1942 não constituiu uma indicação do estado de espírito do país. As detenções efetuadas pela Gestapo prejudicaram seriamente o Exército do Interior, o qual, no entanto, depressa começou a treinar dezenas de milhares de homens para uma sublevação geral. O SiPo/SD, sempre preocupado que a polícia não estivesse a ser suficientemente dura, não conseguia entender a avaliação otimista da Wehrmacht e receava, já em janeiro de 1941, que se estivesse "à beira de um vulcão" [6].

A EUROPA OCIDENTAL

Na Polónia, a resistência foi a resposta a uma desnacionalização intencional. Na Europa Ocidental, onde a ocupação alemã não teve fins tão radicais, a Wehrmacht foi menos severa; além disso, num contexto generalizado de desemprego e insatisfação com a ordem de entre as guerras, a promessa de uma Nova Ordem pareceu inicialmente valer a pena. O socialista belga Henri de Man não falou só em seu nome ao proclamar: "Para as classes trabalhadoras e para o socialismo, este colapso de um mundo decrépito, longe de ser um desastre, é uma libertação". Todavia, os alemães revelaram-se totalmente incapazes de explorar este poderoso desejo de um novo começo e depressa lançaram as sementes da oposição na Europa Ocidental.

Mesmo onde a tropa invasora se portou "corretamente", a opinião pública virou-se rapidamente contra ela. A abordagem tradicionalmente draconiana dos militares alemães à ocupação não ajudou, nem o rol de ameaças e proibições que lançaram de imediato: as manifestações públicas não autorizadas, as violações ao recolher obrigatório, ouvir a rádio britânica e fazer circular livros e panfletos "hostis aos alemães" tornaram-se crimes graves. A substituição das autoridades militares de ocupação pelas civis não trouxe melhoras – muito pelo contrário. A frustração popular aumentou quando se tornou claro que as carestias e os cortes não tinham fim à vista, que o domínio alemão significava isolamento do resto do mundo e que não haveria nenhum acordo de paz num futuro próximo.

Contudo, na Europa Ocidental, a fúria popular dirigiu-se inicialmente tanto contra os funcionários locais como contra os militares alemães. Em abril de 1941, o diplomata americano George Kennan observou o modo como a Wehrmacht procurava manter uma abordagem apolítica à ocupação e, "exteriormente, uma atitude correta e imparcial para com a população civil, independentemente da raça, da classe ou da nacionalidade". Esta postura foi apreciada, em especial depois do caos e do pânico decorrentes da invasão. No Eure, por exemplo, os franceses reconheceram que "nas fileiras dos invasores reinava uma disciplina absoluta" e que "os atos de vandalismo, as exigências e os espancamentos foram uma exceção". Mas se os franceses reconheceram os esforços dos oficiais alemães para ajudarem na colheita e alimentarem os refugiados, também levaram a mal a arrogância, o despotismo e as requisições que enviavam os cereais e outros bens para o outro lado do Reno, e o racionamento que tornava os transportes cada vez mais caros. Parte deste ressentimento tinha a ver com a hostilidade inerente a uma ocupação. Porém, independentemente do facto de os militares se portarem ou não com correção, a verdade é que davam corpo, em termos políticos, à ameaça de uma nazificação abrangente e indesejada do modo de vida das pessoas. Esta perspetiva explica, por exemplo, porque é que na Bélgica, a par de um sentimento generalizado de fúria face aos franceses, de desprezo pelos políticos nacionais e uma atitude profundamente ambígua (nos primeiros tempos) em relação aos britânicos, um observador detetou a rápida emergência de "um ódio quase geral" aos alemães [7].

Uma expressão deste fenómeno foi a hostilidade praticamente instantânea face às mulheres que confraternizavam com o invasor. A derrota foi um fracasso dos homens e um golpe no orgulho masculino, acima de tudo nos países em que os soldados tinham ficado prisioneiros, pelo que não surpreende que a sexualidade e a moral se tenham tornado indicadores das atitudes face aos alemães. Um dos primeiros cartazes afixados nas paredes de Varsóvia avisou as polacas para não confraternizarem com os alemães. Na primavera de 1940, Hitler ordenou que "as dinamarquesas devem ser abordadas com cuidado". Quando os soldados alemães estavam distraídos, os empregados de mesa negavam-se a servir as suas companheiras e as pessoas cuspiam-lhes em cima na rua: seguiu-se de imediato um pé de vento diplomático. Em França, o problema foi ainda pior por causa da ausência dos muitos prisioneiros de guerra franceses e um comissário da polícia avisou que a combinação de álcool e mulheres estava a dar origem a zaragatas entre os franceses e os soldados alemães. Ambos os lados tinham a sua honra em jogo. "Nós somos os vencedores! Vocês foram derrotados! As mulheres e até as crianças do vosso país deixaram de vos pertencer!", disse o comandante territorial alemão de uma cidade a um magistrado francês. Provocado com a frase "a tua filha é uma puta dos boches", um homem denunciou um vizinho às autoridades alemãs. De facto, a recusa de favores sexuais aos alemães podia ser vista como um ato de resistência, tal como arranjar um amante alemão era considerado reflexo de um desejo de promoção pessoal e egoísmo (aquando da Libertação, os tribunais franceses foram mais brandos para com as prostitutas do que com as outras mulheres, considerando-as motivadas por motivos profissionais e não políticos) [8].

Por conseguinte, a ocupação começou frequentemente com um debate intenso sobre ética, sobre o modo como as pessoas se deveriam comportar face aos ocupantes, até porque ninguém sabia por quanto tempo ficariam. A perspetiva de um domínio estrangeiro por tempo indefinido era assustadora e as exortações que surgiram tenderam a ser tentativas bastante prescritivas para reorientar um público extremamente desorientado pelo choque da derrota e (pelo menos na mente dos autores destas obras) em perigo de deixar a nação mal vista. "Eles são os conquistadores. Sede corretos com eles... mas sem exageros", aconselhou Jean Texcier em *Conseils à l'occupé*. Numa altura em que ainda eram muitas as críticas ao rei norueguês por ter fugido para Inglaterra, os seus apoiantes circularam "Dez Mandamentos para os noruegueses". Dizia o 1.º Mandamento: "Obedecerás ao rei Haakon, pelo qual tu próprio votaste". Seguia-se: "Odiarás Hitler e nunca te esquecerás de que, sem declaração de guerra, ele autorizou os seus coassassinos a atacarem um povo amante da paz". De seguida, denunciava como traidores não apenas aqueles associados aos alemães ou a *quislings*, mas também todo e qualquer membro do parlamento que votasse a favor da deposição do rei. Não era propriamente um documento que transmitisse confiança na análise livre do norueguês comum (⁹).

Mas desde cedo houve muitos outros indicadores de oposição à presença alemã. As pessoas boicotavam os jornais em língua alemã e mudavam de lugar quando um alemão se sentava ao pé delas – atitude que na Noruega foi criminalizada. Batiam palmas no cinema quando as atualidades mostravam soldados britânicos e nas ruas, à passagem dos prisioneiros de guerra aliados. O vestuário também podia ser uma expressão de dissidência: nos distritos franceses sob ocupação italiana, a ostentação de um bocado de macarrão traduzia o desdém dos habitantes. Na Holanda, onde os alemães proibiram as bandeiras nacionais, as pessoas usavam cravos em demonstração de apoio ao príncipe Bernardo. Os aniversários reais e os feriados públicos celebrando os mortos da Primeira Guerra Mundial ou a independência nacional tornaram-se eventos aglutinadores e desencadearam novas proibições. No dia 11 de novembro de 1940, nos desfiles em Bruxelas e Paris, ouviu-se: "Viva a Inglaterra!" e "Alemães Imundos!". No mesmo mês, os estudantes protestaram contra a exoneração da faculdade judia da Universidade de Delft e em fevereiro realizou-se uma grande greve em protesto contra as detenções no bairro judeu de Amesterdão (¹⁰).

Os primeiros jornais, panfletos e textos clandestinos apareceram muito cedo, alguns com notícias ouvidas na BBC, outros com denúncias ou sátiras dos alemães. "Multiplicam-se os jornais clandestinos", escreveu o advogado belga Paul Struye no seu diário, em outubro de 1940. Apesar de terem um aspeto modesto, ele considerou-os "um sintoma, reconfortantes". No mês seguinte, em Clermont-Ferrand, foi proibida a venda de estênceis e de papel de cópia (¹¹). Outro modo de ripostar eram os grafitos nas paredes e nas pontes. Em Varsóvia, alguém pintou numa parede de rua a frase "A Polónia sairá vitoriosa"; a campanha do "V de Vitória" da BBC deu origem a uma explosão destes sinais, alarmando Goebbels. O monograma "H-7" do rei Haakon VII tornou-se omnipresente na Noruega, dado que a ocupação restaurara rapidamente a sua popularidade, apesar (ou por causa) dos ataques pessoais da propaganda alemã. Em abril de 1941, em Bruxelas, surgiram grafitos a saudar os gregos e os jugoslavos, e no mês seguinte *slogans* irónicos de "*Heil Hess!*" (*) embaraçaram as forças de ocupação. A inscrição "Reservado aos alemães", pintada nos bancos dos jardins, em

---

(*) Alusão à fuga de Rudolf Hess para a Escócia, no dia 10 de maio de 1941, com o objetivo de tentar negociar a paz com o Reino Unido. (*N. T.*)

Cracóvia, viu-se completada, passados poucos dias, com a frase: "Os bancos são nossos, os cus são vossos". E até a propaganda dos ocupantes era frequentemente virada contra os seus autores. A SS ficou preocupada com um panfleto apócrifo circulado pelos polacos, em finais de 1941. Intitulado "Aprende alemão!", diferia do genuíno ao oferecer frases úteis para os membros da resistência: "Alto! Mãos para cima, cara no chão! És membro do Partido, da SA ou da SS? Quem mentir, é abatido. Vamos lidar contigo como os alemães lidaram connosco. Mãos atrás da cabeça, voltado para a parede. Pega numa pá e cava uma sepultura!" ([12]).

Até a adesão às novas organizações políticas de massas autorizadas pelos alemães podia constituir um ato de oposição. No Protetorado, quase todos os checos elegíveis aderiram à Solidariedade Nacional (Národní Souručenství) para demonstrarem o seu sentido de unidade nacional e a sua contestação ao movimento fascista checo. 800 000 holandeses aderiram à Nederlandse Unie antes de ser banida, em dezembro de 1941, movidos, acima de tudo, pelo desejo de bloquearem os nazis holandeses. O propósito ambíguo da organização permitiu-lhe servir de símbolo de solidariedade nacional e de possível veículo de oposição aos alemães, motivos pelos quais foi precisamente encerrada ([13]).

A desintegração dos próprios órgãos com que os alemães contavam para levar por diante a nazificação dos países ocupados no Noroeste da Europa levou Himmler a concluir, antes do fim de 1940, que a política da "mão gentil" era um fracasso. No entanto, tratou-se de uma conclusão interesseira, com o intuito de justificar o controlo da situação pela SS. De facto, o poder de Himmler ainda era limitado fora do Leste – na Bélgica e na França, por exemplo, o SiPo/SD não podia efetuar detenções sem autorização do comandante militar – e os administradores militares e civis discordaram da sua análise. Dando prioridade à ordem pública e à tranquilidade, e não à mudança política nem à nazificação, não estavam demasiado alarmados com o ressentimento público nem com os fracassos dos nazis na constituição de partidos de massas pró-alemães. Absorviam as provas da sua impopularidade política e concentravam-se no estabelecimento de administrações fiáveis. Cientes do desagrado das pessoas face à ocupação, a sua preocupação principal era que não se tornasse violento, através de atos de sabotagem ou de ataques aos seus soldados.

Porém, quando os acontecimentos ameaçaram fugir ao seu controlo, a sua reação foi severa e amiúde agravou a situação. Na Holanda, responderam às manifestações em apoio do príncipe Bernardo demitindo o presidente da câmara de Haia e internando o general Henri Winkelman, o comandante-em-chefe holandês. Na Noruega, a péssima gestão da transição política no início da ocupação e a ascensão do impopularíssimo Vidkung Quisling deram origem a agitação e a protestos, e quando a desobediência civil alastrou seguiram-se detenções em massa que empurraram a resistência para a clandestinidade. Os sindicatos, as igrejas, os órgãos corporativos e as universidades uniram-se para impedir a nazificação do país; em 1941, existia já um comité que representava 43 organizações e quase 750 000 de pessoas. O Milorg, o exército clandestino norueguês, foi formado em finais de 1940 e reconhecido pelo governo no exílio: à semelhança dos polacos, optou por adiar a ação até à proximidade do momento da libertação. O seu lema era "Discrição e lentidão", para se furtar às atenções dos alemães e minimizar os ataques contra os civis ([14]).

Em muitas zonas, no início da ocupação a Wehrmacht fez reféns os notáveis locais para garantir o comportamento pacífico dos habitantes, mas a verdade é que se registaram poucos ataques ao pessoal militar ou a bens alemães e muitos deles foram rapidamente postos em liberdade. Em qualquer dos casos, alguns comandantes militares duvidavam da eficácia da política de reféns e preferiram responder à agitação de forma mais gradual. Na Bélgica e no Norte da França, por exemplo, o general von Falkenhausen procurou fazer esquecer as recordações amargas da ocupação alemã em 1914-1918. Considerava a tomada de reféns um instrumento tosco para a manutenção da ordem – segundo escreveu mais tarde, não havia nada mais perene do que o ódio – e preferiu reduzir os ataques corresponsabilizando a polícia local pela guarda das instalações militares. Até ao verão de 1941, considerou que estas medidas funcionavam bem e descreveu a situação interna ao alto-comando do Exército como "pacífica". Na sua ótica, os pequenos atos de sabotagem não tinham prejudicado a exploração continuada da economia belga nem o recrutamento de mais de 200 000 trabalhadores belgas para o *Reich*. Entre o princípio da ocupação e finais de maio de 1941, foram proferidas apenas sete sentenças de morte sob sua jurisdição, e nenhuma foi executada. Durante todo este tempo, apenas foi morto um soldado alemão, abatido a tiro numa zaragata por causa de uma rapariga belga. Apesar das diminutas forças policiais de que dispunha, von Falkenhausen mostrou-se otimista, uma opinião amplamente partilhada, em França, pelos seus velhos amigos, o marechal de campo von Witzleben e o general Streccius; o sucessor de Streccius em Paris, Otto von Stülpnagel, não viu a situação de modo muito diferente. Alguns académicos questionaram recentemente e de forma acertada o contraste entre uma Wehrmacht "má" na Europa de Leste e uma Wehrmacht "boa" na Europa Ocidental. Em 1943, esta distinção não tem o menor sentido, mas antes a Wehrmacht comportou-se certamente de forma muito menos repressiva do que a polícia e a SS, que administravam o regime de ocupação no Governo-Geral (¹⁵).

Com as redes de resistência nacional extremamente organizadas e a furtarem-se ao confronto direto, as maiores dores de cabeça para os alemães foram inicialmente as greves, a agitação laboral e as irrupções espontâneas de fúria popular desencadeadas pela escassez alimentar e habitacional e pela desvalorização dos salários reais. As primeiras paragens no trabalho ocorreram no Noroeste Europeu, no outono de 1940, principalmente por causa da alimentação, do vestuário e das rações de sabão. No inverno, registaram-se motins alimentares, muitas vezes com donas de casa furiosas à cabeça. Estas iniciativas tiveram geralmente como alvo as autoridades locais, mas quando as paragens ameaçaram os seus interesses económicos os alemães reagiram com dureza. Fizeram-no em Amesterdão, em fevereiro de 1941, durante as greves de protesto contra a perseguição aos judeus holandeses, e nas cidades de mineiros da Bélgica e do Norte de França, aquando das greves de maio. No aniversário da invasão alemã, registou-se uma grande paragem – a chamada "greve dos 100 000" – na região de Liège, no Hainaut e na bacia de Limburgo, que só terminou quando os patrões aceitaram dar aumentos de salário substanciais e entraram em negociações secretas com os dirigentes dos trabalhadores. No Norte da França, quando a polícia francesa não conseguiu furar os piquetes de greve, os alemães recorreram a soldados e declararam o estado de sítio. O comandante militar de Lille ordenou o regresso dos mineiros ao trabalho, suspendeu a distribuição de carne e prendeu 400 líderes, a maioria dos quais foi enviada para o *Reich* para trabalhos forçados. Na segunda semana de junho, a greve estava acabada (¹⁶).

Uma greve tão prolongada foi um feito considerável face ao poder esmagador dos alemães, mas o general von Falkenhausen não quis introduzir "métodos polacos" no Norte da França nem na Bélgica, e se o tivesse feito os grevistas talvez tivessem hesitado. No Governo-Geral, as greves enfrentavam um castigo muito mais draconiano. Em dezembro de 1940, quando os trabalhadores da principal oficina de elétricos de Varsóvia puseram as ferramentas de lado, os alemães ameaçaram matá-los a todos e eles regressaram rapidamente ao trabalho. Muitos funcionários policiais destacados para a Polónia eram da opinião de que o terror funcionava. "Não há um único polaco (...) que trabalhe genuinamente em prol do governo alemão", escreveu um deles; por conseguinte, era inútil tentar apaziguá-los e muito mais inútil andar à procura de colaboracionistas (¹⁷).

AS REPERCUSSÕES DA OPERAÇÃO BARBAROSSA

A resistência teve, desde o princípio, uma dimensão geopolítica vital. Sem o apoio do estrangeiro, que forneceu refúgio (para aqueles que conseguiram lá chegar), dinheiro, equipamento, instrução e, acima de tudo, esperança, a resistência na Europa ocupada teria sido ainda mais limitada do que foi. A primeira grande potência a dar apoio foi a Grã-Bretanha, que antes da eclosão das hostilidades considerara a hipótese de travar uma guerra não convencional contra os alemães. Um oficial dos serviços de informações militares, em Londres, tinha visitado a Europa de Leste, no verão de 1939, para investigar as possibilidades de cooperação na eventualidade de uma invasão alemã. Os contactos com os serviços de informações checo e polaco, ambos extremamente eficientes, revelaram-se valiosíssimos para o esforço de guerra britânico e a partir de setembro iniciaram-se debates em Londres sobre como utilizar a oposição clandestina da Europa para ajudar a derrotar os alemães ([18]).

Depois de Dunquerque, o governo britânico necessitou de uma nova estratégia e julgou tê-la encontrado na ideia de apoiar sublevações populares contra o domínio nazi. Em julho de 1940, criou o Special Operations Executive (SOE), com o mandato – atribuído por Churchill – de "incendiar a Europa". Sem nenhuma possibilidade de enfrentar diretamente a Alemanha, os britânicos planearam explorar as fraquezas do inimigo recorrendo à sua arma tradicional, a guerra económica (principalmente através de um bloqueio naval). Todavia, provocar agitação atrás das linhas inimigas era considerado um incómodo complementar cujo valor se acreditava que os próprios alemães tinham demonstrado através das suas "quintas colunas". Hugh Dalton, o ministro da Guerra Económica, falou na criação de organizações atrás das linhas inimigas.

> comparáveis ao movimento Sinn Fein da Irlanda, às guerrilhas chinesas que operam contra o Japão, aos irregulares espanhóis que desempenharam um papel notável na campanha de Wellington ou – mais vale admiti-lo – às organizações que os nazis desenvolveram de forma tão notável em quase todos os países do mundo. Esta "internacional democrática" deve usar muitos métodos diferentes, incluindo a sabotagem industrial e militar, a agitação laboral e as greves, a propaganda constante, atos terroristas contra os traidores e os líderes alemães, boicotes e motins. ([19])

A verdade é que nem Dalton nem ninguém no governo britânico tinha a noção exata das imensas dificuldades e dissuasores que confrontavam as vítimas dos nazis na Europa ocupada, nem se tinham apercebido de como era complicado executar ao mesmo tempo operações de sabotagem em pequena escala e ações políticas em grande escala. Viam a ocupação alemã em termos antiquados e não compreendiam a eficiência das suas forças policiais nem o alcance da sua propaganda. Imaginavam simplesmente que o desejo de liberdade daqueles que viviam sob ocupação explodiria numa insurreição com a faísca certa. Os checos e os polacos exilados em Putney e Kensington eram mais realistas. Não estavam dispostos a arriscar as suas redes de informações organizando sublevações em massa que só poderiam fracassar e entendiam que a resistência poderia complementar as operações militares mas não substituí-las. Felizmente para todos os envolvidos, a retórica do SOE não era igualada pelo seu financiamento nem pelo seu acesso a recursos militares. Dois ou três anos depois, quando se tornou um fator de grande importância na retaguarda do inimigo, o seu papel na estratégia de guerra aliada – e o da própria resistência europeia – foi reduzido graças ao envolvimento americano e à preferência de Eisenhower para enfrentar diretamente os alemães num momento escolhido pelos Aliados ([20]).

Esta mudança de opinião em relação ao SOE deu-se também porque os britânicos tinham compreendido as dimensões políticas incontroláveis e frequentemente indesejáveis da *levée en masse*. De facto, com a invasão alemã da União Soviética a geopolítica da resistência foi completamente transformada. A invasão trouxe esperança à Europa e toda a gente se recordou do desastre de Napoleão nas neves da Rússia. Uma nova grande potência fora ativamente envolvida na guerra com o III *Reich*, uma potência desesperada por auxílio contra a ofensiva alemã e esperançosa de que a insurreição armada na retaguarda da Wehrmacht pudesse cercear o seu poderio. Como vimos, o avanço da Wehrmacht para o interior da Rússia foi acompanhado, desde o início, por receios da resistência da guerrilha. Esta guerra clandestina, inicialmente quase imaginária, não tardou a tornar-se uma realidade quando Estaline exortou os cidadãos soviéticos a sublevarem-se atrás das linhas inimigas. A ideia de uma campanha de guerrilha coordenada a partir de Moscovo e estendendo-se não apenas aos territórios ocupados do Leste, mas também a todo o continente europeu provocava pesadelos aos nazis. Pouco a pouco, tornou-se mais do que uma fantasia.

De facto, muito antes de emergirem os bandos na Bielorrússia, as primeiras e maiores insurreições tinham já ocorrido muito a sul, na Jugoslávia, que fora ocupada em abril. No verão, os sangrentos massacres de sérvios às mãos dos *ustaše* tinham provocado muita turbulência e foi neste caos que os comunistas jugoslavos viram a sua oportunidade. Em julho, no Montenegro, durante uma viagem de comboio, alguns sobreviventes sérvios contaram a um jovem comunista histórias horripilantes de aldeias que eram cercadas e os aldeãos mortos com mocas ou atirados para ravinas. A mensagem que ele lhes transmitiu – e aos organizadores provinciais do Partido – foi que se preparassem para a luta armada. Estava a propagar a posição do Partido. Quando Tito informou Moscovo de que tinha em planeamento uma guerra de guerrilha, Georgi Dimitrov, secretário-geral do Comintern, ficou entusiasmado. "Os comunistas devem levar o povo a iniciar a luta contra o ocupante", disse-lhe ele. O Comintern fez muita publicidade aos guerrilheiros jugoslavos e em 1942 descreveu-os como um modelo a seguir [21].

No verão – com a guerra de guerrilha centralizada na URSS e a receber finalmente o apoio total de Estaline –, Dimitrov elogiou as insurreições nos Balcãs. Insistiu que aquilo que contava não era o terreno, mas sim o espírito: "A fonte da força da guerrilha não é a natureza, mas sim o povo". A única coisa que preocupava Moscovo era o sectarismo dos jugoslavos. Ainda antes da invasão da URSS, o Partido Comunista Jugoslavo decidira que uma guerra podia ser a sua via para o poder, uma via que lhe permitiria aproveitar-se do vácuo político provocado pela ocupação alemã e saltar a fase da revolução "burguesa-democrática". Enquanto leninistas ortodoxos, os comunistas estavam convencidos de que o Exército Vermelho derrotaria rapidamente os alemães, provocando a eclosão de revoluções proletárias por toda a Europa. Contudo, para os soviéticos, desejosos de nutrir a sua nova e ainda frágil relação com os britânicos, isto era uma ilusão estúpida e perigosa. "O que está em causa é a libertação da opressão fascista, não a revolução socialista", disseram eles a Tito [22].

É que os comunistas jugoslavos não eram os únicos no terreno. O movimento nacionalista sérvio *chetnik*, liderado por oficiais monárquicos, também se mobilizara contra os *ustaše*. Em agosto, a parte ocidental da Sérvia estava em armas: os *partisans* de Tito eram cerca de 8000, os *chetniks* de Mihailovic ainda mais. Os dois lados tentaram cooperar, mas enquanto os *partisans* pretendiam usar a guerra para transformar a Jugoslávia num Estado federal e comunista, os *chetniks* eram tradicionalistas que combatiam para trazer de volta o rei sérvio e restaurar uma Grande Sérvia dentro da Jugoslávia. As diferenças sobre o futuro do país afetaram a cooperação da resistência desde o início. Em nenhum outro lugar foram estas diferenças mais terríveis ou letais do que na Jugoslávia, onde terão provocado a morte de várias centenas de milhares de pessoas.

A outra coisa que afastava *partisans* e *chetniks* era a respetiva reação às represálias alemãs. Tal como os polacos, Mihailovic e a liderança *chetnik* eram cautelosos e não queriam agir prematuramente. Tinham recordações bem presentes de 1917, quando uma sublevação geral contra a ocupação militar búlgara fora esmagada e custara milhares de vidas. No fundo, o que Mihailovic pretendia fazer era unificar todas as forças da resistência sob o seu comando e evitar uma insurreição geral que, na sua perspetiva, só poderia levar a um desastre. Milovan Djilas descreve como um "horror de morte" o sentimento que se apoderou da Sérvia quando se espalhou a notícia de que um ataque conjunto dos *chetniks* e dos *partisans* a uma unidade alemã levara os alemães a deterem quase 10 000 homens na cidade de Kragujevac e a fuzilarem 2300 por grupos; outros 1736 foram executados em Kraljevo. Nas palavras de Djilas,

> A tragédia deu a Nedić [o primeiro-ministro sérvio colaboracionista] uma "prova convincente" de que os sérvios seriam biologicamente exterminados se não fossem submissos e leais, e aos *chetniks* a "prova" de que os *partisans* estavam a provocar prematuramente o alemães, causando a dizimação dos sérvios e a destruição da cultura sérvia... Quanto aos comunistas, receberam o estímulo necessário para chamarem a população à luta armada como única salvação... Os massacres de Kragujevac e Kraljevo, pelo seu horror calculado, transcendiam a compreensão dos colaboracionistas e dos opositores da Alemanha, e só um movimento ao qual os seus inimigos oferecessem a morte como única alternativa lhes poderia resistir. ([23])

De facto, os *chetniks* ficaram tão chocados que duvidaram seriamente que os sérvios conseguissem sobreviver a anos de opressão e entenderam não fazer sentido lançar novos ataques contra os alemães a menos que conduzissem à libertação. Os *partisans* permaneceram fiéis à exigência de Moscovo de luta constante. A aliança entre os guerrilheiros desmoronou-se e depois de as ofensivas alemãs terem expulsado os *partisans* da Sérvia, os *chetniks* reconstruíram lentamente a sua organização. Durante os primeiros seis meses de 1942, causaram poucas preocupações aos alemães, desejosos de evitarem desencadear novas represálias sobre a população civil.

Para Tito, o inverno de 1941-1942 foi uma época desesperada. Em fuga dos alemães, os *partisans* apenas receberam alento com as notícias do sucesso da contraofensiva soviética frente a Moscovo. Em junho de 1942, na ofensiva de Kozara, no Noroeste da Bósnia, mais de 30 000 efetivos alemães e croatas atacaram 3500 *partisans*, muitos dos quais foram mortos. Todavia, o movimento de Tito não foi esmagado e a sua sobrevivência foi uma espécie de vitória. Ao cruzarem o país para se furtarem às operações antiguerrilha do Eixo, cada vez mais ambiciosas, passaram de força predominantemente sérvia para uma que refletia mais estreitamente a sua ideologia de "unidade e fraternidade", atraindo um número considerável de combatentes croatas, bósnios, eslovenos e macedónios. Em finais de 1942, havia cerca de 11 000 *partisans* na Bósnia e talvez 40 000 na antiga Jugoslávia ([24]).

A guerrilha também se estava a espalhar pelo resto dos Balcãs. Na Grécia, os primeiros protestos contra as carestias alimentares, motins e greves eclodiram em várias cidades e vilas, no inverno de 1941-1942, mas em 1942 o Partido Comunista Grego compreendeu finalmente a importância das montanhas e a mente dos guerrilheiros concentrou-se com a chegada de uma missão militar britânica incumbida de cortar a linha de abastecimento alemã para o Norte de África, que descia pela vulnerável linha ferroviária entre Tessalonica e Atenas. O viaduto de Gorgapotamos foi destruído por uma equipa conjunta de sabotadores britânicos e gregos. Os britânicos ficaram na Grécia e a sua missão militar tornou-se um fator de importância crucial no desenvolvimento do segundo grande movimento de guerrilha dos Balcãs. Beneficiando da fraqueza italiana na Grécia Central, o EAM/ELAS (*) – o maior movimento de resistência armada, chefiado principalmente pelos comunistas – cresceu rapidamente, em especial durante 1943, até se tornar um dos maiores da Europa e constituir uma ameaça importante à posição estratégica alemã nos Balcãs.

Porém, se parássemos momentaneamente o relógio no inverno de 1941--1942, teria sido muito difícil prever o sucesso destes dois movimentos de guerrilha, tendo em conta a sua situação bastante limitada e precária na época. Na Jugoslávia, as forças de Tito estavam em fuga (e os *chetniks* também); na Grécia, havia apenas pequenas bolsas isoladas de homens armados, sem comida, vestuário e botas. As medidas draconianas de contrainsurreição dos alemães tinham comprovado os receios de Mihailovic e pareciam confirmar a prudência da sua abordagem discreta. Na Europa Ocidental, a resistência armada aos alemães foi ainda mais limitada. Em França, os ataques comunistas a soldados alemães não desencadearam uma sublevação em massa, mas sim o choque do público face às represálias alemãs. No Protetorado, a campanha de terror de Heydrich estraçalhou a organização clandestina que os britânicos tinham considerado "uma das melhores da Europa". Quando Beneš ficou preocupado e enviou agentes para o assassinar, a resposta alemã foi ainda mais draconiana, culminando no famigerado massacre de Lidice. A ameaça direta de Hitler ao presidente Hácha de que caso houvesse mais problemas deportaria um número gigantesco de checos "para o Leste" garantiu que praticamente não haveria resistência no Prote-

---

(*) Ethniko Apeleftherotiko Metopo/Ellinikos Laikos Apeleftherotikos Stratos (Frente de Libertação Nacional/Exército de Libertação do Povo Grego). (*N. T.*)

torado até quase ao fim da guerra. "Uma viagem a Praga, em finais de 1942, era uma viagem à tranquilidade", escreveu um alemão de visita. "Rodeado pela guerra (...) o Protetorado era a única terra da Europa Central que vivia em paz". Quanto à Dinamarca encantada, na primavera de 1943 ainda não se registara um único ataque grave a um soldado alemão; mesmo depois da grande onda de greves de agosto, os alemães permaneceram otimistas. Um oficial de informações militares, de visita ao país, em outubro, resumiu a postura dos dinamarqueses como "algo teimosa mas não inabordável", acrescentando que "não se pode propriamente descrever os dinamarqueses, que gostam do seu conforto, como combatentes fanáticos pela liberdade ou guerrilheiros". Numa grande parte da Europa ocupada, parecia que o terror seletivo dos alemães tinha conseguido impedir a emergência da oposição ou quebrá-la quando se tornara visível ([25]).

A GUERRILHA SOVIÉTICA

O único lugar onde o contraterror alemão fracassou foi na URSS. Não por falta de empenho, certamente, pois nem nos Balcãs causaram as unidades do Exército alemão tanta devastação como nos territórios ocupados do Leste. Pequenos bandos de guerrilheiros sobreviveram ao primeiro inverno, ajudados pelo êxito da contraofensiva soviética de dezembro de 1941. Quando renovaram os ataques aos *starostas* (*) e aos guardas armados nomeados pelos alemães nas aldeias, a Wehrmacht reagiu em força. Na Operação Bamberg, a primeira de uma série de ofensivas em grande escala, os soldados e polícias alemães, apoiados por auxiliares eslovacos, devastaram as zonas rurais, incendiando e matando toda a gente que encontraram pela frente. O balanço final foi de sete mortos sofridos pelos atacantes contra 47 armas capturadas ao inimigo, muitas aldeias incendiadas e milhares de camponeses mortos. Mas os guerrilheiros, estimados em mais de 1000, tinham-se escapulido e uma tentativa de cerco em grande escala, com um anel de soldados a fechar-se gradualmente, foi um fracasso total. Nas zonas "limpas" com estes métodos ficavam poucos civis vivos, mas os soldados – pressionadas para atingirem quotas diárias de inimigos mortos fixadas pelo comando – raramente garantiam o efeito de surpresa ou possuíam a coordenação necessários. Os guerrilheiros escondiam-se em pântanos impenetráveis ou esgueiravam-se pelas brechas nas linhas alemãs. O principal coordenador das operações antiguerrilha de Himmler criticou de forma

---

(*) Chefes das comunidades aldeãs. (*N.T.*)

acerba "as chamadas operações de limpeza" por "aniquilarem a população que simpatiza com os bolcheviques" e não os guerrilheiros ([26]).

Nem todas as operações correram tão espetacularmente mal. A nordeste, em redor de Smolensk, com o 3.º Exército Panzer a limpar as zonas imediatamente atrás da frente, 35 000-40 000 soldados enfrentaram cerca de 20 000 guerrilheiros e os duros combates causaram pesadas baixas aos bandos. Quase metade dos guerrilheiros foi morta, contra mais de 2200 perdas alemãs. Todavia, este tipo de sucesso exigia um número enorme de soldados, o patrulhamento frequente das zonas depois da limpeza e algum esforço para distinguir entre os simpatizantes da guerrilha e o resto da população civil. Nas áreas de retaguarda muito maiores, onde os soldados disponíveis estavam exclusivamente dedicados à proteção das longas vias de comunicação, era impossível reproduzir estes factores ([27]).

E as intervenções diretas de Hitler, que insistia num "radicalismo" crescente, não ajudavam. Estava furioso por os soldados da Wehrmacht serem responsabilizados por comportamentos impróprios durante as batidas antiguerrilha e exigiu o recurso aos "meios mais brutais possíveis". A Convenção de Genebra devia ser esquecida e o "cavalheirismo militar" também, mas de alguma forma os soldados deviam tentar não matar inocentes. Himmler estava também a envolver-se cada vez mais. Incumbido da responsabilidade global pela campanha antiguerrilha, pôs no comando das operações o implacável HSSPF da Rússia Central, o general SS Von dem Bach-Zelewski. O general tinha ultrapassado as desvantagens consideráveis de ter ascendência polaca e cunhados judeus e guindara-se a uma alta patente na SS (nesta altura já descartara o polaco Zelewski). Era um dos favoritos de Hitler, que o considerava "uma das pessoas mais inteligentes" ([28]).

Depois da nomeação de Von dem Bach, os alemães continuaram a tentar cercos em grande escala e a matar civis em grande número quando não conseguiam encurralar os guerrilheiros. Só em 1942, foram realizadas quase 20 operações deste tipo, e seguiram-se outras no ano seguinte. O número de vítimas disparou. Eram frequentes os fuzilamentos de centenas de pessoas ao mesmo tempo e ficavam pilhas de cadáveres nas aldeias incendiadas. O culminar destes horrores foi a Operação Cottbus, em maio e junho de 1943, quando uma famigerada unidade SS matou mais de 10 000 pessoas, dando origem a protestos da administração civil alemã. Na verdade, a única alteração real introduzida foi o envio cada vez mais frequente dos civis inocentes para campos de trabalho, em vez de serem assassinados. Na Bielorrússia, que chocaria um jornalista americano como "a região mais devastada da Europa", o rácio médio entre bielorrussos e alemães mortos era – com base em números *alemães* – de 73:1, o que dá uma indicação da escala da violência sofrida pela população civil. No total, estima-se que morreram 345 000 civis em resultado destas operações, juntamente com cerca de 30 000 guerrilheiros ([29]).

Escusado será dizer que ao afugentar os civis para os bosques, a Wehrmacht prestou um bom serviço aos guerrilheiros. O seu número foi aumentando, de cerca de 30 000 em janeiro de 1942 para 93 000 em agosto. Recorrendo aos boatos para criar "uma ilusão de grande poderio", bandos de antigos soldados do Exército Vermelho e aldeãos construíram bases bem dissimuladas nas florestas e fizeram as desfalcadas unidades alemãs sentir-se cada vez mais inseguras. Contudo, conquistar os aldeãos para a sua causa era outra história. Em muitas zonas, a crença dos aldeãos na probabilidade de uma vitória alemã só caiu por terra em 1943. Os agricultores não gostavam de "saqueadores" armados, quer vestissem o uniforme alemão, quer se autodenominassem "guerrilheiros", e o medo de serem punidos pelos alemães também os levou a entregar muitos guerrilheiros aos ocupantes. Por conseguinte, tal como em todas as guerras, foi sempre imperativo para os guerrilheiros recordarem àqueles que lhes davam comida, aquiescência e refúgio que o bolchevismo não fora completamente vencido ([30]).

O primeiro passo era a demonstração do seu poder. No dia 9 de junho de 1942, um grupo emboscou uma unidade do SiPo/SD de Baranovitch na aldeia de Naboliki e matou 15 homens. Segundo a investigação alemã posterior,

> Todos os mortos estavam sem botas; os SS tinham sido despidos até às cuecas e os seus documentos de identidade e as chapas de identificação tinham sido roubadas. Um *SS-Obersturmführer* tinha a suástica e uma estrela soviética gravadas a fogo no peito. Depois de interrogados os aldeãos, descobriu-se que quatro alemães, provavelmente dois *SS-Sturmführers* e os dois oficiais da gendarmaria, tinham sido capturados e levados através de Naboliki num camião roubado pelos guerrilheiros. Tinham-lhes posto bandeiras vermelhas nas mãos, que estavam atadas. Os guerrilheiros tinham gritado desdenhosamente: "Vejam! São estes os vossos senhores!". Os bandos de guerrilheiros consistiam em 90-100 russos, incluindo para-quedistas com uniforme russo. Estavam armados com material pesado e possuíam equipamento de rádio. ([31])

Noutras zonas, por exemplo, em redor de Smolensk, os guerrilheiros restabeleceram as instituições autárquicas soviéticas; nomearam novos funcionários, reconstruíram a Komsomol (*) e as quintas coletivas e semearam os campos. Abateram alguns colaboracionistas e integraram outros à força na guerrilha. Enviaram orgulhosamente uma carta a Estaline, com 15 000 assinaturas, descrevendo o seu feito de matarem os "bárbaros fascistas" e porem fim à ocupação. Chamaram a atenção da população para a imprevisibilidade dos alemães e avisaram os nomeados pelos ocupantes de que até eles acabariam provavelmente acusados de serem guerrilheiros e que seriam fuzilados ou enviados "para a Alemanha, onde perecerão". "O bandido, vampiro e canibal Hitler" tinha um programa para destruir "todos os povos eslavos" e o "bando fascista alemão" estava apenas a cumprir as suas ordens. Em contraste, o "Comandante do Movimento de Guerrilha dos Territórios Temporariamente Ocupados pelos Alemães" dava uma hipótese aos colaboracionistas, oferecendo-lhes uma amnistia se deixassem imediatamente de trabalhar para os alemães. Afinal de contas, dizia a proclamação, "Muitos de vocês foram enganados e induzidos em erro de várias maneiras pelos canibais alemães" ([32]).

Os guerrilheiros derrotaram gradualmente a resistência da Wehrmacht e também o ceticismo da elite política de Moscovo. Em finais de maio de 1942, foi criado o Estado-Maior Central do Movimento de Guerrilha, chefiado por um jovem funcionário comunista bielorrusso, Panteleimon Ponomarenko. Em pânico com o sucesso inicial da ofensiva de verão alemã, Estaline ignorou as objeções dos militares e acabou por aceitar a opinião de Ponomarenko de que um movimento de guerrilha devidamente aprovisionado poderia causar sérios problemas na retaguarda alemã. No princípio de setembro, Estaline deu uma receção no Kremlin para alguns guerrilheiros. Louvando os seus convidados, Estaline, que fora informado por Churchill de que em 1942 não seria possível abrir uma segunda frente, disse-lhes: "Vós, os guerrilheiros, o povo, deveis abrir a segunda frente, e nós ajudar-vos-emos". "Atiçai as Chamas do Movimento de Todos os Povos", exortou o *Pravda*, em novembro: as ordens de Estaline, prosseguia o jornal, significavam "a transferência do movimento de guerrilha para um patamar superior". No fim do ano, havia 102 500 homens e mulheres em armas, e apesar das batidas alemãs o movimento estava a espalhar-se rapidamente no Leste da Bielorrússia e na Rússia ([33]).

Segundo investigações recentes, sabemos hoje muito mais acerca de quem eram os guerrilheiros e de como viviam. Na sua maioria, eram russos e bielorrussos, dado que o movimento era muito mais fraco nos Estados bál-

---

(*) Abreviatura silábica de Kommunisticheskii Soyuz Molodyozhi (União da Juventude Comunista). (*N. T.*)

ticos, nas planícies da Ucrânia e na zona do Grupo de Exércitos do Norte. A guerrilha foi, acima de tudo, um produto da URSS pré-1939 e nunca emergiu de forma tão forte nas regiões que a União Soviética anexou nesse ano. Houve também cerca de 20 000-30 000 guerrilheiros judeus e até algumas unidades de guerrilha judaicas, mas o pressuposto da Wehrmacht de que o judeu era sinónimo de guerrilheiro esteve, no geral, errado; pelo contrário, muitos comandantes da guerrilha tinham uma opinião profundamente ambígua acerca dos judeus que lhes pediam ajuda.

Em geral, os bandos formaram-se em torno de soldados do Exército Vermelho ou de aldeãos cujo conhecimento dos trilhos das florestas e dos pântanos era indispensável. Escondidos em bosques quase impenetráveis, construíram acampamentos dispersos, defendidos por casamatas e posições com armas pesadas. Mas as condições eram duras: não podiam acender fogueiras durante o dia e os seus abrigos eram frequentemente húmidos e lamacentos, gélidos no inverno e infestados de mosquitos no verão. No inverno, os bandos ficavam expostos, especialmente aos ataques aéreos, e a comida escasseava. Todavia, a partir de meados de 1942 pistas de aviação primitivas permitiram o fornecimento de provisões pelos soviéticos. Um relatório dos guerrilheiros judeus de Bielski à Brigada Kirov faculta uma boa indicação da escala das suas atividades. Incumbidos de tomarem conta dos sobreviventes dos massacres e de outros guerrilheiros, o grupo de Bielski, com várias centenas de efetivos, acumulou reservas de batata, couves, beterraba, cereais e carne, parte das quais armazenada em locais secretos. No acampamento, improvisaram uma padaria e uma moagem, dado que os alemães tinham incendiado as da região. Havia uma unidade de produção de salsichas, sapateiros, alfaiates, armeiros, seleiros e carpinteiros, bem como uma cozinha comum e um "hospital" com um médico e duas enfermeiras ([34]).

No outono de 1942, o impacto de Moscovo foi evidente na crescente normalização dos grupos em brigadas e destacamentos, com base no modelo do Exército Vermelho, com um comandante militar e um comissário político como seu conselheiro. Muitos guerrilheiros que tinham sobrevivido entregues a si próprios durante mais de um ano questionaram abertamente o valor da instrução militar e do planeamento formal. Impetuosos e valentes, mas amiúde dados ao pânico, punham frequentemente em causa as ordens de Moscovo, preferindo lançar ataques diretos – onde sofriam muitas baixas – contra as guarnições inimigas do que executar operações de sabotagem de maior valor militar. Em termos políticos e militares, eram uma incógnita. Por conseguinte, a experiência da guerrilha introduziu elementos novos e voláteis num sistema bolchevique que já estava sob enorme pressão – uma postura de liberdade, de vingança e de responsabilidade individual, e um patriotismo que tanto refletia o orgulho local e regional como algo mais vasto. Não eram invulgares os choques entre as diferentes unidades pró-bolcheviques, muitas vezes exigindo a intervenção do estado-maior central. Nos primeiros tempos, Moscovo apenas manteve contacto direto via rádio com um punhado de grupos, e nestas condições era difícil controlar as operações. Contudo, auxiliado por equipamentos de rádio de fabrico barato e por uma rede de estações, o estado-maior central já conseguia contactar 42% das suas unidades em agosto de 1942 e 87% em maio do ano seguinte.

O resultado destes melhoramentos foi que, a partir da primavera de 1943, as operações de sabotagem dos guerrilheiros soviéticos fixaram um número cada vez maior de soldados inimigos, dificultaram as comunicações com a frente e tiveram um impacto cada vez maior no próprio rumo da guerra. No verão, duas grandes operações, envolvendo entre 90 000 e 120 000 guerrilheiros, demoliram quilómetros de carris na retaguarda do Grupo de Exércitos do Centro. De forma mais espetacular, ainda que de utilidade menos imediata, outras unidades realizaram marchas forçadas extremamente arriscadas até às profundezas da Ucrânia Ocidental para ajudar o Partido a reconstruir-se nessas áreas. Uma coluna com seis quilómetros de comprimento chegou ao sopé dos Cárpatos, sofreu pesadas baixas devido a ataques aéreos, mas alarmou a SS com a possibilidade de a guerra de guerrilha se estar a propagar muito para ocidente. Estes guerrilheiros consideravam-se uma elite e acreditavam – como os seus homólogos jugoslavos – que "o movimento é a mãe da estratégia e da tática da guerrilha". Quando o grosso do território russo foi libertado, no princípio de 1944, e o estado-maior central dissolvido, havia um movimento de guerrilha soviético grande, sofisticado e bem equipado com armas simples mas eficazes. Enquanto a Europa Ocidental vivia esmagada num silêncio taciturno, com a resistência praticamente limitada a atividades ilícitas que não atacavam diretamente os alemães, o apoio de Estaline permitiu aos guerrilheiros dos territórios ocupados do Leste sobreviverem ao inverno de 1941-1942 e crescerem. Os custos foram horríveis – centenas de milhares de civis mortos e milhares de aldeias incendiadas – mas os alemães nunca se sentiram seguros ([35]).

OS REFRATÁRIOS

Se houve homem de quem se pode dizer que pôs a Europa Ocidental em alvoroço, esse homem foi Fritz Sauckel, plenipotenciário do *Reich* para o Trabalho. Em reuniões realizadas no Departamento Central de Planeamento, em Berlim, em 1943 e 1944, as suas rusgas para arrebanhar gente para trabalho obrigatório foram acusadas de ser "responsáveis pelo problema da guerrilha na Europa". A França, onde houve muito pouca atividade armada até meados de 1942, apresenta uma confirmação dramática. Quando foi publicado o decreto de conscrição de Sauckel, em agosto, a popularidade de Vichy entrou na queda livre da qual nunca se recompôs: houve greves em Lião e Nantes, em outubro, paragens laborais e tumultos. Em fevereiro de 1943, depois de Sauckel exigir mais um milhão de trabalhadores, o Service du Travail Obligatoire (STO) de Laval tornou o trabalho no *Reich* uma alternativa ao serviço militar e os funcionários locais alertaram para a hostilidade inédita causada pelo registo obrigatório dos jovens. "Não há dúvida de que o nome 'Sauckel' soa muito mal aos ouvidos dos franceses", alertou um observador alemão, em Paris. "O simples anúncio da iminência de uma visita do *Gauleiter* é suficiente para se ver, durante vários dias, centenas de jovens a correrem para as várias estações de Paris com as suas maletas" ([36]).

Foi, pois, graças a Sauckel que surgiu a ideia de "ir para o *Maquis*". É certo que nem todos os refratários escondidos pegaram em armas – aliás, só uma pequena minoria o fez. Alguns jovens detidos em Cahors, em julho de 1943, eram "alimentados pelas pessoas da aldeia, que trataram bem deles", e não estavam envolvidos em nada mais insurreto do que "fumar tabaco produzido localmente" ([37]). Todavia, mesmo quando aqueles que fugiam à conscrição não tencionavam necessariamente resistir de forma ativa aos alemães, o seu ato de desobediência inicial punha-os à margem da lei e dava origem a novas formas de ilegalidade. Aqueles que os escondiam estavam a dar abrigo a foras-da-lei; outros forneciam-lhes documentos falsos ou preparavam incursões às câmaras municipais para destruir os registos. A caça que lhes era movida pela polícia, pelos colaboracionistas e pelos homens de Sauckel originava lutas e tiroteios. A caça constante aos refratários empurrava os jovens para os braços da resistência e os gendarmes de Vichy estavam cientes do perigo. Em agosto de 1943, a gendarmaria do Languedoque foi instruída no sentido de que "os refratários devem ser tratados como gente transviada e não como criminosos". Contudo, até ao outono, 15 000 a 20 000 alistaram-se em formações da resistência que estavam muito mais bem organizadas do que um ano antes: graças aos esforços dos principais movimentos, os três principais grupos do Sul – Combat, Franc-Tireur e Libération – tinham-se unido, e os principais grupos do Norte juntaram-se-lhes a pedido do representante de De Gaulle, Jean Moulin, sendo formado o Conselho Nacional da Resistência ([38]).

Muitas zonas de França permaneceram tranquilas mas outras, como o Auvergne, assistiam a ataques quase diários a prisões, bancos e câmaras municipais, bem como a muitos atos de sabotagem de alvos militares. No Eure, uma sondagem de opinião tosca realizada pelo prefeito mostrou que embora Pétain ainda fosse respeitado (mas "menos querido"), o seu governo era abominado como um fantoche dos alemães e o STO era "cada vez mais impopular" e fazia toda a gente ansiar pela libertação. No princípio de 1944, os proprietários das oficinas de aldeia começaram a ser aconselhados a montar guarda às suas bombas de gasolina: Vichy perdera o controlo de grande parte das zonas rurais ([39]). Em novembro de 1943, 300 *maquisards* tomaram conta da vila de Oyonnax – a presença alemã era inexistente – e antes de retirarem organizaram um desfile militar e cantaram a *Marselhesa*. Houve demonstrações semelhantes, embora mais pequenas, noutros lugares. Para o marechal de campo von Rundstedt, comandante supremo no Ocidente, 1943 foi "um sério ponto de viragem na situação interna" ([40]).

A perturbação ainda era maior noutras paragens. Na Noruega, em Oslo, os escritórios do Departamento de Registo para o Trabalho foram rebentados com explosivos. Na Grécia, em Atenas, uma greve de protesto conseguiu impedir os trabalhadores de serem enviados para o estrangeiro. Quanto à Polónia, o representante de Sauckel descreveu o caos e o conflito crescentes:

> Na Polónia, em particular, a situação é extraordinariamente grave. É do conhecimento geral que se registaram confrontos violentos por causa destas ações. A resistência à administração que estabelecemos é muito forte. Um número muito considerável dos nossos homens tem sido exposto a perigos acrescidos e ainda nas últimas duas ou três semanas alguns foram mortos a tiro: o chefe do Departamento de Trabalho de Varsóvia foi abatido no seu escritório e ontem, mais uma vez, foi morto outro homem. Assim vai a situação e o recrutamento, mesmo quando levado a cabo com a maior boa-vontade, continua a ser extremamente difícil sem reforços policiais à mão.

Na Holanda, onde os alemães tentaram obrigar toda uma classe etária a registar-se, muitos dos visados esconderam-se e nasceu uma enorme rede clandestina de assistência para lhes facultar comida, abrigo e documentos falsos. Estes desenvolvimentos decorreram do anúncio impensado do comandante militar alemão de que todos os ex-prisioneiros de guerra holandeses teriam de regressar à Alemanha, o que desencadeou agitação e greves que, no auge, envolveram meio milhão de pessoas. Pela primeira vez, as zonas rurais foram arrastadas para a confusão. A SS impôs a lei marcial e antes de a greve chegar ao fim mais de 100 pessoas foram executadas. A resistência armada ainda não era uma preocupação para as autoridades, mas, tal como em França, o ano de 1943 foi um ponto de viragem e os homens de Sauckel conseguiram apenas 7% do número de trabalhadores holandeses previsto (⁴¹). Na Bélgica, onde havia memórias traumáticas das deportações de trabalhadores pelos alemães durante a Primeira Guerra Mundial, o programa de trabalho obrigatório foi uma iniciativa ainda mais delicada. "Voltámos às deportações de 1916-1917", reagiu um comentador às ordens para se prestar serviço de trabalho obrigatório. Apesar das greves, foram enviados para o *Reich* quase 150 000 trabalhadores. Quem se escondia era ajudado por organizações de assistência comunistas e católicas, estas últimas financiadas pelo patronato e pelo governo no exílio (⁴²).

A escassez de mão de obra também influenciou a forma como os alemães responderam à resistência. Este fenómeno tornou-se evidente em 1942, quando Göring ordenou a evacuação de zonas dos territórios ocupados que não tinham valor económico para os alemães, e a triagem dos habitantes: os capazes de trabalhar deviam ser enviados para o *Reich* ou empregues localmente. Como vimos no caso da Bielorrússia, os comandantes do exército e da SS também começaram a realizar operações antiguerrilha de acordo com o espírito desta ordem: a Operação Franz, em janeiro de 1943, foi a primeira a resultar na detenção de um grande número de civis, que foram enviados para ocidente. Dezenas de milhares de civis foram colocados em campos de concentração e de trabalho e postos a trabalhar pelo Exército e por agências civis ou entregues aos homens de Sauckel. Atrás destas "evacuações", o Exército deixava "zonas mortas" de aldeias incendiadas e campos destruídos onde os civis entravam por sua conta e risco. As populações rurais eram rastreadas como os judeus tinham sido. Os inaptos para o trabalho eram enviados para campos como o "Campo Familiar Russo", em Auschwitz, onde alguns foram gaseados (⁴³).

Na Polónia, em particular, começou a emergir, em finais de 1942, um novo "espírito de resistência". As causas foram laconicamente resumidas pelo comandante territorial alemão do Governo-Geral como: "fome crescente; o ónus da guerra, tangivelmente crescente; depressão mental; diminuições crescentes na liberdade; uma política psicologicamente errada; uma severidade contraproducente, traduzida em injustiças claras; negligência absoluta e cuidados inadequados [que] eliminam os últimos resquícios de boa-vontade para com os alemães". Este militar identificou dois catalizadores principais: as *Fangaktionen* – rusgas de recrutamento forçado para serviço de trabalho – e o assassínio em massa dos judeus, no qual os polacos viam "um retrato atroz do seu próprio destino". Não foi certamente o único a ver como as ações de repovoamento de Himmler e Globocnik na zona de Zamość tinham obrigado muitos agricultores a tornar-se foras-da-lei e transformado a região de Lublin no epicentro da atividade da guerrilha polaca. Frank, Goebbels e o comissário antiguerrilha Von dem Bach-Zelewski levaram seis meses para conseguir parar as expulsões e garantir a transferência de Globocnik, mas nessa altura o mal já estava feito ([44]).

E nessa altura já tinha também irrompido um exemplo de resistência armada no coração de Varsóvia, entre os últimos judeus do gueto. O Exército do Interior deu-lhes algum apoio, mas não sabia se devia apoiar uma insurreição que se podia espalhar facilmente ao resto da cidade antes de esta estar pronta. A rebelião dos judeus foi essencialmente um ato autónomo de gente sem nada a perder. No princípio de 1943, restavam apenas 50 000--70 000 judeus num gueto que dois anos antes contara com cerca de 450 000 residentes; a maioria morrera em Treblinka, nos últimos meses. Inspirados pelos relatos de resistência judaica em cidades a leste, a Organização de Combate Judaica (ZOB), multipartidária, começou a matar os informadores da Gestapo e os polícias e colaboracionistas judeus, comprou armas e, em janeiro, impediu uma deportação.

O custo foi pesado: quatro quintos dos membros da ZOB (a maioria estava desarmada dada a escassez de armamento) foram detidos e mortos; os alemães sofreram meia dúzia de baixas. Todavia, o acontecimento foi suficiente para que Himmler ordenasse a evacuação total do gueto. Em fevereiro, instruiu o HSSPF Krüger no sentido de o deitar abaixo para erradicar a "desordem criminosa". A longo prazo, a demolição contribuiria para reduzir o tamanho de uma cidade que "foi sempre um centro perigoso de decomposição e rebelião". Depois de preparativos aturados, os alemães avançaram, sem esperar muita resistência. Na verdade, foram apanhados completamente de surpresa pelos planos meticulosos da ZOB e a revolta só foi esmagada após semanas de duros combates. A desorientação inicial dos alemães foi notada pelos polacos, que observavam do exterior enquanto o fumo se erguia por cima dos muros do gueto. Alguns entraram: o Exército do Interior e os comunistas polacos realizaram incursões em apoio dos combatentes da ZOB. Conduzido por guardas alemães para a prisão de Pawiak, administrada pela Gestapo e localizada dentro do gueto, um oficial do Exército do Interior ouviu o rebentamento de granadas e viu os cadáveres nas ruas desertas onde o fogo dos atiradores judeus intimidava os gendarmes e os SS ([45]).

Se o exemplo do gueto inspirou o Exército do Interior para ações de maior envergadura, houve outros nos arredores de Varsóvia: a resistência estava a propagar-se para as zonas rurais do centro da Polónia. Um ano depois de Hitler ter aprovado o seu Plano Geral para o Leste, as prioridades de Himmler tinham-se alterado de forma drástica. No verão de 1943, o *Reichsführer* declarou todo o Governo-Geral uma "zona de guerra de guerrilha" (*Bandenkampfgebiet*). Exortadas por Himmler a "incendiar aldeias inteiras, se necessário", a SS e a polícia responderam com as táticas de terror habituais, fazendo milhares de mortos. Mas houve desacordos sérios no seio da SS, com Von dem Bach-Zelewski a insistir que "nenhum país pode ser governado só com a polícia e a tropa" e a defender uma política mais astuta (como outros advogavam nos Balcãs), que explorasse o anticomunismo dos polacos e os alinhasse com os alemães. A SS pretendia apelar ao Exército do Interior, cujo comandante, "Grot" (*), tinham capturado em junho; porém, a sua recusa em colaborar (que determinou a sua morte) significou que tiveram de trabalhar – nos bastidores e de forma mais intermitente – com o NSZ (**), uma organização mais pequena de extrema-direita.

De uma maneira ou de outra, Himmler queria a resistência polaca cortada pela raiz e destacou o *Brigadeführer* Franz Kutschera para Varsóvia como SSPF para o fazer. Quando os alemães começaram e levar a cabo execuções nas ruas da cidade, os polacos, que tinham ficado entusiasmados com os acontecimentos de verão em Itália, foram empurrados para um estado de horror e profundo pessimismo. "O ambiente é terrível", escreveu no seu diário um residente de Varsóvia. "Ninguém acredita num fim rápido da guerra. Há cada vez mais gente a falar no que os alemães fizeram aos judeus: não nos aguardará o mesmo destino?". A título excecional – porque o receio das represálias alemãs significou que os assassínios seletivos de figuras alemãs importantes foram raros durante a guerra –, o Exército do Interior decidiu assassinar Kutschera para demonstrar que os polacos não se curvavam. Depois de duas tentativas fracassadas, um comando especial conseguiu abatê-lo no meio de Varsóvia, numa operação que durou apenas um minuto. Os alemães executaram 300 pessoas em retaliação, mas a morte de Kutschera conseguiu pôr fim às execuções públicas ([46]).

A WEHRMACHT NO SUL DA EUROPA

Contudo, no verão de 1943, não foi na Polónia – onde a Wehrmacht era surpreendentemente otimista em relação ao aumento da agitação – que os alemães se sentiram mais expostos, mas no Sul da Europa, onde enfrentavam a ameaça de uma invasão aliada. Enquanto os Aliados consolidavam a sua posição em África, os alemães tentaram prever onde decorreria o próximo desembarque. Havia planos de contingência para uma invasão preventiva da península Ibérica e Hitler lembrava-se da obsessão de Churchill com

---

(*) O general e jornalista Stefan Paweł Rowecki ou Stefan Grot-Rowecki (*grot* significa ponta de lança). (*N. T.*)

(**) Acrónimo de Narodowe Siły Zbrojne (Forças Armadas Nacionais). (*N. T.*)

os Balcãs na Primeira Guerra Mundial e receava desembarques na costa da Grécia. Por conseguinte, a Wehrmacht deslocou soldados da Frente Leste para sul, através dos Balcãs, e preparou-se adequadamente para apoiar ou substituir os italianos. Porém, em julho, quando o derrube de Mussolini obrigou a Wehrmacht a agir, as suas forças, bastante desfalcadas, tiveram de guarnecer uma área muitíssimo maior, uma missão complicada pela expansão dos bandos de guerrilheiros na Jugoslávia, na Grécia e na própria Itália, pela desintegração do Exército italiano e pelo desembarque aliado na Sicília. Com grande parte da Europa do Sul declarada zona de guerra, foi a Wehrmacht, e não a SS, que liderou a contrainsurreição alemã nos últimos dois anos da guerra.

Isto não significou menos brutalidade: a Wehrmacht ainda era mais mortífera à defesa do que ao ataque. Em dezembro de 1942, Hitler ordenara a destruição dos "bandidos" como parte dos preparativos contra uma tentativa de desembarque dos Aliados, e no dia seguinte ao derrube de Mussolini emitiu novas ordens. Para proteger as áreas de retaguarda de defesas costeiras vulneráveis, a Wehrmacht devia esmagar os "bandos de bandidos" com a "máxima intensidade" para os "aniquilar". Em agosto, no auge dos receios alemães de uma invasão aliada da Grécia, o general Löhr, comandante supremo da Wehrmacht nos Balcãs, emitiu uma ordem extraordinária: "Poderá ser necessário [nas zonas ocupadas pela guerrilha] deter toda a população masculina, caso não tenha de ser fuzilada ou enforcada por apoiar aos bandidos ou participar nos seus atos, nem esteja incapacitada para o trabalho, e enviá-la para pontos de recolha de prisioneiros para transporte para o *Reich*". Caso fosse impossível distinguir os guerrilheiros dos restantes civis, a resposta do Exército alemão devia ser desertificar imediatamente a zona. Tal como acontecera na Bielorrússia, a linha divisória entre o combate à guerrilha e o recrutamento para o trabalho começava a esbater-se ([47]).

Enquanto Löhr emitia a sua ordem, os voluntários gregos acorriam às montanhas. Em Atenas, os soldados italianos vendiam os uniformes e o equipamento. Nos montes Pindos, os *andartes* (guerrilheiros) desarmaram a Divisão Pinerolo. Os alemães enviaram apressadamente forças da Jugoslávia e dos territórios soviéticos para a Grécia, e não tardou que as "zonas mortas" que tinham desfigurado as áreas rurais da Bielorrússia surgissem como chagas na Grécia Central e no Peloponeso. Em julho e agosto, por exemplo, tropas da 1.ª Divisão de Montanha, uma unidade de elite regressada do combate ao Exército Vermelho nas montanhas do Cáucaso, desceu pelas estradas de montanha para limpar a parte ocidental da Grécia antes do esperado ataque aliado. Este nunca se deu, mas atrás da orla costeira a divisão fuzilou centenas de aldeãos e incendiou-lhes as casas. De seguida, os soldados passaram às ilhas jónicas, para desarmar soldados italianos que estavam a resistir, e depois da sua capitulação massacraram-nos. As regras da Frente Leste tinham chegado à Grécia e os civis italianos e gregos eram tratados como russos.

Outras unidades dispersaram-se pelo Peloponeso. No fim de 1943, em poucos dias, o diário de guerra da Wehrmacht no Peloponeso regista: 4 de dezembro – 50 reféns fuzilados em Aighion depois de um ataque a um camião; 5 de dezembro – 50 reféns enforcados na estação de caminho de ferro de Andritsa; 7 de dezembro – 25 reféns fuzilados em Gythion. Alguns dias depois, os soldados entraram na cidade de montanha de Kalavryta, prenderam todos os homens que encontraram, mais de 500, e fuzilaram-nos em retaliação depois de os *andartes* terem raptado e matado soldados alemães nas proximidades. Noutras atrocidades perpetradas na primavera seguinte, na Grécia Central, os jovens soldados da Waffen-SS nem sequer pouparam mulheres e crianças. O plenipotenciário diplomático da Alemanha nos Balcãs ficou furibundo; depois de um massacre na aldeia de Klissoura, escreveu: "O belo resultado deste feito heroico é que os bebés estão mortos, mas os guerrilheiros continuam vivos". A Wehrmacht mandou abrir um inquérito interno, mas os protestos do plenipotenciário pouco contribuíram para modificar o comportamento dos soldados. O movimento de guerrilha aumentava sem parar, centenas de aldeias eram incendiadas e dezenas de milhares de pessoas eram mortas ou ficavam desalojadas. Graças à conduta da Wehrmacht na guerra antiguerrilha e ao seu recurso às punições coletivas indiscriminadas, a Grécia viu-se confrontada com uma gigantesca crise humanitária que as Cruzes Vermelhas sueca e suíça se viram aflitas para debelar ([48]).

No cerne destes desenvolvimentos estiveram os acontecimentos do verão de 1943, em Itália. O colapso do regime de Mussolini deixou o país dividido e criou um vácuo político. No Sul, os Aliados estabeleceram a sua própria ocupação militar nas primeiras zonas do continente europeu que foram libertadas; figuras do antigo regime fascista, tal como o marechal Badoglio – o "duque de Adis Abeba" –, tentaram garantir uma transição política fluida, enquanto os fiéis irredutíveis do *Duce* passavam à clandestinidade e contemplaram, por algum tempo, iniciar a resistência. A norte das linhas alemãs, em lenta retirada, a Itália ficou sob controlo da Wehrmacht, mas com a teia habitual de funcionários alemães (os mais importantes eram o plenipotenciário do Ministério dos Negócios Estrangeiros e o HSSPF de Himmler). Salvo por Hitler e apoiado pelos alemães, o *Duce* restabeleceu um governo fascista de fachada.

Com os aliados de ontem tornados senhores de hoje, os alemães apertaram o controlo do país. A oposição tomou forma muito depressa, alimentada pelo rápido revivalismo da política partidária após duas décadas de fascismo. A resistência política aos alemães (e ao novo governo de Mussolini) foi organizada por um comité de libertação nacional multipartidário formado em Roma no dia seguinte ao armistício e que depois se expandiu numa rede de afiliados regionais sob ocupação alemã. Ao mesmo tempo, com a desintegração do Exército italiano, o país viu-se inundado de armas. A maioria dos soldados passou à clandestinidade para evitar o internamento, e a ajuda espontânea que eles e os prisioneiros de guerra aliados libertados das cadeias italianas receberam da sociedade italiana pode ser visto como o primeiro ato de resistência coletiva aos novos senhores do país. Alguns fugiram para as montanhas, mas no início os esquadrões comunistas de sabotagem e assassínio, muitíssimo bem organizados e presentes nas cidades, foram muito mais letais para os ocupantes. Todavia, o número dos guerrilheiros aumentou na primavera de 1944 – as rusgas em busca de trabalhadores estavam a surtir o mesmo efeito que noutras paragens – e emergiu uma variedade enorme e politicamente diversa de grupos: brigadas "Garibaldi" organizadas segundo o modelo soviético, unidades "Justiça e Liberdade" do Partido de Ação, "Chamas Verdes" católicos e muitos outros [49].

Prejudicados pela falta de treino, pela pouca cobertura e pela falta de armas, tinham mais significado político do que capacidade militar. Representavam a nova Itália que emergia dos escombros do fascismo, com todas as suas divisões e incertezas, e era natural que houvesse choques entre estes diferentes grupos, que ainda permaneciam à margem de qualquer controlo central. O Estado italiano entrara em colapso e travava-se uma luta de renovação, por um segundo *Risorgimento*. O historiador Claudio Pavone, que participou na resistência, distingue três guerras separadas mas relacionadas travadas pelo movimento de guerrilha. Para alguns guerrilheiros, era uma guerra pelo socialismo: queriam regressar à situação "revolucionária" que se apoderara do país em 1919-1921, mas desta vez para empurrar a história de Itália para uma nova via. Muitos combatiam simplesmente contra os republicanos de Mussolini e por um futuro democrático, para demonstrarem à Itália e ao mundo a vitalidade da tradição antifascista subjugada durante vinte anos. Finalmente, para todos os guerrilheiros, era uma luta para expulsar os alemães.

Os alemães não estavam para correr riscos e reagiram em força. No Nordeste italiano, colocado sob administração civil como prelúdio à sua anexação, Odilo Globocnik – arquiteto da Operação Reinhard e do repovoamento de Zamość – foi nomeado para policiar a sua cidade natal, Trieste.

No Sul, o marechal de campo Kesselring combateu com perícia durante a maior parte de setembro, numa tentativa vã para impedir os Aliados de estabelecerem uma testa-de-ponte. Muitas cidades tinham sido arrasadas por enormes bombardeamentos aéreos aliados destinados – redundantemente – a instigar a população italiana contra o regime fascista. Quando a Wehrmacht chegou ao Sul do país, carecendo das reservas que Kesselring entendia serem necessárias, deteve e colocou milhares de homens em trabalho obrigatório e requisitou animais e alimentos. Com as suas tropas muito dispersas pelas montanhas áridas da Campânia e da Basilicata, os alemães retaliavam violentamente ao menor sinal de desobediência e enquanto a frente se estabilizava registaram-se dezenas de execuções e massacres nas aldeias e cidades do Sul de Itália. A razão principal para estas matanças indiscriminadas foi a intenção característica da Wehrmacht de garantir a segurança absoluta da sua retaguarda. Os soldados alemães estavam furiosos com os antigos aliados pela sua "traição" e à menor provocação vingavam-se nos civis. Kesselring era um general soberbo e surpreendeu Hitler com o seu sucesso, ao abrandar o avanço aliado pela península; no entanto, o seu brilhantismo como comandante andou a par de uma atitude totalmente implacável face às populações locais.

E o sofrimento da região não terminou com a chegada dos Aliados. A utilização pródiga da artilharia pelo general Mark Clark poupou vidas de soldados, mas devastou as áreas urbanas da linha da frente. Milhares de mulheres foram violadas pelos soldados franceses e norte-africanos. Os lares dos italianos foram pilhados, as rações caíram para níveis de fome e os alemães também responderam com bombardeamentos. No princípio de 1944, grande parte do Sul de Itália parecia uma paisagem lunar de cidades devastadas que era percorrida por mulheres e crianças desalojadas, famintas e desmoralizadas em busca de segurança e abrigo ([50]).

As represálias e os massacres perpetrados pelos alemães também foram responsáveis pela morte de centenas de civis no resto de Itália. Em março de 1944, por exemplo, um ataque da guerrilha a uma coluna alemã que marchava sobre Roma provocou muitas baixas e Hitler ordenou a execução de 100 italianos por cada alemão morto. Depois de o chefe do SD em Roma decidir que um rácio inferior seria suficiente, os seus homens, com os nervos acalmados pela bebida, abateram 335 reféns numa pedreira abandonada – as chamadas Fossas Ardeatinas –, um massacre que continua a dar azo a debates acalorados. Mas a Wehrmacht comportava-se de modo muito semelhante no campo. Frustrado por não conseguir localizar os guerrilheiros, que vinham aumentando em número durante a primavera, Kesselring começou a considerar a população civil como parte do problema. "A luta contra os bandos deve ser travada com todos os meios à nossa disposição e com a máxima severidade", disse a sua ordem mais famigerada, emitida nas semanas críticas que se seguiram à queda de Roma, em 4 de junho. "Apoiarei todo o oficial que, nas suas opções e severidade, ultrapasse os nossos limites habituais". No dia 28 de junho, Kesselring ameaçou via rádio a população italiana de que a luta da tropa contra os guerrilheiros iria tornar-se "mais implacável e mais dura". Foi fiel às suas palavras e nos dias seguintes tiveram lugar os piores massacres de toda a ocupação: 29 de junho – 254 pessoas foram mortas na aldeia de Civitella della Chiana e 71 em San Pracazio di Bucine; 4 de julho – 176 em Castelnuovo dei Sabbioni; 12 de agosto – 560 em Sant'Anna di Stazzema, onde as pilhas de cadáveres ficaram tão desfiguradas pelos lança-chamas que se revelou impossível identificá-los. Nesta altura, o sadismo dos soldados já era comparável ao demonstrado pelos *Einsatzgruppen* no Leste, em 1941 ([51]).

Mussolini vinha-se queixando, desde março, do "comportamento criminoso" da Wehrmacht e Kesselring ordenou aos seus homens que mantivessem a disciplina. Mas nada mudou. No dia 15 de setembro, Mussolini queixou-se pela terceira vez, avisando o embaixador alemão de que a Wehrmacht se estava a tornar odiada em Itália e insistindo que "como homem e fascista, não posso continuar a assumir a responsabilidade – ainda que indireta – por estes massacres de mulheres e crianças". Todavia, precisamente duas semanas mais tarde, a 16.ª Divisão de Granadeiros Panzer SS Reichsführer SS, que perpetrara o banho de sangue de Sant'Anna, caiu sobre a aldeia de Marzabotto, nos Apeninos, a cerca de 16 km a sul de Bolonha, e matou pelo menos 770 pessoas. Foi uma das piores atrocidades alemãs na Europa Ocidental. Em maio, a aldeia fora saqueada e parcialmente bombardeada pelos alemães, que também tinham fuzilado alguns homens porque ninguém lhes quisera dar informações sobre os guerrilheiros. Depois do massacre, o *Sturmbannführer* Walter Reder informou que tinha aniquilado os "bandidos" na aldeia. As vítimas incluíam mais de 150 crianças com menos de dez anos de idade e um número semelhante de idosos ([52]).

Reder era um oficial SS corajoso, várias vezes condecorado e, em muitos aspetos, um produto exemplar do Exército de Hitler. Participou na invasão da Polónia, no avanço sobre Leninegrado, em 1941, e na última batalha de Kharkov, onde perdeu parte de um braço; depois, participou na limpeza do Gueto de Varsóvia. Para ele e para os seus superiores, a *Vernichtungskrieg* (*) no Leste reforçara a sua desconfiança face aos civis (o modo como os italianos tinham "traído" os alemães só viera reconfirmar a sua duplicidade

---

(*) Guerra de aniquilação. (N. T.)

intrínseca); além disso, Reder considerava as represálias inteiramente legítimas. Depois de meses em retirada, a necessidade militar ditava a posse dos Apeninos – última linha de defesa antes do vale do Pó –, que no verão de 1944 estava longe de garantida. Não foi por coincidência que o massacre de Marzabotto ocorreu no momento exato em que os alemães que defendiam a zona central da Linha Gótica se viram pressionados pelo avanço das forças aliadas.

Por outro lado, nada disto explica que se vitimasse mulheres e crianças nem o zelo sádico da matança, fenómeno que parece ter-se alimentado a si próprio durante as semanas precedentes, com os crimes a sucederem-se, promovidos por uma combinação de medo, desprezo, impunidade e prazer psicopático. Um oficial disse a um padre italiano que a vida de um alemão valia a de cinquenta italianos. Nesta altura, já não funcionava nenhum dos limites éticos do Exército alemão: os padres eram abatidos quando tentavam servir de intermediários e muitas mulheres e bebés eram mortos com os homens ([53]).

Ou será que este tipo de matança indiscriminada foi mais racional – pelo menos, da perspetiva dos militares alemães – do que gostaríamos de pensar? Afinal de contas, em termos puramente funcionais, estes massacres foram terrivelmente eficazes. No inverno de 1944-1945, as rusgas da Wehrmacht, da SS e dos seus aliados italianos – em conjunto, eram muitíssimo mais numerosos do que os insurretos – resultaram numa diminuição considerável da atividade da guerrilha. Deportando dezenas de milhares de "possíveis bandidos" para campos na Polónia e na Alemanha, as forças do Eixo conseguiram limpar várias áreas das montanhas do Norte de Itália que os guerrilheiros tinham declarado "zonas libertadas". Com o agravamento das condições meteorológicas, muitos guerrilheiros desiludiram-se com o fracasso dos Aliados em romper a frente. De forma ainda mais desencorajante, os Aliados disseram-lhes para desmobilizarem as suas unidades durante o inverno. O SD sabia que muitos dos que se tinham juntado aos bandos o haviam feito apenas para fugir ao trabalho obrigatório e o regime de Mussolini tentou – com bastante insucesso – aproveitar-se deste facto e assumir uma pose mais moderada oferecendo uma amnistia a todos os "bandidos" que se entregassem. Apenas 2000 o fizeram. Mesmo assim, no princípio de 1945 o movimento de guerrilha estava na defensiva e só reemergiu como força significativa em Itália no último mês da ocupação. Do ponto de vista da Wehrmacht, a dissuasão e o terror funcionavam e permitiram-lhe manter o controlo do Norte até ao fim da guerra ([54]).

GUERRAS CIVIS

Na Europa nazi, a oposição e o ódio foram sempre dirigidos pelo menos tanto contra os colaboracionistas como contra os alemães. Foram os Quislings, os Musserts e os Degrelles que ameaçaram virar os seus países para o nazismo, e os partidos colaboracionistas que ajudaram os alemães foram vistos como inimigos pela população desde que surgiram. Em França, depois de gasta a legitimidade inicial de Vichy, verificou-se uma polarização semelhante. Apesar de Pétain permanecer popular ou pelo menos respeitado até ao fim, o mesmo não se aplicou aos que o serviram. Os legionários, sorridentes e desgrenhados, posavam para a fotografia celebrativa de partida para a Frente Leste com as carruagens garatujadas com *"Vive le Marechal!"*, *"Vive Hitler!"* e *"A bas les Juifs!"*, mas nos cinemas as imagens de Laval, Henriot e Déat eram acolhidas com assobios, pateadas e gritos de "Vendido!" e "Morte!" ([55]). Vistos como traidores, os colaboracionistas tornaram-se alvos privilegiados de ataques e assassinatos; para eles, os resistentes eram "terroristas", "comunistas" e "criminosos" apostados no colapso da ordem pública e na fragmentação da nação. Em muitos países, com as armas a tornarem-se abundantes e o fim da guerra – com todas as suas incertezas políticas – no horizonte, a violência intensificou-se ao ponto de guerra civil.

Em novembro de 1942, na Bélgica, três dos presidentes de câmara rexistas de Degrelle foram abatidos a tiro, levando o seu partido a exigir melhor proteção. Todavia, a relutância da polícia em deixar-se envolver levou os rexistas a fazerem lei pelas próprias mãos. Em meados de 1944, o Rex (*), a SS flamenga e os radicais de direita do VNV estavam envolvidos numa luta de morte com a resistência. "É uma autêntica guerra civil" – foi assim que o advogado Paul Struye sintetizou a sua análise da opinião pública nos meses finais da ocupação.

> São muitos os colaboracionistas atacados em casa, na rua ou no campo. Incluem muitas mulheres. São, ao que parece, informadoras que entregaram refratários ao ocupante (...). As "represálias" são ainda mais violentas (...). Esta sucessão de dramas sangrentos deu origem, em grande parte do país mas especialmente nas aldeias e nas vilas, a uma verdadeira atmosfera de terror (...). O ódio que alguns belgas manifestam para com outros é implacável e verdadeiramente feroz. É infinitamente mais violento do que o ódio aos ocupantes. ([56])

(*) Ou Partido Rexista, fundado por Degrelle. (*N. T.*)

Na Itália, a emergir espasmodicamente de duas décadas de fascismo, havia contas a ajustar que remontavam não apenas a dois ou três anos mas a vinte. A esquerda queria vingar as suas memórias amargas dos anos das milícias fascistas. Ao mesmo tempo, o que restava do Partido Fascista estava mais radicalizado do que antes do colapso e houve um regresso consciente ao violento *squadrismo* da primeira hora do fascismo. Uma nova onda de violência varreu as cidades e aldeias do vale do Pó. Mussolini foi ovacionado pela multidão quando reapareceu pela primeira vez em público, perto de Bolzano, em abril de 1944: havia muita gente, em especial nas zonas fronteiriças e no irredutível Nordeste católico, que receava que a Itália caísse nas mãos dos bolcheviques. As novas Brigadas Negras de Mussolini não eram a única força ao dispor do fascismo: havia a Guarda Nacional Republicana e uma quantidade de forças pequenas mais ou menos voluntárias, esquadrões da morte e senhores da guerra, alguns dos quais prefeririam receber ordens da SS do que de Mussolini. O regime converteu-se gradualmente em pouco mais do que uma arma da campanha antiguerrilha alemã e os seus simpatizantes viam-se numa guerra na qual "não existe diferença entre o inimigo externo e o inimigo interno". Afinal de contas, no verão de 1944, os guerrilheiros estavam a assassinar notáveis fascistas e a matar centenas de homens de Mussolini por mês. No inverno, estes ripostaram ao lado dos alemães e vingaram-se, enforcando publicamente guerrilheiros e quem lhes dava na real gana ([57]).

A Igreja Católica tentou acalmar as partes e pregou a moderação, dado que a sua liderança desconfiava profundamente do nazismo e do comunismo. O Vaticano temia uma tomada do poder pela esquerda no pós-guerra, mas recusou-se a estabelecer relações diplomáticas com o regime de Salò. Contudo, as pressões para a eclosão de uma guerra civil eram poderosas e a Igreja estava demasiado debilitada para poder fazer muito: foi acusada pelos fascistas e pelos antifascistas de estar à espera para ver quem sairia vencedor. Na Páscoa de 1944, os bispos foram aconselhados a "estigmatizar todas as formas de ódio, de vendeta, de represália e de violência, venham de onde vierem" mas o *Piemonte repubblicano*, um jornal pró-*Duce*, caiu de imediato sobre a Igreja por não compreender que "atravessamos tempos de exceção, numa altura de guerra, e não restam dúvidas de que 'entre as duas partes beligerantes', todos os italianos – bispos ou não – têm a obrigação de notar que uma delas se macula diariamente com crimes horríveis". Os padres foram apanhados pela violência: 191 foram mortos pelos fascistas, 125 pelos alemães e 109 pelos guerrilheiros. Havia padres a combater nos bandos pró-fascistas e outros – os chamados "capelões guerrilheiros" e "padres vermelhos" – que lutavam como antifascistas (estes eram apoiados pelo Vaticano, preocupado com a falta de orientação religiosa dos guerrilheiros, que poderiam ficar expostos à propaganda comunista sem nenhum apoio espiritual) (⁵⁸).

Mas a resistência não estava apenas a travar uma guerra civil contra os colaboracionistas; havia também tensões no seu seio, tensões que refletiam a multiplicidade de grupos diminutos dos quais a resistência emergira e as suas conceções muito diferentes da ordem ideal para o pós-guerra. Na Europa Ocidental, foi possível conter estas diferenças. Com a possível exceção da França, onde a resistência se virou ocasionalmente contra ela própria, nenhum destes desacordos extravazou para a violência declarada e os grupos toleraram-se ou aceitaram a autoridade de órgãos coordenadores. Nos Balcãs, as coisas foram muito diferentes. Os governos grego e jugoslavo no exílio não tinham legitimidade e as tentativas de unificação das forças da resistência fracassaram. Por conseguinte, estas forças, além de combaterem os colaboracionistas, digladiaram-se entre si. Na Jugoslávia, a guerra entre os *partisans* e os *chetniks* deixou um rasto de sangue pelo país. A Grécia só foi poupada à violência nesta escala porque o movimento principal, o EAM/ELAS, esmagou os grupos mais pequenos para se estabelecer como autoridade dominante nas montanhas.

Com o fim da guerra a aproximar-se, as principais linhas de batalha da incipiente guerra civil não foram entre resistentes e colaboracionistas, mas entre os comunistas e os seus opositores. Os *ustaše* croatas e os gendarmes de Nedić, em Belgrado, viam-se como a última defesa do país contra a bolchevização e este receio permitiu-lhes apelar aos membros da resistência não comunista ou anticomunista. Na Grécia, estas coligações de forças anticomunistas, que reuniam colaboracionistas e resistentes, foram organizadas pelo governo colaboracionista com apoio alemão. De facto, os alemães tentaram fomentar guerras civis. O *SS-Standartenführer* Walter Blume, um advogado culto e antigo agente da Gestapo, passou da matança de judeus na Frente Leste para a matança de guerrilheiros na Eslovénia e depois tornou-se o chefe do SiPo/SD de Atenas. Segundo a sua chamada "tese do caos", os alemães deviam matar a classe dirigente da Grécia e pôr os gregos a lutarem intensamente uns contra os outros para que os alemães conseguissem retirar sem ser incomodados. Por conseguinte, Blume armou rufiões anticomunistas, formou-os em batalhões de segurança e esquadrões da morte não oficiais e deu-lhes carta branca na guerra aos "comunistas" e "bandidos". Os últimos meses da ocupação foram, pois, marcados por uma série de massacres horríveis perpetrados por gregos contra gregos e nos quais os alemães praticamente não tiveram um papel direto. Nos últimos meses da ocupação, foram lançadas as sementes da Guerra Civil Grega.

A sombra do comunismo significou que o declínio da fortuna da Alemanha também teve um impacto enorme na guerra de guerrilha na Europa de Leste. Os polacos, os ucranianos e os povos do Báltico interrogaram-se sobre o significado que teria um colapso alemão e os insurretos agiram cada vez mais a pensar no futuro e não no presente. Na Polónia, onde o desenvolvimento da resistência armada fora intencionalmente contido, o Exército do Interior criou, em finais de 1942, a Direção de Resistência Clandestina, a qual, na segunda metade do ano seguinte, controlaria, segundo uma estimativa, cerca de 3000 homens a nível nacional – não eram um efetivo numeroso. Nesta altura, já havia outras forças no terreno. Havia um movimento comunista bem equipado que atraía os polacos do Leste frustrados com a ausência do Exército do Interior; havia muitos Batalhões de Camponeses (associados ao Partido Camponês) e bandos judaicos constituídos por sobreviventes dos massacres na Polónia Oriental; havia os guerrilheiros soviéticos, no Leste do país, e, à direita, havia o NSZ. Os choques entre estes grupos eram comuns mas, por razões óbvias, a verdadeira fratura começou a surgir entre os simpatizantes dos soviéticos e os restantes. A tensão agudizou-se com a formação do Comité Cívico Anticomunista, que uniu os principais partidos políticos não comunistas. Por seu lado, os comunistas tinham estabelecido o Conselho Nacional da Pátria como alternativa ao governo no exílio. "Uma coisa é certa", disse um relatório do OSS sobre a resistência polaca, "os alemães são ajudados pela falta de unidade da resistência e pelo facto de todas as partes terem outros objetivos que não o combate aos alemães" ([59]).

Um dos catalisadores do desenvolvimento da resistência armada entre os polacos foi a súbita eclosão de uma guerra dentro da guerra – entre polacos e ucranianos, na Polónia Oriental e na Ucrânia Ocidental. A região entre Vilnius e Lvov fora cenário de algumas das experiências mais violentas da Europa em matéria de limpeza étnica. Em 1943, em poucos meses, a situação agravou-se ainda mais e tornou-se infinitamente mais complexa. Os primeiros guerrilheiros soviéticos tinham aparecido na Volínia no ano anterior e os nacionalistas ucranianos queriam impedir os camponeses de os apoiarem; nas suas palavras, procuravam uma alternativa "para os elementos da nação ucraniana que, na sua ausência, poderiam procurar refúgio do imperialismo alemão em Moscovo". Os polícias ucranianos que trabalhavam para os alemães estavam a desertar para as florestas em grande número e os nacionalistas da OUN-B encorajaram-nos a formar o Exército Insurreto Ucraniano (UPA).

Em abril de 1943, o UPA contava com 10 000 a 20 000 membros e, inspirado pelas notícias de Estalinegrado, começou uma campanha de limpeza étnica destinada a garantir espaço para um futuro Estado ucraniano independente antes da chegada dos russos. Os ucranianos começaram por atacar as povoações de alemães étnicos de Himmler e incendiaram muitas. De seguida, viraram-se contra os polacos, matando cerca de 50 000 – muitos mais fugiram para oeste. Graças a expulsões e massacres bem planeados, o UPA conseguiu, em dezembro, pôr a Volínia sob controlo ucraniano, com a ajuda de milhares de camponeses que cobiçavam as terras controladas pelos polacos. "Liquidem todos os vestígios polacos", disse uma ordem emanada do UPA, em 1944. "Destruam todas as paredes da Igreja Católica e de outros templos de culto polacos. Destruam os pomares e as árvores dos pátios para que não fiquem indícios de que alguém lá viveu... Tenham em atenção o facto de que se ficar algo que seja polaco, os polacos terão pretensões à nossa terra" ([60]).

As repercussões foram imediatas e duradouras. A violência convenceu Estaline de que os polacos e os ucranianos não podiam coexistir e Moscovo começou a planear a série de trocas de população forçadas entre a Polónia e a Ucrânia que desenraizaram centenas de milhares de pessoas, entre 1944 e 1947. Na vizinha Galícia, os polacos vingaram-se nos ucranianos e o embrionário movimento de guerrilha polaco foi engrossado pelos refugiados da Volínia. O movimento espalhou-se não só para oeste, para a Polónia Central, mas também para norte, em direção a Vilna [a atual Vilnius] e para as outras regiões da Polónia Oriental pré-conflito, onde os polacos eram uma minoria e não tinham defesa. Ao mesmo tempo, o fracasso do Exército do Interior na Volínia encorajou muitos polacos a virarem-se para os guerrilheiros soviéticos. Tal como os ucranianos, os polacos viram-se encurralados entre russos e alemães e era difícil evitar compromissos. Os comandantes do NSZ e do Exército do Interior negociaram acordos temporários com oficiais da SS e da Wehrmacht para impedir a "ressovietização da região" (Himmler proibiu estes acordos, mas houve uns quantos). No entanto, outros comandantes do Exército do Interior cooperaram com os guerrilheiros soviéticos, reconhecendo a futilidade de se lhes oporem. Tanto os polacos como os ucranianos tinham esperança num mundo onde pudessem garantir um espaço próprio, independentemente das duas grandes potências totalitárias. No entanto, este mundo levaria muito mais do que dois anos a materializar-se ([61]).

A HORA CERTA PARA A INSURREIÇÃO

No dia 28 de setembro de 1943, Nápoles tornou-se a primeira cidade europeia a sublevar-se contra os alemães. As *Quattro giornate* – os célebres "Quatro Dias" – foram desencadeadas pela tentativa do marechal Kesselring de deportar 20 000 homens. Quando os camiões alemães chegaram à Praça Dante, no coração da cidade, para os levar, as mulheres tentaram impedi-los de partir. Ao mesmo tempo, muitos jovens armaram-se e começaram a patrulhar as ruas. No dia seguinte, quando se espalhou a notícia de que já tinham sido levados 8000 homens, as pessoas viraram autocarros, construíram barricadas e montaram ninhos de metralhadoras para impedir os alemães de trazerem reforços. Durante os dias seguintes, os renhidos combates nas ruas e vielas labirínticas da cidade foram marcados por negociações (os napolitanos capturaram vários soldados alemães e cercaram outros, incluindo o comandante da cidade), linchamentos de colaboracionistas fascistas e execuções em massa perpetradas pelos alemães. Os exércitos aliados aproximavam-se dos subúrbios e as suas embarcações tinham reconhecido a baía. No entanto, os habitantes bateram-se muito bem sozinhos, especialmente nas ruas antigas e íngremes da zona de Vomero, e os alemães, percebendo que não tinham forças suficientes para recuperar o controlo da cidade, retiraram no princípio de outubro, quando chegaram as primeiras tropas aliadas. Deixaram atrás de si 663 italianos mortos e muitos mais feridos. Semidestruídas por meses de bombardeamentos aéreos aliados, as zonas históricas do centro e do porto estavam praticamente irreconhecíveis. Quando entraram na cidade, os soldados britânicos encontraram "madeira queimada, ruínas por todo o lado, bloqueando por vezes as ruas, crateras de bombas e elétricos abandonados". Não havia água potável nem comida e durante dias correu o boato de que um esquadrão SS secreto permanecia escondido nas catacumbas ([62]).

A insurreição foi um exemplo raro de uma sublevação popular não planeada (talvez seja este um dos motivos pelos quais não é muito recordada em Itália). Os antifascistas locais ficaram tão surpreendidos como os alemães e a propagação rápida dos combates refletiu, mais do que tudo, o poderoso espírito de comunidade pelo qual os bairros da cidade eram conhecidos, alimentado pela raiva contra os restos do Estado fascista em desintegração e os recém-chegados pistoleiros alemães. Todavia, no resto da Europa, os movimentos de resistência tinham baseado toda a sua estratégia na preparação de uma sublevação contra os ocupantes, e para eles o desafio principal era adivinhar o momento certo. Terminado o ano de 1943 sem a segunda frente com que tantos tinham contado, muitos movimentos tiveram de combater a desilusão e a impaciência no seio das suas fileiras.

O ano seguinte, com a invasão da França e o avanço soviético sobre a Polónia através da Bielorrússia, tornou-se o ano da verdade. As greves, as sabotagens e os ataques aos ocupantes atingiram níveis inauditos e os alemães, combatendo na frente e na retaguarda, desencadearam o terror e represálias em massa sobre regiões que tinham sido poupadas. Em alguns dos países mais pequenos do Nordeste da Europa, onde no verão de 1944 os movimentos de resistência já estavam relativamente centralizados, os governos no exílio, juntamente com o SOE e o SHAEF (*) do general Eisenhower, tentaram ao máximo carregar no travão. Os holandeses desencorajaram uma sublevação em massa, embora uma greve dos ferroviários tenha levado os alemães a declararem o estado de sítio. Na Noruega, o Milorg alertou contra a insurreição e procurou canalizar as energias dos seus membros para o aumento das atividades de sabotagem e para a obstrução da política de terra queimada que os alemães, em retirada, vinham implementando no Norte do país. Na Dinamarca, onde a resistência se desenvolveu rapidamente depois do colapso da "colaboração de Estado", no verão de 1943, Londres e o Conselho da Liberdade promoveram ações de sabotagem levadas a cabo por pequenos grupos de profissionais e procuraram evitar a transformação do exército clandestino numa força militar para usar contra os alemães. Em todos estes casos, os britânicos e os governos no exílio não estavam apenas determinados a evitar baixas; tinham razões eminentemente políticas para evitar as ações de massas porque no fundo pretendiam restaurar a classe política depois da Libertação e compreenderam que um grande movimento de resistência armada podia frustrar-lhes os planos.

Em muitos países, os líderes da resistência foram também influenciados pelos acontecimentos em França, onde os custos de não acertar no momento certo se tornaram horrivelmente visíveis. Em junho, na véspera dos desembarques na Normandia, os ataques de sabotagem aumentaram de forma acentuada, com o corte de linhas ferroviárias em muitos lugares. No entanto, alguns dos líderes do *Maquis* queriam ir mais longe: enfrentar abertamente os alemães em combate e conquistar a glória da libertação para si próprios. No Auvergne, ressuscitaram planos antigos para transformar as montanhas num reduto central de resistência e, encorajados com as largadas aéreas de armamento pelos Aliados, emitiram uma ordem de mobilização que levou milhares de trabalhadores e estudantes à zona do monte Mouchet. A Wehrmacht vigiava estas atividades e, no princípio de junho, decidiu pôr-lhes fim. Em poucos dias, depois de uma breve resistência, os alemães recuperaram o controlo da situação, matando dezenas de *maquisards* quase sem sofrer baixas. O marechal de campo Sperrle reagira aos desembarques na Normandia recomendando "extrema severidade (...) e métodos implacáveis" para esmagar a resistência, e foi em função destas ordens que os

---

(*) Supreme Headquarters Allied Expeditionary Force, quartel-general da Força Expedicionária dos Aliados (*N. T.*).

soldados abateram ou deportaram toda a gente que encontraram na sua progressão para as montanhas. O episódio do monte Mouchet demonstrou como podia sair caro abandonar as armas básicas da guerrilha – surpresa e mobilidade – e quão exposta estava a resistência a contra-ataques alemães eficazes quando se revelava demasiado cedo. Verificou-se um desastre semelhante no planalto de Vercors, e em várias vilas e aldeias da França os atos de "libertação" prematuros deram origem a banhos de sangue. Compreende-se porque é que os apelos comunistas à insurreição caíram em orelhas moucas: prudentemente, 85% das comunas franceses preferiram aguardar a chegada dos Aliados [63].

A insurreição deu-se mais tarde e com mais sucesso, em Paris. Em meados de agosto, a aproximação das forças aliadas, que incluíam uma divisão de Franceses Livres, originou uma greve da polícia francesa. No dia 18, a paragem generalizou-se, paralisando a cidade, e as Forças Francesas do Interior ordenaram a mobilização geral. Começaram a aparecer carrinhas da polícia e automóveis requisitados com a inscrição "FFI" pintada em grandes letras brancas e a Cruz da Lorena. Ao abandonarem a cidade, os soldados alemães ficaram debaixo de fogo e começaram a aparecer barricadas. Os combates contra os alemães prolongaram-se até 25 de agosto, quando o comandante alemão, o general Dietrich von Choltitz, ignorando as ordens de Hitler para destruir a cidade, se rendeu ao general Leclerc, o comandante da 2.ª Divisão Blindada francesa: morreram cerca de 3200 alemães e foram capturados 12 800. No mesmo dia, o general De Gaulle chegou na qualidade de presidente do governo provisório e, da Câmara Municipal, saudou a multidão em delírio com palavras que se tornaram de imediato célebres:

> Paris! Paris injuriada! Paris destroçada! Paris martirizada! Mas Paris libertada!
> Libertada por si própria, libertada pelo seu povo com a ajuda dos exércitos franceses, com o apoio e a ajuda de toda a França, da França combatente, da única França, da verdadeira França, da França eterna!

Graças à retórica resplandecente de De Gaulle, a libertação de Paris forneceu as origens do mito fundador da França do pós-guerra – um país que alegadamente se unira na resistência aos alemães e que se libertara a si próprio. A verdade é que Paris já estava a ser evacuada pelos alemães e a sua libertação esteve quase para não acontecer, dado que Eisenhower, ciente da sua importância estratégica nula, planeara contornar a cidade para evitar os possíveis custos de um cerco prolongado. Mas esta posição fora inaceitável para De Gaulle. Paris tinha de ser libertada para bem da França e pelos próprios franceses.

E havia outra razão para a insistência de De Gaulle. Nesse preciso momento, todas as atenções estavam concentradas na luta muito mais terrível e sangrenta pelo destino de outra grande cidade europeia. Em Paris, no espaço de uma semana, perderam a vida 1500 franceses; em Varsóvia, onde a resistência polaca combatia há mais de um mês, já tinham morrido 40 000 pessoas e a luta ainda não chegara ao fim. Hitler estava a pensar em Varsóvia quando ordenou a von Choltitz para se agarrar a Paris a todo o custo, para destruir as pontes e esmagar a insurreição francesa da forma impiedosa como a SS estava a combater os polacos. E Varsóvia também esteve na mente do general von Choltitz quando ele tentou negociar um armistício informal e depois ignorou as ordens do *Führer*. Quanto a De Gaulle – que estivera destacado em Varsóvia durante a Guerra Russo-Polaca de 1919-1920 –, um dos motivos pelos quais ele desviou a divisão blindada de Leclerc para Paris para auxiliar a resistência foi porque sabia o que estava a acontecer na Polónia, onde os insurretos tinham sido deixados entregues a si próprios ([64]).

Na Polónia, havia argumentos muito poderosos a favor de uma sublevação em massa, argumentos que se tornaram mais poderosos com o tempo. Ao contrário dos europeus ocidentais, os polacos enfrentavam a libertação pelo Exército Vermelho, o que para a maioria não significava libertação. Em 1944, romperam-se as relações diplomáticas entre o governo exilado em Londres e Estaline, e era óbvio que os britânicos e os americanos não estavam dispostos a ignorar as intenções soviéticas no tocante à Polónia: por exemplo, as largadas de armamento pelo SOE eram uma fração das efetuadas em França. Dado que grande parte do diferendo entre polacos e soviéticos se prendia com o destino dos territórios orientais que os segundos tinham ocupado em 1939, o Exército do Interior alterou os seus planos, em 1943, para se concentrar em insurreições que permitissem aos polacos acolher o Exército Vermelho como "convidado". Contudo, esta estratégia partiu do princípio de que os alemães eram mais fracos do que na realidade eram, de que os polacos estavam mais fortes e que o Exército Vermelho reconheceria as pretensões dos polacos se eles se sublevassem a tempo. Na verdade, o que aconteceu quando o Exército Vermelho avançou sobre as cidades da Volínia e da Galícia não correu como estava previsto. As unidades do Exército do Interior ajudaram a combater os alemães, os ucranianos e os lituanos, cooperando frequentemente com soldados soviéticos, mas eram demasiado fracas para libertar sozinhas cidades como Vilnius, Lvov e Lublin, apesar das suas populações maioritariamente polacas, e viram-se privadas do elemento de surpresa. Os comandantes do Exército Vermelho começaram por tratar os polacos como aliados mas esta atitude não durou muito tempo. No dia 14 de julho, Moscovo ordenou o desarmamento das unidades do Exército do Interior presentes na Lituânia, na Bielorrússia Ocidental e na Ucrânia Ocidental e muitos oficiais polacos foram presos. O governo polaco no exílio tinha esperado que a visão dos polacos a libertarem estas cidades causasse sensação no Ocidente e promovesse a causa polaca, mas em Inglaterra e na América a imprensa mal se deu conta.

É neste contexto que deve ser compreendida a decisão do Exército do Interior de dar início à insurreição de Varsóvia no fim de julho. Os acontecimentos na Polónia Oriental tinham demonstrado, em primeiro lugar, que a Wehrmacht era, no geral, demasiado poderosa para os polacos e, em segundo lugar, que a única fonte de apoio exterior com que podiam contar – o Exército Vermelho – via o Exército do Interior como instrumento de um governo ilegítimo. No entanto, a única conclusão razoavelmente segura que se poderia ter tirado de tudo disto – a de que qualquer insurreição estava militarmente condenada sem apoio exterior e, mesmo com apoio, politicamente condenada também – teria ido contra a estratégia na qual a resistência polaca baseara as suas esperanças durante cinco anos. Depois de terem construído uma organização clandestina extremamente eficaz, com custos humanos enormes, durante toda a ocupação, era inimaginável, para os chefes do Exército do Interior, não fazerem uso dela. Recordavam-se do fim triunfante da Primeira Guerra Mundial e não quiseram pensar que a Segunda podia não terminar da mesma maneira ([65]).

Em finais de julho, os tanques do Exército Vermelho tinham coberto centenas de quilómetros e empurrado os alemães para os arredores de Varsóvia, no fim daquela que terá sido a ofensiva mais extraordinariamente eficaz de toda a guerra; era compreensível que os polacos julgassem estar iminente um ataque através do Vístula. Na verdade, os soldados soviéticos estavam exaustos, sem combustível nem provisões, necessitavam de se reagrupar e tinham sido travados por uma resoluta linha defensiva alemã. Contudo, na convicção de que os soviéticos estavam prestes a atacar Varsóvia, o comandante do Exército do Interior ordenou o início da insurreição. Foi uma decisão de última hora que espantou muitos dos seus camaradas. As reservas de comida e água eram baixas e as de armas também, dado que durante as semanas anteriores Varsóvia tinha aprovisionado as unidades do Exército do Interior no Leste. Por seu lado, os alemães esperavam uma insurreição há já algum tempo; estavam a trazer reforços e a reforçar as suas patrulhas de policiamento. Não dispunham de homens suficientes para esmagar rapidamente a rebelião, mas mesmo assim 20 000 polacos mal equipados tinham pela frente 13 000 a 20 000 homens da polícia e do exército bem armados e entrincheirados em posições fortificadas por toda a cidade. Foi um erro de avaliação fatal por parte dos polacos ([66]).

O facto de a insurreição ter durado dois meses até ser derrotada é um tributo ao heroísmo e ao desespero dos defensores de Varsóvia, mas também reflete o erro de avaliação dos alemães. Em primeiro lugar, como a insurreição de Nápoles demonstrara, os seus soldados davam-se muito pior em combates de ruas em cidades antigas e populosas do que em operações em campo aberto. Havia poucos lugares na Europa mais populosos do que Varsóvia, especialmente o centro, o que anulou parte da superioridade alemã esmagadora em armas e efetivos. Além disso, os polacos prosseguiram a luta por causa do terror indiscriminado que os soldados, seguindo as ordens explícitas de Himmler, infligiram aos habitantes da cidade, especialmente nos primeiros dias.

Hans Frank e Himmler viram a insurreição como um mal que vinha por bem porque lhes permitiria destruir definitivamente Varsóvia, como Hitler exigira. "Quando ouvi as notícias da insurreição em Varsóvia", disse posteriormente Himmler,

> fui imediatamente ter com o *Führer*, e disse-lhe: "Meu *Führer*, não é a altura certa. Em termos históricos, o que os polacos estão a fazer é uma bênção. Daremos conta da situação em cinco ou seis semanas. Mas depois, Varsóvia, a capital, a cabeça, a inteligência destes 16 ou 17 milhões de pessoas da Polónia ficará extinta, esta nação que bloqueou o nosso caminho para o Leste durante 700 anos e que tem estado no nosso caminho desde a primeira batalha de Tannenberg. O problema polaco deixará historicamente de ser um grande problema para os nossos filhos e para todos os que vierem depois de nós, e até para nós". ([67])

A "guerra de extermínio" que surgira na URSS ocupada e que a Wehrmacht levara para os Balcãs e para Itália chegou a Varsóvia. Segundo as ordens transmitidas aos soldados, todos os rebeldes capturados deviam ser abatidos; os não combatentes também deviam ser massacrados; a cidade devia ser totalmente arrasada. Nos primeiros dois dias foram mortas várias centenas de pessoas, mas com a chegada de unidades especiais da SS, no dia 5 de agosto, o número de mortos disparou: só neste dia, num único subúrbio terão sido mortas 30 000 a 40 000 pessoas. Finalmente, Von dem Bach-Zelewski, enviado para Varsóvia para controlar as operações, mandou recuar os piores perpetradores e proibiu a morte indiscriminada de mulheres e crianças. Porém, dezenas de milhares de pessoas já tinham fugido para as zonas da cidade controladas pelo Exército do Interior e a insurreição assumiu um novo caráter: a defesa dos habitantes contra os massacres e o terror. Até os alemães se aperceberam da mudança. Segundo a companhia de propaganda da Divisão Panzer SS Wiking, as pessoas tinham inicialmente "virado as costas" aos rebeldes, criticando-os pela sua falta de preparação, mas depois de verem os alemães "a destruir implacavelmente a vida e os bens dos habitantes e a arrasarem toda a Varsóvia, sem olhar a culpados nem inocentes, a sua atitude mudou completamente". Foi assim que os próprios alemães contribuíram para transformar a insurreição numa revolta popular [68].

Quando a insurreição chegou ao fim, os rebeldes, através da sua extraordinária resiliência, tinham conseguido várias coisas. Conseguiram que o Exército do Interior fosse reconhecido como parte das forças regulares do governo no exílio, o que levou os alemães a reconhecerem os seus direitos de combatentes nas negociações que conduziram à capitulação, no dia 2 de outubro. Além disso, no princípio de setembro, os soviéticos, embaraçados, viram-se obrigados a enviar caças para os céus da cidade, reduzindo em muito a vantagem aérea dos alemães. O Exército Vermelho também atacou o subúrbio de Praga, na margem oriental do Vístula, mas não avançou mais além. Estaline não estava disposto a fazer mais e os Aliados pouco fizeram também, além de enviarem B-17 para largar mantimentos. Nada disto podia ter alterado o desfecho e os custos foram mais elevados do que em qualquer outro lugar da Europa. Depois da capitulação, os alemães fizeram prisioneiros cerca de 15 000 combatentes. Morreram outros tantos – de fome, de sede, de doença e em combate –, juntamente com mais de 185 000 civis. No dia 3 de outubro, emergiram da cidade devastada 48 000 civis, muitos deles abertamente críticos do Exército do Interior; 130 000 partiram nos três dias seguintes para campos de trânsito, dos quais muitos foram transportados para campos de trabalho na Alemanha ou enviados para campos de concentração, numa clara violação dos termos de rendição. Enquanto Paris celebrava a sua libertação, Varsóvia estava arruinada e deserta.

Foi neste momento que os alemães decidiram demonstrar aos polacos, de uma vez por todas, a futilidade da resistência. Os seus planos de longo prazo para destruírem as principais cidades do Leste – Moscovo, Leninegrado e Varsóvia – nunca tinham sido plenamente executados. A vitória sobre a insurreição proporcionou aos nazis a oportunidade de mostrarem que a resistência equivalia à aniquilação, não só do inimigo como também da sua civilização. Esta lição fora aplicada aos judeus: desde há mais de um ano, vários milhares de prisioneiros dos campos de concentração vinham demolindo sistematicamente o que restava do gueto, numa área de 18 000 hectares, retirando os escombros através de 15 km de carris montados para o efeito; os seus trabalhos tinham sido interrompidos pela insurreição. Agora, os polacos iriam ser obrigados a aprender a mesma lição. Cerca de 30% de Varsóvia tinha sido destruída durante a insurreição e Himmler ordenou a Bach-Zelewski que destruísse o resto, poupando apenas a linha férrea e os seus edifícios. A operação foi liderada por Paul Gleibel, o SSPF de Varsóvia. Os seus homens mandaram pelos ares as bibliotecas – a última explodiu poucas horas antes de os exércitos soviético e polaco entrarem em Varsóvia, em janeiro de 1945 –, minaram os palácios, os museus e os edifícios públicos e levaram os respetivos acervos para o *Reich* ou destruíram-nos com explosivos. Em Lublin, onde o novo regime apoiado pelos soviéticos instalara a sua capital e a cidade que Globocnik vira como o quartel-general do Leste alemão, a Assembleia Nacional decidiu reconstruir Varsóvia como "capital de um Estado polaco independente" ([69]).

Esta destruição foi evidentemente uma expressão do ódio profundo e perene dos nazis ao nacionalismo polaco e destituída de toda e qualquer lógica estratégica. O fracasso da insurreição e as subsequentes investidas alemãs contra os combatentes do Exército do Interior nas florestas vizinhas bastaram para destruir o moral dos polacos nos últimos meses da ocupação. "O movimento de resistência Exército do Interior (...) sofreu um duro golpe do qual não conseguirá recuperar no futuro próximo", reconheceu um oficial de estado-maior da Wehrmacht no Governo-Geral. Não houve mais nenhuma insurreição no país, ao contrário dos planos originais do Exército do Interior e dos receios de Von dem Bach-Zelewski. E ainda bem, certamente. No auge dos combates em Varsóvia, o SiPo da Polónia Central foi alertado para contar com agitação nas zonas rurais "a todo o momento" e instruído no sentido de prender 10 000 pessoas nas cidades que deviam ser fuziladas logo que os tumultos começassem. No entanto, depois da queda de Varsóvia, a atividade da guerrilha diminuiu e quando os alemães retiraram, em janeiro de 1945, a resistência que enfrentaram na sua retaguarda foi insignificante ([70]).

O VALOR DA RESISTÊNCIA

Durante a guerra, os governos britânico e americano expressaram frequentemente reservas sobre o valor militar dos guerrilheiros europeus. Para eles, o que contava era a medida em que as guerrilhas contribuíam para a sua guerra contra os alemães. O SOE era visto com profunda desconfiança pelos outros ramos das forças armadas e tinha de justificar as suas atividades nestes termos. Desde essa época, mantém-se o debate sobre o real valor militar da resistência. Há quem vá ao ponto de dizer que teve pouco ou nenhum, que o bombardeamento aéreo estratégico e o bloqueio naval foram mais importantes, que a falta de informações precisas impediu os sabotadores de identificarem os melhores alvos. "Quase toda a sabotagem", escreve Alan Milward, "foi, do ponto de vista alemão, economicamente insignificante". Depois da guerra, várias figuras alemãs foram igualmente desdenhosas. "Qual resistência francesa?", zombou Speer. Falkenhausen não foi mais elogioso em relação aos belgas. A implicação, nem sempre formulada, é que dadas as pesadas represálias, grande parte da resistência, além de ser um desperdício de recursos, saiu demasiado cara em vidas humanas. É uma perspetiva por vezes partilhada, de forma bastante compreensível, pelos sobreviventes das retaliações alemãs e – num espírito mais partidário – pelos políticos anticomunistas de Itália e de outras paragens [71].

Parece claro que, com a exceção da Frente Leste, onde a extensa atividade da guerrilha preocupou efetivamente os alemães, houve poucos lugares ou momentos, durante a ocupação da Europa, em que os alemães tenham sido afetados por longos períodos de tempo. Mesmo se aceitarmos que as greves e o abrandamento intencional do trabalho afetaram a produtividade e que a sabotagem ferroviária lhes causou problemas perto do fim da guerra, a resposta brutal da Wehrmacht mostrou que foi só nessa altura, na iminência de invasões aliadas, que os alemães se preocuparam a sério com a proteção da retaguarda. E mesmo assim, na maior parte dos casos, a sua resposta draconiana revelou-se suficiente para debelar a oposição ou para a orientar contra os colaboracionistas e não contra eles próprios. Houve muitas ocasiões em que a resistência abandonou planos para assassinar figuras alemãs importantes com receio das consequências e a estratégia comunista de insurreição armada a todo o custo revelou-se demasiado impopular para manter fora dos Balcãs [72].

No entanto, não se pode resumir a resistência a uma questão de contabilidade militar. Para a maioria dos envolvidos, foi uma questão de orgulho e uma demonstração de que a força não conseguia esmagar o espírito da liberdade. Implicou imensa coragem e, para aqueles que se empenharam desde o início, foi a recusa em aceitar as "realidades" de 1940, quando o domínio alemão do continente parecia incontestável. Centenas de milhares de pessoas envolveram-se numa oposição ativa e muitas pagaram um preço elevado. Só em França, terão sido fuziladas 30 000 pessoas em execuções em massa; 20 000 franceses livres foram mortos e 60 000 deportados. Em resultado da guerra antiguerrilha, dezenas de milhares morreram em Itália e na Grécia e centenas de milhares nos territórios ocupados do Leste. O tipo de entrega que a resistência exigia só podia ser mantido através de ideais éticos e políticos. Por outras palavras, devemos olhar para além da questão de como é que a oposição aos alemães afetou o desfecho da guerra e perguntar qual era a sua conceção para a paz. Esta foi uma dimensão crítica da resistência e deixou vestígios duradouros no rumo dos acontecimentos.

O caráter político da resistência foi evidente para todos os envolvidos. Para os governos no exílio, preocupados com a sua posição no pós-guerra, um historial de resistência nacional ao domínio nazi – por breve que fosse – teve um valor inestimável. Permitiu à Dinamarca ser reconhecida como membro das Nações Unidas e possibilitou que a França fosse tratada como uma grande potência, reduzindo Vichy ao estatuto de um interlúdio embaraçoso; as represálias alemãs no Protetorado, depois do assassínio de Heydrich, promoveram o estatuto tremido do governo de Beneš e a sublevação nacional eslovaca eliminou as memórias do colaboracionismo de Tiso.

A nível interno, a resistência usou a violência para fins políticos. Ao provocar a repressão do ocupante, minou o apelo moderado do colaboracionismo e deslegitimou-o, fazendo governos como o de Vichy parecer cada vez mais fantoches dos alemães. As pessoas poderiam censurar à resistência a perturbação e o sofrimento que a acompanhavam, mas odiavam cada vez mais os alemães pelas suas represálias, e era ainda maior o ódio que nutriam pelos colaboracionistas. E embora alguns apenas quisessem expulsar os ocupantes, outros tinham objetivos específicos em mente para o pós-guerra. Os guerrilheiros soviéticos defendiam a rebolchevização dos territórios perdidos pela URSS. Por conseguinte, grande parte das suas energias foi dedicada à reconstrução do Partido e à promoção do bolchevismo. O Exército do Interior representou a determinação dos nacionalistas polacos na defesa da sua sociedade do ataque corporizado na ocupação alemã e, na medida do possível, do que obtivera em 1919. O Conselho da Liberdade dinamarquês constituiu uma condenação implícita do sistema político que colaborou impecavelmente com os alemães até 1943.

Alguns nem sequer esperaram pelo fim da guerra. Os guerrilheiros que fundaram as breves "repúblicas de guerrilheiros" no Norte de Itália ou a "Grécia Livre" do EAM/ELAS nas montanhas procuraram criar estruturas políticas autogovernativas alternativas no meio da guerra. Foram experiências de democracia, com parlamentos, eleições e serviços de assistência social e educação. Os seus proponentes policiavam as zonas que controlavam, intercetavam agentes infiltrados inimigos e administravam justiça aos ladrões e traficantes do mercado negro. Nenhuma destas atividades tinha um propósito militar óbvio mas todas eram essenciais para afirmar o poder e as ambições políticas dos guerrilheiros. "Lavem a roupa!", "Cortem o cabelo!" ou "Sem piolhos não há tifo" foram alguns dos *slogans* que apareceram na região de Foča sob domínio dos guerrilheiros jugoslavos, na primavera de 1941 (ao lado de cada um lia-se "Viva o Comunismo", escrito em esperanto). Os movimentos de resistência liderados pelos comunistas queriam romper com o passado e tornar a mobilização a força que substituiria os regimes "burgueses" falidos anteriores ao conflito por regimes comunistas no pós-guerra. Para eles, era natural tentarem construir proto-Estados nos territórios que controlavam.

Por conseguinte, depois da Libertação, um dos problemas mais prementes foi conciliar estas versões do Estado com as ideias trazidas por políticos regressados do exílio. Para estes, o problema resumia-se a como controlar a resistência ou, para ser mais exato, os vários grupos de resistência surgidos no vácuo de poder. Esta situação evidenciou-se primeiro na própria URSS, onde as unidades de guerrilha foram rapidamente dissolvidas e o NKVD eliminou a resistência dos polacos e ucranianos nas zonas de retaguarda do rápido avanço do Exército Vermelho. Quando os soldados soviéticos chegaram à Polónia Central, a sua tarefa foi muito mais difícil e embora 50 000 membros do Exército do Interior tenham sido detidos pelo NKVD e muitos deportados para o Gulag, a resistência anticomunista ao domínio comunista continuou em várias partes da Polónia mesmo depois da amnistia oficial de 1947. Em Cracóvia, a antiga capital de Hans Frank, os simpatizantes do Partido Camponês eram mais numerosos do que os comunistas e criticavam-nos abertamente. As pessoas viam o governo de Varsóvia como "agente de uma potência estrangeira" e diziam que "sobrevivemos a cinco anos de ocupação alemã e vamos sobreviver estes meses até à independência" [73].

A Jugoslávia foi o único lugar da Europa onde um movimento de guerrilha tomou o poder. Os guerrilheiros de Tito, auxiliados pelo Exército Vermelho, apoderaram-se do país e ajustaram contas com os colaboracionistas e com os *chetniks* de Mihailovic. Na Grécia, verificou-se um ajuste de contas igualmente sangrento, mas o desfecho foi ao contrário. O EAM/ELAS emergiu como força dominante aquando da Libertação mas, ao contrário do que sucedeu na Jugoslávia, Churchill considerou que os britânicos tinham um interesse estratégico na Grécia e em 1944, quando começaram as hostilidades entre o EAM/ELAS e o governo de Georgios Papandreou, regressado do exílio, Churchill apoiou-o. Os soldados britânicos e a RAF atacaram as posições do ELAS na capital e forçaram-no a retirar. Os mortos e feridos britânicos foram superiores a 1000 e morreu um número muito maior de gregos, incluindo centenas de reféns executados pelos comunistas. O rei da Grécia foi levado para o país e formou-se um novo governo, que contou com o apoio de numerosos colaboracionistas na polícia e nas forças armadas.

Para o resto da Europa e, em especial, para os políticos que procuravam restabelecer a sua autoridade, a Grécia constituiu um aviso do que podia correr muitíssimo mal. A causa imediata da rutura fora a incapacidade dos partidos políticos de se porem de acordo quanto aos termos nos quais os combatentes da resistência seriam integrados nas novas forças armadas. Em França, De Gaulle agiu rapidamente para evitar este tipo de cenário e incorporou de imediato grupos de resistentes nas unidades da França Livre, reconhecendo que era a melhor maneira de os pôr sob controlo do Estado. Na Holanda, adotou-se uma política semelhante, com o Binnenlandse Stridjdkrachten (NBS [*]) a atrair nada menos de 120 000 voluntários para as suas fileiras. Na Dinamarca, na primavera de 1945, o SHAEF não se poupou a esforços para reconciliar os políticos e a resistência, que dispunha de quase 50 000 homens armados na clandestinidade. Só o governo belga falhou redondamente no desarmamento da resistência, ao insistir de forma brusca na entrega de todas as armas à polícia semanas depois da libertação. Foram estipuladas punições severas em caso de incumprimento do decreto e quando a polícia abriu fogo sobre os manifestantes que marchavam sobre o parlamento esteve-se à beira uma guerra civil. Churchill afirmou que se evitara à justa uma insurreição comunista, mas isto era pura fantasia e, felizmente para os belgas, a resistência acabou por se desarmar a si própria. A resistência belga estava muito mais dividida do que o EAM/ELAS e nunca planeara tomar o poder. Pelo contrário, tal como noutros países – e talvez mesmo como na Grécia –, a maior parte dos membros dos resistentes belgas considerava terminada a sua missão depois da partida dos alemães.

O outro país onde os acontecimentos da Grécia causaram uma profunda impressão foi a Itália. Muitos resistentes queriam certificar-se de que o rompimento com o fascismo era permanente: *este* era o verdadeiro legado que esperavam deixar à paz. Foi tanto para garantir isto como para expulsar os alemães que tinham eclodido insurreições em sucessivas cidades do Norte, em abril de 1945, muitas vezes com enorme perda de vidas. Os guerrilheiros sabiam que embora o *Duce* não fosse regressar – o seu cadáver e os de 14 outros fascistas tinham sido expostos em Milão –, muitos membros do antigo regime tinham-se aproveitado da confusão de 1943-1945 para preservar o seu poder. No entanto, os acontecimentos da Grécia causaram uma profunda impressão em Togliatti, o líder do Partido Comunista Italiano, reforçando a sua opinião, desde que regressara de Moscovo a Itália, em 1943, da importância de cooperar pacificamente com outros partidos. Mesmo assim, os Aliados receavam a força dos comunistas e estavam decididos a impedir

---

(*) Exército de Libertação Holandês. (*N. T.*)

a sua conquista do poder. Por conseguinte, os ex-guerrilheiros da esquerda italiana passaram por uma versão daquilo que os seus homólogos gregos sofreram em finais dos anos 40, ainda com menos justificação – perseguições, repressão judicial e a visão penosa de muitos dos funcionários públicos que tinham servido Mussolini transferirem lealmente a sua fidelidade para a nova democracia. O novo Estado poderia proclamar que fora construído sobre os valores da resistência, mas muitos dos verdadeiros resistentes não comungavam desta opinião.

Controlar os resistentes era uma coisa, controlar a memória e o significado da resistência era outra – e não menos importante. A violência cega do último ano da guerra confirmou duas coisas na memória da Europa. Uma foi a imagem das nações unidas na resistência à opressão alemã, a outra foi a equiparação da ocupação alemã à brutalidade extrema contra os civis. A maioria das pessoas juntou-se à resistência na fase final da guerra e foi nesta altura que os alemães – tanto a SS como a Wehrmacht – perpetraram muitos dos massacres verdadeiramente horríveis de civis em lugares que tinham sido designados "zonas de combate" ou para garantir a segurança das áreas de retaguarda à medida que o nó se apertava em torno das suas forças. Oradour, Marzabotto, Kalavryta e Distomo foram atingidas em alturas em que a Wehrmacht estava sob grande pressão e os jovens oficiais no terreno receberam o poder para compensarem a inferioridade numérica através de medidas draconianas. A impressão de barbárie desnecessária foi agravada pelas detenções para trabalho obrigatório, pelas medidas de emergência e pelas políticas de terra queimada de última hora que transformaram o Norte da Noruega num deserto e deixaram Varsóvia em ruínas.

Mas estas memórias eram ainda mais parciais do que as memórias habitualmente são. Como vimos, em geral houve pouca unidade no seio da resistência, a qual, pela sua natureza, tendeu para a fragmentação, o anarquismo e a desorganização. Assentou na solidariedade, mas a ideia de unidade nacional foi amiúde menos importante na consolidação desta solidariedade – especialmente na Europa Ocidental – do que a filiação partidária, a ideologia ou o orgulho local como o que esteve por trás da insurreição de Nápoles. Na verdade, o localismo e o regionalismo foram duas das características definidoras da resistência, mas, por razões óbvias, não foram sublinhadas pelos governos nacionais do pós-guerra nos seus atos de piedade comemorativa. Algumas localidades tornaram-se símbolos da defesa do sofrimento nacional – tornaram-se, com efeito, lugares de martírio –, outras depressa foram esquecidas. Os políticos e os comentadores impuseram os seus significados sobre o que aconteceu e frequentemente pouco se disse, a não ser através do silêncio, sobre as reações locais de grande ambiguidade que acolheram amiúde os atos de resistência e as represálias que se lhes seguiram. Os sentimentos complexos que deixaram tiveram de esperar por uma geração mais distante para a qual a Europa era um facto consumado e os Estados-nações que a constituíam tinham dado provas durante várias décadas. Porém, no futuro imediato após a ocupação alemã, estas complexidades só podiam ter minado o frágil sentimento de solidariedade nacional que os governos do pós-guerra se esforçavam para construir e o que emergiu foi uma imagem da guerra na qual a única resposta dos povos da Europa à ocupação fora a oposição.

16

Hitler *kaputt*!

"*A vitória dos nossos inimigos conduzirá inevitavelmente ao bolchevismo na Europa. Todos devem compreender e compreenderão o que a bolchevização significaria para a Alemanha. Não se trata de uma questão de mudança do Estado, como no passado. As mudanças de Estados ocorreram inúmeras vezes na vida do povo; são mudanças que vêm e vão. Esta prende-se com a existência da própria essência. As essências são preservadas ou eliminadas. O nosso objetivo é a preservação. A eliminação poderá destruir uma raça como esta, possivelmente para sempre*".

Hitler, antes da ofensiva das Ardenas, 28 de dezembro de 1944 ([1])

BAGRATION, 1944

Três anos exatos depois de a Wehrmacht invadir a URSS, o Exército Vermelho lançou a Operação Bagration, a ofensiva soviética mais eficaz da guerra e ainda, talvez, o assalto militar mais esmagador e devastador da história. O facto de ser pouco recordado na Europa hoje em dia não reflete o seu significado estratégico. Graças a extensos planos preliminares de dissimulação, dois milhões e meio de soldados soviéticos apanharam a Wehrmacht completamente desprevenida e caíram poderosamente sobre as forças alemãs, substancialmente inferiores em efetivos – menos de metade –, que defendiam a parte central da frente bielorrussa. Em choque com a barragem de artilharia mais intensa que alguma vez tinham vivido, os soldados entraram em pânico e fugiram e poucos dias depois muitos viram-se cercados nas mesmas cidades – Vitebsk, Bobruisk e Minsk – onde o Exército Vermelho fora encurralado três anos antes. A política de proibição de retirar de Hitler contribuiu para o caos e os reforços foram lentos a tapar as brechas. As perdas alemãs dispararam de 48 363 em maio para 169 881 em julho e 277 465 em agosto, acabando por chegar muito acima do meio milhão de mortos e feridos, um total superior ao de Verdun, em 1916. Os soviéticos esmagaram os esforços dos alemães para reconstruírem as suas linhas e em poucas semanas os destacamentos blindados russos cobriram mais de 450 km, chegando ao golfo de Riga e aos arredores de Varsóvia. Estaline ordenou a realização em Moscovo de um desfile triunfal ao estilo romano e 57 000 prisioneiros de guerra alemães foram passeados pelas ruas. Destinada a aliviar a pressão sobre os Aliados, que abriam a Segunda Frente, a Bagration ofuscou os desembarques na Normandia – havia 50 divisões alemãs na Bielorrússia e 9 na Normandia – e ultrapassou inclusivamente o impacto de Estalinegrado. A Operação Bagration, a grande ofensiva esquecida da guerra, mostrou que os russos dominavam os princípios da *Blitzkrieg* e deixou Estaline, para seu grande alívio, em situação de ditar a ordem do pós-guerra na Europa de Leste ([2]).

Foi na Prússia Oriental, a província mais exposta do *Reich*, que surgiram os primeiros sinais de pânico. Em julho, aquando das comemorações do 400.º aniversário da Universidade de Königsberg, o regime não poupou elogios ao seu "bastião prussiano contra a influência asiática". Todavia, não obstante a insistência do Partido em que tudo estava sob controlo, os refugiados começaram a fazer as malas e a dirigir-se para ocidente em comboios sobrelotados, enquanto os manda-chuvas do Partido discutiam acrimoniosamente sobre se deviam deixá-los partir. O *Gauleiter* Erich Koch enviou milhares de pensionistas e de membros da Juventude Hitleriana para a fronteira para construírem uma "muralha oriental". Mas quem a defenderia? A Wehrmacht perdera mais homens em três meses do que em todo o ano de 1942. Os sobreviventes alemães que retiravam dos combates estavam exaustos, desgastados e desorientados pela rapidez do avanço soviético; as suas unidades tinham-se desintegrado e eles tinham-se visto forçados a marchar quilómetros e quilómetros debaixo de um calor estival e quase sem provisões. Segundo um observador polaco, "já não eram soldados, mas sim farrapos humanos em movimento, exaustos, horrorizados, inertes, num estado visível de declínio físico e moral. Suados, escanzelados e cobertos de lama (…) tinham longas barbas, rostos desalentados e olhos encovados". Para os polacos, era uma visão "celestial"; para os alemães, era arrepiante ([3]).

Dado que as forças americanas e britânicas tinham conseguido garantir a testa-de-ponte da Normandia face a uma resistência obstinada, no verão de 1944 a Alemanha viu-se confrontada com uma terrível guerra terrestre em várias frentes. Ciente do número de soldados que perdera no Sul da Ucrânia por não ter sido atempadamente autorizada a recuar, a Wehrmacht queria retirar sistematicamente para novas linhas, mas Hitler insistiu furiosamente na defesa a todo o custo e insurgiu-se contra o derrotismo dos seus generais. O comando supremo da Wehrmacht tornara-se o feudo pessoal de Hitler e não um guia profissional para a estratégia da guerra e os altos comandantes do *Reich* não eram homens talhados para levar o *Führer* a reagir de forma realista à nova situação, muito menos depois da conspiração fracassada que incluiu o atentado à bomba de julho de 1944. A continuação da guerra foi um desastre total para os alemães, que entraram na fase mais violenta do conflito. Até ao mês de julho de 1944, tinham sofrido cerca de 2,8 milhões de mortos – um número muito superior ao das suas baixas no conflito mundial anterior; no entanto, este número nada foi quando comparado com os mortos sofridos nos nove meses e meio seguintes: 4,8 milhões ([4]).

A purga vingativa do Exército levada a cabo por Hitler depois do fracasso do atentado à bomba e da conjura militar nada fez para travar o ímpeto dos Aliados. O Exército Vermelho deu seguimento à Bagration com outra ofensiva, desta vez no Norte da Ucrânia. Em agosto, o Grupo de Exércitos do Norte da Ucrânia também estava esmagado e o monarca romeno mudou de lado tão repentinamente que o barão Manfred von Killinger, o ex-SA que era o ministro alemão na Roménia, se suicidou para não cair nas mãos dos soviéticos. A perda dos campos petrolíferos da Roménia foi devastadora para o *Reich* e aumentou a importância das suas últimas reservas de petróleo acessíveis, na Hungria, apesar de diminutas. No Ocidente, Florença e Paris foram libertadas; Antuérpia caiu no dia 3 de setembro, Atenas e Belgrado no mês seguinte. As frentes estabilizaram e os alemães conseguiram consolidar temporariamente a sua posição, mas tinham perdido grande parte do seu império. O novo limite do território que controlavam no Leste era marcado pelas linhas Riga-Varsóvia, no Norte, e Budapeste-Belgrado, no Sul.

Contudo, apesar da superioridade esmagadora que tinha pela frente, a Wehrmacht não desistiu – de todo. Ainda era uma força considerável, o dobro do que fora em 1939, e entre a Noruega e a Itália tinha mais de dois milhões de homens a postos para a defesa do *Reich*. Conseguiu bloquear o avanço aliado nos Apeninos e manteve o Exército Vermelho fora da maior parte da Prússia Oriental em 1944. O golpe que derrubou Horthy e colocou a Cruz de Flechas de Szálasi no poder deu origem a renhidos combates de tanques que travaram o avanço russo nas planícies húngaras. Ao mesmo tempo, centenas de milhares de civis eram forçados a abrir fossos antitanque e a construir novas fortificações defensivas, num vasto arco de proteção do *Reich*.

Na Alemanha, o Partido desempenhava um papel cada vez mais ativo na defesa interna, especialmente no recrutamento das milícias do *Volkssturm*; os membros desta brigada do reumático recebiam um mínimo de recruta, braçadeiras pretas e uma espingarda, após o que eram despachados para as fileiras. Goebbels tornou-se plenipotenciário para o esforço de guerra total e a sua propaganda exigiu níveis de entrega cada vez mais intensos. "Sabemos que uma ideia continua viva mesmo depois de os seus portadores morrerem", disse ele na primeira cerimónia de juramento do *Volkssturm*. "O inimigo, que não tem mais do que aquilo que está a empenhar, acabará por capitular face à força imensa de um povo que combate fanaticamente". Mas o regime não dependia só da propaganda. A dissensão interna era suprimida por tribunais especiais, por unidades de execução da SS e por assassínios sumários. Disciplinadores implacáveis como Himmler e o general Ferdinand Schörner, o *Sangrento*, avançaram para a ribalta. Nos últimos meses, foram proferidas mais de 30 000 sentenças de morte e muitos mais os alemães abatidos ou enforcados de imediato.

Schörner, cujos homens resistiram durante mais tempo do que quaisquer outros (*), foi nomeado por Hitler último comandante-em-chefe do Exército alemão; seria julgado no pós-guerra, na Alemanha Ocidental, pela sua punição draconiana dos desertores. Todavia, a vontade de resistir dos alemães era motivada pelo medo de outro tipo de castigo. O *Reich* tinha nas mãos o sangue de milhões de pessoas – judeus, opositores políticos, as vítimas das chamadas "ações de expiação" (*Sühnemassnahmen*) e "ações de vingança" (*Vergeltungsmassnahmen*) – e o regime sublinhara sempre que o inimigo planeava fazer o mesmo aos alemães se eles se rendessem. As instruções de Hitler ao marechal de campo Kesselring, no princípio de 1944, ordenaram aos seus homens que combatessem "num espírito de ódio sagrado a um inimigo que trava uma guerra de extermínio implacável contra o povo alemão". No fim do ano, o regime publicitou notícias de atrocidades do Exército Vermelho para sublinhar esta perspetiva e reforçar a vontade de combater dentro da própria Alemanha ([5]).

Por conseguinte, embora a Wehrmacht tivesse conquistado rapidamente uma grande parte da Europa de Leste nas fases iniciais da guerra, travado o ímpeto da Bagration, o Exército Vermelho levou meses para a repelir. Por exemplo, a Polónia, derrotada em outubro de 1939, depois de poucas semanas de hostilidades, viveu nove meses de combates em 1944-1945. Em março de 1944, Hitler ordenou pela primeira vez à tropa que transfor-

---

(*) O Grupo de Exércitos do Centro rendeu-se a 11 de maio, cinco dias depois da capitulação oficial do III *Reich*. (*N. T.*)

masse as cidades do Leste em fortalezas que quebrariam o avanço inimigo. A rendição não era uma opção. Quando os soldados americanos entraram no *Reich*, em setembro de 1944, Hitler insistiu que "cada *bunker*, cada quarteirão das cidades alemãs e cada aldeia alemã deve transformar-se numa fortificação onde o inimigo sangre até à morte ou na qual as forças ocupantes sepultem homens atrás de homens nas suas ruínas". E apesar do desvio de soldados alemães para as Ardenas e para os campos petrolíferos húngaros, a conquista das cidades alemãs foi longa e sangrenta. Königsberg resistiu 77 dias, depois de ficar isolada por duas vezes, abrandando o avanço sobre Berlim. Breslau combateu desde que foi cercada, em 13 de fevereiro, até à capitulação do *Reich*, no dia 6 de maio – depois da morte de Hitler. No fim, pouco restava das antigas capitais da Prússia Oriental e da Silésia: os ferozes bombardeamentos soviéticos e os incêndios deixaram-nas em ruínas com os sobreviventes das dezenas de milhares de civis que nelas tinham ficado encurralados. Em Budapeste, que Hitler também declarou "praça-forte", morreram mais de 40 000 soldados alemães e húngaros, 38 000 civis e 80 000 soldados soviéticos e romenos. Em Berlim, o cerco chegou ao fim em apenas duas semanas, mas o número de mortos foi ainda mais elevado ([6]).

Finalmente, em março de 1945, face ao avanço inexorável dos Aliados, a política de terra queimada que Hitler determinara para os territórios ocupados foi ordenada também para o *Reich*. O Exército alemão tinha usado este meio para abrandar a progressão do inimigo na Primeira Guerra Mundial. Ao retirar para a Linha Hindenburgo, tinha criado "terra morta, a qual, com dez, doze ou quinze quilómetros de profundidade, se estende a todo o comprimento das nossas novas posições e constitui uma muralha macabra de vazio para todo e qualquer inimigo que procura penetrá-la" ([7]). O Exército Vermelho recorreu a táticas semelhantes com grande eficácia em 1941, e a Wehrmacht fez o mesmo ao recuar, primeiro na Rússia europeia e depois deixando inabitáveis vastas extensões de terreno no Norte da Finlândia e no Norte da Noruega: os alemães incendiaram várias pontes, minaram as estradas e deixaram as cidades em ruínas. Todavia, o desfecho, cada vez mais óbvio, fazia esta política parecer desnecessária. Na Holanda e na Dinamarca, os funcionários alemães ignoraram estas ordens e quando o *Führer* emitiu o chamado "Decreto de Nero", ordenando a devastação das zonas do *Reich* ameaçadas pelo inimigo, o ministro do Armamento, Albert Speer, fez-lhe frente e chamou a atenção para a dificuldade prática de saber quando executar o estipulado pelo decreto. Hitler não o revogou mas, felizmente para os alemães, foi frequentemente ignorado ([8]).

A FUGA DE HANS FRANK

Hitler não foi o único a considerar o suicídio – a par de tombar em combate – como a única saída honrosa da derrota anunciada. "São muitos os que se reconciliam com a ideia de se suicidarem", informou o SD numa das suas últimas análises ao moral dos alemães. "A procura de veneno, de uma pistola ou de outro método de pôr fim à vida é elevada em todo o lado. O suicídio em desespero face à certeza da catástrofe que se avizinha está na ordem do dia". O comissário do *Reich* para a Noruega, Josef Terboven, depois de deambular embriagado pelo Hotel Adlon, em Berlim, a contar "piadas macabras sobre o fim iminente", regressou a Oslo e fez-se rebentar no seu *bunker*, em Skaugum; ao seu lado, jazia o seu chefe de polícia SS, que se suicidara com um tiro de pistola ("parece ser o padrão clássico dos Velhos Combatentes", observaria Speer; "uma bebedeira em desespero pelo sentimento de que a Ideia foi traída e, depois, explosivos"). Fritz Brach, o *Gauleiter* da Alta Silésia, e a mulher envenenaram-se; Odilo Globocnik, o arquiteto da Operação Reinhard, escondeu-se nos Alpes austríacos e matou--se; Konrad Henlein cortou os pulsos no cativeiro. De facto, verificaram-se milhares de suicídios, na sua maioria nos territórios do Leste, e no fim da guerra os berlinenses, aguardando aterrorizados a chegada do Exército Vermelho, andavam com cápsulas de cianeto ou lâminas de barbear ([9]).

Segundo o general Alfred Jodl, chefe do estado-maior general das forças armadas, Hitler tinha decidido, em 1942, "lutar até à morte", mas em 1945 resolveu levar consigo o resto do país, dado que a alternativa, conforme avisou, era: "os homens e as crianças serão assassinados, as mulheres e as raparigas humilhadas como prostitutas e os restantes levados a pé para a Sibéria". "A guerra decidirá se o povo alemão continuará a existir ou se perecerá", profetizou ele. Dado que Hitler equiparava a salvação da nação à continuação do nacional-socialismo, talvez a sua postura não fosse – da sua perspetiva pessoal – tão peculiar como hoje parece. Contudo, o seu desejo de lutar até ao fim por receio da alternativa foi, nas palavras de Michael Geyer, a expressão de "um nacionalismo catastrófico que conduziu a um desastre na vida real para evitar uma catástrofe mítica" ([10]).

O resultado foi que, nas províncias orientais, em finais de 1944 e no princípio de 1945, terá morrido meio milhão de pessoas por causa das ordens que impediram a evacuação e transformaram os civis, quer quisessem ou não, em defensores de último recurso do *Reich*. Mas houve milhões que ignoraram o regime e fugiram, e mais de dois milhões foram transportados pelo Báltico pela marinha. Nos meses finais da guerra assistiu-se ao equivalente alemão do êxodo francês de 1940, uma fuga em massa desesperada aos exércitos invasores para o coração da pátria, na qual participaram muitos dos manda-chuvas do Partido, os quais, no entanto, ordenavam em voz alta aos seus compatriotas que ficassem onde estavam. Esta atmosfera de salve-se quem puder expôs os alicerces defeituosos das pretensões imperiais do regime e desmascarou, de uma vez por todas, a ganância e o egoísmo daqueles a quem dera o poder para as tornar realidade. Hinrich Lohse, o comissário do *Reich* para Ostland, abandonou Riga ao seu destino e Karl Hanke, ex-*Gauleiter* da Baixa Silésia, cujo reinado brutal lhe valera a alcunha de "Carrasco de Breslau", fugiu de avião da cidade em chamas e estava em Praga disfarçado de soldado da Waffen-SS quando a cidade capitulou (Hitler nomeara-o *Reichsführer* SS no seu último testamento, mas Hanke, prudentemente, não deixara que isso o impedisse de se esconder). O *Gauleiter* Erich Koch trocou Königsberg pela segurança do porto de Pillau logo em janeiro, passou alguns meses em Berlim e em abril acabou por fugir da Prússia Oriental, a província que governara desde 1928, num quebra-gelos requisitado, deixando milhares de refugiados furiosos no cais, entregues à vingança dos russos.

No entanto, ninguém exemplificou melhor a retirada inglória da Nova Ordem do que o governante nazi da Polónia, Hans Frank. Frank jurara converter o Governo-Geral numa colónia-modelo para o *Reich* e durante mais de quatro anos, rodeado da mulher, de parentes e de um séquito, presidira numa pompa extravagante a um programa de extermínio racial, repressão cultural e germanização. Enquanto a população judaica de Cracóvia caía de 68 000 almas para 500 e as rusgas brutais enviavam milhares de polacos para os campos de concentração ou para o *Reich*, Frank patrocinara artistas, arquitetos, escritores e cantores, recebera dignitários e assistira a concertos semanais de canto lírico e óperas. No Castelo de Wawel, davam-se festas onde "até os estenógrafos levavam uma vida como a das Mil e Uma Noites"; a corte de Frank fora "um oásis onde ninguém dá conta da guerra". Porém, no dia 17 de janeiro de 1945, quando o Exército Vermelho entrou na cidade, Frank arriou pessoalmente a suástica do mastro do castelo, reuniu o seu pessoal e fugiu ([11]).

Numa tarde de inverno luminosa, percorreram metade do caminho até Berlim num comboio de camiões e mercedes e instalaram-se temporariamente no castelo do conde Manfred von Richtofen, em Seichau, na Silésia. Era o quartel-general predeterminado em caso de evacuação do Governo-Geral, e o grupo passou vários dias a queimar documentos oficiais e a vasculhar caixotes – desde agosto, Frank armazenara no castelo tesouros artísticos, alimentos e bebidas. Frank visitou um dos seus romancistas favoritos, o idoso Gerhart Hauptmann, galardoado com o Prémio Nobel, que residia nas proximidades, enquanto a mulher enviava à frente dois camiões carregados com artigos de valor para ficarem a salvo. No dia 23 de janeiro, depois de uma festa de despedida de arromba no castelo, Frank partiu, fazendo apenas um desvio para visitar a amante, e juntou-se aos camiões na sua propriedade, na Baviera. Quando o último quartel-general do Governo--Geral foi instalado na vizinhança, num café da pequena cidade de veraneio de Neuhaus am Schliersee, o seu pessoal estava reduzido a cinco pessoas. O cenário alpino era espetacular e pacífico – a guerra deve ter parecido muito longe – e apesar da ausência da sofisticação urbana de Cracóvia havia um ou outro lembrete do que ficara para trás. O Café-Pension Bergfrieden era um simples chalé de madeira com um jardim rochoso e uma varanda com vista para as montanhas. Os poucos visitantes de Frank mal puderam acreditar quando olharam para as paredes e viram o que ele pendurara "para ficarem a salvo": a *Dama com arminho* de Da Vinci, um autorretrato de Rembrandt e uma Crucificação de Rubens, para não falar no Dürer, no Guardi e no Cranach ([12]).

No castelo de Seichau, os funcionários locais do Partido, chocados, fizeram uma lista de tudo o que fora deixado para trás: uma sala cheia de quadros, quatro caixotes com livros, catorze máquinas de escrever, "inúmeros" arquivadores vazios, documentos confidenciais, três faqueiros, artigos de higiene pessoal, vinte tapetes para automóvel, pratas, linhos, uma cadeira de viagem e até uma caderneta de poupanças. No pátio do castelo fora abandonado um luxuoso Mercedes de oito cilindros – para uso das forças armadas, gritara o ajudante de Frank enquanto se afastavam. "Os quartos estavam na maior desordem", contou uma criada. "Garrafas de vinho e *schnapps*, beatas, pão e salsichas por todo o lado. Na grande cozinha, encontrámos latas de carne abertas com o conteúdo estragado, embalagens de manteiga e ovos abertas". O desperdício confirmou aos aldeãos os seus piores estereótipos dos manda-chuvas do Partido. "Estas coisas foram muito faladas na aldeia" – não admira, dado que a comitiva de Frank ainda estava embriagada quando partira; foram contra um portão e deixaram para trás, na lama, grandes caixas com alimentos racionados e centenas de charutos.

Mas o líder fugitivo do Governo-Geral não tardou a ser esquecido. A Alta Silésia estava no caminho do avanço russo e uma massa de refugiados menos distintos chegou ao lar ancestral do conde von Richtofen. Um bando selvagem de "voluntários do Leste" – não havia nenhum oficial alemão à vista – serviu-se do álcool espalhado por todo o lado e arrombou o armazém que continha os haveres de Frank. Só ficaram alguns caixotes com comida enlatada para os refugiados alemães que chegaram depois. Não há dúvida de que o colapso de um império nunca é bonito de se ver, mas o tumulto que

Frank deixou para trás em Seichau foi apenas um microcosmo da destruição infinitamente maior que ele infligiu à Polónia e aos seus habitantes ([13]).

É de espantar que nem ele nem a mulher tenham visto as coisas desta maneira. A antiga "rainha da Polónia", envolta nas suas peles, cujo amante, Lasch, fora morto pela Gestapo, e que gostava de "ir às compras" no gueto, alegrou-se com a chegada dos americanos, ansiava por uma "vida normal" e estava certa de não ter feito nada de mal. Frank – com pena de si próprio, iludido e teatral até ao fim – bebericava orgulhosamente o seu café todas as manhãs no Café Bergfrieden, na companhia dos seus ajudantes; ao inteirar-se do suicídio de Hitler pelos jornais suíços que gostava de ler, gabou-se de ser o último dos seus ministros a desfrutar o café matinal em liberdade. Quanto foi finalmente detido – pelo tenente Walter Stein, do 7.º Exército americano, no dia 4 de maio – levantou-se da mesa e garantiu que levava consigo os 42 volumes do seu diário. Quando os arrumou junto a si, a caminho do cativeiro, estava convicto de que confirmariam a sua inocência. Pelo contrário: constituíram uma prova documental crucial para a acusação durante o seu julgamento, em Nuremberga, tal como têm constituído desde então para os historiadores do genocídio nazi.

O ÚLTIMO *FÜHRER*

Apesar da política de rendição incondicional decidida pelos Aliados, a transição da Alemanha do nazismo não foi minimamente clara. No seu testamento político, ditado no *bunker*, em Berlim, no dia 29 de abril, enquanto o seu séquito celebrava com champanhe e sanduíches o seu matrimónio com Eva Braun, Hitler nomeou o grande-almirante Dönitz presidente do *Reich* e comandante supremo das forças armadas; Goebbels foi nomeado primeiro--ministro e Bormann líder do Partido Nazi. Num gesto de rompimento com o antigo sistema de poder, Hitler expulsou Göring e Himmler do Partido Nazi por traição (*). Na tarde seguinte, Hitler e Eva Braun suicidaram-se e os seus corpos foram queimados no jardim do *bunker* ([14]).

Graças a uma piloto intrépida (**), a notícia de que Hitler ordenara a demissão de Himmler chegou a Dönitz em 29 de abril. No dia seguinte, Dönitz soube da notícia ainda mais espantosa de que o *Führer* o nomeara *Reichspräsident*, incumbindo-o de prosseguir a guerra (Hitler não o desig-

---

(*) Göring enviara a Hitler um telegrama propondo-se substituí-lo como líder do *Reich* em caso de incapacidade do *Führer*; Himmler foi considerado traidor pelas suas tentativas de encetar negociações de paz com os Aliados. (N. T.)

(**) Hanna Reitsch, que descolou de uma pista improvisada no Jardim Zoológico, perto da Porta de Brandeburgo. (N. T.)

nara *Führer* por não querer que mais ninguém usasse este título). Todavia, no seu quartel-general, na base naval de Plön, onde dispunha apenas de um pequeno destacamento de pessoal dos submarinos para o proteger, Dönitz não estava propriamente numa posição forte ou incontestada. Himmler era geralmente considerado o sucessor natural de Hitler – nem a sua demissão nem a morte de Hitler se tornaram imediatamente conhecidas do público – e visitava diariamente Dönitz escoltado por um grupo intimidador de veteranos de combate da SS. Apesar dos desejos de Hitler, Himmler discutiu com Albert Speer como é que ele e Göring poderiam governar a Alemanha. "A Europa não se conseguirá arranjar sem mim", disse ele confiantemente a Speer. À saída, Speer viu o marechal de campo Keitel chegar e jurar fidelidade a Himmler, como fizera em tempos ao *Führer* ([15]).

Por conseguinte, na noite em que soube da sua nomeação, Dönitz convidou Himmler a visitá-lo e confrontou-o com as instruções do *Führer* enquanto os SS, em veículos blindados de transporte de pessoal, e os marinheiros do almirante se colocavam frente a frente nas ruas. Segundo o relato dramático, mas suspeito, do encontro que consta nas memórias de Dönitz, Himmler, apesar de furioso, cedeu em silêncio quando Dönitz lhe disse perentoriamente que um cargo no seu novo governo estava fora de questão. O mais provável é que não tenha havido nenhum confronto, já que os dois homens continuaram a cooperar e a questão do papel a desempenhar por Himmler foi posta na prateleira. A sua rede de informações e de polícia teriam sido indispensáveis para o novo governo, que teria tido muitas dificuldades para continuar a guerra, como tencionou inicialmente fazer, sem a ajuda da SS. Himmler parece ter acreditado que havia de chegar a altura – vinha desde há muito a conspirar nesse sentido – em que lideraria um governo alemão e, em parceria com os britânicos e os americanos, prosseguiria a luta contra Estaline ([16]).

Por conseguinte, o nacional-socialismo permaneceu vivo depois do suicídio de Hitler. Ainda mais do que a longamente imaginada Fortaleza Alpina (que nunca se materializou), Plön e Flensburgo – o porto junto à fronteira dinamarquesa para onde Dönitz transferiu o seu quartel-general, no dia 3 de maio – atraíram muitos dirigentes nazis. Os ministros de Hitler que rumaram a norte incluíam Ribbentrop, Alfred Rosenberg e Herbert Backe. Com as exceções de Himmler e Ribbentrop, reuniam-se regularmente na pequena cidade de Eutin, no Holstein Oriental. A maioria pelos vistos esperara que Himmler sucedesse a Hitler e ficou tão surpreendida quanto Dönitz pela notícia da sua nomeação. O ex-senhor da Ucrânia, Erich Koch, apareceu e tentou convencer o comandante de um submarino a levá-lo para a América Latina; Lohse, que governara o Báltico, queria fazer a mesma coisa

(Dönitz não lhes deu autorização). Os SS que apareceram incluíam o antigo comandante de Auschwitz, Rudolf Höss, e Hans Prützmann, que estaria supostamente a organizar uma última resistência aos Aliados. No entanto, a par dos SS mais duros viam-se membros de longa data da elite intelectual da organização, como o chefe da contraespionagem, Walter Schellenberg e o economista (e ex-comandante de um *Einsatzgruppe*) Otto Ohlendorf, empenhadíssimos no debate sobre o que fazer a seguir. Ohlendorf, em particular – "o Galahad do nacional-socialismo" até ao fim –, ainda esperava salvar a reputação do SD e torná-lo um parceiro na reconstrução da Alemanha do pós-guerra "segundo moldes nacionais-socialistas" ([17]).

A ideia de Ohlendorf de que um nacional-socialismo reformado poderia desempenhar um papel de relevo na Alemanha pós-Hitler é indicativa da dificuldade de imaginar um futuro sem o nazismo. Não havia crente mais fervoroso no nacional-socialismo do que Ohlendorf, mas Dönitz também não via as coisas de maneira muito diferente. "Podemos abolir muitos dos atributos do nacional-socialismo", escreveu ele. "Outros serão abolidos pelo inimigo, mas o melhor aspeto do nacional-socialismo, a comunidade do nosso povo, deve ser preservado em quaisquer circunstâncias". A sua conceção de uma rutura com o passado refletiu esta perspetiva. Dönitz começou a remodelar o seu governo no dia 2 de maio. Demitiu o redundante Alfred Rosenberg – já não havia territórios do Leste para governar –, que foi barrado, bêbedo, do edifício do governo, torceu um tornozelo e acabou no hospital. Desconhecendo as mortes de Goebbels e Bormann, Dönitz ordenou a sua demissão e a do ministro da Justiça, Thierack, que em 1942 tinha efetivamente posto os tribunais nas mãos da SS. No entanto, manteve como ministro da Agricultura Herbert Backe, o arquiteto do "plano da fome" nos territórios ocupados do Leste, e como ministro do Trabalho Franz Seldte, o fundador da organização paramilitar de direita Stahlhelm. Ohlendorf recebeu a pasta da Economia. Wilhelm Stuckart, o génio burocrático por detrás da expansão da Alemanha, tornou-se finalmente ministro do Interior. Permaneceram em cargos ministeriais dois tecnocratas de confiança, Julius Dorpmüller, desde há muito ministro dos Transportes, e o conservador e sempre adaptável conde Schwerin von Krosigk, que era ministro das Finanças desde 1932 e que assumiu a pasta dos Negócios Estrangeiros ([18]).

Himmler ainda era uma força a ter em conta e no dia 3 de maio o *Reichsführer* SS transferiu-se para Flensburgo, para estar mais perto do novo governo. O comboio sofreu um ataque aéreo pelo caminho e a maioria dos seus oficiais de estado-maior e das suas secretárias abandonou os veículos e deitou-se à beira da estrada, deixando Himmler ao volante do seu Mercedes, a apelar aos gritos à disciplina. Ao seu lado estava Werner Best, plenipotenciário do *Reich* para a Dinamarca, recém-chegado de Copenhaga. Himmler disse-lhe que "Hitler não tinha sido ele próprio" nos últimos dias – uma referência à sua demissão – e explicou-lhe as dificuldades que tivera nas suas sondagens de paz aos Aliados rodeado de inimigos. Himmler garantiu a Best que bastariam duas horas de conversa com Eisenhower para o convencer a unir forças com a Alemanha contra a Rússia. Best, que ficou incrédulo, achou Himmler nervoso, desalentado e descrente nas frases que vinha repetindo há tanto tempo ([19]).

No princípio, Dönitz – tal como Himmler – agarrou-se à esperança de que seria possível dividir os Três Grandes, render-se aos britânicos e americanos e continuar a combater os russos. No dia 4 de maio, depois de alguma hesitação, organizou a rendição das forças alemãs no Noroeste da Alemanha, na Dinamarca e na Holanda ao marechal de campo Montgomery. Todavia, a rapidez dos acontecimentos e a firmeza de Montgomery fizeram Dönitz mudar de ideias. No mesmo dia, numa reunião ministerial, descartou a ideia de Himmler, que ainda queria usar a Escandinávia e a Holanda como trunfos negociais. Três dias mais tarde, cumprindo ordens de Dönitz, o chefe do estado-maior do OKW, Alfred Jodl, rendeu-se incondicionalmente aos Aliados, em Reims, e o marechal de campo Keitel repetiu a cerimónia no dia seguinte, no quartel-general do Exército Vermelho, em Berlim, pondo oficialmente fim à guerra na Europa ([20]).

A mudança de Dönitz para o campo dos que defendiam a capitulação significou que deixava de haver lugar para Himmler na sua administração. No dia 5 de maio, os dois homens negociaram uma formulação que não implicasse qualquer cargo específico no novo governo; no dia seguinte, Dönitz disse pessoalmente a Himmler que ia cortar relações com ele e ordenou-lhe que não voltasse a deslocar-se ao quartel-general do governo. Himmler já não tinha capacidade de luta. Depois de alguns dias passados numa quinta nos arredores de Flensburgo com um grupo de ajudantes leais, dirigiu-se para sul, disfarçado de "ex-sargento Heinrich Hitzinger", supostamente pertencente à Polícia Secreta Militar (o verdadeiro Hitzinger fora executado por deserção). Porém, Himmler não compreendera que esta organização também constava da lista de detenções automáticas dos Aliados e ele e os seus companheiros foram detidos num posto de controlo. Num campo a sul de Lüneberg, o ex-*Reichsführer* SS admitiu calmamente a sua identidade ao capitão britânico no comando do campo, mas suicidou-se engolindo uma cápsula de cianeto antes que o pudessem impedir ([21]).

Quanto a Dönitz, que tipo de governo representaram ele e o seus 350 assistentes? Nenhum dos Aliados quis reconhecer plenamente Dönitz, até porque as lideranças de topo ainda não estavam completamente seguras de que Hitler e outros líderes nazis estavam realmente mortos. Os reacionários de Flensburgo eram um embaraço, tal como os soldados e marinheiros que se juntavam junto da Escola de Marinha e Comunicações – a sede do "governo" – e se punham a cantar a "Horst-Wessel-Lied" ou "Wir fahren gegen Engeland"(*). Ficaram melindrados quando lhes disseram para deixar de fazer a saudação hitleriana e Dönitz armou um pé-de-vento face à ordem para se ver livre das suas condecorações e insígnias. Negou-se a ordenar a dissolução oficial do NSDAP e só arriou a antiga bandeira à frente do seu quartel-general quando foi obrigado a fazê-lo [22]. Churchill e os oficiais do Exército britânicos no terreno viram vantagens em manter temporariamente viva uma administração central alemã a funcionar às ordens dos Aliados. "Há dois milhões de soldados alemães, acrescidos de um número enorme de civis", observaram eles. "Para disciplinar, alimentar e administrar os soldados alemães poderá ser necessário manter provisoriamente a cadeia de comando alemã e autorizar-lhe que requisite alimentos à população" [23]. Porém, depressa se tornou manifesto que a existência continuada do governo de Dönitz estava a deixar os russos nervosos; estalou uma zaragata quando os oficiais britânicos autorizaram os funcionários do governo alemão a ordenarem pela rádio aos alemães que lhes obedecessem, e a BBC transmitiu uma entrevista a von Krosigk na qual ele se referiu ao almirante como o novo *Führer*. Os conselheiros políticos aliados antipatizavam cada vez mais com os instintos autoritários do autointitulado "Governo Interino do *Reich*". Quando foi ordenada a detenção de Dönitz, os russos ficaram aliviados – quase toda a gente ficou. Só Churchill resmungou irritado que parecia "um passo notável no sentido de não termos ninguém com quem lidar na Alemanha" [24].

No dia 23 de maio, o almirante e os outros membros do seu "governo" foram presos por homens da 11.ª Divisão Blindada. Foram revistados e humilhantemente alinhados num pátio, a coberto de metralhadoras, e fotografados por mais de 60 repórteres convidados pelo SHAEF para assistirem ao evento. De malas na mão, foram despachados para a frondosa vila termal de Mondorf-les-Bains, no Luxemburgo, onde foram recebidos por um comité de boas-vindas composto por soldados fortemente armados e pelos apupos dos aldeãos furiosos. No Palace Hotel, de quatro andares, longe da sua elegância de outrora, reuniram-se aos outros membros de topo do regime que tinham caído nas mãos dos Aliados. O hotel, construído nos anos 20, fora

---

(*) A "Canção de Horst Wessel" era o hino do Partido Nazi; "Vamos para Inglaterra" era uma marcha militar especialmente popular junto do pessoal dos submarinos e da marinha de guerra. (*N. T.*)

um retiro elegante para os que iam a águas, mas os seus terrenos, fortemente guardados, estavam rodeados de uma vedação de arame farpado com 5 m de altura, coberta por tela e redes de camuflagem e com uma torre de vigia em cada canto. Para os soldados americanos da guarnição, o complexo era conhecido por Recinto de Prisioneiros de Guerra Continental Central 32 ou, mais coloquialmente, por "Caixote do lixo".

Um interrogador militar americano, John Dolibois, deixou um registo vívido da sua chegada ao local:

> Subi as escadas, encontrei o quarto 30 e entrei... Era um vulgar quarto de hotel, com um papel de parede bastante garrido. A mobília era constituída por uma mesa, duas cadeiras e um catre do exército. Comecei a retirar o conteúdo do meu saco militar, mas ouvi bater à porta. Julgando que poderia ser o capitão Sensenig ou um dos oficiais da guarda, abri a porta e tive a surpresa da minha vida. À minha frente, estava um homem encorpado, aí com 1,90 m, num elegante uniforme de cor cinzento-pérola, com galões dourados nos colarinhos e insígnias douradas nos ombros. Bateu os tacões, inclinou a cabeça e disse, "Goering, *Reichsmarschall*!". Para um homem das informações, dei uma triste impressão: fiquei de boca aberta. Compus-me rapidamente e convidei-o a entrar. Ele foi direto ao assunto. Tinha um par de calças de uniforme no braço e entregou-mo, explicando que se "esquecera" dele quando lhe tinham dito, no dia anterior, que só podia ficar com um fato e um par de calças extra. "Estou decidido a ser um prisioneiro-modelo", explicou, "por isso entendi que lhe devia trazer este par a mais". Julgo ter detetado uma ponta de sarcasmo. ([25])

Estavam lá quase todos. Seyss-Inquart foi o primeiro a chegar, juntamente com Frick e Keitel. Hans Frank, que tentara suicidar-se, chegou de maca, no seu pijama de seda. Göring, com as mãos bastante trémulas por causa da sua dependência da paracodeína, apresentou-se com tanta bagagem que foi preciso uma tarde inteira para a revistar. Franz Ritter von Epp, com quase 80 anos de idade, estava detido em virtude da sua longa carreira como governador da Baviera: era o fim de um percurso que o levara da Revolta dos *Boxers*, na China, e dos massacres na África do Sudoeste Alemã, passando pela Primeira Guerra Mundial e pela política de direita em Weimar, até se tornar o principal ativista colonial do III *Reich*. Em pouco tempo, o hotel acolheu praticamente todos os ministros sobreviventes do *Reich* – Ribbentrop, Dönitz, Rosenberg, Funk, Robert Ley, von Krosigk e Darré –; o almirante Horthy e outras figuras de topo escolhidas a dedo – na sua maioria ex-embaixadores – foram alojados numa moradia separada conhecida por "von Anexo". Os detidos eram obrigados a ver filmes dos campos de concentração e davam palestras uns aos outros – von Krosigk sobre Shakespeare, Robert Ley sobre a economia da recuperação da Alemanha no pós--guerra, um dos ajudantes de Keitel sobre aquacultura. Às refeições, para evitar as tentativas de suicídio, só estavam autorizados a usar colheres.

Dividiram-se gradualmente em grupinhos e o seu verdadeiro caráter veio de novo à superfície. Os militares, os "Velhos Combatentes" nazis e os burocratas como Stuckart, Lammers e von Krosigk mantinham-se à margem. Frick revelou-se um lambe-botas sossegado, calmo a falar e oficioso. Keitel passava a maior parte do tempo a bronzear-se. Von Ribbentrop andava nervoso e desligado, magoado por ter sido excluído do último testamento de Hitler, e era incapaz de manter o quarto arrumado. Göring, apesar de se revelar receoso das trovoadas, era, em muitos aspetos, a grande figura do grupo – alerta, espirituoso e sarcástico com os seus captores, um contador de histórias que gostava de rir de si próprio, franco na admissão da responsabilidade pelos campos de concentração. Considerava-se o líder dos outros, mas na verdade era rejeitado e sentava-se quase sempre sozinho às refeições. O seu rival, Dönitz, permanecia estoicamente calmo e arrogante. Ambos queixavam-se constantemente a Eisenhower de que não estavam a ser tratados como chefes de Estado, mas eram pura e simplesmente ignorados (em 1953, quando cumpria pena como criminoso de guerra, Dönitz continuou a insistir que era o legítimo chefe de Estado da Alemanha) ([26]).

O segredo de Mondorf acabou por se tornar conhecido e a imprensa mundial começou a congregar-se no local. Para apaziguar os jornalistas, decidiu-se organizar uma única sessão para tirar fotografias e pediu-se aos residentes do hotel que se juntassem para uma fotografia de grupo na escadaria da frente. A foto foi publicada na imprensa americana com o título: "A Classe de 1945". No dia 10 de agosto, foram enviados para a Alemanha para os preparativos do julgamento. Quando atravessaram a fronteira e viram as ruínas provocadas pelos bombardeamentos na zona de Trier, ficaram visivelmente chocados e um deles começou a chorar.

Para os seus guardas, a viagem de regresso a Mondorf proporcionou um lembrete muito mais perturbador das responsabilidades do nacional--socialismo. O comboio começara a rolar há pouco quando passou por um grupo de camiões de carga e um jipe avariado à beira da estrada. Ao pararem para ajudar, foram imediatamente atingidos por um fedor nauseabundo que provocou vómitos a alguns dos homens. "Valha-me Deus, o que levam vocês aí?", perguntou Dolibois ao capitão que comandava o destacamento. Sem dizer palavra, o oficial afastou a lona de um dos camiões e mostrou-lhe os cadáveres empilhados como lenha, alguns nus, outros com uniformes putrefactos dos campos de concentração. Estavam a ser transferidos de uma vala comum para outra ([27]).

A rápida ascensão e queda do último *Führer* da Alemanha nunca ameaçou dividir os Três Grandes, mas também não contribuiu para melhorar as suas relações. Os russos negaram-se desde o princípio a lidar com Dönitz e limitaram as suas interações ao estado-maior alemão. Por outro lado, os britânicos e americanos tinham vacilado e – nas palavras de um funcionário público britânico – "atamancaram desnecessariamente a questão de Dönitz". Não agradaram a Moscovo nem estabeleceram uma administração central alemã fiável.

Todavia, nesta altura, nenhum dos vencedores queria uma rutura. Os combates tinham acabado há pouco e toda a gente tinha presente a ressurgência da Alemanha depois da Primeira Guerra Mundial. Os Aliados permaneceram unidos pelo desejo de encontrar uma solução viável para o problema alemão – e para o equilíbrio de poder na Europa. Este desejo de unidade continuou patente na conferência crucial realizada em Potsdam, no verão. Estaline avistou-se com o presidente Truman (Roosevelt morrera em abril) pela primeira vez e Clement Attlee substituiu Churchill a meio da conferência. Contudo, não obstante a partida de dois dos Três Grandes, os seus sucessores estabeleceram o Conselho de Primeiros-Ministros, com um secretariado permanente baseado em Londres, para preparar tratados de paz e apresentar soluções para as disputas territoriais na Europa do pós-guerra. De forma mais urgente e importante, também delinearam a base de um acordo sobre uma estratégia extremamente intervencionista para a ocupação da Alemanha.

O plano original, proposto em 1944 pelo secretário do Tesouro americano, Hans Morgenthau, contemplava a partilha da Alemanha, a eliminação da sua indústria pesada e a sua transformação num "país primariamente agrícola e pastoral". Tempos depois, na prisão, Albert Speer comentou que era irónico que Morgenthau e Himmler tivessem querido praticamente a mesma coisa. Na verdade, as ideias de Morgenthau tinham dado azo a uma enorme controvérsia e na primavera de 1945 estavam muito modificadas. Segundo os Acordos de Potsdam, a Alemanha seria desmilitarizada, desnazificada (por meio de saneamentos e julgamento de criminosos de guerra, da propaganda e da revogação da legislação nazi) e democratizada (especialmente através da reforma educativa e do restabelecimento dos partidos políticos). Os cartéis e os monopólios seriam fragmentados. Seguindo o acordado em Ialta, seriam estabelecidas quatro zonas de ocupação na Alemanha e na Áustria, bem como nas respetivas capitais. No entanto, não era, de todo, contemplada uma partilha permanente, antes pelo contrário: os acordos sublinhavam a importância do estabelecimento de uma "uniformidade de tratamento da população alemã em todo o país" e falavam em tratar a Alemanha como "uma única entidade económica". O pagamento de reparações pela zona soviética foi aceite, como foi também a ideia de que a qualidade de vida alemã devia ser mantida a níveis não superiores aos da média europeia. A economia do país seria estreitamente controlada e houve ecos de um Plano Morgenthau suavizado na recomendação para que a Alemanha fosse reorientada da indústria pesada e da produção de armamento para os produtos agrícolas e as manufaturas ligeiras ([28]).

Mas o mais notável eram as alterações fronteiriças e os movimentos populacionais aprovados pelos acordos: além de inverterem todas as alterações de fronteiras e anexações feitas desde o *Anschluss*, a fronteira oriental da Alemanha com a Polónia era deslocada em profundidade para ocidente, reduzindo as dimensões do *Reich* antes do conflito em quase um quarto. Ao mesmo tempo, a conferência aprovou também a expulsão, para ocidente, de milhões de alemães que viviam a leste das novas fronteiras. A única estipulação era que as expulsões – ou "transferências", como lhes chamou o documento – tivessem lugar "de forma ordeira e humana". Dado que as autoridades polacas, checas e húngaras já estavam a expulsar alemães dos seus países, as Potências solicitaram-lhes a suspensão temporária, a fim de que os refugiados pudessem ser adequadamente tratados e realojados ao chegarem à Alemanha.

Nada mudou tanto a longo prazo o mapa da Europa de Leste como a expulsão dos alemães. Foi uma resposta às políticas nazis de transformação dos alemães étnicos em instrumentos do *Reich* e às suas políticas de transferências populacionais forçadas. A ideia vinha sendo vendida pelos soviéticos e pelos checos desde 1942, mas em 1945 endureceu para um acordo muito mais abrangente com o intuito de erradicar séculos de vida alemã a leste das novas fronteiras do país. Mas isto não foi inteiramente culpa dos diplomatas e a ideia de que as Potências podiam iniciar e parar as expulsões a seu bel-prazer não considera a verdadeira força motriz que lhes esteve subjacente – o imenso ódio popular aos alemães que existia nas regiões que tinham ocupado quando a guerra chegou ao fim. Por outras palavras, para compreendermos o que estava a acontecer, não basta escutarmos nas conferências e ouvirmos as declarações dos políticos. Temos, em especial naquele tempo caótico em que o poder e a autoridade ainda estavam dispersos e fragmentados em grande parte da Europa, de olhar para o que se estava a passar no terreno.

EXPULSÃO: O FIM DA QUESTÃO ALEMÃ

"Os russos vêm aí!". "Cada um por si! Os russos estão aqui em meia hora!". Aquilo que começara com o avanço para o Leste acabou também no Leste. Depois de semanas de pânico, o momento chegou espantosamente depressa para uma jovem estudante de medicina alemã. Recordaria ela:

> De súbito, o tiroteio parou, o blindado avançou e viram-se por todo o lado soldados russos com jaquetas brancas de inverno. A confusão era tão grande que no princípio não sabíamos se eram soldados alemães ou russos, mas depois vimos soldados alemães com as mãos no ar... O blindado enfiou-se pela fila de carroças. Várias carroças foram parar às valetas, onde havia entranhas de cavalos, e homens, mulheres e crianças lutavam contra a morte. Havia pessoas feridas a gritarem por ajuda... Depois, chegou um oficial a cavalo. Levaram-lhe alguns soldados alemães. Ele sacou do revólver; fechei os olhos, ouviram-se tiros e os desgraçados ficaram caídos à nossa frente, com uma expressão de horror nos rostos. Os cadáveres ficaram lá, ninguém se atreveu a mexer-lhes.
>
> O blindado continuou a avançar com os soldados. Assim era o Exército Russo, que nos tinham dito que estava prestes a morrer de fome e vestido de farrapos. Aqueles tipos fortes e robustos e aquelas mulheres armadas, no pico da saúde, sentadas ao pé dos soldados, todos eles com uniformes novos, botas de feltro e barretes de pele. Ficámos à beira da estrada, a ver o blindado passar e a olhar para os soldados. A maioria tinha rostos primitivos, cabeças redondas e uma expressão de alegria incontida. Acenaram-nos e gritaram "Hitler *kaputt*!". ([29])

Os eslavos sub-humanos chocaram os alemães com mais do que os seus "rostos primitivos" e a sua língua estranha. Os soldados embriagavam-se e pilhavam nas cidades e aldeias por onde passavam. Um dos seus artigos favoritos eram os relógios – "Uri! Uri!" – (uma fraqueza que partilhavam com os bielorrussos da Brigada Kaminsky da SS) e alguns soldados tinham os braços cobertos deles. As botas ainda eram mais importantes: a primeira coisa que um guerrilheiro judeu saído da floresta de Briansk fez aquando da libertação foi apoderar-se das botas de montar de um soldado alemão capturado. Mas o "colecionismo de troféus" de toda a espécie era endémico entre homens que vinham abrindo caminho à força por um mundo onde o inimigo parecia viver com um nível de conforto e luxo que eles nem sequer sonhavam que existia. "Estou sentado na propriedade de um alemão rico", escreveu um jovem soldado aos pais. "Há divãs, sofás, seda por todo o lado e o chão reluz como um espelho" ([30]).

Conhaque, ovelhas, almofadas, charutos – tinham nas mãos um mundo novo material, pronto para ser tirado aos fascistas e capitalistas que tinham transformado o seu país num deserto. No entanto, a sua resposta imediata foi mais de ódio do que de desejo. "De tudo o que vemos, é evidente que Hitler roubou a Europa inteira para satisfazer os seus *Fritzes* de mãos ensanguentadas", escreveu um soldado para casa. "Num futuro próximo, estes bens aparecerão nas lojas russas como troféus nossos". Ao abrirem caminho para ocidente, a sua raiva foi também alimentada pelas notícias do que fora descoberto em Lublin-Maidanek, em julho de 1944, ou pelas pilhas fumegantes de cadáveres queimados encontradas na Estónia: os pormenores destes horrores espalharam-se pelas fileiras do Exército Vermelho e intensificaram a sua ânsia de vingança. "Os nossos soldados não fizeram à Prússia Oriental pior do que os alemães fizeram a Smolensk", escreveu outro militar soviético. "Odiamos profundamente a Alemanha e os alemães... Mas os alemães merecem as atrocidades que cometeram. Basta pensar em Maidanek" ([31]).

O desejo de vingança manifestou-se, acima de tudo, nas violações, pelas quais os soldados do Exército Vermelho depressa se tornaram tristemente célebres. É verdade que não se tem escrito muita coisa sobre as violações dos soldados *alemães* no Leste durante a ocupação; foram provavelmente mais generalizadas do que geralmente se julga e surgiram de forma destacada na propaganda soviética. Todavia, a ideologia racial fez com que os tribunais militares punissem com frequência e severidade os crimes sexuais dos soldados alemães. Seja como for, a ânsia de vingança foi apenas uma das causas da orgia de violações, pilhagens e roubos a que os soldados soviéticos se entregaram. Tudo começou no momento em que as unidades soviéticas entraram na Roménia, em agosto de 1944, e até os seus aliados, como os guerrilheiros de Tito, que libertaram Belgrado com os russos, ficaram horrorizados. Em Budapeste, foram violadas milhares de mulheres; aconteceu a mesma coisa na Polónia, o que provocou inclusivamente protestos por parte dos comunistas polacos. Mas foi pior quando o Exército Vermelho entrou na Alemanha. Na Prússia Oriental e na Alta Silésia, os soldados tiravam as mulheres das multidões de refugiados e violavam-nas em fila, à beira da estrada, rodeadas por "uma turba armada de homens com as calças para baixo". Os oficiais ficavam a ver e encorajavam os seus homens a participar. As estimativas do número de mulheres vítimas daquilo que foi certamente o maior caso de violações em massa da história são muito variadas: só no caso da Alemanha, os números chegam a quase dois milhões ([32]).

Tarde e a más horas, depois de lhes terem dito para odiar, os soldados russos foram admoestados por se comportarem como "ladrões e saqueadores".

Em janeiro de 1945, o marechal Rokossovski emitiu uma ordem avisando que os violadores seriam imediatamente abatidos a tiro. Surtiu pouco efeito e alguns oficiais que protestaram contra as violações foram detidos e posteriormente encarcerados por "propaganda do humanismo burguês e simpatia pelo inimigo". Quando o próprio Estaline receou que o comportamento desabrido dos seus homens pudesse levar os alemães a resistirem mais tenazmente, os seus ditames foram igualmente ignorados. "Para meu espanto", escreveu Grigori Pomerants ", os oficiais e os comunistas marimbaram-se pura e simplesmente para a carta de Estaline! Seria preciso mais do que Estaline para parar o exército" (^{33}).

Para os alemães, completamente indefesos, as violações eram uma prova terrível de que a formidável máquina de combate do *Reich* fora subjugada. A nomeação de Himmler para o comando do Grupo de Exércitos do Vístula, decidida por Hitler em janeiro de 1945, no dia seguinte ao isolamento de Poznań pela tropa soviética, só veio agravar a situação graças à ignorância marcial do "*Reichsheini*" (*); foi substituído em poucas semanas, mas o mal estava feito. Os perigos da evacuação por mar ficaram patentes com o afundamento do *Wilhelm Gustloff*, em finais de janeiro. Depois de zarpar de Gdynia com mais de 10 000 refugiados e soldados feridos a bordo, foi torpedeado por um submarino soviético e afundou-se nas águas gélidas do Báltico, com uma das maiores perdas de vidas da história marítima. Quando o Exército retirou da Polónia, a mulher de um funcionário público reparou que as unidades mecanizadas retiravam em carroças ou a pé. Sinónimo de mobilidade e modernidade era agora o Exército Vermelho, que progredia rapidamente graças aos seus camiões ZIS-5 e aos Studebakers americanos recebidos no âmbito do programa Lend-Lease (^{34}).

Logo que se deu a Libertação, os alemães descobriram que os russos não eram os únicos decididos a vingar-se. As medidas punitivas que tinham imposto aos sub-humanos da Europa de Leste durante os anos da ocupação foram-lhes impostas a eles. "Lidaremos com a população alemã destas zonas, que são polacas desde o princípio dos tempos, como os alemães nos ensinaram", proclamou o novo governador polaco do condado de Katowice aquando da sua tomada de posse, em fevereiro de 1945. O primeiro passo foi geralmente obrigar os alemães a exumarem os restos das vítimas da sua violência, reproduzindo o que eles tinham feito ao entrarem na Polónia e na União Soviética. Na Alemanha Ocidental, os citadinos foram obrigados a passar pelas pilhas de cadáveres emaciados libertados dos campos de

---

(*) "Nulidade do *Reich*", alcunha de Himmler na Waffen-SS. (*N. T.*)

concentração. Em contraste, numa cidade da Alta Silésia os alemães foram forçados a abrir uma vala comum recente com as mãos – continha os restos de prisioneiros de guerra atirados de vagões ferroviários no inverno de 1944-1945 – para que os corpos pudessem ser fotografados e sepultados condignamente. "Apesar de lavarem as mãos com Lysol e outros desinfetantes", recordou um dos visados, "os 'coveiros' demoraram dias a livrar-se do fedor dos cadáveres". Pelo menos não foram depois massacrados, como acontecera às suas vítimas quatro anos antes, durante a invasão da União Soviética ([35]).

Em muitas partes da Polónia e da Checoslováquia, os alemães foram obrigados a usar braçadeiras brancas com um grande N preto (niemec = alemão) ou pintaram-lhes grandes suásticas nas costas. Em alguns lugares, foi-lhes proibido andar nos passeios, andar de comboio ou entrar em lojas, exceto em determinadas horas; ficaram sujeitos ao serviço de trabalho e não estavam autorizados a falar alemão em público. As instituições e bens alemães foram rapidamente confiscados pelo Estado. Terezin, na Checoslováquia, e Auschwitz foram apenas dois dos antigos campos que passaram a confrontar os prisioneiros alemães com os terrores de um novo regime.

Estas lições não eram as únicas que as vítimas tinham apreendido nos anos de sofrimento. As autoridades polacas estabeleceram algo a que chamaram abertamente "guetos". "Na noite de 7 para 8 de agosto", recordou um residente de uma cidade da Alta Silésia, "foram afixados em todos os edifícios da cidade avisos com as seguintes instruções: 'Todos os alemães devem alinhar-se fora das suas casas, imediatamente. O máximo de bagagem é 25 kg'". Pouco depois, a milícia polaca chegou e meteu as pessoas no chamado gueto alemão, "batendo-lhes e chicoteando-as para se apressarem". As ruas foram seladas e colocadas sob guarda, e não tardaram a manifestar-se os habituais problemas da fome e da sobrelotação. Noutros lugares, os agricultores alemães foram expulsos das suas terras para darem lugar a colonos polacos e as suas propriedades foram confiscadas: com sorte, podiam ficar algum tempo como trabalhadores ao serviço dos russos ou dos colonos. Expulsos da Galícia Ocidental pelos russos, muitos polacos estavam a ser deslocados pelas autoridades comunistas para a Polónia Ocidental. "Apresentavam-se aos lavradores e aos proprietários das pequenas propriedades e quintas alemãs como seus novos donos, com as palavras: 'Eu agora lavrador, tu Hitler, trabalha'" ([36]).

Muitas destas formas de perseguição – que alguns funcionários polacos criticaram como métodos "nazis" – emergiram de forma espontânea e temporária e foram acompanhadas de ilegalidades, pilhagens e violência. "O alemão deixou de estar ao abrigo da lei", queixou-se um padre alemão de

Görlitz. "A sua honra, o seu corpo, a sua vida e os seus bens estão à disposição impiedosa de um vencedor insolente". No entanto, tudo isto foram apenas os preliminares de uma solução muito mais radical e permanente para o "problema alemão": a expulsão. Promovidos pelo presidente Beneš durante a guerra, tinham sido aprovados em Washington, Londres e Moscovo planos para a expulsão das minorias alemãs da Checoslováquia e da Polónia. O governo de Beneš vinha atiçando o intenso ódio dos checos aos alemães. "Quando chegar o dia, a nossa nação lançará de novo o seu antigo grito de guerra: Cortem-nos! Batam-lhes! Não poupem ninguém! Toda a gente tem de encontrar uma arma para atingir o alemão mais próximo", gritou um oficial na BBC, em finais de 1944. O caso polaco foi diferente porque tinha principalmente por base os planos de Estaline para deslocar as fronteiras do país para oeste, para o *Reich*. Os Aliados apenas afloraram a questão em Ialta, o que aumentou os incentivos para que os polacos e os checos criassem os factos no terreno. "(...) implementaremos tudo sozinhos", declarou Beneš, em 1945 ([37]).

Na Polónia Ocidental, as "deportações selvagens" começaram no princípio de 1945. Os acordos para uma troca populacional polaco-ucraniana entre a Polónia e a URSS já tinham gerado milhares de refugiados polacos provenientes da Ucrânia Ocidental, da Lituânia e da Bielorrússia, que foram dirigidos para as terras alemãs que o Exército Vermelho estava a entregar gradualmente às autoridades polacas. Contudo, depois da capitulação oficial do III *Reich*, muitos alemães que tinham fugido começaram a regressar aos seus lares nestas regiões. Foi nesta altura que os polacos começaram a expulsá-los sistematicamente para darem lugar aos seus colonos e para "purificar de alemães a faixa de terra fronteiriça". A antiga conceção bismarckiana fazia ricochete contra os alemães. Os governantes comunistas do Partido dos Trabalhadores Polacos decidiram-se pela expulsão em finais de maio, e no fim de junho já fora expulso um quarto de milhão de pessoas ([38]).

Nas cidades, em especial nas que tinham sido alemãs antes de 1939, o ajuste de contas foi mais demorado porque os soviéticos exerciam um controlo maior e tinham interesse em manter um número de alemães suficiente para que as cidades pudessem funcionar. Por exemplo, em agosto de 1945, Breslau tinha 189 500 residentes alemães e apenas 16 000 a 17 000 polacos. O Exército Vermelho entregara o poder a "antifascistas" alemães locais cujo antifascismo era frequentemente muito ligeiro: no verão, de modo revelador, tentaram mobilizar "todos os judeus, meio judeus, polacos e cidadãos de qualquer nacionalidade" para trabalho obrigatório. Os polacos queriam *todos* os alemães fora mas, como tantas outras vezes, as necessidades militares impunham o pragmatismo e no curto prazo os soviéticos disseram aos trabalhadores fabris e aos funcionários públicos para não arredarem pé. Registaram-se inclusivamente confrontos entre os soldados soviéticos e os residentes polacos quando os primeiros defenderam e protegeram os alemães, "dizendo que eles eram seus amigos e que trabalhavam para eles". Todavia, no inverno de 1945-1946, os polacos começaram a cercear o acesso dos alemães à habitação e à comida para os forçarem a sair. A política polaca tornou-se gradualmente mais clara. Por um lado, uma lei da nacionalidade relativamente generosa garantiu que muitos alemães se qualificavam para permanecer na qualidade de polacos – uma consideração importante para o governo, receoso de despovoar os territórios ocidentais recém-adquiridos; contudo, ao mesmo tempo, iniciaram-se as deportações propriamente ditas: os comboios começaram a rolar regularmente para ocidente no princípio de 1946 e no fim do ano seguinte já só restavam alguns milhares de alemães ([39]).

Em Praga, a luta entre checos e alemães continuou durante maio, transitando da ocupação para a Libertação. Os últimos dias de combate tinham sido marcados por atos de violência desesperados perpetrados pela SS: tinha fuzilado os prisioneiros de Terezin, colocado civis como escudos humanos à frente dos tanques e executado muitos combatentes capturados. Tinham morrido 3700 checos. Depois de os soldados soviéticos entrarem na cidade, chegou a hora da vingança: os alemães capturados foram abatidos em estádios e hospitais e alguns foram enforcados ou queimados vivos. Fora da capital, a lei e a ordem entraram totalmente em colapso e a vingança que muitos alemães receavam há meses não tardou. As prisões encheram-se, não só de nazis conhecidos, mas também de casos "duvidosos" ou de pessoas simplesmente denunciadas como amigas de amigos de colaboracionistas. Alguns cônjuges de casamentos mistos foram presos pelo crime de terem desposado um alemão. No fim de agosto, o governo ainda não tinha informações sobre o número de pessoas internadas, porquê e em que condições. O campo de Hanke, em Ostrava, adquiriu uma reputação particularmente má pelas violações, espancamentos, torturas e assassínios indiscriminados de prisioneiros pelos guardas, que convidavam os amigos para assistir. As checas acusadas de confraternização com alemães corriam o risco de ser desnudadas e sovadas. Até o Exército Vermelho ficou chocado com as humilhações infligidas pelos checos aos alemães – as mortes violentas, o incêndio das suas casas e quintas. Alguns alemães abordavam os soldados soviéticos como seus únicos defensores; imploravam-lhes que ficassem e tentavam permanecer sob sua protecção ([40]).

No princípio, o regime de Beneš nada fez para travar a torrente de ódio. Pelo contrário, no dia 12 de maio, o presidente, recém-regressado, disse aos habitantes de Brno que "o povo alemão (...) comportou-se como um monstro (...). Temos de resolver definitivamente o problema alemão". Enquanto falava, eram internados na cidade 1000 suspeitos de colaboracionismo. Passados alguns dias, começaram manifestações exigindo medidas mais radicais e reclamando que a comunidade alemã devia ser culpada pela escassez de habitação e comida. A polícia acabou por expulsar 20 000 alemães dos seus lares e conduziu-os para a fronteira com a Áustria; a coluna ter-se-á estendido por vários quilómetros. Esta "deportação selvagem" apanhou o governo de surpresa; o ministro do Interior tentou bloquear que passasse a fronteira e exigiu que os alemães fossem internados. Porém, no meio da confusão, dois terços entraram na Áustria antes de os restantes serem alojados em pequenas fábricas de cerâmica em aldeias do lado checo. Mais de 1700 morreram – principalmente de fome, doenças e falta de cuidados – naquela a que chamariam "Marcha da Morte".

Os principais responsáveis foram os checos de Brno, mas com o apoio – na sua perspetiva – dos dirigentes nacionais. Na verdade, ao ser informado da deportação, o governo ficou preocupado com a impressão que daria numa altura em que os Três Grandes estavam prestes a reunir-se. Podemos então dizer que a fúria popular a nível local determinou a política nacional? As expulsões não resultaram certamente apenas dos decretos de Estaline ou de Churchill; foram precisamente o que quiseram muitas pessoas que tinham passado por anos de humilhações às mãos dos alemães. No entanto, foram facilitadas por uma situação política intensamente volátil e incerta. A violência foi promovida por vários fatores: governos nacionais fracos, novos partidos políticos em competição por votos e muitos homens armados a disputarem o poder nas cidades e aldeias de província. Alguns destes chamados Guardas Revolucionários, notou um observador, não passavam de "ladrões e prostitutas armados até aos dentes que calcorreavam as ruas em pleno dia, aos tiros aos sinais em alemão e a roubar tudo o que podiam" ([41]).

Outro fator que não deve ser ignorado contribuiu também para a violência: o receio de que os alemães estivessem apenas temporariamente derrotados e a preparar-se para desencadear a sua vingança. As memórias do poderio alemão não desapareceram facilmente e muitos checos acreditavam que os "lobisomens" nazis se estavam a mobilizar e a preparar para atacar. Recordando-se dos terríveis combates depois da derrota alemã na última guerra, não conseguiam imaginar que o fim do conflito trouxesse a paz. De facto, em 1944 os alemães tinham efetivamente criado este tipo de organização e o ex-HSSPF do Norte da Rússia, Hans-Adolf Prützmann, começara a treinar pequenas unidades que ficariam atrás das linhas inimigas e executariam operações de sabotagem e guerrilha. Goebbels propagandeou os "lobisomens" com tanto sucesso que os Aliados levaram a ameaça a sério. No entanto, além de enterrar caixotes com explosivos para uso futuro, a organização era minúscula e desmoronou-se com o fim do *Reich*; Prützmann suicidou-se e só alguns irredutíveis permaneceram entocados nos bosques da cordilheira do Harz.

Todavia, não obstante a inexistência de qualquer ameaça ao território checo, a histeria dos "lobisomens" vingou no país precisamente por ser tão difícil para os checos, especialmente na parte ocidental da Checoslováquia, imaginarem um mundo no qual os alemães já não eram dominantes. Em Ústi nad Labem (Aussig), uma pequena cidade industrial do Norte da Boémia, existia um depósito de armamento no qual prisioneiros de guerra alemães organizavam as munições deixadas no fim da guerra. Na tarde de 30 de julho, o depósito explodiu, matando e ferindo alguns residentes locais checos e alemães. Convencidos de que a explosão fora obra dos "lobisomens", checos armados de postes de vedações e pés de cabra atacaram os alemães que atravessavam a ponte central da cidade – identificando-os pelas suas braçadeiras brancas – e atiraram-nos ao Elba, onde os Guardas Revolucionários os alvejaram. Terão sido mortas ou ter-se-ão afogado várias centenas de alemães. O governo, em Praga, ficou horrorizado com as notícias e concluiu que só havia uma maneira de garantir que "a rua não governará": acelerar as deportações e "liquidar os lobisomens". Estimativas recentes apontam para a morte de entre 19 000 e 30 000 alemães durante a fase "selvagem" das expulsões na Checoslováquia: 5000 suicidaram-se, 6000 foram assassinados e os restantes morreram de fome ou de doença. Em agosto, já tinham sido expulsos do país cerca de três quartos de milhão de pessoas ([42]).

Depois de Potsdam, a chamada fase "selvagem" das expulsões deu lugar, tal como sucedeu na Polónia, a uma política mais sustentada e sistemática que, pelo menos em teoria, ligou o ritmo das deportações à capacidade de as autoridades alemãs receberem os novos refugiados. Foi, pois, a partir de finais de 1945, muito depois das últimas repercussões da Libertação – e convenientemente depois das colheitas – que a maioria dos alemães foi deportada de território checo. Como resultado, no fim dos anos 40 muitas povoações habsburgas e medievais alemãs tinham deixado de existir. Indivíduos e comunidades com pouca ou nenhuma ligação ao nazismo foram obrigados a partir só por serem alemães. Não houve praticamente nenhum esforço para verificar o cadastro político dos deportados. Antifascistas e sociais-democratas foram expulsos dos seus lares como os nazis. Até muitos judeus checos que falavam de alemão foram obrigados a partir, pois os checos estavam desejosos de aproveitar a oportunidade para expulsar também os judeus que restavam. Algumas famílias fugiram à deportação enforcando-se ou envenenando-se. Em 1948, restavam apenas 200 000 alemães na República Checa ([43]).

Para as grandes potências, esta "transferência" dos alemães prometeu encerrar a questão alemã da Europa. Afinal de contas, os nazis tinham explorado as minorias alemãs da Europa de Leste convertendo-as numa quinta coluna para a sua política externa. A deportação era um modo de garantir que isso jamais se repetiria. "A terrível experiência de cem anos mostra que estes irredentistas europeus são uma fonte constante de guerra", escreveu em 1942 o antigo presidente americano Herbert Hoover. "Deve ser considerado o remédio heroico da transferência de populações. A dureza intrínseca à mudança é grande, mas é inferior ao sofrimento constante das minorias e à recorrência comum da guerra". Churchill era da mesma opinião. A "expulsão total dos alemães (...) será a garantia mais satisfatória e duradoura de estabilidade depois da guerra", declarou ele, em dezembro de 1944. "Não haverá mistura de populações para causar problemas infindáveis (...). Vamos fazer uma limpeza geral" ([44]).

Mas havia outros motivos para as expulsões. No caso dos polacos, em particular, as perspetivas económicas do país foram muitíssimo melhoradas pelo que foi, na prática, a troca de terras agrícolas medíocres na Ucrânia Ocidental por regiões mais ricas no oeste e, em especial, pela cintura industrial da Alta Silésia. A probabilidade era que a qualidade de vida polaca se aproximasse da alemã, uma consideração a ter em conta para quem acreditava que o antagonismo germano-polaco tinha origens essencialmente económicas. Logo em janeiro de 1945, foi proclamada uma reforma agrária abrangente que possibilitou a expropriação de todas as quintas alemãs. O Exército Vermelho reteve uma parte das melhores para uso próprio durante vários anos, mas as restantes ficaram à disposição do Estado polaco, que distribuiu grande parte da terra aos colonos e pequenos proprietários, e em várias regiões fronteiriças transformou os latifúndios em quintas estatais – incluindo a Varzin de Bismarck –, aumentando o controlo do Estado sobre os recursos económicos do país ([45]).

A rapidez do repovoamento da Polónia contrasta com o que os alemães levaram a cabo durante a guerra. Himmler reinstalou, com dificuldade, cerca de meio milhão de alemães étnicos nos territórios polacos ocupados nos cinco anos em que geriu o programa de repovoamento nazi. Em apenas dois anos, os polacos instalaram milhão e meio de colonos em antigos territórios alemães, num total final de quatro milhões. É certo que foram ajudados pelo facto de não haver nenhuma guerra em curso, mas esta disparidade aponta para outro fator: a total falta de realismo político dos nazis. Entraram em guerra em nome de um ideal irrealizável, pois as ambições de repovoamento de Himmler excediam, de longe, o número de alemães que tinha disponíveis, e no caso daqueles de que pôde dispor, o seu complexo rastreio racial abrandou a transição entre expropriação e entrega. Para os polacos, por outro lado, a colonização dos novos territórios ocidentais significou simplesmente a aceleração da tendência das populações para se deslocarem para ocidente e a utilização de muitos dos polacos forçados a deixar os seus lares no Leste. Só algum tempo depois é que se tornaram aparentes as limitações do controlo comunista da terra, quando os camponeses resistiram à coletivização da terra e os manda-chuvas do Partido transformaram terras em pousio em florestas.

Ironicamente, embora os comunistas polacos dispusessem de mais gente para o povoamento – graças às transferências forçadas da Polónia Oriental ordenadas por Estaline –, foram tão incapazes como os nazis de ditar as opções de vida dos colonos. Na Polónia e na Checoslováquia do pós-guerra, os colonos fizeram o que os colonos alemães tinham feito: trocaram as remotas regiões fronteiriças pelas cidades e abandonaram as quintas junto às fronteiras. No princípio dos anos 50, ambos os países tinham-se tornado dependentes dos cereais russos e o Partido recorreu a grupos "de choque" constituídos por jovens voluntários para inverter esta tendência. Contudo, apesar de estar preocupado, o Partido também sabia que a sua postura de paladino das expulsões e do repovoamento cumprira a sua missão: ajudara o comunismo a chegar ao poder e a ser identificado com a causa nacional.

Foi este o último aspeto das expulsões: representaram o triunfo das políticas da nacionalidade na Europa de Leste. Os alemães foram o maior grupo étnico selecionado para deslocação, mas não foram o único. Os acordos da Polónia com a URSS significaram que em troca de receber quase 2,1 milhões de polacos, a Polónia pôde deportar 482 000 ucranianos, em 1945-1946. No ano seguinte, a maioria dos ucranianos que restavam no Sudeste da Polónia foi alvo de uma operação militar punitiva chamada *Akcja Wisła* (*) e obrigada a mudar-se para a Polónia Ocidental, o que constituiu um duro golpe para o que restava da resistência ucraniana que continuava a combater polacos e soviéticos. Ao mesmo tempo, registou-se uma vaga de motins populares antissemitas – só até ao fim de 1945, foram mortos mais de 350 judeus – que revelou o alcance limitado da autoridade do novo governo em muitas zonas e expulsou muitos dos judeus sobreviventes da Polónia. Tal como os checos, os polacos também queriam os judeus fora. Os húngaros e os italianos foram obrigados a sair da Jugoslávia e verificou-se uma troca

---

(*) Em polaco no original: Operação Vístula. (*N. T.*)

de facto de húngaros e eslovacos. Deste modo, Estaline assumiu, no fim dos anos 40, o papel desempenhado por Hitler no princípio da década: árbitro das questões territoriais e das minorias na Europa Central e de Leste, mediando entre polacos e checos e húngaros, eslovacos e romenos [46].

Em 1950, as populações minoritárias da Europa de Leste tinham diminuído para uma percentagem muito pequena em relação a números de duas décadas antes e as comunidades de alemães étnicos apenas existiam em bolsas isoladas. A própria Alemanha estava dividida e ocupada e era incapaz de intervir internacionalmente em seu nome, mesmo que os seus políticos o quisessem fazer. Sob os olhares firmes de Washington e Moscovo, os políticos das duas metades do país dividido entraram em alianças com os seus vizinhos. Bona procurou tirar força aos movimentos de refugiados bem financiados e impedir toda e qualquer repetição da vaga revanchista dos anos de Weimar. Estes movimentos foram os primeiros a lançar apelos a um regresso "ao Leste alemão" e pressionado por eles até Adenauer exigiu publicamente o regresso às fronteiras do *Reich* de 1937. Traduzindo as suas pretensões na linguagem do Mundo Livre, exigiram "direitos humanos" para os expulsos – incluindo o direito de regressarem aos seus lares – e "libertação". Do outro lado da fronteira, as suas aldeias desertas na Checoslováquia Ocidental caíram em ruínas e as suas cidades outrora grandes, como Breslau, permaneceram subpovoadas durante décadas. No entanto, a maioria dos refugiados foi integrada de forma espantosamente rápida, com o caminho facilitado pela prosperidade do pós-guerra. As mesas de sala da Alemanha Ocidental rangiam sob o peso dos álbuns de fotografias nostálgicos do Leste perdido, mas muito antes do tratado de 1990, pelo qual as duas Alemanhas reconheceram finalmente as suas fronteiras pós-guerra, a maioria das pessoas já sabia que o Leste desaparecera para sempre [47].

ND
PARTE 3

Perspetivas

17
Nós, europeus

A Alemanha não estará ocupada pelos seus inimigos no ano 2000. A nação alemã será a líder intelectual da humanidade civilizada. Estamos a conquistar este direito nesta guerra. Esta contenda mundial contra os nossos inimigos não passará de um pesadelo na memória das pessoas. Os nossos filhos erigirão monumentos aos pais e às mães pela dor que sofreram, pela firmeza estoica com que suportaram tudo, pela valentia que demonstraram, pelo heroísmo com que combateram, pela lealdade que dedicaram ao Führer e aos seus ideais em tempos difíceis. As nossas esperanças concretizar-se-ão no seu mundo e os nossos ideais serão uma realidade.

Joseph Goebbels, "Das Jahr 2000", *Das Reich*, 25 de fevereiro de 1945 ([1])

O ANO 2000

Foi certamente um dos artigos mais bizarros e reveladores alguma vez publicados por Goebbels. No dia 11 de fevereiro de 1945, em Ialta, os Três Grandes emitiram a Declaração da Europa Libertada e reafirmaram o seu empenho na devolução da democracia ao continente. Comprometeram-se a restaurar a estabilidade da Europa e a contribuir para erradicar "os últimos vestígios do nazismo e do fascismo", e saudaram a queda iminente do III *Reich* e do seu partido de governo. "A Alemanha nazi", previram confiantemente, "está condenada". Quinze dias depois, Goebbels disparou uma resposta devastadora, uma peça de futurologia apocalíptica intitulada "Das Jahr 2000" [O ano 2000] que foi publicada no seu veículo de propaganda predileto, o semanário de grande circulação *Das Reich*.

"Como será o mundo no ano 2000?", perguntou o ministro da Propaganda do *Reich*. Algumas das suas respostas foram banais: "os filhos dos nossos filhos terão filhos e (...) os acontecimentos desta guerra estarão transformados num mito". Goebbels previu, e acertadamente, que a Europa estaria unida e – um pouco menos acertadamente – que "sair-se-á de Berlim para tomar o pequeno-almoço em Paris num voo que durará quinze minutos". Mas Goebbels considerava absurdo imaginar – como Ialta sugerira – que os britânicos e os americanos ainda ocupariam a Alemanha e continuariam a instruir seu povo na democracia durante anos. O seu prognóstico foi muito mais alarmante. Ialta era "um programa de ocupação que destruirá e exterminará o povo alemão". Churchill e Roosevelt tinham caído na armadilha de Estaline e não tardariam a ver-se indefesos contra os seus planos de domínio mundial.

Os alemães não seriam os únicos a sofrer. Cairia sobre a Europa uma "cortina de ferro" – Goebbels usou esta expressão um ano antes de Churchill a popularizar – e por detrás dela "as nações serão chacinadas" para gáudio da "imprensa judaica" mundial. Sem líderes, os habitantes a Europa de Leste tornar-se-iam "uma estúpida massa efervescente de milhões de animais de trabalho desesperadamente proletarizados" que, qual robôs, cumpririam a vontade do Kremlin. O isolacionismo tomaria conta dos EUA, que retirariam a sua tropa da Europa. Os britânicos, com a população em rápido declínio, ver-se-iam sobreextendidos e minados de dentro pelo bolchevismo. Haveria uma "chamada Terceira Guerra Mundial", breve, que a URSS venceria facilmente, deixando a Europa "aos pés dos robôs mecanizados das estepes". Em cinco anos, estariam prontos para atravessar o Atlântico e atacar os próprios EUA. "O Hemisfério Ocidental, que nunca ameaçámos – não obstante as acusações falsas –, ver-se-á num perigo gravíssimo. Chegará a altura em que os americanos amaldiçoarão o dia em que um seu presidente há muito esquecido emitiu um comunicado numa conferência, em Ialta, que se terá tornado uma lenda". Goebbels zombou da ideia de os britânicos e os americanos estarem a fazer planos para os próximos cinquenta anos. "Ficarão felizes se sobreviverem até 1950" ([2]).

A intenção de Goebbels era bastante clara: enquanto plenipotenciário para o esforço de guerra total, a sua tarefa era persuadir os alemães a continuarem a combater e a ignorarem o apelo de Ialta à capitulação. Mas extraordinária foi a forma como ele formulou a sua mensagem em termos que os levassem a compreender que tinham "uma missão europeia". Jamais foi a ligação entre a Europa e o nacional-socialismo feita de modo mais claro: só o *Reich* podia salvar a Europa do bolchevismo e só a fé no nacional-socialismo podia salvar os alemães e dar-lhes força para continuarem. "Ou a Grande Alemanha será líder [*Führer*] da Europa ou a Europa deixará de existir": fora assim que um velho historiador pusera a questão e era exatamente esta a opinião de Goebbels ([3]).

Se – e é um grande se – descontarmos o seu fogo do inferno à Bosch, Goebbels acertou em muita coisa: acima de tudo, no mundo dividido pela Guerra Fria, com a Europa impotente enquanto a América e a Rússia disputavam a supremacia mundial. Também acertou na Cortina de Ferro – apesar de julgar que não tardaria a ser atravessada pelas hordas do Kremlin – e em 1945 muitos americanos teriam subscrito a sua avaliação do isolacionismo dos EUA. Era óbvio para ele que os britânicos estavam gastos como potência mundial e o único mistério – um mistério que existira sempre para os nazis – era porque é que a Grã-Bretanha recusara tão teimosamente a ideia de uma parceria com o III *Reich* que poderia ter salvo o seu império. Até os seus receios de declínio populacional, apesar de exagerados, adquiriram uma nova relevância num mundo em que muitos países – incluindo quase toda a Europa – sofrem de um decréscimo da fertilidade (ainda que seja irónico, tendo em conta o seu medo do bolchevismo, que um dos casos mais rápidos de declínio populacional seja o da Rússia de hoje).

Todavia, apesar de Goebbels sublinhar a missão europeia do *Reich* e de ter cantado o refrão da Europa desde Estalinegrado, é igualmente espantoso que não tenha tido nada a dizer sobre como seria a Europa caso os alemães vencessem. Este silêncio não era novo. Quando abordou este tópico, dois anos antes, pouco mais fez do que refutar as acusações de que o *Reich* via os demais europeus como seus inferiores. "O único objetivo da Alemanha", escreveu ele, era "criar uma Europa unida no espírito da camaradagem e do respeito mútuo". O serviço da BBC em língua alemã riu-se a bom rir à sua custa e disse-lhe que tentasse pregar a sua mensagem de amor fraternal aos "polacos e aos checos, que são tratados pior do que o gado" e aos noruegueses, holandeses, gregos e jugoslavos: "Vocês partem-lhes as cabeças e agora dizem que 'só querem ser seus irmãos'" ([4]).

Quanto mais os nazis falaram da Europa, menos pareceram dizer. Mas não foi verdadeiramente culpa de Goebbels. Hitler foi, em alguns aspetos, o mais europeu dos principais estadistas da Segunda Guerra Mundial; afinal de contas, ao contrário de Roosevelt, Churchill e Estaline, ele teve uma conceção da Europa como uma entidade única, enfrentando a URSS e os EUA. Porém, quando os eurocéticos britânicos sugeriram, provocatoriamente, depois de 1990, que a União Europeia não passava da concretização de um sonho nazi, não perceberam absolutamente nada. No cerne da ideia de Europa de Hitler havia um buraco gigantesco, e ao falar tão pouco como falou no assunto, Goebbels estava apenas a seguir o seu *Führer*. Se quisermos compreender como é que os nazis viram a Europa, o que planearam para ela e que alternativas obrigaram os seus adversários a propor no seu lugar, teremos de começar pelas formulações estridentes mas estranhamente ocas do problema europeu da autoria de Hitler.

A CONCEÇÃO NAZI DA EUROPA

Nos anos 20, as preocupações imediatas do Partido Nazi eram de ordem interna, mas a expansão para lá das fronteiras de 1914 para integrar todos os alemães dentro das fronteiras de um único Estado já era a chave do seu programa. Isto implicava eliminar a Sociedade das Nações, as potências da Entente que a sustentavam e a "confusão dos pequenos Estados" (*Kleinstaaten-Gerümpel*) na Europa de Leste criada por elas. E também significava atacar a Rússia. A visão do *Lebensraum* de Hitler era alimentada pelo antibolchevismo e pela ideia de que os alemães e os eslavos estavam envolvidos numa luta económica e geopolítica pelo controlo do coração da Eurásia. Eram necessários territórios não só para colocar todos os alemães étnicos sob a autoridade política do *Reich*, mas também para reinstalar a população alemã excedentária supostamente aglomerada dentro das fronteiras existentes.

Embora a sua orientação antirrussa nunca tenha desaparecido, Hitler começou a falar muito mais na Europa no segundo livro (não publicado) que escreveu em 1928. A industrialização forçada da URSS por Estaline ainda estava a alguns anos de distância. Henry Ford e Charlie Chaplin eram notícia de jornal, enquanto uma vaga de capital americano ameaçava inundar um continente que ainda se debatia para recuperar da Grande Guerra. Aos olhos de Hitler, o que tornava os EUA tão singularmente poderosos não eram apenas os seus vastos territórios e os recursos abundantes, mas também o seu capital humano. Enquanto "verdadeira colónia europeia", os Estados Unidos tinham atraído as "melhores forças nórdicas" como imigrantes transatlânticos e estavam a tomar medidas, na forma de controlos à imigração, para impedir que fossem adulteradas com tipos raciais inferiores oriundos do Sul e Leste da Europa. Em suma, os EUA mostravam a potência geopolítica de um Estado que ultrapassara a escassez alimentar e as ameaças à sua pureza racial.

Como devia a Europa responder? Não, insistiu Hitler, através de uma associação de Estados-nações (algo que muita gente advogava); ele rejeitou liminarmente toda e qualquer tentativa de criação dos Estados Unidos da Europa. Uma "união formal de povos europeus", escreveu, estaria condenada a falhar se fosse concretizada através de meios pacíficos e democráticos, pois nenhum desenvolvimento político podia ser duradouro se não tivesse origem na luta e na guerra. Além do mais, sem uma política racial que rivalizasse com a da América, a Europa iria apenas produzir uma débil "misturada pan-europeia". Hitler sentia o mais absoluto desprezo pelo movimento pan-europeu cujo fundador, o conde Richard Nikolaus Eijiro Coudenhove-Kalergi, nascido em Tóquio e filho de um conde austro-húngaro e de uma japonesa, saudava a diversidade racial e via nos judeus a "nobreza espiritual da Europa". Para Hitler, Coudenhove-Kalergi era um cosmopolita sem raízes e um mestiço elitista que tentava repetir os erros dos seus antepassados habsburgos à escala continental.

Nos anos 20, Hitler ainda fingiu defender a ideia de uma Europa de "Estados-nações livres e independentes com áreas de interesses afastadas e precisamente definidas", mas com o passar do tempo e o fortalecimento da Alemanha a retórica nazi assumiu uma postura mais imperialista e autoritária, e até na conceção mais antiga de um sistema de Estados sob hegemonia alemã se deteta uma ansiedade acerca das fronteiras e das interações étnicas. Hitler receava que qualquer potência disposta a assumir o papel de líder continental se condenasse ao "declínio racial": queria liderar a Europa mas não ser contaminado por ela. Por conseguinte, Hitler sentiu, desde o início, uma profunda desconfiança em relação aos vizinhos da Alemanha e nunca quis depender deles nem vê-los como parceiros no verdadeiro sentido do termo: a conversa de "Estados-nações livres e independentes" não passava de um embuste. Dado que o nazismo se opunha à plutocracia americana e ao bolchevismo soviético, era fácil para ele falar à europeu, mas o seu verdadeiro e único compromisso era com o povo alemão [5].

Tudo isto se tornou bastante claro no verão de 1940, depois de o *Reich* ter sido inesperadamente transformado no árbitro do continente. Neste período, o tópico do dia era quase exclusivamente a economia, o que não despertava grande interesse em Hitler. Não houve nada de especialmente nacional-socialista nos apelos alemães à racionalização da economia europeia segundo o modelo alemão para a tirar da depressão, à divisão do trabalho entre o Sudeste agrícola e o Noroeste industrial, nem a tornar Berlim o centro do planeamento, das finanças e do comércio. A maioria destas ideias proveio dos círculos empresariais e representou uma atualização de esquemas e planos que datavam da época da Primeira Guerra Mundial. Mais caracteristicamente nazi foi o tom de "realismo" brutal que se manifestou quando Goebbels falou com um grupo de jornalistas checos, em setembro de 1940. O ministro começou por falar vagamente sobre a reorganização e a unificação da Europa "de acordo com princípios que correspondam às possibilidades sociais, económicas e técnicas do século XX". O modelo seria a Alemanha, também ela unificada a partir da fragmentação. A mudança tecnológica estava a tornar as fronteiras irrelevantes e os caminhos de ferro, a rádio e as viagens aéreas estavam a aproximar as pessoas. De seguida, porém, Goebbels recordou aos seus ouvintes que, de quando em quando, também seria necessária a força para ultrapassar as "peculiaridades dos Estados, os preconceitos, as limitações e as ideias tacanhas". Goebbels negou que a Alemanha quisesse "abafar" outros povos, mas seria melhor que eles reconhecessem quem mandava: "Não faz diferença se se aprova este estado de coisas. Quer seja aceite ou não, não se pode fazer nada para alterar os factos" ([6]).

A invasão da União Soviética veio reforçar esta ênfase na liderança e deu à Europa a postura do guerreiro: o continente passou a ser objeto de disputa marcial e não de negócios, pelo que a hierarquia fazia mais sentido. O avanço para o Leste transferiu a influência dos empresários aglutinados em torno de Göring para Himmler e para os ideólogos do repovoamento, e converteu Hitler no *Heerführer Europas* – o Chefe Militar da Europa – no combate para fazer recuar a fronteira racial entre a Europa e a Ásia ([7]). A "colaboração" parecia mais uma ilusão divertida dos franceses do que um objetivo para os alemães levarem a sério. Em setembro de 1941, Hitler falou ao seu embaixador em França, Otto Abetz, em termos reveladores de como as suas ideias tinham mudado tão pouco desde os anos 20:

> Os asiáticos e os bolcheviques tinham de ser expulsos da Europa; o episódio de 250 anos de "asiáticos" [*Asiatentum*] chegara ao fim... Expulsos os asiáticos, a Europa deixaria de depender de qualquer potência externa; e tanto quanto nos dizia respeito, a América também podia "ir bugiar". A Europa forneceria a si própria todas as matérias-primas de que necessitava e teria os seus mercados na região russa, para que não necessitássemos de outro comércio mundial. A nova Rússia, até aos Urais, tornar-se-ia a "nossa Índia", mas situada mais favoravelmente do que a britânica. O novo Grande *Reich* Alemão compreenderia 135 milhões de pessoas e governaria outros 150 milhões. ([8])

Hitler estava convicto de que o continente, unificado sob liderança alemã, conseguiria enfrentar os Estados Unidos e prevalecer. O único elemento que mudara no seu pensamento desde os anos 20 era ter deixado de considerar os americanos e a ameaça que representavam. Todavia, a pré-condição era a vitória sobre Estaline e o controlo das riquezas da Rússia europeia, e a própria contenda era desejável porque criava um sentimento de europeísmo. Hitler disse a Ciano, o ministro dos Negócios Estrangeiros italiano, que

Nos combates no Leste, era digno de nota o facto de se ter desenvolvido pela primeira vez um sentimento de solidariedade europeia. Isto era de grande importância para o futuro. Uma geração posterior teria de lidar com o problema da Europa-América. Não seria uma questão da Alemanha ou da Inglaterra, do fascismo, do nacional-socialismo ou de sistemas antagónicos, mas dos interesses comuns da pan-Europa dentro da área económica europeia com os seus complementos africanos. O sentimento de solidariedade europeia, que era distintamente tangível (...) teria de se converter gradualmente no reconhecimento geral da comunidade europeia (...). O futuro não pertencia à América, ridiculamente semicivilizada, mas a uma Europa renascida que acabaria por prevalecer definitivamente com o seu povo, a sua economia e os seus valores intelectuais e culturais, na condição de o Leste ser colocado ao serviço da ideia da Europa e não trabalhasse contra a Europa. ([9])

Talvez seja a sua convicção de que a liderança alemã podia ajudar a Europa a ultrapassar o desafio transatlântico que explica porque é que Hitler se importou tão pouco com o que os outros europeus podiam querer. De facto, o que os planos dos nazis para a Europa do pós-guerra têm de extraordinário – e que é a grande diferença em relação ao pensamento anglo-americano e soviético sobre esta matéria – é a sua orientação exclusiva para as necessidades *alemãs*. Dezenas de cidades alemãs – Hamburgo, Linz, Munique, Klagenfurt – seriam embelezadas ou reconstruídas e no Leste seriam construídas "praças-fortes" que se tornariam centros alemães de indústria ou governo. Foram estes esquemas que puseram a imaginação de Hitler em efervescência. Albert Speer refletiria lamentosamente que a guerra fora uma época de infindáveis planos incumpridos e observou que os referentes ao Leste, em particular, "ter-nos-iam ocupado até ao fim da vida". Complexos residenciais, cinemas, autoestradas, caminhos de ferro gigantescos, monumentos, parques e centros desportivos foram projetados aos mais ínfimos pormenores. Em lugares como Cracóvia, Zamość e Auschwitz, os comandantes dos campos, depois do trabalho, relaxariam nos jardins das suas novas moradias, enquanto as esposas e os criados iam às compras em ruas com arcadas nos centros neomedievais das cidades. Garantir este tipo de vida no *Lebensraum* alemão do pós-guerra aos soldados que combatiam duramente era a preocupação de Hitler e Himmler ([10]).

As preocupações com outras matérias foram deixadas aos empresários, aos gabinetes esconsos do Ministério da Economia ou aos dissidentes dos Negócios Estrangeiros. A SS aniquilaria os judeus e depois trataria dos eslavos. Hitler estava fundamentalmente desinteressado no Ocidente. Para o *Führer*, tudo estava bem enquanto os magnatas industriais e os funcionários públicos belgas e dinamarqueses garantissem que as suas fábricas forneciam o *Reich* e muitos deles cumpriram com eficiência e até com entusiasmo. No entanto, a necessidade de salvaguardar o flanco ocidental da Fortaleza Europa significou que Berlim nunca pôde deixar que franceses, belgas ou noruegueses seguissem uma via política própria nem que se tornassem, de modo nenhum, parceiros do *Reich*, por muito alinhados que estivessem. Hitler só estava verdadeiramente interessado no possível contributo que os holandeses e outros povos "germânicos" pudessem dar para o povoamento colonial do Leste, dado que algumas franjas da liderança nazi já tinham começado a dar-se conta de que talvez tivessem conquistado territórios *demais* e que afinal o *Reich* – miticamente sobrepovoado – podia revelar-se falho de gente.

Esta perseguição implacável de uma quimera demográfica, com o seu nacionalismo descaradamente explorador e a sua indiferença a toda a gente, ridicularizou as pretensões da Alemanha à liderança da Europa. Os alemães, resmungou Mussolini, eram "maus psicólogos e piores políticos". "Mas há uma coisa notável", observou um general dos blindados aos seus camaradas prisioneiros de guerra, pouco depois do fim do conflito, "porque é que um país como a Alemanha, situado no meio do continente, não transformou a política numa arte para manter (...) uma paz sensata". Mas os comentários não foram apenas *a posteriori*. Numa conversa secretamente escutada pelos serviços de informações britânicos num campo de prisioneiros de guerra, em 1943, outro oficial insistira aos seus camaradas que: "Mostrámos que se é possível alguém ser líder da Europa, não devemos, em circunstância alguma, ser nós" ([11]). Nem sequer na Europa Ocidental Hitler reconheceu que os estrangeiros pudessem ter aspirações políticas legítimas. No entendimento que Hitler tinha da política, as concessões só podiam indicar fraqueza: os outros países eram rivais ou concorrentes. O *Führer* disse aos seus acólitos que se deviam dar por contentes por o Japão não ser uma potência europeia; assim só tinham de lidar com os italianos, que não eram propriamente "concorrentes de peso pela futura organização da Europa". Isto era, para usar um eufemismo, uma conceção bizarra da unidade europeia.

A MALDIÇÃO DO NACIONALISMO

Todavia, o diagnóstico que os nazis faziam do problema da Europa era muito mais convincente do que a cura que prescreviam. Na sua perspetiva, os acordos de Versalhes, ao criarem inúmeros Estados-nações pequenos, tinham agravado seriamente o problema da criação de uma nova ordem e lançado as sementes da sua própria destruição. "Até ao início da guerra", disse Goebbels à sua equipa de propaganda, em dezembro de 1940, "a Grã-Bretanha deteve o poder absoluto para reorganizar a Europa de forma sensata depois da sua vitória na guerra de 1914-1918. Nada foi feito. A Europa foi atomizada em Versalhes segundo os ditames da razão política" ([12]).

Os opositores da Alemanha em Washington e Londres estavam a chegar a uma conclusão surpreendentemente semelhante. O nacionalismo endémico, especialmente na sua variante leste-europeia, era visto em ambos os lados do Atlântico como um fenómeno perigoso e intrinsecamente beligerante da moderna psicologia de massas e colocava-se a questão de saber se seria possível garantir a paz no continente e no mundo sem cercear de algum modo a sua capacidade de violência. Muitos comentadores antinazis consideravam inclusivamente o triunfo da Alemanha a abertura de uma via para algo melhor. Se era assim tão fácil violar a soberania, se a soberania oferecia tão pouca proteção no mundo real, faria muito sentido torná-la um fetiche, em vez de tentar conceber formas de organização política que garantissem melhor a paz e a segurança?

Os britânicos – que, surpreendentemente, só repudiaram a fronteira checo-alemã fixada em Munique com a guerra já bastante avançada – pretendiam restaurar os acordos de Versalhes na Europa de Leste, ainda que por razões bastante diferentes dos alemães. A sua ansiedade era provocada pelo facto de Versalhes não ter conseguido gerar um contrapeso à Alemanha. O presidente checo, Beneš, sugeriu que se mantivessem os Estados da Europa de Leste como eram, mas expulsando as suas minorias alemãs e fragmentando a própria Alemanha numa "federação descentralizada", o que na prática faria retroceder o tempo até à antiga Confederação do Reno oitocentista. Mas até Beneš admitiu que muitos dos pequenos Estados recém-criados não se tinham dado bem uns com os outros, pelo que, juntamente com o desmembramento da Alemanha, ele advogou a criação de uma série de "blocos federais maiores" em grande parte da Europa ([13]).

De facto, a vários opositores de Hitler as soluções federalistas pareceram, durante algum tempo, ser a melhor maneira de levar os Estados a coexistirem pacificamente e de eliminar os diferendos sobre fronteiras. O movimento pela União Federal propôs a criação de uns Estados Unidos da Europa precisamente pelos motivos que levavam Hitler a rejeitá-los: eram a única maneira de garantir uma ordem democrática e liberal no continente. O jornalista americano Clarence Streit, no seu êxito de vendas *Union Now*, de 1939, defendeu uma união democrática e federal entre os EUA e o Reino Unido como primeiro passo para um governo federal mundial. Um fã idoso de Streit, Lionel Curtis, o veterano arquiteto da Comunidade Britânica e da Sociedade das Nações, advogou uma "Comunidade de Deus" global, dado que a globalização, segundo ele, tinha minado os argumentos a favor da soberania nacional. Na Europa ocupada, alguns grupos da resistência pensavam em moldes semelhantes e pequenos grupos de intelectuais da Itália, da França e da Holanda gizaram planos para ultrapassar os problemas do nacionalismo e criar uma nova comunidade europeia que, décadas mais tarde, os historiadores em busca das raízes antinazis da Europa do pós-guerra prezariam [14].

Estes esquemas estiveram muito na moda durante um ou dois anos e até foram adotados por alguns decisores políticos britânicos e americanos. Em 1940, o Comité de Aconselhamento do Departamento de Estado recomendou que "deve existir na Europa uma derrogação à soberania dos Estados" de modo a facilitar "uma ação rápida e decisiva" por parte de uma futura autoridade supranacional. Na primavera, Sumner Welles, o subsecretário de Estado, regressou de uma digressão pela Europa com a sugestão de alterações abrangentes à ordem de Versalhes. Além dos principais Estados (a França, a Grã-Bretanha, a Alemanha a Itália e uma Polónia aumentada), Welles propôs quatro federações de pequenos Estados: Ibérica, Escandinava, Danúbia e Balcânica. Até George Kennan, que não era, de todo, grande entusiasta das soluções federalistas, escreveu em junho de 1944 que "algum grau de federação para a Europa Central e Ocidental (...) parece proporcionar a única saída do labirinto de conflitos que é hoje a Europa" [15].

Muitos governos europeus no exílio desejavam garantir o apoio americano e britânico, não só para a guerra, mas também para o pós-guerra, e adotaram a linguagem da "solidariedade", com diversos graus de convicção. Em novembro de 1940, os checos e os polacos comprometeram-se, enquanto "Estados independentes e soberanos", a entrar "numa associação política e económica mais estreita". O primeiro-ministro polaco no exílio, o general Sikorski, emitiu uma declaração a favor de uma federação pan-europeia, enquanto que os checos queriam incluir toda a Europa de Leste e chegar a acordo com a URSS. Os gregos e os jugoslavos assinaram o acordo do Benelux, que garantiu o primeiro esquema plenamente funcional de integração regional do continente. Contudo, com a exceção deste último, os acordos morriam à nascença e apenas serviam para agradar à moda federalista; previam apenas confederações pouco coesas e o que ofereciam eram basicamente versões requentadas de esquemas anteriores à guerra e que já tinham falhado [16].

Não é difícil perceber como é que o debate pôde levar algumas pessoas à ideia de uma confederação continental. Em 1942, ao abordar o futuro da Europa, o emigrado austríaco Egon Ranshofen-Wertheimer, ex-funcionário da Sociedade das Nações, sugeriu que a destrutividade da Nova Ordem de Hitler fora útil ao levar os europeus a verem-se a si próprios de forma diferente. Dado que Hitler destruíra "o mito da soberania", este não devia ser ressuscitado. Hitler habituara os europeus a pensarem para além das suas fronteiras nacionais e deviam continuar a fazê-lo. "Afinal, talvez Hitler esteja a trilhar o futuro, mas não propriamente na forma em que terá originalmente pensado". Daqui ia um pequeno passo a advogar – como o autor faz a seguir – uma confederação europeia de participação obrigatória e o monopólio de um poder militar partilhado que pudesse beneficiar da experiência das Nações Unidas na guerra. Contudo, ao entrar em pormenores, o autor revela as desvantagens e dilemas intrínsecos a este tipo de teorização de sofá. Em primeiro lugar, admite que a democracia não pode ser critério de admissão. Depois, imagina que a União Soviética pode ser mantida fora da União que propõe enquanto olha benignamente para a sua materialização. E, de forma não menos implausível, junta-se aos que apelam à fusão dos pequenos países em federações regionais – da Escandinávia, dos Países Baixos e da importantíssima e "grande Federação Central Europeia", que atuaria como contrapeso à Alemanha ([17]).

Estes esquemas tinham uma falha importante: ignoravam a oposição considerável que enfrentavam na própria região que pretendiam refazer. De facto, a vida sob ocupação nazi levara a maioria dos europeus a valorizar mais, e não menos, os benefícios da independência nacional. Na Bélgica, por exemplo, onde a Rádio Bruxelas, controlada pelos alemães, se despedia todas as noites com uma música "Para a Nova Europa...", os esquemas para a criação de uma federação europeia eram considerados propaganda nazi. Alguns críticos de outros países também eram da opinião de que o novo federalismo não passava de geopolítica disfarçada, pouco melhor do que aquilo que os alemães estavam a fazer. Como era possível ignorar as diferenças das culturas e tradições nacionais? Não seria esta obsessão com os "espaços viáveis" e a grande estratégia um sinal de insensibilidade à pura desorganização da vida humana que era responsável pela própria Nova Ordem? O sociólogo emigrado Sigmund Neumann foi devastador. "Não se pode simplesmente desmembrar a Suíça, a Bélgica, Portugal e a Hungria para criar nove grandes blocos europeus (criando ao mesmo tempo uma Grande Alemanha, uma Grande Itália e uma Grande Espanha!)", escreveu ele em 1943 num artigo na *Foreign Affairs*. "Fazê-lo poderá satisfazer uma visão tecnicista de uma Europa equilibrada, mas revela grande indiferença pela Europa como corpo vivo" ([18]).

Muitos políticos europeus, incluindo De Gaulle, os holandeses e os noruegueses, também não tinham nenhum entusiasmo pela ideia. Até os supostos pioneiros da ideia confederativa discordavam amiúde sobre o que queriam: por exemplo, os polacos (antissoviéticos), queriam algo muito diferente dos seus parceiros checos (pró-soviéticos). Mas foi em Moscovo que surgiu a oposição mais consequente. Isto tornou-se claro em 1943, quando o Ministério dos Negócios Estrangeiros britânico pegou em planos que datavam da Primeira Guerra Mundial e propôs "a questão de uma confederação dos Estados europeus mais pequenos, com especial referência para a região do Danúbio". Churchill apresentou a ideia a Estaline, sugerindo que se retirassem territórios à Alemanha – a Baviera, o Bade, o Württemberg e o Palatinado – para aumentar o impacto da nova confederação. Estaline revelou-se completamente contra. Não estava disposto a aquiescer na formação de um Estado potencialmente poderoso na Europa de Leste. Conhecia bem demais o teor antissoviético de grande parte do pensamento federalista, a partir do conde Coudenhove-Kalergi, nos anos 20: em 1930, Estaline referira-se às iniciativas em prol de uma federação europeia como "um movimento burguês para intervenção contra a União Soviética" ([19]). De forma mais crucial, Estaline duvidava que essas confederações protegessem realmente a URSS de um revivalismo alemão. Não seria melhor a União Soviética controlar diretamente a Europa de Leste, procurando, para esse fim, um entendimento com a Grã-Bretanha e os EUA? Por outras palavras, a alternativa preferida de Estaline a uma qualquer federação centro-europeia era um acordo entre as grandes potências sobre esferas de influência para suceder ao seu falecido acordo com os alemães. Os aliados de Estaline não resistiram. Os britânicos, em particular, não tinham a certeza absoluta de que os americanos permaneceriam na Europa depois da guerra, pelo que estavam inclinados a dar carta branca aos russos. A posição de Whitehall foi resumida por Sir William Strang, do Ministério dos Negócios Estrangeiros: "Para nós, é melhor a Rússia a dominar a Europa de Leste do que a Alemanha a dominar a Europa Ocidental" ([20]).

Na verdade, a oposição soviética não foi a única responsável pelo rebentamento do balão federalista. Existia uma tendência restauradora implícita na política britânica e americana desde que, em 1941, a Carta do Atlântico se comprometera a "restaurar os direitos soberanos e a autodeterminação àqueles que deles foram privados pela força". A Declaração de Ialta, em 1945, continuou na mesma veia: anunciou a formação de uma nova organização mundial com base na coligação das Nações Unidas durante o conflito, prometeu "a restauração dos direitos soberanos e da autodeterminação aos povos que deles foram privados pelas nações agressoras" e anunciou o desmembramento da própria Alemanha sob o controlo dos Três Grandes. Foi o equivalente a uma inversão total do programa nazi: a Grande Alemanha – a nação imperial – seria fragmentada em diferentes zonas de ocupação e os Estados-nações cativos da Europa seriam devolvidos à vida política ([21]).

Estaline pregou o último prego no caixão do federalismo europeu aquando da conferência de Ialta. Tito, o líder comunista da Jugoslávia, era o último federalista empenhado da Europa. Líder do único movimento de massas comunista nacional a sobreviver à ocupação nazi e a emergir vitorioso, Tito projetava reproduzir as experiências soviéticas e transformar a Jugoslávia no núcleo de uma federação balcânica que levaria o socialismo a toda a região. Dominando a Albânia e interessado no Norte da Grécia, Tito tentou levar os búlgaros a assinarem um tratado de federação entre os dois Estados, mas os búlgaros não gostaram nada da ideia. Viram-na como uma tentativa jugoslava para os subordinar e Estaline concordou. Irritado pela recusa de Tito em aceitar os seus concelhos, disse firmemente aos jugoslavos para abandonarem o seu projeto, o que eles fizeram com a maior relutância ([22]). Mas os sonhos federalistas não morreram e foram suficientemente poderosos, no fim dos anos 40, para contribuir para o nascimento de novas organizações europeias. Todavia, os europeus saíram da guerra demasiado apegados aos seus Estados-nações para permitir que as ideias federalistas fossem muito longe. Os americanos tinham sido os principais impulsores dos esquemas para substituir o Estado-nação na Europa e os britânicos tinham alinhado, mas a Europa continental mostrou-se muito pouco recetiva. Uma coisa era inverter o rumo da história alemã transformando o *Reich* numa confederação, mas fundir os Estados-nações em entidades maiores tinha pouco apoio no Ocidente ou no Leste. Quanto aos Estados Unidos, não tinham força, conhecimento nem empenho suficientes para impor as suas ideias aos europeus perante a ameaça da oposição soviética. Por conseguinte, foi muito breve o vislumbre de uma alternativa federalista à Nova Ordem nazi.

A ALTERNATIVA DE ESTALINE

Em maio de 1945, Churchill ordenou aos estrategos militares britânicos para pensarem na palavra impensável e determinarem como – caso fosse necessário – "impor à Rússia a vontade dos Estados Unidos e do Império Britânico". Churchill estava particularmente preocupado com a Polónia e os planeadores da Operação Unthinkable foram instruídos no sentido de considerarem o início de julho como data hipotética para o arranque da operação. Os estrategos levaram poucos dias para chegar a conclusões obviamente muito pessimistas: uma campanha aliada contra o Exército Vermelho só poderia levar a um resultado duradouro recorrendo à "guerra total" e com uma invasão da URSS mais profunda e com mais sucesso do que a alemã. As forças alemãs destroçadas não seriam de grande utilidade e se os americanos perdessem interesse no projeto a empresa seria completamente infrutífera. De facto, a conclusão tirada pelo chefe do estado-maior general imperial, Sir Alan Brooke – e pelo próprio Churchill – foi que a operação era inevitavelmente impossível. Nas palavras de Brooke: "Não há dúvida de que daqui para a frente, a Rússia será omnipotente na Europa" [23].

No entanto, as intenções soviéticas eram difíceis de descortinar (tão difíceis, na verdade, que Churchill solicitou de imediato um estudo sobre as consequências para a Grã-Bretanha de uma conquista soviética do continente). Era óbvio que a Europa de Leste ficaria sob a influência de Moscovo. O próprio Goebbels, como vimos, fantasiou sobre um rolo compressor bolchevique a esmagar a região. No entanto, outros eram da opinião de que perderia gás rapidamente e sublinharam a natureza mais tradicional e circunscrita das preocupações *russas* com a segurança, dando menos importância a uma revolução mundial. Por exemplo, em maio de 1945, o jovem diplomata americano George Kennan previu que os russos nem sequer conseguiriam absorver a Europa de Leste no sistema soviético: "Importa não esquecer que a absorção de áreas a oeste, além das fronteiras etnológicas da Grande Rússia, da Rússia Branca e da Ucrânia (a Polónia, a Finlândia e os Estados bálticos) é algo que a Rússia já tentou e não conseguiu" [24].

O prognóstico de Kennan tinha muita coisa a seu favor, dado que a URSS enfrentava um desafio imenso para se apoderar dos diversos Estados da Europa de Leste do pós-guerra. Além de a União Soviética ser o país europeu mais devastado pela ocupação alemã, o comunismo não vingara na Europa de Leste entre as guerras e em quase todos os casos a direita tinha conquistado o poder; os partidos comunistas – os que tinham conseguido sobreviver ao terror estalinista – eram minúsculos. Isto não constituía obstáculo na mente dos leninistas ortodoxos que os lideravam, mas Estaline sabia que era um grande problema: a criação de um aparelho suficientemente poderoso e fiável para deter o poder levaria tempo, não podia ser de um dia para o outro. Os alemães não tinham explorado a onda de anticomunismo que tomara conta das regiões da Europa de Leste ocupadas pelo Exército Vermelho em 1939, mas Estaline não deixara de a registar. Em 1945, apesar do prestígio conquistado pelo Exército Vermelho e do ódio generalizado aos alemães, a região, no seu conjunto, permanecia firmemente antibolchevique, acima de tudo nas zonas cruciais para a segurança soviética, a Polónia e a Roménia.

Havia também que ter em conta as perspetivas económicas da região. O capitalismo de entre as guerras não fora propriamente um sucesso na Europa de Leste: o rápido crescimento populacional e o desempenho medíocre das economias agrárias da região, atingidas pelas importações transatlânticas de cereais baratos, tinham gerado desemprego e a estagnação dos rendimentos nacionais. As economias checa, húngara, romena e búlgara tinham crescido consideravelmente durante a guerra, mas não havia garantias de que este crescimento continuasse. Contudo, na perspetiva dos russos, não se podia deixar que uma Europa de Leste instável se convertesse na rampa de lançamento de outra invasão a partir do Ocidente. Era, pois, necessário impor-lhe alguma forma de controlo.

Nenhuma das duas alternativas óbvias agradava ao Kremlin. A Nova Ordem de Hitler tinha eviscerado os acordos de Versalhes e sujeitado as regiões destinadas à germanização a um domínio severo e à desnacionalização. A alternativa federalista defendida por americanos e britânicos propunha a substituição da confusão de Estados de Versalhes por algumas confederações regionais grandes; a lógica das esferas de influência seria substituída pela do equilíbrio de poder. Com efeito, punham o tempo a regredir para o século XIX, para uma espécie de entidade política habsburga remodelada para uma época democrática. Estaline não gostava do repúdio nazi de Versalhes nem do americano. Descartou o federalismo mas também qualquer equivalente soviético da conquista territorial permanente concebida no Plano Geral para o Leste. De facto, tal como deixara claro numa data anterior, ele não desejava estender territorialmente a URSS para além dos territórios reclamados, por razões históricas, desde os tempos czaristas. Quanto ao resto da Europa de Leste, Estaline via num acordo sobre esferas de influência a melhor maneira de levar os britânicos e os americanos a reconhecerem a hegemonia soviética no pós-guerra, e em vez dos esquemas federalistas preferia lidar bilateralmente com cada Estado, o que facilitava a imposição dos desejos soviéticos. Foi assim que Estaline emergiu, paradoxalmente, como o protetor da ordem de Versalhes e a Checoslováquia, a Polónia e a Jugoslávia foram restauradas. Na medida em que a nova Europa do pós-guerra seria dominada pela URSS, iria parecer-se bastante – pelo menos, no mapa – com a antiga, com as suas fronteiras modificadas apenas para ter em conta o aumento enorme do poderio soviético entre 1919 e 1945.

O SIGNIFICADO DA EUROPA

Uma semana após a morte de Hitler, o almirante Dönitz fez algo que o *Führer* nunca fizera: convocou pessoalmente uma reunião do máximo possível de altos funcionários alemães que administravam os últimos territórios do império. O protetor do *Reich* para a Boémia e a Morávia, Karl Hermann

Frank, deslocou-se de avião de Praga; Werner Best chegou de Copenhaga, Terboven da Noruega e Seyss-Inquart da Holanda. Sentados na academia de Flensburgo, a debater os problemas da capitulação ou do prosseguimento da luta na Hungria, na Morávia, no Norte de Itália e na Escandinávia, a sua reunião refletiu a dimensão europeia do domínio nazi, mesmo nos seus dias finais. Graças a eles e ao seu falecido amo, a Europa tornara-se efetivamente – para usar a expressão da propaganda – uma "comunidade do destino" (*Schicksalsgemeinschaft*).

Precisamente pelo facto de a conquista nazi ter ligado mais estreitamente do que nunca os povos da Europa, os adversários dos alemães também julgaram necessário planear em termos europeus. Em 1942, os decisores políticos americanos tinham recomendado aproveitar a unificação parcial criada pelos nazis e ir mais longe. Afinal de contas, derrotar Hitler também era uma espécie de convite para pensar o futuro. "Os nazis estão a desafiar os Aliados para que façam melhor do que a Nova Ordem de Hitler", comentou o *Observer*, em março de 1945, "os Aliados têm de mostrar que os homens livres podem fazer muito melhor". No fim da guerra, de Nantes a Minsk, as tropas aliadas estavam ocupadas com os deslocados e as autoridades aliadas faziam estimativas das necessidades do continente em termos de comida, saúde, habitação e energia, e começavam a planear o seu desenvolvimento económico a longo prazo. A "Divisão de Combustíveis Sólidos" do SHAEF converteu-se na Organização Europeia do Carvão e a Organização Central Europeia dos Transportes Interiores e o Comité Económico de Emergência para a Europa procuravam suprir as necessidades do continente baseando-se na experiência operacional adquirida durante a guerra. Em 1943, os Aliados tinham estabelecido a Comissão de Aconselhamento para a Europa para elaborar a estratégia política, e as Nações Unidas aprovaram posteriormente a criação da Comissão Económica para a Europa para coordenar a recuperação do continente ([25]).

A desconfiança inerente à Guerra Fria impediu que estas organizações genuinamente pan-europeias – as primeiras – cumprissem os seus mandatos originais e algumas nunca se destinaram a existir depois da guerra e foram rapidamente dissolvidas. A Comissão de Aconselhamento para a Europa viu-se rapidamente limitada a tratar dos pormenores da ocupação da Alemanha e da Áustria e a Comissão Económica das Nações Unidas para a Europa – que ainda existe – acabou a elaborar relatórios sobre a reconstrução em vez de a orientar. A URSS considerava uma ameaça todo e qualquer esforço de organização permanente da Europa numa base regional. Em setembro de 1945, a Rádio Moscovo denunciou Léon Blum por propor um esquema de unidade europeia porque só podia tratar-se de "uma união dirigida contra a URSS". Quando o Kremlin proibiu os seus satélites de participarem no Programa de Recuperação Europeia (mais conhecido por Plano Marshall), em 1947, esta hostilidade já estava bem instalada.

Mas se Estaline era contra a Europa, Churchill e outros eram pela Europa. Desejavam, em particular, evitar que a derrota da Alemanha desse origem a um vácuo de poder que facilitasse a difusão do bolchevismo. Por conseguinte, enquanto a Cortina de Ferro de Goebbels descia, começaram a surgir organizações "europeias" de um tipo ligeiramente diferente. Em 1946, Churchill defendeu a criação dos Estados Unidos da Europa. Embora tenha dito esperar que a URSS apoiasse a ideia, não é muito crível que acreditasse nessa possibilidade, até porque, seis meses antes, no Missouri, proferira o seu célebre discurso da Cortina de Ferro. Churchill acreditava que era importante que os europeus se unissem e formassem uma confederação que pudesse falar pelo continente e ser parceira da Comunidade Britânica. No ano seguinte, fundou, em Londres, o Comité Provisório para a Europa Unida – já fora estabelecida em Paris a União Federalista Europeia – e graças à influência destes grupos de pressão em 1949 foi criado o Conselho da Europa. O seu feito principal, a Convenção Europeia sobre os Direitos Humanos e o Tribunal Europeu que lhe estava associado, articulou a ideia da Europa como uma comunidade obrigada pela lei e regida por direitos, definida contra a memória vívida da ocupação nazi e a ameaça colocada pelo totalitarismo soviético ([26]).

Este europeísmo da Guerra Fria inspirou os federalistas e os nacionalistas, mas foram estes que levaram a melhor. Os governos nacionais da Europa Ocidental foram europeus convictos no sentido em que apoiaram os novos órgãos regionais, mas mantiveram o máximo controlo possível do processo de integração e cooperação transnacional. Rejeitaram as iniciativas para fundar uma Comunidade Política Europeia e a assembleia nacional francesa votou contra a criação de um exército europeu; o que nasceu foi a NATO, uma organização assente nos contributos de exércitos nacionais. Washington esperara que o seu Programa de Recuperação Europeia obrigasse os europeus ocidentais a coordenarem o seu planeamento económico através da recém-criada Organização para a Cooperação Económica Europeia (OCEE), mas Robert Marjolin, o funcionário público francês que queria transformar a OCEE no dínamo da integração, acabou por desistir, frustrado com a situação. A sucessora da OCEE [a OCDE] é mais conhecida pelas suas análises económicas; a integração europeia seguiu um rumo completamente diferente ([27]).

Por conseguinte, em termos políticos, a Europa do pós-guerra foi-se construindo através dos Estados-nações e não por cima deles. As formas mais eficazes de integração exploraram interesses nacionais convergentes e operaram através de instituições económicas relativamente cinzentonas e não de tentativas bombásticas de reforma das instituições políticas ou militares. As continuidades com as preocupações e políticas do tempo da guerra eram muito mais fortes nestes domínios do que nos reinos político e jurídico, onde a rutura com o nazismo foi mais enfática. Depois de Robert Schumann, o ministro dos Negócios Estrangeiros francês, propor, em 1950, que a França e a Alemanha Ocidental unissem os seus recursos de carvão e aço, a Comunidade Europeia do Carvão e do Aço, sob a presidência do seu conselheiro, Jean Monnet, manteve ambas as partes satisfeitas (os seus membros incluíam também a Itália, a Bélgica, o Luxemburgo e a Holanda) e facilitou a capacidade de os industriais e os proprietários de minas negociarem através das fronteiras da Alemanha. Muitos dos envolvidos tinham participado em negociações semelhantes uma década antes, quando o Ministério da Economia alemão falara na organização de cartéis europeus e no planeamento da produção, e é possível traçar uma linha similar no caso dos produtos alimentares, da preocupação com a autossuficiência durante a guerra à Política Agrícola Comum altamente intervencionista.

Por conseguinte, a Nova Ordem nazi desempenhou o seu papel na criação do novo europeísmo do pós-guerra. As credenciais gaullistas, antifascistas e antinazis dos arquitetos do Mercado Comum eram impecáveis, mas algumas das figuras cruciais e conselheiros que atuaram nos bastidores não eram antifascistas, mas sim homens do meio – franceses, belgas e sobretudo alemães – que tinham servido os nazis mas ficado profundamente desiludidos com eles. Um exemplo típico foi Hans-Peter Ipsen, o jovem jurista que serviu na administração da ocupação militar, em Bruxelas, e que se tornou o principal especialista da Alemanha Ocidental na legislação da Comunidade Europeia. As continuidades foram ainda mais notáveis no caso da pequena equipa do Ministério da Economia do *Reich* que tinha, não obstante o veto de Hitler, discutido planos para uma comunidade económica europeia para o pós-guerra dedicada ao pleno emprego e à autossuficiência. Reunindo-se no Hotel Esplanade, em Berlim, os membros deste "Círculo Europeu" (*Europakreis*) tinham incluído, além de economistas e empresários nazis de relevo, homens que desempenhariam um papel de grande destaque nos assuntos da Alemanha Ocidental – Ludwig Erhard, o pai do "milagre" económico, o banqueiro Hermann Abs e Karl Blessing, futuro presidente do Bundesbank [28].

Convencidos de que o *Reich* já não podia vencer a guerra, estes homens defenderam, no princípio dos anos 40, que qualquer recuperação económica da Europa no pós-guerra exigiria uma liderança alemã. Acompanharam o debate anglo-americano sobre os objetivos para o pós-guerra, discutiram Dumbarton Oaks e Bretton Woods, liam o *Economist* e aplaudiram o empenho da Grã-Bretanha no pleno emprego, mas fizeram notar que o III *Reich* vinha prosseguindo estas políticas desde há algum tempo e com grande sucesso: por conseguinte, quem tinha a experiência mais adequada para garantir, no pós-guerra, um modelo de elevada qualidade de vida e segurança social era a Alemanha e não a Grã-Bretanha. Se a Europa quisesse encontrar uma terceira via entre o planeamento central de estilo soviético e o *laissez--faire* britânico, necessitaria certamente da orientação alemã. Por outras palavras, a Alemanha perderia a guerra mas venceria na paz ([29]).

O facto de alguns decisores políticos do III *Reich* falarem nestes termos confirma certamente os piores receios dos eurocéticos e faz o Mercado Comum parecer um projeto sonhado pelos nazis. De facto, estes homens identificaram muitas das preocupações que afligiram os europeístas no pós--guerra: a ameaça da concorrência estrangeira barata, a necessidade de impedir a repetição da recessão anterior à guerra afastando-se do *laissez-faire* mas reduzindo as barreiras ao comércio dentro da "comunidade" europeia e a importância de garantir a segurança alimentar europeia protegendo os produtores agrícolas. Uma vista de olhos ao tratado que estabeleceu a Comunidade Económica Europeia, em março de 1957, confirma a semelhança espantosa entre os seus objetivos e os dos nazis. No entanto, como Keynes comentara, em 1940, a questão, no que dizia respeito à economia, não era se os nazis tinham as ideias corretas, mas sim se eram de confiança para as implementar. Com Hitler e o Partido Nazi no poder, a resposta era óbvia. Foi preciso a derrota da Alemanha e a hegemonia americana para criar as condições nas quais pôde emergir uma verdadeira comunidade de Estados-nações e quando tal aconteceu Berlim já não estava no seu centro e a Europa não estava sozinha. A maioria dos empresários, banqueiros e economistas compreendeu que o poder da América era irresistível; tal como os americanos necessitavam da Alemanha para avançar com a recuperação económica da Europa, os alemães necessitavam dos americanos.

Para pôr as coisas em perspetiva, talvez valha a pena recordarmo-nos de como a situação se apresentou aos quadros marginais de nazis inveterados. Depois da guerra, grupos pequenos e geralmente de curta duração denunciaram os americanos e os soviéticos, reciclaram ideias retiradas dos escritos de Hitler de três décadas atrás e reagiram com violência contra as movimentações europeístas que começaram a tornar-se visíveis na Europa Ocidental. Karl-Heinz Priester, um ex-oficial SS que se tornara ativo na extrema-direita, participou no primeiro encontro dos neo-fascistas europeus, em Roma, em 1950, e avisou que quanto mais alguns lambe-botas se apressarem a transformar não apenas a nossa pátria, a Alemanha, mas também a Europa, numa colónia (...) por meio de instrumentos como o Conselho da Europa e a "União Europeia"(...), mais depressa aumentará a determinação de todos os alemães honestos e independentes para nos acompanharem no nosso caminho do nacionalismo para a Nação Europa. ([30])

Até os nazis como Priester perceberam que, na era das superpotências, a Alemanha não era suficientemente poderosa para reconquistar a sua independência sem apoio regional. A "Nação Europa" foi, pois, a alternativa dos extremistas a Bruxelas e Estrasburgo, uma espécie de versão pós-guerra da Waffen-SS "europeia" de Himmler. Todavia, estes homens consideravam a democracia parlamentar um embuste, uma "democradura" (*Demokratur*), acreditavam na abolição do multipartidarismo e pretendiam reunificar o país com a ajuda dos fascistas estrangeiros. Ignorados pelos eleitores, estavam constantemente a guerrear uns contra os outros, acusando-se mutuamente de se venderem ou de transigirem na questão da raça. Em 1951, alguns deles fundaram o movimento da Nova Ordem Europeia para fazer a guerra ao "bolchevismo mongoloide" e ao "capitalismo negroide" em nome do homem branco. Outros pensaram em apelar aos nacionalistas africanos e em criar uma Euráfrica que permitiria à Europa recuperar a sua posição no centro dos assuntos mundiais ([31]).

Eram demasiado estúpidos, antiquados e ruidosos para conquistarem mais do que um espaço diminuto e precário na Europa do Mundo Livre. Outros eram ideologicamente mais flexíveis e fizeram a transição de forma muito mais suave. A guerra da América contra a URSS podia, ao contrário da versão nazi, ter ambições cada vez mais globais, mas isso não significava que a experiência e os conhecimentos alemães fossem subitamente irrelevantes. Reinhard Gehlen, o mestre espião da Wehrmacht no Leste, montou uma rede de recolha de informações na Europa de Leste com apoio americano, na qual se baseou para fundar o Serviço de Informações Federal da Alemanha Ocidental. Otto Bräutigam, ex-subordinado de Alfred Rosenberg e crítico acérrimo da política da SS na Rússia europeia, tornou-se o principal especialista da Alemanha Ocidental em assuntos soviéticos e muitos dos chamados "investigadores do Leste" regressaram gradualmente a carreiras académicas de prestígio. Poucos foram tão proeminentes como Theodor Oberländer, ex-combatente dos Corpos Livres e "conselheiro político" de várias unidades antiguerrilha famigeradas nos territórios ocupados do Leste, que serviu Bona como ministro para os refugiados e expulsos durante grande parte dos anos 50 e atribuiu cargos a muitos antigos nazis, incluindo o ex-presidente da câmara de Łódź e um antigo editor do jornal da SA. O governo do chanceler Adenauer foi constantemente embaraçado por revelações deste tipo. Quase 60 antigos funcionários de Ribbentrop foram empregados no Ministério dos Negócios Estrangeiros da Alemanha Ocidental quando os Aliados autorizaram finalmente a sua reabertura, em 1951, e a maioria dos diplomatas e muitos juízes e procuradores eram antigos membros do Partido Nazi ([32]).

Em grande parte do Mundo Livre, a história foi semelhante. René Bousquet safou-se com uma punição menor no fim da guerra e o seu número dois, Jean Leguay, prosperou na indústria farmacêutica. Maurice Papon, funcionário público em Bordéus, durante a guerra, tornou-se chefe da polícia, em Paris, e ministro. A L'Oréal e a Louis Vuitton foram algumas das grandes empresas que calaram o seu passado do tempo da guerra. Em Itália, onde a nova elite política emergiu dos círculos antifascistas católicos e da esquerda, o sistema judiciário, os serviços de informações e a polícia foram maioritariamente preenchidos com antigos fascistas. Na Grécia, em finais dos anos 40 o funcionalismo público permitiu a muitos colaboracionistas regressarem a cargos de poder. Até a Espanha de Franco acabou por ser admitida nas Nações Unidas.

Dado o enorme poder que a direita exercera em muitos países da Europa, talvez não tivesse sido possível fazer a transição para um mundo mais democrático sem estes compromissos, que não significaram certamente que os regimes fascista ou nazi conseguiram sobreviver à sua enfática derrota. Desaparecidos os ditadores, as coisas nunca mais podiam ser as mesmas. Alber Speer conta que em finais de julho de 1943, pouco depois do colapso do governo de Mussolini, Hitler estava sentado no pavilhão de chá do seu quartel-general, na Prússia Oriental, com um grupo de conselheiros políticos e principais generais, quando, de súbito, o general Alfred Jodl disse: "Se pensarmos bem, o fascismo rebentou como uma bolha de sabão". O silêncio horrorizado que se seguiu refletiu o peso do comentário nos presentes. Exatamente naquela altura, Mussolini fora recordado por um nervoso fascista italiano (*) de que "o Estado só é fascista porque Você assim o quer, porque Você emitiu decretos que o transformaram num Estado fascista e, acima de tudo, porque VOCÊ está no seu centro". Aplicava-se obviamente o mesmo ao nazismo, se bem que em 1945 e ainda durante mais alguns anos muitos nazis não acreditaram nesta realidade e julgaram que podiam continuar a lutar pelo nacional-socialismo – talvez até melhorá-lo – sem o *Führer*. No entanto, a maioria acabou por compreender que a Nova

---

(*) Carlo Scorza, o então secretário do Partido Nacional Fascista. (*N. T.*)

Ordem se desmoronara sem apelo nem agravo com a derrota da Alemanha. Mas nenhuma ordem política começa do nada e a Europa do pós-guerra, tão lesta a proclamar a sua rutura com o passado, estava-lhe associada em mais aspetos do que gostava de admitir ([33]).

18

A Nova Ordem na história mundial

"O século da predominância alemã na Europa chegara ao termo, e o mesmo acontecera com a predominância da Europa no mundo".

Lewis Namier (¹)

OS NOMOS DA TERRA

Durante o período que se estendeu aproximadamente de 1750 a 1950, as repercussões das rivalidades internas da Europa fizeram-se sentir em todo o mundo. No dealbar do século XIX, a tentativa de Napoleão de forjar um império europeu enfraqueceu o controlo espanhol da América do Sul; no fim do século, a frenética retalhação colonial da África, da Ásia e do Pacífico estava a provocar tensões e impasses, da Venezuela a Fachoda. O novo imperialismo, estreitamente ligado à luta pelo domínio na Europa, dera origem a um sistema interligado de Estados que competiam por territórios, recursos e prestígio. O "mundo civilizado", escreveu um autor americano, em 1900, estava empenhado na "conquista económica (...) dos recursos naturais do globo" (²).

Os idealistas como o presidente americano Woodrow Wilson estavam decididos a alterar esta situação. Em Paris, em 1919, os vencedores da Primeira Guerra Mundial proclamaram que esta competição indecorosa terminara com o estabelecimento da Sociedade das Nações e anunciaram-na como o princípio de uma nova ordem jurídica mundial. As potências derrotadas discordaram: para elas, a competição pelas colónias não tinha terminado e viam a Sociedade das Nações como um mero estratagema inventado pelos vencedores para arrecadarem os seus ganhos. Não podia de facto negar-se que os britânicos e os franceses tinham conseguido ganhos – o Império Britânico nunca foi tão grande como entre as guerras, aumentado pelos mandatos atribuídos pela Sociedade. Foi necessário um geólogo americano para chamar a atenção para a verdade bizarra de que, nos anos 30, a Inglaterra e os Estados Unidos controlavam quase três quartos dos recursos minerais do mundo; nas suas palavras, "a defesa da democracia e a defesa da posição mineral são mais ou menos coincidentes" ([3]).

Em abril de 1939, com a reputação da Sociedade das Nações em farrapos, o jurista alemão Carl Schmitt delineou um modelo completamente diferente para a gestão do sistema internacional. Praga caíra 15 dias antes e a estrela do III *Reich* estava em ascensão. Schmitt, com palavras poderosas, argumentou que a ideia da Sociedade fora má desde o início e que a organização tornara o mundo mais instável ao erigir um sistema jurídico supostamente universal sobre os alicerces vacilantes dos acordos pós-1918. A ascensão da Alemanha nazi proporcionava a oportunidade para reconstruir as relações internacionais numa base mais sólida. O que Schmitt propôs foi seguir o exemplo dos Estados Unidos da América, substituindo Genebra por um sistema de blocos de poder regionais. Afinal de contas, os Estados Unidos podiam proclamar o seu compromisso com princípios gerais de governação mundial, mas na verdade não viam nenhuma incompatibilidade entre eles e a Doutrina Monroe, um acordo regional entre uma grande potência e potências menores que excluía os Estados não americanos dos seus assuntos. Era ali, num sistema jurídico assente no controlo de território, que Schmitt via um novo modelo para a Alemanha e todos os demais. O universalismo era uma ficção, insistiu ele, uma hipocrisia a descartar em benefício do reconhecimento de que alguns Estados eram mais fortes que outros. A melhor maneira de garantir a ordem era dividindo o globo em regiões, cada uma governada por um *hegemon* com o dever de zelar pela estabilidade com base na "ideia política" da sua região e impedindo a intervenção estrangeira na sua esfera. Na Europa, esta missão cabia à Alemanha ([4]).

O discurso de Schmitt foi amplamente divulgado na imprensa e a ideia básica de uma Doutrina Monroe alemã começou a ser discutida. No seguimento da conquista alemã da Checoslováquia, que ocorrera poucos dias antes, os jornais britânicos deram-lhe destaque: "Nenhum estadista alemão facultou até hoje uma definição exata dos seus objetivos na Europa de Leste", escreveu *The Times*, "mas talvez a recente declaração do professor Carl Schmitt, um especialista nazi em direito constitucional, possa ser tomada como um guia fiável". O *Daily Mail* identificou Schmitt como "o homem 'chave' de *Herr* Hitler nesta política". Não era, de todo, verdade;

Schmitt era uma figura política relativamente marginal no firmamento nazi, com muitos inimigos poderosos. No entanto, ele articulou mais claramente do que ninguém, no III *Reich*, o modo como o regime viu o seu lugar no mundo neste período. Na verdade, o próprio Hitler começou a empregar uma linguagem de tom bastante schmittiano. Em finais de abril, respondeu a um discurso de Roosevelt mencionando a Doutrina Monroe e dizendo que "nós, alemães, defendemos uma doutrina semelhante para a Europa e, acima de tudo, para o território e interesses do Grande *Reich* Alemão". Hitler regressou a esta ideia depois da conquista da Polónia. Em março de 1940, Ribbentrop disse a Sumner Welles, o vice-secretário de Estado americano, que estava de visita à Europa para avaliar as hipóteses de paz, que "a Alemanha também tem a sua Doutrina Monroe". Os estonteantes sucessos alemães dos meses seguintes viram esta conversa – inicialmente usada apenas no contexto da Europa Central e de Leste – alargar-se a uma espécie de pretensão à totalidade do continente. "A América para os americanos, a Europa para os europeus" foi a formulação concisa de Hitler para um jornalista americano, acrescentando que sentia a necessidade de uma "Doutrina Monroe fundamental e mutuamente compatível" entre o Velho Mundo e o Novo Mundo ([5]).

Todavia, como Hitler rapidamente descobriu, transformar a Alemanha no árbitro do continente e tentar governar a Europa como se pudesse ser separada do resto do mundo punha mais perguntas do que respondia. Um problema premente para Berlim foi explicar ao seu principal aliado europeu, a Itália, exatamente que futuro implicava isto. Os italianos estavam compreensivelmente incomodados e receavam que uma Doutrina Monroe para a Europa os deixasse a fazer de México para a Polónia. Não era verdadeiramente possível afastar estes receios (que eram plenamente justificados), até porque as fronteiras entre os "espaços vitais" alemão e italiano foram sempre nebulosas e a fraqueza militar da Itália significou que os alemães eram puxados para zonas que os italianos consideravam da sua esfera de influência.

Um ponto de interrogação maior prendia-se com as colónias da Europa, com as suas preciosas matérias-primas e minérios. Hitler estava perfeitamente ciente da sua importância e acumulara reservas de matérias-primas cruciais antes da guerra. Invadiu a Noruega para garantir o acesso ao minério de ferro sueco, expandiu a produção de níquel em Petsamo, na Finlândia, apoderou-se das minas de cobre de Bor, na Jugoslávia e dos depósitos de manganésio da Ucrânia. Mas fora da Europa, a história era diferente. Em 1940, quando o Chade e os Camarões deram o seu apoio a De Gaulle, proporcionando aos Aliados acesso a ouro, petróleo, tungsténio e titânio, os alemães nada puderam fazer. Quanto às riquezas do Congo Belga, o *Reich* não teve hipóteses. Conseguiu apoderar-se das reservas de urânio refinado armazenadas na Bélgica, mas a Union Minière de Katanga transferiu a maior parte das suas reservas minerais para fora do alcance da Alemanha, antes da invasão. O governador-geral do Congo declarou-se pelos Aliados e chegaram à colónia engenheiros americanos para reabrir as minas de Shinkolobwe; Hitler nada pôde fazer. Durante a guerra, a África terá fornecido metade do ouro, quase 90% do cobalto e praticamente todos os diamantes e todo o urânio do mundo; o III *Reich* não obteve praticamente nenhum destes recursos [6].

Os acontecimentos que se desenrolaram no hemisfério ocidental facultaram uma comprovação adicional da falta de alcance transcontinental do *Reich*. Em 1940, Hitler ficou a ver navios quando a Conferência de Havana invocou a Doutrina Monroe para exigir um mandato sobre todas as colónias europeias nas Américas cujas metrópoles tinham sido conquistadas pelos alemães. Na verdade, os EUA toleraram o governo de Vichy nas Caraíbas (incluindo o estabelecimento de regimes ditatoriais severos em lugares como a Martinica), mas com o seu rearmamento a arrancar mantiveram uma vigilância apertada sobre as vitais minas de bauxite do Suriname e as refinarias de petróleo das Antilhas Holandesas. As operações de espionagem nazis nas Américas também não conseguiram nada de grande significado operacional, não obstante a existência de comunidades alemãs grandes e empenhadas em lugares como a Argentina, o Paraguai e o Chile; um extenso envolvimento clandestino na campanha presidencial americana de 1940 não conseguiu impedir a reeleição de Roosevelt – aliás, foi contraproducente. Quando a Alemanha tentou penetrar no Brasil, foi facilmente bloqueada pelos americanos, que desenvolveram o seu próprio sistema hemisférico de bases aéreas através da Pan-Am e do Programa de Desenvolvimento de Aeroportos, uma iniciativa que aumentou enormemente a sua capacidade de projeção de poder através do Atlântico e do Pacífico. Em suma, enquanto a Alemanha não conseguia fazer progressos em África e nas Américas, a *ameaça* colocada pela sua rápida conquista da Europa possibilitou aos EUA fazê-los [7].

Porque aqui é que estava o problema básico. Quando os alemães começaram a falar na Doutrina Monroe, já os americanos estavam a olhar muito mais além e a imaginar-se uma potência militar mundial. O estado de prontidão americano era lamentável – no verão de 1940, o seu Exército só conseguia alinhar um terço das divisões do Exército belga – mas foi precisamente por esta razão que Roosevelt determinou um rearmamento rápido. A resposta de Hitler à Conferência de Havana fora insistir que os americanos se mantivessem à margem dos assuntos europeus, mas a hipótese de isso acontecer era diminuta. Roosevelt já tinha explicado ao Congresso que os EUA não podiam aceitar uma derrota aliada porque isso "deixaria o hemisfério ocidental nas mandíbulas de um Império Alemão vitorioso numa Europa conquistada e de um Império Japonês triunfante numa Ásia subjugada" ([8]).

Os paralelos entre o que estava a acontecer na Europa e na Ásia eram certamente extraordinários. O governo japonês, propondo uma Doutrina Monroe própria, proclamara em 1934 que tinha "responsabilidades especiais na Ásia Oriental". Naturalmente, os americanos ignoraram-no. "Existem tantas semelhanças entre a nossa Doutrina Monroe e a chamada Doutrina Monroe do Japão como entre o branco e o preto", declarou o secretário de Estado de Roosevelt, em abril de 1940. Mas a ideia tornou-se muito mais apelativa no Japão, nos meses seguintes, graças às vitórias alemãs na Europa Ocidental. A Indochina Francesa e as Ilhas Orientais Holandesas pareceram subitamente vulneráveis e verificaram-se apelos em Tóquio à introdução de um Estado monopartidário ao estilo alemão. Os conservadores e o palácio conseguiram resistir-lhes, mas a ideia de fundar uma Nova Ordem japonesa foi muito mais longe. Na expectativa, tal como os alemães, de que a conquista trouxesse a autossuficiência e embotasse o crescente poderio global dos EUA – cujas sanções revelaram a enorme dependência do Japão das importações de energia –, Tóquio enviou tropas para a Indochina Francesa para oferecer a sua "proteção" a Vichy, bloqueando as linhas de abastecimento vitais da China. No ano seguinte, quando os japoneses entraram em Hong Kong, nas Índias Orientais Holandesas, na Malásia e em Singapura, a bauxite, o minério de ferro, o arroz e a borracha começaram a ser enviados para o Japão em quantidades tais que os americanos ficaram alarmados. Na verdade, estavam a ser gizados planos ainda mais ambiciosos para expandir o império japonês para o Alasca, descendo depois pelo litoral oeste das Américas ([9]).

O Pacto Tripartido que o Japão assinou com a Alemanha e a Itália, em setembro de 1940, foi, nem mais, nem menos, a expressão diplomática internacional do conceito de *Grossraum* de Schmitt e a apoteose da sua ideia de autarcia regional. Segundo o pacto, o Japão reconheceu "a liderança da Alemanha e da Itália no estabelecimento de uma Nova Ordem na Europa" e estas reconheceram o papel de liderança do Japão na futura Nova Ordem da "Grande Ásia Oriental". Com a sua linguagem de "liderança" e do "devido lugar" de cada nação no mundo, o pacto falou de poder, de região e de hierarquia, e não de igualdade, universalidade e soberania. No papel, pelo menos, o pacto pareceu realizar a ideia de Schmitt de que uma ordem jurídica está enraizada no próprio ato de dividir território.

Na realidade, as três potências tinham pouca coisa em comum além do ódio à Sociedade das Nações, do ressentimento e do receio por terem sido excluídas da divisão do mundo em 1919, e da sua determinação em se unirem para não ficarem novamente isoladas. Dado que não conseguiram pôr fim ao conflito em 1940, esta falta de coordenação pesou mais do que pareceu na altura; depois de os EUA entrarem na guerra, que se tornou uma "guerra mundial" verdadeiramente global, a sua falta de comunicação contrastou de forma aguda com a parceria forjada pelos seus inimigos. Entre os membros do Pacto Tripartido não havia nenhum quadro institucional para consultas e os únicos órgãos comuns eram puramente cerimoniais. Não surgiu nenhuma estratégia militar conjunta: tal como na conceção schmittiana, o que contava era como cada potência governava a sua esfera regional e não o que se passava entre elas ([10]).

IMPERIALISMO: PARA ALÉM DA VARIANTE LIBERAL?

Hitler teria preferido muito mais a Grã-Bretanha do que o Japão como seu parceiro na Ásia. Enquanto potência colonial, a Grã-Bretanha tinha poucos admiradores mais entusiásticos do que o *Führer*, que sublinhou com frequência a harmonia entre os seus interesses e os da Alemanha. "Se o globo tem hoje um império mundial inglês", escreveu ele, em 1928, "então por enquanto também não existe nenhum povo que, pelas suas qualidades governativas globais, bem como pelo seu esclarecimento político, seja mais adequado para este império (...). Não existe nenhuma razão para que a inimizade da Inglaterra para com a Alemanha dure para sempre" ([11]).

A sua admiração fora partilhada por outros alemães antes dele. O poderoso Império Britânico colocara desde há muito a fasquia para os imperialistas alemães, cuja visão da ascensão da Grã-Bretanha ao estatuto de potência mundial era basicamente a que hoje articulam muitos historiadores. O acesso, através das suas colónias, a territórios e fontes de energia ultramarinos nas Américas e no Pacífico, bem como o controlo de mercados vibrantes no Sul da Ásia tinham permitido aos britânicos escapar às restrições malthusianas decorrentes dos limitados recursos disponíveis na sua pequena ilha e dar início à especialização da produção que alimentara a revolução industrial e o seu poderio mundial ([12]).

Os imperialistas alemães em potência também tendiam a sublinhar um terceiro fator: o caráter, a energia e a implacabilidade dos colonizadores. A conquista britânica da Índia, por exemplo, dependera da iniciativa demonstrada por um número relativamente pequeno de indivíduos. O seu domínio da América do Norte e da Austrália realçava a importância dos grupos confiantes e autossuficientes de colonos brancos que não se tinham abstido de expulsar, escravizar ou erradicar os "selvagens" para colonizar a terra. Afinal de contas, mesmo na época, esses massacres tinham parecido inevitáveis, parte da marcha do progresso. Não tinham os próprios antropólogos vitorianos cartografado as taxas espantosas de "decréscimo e extermínio" das tribos nativas como resultado da chegada do homem branco? Alguns até tinham aconselhado que "os nativos devem ser exterminados ou reduzidos a números facilmente controláveis" quando não geravam lucros. Os divulgadores darwinianos criticaram a ignorância das pessoas que protestavam contra "a eliminação das raças inferiores". O extermínio dos povos nativos parecia ser um preço que muitos europeus estavam dispostos a pagar para obter terras no ultramar ([13]).

Com os britânicos a construírem um novo império em África e a consolidarem as suas colónias, o grupo de pressão colonial da Alemanha do *Kaiser* receou que o seu país ficasse para trás. Os alemães emigravam em números colossais, mas, como notaram os observadores da época, não estavam propriamente a servir os interesses do colonialismo *alemão*. Entregues a si próprios, os emigrantes tinham partido para as Américas em números extraordinários, ultrapassando os irlandeses ou os ingleses durante grande parte do século XIX. Só em meados dos anos 50 deste século, chegou às Américas mais de meio milhão de alemães, e desde 1815 até ao fim do século foram mais de cinco milhões. De facto, entre os anos 50 e o princípio dos anos 90 do século XIX, os alemães constituíram mais de 50% de *todos* os emigrantes para os EUA (foram, de longe, o maior grupo). Os colonialistas alemães lamentavam a sua perda. Segundo o manifesto emitido, em 1844, pela Gesellschaft für Deutsche Kolonisation (*) de Karl Peters,

> A nação alemã regressou de mãos vazias da partilha da terra em curso desde o século XV (...). O Império Alemão, tornado grande e forte através da unificação e concretizado pelo sangue, é a principal potência do continente da Europa [mas] o grande fluxo da emigração alemã corre para raças estrangeiras e desaparece no seu seio (...). O germanismo no estrangeiro está condenado à eterna ruína nacional. ([14])

Por outro lado, os EUA eram o melhor exemplo mundial do povoamento colonial moderno, exatamente o que o grupo de pressão colonial alemão queria para o seu país. "Poderá a Alemanha manter o seu poder e o seu estatuto no mundo se os anglo-saxões e os russos continuarem a duplicar

---

(*) Sociedade para a Colonização Alemã. (*N. T.*)

a sua população enquanto a Alemanha é impedida de o fazer por falta de espaço?", perguntou um dos colonialistas entusiastas, em 1879. "Não deveria a Alemanha ser uma rainha entre as nações, governando territórios infindáveis, como os ingleses, os americanos e os russos?" ([15]).

"Uma rainha entre as nações": a expressão transmite na perfeição o orgulho nacional ferido, o desejo de ser levado a sério que animou muita da concorrência imperial europeia. A expansão era, pois, considerada não apenas necessária para um maior crescimento e prosperidade, mas também para fornecer um sentido renovado de desígnio nacional. Os colonialistas procuraram o apoio do governo, insistindo que os alemães eram "um Estado – não um povo – de colonizadores" ([16]). Mas se tiveram de implorar, foi porque Bismarck não se comoveu com o espírito dos pioneiros. Nem ele nem os seus sucessores deram muita atenção àqueles que argumentavam que a escala da emigração alemã para a América do Sul fundamentava pretensões coloniais no hemisfério ocidental – no Brasil, talvez, ou na Argentina. Bismarck e os seus sucessores estavam mais preocupados com a fronteira oriental do *Reich* ([17]).

Hitler e os nazis concordaram com o antigo grupo de pressão colonial: a Alemanha não podia construir um império sem o apoio sustentado do Estado. Mas também concordaram com Bismarck: a colonização devia centrar-se no Leste. Contudo, na escala das suas ambições, não tiveram igual. No inverno de 1944, Hitler referiu-se aos emigrantes transatlânticos ao queixar-se de que só a desunião política da Alemanha levara a que o continente americano "fosse inglês em vez de alemão". A tendência demográfica para ocidente, segundo um especialista em demografia do tempo da guerra, era "o pior inimigo da nossa obra de repovoamento" e tinha de ser invertida. "Vai para o Leste, Jovem!", dizia o título de um artigo do *Deutsche Zeitung im Ostland*. A aplicação do poder do Estado moderno e a exploração da vontade dos colonos para servirem os interesses da nação foram os instrumentos básicos da política nazi. A questão de saber se havia colonos potenciais em número suficiente para concretizar uma política que tornava minúscula a escala da colonização do Oregon e da Califórnia não era coisa que os incomodasse. Em meados do século XIX, tinham sido necessários 20 anos para levar meio milhão de americanos a fazer o caminho para a Costa Oeste; os nazis, recorrendo ao poder da burocracia moderna, deslocaram mais em apenas três. Para eles, o que contava era que o futuro da Europa não estava do outro lado do Atlântico, mas na "vasta área que começa para lá de Viena, Breslau e Danzig e se estende até às profundezas do continente asiático"; a emigração e o povoamento em massa satisfariam "os requisitos económicos da Europa para uma era de paz que durará séculos" ([18]).

Se os EUA forneceram o modelo para o povoamento, foram as colónias anteriores a 1914 que forneceram a pouca experiência administrativa existente no III *Reich*. Por conseguinte, a partir de 1939, os veteranos das incursões alemãs na política colonial foram arregimentados para ajudar. Viktor Böttcher, o governador provincial de Posen, servira na administração dos Camarões Alemães antes de 1914 e um dos seus colegas tinha aberto núcleos do Partido Nazi na África Austral. Alguns dos alemães instalados em antigas propriedades polacas vieram de lugares tão distantes como a Cidade do Cabo, Angola e Brasil. Etnógrafos, antropólogos e cientistas raciais apressaram-se a contribuir com os seus conhecimentos para a "vocação colonial no Leste". Nas palavras de um "pioneiro colonial", em 1941, os veteranos alemães de África teriam de "realizar no Leste do *Reich* a obra construtiva que tinham levado a cabo em África" ([19]).

Mas muito mais importante do que os indivíduos foi o repertório de ideias e práticas a que os nazis recorreram. Por exemplo, antes da guerra, nas colónias alemãs, as leis raciais criminalizaram as relações sexuais entre nativos e colonos e este tipo de tendências, formalizadas ou não através de legislação, eram claramente visíveis noutros regimes coloniais. Tal como os nazis, muitos administradores coloniais europeus tinham estabelecido sistemas jurídicos e de emprego duais que distinguiam entre cidadãos (brancos) e súbditos (não brancos) e tornavam praticamente impossível passar da segunda categoria para a primeira. Nos EUA (cujas leis raciais e movimento eugénico tinham merecido o louvor de Hitler nos anos 20), os americanos nativos foram considerados, até 1924, "nacionais" mas não cidadãos, uma distinção que os comentadores americanos de finais do século XIX reconheceram ser a prerrogativa de uma "grande potência colonial"; os porto-riquenhos eram constitucionalmente definidos de modo semelhante à definição que os alemães aplicaram posteriormente aos checos – eram "estrangeiros para os Estados Unidos no sentido interno" ([20]).

Noutros casos, obviamente, os nativos eram governados sem qualquer tipo de legislação, com base em regulamentos disciplinares e decretos administrativos, como acontecia com o "indigenato" francês. O trabalho obrigatório e muitas das outras imposições que chocaram os europeus quando foram sujeitados a elas pelos alemães também eram comuns. Pouco antes da guerra, a Sociedade das Nações patrocinou uma conferência para comparar os modos como as diferentes autoridades coloniais tratavam as suas "populações nativas". Quando Margery Perham, uma especialista colonial britânica, tentou defender o seu país, um crítico liberal recordou-lhe:

a questão da discriminação por causa da cor na África do Sul, o confisco dos direitos políticos dos nativos do Cabo durante os últimos dois ou três anos, o trabalho obrigatório, que continua a fazer parte da política britânica em certos territórios africanos, e a perda das melhores terras do Quénia pelos nativos para atribuição aos colonos brancos... ([21])

Qual *era* então a diferença entre o que as outras potências imperiais faziam no estrangeiro e o que os nazis estavam a fazer na Europa? Havia quem pensasse que era muito pouca. O argumento comunista comum – pelo menos até à invasão da URSS, em 1941 – era que a guerra, longe de ser uma luta pela liberdade, não passava, na realidade, de uma competição entre blocos imperialistas rivais. "Enquanto a Inglaterra e a França pilharem e oprimirem milhões de pessoas nas suas colónias, isso nada mais é do que uma espécie de 'liberdade e humanidade'", escreveu o emigrado comunista austríaco Ernst Fischer, em 1940. "Mas quando outros imperialistas reclamam um quinhão dos despojos, é um golpe na harmonia dos continentes". "Os *slogans* proclamados acerca da democracia e da liberdade", declarou o Partido Comunista da Irlanda, em outubro de 1939, ao apelar à devolução dos seis condados do Norte, "são cortinas de fumo que escondem os propósitos imperialistas dos círculos governantes (...) [que] travam uma guerra para defender o seu saque colonial (...). Qualquer luta pela liberdade ou por uma vida melhor no estrangeiro é um embuste enquanto estas forem negadas internamente" ([22]).

Nas colónias, a questão crucial não era tanto o capitalismo, mas sim a raça. Depois da guerra, o escritor Aimé Césaire escreveu que o problema fora sempre a falta de compreensão dos europeus e a sua limitada simpatia imaginativa. Em certo sentido, tinham necessitado do nazismo para perceber o que causavam os preconceitos raciais. Não tinham compreendido a verdadeira natureza do colonialismo porque o racismo os impedira de simpatizar com o sofrimento daqueles que oprimiam. Toleraram "o nazismo antes de lhes ser infligido (...) absolveram-no, fecharam os olhos e legitimaram-no porque só era aplicado aos povos não europeus" ([23]).

O argumento de Césaire foi confirmado pelo facto de os anti-imperialistas que havia na metrópole estarem provavelmente muito mais preocupados com os efeitos corruptores do império nas liberdades civis domésticas do que com a igualdade racial. Nas palavras do advogado radical britânico Frederick Harrison, proferidas no século XIX, "Não podemos criar regras para os negros sem montar armadilhas para os europeus". Harrison fazia parte do coro de vozes minoritário, mas venerável, que alertou para os perigos de tratar as pessoas de uma maneira no estrangeiro e de outra na metrópole. Todavia, o conceito profundamente ambíguo de "civilização" proporcionava à maior parte da opinião pública europeia uma justificação para fazer exatamente isto. De facto, o direito internacional vitoriano legitimou o domínio colonial, mas só o fez acenando com a promessa da libertação: numa teoria geralmente honrada apenas nas suas violações, quanto mais um povo se aproximasse de ser capaz de constituir um Estado de acordo com os chamados "padrões civilizacionais", maior seria a sua autonomia e mais provável seria que conquistasse a sua independência. A liberdade tinha de ser conquistada. Os teóricos jurídicos e políticos falavam em escalões de soberania e distinguiam entre povos "civilizados", "bárbaros" e "selvagens". Era uma maneira de falar em hierarquias raciais sem mencionar a raça e de implicar que as diferenças raciais podiam, num ponto não especificado do futuro, ser ignoradas [24].

Foi esta a visão do mundo subjacente aos acordos de paz de 1919. Em Versalhes, as potências vencedoras concederam a soberania aos povos "civilizados" da Europa de Leste e criaram um conjunto de "Novos Estados" na região, sujeitos apenas à supervisão condicional do regime dos direitos das minorias. No Médio Oriente, estabeleceram mandatos da Sociedade das Nações para conduzir os povos árabes à independência e à construção de Estados, um processo que levou a liberdade (mais ou menos) ao Egito e ao Iraque antes da eclosão da guerra (mas não à Síria nem ao Líbano). Só entre os "selvagens" de África e do Pacífico justificaram a manutenção do domínio colonial durante um período de tempo indeterminado.

Foi esta promessa de redenção política (ainda que sempre ténue) que os nazis rejeitaram decisivamente. Se a conquista italiana da Etiópia reduziu violentamente um Estado soberano e membro da Sociedade das Nações ao estatuto de colónia, a conquista nazi da Europa de Leste foi um ataque ainda mais drástico a estes pressupostos liberais. Baseado nas verdades imutáveis da hierarquia racial, o nazismo era uma doutrina de império perpétuo, dado que a única alternativa que concebia ao domínio era a opressão e a morte nacional. No seu discurso no *Reich*stag, em 6 de outubro de 1939, Hitler justificou o desmembramento da Polónia por se ter revelado "incapaz de existir". "Não é possível tratar os países europeus como colónias", queixou-se Mussolini ao industrial italiano Pirelli, em junho de 1941, mas era isto que os alemães tencionavam fazer [25].

Os nazis estavam, assim, a destruir a nobre fachada do direito internacional do século XIX. Nas palavras de Werner Best, em 1939, "as relações entre os Estados, até agora chamadas direito internacional, não podem ser chamadas 'direito'". Nesta perspetiva, a diferença crucial entre os nazis e outros imperialistas europeus era apenas o facto de eles traçarem a linha de fratura que separava os governantes dos governados na Europa e não fora da Europa. No Raj sob domínio britânico, um funcionário público ignorara outrora os protestos de um principado indiano com a justificação de que "as máximas do direito internacional" só regulavam "as relações entre Estados europeus independentes e coiguais". Na verdade, a Europa Central e de Leste tornou-se a Índia da Alemanha. Ao proclamarem o Protetorado da Boémia-Morávia, em março de 1939, os alemães importaram para o continente europeu o modelo colonial de conceção de elos entre povos avançados e atrasados. Ao aniquilarem os Estados independentes da Checoslováquia e da Polónia, os nazis inverteram o pressuposto progressivo de que a soberania, depois de conquistada, não podia, enquanto aspeto da vida civilizada, ser abolida nem cerceada ([26]).

Um império que ameaçava os seus súbditos com a desnacionalização dependia obviamente, para se manter no poder, de meios muito diferentes dos assentes em premissas liberais. A leitura feita por Hitler da governação britânica da Índia revela que o que contava para ele era a força. Segundo ele, uma potência governante nem sequer devia fingir que o que fazia era do interesse de terceiros e não exclusivamente do seu:

> Nunca teria ocorrido a um inglês, na época da fundação das colónias inglesas, justificar as suas ações que não pelas vantagens muito reais e sóbrias que poderiam acarretar (...). Quanto menos pensou um inglês em, por exemplo, impor a cultura ou a educação inglesas aos selvagens, mais simpática pareceu necessariamente essa forma de governação aos selvagens, que não tinham certamente fome de cultura. Por cima disto, não há dúvida nenhuma, havia o chicote, que se podia usar mais prontamente quando não se corria o risco de contradizer uma missão cultural. ([27])

Uma postura desta crueza não era certamente desconhecida entre os britânicos. Por exemplo, na época da insurreição da Jamaica, em 1865, surgiram na imprensa vitoriana expressões de um novo autoritarismo racial. Segundo o editor da revista médica *The Lancet*, pequenos grupos de brancos só se podiam salvaguardar nas colónias com recurso aos métodos mais coercivos; os nativos tinham de "ser constantemente subjugados com uma vara de ferro ou lentamente exterminados". Estas ideias expressavam a possibilidade inerente à prática imperial e os britânicos estavam a dar-se conta, com preocupação, de que o "poder do número" estava contra eles. O tio de Virginia Woolf, Fitzjames Stephen, escreveu numa célebre carta ao *The Times*, em 1883, que "um governo absoluto, fundado não no consentimento mas na conquista" – como o britânico na Índia –, era representativo de "uma civilização beligerante" que não devia "abster-se da asserção declarada, inflexível e franca da [sua] superioridade". No entanto, esta não era a postura dominante em Inglaterra e foi sempre alvo de críticas. Foi aqui que o império de Hitler se destacou. Por muito brutais e mortíferas que muitas vezes fossem, nem a Grã-Bretanha nem nenhuma outra potência colonial europeia lidou com o problema do "poder do número" de forma tão violenta ou apressada como os nazis. A sua abordagem foi geralmente gradual e experimental, com base numa imaginação política protegida do extremismo de tipo nazi por uma variedade de fatores, incluindo uma cultura mais obrigada pela lei e burocracias estatais surpreendentemente pouco motivadas. Se careceram da ideologia e dos recursos para sistematizar a matança massificada à escala da Nova Ordem, também careceram do seu fundamental sentido de urgência. Depois de levarem a cabo a sua revolução interna, os nazis estavam cheios de pressa para colher os seus benefícios no estrangeiro. "Quisemos estabelecer um império mundial apenas quatro anos depois de termos introduzido a conscrição geral", sintetizou um oficial alemão capturado, em 1943. Com a guerra a provocar carestias, congestionamentos e problemas novos e enormes, o culto da força e a geopolítica racial que os nazis levavam tão a sério transformaram-se num programa de extermínio numa escala sem precedentes ([28]).

Uma das razões pelas quais o brutal "realismo" de Hitler o serviu muito mal foi por ter privado a Alemanha de explorar o nacionalismo como instrumento de guerra política. Contraste-se este facto com os japoneses, que granjearam a cooperação dos nacionalistas asiáticos. Acompanharam a propaganda aliada e procuraram refutá-la com conferências e declarações nas quais as "nações libertadas" da Ásia prometeram mutuamente cooperação e respeito pela soberania e independência. Na Conferência da Grande Ásia Oriental que organizaram em 1943, os japoneses reuniram representantes da China, do Manchukuo, da Tailândia, da Birmânia e das Filipinas, bem como o líder do Movimento Índia Livre. Falou-se num "novo internacionalismo" e o Ministério dos Negócios Estrangeiros apresentou a declaração final da conferência como um contragolpe libertador à Carta do Atlântico. É claro que os japoneses beneficiaram do facto de derrubarem regimes coloniais europeus impopulares enquanto os alemães invadiram Estados independentes, mas houve muito lugares onde os alemães podiam ter jogado um jogo semelhante mas recusaram fazê-lo ([29]).

Um deles foi o Médio Oriente. Perto do fim da guerra, Hitler ao que parece lamentou a sua falta de interesse pela guerra política na região. "O Islão vibrou em peso com as notícias das nossas vitórias [em 1940]", disse ele a Bormann, no *bunker* de Berlim. "Os egípcios, os iraquianos e todo o Médio Oriente estavam prontos para se revoltar. Podíamos ter feito tanta coisa para os ajudar, até para os incitar, como era nosso dever e do nosso interesse". Mas a sua memória traiu-o. Perante Bormann, que anotou todas as suas palavras, o *Führer* culpou os seus diplomatas por o terem enganado, mas a verdade era exatamente o contrário: eles tinham-lhe *apelado* para que emitisse uma declaração sobre a independência árabe e ele negara-se. Preocupado com a invasão iminente da Rússia e convencido de que a sua tropa não tardaria a controlar o Cáspio, Hitler não levou a sério as oportunidades que se lhe apresentavam no Iraque e no Irão. Desiludiu o grande mufti de Jerusalém e o nacionalista indiano Subhas Chandra Bose, impedindo a Alemanha de explorar os distúrbios que varreram o subcontinente indiano no verão de 1942. Quando as forças do Eixo entraram finalmente no Egito, a declaração que emitiram sobre a independência egípcia foi tão tíbia e tão distante daquilo a que os políticos árabes tinham apelado que não valeu nenhum crédito a Berlim. A realidade era que, fora da Europa, Hitler permaneceu um crente na superioridade racial dos povos anglo-saxónicos e não quis fazer nada que pudesse acelerar o fim da Grã-Bretanha como "raça dominante" ([30]).

Quanto aos territórios soviéticos ocupados, muito mais importantes, foi apresentada ao *Führer* uma série de propostas tendentes a apoiar os nacionalistas, todas elas rejeitadas. O Ministério dos Negócios Estrangeiros recuperou muitos dos seus antigos esquemas de guerra política para o Médio Oriente, para a Índia e para a Ásia Central, mas teve de os pôr na prateleira outra vez. O Exército e Rosenberg, e o seu Ministério do Leste, tentaram apoiar os nacionalistas ucranianos e bálticos, e até Goebbels aceitou a ideia, nem que fosse para fins de propaganda. Quando o ministro dos Negócios Estrangeiros japonês proferiu um discurso de grande apoio à independência indiana, Goebbels observou a "sabedoria excecional" da iniciativa e comentou que "podemos aprender muito com eles" ([31]).

Os japoneses estavam numa posição notavelmente propícia para ver os erros de cálculo do seu aliado, até porque eram a única potência com observadores em ambos os lados das linhas germano-russas, o que lhes deu a perceção da rapidez impressionante da recuperação soviética em termos de armamento. Depois de Estalinegrado, o embaixador japonês, Oshima, discutiu a situação com Hitler e Ribbentrop para tentar levá-los a alterarem o seu rumo. Oshima avisou sem rodeios o *Führer* de que, graças à política alemã, o bolchevismo estava de novo na mó de cima:

> os objetivos de guerra [soviéticos] foram bem explanados e a determinação do povo pode ser classificada de inabalável. Toda a gente grita: 'Morte ao

invasor alemão!'. Fica-se com a impressão de que toda a nação soviética, na sua fúria, deseja outra tentativa de ataque da Alemanha.

Defendendo uma mudança de estratégia, o embaixador japonês foi educado, mas inequívoco:

> Tendo em conta a diversidade de nacionalidades existente na Rússia, a emancipação destes povos devia ser o nosso *slogan* principal. Com base na política alemã nos territórios ocupados do Leste, não seria possível a Alemanha reconsiderar nesta perspetiva a sua estratégia face à Rússia? [32]

"A sua ideia parece bastante plausível", respondeu Hitler. "No entanto, a verdade é que o método mais eficaz é enfraquecer o moral no campo de batalha através da ofensiva militar. Há o perigo de os esquemas políticos terem um resultado oposto". Dois meses mais tarde, Oshima ainda estava a tentar convencer Ribbentrop a "não perder tempo e a dar garantias de independência à Ucrânia e às três nações bálticas". Mas o problema era – como sempre – o *Führer*. Hitler resistiu a todos os apelos de cooperação com os nacionalistas da Europa de Leste com base no seu antibolchevismo comum e mesmo na Europa Ocidental preferiu funcionar através dos burocratas. Por conseguinte, na Europa nazi não houve nenhum equivalente do *slogan* japonês da "Ásia para os asiáticos" nem nenhuma versão alemã da governação indireta. Hitler não permaneceu apenas um nacionalista alemão até ao fim; permaneceu um nacionalista incapaz de perceber como os interesses da Alemanha podiam exigir alguma acomodação dos sentimentos nacionalistas de outros povos. Astuto na sua compreensão da política alemã, demonstrou um provincianismo fatal quando se tratou das aspirações daqueles que habitavam fora das fronteiras da Alemanha [33].

O FIM DO IMPERIALISMO EUROPEU

No seu artigo "Not Counting Niggers", escrito em 1939, George Orwell prefigurou as críticas de Césaire e denunciou a voga de varrer o problema do império para debaixo do tapete. Como é que as pessoas, interrogou-se ele, podiam dizer a sério que a luta contra o nazismo na Europa não tinha implicações para os domínios britânico, holandês, belga ou francês em África e na Ásia? Como podia este combate ser descrito, com seriedade, como uma luta entre a democracia e o fascismo, como se as próprias democracias não fossem também senhores imperiais que governavam a vida de milhões de súbditos que não votavam? "Que significado terá", escreveu ele, "derrubar o sistema de Hitler para estabilizar algo que é muito maior e, salvaguardando as devidas diferenças, tão mau?" ([34]).

Como tantas outras vezes, Orwell estava à frente do seu tempo, dado que a maioria das pessoas continuava a recusar-se a ver a ligação. Durante a guerra, o Ministério da Informação britânico chegou inclusivamente a montar uma Cruzada do Império para avivar o entusiasmo pela guerra, sublinhando fatuamente a diferença entre o "império esclavagista" nazi e a "família de nações livres" britânica completamente diferente. Foi um desperdício total de tempo e dinheiro, mas a ideia de que os europeus deviam ser tratados de forma diferente dos demais não ia desaparecer de um dia para o outro só porque os nazis tinham dado a conhecer as realidades do colonialismo. A discriminação informal por causa da cor existente no Império Britânico manteve-se em vigor, apesar de alguns funcionários mais perspicazes temerem o colapso do "prestígio branco" e a perspetiva de uma "revolta racial" caso as coisas não se alterassem. Um funcionário público do Ministério das Colónias reagiu à perda de Singapura avisando que as pessoas das colónias "só poderão ter a certeza de que a guerra é tanto do preto como do branco se forem persuadidas, inequivocamente, de que a paz que se seguirá será uma paz tanto do preto como do branco" ([35]).

Era precisamente este tipo de desfecho que Churchill, em particular, estava decidido a evitar. Os americanos já estavam a proclamar que "a era do imperialismo acabou". Todavia, apesar de ter assinado a Carta do Atlântico Churchill deixou claro que, na sua perspetiva, o compromisso da Carta com a libertação não se aplicava fora da Europa. Os gaullistas, os belgas e os holandeses eram da mesma opinião. O "imperialismo" podia ter acabado, mas isso não significava que as potências europeias estivessem a planear fazer as malas e partir. Terminadas as hostilidades, o ministro das Colónias francês explicou que um historial de resistência a Vichy nas colónias não dava aos ativistas o direito de se filiarem no prestigioso Conselho Nacional da Resistência, até porque havia o risco de os resistentes de Guadalupe, que não eram minimamente comparáveis "aos nossos heróis do *Maquis*", explorarem a filiação para publicitar o seu desejo de outra libertação – do domínio colonial francês ([36]).

Estava, pois, predeterminado um terrível choque global a propósito do império. Em 1945, os nacionalistas das colónias, da Argélia à Indochina, saudaram a derrota do nazismo como o início da sua própria libertação. Todavia, as potências europeias estavam decididas a regressar pela força às colónias que tinham perdido e a agarrar-se às outras enquanto pudessem. Tencionavam, no máximo, reformular os seus impérios e não descartá-los. Uma das razões era o facto de a ocupação alemã ter realçado e até aumentado a importância política das colónias. Outra era a realidade de que as economias de uma Europa devastada pela guerra, necessitadas de dólares e confrontadas com o que Keynes classificou de "Dunquerque financeiro", necessitarem absolutamente das exportações coloniais para endireitarem a sua balança de pagamentos e pagar os produtos americanos. Além disto, a um nível mais profundo, a humilhação que tinham sofrido às mãos dos alemães ou dos japoneses aumentara a sua determinação de demonstrarem o seu poder. Em novembro de 1945, os britânicos devolveram os holandeses às Índias Orientais enviando 24 000 soldados e esmagando o movimento independentista indonésio em Surabaya com o auxílio de um bombardeamento naval e aéreo maciço que provocou milhares de baixas adicionais. Apesar de terem saído da Índia e da Palestina, não abandonaram o império – na verdade, o Médio Oriente tornou-se o novo centro do sistema imperial britânico do pós-guerra. Quanto aos franceses, em finais dos anos 40 foram tão mortíferos no seu império aumentado como os alemães tinham sido em França. Em maio de 1945, milhares de argelinos morreram em massacres no seguimento de celebrações da vitória na Europa que se descontrolaram. No mesmo mês, entre 600 e 2000 (as estimativas variam) habitantes de Damasco morreram quando a artilharia francesa bombardeou a cidade, numa tentativa fútil para apoiar o seu domínio. Na Indochina, ignoraram pura e simplesmente a declaração de independência do Viet Minh e enviaram a tropa para reocupar o país; no ano seguinte, quando um cruzador francês bombardeou Haiphong, morreram cerca de 6000 pessoas. A repressão mais sangrenta de todas teve lugar em Madagáscar: em 1947-1948, quando os franceses esmagaram uma insurreição na ilha que fora apontada como lar para os judeus, morreram aproximadamente 80 000 malgaxes ([37]).

Porém, enquanto os europeus se agarravam tenazmente às colónias, o impacto do nazismo fazia-se sentir de outros modos. A sua derrota não levara certamente ao abandono total das ideias de hierarquia racial – isto demorou muito mais tempo –, mas uma mudança de vocabulário assinalou novas ansiedades sobre a forma como essas ideias soavam. A generalidade das potências coloniais deixou de falar na sua superioridade racial ou mesmo civilizacional, descartando as referências ao "atraso" e aos "selvagens" e substituindo "nativos" por "autóctones", e tentou justificar o seu domínio em termos de desenvolvimento económico, participação política e assistência social. Os britânicos passaram a falar em "parcerias" em vez de "tutelas", dado que, nas palavras de um funcionário público, em 1942, "devemos evitar toda e qualquer censura de que quando apontámos o dedo a Hitler por causa da sua nociva doutrina da 'raça dos senhores' tínhamos uma doutrina semelhante". O "'imperialismo' britânico morreu", asseverou um panfleto do governo trabalhista, em 1946, anunciando uma nova política colonial que seria supostamente "liberal e dinâmica". Os funcionários públicos congeminaram esquemas constitucionais engenhosos para substituir o império por comunidades, confederações e outras entidades de nome mais consensual. Os franceses aboliram oficialmente o seu império e substituíram-no pela "União Francesa" (durou 12 anos e a sua sucessora, a "Comunidade Francesa", apenas dois) ([38]).

Estes esquemas foram levados a sério em finais dos anos 40, mas não tinham hipótese alguma de consolidar o edifício apodrecido do imperialismo europeu, tendo em conta as forças muitíssimo desintegradoras que atuaram ao mesmo tempo. A guerra conduzira à ressurgência do nacionalismo não só na Europa, mas também nas colónias. A rápida urbanização verificada durante o conflito facilitou a ascensão de novas elites políticas africanas e asiáticas, e a humilhação e a desorganização das administrações coloniais minaram o prestígio europeu. Era possível resistir a estas forças e, como vimos acima, foi o que aconteceu. No entanto, a longo prazo, os custos de se manter forças armadas no estrangeiro, em ações dispendiosas de policiamento e contrainsurreição, não eram económica nem politicamente populares junto dos europeus. Uma coisa eram os lugares onde os colonos tinham eliminado a oposição nativa muito tempo antes ou a tinham debilitado a ponto de poder ser facilmente ignorada, outra eram as zonas onde a presença e a brutalidade dos brancos provocou uma resistência armada considerável e bem organizada, como na Argélia, no Quénia e em Angola (onde o número de colonos portugueses duplicou depois da guerra). Nestes casos, a antiga ordem colonial ficou debaixo de fogo. Com a polarização das atitudes nas colónias e os colonos a deslocarem-se acentuadamente para a direita, as metrópoles europeias perderam rapidamente o apetite para financiar o confronto ([39]).

O próprio ambiente internacional fora completamente alterado pela derrota de Hitler. Antes da Segunda Guerra Mundial, o mundo fora governado por potências imperiais. Depois do conflito, passou a ser governado por superpotências anti-imperiais. O influente jornalista americano Walter Lippmann lançou um ataque devastador contra toda e qualquer tentativa no sentido de ressuscitar "um imperialismo morto ou moribundo" depois da guerra; o "imperialismo branco" estava acabado, escreveu ele, e a guerra estava a ser travada para aumentar a esfera da liberdade humana e promover a paz através da criação de "nações iguais e orgulhosas de si próprias". Os britânicos discordavam, mas os americanos eram pura e simplesmente demasiado poderosos para serem ignorados. Além do mais, a Guerra Fria, apesar de, nalguns casos, moderar o anticolonialismo de Washington, reforçou-o noutros, dado que os EUA não queriam que os europeus mantivessem as suas forças armadas presas nas colónias quando precisavam delas contra o comunismo, mais perto, nem que os movimentos nacionalistas das colónias permitissem ao comunismo ganhar espaço no Terceiro Mundo, especialmente dado o facto de os líderes dos movimentos jogarem astutamente com o receio que os americanos tinham da URSS. Moscovo tinha começado a jogar a cartada anti-imperialista em 1947, quando o ideólogo Andrei Jdanov declarou que a União Soviética era "a única e verdadeira defensora da liberdade e da independência de todas as nações" ([40]).

Por conseguinte, esmagadas entre a crescente oposição nas colónias e a intensa pressão de Washington, as potências europeias retiraram, com relutância e frequentemente só depois de muito derramamento de sangue. O processo chegou ao fim, no essencial, em duas ou três décadas e marcou um importante ponto de viragem na história mundial. Na medida em que as Novas Ordens fascista e japonesa foram respostas aos desafios colocados pelos impérios europeus, o desaparecimento destes eliminou muitas das justificações da construção imperial fascista. Em suma, as rivalidades geopolíticas que motivaram o nazismo desapareceram e o edifício do século XIX desmoronou-se. Hitler tinha razão: a luta entre a Alemanha e a Grã-Bretanha pôs fim à era imperial ([41]).

Nos anos 50, a Europa descobriu-se numa via de crescimento inteiramente nova. Pela primeira vez na sua história e de forma bastante inesperada, este crescimento baniu o receio da fome do continente e possibilitou que a alimentação – talvez a preocupação mais importante do regime nazi em termos de política económica e social – saísse da agenda política quase sem se dar por isso. Pela lógica nazi, isto nunca deveria ter acontecido. A Cortina de Ferro isolara as áreas com défice alimentar do Ocidente dos produtores da Europa de Leste, tornando mais difícil do que nunca o problema de alimentar os corações industriais do continente. Para tornar o desafio ainda mais gigantesco, em 1947 a população europeia era pelos menos vinte milhões mais numerosa do que em 1938. A própria Alemanha, dividida, debatia-se para lidar com um enorme problema de refugiados, muito pior em 1950 do que em 1920 ([42]).

Contudo, apesar destas pressões e das tensões adicionais da Guerra Fria, não se assistiu à ressurgência do nacionalismo radical no antigo *Reich*, ao contrário do que receavam muitos observadores bem colocados, e também não se revelou necessário instalar milhões de alemães em colónias na África Ocidental, como Hjalmar Schacht, ainda preocupado com o excesso populacional da Europa Central, sugerira prestavelmente no cativeiro, em 1945.

Pelo contrário, não tardou a verificar-se uma escassez de mão de obra que chamou os aldeãos às cidades e que depois começou a atrair turcos, portugueses, jugoslavos e gregos à Alemanha Ocidental e norte-africanos, caribenhos e indianos a outras paragens ([43]).

A Europa revelou-se espantosamente capaz de os alimentar facilmente a todos e a qualidade de vida subiu de forma constante a partir de finais dos anos 40. Em 1953, numa grande parte da Europa Ocidental a ingestão de alimentos já estava próxima dos níveis anteriores à guerra; nos anos 60, o problema passou a ser o excedente e não o défice. Foi uma viragem extraordinária. Deveu-se, em parte, ao Mercado Comum. A garantia de preços de venda elevados aos agricultores e os melhoramentos na tecnologia agrícola contribuíram para alcançar o antigo objetivo de nazi de autossuficiência continental de forma muito mais eficaz do que as suas guerras de conquista: nesta perspetiva, a Política Agrícola Comum assinalou o triunfo da democracia sobre a ditadura. A reintegração num sistema comercial global lubrificado com dólares americanos trouxe benefícios acrescidos. A cooperação entre Estados-nações independentes mas crescentemente coordenados, sob hegemonia americana, garantiu taxas de crescimento muito mais elevadas do que aquilo que o modelo nazi de autarcia continental, compensações bilaterais e extração de recursos altamente centralizada jamais conseguiu ([44]).

Estes desenvolvimentos pareceram de significado histórico a alguns observadores: a terra – fonte de sustento, base do poder político e económico durante séculos e obsessão central dos nazis, como fora para gerações de nacionalistas europeus – estava finalmente a perder o seu significado. Num artigo brilhante publicado em 1957, um cientista político americano chamado John Herz refletiu sobre o significado de tudo isto. Herz argumentou que a transição do modelo basicamente novecentista de controlo através de impérios para o modelo de exercício do poder através dos mercados, no século XX, assinalava o desaparecimento final do Estado territorial europeu – por outras palavras, do Estado que se definia a si próprio pelo seu controlo sobre uma determinada massa terrestre e pela sua capacidade de estender a sua soberania a este território. Herz acreditava que a guerra tinha finalmente tornado o Estado territorial obsoleto porque demonstrara que as fronteiras contavam muito menos do que no passado. As potências podiam ignorá-las bombardeando as populações hostis com propaganda ou com bombas. A tecnologia de mísseis ria-se das pretensões do Estado de ser capaz de defender os seus súbditos. Os britânicos e os americanos – os vencedores da guerra – tinham parecido particularmente atraídos por estes modos de guerra: tinham bombardeado pesadamente as cidades da Alemanha, de Itália e de França e procurado subjugá-las pela fome através de um bloqueio naval. Prevendo este cenário, Hitler tentara alargar a área sob controlo alemão para se tornar autossuficiente e resistir à pressão inimiga. Ou seja, mantivera-se fiel à ideia do século XIX de expandir as fronteiras para garantir a segurança. No entanto, a devastação da Alemanha demonstrara que não era essa a resposta [45].

Herz sugeriu que na era nuclear a soberania significava menos do que parecia. Tal como muitos dos proponentes do federalismo durante a guerra, ele considerava o Estado-nação antiquado. Antecipando-se a muitos teóricos mais recentes, viu a emergência de um novo império – o americano – que projetava o seu poder, não através da conquista e do controlo da terra, mas de forma mais invisível, através da penetração nos mercados, da sua cultura e do emprego flexível do seu poderio naval e aéreo. E podia ter acrescentado, para apoiar o argumento, o desaparecimento igualmente espantoso do campesinato da Europa, que teve lugar nessa altura, provocando o colapso do modo de vida que os nazis se tinham dedicado a preservar [46].

Mas talvez este obituário da terra (e este adeus ao Estado) tenha sido prematuro e mais uma questão de perspetiva do que outra coisa qualquer. Afinal de contas, tanto os EUA como a URSS continuaram a comportar-se como potências territoriais da velha guarda. De facto, noutro artigo publicado uma década mais tarde, Herz aceitou que o Estado territorial se revelara mais viçoso do que ele julgara. A guerra, além de fortalecer em vez de enfraquecer o nacionalismo, contribuíra para o tornar um fenómeno global. A descolonização, escreveu Herz, em 1968, dera origem a uma "nova territorialidade" no globo, provocando uma explosão do número de nações soberanas. Uma superioridade esmagadora em poderio aéreo – à qual ele atribuíra tanta importância –, apesar de útil para combater outro Estado, era muito menos útil no combate às insurreições das guerrilhas ou aos movimentos de libertação nacional. A Guerra do Vietname foi claramente relevante para esta nova linha de pensamento, mas a mente de Herz estava primordialmente centrada na experiência de um novo Estado-nação: Israel. Tal como indicavam os acontecimentos na região, a mística da terra estava viva e de saúde [47].

A QUESTÃO JUDAICA: DA EUROPA AO MÉDIO ORIENTE

O nazismo procurou renovar a força da Alemanha criando uma comunidade sem classes e racialmente pura na qual não existissem minorias. Mais tarde, apresentou a purificação étnica como solução para a instabilidade regional na Europa de Leste. No discurso que proferiu no dia 6 de outubro de 1939, Hitler falou em ajustar "a disposição de todo o espaço vital segundo as várias nacionalidades, isto é, a solução dos problemas que afetam as minorias". Os nazis não inventaram esta abordagem, que surgiu pela primeira vez nos Balcãs, e que continuou depois deles: foram expulsas mais pessoas da Europa de Leste entre 1945 e 1949 do que durante a guerra. Com a descolonização, o ideal do Estado-nação foi exportado para o estrangeiro, como Herz compreendeu. No entanto, este fenómeno mais não fez do que globalizar a luta pela terra e o problema das minorias. Em 1947, deu-se o primeiro movimento neste sentido com a partilha do subcontinente indiano, acompanhada por uma perda de vidas colossal quando milhões de hindus, muçulmanos e sikhs atravessaram as novas fronteiras da Índia e do Paquistão. O ano seguinte levou a guerra e a expulsão étnica à Palestina e assistiu ao estabelecimento de um Estado nacional judaico na região. O fim da questão judaica da Europa foi o princípio da questão judaica do Médio Oriente.

A estreita relação entre a Europa e o Médio Oriente não devia ter surpreendido ninguém. O sionismo começou como um movimento nacionalista europeu em resposta ao antissemitismo existente no cerne de muitos outros movimentos nacionalistas europeus. Na mentalidade e no vocabulário, partilhou com eles a mesma tradição intelectual europeia. Entre as guerras, para tomarmos um exemplo particularmente notável, os teóricos raciais alemães não foram os únicos cujas "pesquisas" conferiram um selo de credibilidade científica à política do III *Reich* de forçar os judeus a emigrar; alguns académicos e comentadores judeus justificaram o sionismo com argumentos semelhantes. Por exemplo, em muitas das suas opiniões teóricas, o sionista Arthur Ruppin, nascido na Alemanha, acompanhou de perto Hans Günther, o especialista sobre a "raça nórdica" que foi mentor de Himmler. Ambos acreditavam – encontraram-se em 1933 para debater a "questão judaica" – que os judeus eram um povo racialmente distinto que não devia assimilar-se nem pertencia à Europa (Günther considerava-os "uma cunha metida pela Ásia na estrutura europeia", enquanto que Ruppin era da opinião de que os judeus e os árabes eram "irmãos de raça" e que uns e outros pertenciam à Palestina) [48].

Todavia, o impacto da Europa sobre o sionismo não foi apenas uma questão de ideias e o verdadeiro significado de Ruppin não está nas suas opiniões sobre a raça. Enquanto chefe do Departamento da Palestina, vinha comprando propriedades e terras em nome de colonos judeus desde antes da Primeira Guerra Mundial. Ruppin era um judeu prussiano que crescera perto de Posen e emigrara para a Palestina, pelo que conhecia a experiência da Comissão de Colonização Prussiana e as suas atividades de repovoamento. "Vejo a obra do Fundo Nacional Judaico (JNF) como semelhante à da Comissão de Colonização que opera na Prússia e na Polónia Ocidental", escreveu ele, em 1907, duas semanas depois de chegar à região. "O JNF comprará terras onde forem oferecidas para venda por gentios e revendê-las-á parcial ou totalmente a judeus". Por conseguinte, a luta entre alemães e polacos nas zonas fronteiriças prussianas moldou a abordagem de Ruppin à colonização sionista entre os árabes. Na Palestina otomana, as desvantagens eram certamente maiores para os sionistas do que para os nacionalistas prussianos em Posen: mais de 88% dos habitantes eram árabes, em comparação com os 60% de polacos na província prussiana. Confrontado com um desafio tão esmagador, Ruppin planeou estabelecer pequenas "ilhas" de colonização que pudessem um dia ligar-se – um objetivo muito diferente do dos seus precursores prussianos. No entanto, ele procurou aplicar as lições da sua terra natal à Palestina e levou um conselheiro prussiano para o ajudar [49].

A situação das minorias na Europa de Leste era ponto de referência permanente para muitas outras pessoas além de Ruppin. Os sionistas austríacos que avisaram que os judeus estavam em perigo de ser engolidos pelos árabes explicaram que "por este andar, seremos vítimas do destino dos alemães em certas terras eslavas". Nos anos 20, os defensores de um Estado binacional criticaram Ruppin por estar demasiado apegado a uma abordagem "alemã", por ser demasiado eugenista, demasiado empenhado em manter o povo judaico separado e em transformá-lo numa maioria no seu próprio Estado. Segundo Martin Buber, "parece que fizemos tantos progressos [com os árabes] como os polacos fizeram connosco". Samuel Bergman, colega de Ruppin, classificou sarcasticamente a sua obsessão com a terra como mais da mesma doença europeia:

> Tal como os italianos se apressam a constituir uma maioria no Sul do Tirol para garantir o seu domínio sobre os alemães, tal como os checos se apressam a garantir a sua maioria, e os alemães em relação aos polacos, e os polacos em relação aos ucranianos, e assim por diante, que Israel (...) comece pelo princípio: que sejamos a maioria em Eretz Israel! [50]

Hans Kohn, nascido em Praga, foi igualmente crítico, contrastando a ideia "alemã" do Estado mono-étnico, do controlo territorial e da separação nacional com o Império Habsburgo, no qual diferentes povos tinham partilhado o mesmo Estado (Kohn foi-se convencendo cada vez mais de que os sionistas estavam a repetir os erros de outros nacionalistas europeus e deixou a Palestina depois dos motins de 1929) [51].

Ruppin, "o pai da colonização sionista", morreu em 1943, sem viver o suficiente para ver o resultado. No entanto, deixou as fundações sobre as quais outros construíram. Estes, ao contrário de Ruppin, não estavam preocupados com considerações eugenistas; usaram a Autoridade Fundiária do Fundo Nacional Judaico para instalar o maior número possível de judeus e procuraram coordenar estas iniciativas com transferências populacionais em larga escala. Talvez sem surpresas, a influência alemã sobre a estratégia de colonização israelita permaneceu forte depois da independência. Por exemplo, depois da guerra, em poucos países foi o planeamento espacial tão importante como no Estado judaico e os primeiros planos israelitas de distribuição populacional foram fortemente influenciados pela escola alemã de geografia económica de entre as guerras, em especial, pelas ideias de Walter Christaller, cujas teorias sobre a localização ótima das povoações foram implementadas por Himmler na colonização da Polónia e no Plano Geral para o Leste. É certo que a utilização israelita destas ideias na sua conquista da terra no pós-guerra não foi única. De facto, a Teoria dos Lugares Centrais de Christaller, concebida para a SS substituit as aldeolas eslavas por um sistema geometricamente perfeito de novas cidades e aldeias, acabou por se tornar um modelo para o planeamento do desenvolvimento no mundo do pós-guerra, um sinal da nova preocupação com a terra que Herz discerniu nos anos 60.

A emergência de Israel apontou também para outra característica crucial desta territorialidade aumentada – a posição agravada das minorias. Depois da Primeira Guerra Mundial, os grupos de pressão judaicos foram dos apoiantes mais fervorosos dos direitos das minorias. Contudo, depois da Segunda, abandonaram por completo esta postura. Face ao genocídio, muitos judeus tinham-se virado para o sionismo e eram poucos os que viam um futuro de longo prazo para os judeus na Europa de Leste. Em termos demográficos e políticos, a Nova Ordem nazi provocou uma transformação devastadora: os grandes centros leste-europeus da vida do *shtetl* – nomeadamente a Polónia, a Ucrânia, os Estados bálticos e a Bielorrússia – foram aniquilados e na Hungria, nas terras checas e na Roménia a vida provinciana judaica nunca mais recuperou. Muitos judeus sobreviventes foram expulsos dos seus lares mesmo depois da Libertação, uma confirmação daquilo que a Solução Final indiciara: muitos europeus de Leste tinham visto com bons olhos o objetivo básico nazi de eliminar os judeus. Alguns sobreviventes mudaram-se para a Europa Ocidental. No entanto, depois da guerra, a Europa, no seu conjunto, deixou de ser o centro de uma judeidade mundial severamente reduzida. A maior comunidade do mundo emergiu no continente americano e a população judaica de Israel passou de 445 000 na Palestina (antes da guerra) para 2,6 milhões em 1970 ([52]).

Percentagem da população mundial judaica por região (53)

	1900	1939	1951	2005
Europa	81%	58%	24%	12%
Américas	11%	32%	53%	46%
Palestina/Israel	0,3%	3%	12%	41%
Total (milhões)	10,6	16,7	11,6	13

Na Palestina, os líderes sionistas procuraram ajudar os sobreviventes do genocídio, mas também avaliar o seu potencial para servirem a causa nacional, e os seus representantes visitaram muitos campos de Pessoas Deslocadas judaicas. David Ben Gurion, o líder da Agência Judaica para a Palestina, ficou chocado com o estado de espírito dos refugiados – com o seu facciosismo, o seu egoísmo e as suas exigências incessantes – e previu grandes dificuldades para lhes ensinar a tornarem-se "cidadãos do Estado judaico". Mesmo assim, em março de 1945 estimou que durante o ano e meio seguinte chegaria um milhão de judeus, o que empurraria os britânicos para uma postura mais pró-sionista. Foi um cálculo demasiado ambicioso. Com os britânicos a manterem as restrições à emigração e a recambiarem os navios da Mossad que transportavam emigrantes ilegais, Ben Gurion comparou a política deles à dos nazis, mas a verdade é que só uma pequena percentagem dos sobreviventes queria ir para o Médio Oriente e quando a guerra eclodiu, em 1948, não havia mais de 220 000 na Palestina (54).

Tal como Ben Gurion compreendeu perfeitamente, a emergência de Israel, apesar de intimamente ligada à experiência da guerra, dependia muito menos do influxo de sobreviventes da Europa do que do impacto político do Holocausto e, em particular, do apoio americano. Na enorme vaga da emigração dos primeiros anos do novo Estado, a fonte crucial de emigrantes jovens não foi a Europa de Leste (cujos migrantes tendiam a ser mais velhos), mas o Médio Oriente e o Norte de África. A população judaica da Europa começou a crescer de novo em 1950, mas a das terras árabes não. Em suma, a prática centro-europeia da homogeneização étnica estava também a espalhar-se – e a ser espalhada – às terras árabes. O motor foi a prossecução determinada, por Israel, de um "regresso a casa" liderado pelo Estado, que via a existência de judeus no estrangeiro como uma fonte de fraqueza nacional e o seu "regresso" como essencial para a sobrevivência nacional (talvez outro modo no qual a influência do nacionalismo alemão continuou a fazer-se sentir). Em 1953, Jacques Vernant, um estudioso dos fluxos de refugiados, observou que Israel tinha aceitado um número maior de refugiados do que qualquer outro país do mundo – em termos relativos e absolutos. Se nalguns casos tentou forçar os judeus a abandonarem os seus lares para emigrarem – do Iraque, por exemplo – é uma questão que continua envolta em controvérsia. No entanto, esta política também se encontrava na longa história europeia de movimentos populacionais forçados. Como vimos neste livro, na mente de políticos desejosos de aumentarem a sua força nacional, "salvar" os seus conacionais residentes no estrangeiro foi amiúde difícil de distinguir do seu desenraizamento ([55]).

MINORIAS, REFUGIADOS E DIREITOS

Os direitos das minorias eram um vestígio de uma conceção mais antiga da governança internacional na qual a Sociedade das Nações, dirigida por grandes potências da Europa (Ocidental) e confiante nos valores da "civilização", exercera uma supervisão intrusivamente paternalista sobre os novos Estados e os mandatos. Porém, depois da guerra civil europeia, a confiança na "civilização internacional" esfumou-se e a defesa da soberania pareceu mais necessária do que nunca. Verificou-se uma resistência enorme à restauração dos antigos direitos das minorias depois da guerra e foram discretamente enterrados enquanto o mundo celebrava o novo compromisso das Nações Unidas com os direitos humanos individuais. Ao mesmo tempo, com a extensão global do modelo do Estado-nação etnicamente homogéneo a gerar sucessivas vagas de refugiados, o que emergiu nas instituições internacionais reconstruídas em torno das Nações Unidas foi um regime de proteção das minorias inteiramente novo ([56]).

A causa foi a necessidade de encontrar rapidamente lares para os apátridas europeus, o problema que a Europa não conseguira resolver sozinha entre 1938 e 1942. No princípio de 1946, ainda havia cerca de 576 000 de *antes* da guerra. A este número, as sobrecarregadas agências de socorro acrescentaram pelo menos 850 000 "não repatriáveis" – Pessoas Deslocadas – e várias centenas de milhares – incluindo muitos judeus – em fuga da Europa de Leste *depois* de 1945. O seu cuidado tornou-se a principal preocupação das novas organizações internacionais do pós-guerra, primeiro a Agência das Nações Unidas para a Organização de Socorros e a Reconstrução e depois as novas agências permanentes de assistência social e para os refugiados estabelecidas pela ONU. No entanto, a dimensão internacional não era a única. Hoje em dia, alguns pensadores radicais procuram separar a figura do "refugiado" da dos "direitos humanos" e do "Estado-nação", mas no princípio dos anos 50 comentadores como Hannah Arendt viram as coisas de forma muito diferente: para ela, a questão era obrigar os Estados a conceder direitos e a resolver assim o problema dos apátridas.

Por conseguinte, a escala do problema dos refugiados no pós-guerra, além de promover a cooperação internacional entre as agências e o pessoal de socorro, constituiu um argumento poderoso a favor da reconstrução de Estados fortes, com a capacidade de absorverem e cuidarem das pessoas que necessitavam da sua ajuda [57].

No princípio do século XXI, possivelmente no meio do desaparecimento momentâneo do internacionalismo americano, tornou-se tentador olhar para 1945 e para a guerra contra Hitler como uma espécie de Idade de Ouro na qual os arquitetos visionários de uma ordem mundial nova e mutuamente benéfica aprenderam as lições da Nova Ordem nazi e resolveram ressuscitar o liberalismo numa nova base. Enquanto história, esta perspetiva é questionável. A conversa sobre direitos humanos nos anos 40 não passou praticamente de conversa e foi preciso muito tempo para se tornar politicamente influente – talvez só nos anos 70. A sua função, em 1945, foi permitir o enterro do antigo sistema de direitos das minorias, abrindo o caminho à globalização do modelo do Estado-nação etnicamente purificado que os nazis tinham promovido mais do que ninguém. O novo regime de proteção dos refugiados não se destinou a confrontar um fenómeno permanente e em ampla escala, mas sim a aliviar o sofrimento de populações específicas isoladas ou expulsas durante e imediatamente depois da guerra [58].

Contudo, noutro sentido, 1945 marcou efetivamente um ponto de viragem. Concebida para criar um império na Europa, a Nova Ordem nazi também se destinava, pelo menos na mente de Hitler, a assinalar a ascensão da Alemanha à proeminência mundial desfrutada pelos seus inimigos e a inaugurar um novo sistema mundial gerido de acordo com conceções políticas definidas por Berlim. Apontada aos vencedores da corrida imperialista, foi também a última etapa deste processo. A Alemanha não tinha a força para prevalecer sozinha e nem a visão política para conquistar aliados suficientes. Quando a liderança nazi percebeu a necessidade de pragmatismo e compromisso, já era tarde demais. Uma Grande Alemanha no sentido guilhermino ou o *hegemon* continental concebido por Schmitt podiam ter prevalecido, mas não o *Reich* omnidominador que era a única alternativa que Hitler estava disposto a considerar. O resultado foi, não só a queda da Alemanha, mas também o fim de um período de dois séculos no qual a Europa dominou o mundo.

Com a Alemanha e a Europa divididas, a nova ordem mundial do pós-guerra só podia sobreviver assente no equilíbrio de poder – e no entendimento – entre as duas potências que espreitavam nas margens, a Rússia soviética e os EUA. Os dois países que Hitler temera mais do que qualquer outro acabaram, assim, por determinar o futuro da Europa. A Europa converteu-se num laboratório para uma nova contenda – a Guerra Fria – que seria travada em todo o mundo. Em poucos anos, as novíssimas técnicas de guerra política, económica e psicológica empregues por ambos os lados do Muro de Berlim estavam a ser recalibradas para utilização em paragens mais distantes. Nas palavras de um administrador do Plano Marshall, em 1951: "Aprendemos na Europa o que fazer na Ásia, pois com o Plano Marshall desenvolvemos os instrumentos essenciais para uma política de sucesso na arena da política mundial". Ao contrário do que temeram, em 1945, alguns alemães desconsolados, não foi o "fim da Europa" mas foi o fim da Europa como criadora de normas e polícia global, e o sociólogo Alfred Weber tinha razão em mais do que um sentido quando falou, em 1946, num "adeus à nossa história anterior" (*Abschied von der bisherigen Geschichte*). A ordem internacional emergiria numa base diferente, orientada por mãos diferentes [59].

Notas

Prefácio

¹ C. von Krockow, *Hour of the Women: Based on a Narrative by Libussa Fritz--Krockow* (Nova Iorque, 1991), pp. 27-30; sobre as marchas da morte, Y. Bauer, "The Death Marches, January-May 1945", *Modern Judaism*, 3, 1 (1983), pp. 1-21.

² T. Dönhoff, *Before the Storm: Memories of My Youth in Old Prussia* (Nova Iorque, 1990), pp. 197-199; T. Dönhoff e J. Roettger, *Weit ist der Weg nach Westen: Auf der Fluchtroute von Marion Gräffin Dönhoff* (Berlim, 2004), pp. 186-190.

³ L. Machtan, "Bismarcks Varzin – Warcino Heute": Betrachtungen zu einem Symbol politischer Kultur aus Preußen-Deutschland", *Zeitschrift für Geschichtswissenschaft*, 38, 9 (1990), pp. 771-786.

⁴ B. Ankermann no prefácio a R. Parkinson, *Thirty Years in the South Seas: Land and People, Customs and Traditions in the Bismarck Archipelago and on the German Solomon Islands*, trad. J. Dennison (Honolulu, 1999), pp. xxxv-xxxvi.

⁵ *Ibid.*, pp. xxii, 24; K. Neumann, *Not The Way It Really Was: Constructing the Tolai Past* (Honolulu, 1992), p. 19.

⁶ T. Kaminski, "Bismarck and the Polish Question: The 'Huldigungsfahrten' to Varzin in 1894", *Canadian Journal of History*, 22 (agosto de 1988), pp. 235-250.

⁷ L. Snyder, *The Blood and Iron Chancellor: A Documentary-Biography of Otto von Bismarck* (Princeton, 1967), pp. 376-378.

⁸ C. Winter, "The Long Arm of the Third *Reich*: Internment of New Guinea Germans in Tatura", *Journal of Pacific History*, 38, 1 (2003), pp. 85-124, aqui p. 105.

Introdução

¹ S. Neitzel, S. (org.), *Tapping Hitler's Generals: Transcripts of Secret Conversations, 1942-1945* (Barnsley, 2007), p. 159.

² W. Boelcke (org.), *"Wollt Ihr den totalen Krieg?": Die geheimen Goebbels-Konferenzen 1939-1943* (Estugarda, 1967), pp. 189-191. A referência original é à fronteira "nordeste" da Índia, obviamente um erro.

³ H. Arendt, *The Origins of Totalitarianism* (Nova Iorque, 1951), esteve à frente do seu tempo ao ligar o imperialismo e o totalitarismo europeus. Uma síntese recente que coloca a Alemanha nazi na história imperial mais lata é J. Darwin, *After Tamerlane: The Global History of Empire* (Londres, 2007), em especial pp. 417-418 para a ideia da história mundial entre as guerras como uma sequela brutal do "novo imperialismo" de finais do século XIX. O debate mais recente pode seguir-se em U. Poiger, "Imperialism and Empire in Twentieth Century Germany", *History and Memory*, 17, 1 (2005),

pp. 117-143. I. Hull, *Absolute Destruction: Military Culture and the Practices of War in Imperial Germany* (Ithaca, 2006), acautela de forma convincente contra o pressuposto de que as influências entre o mundo colonial e a Europa continental apenas fluíram num sentido. W. Smith, *The Ideological Origins of Nazi Imperialism* (Oxford, 1986), continua a ser uma obra fundamental.

[4] Hitler como oportunista em A. J. P. Taylor, *The Origins of the Second World War* (Londres, 1961) e E. M. Robertson, *Hitler's Prewar Policy and Military Plans, 1933-1939* (Londres, 1963). Sobre o programa, K. Hildebrand, *Deutsche Außenpolitik 1933-1945: Kalkül oder Dogma?* (Estugarda, 1971). Versões do Hitler "atlanticista" encontram-se também em G. Weinberg, *A World at Arms: A Global History of World War II* (Cambridge, 2005) e num espírito completamente diferente em A. Tooze, *Wages of Destruction: The Making and Breaking of the Nazi Economy* (Londres, 2006). O argumento de que os objetivos de Hitler foram essencialmente europeus tem a sua origem em Hugh Trevor-Roper, "Hitlers Kriegsziele", *Vierteljahrshefte für Zeitgeschichte*, 8 (1960). A bibliografia sobre os objetivos da guerra está sumariada em N. W. Goda, *Tomorrow the World: Hitler, Northwest Africa and the Path toward America* (College Station, TX, 1998), M. Hauner, "Did Hitler Want World Domination?", *Journal of Contemporary History*, 13, 1 (janeiro de 1978), pp. 15-32, e G. Schreiber, "Das Zweite Weltkrieg in der internationalen Forschung. Konzeptionen, Thesen und Kontroversen", in W. Michalka (org.), *Der Zweite Weltkrieg: Analysen, Grundzüge, Forschungbilanz* (Munique, 1989), pp. 3-25.

[5] Sobre Hitler e os EUA, veja-se os interessantes comentários de E. May, "Nazi Germany and the United States: A Review Essay", *Journal of Modern History*, 41, 2 (junho de 1969), pp. 207-214; sobre Seward, E. N. Paolino, *The Foundations of the American Empire: William Henry Seward and US Foreign Policy* (Ithaca, 1973), pp. 7-8; W. Jochmann (org.), *Adolf Hitler: Monologe im Führer-Hauptquartier, 1941-1944* (Hamburgo, 1980), p. 110.

[6] H. Mackinder, "The Geographical Pivot of History", *Geographic Journal*, 23, 4 (abril de 1904), p. 436; G. Stoakes, *Hitler and the Quest for World Dominion: Nazi Ideology and Foreign Policy in the 1920s* (Nova Iorque, 1986) e N. Rich, *Hitler's War Aims*, vol. I: *Ideology, The Nazi State, and the Course of Expansion*; vol. 2: *The Establishment of the New Order* (Londres, 1974); veja-se também D. Aigner, "Hitler und die Weltherrschaft", in *Nationalsozialistische Aussenpolitik* (Darmstadt, 1978), pp. 49-69.

[7] A citação de Rosenberg provém de G. Stroble, *The Germanic Isle: Nazi Perceptions of Britain* (Cambridge, 2000), p. 93.

[8] Sobre a questão da proximidade e da ameaça racial, veja-se D. Furber, "Going East, Colonialism and German Life in Nazi-Occupied Poland", tese de doutoramento, Pennsylvania State University, 2003, pp. 45-49; citação de A. Polonsky, "The German Occupation of Poland during the First and Second World Wars: A Comparison", in R. A. Prete e A. H. Ion (orgs.), *Armies of Occupation* (Ontário, 1981), p. 133. *Ostrauch* in D. Blackbourn, *The Conquest of Nature: Water, Landscape and the Making of Modern Germany* (Londres, 2006), p. 250. Veja-se também A. Steinweis, "Eastern Europe and the Notion of of the Frontier in Germany to 1945", in K. Bullivant *et al.* (orgs.), *Germany and Eastern Europe: Cultural Identities and Cultural Differences* (Amesterdão, 1999).

[9] Sobre as perdas alemãs, R. Overmans, *Deutsche militärische Verluste im Zweiten Weltkrieg* (Munique, 1999), p. 265; outros números a partir de dados de E. M. Kulischer, *Europe on the Move: War and Population Changes, 1917-1947* (Nova Iorque, 1948), pp. 174-182; os números sobre as perdas soviéticas baseiam-se em M. Ellman e S. Maksudov, "Soviet Deaths in the Great Patriotic War: A Note", *Europe-Asia Studies*, 46, 4 (1994), pp. 671-680. Alguns destes números são particularmente difíceis de verificar e as

estimativas das baixas civis na Polónia, na Jugoslávia e na URSS, em especial, carecem de uma reavaliação urgente; os números relativos à França foram recentemente revistos em baixa, de forma convincente, por Pieter Lagrou. Ainda há pouca coisa escrita sobre a dimensão política das estatísticas do tempo de guerra e do princípio do pós-guerra.

[10] L. Smith, *The Embattled Self: French Soldiers' Testimony of the Great War* (Cornell, 2007), p. 184.

[11] H. Heiber (org.), *Hitler and His Generals: Military Conferences, 1942-45* (Nova Iorque, 2003), pp. 533-534.

[12] Ute Frevert vê a guerra como um processo de europeização em "Europeanizing Germany's Twentieth Century", *History and Memory*, 17, 1-2 (2005), pp. 87-116. Drieu é citado em Smith, *The Embattled Self*, p. 184; a viagem do funcionário da Gestapo, Gerhard Bast, é descrita pelo filho em M. Pollack, *The Dead Man in the Bunker* (Londres, 2006); M. Harrison, "Resource Mobilization for World War II", *Economic History Review*, 2 (1988).

[13] Existe uma notável falta de sínteses atualizadas da Nova Ordem nazi de uma perspetiva europeia. Os relatos indispensáveis em língua inglesa incluem Rich, *Hitler's War Aims*, vol. 2, e A. e V. Toynbee, *Survey of International Affairs: Hitler's Europe, 1939-1946* (Londres, 1954). Importa também mencionar as três obras interessantes de G. Reitlinger, *The Final Solution* (Londres, 1993), *The SS, Alibi of a Nation* (Londres, 1956) e *The House Built on Sand: The Conflicts of German Policy in Russia, 1939-1945* (Londres, 1960). As principais coleções colaborativas são W. Schumann *et al.* (orgs.), *Europa untern Hakenkreuz (1938-1945)*, 10 vols. (Berlim, 1988-1994) e W. Benz *et al.* (orgs.), *Nationalsozialistische Besatzungspolitik in Europa, 1939-1945*, 9 vols. (Berlim, 1996-1999). São também muito importantes os oito volumes publicados até à data da série *Das Deutsche Reich und der Zweite Weltgrieg* (Estugarda, 1979-2004) da Militärgeschichtliches Forschungsamt. Uma síntese recente excelente é G. Corni, *Il sogno del "grande spazio": le politiche d'occupazione nell'Europa nazista* (Roma, 2005). E. Collotti, *L'Europa nazista: il progetto di un nuovo ordine europeo, 1939-1945* (Florença, 2002) é uma compilação de ensaios. O historiador polaco Czeslaw Madajczyk escreveu artigos importantes não só sobre a sua especialidade, a Polónia, mas também sobre as políticas de ocupação nazi na Europa como um todo.

[14] P. Geyl, "Hitler's Europe", *Encounters in History* (Nova Iorque, 1961), p. 264.

[15] "Report on deputy chief of police Josef-Sombor Schweinitzer", 29 de janeiro de 1943, in M. Horthy, *The Confidential Papers of Admiral Horthy*, org. M. Szinai e L. Szúcs (Budapeste, 1965), p. 204.

[16] F. Bacon, "Of the True Greatness of Kingdoms and Estates", in *Selected Writings of Francis Bacon* (Nova Iorque, 1955) p. 80-81.

[17] J. Colton, *Léon Blum: Humanist in Politics* (Durham, NC, 1987), p. 430.

[18] G. Aly, *Hitler's Beneficiaries: Plunder, Racial War and the Nazi Welfare State* (Nova Iorque, 2007); uma crítica extensa é A. Tooze, "Economics, Ideology and Cohesion in the Third *Reich*: A Critique of Götz Aly's Hitlers Volkstaat", artigo não publicado disponível em < http://www.hist.cam.ac.uk/academic_staff/further_details/tooze-aly.pdf >; sobre os soldados, veja-se O. Bartov, *Hitler's Army: Soldiers, Nazis and War in the Third Reich* (Nova Iorque, 1991).

[19] Gross é citado in Kum'a N'dumbe III Alexandre, "Fascisme colonial et culture", in C. Madajckzy (org.), *Inter arma non silent musae: The War and Culture, 1939-1945* (Varsóvia, 1977), pp. 17-149, aqui p. 119.

[20] Hitler a Budak, 18 de fevereiro de 1942, in A. Hillgruber (org.), *Staatsmänner und Diplomaten bei Hitler*, vol. 2 (1942-1944) (Frankfurt, 1970), pp. 62-63; veja-se também Z. Klukowski, *Diary from the Years of Occupation, 1939-1944* (Urbana, IL, 1993), pp. 173 e 227.

²¹ R. Overmans, "Die Toten des Zweiten Weltkriegs in Deutschland. Bilanz der Forschung inter besonderer Berücksichtigung der Wehrmacht-und Vertreibungsverluste", in Michalka (org.), *Der Zweite Weltkrieg*, pp. 858-875. As estimativas consideradas por Overmans situam-se entre 3,35 e 9,4 milhões de mortes. Esta variação explica-se principalmente pela dificuldade em determinar os números mortos durante as expulsões a partir de 1945. As estimativas mais plausíveis situam-se entre 5,2 e 5,65 milhões de pessoas. As estimativas dos mortos e desaparecidos da Wehrmacht cifram-se entre 3 e 4 milhões.

Capítulo 1

¹ Veja-se A. Graziosi, "Il mondo in Europa: Namier e il 'Medio oriente europeu', 1815-1948", *Contemporanea*, 10, 2 (abril de 2007), pp. 193-229.

² L. Namier, *1848: The Revolt of the Intellectuals* (Oxford, 1992), p. 88; veja-se também o seu ensaio "Nationality and Liberty", no seu livro *Vanished Supremacies: Essays on European History, 1812-1918* (Londres, 1962), pp. 46-73. Veja-se também G. Wollstein, *Das "Grossdeutschland" der Paulskirche: Nationale Ziele der bürgerlichen Revolution 1848/49* (Düsseldorf, 1977) e H. J. Hahn, *The 1848 Revolution in German-speaking Europe* (Londres, 2001), em especial, pp. 147-151. B. Vick, *Defining Germany: The 1848 Frankfurt Parliamentarians and National Identity* (Cambridge, MA, 2002), esforça-se com denodo para criticar esta interpretação e sublinhar o caráter inclusivo do nacionalismo alemão na época, o que é mais convincente no que diz respeito aos territórios dos Habsburgos do que aos polacos.

³ R. Höhn, *Verfassungskampf und Heereseid: Der Kapmpf des Bürgertums um das Heer (1815-1850)* (Leipzig, 1938); J. Goebbels, *The Goebbels Diaries, 1939-1941*, org. F. Taylor (Londres, 1982) p. 114. Em geral, R. Zitelmann, *Hitler: The Policies of Seduction* (Londres, 1999), pp. 60-61. A contestação dos significados de 1848 também foi uma característica do fascismo italiano; veja-se C. Pavone, "Le idee della Resistenza", in Pavone (org.), *Alle origine della Republica: Scritti su fascismo, antifascismo e continuità dello Stato* (Turim, 1995), p. 7.

⁴ P. Judson, "Changing meanings of 'German' in Habsburg Central Europe", in Charles Ingrao e F. Szabo (orgs.), *The Germans and the East* (West Lafayette, IN, 2007), pp. 109-128, aqui p. 116.

⁵ F. Epstein, "Friedrich Meinecke on Eastern Europe", in F. Epstein (org.), *Germany and the East: Selected Essays* (Bloomington, IN, 1973), p. 37.

⁶ J. Remak, "The Healthy Invalid: How Doomed was the Habsburg Empire?", *Journal of Modern History*, 41, 2 (junho de 1969), pp. 127-143; A. Kogan, "Social Democracy and the Conflict of Nationalities in the Habsburg Monarchy", *Journal of Modern History*, 21, 3 (setembro de 1949), pp. 204-211.

⁷ M. Cornwall, "The Struggle of the Czech-German Language Border, 1880-1940", *English Historical Review*, 109, 433 (setembro de 1994), pp. 914-951; D. Low, *The Anschluss Movement, 1918-1919 and the Paris Peace Conference* (Filadélfia, 1974).

⁸ W. D. Smith, "Friedrich Ratzel and the Origins of Lebensraum", *German Studies Review*, 3, 1 (fevereiro de 1980), pp. 51-68; G. Kiss, "Political Geography into Geopolitics: Recent Trends in Germany", *Geographical Review*, 32, 4 (outubro de 1942), pp. 632-645; K. Lange, "Der terminus 'Lebensraum' in Hitlers 'Mein Kampf'", *Vierteljahrshefte für Zeitgeschichte*, 13, 4 (1965), pp. 426-437.

⁹ W. F. Reddaway, "Prussian Poland: 1850-1914", in W. F. Reddaway, J. H. Penson, O. Halecki e R. Dyboski (orgs.), *The Cambridge History of Poland: From Augustus II to Pilsudski (1697-1935)* (Cambridge, 1951), pp. 409-422.

[10] R. L. Koehl, "Colonialism inside Germany, 1886-1918", *Journal of Modern History*, 25, 3 (setembro de 1953), pp. 255-272; R. W. Tims, *Germanizing Prussian Poland: The H-K-T Society and the Struggle for the Eastern Marches in the German Empire, 1894-1919* (Nova Iorque, 1941), p. 54.

[11] Citado em J. M. Winiewicz, *Aims and Failures of the German New Order* (Londres, 1943), p. 19.

[12] J.-R. Pare, "Les 'Ecrits de jeunesse' du Max Weber: l'histoire agraire, le nationalisme et les paysans", *Canadian Journal of Political Science*, 28, 3 (1995), pp. 437-454; W. Mommsen, *Max Weber and German Politics, 1890-1920* (Chicago, 1984), cap. 2; Höhn, in *Festgabe für Heinrich Himmler* (Darmstadt, 1941).

[13] Kaminski, "Bismarck and the Polish Question", pp. 235-250; Tims, *Germanizing Prussian Poland*, p. 244.

[14] Winiewicz, *Aims and Failures*, p. 20; Tims, *Germanizing Prussian Poland*, p. 34.

[15] *Ibid.*, pp. 142 e 269; W. Hagen, *Germans, Poles and Jews: The Nationality Conflict in the Prussian East, 1772-1914* (Chicago, 1980), p. 307.

[16] Citado por W. Hagen, *ibid.*, pp. 283-284.

[17] F. Epstein, "East Central Europe as a Power Vacuum between East and West during the German Empire, in Epstein (org.), *Germany and the East*, pp. 56-57.

[18] O. Fedyshyn, *Germany's Drive to the East and the Ukrainian Revolution, 1917-1918* (New Brunswick, 1971), p. 23.

[19] A. Polonsky, "The German Occupation of Poland during the First and Second World Wars: A Comparison", in Prete e Ion (orgs.), *Armies of Occupation*, pp. 97-142; M. Handelsman, *La Pologne: sa vie économique et sociale pendant la guerre* (Paris, 1933), pp. 83-99 e 124-127.

[20] *Ibid.*, pp. 170-171; I. Geiss, *Der polnische Grenzstreifen, 1914-1918: Ein Beitrag sur deutschen kriegszielpolitk im Ersten Weltkrieg* (Lübeck, 1960), p. 172.

[21] Hull, *Absolute Destruction*, pp. 256-257 e 259; D. G. Rempel, "The Expropriation of the German Colonists in Southern Russia during the Great War", *Journal of Modern History*, 4, 1 (março de 1932), pp. 49-67; P. Gatrell, *A Whole Empire Walking: Refugees in Russia during World War I* (Bloomington, IN, 2005), cap. 1; E. Lohr, *Nationalizing the Russian Empire: The Campaign agains Enemy Aliens during World War I* (Cambridge, MA, 2003).

[22] Polonsky, "The German Occupation of Poland", pp. 127-128.

[23] F. Fischer, *Germany's Aims in the First World War* (Nova Iorque, 1967), pp. 103--142; Hull, *Absolute Destruction*, pp. 206-211 e 234-240.

[24] V. G. Liulevicius, *War Land on the Eastern Front: Culture, National Identity and German Occupation in World War I* (Cambridge, 2000); Hull, *Absolute Destruction*, pp. 247-248 e 259-262.

[25] G. Fong, "The Movement of German Divisions to the Western Front, Winter 1917-1918", *War in History*, 7, 2 (2000); Liulevicius, *War Land*, p. 205.

[26] Fischer, *Germany's Aims*, pp. 546-549; R. Koehl, "A Prelude to Hitler's Greater Germany", *American Historical Review*, 59, 1 (outubro de 1953), pp. 43-65; H. Herwig, "Tunes of Glory at the Twilight Stage: The Bad Homburg Crown Council and the Evolution of German Statecraft, 1917/1918", *German Studies Review*, 6, 3 (outubro de 1983), pp. 475-494.

[27] R. Waite, *Vanguard of Nazism: The Free Corps Movement in Postwar Germany, 1918-1923* (Nova Iorque, 1952), p. 118; R. Höss, *Death Dealer: The Memoirs of the SS Kommandant at Auschwitz* (Nova Iorque, 1996), p. 60.

[28] Von Salomon, citado por R. Waite, *Vanguard of Nazism*, pp. 108 e 129.

[29] *Ibid.*, apêndice.

³⁰ Herwig, "Tunes of Glory", p. 478.
³¹ J. Goebbels, *The Goebbels Diaries, 1942-43*, org. L. Lochner (Nova Iorque, 1948).

Capítulo 2

¹ M. Burleigh, *Germany Turns Eastward: A Study of Ostforschung in the Third Reich* (Cambridge, 1988), p. 145.
² Citado por M. Dockrill e J. D. Goold, *Peace without Promise: Britain and the Peace Conferences, 1919-1923* (Londres, 1981), p. 24.
³ *Ibid.*, p. 3; J. W. Headlam, *A Memoir of the Paris Peace Conference, 1919* (Londres, 1972), pp. 172-178.
⁴ T. Bottomore e P. Goode (orgs.), *Austro-Marxism* (Oxford, 1978), p. 31; R. Steininger, "12 November 1918-12 March 1938: The Road to the Ahschluss", in R. Steininger, G. Bischof e M. Gehler (orgs.), *Austria in the 20th Century* (New Brunswick, 2002), pp. 85-114, aqui pp. 85-87; F. Carsten, *The First Austrian Republic, 1918-1938: A Study Based on British and Austrian Documents* (Aldershot, 1986).
⁵ S. W. Gould, "Austrian Attitudes toward Anschluss: October 1918-September 1919", *Journal of Modern History*, 22, 3 (setembro de 1950), pp. 220-231; D. P. Myers, "Berlin 'Versus' Vienna: Disagreements about 'Anschluss' in the Winter of 1918-1919", *Central European History*, 5, 2 (junho de 1972), pp. 150-175.
⁶ P. R. Sweet, "Seipel's Views on Anschluss in 1928: An Unpublished Exchange of Letters", *Journal of Modern History*, 19, 4 (dezembro de 1947), pp. 320-323.
⁷ F. G. Campbell, "The Struggle for Upper Silesia, 1919-1922", *Journal of Modern History*, 42, 3 (setembro de 1972), pp. 361-385; M. Housden, "Ewalde Ammende and the Organization of National Minorities in Interwar Europe", *German History*, 18, 4 (2000), pp. 439-460 e 449. Dados provenientes de J. P. Schechtman, *European Population Transfers, 1939-1945* (Nova Iorque, 1946), p. 29; dados do censo de entre as guerras provenientes de R. P. Magocsi, *Historical Atlas of East Central Europe* (Seattle, 1993).
⁸ J. Hiden, *The Baltic States and Weimar Ostpolitik* (Cambridge, 1987).
⁹ Housden, "Ewalde Ammende and the Organization of National Minorities in Interwar Europe".
¹⁰ J. Koralka, "Germany's Attitude to the National Desintegration of Cisleithania", *Journal of Contemporary History*, 4, 2 (abril de 1969), pp. 85-95; F. G. Campbell, *Confrontation in Central Europe: Weimar Germany and Czechoslovakia* (Chicago, 1975), p. 76.
¹¹ *Ibid.*, pp. 82-83; J. W. Bruegel, "The Germans in Prewar Czechoslovakia", in V. Mamatey e R. Luza (orgs.), *A History of the Czechoslovak Republic, 1918-1948* (Princeton, 1973), p. 175; E. Wiskemann, *Czechs and Germans* (Oxford, 1938); D. Miller, "Colonising the Hungarian and German Borders Areas during the Czech Land Reform, 1918-1938", *Austrian History Yearbook*, 34 (2003), pp. 303-317.
¹² H. van Rieckhoff, *German-Polish Relations, 1918-1933* (Baltimore, 1971), p. 18; H. Stern, "The Organisation Consul", *Journal of Modern History*, 35, 1 (março de 1963), pp. 20-32.
¹³ R. Blanke, *Orphans of Versailles: The German in Western Poland, 1918-1939* (Lexington, KY, 1993), cap. 2.
¹⁴ R. Blanke, "The German Minority in Interwar Poland and German Foreign Policy: Some Reconsiderations", *Journal of Contemporary History*, 25 (1990), pp. 87-102; E. Wiskemann, *Germany's Eastern Neighbours* (Oxford, 1956), p. 20; C. Raitz von Frentz,

Lesson Forgotten: Minority Protection under the League of Nations: The Case of the German Minority in Poland, 1920-1934 (Nova Iorque, 1999), pp. 213-216.

[15] O memorando de janeiro de 1925 é citado em R. Steininger, "12 November 1918-12 March 1938: The Road to the Anschluss", in R. Steininger, G. Bischof e M. Gehler (orgs.), *Austria in the 20th Century*, p. 98; C. Fink, *Defending the Rights of Others: The Great Powers, the Jews and International Minority Protection, 1878-1938* (Cambridge, 2004), p. 298; C. Raitz von Frentz, *Lesson Forgotten*, p. 160.

[16] H. B. Calderwood, "International Affairs: Should the Council of the League of Nations Establish a Permanent Minorities Commission?", *American Political Science Review*, 27, 2 (abril de 1933), pp. 250-259; H. B. Calderwood, "International Affairs: The Proposed Generalization of the Minorities Regime", *American Political Science Review*, 28, 6 (dezembro de 1934), pp. 1088-1098; Fink, "Stresemann's Minority Policies 1924-1929", *Journal of Contemporary History* (1979), pp. 403-422, p. 420, n.º 37.

[17] K. Fiedor, "Attitude of German Rightwing Organizations to Poland in the Years 1918-1933", *Polish Western Affairs*, 14, 2 (1973), pp. 247-267.

[18] A. Komjathy e R. Stockwell, *German Minorities and the Third Reich: Ethnic Germans of East Central Europe between the Wars* (Nova Iorque, 1980), p. 3; Burleigh, *Germany Turns Eastward*.

[19] S. Suval, "Overcoming *Kleindeutschland*: The Politics of Historical Mythmaking in the Weimar Republic", *Central European History*, 3 (1969), pp. 312-330, Lach é citado nas pp. 326-327.

[20] P. R. Sweet, "The Historical Writing of Heinrich von Srbik", *History and Theory*, 9, 1 (1970), pp. 37-58, 48.

[21] O. Hammen, "German Historians and the Advent of the National Socialist State", *Journal of Modern History*, 13, 2 (junho de 1941), pp. 161-188; R. Ross, "Heinrich Ritter von Sbirk and 'Gesamtdeutsch' History", *Review of Politics*, 31, 1 (janeiro de 1969), pp. 88-107; M. Ruehl, "In This Time without Emperors: The Politics of Ernst Kantorowic's *Kaiser Friedrich der Zweite* Reconsidered", *Journal of the Warburg and Courtauld Institutes*, 63 (2000), pp. 187-242.

[22] Hammen, "German Historians", pp. 187-188.

[23] Goebbels, *The Goebbels Diaries, 1939-1941*, p. 114.

[24] Komjathy e Stockwell, *German Minorities and the Third Reich*, p. 8.

[25] I. Kershaw, *Hitler, 1889-1936: Hubris* (Nova Iorque, 1999), p. 330.

[26] V. Lumans, *Himmler's Auxiliaries: The Volksdeutsche Mittelstelle and the German National Minorities of Europe, 1933-1945* (Chapel Hill, NC, 1993).

[27] Burleigh, *Germany Turns Eastward*, p. 145; I. Haar, "German Ostforschung and Anti-Semitism, in I. Haar e M. Fahlbusch (orgs.) *German Scholars and Ethnic Cleasing, 1920-1945* (Oxford, 2005), p. 14.

[28] V. Gott, "The National Socialist Theory of International Law", *American Journal of International Law*, 32, 4 (outubro de 1938), pp. 704-718; L. Preuss, "National Socialist Conceptions of International Law", *American Political Science Review*, 29, 4 (agosto de 1935), pp. 594-609.

[29] R. Murphy *et al.* (orgs.), *National Socialism: Basic Principles, Their Application by the Nazi Party's Foreign Organization and the Use of Germans Abroad for Nazi Aims* (Washington, DC, 1943), p. 69.

[30] Komjathy e Stockwell, *German Minorities and the Third Reich*, p. 85.

[31] Memorando de Hossbach in J. Noakes e G. Pridham (orgs.), *Nazism, 1919-1945: A Documentary Reader* vol. 3: *Foreign Policy, War and Racial Extermination* (Exeter, 1991), pp. 68-69; Göring e Mussolini, *ibid.*, pp. 699-700.

[32] G. Botz, *Die Eingliederung ÖsterReichs und das Deutsches Reich* (Linz, 1976), pp. 41-44.

³³ *Ibid.*, pp. 82-100; J. K. Pollock, *The Government of Greater Germany* (Nova Iorque, 1938), pp. 150-151.

³⁴ J. von Lang (org.), *Eichmann Interrogated: Transcripts from the Archives of the Israeli Police* (Nova Iorque, 1999), pp. 56-62.

³⁵ H. Safrian, *Eichmann und seine Gehilfen* (Frankfurt, 1995), pp. 28-31; F. Bajohr, "The Holocaust and Corruption", in G. Feldman e W. Seibel (orgs.), *Networks of Nazi Persecution: Bureaucracy, Business and the Organization of the Holocaust* (Nova Iorque, 2005), p. 121.

³⁶ Safrian, *Eichmann und seine Gehilfen*, pp. 44-45.

³⁷ Steininger, "The Road to Anschluss", pp. 112-113.

³⁸ R. Schwarz, "Bürckel and Innitzer", in F. Parkinson (org.), *Conquering the Past: Austrian Nazism Yesterday and Today* (Detroit, 1989), p. 143.

³⁹ M. Williams, "German Imperialism and Austria, 1938", *Journal of Contemporary History*, 14, 1 (janeiro de 1979), pp. 139-153; E. Bukey, "Popular Opinion in Vienna after the Anschluss", in Parkinson (org.), *Conquering the Past*, pp. 151-165.

Capítulo 3

¹ *Gemeinschaftslieder. Lieder für Frauengruppen* (1940), citado e traduzido (com adaptações) in N. Frei, *National Socialist Rule in Germany: The Führer State, 1933-1945* (Oxford, 1993), p. 192.

² Noakes e Pridham (orgs.), *Nazism, 1919-1945*, p. 629.

³ O comentário de Best sobre o imperialismo provém de H. Höhne, *The Order of the Death's Head: The Story of Hitler's SS* (Nova Iorque, 1970); U. von Hassell, *The von Hassell Diaries, 1938-1944* (Londres, 1948), pp. 71, 75 e 86; os números relativos à campanha da Polónia provêm de C. Madajczyk, *Die Okkupationspolitik Nazideutchlands in Polen, 1939-1945* (Berlim, 1987), p. 312.

⁴ K. Robbins, "Konrad Henlein, the Sudeten Question and British Foreign Policy", *Historical Journal*, 12, 4 (dezembro, 1969), pp. 674-697, aqui p. 696.

⁵ W. Murray, *The Change in the European Balance of Power, 1938-1939: The Path to Ruin* (Princeton, 1984); R. J. Young, "The Aftermath of Munich", *French Historical Studies*, 8, 2 (outono de 1973), pp. 305-322.

⁶ H. Groscurth, *Tagebücher eines Abwehroffiziers, 1938-1940* (Estugarda, 1970), pp. 140-147; H. Umbreit, "Structures of German Occupation Policy during the Initial Phase of the German-Soviet War", in B. Wegner (org.), *From Peace to War: Germany, Soviet Russia and the World, 1939-1941* (Oxford, 1997), p. 244.

⁷ R. Gebel, *"Heim ins Reich!": Konrad Henlein und der Reichsgau Sudentenland (1938-1945)* (Munique, 1999), pp. 222-233.

⁸ T. Prochaska, "The Second Republic, 1938-1939", in Mamatey e Luza (orgs.), *A History of the Czechoslovak Republic, 1918-1948* (Princeton, 1973), pp. 255-261.

⁹ V. Mastny, *The Czechs under Nazi Rule: The Failure of National Resistance, 1939--1942* (Nova Iorque, 1972), pp. 47-50.

¹⁰ E. Erdely, *Germany's First European Protectorate: The Fate of the Czechs and the Slovaks* (Londres, 1942), pp. 40-41.

¹¹ Mastny, *The Czechs under Nazi Rule*, p. 51; M. Moskowitz, "Three Years of the Protectorate of Bohemia and Moravia", *Political Science Quarterly*, 57, 3 (setembro de 1942), pp. 353-375; Militärgeschichtliches Forschungsamt (org.), *Germany and the Second World War*, vol. 5: *Organization and Mobilizations of the German Sphere of Power*, org. B. Kroener *et al.* (Oxford, 2000), pp. 39-40.

[12] J. Milotova, "Die NS-Pläne zur Lösung der 'tschechischen Frage'", in D. Brandes, E. Ivanickova e J. Pesek (orgs.), *Erzwungene Trennung: Vertreibungen und Aussiedlungen in und aus der Tschechoslowakei 1938-1947 im Vergleich mit pólen, Ungarn und Jugoslawien* (Tübingen, 1999), pp. 23-37, aqui p. 24.

[13] A. Speer, *Inside the Third Reich* (Londres, 1970), p. 147; Mastny, *The Czechs under Nazi Rule*, p. 54; G. Kennan, *From Prague after Munich: Diplomatic Papers, 1938-1940* (Princeton, 1968), pp. 146-147.

[14] A tese de licenciatura de James Ward na Universidade de Stanford sobre Tiso deverá ser o estudo definitivo sobre a sua carreira.

[15] J. Hoensch, "The Slovak Republic, 1939-1945", in Mamatey e Luza (orgs.), *A History of the Czechoslovak Republic*, pp. 271-295.

[16] G. Ciano, *Ciano's Diary, 1939-1943*, org. M. Muggeridge (Londres, 1947), p. 45; A. Hitler, *Hitler: Speeches and Proclamations, 1932-1945*, org. M. Domarus, vol. 3 (1939-1940) (Wauconda, IL, 1997), pp. 1523-1535.

[17] Ciano, *Ciano's Diary*, p. 124.

[18] Citado em Noakes e Pridham (orgs.), *Nazism, 1919-1945*, p. 743.

[19] A. Rossino, *Hitler Strikes Poland: Blitzkrieg, Ideology and Atrocity* (Lawrence, KS, 2003), pp. 196-197.

[20] *Ibid.*, p. 127.

[21] M. Broszat, *Nationalsozialistische Polenpolitik, 1939-1945* (Estugarda, 1961), pp. 19-20; Rossino, *Hitler Strikes Poland*, pp. 13-15.

[22] *Ibid.*, pp. 77 e 159.

[23] E. B. Westermann, "'Friend and Helper': German Uniformed Police Operations in Poland and the General Government, 1939-1941", *Journal of Military History*, 58, 4 (outubro de 1994), pp. 643-662; A. de Zayas, *Wehrmacht War Crimes Bureau, 1939- -1945* (Lincoln, NE, 1989), p. 141.

[24] C. Jansen e A. Weckbecker, "Eine Milz im 'Weltanschauungskrieg': der 'Volksdeutsche Selbschutz' in Polen, 1939/40", in Michalka (org.), *Der Zweite Weltkrieg*, pp. 482-501. Agradeço também a Catherine Epstein por me ter permitido ler as partes relevantes do seu estudo sobre Arthur Greiser, a publicar.

[25] As estimativas do número de vítimas mortais entre os alemães étnicos provêm de Zayas, *Wehrmacht War Crimes Bureau*, pp. 139-140, um livro fascinante mas a utilizar com cautela. O número de 2000 é uma estimativa polaca do pós-guerra; 6000 foi o número a que chegaram na época os investigadores da Wehrmacht.

[26] Rossino, *Hitler Strikes Poland*, pp. 69-73.

[27] *Ibid.*, p. 175.

[28] C. Browning, *The Origins of the Final Solution: The Evolution of Nazi Jewish Policy, September 1939-March 1945: With Contributions by Jürgen Matthäus* (Lincoln, NE, 2004), p. 17; H. Umbreit, *Deutsche Militärverwaltungen 1938/39: Die militärische Besetzung der Tschechoslowakei und Polens* (Estugarda, 1977), pp. 154-155; Rossino, *Hitler Strikes Poland*, pp. 116-117; G. Engel, *At the Heart of the Reich: The Secret Diary of Hitler's Army Adjutant* (Londres, 2005), p. 79 (entradas de 15/10 e 18/11/1939).

[29] Umbreit, *Deutsche Militärverwaltungen 1938/39*, pp. 91-93.

[30] Noakes e Pridham (orgs.), *Nazism, 1919-1945*, vol. 3, p. 927.

[31] Engel, *At the Heart of the Reich*, p. 75.

[32] Madajczyk, *Die Okkupationspolitik Nazideutchlands*, pp. 30-35.

[33] Engel, *At the Heart of the Reich*, p. 76.

[34] Hitler, *Hitler: Speeches and Proclamations*, pp. 1840-1846.

[35] Ciano, *Ciano's Diary*, pp. 166-170; Goebbels, *The Goebbels Diaries, 1939-1941*, p. 15.

[36] *Ibid.*, p. 16.

³⁷ *Krakauer Zeitung*, 24 de abril de 1941, citado em Ministério da Informação polaco, *The German New Order in Poland* (Londres, 1942), p. 8.
³⁸ Frank, citado em J. Connelly, "Nazis and Slavs: From Racial Theory to Racist Practice", *Central European History*, 32, 1 (1999), pp. 1-33, aqui p. 8.
³⁹ D. Rebentisch, *Führerstaat und Verwaltung im Zweiten Weltkrieg: Verfassungsentwicklung und Verwaltungspolitik, 1939-1945* (Estugarda, 1989), pp. 172-173.
⁴⁰ W. Präg e W. Jacobmeyer (orgs.), *Das Diensttagebuch des deutschen Generalgouverneurs in Polen 1939-1945* (Estugarda, 1975), pp. 113-117; Tribunal Militar Internacional, *Trial of the Major War Criminals before the Nuernberg Military Tribunal under Control Council Law No. 10*, 14 vols. (Washington, DC, 1949-1953) (adiante TWC), vol. 5 (Washington, DC, 1951), pp. 20-21 ("The significance of the collapse of the Polish state from the point of view of international law", 15 de maio de 1940).
⁴¹ C. Madajczyk, "Legal Conceptions in the Third Reich and its Conquests", *Michael*, 13 (1993), pp. 131-159, aqui pp. 135-136; T. Szarota, *Warschau unter dem Hakenkreuz* (Paderborn, 1978), pp. 48-49; Präg e Jacobmeyer (orgs.), *Das Diensttagebuch des deutschen Generalgouverneurs*, p. 247.

Capítulo 4

¹ Citado no excelente e recente estudo de P. T. Rutherford, *Prelude to the Final Solution: The Nazi Program for Deporting Ethnic Poles, 1939-1941* (Lawrence, KS, 2007), p. 30.
² I. Haar, "German Ostforschung and Anti-Semitism", in Haar e Fahlbusch (orgs.), *German Scholars and Ethnic Cleasing, 1920-1945* (Oxford, 2005), pp. 1-28.
³ Schechtman, *European Population Transfers*, pp. 53-55; note-se que também existiu uma cláusula relativa às transferências no acordo com a Checoslováquia a propósito dos Sudetas, mas nunca foi aplicada.
⁴ Reitlinger, *The House Built on Sand*, pp. 44-45; P. Lossowski, "The Resettlement of the Germans from the Baltic States in 1939/41", *Ata Poloniae Historica*, 92 (2005), pp. 79-98.
⁵ M. Carlyle (org.), *Documents on International Affairs, 1939-1946*, vol. 2: *Hitler's Europe* (Londres, 1954), p. 23.
⁶ Winiewicz, *Aims and Failures*, p. 4; Schechtman, *European Population Transfers*, p. 171.
⁷ Lossowski, "The Resettlement of the Germans from the Baltic States", *passim*; V. Lumans, "A Reassessment of Volksdeutsche and Jews in the Volhynia-Galicia-Narew Resettlement", in A. Steinweis e D. E. Rogers (orgs.), *The Impact of Nazism* (Lincoln, NE, 2003), pp. 87-100.
⁸ Ministério da Informação polaco, *The German New Order in Poland* (Londres, 1942), p. 181.
⁹ Klukowski, *Diary from the Years of Occupation*, p. 41.
¹⁰ As estimativas da emigração judaica são abordadas em Kulischer, *Europe on the Move*, pp. 190-191.
¹¹ Rutherford, *Prelude to the Final Solution*, pp. 48-53.
¹² Von Lang (org.), *Eichmann Interrogated*, pp. 59-61.
¹³ C. Browning, "Nazi Resettlement Policy and the Search for a Solution to the Jewish Question, 1939-1941", no seu *The Path to Genocide: Essays on Lauching the Final Solution* (Cambridge, 1992), pp. 3-27.
¹⁴ H. S. Levine, "Local Authority and the SS State: The Conflict over Population Policy in Danzig-West Prussia, 1939-1945", *Central European History*, 3 (1969), pp. 331-

-355; sobre o destino de Gdynia, veja-se Ministério da Informação polaco, *The German New Order in Poland*, p. 307.

[15] P. Rutherford, "'Absolute Organizational Deficiency': of December 1939 (Logistics, Limitations, and Lessons)", *Central European History*, 36, 2 (2003), pp. 235-272, aqui p. 241.

[16] Rutherford, *Prelude to the Final Solution*, p. 258.

[17] *Ibid.*, pp. 246-248.

[18] Noakes e Pridham (orgs.), *Nazism, 1919-1945*, pp. 937-940.

[19] Browning, *The Origins of the Final Solution*, pp. 114-115.

[20] *Ibid.*, pp. 169-172; mais pormenores sobre o Plano Madagáscar no próximo capítulo.

[21] M. Housden, *Hans Frank: Lebensraum and the Holocaust* (Nova Iorque, 2003), pp. 132-137.

[22] Rutherford, *Prelude to the Final Solution*, pp. 174-175.

[23] *Ibid.*, p. 164.

[24] *Ibid*, pp. 159-164.

[25] E. Harvey, "Management and Manipulation: Nazi Settlement Planners and Ethnic German Settlers in Occupied Poland", in C. Elkins e S. Pedersen (orgs.), *Settler Colonialism in the Twentieth Century* (Nova Iorque, 2005), pp. 95-113.

[26] Noakes e Pridham (orgs.), *Nazism, 1919-1945*, pp. 962-965.

[27] Ministério da Informação polaco, *The German New Order in Poland, passim*; Präg e Jacobmeyer (orgs.), *Das Diensttagebuch des deutschen Generalgouverneurs*, p. 220.

[28] *Ibid.*, pp. 119-120 e 178.

[29] F. Bajohr, "The Holocaust and Corruption", in Feldman e Seibel (orgs.), *Networks of Nazi Persecution*, pp. 118-141.

[30] Madajczyk, *Die Okkupationspolitik Nazideutchlands*, p. 42.

[31] Präg e Jacobmeyer (orgs.), *Das Diensttagebuch des deutschen Generalgouverneurs*, pp. 178-179; D. Mejer, *"Non-Germans" under the Third Reich: The Nazi Judicial and Administrative System in Germany and Occupied Eastern Europe with Special Regard to Occupied Poland, 1939-1945* (Baltimore, 2003), p. 210.

[32] H. Harten, *De-Kulturation und Germanisierung: Die nationalsozialistische Rassen— und Erziehungspolitik in Polen 1939-1945* (Frankfurt, 1996), pp. 88-92; Mejer, *"Non-Germans" under the Third Reich*, p. 208.

[33] Sobre Jäger, veja-se a biografia de Arthur Greiser da autoria de C. Epstein, cap. 5 (a publicar). Agradeço ao professor Epstein por me ter permitido ler o seu manuscrito.

[34] Ministério da Informação polaco, *The German New Order in Poland*, pp. 408-409; Schechtman, *European Population Transfers*, pp. 337-338.

[35] Ministério da Informação polaco, *The German New Order in Poland*, pp. 156--158 e 165; Harten, *De-Kulturation und Germanisierung*, pp. 86-87; C. Luczak, "Nazi Spatial Plans in Occupied Poland (1939-1945)", *Studia Historicae Oeconomicae*, 12 (1978), p. 156.

[36] J. Heydecker, *Un soldat allemand dans le ghetto de Varsovie 1941* (Paris, 1986), pp. 45-46 e 88-90.

[37] A. Rieber, "Civil Wars in the Soviet Union", *Kritika*, 4, 1 (inverno de 2003), pp. 129-162.

[38] J. Erickson, "The Soviet March into Poland, Sept. 1939", e R. Szawlowski, "The Polish-Soviet War of September 1939", ambos in K. Sword (org.), *The Soviet Takeover of the Polish Eastern Provinces* (Londres, 1991), pp. 21-22 e 28-44.

[39] N. S. Lebedeva, "The Deportation of the Polish Population to the USSR, 1939-1941", *Journal of Communist Studies and Transition Politics*, 16, 12 (2000), pp. 28-45; Rieber, "Civil Wars in the Soviet Union".

[40] D. Engel, "An Early Account of Polish Jewry under Nazi and Soviet Occupation Presented to the Polish Government-in-Exile, February 1940", *Jewish Social Studies*, 45, 1 (1983), pp. 1-16.

[41] B. Pinchuk, *Shtetl Jews under Soviet Rule: Eastern Poland on the Eve of the Holocaust* (Oxford, 1990), p. 5.

[42] Z. Sobieski, "Reminiscenses from Lwow, 1939-1946", *Journal of Central European Affairs*, 6, 4 (janeiro de 1947), pp. 351-374.

[43] V. Riismandel, "Soviet Law in Occupied Estonia", *Baltic Review*, 5 (junho de 1955), pp. 23-42; D. Marples, "Western Ukraine and Western Belorussia under Soviet Occupation: The Development of Socialist Farming, 1939-1941", *Revue Canadienne des Slavistes*, 27, 2 (junho de 1985), pp. 158-177; W. Bonusiak, "Die Landwirtschaftspolitik de sowjettischen Besatzungsmacht auf dem Gebiet des sog. Westlichen Weissrusslands in den Jahren 1939-1949", *Studia Historicae Oeconomicae*, 24 (2001), pp. 149-163.

[44] G. Swain, *Between Stalin and Hitler: Class War and Race War on the Dvina, 1940-1946* (Londres, 2004), pp. 55; A. Rossino, "Polish 'Neighbours' and German Invaders: Anti-Jewish Violence in the Bialystok District during the Opening Weeks of Operation Barbarossa", *Polin*, 16 (2000), pp. 431-452.

[45] Alemanha, Auswärtiges Amt, *Amtliches Material zum Massenmord von Katyn* (Berlim, 1943).

Capítulo 5

[1] Alemanha, Auswärtiges Amt, *Documents on German Foreign Policy, 1918-1945*, Série D (1937-1945), 13 vols. (1937-1945) (adiante *DGFP*), vol. 9 (Washington, DC, 1956), p. 7.

[2] R. J. Overy, *Goering: The "Iron Man"* (Londres, 1984), cap. 4.

[3] H. A. Jacobsen, "Formen nationalsozialistischer Bündnispolitik", in H. Kling (org.), *Der nationalsozialistische Krieg* (Frankfurt, 1990), pp. 231-238; memorando naval de julho citado em Militärgeschichtliches Forschungsamt (org.), *Germany and the Second World War*, vol. 3: *The Mediterranean, South-east Europe and North Africa, 1939-1941*, org. G. Schreiber *et al.* (Oxford, 1995), p. 291.

[4] *Ibid.*, vol. 5:1, p. 66.

[5] K. Kwiet, "Vorbereitung und Auflösung der deutschen Militärverwaltung in den Niederlanden", *Militärgeschichtliche Mitteilungen*, 1 (1969), pp. 121-153.

[6] W. Warmbrunn, *The Dutch under German Occupation, 1940-1945* (Stanford, 1963), pp. 27-28 e 131-132; J. Goebbels, *Tagebücher*, org. R. Reuth, 5 vols. (Munique, 1999), vol. 4 (1940-1942), p. 1424.

[7] *DGFP*, vol. 1 (Washington, DC, 1960), pp. 612-619; Göring é citado em W. Lipgens (org.), *Documents on the History of European Integration*, vol. 1 (Berlim, 1984), p. 57.

[8] W. Warmbrunn, *The German Occupation of Belgium, 1940-1944* (Nova Iorque, 1993), pp. 110-113; J. H. Geller, "The Role of Military Administration in German-occupied Belgium, 1940-1944", *Journal of Military History*, 63, 1 (1999), pp. 99-125.

[9] J. Jackson, *The Fall of France: The Nazi Invasion of 1940* (Oxford, 2003), pp. 174-182.

[10] J. David, *A Square of Sky: Memories of a Wartime Childhood* (Londres, 1992), p. 109.

¹¹ Noakes e Pridham (orgs.), *Nazism, 1919-1945*, p. 882.
¹² I. Hueck, "'Spheres of Influence' and '*Völkisch*' Legal Thought: Reinhard Höhn's Notion of Europe", in Joerges, C. e Ghaleigh, N. S. (orgs.), *Darker Legacies of Law: The Shadow of National Socialism and Fascism over Europe and its Legal Traditions* (Oxford, 2003), pp. 71-87; as ideias de Best provêm de U. Herbert, *Best: Biographische Studien über Radikalismus, Weltanschauung und Vernunft, 1903-1989* (Bona, 2001), pp. 268-269.
¹³ J. Jackson, *France. The Dark Years, 1940-1944* (Oxford, 2001), pp. 126-136.
¹⁴ N. Wylie, "Switzerland", in (org.), *European Neutrals and Non-Belligerants during the Second World War* (Cambridge, 2002), pp. 331-354.
¹⁵ H. A. DeWeerd, "Hitler's Plans for Invading Britain", *Military Affairs*, 12, 3 (1948), pp. 147-148; A. Hillgruber, "England's Place in Hitler's Plans for World Dominion", *Journal of Contemporary History*, 9, 1 (janeiro de 1974), pp. 5-22.
¹⁶ W. Schellenberg, *Invasion 1940: The Nazi Invasion Plan for Britain*, introd. J. Erickson (Londres, 2000).
¹⁷ G. O. Kent, Kent, G. O., "Britain in the Winter of 1940 as Seen from the Wilhelmstrasse", *Historical Journal*, 6, 1 (1963), pp. 120-130.
¹⁸ N. J. W. Goda, "The Reluctant Belligerent: Franco's Spain and Hitler's War", in C. Kent *et al.* (orgs.), *The Lion and the Eagle: Interdisciplinary Essays on German--Spanish Relations over the Centuries* (Londres, 2000), pp. 383-396.
¹⁹ W. Bowen, *Spaniards and Nazi Germany: Collaboration in the New Order* (Columbia, MO, 2000), pp. 77-79; C. Burdick, *Germany's Military Strategy and Spain in World War II* (Syracuse, 1968), pp. 119-188.
²⁰ W. Schmokel, *Dreams of Empire: German Colonialism, 1919-1945* (New Haven, 1964), p. 128.
²¹ *DGFP*, vol. 11, p. 484; D. Eichholtz, "Unfreie Arbeit-Zwangsarbeit", in Eichholtz (org.), *Krieg und Wirtschaft: Studien zur deutschen Wirtschaftsgeschichten 1939-1945* (Berlim, 1999), pp. 129-157, aqui p. 145; K. Linne, "'New Labour Policy' in Nazi Colonial Planning for Africa", *International Review of Social History*, 49, 2 (2004), pp. 197-224.
²² G. Weinberg, "German Colonial Plans and Policies", in G. Weinberg, *World in the Balance: Behind the Scenes of World War II* (Hanover, NH, 1981), pp. 96-136; Schmokel, *Dreams of Empire*, pp. 50-52.
²³ *Ibid.*; K. Hildebrand *Vom Reich zum WeltReich: Hitler, NSDAP und koloniale Frage, 1919-1945* (Munique, 1969); R. Herzstein, *When Nazi Dreams Come True: The Third Reich's International Struggle over the Future of Europe after a German Victory: A Look at the Nazi Mentality, 1939-45* (Londres, 1982), p. 25; R. W. Kestling, "Blacks under the Swastika: A Research Note", *Journal of Negro History*, 83, 1 (inverno de 1998), pp. 84-99.
²⁴ *DGFP*, vol. 11, p. 171.
²⁵ G. Anderl, "Die 'Zentralstellen für judische Auswanderung' in Wien, Berlin und Prag: Ein Vergleich", *Tel Aviver Jahrbuch für Deutsche Geschichte*, 23 (1994), pp. 275--299; *DGFP*, vol. 10, (Washington, DC, 1958), pp. 111-113; xi, p. 491; G. Hahn, *Grundfragen europäischer Ordnung: Ein Betrag zur Neugestaltung der Völkerrechtslehre* (Berlim, 1939); C. Browning, *The Final Solution and the German Foreign Office* (Nova Iorque, 1978), pp. 36-37; Präg e Jacobmeyer (orgs.), *Das Diensttagebuch des deutschen Generalgouverneurs*, pp. 247-248.
²⁶ C. Tonnini, *Operazione Madagascar: La questione ebraica in Polonia, 1918-1968* (Bolonha, 1999), pp. 17-135; M. Brechtken, "'La géographie demeure': FrankReich, Polen und die Kolonial-und Judenfrage am Vorabend des Zweiten Weltkrieges", *Francia*, 25, 3 (1998), pp. 25-60.

[27] *DGFP*, vol. 10, pp. 112-113.
[28] *Ibid.*, pp. 305 e 384; Gigurtu in *Time*, 5 de agosto de 1940; G. Aly e S. Heims, *Architects of Annihilation: Auschwitz and the Logic of Destruction* (Princeton, 2003), pp. 164-165.
[29] E. T. Jennings, *Vichy in the Tropics: Pétain's National Revolution in Madagascar, Guadeloupe, and Indochina, 1940-1944* (Stanford, 2001), p. 96.
[30] Browning, *The Final Solution and the German Foreign Office* (Nova Iorque, 1978), pp. 38, 42 e 79; Noakes e Pridham (orgs.), *Nazism, 1919-1945*, p. 1077 (memorando do RSHA de 15 de agosto de 1940); Engel, *At the Heart of the Reich*, p. 103 [2/2/41].
[31] Goebbels in Noakes e Pridham (orgs.), *Nazism, 1919-1945*, p. 900.
[32] W. Warlimont, *Inside Hitler's Headquarters, 1939-1945* (Londres, 1964), p. 101; E. Weiszäcker, *Die Weiszäcker-Papiere, 1933-1950*, org. L. E. Hill (Frankfurt, 1974), p. 205; von Hassell, *The von Hassell Diaries*, p. 139.
[33] Predöhl é citado em P. Fonzi, "Nazionalsocialismo e nuovo ordine europeo: La discussione sulla 'Grossraumwirtschaft'", *Studi Storici*, 45, 2 (2004), pp 313-365.
[34] Noakes e Pridham (orgs.), *Nazism, 1919-1945*, pp. 884-888.
[35] Y. Jelinek, "Slovakia's Internal Policy and the Third Reich, August 1940-Feb. 1941", *Central European History*, 4, 3 (1971), pp. 242-270; *DGFP*, vol. 9, p. 685; *ibid.*, vol. 10, pp. 10 e 16.
[36] Herzstein, *When Nazi Dreams Come True*, p. 105.
[37] W. Lipgens (org.), *Documents on the History of European Integration*, vol. 1, pp. 55-71; R.-O. Mueller, "The Mobilization of the German War Economy for Hitler's War Aims", in Kroener, Mueller e Umbreit, *Germany and the Second World War*, p. 572; os comentários alemães sobre Keynes provêm de Fonzi, "Nazionalsocialismo", pp. 326-327.
[38] Speer, *Inside the Third Reich*, pp. 132-135; A. Speer, *Spandau: The Secret Diaries* (Londres, 1976), pp. 45 e 80n.
[39] Speer, *Inside the Third Reich*, p. 181.
[40] J. Thies, "Hitler's European Building Programme", *Journal of Contemporary History*, 13 (1978), pp. 413-431; sobre Rütgen, veja-se W. Cook, "Inside the Holiday Camp Hitler Built", *Observer*, 12 de agosto de 2001.
[41] Thies, "Hitler's European Building Programme", p. 426; Speer, *Inside the Third Reich*, p. 144 e 181.
[42] *Ibid.*, p. 416.
[43] *DGFP*, vol. 9, p. 507.
[44] Itália, Ministero d'Affari Esteri, *I Documenti Diplomatici*, 9 (1939-1943) (adiante *DDI*), vol. 5 (Roma, 1987), pp. 9-10; vol. 6 (Roma, 1987), pp. 399-400.
[45] P. Schmidt, *Hitler's Interpreter* (Londres, 1951), p. 185.
[46] *DGFP*, vol. 10, p. 440.
[47] Benjamin Martin, "German-Italian Cultural Initiatives and the Idea of a New Order in Europe, 1936-1945", tese de doutoramento, Universidade de Columbia, 2006. Agradeço a Benjamin Martin por ter discutido estas questões comigo e me ter autorizado a citar da sua dissertação.
[48] Warlimont, *Inside Hitler's Headquarters*, p. 114.
[49] Estou extremamente grato a Holly Case por ter discutido a sua obra a publicar sobre este tema.
[50] G. Weinberg, *Germany and the Soviet Union, 1939-1941* (Leiden, 1954), pp. 106-125.
[51] Reitlinger, *The House Built on Sand*, pp. 47-49.
[52] Ciano, *Ciano's Diary*, p. 388; sobre o bloco balcânico italiano, veja-se Schreiber *et al.*, *Germany and the Second World War*, p. 381.

⁵³ *DGFP*, vol. 11, pp. 639-641.
⁵⁴ W. Manoschek, *"Serbien ist judenfrei ": Militärische Besatzungspolitik und Judenvernichtung in Serbien 1941/42* (Munique, 1993), pp. 18-19.
⁵⁵ Goebbels é citado em H. Umbreit, "Towards Continental Domination", in Militärgeschichtliches Forschungsamt (org.), *Germany and the Second World War*, vol. 5:1, p. 99.
⁵⁶ Veja-se a carta de Hitler a Mussolini, in R. J. Sontag e J. S. Beddie (orgs.), *Nazi-Soviet Relations, 1939-1941: Documents from the Archives of the German Foreign Office* (Washington, DC, 1948), pp. 347-353; Weiszäcker, *Weiszäcker-Papiere*, p. 222; Reitlinger, *The House Built on Sand*, p. 62.

Capítulo 6

¹ EUA, Office of the United States Chief of Counsel for Prosecution of Axis Criminality, *Nazi Conspiracy and Aggression*, 8 vols. e suplementos (Washington, DC, 1946-1947)
² "Weisung Nr 21. Fall Barbarossa vom 18. 12. 1940.", in G. R. Überschär e W. Wette (orgs.), *"Unternehmen Barbarossa": Der deutsche Überfall auf die Sowjetunion 1941: Berichte, Analysen, Dokumente* (Paderborn, 1984), pp. 298-300; K. J. Arnold, *Die Wehrmacht un die Besatzungspolitik in den Besetzten Gebieten der Sowjetunion: Kriegsführung und Radikalisierung im "Unternehmen Barbarossa"* (Berlim, 2005), pp. 80-83. Veja-se também A. Kay, *Exploitation, Resettlement, Mass Murder: Political and Economic Planning for German Occupation Policy in the Soviet Union, 1940-1941* (Nova Iorque, 2006), cap. 3.
³ G. Engel, *At the Heart of the Reich*, p. 96.
⁴ I. Maisky, *Memoirs of a Soviet Ambassador: The War, 1939-1943* (Londres, 1967), pp. 234-235.
⁵ G. R. Überschär, "Das Scheiten des Unternehmen 'Barbarossa'", in G. R. Überschär e W. Wette (orgs.), *"Unternehmen Barbarossa"*, p. 151; "Auszug aus Hitlers Ausführung vom 30. 3. 1941 [Halder], in *ibid.*, pp. 302-303; Bartov, *Hitler's Army*.
⁶ O. Bartov, *The Eastern Front, 1941-1945: German Troops and the Barbarization of Warfare* (Nova Iorque, 1986).
⁷ H. Heer e K. Naumann (orgs.), *War of Extermination: The German Military in World War II, 1941-1944* (Nova Iorque, 2000).
⁸ A. Hillgruber, "The German Military Leaders' View of Russia", in Wegner (org.), *From Peace to War: Germany, Soviet Russia and the World, 1939-1941* (Oxford, 1997), pp. 169-187, aqui pp. 179-180.
⁹ *Ibid.*, pp. 176-180; veja-se a discussão em Arnold, *Die Wehrmacht und die Besatzungspolitik*, pp. 52 e 55.
¹⁰ K. Schüler, "The Eastern Campaign as a Transportation and Supply Problem", in Wegner (org.), *From Peace to War*, pp. 206-219; "Anordnung des ObH", 3 de abril de 1941, in N. Müller (org.), *Deutsche Besatzungspolitik in der UdSSR, 1941-1944: Dokumente*, p. 35; Engel, *At the Heart of the Reich*, pp. 105 e 108.
¹¹ Ben Shepherd, *War in the Wild East: The German Army and Soviet Partisans* (Cambridge, MA, 2004), p. 53; A. Dallin, *German Rule in Russia, 1941-1945: A Study of Occupation Policies* (Boulder, CO, 1981), pp. 32-33.
¹² J. Foerster, "The German Army and the Ideological War against the Soviet Union", in G. Hirschfeld (org.), *Policies of Genocide: Jews and Soviet Prisoners of War in Nazi Germany* (Boston, 1986), p. 18.

[13] C. Streit, *Keine Kameraden: Die Wehrmacht und die sowjetischen Kriegsgefangenen, 1941-1945* (Bona, 1997), pp. 55-56; Foerster, "The German Army and the Ideological War against the Soviet Union", p. 17.
[14] C. Streit, "The German Army and the Policies of Genocide", in Hirschfeld (org.), *Policies of Genocide*, pp. 5-6.
[15] C. Hartmann, "Verbrecherische Krieg – verbrecherische Wehrmacht?", *Vierteljahrshefte für Zeitgeschichte*, 21 (2004); N. Rich, *Hitler's War Aims*, vol. I: *Ideology, The Nazi State, and the Course of Expansion*, vol. 2, p. 333.
[16] Kay, *Exploitation*, pp. 190-191.
[17] Goebbels citado por J. Steinberg, "The Third Reich Reflected: German Civil Administration in the Occupied Soviet Union, 1941-1944", *English Historical Review*, 110, 437 (junho de 1995), p. 626; J. Billig, *Alfred Rosenberg dans l'action idéologique, politique et administrative du Reich hitlérien* (Paris, 1963), p. 197; J. Fest, *The Face of the Third Reich: Portraits of the Nazi Leadership* (Londres, 1979), p. 250.
[18] Dallin, *German Rule*, pp. 50-51; Kay, *Exploitation*, cap. 3-4.
[19] G. Aly, *"The Final Solution": Nazi Population Policy and the Murder of the European Jews* (Londres, 1999), p. 161.
[20] Göring citado em Shepherd, *War in the Wild East*, p. 25.
[21] Dallin, *German Rule*, pp. 39-40; Kay, *Exploitation*, pp. 50-51.
[22] Dallin, *German Rule*, pp. 52-53; Arnold, *Die Wehrmacht und die Besatzungspolitik*, pp. 85-87.
[23] Dallin, *German Rule*, pp. 54.
[24] *Ibid.*, p. 56.
[25] *Ibid.*, p. 76; H. Trevor-Roper, *Hitler's Table Talk* (Oxford, 1988), pp. 3-5.
[26] "Auszug aus einem Aktenvermerk von Reichsleiter M. Bormann vom 16. 7. 1941", in Überschär c Wctte, *"Unternehmen Barbarossa"*, pp. 330-331.
[27] Rich, *Hitler's War Aims*, vol. 2, p. 326 sq.
[28] Dallin, *German Rule*, p. 128; Göring, 31 de julho de 1941, in Müller, *Deutsche Besatzungspolitik in der UdSSR*, p. 181; O. Bräutigam, *So hat es sich zugetragen... Ein Leben als Soldat und Diplomat* (Würzburgo, 1968), p. 343.
[29] Rosenberg, in Überschär e Wette, *"Unternehmen Barbarossa"*, p. 332; Reitlinger, *The House Built on Sand*, p. 143; Kay, *Exploitation*, p. 193.
[30] Steinberg, "The Third Reich Reflected", p. 621; B. Chiari, *Alltag hinter der Front: Besatzung, Kollaboration und Widerstand im Weissrussland, 1941-1944* (Düsseldorf, 1998), pp. 59-60.
[31] Bräutigam, *So hat es sich zugetragen*, pp. 366-371.
[32] Rich, *Hitler's War Aims*, vol. 2, p. 378; NCA, Suplemento A, p.331.
[33] A. Prusin, "A Community of Violence: The SiPo/SD and its Role in the Nazi Terror System in Generalbezirk Kiew", *Holocaust and Genocide Studies*, 21, 1 (primavera de 2007), pp. 1-30.
[34] Sobre Hans Koch, veja-se A. Kappeler, "Ukrainian History from a German Perspetive", *Slavic Review*, 54, 3 (outono de 1995), pp. 691-701.
[35] T. Anderson, "Germans, Ukrainians and Jews: Ethnic Politics in Heeresgebiet Süd June-December 1941", *War in History*, 7, 3 (2000), pp. 325-351, aqui pp. 336-346.
[36] V. Lumans, *Latvia in World War Two* (Nova Iorque, 2006), p.175.
[37] Rich, *Hitler's War Aims*, p. 358; Bräutigam, *So hat es sich zugetragen*, pp. 355-356.
[38] Rich, *Hitler's War Aims*, vol. 2, pp. 360-362.
[39] *Ibid.*, p. 366; C. Gerlach, *Kalkulierte Morde. Die deutsche Wirtschafts— und Vernichtungspolitik in Weissrussland, 1941 bis 1944* (Hamburgo, 1999), pp. 196-199.

⁴⁰ A. Rosenberg, *Letzte Aufeizuchnungen: Ideale und Idole der nationalsozialistischen Revolution* (Göttingen, 1955), p. 166.

⁴¹ M. Broekmeyer, *Stalin, the Russians and their War, 1941-1945* (Madison, WI, 2004), pp. 56-57; K. Berkhoff, *Harvest of Despair: Life and Death in Ukraine under Nazi Rule* (Cambridge, MA, 2004), pp. 14-20.

⁴² Dallin, *German Rule*, p. 65; Anderson, "Germans, Ukrainians and Jews", p. 337.

⁴³ Dallin, *German Rule*, p. 64.

⁴⁴ *Ibid.*, p. 63.

⁴⁵ *Ibid*, pp. 57 e 65.

⁴⁶ Überschär e Wette (orgs.), *"Unternehmen Barbarossa"*, pp. 312, 316-318.

⁴⁷ Dallin, *German Rule*, pp. 66-69.

⁴⁸ S. P. Mackenzie, "The Treatment of Prisoners of War in World War II", *Journal of Modern History*, 66, 3 (setembro de 1994), pp. 487-520.

⁴⁹ M. Balfour, *Helmuth von Moltke: A Leader against Hitler* (Londres, 1972), pp. 170 e 175; G. van Roon, "Graf von Moltke als Völkerrechter im OKW", *Vierteljahrshefte für Zeitgeschichte*, 18, 1 (1970), pp. 12-61.

⁵⁰ Arnold, *Die Wehrmacht und die Besatzungspolitik*, pp. 328-329; Mackenzie, "The Treatment of Prisoners of War in World War II", p. -507; sobre Keitel e Jodl, International Military Tribunal, *Trial of the Major War Criminals before the International Military Tribunal, 14 November 1945-1 October 1946*, 42 vols. (Nuremberga, 1947--1949) (adiante TWCI), vol. 2 (1947), p. 56; vol. 15 (1948), pp. 360-361.

⁵¹ Arnold, *Die Wehrmacht und die Besatzungspolitik*, pp. 336-337.

⁵² W. Lotnik, *Nine Lives: Ethnic Conflict in the Polish-Ukrainian Borderlands* (Londres, 1999), p. 26; Arnold, *Die Wehrmacht und die Besatzungspolitik*, pp. 355-356.

⁵³ Rich, *Hitler's War Aims*, vol. 2, p. 375.

⁵⁴ Hartmann, "Verbrecherische Krieg"; Berkhoff, *Harvest of Despair*, cap. 4; Arnold, *Die Wehrmacht und die Besatzungspolitik*, p. 353.

⁵⁵ C. Hartmann, "'Massensterben oder Massenvernichtung': Sowjetische Kriegsgefangene im 'Unternehmen Barbarossa'", *Vierteljahrshefte für Zeitgeschichte*, 21 (2001), pp. 102-158; Arnold, *Die Wehrmacht und die Besatzungspolitik*, p. 357.

⁵⁶ *Ibid.*, pp. 372 e 407; Mackenzie, "The Treatment of Prisoners of War in World War II", pp. 510-511; Gerlach, *Kalkulierte Morde*, p. 811; C. Streit, "Soviet Prisoners of War in the Hands of the Wehrmacht", in Heer e Naumann (orgs.), *War of Extermination*, pp. 80-91.

⁵⁷ Gerlach, *Kalkulierte Morde*, pp. 797-802; "Soviet Prisoners of War", p. 82.

⁵⁸ Müller (org.), *Deutsche Besatzungspolitik*, p. 195; Berkhoff, *Harvest of Despair*, pp. 99, 164-168; Überschär e Wette, *"Unternehmen Barbarossa"*, p. 335; Militärgeschichtliches Forschungsamt (org.), *Germany and the Second World War*, vol. 5, 1, p. 1116; K. J. Arnold, "Die Eroberung und Behandlung der Stadt Kiev durch die Wehrmacht im September 1941: Zur Radikalisierung der Besatzungspolitik", *Militärgeschichtliche Mitteilungen*, 58, 1 (1999), pp. 23-63.

⁵⁹ Rosenberg-Keitel, 28 de fevereiro de 1942, Überschär e Wette, *"Unternehmen Barbarossa"*, pp. 339-400.

⁶⁰ Hartmann, "'Massensterben oder Massenvernichtung', citação 158.

⁶¹ *Ibid.*; Gerlach, *Kalkulierte Morde*, pp. 814-817; U. Herbert, "Labour and Extermination: Economic Interest and the Primacy of *Weltanschauung* in National Socialism", *Past and Present*, 138, 2 (1993), pp. 144-195.

⁶² A. Hill, *War behind the Eastern Front: The Soviet Partisan Movement in North-west Russia, 1941-1944* (Abingdon, 2005), pp. 69-70, 82-87; Hartmann, "Verbrecherische Krieg", p. 300.

⁶³ Hill, *War behind the Eastern Front*, pp. 55, 60; Shepherd, *War in the Wild East*, pp. 60-62; Anderson, "Germans, Ukrainians and Jews", pp. 338-339.

⁶⁴ Hill, *War behind the Eastern Front*, pp. 47-48.

⁶⁵ Shepherd, *War in the Wild East*, pp. 95-98.

⁶⁶ *Ibid.*, pp. 104-105.

⁶⁷ S. Friedländer, *The Years of Extermination: Nazi Germany and the Jews, 1939--1945* (Nova Iorque, 2007), pp. 215-217.

⁶⁸ Foerster, "The German Army and Ideological War", p. 20; Anderson, "Germans, Ukrainians and Jews"; K. J. Arnold, "Die Eroberung und Behandlung der Stadt Kiev durch die Wehrmacht im September 1941: Zur Radikalisierung der Besatzungspolitik", *Militärgeschichtliche Mitteilungen*, 58, 1 (1999), pp. 23-63.

⁶⁹ Nebe citado em R. B. Birn, *Die höheren SS— und Polizeiführer: Himmlers Vertreter im Reich und in den besetzten Gebieten* (Düsseldorf, c. 1986), p. 286; Überschär e Wette (orgs.), *"Unternehmen Barbarossa"*, pp. 339-340, 344-345.

⁷⁰ T. Anderson, "Incident at Baranivka: German Reprisals and the Soviet Partisan Movement in Ukraine, October-December 1941", *Journal of Modern History*, 71, 3 (setembro de 1999), pp. 585-623, aqui p. 602.

⁷¹ H. Heer, "Killing Fields: The Wehrmacht and the Holocaust in Belorussia, 1941--1942", in Heer e Naumann (orgs.), *War of Extermination*, pp. 55-80; W. Manoschek, "'Coming along to Shoot some Jews?' The Destruction of the Jews in Serbia", *ibid.*, pp. 39-55; PS-3428, in S. Krieger, *Nazi Germany's War Against the Jews* (Nova Iorque, 1947).

⁷² L. Smilovitsky, "Righteous Gentiles, the Partisans and Jewish Survival in Belorussia, 1941-1944", *Holocaust and Genocide Studies*, 11, 3 (inverno de 1997), pp. 301--329.

⁷³ M. Vestermanis, in Heer e Naumann (orgs.), *War of Extermination*, "Local headquarters Liepaja: two months of German occupation in the summer of 1941", *ibid.*, pp. 219-236.

⁷⁴ Müller, *Deutsche Besatzungspolitik in der UdSSR*, p. 72.

⁷⁵ G. Swain, *Between Stalin and Hitler: Class War and Race War on the Dvina, 1940-1946* (Londres, 2004), p. 70.

⁷⁶ P. Longerich, "From Mass Murder to the 'Final Solution': The Shooting of Jewish Civilians during the First Months of the Eastern Campaign within the Context of Nazi Jewish Genocide", in Heer e Naumann (orgs.), *War of Extermination*, pp. 253-274.

⁷⁷ *Ibid.*

⁷⁸ W. Benz (org.), *Einsatz im Reichskommissariat Ostland: Dokument zum Volkermord im Baltikum und in Weissrussland, 1941-1944* (Berlim, 1998), pp. 33-35, 43.

⁷⁹ Krieger, *Nazi Germany's War Against the Jews*, 355-356; A. Strauga, "The Holocaust in occupied Latvia", in Symposium of the Commission of the Historians of Latvia, vol. 14, *The Hidden and Forbidden History of Latvia under Soviet and Nazi Occupation, 1940-1991* (Riga, 2005), pp. 161-174; D. Erglis, "A Few Episodes of the Holocaust in Kustpils: A Microcosm of the Holocaust in Occupied Latvia", *ibid.*, pp. 175-187.

⁸⁰ P. Longerich, "From Mass Murder to the 'Final Solution'".

⁸¹ Aly, *"The Final Solution"*, p. 137-148; Rich, *Hitler's War Aims*, vol. 2, p. 352.

⁸² E. Haberer, "The German Police and Genocide in Belorussia, 1941-1944. Part I: Police Deployment and Nazi Genocidal Directives", *Journal of Genocide Research*, 3, 1 (2001), pp. 13-29.

⁸³ Berkhoff, *Harvest of Despair*, p. 48; H. Buchheim, "Die höheren SS— und Polizeiführer", *Vierteljahrshefte für Zeitgeschichte*, 11 (1963), pp. 368-371; Haberer, "The German Police and Genocide", pp. 26-27.

⁸⁴ L. Smilovitsky, "A Demographic Profile of the Jews in Belorussia from the Prewar Time to the Postwar Time", Journal of Genocide Research, 5, 1 (2003), pp. 117-129.

Capítulo 7

¹ C. Bryant, *Prague in Black: Nazi Rule and Czech Nationalism* (Cambridge, MA, 2007), p. 117.
² A. Hohenstein [Franz Heinrich Bock], *Wartheländisches Tagebuch aus den Jahren 1941/42* (Estugarda, 1961), p. 39.
³ *Ibid.*, pp. 174-175. Trata-se de uma fonte a usar com cautela: veja-se Furber, "Going East", cap. 5.
⁴ Citado em Ferenc, *Quellen*, p. 51.
⁵ H. Pringle, *The Master Plan: Himmler's Scholars and the Holocaust* (Nova Iorque, 2006).
⁶ Himmler, no número de Junho-Julho de 1942 do *Deutsche Arbeiterpartei*, citado por M. Madajcyk, "Deportations in the Zamosc Region in 1942 and 1943 in the Light of German Documents", *Ata Poloniae Historica*, 1 (1958), p. 78.
⁷ Taylor, *The Origins of the Second World War*.
⁸ Veja-se uma discussão fascinante em C. M. Hutton, *Race and the Third Reich: Linguistics, Racial Anthropology and Genetics in the Dialectic of Volk* (Cambridge, 2005).
⁹ I. Heinemann, *"Rasse, Siedlung, deutsches Blut": Das Rasse— und Siedlungshaumptamt der SS und die rassepolitische Neuordnung Europas* (Göttingen, 2003), pp. 119-122; I. Haar, "German *Ostforschung* and Anti-Semitism", p. 15; E. Ehren*Reich*, "Ottmar von Verschuer and the 'Scientific' Legitimization of Nazi Anti-Jewish Policy", *Holocaust and Genocide Studies*, 21, 1 (primavera de 2007), pp. 58-60; O. von Verschuer, "Rassenbiologie der Juden", *Forschungen zur Judenfrage*, vol. 3 (1938).
¹⁰ G. Aly e K. H. Roth, *The Nazi Census: Identification and Control in the Third Reich* (Filadélfia, 2004).
¹¹ Gebel, "*Heim ins Reich!*", pp. 222-227, 288; R. Koehl, *RKFDV: German Resettlement ans Population Policy 1939-1945: A History of the Reich Commission for the Strenghtening of Germandom* (Cambridge, MA, 1957), pp. 40-41.
¹² G. Köckenhoff, "Grossraumgedanke und Völkische Idee im Recht", *Zeitschrift für Ausländisches öffentliches Recht-und Völkgerrecht*, 12 (1944), pp. 34-82, aqui p. 34; J. Milotova, "Die NS-Pläne zur Lösung der 'tschechischen Frage'", in Brandes, *et al.* (orgs.), *Erzwungene Trennung*, aqui p. 24; Connelly, "Nazis and Slavs", aqui pp. 5-6.
¹³ Heinemann, *"Rasse, Siedlung, deutsches Blut"*, pp. 127-149; Koehl, *RKFDV*, pp. 42-43.
¹⁴ Citado por T. Zahra, *Kidnapped Souls: National Indifference and the Battle for Children in the Bohemian Lands, 1900-1948* (Ithaca, 2008), cap. 6. Veja-se também Ziemke-Ministério dos Negócios Estrangeiros, 5 de Outubro de 1940, in L. Poliakov e J. Wulf (orgs.), *Das Dritte Reich und seine Denker* (Wiesbaden, 1989), pp. 492-493.
¹⁵ C. Bryant, "Either German or Czech: Fixing Nationality in Bohemia and Moravia, 1939-1946", *Slavic Review*, 61, 4 (inverno de 2002), pp. 683-706, aqui p. 688; Zahra, *Kidnapped Souls*, cap. 6, p. 289. Agradeço a Tara Zahra pela sua ajuda nesta questão.
¹⁶ Bryant, "Either German or Czech", pp. 686-687.
¹⁷ 143 000 destes indivíduos procuraram anular esta decisão depois de 1945. T. Zahra, "Reclaiming Children for the Nation: Germanization, National Ascription and Democracy in the Bohemian Lands, 1900-1945", *Central European History*, 37, 4 (2004), pp. 501-543, aqui pp. 529-530.
¹⁸ *Ibid.*, pp. 501, 530, 533.

[19] Zahra, *Kidnapped Souls*, caps. 6, 8.
[20] *TWC*, vol. 5, pp. 91-94; Noakes e Pridham (orgs.), *Nazism, 1919-1945*, p. 951. As estimativas polacas referem 92% de população polaca e 6% de alemã, in Schechtman, *European Population Transfers*, p. 264.
[21] Noakes e Pridham (orgs.), *Nazism, 1919-1945*, pp. 932-934.
[22] *TWC*, vol. 5, pp. 102-103; Heinemann, "*Rasse, Siedlung, deutsches Blut*", p. 193; memorando de Meyer de janeiro de 1940, in W. Röhr e E. Heckert (orgs.), *Die faschistische Okkupationspolitik in Polen (1939-1945)* (Berlim, 1989), pp. 159-160.
[23] Heinemann, "*Rasse, Siedlung, deutsches Blut*", pp. 228-230; Koehl, *RKFDV*, p. 117.
[24] Noakes e Pridham (orgs.), *Nazism, 1919-1945*, pp. 942-944.
[25] *TWC*, vol. 4 (Washington, DC, 1949), pp. 980-985; N. Goda, "Black Marks: Hitler's Bribery of his Senior Officers During World War II", *Journal of Modern History*, 72, 2 (junho de 2000), pp. 413-452, aqui p. 447. O próprio Manstein recebeu quantias de dinheiro significativas de Hitler.
[26] Harten, *De-Kulturation und Germanisierung*, pp. 86-87; V. O. Lumans, "A Reassessment of Volksdeutsche and Jews in the Volhynia-Galicia-Narew Resettlement", in Steinweis e Rogers (orgs.), *The Impact of Nazism*, pp. 81-100.
[27] Präg e Jacobmeyer (orgs.), *Das Diensttagebuch des deutschen Generalgouverneurs*, pp. 165, 210, 339.
[28] Heinemann, "*Rasse, Siedlung, deutsches Blut*", p. 195; *TWC*, vol. 5, pp. 102-105.
[29] H. Himmler, *Heinrich Himmler: Geheimreden 1933 bis 1945*, org. B. Smith e A. F. Peterson (Berlim, 1974), pp. 142-143 (discurso de fevereiro de 1940).
[30] *TWC*, vol. 4, pp. 714-715; Schechtman, *European Population Transfers*, pp. 343-346.
[31] D. Bergen, "The *Volksdeutsche* of Eastern Europe and the Collapse of the Nazi Empire, 1944-1945", in Steinweis e Rogers (orgs.), *The Impact of Nazism*, pp. 102-128.
[32] C. Luczak, "Die Ansiedlung der deutschen Bevölkerung im besetzten Polen (1939-1945)", *Studia Historicae Oeconomicae*, 13 (1978), pp. 193-205.
[33] Noakes e Pridham (orgs.), *Nazism, 1919-1945*, p. 948; Koehl, *RKFDV*, p, 121; Levine, "Local Authority and the SS State", p. 344.
[34] Noakes e Pridham (orgs.), *Nazism, 1919-1945*, p. 949; Levine, "Local Authority and the SS State", p. 340.
[35] Koehl, *RKFDV*, p, 121; NO-5432, *TWC*, vol. 4, p 819.
[36] Connelly, "Nazis and Slavs", pp. 15-17.
[37] "Aufzeichnung über eine geheime Rede Hitlers vor *Reich*s-und Gauleitern in der *Reich*skanzlei", in Groscurth, *Tagebücher eines Abwehroffiziers, 1938-1940*, p. 385; Rosenberg é citado em Warlimont, *Inside Hitler's Headquarters*, p. 68; Militärgeschichtliches Forschungsamt (org.), *Germany and the Second World War*, vol. 5, p. 72.
[38] C. Grohmann, "From Lothringen to Lorraine: Expulsion and Voluntary Repatriation", *Diplomacy and Statecraft*, 16 (2005), pp. 571-587; D. Harvey, "Lost Children or Enemy Aliens? Classifying the Population of Alsace after the First World War", *Journal of Contemporary History*, 34, 4 (outubro de 1999), pp. 537-554, apresenta o número de 150 000 (p. 550); P. Maugue, *Le Particularisme Alsacien, 1918-1967* (Paris, 1970), p. 103.
[39] *Ibid.*, p. 107; A. Irjud, "La Germanisation des noms en Alsace entre 1940 et 1944", *Revue d'Alsace*, 113 (1984), pp. 239-261.
[40] Heinemann, "*Rasse, Siedlung, deutsches Blut*", pp. 309-315; Rich, *Hitler's War Aims*, vol. 2, pp. 234-237.
[41] *DGFP*, vol. 9, pp. 265-268; Warmbrunn, *The Dutch under German Occupation*, p. 85; Hirschfeld, Nazi Rule and Dutch Collaboration, pp. 273-274; o artigo de referência

é H.-D. Loock, "Zur 'Grossgermanischen Politik' des Dritten *Reiches*", *Vierteljahrshefte für Zeitgeschichte*, 9 (1960), pp. 37-64.

⁴² Rich, *Hitler's War Aims*, vol. 2, pp. 137-138; Loock, "Zur 'Grossgermanischen Politik'", pp. 56-57.

⁴³ T. Ferenc, "The Austrians and Slovenia during the Second World War", *in* Parkinson (org.), *Conquering the Past*, pp. 207-224.

⁴⁴ T. Dulic, *Utopias of Nation: Local Mass Killing in Bosnia and Hercegovina, 1941--1942* (Estocolmo, 2005).

⁴⁵ H. Harriman, *Slovenia under Nazi Occupation, 1941-1945* (Nova Iorque, 1977), pp. 38-46.

⁴⁶ P. Witte *et al.*, (orgs.), *Der Dienstkalendar Heinrich Himmlers 1941/42* (Hamburgo, 1999), pp. 473-493.

⁴⁷ F. Kersten, *The Kersten Memoirs, 1940-1945* (Londres, 1956), pp. 132-137.

⁴⁸ Speer, *Spandau*, pp. 47-50.

⁴⁹ Sobre Christaller, veja-se K. Bosma, "Verbindungen zwischen Ost— und West--Kolonization", in M. Rössler e S. Schleiermacher (orgs.), *Der "Generalplan Ost": Hauptlinien der nationalsozialistschen Planungs-und Vernichtungspolitik* (Berlim, 1993), pp. 198-215; veja-se também M. Rössler, "Applied Geography and Area Research in Nazi Society: Central Place Theory and Planning, 1933 to 1945", *Environment and Planning*, 7 (1989), pp. 419-431.

⁵⁰ C. Madajczyk, "Introduction to General Plan East", *Polish Western Affairs*, 3, 2 (1962).

⁵¹ M. Karny, J. Milotova e M. Karna (orgs.), *Deutsche Politik im "Protektorat Böhmen und Mähren" unter Reinhard Heydrich", 1941-1942: Eine Dokumentation* (Berlim, 1997), pp. 110-115; H. Trevor-Roper (org.), *Hitler's Table Talk*, p. 621 (8 de agosto de 1942).

⁵² Aly, *Architects of Annihilation*, pp. 219-221.

⁵³ H. Heiber, "Der Generalplan Ost: Dokumentation", *Vierteljahrshefte für Zeitgeschichte*, 6 (1958), pp. 280-326; Noakes e Pridham (orgs.), *Nazism, 1919-1945*, pp. 977-979.

⁵⁴ K. H. Roth, "'Generalplan Ost'-'Gesamtplan Ost'. Forschungsstand, Quellenprobleme, neue Ergebnisse", in Rössler e Schleiermacher (orgs.), *Der "Generalplan Ost"*, pp. 25-117.

⁵⁵ Heinemann, *"Rasse, Siedlung, deutsches Blut"*, pp. 372-373; Rössler e Schleiermacher (orgs.), *Der "Generalplan Ost"*, pp. 136-137.

⁵⁶ Witte *et al.*, (orgs.), *Der Dienstkalendar Heinrich Himmlers 1941/42* (Hamburgo, 1999), p. 214; R. Hilbrecht, "Litauen im *Reichs*kommissariat Ostland 1941-1943/44", in R. Bohn (org.), *Die deutsche Herrschaft in den "germanischen" Ländern 1940-1945* (Estugarda, 1997), pp. 187-209.

⁵⁷ K. Brown, *A Biography of No Place: From Ethnic Borderland to Soviet Heartland* (Cambridge, MA, 2004), pp. 192-205; W. Lower, "Hitler's 'Garden of Eden': Nazi Colonialism, *Volksdeutsche* and the Holocaust, 1941-1944", *in* J. Petropoulos e J. K. Roth (orgs.), *Grey Zones: Ambiguity and Compromise in the Holocaust and its Aftermath* (Nova Iorque, 2005), pp. 185-204.

⁵⁸ Trevor-Roper (org.), *Hitler's Table Talk*, p. 557 (4 de julho de 1942).

⁵⁹ B. Rieger, *Creator of the Nazi Death Camps: The Life of Odilo Globocnik* (Londres, 2007), p. 98.

⁶⁰ Madajcyk, "Deportations in the Zamosc Region", pp. 75-106.

⁶¹ *Ibid.*, p. 85.

⁶² B. Wasser, "Die 'Germanisierung' im Distrikt Lublin als Generalprobe und erst Realisierungsphase der GPO", *in* Rössler e Schleiermacher (orgs.), *Der "Generalplan*

Ost", pp. 271-294; *TWC*, vol. 5, pp. 128-129; *Polish Fortnightly Review*, 77 (1 de outubro de 1943), p. 6.

[63] *TWC*, vol. 4, pp. 737-739.

[64] Röhr e Heckert (orgs.), *Die faschistische Okkupationspolitik*, pp. 203-204.

[65] *TWC*, vol. 4, p. 951.

[66] Harvey, "Management and Manipulation", pp. 105-108.

[67] "Die Bereitstellung von Menschen für die Eindeutschung neuer Siedlungsräume im Osten" (junho de 1942), in C. Madajcyk (org.), *Vom Generalplan Ost zum Generalsiedlungsplan* (Munique, 1994), pp. 138-150.

[68] U. Mai, *"Rasse und Raum": Agrarpolitik, Sozial— und Raumplannung im NS--Staat* (Paderborn, 2006), pp. 334-335.

[69] Madajcyk (org.), *Vom Generalplan Ost zum Generalsiedlungsplan* (Munique, 1994), pp. 168-170 (Berger), 172 (discurso de Himmler de 16 de setembro de 1942), 284 (discurso de Himmler de 3 de agosto de 1944).

[70] Bergen, "The *Volksdeutsche* of Eastern Europe", pp. 112-114.

[71] Agradeço a Kiran Patel as suas perspetivas. A sua obra a publicar sobre a política alimentar na Alemanha Ocidental terá um tratamento muito mais completo desta questão e de outras matérias conexas.

[72] A. Sauvy e S. Ledermann, "La Guerre biologique (1933-1945): Population de l'Allemagne et des pays voisins", *Population*, 1, 3 (Julho-Setembro de 1946); E. *Europe on the Move*, pp. 315-324.

Capítulo 8

[1] Os números provêm de H. P. Ipsen, "Reichsaussenverwaltung" (*Brüsseler Zeitung*, 3 de abril de 1943), in H. W. Neulen (org.), *Europa und das 3. Reich: Einigungsbestrebungen im deutschen MachtbeReich, 1939-1945* (Munique, 1987), pp. 112-113. Sobre Ipsen, veja-se C. Joerges, "Continuities and Descontinuities in German Legal Thought", *Law and Critique*, 14 (2003), pp. 297-308. O paralelo com Napoleão é discutido por P. Geyl, "The Historical Background of the Idea of European Unity" no seu *Encounters in History* (Nova Iorque, 1961), pp. 291-321.

[2] Trevor-Roper (org.), *Hitler's Table Talk*, pp. 87, 279, 373; J. Noakes, "'Viceroys of the *Reich*'? Gauleiters, 1925-1945", in A. McElligott e T. Kirk (orgs.), *Working towards the Führer: Essays in Honour of Sir Ian Kershaw* (Munique, 2003), pp. 118-153. A obra fundamental é P. Hüttenberger, *Die Gauleiter: Studie zum Wandel des Machtgefüges in der NSDAP* (Estugarda, 1969).

[3] Sobre Göring, veja-se Fest, *The Face of the Third Reich*, p. 123.

[4] H. N., *To the Bitter End* (Londres, 1948), p. 210.

[5] H.-U. Thamer, *Verführung und Gewalt: Deutschland, 1933-45* (Berlim, 1986).

[6] Sobre Forster e Greiser, veja-se H. S. Levine, *Hitler's Free City: A History of the Nazi Party in Danzig, 1925-1939* (Chicago, 1973); C. Child, "Administration", in Toynbee e Toynbee (orgs.), *Survey of International Affairs: Hitler's Europe, 1939-1946* (Londres, 1954), p. 99.

[7] Hüttenberger, *Die Gauleiter*, pp. 138-145.

[8] Rebentisch, *Führerstaat und Verwaltung im Zweiten Weltkrieg*, p. 328; R. J. Overy, *The Dictators: Hitler's Germany, Stalin's Russia* (Londres, 2004), p. 71.

[9] Rieger, *Creator of the Nazi Death Camps*, p. 44.

[10] Levine, *Hitler's Free City*, p. 158; H. Kehrl, *Krisenmanager im Dritten Reich: 6 Jahre Frieden, 6 Jahre Krieg: Erinnerungen* (Düsseldorf, 1973), p. 205.

[11] E. Peterson, *The Limits to Hitler's Power* (Princeton, 1969), pp. 116-117.

¹² Sobre o envolvimento de Stuckart no Ocidente, veja-se. P. Schöttler, "Eine Art 'Generalplan West': Die Stuckart-Denkschrift vom 14. Juni 1940 und die Planungen für eine neue deutsch-französische Grenze im Zweiten Weltkrieg", *Sozial Geschichte*, 18, 3 (2003), pp. 83-131; sobre o veredicto de junho de 1940, veja-se D. Rebentisch, "Hitlers *Reich*skanzlei zwischen Politik und Verwaltung", in D. Rebentisch e K. Teppe (orgs.), *Verwaltung contra Menschenführung im Staat Hitlers: Studien zum politisch-administrativen System* (Göttingen, 1986), p. 92 e, em especial, L. Kettenacker, "Die Chefs der Zivilverwaltung im Zweiten Weltkrieg", *ibid.*, pp. 397-402.

¹³ Jochmann, *Adolf Hitler*, pp. 139, 158.

¹⁴ J. Caplan, *Government without Administration: State and Civil Service in Weimar and Nazi Germany* (Oxford, 1988), pp. 266-273; Trevor-Roper (org.), *Hitler's Table Talk*, pp. 85-86, 106, 423-433.

¹⁵ Kay, *Exploitation*, pp. 190-191; Peterson, *Limits*, p. 121.

¹⁶ Citado em Caplan, *Government without Administration*, p. 307.

¹⁷ Peterson, *Limits*, p. 78; Rebentisch, "Hitlers *Reich*skanzlei", p. 91; Kay, *Exploitation*, p. 191.

¹⁸ Citado em Caplan, *Government without Administration*, p. 309.

¹⁹ *Ibid.*, pp. 383-384.

²⁰ Peterson, *Limits*, p. 117.

²¹ *Ibid.*, p. 126; S. Aronson, *Beginnings of the Gestapo System: The Bavaria Model in 1933* (Jerusalém, 1969), pp. 25, 35.

²² Levine, *Hitler's Free City*, p. 159; von Hassell, *The von Hassell Diaries*, p. 164.

²³ M. Wildt (org.), *Nachrichtendienst, politische Elite und Mordeinheit: Der Sicherheitsdienst des Reichsführer-SS* (Hamburgo, 2003), pp. 15-37; M. Wildt, "The Spirit of the *Reich* Security Main Office [RSHA]", *Totalitarian Movements and Political Religions*, 6, 3 (dezembro de 2005), pp. 333-349; S. Aronson, "Heydrich und die Anfänge des SD und der Gestapo (1931-1935)", dissertação (Freie Universität Berlim 1967), pp. 190 *sqq*.

²⁴ G. Browder, *Hitler's Enforcers: The Gestapo and the SS Security Service in the Nazi Revolution* (Oxford, 1966), pp. 193-195; sobre Höhn no pós-guerra, veja-se L. Hachmeister, "Die Rolle des SD-Personals in der Nachkriegzeit: Zur nationalsozialistischen Durchdringung der Bundesrepublik", in Wildt (org.), *Nachrichtendienst, politische Elite und Mordeinheit*, pp. 347-355. Höhn é abordado com interesse em J. A. Katz, "The Concept of Overcoming the Political: An Intellectual Biography of SS Standartenführer and Professor Dr. Reinhard Höhn, 1904-1944", tese de mestrado, Virginia Commonwealth University, maio de 1995.

²⁵ C. Klingemann, "Ursachenanalyse und ethnopolitische Gegenstrategien zum Landarbeitermangel in den Ostgebieten: Max Weber, das Institut für Staatsforschung und der *Reich*sführer SS", *Jahrbuch für Soziologiegeschichte* (1994), pp. 191-203.

²⁶ U. Herbert, "Ideological Legitimization and Political Practice of the Leadership of the National Socialist Secret Police", in H. Mommsen (org.), *The Third Reich between Vision and Reality: New Perspetives on German History, 1918-1945* (Oxford, 2001), pp. 95-108.

²⁷ H. Höhne, *The Order of the Death's Head*, pp. 288-289.

²⁸ P. Romijn, "Die Nazifizierung der lokalen Verwaltung im den besetzen Niederlanden als Instrument bürokratischer Kontrolle", in W. Benz, *et al.* (orgs.), *Die Bürokratie der Okkupation: Srukturen der Herrschaft und Verwaltung im besetzten Europa* (Berlim, 1998), pp. 93-121.

²⁹ Herbert, *Best*, pp. 281-283.

³⁰ Sobre a indiferença de Hitler, veja-se N. in't Veld, "Höhere SS— und Polizeiführer und Volkstumpolitik: Ein Vegleich zwischen Belgien und den Niederlanden", in Benz, *et*

al. (orgs.), *Die Bürokratie der Okkupation,* pp. 121-139; sobre os HSSPFs, veja-se H. Buchheim, "Die höheren SS— und Polizeiführer", *Vierteljahrshefte für Zeitgeschichte,* 11 (1963), pp. 362-391.

[31] Browning, *The Final Solution and the German Foreign Office,* p. 61.

[32] J. Tomasevich, *War and Revolution in Yugoslavia, 1941-1945: Occupation and Collaboration* (Stanford, 2001), pp. 68-69, 74-75.

[33] C. Browning, "Harald Turner und die Militärverwaltung in Serbien, 1941-1942", in Rebentisch e Teppe (orgs.), *Verwaltung contra Menschenführung im Staat Hitlers,* p. 367.

[34] Browning, *The Final Solution and the German Foreign Office,* pp. 56-65, entra nos pormenores desta história complicada e horrível.

[35] *Ibid.*; W. Manoschek, "The Extermination of the Jews in Serbia", *in* U. Herbert (org.), *National Socialist Extermination Policies: Contemporary German Perspetives and Controversies* (Nova Iorque, 2000), pp. 163-186.

[36] H. Buchheim, "Die SS – das Herrschaftinstrument: Befehl und Gehorsam", in H. Buchheim, *et al.* (orgs.), *Anatomie des SS-Staates,* vol. I (Munique, 1967), p. 90; G. Deschner, *Reinhard Heydrich: Statthalter der totalen Macht* (Erslagen, 1977), pp. 212-238; C. MacDonald, *The Killing of SS Obergruppenführer Reinhard Dietrich, 27 May 1942* (Londres, 1982), esp. pp. 131-136.

[37] Os comentários de Hitler provêm de H. D. Heilmann, "Das Kriegstagebuch des Diplomaten Otto Bräutigam", in Aly, *et al.* (orgs.), *Biedermann und Schreibtischtäter: Materialen zur deutschen Täter-Biographie* (Berlim, 1987), pp. 146-147 (dia 30 de setembro de 1941).

[38] MacDonald, *Killing,* 2), pp. 165-166; Schellenberg, *Hitler's Secret Service,* pp. 286-287.

[39] U. Herbert, *Best,* p. 237; Höhne, *The Order of the Death's Head,* p. 554; sobre as opiniões da oposiçao acerca dos objetivos de guerra, veja-se H. Mommsen, "Beyond the Nation State", in McElligott e Kirk (orgs.), *Working towards the Führer,* pp. 248-249.

[40] O relato de Best da fundação do *RVL* in S. Matlok (org.), *Dänemark in Hitlers Hand: Der Bericht des Reichsbevollmächtigten Werner Best über seine Besatzungspolitik in Dänemark mit Studien über Hitler, Göring, Himmler, Heydrich, Ribbentrop, Canaris u.a.* (Husum, 1988), p. 188; sobre "Führung" e "Herrschaft", veja-se C. Bilfinger, "Streit um das Völkgerrecht", *Zeitschrift für ausländisches öffentliches Recht-und Völkgerrecht,* 12 (1944), pp. 1-34.

[41] Citado por C. Joerges, "Europe a Grossraum? Rupture, Continuity and Reconfiguration in the Legal Conceptualization of the Integration Project", *EUI Working Paper, Law no.* 2002/2, p. 13; Herbert, *Best,* p. 283; Himmler a Krueger, in H. Himmler, *Reichsführer! Briefe an und vom Himmler,* org. H. Heiber (Estugarda, 1968), p. 131.

[42] NO-2585 ("Bericht über die Sitzung am. 4. 2. 1942 bei Dr. Kleist über die Fragen der Ost", p. 296; sobre a ascensão dos HSSPFs, veja-se Buchheim, "Die höheren SS— und Polizeiführer".

[43] Herbert, *Best,* pp. 288-289; sobre ditadura e liderança, veja-se G. Kuchenhoff, "Grossraumgedanke und völkische Idee im *Reich*", in *Zeitschrift für ausländisches öffentliches Recht-und Völkgerrecht,* 12 (1944), pp. 48-49

[44] A. Meyer, "Grossraumpolitik und Kollaboration im Westen", in *Modelle für ein deutsches Europa* (Beiträge zur NS Gesundheits— und Sozialpolitik: 10) (Berlim, 1992), pp. 29-77; E. Jäckel, *FrankReich in Hitlers Europa* (Estugarda, 1966), pp. 186-198.

[45] Präg e Jacobmeyer (orgs.), *Das Diensttagebuch des deutschen Generalgouverneurs,* pp. 113, 151.

[46] Trevor-Roper (org.), *Hitler's Table Talk,* pp. 111-117; Childs, "Administration", in Toynbee e Toynbee (orgs.), *Survey of International Affairs,* p. 117.

⁴⁷ Housden, *Hans Frank*, p. 62; Präg e Jacobmeyer (orgs.), *Das Diensttagebuch des deutschen Generalgouverneurs*, p. 160; C. Klensmann, "Hans Frank", in R. Smelser e R. Zitelman (orgs.), *The Nazi Elite* (Londres, 1993), p. 41.
⁴⁸ Jochmann (org.), *Adolf Hitler*, p. 140.
⁴⁹ H. Frank, *Die Technik des Staates* (Berlim, 1942), pp. 20-22, 28-29 ; Housden, *Hans Frank*, pp. 160-161
⁵⁰ Sobre a corrupção em geral, veja-se F. Bajohr, "The Nazis and Corruption", in Feldman e Seibel (orgs.), *Networks of Nazi Persecution*, pp. 118-141.
⁵¹ "Interview with the Former Governor, Dr Lasch", 25 de Abril de 1942, 3814-PS, NCA, vol. 6 (Washington, DC, 1946), pp. 745-747.
⁵² Um bom relato do sucedido encontra-se em Höhne, *The Order of the Death's Head*, pp. 359-366.
⁵³ Housden, *Hans Frank*, pp. 171-172.
⁵⁴ "Dokumentation: Rechtssicherheit und richterliche Unabhängigkeit aus der Sicht des SD", *Vierteljahrshefte für Zeitgeschichte*, 4 (1956), pp. 398-442.
⁵⁵ Sobre Ohlendorf e as suas relações com Himmler, veja-se Kersten, *The Kersten Memoirs*, pp. 206-220.
⁵⁶ Von Hassell, *The von Hassell Diaries*, 16 de março de 1942.
⁵⁷ H. W. Koch, *In the Name of the Volk: Political Justice in Hitler's Germany* (Londres, 1997), cap. 7.
⁵⁸ A. McElligott, "'Sentencing towards the Führer'? The Judiciary in the Third Reich", in McElligott e Kirk (orgs.), *Working towards the Führer*, pp. 153-186; Himmler, in Buchheim, "Die höheren SS— und Polizeiführer", p. 370; N. Wachsmann, *Hitler's Prisons: Legal Terror in Nazi Germany* (Londres, 2004), pp. 208-218.
⁵⁹ Childs, "Administration", p. 117.

Capítulo 9

¹ Noakes e Pridham (orgs.), *Nazism, 1919-1945*, pp. 681-683.
² Funk citado em H.-Volkmann, "Landwirtschaft und Ernährung in Hitlers Europa, 1939-1945", *Militärgechitliche Mitteilungen*, 35 (1984),p. 37; Tooze, *Wages of Destruction*, p. 386.
³ Overy, *The Dictators*, pp. 503-504.
⁴ Tooze, *Wages of Destruction*, p. 419.
⁵ J. Krejci, "The Bohemian-Moravian War Economy", in M. Kaser (org.), *The Economic History of Eastern Europe, 1919-1975*, vol. 2 (Oxford, 1986), pp. 452-472; P. Liberman, *Does Occupation Pay? The Exploitation of Occupied Industrial Societies* (Princeton, 1996).
⁶ J. Gillingham, "The Politics of Business in the German *Grossraum*: The Example of Belgium", *Studia Historiae Oeconomicae*, 14 (1979), pp. 23-24; C. Buchheim "Die besetzten Länder im Dienste der Deutschen Kriegswirtschaft während des Zweiten Weltkriegs", *Vierteljahrshefte für Zeitgeschichte*, 34, 1 (1986), pp. 117-145, aqui p. 119.
⁷ Radicer in Kaser, *Economic History*, pp. 340-342; Tooze, *Wages of Destruction*, p. 385.
⁸ D. Veillon, *Fashion under the Occupation* (Oxford, 2002), p. 22; D. Veillon, "The Black Market", in M. Gijsen, *Belgium under Occupation* (Nova Iorque, 1947),p. 76.
⁹ H. Bell, "Monetary Problems of Military Occupation", *Military Affairs*, 6, 2 (verão de 1942), pp. 77-88.
¹⁰ O. Hayes, *Industry and Ideology: I. G. Farben in the Nazi Era* (Cambridge, 1989).

[11] R. Overy, "German Multinationals and the Nazi state in Nazi-occupied Europe", in Overy (org.), *War and Economy in the Third Reich* (Oxford, 1994), p. 318.

[12] Noakes e Pridham (orgs.), *Nazism, 1919-1945*, p.959.

[13] Veja-se P. Giltner, *"In the Friendliest Manner": German-Danish Economic Cooperation during the Nazi Occupation, 1940-1945* (Nova Iorque, 1998), pp. 33 sqq.; Hayes, *Industry and Ideology*, p. 263; M. Nissen, "Danish Food Production in the German War Economy", in F. Trentmann e F. Just (orgs.), *Food and Conflict in Europe in the Age of the Two World Wars* (Basingstoke, 2006), pp. 172-193.

[14] J. Gillingham, *Industry and Politics in the Third Reich: Ruhr Coal, Hitler and Europe* (Londres, 1985), p.147, e "The Baron de Launoit: A Case Study in the 'Politics of Production' of Belgian Industry during Nazi Occupation" (Partes I e III), *Revue Belge d'Histoire Contemporaine*, 5 (1974), pp. 1-59.

[15] Hayes, *Industry and Ideology*, p. 276; G. Aalders, "Three Ways of German Economic Penetration in the Netherlands", in R. J. Overy, G. Otto e J. H. van Cate (orgs.), *Die "Neuordnung" Europas: NS-Wirtschaftspolitik in den besetzten Gebieten* (Berlim, 1997), pp. 273-299; A. Milward, *The New Order and the French Economy* (Oxford, 1970), pp. 47-50, 73.

[16] P. Burrin, *France under the Germans: Collaboration and Compromise* (Nova Iorque, 1996), pp. 236-241; Gillingham, *Industry and Politics*, p. 159.

[17] Overy, "The Reichswerke 'Hermann Göring': A Study in German Economic Imperialism", in Overy (org.), *War and Economy*, pp. 147-175, aqui pp. 167-168.

[18] Hirschfeld, *Nazi Rule and Dutch Collaboration*, pp. 186-190.

[19] *Ibid.*, p. 194.

[20] Veillon, *Fashion*, pp. 72-82; R. Kaczmarek, "Die deutsche wirtschaftlische Penetration in Polen (Oberschlesien)", in Overy *et al.* (orgs.), *Die "Neuordnung"*, pp. 257--273.

[21] R. J. Overy, "The Economy of the German 'New Order'", in Overy *et al.* (orgs.), *Die "Neuordnung"*, pp. 22-23; Milward, *The New Order*, p. 55.

[22] C. Buchheim, "Die besetzten Länder", pp. 117-145; P. Liberman "The Spoils of Conquest", *International Security*, 18, 2 (outono de 1993), p. 141; Tooze, *Wages of Destruction*, p. 391; von Krosigk, *NCA*, vol. 8 (Washington, DC, 1946), p. 21.

[23] Milward, *The New Order*, p. 283.

[24] Jäckel, *FrankReich in Hitlers Europa*, p. 94.

[25] R. W. Lindholm, "German Finances in Wartime", *American Economic Review*, 37, 1 (março de 1947), pp. 121-134; Cathala in Hoover Institution, *France during the German Occupation*, vol. 1 (Stanford, 1958), p. 108.

[26] G. A. Makinen, "The Greek Hyper-Inflation and Stabilization of 1943-46", *Journal of Economic History*, 46, 3 (1986), pp. 692-694; G. Emerktsoglou, "Changes in the Civilian Economy as a Fator in the Radicalization of Popular Opposition in Greece, 1941-1944", in Overy *et al.* (orgs.), *Die "Neuordnung"*, p. 223.

[27] Rost von Tonningen, citado em Hirschfeld, *Nazi Rule and Dutch Collaboration*, p. 240.

[28] A. Hitler, *Hitler's Second Book: The Unpublished Sequel to Mein Kampf*, org. G. Weinberg (Nova Iorque, 2006), p. 23; G. Corni, *Hitler and the Peasants: Agrarian Policy of the Third Reich, 1930-1939* (Nova Iorque, 1990), pp. 162-164. O argumento pode ser seguido em H. Backe, *Das Ende des Liberalismus in der Wirtschaft* (Berlim, 1938).

[29] J. H. Richter, "Continental Europe's Prewar Food Balance", *Foreign Agriculture*, 6 (1942), pp. 300-301; Volkmann, "Landwirtschaft und Ernährung, pp. 13-14; U. Spiekermann, "Brown Bread for Victory: German and British Wholemeal Politics in the Interwar Period", in Trentmann e Just (orgs.), *Food and Conflict in Europe*.

³⁰ C. Luczak, "Die Agrarpolitik des Dritten Reiches", *Studia Historicae Oeconomicae*, 17 (1982), p. 197.

³¹ M. Chodalkiewicz, *Between Nazis and Soviets: Occupation Politics in Poland, 1939-1947* (Lanham, MD, 2004), p. 108; K. Brandt, *Management of Agriculture and Food in the German-Occupied and Other Areas of Fortress Europe: A Study in Military Government* (Stanford, 1953), p. 290.

³² Z. Mankowski, "Die Agrarpolitik des Okkupanten in Generalgouvernement, 1939-1945", *Studia Historicae Oeconomicae*, 23 (1998), pp. 255-268.

³³ P. Hansen, "The Danish Economy during War and Occupation", in Overy *et al.* (orgs.), *Die "Neuordnung"*, p. 72.

³⁴ P. Pétain, *Discours aux Français: 17 juin-20 aôut 1944*, org. J.-C. Barbas (Paris, 1989), p. 84.

³⁵ A. Milward, *The Fascist Economy in Norway* (Oxford, 1972), p. 297; H. R. Kedward, *Resistance in France: A Study of Ideas and Motivation in the Southern Zone, 1940-1942* (Oxford, 1978), pp. 222-223.

³⁶ C. Pilichowski, "Verbrauch von Nahrungsmitteln durch jüdische Bevölkerung und Häftlinge der Okkupationslager in besetzten Polen", *Studia Historicae Oeconomicae*, 17 (1982), p. 209.

³⁷ J. Gross, *Polish Society under German Occupation: The Generalgouvernement, 1939-1944* (Princeton, 1979), p. 156; Noakes e Pridham (orgs.), *Nazism, 1919-1945*, p. 994.

³⁸ Brandt, *Management*, p. 118; TWC, vol. 11 (Washington, DC, 1946), pp. 427--428.

³⁹ V. Hionidou, *Famine and Death in Occupied Greece, 1941-1944* (Cambridge, 2006); Emektsoglou, "Changes in the Civilian Economy", pp. 199, 214.

⁴⁰ J. Breunis, "The Food Supply", *Annals of the American Academy of Political and Social Science*, 245 (maio de 1946), pp. 87-92 e C. Banning, "Food Shortage and Public Health, First Half of 1945", *ibid.*, pp. 93-110.

⁴¹ "The Food Rationing System in Poland", Polish Fortnightly Review, 55 (1 de novembro de 1942), p. 7; M. Brzeska, N., *Through a Woman's Eyes* (Londres [1945]).

⁴² H. Backe, *Um die Nahrungsfreiheit Europas: Weltwirtschaft oder Grossraum* (Leipzig, 1942), pp. 170 *sqq.*; para números anteriores à guerra, veja-se L. Volin, "The Russian Food Situation", *Annals of American Academy of Political and Social Scientists*, 225 (janeiro de 1943), pp. 89-91.

⁴³ Citado em Brandt, *Management*, pp. 622-630; Aly e Heims, *Architects of Anihilation*, p. 246. Sobre Backe, veja-se Tooze, *Wages of Destruction*, pp. 478-479.

⁴⁴ Brandt, *Management*, p. 44.

⁴⁵ "A Citizen of Kharkiv", "Lest We Forget: Hunger in Kharkiv in the Winter of 1941-42", *Ukrainian Quarterly*, 4 (inverno de 1948), pp. 72-79.

⁴⁶ Bräutigam, in Noakes e Pridham (orgs.), *Nazism, 1919-1945*, pp. 913-914; T. Mulligan, *The Politics of Illusion and Empire: German Occupation Policy in the Soviet Union, 1942-43* (Nova Iorque, 1988), pp. 47-48.

⁴⁷ W. Boelcke (org.), *The Secret Conferences of Dr Goebbels, the Nazi Propaganda War, 1939-1943* (Nova Iorque, 1970), pp. 222-223.

⁴⁸ J. Lehmann, "Herbert Backe", in R. Smelser e R. Zitelman (orgs.), *Die braune Elite* (Darmstadt, 1993), pp. 1-13.

⁴⁹ B. Smith e A. Peterson (orgs.), *Heinrich Himmler: Geheimreden 1933 bis 1945* (Frankfurt, 1974), p. 159; Tooze, *Wages of Destruction*, pp. 547-548.

⁵⁰ Noakes e Pridham (orgs.), *Nazism, 1919-1945*, pp. 681-683; TWC, vol. 8 (Washington, DC, 1952), pp. 797 *sqq.*

⁵¹ *Ibid.*, p. 803.

⁵² Trevor-Roper (org.), *Hitler's Table Talk*, pp. 615-624.
⁵³ Boelcke (org.), *The Secret Conferences*, pp. 270, 276, 284; Tooze, *Wages of Destruction*, p. 548; Trevor-Roper (org.), *Hitler's Table Talk*, pp. 658-659 (25 de agosto de 1942).
⁵⁴ Brandt, *Management*, pp. 125, 563; D. Eichholtz, "Die Ausbeutung der Landwirtschaft der faschistisch besetzen Gebiete durch die Okkupanten un die Taktik der materiellen Korrumpierung in Deutschland während das Zweiten Weltkriegs", *Studia Historiae Oeconomicae*, 14 (1982), pp. 153-171; Reicke *versus* Göring, *TWC*, vol. 13 (Washington, DC, 1952), p. 807.
⁵⁵ N. Goodman, "Health in Europe", *International Affairs*, 20, 4 (Londres, 1944), pp. 473-480; Spiekermann, "Brown Bread for Victory", pp. 150-159; Sauvy e Ledermann, "La Guerre biologique", p. 477; Brandt, *Management*, pp. 610-613.
⁵⁶ P. Vincent, "Conséquences de six années de guerre sur la population française", *Population*, 1, 3 (Julho-Setembro de 1946), p. 436; J. Daric, "Quelques aspects de l'évolution démographique aux Pays-Bas", *ibid.*, pp. 501-509.
⁵⁷ J. Valin, F. Mesle, S. Adamets e S. Pyrozhov, "A New Estimate of Ukrainian Population Losses during the Crises of the 1930s and 1940s", *Population Studies*, 56, 3 (novembro de 2002), pp. 249-264.
⁵⁸ J.-L. Charles e P. Dasnoy (orgs.), *Les Dossiers secrets de la Police Allemande en Belgique: La Geheime Feldpolizei en Belgique et dans le Nord de la France*, 2 vols. (Bruxelas, 1972-1973), *passim*, esp. vol. 1, pp. 45, 82-84, 155, 192-193, 205; vol. 2, p. 46.
⁵⁹ G. Hill, *Trends in the Oil Industry in 1944* (Washington, DC, 1944), pp. 10-12. Agradeço a Alison Frank por esta referência; W. G. Jensen, "The Importance of Energy in the First and Second World Wars", *Historical Journal*, 11, 3 (1968), pp. 538-554.
⁶⁰ D. Eichholtz, "Öl, Krieg, Politik: Deutscher Ölimperialismus (1933-1942/43)", *Zeitschrift für Geschichtswissenschaft*, 51, 6 (2003), pp. 493-511.
⁶¹ Tooze, *Wages of Destruction*, pp. 445-446.
⁶² *Ibid.*, pp. 574, 598.
⁶³ Jensen, "The Importance of Energy", p. 550; Milward, *The New Order*, p. 288.
⁶⁴ Liberman, *Does Conquest Pay?*

Capítulo 10

¹ U. Herbert, *Hitler's Foreign Workers: Enforced Foreign Labour in Germany under the Third Reich* (Cambridge, 1997), p. 35.
² *Ibid.*, pp. 100-103, 107.
³ *Ibid.*, pp. 100-111.
⁴ *Ibid.*, pp. 146-162; Wetzel, *in* Heiber, "Der Generalplan Ost", p. 312.
⁵ *NCA*, Supplement B (Washington, DC, 1946), p. 373; Sauckel-Hitler, 14 de abril de 1943; *NCA*, vol. 7 (Washington, DC, 1946), "Stenographic transcript of the 17th conference of Central Planning", R-124, p. 196; Tooze, *Wages of Destruction*, p. 517.
⁶ Documento de Nuremberga (adiante ND), 294-PS/USA, p. 185; *ibid.*, p. 304.
⁷ ND, 1526-PS/USA 178, citado em *TWCI*, vol. 3 (Nuremberga, 1947), 12 de dezembro de 1945, p. 299.
⁸ ND, 018-PS, Rosenberg-Sauckel, 21 de dezembro de 1942, in *ibid.*, pp. 304-305.
⁹ Memorando das conversações entre Ribbentrop e Alfieri, 22 de fevereiro de 1943, in *NCA*, vol. 7, pp. 196-197; M. Eikel, "'Wei die Menschen fehlen': Die deutschen Zwangsarbeitsrekruitierung und-deportanionen in den besetzten Gebieten der Ukraine, 1941-1944", *Zeitschrift für Geschichtswissenschaft*, 53, 5 (2005), 405-434.

¹⁰ R-124, actas do Departamento Central de Planeamento, 1 de março de 1944, *TWCI*, p. 312.

¹¹ 3819-PS, correspondência de Sauckel e Speer com Hitler, in *NCA*, vol. 6, pp. 760--765; Conferência sobre a mão de obra, 12 de julho de 1944, *ibid.*, pp. 766-772.

¹² Tooze, *Wages of Destruction*, p. 519; C. Gerlach, e G. Aly, *Das letzte Kapitel: Realpolitik, Ideologie und der Mord an den ungarischen Juden 1944/5* (Estugarda, 2002); B. Kroner, "'Soldaten der Arbeit': Menschenpotential und Menschenmangel in Wehrmacht und Kriegswirtschaft", in Eichholtz (org.), *Krieg und Wirtschaft*, pp. 109-129.

¹³ P. Panayi, "Exploitation, Criminality, Resistance: The Everiday Life of Foreign Workers and Prisoners of War in the German Town of Osnabrück, 1939-1945", *Journal of Contemporary History*, 40, 3 (2005), pp. 483-502.

¹⁴ Herbert, *Hitler's Foreign Workers*, pp. 265-266.

¹⁵ *Ibid.*, pp. 267-268; N. Wachsmann, *Hitler's Prisons: Legal Terror in Nazi Germany* (Londres, 2004), pp. 284-306.

¹⁶ "Extracts from Posen meeting", 4 de outubro de 1943, *NCA*, vol. 8, pp. 318-322; R. Gellately, *Backing Hitler: Consent and Coercion in Nazi Germany* (Oxford, 2001), pp. 174-175.

¹⁷ "Decree for Ensuring the Discipline and Output of Foreign Workers", 25 de setembro de 1944, "D-226", in *NCA*, vol. 6, pp. 1089-1090; Tooze, *Wages of Destruction*, p. 529-530.

¹⁸ Citado em Panayi, "Exploitation, Criminality, Resistance", pp. 489-490; Herbert, *Hitler's Foreign Workers*, pp. 293-295.

¹⁹ Gellately, *Backing Hitler*, pp. 239-257.

²⁰ Os números relativos ao gulag provêm de A. Nove, "How Many Victims in the 1930s? II", *Soviet Studies*, 42, 4 (outubro de 1990), pp. 811-814; os números relativos a 1941-1942 encontram-se em *NCA*, vol. 7, R-124, Pohl-Himmler, 30 de abril de 1942.

²¹ J. E. Schulte, *Zwangsarbeit und Vernichtung: Das Wirtschaftsimperium der SS: Oswald Pohl und das SS-Wirtschafts-Verwaltungshaupthampt, 1933-1945* (Paderborn, 2001).

²² *Ibid.*, pp. 335-360; M. T. Allen, *Hitler's Slave Lords: The Business of Forced Labour in Occupied Europe* (Londres, 2004), pp. 198-199.

²³ Himmler, *Geheimreden 1933 bis 1945*, p. 159.

²⁴ Allen, *Hitler's Slave Lords*.

²⁵ PS-682 in S. Krakowski, "The Satellite Camps", in Y. Gutman e M. Berenbaum (orgs.), *Anatomy of the Auschwitz Death Camp* (Bloomington, IN, 1994), p. 51; M. Broszat, "The Concentration Camps, 1933-1945", in H. Krausnick e M. Broszat (orgs.), *Anatomy of the SS State* (Londres, 1973), p. 243; Wachsmann, *Hitler's Prisons*, cap. 8.

²⁶ W. Naasner (org.), *SS-Wirtschaft und SS-Verwaltung: "Das SS-Wirtschafts--Verwaltunghauptamt und die unter seiner Dienstaufsicht stehenden wirtschaftlichten Unternehmungen" Und weitere Dokumente* (Düsseldorf, 1998), pp. 93-99; F. Piper, "The System of Prisoner Exploitation", in Gutman e Berenbaum (orgs.), *Anatomy of the Auschwitz Death Camp* (Bloomington, IN, 1994), pp. 34-50, aqui p. 58.

²⁷ Engel, *At the Heart of the Reich*, p. 145.

²⁸ *Ibid.*, cap. 5; Glücks-comandantes dos campos, 20 de janeiro de 1943, comentário de Eicke in *TWC*, vol. 5, p. 383; Pohl-Himmler, 5 de abril de 1944 (NO-020(a)); taxas de mortalidade em *TWC*, vol. 5, pp. 379-381, Pohl-Himmler, 30 de setembro de 1943 (1469-PS). Cálculos globais em Tooze, *Wages of Destruction*, pp. 523, 526-527; Broszat, "The Concentration Camps", pp. 222-223, 244-245.

²⁹ Schulte, *Zwangsarbeit und Vernichtung*, pp. 208-232.

³⁰ *Ibid.*, pp. 246-247; L. Dobroszycki (org.), *The Chronicle of the Lodz Ghetto, 1941-1944* (New Haven, 1984), pp. lxi-lxiii; H. Krausnick, "The Persecution of the Jews", in Krausnick e Broszat (orgs.), pp. 136-137.
³¹ *Ibid.*, pp. 250, 260-261.
³² Allen, *Hitler's Slave Lords*, pp. 194-196.
³³ Sobre a ascensão de Speer, veja-se A. Mierzejewski, *The Collapse of the German War Economy, 1944-1945* (Chapel Hill, 1988), cap. 1; W. Schumann, "Probleme der Deutschen Aussenwirtschaft und einer 'Europäischen Wirtschaftsplanung'", *Studia Historicae Oeconomicae*, 14 (1979), pp. 142-160.
³⁴ *TWC*, vol. 11, pp. 402-403.
³⁵ K. J. Siegfried, "Racial Discrimination at Work: Forced Labour in the Volkswagen Factory, 1939-1945", in M. Burleigh (org.), *Confronting the Nazi Past: New Debates on Modern German History* (Londres, 1996), pp. 37-51.
³⁶ Allen, *Hitler's Slave Lords*, pp. 194, 225.
³⁷ S. Kotkin, "World War Two and Labor: A Lost Cause?", *International Labor and Working-Class History*, 58 (outono de 2000), pp. 181-191.
³⁸ *Ibid.*; R. J. Overy, *Why the Allies Won* (Londres, 1995).

Capítulo 11

¹ J. Foerster, e E. Mawdsley, "Hitler and Stalin in Perspetive: Secret Speeches on the Eve of Barbarossa", *War in History*, 11, 1 (2004), pp. 61-103, aqui p. 77.
² *DGFP*, vol. 13 (Washington, DC, 1954), p. 55.
³ *Ibid.*, pp. 28-29, 42-43.
⁴ "Gegnerische Kriegsziele", *Zeitschrift für ausländisches öffentliches Recht-und Völkgerrecht*, 11 (1942-1943), p. 11.
⁵ F. Anfuso, *Da Palazzo Venezia al Lago di Garda (1936-1945)* (não publicado, 1957), pp. 196-210, 226-227.
⁶ *DDI* 1, vol. 7 (Roma, 1987), p. 470.
⁷ *Ibid.*, pp. 509-510; Anfuso, *Da Palazzo Venezia al Lago di Garda (1936-1945)* (não publicado, 1957), p. 209.
⁸ E. Dollmann, *The Interpreter: Memoirs of Doktor Eugen Dollmann* (Londres, 1967), pp. 192-193.
⁹ Schmidt, Hitler's Interpreter, p. 258; Lipgens (org.), *Documents on the History of European Integration*, vol. 1 (Nova Iorque, 1984), pp. 86-89.
¹⁰ M. Bloch, *Ribbentrop* (Londres, 1992), pp. 340-341.
¹¹ *DDI*, vol. 7, Ciano-Mussolini, 26 de outubro de 1941, pp. 690-694.
¹² Bloch, *Ribbentrop*, pp. 342-343; L. Simoni, *Berlino, Ambasciata d'Italia 1939--1943* (Roma, 1947), p. 262.
¹³ *DGFP*, vol. 13 (Washington, DC, 1964), pp. 858-859, 861, 867, 911; Bloch, *Ribbentrop*, p. 351.
¹⁴ *DGFP*, vol. 13, pp. 920-921.
¹⁵ Hitler, *Speeches and Proclamations, 1932-1945*, vol. 4 (Wauconda, IL, 2004), p. 2672, 30 de setembro de 1942.
¹⁶ *DDI*, vol. 8 (Roma, 1988), pp. 409-412.
¹⁷ M. Luciolli, *Palazzo Chigi: anni roventi, ricordi di vita diplomatica italiana dal 1933 al 1948* (Milão, 1976), pp. 99-101; G. Bottai, *Diario, 1935-1944* (Milão, 1982), p. 300.
¹⁸ Tomasevich, *War and Revolution in Yugoslavia*, pp. 168-171.
¹⁹ *The Confidential Papers of Admiral Horthy* (Budapeste, 1965), pp. 193, 224.

[20] T. Anderson, "A Hungarian *Vernichtungskrieg*? Hungarian Troops and the Soviet Partisan War in Ukraine, 1942", *Militärgeschichtliche Mitteilungen*, 58, 2 (1999), pp. 345-366; N. Kallay, *Hungarian Premier: A Personal Account of a Nation's Struggle in the Second World War* (Londres, 1954), pp. 107-111 sobre Novi Sad.

[21] Horthy, *Confidential Papers*, pp. 269-272.

[22] Tomasevich, *War and Revolution in Yugoslavia*, pp. 156-168; R. Lemkin, *Axis Rule in Occupied Europe: Laws of Occupation, Analysis of Government, Proposals for Redress* (Washington, DC, 1944), pp. 187-190; Schechtman, *European Population Transfers*, pp. 415-424.

[23] D. Deletant, *Hitler's Forgotten Ally : Ion Antonescu and His Regime, Romania 1940-1944* (Londres, 2006), p. 38.

[24] J. Ancel, *Transnistria 1941-1942: The Romanian Mass Murder Campaigns*, vol. I (Tel Aviv, 2003), pp. 24-25.

[25] V. Petrov, *Escape from the Future: The Incredible Adventures of a Young Russian* (Bloomington, IN, 1973), pp. 394-396.

[26] Deletant, *Hitler's Forgotten Ally*, pp. 187-196.

[27] *Ibid.*, pp. 130-141; A. Angrick, "The Escalation of German-Rumanian Anti-Jewish Policy after the Attack on the Soviet Union", *Yad Vashem Studies*, 26 (1998), pp. 203-239, apresenta um número mais elevado para as perdas de Jassy. Veja-se "The Report of the International Commission on the Holocaust in Romania", Bucareste, 11 de novembro de 2004, disponível em < http://Wehrmacht.yadvashem.org/about_yad/what_new/index_whats_new-report.hrml >.

[28] C. Malaparte, *Kaputt* (Londres, 1989), p. 142.

[29] J. Ancel, "The German-Rumanian Relationship and the Final Solution", *Holocaust and Genocide Studies*, 19, 2 (outono de 2005), pp. 252-275, aqui p. 258; para o original, veja-se L. Benjamin (org.), *Problema evreiasca in stenogramele Consiliului de Ministri* (Bucareste, 1996), pp. 264-269.

[30] Angrick, "The Escalation of German-Rumanian Anti-Jewish Policy", pp. 213-215.

[31] *Ibid.*, pp. 224-229.

[32] R. Hilberg, *The Destruction of the European Jews* (Nova Iorque, 1985), vol. 2, pp. 758-783; Deletant, *Hitler's Forgotten Ally*, p. 146.

[33] Ancel, *Transnistria 1941-1942*, p. 193.

[34] *Ibid.*, pp. 193-203.

[35] Ancel, "The German-Rumanian Relationship and the Final Solution", p. 259.

[36] "The Report of the International Commission on the Holocaust in Romania".

[37] A. Dallin, *Odessa 1941-1944: A Case Study of Soviet Territory under Foreign Rule* (Santa Monica, CA, 1957), pp. 68-78; uma discussão minuciosa das estimativas do número de mortos encontra-se em "The Holocaust in Romania", in "The Report of the International Commission on the Holocaust in Romania".

[38] "Rezolvarea problemei evreiesti" (A solução do problema judaico), in *Unirea*, 10 de outubro de 1941, cópia in J. Ancel, *Documents Concerning the Fate of Romanian Jewry during the Holocaust* (Nova Iorque, 1987), vol. 3: n.º 208, p. 318, citado em "The Report of the International Commission on the Holocaust in Romania".

[39] M. Knox, *Hitler's Italian Allies: Royal Armed Forces, Fascist Regime and the War of 1940-1943* (Cambridge, 2003), pp. 24-71.

[40] R. DiNardo, *Germany and the Axis Powers: From Coalition to Collapse* (Lawrence, KS, 2005), pp. 28-36.

[41] Bottai, *Diario, 1935-1944*, p. 216.

[42] D. Rodogno, *Fascism's European Empire: Italian Occupation During the Second World War* (Cambridge, 2006), pp. 284-287; veja-se também S. Lecoeur, "The Italian

Occupation of Syros and its Socio-Economic Impact, 1941-43", tese de doutoramento, Universidade de Londres, 2003.

[43] Rodogno, *Fascism's European Empire*, p. 59.

[44] H. J. Burgwyn, *Empire on the Adratic: Mussolini's Conquest of Yugoslavia, 1941--1943* (Nova Iorque, 2005), p. 96.

[45] Rodogno, *Fascism's European Empire*, pp. 82-84, 264-265.

[46] F. P. Verna, "Notes on Italian Rule in Dalmatia under Bastianini, 1941-1943", *International History Review*, 12, 3 (1990), pp. 441-460.

[47] Rodogno, *Fascism's European Empire*, p. 73.

[48] Tomasevich, *War and Revolution in Yugoslavia*, pp. 49-53.

[49] Malaparte, *Kaputt*, pp. 264-266.

[50] M. A. Hoare, *Genocide and Resistance in Hitler's Bosnia: The Partisans and the Chetniks, 1941-1943* (Oxford, 2006), pp. 22-23.

[51] T. Dulic, *Utopias of Nation: Local Mass Killing in Bosnia and Hercegovina, 1941-1942* (Estocolmo, 2005).

[52] Burgwyn, *Empire on the Adratic*, pp. 164-166.

[53] Rich, *Hitler's War Aims*, vol. 2, pp. 280-281; Glaise in J. E. Gumz, "Wehrmacht Perceptions of Mass Violence in Croatia, 1941-1942", *Historical Journal*, 44, 4 (2001), pp. 1015-1038, aqui p. 1028; Dulic, *Utopias of Nation*, p. 146; J. Gumz, "German Counter-Insurgency Policy in Independent Croatia, 1941-1944", *The Historian*, 61 (1998), pp. 33-50.

[54] M. Legnani, "Il 'ginger' del generale Roatta: le direttive della 2a armata sulla repressione antipartigiana in Slovenia e Croazia", *Italia contemporanea*, 209-10 (dezembro de 1997-Março de 1998), pp. 155-174; Burgwyn, *Empire on the Adratic*, pp. 270-274.

[55] Rodogno, *Fascism's European Empire*, pp. 336-361.

[56] Sobre as objeções italianas, veja-se *DDI*, vol. 10 (Roma, 1990), pp. 86, 547.

[57] B. Fischer, *Albania at War, 1939-1945* (West Lafayette, IN, 1999), pp. 85-87.

[58] Gumz, "Wehrmacht Perceptions of Mass Violence in Croatia, 1941-1942", p. 1032; sobre as oportunidades ignoradas para negociações, veja-se W. Hoettl, *The Secret Front: The Story of Nazi Espionage* (Nova Iorque, 1954), pp. 154-155.

[59] J. Gumz, "Stepping Back from Destruction: Invasion, Occupation and Empire in Habsburg Serbia, 1914-1918", tese de doutoramento, Universidade de Chicago, 2006.

[60] Veja-se Hull, *Absolute Destruction*; A. *Dynamics of Destruction: Culture and Mass Killing in the First World War* (Oxford, 2007) e em especial, Gumz, "Stepping Back from Destruction".

[61] Bottai, *Diario*, 1 de junho de 1940.

[62] Lumans, *Himmler's Auxiliaries*, p. 215.

[63] Bowen, *Spaniards and Nazi Germany*, p. 170.

[64] Burgwyn, *Empire in the Adriatic*, p. 277.

[65] Schmidt, *Hitler's Interpreter*, pp. 259-260; C. Browning, "Unterstaatssekretär Martin Luther and the Ribbentrop Foreign Office", *Journal of Contemporary History*, 12, 2 (abril de 1977), pp. 313-344.

[66] Herzstein, *When Nazi Dreams Come True*, cap. 6; Martin, "German-Italian Cultural Initiatives".

[67] Lipgens (org.), *Documents on the History of European Integration*, vol. 1, pp. 98-109; Simoni, *Berlino, Ambasciata d'Italia*, p. 261; Schmidt, *Hitler's Interpreter*, p. 261; J. von Ribbentrop, *The Ribbentrop Memoirs* (Londres, 1954), p. 169.

[68] Mulligan, *The Politics of Illusion and Empire*, pp. 39-40.

[69] Lipgens (org.), *Documents on the History of European Integration*, vol. 1, pp. 118-122.

⁷⁰ Bloch, *Ribbentrop*, pp. 365-367.
⁷¹ Browning, "Unterstaatssekretär Martin Luther", p. 334.
⁷² *DDI*, vol. 10, pp. 91-92, 103-104.
⁷³ Lipgens (org.), *Documents on the History of European Integration*, vol. 1, pp. 123-124.
⁷⁴ *DDI*, vol. 10, pp. 232-234.
⁷⁵ *Ibid.*, pp. 278-279; Bloch, *Ribbentrop*, p. 378; Simoni, *Berlino, Ambasciata d'Italia*, p. 33.
⁷⁶ G. de Antonellis, *Le Quattro Giornate di Napoli* (Milão, 1973), p. 65
⁷⁷ P. Struye, *Journal de guerre, 1940-1945* (Bruxelas, 2004), p. 411.
⁷⁸ Herzstein, *When Nazi Dreams Come True*, p. 206.
⁷⁹ F. W. Deakin, *The Last Days of Mussolini* (Londres, 1962), pp. 112-113.
⁸⁰ E. Collotti, *Lamministrazione tedesca dell' Italia ocupata* (Milão, 1963), pp. 290-291; L. Klinkhammer, *Zwischen Bündnis und Besatzung: Das nationalsozialistische Deutschland un die Republik von Salò, 1943-45* (Tübingen, 1993), pp. 291-301, 494.
⁸¹ Deakin, *The Last Days of Mussolini*, pp. 141, 149.
⁸² Gerlach e Aly, *Das letzte Kapitel*, pp. 117-121; Lumans, *Himmler's Auxiliaries*, p. 226.
⁸³ P. Sipos, "The Fascist Arrow Cross Government in Hungary (October 1944-April 1945)", in Benz *et al.* (orgs.), *Die Bürokratie der Okkupation*, pp. 49-63.
⁸⁴ Hitler, *Speeches and Proclamations*, vol. 4, 1 de janeiro de 1945.

Capítulo 12

¹ Citado em C. Browning, *Nazi Policy, Jewish Workers, German Killers* (Cambridge, 2000), p. 48. veja-se também Boelcke (org.), *The Secret Conferences*, p. 190.
² R. Cecil, R., *The Myth of the Master Race: Alfred Rosenberg and Nazi Ideology* (Londres, 1972), p. 20; "Eine erste Frage", in A. Rosenberg, *Schriften und Reden*, vol. 1 (Munique, 1943), pp. 75-79; Billig, *Alfred Rosenberg*, pp. 194-197, 209-211.
³ B. Lösener, "Das *Reichs*ministerium des Innern und die Judengesetzgebung", *Vierteljahrshefte für Zeitgeschichte*, 9, 3 (1961), p. 303; P. Witte, "Two Decisions Concerning the 'Final Solution to the Jewish Question': Deportations to Lodz and Mass Murder in Chelmno", *Holocaust and Genocide Studies*, 9, 2 (1995), pp. 318-345.
⁴ L. Rein, "Local Collaboration in the Execution of the 'Final Solution' in Nazi-Occupied Belorussia", *Holocaust and Genocide Studies*, 20, 3 (inverno de 2006), pp. 381-409, aqui p. 395.
⁵ "Report on the Execution of Jews in Borrisow", 24 de outubro de 1941, ND 3047-PS, in American Jewish Conference, *Nazi Germany's War against the Jews* (Nova Iorque, 1947).
⁶ Reitlinger, *The House Built on Sand*, p. 85.
⁷ Morris-State, 14 de outubro de 1941, in J. Mendelsohn (org.), *The Holocaust: Selected Documents in Eighteen Volumes* (Nova Iorque, 1982), pp. 18-19; E. Farbstein, "Diaries and Memoirs as a Historical Source – The Diary and Memoir of a Rabbi at the 'Konin House of Bondage'", *Yad Vashem Studies*, 26 (1998), pp. 87-129, aqui p. 106.
⁸ J. Herf, "'The Jewish War': Goebbels and the Anti-Semitic Campaigns of the Nazi Propaganda Ministry", *Holocaust and Genocide Studies*, 19, 1 (primavera de 2005), pp. 51-80, aqui p. 67; B. Musial, B., "The Origins of 'Operation Reinhard': The Decision-Making Process for the Mass Murder of the Jews in the *Generalgouvernement*", *Yad Vashem Studies*, 28 (2000), pp. 113-153, aqui p. 136 (citando *Tagebücher*, pp. 2, 132, 28 de outubro de 1941).

[9] Y. Arad, "Alfred Rosenberg and the 'Final Solution' in the Occupied Soviet Territories", *Yad Vashem Studies*, 13 (1979), pp. 263-286.

[10] Witte *et al.* (orgs.), *Der Dienstkalendar Heinrich Himmlers 1941/42* (Hamburgo, 1999), pp. 258-284; Lösener, "Das *Reich*sministerium", p. 311.

[11] Goebbels, *Die Tagebücher von Joseph Goebbels*, org. E. Fröhlich, vol. 2, 2 (Outubro-Dezembro de 1941) (Munique, 1996), pp. 487-500.

[12] Arad, "Alfred Rosenberg", p. 281.

[13] Diário de Frank, 16 de dezembro de 1941, NG 2233D-PS (USA 281), in American Jewish Conference, *Nazi Germany's War against the Jews*.

[14] M. Roseman, "Shoot First and Ask Questions Afterwards? Wannsee and the Unfolding of the Final Solution", *in* N. Gregor (org.), *Nazism, War and Genocide: Essays in Honour of Jeremy Noakes* (Exeter, 2005), pp. 130-146.

[15] Para mais pormenores, veja-se o capítulo 10.

[16] I. Kershaw, I., "Improvised Genocide? The Emergence of the 'Final Solution' in the 'Warthegau'", *Transactions of the Royal Historical Society* (1994), pp. 51-78, aqui p. 76.

[17] Dobroszycki (org.), *The Chronicle of the Lodz Ghetto*, liv; Kershaw, "Improvised Genocide?".

[18] Dobroszycki (org.), *The Chronicle of the Lodz Ghetto*, liv; a memória de May foi escrita em fevereiro de 1945.

[19] M. Williams, "Friedrich Rainer e Odilo Globocnik: L'amicizia insolita e i ruoli sinistri di due nazisti tipici", *Qualestoria*, 1 (junho de 1997), pp. 141-175. Veja-se Rieger, *Creator of the Nazi Death Camps*.

[20] P. Black, "Rehearsal for 'Reinhard': Odilo Globocnik and the Lublin *Selbstschutz*", *Central European History*, 25, 2 (1992), pp. 204-226; Musial, B., "The Origins od 'Operation Reinhard'", pp. 119-120, 122.

[21] Himmler-Globocnik, 27 de março de 1942, sobre o fim da sua incumbência de preparar, planear e implementar *Stützpunkte* policiais no Leste, in H. Friedlander, e S. Milton (orgs.), *Archives of the Holocaust: An International Collection of Selected Documents*, vol. 11, 1 (Nova Iorque, 1992), p. 254; sobre os antecedentes, veja-se Browning, *The Origins of the Final Solution*, pp. 354-356.

[22] P. Witte e S. Tyas, "A New Document on the Deportation and Murder of Jews during 'Einsatz Reinhard' 1942", *Holocaust and Genocide Studies*, 15, 3 (inverno de 2001), pp. 468-486. Note-se a ausência de acordo face à ortografia, sendo a palavra por vezes escrita "Reinhard" e outras "Reinhardt"; Rieger, *Creator of the Nazi Death Camps*, p. 114.

[23] Musial, "The Origins of 'Operation Reinhard'", p. 127.

[24] Jochmann (org.), *Adolf Hitler*, p. 91.

[25] E. T. Wood, *Karski: How One Man Tried to Stop the Holocaust* (Nova Iorque, 1994), pp. 125-129; J. Karski, *Story of a Secret State* (Bóston, 1944).

[26] Goebbels, *The Goebbels Diaries, 1942-43*, org. L. Lochner, p. 148.

[27] Noakes e Pridham (orgs.), *Nazism, 1919-1945*, pp. 1147-1148.

[28] Witte (org.), *Der Dienstkalendar Heinrich Himmlers*, pp. 483, 493; C. Browning, "A Final Decision for the 'Final Solution': The Riegner Telegram Reconsidered", *Holocaust and Genocide Studies*, 10, 1 (primavera de 1996), pp. 3-10; A. C. Mierzejewski, "A Public Enterprise in the Service of Mass Murder: The Deutsche *Reich*sbahn and the Holocaust", *Holocaust and Genocide Studies*, 15, 1 (primavera de 2001), pp. 33-46, aqui p. 38.

[29] Frank, 24 de agosto de 1942, USA 283, reimpresso in American Jewish Conference, *Nazi Germany's War against the Jews*, pp. 350-351.

³⁰ E. Levai, *Black Book on the Martyrdom of Hungarian Jewry* (Zurique e Viena, 1948), pp. 26-27.

³¹ Browning, "A Final Hitler Decision", p. 7.

³² J. Billig, "The Launching of the Final Solution", in S. Klarsfeld (org.), *The Holocaust and the Neo-Nazi Mythomania* (Nova Iorque, 1978), anexos.

³³ Aly e Roth, *The Nazi Census*, pp. 29-30, 90-91.

³⁴ G. Wellers, "The Number of Victims and the Korherr Report", in Klarsfeld (org.), *The Holocaust and the Neo-Nazi Mythomania*, anexos.

³⁵ Himmler-chefe do SiPo/SD, Berlim, 9 de abril de 1945, in Klarsfeld (org.), *The Holocaust and the Neo-Nazi Mythomania*, anexos.

³⁶ Guttman e Berenbaum, *Anatomy of the Auschwitz Death Camp*, p. 86.

³⁷ A. Cohen, "La Politique antijuive en Europe (Allemagne exclue) de 1938 à 1941", *Guerres mondiales*, 150 (1988), pp. 45-59.

³⁸ *TWC*, vol. 8, pp. 195-206.

³⁹ M. Schwalbova, "Slovak Jewish Women in Auschwitz II-Birkenau", in W. Dlugoborski *et al.* (orgs.), *The Tragedy of the Jews of Slovakia: 1938-1945: Slovakia and the "Final Solution of the Jewish Question"* (Oswiecim, 2002), pp. 201-212; Y. Buechler, "The Deportation of Slovakian to the Lublin District of Poland in 1942", *Holocaust and Genocide Studies*, 6, 2 (1991), pp. 151-166; D. Dwork e R. Jan van Pelt, *Auschwitz: 1270 to the Present* (Nova Iorque, 1996), pp. 299-306.

⁴⁰ *Ibid.*, p. 320.

⁴¹ L. Rothkirchen, "A Few Considerations on the Historiography of the Holocaust", in Dlugoborski *et al.* (orgs.), *The Tragedy of the Jews of Slovakia*, p. 83; I. Kamanec, "The Deportation of Jewish Citizens from Slovakia in 1942", *ibid.*, pp. 111-139; J. Ward, "'People Who Deserve It': Josef Tiso and the Presidential Exemption", *Nationalities Papers*, 30, 4 (2002), pp. 571-601.

⁴² Browning, *The Final Solution and the German Foreign Office*, pp. 103-104; *TWC*, vol. 8, p. 231; M. Marrus e R. Paxton, *Vichy France and the Jews* (Nova Iorque, 1981).

⁴³ Browning, *The Final Solution and the German Foreign Office*, pp. 115-117, 125-126.

⁴⁴ Aly e Roth, *The Nazi Census*, pp. 66-68.

⁴⁵ *TWC*, vol. 8, p. 255.

⁴⁶ Hillgruber (org.), *Staatsmänner und Diplomaten bei Hitler*, vol. 2, p. 233, 245, 257.

⁴⁷ Browning, *The Final Solution and the German Foreign Office*, pp. 136-137.

⁴⁸ Burgwyn, *Empire on the Adriatic*, pp. 186-187.

⁴⁹ *Ibid.*, pp. 188-189.

⁵⁰ *Ibid.*, pp. 192-193; Rodogno, *Fascism's European Empire*, p. 397.

⁵¹ *Ibid.*, pp. 383-384.

⁵² *Ibid.*, p. 390.

⁵³ *Ibid.*, pp. 403-405.

⁵⁴ Deletant, *Hitler's Forgotten Ally*, pp. 212-214.

⁵⁵ Guttman e Berenbaum, *Anatomy of the Auschwitz Death Camp*, pp. 86, 89; Dwork e van Pelt, *Auschwitz: 1270 to the Present*, p. 342.

⁵⁶ M. Hindley, "Negotiating the Boundary of Inconditional Surrender: The War Refugee Board in Sweden and Nazi Proposals to Ransom Jews, 1944-45", *Holocaust and Genocide Studies*, 10, 1 (primavera de 1996), pp. 52-77.

⁵⁷ L. Rothkirchen, "The Final Solution in its Last Stages", *Yad Vashem Studies*, 8 (1970), pp. 7-28.

⁵⁸ N. Masur, *En jude talar med Himmler* (Estocolmo, 1945); o texto do relatório de Masur ao Congresso Mundial Judaico encontra-se disponível em: < http://ux.brookdalec

edu/fact/tlt/wwz/memoir_details.php?id=53 >; Schellenberg, *Hitler's Secret Service*, pp. 386-387.

[59] R. Breitman e S. Aronson, "The End of the 'Final Solution': Nazi Plans to Ransom Jews in 1944", *Central European History*, 25 (1992), pp. 177-203.

[60] Y. Buechler, "Unworthy Behaviour": The Case of SS Officer Max Täubner", *Holocaust and Genocide Studies*, 17, 3 (inverno de 2003), pp. 409-429.

[61] S. Spector, "*Aktion 1005* – Effacing the Murder of Millions", *Holocaust and Genocide Studies*, 5, 2 (1990), pp. 157-173.

[62] Rothkirchen, "The Final Solution in its Last Stages", pp. 7-29.

[63] Hilberg, *The Destruction of the European Jews*, p. 1220.

[64] A. Weiss-Wendt, "Extermination of the Gypsies in Estonia During World War II: Popular Images and Official Policies", *Holocaust and Genocide Studies*, 17, 1 (primavera de 2003), pp. 31-61; M. Zimmermann, "Die nationalsozialistische Lösung der Ziegeunerfrage", in U. Herbert (org.), *Nationalsozialistische Vernichtungspolitik, 1939-1945* (Frankfurt, 1988).

[65] Jacobmeyer, W., "Die polnische Widerstandsbewegung im General Gouvernement und ihre Beurteilung durch deutsche Dienststellen", *Vierteljahrshefte für Zeitgeschichte*, 25, 4 (1977), pp. 655-681, aqui p. 677; R. Hilberg, *The Destruction of the European Jews*, 3.ª ed. (New Haven, 2003), vol. 2, pp. 547-548.

Capítulo 13

[1] Sobre este modo de formular o problema da colaboração, veja-se Jan T. Gross, "Themes for a Social History of War: Experience and Collaboration", in I. Deák, *et al.* (orgs.), *The Politics of Retribution in Europe* (Princeton, 2000), pp. 15-37.

[2] S. Hoffmann, "Collaboration in France During World War II", *Journal of Modern History*, 40, 3 (setembro de 1968), pp. 375-395; Y. Durand, "Collaboration French-style: A European Perspective, in S. Fishman, *et al.* (orgs.), *France at War: Vichy and the Historians* (Nova Iorque, 2000), pp. 61-76.

[3] Guéhenno e Maurras in G. Bree e G. Bernauer (orgs.), *Defeat and Beyond: An Anthology of French Wartime Writing, 1940-1945* (Nova Iorque, 1970), pp. 95-99, 101-103.

[4] R. Paxton, *Vichy France: Old Guard, New Order, 1940-1944* (Nova Iorque, 1972), partes 1 e 2; R. Vinen, *The Unfree French: Life under the Occupation* (New Haven, 2006) caps. 1 e 2.

[5] R. Paxton, "Le Régime de Vichy était-il neutre?", *Guerres mondiales et conflicts contemporaines*, 194 (1999), pp. 149-162.

[6] P. Burrin, *Living with Defeat: France under the German Occupation, 1940-1944* (Londres, 1996), pp. 109-111; S. Kitson, "Spying for Germany in Vichy France", *History Today*, 56, 1 (janeiro de 2006), pp. 38-45, e em especial, do mesmo autor, *Vichy et la chasse aux espions nazis, 1940-1942: Complexités de la politique de collaboration* (Paris, 2005).

[7] Burrin, *Living with Defeat*, pp. 437-438.

[8] H. Umbreit, *Der Militärbefehlshaber in FrankReich 1940-1944* (Boppard am Rhein, 1968), p. 109; B. Gordon, "The Condottieri of the Collaboration: *Mouvement Social Révolutionnaire*", *Journal of Contemporary History*, 10, 2 (abril de 1975), pp. 261-282.

[9] Sobre Mitterrand, veja-se P. Péan, *Une jeunnesse française: François Mitterrand, 1934-1947* (Paris, 1994); sobre a ligação à L'Oréal, existe o agressivo M. Bar-Zohar, *Bitter Scent: The Case of L'Oréal, Nazis and the Arab Boycott* (Nova Iorque, 1996).

[10] A. Betz, "Céline entre le IIIe République et la France occupée", in A. Betz e S. Martens (orgs.), *Les Intellectuels et l'Occupation: Collaborer, partir, resister, 1940-1944* (Paris, 2004), pp. 90-105; W. R. Tucker, *The Fascist Ego: A Political Biography of Robert Brasillach* (Los Angeles, 1975), pp. 253-270; Smith, *The Embattled Self*, pp. 181-182.

[11] J. Cocteau, *Journal, 1942-45* (Paris, 1989), pp. 34-114.

[12] *Ibid.*, p. 173; Burrin, *Living with Defeat*, p. 348.

[13] A melhor fonte de referência para Cocteau é C. Arnaud, *Jean Cocteau* (Paris, 2003), pp. 543-587.

[14] M. Cone, *Artists under Vichy: A Case of Prejudice and Persecution* (Princeton, 1992); Y. Menager, "Aspects de la vie culturelle en France sous l'occupation allemande (1940-1944)", in Madajczyk (org.), *Inter arma non silent musae: The War and Culture, 1939-1945* (Varsóvia, 1977), pp. 367-421.

[15] G. Sapiro, "La Collaboration littéraire", in Betz e Martens (orgs.), *Les Intellectuels et l'Occupation*, pp. 39-63; E. Michels, "Die deutschen Kulturinstitute um besetzten Europa", in W. Benz, *et al.* (orgs.), *Kultur-PropagandaÖffentlichkeit: Intentionen deutscher Besatzungspolitik und Reaktionen auf die Okkupation* (Berlim, 1998), pp. 11-35.

[16] B. Lambauer, "Otto Abetz, inspirateur et catalysateur de la collaboration culturelle", in Benz, *et al.* (orgs.), *Kultur-PropagandaÖffentlichkeit*, pp. 64-90; J. Grondin, *Hans-Georg Gadamer: A Biography* (New Haven, 2003), pp. 212-213.

[17] Jochmann (org.), *Adolf Hilter*, p. 116.

[18] Sobre a continuidade do Estado, o argumento clássico é C. Pavone, "La continuità dello stato" in Pavone, *Alle origine della Republica*.

[19] G. Le Begnec e D. Peschanski (orgs.), *Les Elites locales dans la tourmente* (Paris, 2000).

[20] A fonte de referência é M.-O. Baruch, *Servir l'État Français: L'Administration en France de 1940 à 1944* (Paris, 1997), em especial, pp. 36-209.

[21] *Ibid.*, p. 242; Vinen, *The Unfree French*, p. 85.

[22] Baruch, *Servir l'État Français*, p. 256; Vinen, *The Unfree French*, p. 94.

[23] Baruch, *Servir l'État Français*, pp. 298-313.

[24] *Ibid.*, p. 398; Marrus e Paxton, *Vichy France and the Jews*, p. 245. J.-M. Berlière, "L'impossible Pérennité de la police républicaine sous l'Occupation", *Vingtième Siècle*, 94 (Abril-Junho de 2007), pp. 183-196.

[25] Baruch, *Servir l'État Français*, pp. 400-403; U. Lappenküper, "Der 'Schlächter von Paris': Carl-Albrecht Oberg als HHSPF in Frank*Reich*, 1942-44", in S. Martens e M. Vaïsse (orgs.), *Frankreich und Deutschland im Krieg (Nov. 1942-Herbst 1944): Okkupation, Kollaboration, Resistance* (Bona, 2000), pp. 129-143; Umbreit, *Der Militärbefehlshaber*, p. 112; Vinen, *The Unfree French*, p. 109.

[26] J. Delarue, *Trafics et crimes sous l'occupation* (Paris, 1968), p. 248.

[27] *Ibid.*, pp. 249-251.

[28] *Ibid.*, pp. 258-262

[29] S. Kitson, "From Enthusiasm to Disenchantment: The French Police and the Vichy Regime, 1940-1944", *Contemporary European History*, 11, 3 (2002), pp. 371-390; Baruch, *Servir l'État Français*, pp. 449-465, 515.

[30] Os números referentes às detenções in Umbreit, *Der Militärbefehlshaber*, p. 116.

[31] Baruch, *Servir l'État Français*, p. 548; E. Alary, "Les Années noires du maintien de l'ordre: L'Exemple de la gendarmerie nationale, entre omnipotence allemande et emprise de la Milice", in Martens e Vaïsse (orgs.), *Frankreich und Deutschland im Krieg*, p. 567.

[32] Baruch, *Servir l'État Français*, p. 580; Burrin, *Living with Defeat*, p. 451; J. Sweets, "Hold that Pendulum! Redefining Fascism, Collaborationism and Resistance in France", *French Historical Studies*, 15, 4 (outono de 1988), pp. 731-758, aqui p. 751.

³³ Sobre os chamados "resistentes vichystas", veja-se J. Barasz, "Un vichyste en Résistance, le géneral de la Laurencie", *Vingtème Siècle*, 94 (Abril-Junho de 2007), pp. 167-181 e bibliografia.
³⁴ Sweets, "Hold that Pendulum!", p. 754.

Capítulo 14

¹ K.-P. Friedrich, "Collaboration in a 'Land without a Quisling': Patterns of Collaboration with the Nazi German Occupation Regime in Poland during World War II", *Slavic Review*, 64, 4 (inverno de 2005), pp. 712-746, aqui pp. 714, 719.
² O catalisador dos debates sobre a violência antissemita polaca foi J. Gross, *Neighbours: The Destruction of the Jewish Community in Jedwabne* (Princeton, 2002).
³ M. Kunicki, "Unwanted Collaborators: Leon Kozlowski, Wladyslaw Studnicki and the Problem of Collaboration among the Polish Conservative Politicians in World War II", *European Review of History*, 8, 2 (2001), pp. 203-220; R. Lukas, *Forgotten Holocaust: The Poles under German Occupation, 1939-1944* (Nova Iorque, 1990), p. 111.
⁴ *Ibid*. Kozlowski morreu durante um bombardeamento aéreo, na Alemanha, na primavera de 1944.
⁵ Veja-se W. Borodziej, *Terror und Politik: Die deutsche Polizei und die polnische Eiderstandsbewegung im Generalgouvernement, 1939-1944* (Mainz, 1999).
⁶ Lukas, *Forgotten Holocaust*, pp. 114-115.
⁷ Furber, "Going East", p. 150; Sobieski, "Reminiscences from Lwow", p. 361.
⁸ Este parágrafo e os seguintes baseiam-se no pioneiro *Between Nazis and Soviets* de Chodakiewicz.
⁹ *Ibid.*, p. 81.
¹⁰ *Ibid.*, p. 84; Klukowski, *Diary from the Years of Occupation*, p. 123.
¹¹ Swain, *Between Stalin and Hitler*, p. 91.
¹² K. Sakowicz, *Ponary Diary, 1941-1943: A Bystander's Account of a Mass Murder* (New Haven, 2005).
¹³ Aly, *Hitler's Beneficiaries*; Friedrich, "Collaboration in a 'Land without a Quisling'", p. 733; Klukowski, *Diary from the Years of Occupation*, p. 227.
¹⁴ O. Pinkus, *The House of Ashes* (Londres, 1991), p. 109; D. Bergen, "The *Volksdeutsche* of Eastern Europe and the Collapse of the Nazi Empire, 1944-1945", in Steinweis e Rogers (orgs.), *The Impact of Nazism*, p. 110.
¹⁵ Ibid., pp. 16, 30, 40; M. Zylberberg, *A Warsaw Diary, 1939-1945* (Londres, 1969), p. 201; Rein, "Local Collaboration", pp. 381-409.
¹⁶ M. Dean, *Collaboration in the Holocaust: Crimes of the Local Police in Belorussia and Ukraine, 1941-44* (Basingstoke, 2000), p. 68.
¹⁷ G. Stein, *The Waffen-SS: Hitler's Elite Guard at War, 1939-1945* (Ithaca, 1966), pp. 138-139; C. Childs, "The Political Structure of Hitler's Europe", in A. e V. Toynbee (orgs.), *Survey of International Affairs: Hitler's Europe, 1939-1946* (Londres, 1954), pp. 75-79; Reitlinger, *The SS, Alibi of a Nation*, pp. 158-160; B. de Wever, "Military Collaboration in Belgium", in Benz et al. (orgs.), *Die Bürokratie der Okkupation*, pp. 153-173.
¹⁸ Höhne, *The Order of the Death's Head*, p. 535.
¹⁹ Reitlinger, *The SS, Alibi of a Nation*, pp. 194-195; Militärgeschichtliches Forschungsamt (org.), *Germany and the Second World War*, vol. 5, p. 1027.
²⁰ Stein, *The Waffen-SS*, pp. 171-173; Höhne, *The Order of the Death's Head*, p. 537; Bergen, "The *Volksdeutsche* of Eastern Europe", p. 112.

NOTAS

²¹ Stein, *The Waffen-SS*, pp. 178-179.
²² G. Bassler, *Alfred Valdmanis and the Politics of Survival* (Toronto, 2000).
²³ Reitlinger, *The House Built on Sand*, pp. 160-164.
²⁴ *Ibid.*
²⁵ J. A. Armstrong, *Ukrainian Nationalism*, ed. rev. (Littleton, CO, 1980), pp. 34-37.
²⁶ W. D. Heike, *The Ukrainian Division "Galicia", 1943-45: A Memoir* (Toronto, 1988), pp. 4-5, 19, 28-29.
²⁷ Ainda sobre esta matéria, veja-se a discussão, no capítulo seguinte, sobre as políticas da resistência nacionalista ucraniana na Ucrânia Ocidental, em 1943-1944.
²⁸ Citado in Stein, *The Waffen-SS*, pp. 194-195.
²⁹ Dallin, *German Rule*, pp. 593-594.
³⁰ Reitlinger, *The SS, Alibi of a Nation*, pp. 200-201; Dallin, *German Rule*, p. 534.
³¹ P. Biddiscombe, P., "*Unternehmen* Zeppelin : The Deployment of SS Saboteurs and Spies in the Soviet Union, 1942-1945", *Europe-Asia Studies*, 52, 6 (2000), pp. 1115--1142; Dallin, *German Rule*, p. 546.
³² *Ibid.*, pp. 564-566.
³³ *Ibid.*, p. 574; Hitler citado in Borodziej, *Terror und Politik*, p. 116.
³⁴ Dallin, *German Rule*, p. 593-594.
³⁵ *Ibid.*, pp. 601, 616.
³⁶ Heiber (org.), *Hitler and his Generals*, pp. 259-260.
³⁷ T. Schulte, *German Army and Nazi Policies in Occupied Russia* (Nova Iorque, 1989), pp. 172-177; J. Hanson, *The Civilian Population and the Warsaw Uprising of 1944* (Cambridge, 1978), p. 85; Lukas, *Forgotten Holocaust*, pp. 205-207.
³⁸ Hitler-Szalasi, in Hillgruber (org.), *Staatmänner und Diplomaten*, p. 525.
³⁹ Reitlinger, *The House Built on Sand*, pp. 368-369.
⁴⁰ Dallin, *German Rule*, p. 636.
⁴¹ K. Ungvary, K., *Battle for Budapest: One Hundred Days in World War Two* (Londres, 2003), p. 274.
⁴² Dallin, *German Rule*, p. 646; C. Andreyev, *Vlasov and the Russian Liberation Movement: Soviet Reality and Emigré Theories* (Cambridge, 1987), pp. 76-79.
⁴³ Um relato emocionante mas inverificável é J. Loftus, *The Belarus Secret* (Nova Iorque, 1982).

Capítulo 15

¹ Sobre a continuação da resistência polaca em 1940, veja-se L. Dobroszycki e M. Getter, "The Gestapo and the Polish Resistance Movement", *Ata Poloniae Historica*, 4 (1961), p. 88; as outras citações provêm de Jacobmeyer, "Die polnische Widerstandsbewegung", pp. 655-681.
² K. Lanckoronska, *Michelangelo in Ravensbrück: One Woman's War against the Nazis* (Nova Iorque, 2007), p. 20.
³ G. von Frijtag Drabbe Künzel, "Resistance, Reprisals, Reactions", in R. Gildea, O. Wieworka e A. Warring (orgs.), *Surviving Hitler and Mussolini: Daily Life in Occupied Europe* (Oxford, 2006), pp. 190-191.
⁴ W. Borodziej, *The Warsaw Uprising of 1944* (Madison, WI, 2006), pp. 6-8, 38-39.
⁵ E. D. R. Harrison, "The British Special Operations Executive and Poland", *Historical Journal*, 43, 4 (2000), 1071-1091.
⁶ Jacobmeyer, "Die polnische Widerstandsbewegung", pp. 674-675.
⁷ G. Kennan, "The Technique of German Imperialism in Europe" (abril de 1941), p. 5, in George E. Kennan Papers, Mudd Library, Universidade de Princeton (agradeço

a Anders Stephenson por me ter chamado a atenção para este documento). M. Baudot, *L'Opinion publique sous l'Occupation: L'Example d'un département français (1939-1941)* (Paris, 1961), p. 15; P. Struye, *L'Evolution du sentiment publique en Belgique sous l'occupation allemande* (Bruxelas, 1945), p. 54.

[8] Sobre os polacos, veja-se Szarota, *Warschau unter dem Hakenkreuz*, p. 283; A. Warring, "Intimate and Sexual Relations", in Gildea, Wieworka e Warring (orgs.), *Surviving Hitler and Mussolini*, pp. 108-113; F. Virgili, *Shorn Women: Gender and Punishment in Liberation France* (Nova Iorque, 2002), pp. 11, 22-26.

[9] Szarota, *Warschau unter dem Hakenkreuz*, pp. 282-283; K. Stokker, "Hurry Home, Haakon: The Impact of Anti-Nazi Humor on the Image of the Norwegian Monarch", *Journal of American Folklore*, 109, 433 (verão de 1996), pp. 289-307.

[10] J. Haestrup, *European Resistance Movements, 1939-1945: A Complete History* (Londres, 1981), cap. 3.

[11] Struye, *Journal de guerre*, p. 143; J. Sweets, *Choices in Vichy France: The French under Nazi Occupation* (Oxford, 1986), p. 203.

[12] Brzeska, *Through a Woman's Eyes*, pp. 34-40; Struye, *Journal de guerre*, pp. 194, 203; Jacobmeyer, "Die polnische Widerstandsbewegung", p. 670.

[13] Hirschfeld, *Nazi Rule and Dutch Collaboration*, p. 35.

[14] A. Moland, "Norway", in B. Moore (org.), *Resistance in Western Europe* (Oxford, 2000), pp. 223-237.

[15] W. Weber, *Die innere Sicherheit im besetzten Belgien und NordfrankReich, 1940--1944* (Düsseldorf, 1978), pp. 54-55; A. von Falkenhausen, *Mémoires d'outre-guerre* (Bruxelas, 1974), pp. 135-136, 153-155, 198.

[16] L. Taylor, *Between Resistance and Collaboration: Popular Protest in Northern France, 1940-1945* (Basingstoke, 2000), pp. 70-80; R. Gildea, D. Luyten e J. Fürst, "To Work or Not to Work?", *in* Gildea, Wieworka e Warring (orgs.), *Surviving Hitler and Mussolini*, pp. 43-44; D. Luyten e R. Hemmerijckx, "Belgian Labour in World War II: Strategies of Survival, Organizations and Labour Relations", *European Review of History*, 7, 2 (outono de 2000), pp. 207-227.

[17] Borodziej, *Terror und Politik*, pp. 93-94.

[18] G. Schulz, "Zur englischen Planung des Partisanenkriegs am Vorabend des Zeiten Weltkrieges", *Vierteljahrshefte für Zeitgeschichte*, 30, 2 (1982), pp. 322-339.

[19] M. R. D. Foot, "Was SOE Any Good?", *Journal of Contemporary History*, 16, 1 (janeiro de 1981), pp. 167-181, aqui p. 169.

[20] D. Stafford, "The Detonator Concept: British Strategy, SOE and European Resistance after the Fall of France", *Journal of Contemporary History*, 10, 2 (abril de 1975), pp. 185-217.

[21] M. Djilas, *Wartime* (Nova Iorque, 1977), pp. 12-13; G. Swain, "The Comintern and Southern Europe, 1938-1943", in T. Judt (org.), *Resistance and Revolution in Mediterranean Europe, 1939-1948* (Londres, 1989), pp. 29-53, aqui pp. 38-40.

[22] Djilas, *Wartime*, pp. 12-13.

[23] *Ibid.*, p. 94; S. Trew, *Britain, Mihailovic and the Chetniks, 1941-42* (Londres, 1988), p. 61.

[24] M. Wheeler, "Pariahs to Partisans to Power: The CPY", in Judt (org.), *Resistance and Revolution*, pp. 110-156; Trew, *Britain, Mihailovic and the Chetniks*, pp. 149-150; M. A. Hoare, *Genocide and Resistance in Hitler's Bosnia: The Partisans and the Chetniks, 1941-1943* (Oxford, 2006), caps. 4-5.

[25] Sobre o impacto em França, veja-se R. Gildea, "Resistance, Reprisals and Community in Occupied France", *Transactions of the Royal Historical Society*, 13 (2003), pp. 163-185; MacDonald, *Killing*, pp. 77-80; Bryant, *Prague in Black*, p. 179; F. Petri-

ck (org.), *Die Okkupationspolitik des deutschen Faschismus in Dänemark und Norwegen (1940-1945)* (Berlim, 1992), pp. 176, 190.

[26] Gerlach, *Kalkulierte Morde*, pp. 884 sqq.

[27] J. Armstrong (org.), *Soviet Partisans in World War II* (Madison, WI, 1964), pp. 438-439.

[28] Heiber, *Hitler and His Generals*, pp. 17, 771.

[29] Gerlach, *Kalkulierte Morde*, pp. 946-973.

[30] Hill, *The War behind the Eastern Front*, pp. 138-145.

[31] J. Kagan e D. Cohen, *Surviving the Holocaust with the Russian Jewish Partisans* (Londres, 1997), pp. 122-124

[32] Armstrong (ed), *Soviet Partisans*, pp. 430-431, 672-673.

[33] K. Slepyan, *Stalin's Guerrillas: Soviet Partisans in World War Two* (Lawrence, KS, 2006), pp. 27-46.

[34] Citado em Kagan e Cohen, *Surviving the Holocaust*, p. 194.

[35] Slepyan, *Stalin's Guerrillas, passim*, esp. pp. 91-101.

[36] Embaixador Hemmen, 1764-PS, in *NCA*, Supplement B (Washington, 1946), pp. 402-403; Sauckel in "54th Conference of the Central Planning Board", R-124, *NCA*, vol. 8, p. 150.

[37] H. R. Kedward, *In Search of the Maquis: Rural Resistance in Southern France, 1942-1944* (Oxford, 1993), p. 31.

[38] *Ibid.*, pp. 42-43, 55; O. Wieviorka, "France", in Moore (org.), *Resistance in Western Europe*, pp. 125-155.

[39] Baudot, *L'Opinion publique*, p. 233.

[40] N. In'T. Veld, "Die Wehrmacht und die Widerstandsbekämpfung in Westeuropie", in G. Otto e J. H. ten Cate (orgs.), *Das organisierte Chaos: "Ämterdarwinismus" und "Gesinnungsethik": Determinanten nationalsozialistischer Besatzungsherrschaft* (Berlim, 1999), pp. 279-301.

[41] D. van Galen Lost, "The Netherland", in Moore (org.), *Resistance in Western Europe*, pp. 189-211, aqui pp. 199-201.

[42] R. Gildea, D. Luyten e J. Fürst, "To Work or Not to Work", in Gildea, *et al.* (orgs.), *Surviving Hitler and Mussolini*, pp. 64-66; Struye, *Journal de guerre*, p. 330.

[43] Gerlach, *Kalkulierte Morde*, pp. 996-998, 1011-1035, 1141.

[44] Jacobmeyer, "Die polnische Widerstandsbewegung", p. 677; Hilberg, *The Destruction of the European Jews*, 3.ª ed., vol. 2, pp. 547-548.

[45] *TWC*, vol. 5 (processo de Pohl), p. 622, Himmler-Krüger, 16 de fevereiro de 1943; T. Szarota, *The Warsaw Ghetto: the 45th Anniversary of the Uprising* (Varsóvia, 1987); J. Garliński, *The Survival of Love: Memoirs of a Resistance Officer* (Cambridge, 1991), p. 112; Hilberg, *The Destruction of the European Jews*, 3.ª ed., vol. 2, pp. 534-540.

[46] Szarota, *Warschau unter dem Hakenkreuz*, p. 279; Dobroszycki e Getter, "The Gestapo and the Polish Resistance Movement", p. 118; Jacobmeyer, "Die polnische Widerstandsbewegung", p. 677; Borodziej, *Terror und Politik*, pp. 117-125, 174.

[47] H. Trevor-Roper, *Hitler's War Directives, 1939-1945* (Londres, 1966), pp. 204-214; NOKW-135, "Treatment of Prisoners and Deserters in Bandit Fighting, Reprisals and Evacuation Measures", *TWC*, vol. 11 ("Caso dos Reféns"), pp. 1027-1028; "Proclamation to Norwegian Population" (s. d.), p. 1117.

[48] Comentário de Neubacher in NOKW-469, "The Blood Bath of Klissura", 15 de maio de 1944, *TWC*, vol. 11 ("Caso dos Reféns"), pp. 1034-1036; J. Hondros, *Occupation and Resistance: The Greek Agony, 1941-1944* (Nova Iorque, 1983).

[49] G. Corni, "Italy", in Moore (org.), *Resistance in Western Europe*, pp. 160-164.

[50] G. Gribaudi, *Guerra totale: tra bombe alleate e violenze naziste. Napoli e il fronte meridionale 1940-1944* (Turim, 2005).

⁵¹ A. Portelli, *The Order Has Been Carried Out: History, Memory and the Meaning of a Nazi Massacre in Rome* (Londres, 2003); G. Schreiber, *Deutsche Kriegsverbrechen in Italien* (Munique, 1996), pp. 95-109, 167-183. Os números de baixas provêm de Schreiber ou de E. Collotti e T. Matta, "Rapresaglie, stragi, eccidi", in E. Collotti *et al.* (orgs.), *Dizionario della Resistenza*, vol. 1 (Turim, 2000), pp. 261-263.

⁵² Schreiber, *Deutsche Kriegsverbrechen in Italien*, pp. 108-111.

⁵³ *Ibid.*, p. 195. Na Toscana, os massacres ocorreram longe da linha da frente: M. Battini e P. Pezzino, *Guerra ai civili: ocupazione tedesca e politica del massacro, Toscana 1944* (Veneza, 1997).

⁵⁴ Klinkhammer, *Zwischen Bündnis und Besatzung*, p. 521.

⁵⁵ B. Bowles, "Newsreels, Ideology and Public Opinion under Vichy: The Case of *La France en Marche*", *French Historical Studies*, 27, 2 (primavera de 2004), pp. 419-463, aqui p. 454.

⁵⁶ Paxton, *Vichy France*, p. 293; Struye, *L'Evolution du sentiment publique*, pp. 178-179.

⁵⁷ P. P. Poggio, "Reppublica sociale italiana", in Collotti *et al.* (orgs.), *Dizionario della Resistenza*, vol. 1, pp. 66-77, aqui p. 73; R. Lamb, *War in Italy, 1939-1945: A Brutal Story* (Londres, 1993), pp. 99-101.

⁵⁸ M. Franzinelli, "Chiesa e clero cattolico" in Collotti *et al.* (orgs.), *Dizionario della Resistenza*, vol. 1, pp. 300-322.

⁵⁹ Lukas, *Forgotten Holocaust*, p. 76.

⁶⁰ T. Snyder, "The Causes of Ukrainian-Polish Ethnic Cleansing 1943", *Past and Present*, 179 (maio de 2003), pp. 197-235; Brown, *A Biography of No Place*, p. 221; Armstrong, *Ukrainian Nationalism*.

⁶¹ B. Chiari, "Reichsführer-SS: Kein Pakt mit Slawen: Deutsch-polnische Kontakt im Wilna-Gebiet 1944", *Osteuropa-Archiv* (abril de 2000), pp. A134-A153.

⁶² N. Lewis, *Naples '44* (Londres, 1978), pp. 26-33; Gribaudi, *Guerra totale*, pp. 174-198.

⁶³ Sweets, *Choices in Vichy France*, pp. 221-223; Gildea, "Resistance, Reprisals and Community", pp. 163-185; veja-se também T. Todorov, *A French Tragedy: Scenes of Civil War, Summer 1944* (Hanover, NH, 1996).

⁶⁴ K. J. Müller, "Le Développement des opérations du groupe d'armées B fin juillet--août 1944", in C. Levisse-Touzé (org.), *Paris 1944: Les Enjeux de la Libération* (Paris, 1994), pp. 102-125; H. Umbreit, "La Libération de Paris et la grande stratégie du IIIe Reich", in *ibid.*, pp. 327-343.

⁶⁵ Isto resume uma série de decisões complexas e muito mais confusas referidas por Borodziej, *The Warsaw Uprising of 1944*, caps. 3-4.

⁶⁶ *Ibid.*, pp. 74-75; Hanson, *The Civilian Population*, p. 68.

⁶⁷ Himmler citado em Borodziej, *The Warsaw Uprising*.

⁶⁸ *Ibid.*, p. 81.

⁶⁹ Hilberg, *The Destruction of the European Jews*, 3.ª ed., vol. 2, p. 539; Szarota, *Warschau unter dem Hakenkreuz*, p. 319.

⁷⁰ Corni, *Il sogno del "grande spazio"*, p. 253; Dobroszycki e Getter, "The Gestapo and the Polish Resistance Movement", pp. 117-118.

⁷¹ A. Milward, "The Economic and Strategic Significance of Resistance", in S. Hawes e R. White (orgs.), *Resistance in Europe, 1939-1945* (Salford, 1973), pp. 186-203; von Falkenhausen, "Quatre ans", in *Mémoires*, p. 198.

⁷² Sobre a resistência não violenta, veja-se J. Semelin, *Unarmed against Hitler: Civilian Resistance in Europe* (Londres, 1993).

⁷³ B. Goldyn, "Disenchanted Voices: Public Opinion in Cracow, 1945-46", *East European Quarterly*, 32, 2 (junho de 1998), pp. 139-165.

Capítulo 16

[1] Heiber, *Hitler and His Generals*, p. 554.
[2] R.-D. Müller, *Der Letzte deutsche Krieg, 1939-1945* (Estugarda, 2005), pp. 276-278, 285; F. de Lannoy, *La Ruée de l'Armée Rouge: Opération Bagration* (Bayeux, 2002); S. Zaloga, *Bagration 1944: The Destruction of Army Group Centre* (Londres, 1996).
[3] Citado in Hanson, *The Civilian Population*, p. 68; A. Noble, "The First Frontgau: East Prussia, July 1944", *War and History Review*, 13 (abril de 2006), pp. 200-216; os números relativos às perdas provêm de Overmans, *Deutsche militärische Verluste*, p. 277.
[4] Noble, "The First Frontgau", p. 216.
[5] H. Mommsen, "The Dissolution of the Third Reich: Crisis Management and Collapse, 1943-45", *German Historical Institute (Washington): Bulletin*, 27 (outono de 2000), pp. 9-23, aqui pp. 18-19; Trevor-Roper (org.), *Hitler's War Directives*, p. 233; sobre a controvérsia de Nemmersdorf, veja-se G. Überschär (org.), *Orte des Grauens* (Darmstadt, 2003).
[6] Ungvary, *Battle for Budapest*, xi; K. Ungvary, "The 'Second Stalingrad': The Destruction of Axis Forces in Budapest (February 1945)", in N. Dreisziger (org.), *Hungary in the Age of Total War* (Nova Iorque, 1998), pp. 151-167.
[7] Karl Rosner sobre a retirada de 1917 para a Linha Hindenburgo, in C. F. Horne (org.), *Source Records of the Great War*, vol. 5 (Nova Iorque, 1923).
[8] Trevor-Roper (org.), *Hitler's War Directives*, pp. 234-236, 288; a ordem de Hitler, datada de 16 de setembro de 1944, provém de H. Schwendemann, "Strategie der Selbsvernichtung: die Wehrmachtführung im 'Endkampf' um das Dritte *Reich*", in R.-D. Müller e H.-E. Volkmann (orgs.), *Die Wehrmacht. Mythos und Realität* (Munique, 1999), pp. 224-244, e o seu "'Drastic Measures to Defend the *Reich* at the Oder and the Rhine': A Forgotten Memorandum of Albert Speer of 18 March 1945", *Journal of Contemporary History*, 38, 4 (2003), pp. 597-614.
[9] G. Goeschel, "Suicide at the End of the Third Reich", *Journal of Contemporary History*, 41, 1 (2006), pp. 153-173; M. Steinert, M., *Capitulation 1945: The Story of the Dönitz Regime* (Londres, 1969), p. 4; sobre Terboven, veja-se Speer, *Spandau*, p. 239.
[10] Trevor-Roper (org.), *Hitler's War Directives*, pp. 293-294; M. Geyer, "'There Is a Land Where Everything is Pure: Its Name is Land of Death'; Some Observations on Catastrophe Nationalism", in G. Eghigian e M. P. Berg (orgs.), *Sacrifice and National Belonging in Twentieth Century Germany* (College Station, TX, 2002), pp. 122, 131.
[11] NCA, vol. 6, pp. 740-752 (3815-PS).
[12] D. Schenk, *Hans Frank: Hitler's Kronjurist und Generalgouverneur* (Frankfurt am Main, 2006), pp. 364-365.
[13] NCA, vol. 6, pp. 740-745 (3814-PS): vários documentos sobre o processo de Frank em janeiro de 1945.
[14] M. Steinert, "The Allied Decision to Arrest the Dönitz Government", *Historical Journal*, 31, 3 (1988), pp. 651-663.
[15] Speer, *Inside the Third Reich*, pp. 486-487.
[16] P. Padfield, *Himmler: Reichsführer-SS* (Londres, 1990), pp. 600-607; Steinert, *Capitulation 1945*, pp. 116-117.
[17] Ibid., pp. 1114-1115; Speer, *Inside the Third Reich*, p. 496; L. Stokes, "Otto Ohlendorf, the Sicherheitsdienst and Public Opinion in the Third *Reich*", in G. L. Mosse (org.) *Police Forces in History* (Londres, 1975), pp. 258-259.
[18] Steinert, *Capitulation 1945*, p. 238.

[19] Matlock (org.), *Dänemark in Hitler's Hand*, pp. 157-158.
[20] Padfield, *Himmler: Reichsführer-SS*, pp. 604-605.
[21] *Ibid.*, pp. 604-605.
[22] "The Admiral's Headquarters", *Time*, 28 de maio de 1945; Steinert, *Capitulation 1945*, pp. 210-211.
[23] Steinert, "The Allied Decision", p. 659.
[24] *Ibid.*, p. 660.
[25] Dolibois, *Pattern of Circles*, p. 85.
[26] Weinberg, *A World at Arms*, p. 826.
[27] Dolibois, *Pattern of Circles*, pp. 100-135; veja-se também "The Place of Judgement", *Time*, 6 de agosto de 1945.
[28] Speer, *Spandau*, p. 20.
[29] T. Schieder (org.), *The Expulsion of German Population from the Territories East of the Oder-Neisse Line* (Bona, s. d.), vol. 1, pp. 129-130.
[30] E. Scherstjanoi, "Vot ona proklitaia Germaniia! Germany in Early 1945 through the Eyes of Red Army Soldiers", *Slavic Review*, 64, 4 (inverno de 2005), pp. 165-189.
[31] C. Merridale, *Ivan's War: Life and Death in the Red Army, 1939-1945* (Nova Iorque, 2006), p. 301.
[32] *Ibid.*, p. 309; sobre a Wehrmacht, veja-se D. R. Snyder, *Sex Crimes under the Wehrmacht* (Lincoln, NE, 2007).
[33] Merridale, *Ivan's War*, p. 284; Broekmeyer, *Stalin, the Russians and their War*, pp. 120-122 (processo de Lev Kopelev), 126; sobre Kopelev, veja-se L. Kopelev, *The Education of a True Believer* (Nova Iorque, 1980).
[34] Schieder, *Expulsion*, vol. 1, pp. 136-137.
[35] C. Kraft, "Who Is a Pole and Who Is a German? The Province of Olsztyn in 1945", in P. Ther e A. Siljak (orgs.), *Redrawing Nations: Ethnic Cleansing in East-Central Europe, 1944-48* (Lathan, MD, 2001), pp. 107-121, aqui p. 126; J. Kap (org.), *The Tragedy of Silesia, 1945-46: A Documentary Account with a Special Survey of the Archdiocese of Breslau* (Munique, 1952-1953), p. 193.
[36] *Ibid.*, pp. 198-199, 238-239; sobre os guetos, veja-se também Kraft, "Who Is a Pole and Who Is a German?", p. 112.
[37] Ther, "A Century of Forced Migration", in Ther e Siljak (orgs.), *Redrawing Nations*, p. 55; Bryant, *Prague in Black*, pp. 229-230.
[38] S. Jankowiak, "'Cleansing' Poland of Germans", in Ther e Siljak (orgs.), *Redrawing Nations*, pp. 88-89.
[39] J. Chuminski e E. Kaszuba, "The Breslau Germans under Polish Rule, 1945-46: Conditions of Life, Political Attitudes, Expulsion", *Studia Historiae Oeconomicae*, 22 (1997), pp. 87-101.
[40] B. Frommer, *National Cleansing: Retribution against Nazi Collaborators in Postwar Czechoslovakia* (Cambridge, 2005).
[41] E. Glassheim, "National Mythologies and Ethnic Cleansing: The Expulsion of Czechoslovak Germans in 1945", *Central European History*, 33, 4 (2000), pp. 463-486.
[42] *Ibid.*, p. 482; N. Naimark, *Fires of Hatred: Ethnic Cleansing in Twentieth-Century Europe* (Cambridge, MA, 2001), p. 116; Bryant, *Prague in Black*, pp. 238-239.
[43] Naimark, *Fires of Hatred*, pp. 130-133.
[44] K. Kersten, "Transformation of Polish Society", in Ther e Siljak (orgs.), *Redrawing Nations*, p. 78; Churchill citado in *ibid.*, p. 6.
[45] Wiskemann, *Germany's Eastern Neighbours*, pp. 209-228.
[46] A. Prazmowska, "The Kielce Pogrom 1946 and the Emergence of Communist Power in Poland", *Cold War History*, 2, 2 (janeiro de 2002), pp. 101-124; D. Engel,

"Patterns of Anti-Jewish Violence in Poland, 1944-46", *Yad Vashem Studies*, 26 (1998), pp. 43-87.

⁴⁷ P. Ahonen, *After the Expulsion: West Germany and Eastern Europe, 1945-1990* (Oxford, 2003).

Capítulo 17

¹ J. Goebbels, "Das Jahr 2000", Das *Reich*, 25 de fevereiro de 1945, pp. 1-2, tradução de Randall Bytwerk e disponível no seu arquivo de propaganda alemã em < http://www.calvin.edu/academic/cas/gpa/goeb49.htm >. Agradeço ao professor Bytwerk pela autorização para citar do arquivo.

² *Ibid.*

³ P. Herre, *Deutschland und die Europäische Ordnung* (Berlim, 1941), p. 196; E. Bramsted, *Goebbels and National Socialist Propaganda, 1929-1945* (East Lansing, MI, 1965), p. 303.

⁴ *Ibid.*, pp. 303-304.

⁵ Hitler, *Hitler's Second Book*, pp. 109-116.

⁶ Goebbels, "The Europe of the Future", 11 de setembro de 1940, in Neulen, *Europa und das 3. Reich*, pp. 73-75.

⁷ P. Kluke, "Nationalsozialistische Europaideologie", *Vierteljahrshefte für Zeitgeschichte*, 3, 3 (1955), pp. 240-275, aqui p. 259.

⁸ *DGFP*, 13, n.º 327 (Declarações do *Führer* ao embaixador Abetz em 16 de setembro de 1941), p. 520.

⁹ DGFP, 13, n.º 424 (Registo da Conversa entre o *Führer* e o conde Ciano no Quartel-General em 25 de outubro de 1941), pp. 692-694.

¹⁰ Speer, *Spandau*, p. 156.

¹¹ Neitzel (org.), *Tapping Hitler's Generals*, pp. 159, 175.

¹² Boelcke (org.), *The Secret Conferences*, p. 113.

¹³ E. Beneš, "The Organization of Postwar Europe", *Foreign Affairs*, 6, 2 (janeiro de 1942), pp. 226-242.

¹⁴ L. Curtis, "World Order", *International Affairs*, 18, 3 (Maio-Junho de 1939), pp. 301-320; veja-se também D. Lavin, *From Empire to International Commonwealth: A Biography of Lionel Curtis* (Oxford, 1995); W. Lipgens, *A History of European Integration*, vol. 1 *(1945-7)* (Oxford, 1982).

¹⁵ *Ibid.*, pp. 62-65; Departamento de Estado dos EUA, *Postwar Foreign Policy Preparation, 1939-1945* (Washington, DC, 1949), pp. 458-461 (memorando de 1 de maio de 1940); Kennan citado in J. L. Harper, *American Visions of Europe: Franklin D. Roosevelt, George F. Kennan, and Dean G. Acheson* (Cambridge, 1996), p. 182; R. Schlesinger, *Federalism in Central and Eastern Europe* (Nova Iorque, 1945), p. ix.

¹⁶ Lipgens, *A History of European Integration*, vol. 1, pp. 63-64; . Schlesinger, *Federalism*, p. 478.

¹⁷ E. Ranshofen-Werthmeyer, *Victory Is Not Enough: The Strategy for a Lasting Peace* (Nova Iorque, 1942), pp. 167-202.

¹⁸ Sobre a oposição belga, veja-se T. Grosbois, "Les Projets des petites nations de Benelux pour l'après-guerre, 1941-1945", *in* M. Demoulin, *Plans des Temps de Guerre pour l'Europe d'Après-Guerre, 1940-47* (Bruxelas, 1995), p. 120; S. Neumann, "Fashions in Space", *Foreign Affairs*, 21, 2 (janeiro de 1943), pp. 276-288, aqui p. 288.

¹⁹ Schlesinger, *Federalism*, pp. 447-449.

²⁰ Strang citado in L. Kettenacker, "The Anglo-Soviet Alliance and the Problem of Germany, 1941-1945", *Journal of Contemporary History*, 17, 3 (julho de 1982), pp. 435-458, aqui p. 449.
²¹ Lipgens, *A History of European Integration*, vol. 1.
²² G. Murashko e A. Noskova, "Stalin and the National-Territorial Controversies in Eastern Europe, 1945-1947", *Cold War History*, 1, 2 (abril de 2001), pp. 161-172.
²³ D. Reynolds, "Churchill, Stalin and the 'Iron Curtain', in *From World War to Cold War: Churchill, Roosevelt and the International History of the 1940s* (Cambridge, 2006), pp. 250-251.
²⁴ Harper, *American Visions*, p. 188.
²⁵ Steinert, *Capitulation 1945* (Londres, 1969), p. 6; Lipgens, *A History of European Integration*, vol. 1, pp. 66 *sqq.*, 108, 104 *sqq.*, 21; W. Rostow, "The European Commission for Europe", *International Organization*, 3, 2 (maio de 1949), pp. 254-268.
²⁶ Lipgens, *A History of European Integration*, vol. 1.
²⁷ W. Mauter, "Churchill and the Unification of Europe", *The Historian*, 61, 1 (outono de 1998), pp. 67-84; A. W. Simpson, *Human Rights and the End of Empire: Britain and the Genesis of the European Convention* (Oxford, 2001); A. Milward, *The European Rescue of the Nation-State* (Londres, 2000).
²⁸ Schumann, "Probleme der Deutschen Aussenwirtschaft", pp. 141-160.
²⁹ L. Herbst, "Die wirtschaftlichen Nachkriegspläne des SS, der Reichswirtschaftsministeriums und der Reichsgruppe Industrie im Angesicht der Niederlage (1943-45)", in Demoulin, *Plans des Temps de Guerre*, pp. 15-24.
³⁰ K. Tauber, *Beyond Eagle and Swastika: German Nationalism since 1945* (Middletown, CT, 1967), pp. 208-209.
³¹ *Ibid.*, pp. 210-230.
³² *Ibid.*, p. 925.
³³ Speer, *Inside the Third Reich*, p. 307; Carlo Scorza, citado in C. Pavone, "La continuità dello stato", in Pavone, *Alle origine della Repubblica*, p. 75.

Capítulo 18

¹ L. Namier, "The German Finale to an Epoch in History", in *Vanished Supremacies*, p. 219.
² F. Giddings (in *Democracy and Empire*), citado in D. P. Crook, *Benjamin Kidd: Portrait of a Social Darwinist* (Cambridge, 1984), pp. 133-134.
³ C. K. Leith, "The Struggle for Mineral Resouces", *Annals of the American Academy of Political and Social Science*, 204 (julho de 1939), pp. 42-48.
⁴ C. Schmitt, "Grossraum gegen Universalismus", *Zeitschrift der Akademie für Deutsches Recht*, 9 (1939), pp. 333-337 e a discussão *in* Herbert, *Best*, pp. 271-275. Veja-se C. Schmitt, *The Nomos of the Earth in the International Law of the Ius Publicum Europaeun* (Nova Iorque, 2003), cap. 3.
⁵ J. Bendersky, *Carl Schmitt: Theorist for the Reich* (Princeton, 1983), pp. 256-258.
⁶ R. Dumett, "Africa's Strategic Minerals during the Second World War", *Journal of African History*, 26, 4 (1985), pp. 381-408.
⁷ A. Frye, *Nazi Germany and the American Hemisphere, 1933-1945* (New Haven, 1967); F. D. McCann, *The Brazilian-American Alliance, 1937-1945* (Princeton, 1973), p. 146.
⁸ G. Smith, *The Last Years of the Monroe Doctrine, 1945-1999* (Nova Iorque, 1993), p. 35; Darwin, *After Tamerlane*, p. 419.

⁹ Weinberg, *A World at Arms*, p. 497; M. Lynch, *Mining in World History* (Londres, 2002), p. 286.

¹⁰ C. W. Spang e R.-H. Wippich (orgs.), *Japanese-German Relations, 1895-1945* (Londres, 2006), Introdução; M. Hauner, *India in Axis Strategy: Germany, Japan and Indian Nationalists in the Second World War* (Estugarda, 1981), pp. 278-279.

¹¹ G. Weinberg (org.), *Hitlers Zweite Buch* (Estugarda, 1961), p. 165; veja-se Reynolds, *From World War to Cold War*, pp. 42-43.

¹² Como foi recentemente argumentado, por exemplo, por K. Pomeranz, *The Great Divergence: China, Europe and the Making of the Modern World Economy* (Califórnia, 2000); veja-se C. Bayly, *The Birth of the Modern World, 1780-1914: Global Connections and Comparisons* (Oxford, 2004). Para uma perspetiva mais antiga, menos crente na importância das colónias, veja-se P. O'Brien, "European Economic Development", *Economic History Review*, 35, 1 (fevereiro de 1982), pp. 1-18.

¹³ Sobre o extermínio, por exemplo, veja-se H. Johnston, "The Empire and Anthropology", *Nineteenth Century and After*, 327 (julho de 1908), pp. 133-146; C. Hart Merriam, "The Indian Population of California", *American Anthropologist* (outubro-dezembro de 1905), pp. 594-606; as outras citações provêm de S. Lindqvist, *Terra Nullius: A Journey through No One's Land* (Nova Iorque, 2007), pp. 35-36. O colonialismo de povoamento é analisado em Elkins e Pedersen (orgs.), *Settler Colonialism in the Twentieth Century*.

¹⁴ Os números sobre a migração provêm de K. J. Bade, "From Emmigration to Immigration: The German Experience in the 19th and 20th Centuries", *Central European History*, 28, 4 (1995), pp. 507-535; A. Perras, *Carl Peters and German Imperialism, 1856-1918: A Political Biography* (Oxford, 2004), p. 38.

¹⁵ C. Sauer, "The Formative Years of Ratzel in the United States", *Annals of the Association of American Geographers*, 61, 2 (junho de 1971), pp. 245-254; Perras, *Carl Peters*, pp. 31-33.

¹⁶ Perras, *Carl Peters*, pp. 38, 44.

¹⁷ Sobre as pretensões alemãs na América do Sul, veja-se R. Armstrong, "Should the Monroe Doctrine be Modified or Abandoned?", *American Journal of International Law*, 10, 1 (janeiro de 1916), pp. 77-103.

¹⁸ Harvey, "Management and Manipulation", p. 106; T. Remeikis (org.), *Lithuania under German Occupation, 1941-1945: Dispatches from the US Legation in Stockholm* (Vilnius, 2005), p. 46; Heiber (org.), *Hitler and his Generals*, pp. 533-534.

¹⁹ Citado in D. Furber, "Near as Far as in the Colonies: The Nazi Occupation of Poland", *International History Review*, 26, 3 (setembro de 2004), pp. 541-579; H. Fischer, *Völkerkunde im Nationalsozialismus: Aspekte der Anpassung, Affinität und Behauptung einer wissenschaftlichen Disziplin* (Berlim, 1990), p. 133.

²⁰ T. Bender, *A Nation Among Nations: America's Place in World History* (Nova Iorque, 2006), pp. 222-223; Crook, *Benjamin Kidd*, p. 135.

²¹ Citado in S. Wolton, *Lord Hailey, the Colonial Office and the Politics of Race and Empire in the Second World War: The Loss of White Prestige* (Londres, 2000), p. 43.

²² E. Fischer, *Is This a War for Freedom?* (Nova Iorque, 1940), p. 34; C. Wills, *That Neutral Island: A Cultural History of Ireland during the Second World War* (Londres, 2007), p. 71.

²³ A. Césaire, *Discourse on Colonialism* (Nova Iorque, 2000), p. 36.

²⁴ Harrison é citado in R. W. Kostal, *A Jurisprudence of Power: Victorian Empire and the Rule of Law* (Oxford, 2005), p. 253; G. Gong, *The Standard of "Civilization" in International Society* (Oxford, 1984).

²⁵ Neulen, *Europa und das 3. Reich*, p. 183.

²⁶ Sobre a relutância da Sociedade das Nações em falar em anexações, veja-se C. Schmitt, *The Concept of the Political*, trad. G. Schwab (New Brunswick, 1976), p. 73. Para uma abordagem mais geral, veja-se M. Mazower, "An International Civilization? Empire, Internationalism and the Crisis of the Mid-Twentieth Century", *International Affairs*, 82, 3 (2006), pp. 561-563.

²⁷ Weinberg (org.), *Hitlers Zweites Buch*, pp. 165-166.

²⁸ Kostal, *A Jurisprudence of Power*, p. 470; Fitzjames Stephen in U. Singh Mehta, *Liberalism and Empire: A Study in Nineteenth-Century British Liberal Thought* (Chicago, 1999), p. 196; Neitzel (org.), *Tapping Hitler's Generals*, p. 174.

²⁹ J. Reich Abel, "Warring Internationalism: Multilateral Thinking in Japan, 1933-1964", tese de doutoramento, Universidade de Columbia, 2004, pp. 160-162; *I Documenti Diplomatici*, pp. ix, 546, Alfieri-Mussolini, 11 de junho de 1943.

³⁰ Hauner, *India in Axis Strategy*, pp. 33, 342-345, 479, 497, 532-533. Agradeço a Marilyn Young por esta referência.

³¹ Goebbels, *The Goebbels Diaries 1942-43*, p. 212 (12 de maio de 1942).

³² Citado in C. Boyd, *Hitler's Japanese Confidant: General Oshima Hiroshi and MAGIC Intelligence, 1941-1945* (Lawrence, KS, 1993), pp. 81-82; H. Dobson, "The Failure of the Tripartite Pact: Familiarity Breeding Contempt between Japan and Germany: 1940-1945", *Japan Forum*, 11, 2 (1999), 179-190.

³³ Boyd, *Hitler's Japanese Confidant*.

³⁴ G. Orwell, "Not Counting Niggers", *Adelphi* (julho de 1939).

³⁵ Perham in H. Nicolson, "The Colonial Problem", *International Affairs*, 17, 1 (Janeiro-Fevereiro de 1938), pp. 32-50; I. McLaine, *The Ministry of Morale* (Londres, 1979), pp. 223-224; Wolton, *Lord Hailey*, pp. 39-59.

³⁶ Jennings, *Vichy in the Tropics*, p. 127.

³⁷ C. Bayly e T. Harper, *Forgotten Wars: The End of Britain's Asian Empire* (Londres, 2007); P. Lagrou, "The Nationalization of Victimhood: Selective Violence and National Grief in Western Europe, 1940-1960", in R. Bessel e D. Schumann (orgs.), *Life after Death: Approaches to a Cultural and Social History of Europe during the 1940s and 1950s* (Cambridge, 2003), p. 248, para uma estimativa do número de civis franceses mortos pelos alemães durante a ocupação. Sobre a repressão colonial, veja-se R. Gildea, *France since 1945* (Oxford, 2002), pp. 21-22.

³⁸ R. Hyam, *Britain's Declining Empire: The Road do Decolonization, 1918-1968* (Cambridge, 2006), p. 96; Darwin, *After Tamerlane*, cap. 8; Wolton, *Lord Hailey*, p. 123.

³⁹ C. Elkins, "Race, Citizenship and Governance: Settler Tyranny and the End of Empire", *in* Elkins e Pedersen (orgs.), *Settler Colonialism in the Twentieth Century*, pp. 203-223.

⁴⁰ H. Grimal, *Decolonization: The British, French, Dutch and Belgian Empires, 1919-1963* (Boulder, CO, 1978), p. 145.

⁴¹ Wolton, *Lord Hailey*, pp. 47, 74.

⁴² R. E. Birchard, "Europe's Critical Food Situation", *Economic Geography*, 24, 4 (outubro de 1948), pp. 274-282.

⁴³ Schacht, in R. Overy, *Interrogations: The Nazi Elite in Allied Hands, 1945* (Londres, 2001), p. 535.

⁴⁴ Agradeço a Kiran Patel por ter discutido comigo a política alimentar alemã e da Europa Ocidental. A sua obra a publicar esclarecerá este tema bastante negligenciado. Sobre a ingestão e a autossuficiência alimentares, veja-se H. Marmulla e P. Brault, *Europäische Integration und Agrarwirtschaft* (Bona, 1958), pp. 326-331.

⁴⁵ J. Herz, "The Rise and Demise of the Territorial State", *World Politics*, 9, 4 (julho de 1957), pp. 473-493.

⁴⁶ Da bibliografia abundante sobre os EUA enquanto império, veja-se C. Maier, *Among Empires: American Ascendancy and Its Predecessors* (Cambridge, MA, 2006); V. de Grazia, *Irresistible Empire: America's Advance through Twentieth Century Europe* (Cambridge, MA, 2005); sobre o período mais recente, veja-se C. Johnson, *The Sorrows of Empire: Militarism, Secrecy and the End of the Republic* (Nova Iorque, 2004).

⁴⁷ J. Herz, "The Territorial State Revisited: Reflections on the Future of the Nation-State", *Polity*, 1, 1 (agosto de 1968), pp. 11-34.

⁴⁸ A. Morris-Reich, "Arthur Ruppin's Concept of Race", *Israel Studies*, 11, 3 (outono de 2006), pp. 1-30.

⁴⁹ S. *Reich*man e S. Hasson, "A Cross-Cultural Diffusion of Colonization From Posen to Palestine", *Annals of the Association of American Geographers*, 71, 1 (março de 1984), pp. 57-70; D. Penslar, *Zionism and Technocracy: The Engineering of Jewish Settlement in Palestine, 1870-1918* (Bloomington, IN, 1991); G. Shafir, "Settler Citizenship in the Jewish Colonization of Palestine", in Elkins e Pedersen (orgs.), *Settler Colonialism in the Twentieth Century*, pp. 41-59.

⁵⁰ G. Shafir, "Tech for Tech's Sake", *Journal of Palestine Studies*, 21, 4 (verão de 1992), pp. 103-105; Y. Weiss, "Central European Ethnonationalism and Zionist Binationalism", *Jewish Social Studies*, 11, 1 (outono de 2004), pp. 93-117.

⁵¹ *Ibid.*, pp. 102-103, 106-108; D. J. Penslar, *Israel in History: The Jewish State in Comparative Perspetive* (Abingdon, 2007), pp. 164-165; sobre a cautela de Ruppin, veja-se S. Ilan Troen, *Imagining Zion: Dreams, Designs and Realities in a Century of Jewish Settlement* (New Haven, 2003), p. 179.

⁵² S. Della Pergola, "Between Science and Fiction: Notes on the Demography of the Holocaust", *Holocaust and Genocide Studies*, 10, 1 (primavera de 1996), pp. 34-51.

⁵³ Dados provenientes de J. Vernant, *The Refugee in the Post-War World* (Londres, 1953), p. 449; American Jewish Community, *American Jewish Yearbook* (vários autores).

⁵⁴ I. Zertal, *From Catastrophe to Power: Holocaust Survivors and the Emergence of Israel* (Berkeley, 1998), pp. 215-262; S. Ilan Troen e N. Lucas (orgs.), *Israel: The First Decade of Independence* (Albany, 1995).

⁵⁵ *Ibid.*, p. 442; sobre o caso iraquiano, veja-se Y. Shenhav, "The Jews of Iraq, Zionist Ideology and the Property of Palestinian Refugees of 1948: An Anomaly of National Accounting", *International Journal of Middle Eastern Studies*, 31, 4 (novembro de 1999), pp. 605-630.

⁵⁶ Sobre os pensamentos preliminares acerca deste processo, veja-se M. Mazower, "The Strange Triumph of Human Rights, 1933-1950", *Historical Journal*, 47, 2 (2004), pp. 379-399, e idem, "An International Civilization? Empire, Internationalism and the Crisis of the Mid-Twentieth Century", *International Affairs*, 82, 3 (2006), pp. 553-566.

⁵⁷ G. Agamben, "Beyond Human Rights", in Agamben, *Means Without Ends: Notes on Politics* (Minneapolis, 2000); Arendt, *The Origins of Totalitarianism*, cap. 9.

⁵⁸ E. Borgwardt, *A New Deal for the World: America's Vison for Human Rights* (Cambridge, MA, 2005). Na abordagem a esta questão, devo muito às minhas conversas com Samuel Moyn, John Witt e Mira Siegelberg.

⁵⁹ Paul Hoffmann citado in O. A. Westad, *The Global Cold War: Third World Interventionism and the Making of Our Times* (Cambridge, 2007), p. 25; A. Weber, *Abschied von der bisherigen Geschichte* (Hamburgo, 1946).

Bibliografia

"A Citizen of Kharkiv", "Lest We Forget: Hunger in Kharkiv in the Winter of 1941-42", *Ukrainian Quarterly*, 4 (inverno de 1948), pp. 72-79.
AGAMBEN, G., "Beyond Human Rights", in AGAMBEN, G., *Means Without Ends: Notes on Politics* (Minneapolis, 2000).
AHONEN, P., *After the Expulsion: West Germany and Eastern Europe, 1945-1990* (Oxford, 2003).
Alemanha, Auswärtiges Amt, *Amtliches Material zum Massenmord von Katyn* (Berlim, 1943) – *Documents on German Foreign Policy, 1918-1945*, Série D (1937-1945), 13 vols. (Washington, DC, 1949-83).
ALLEN, M. T., *Hitler's Slave Lords: The Business of Forced Labour in Occupied Europe* (Londres, 2004).
ALY, G., *"The Final Solution": Nazi Population Policy and the Murder of the European Jews* (Londres, 1999).
— *Hitler's Beneficiaries: Plunder, Racial War and the Nazi Welfare State* (Nova Iorque, 2007).
ALY, G. e S. HEIMS, *Architects of Annihilation: Auschwitz and the Logic of Destruction* (Princeton, 2003).
ALY, G. e K. H. ROTH, *The Nazi Census: Identification and Control in the Third Reich* (Filadélfia, 2004).
ALY, G., et al. (orgs.), *Biedermann und Schreibtischtäter: Materialen zur deutschen Täter-Biographie* (Berlim, 1987).
American Jewish Community, *American Jewish Yearbook*.
American Jewish Conference, *Nazi Germany's War against the Jews* (Nova Iorque, 1947).
ANCEL, J., *Documents Concerning the Fate of Romanian Jewry during the Holocaust* (Nova Iorque, 1987).
— *Transnistria 1941-1942: The Romanian Mass Murder Campaigns*, vol. I (Tel Aviv, 2003).
— "The German-Rumanian Relationship and the Final Solution", *Holocaust and Genocide Studies*, 19, 2 (outono de 2005), pp. 252-275.
ANDERL, G., "Die 'Zentralstellen für judische Auswanderung' in Wien, Berlin und Prag: Ein Vergleich", *Tel Aviver Jahrbuch für Deutsche Geschichte*, 23 (1994), pp. 275-299.

ANDERSON, T., "Incident at Baranivka: German Reprisals and the Soviet Partisan Movement in Ukraine, October-December 1941", *Journal of Modern History*, 71, 3 (setembro de 1999), pp. 585-623.
— "A Hungarian *Vernichtungskrieg*? Hungarian Troops and the Soviet Partisan War in Ukraine, 1942", *Militärgeschichtliche Mitteilungen*, 58, 2 (1999), pp. 345-366.
— "Germans, Ukrainians and Jews: Ethnic Politics in Heeresgebiet Süd June-December 1941", *War in History*, 7, 3 (2000), pp. 325-351.
ANDREYEV, C., *Vlasov and the Russian Liberation Movement: Soviet Reality and Emigré Theories* (Cambridge, 1987).
ANFUSO, F., *Da Palazzo Venezia al Lago di Garda (1936-1945)* (não publicado, 1957), pp. 196-210.
ANGRICK, A., "The Escalation of German-Rumanian Anti-Jewish Policy after the Attack on the Soviet Union", *Yad Vashem Studies*, 26 (1998), pp. 203-239.
ANTONELLIS, G. de, *Le Quattro Giornate di Napoli* (Milão, 1973).
ARAD, Y., "Alfred Rosenberg and the 'Final Solution' in the Occupied Soviet Territories", *Yad Vashem Studies*, 13 (1979), pp. 263-286.
ARENDT, H., *The Origins of Totalitarianism* (Nova Iorque, 1951).
ARMSTRONG, J. (org.), *Soviet Partisans in World War II* (Madison, WI, 1964).
ARMSTRONG, J. A., *Ukrainian Nationalism*, ed. rev. (Littleton, CO, 1980).
ARMSTRONG, R. "Should the Monroe Doctrine be Modified or Abandoned?", *American Journal of International Law*, 10, 1 (janeiro de 1916), pp. 77-103.
ARNAUD, C., *Jean Cocteau* (Paris, 2003).
ARNOLD, K. J., "Die Eroberung und Behandlung der Stadt Kiev durch die Wehrmacht im September 1941 : Zur Radikalisierung der Besatzungspolitik", *Militärgeschichtliche Mitteilungen*, 58, 1 (1999), pp. 23-63.
— *Die Wehrmacht un die Besatzungspolitik in den Besetzten Gebieten der Sowjetunion: Kriegsführung und Radikalisierung im "Unternehmen Barbarossa"* (Berlim, 2005).
ARONSON, S., "Heydrich und die Anfänge des SD und der Gestapo (1931-1935)", dissertação (Freie Universität Berlim 1967).
— *Beginnings of the Gestapo System: The Bavaria Model in 1933* (Jerusalém, 1969).
Auswärtiges Amt, *Amtliches Material zum Massenmord von Katyn* (Berlim, 1943).

BACKE, H., *Das Ende des Liberalismus in der Wirtschaft* (Berlim, 1938).
— *Um die Nahrungsfreiheit Europas: Weltwirtschaft oder Grossraum* (Leipzig, 1942).
BACON, F., *Selected Writings of Francis Bacon* (Nova Iorque, 1955).
BADE, K. J., "From Emmigration to Immigration: The German Experience in the 19th and 20th Centuries", *Central European History*, 28, 4 (1995), pp. 507-535.
BALFOUR, M., *Helmuth von Moltke: A Leader against Hitler* (Londres, 1972).
BANNING, C., "Food Shortage and Public Health, First Half of 1945", *Annals of the American Academy of Political and Social Science*, 245 (maio de 1946), pp. 93-110.

Barasz, J., "Un vichyste en Résistance, le géneral de la Laurencie", *Vingtème Siècle*, 94 (Abril-Junho de 2007), pp. 167-181.
Bartov, O., *The Eastern Front, 1941-1945: German Troops and the Barbarization of Warfare* (Nova Iorque, 1986).
— *Hitler's Army: Soldiers, Nazis and War in the Third Reich* (Nova Iorque, 1991).
Baruch, M.-O., *Servir l'État Français: L'Administration en France de 1940 à 1944* (Paris, 1997).
Bar-Zohar, M., *Bitter Scent: The Case of L'Oréal, Nazis and the Arab Boycott* (Nova Iorque, 1996).
Bassler, G., *Alfred Valdmanis and the Politics of Survival* (Toronto, 2000).
Battini, M. e P. Pezzino, *Guerra ai civili: ocupazione tedesca e politica del massacro, Toscana 1944* (Veneza, 1997).
Baudot, M., *L'Opinion publique sous l'Occupation: L'Example d'un département français (1939-1941)* (Paris, 1961).
Bauer, Y., "The Death Marches, January-May 1945", *Modern Judaism*, 3, 1 (1983), pp. 1-21.
Bayly, C., *The Birth of the Modern World, 1780-1914: Global Connections and Comparisons* (Oxford, 2004).
Bayly, C. e T. Harper, *Forgotten Wars: The End of Britain's Asian Empire* (Londres, 2007).
Bell, H., "Monetary Problems of Military Occupation", *Military Affairs*, 6, 2 (verão de 1942), pp. 77-88.
Bender, T., *A Nation Among Nations: America's Place in World History* (Nova Iorque, 2006).
Bendersky, J., *Carl Schmitt: Theorist for the Reich* (Princeton, 1983).
Beneš, E., "The Organization of Postwar Europe", *Foreign Affairs*, 6, 2 (janeiro de 1942), pp. 226-242.
Benjamiñ, L. (org.), *Problema evreiasca in stenogramele Consiliului de Ministri* (Bucareste, 1996).
Benz, W. et al. (orgs.), *Nationalsozialistische Besatzungspolitik in Europa, 1939-1945*, 9 vols. (Berlim, 1996-1999).
— *Die Bürokratie der Okkupation: Srukturen der Herrschaft und Verwaltung im besetzten Europa* (Berlim, 1998).
— *Einsatz im Reichskommissariat Ostland: Dokument zum Volkermord im Baltikum und in Weissrussland, 1941-1944* (Berlim, 1998).
— *Kultur-Propaganda ffentlichkeit: Intentionen deutscher Besatzungspolitik und Reaktionen auf die Okkupation* (Berlim, 1998).
Benz, W. e B. Distel (orgs.), *Der Ort des Terrors: Geschichte der nationalsozialistischen Kozentrationslager*, vol. 5 (Munique, 2005).
Berkhoff, K., *Harvest of Despair: Life and Death in Ukraine under Nazi Rule* (Cambridge, MA, 2004).
Berlière, J.-M., "L'impossible Pérennité de la police républicaine sous l'Occupation", *Vingtième Siècle*, 94 (Abril-Junho de 2007), pp. 183-196.
Bessel, R. e D. Schumann (orgs.), *Life after Death: Approaches to a Cultural and Social History of Europe during the 1940s and 1950s* (Cambridge, 2003).

Betz, A. e S. Martens (orgs.), *Les Intellectuels et l'Occupation: Collaborer, partir, resister, 1940-1944* (Paris, 2004).

Biddiscombe, P., "*Unternehmen* Zeppelin : The Deployment of SS Saboteurs and Spies in the Soviet Union, 1942-1945", *Europe-Asia Studies*, 52, 6 (2000), pp. 1115-1142.

Bilfinger, C., "Streit um das Völkgerrecht", *Zeitschrift für ausländisches öffentliches Recht-und Völkgerrecht*, 12 (1944), pp. 1-34.

Billig, J., *Alfred Rosenberg dans l'action idéologique, politique et administrative du Reich hitlérien* (Paris, 1963).

Birchard, R. E., "Europe's Critical Food Situation", *Economic Geography*, 24, 4 (outubro de 1948), pp. 274-282.

Birn, R. B., *Die höheren SS-und Polizeiführer: Himmlers Vertreter im Reich und in den besetzten Gebieten* (Düsseldorf, c. 1986).

Black, P., "Rehearsal for 'Reinhard': Odilo Globocnik and the Lublin *Selbstschutz*", *Central European History*, 25, 2 (1992), pp. 204-226.

Blackbourn, D. *The Conquest of Nature: Water, Landscape and the Making of Modern Germany* (Londres, 2006).

Blanke, R., "An Era of 'Reconciliation' in German-Polish Relations (1890-1894), *Slavic Review*, 36, 1 (março de 1977), pp. 39-53.

— "The German Minority in Interwar Poland and German Foreign Policy: Some Reconsiderations", *Journal of Contemporary History*, 25 (1990), pp. 87-102.

Orphans of Versailles: The German in Western Poland, 1918-1939 (Lexington, KY, 1993).

Bloch, M., *Ribbentrop* (Londres, 1992).

Boelcke, W. (org.), "*Wollt Ihr den totalen Krieg?*": *Die geheimen Goebbels-Konferenzen 1939-1943* (Estugarda, 1967).

— *The Secret Conferences of Dr Goebbels, the Nazi Propaganda War, 1939-1943* (Nova Iorque, 1970).

Bohn, R. (org.), *Die deutsche Herrschaft in den "germanischen" Ländern 1940-1945* (Estugarda, 1997).

Bonusiak, W., "Die Landwirtschaftspolitik de sowjettischen Besatzungsmacht auf dem Gebiet des sog. Westlichen Weissrusslands in den Jahren 1939-1949", *Studia Historicae Oeconomicae*, 24 (2001), pp. 149-163.

Borgwardt, E., *A New Deal for the World: America's Vison for Human Rights* (Cambridge, MA, 2005).

Borodziej, W., *Terror und Politik: Die deutsche Polizei und die polnische Eiderstandsbewegung im Generalgouvernement, 1939-1944* (Mainz, 1999).

— *The Warsaw Uprising of 1944* (Madison, WI, 2006).

Bottai, G., *Diario, 1935-1944* (Milão, 1982).

Bottomore, T. e P. Goode (orgs.), *Austro-Marxism* (Oxford, 1978).

Botz, G., *Die Eingliederung Österreichs un das Deutsches Reich* (Linz, 1976).

Bowen, D., *Spaniards and Nazi Germany: Collaboration in the New Order* (Columbia, MO, 2000).

Bowles, B., "Newsreels, Ideology and Public Opinion under Vichy: The Case of *La France en Marche*", *French Historical Studies*, 27, 2 (Prinavera de 2004), pp. 419-463.

BOYD, C., *Hitler's Japanese Confident: General Oshima Hiroshi and MAGIC Intelligence, 1941-1945* (Lawrence, KS, 1993).
BRAMSTED, E., *Goebbels and National Socialist Propaganda, 1929-1945* (East Lansing, MI, 1965).
BRANDES, D., E. IVANICKOVA e J. PESEK (orgs.), *Erzwungene Trennung: Vertreibungen und Aussiedlungen in und aus der Tschechoslowakei 1938-1947 im Vergleich mit pólen, Ungarn und Jugoslawien* (Tübingen, 1999).
BRANDT, K., *Management of Agriculture and Food in the German-Occupied and Other Areas of Fortress Europe: A Study in Military Government* (Stanford, 1953).
BRÄUTIGAM, O., *So hat es sich zugetragen... Ein Leben als Soldat und Diplomat* (Würzburgo, 1968).
BRECHTKEN, N., "'La géographie demeure': Frankreich, Polen und die Kolonial-und Judenfrage am Vorabend des Zweiten Weltkrieges", *Francia*, 25, 3 (1998), pp. 25-60.
BREE, G. e G. BERNAUER (orgs.), *Defeat and Beyond: An Anthology of French Wartime Writing, 1940-1945* (Nova Iorque, 1970).
BREITMAN, R. e S. ARONSON, "The End of the 'Final Solution': Nazi Plans to Ransom Jews in 1944", *Central European History*, 25 (1992), pp. 177-203.
BREUNIS, J., "The Food Supply", *Annals of the American Academy of Political and Social Science*, 245 (maio de 1946), pp. 87-92.
BROEKMEYER, N., *Stalin, the Russians and their War, 1941-1945* (Madison, WI, 2004).
BROSZAT, M., *Nationalsozialistische Polenpolitik, 1939-1945* (Estugarda, 1961).
BROWDER, G., *Hitler's Enforcers: The Gestapo and the SS Security Service in the Nazi Revolution* (Oxford, 1966).
BROWN, K., *A Biography of No Place: From Ethnic Borderland to Soviet Heartland* (Cambridge, MA, 2004).
BROWNING, C., "Unterstaatssekretär Martin Luther and the Ribbentrop Foreign Office", *Journal of Contemporary History*, 12, 2 (abril de 1977), pp. 313-344.
— *The Final Solution and the German Foreign Office* (Nova Iorque, 1978).
— *The Path to Genocide: Essays on Lauching the Final Solution* (Cambridge, 1992).
— "A Final Decision for the 'Final Solution': The Riegner Telegram Reconsidered", *Holocaust and Genocide Studies*, 10, 1 (primavera de 1996), pp. 3-10.
— *Nazi Policy, Jewish Workers, German Killers* (Cambridge, MA, 2007).
— *The Origins of the Final Solution: The Evolution of Nazi Jewish Policy, September 1939-March 1945: With Contributions by* Jürgen Matthäus (Lincoln, NE, 2004).
BRYANT, C., "Either German or Czech: Fixing Nationality in Bohemia and Moravia, 1939-1946", *Slavic Review*, 61, 4 (inverno de 2002), pp. 683-706.
— *Prague in Black: Nazi Rule and Czech Nationalism* (Cambridge, MA, 2007).
BRZESKA, N., *Through a Woman's Eyes* (Londres [1945]).
BUCHHEIM, C., "Die besetzten Länder im Dienste der Deutschen Kriegswirtschaft während des Zweiten Weltkriegs", *Vierteljahrshefte für Zeitgeschichte*, 34, 1 (1986), pp. 117-145.

Buchheim, H., "Die höheren SS— und Polizeiführer", *Vierteljahrshefte für Zeitgeschichte*, 11 (1963), pp. 362-391.
Buchheim, H., et al. (orgs.), *Anatomie des SS-Staates*, vol. I (Munique, 1967).
Buechler, Y., "The Deportation of Slovakian to the Lublin District of Poland in 1942", *Holocaust and Genocide Studies*, 6, 2 (1991), pp. 151-166.
— "Unworthy Behaviour": The Case of SS Officer Max Täubner", *Holocaust and Genocide Studies*, 17, 3 (inverno de 2003), pp. 409-429.
Bullivant, K., et al. (orgs.), *Germany and Eastern Europe: Cultural Identities and Cultural Differences* (Amesterdão, 1999).
Burdick, C., *Germany's Military Strategy and Spain in World War II* (Syracuse, 1968).
Burgwyn, H. J., *Empire on the Adratic: Mussolini's Conquest of Yugoslavia, 1941-1943* (Nova Iorque, 2005).
Burleigh, M., *Germany Turns Eastward: A Study of Ostforschung in the Third Reich* (Cambridge, 1988).
Burleigh, M. (org.), *Confronting the Nazi Past: New Debates on Modern German History* (Londres, 1996).
Burrin, P., *France under the Germans: Collaboration and Compromise* (Nova Iorque, 1996).
— *Living with Defeat: France under the German Occupation, 1940-1944* (Londres, 1996).

Calderwood, H. B., "International Affairs: Should the Council of the League of Nations Establish a Permanent Minorities Commission?", *American Political Science Review*, 27, 2 (abril de 1933), pp. 250-259.
— "International Affairs: The Proposed Generalization of the Minorities Regime", *American Political Science Review*, 28, 6 (dezembro de 1934), pp. Pp. 1088-1098.
Campbell, F. Gregory, "The Struggle for Upper Silesia, 1919-1922", *Journal of Modern History*, 42, 3 (setembro de 1972), pp. 361-385.
— *Confrontation in Central Europe: Weimar Germany and Czechoslovakia* (Chicago, 1975).
Caplan, J., *Government without Administration: State and Civil Service in Weimar and Nazi Germany* (Oxford, 1988).
Carlyle, M. (org.), *Documents on International Affairs, 1939-1946* (Londres, 1954).
Carsten, F., *The First Austrian Republic, 1918-1938: A Study Based on British and Austrian Documents* (Aldershot, 1986).
Cecil, R., *The Myth of the Master Race: Alfred Rosenberg and Nazi Ideology* (Londres, 1972).
Césaire, A., *Discourse on Colonialism* (Nova Iorque, 2000).
Charles, J.-L. e P. Dasnoy (orgs.), *Les Dossiers secrets de la Police Allemande en Belgique: La Geheime Feldpolizei en Belgique et dans le Nord de la France*, 2 vols. (Bruxelas, 1972-1973).
Chiari, B., *Alltag hinter der Front: Besatzung, Kollaboration und Widerstand im Weissrussland, 1941-1944* (Düsseldorf, 1998).

— "Reichsführer-SS: Kein Pakt mit Slawen: Deutsch-polnische Kontakt im Wilna-
-Gebiet 1944", *Osteuropa-Archiv* (abril de 2000), pp. A134-A153.
CHODALKIEWICZ, M., *Between Nazis and Soviets: Occupation Politics in Poland, 1939-1947* (Lanham, MD, 2004).
CHUMINSKI, J. e E. KASZUBA, "The Breslau Germans under Polish Rule, 1945-46: Conditions of Life, Political Attitudes, Expulsion", *Studia Historiae Oeconomicae*, 22 (1997), pp. 87-101.
CIANO, G., *Ciano's Diary, 1939-1943*, org. M. MUGGERIDGE (Londres, 1947).
COCTEAU, J., *Journal, 1942-45* (Paris, 1989).
COHEN, A., "La Politique antijuive en Europe (Allemagne exclue) de 1938 à 1941", *Guerres mondiales*, 150 (1988), pp. 45-59.
COLLOTTI, E. et al. (orgs.), *Dizionario della Resistenza* (Turim, 2000-).
COLTON, J., *Léon Blum: Humanist in Politics* (Durham, NC, 1987).
CONE, M., *Artists under Vichy: A Case of Prejudice and Persecution* (Princeton, 1992).
CONNELLY, J., "Nazis and Slavs: From Racial Theory to Racist Practice", *Central European History*, 32, 1 (1999), pp. 1-33.
CONWAY, M., *Collaboration in Belgium: Léon Degrelle and the Rexist Movement, 1940-1944* (New Haven, 1993).
COOK, W., "Inside the Holiday Camp Hitler Built", *Observer*, 12 de agosto de 2001.
CORNI, G., *Hitler and the Peasants: Agrarian Policy of the Third Reich, 1930-1939* (Nova Iorque, 1990).
— *Il sogno del "grande spazio": le politiche d'occupazione nell'Europa nazista* (Roma, 2005).
CORNWALL, M., "The Struggle of the Czech-German Language Border, 1880-1940", *English Historical Review*, 109, 433 (setembro de 1994), pp. 914-951.
CROOK, D. P., *Benjamin Kidd: Portrait of a Social Darwinist* (Cambridge, 1984).
CURTIS, L., "World Order", *International Affairs*, 18, 3 (Maio-Junho de 1939), pp. 301-320.

DALLIN, A., *Odessa 1941-1944: A Case Study of Soviet Territory under Foreign Rule* (Santa Monica, CA, 1957).
— *German Rule in Russia, 1941-1945: A Study of Occupation Policies*, ed. rev. (Boulder, CO, 1981).
DARIC, J., "Quelques aspects de l'évolution démographique aux Pays-Bas", *Population*, 1, 3 (Julho-Setembro de 1946).
DARWIN, J., *After Tamerlane: The Global History of Empire* (Londres, 2007).
DAVID, J., *A Square of Sky: Memories of a Wartime Childhood* (Londres, 1992).
DEÁK, I., J. GROSS e Tony JUDT (orgs.), *The Politics of Retribution in Europe* (Princeton, 2000).
DEAKIN, W., *The Last Days of Mussolini* (Londres, 1962).
DEAN, M., *Collaboration in the Holocaust: Crimes of the Local Police in Belorussia and Ukraine, 1941-44* (Basingstoke, 2000).
DE GRAZIA, V., *Irresistible Empire: Anerica's Advance through Twentieth Century Europe* (Cambridge, MA, 2005).
DELARUE, J., *Trafics et crimes sous l'occupation* (Paris, 1968).

Deletant, D., *Hitler's Forgotten Ally : Ion Antonescu and His Regime, Romania 1940-1944* (Londres, 2006).
Della Pergola, S., "Between Science and Fiction: Notes on the Demography of the Holocaust", *Holocaust and Genocide Studies*, 10, 1 (primavera de 1996), pp. 34-51.
Demoulin, M., *Plans des Temps de Guerre pour l'Europe d'Après-Guerre, 1940-47* (Bruxelas, 1995).
Departamento de Estado dos EUA, *Postwar Foreign Policy Preparation, 1939-1945* (Washington, DC, 1949).
Deschner, G., *Reinhard Heydrich: Statthalter der totalen Macht* (Erslagen, 1977).
DeWeerd, H. A., "Hitler's Plans for Invading Britain", *Military Affairs*, 12, 3 (1948), pp. 147-148.
de Zayas, A., *Wehrmacht War Crimes Bureau, 1939-1945* (Lincoln, NE, 1989).
DiNardo, R., *Germany and the Axis Powers: From Coalition to Collapse* (Lawrence, KS, 2005).
Djilas, M., *Wartime* (Nova Iorque, 1977).
Dlugoborski, W. et al. (orgs.), *The Tragedy of the Jews of Slovakia: 1938-1945: Slovakia and the "Final Solution of the Jewish Question"* (Oswiecim, 2002).
Dobroszycki, L. e M. Getter, "The Gestapo and the Polish Resistance Movement", *Ata Poloniae Historica*, 4 (1961), pp. 85-118.
Dobson, H., "The Failure of the Tripartite Pact: Familiarity Breeding Contempt between Japan and Germany: 1940-1945", *Japan Forum*, 11, 2 (1999), 179-190.
Dockrill, M. e J. D. Goold, *Peace without Promise: Britain and the Peace Conferences, 1919-1923* (Londres, 1981).
"Dokumentation: Rechtssicherheit und richterliche Unabhängigkeit aus der Sicht des SD", *Vierteljahrshefte für Zeitgeschichte*, 4 (1956), pp. 398-442.
Dolibois, J., *Pattern of Circles: An Ambassador's Story* (Kent, OH, 1989).
Dollmann, E., *The Interpreter: Memoirs of Doktor Eugen Dollmann* (Londres, 1967).
Dönhoff, T., *Before the Storm: Memories of My Youth in Old Prussia* (Nova Iorque, 1990).
Dönhoff, T. e J. Roettger, *Weit ist der Weg nach Westen: Auf der Fluchtroute von Marion Gräffin Dönhoff* (Berlim, 2004).
Dreisziger, N. (org.), *Hungary in the Age of Total War* (Nova Iorque, 1998).
Dulic, T., *Utopias of Nation: Local Mass Killing in Bosnia and Hercegovina, 1941-1942* (Estocolmo, 2005).
Dumett, R., "Africa's Strategic Minerals during the Second World War", *Journal of African History*, 26, 4 (1985), pp. 381-408.
Dwork, D. e R. Jan van Pelt, *Auschwitz: 1270 to the Present* (Nova Iorque, 1996).

Eghigian, G. e M. P. Berg (orgs.), *Sacrifice and National Belonging in Twentieth Century Germany* (College Station, TX, 2002).
Ehrenreich, E., "Ottmar von Verschuer and the 'Scientific' Legitimization of Nazi Anti-Jewish Policy", *Holocaust and Genocide Studies*, 21, 1 (primavera de 2007), pp. 58-60.

EICHHOLTZ, D., "Die Ausbeutung der Landwirtschaft der faschistisch besetzen Gebiete durch die Okkupanten un die Taktik der materiellen Korrumpierung in Deutschland während das Zweiten Weltkriegs", *Studia Historiae Oeconomicae*, 14 (1982), pp. 153-171.
— *Krieg und Wirtschaft: Studien zur deutschen Wirtschaftsgeschichten 1939-1945* (Berlim, 1999).
— "Öl, Krieg, Politik: Deutscher Ölimperialismus (1933-1942/43), *Zeitschrift für Geschichtswissenschaft*, 51, 6 (2003), pp. 493-511.
EIKEL, M., "'Wei die Menschen fehlen': Die deutschen Zwangsarbeitsrekruitierung und-deportanionen in den besetzten Gebieten der Ukraine, 1941-1944", *Zeitschrift für Geschichtswissenschaft*, 53, 5 (2005), 405-434.
ELKINS, C. e S. PEDERSEN (orgs.), *Settler Colonialism in the Twentieth Century* (Nova Iorque, 2005).
ELLMAN, M. e S. MAKSUDOV, "Soviet Deaths in the Great Patriotic War: A Note", *Europe-Asia Studies*, 46, 4 (1994), pp. 671-680.
ENGEL, D., "An Early Account of Polish Jewry under Nazi and Soviet Occupation Presented to the Polish Government-in-Exile, February 1940", *Jewish Social Studies*, 45, 1 (1983), pp. 1-16.
— "Patterns of Anti-Jewish Violence in Poland, 1944-46", *Yad Vashem Studies*, 26 (1998), pp. 43-87.
ENGEL, G., *At the Heart of the Reich: The Secret Diary of Hitler's Army Adjutant* (Londres, 2005).
EPSTEIN, F. (org.), *Germany and the East: Selected Essays* (Bloomington, IN, 1973).
ERDELY, E., *Germany's First European Protectorate: The Fate of the Czechs and the Slovaks* (Londres, 1942).
EUA, Office of the United States Chief of Counsel for Prosecution of Axis Criminality, *Nazi Conspiracy and Aggression*, 8 vols. e suplementos (Washington, DC, 1946-1947).

FALKENHAUSEN, A. von, *Mémoires d'outre-guerre* (Bruxelas, 1974).
FARBSTEIN, E., "Diaries and Memoirs as a Historical Source – The Diary and Memoir of a Rabbi at the 'Konin House of Bondage'", *Yad Vashem Studies*, 26 (1998), pp. 87-129.
FEDYSHYN, O., *Germany's Drive to the East and the Ukrainian Revolution, 1917-1918* (New Brunswick, 1971).
FELDMAN, G. e W. SEIBEL (orgs.), *Networks of Nazi Persecution: Bureaucracy, Business and the Organization of the Holocaust* (Nova Iorque, 2005).
FERENC, T., *Quellen zur nationalsozialistischen Entnationalisierungspolitik in Slowenien, 1941-1945* (Maribor, 1980).
FEST, J., *The Face of the Third Reich: Portraits of the Nazi Leadership* (Londres, 1979).
Festgabe für Heinrich Himmler (Darmstadt, 1941).
FIEDOR, K., "Attitude of German Rightwing Organizations to Poland in the Years 1918-1933", *Polish Western Affairs*, 14, 2 (1973), pp. 247-267.
FINK, C., "Stresemann's Minority Policies 1924-1929", *Journal of Contemporary History* (1979), pp. 403-422.

— *Defending the Rights of Others: The Great Powers, the Jews and International Minority Protection, 1878-1938* (Cambridge, 2004).
FISCHER, B., *Albania at War, 1939-1945* (West Lafayette, IN, 1999).
FISCHER, E., *Is This a War for Freedom?* (Nova Iorque, 1940).
FISCHER, F., *Germany's Aims in the First World War* (Nova Iorque, 1967).
FISCHER, H., *Völkerkunde im Nationalsozialismus: Aspekte der Anpassung, Affinität und Behauptung einer wissenschaftlichen Disziplin* (Brlim, 1990).
FISHMAN, S. et al. (orgs.), *France at War: Vichy and the Historians* (Nova Iorque, 2000).
FOERSTER, J. e E. MAWDSLEY, "Hitler and Stalin in Perspetive: Secret Speeches on the Eve of Barbarossa", *War in History*, 11, 1 (2004), pp. 61-103.
FONG, G., "The Movement of German Divisions to the Western Front, Winter 1917-1918", *War in History*, 7, 2 (2000).
FONZI, P., "Nazionalsocialismo e nuovo ordine europeo: La discussione sulla 'Grossraumwirtschaft'", *Studi Storici*, 45, 2 (2004), pp 313-365.
FOOT, M. R. D., "Was SOE Any Good?", *Journal of Contemporary History*, 16, 1 (janeiro de 1981), pp. 167-181.
FRANK, H., *Die Technik des Staates* (Berlim, 1942).
FREI, N., *National Socialist Rule in Germany: The Führer State, 1933-1945* (Oxford, 1993).
FREVERT, U., "Europeanizing Germany's Twentieth Century", *History and Memory*, 17, 1-2 (2005), pp. 87-116.
FRIEDLÄNDER, H. e S. MILTON (orgs.), *Archives of the Holocaust: An International Collection of Selected Documents* (Nova Iorque, 1989-).
FRIEDLÄNDER, S., *The Years of Extermination: Nazi Germany and the Jews, 1939-1945* (Nova Iorque, 2007).
FRIEDRICH, K.-P., "Collaboration in a 'Land without a Quisling': Patterns of Collaboration with the Nazi German Occupation Regime in Poland during World War II", *Slavic Review*, 64, 4 (inverno de 2005), pp. 712-746.
FROMMER, B., *National Cleansing: Retribution against Nazi Collaborators in Postwar Czechoslovakia* (Cambridge, 2005).
FROMKIN, G., *Population Changes in Europe since 1939* (Nova Iorque, 1951).
FRYE, A., *Nazi Germany and the American Hemisphere, 1933-1945* (New Haven, 1967).
FURBER, D., "Going East, Colonialism and German Life in Nazi-Occupied Poland", tese de doutoramento, Pennsylvania State University, 2003.
— "Near as Far as in the Colonies: The Nazi Occupation of Poland", *International History Review*, 26, 3 (setembro de 2004), pp. 541-579.

GARLIŃSKI, J., *The Survival of Love: Memoirs of a Resistance Officer* (Cambridge, 1991).
GATRELL, P., *A Whole Empire Walking: Refugees in Russia during World War I* (Bloomington, IN, 2005).
GEBEL, R., *"Heim ins Reich!": Konrad Henlein und der Reichsgau Sudentenland (1938-1945)* (Munique, 1999).

"Gegnerische Kriegsziele", *Zeitschrift für ausländisches öffentliches Recht-und Völkgerrecht*, 11 (1942-3), pp. 1-11.
GEISS, I., *Der polnische Grenzstreifen, 1914-1918: Ein Beitrag sur deutschen kriegszielpolitk im Ersten Weltkrieg* (Lübeck, 1960).
GELLATELY, R., *Backing Hitler: Consent and Coercion in Nazi Germany* (Oxford, 2001).
GELLER, J. H., "The Role of Military Administration in German-occupied Belgium, 1940-1944", *Journal of Military History*, 63, 1 (1999), pp. 99-125.
GERLACH, C., *Kalkulierte Morde. Die deutsche Wirtschafts— und Vernichtungspolitik in Weissrussland, 1941 bis 1944* (Hamburgo, 1999).
GERLACH, C. e G. ALY, *Das letzte Kapitel: Realpolitik, Ideologie und der Mord an den ungarischen Judenm 1944/5* (Estugarda, 2002).
GEYL, P., *Encounters in History* (Nova Iorque, 1961).
GIJSEN, M. (org.), *Belgium under Occupation* (Nova Iorque, 1947).
GILDEA, R., *Marianne in Chains: In Search of the German Occupation* (Londres, 2002).
— "Resistance, Reprisals and Community in Occupied France", *Transactions of the Royal Historical Society*, 13 (2003), pp. 163-185.
GILDEA, R., O. WIEWORKA e A. WARRING (orgs.), *Surviving Hitler and Mussolini: Daily Life in Occupied Europe* (Oxford, 2006).
GILLINGHAM, J., "The Baron de Launoit: A Case Study in the 'Politics of Production' of Belgian Industry during Nazi Occupation" (Partes I e III), *Revue Belge d'Histoire Contemporaine*, 5 (1974), pp. 1-59.
— "The Politics of Business in the German *Grossraum*: The Example of Belgium", *Studia Historiae Oeconomicae*, 14 (1979), pp. 23-24.
Industry and Politics in the Third Reich: Ruhr Coal, Hitler and Europe (Londres, 1985).
Coal, Steel and the Rebirth of Europe, 1945-1955 (Cambridge, 1991).
GILTNER, P., *"In the Friendliest Manner": German-Danish Economic Cooperation during the Nazi Occupation, 1940-1945* (Nova Iorque, 1998).
GISEVIUS, H. N., *To the Bitter End* (Londres, 1948).
GLASSHEIM, E., "National Mythologies and Ethnic Cleansing: The Expulsion of Czechoslovak Germans in 1945", *Central European History*, 33, 4 (2000), pp. 463-486.
GODA, N. W., *Tomorrow the World: Hitler, Northwest Africa and the Path toward America* (College Station, TX, 1998).
— "Black Marks: Hitler's Bribery of his Senior Officers During World War II", *Journal of Modern History*, 72, 2 (junho de 2000), pp. 413-452.
GOEBBELS, J., *The Goebbels Diaries, 1942-43*, org. L. LOCHNER (Nova Iorque, 1948).
— *The Goebbels Diaries, 1939-1941*, org. F. TAYLOR (Londres, 1982).
— *Tagebücher*, org. R. REUTH, 5 vols. (Munique, 1999).
Die Tagebücher von Joseph Goebbels, org. E. FRÖHLICH (Munique, 1996).
GOESCHEL, "Suicide at the End of the Third Reich", *Journal of Contemporary History*, 41, 1 (2006), pp. 153-173.
GOLDYN, B., "Disenchanted Voices: Public Opinion in Cracow, 1945-46", *East European Quarterly*, 32, 2 (junho de 1998), pp. 139-165.

Gong, G., *The Standard of "Civilization" in International Society* (Oxford, 1984).
Goodman, N., "Health in Europe", *International Affairs*, 20, 4 (Londres, 1944), pp. 473-480.
Gordon, B., "The Condottieri of the Collaboration: Mouvement Social Révolutionnaire", *Journal of Contemporary History*, 10, 2 (abril de 1975), pp. 261-282.
Gott, V., "The National Socialist Theory of International Law", *American Journal of International Law*, 32, 4 (outubro de 1938), pp. 704-718.
Gould, S. W., "Austrian Attitudes toward Anschluss: October 1918-September 1919", *Journal of Modern History*, 22, 3 (setembro de 1950), pp. 220-231.
Graziosi, A., "Il mondo in Europa: Namier e il 'Medio oriente europeo', 1815-1948", *Contemporanea*, 10, 2 (abril de 2007), pp. 193-229.
Gregor, N. (org.), *Nazism, War and Genocide: Essays in Honour of Jeremy Noakes* (Exeter, 2005).
Gribaudi, G., *Guerra totale: tra bombe alleate e violenze naziste. Napoli e il fronte meridionale 1940-1944* (Turim, 2005).
Grimal, H., *Decolonization: The British, French, Dutch and Belgian Empires, 1919-1963* (Boulder, CO, 1978).
Grohmann, C., "From Lothringen to Lorraine: Expulsion and Voluntary Repatriation", *Diplomacy and Statecraft*, 16 (2005), pp. 571-587.
Grondin, J., *Hans-Georg Gadamer: A Biography* (New Haven, 2003).
Groscurth, H., *Tagebücher eines Abwehroffiziers, 1938-1940* (Estugarda, 1970).
Gross, J. *Polish Society under German Occupation: The Generalgouvernement, 1939-1944* (Princeton, 1979).
— *Neighbours: The Destruction of the Jewish Community in Jedwabne* (Princeton, 2002).
Gumz, J., "German Counter-Insurgency Policy in Independent Croatia, 1941-1944", *The Historian*, 61 (1998), pp. 33-50.
— "Stepping Back from Destruction: Invasion, Occupation and Empire in Habsburg Serbia, 1914-1918", tese de doutoramento, Universidade de Chicago, 2006.
Gumz, J. E., "Wehrmacht Perceptions of Mass Violence in Croatia, 1941-1942", *Historical Journal*, 44, 4 (2001), pp. 1015-1038.
Gutman, I. e M. Berenbaum (orgs.), *Anatomy of the Auschwitz Death Camp* (Bloomington, IN, 1994).

Haar, I. e M. Fahlbusch (orgs.), *German Scholars and Ethnic Cleasing, 1920-1945* (Oxford, 2005).
Haberer, E., "The German Police and Genocide in Belorussia, 1941-1944. Part I: Police Deployment and Nazi Genocidal Diretives", *Journal of Genocide Research*, 3, 1 (2001), pp. 13-29.
Haestrup, J., *European Resistance Movements, 1939-1945: A Complete History* (Londres, 1981).
Hagen, W., *Germans, Poles and Jews: The Nationality Conflict in the Prussian East, 1772-1914* (Chicago, 1980).
Hahn, G., *Grundfragen europäischer Ordnung: Ein Betrag zur Neugestaltung der Völkerrechtslehre* (Berlim, 1939).
Hahn, H. J., *The 1848 Revolution in German-speaking Europe* (Londres, 2001).

HAMMEN, O., "German Historians and the Advent of the National Socialist State", *Journal of Modern History*, 13, 2 (junho de 1941), pp. 161-188.

HANDELSMAN, M., *La Pologne: sa vie économique et sociale pendant la guerre* (Paris, 1933).

HANSON, J., *The Civilian Population and the Warsaw Uprising of 1944* (Cambridge, 1978).

HARPER, J. L., *American Visions of Europe: Franklin D. Roosevelt, George F. Kennan, and Dean G. Acheson* (Cambridge, 1996).

HARRIMAN, H., *Slovenia under Nazi Occupation, 1941-1945* (Nova Iorque, 1977).

HARRISON, E. D. R., "The British Special Operations Executive and Poland", *Historical Journal*, 43, 4 (2000), 1071-1091.

HARRISON, M., "Resource Mobilization for World War II", *Economic History Review*, 2 (1988).

HART MERRIAM, C., "The Indian Population of California", *American Anthropologist* (Outubro-Dezembro de 1905), pp. 594-606.

HARTEN, H., *De-Kulturation und Germanisierung: Die nationalsozialistische Rassen— und Erziehungspolitik in Polen 1939-1945* (Frankfurt, 1996).

HARTMANN, C., "'Massensterben oder Massenvernichtung': Sowjetische Kriegsgefangene im 'Unternehmen Barbarossa'", *Vierteljahrshefte für Zeitgeschichte*, 21 (2001), pp. 102-158.

— "Verbrecherische Krieg – verbrecherische Wehrmacht?", *Vierteljahrshefte für Zeitgeschichte*, 21 (2004).

HARVEY, D., "Lost Children or Enemy Aliens? Classifying the Population of Alsace after the First World War", *Journal of Contemporary History*, 34, 4 (outubro de 1999), pp. 537-554.

HASSELL, U. von, *The von Hassell Diaries, 1938-1944* (Londres, 1948).

HAUNER, M., "Did Hitler Want World Domination?", *Journal of Contemporary History*, 13, 1 (janeiro de 1978), pp. 15-32.

— *India in Axis Strategy: Germany, Japan and Indian Nationalists in the Second World War* (Estugarda, 1981).

HAWES, S. e R. WHITE (orgs.), *Resistance in Europe, 1939-1945* (Salford, 1973).

HAYES, O., *Industry and Ideology: I. G. Farben in the Nazi Era* (Cambridge, 1989).

HEADLAM, J. W., *A Memoir of the Paris Peace Conference, 1919* (Londres, 1972).

HEER, H. e K. NAUMANN (orgs.), *War of Extermination: The German Military in World War II, 1941-1944* (Nova Iorque, 2000).

HEIBER, H., "Der Generalplan Ost: Dokumentation", *Vierteljahrshefte für Zeitgeschichte*, 6 (1958), pp. 280-326.

— (org.), *Hitler and His Generals: Military Conferences, 1942-45* (Nova Iorque, 2003).

HEIKE, W. D., *The Ukrainian Division "Galicia", 1943-45: A Memoir* (Toronto, 1988).

HEINEMANN, I., *"Rasse, Siedlung, deutsches Blut": Das Rasse— und Siedlungshauptamt der SS und die rassepolitische Neuordnung Europas* (Göttingen, 2003).

HERBERT, U., "Labour and Extermination: Economic Interest and the Primacy of *Weltanschauung* in National Socialism", *Past and Present*, 138, 2 (1993), pp. 144-195.

— *Hitler's Foreign Workers: Enforced Foreign Labour in Germany under the Third Reich* (Cambridge, 1997).

— *Best: Biographische Studien über Radikalismus, Weltanschauung und Vernunft, 1903-1989* (Bona, 2001).

(org.), *National Socialist Extermination Policies: Contemporary German Perspetives and Controversies* (Nova Iorque, 2000) [*Nationalsozialistische Vernichtungspolitik, 1939-1945* (Frankfurt, 1988)].

HERF, J., "'The Jewish War': Goebbels and the Anti-Semitic Campaigns of the Nazi Propaganda Ministry", *Holocaust and Genocide Studies*, 19, 1 (primavera de 2005), pp. 51-80.

HERRE, P. *Deutschland und die Europäische Ordnung* (Berlim, 1941).

HERWIG, H., "Tunes of Glory at the Twilight Stage: The Bad Homburg Crown Council and the Evolution of German Statecraft, 1917/1918", *German Studies Review*, 6, 3 (outubro de 1983), pp. 475-494.

HERZ, J., "The Rise and Demise of the Terrotorial State", *World Politics*, 9, 4 (julho de 1957), pp. 473-493.

— "The Territorial State Revisited: Reflections on the Future of the Nation-State", *Polity*, 1, 1 (agosto de 1968), pp. 11-34.

HERZSTEIN, R., *When Nazi Dreams Come True: The Third Reich's International Struggle over the Future of Europe after a German Victory: A Look at the Nazi Mentality, 1939-45* (Londres, 1982).

HEYDECKER, J., *Un soldat allemand dans le ghetto de Varsovie 1941* (Paris, 1986).

HIDEN, J., *The Baltic States and Weimar Ostpolitik* (Cambridge, 1987).

HILBERG, R., *The Destruction of the European Jews* (Nova Iorque, 1985).

— *The Destruction of the European Jews*, 3.ª ed. (New Haven, 2003).

HILDEBRAND, K., *Vom Reich zum Weltreich: Hitler, NSDAP und koloniale Frage, 1919-1945* (Londres, 2005).

— *Deutsche Außenpolitik 1933-1945: Kalkül oder Dogma?* (Estugarda, 1971).

HILL, A., *War behind the Eastern Front: The Soviet Partisan Movement in North-west Russia, 1941-1944* (Londres, 2005).

HILL, G., *Trends in the Oil Industry in 1944* (Washington, DC, 1944).

HILLGRUBER, A. (org.), *Staatsmänner und Diplomaten bei Hitler* (Frankfurt, 1970).

— "England's Place in Hitler's Plans for World Dominion", *Journal of Contemporary History*, 9, 1 (janeiro de 1974), pp. 5-22.

HIMMLER, H., *Reichsführer! Briefe an und vom Himmler*, org. H. HEIBER (Estugarda, 1968).

— *Heinrich Himmler: Geheimreden 1933 bis 1945*, org. B. SMITH e A. F. PETERSON (Berlim, 1974).

HINDLEY, M., "Negotiating the Boundary of Inconditional Surrender: The War Refugee Board in Sweden and Nazi Proposals to Ransom Jews, 1944-45", *Holocaust and Genocide Studies*, 10, 1 (primavera de 1996), pp. 52-77.

HIONIDOU, V., *Famine and Death in Occupied Greece, 1941-1944* (Cambridge, 2006).

Hirschfeld, G. (org.), *Policies of Genocide: Jews and Soviet Prisoners of War in Nazi Germany* (Bóston, 1986).
— *Nazi Rule and Dutch Collaboration: The Netherlands under German Occupation, 1940-1945* (Oxford, 1988).
Hitler, A., *Hitler: Speeches and Proclamations, 1932-1945,* org. M. Domarus, 4 vols. (Wauconda, IL, c. 1990-2004).
— *Hitler's Second Book: The Unpublished Sequel to Mein Kampf,* org. G. Weinberg (Nova Iorque, 2006).
Hoare, M. A., *Genocide and Resistance in Hitler's Bosnia: The Partisans and the Chetniks, 1941-1943* (Oxford, 2006).
Hoettl, W., *The Secret Front: The Story of Nazi Espionage* (Nova Iorque, 1954).
Hoffmann, S., "Collaboration in France During World War II", *Journal of Modern History*, 40, 3 (setembro de 1968), pp. 375-395.
Hohenstein, A., *Warthelãndisches Tagebuch aus den Jahren 1941/42* (Estugarda, 1961).
Höhn, R., *Verfassungskampf und Heereseid: Der Kapmpf des Bürgertums um das Heer (1815-1850)* (Leipzig, 1938).
Höhne, H., *The Order of the Death's Head: The Story of Hitler's SS* (Nova Iorque, 1970).
Hondros, J., *Occupation and Resistance: The Greek Agony, 1941-1944* (Nova Iorque, 1983).
Hoover Institution, *France during the German Occupation, 1940-1944: A Collection of 292 Statements on the Government of Maréchal Pétain and Pierre Laval*, 3 vols. (Stanford, 1958-1959).
Horne, C. F. (org.), *Source Records of the Great War*, vol. 5 (Nova Iorque, 1923).
Horthy, M., *The Confidential Papers of Admiral Horthy*, org. M. Szinai e L. Szúcs (Budapeste, 1965).
Höss, R., *Death Dealer: The Memoirs of the SS Kommandant at Auschwitz* (Nova Iorque, 1996).
Housden, M., "Ewalde Ammende and the Organization of National Minorities in Interwar Europe", *German History*, 18, 4 (2000), pp. 439-460.
— *Hans Frank: Lebensraum and the Holocaust* (Nova Iorque, 2003).H
Hull, C., *The Memoirs of Cordell Hull* (Nova Iorque, 1948).
Hull, I., *Absolute Destruction: Military Culture and the Practices of War in Imperial Germany* (Ithaca, 2006).
Hüttenberger, P., *Die Gauleiter: Studie zum Wandel des Machtgefüges in der NSDAP* (Estugarda, 1969).
Hutton, M., *Race and the Third Reich: Linguistics, Racial Anthropology and Genetics in the Dialectic of Volk* (Cambridge, 2005).
Hyam, R., *Britain's Declining Empire: The Road do Decolonization, 1918-1968* (Cambridge, 2006).

Ilan Troen, S., *Imagining Ziom: Dreams, Designs and Realities in a Century of Jewish Settlement* (New Haven, 2003).
Ilan Troen, S. e N. Lucas (orgs.), *Israel: The First Decade of Independence* (Albany, 1995).

INGRAO, C. e F. SZABO (orgs.), *The Germans and the East* (West Lafayette, IN, 2007).
International Military Tribunal, *Trial of the Major War Criminals before the International Military Tribunal, 14 November 1945-1 October 1946*, 42 vols. (Nuremberga, 1947-1949).
— *Trial of the Major War Criminals before the Nuernberg Military Tribunals under Control Caouncil Law No. 10*, 15 vols. (Washington, DC, 1949-1953).
IRJUD, A., "La Germanisation des noms en Alsace entre 1940 et 1944", *Revue d'Alsace*, 113 (1984), pp. 239-261.
Itália, Ministero d'Affari Esteri, *I Documenti Diplomatici* (Roma, 1953-).

JÄCKEL, E., *Frankreich in Hitlers Europa* (Estugarda, 1966).
JACKSON, J., *France. The Dark Years, 1940-1944* (Oxford, 2001).
— *The Fall of France: The Nazi Invasion of 1940* (Oxford, 2003).
JACOBMEYER, W., "Die polnische Widerstandsbewegung im General Gouvernement und ihre Beurteilung durch deutsche Dienststellen", *Vierteljahrshefte für Zeitgeschichte*, 25, 4 (1977), pp. 655-681.
JELINEK, Y., "Slovakia's Internal Policy and the Third Reich, August 1940-Feb. 1941", *Central European History*, 4, 3 (1971), pp. 242-270.
JENNINGS, E. T., *Vichy in the Tropics: Pétain's National Revolution in Madagascar, Guadeloupe, and Indochina, 1940-1944* (Stanford, 2001).
JENSEN, W. G., "The Importance of Energy in the First and Second World Wars", *Historical Journal*, 11, 3 (1968), pp. 538-554.
JOCHMANN, W. (org.), *Adolf Hitler: Monologe im Führer-Hauptquartier, 1941-1944* (Hamburgo, 1980).
JOERGES, C. "Europe a Grossraum? Rupture, Continuity and Reconfiguration in the Legal Conceptualization of the Integration Project", *EUI Working Paper, Law* no. 2002/2, 13.
— "Continuities and Descontinuities in German Legal Thought", *Law and Critique*, 14 (2003), pp. 297-308.
JOERGES, C. e GHALEIGH, N. S. (orgs.), *Darker Legacies of Law: The Shadow of National Socialism and Fascism over Europe and its Legal Traditions* (Oxford, 2003).
JOHNSON, C., *The Sorrows of Empire: Militarism, Secrecy and the End of the Republic* (Nova Iorque, 2004).
JOHNSTON, H., "The Empire and Anthropology", *Nineteenth Century and After*, 327 (julho de 1908), pp. 133-146.
JUDT, T. (org.), *Resistance and Revolution in Mediterranean Europe, 1939-1948* (Londres, 1989).

KAGAN, J. e D. COHEN, *Surviving the Holocaust with the Russian Jewish Partisans* (Londres, 1997).
KAHRS, H., *Modelle für ein deutsches Europa: Ökonomie und Herrschaft im Grosswirtschaftsraum* (Berlim, 1922).
KALLAY, N., *Hungarian Premier: A Personal Account of a Nation's Struggle in the Second World War* (Londres, 1954).

Kaminski, T., "Bismarck and the Polish Question: The 'Huldigungsfahrten' to Varzin in 1894", *Canadian Journal of History*, 22 (agosto de 1988), pp. 235-250.

Kap, J. (org.), *The Tragedy of Silesia, 1945-46: A Documentary Account with a Special Survey of the Archdiocese of Breslau* (Munique, 1952-1953).

Kappeler, A., "Ukrainian History from a German Perspetive", *Slavic Review*, 54, 3 (outono de 1995), pp. 691-701.

Karny, M., J. Milotova e M. Karna (orgs.), *Deutsche Politik im "Protektorat Böhmen und Mähren" unter Reinhard Heydrich", 1941-1942: Eine Dokumentation* (Berlim, 1997).

Karski, J., *Story of a Secret State* (Bóston, 1944).

Kaser, M. (org.), *The Economic History of Eastern Europe, 1919-1975*, 3 vols. (Oxford, 1986).

Katz, J. A., "The Concept of Overcoming the Political: An Intellectual Biography of SS Standartenführer and Professor Dr. Reinhard Höhn, 1904-1944", tese de mestrado, Virginia Commonwealth University, 1995.

Kay, A., *Exploitation, Resettlement, Mass Murder: Political and Economic Planning for German Occupation Policy in the Soviet Union, 1940-1941* (Nova Iorque, 2006).

Kedward, H. R., *Resistance in France: A Study of Ideas and Motivation in the Southern Zone, 1940-1942* (Oxford, 1978).

— *In Search of the Maquis: Rural Resistance in Southern France, 1942-1944* (Oxford, 1993).

Kehrl, H., *Krisenmanager im Dritten Reich: 6 Jahre Frieden, 6 Jahre Krieg: Erinnerungen* (Düsseldorf, 1973).

Kennan, G., *From Prague after Munich: Diplomatic Papers, 1938-1940* (Princeton, 1968).

Kent, C. et al. (orgs.), *The Lion and the Eagle: Interdisciplinary Essays on German-Spanish Relations over the Centuries* (Londres, 2000).

Kent, G. O., "Britain in the Winter of 1940 as Seen from the Wilhelmstrasse", *Historical Journal*, 6, 1 (1963), pp. 120-130.

Kershaw, I., "Improvised Genocide? The Emergence of the 'Final Solution' in the 'Warthegau'", *Transactions of the Royal Historical Society* (1994), pp. 51-78.

— *Hitler, 1889-1936: Hubris* (Nova Iorque, 1999).

Kersten, F., *The Kersten Memoirs, 1940-1945* (Londres, 1956).

Kestling, R. W., "Blacks under the Swastika: A Research Note", *Journal of Negro History*, 83, 1 (inverno de 1998), pp. 84-99.

Kettenacker, L., "The Anglo-Soviet Alliance and the Problem of Germany, 1941-1945", *Journal of Contemporary History*, 17, 3 (julho de 1982), pp. 435-458.

Kiss, G., "Political Geography into Geopolitics: Recent Trends in Germany", *Geographical Review*, 32, 4 (outubro de 1942), pp. 632-645.

Kitson, S., "From Enthusiasm to Disenchantment: The French Police and the Vichy Regime, 1940-1944", *Contemporary European History*, 11, 3 (2002), pp. 371-390.

— *Vichy et la chasse aux espions nazis, 1940-1942: Complexités de la politique de collaboration* (Paris, 2005).

— "Spying for Germany in Vichy France", *History Today*, 56, 1 (janeiro de 2006), pp. 38-45.

KLARSFELD, S. (org.), *The Holocaust and the Neo-Nazi Mythomania* (Nova Iorque, 1978).

KLING, H. (org.), *Der nationalsozialistische Krieg* (Frankfurt, 1990).

KLINGEMANN, C., "Ursachenanalyse und ethnopolitische Gegenstrategien zum Landarbeitermangel in den Ostgebieten: Max Weber, das Institut für Staatsforschung und der Reichsführer SS", *Jahrbuch für Soziologiegeschichte* (1994), pp. 191-203.

KLINKHAMMER, L., *Zwischen Bündnis und Besatzung: Das nationalsozialistische Deutschland un die Republik von Salò, 1943-45* (Tübingen, 1993).

KLUKE, P., "Nationalsozialistische Europaideologie", *Vierteljahrshefte für Zeitgeschichte*, 3, 3 (1955), pp. 240-275.

KLUKOWSKI, Z., *Diary from the Years of Occupation, 1939-1944* (Urbana, IL, 1993).

KNOX, M., *Hitler's Italian Allies: Royal Armed Forces, Fascist Regime and the War of 1940-1943* (Cambridge, 2003).

KOCH, H. W., *In the Name of the Volk: Political Justice in Hitler's Germany* (Londres, 1997).

KÖCHENHOFF, G., "Grossraumgedanke und Völkische Idee im Recht", *Zeitschrift für ausländisches öffentliches Recht-und Völkgerrecht*, 12 (1944), pp. 34-82.

KOEHL, R. L., "Colonialism inside Germany, 1886-1918", *Journal of Modern History*, 25, 3 (setembro de 1953), pp. 255-272.

— "A Prelude to Hitler's Greater Germany", *American Historical Review*, 59, 1 (outubro de 1953), pp. 43-65.

— *RKFDV: German Resettlement ans Population Policy 1939-1945: A History of the Reich Commission for the Strenghtening of Germandom* (Cambridge, MA, 1957).

KOGAN, A., "Social Democracy and the Conflict of Nationalities in the Habsburg Monarchy", *Journal of Modern History*, 21, 3 (setembro de 1949), pp. 204-211.

KOMJATHY, A. e R. STOCKWELL, *German Minorities and the Third Reich: Ethnic Germans of East Central Europe between the Wars* (Nova Iorque, 1980).

KOPELEV, L., *The Education of a True Believer* (Nova Iorque, 1980).

KORALKA, J., "Germany's Attitude to the National Desintegration of Cisleithania", *Journal of Contemporary History*, 4, 2 (abril de 1969), pp. 85-95.

KOSTAL, R. W., *A Jurisprudence of Power: Victorian Empire and the Rule of Law* (Oxford, 2005).

KOTKIN, S., "World War Two and Labor: A Lost Cause?", *International Labor and Working-Class History*, 58 (outono de 2000), pp. 181-191.

KRAMER, A., *Dynamics of Destruction: Culture and Mass Killing in the First World War* (Oxford, 2007).

KRAUSNICK, H. e M. BROSZAT (orgs.), *Anatomy of the SS State* (Londres, 1973).

VON KROCKOW, C., *Hour of the Women: Based on an Oral Narrative by Libussa Fritz-Krockow* (Nova Iorque, 1992).

KULISCHER, E. M., *Europe on the Move: War and Population Changes, 1917-1947* (Nova Iorque, 1948).

KUNICKI, M., "Unwanted Collaborators: Leon Kozlowski, Wladyslaw Studnicki and the Problem of Collaboration among the Polish Conservative Politicians in World War II", *European Review of History*, 8, 2 (2001), pp. 203-220.
KWIET, K., "Vorbereitung und Auflösung der deutschen Militärverwaltung in den Niederlanden", *Militärgeschichtliche Mitteilungen*, 1 (1969), pp. 121-153.
LAMB, R., *War in Italy, 1939-1945: A Brutal Story* (Londres, 1993).
LANCKORONSKA, K., *Michelangelo in Ravensbrück: One Woman's War against the Nazis* (Nova Iorque, 2007).
LANG, J. von (org.), *Eichmann Interrogated: Transcripts from the Archives of the Israeli Police* (Nova Iorque, 1999).
LANGE, K., "Der terminus 'Lebensraum' in Hitlers 'Mein Kampf'", *Vierteljahrshefte für Zeitgeschichte*, 13, 4 (1965), pp. 426-437.
LANNOY, F. de, *La Ruée de l'Armée Rouge: Opération Bagration* (Bayeux, 2002).
LAVIN, D., *From Empire to International Commonwealth : A Biography of Lionel Curtis* (Oxford, 1995).
LEBEDEVA, N. S., "The Deportation of the Polish Population to the USSR, 1939-1941", *Journal of Communist Studies and Transition Politics*, 16, 12 (2000), pp. 28-45.
LE BEGNEC, G. e D. PESCHANSKI (orgs.), *Les Elites locales dans la tourmente* (Paris, 2000).
LECOUER, S. F., "The Italian Occupation of Syros and its Socio-Economic Impact, 1941-43", tese de doutoramento, Universidade de Londres, 2006.
LEGNANI, M., "Il 'ginger' del generale Roatta: le direttive della 2a armata sulla repressione antipartigiana in Slovenia e Croazia", *Italia contemporanea*, 209-10 (dezembro de 1997-Março de 1998), pp. 155-174.
LEITH, C. K., "The Struggle for Mineral Resouces", *Annals of the American Academy of Political and Social Science*, 204 (julho de 1939), pp. 42-48.
LEMKIN, R., *Axis Rule in Occupied Europe: Laws of Occupation, Analysis of Government, Proposals for Redress* (Washington, DC, 1944).
LEVAI, E., *Black Book on the Martyrdom of Hungarian Jewry* (Zurique e Viena, 1948).
LEVINE, H. S., "Local Authority and the SS State: The Conflict over Population Policy in Danzig-West Prussia, 1939-1945", *Central European History*, 3 (1969), pp. 331-355.
— *Hitler's Free City: A History of the Nazi Party in Danzig, 1925-1939* (Chicago, 1975).
LEVISSE-TOUZÉ, C. (org.), *Paris 1944: Les Enjeux de la Libération* (Paris, 1994).
LEWIS, N., *Naples '44* (Londres, 1978).
LIBERMAN, P., "The Spoils of Conquest", *International Security*, 18, 2 (outono de 1993).
— *Does Occupation Pay? The Exploitation of Occupied Industrial Societies* (Princeton, 1996).
LINDHOLM, R. W., "German Finances in Wartime", *American Economic Review*, 37, 1 (março de 1947), pp. 121-134.

Lindqvist, S., *Terra Nullius: A Journey through No One's Land* (Nova Iorque, 2007).

Linne, K., "'New Labour Policy' in Nazi Colonial Planning for Africa", *International Review of Social History*, 49, 2 (2004), pp. 197-224.

Lipgens, W., *A History of European Integration*, vol. I *(1945-7)* (Oxford, 1982).

— (org.), *Documents on the History of European Integration*, 4 vols. (Berlim, 1984-1991).

Liulevicius, V. G., *War Land on the Eastern Front: Culture, National Identity and German Occupation in World War I* (Cambridge, 2000).

Loftus, J., *The Belarus Secret* (Nova Iorque, 1982).

Lohr, E., *Nationalizing the Russian Empire: The Campaign agains Enemy Aliens during World War I* (Cambridge, MA, 2003).

Loock, H.-D., "Zur 'Grossgermanischen Politik' des Dritten Reiches", *Vierteljahrshefte für Zeitgeschichte*, 9 (1960), pp. 37-64.

Lösener, B., "Das Reichsministerium des Innern un die Judengesetzgebung", *Vierteljahrshefte für Zeitgeschichte*, 9, 3 (1961).

Lossowski, P. "The Resettlement of the Germans from the Baltic States in 1939/41", *Ata Poloniae Historica*, 92 (2005), pp. 79-98.

Lotnik, W., *Nine Lives: Ethnic Conflict in the Polish-Ukrainian Borderlands* (Londres, 1999).

Low, D., *The Anschluss Movement, 1918-1919 and the Paris Peace Conference* (Filadélfia, 1974).

Luciolli, M., *Palazzo Chigi: anni roventi, ricordi di vita diplomatica italiana dal 1933 al 1948* (Milão, 1976).

Luczak, C., "Die Ansiedlung der deutschen Bevölkerung im besetzten Polen (1939-1945)", *Studia Historicae Oeconomicae*, 13 (1978), pp. 193-205.

— "Nazi Spatial Plans in Occupied Poland (1939-1945)", *Studia Historicae Oeconomicae*, 12 (1978).

— "Die Agrarpolitik des Dritten Reiches", *Studia Historicae Oeconomicae*, 17 (1982), pp. 195-203.

Lukas, R., *Forgotten Holocaust: The Poles under German Occupation, 1939-1944* (Nova Iorque, 1990).

Lumans, V., *Himmler's Auxiliaries: The Volksdeutsche Mittelstelle and the German National Minorities of Europe, 1933-1945* (Chapel Hill, NC, 1993).

— *Latvia in World War Two* (Nova Iorque, 2006).

Luyten, D. e R. Hemmerijckx, "Belgian Labour in World War II: Strategies of Survival, Organizations and Labour Relations", *European Review of History*, 7, 2 (outono de 2000), pp. 207-227.

Lynch, M., *Mining in World History* (Londres, 2002).

MacDonald, C., *The Killing of SS Obergruppenführer Reinhard Dietrich, 27 May 1942* (Londres, 1982).

Machtan, L., "Bismarcks Varzin – Warcino Heute": Btrachtungen zu einem Symbol politischer Kultur aus Preußen-Deutschland", *Zeitschrift für Geschichtswissenschaft*, 38, 9 (1990), pp. 771-786.

MACKENZIE, S. P., "The Treatment of Prisoners of War in World War II", *Journal of Modern History*, 66, 3 (setembro de 1994), pp. 487-520.
MACKINDER, H., "The Geographical Pivot of History", *Geographic Journal*, 23, 4 (abril de 1904), pp. 421-427.
MADAJCZYK, C., "Deportations in the Zamosc Region in 1942 and 1943 in the Light of German Documents", *Ata Poloniae Historica*, 1 (1958), pp. 75-106.
— "Introduction to General Plan East", *Polish Western Affairs*, 3, 2 (1962).
Die Okkupationspolitik Nazideutchlands in Polen, 1939-1945 (Berlim, 1987).
"Legal Conceptions in the Third Reich and its Conquests", *Michael*, 13 (1993), pp. 131-159.
— (org.), *Inter arma non silent musae: The War and Culture, 1939-1945* (Varsóvia, 1977).
— *Vom Generalplan Ost zum Generalsiedlungsplan* (Munique, 1994).
MAGOCSI, R. P., *Historical Atlas of East Central Europe* (Seattle, 1993).
MAI, U., *"Rasse und Raum": Agrarpolitik, Sozial— und Raumplannung im NS--Staat* (Paderborn, 2006).
MAIER, C., *Among Empires: American Ascendancy and Its Predecessors* (Cambridge, MA, 2006).
MAISKY, I., *Memoirs of a Soviet Ambassador: The War, 1939-1943* (Londres, 1967).
MAKINEN, G. A., "The Greek Hyper-Inflation and Stabilization of 1943-46", *Journal of Economic History*, 46, 3 (1986), pp. 795-805.
MALAPARTE, C., *Kaputt* (Londres, 1989).
MAMATEY, V. e R. LUZA (orgs.), *A History of the Czechoslovak Republic, 1918-1948* (Princeton, 1973).
MANKOWSKI, Z., "Die Agrarpolitik des Okkupanten in Generalgouvernement, 1939-1945", *Studia Historicae Oeconomicae*, 23 (1998), pp. 255-268.
MANOSCHEK, W., *"Serbien ist judenfrei »: Militärische Besatzungspolitik und Judenvernichtung in Serbien 1941/42* (Munique, 1993).
MARMULLA, H. e P. BRAULT, *Europäische Integration und Agrarwirtschaft* (Bona, 1958).
MARPLES, D., "Western Ukraine and Western Belorussia under Soviet Occupation: The Development of Socialist Farming, 1939-1941", *Revue Canadienne des Slavistes*, 27, 2 (junho de 1985), pp. 158-177.
MARRUS, M. e R. PAXTON, *Vichy France and the Jews* (Nova Iorque, 1981).
MARTENS, S. e M. VAÏSSE (orgs.), *Frankreich und Deutschland im Krieg (Nov. 1942-Herbst 1944): Okkupation, Kollaboration, Resistance* (Bona, 2000).
MARTIN, B., "German-Italian Cultural Initiatives and the Idea of a New Order in Europe, 1936-1945", tese de doutoramento, Universidade de Columbia, 2006.
MASTNY, V., *The Czechs under Nazi Rule: The Failure of National Resistance, 1939-1942* (Nova Iorque, 1972).
MASUR, N., *En jude talar med Himmler* (Estocolmo, 1945).
MATLOK, S. (org.), *Dänemark in Hitlers Hand: Der Bericht des Reichsbevollmächtigten Werner Best über seine Besatzungspolitik in Dänemark mit Studien über Hitler, Göring, Himmler, Heydrich, Ribbentrop, Canaris u.a.* (Husum, 1988).
MAUGUE, P., *Le Particularisme Alsacien, 1918-1967* (Paris, 1970).

MAUTER, W. "Churchill and the Unification of Europe", *The Historian*, 61, 1 (outono de 1998), pp. 67-84.
MAY, E., "Nazi Germany and the United States: A Review Essay", *Journal of Modern History*, 41, 2 (junho de 1969), pp. 207-214.
MAZOWER, M., "The Strange Triumph of Human Rights, 1933-1950", *Historical Journal*, 47, 2 (2004), pp. 379-399.
— "An International Civilization? Empire, Internationalism and the Crisis of the Mid-Twentieth Century", *International Affairs*, 82, 3 (2006), pp. 553-566.
MCCANN, F. D., *The Brazilian-American Alliance, 1937-1945* (Princeton, 1973).
MCELLIGOTT A. e T. KIRK (orgs.), *Working towards the Führer: Essays in Honour of Sir Ian Kershaw* (Munique, 2003).
MCLAINE, I., *The Ministry of Morale* (Londres, 1979), pp. 223-224.
MEJER, D., *"Non-Germans" under the Third Reich: The Nazi Judicial and Administrative System in Germany and Occupied Eastern Europe with Special Regard to Occupied Poland, 1939-1945* (Baltimore, 2003).
MENDELSOHN, J. (org.), *The Holocaust: Selected Documents in Eighteen Volumes* (Nova Iorque, 1982).
MERRIDALE, C., *Ivan's War: Life and Death in the Red Army, 1939-1945* (Nova Iorque, 2006).
MICHALKA, W., (org.), *Nationalsozialistische Aussenpolitik* (Darmstadt, 1978).
— *Der Zweite Weltkrieg: Analysen, Grundzüge, Forschungbilanz* (Munique, 1989).
MIERZEJEWSKI, A. C., *The Collapse of the German War Economy, 1944-1945* (Chapel Hill, 1988).
— "A Public Enterprise in the Service of Mass Murder: The Deutsche Reichsbahn and the Holocaust", *Holocaust and Genocide Studies*, 15, 1 (primavera de 2001), pp. 33-46.
Militärgeschichtliches Forschungsamt (org.), *Das Deutsche Reich und der Zweite Weltkrieg* (Estugarda, 1979-2004).
— *Germany and the Second World War*, 7 vols. (Oxford, 1990-2006).
MILLER, D., "Colonising the Hungarian and German Borders Areas during the Czech Land Reform, 1918-1938", *Austrian History Yearbook*, 34 (2003), pp. 303-317.
MILWARD, A., *The New Order and the French Economy* (Oxford, 1970).
— *The Fascist Economy in Norway* (Oxford, 1972).
— *The European Rescue of the Nation-State* (Londres, 2000).
MOMMSEN, H., "The Dissolution of the Third Reich: Crisis Management and Collapse, 1943-45", *German Historical Institute (Washington): Bulletin*, 27 (outono de 2000), pp. 9-23.
— *Third Reich between Vision and Reality: New Perspetives on German History, 1918-1945* (Oxford, 2001).
MOMMSEN, W., *Max Weber and German Politics, 1890-1920* (Chicago, 1984).
MOORE, B. (org.), *Resistance in Western Europe* (Oxford, 2000).
MORRIS-REICH, A., "Arthur Ruppin's Concept of Race", *Israel Studies*, 11, 3 (outono de 2006), pp. 1-30.
MOSKOWITZ, M., "Three Years of the Protectorate of Bohemia and Moravia", *Political Science Quarterly*, 57, 3 (setembro de 1942), pp. 353-375.

Mosse, G. L. (org.) *Police Forces in History* (Londres, 1975).
Müller, N. (org.), *Deutsche Besatzungpolitik in der UdSSR 1941-1944: Dokumente* (Colónia, 1980).
Müller, R.-D., *Der Letzte deutsche Krieg, 1939-1945* (Estugarda, 2005).
Müller, R.-D. e H.-E. Volkmann (orgs.), *Die Wehrmacht. Mythos und Realität* (Munique, 1999).
Mulligan, T., *The Politics of Illusion and Empire: German Occupation Policy in the Soviet Union, 1942-43* (Nova Iorque, 1988).
Murashko, G. e A. Noskova, "Stalin and the National-Territorial Controversies in Eastern Europe, 1945-1947", *Cold War History*, 1, 2 (abril de 2001), pp. 161-172.
Murphy, R. et al. (orgs.), *National Socialism: Basic Principles, Their Application by the Nazi Party's Foreign Organization and the Use of Germans Abroad for Nazi Aims* (Washington, DC, 1943).
Murray, W., *The Change in the European Balance of Power, 1938-1939: The Path to Ruin* (Princeton, 1984).
Musial, B., "The Origins of 'Operation Reinhard': The Decision-Making Process for the Mass Murder of the Jews in the *Generalgouvernement*", *Yad Vashem Studies*, 28 (2000), pp. 113-153.
Myers, D. P., "Berlin 'Versus' Vienna: Disagreements about 'Anschluss' in the Winter of 1918-1919", *Central European History*, 5, 2 (junho de 1972), pp. 150-175.

Naasner, W. (org.), *SS-Wirtschaft und SS-Verwaltung: "Das SS-Wirtschafts-Verwaltunghauptamt und die unter seiner Dienstaufsicht stehenden wirtschaftlichten Unternehmungen" Und weitere Dokumente* (Düsseldorf, 1998).
Naimark, N., *Fires of Hatred: Ethnic Cleansing in Twentieth-Century Europe* (Cambridge, MA, 2001).
Namier, L., *Vanished Supremacies: Essays on European History, 1812-1918* (Londres, 1962).
— *1848: The Revolt of the Intellectuals* (Oxford, 1992).
Nazi Conspiracy and Aggression, 8 vols. (Washington, DC, 1946-1948).
Neitze, S. (org.), *Tapping Hitler's Generals: Transcripts of Secret Conversations, 1942-45* (Barnsley, 2007).
Neulen, H. W. (org.), *Europa und das 3. Reich: Einigungsbestrebungen im deutschen Machtbereich, 1939-1945* (Munique, 1987).
Neumann, K., *Not The Way It Really Was: Constructing the Tolai Past* (Honolulu, 1992).
Neumann, S., "Fashions in Space", *Foreign Affairs*, 21, 2 (janeiro de 1943), pp. 276-288.
Nicolson, H., "The Colonial Problem", *International Affairs*, 17, 1 (Janeiro-Fevereiro de 1938), pp. 32-50.
Noakes, J. e G. Pridham (orgs.), *Nazism, 1919-1945: A Documentary Reader* vol. 3: *Foreign Policy, War and Racial Extermination* (Exeter, 1991).
Noble, A., "The First Frontgau: East Prussia, July 1944", *War and History Review*, 13 (abril de 2006), pp. 200-216.

Nove, A., "How Many Victims in the 1930s? II", *Soviet Studies*, 42, 4 (outubro de 1990), pp. 811-814.

O'Brien, P., "European Economic Development", *Economic History Review*, 35, 1 (fevereiro de 1982), pp. 1-18.
Orwell, G., "Not Counting Niggers", *Adelphi* (julho de 1939).
Otto, G. e J. H. ten Cate (orgs.), *Das organisierte Chaos: "Ämterdarwinismus" und "Gesinnungsethik": Determinanten nationalsozialistischer Besatzungsherrschaft* (Berlim, 1999).
Overmans, R., *Deutsche militärische Verluste im Zweiten Weltkrieg* (Munique, 1999).
Overy, R. J., *Goering: The "Iron Man"* (Londres, 1984).
— *Why the Allies Won* (Londres, 1995).
— *Interrogations: The Nazi Elite in Allied Hands, 1945* (Londres, 2001).
— *The Dictators: Hitler's Germany, Stalin's Russia* (Londres, 2004).
— (org.), *War and Economy in the Third Reich* (Oxford, 1994).
Overy, R. J., G. Otto e J. H. van Cate (orgs.), *Die "Neuordnung" Europas: NS- -Wirtschaftspolitik in den besetzten Gebieten* (Berlim, 1997).

Padfield, P., *Himmler: Reichsführer-SS* (Londres, 1990).
Panayi, P., "Exploitation, Criminality, Resistance: The Everyday Life of Foreign Workers and Prisoners of War in the German Town of Osnabrück, 1939-1945", *Journal of Contemporary History*, 40, 3 (2005), pp. 483-502.
Paolino, E. N., *The Foundations of the American Empire: William Henry Seward and US Foreign Policy* (Ithaca, 1973).
Pare, J.-R., "Les 'Ecrits de jeunesse' du Max Weber: l'histoire agraire, le nationalisme et les paysans", *Canadian Journal of Political Science*, 28, 3 (1995), pp. 437-454.
Parkinson, F. (org.), *Conquering the Past: Austrian Nazism Yesterday and Today* (Detroit, 1989).
Parkinson, R., *Thirty Years in the South Seas: Land and People, Customs and Traditions in the Bismarck Archipelago and on the German Solomon Islands*, trad. J. Dennison (Honolulu, 1999).
Pavone, C. (org.), *Alle origine della Republica: Scritti su fascismo, antifascismo e continuità dello Stato* (Turim, 1995).
Paxton, R., *Vichy France: Old Guard, New Order, 1940-1944* (Nova Iorque, 1972).
— "Le Régime de Vichy était-il neutre?", *Guerres mondiales et conflicts contemporaines*, 194 (1999), pp. 149-162.
Péan, P., *Une jeunnesse française: François Mitterrand, 1934-1947* (Paris, 1994).
Penslar, D. J., *Zionism and Technocracy: The Engineering of Jewish Settlement in Palestine, 1870-1918* (Bloomington, IN, 1991).
— *Israel in History: The Jewish State in Comparative Perspetive* (Abingdon, 2007).
Perras, A., *Carl Peters and German Imperialism, 1856-1918: A Political Biography* (Oxford, 2004).
Pétain, P., *Discours aux Français: 17 juin-20 aôut 1944*, org. J.-C. Barbas (Paris, 1989).

Peterson, E., *The Limits to Hitler's Power* (Princeton, 1969).
Petrick, F. (org.), *Die Okkupationspolitik des deutschen Faschismus in Dänemark und Norwegen (1940-1945)* (Berlim, 1992).
Petropoulos, J. e J. K. Roth (orgs.), *Grey Zones: Ambiguity and Compromise in the Holocaust and its Aftermath* (Nova Iorque, 2005).
Petrov, V., *Escape from the Future: The Incredible Adventures of a Young Russian* (Bloomington, IN, 1973).
— "The Politics of Occupation", *Air University Review* (Março-Abril de 1983).
Pilichowski, C., "Verbrauch von Nahrungsmitteln durch jüdische Bevölkerung und Häftlinge der Okkupationslager in besetzten Polen", *Studia Historicae Oeconomicae*, 17 (1982), pp. 205-215.
Pinchuk, B., *Shtetl Jews under Soviet Rule: Eastern Poland on the Eve of the Holocaust* (Oxford, 1990).
Pinkus, O., *The House of Ashes* (Londres, 1991).
Poiger, U., "Imperialism and Empire in Twentieth Century Germany", *History and Memory*, 17, 1 (2005), pp. 117-143.
Poliakov, L. e J. Wulf (orgs.), *Das Dritte Reich und seine Denker* (Wiesbaden, 1989).
Polish Fortnightly Review.
Pollack, M., *The Dead Man in the Bunker* (Londres, 2006).
Pollock, J. K., *The Government of Greater Germany* (Nova Iorque, 1938).
Polónia, Ministério da Informação, *The German New Order in Poland* (Londres, 1942).
Pomeranz, K., *The Great Divergence: China, Europe and the Making of the Modern World Economy* (Califórnia, 2000).
Portelli, A., *The Order Has Been Carried Out: History, Memory and the Meaning of a Nazi Massacre in Rome* (Londres, 2003).
Präg, W. e W. Jacobmeyer (orgs.), *Das Diensttagebuch des deutschen Generalgouverneurs in Polen 1939-1945* (Estugarda, 1975).
Prazmowska, A., "The Kielce Pogrom 1946 and the Emergence of Communist Power in Poland", *Cold War History*, 2, 2 (janeiro de 2002), pp. 101-124.
Prete, R. A. e A. H. Ion (orgs.), *Armies of Occupation* (Ontário, 1981).
Preuss, L., "National Socialist Conceptions of International Law", *American Political Science Review*, 29, 4 (agosto de 1935), pp. 594-609.
Pringle, H., *The Master Plan: Himmler's Scholars and the Holocaust* (Nova Iorque, 2006).
Prusin, A., "A Community of Violence: The SiPo/SD and its Role in the Nazi Terror System in Generalbezirk Kiew", *Holocaust and Genocide Studies*, 21, 1 (primavera de 2007), pp. 1-30.

Raitz von Frentz, C. A., *Lesson Forgotten: Minority Protection under the League of Nations: The Case of the German Minority in Poland, 1920-1934* (Nova Iorque, 1999).
Ranshofen-Werthmeyer, E., *Victory Is Not Enough: The Strategy for a Lasting Peace* (Nova Iorque, 1942).

Rebentisch, D., *Führerstaat und Verwaltung im Zweiten Weltkrieg: Verfassungsentwicklung und Verwaltungspolitik, 1939-1945* (Estugarda, 1989).

Rebentisch, D. e K. Teppe (orgs.), *Verwaltung contra Menschenführung im Staat Hitlers: Studien zum politisch-administrativen System* (Göttingen, 1986).

Reddaway, W. F., J. H. Penson, O. Halecki e R. Dyboski (orgs.), *The Cambridge History of Poland: From Augustus II to Pilsudski (1697-1935)* (Cambridge, 1951).

Reich Abel, J., "Warring Internationalism: Multilateral Thinking in Japan, 1933-1964", tese de doutoramento, Universidade de Columbia, 2004.

Reichman, S. e S. Hasson, "A Cross-Cultural Diffusion of Colonization From Posen to Palestine", *Annals of the Association of American Geographers*, 71, 1 (março de 1984), pp. 57-70.

Rein, L., "Local Collaboration in the Execution of the 'Final Solution' in Nazi-Occupied Belorussia", *Holocaust and Genocide Studies*, 20, 3 (inverno de 2006), pp. 381-409.

Reitlinger, G., *The Final Solution* (Londres, 1993).

— *The SS, Alibi of a Nation* (Londres, 1956).

— *The House Built on Sand: The Conflicts of German Policy in Russia, 1939-1945* (Londres, 1960).

Remak, J., "The Healthy Invalid: How Doomed was the Habsburg Empire?", *Journal of Modern History*, 41, 2 (junho de 1969), pp. 127-143.

Remeikis, T. (org.), *Lithuania under German Occupation, 1941-1945: Dispatches from the US Legation in Stockholm* (Vilnius, 2005).

Rempel, D. G., "The Expropriation of the German Colonists in Southern Russia during the Great War", *Journal of Modern History*, 4, 1 (março de 1932), pp. 49-67.

Reynolds, D., *From World War to Cold War: Churchill, Roosevelt and the International History of the 1940s* (Cambridge, 2006).

Ribbentrop, J. von, *The Ribbentrop Memories* (Londres, 1954).

Rich, N., *Hitler's War Aims*, vol. I: *Ideology, The Nazi State, and the Course of Expansion*; vol. 2: *The Establishment of the New Order* (Londres, 1974).

Richter, J. H., "Continental Europe's Prewar Food Balance", *Foreign Agriculture*, 6 (1942), pp. 300-301.

Rieber, A., "Civil Wars in the Soviet Union", *Kritika*, 4, 1 (inverno de 2003), pp. 129-162.

Rieckhoff, H. van, *German-Polish Relations, 1918-1933* (Baltimore, 1971).

Rieger, B., *Creator of the Nazi Death Camps: The Life of Odilo Globocnik* (Londres, 2007).

Riismandel, V., "Soviet Law in Occupied Estonia", *Baltic Review*, 5 (junho de 1955), pp. 23-42.

Robbins, K., "Konrad Henlein, the Sudeten Question and British Foreign Policy", *Historical Journal*, 12, 4 (dezembro, 1969), pp. 674-697.

Robertson, E. M., *Hitler's Prewar Policy and Military Plans, 1933-1939* (Londres, 1963).

Rodogno, D., *Fascism's European Empire: Italian Occupation During the Second World War* (Cambridge, 2006).

Röhr, W. e E. Heckert (orgs.), *Die faschistische Okkupationspolitik in Polen (1939-1945)* (Berlim, 1989).
Roon, Ger van, "Graf von Moltke als Völkerrechter im OKW", *Vierteljahrshefte für Zeitgeschichte*, 18, 1 (1970), pp. 12-61.
Rosenberg, A., *Schriften und Reden* (Munique, 1943).
— *Letzte Aufeizuchnungen: Ideale und Idole der nationalsozialistischen Revolution* (Göttingen, 1955).
Ross, R., "Heinrich Ritter von Sbirk and 'Gesamtdeutsch' History", *Review of Politics*, 31, 1 (janeiro de 1969), pp. 88-107.
Rossino, A., *Hitler Strikes Poland: Blitzkrieg, Ideology and Atrocity* (Lawrence, KS, 2003).
— "Polish 'Neighbours' and German Invaders: Anti-Jewish Violence in the Bialystok District during the Opening Weeks of Operation Barbarossa", *Polin*, 16 (2000), pp. 431-452.
Rössler, M., "Applied Geography and Area Research in Nazi Society: Central Place Theory and Planning, 1933 to 1945", *Environment and Planning*, 7 (1989), pp. 419-431.
Rössler, M. e S. Schleiermacher (orgs.), *Der "Generalplan Ost": Hauptlinien der nationalsozialistschen Planungs-und Vernichtungspolitik* (Berlim, 1993).
Rostow, W., "The European Commission for Europe", *International Organization*, 3, 2 (maio de 1949), pp. 254-268.
Rothkirchen, L., "The Final Solution in its Last Stages", *Yad Vashem Studies*, 8 (1970), pp. 7-28.
Ruehl, M., "In This Time without Emperors: The Politics of Ernst Kantorowic's *Kaiser Friedrich der Zweite* Reconsidered", *Journal of the Warburg and Courtauld Institutes*, 63 (2000), pp. 187-242.
Rutherford, P. T., "'Absolute Organizational Deficiency': The *1.Naphlan* of December 1939 (Logistics, Limitations, and Lessons)", *Central European History*, 36, 2 (2003), pp. 235-272.
— *Prelude to the Final Solution: The Nazi Program for Deporting Ethnic Poles, 1939-1941* (Lawrence, KS, 2007).

Safrian, H., *Eichmann und seine Gehilfen* (Frankfurt, 1995).
Sakowicz, K., *Ponary Diary, 1941-1943: A Bystander's Account of a Mass Murder* (New Haven, 2005).
Sauer, C., "The Formative Years of Ratzel in the United States", *Annals of the Association of American Geographers*, 61, 2 (junho de 1971), pp. 245-254.
Sauvy, A. e S. Ledermann, "La Guerre biologique (1933-1945): Population de l'Allemagne et des pays voisins", *Population*, 1, 3 (Julho-Setembro de 1946).
Schechtman, J. P., *European Population Transfers, 1939-1945* (Nova Iorque, 1946).
Schellenberg, W., *Hitler's Secret Service* (Nova Iorque, 1956).
— *Invasion 1940: The Nazi Invasion Plan for Britain*, introd. J. Erickson (Londres, 2000).
Schenk, D., *Hans Frank: Hitler's Kronjurist und Generalgouverneur* (Frankfurt am Main, 2006).

SCHERSTJANOI, E., "Vot ona proklitaia Germaniia! Germany in Early 1945 through the Eyes of Red Army Soldiers", *Slavic Review*, 64, 4 (inverno de 2005), pp. 165-189.
SCHIEDER, T. (org.), *The Expulsion of German Population from the Territories East of the Oder-Neisse Line* (Bona, s. d.).
SCHLESINGER, R., *Federalism in Central and Eastern Europe* (Nova Iorque, 1945).
SCHMIDT, P., *Hitler's Interpreter* (Londres, 1951).
SCHMITT, C., "Grossraum gegen Universalismus", *Zeitschrift der Akademie für Deutsches Recht*, 9 (1939), pp. 333-337.
— *Völkerrechtichle Grossraum-Ordnung mit Interventionsverbot für raumfrende Mächte* (Berlim, 1939).
— *The Concept of the Political*, trad. G. Schwab (New Brunswick, 1976).
The Nomos of the Earth in the International Law of the Ius Publicum Europaeun (Nova Iorque, 2003).
SCHMOKEL, W., *Dreams of Empire: German Colonialism, 1919-1945* (New Haven, 1964).
SCHÖTTLER, P., "Eine Art 'Generalplan West': Die Stuckart-Denkschrift vom 14. Juni 1940 und die Planungen für eine neue deutsch-französische Grenze im Zweiten Weltkrieg", *Sozial Geschichte*, 18, 3 (2003), pp. 83-131.
SCHREIBER, G., *Deutsche Kriegsverbrechen in Italien* (Munique, 1996).
SCHULTE, J. E., *Zwangsarbeit und Vernichtung: Das Wirtschaftsimperium der SS: Oswald Pohl und das SS-Wirtschafts-Verwaltungshaupthampt, 1933-1945* (Paderborn, 2001).
— "Vom Arbeits— zum Vernichtungslager: Die Entstehungsgeschichte von Auschwitz-Birkenau 1941/42", *Vierteljahrshefte für Zeitgeschichte*, 50 (2002).
SCHULTE, T., *German Army and Nazi Policies in Occupied Russia* (Nova Iorque, 1989).
SCHULZ, G., "Zur englischen Planung des Partisanenkriegs am Vorabend des Zeiten Weltkrieges", *Vierteljahrshefte für Zeitgeschichte*, 30, 2 (1982), pp. 322-339.
SCHUMANN, W., "Probleme der Deutschen Aussenwirtschaft und einer 'Europäischen Wirtschaftsplanung'", *Studia Historicae Oeconomicae*, 14 (1979), pp. 142-160.
SCHUMANN, W. et al. (orgs.), *Europa untern Hakenkreuz (1938-1945)*, 10 vols. (Berlim, 1988-1994).
SCHWENDEMANN, H., "'Drastic Measures to Defend the Reich at the Oder and the Rhine': A Forgotten Memorandum of Albert Speer of 18 March 1945", *Journal of Contemporary History*, 38, 4 (2003), pp. 597-614.
SEMELIN, J., *Unarmed against Hitler: Civilian Resistance in Europe* (Londres, 1993).
SHAFIR, G., "Tech for Tech's Sake", *Journal of Palestine Studies*, 21, 4 (verão de 1992), pp. 103-105.
SHENHAV, Y., "The Jews of Iraq, Zionist Ideology and the Property of Palestinian Refugees of 1948: An Anomaly of National Accounting", *International Journal of Middle Eastern Studies*, 31, 4 (novembro de 1999), pp. 605-630.
SHEPHERD, B., *War in the Wild East: The German Army and Soviet Partisans* (Cambridge, MA, 2004).
SIMONI, L., *Berlino, Ambasciata d'Italia 1939-1943* (Roma, 1947).

Simpósio da Comissão dos Historiadores da Letónia, *The Hidden and Forbidden History of Latvia under Soviet and Nazi Occupation, 1940-1991* (Riga, 2005).
SIMPSON, A. W. B., *Human Rights and the End of Empire: Britain and the Genesis of the European Convention* (Oxford, 2001).
SINGH MEHTA U., *Liberalism and Empire: A Study in Nineteenth-Century British Liberal Thought* (Chicago, 1999).
SLEPYAN, K., *Stalin's Guerrillas: Soviet Partisans in World War Two* (Lawrence, KS, 2006).
SMELSER, R. e R. ZITELMAN (orgs.), *Die braune Elite* (Darmstadt, 1993).
— *The Nazi Elite* (Londres, 1993).
SMILOVITSKY, L., "Righteous Gentiles, the Partisans and Jewish Survival in Belorussia, 1941-1944", *Holocaust and Genocide Studies*, 11, 3 (inverno de 1997), pp. 301-329.
— "A Demographic Profile of the Jews in Belorussia from the Prewar Time to the Postwar Time", *Journal of Genocide Research*, 5, 1 (2003), pp. 117-129.
SMITH, B. e A. PETERSON (orgs.), *Heinrich Himmler: Geheimreden 1933 bis 1945* (Frankfurt, 1974).
SMITH, G., *The Last Years of the Monroe Doctrine, 1945-1999* (Nova Iorque, 1993).
SMITH, L., *The Embattled Self: French Soldiers' Testimony of the Great War* (Cornell, 2007).
SMITH, W., "Friedrich Ratzel and the Origins of Lebensraum", *German Studies Review*, 3, 1 (fevereiro de 1980), pp. 51-68.
— *The Ideological Origins of Nazi Imperialism* (Oxford, 1986).
SNYDER, D. R., *Sex Crimes under the Wehrmacht* (Lincoln, NE, 2007).
SNYDER, L., *The Blood and Iron Chancellor: A Documentary-Biography of Otto von Bismarck* (Princeton, 1967).
SNYDER, T., "The Causes of Ukrainian-Polish Ethnic Cleansing 1943", *Past and Present*, 179 (maio de 2003), pp. 197-235.
SOBIESKI, Z., "Reminiscenses from Lwow, 1939-1946", *Journal of Central European Affairs*, 6, 4 (janeiro de 1947), pp. 351-374.
SONTAG, R. J. e J. S. BEDDIE (orgs.), *Nazi-Soviet Relations, 1939-1941: Documents from the Archives of the German Foreign Office* (Washington, DC, 1948).
SPANG, C. W. e R.-H. WIPPICH (orgs.), *Japanese-German Relations, 1895-1945* (Londres, 2006).
SPECTOR, S., "*Aktion 1005* – Effacing the Murder of Millions", *Holocaust and Genocide Studies*, 5, 2 (1990), pp. 157-173.
SPEER, *Inside the Third Reich* (Londres, 1970).
— *Spandau: The Secret Diaries* (Londres, 1976).
STAFFORD, D., "The Detonator Concept: British Strategy, SOE and European Resistance after the Fall of France", *Journal of Contemporary History*, 10, 2 (abril de 1975), pp. 185-217.
STEIN, G., *The Waffen-SS: Hitler's Elite Guard at War, 1939-1945* (Ithaca, 1966).
STEINBERG, J., "The Third Reich Reflected: German Civil Administration in the Occupied Soviet Union, 1941-1944", *English Historical Review*, 110, 437 (junho de 1995), pp. 620-650.
STEINERT, M., *Capitulation 1945: The Story of the Dönitz Regime* (Londres, 1969).

— "The Allied Decision to Arrest the Dönitz Government", *Historical Journal*, 31, 3 (1988), pp. 651-663.
STEININGER, R., G. BISCHOF e M. GEHLER (orgs.), *Austria in the 20th Century* (New Brunswick, 2002).
STEINWEIS, A. e D. E. ROGERS (orgs.), *The Impact of Nazism* (Lincoln, NE, 2003).
STERN, H., "The Organisation Consul", *Journal of Modern History*, 35, 1 (março de 1963), pp. 20-32.
STOAKES, G., *Hitler and the Quest for World Dominion: Nazi Ideology and Foreign Policy in the 1920s* (Nova Iorque, 1986).
STOKKER, K., "Hurry Home, Haakon: The Impact of Anti-Nazi Humor on the Image of the Norwegian Monarch", *Journal of American Folklore*, 109, 433 (verão de 1996), pp. 289-307.
STREIT, C., *Keine Kameraden: Die Wehrmacht und die sowjetischen Kriegsgefangenen, 1941-1945* (Bona, 1997).
STROBLE, G., *The Germanic Isle: Nazi Perceptions of Britain* (Cambridge, 2000).
STRUYE, P., *L'Evolution du sentiment publique en Belgique sous l'occupation allemande* (Bruxelas, 1945).
— *Journal de guerre, 1940-1945* (Bruxelas, 2004).
SUVAL, S., "Overcoming *Kleindeutschland*: The Politics of Historical Mythmaking in the Weimar Republic", *Central European History*, 3 (1969), pp. 312-330.
SWAIN, G., *Between Stalin and Hitler: Class War and Race War on the Dvina, 1940-1946* (Londres, 2004).
SWEET, P. R., "Seipel's Views on Anschluss in 1928: An Unpublished Exchange of Letters", *Journal of Modern History*, 19, 4 (dezembro de 1947), pp. 320-323.
— "The Historical Writing of Heinrich von Srbik", *History and Theory*, 9, 1 (1970), pp. 37-58.
SWEETS, J., *Choices in Vichy France: The French under Nazi Occupation* (Oxford, 1986).
— "Hold that Pendulum! Redefining Fascism, Collaborationism and Resistance in France", *French Historical Studies*, 15, 4 (outono de 1988), pp. 731-758.
SWORD, K. (org.), *The Soviet Takeover of the Polish Eastern Provinces* (Londres, 1991).
SWORD, K. *et al.*, *The Soviet Takeover of the Polish Eastern Provinces* (Londres, 1991).
SZAROTA, T., *Warschau unter dem Hakenkreuz* (Paderborn, 1978).
— *The Warsaw Ghetto: the 45th Anniversary of the Uprising* (Varsóvia, 1987).
TAUBER, K., *Beyond Eagle and Swastika: German Nationalism since 1945* (Middletown, CT, 1967).
TAYLOR, A. J. P., *The Origins of the Second World War* (Londres, 1961).
TAYLOR, L., *Between Resistance and Collaboration: Popular Protest in Northern France, 1940-1945* (Basingstoke, 2000).
THAMER, H.-U., *Verführung und Gewalt: Deutschland, 1933-45* (Berlim, 1986).
"The Place of Judgement", *Time*, 6 de agosto de 1945.
THER, P. e A. SILJAK (orgs.), *Redrawing Nations: Ethnic Cleansing in East-Central Europe, 1944-48* (Lathan, MD, 2001).

THIES, J., "Hitler's European Building Programme", *Journal of Contemporary History*, 13 (1978), pp. 413-431.
THOMAS, W., "The Prussian-Polish Situation: An Experiment in Assimilation", *American Journal of Sociology*, 19, 5 (março de 1914), pp. 624-639.
TIMS, R. W., *Germanizing Prussian Poland: The H-K-T Society and the Struggle for the Eastern Marches in the German Empire, 1894-1919* (Nova Iorque, 1941).
TODOROV, T., *A French Tragedy: Scenes of Civil War, Summer 1944* (Hanover, NH, 1996).
TOMASEVICH, J., *War and Revolution in Yugoslavia, 1941-1945: Occupation and Collaboration* (Stanford, 2001).
TONNINI, C., *Operazione Madagascar: La questione ebraica in Polonia, 1918-1968* (Bolonha, 1999).
TOOZE, A., *Wages of Destruction: The Making and Breaking of the Nazi Economy* (Londres, 2006).
TOYNBEE, A. e V. TOYNBEE (orgs.), *Survey of International Affairs: Hitler's Europe, 1939-1946* (Londres, 1954).
TRENTMANN, F. e F. JUST (orgs.), *Food and Conflict in Europe in the Age of the Two World Wars* (Basingstoke, 2006).
TREVOR-ROPER, H., "Hitlers Kriegsziele", *Vierteljahrshefte für Zeitgeschichte*, 8 (1960).
— (org.), *Hitler's War Directives, 1939-1945* (Londres, 1966).
— *Hitler's Table Talk* (Oxford, 1988).
TREW, S., *Britain, Mihailovic and the Chetniks, 1941-42* (Londres, 1988).
TUCKER, W. R., *The Fascist Ego: A Political Biography of Robert Brasillach* (Los Angeles, 1975).

ÜBERSCHÄR, G. R. (org.), *Orte des Grauens* (Darmstadt, 2003).
ÜBERSCHÄR, G. R. e W. WETTE (orgs.), *"Unternehmen Barbarossa": Der deutsche Überfall auf die Sowjetunion 1941: Berichte, Analysen, Dokumente* (Paderborn, 1984).
UMBREIT, H., *Der Militärbefehlshaber in Frankreich 1940-1944* (Boppard am Rhein, 1968).
— *Deutsche Militärverwaltungen 1938/39: Die militärische Besetzung der Tschechoslowakei und Polens* (Estugarda, 1977).
UNGVARY, K., *Battle for Budapest: One Hundred Days in World War Two* (Londres, 2003).

VALIN, J., F. MESLE, S. ADAMETS e S. PYROZHOV, "A New Estimate of Ukrainian Population Losses during the Crises of the 1930s and 1940s", *Population Studies*, 56, 3 (novembro de 2002), pp. 249-264.
VEILLON, D., *Fashion under the Occupation* (Oxford, 2002).
VERNA, F. P., "Notes on Italian Rule in Dalmatia under Bastianini, 1941-1943", *International History Review*, 12, 3 (1990), pp. 441-460.
VERNANT, J., *The Refugee in the Post-War World* (Londres, 1953).
VERSCHUER, O., "Rassenbiologie der Juden", *Forschungen zur Judenfrage*, vol. 3 (1938).

Vick, B., *Defining Germany: The 1848 Frankfurt Parliamentarians and National Identity* (Cambridge, MA, 2002).
Vincent, P., "Conséquences de six années de guerre sur la population française", *Population*, 1, 3 (Julho-Setembro de 1946).
Vinen, R., *The Unfree French: Life under the Occupation* (New Haven, 2006).
Virgili, F., *Shorn Women: Gender and Punishment in Liberation France* (Nova Iorque, 2002).
Volin, L., "The Russian Food Situation", *Annals of American Academy of Political and Social Scientists*, 225 (janeiro de 1943), pp. 89-91.
Volkmann, H.-E., "Landwirtschaft und Ernährung in Hitlers Europa, 1939-1945", *Militärgechitliche Mitteilungen*, 35 (1984).

Wachsmann, N., *Hitler's Prisons: Legal Terror in Nazi Germany* (Londres, 2004).
Waite, R., *Vanguard of Nazism: The Free Corps Movement in Postwar Germany, 1918-1923* (Nova Iorque, 1952).
Ward, J., "'People Who Deserve It': Josef Tiso and the Presidential Exemption", *Nationalities Papers*, 30, 4 (2002), pp. 571-601.
Warlimont, W., *Inside Hitler's Headquarters, 1939-1945* (Londres, 1964).
Warmbrunn, W., *The Dutch under German Occupation, 1940-1945* (Stanford, 1963).
— *The German Occupation of Belgium, 1940-1944* (Nova Iorque, 1993).
Weber, A., *Abschied von der bisherigen Geschichte* (Hamburgo, 1946).
Weber, W., *Die innere Sicherheit im besetzten Belgien und Nordfrankreich, 1940-1944* (Düsseldorf, 1978).
Wegner, B. (org.), *From Peace to War: Germany, Soviet Russia and the World, 1939-1941* (Oxford, 1997).
Weinberg, G., *Germany and the Soviet Union, 1939-1941* (Leiden, 1954).
— *World in the Balance: Behind the Scenes of World War II* (Hanover, NH, 1981).
— *A World at Arms: A Global History of World War II* (Cambridge, 2005).
— (org.), *Hitlers Zweite Buch* (Estugarda, 1961).
Weiss, Y., "Central European Ethnonationalism and Zionist Binationalism", *Jewish Social Studies*, 11, 1 (outono de 2004), pp. 93-117.
Weiss-Wendt, A., "Extermination of the Gypsies in Estonia During World War II: Popular Images and Official Policies", *Holocaust and Genocide Studies*, 17, 1 (primavera de 2003), pp. 31-61.
Weiszäcker, E., *Die Weiszäcker-Papiere, 1933-1950*, org. L. E. Hill (Frankfurt, 1974).
Westad, O. A., *The Global Cold War: Third World Interventionism and the Making of Our Times* (Cambridge, 2007).
Westermann, E. B., "'Friend and Helper': German Uniformed Police Operations in Poland and the General Government, 1939-1941", *Journal of Military History*, 58, 4 (outubro de 1994), pp. 643-662.
Wildt, M., "The Spirit of the Reich Security Main Office [RSHA]", *Totalitarian Movements and Political Religions*, 6, 3 (dezembro de 2005), pp. 333-349.
— (org.), *Nachrichtendienst, politische Elite und Mordeinheit: Der Sicherheitsdienst des Reichsführer-SS* (Hamburgo, 2003).

WILLIAMS, M., "German Imperialism and Austria, 1938", *Journal of Contemporary History*, 14, 1 (janeiro de 1979), pp. 139-153.
— "Friedrich Rainer e Odilo Globocnik: L'amicizia insolita e i ruoli sinistri di due nazisti tipici", *Qualestoria*, 1 (junho de 1997), pp. 141-175.
WILLS, C., *That Neutral Island: A Cultural History of Ireland during the Second World War* (Londres, 2007).
WINIEWICZ, J. M., *Aims and Failures of the German New Order* (Londres, 1943).
WINTER, C., "The Long Arm of the Third Reich: Internment of New Guinea Germans in Tatura", *Journal of Pacific History*, 38, 1 (2003), pp. 85-124.
WISKEMANN, E., *Czechs and Germans* (Oxford, 1938).
— *Germany's Eastern Neighbours* (Oxford, 1956).
WITTE, P., "Two Decisions Concerning the 'Final Solution to the Jewish Question': Deportations to Lodz and Mass Murder in Chelmno", *Holocaust and Genocide Studies*, 9, 2 (1995), pp. 318-345.
WITTE, P. e S. TYAS, "A New Document on the Deportation and Murder of Jews during 'Einsatz Reinhard' 1942", *Holocaust and Genocide Studies*, 15, 3 (inverno de 2001), pp. 468-486.
WITTE, P. et al. (orgs.), *Der Dienstkalendar Heinrich Himmlers 1941/42* (Hamburgo, 1999).
WOLLSTEIN, G., *Das "Grossdeutschland" der Paulskirche: Nationale Ziele der bürgerlichen Revolution 1848/49* (Düsseldorf, 1977).
WOLTON, S., *Lord Hailey, the Colonial Office and the Politics of Race and Empire in the Second World War: The Loss of White Prestige* (Londres, 2000).
WOOD, E. T., *Karski: How One Man Tried to Stop the Holocaust* (Nova Iorque, 1994).
WYLIE, N. (org.), *European Neutrals and Non-Belligerants during the Second World War* (Cambridge, 2002).

YOUNG, R. J., "The Aftermath of Munich", *French Historical Studies*, 8, 2 (outono de 1973), pp. 305-322.

ZAHRA, T., "Reclaiming Children for the Nation: Germanization, National Ascription and Democracy in the Bohemian Lands, 1900-1945", *Central European History*, 37, 4 (2004), pp. 501-543.
— *Kidnapped Souls: National Indifference and the Battle for Children in the Bohemian Lands, 1900-1948* (Ithaca, 2008).
ZALOGA, S., *Bagration 1944: The Destruction of Army Group Centre* (Londres, 1996).
ZERTAL, I., *From Catastrophe to Power: Holocaust Survivors and the Emergence of Israel* (Berkeley, 1998).
ZITELMANN, R., *Hitler: The Policies of Seduction* (Londres, 1999).
ZYLBERBERG, M., *A Warsaw Diary, 1939-1945* (Londres, 1969).

Índice remissivo

Abetz, Otto
 alertas para a agitação em França, 285
 Cercle France-Allemagne (Groupe Collaboration), 425
 como "bom alemão", 421
 e o colaboracionismo, 284, 415.416
 poder, 426
 propaganda ativa, 425
 rivalidade, 420
abrigos contra bombardeamentos aéreos, 305
Abs, Hermann, 562
Abwehr, motim das unidades da OUN-B, 453
Academia Alemã do Direito, 76, 247
Academia de Liderança Económica de Harzburg, 232
aço, consumo alemão,
Action Française, L', 413
Adenauer, Konrad, 44, 218, 542, 565
Adis Abeba, 338
administração
 "especial", 229, 230
 base racial, 54
 modos, 234-236
"administração especial", 229, 230
Afeganistão, planos de Hitler para, 26, 132, 203
África
 colonização, 581-582
 como lar para os judeus, 117-19, 188
 corrida a, 114
 elites políticas, 584
 leis raciais nazis, 116
 matérias-primas, 570

África do Sul, discriminação pela cor, 576
África Equatorial Francesa, 417
África Ocidental, plano de repovoamento alemão, 585
África Oriental, ocupação italiana, 318
África, Sul de, Partido Nazi, 575
Agência Judaica para a Palestina, 591
agricultores, controlo dos, 274
agricultura
 força laboral estrangeira, 293-94, 303
 gestão, 273-75
 mão de obra polaca, 86, 294
 povoamento, importância, 20
 preços, 275
 ver também alimentos
Aighion, ação da Wehrmacht (1943), 491
Albânia
 domínio jugoslavo, 557
 invasão italiana (1939), 63, 131, 337, 340
alemães étnicos, 33-35
 como instrumentos do Reich, 531
 comunidades do pós-guerra, 542
 confisco de terras (pós-1918), 178
 escolha de cidadania, 185
 fidelidade, 351
 impossibilidade de reinstalação no Ocidente, 78
 lealdade racial, 45
 língua (pós-1918), 178
 recrutamento, 351, 361
 reinstalação, 87, 88, 192, 193
 repatriação, 78-81

sacrifícios, 215
transferência de populações (pós-1918), 178
triagem racial, 189
Alemanha (*sobre a Alemanha nazi, ver Terceiro Reich*)
  abolição da monarquia, 31
  aliança com a Áustria-Hungria, 18
  colheitas (1942), 285
  colonialismo, 115
  colónias (século XIX), 575
  como "centro" da Europa, 5-6
  dimensões no pós-guerra, 530
  divisão, 530
  e o problema do império, 53-54
  e os acordos de Versalhes, 33, 35
  estrangeiros, 302
  expansionismo (século XIX), 574
  extensão (1942), 221
  fronteira com a Polónia, 530
  fronteiras ocidentais, 44
  fronteiras orientais, xxxvii-viii, 24
  grupo de pressão colonialista antes da guerra, 573-74
  império tropical, xxxiv-xxxix
  indústria pesada e produção de armamento, 530
  industrialização, 215, 216
  liberais (anos 40 do século XIX), 15, 16
  luta com os eslavos, 15, 148
  ocupação no pós-guerra, 529-31
  pressões sobre a economia, 258
  Primeira Guerra Mundial, 23-7, 286
  problema dos refugiados no pós-guerra, 586
  reparações (1919), 31, 39
  reparações (1945), 530
  ressurgência depois da Primeira Guerra Mundial, 530
  transição do nazismo, 523
  zonas de ocupação, 530, 557-58
Alemanha (parte ocidental), vingança sobre os alemães, 534
Alemanha Ocidental
  anticomunismo, 218
  Comunidade Europeia do Carvão e do Aço, 562
  estudos sobre gestão, 233
  Ministério dos Negócios Estrangeiros, ex-nazis no, 565
  reabilitação de ex-nazis, 564
  Serviço de Informações Federal, 564
Alfieri (embaixador italiano), 126
Aliados
  acesso a matérias-primas, 568, 569-70
  adesão da Roménia, 361
  armistício com a Itália (1943), 358
  avanço (1944), 361
  Blitzkrieg, 586
  Conferência de Casablanca (1943), 354, 355
  declaração de guerra ao Japão, 372
  desembarques na Normandia (1944), 400, 502, 516
  e a insurreição de Varsóvia, 507
  e Dönitz, 527, 529
  e os comunistas italianos, 512
  e os crimes de guerra nazis, 384
  c os guerrilheiros italianos, 495
  invasão de Itália, 494
  invasão do Norte de África, 354, 432
  libertação de campos de concentração, 406
  negociações secretas com a Roménia e a Hungria, 354
  ocupação da França, 354
  organizações pan-europeias, 560
  planeamento do futuro da Europa, 363-64
  política da rendição incondicional, 354, 401, 523
  política de repatriamento, 463
  reconstrução europeia, 560
  suposta influência dos judeus, 401, 408
  táticas, 587
  ver também Grã-Bretanha; Segunda Guerra Mundial; Estados Unidos
  violações cometidas pelas tropas, 493
alimentos
  abastecimento, 272, 273-88

ÍNDICE REMISSIVO | 681

distribuição, 285
escassez, 145, 161, 260, 274, 278, 284-85, 286, 360
preços, 276
racionamento, 276-78
ver também fome; mercado negro
Alldeutsche Vereinigung, 18
Alsácia
  administração, 225, 227
  classificação racial forçada, 184
  expulsão dos alemães (anos 20), 37, 39
  expulsão dos judeus (1940), 118
  germanização dos nomes, 198
  germanização, 197-99
  purga pós-1918, 196
Alta Silésia
  aumento da produção e do emprego, 268
  avanço russo, 522
  contestação das pretensões alemãs, 36
  guetos para alemães, 535
  importância económica, 196
  tipos populacionais, 194, 196
  vingança sobre os alemães, 534
  violações cometidas pelo Exército Vermelho, 533
Ambrosio, general Vittorio, 352
América do Norte, domínio britânico, 573
América do Sul
  emigração alemã (século XIX), 573, 574
  emigrantes alemães (século XIX), 573, 574
  operações de espionagem nazis, 570
Amesterdão
  detenções de judeus (1941), 470, 473
  greves, 470, 473
Ammende, Ewald, 34
Anatólia, 24
Ancara, 242
Andritsa, ação da Wehrmacht (1943), 491
"anfíbios", 185
Anfuso, Filippo, 319-20

anglo-saxões, superioridade racial, 580
Angola, 575, 584
Anschluss, 32, 33, 45-52, 78
Antilhas Holandesas, 570
Antilhas, 118, 570
Antonescu, Ion, 328-30
  como aliado de Hitler, 129, 317, 318, 328-29, 335
  e a guerra no Leste, 357
  e a Transilvânia, 329, 393
  e a Transnístria, 329, 330-31
  e os alemães étnicos, 351
  golpe pró-soviético (1944), 361
  política anticigana, 331, 409
  política antissemita, 329, 331-37, 399
  política das nacionalidades, 329
  represálias, 329-30
Antonescu, Mihai, 333, 337
Antuérpia, libertação de, 517
apátridas, cuidados no pós-guerra, 592
Apeninos, posse dos, 495
Aquitânia, funcionários do governo local, 428
Arajs, Viktor, 173
Arbed, 265
Arbitragem de Viena (1940), 129
Ardenas, 519
Arendt, Hannah, 592
Argélia
  Comité de Libertação Nacional, 435
  governação aliada, 417
  massacres da celebração da vitória na Europa (1945), 583
  resistência armada aos colonos, 584
  sistema de governo, 417
Argentina, 570, 574
Arnim, Sybille, condessa von, xxxiv, xxxv
Ásia
  colonização, 582-83
  e a pureza racial europeia, 207
  elites políticas, 584
asilos psiquiátricos, fome nos, 277
Atenas
  "blocos" (1942), 300
  "tese do caos" do SiPo/SD, 498

agitação industrial, 486
fome, 278
libertação, 517
Attlee, Clement, 530
Auschwitz-Birkenau, campo de concentração, 89
"Campo Familiar Russo", 487
ciganos, 410
crematórios, 405
crianças francesas, 431
demolição das câmaras de gás e dos crematórios (1944), 406
deportações para, 375, 388
divulgação da existência do campo, 392
expansão, 306, 390, 391, 408,
gaseamento à chegada, 309
instalações de gaseamento, 376, 391
judeus eslovacos, 307, 390
judeus gregos, 328
judeus húngaros, 388
libertação, 407
número de mortos, 375, 382-83
número de prisioneiros, 306
planos nazis para, 551
polacos, 310
política de seleção, 202, 211
prisioneiros alemães, 535
trabalhadores, 386
Austrália
domínio britânico, 572
e o regime de Vichy, 417
e os alemães da Nova Guiné, xxxviii
Áustria
administração, 230
alemães étnicos, 31-32
anarquia (1938), 49, 50
anexação (1938), 48-52, 54, 285
antissemitismo, 50-51
Assembleia Nacional, 31, 32, 33
como Ostmark, 48
confisco de matérias-primas, 263
controlo estatal da economia, 266
corrupção na burocracia, 90
declínio da população judaica, 81, 375, 385-87

deportação de alemães para, 538
depressão económica (1931), 46
e o fornecimento alimentar, 257
emigração judaica, 50, 51, 385
golpe nazi (1934), 46, 49
Igreja Católica, ataque à, 51
independência, Liga das Nações e, 33
nacionalismo da Grande Alemanha, 52
nacionalismo, 52
plebiscito sobre o *Anschluss*, 47, 51
poderes dos *Gauleiters*, 225
pogrom antissemita (1938), 49-50
política externa alemã (1936), 47
pós-Tratado de Versalhes, 30
Reichswerke HG, 263
relação com a Prússia, 17
reservas de ouro e de divisas, 261
rutenos, 455
sionistas, 589
sociais-democratas, 32
união aduaneira alemã, 43
união com a Alemanha (1919), 32
ver também Anschluss
violência nazi, 49
zonas de ocupação, 530
Áustria-Hungria, 18-31
autarquia, objetivo, 272, 586
autoestradas, 57, 125, 147, 179, 203
autossuficiência, guerra e, 257, 272-73
Auvergne, resistência no, 437, 485, 502

Babi Yar, massacre de, 367, 405
Bach, J. S., 41
Bach-Zelewski, Erich von dem, 28,
campanha antiguerrilha, 480, 487
e a Insurreição de Varsóvia, 506, 508
para as expulsões, 487
Backe, Herbert
"estratégia da fome", 162, 278-82, 525
e a escassez alimentar, 145, 161, 360
e a vida camponesa, 282
Bacon, Francis, 7-8
Bade, expulsão dos judeus, 119
Badoglio, general Pietro, 347, 491

Bagration, Operação, 515-16, 518
Balcãs, Estados dos
  comércio de trocas, 53
  guerrilheiros, 478
  Itália e, 338-39
  monarquia, 343
  ocupação alemã, 129-30
  política de limpeza étnica, 587
  política soviética, 130
  tensões no seio da resistência, 498
Balcãs, Guerras dos, 327
Báltico, Estados do,
  alemães étnicos, 33, 209
  baltos, estatuto racial, 152
  decretos discriminatórios contra os judeus, 171
  ganhos alemães (1919), 27-28
  garantias de independência, 581
  germanização, 214, 215
  grupos fascistas, 446
  guerrilheiros, 483
  matança de judeus, 51, 173, 367
  ocupação alemã (1941), 147, 152-54, 155
  ocupação soviética (1940), 95, 98, 127, 128, 155
  política para os ciganos, 409
  receio de uma invasão soviética, 79, 80
  recrutamento para as forças armadas, 451
Bamberg, Operação, 479
Banato (Sérvia), 451
Bandera, Stepan, 453
Barbarossa, Operação, 140, 157, 317
  escassez de mão de obra e, 296
  número de mortos, 386
Barba-Roxa, imperador, 179
Basch, Victor, 437
Bascos, autodeterminação, 108
Basilicata, controlo pela Wehrmacht, 493
Bastianini, Giuseppe
  e a política do Eixo, 356
  e as pequenas nações, 356
  e os judeus, 395, 396
  política na Dalmácia, 341-42
Batalha de Inglaterra (1940), 112
Bauer, Otto, 32
Baviera, emigração alemã (1937-1938), 78
BBC, 470, 527, 536, 547
Bélgica
  abordagem do exército secreto à resistência, 467
  administração, 234
  ataques aos colaboracionistas, 496
  atitudes face aos alemães, 469
  atitudes face aos britânicos, 468
  atitudes face aos franceses, 468
  Comunidade Europeia do Carvão e do Aço, 562
  desarmamento da resistência, 512
  direitos das minorias, 34
  e os nacionais judeus, 392
  escassez alimentar, 275, 277
  excedente comercial, 269
  exploração da economia, 473
  federalismo, 555
  governo no exílio, 487
  greves, 287, 473
  imperialismo, 581
  inflação, 270, 271
  mercado negro, 278, 287
  ocupação alemã, 101, 105-106, 197
  pagamento dos custos da ocupação, 269
  pilhagem alemã, 260, 262, 552
  poderes do SiPo/SD, 471
  "Política da Produção", 262-63, 267
  política alimentar e ordem pública, 287
  política económica alemã, 266, 267
  Primeira Guerra Mundial, 25
  produção alimentar, 283
  produção de carvão, 290
  programa de trabalho obrigatório, 300, 472, 487
  responsabilidades da polícia, 472
  restrições ao câmbio, 272
Rex, 496
sabotagem, 472

sentenças de morte, 472
taxa de câmbio, 268
"transferências" de judeus, 388
VNV, 450, 496
Wehrmacht na, 246
Belgrado
    administração, 239
    bombardeamento pela Luftwaffe, 131
    libertação, 517, 533
    reféns judeus, 170
    violações cometidas pelo Exército Vermelho, 533
Belzec, campo de concentração, 50
    campos de trabalho nas proximidades, 379
    crematórios, 406
    extermínio de judeus, 283
    matança de ciganos, 410
    número de mortos (1942), 380-82
Ben Gurion, David, 591
Benelux, acordo, 554
Beneš, Edvard, 55
    e a vingança, 536, 538, 539
    e as fronteiras orientais, 553
    e o assassínio de Heydrich, 478, 510
Benigni, Roberto, 346
Bergen-Belsen, campo de concentração, 401, 403, 407
Berger, Gotlob
    e Koch, 150
    e o Ministério do Leste, 148, 461
    e Schubert, 216
Bergman, Samuel, 589
Berlim
    cerco (1944), 519
    estação de caminhos de ferro, 123
    número de mortos (1944), 519
Berlim, Muro de, 594
Berlim, Orquestra de Câmara de, 421
Bernadotte, conde Folke, 402
Bernanos, Georges, 435
Bernardo, príncipe, 470, 471
Beseler, Hans von, 23, 73
Bessarábia
    deportações de judeus para as fronteiras, 333-34
    ocupação soviética, 87, 95, 128, 129, 329, 331
    população judaica, 334
    reaquisição pela Roménia, 328, 335
Bessarábia romena, ocupação soviética, 87, 95, 127, 128
Best, Werner, 525-26, 560, 577
Bethmann-Hollweg, chanceler Theobald von, 23
Bettencourt, André, 419
Bialystok, 156, 221, 387
Bielorrússia
    administração alemã, 147, 153-54
    decréscimo populacional, 287
    destruição da vida do *shtetl*, 590
    Exército Russo de Libertação Nacional, 460
    guerra de guerrilha, 6, 460, 480, 482
    instalações móveis de gaseamento, 175
    invasões soviéticas, 97, 501
    massacres de judeus, 170, 175, 367
    mortes civis, 167, 480-81
    polícia auxiliar, 449
    política dos nacionalistas, 448, 459
    população não alemã, 206
    reforma agrária, 98
    venda de casas de judeus, 448
Bichelonne, Jean, 301
Bielosirka, 299
Bielski, guerrilheiros, 483
bilhetes de identidade, 25, 150
Birkenau *ver* Auschwitz-Birkenau
Biroli, general Pirzio, 340, 346, 348
Bismarck, Otto von
    campanha anticatólica, 19
    capacidade prática, 112
    conservadorismo, 18
    críticas à República de Weimar, 40
    e a paz com a Rússia, 22, 41
    expulsão dos trabalhadores polacos, 20
    império tropical, xxxiv-xxxviii
    nacionalismo antipolaco, xxxvii
Bismarck, Arquipélago de, xxxiv
Bismarck, Wilhelm von, xxxv

Blaskowitz, general Johannes von, 58, 70, 85
Blessing, Karl, 562
Blitzkrieg, 101, 132, 136, 516
Blobel, Paul, 405, 406
Bloch, Marc, 411
"blocos", 300
Blum, Léon, 9, 418, 560
Blume, Walter, 498
BMW, força laboral, 302, 314
Bobruisk, 161, 515
Boémia
  alemães étnicos, 33
  invasão alemã (1939), 53, 54
  Partido dos Trabalhadores Alemães, 19
Boémia-Morávia, 209
Boémia-Morávia, Protetorado da
  "anfíbios", 185
  "nacionalismo checo leal ao Reich", 186
  administração, 74
  classificação racial das crianças, 210
  corrupção na burocracia, 90
  criação (1939), 58-59, 62, 578
  declínio da população judaica, 210, 375, 385-87
  definição oficial da nacionalidade, 185
  deportações de judeus, 210-11, 332
  execuções, 241
  expropriação de terras checas, 184
  germanização, 185, 188
  importância da mão de obra checa, 241
  inflação, 270
  leis da cidadania, 59, 184
  na zona comercial do Reich, 271
  pagamento dos custos da ocupação, 269
  Plano Geral para o Leste, 209
  população alemã, 183-84
  produção alimentar, 273
  raptos de crianças, 186
  Reichswerke HG, 263
  reinado de terror da Gestapo, 241
  relação com o Reich, 60

rendimento nacional, 258
repovoamento, 184
represálias, 510
resistência, 187, 479
soberania, 59, 60, 73
Solidariedade Nacional, movimento, 471
taxa de câmbio, 268
tranquilidade (1942), 479
Böhm, Karl, 353
Böhme, Franz, 237
bolcheviques
  alemães como libertadores dos, 143
  como inimigos do nazismo, 99, 137, 140, 171, 318, 349
  cruzada polaco-alemã contra, 442
  ethos da guerrilha, 484
  judeus como principais difusores do bolchevismo, 170, 172
  massacres de Riga, 79
  ódio aos, 99
  polacos e, 211
  Tratado de Brest-Litovsk (1918), 26
  tratamento durante a guerra, 10
  ucranianos e, 211
Bor (Jugoslávia), minas de cobre, 363, 569
Bordéus, judeus apátridas, 438
Borisov (Bielorrússia), massacre de, 368
Bormann, Martin, 249
  como líder do Partido Nazi, 523
  demissão, 525
  e a centralização, 227
  e a propaganda colonial, 116
  poder, 28, 210
  política antieslava, 148, 210
  reunião com Hitler (julho de 1941), 148
Borotra, Jean, 435
Borowytschi, 298
Bósforo e Dardanelos, política soviética, 130
Bósnia
  Croácia e, 131
  exército italiano na (1941), 345
  guerrilheiros, 477

ofensiva de Kozara (1942), 477
recrutamento de muçulmanos, 452
Bottai, Giuseppe, 127
Böttcher, Viktor, 575
Bousquet, René
    acordo sobre o policiamento (1942), 431-32, 436
    antissemitismo, 408
    carreira, 437, 438, 565
    demissão, 437
    e as execuções em massa, 432
    e Marselha, 433
Bracht, Fritz, 384
Brack, Victor, 382
Bradfisch, Otto, 377
Braque, Georges, 424
Brasil
    Alemanha e, 570
    emigrantes alemães, 573
    plano de instalação dos eslavos, 207
Brasillach, Robert, 421, 422, 426
Brauchitsch, marechal de campo Heinrich von, 65, 69, 104, 165
Braun, Eva, 523
Bräutigam, Otto, 298, 457, 564
Breker, Arno, 422-23
Breslau,
    antifascistas no poder, 536
    decréscimo da população, 542
"Breslau, escola de" (ciência racial), 181
Brest, boatos sobre massacre (1942), 448
Brest-Litovsk, desfile soviético-germânico (1939), 70
Brest-Litovsk, Tratado de (1918), 26-27, 143
bretões, autodeterminação, 108
Briand, Aristide, 39
Briansk-Viasma, bolsa de, 156, 161
Brno, 538
Brody, 454
Bromberg, alemães étnicos, 40
Brooke, *Sir* Alan, 558
Brown, Panama Al, 420
Brüning, Heinrich, 43, 46
Bruxelas, grafitos em, 470

Buber, Martin, 589
Buchenwald, campo de concentração,
    descoberta, 403
    fábrica de armamento Gustloff, 313
    força laboral, 313, 314
    população, 306
Bucovina
    anexação soviética, 87, 128
    deportações de judeus, 333, 334
    população judaica, 334, 337
    recuperação pela Roménia, 328
Budapeste
    atrocidades do Exército Vermelho, 463, 533
    fim das deportações de judeus (1944), 400
    gueto, 363
    número de mortos (1944), 519
Bulgária
    batalhões de trabalho judaicos, 399
    brutalidade, 327, 350
    capitulação, 363
    como aliada do Eixo, 327
    como ocupante, 327
    deserção, 399
    e a política antissemita comum, 389
    e os nacionais judeus, 399
    expansão económica durante a guerra, 559
    expansão no século XIX, 180
    ganhos, 6, 128, 131, 327, 352
    judeus gregos, 397, 399
    legislação antissemita, 389
    Pacto Anti-Comintern (1941), 321
    plano federativo jugoslavo, 557
    trabalhadores voluntários, 294
Bundesgenossen, 246
Bürckel, Josef, 48, 49, 52, 199, 225, 226
Bydgoszcz, violência em, 68

Cahors, refratários, 485
Califórnia, colónias alemãs na, 574
Camarões Alemães, 575
Camarões, apoio a de Gaulle, 569
campanha de eutanásia
    críticas católicas, 370

opinião pública e, 369-375, 389, 405, 408
secretismo, 371, 380, 405
ver também Solução Final
Campânia, controlo pela Wehrmacht, 493
camponeses
  europeus, desaparecimento, 586
  extinção pelos alemães, 215, 216
  pilhagem de bens dos judeus, 446, 447, 448
campos
  condições, 309
  corrupção, 314
  expansão, 261
  fome, 310
  gestão, 309, 310
  libertação pelos Aliados, 407
  métodos de matança, 310
  potencial económico, 124, 261, 306-308, 311, 314
  produção de armamento, 313, 314
  produtividade laboral, 314
  revolta (1943), 313
  taxas de mortalidade, 310, 314
ver também campos de concentração; campos de extermínio; campos de trabalho; *por nome*
campos de concentração, 9, 309
  expansão, 11
  mão de obra na economia do armamento, 314
  população judaica, 386
  prisioneiros de guerra soviéticos, 11, 12
  ver também por nome
campos de extermínio, 9, 11, 50, 310, 376-78
  destruição, 406
  Operação *Reinhard*, 311, 312, 380, 386, 387, 404-408, 492, 520
campos de trabalho
  administração, 310
  anos 30, 306
  expansão, 306, 310
  população, 306, 310, 386

potencial económico, 306, 308, 310
Canadá, e o regime de Vichy, 417
Canal, Ilhas do, 101, 221, 467
Canárias, bases navais nas, 113, 114
Canaris, almirante Wilhelm, 69, 369
Caraíbas francesas, 118, 570
Caraíbas, colónias francesas nas, 570
Carélia (Finlândia), escassez alimentar, 286
Caríntia, 33, 49, 50, 52
Carlos V, imperador, 31
Carlos, imperador da Áustria-Hungria, 31, 326, 363
Carol II, rei da Roménia, 128, 328
Cárpato-Ucrânia, autonomia, 57
Carta do Atlântico (1941), 7
  compromisso com a libertação, 582
  contragolpe asiático, 579
  e a ordem internacional do pós-guerra, 136, 556
  objetivos de guerra aliados, 318
carvão, indústria do
  condições de trabalho, 304
  distribuição, 290
  força laboral, 304
  produção do Rur, 296
  produção, 290, 296
Casablanca, Conferência de (1943), 354, 355
cassubianos, 194
Castelnuovo dei Sabbioni, massacre (1944), 494
Cathala, Pierre, 270
Cáucaso
  administração alemã, 147
  campos petrolíferos, 29, 288, 385
Cavaleiros Teutónicos, 21, 27, 179, 205, 340
Cazaquistão, polacos enviados para, 96
Cefalónia, guerrilheiros, 359
Céline, 421
cereais
  consumo alemão, 129, 133, 247, 258, 273, 285, 286
  dependência checa e polaca dos cereais russos no pós-guerra, 541

excedentes soviéticos, 280
  produção da Ucrânia, 153
  produção do Leste, 283
  quota do Governo-Geral, 260, 274, 284, 445
Césaire, Aimé, 576, 581
Chade, apoio a de Gaulle, 569
Chamberlain, Neville
  e a invasão de Praga, 62
  e os objetivos de guerra, 120
  em Munique, 55
Charente, funcionários do governo local, 428
Checoslováquia
  administração, 230
  alemães étnicos, 33, 35, 36, 37, 55, 56, 57
  anexação alemã, 54-56, 57-60
  censo entre as guerras, 184
  classificação da nacionalidade (1921), 184
  compromisso de uma associação mais estreita com a Polónia, 554
  confisco de matérias-primas, 262
  crescimento económico durante a guerra, 559
  declínio da população judaica, 82
  dependência dos cereais russos no pós-guerra, 541
  deportação de judeus falantes de alemão, 183, 539
  deportações de alemães (1945), 536-40
  deportações de judeus, 56
  e o abastecimento alimentar, 257
  emigração judaica, 50
  Estatuto da Nacionalidade, 55
  Guardas Revolucionários, 538, 539
  movimento fascista, 471
  mulheres acusadas de confraternização, 537
  número de alemães (1948), 539
  obliteração da vida provinciana judaica, 590
  planos para o pós-guerra, 554, 555
  produção de carvão, 290
  rações, 74
  receio dos "Lobisomens", 539
  reforma agrária, 36
  requisição do armamento, 262
  reservas de ouro e de divisas, 261
  restauração, 559
  uso da língua checa, 35, 183, 217
  ver também Boémia-Morávia, Protetorado da; Terra dos Sudetas
  vingança sobre os alemães, 535, 537, 539
Checo-Eslováquia, 57, 74
checos
  ameaça de deportação, 478
  e o receio dos "Lobisomens", 539
  extermínio pelo trabalho, 309
  germanização, 184-86, 188, 409
  importância da mão de obra, 184, 241, 258
  massacres, 538
  no exílio, 475
  problema dos, 183
Chelmno, campo de concentração
  crematórios, 406
  evacuação do gueto de Łódź para, 402
  massacres (1942), 367, 377-78, 382
  problemas ambientais, 405
Chevalier, Maurice, 425
Chile, comunidade alemã no, 570
China, Revolta dos *Boxers*, 115
Choltitz, general Dietrich von, 503, 504
Christaller, Walter, 203, 204, 590
Churchill, Winston
  Carta do Atlântico (1941), 136, 318, 582
  e a administração alemã no pós-guerra, 527
  e a aliança com os soviéticos, 401
  e a confederação danubiana, 556
  e a Grécia, 511
  e as transferências populacionais no pós-guerra, 540
  e o comunismo belga, 512
  e o futuro da Europa, 546, 561
  e o Médio Oriente, 289
  e o SOE, 474

ÍNDICE REMISSIVO | 689

e os alemães dos Sudetas, 55
e os objetivos de guerra, 120
e os planos soviéticos do pós-guerra, 558
em Potsdam, 530
Operação *Unthinkable*, 557
política de rendição incondicional, 401
sobre a Cortina de Ferro, 546
CIA, estratégia anticomunista (anos 50), 464
Ciano, Edda, condessa, 360
Ciano, Galeazzo, conde, 62, 73, 126, 322, 324, 338, 340, 360, 550
Cíclades, 278, 340
Cidade do Cabo, colonos alemães na, 575
ciganos
  deportação, 331
  execução, 238, 391, 409-10
  extermínio pelo trabalho, 309
"Círculo Europeu", 562
Cirenaica, campos de concentração, 346
civilização, conceito ambíguo, 577
civis
Civitella della Chiana, massacre de (1944), 494
Clark, general Mark, 493
Clermont-Ferrand, proibição de materiais de cópia, 470
Cocteau, Jean, 420-26
colaboração, política de,
  Europa, 7, 441
  França, 284, 301, 302, 354, 411-14, 418, 420-26, 438, 550
  Governo-Geral e, 443
  Polónia e, 441
colaboracionistas, ódio aos, 496
colónias
  europeias, 581-85
  eventual redenção política e, 577
  importância durante a guerra, 567-68, 569, 583
  ressurgência do nacionalismo durante a guerra, 584
colonização, realidades da, 582

combustível, escassez de, 288-91
comércio de trocas, 53, 269, 277, 280
Comissão de Aconselhamento para a Europa, 560
Comissão de Colonização Prussiana, 37, 588
Comissão do Reich para o Reforço do Germanismo (RKFDV), 79, 223, 229
  competências, 80, 189, 227
  fosso demográfico, 194
  Plano Geral para o Leste, 203
Comissão Real de Colonização Prussiana, 86
Comissariado-Geral da Ruténia Branca, 166
Comité de Libertação dos Povos da Rússia (KONR), 460
Comité de Libertação Nacional (Argel), 435
Comité Provisório para a Europa Unida, 561
Companhia Holandesa do Leste, 215
Compiègne, campo, 434
Comunidade Económica Europeia, 562, 563
comunismo
  a guerra como uma luta pela liberdade, 576
  como adversário indigno, 349
  como ameaça, 499
  ver também bolcheviques
Concelho Central de Assistência (Polónia), 442
Confederação Alemã, 17
Conferência da Grande Ásia Oriental (1943), 579
Congo Belga, matérias-primas, 570
Congresso das Nacionalidades Europeias, 34, 38
Congresso Mundial Judaico, 384, 402
conscrição militar, 310
Conseils à l'occupé (Texcier), 469
Conselho da Europa, 561, 564
construção, indústria da, força laboral estrangeira, 302
Conti, Leonardo, 198

Convenção Europeia sobre os Direitos Humanos, 561
Convenções de Genebra, 109, 157, 158, 480
Convenções de Haia, 109, 158, 263
Copenhaga, como centro político, 102
Corfu, guerrilheiros, 359
Corpos Francos, 152, 344, 564
corrupção, 90, 249, 276, 313
Córsega, purga do funcionalismo público, 435
Cortina de Ferro, 546, 547, 561, 585
cossacos (corpo da Wehrmacht), 456, 459, 463
Cottbus, Operação, 480
Coudenhove-Kalergi, conde Richard Nikolaus Eijiro Graf, 549, 556
Coventry, destruição, 123
Coward, Noel, 111
Cracóvia
   "transferências" de judeus, 381
   administração de Frank, 75
   avanço do Exército Vermelho sobre, 521
   censo durante a guerra, 182
   declínio da população judaica, 521
   detenção de académicos, 72, 89
   gueto, 191
   Museu Chopin, 443
   Partido Camponês e os comunistas, 511
   planos nazis para, 551
Credit-Anstalt, falência, 46
crianças
   classificação racial, 210
   envio para os campos de concentração, 432
   germanização, 213
   massacre, 67, 168, 491, 494
   rapto, 192
Crimeia, 207, 214
Cristiano X, rei da Dinamarca, 102
críticas internas, 214-16
Croácia
   como aliada da Alemanha, 318, 321, 363
   como Estado satélite, 131
   deportação de eslovenos para, 201
   deportações de judeus, 390, 395, 397
   expulsão dos sérvios, 201
   gendarmes de Nedić, 498
   guerrilheiros, 478
   ilegalidade potencial, 348
   independência, 6, 325, 342
   inflação, 270
   insurreição (1941), 237-38
   legislação antissemita, 390
   massacre dos sérvios, 344
   ocupação italiana, 131, 341-42, 343, 345, 347
   Pacto Anti-Comintern (1941), 321
   população, 344
   reinstalação de colaboracionistas, 463
   relação da Itália com, 340
   violência dos *ustaše*, 336, 342-46, 346, 395, 397, 452
croatas, inferioridade racial dos trabalhadores, 295
Cruz de Flechas, movimento, 362, 363, 400, 517
Cunard, Nancy, 111
Curtis, Lionel, 553

Dacar, ataque anglo-gaullista a (1940), 116
Dachau, campo de concentração, 62, 56
   dimensões, 306
   força laboral, 314
   população, 306
Daily Mail, 568
Daimler-Benz, força laboral, 314
Daitz, Werner, 120
Dalton, Hugh, e as guerrilhas, 474
Daluege, Kurt, 28, 240, 433
Dalmácia
   assimilação dos eslavos, 342
   como unidade económica, 342
   judeus, 395, 397
Damasco, bombardeamento francês (1945), 583
Dannecker, Theodor, 399

ÍNDICE REMISSIVO | 691

Danzig
  como Cidade Livre, 36
  expulsão dos polacos, 83
  regresso ao Reich, 56, 62
  Reichsgau, 71
  reinstalação dos alemães do Báltico, 82, 83
  tipos populacionais, 194, 195
Danzig-Prússia Ocidental, administração, 231, 246
Darlan, almirante Jean Louis, 416, 429, 430
Darnand, Joseph, 436, 437
Darquier de Pellepoix, Louis, 431
Darré, Walther, 198
  como ministro da Agricultura, 190, 198
  detenção, 528
  e o expansionismo agrícola, 216
  substituição, 282
Daugavpils (Letónia), 171, 445
Déat, Marcel, 415, 419
  ódio a Pétain, 415
  oposição a, 419, 428, 496
Décombres, Les (Rebatet),
"Decreto dos Comissários", 140
Decreto Polaco (1940), 302
deficiências físicas, assassínio de pessoas com, 408
deficientes mentais, matança de, 409
Degrelle, Léon, 450, 496
Deighton, Len, 111
Delft, Universidade de, demissão da faculdade judaica, 470
Deloncle, Eugène, 418, 419, 421, 436
"Democratas de novembro", 16
Departamento Central de Emigração Judaica, 50
Departamento Central de Imigração, 189
Departamento de Registo para o Trabalho (Oslo), 486
Departamento Principal de Segurança do Reich (RSHA)
  carrinhas de gaseamento, 380
  comando dos *Einsatzgruppen*, 141
  competências, 74
  deportações de estrangeiros, 205
  e a mão de obra estrangeira, 295
  projeção de taxas de natalidade, 206
deportações de judeus, 395-401, 409, 420
  Boémia-Morávia, 209, 352
  do Governo-Geral, 384
  Eslováquia, 383, 388, 392
  Europa, 384
  França, 199, 383, 388, 391, 392, 399, 431
  fúria do público e, 391
  Grécia, 399
  Hungria, 361, 393, 400
  Itália, 393, 395-99
  judeus alemães, 366
  Lorena, 199
  para o Governo-Geral, 85, 188
  planos de Eichmann, 51, 96, 391, 399
  programa de repovoamento e, 80
  Roménia, 366, 396, 399
Derain, Jacques, 425
descolonização, 584, 588
DEST ver Deutsche Erd- und Steinwerke GmbH,
Deutsche Einheit (Srbik), 42
Deutsche Erd- und Steinwerke GmbH (DEST), 124
Deutsche Zeitung im Ostland, 574
Deutscher Volksbund, 39
Deutscher Wehrverein, 40
Dijon, Milícia de, 437
Dimitrov, Georgi Mihailov, 476
Dinamarca
  abordagem do exército secreto à resistência, 467
  administração, 234, 235, 239
  as mulheres e os alemães, 469
  colaboração, 502, 520
  Conselho da Liberdade, 362, 502, 510
  e as deportações de judeus, 493
  escassez alimentar, 274
  fornecimentos industriais ao Reich, 552
  greves e protestos (1944), 362

importações de carvão, 290
lei marcial, 362
na zona comercial do Reich, 272
negociações comerciais (1940), 121
ocupação alemã, 102-103, 110, 196, 204
Pacto Anti-Comintern (1941), 321
política económica alemã, 264, 284
resistência, escolha do momento, 502
sabotagem, 362
saúde, 286
taxa de natalidade, 286
tranquilidade (1942-1943), 479
união aduaneira e monetária, 122
direito
  nazificação, 247, 250
  base racial, 53, 183
  ver também direito internacional; sistema jurídico
direito internacional
  advogados do exército e, 76
  direitos das minorias, 34
  nazis e, 578
  substituição pela solidariedade racial, 350
  vitoriano e o domínio colonial, 577
direitos das minorias antes da guerra, 592, 593
direitos humanos
  discussão (anos 40), 593
  individuais, 592
discriminação por causa da cor, 582
dissimulação, 404-407
Distomo, massacre de, 513
Djilas, Milovan, 477
Dobrzanski, major Henryk, 466
Dodecaneso, ilhas do, 340
Dolibois, John, 528, 529
Dönhoff, Marion, condessa, xxxiii
Dönitz, almirante Karl
  como presidente do Reich, 523, 524, 530, 559
  detenção, 527, 529
  e fugitivos, 525
  e Himmler, 524
  e o Partido Nazi, 525
  remodelação governamental, 525
Doriot, Jacques, 415
Dorpmüller, Julius, 525
Dostoievsky, Fyodor, 144
Drama, massacre de, 327, 349
Drancy, campo de internamento, 420
Dresden, bombardeamento aliado, 123
Dreyfus, Caso, 412
Drieu la Rochelle, Pierre, 4, 421
Dubno, assassínios do NKVD, 155
Dulag (campos de prisioneiros de guerra), 160
Durchgangstrasse IV (autoestrada), 336
DVL *ver* Lista do Povo Alemão

Eberhard, general, 348
Eden, *Sir* Anthony, 136, 137
Éditions du Chêne, 424
Egeu, ilhas do, 342
Egito, 59, 132, 289, 339, 557, 580
Eichmann, Adolf
  departamento de emigração judaica, 50, 82, 96, 385
  deportações húngaras, 400, 401
  e a Roménia, 392
  e a Solução Final, 391, 392
  e o assassínio de judeus, 407
  e os judeus franceses, 431
  "modelo de Viena", 50
Einsatzgruppen
  A, 51, 142, 173, 174, 243
  B, 169, 172, 174
  C, 174
  "campanha de autolimpeza", 172
  comando, 142
  D, 174, 152, 334
  durante a invasão da Polónia, 65, 69
  execuções em massa, 164
  na URSS, 142
  pressão sobre, 175
  recrutamento local, 445
  represálias, 164
  sadismo, 493
Einsatzkommando 1A, 171
Einsatzkommando 2, 371

Eisenhower, general Dwight. D., 475, 52, 503, 526, 529
Eixo
  abandono do, 400
  apoio espanhol, 114
  avanço travado, 352
  Croácia e, 342
  divisão, 352-53, 354
  domínio alemão, 350
  e a independência do Estado-nação, 356
  e as consequências positivas da vitória, 357
  e o derrube de Mussolini, 358
  e o Egito, 289
  e o futuro político da Europa, 319-21
  e os alemães de Itália, 78
  Espanha e, 113-14, 116
  modelo bi-imperial, 126-27
  recompensas, 319
  reservas alimentares, 278
  reveses, 130
  transferência de território romeno, 128
  tropas, 317-18
Elba, ponte sobre o, 123
Eliáš, Alois, 8, 241, 249
eliminação dos cadáveres, 380, 406, 407
Enver Paxá, 459
Epp, Franz Ritter von, 115, 528
equilíbrio de poder, 593
Erdely, Eugene, 59
Erhard, Ludwig, 562
Eritreia, 130
Erzberger, Matthias, 36
Escandinávia
  germanização, 199
  granito, 124
  invasão alemã, 339
escandinavos, e o repovoamento do Leste, 217
escassez de mão de obra, 83, 120, 163, 258, 296, 351
  Plano Geral para o Leste e, 216-17
Escócia, planos alemães para, 108
eslavos

"tipos racialmente bons", 213
  ameaça racial, 27, 29, 30
  assimilação, 342
  como coligação anticomunista, 144, 147, 148
  distinção entre, 73
  emigração forçada, 206
  germanização, 201, 203
  Hitler e, 161, 196
  luta racial contra (século XIX), 20, 30
  nas forças armadas alemãs, 449
  ódio aos, 15, 148
  política futura para, 410
  população dos territórios anexados, 187
  tratamento durante a guerra, 10
  valor racial, 181
Eslováquia
  alemães étnicos, 351
  aliada da Alemanha, 318, 321
  antissemitismo, 390
  Auschwitz, conhecimento de, 391
  deportações de judeus, 383, 388, 392
  governo de Tiso, 342, 343, 362
  guerrilheiros, 362
  independência (1939), 5, 57, 58, 61, 73, 121, 325
  inferioridade racial, 295
  inflação, 270
  legislação antissemita, 388
  Pacto Anti-Comintern (1941), 321
  política cigana,
  produção alimentar, 274
  programa de trabalho obrigatório, 390
  rebelião do exército (1944), 362
  represálias, 362
  Tratado de Proteção, 61
  troca de populações com a Hungria, 541-42
Eslovénia
  administração, 225
  classificação racial, 184
  e a aniquilação dos judeus, 390-92
  germanização, 200
  guerrilheiros, 478

ocupação italiana, 340-41, 347
reinstalação dos colaboracionistas, 463
represálias, 201
Eslovénia do Norte, germanização, 200-201
Espanha
  adesão às Nações Unidas, 565
  apoio ao Eixo, 112-113, 116
  campanha italiana em, 338
  Divisão Azul, 318, 351
  e a liderança da Alemanha, 354
  e o território norte-africano, 113, 116
  neutralidade, 318, 321, 338
  Pacto Anti-Comintern (1941), 321
  trabalhadores voluntários, 294
Essen, arianização, 191
Estado territorial, obsolescência, 587
Estados árabes
  e o Estado judaico, 588-89
  homogeneização étnica, 591
  ver também Médio Oriente
Estados-nações
  criação em Versalhes, 213, 552
  Declaração de Ialta, 556
  exportação do conceito para o ultramar, 588
  homogeneidade étnica, 591, 592, 593
  Nova Ordem e, 8
  obsoletos, 587
  revivalismo no pós-guerra, 561
Estados Unidos
  acordo fronteiriço com a União Soviética, 463
  anticolonialismo, 585
  anticomunismo, 594, 585
  Carta do Atlântico (1941), 136
  comando do SHAEF, 502, 527, 560
  como potência militar mundial, 570
  controlo de recursos minerais, 567-68
  declaração de guerra da Alemanha, 372
  direitos dos nativos americanos, 575
  direitos dos porto-riquenhos, 573
  Doutrina Monroe, 566, 570
  e a aliança com a União Soviética, 401
  e a Doutrina Monroe japonesa, 571
  e as comunidades alemãs na América do Sul, 570
  e o federalismo europeu, 557
  e o regime de Vichy, 417
  eleições presidenciais (1940), 570
  emigrantes alemães (século XIX), 573, 574
  entrada na guerra, 289
  equilíbrio de poder, 594
  fim do internacionalismo, 593
  hegemonia, 586
  Hitler e, 2
  invasão do Reich (1944), 519
  legislação racial, 573
  missão civilizadora, 7
  modelo moderno de povoamento colonial, 573, 575
  movimento eugénico, 575
  poder através dos mercados, 587
  política de rendição incondicional, 354, 401, 523
  política para a Europa, 554
  produção de petróleo, 288
  Programa de Desenvolvimento de Aeroportos, 570
  Programa de Recuperação Europeia (Plano Marshall), 561
  prontidão (1940), 570
  rearmamento, 570
  sanções contra o Japão, 571
  sistema hemisférico de bases aéreas, 570
  taxa de natalidade, 287
Estados Unidos da Europa, 548, 553, 561
Estaline, José
  anexação da Bucovina/Bessarábia, 328
  como árbitro da Europa Central e de Leste, 542
  Conferência de Potsdam (1945), 530
  conspirações contra, 457
  deportação dos alemães do Volga, 367
  e a confederação danubiana, 556
  e a guerra de guerrilha, 154, 482, 484

e a ilegalidade militar, 533
e a Polónia,70, 95, 541
e o anticomunismo do Leste, 558
e o futuro da Europa, 547
e os ataques da guerrilha, 475-78
industrialização, 279
Insurreição de Varsóvia, 507
oferta de transferência de Lublin, 82
oposição ao federalismo, 554, 555, 557, 558
pacto com Hitler, 63
plano para uma paz negociada, 354, 355, 357
planos para o pós-guerra, 558-59
sobre o Exército Vermelho, 156
tática de terra queimada, 139
Estalinegrado, Batalha de (1942-1943), 352, 354, 385, 442, 457
Estónia
  alemães étnicos, 34
  plano para a autonomia política, 452
  povoamento alemão, 208
  recrutamento para as SS, 452
  russos, reinstalação no Leste, 200
Estrasburgo, 197, 198
estrela amarela, uso, 367, 369, 394, 423
Etiópia
  campanha italiana (anos 30), 338, 339, 347, 349, 577
  massacres, 349
  operações britânicas, 131
eugenia *ver* raça
Eure (França), 468, 485
Europa
  antissemitismo, 388, 588
  balança de pagamentos, 583
  bloqueio britânico, 258
  centralização dos serviços financeiros, 258
  colónias, 575, 581-85
  como criadora de normas e polícia global, 594
  como Fortaleza, 132, 258, 259, 552
  cooperação económica, 586
  crescimento económico (anos 50), 586, 587

crescimento populacional, 586
crise económica e a ocupação alemã, 259
crise económica entre as guerras, 258
declínio da população judaica, 388, 591
desestabilização da moeda, 268
Doutrina Monroe, 568, 569, 570, 571
"Dunquerque financeiro", 583
economia durante a guerra, 258, 259, 272
escassez de mão de obra no pós-guerra, 586
esquema de união (1945), 561
Estados-nações no pós-guerra, 561
futuro político, 318-24
imperialismo, 581-85
importações de petróleo, 288
importações, 258
liberalismo entre as guerras, 7
matérias-primas, 257-58
mortalidade infantil, 260
nacionalismo, 244
organização no pós-guerra, 553-64
PIB e relações financeiras,
pilhagem alemã, 261-62, 285, 585
política de colaboração, 6-7
posição de charneira, 3
produção alimentar, 260, 273, 585
protecionismo (anos 30), 273
restauração da classe política depois da libertação, 502
riqueza, 258
rivalidades internas (1750-1950), 567
saúde, 285-87
soluções federalistas, 553-57
taxas de natalidade, 260
tradição de luta, 350
união, 561
unificação parcial pelos nazis, 560
ver também Europa Central; Europa de Leste; Europa Ocidental
Europa de Leste
  antibolchevismo, 558
  antissemitismo, 590

crescimento económico durante a guerra, 559
criação de Estados-nações, 577
minorias (1950), 542
nacionalismo, 553
recolha de informações no pós-guerra, 564
triunfo da política das nacionalidades, 541
Europa do Sul
ameaça de invasão aliada, 489
Wehrmacht, 489-95
Europa Central
industrialização liderada pelo Estado, 268
níveis de racionamento, 285
Europa Ocidental
relações de negócios, 266-68
agitação industrial, 473
confisco de matérias-primas, 262
controlo pelas SS, 246
e a integração europeia, 561
escassez alimentar, 274-75, 278
fúria contra os funcionários locais, 468
motins alimentares, 473
nazificação, 235
níveis de racionamento, 286
opinião pública e a ocupação, 467-73
política da Wehrmacht, 473-74
política económica alemã, 263, 265, 267
prioridade da ordem pública, 471
recrutamento para as SS, 450-51
recrutamento para o trabalho obrigatório, 300
resistência, 479
ver também por Estado
Eutin (Holstein), 524
exército alemão *ver* Wehrmacht
exército italiano
brutalidade, 346-49
disciplina, 338
experiência de contrainsurreição, 346
gastos com, 338

Exército Russo de Libertação, 458, 459, 462
Exército Vermelho
atrocidades, 518
Blitzkrieg, 516
Breslau, 536
brutalidade, 155
desfile triunfal em Moscovo, 524
destruição da Divisão *Galizien*, 454
e o Exército do Interior, 504
e os "vlasovistas", 463
efetivos, 316
equipamento, 314, 319, 532, 534, 580
Estalinegrado, 352
Insurreição de Varsóvia, 508
invasão da Polónia (1944), 504, 505
invasão da Polónia Oriental (1939), 70, 95
libertação de Praga, 537
ocupação da Prússia Oriental (1944), xxxiii
Operação *Bagration*, 515, 516, 517, 518
opinião da Wehrmacht, 138, 157, 532
perdas (1941), 147, 319, 320, 321
prisioneiros de guerra soviéticos, 157-64
progressão rápida para ocidente, 360, 400, 401, 406, 407, 460, 511
Prússia Oriental (1944), 517
resistência continuada, 136, 138
táticas de terra queimada, 139, 155, 160, 167, 279, 281
vingança, 532-34
violações, 532-33

"Faisões Dourados", 149, 228
Falange (movimento), 113
Falkenhausen, general barão Alexander von, 106, 472, 473, 509
fascismo
dilema fundamental, 224
e o nazismo, 126-27
espanhol, 113-14
italiano, 358, 360, 497

"Festival das Colheitas", Operação, 312, 387
Finlândia
  capitulação, 354, 363
  como aliada da Alemanha, 317, 321
  ganhos, 352
  Guerra de inverno (1939-1940), 127, 132, 138
  negociações de paz com os soviéticos, 360, 361
  Pacto Anti-Comintern, 321
  política de terra queimada, 519
  política soviética, 130
  razões para combater, 325
Fischer, Ernst, 576
Flandres, planos para, 204
Flensburgo, como centro nazi, 524, 525, 526, 527
Florença, libertação, 517
Flossenbürg, campo de concentração, 306, 311
Foča, *slogans* em, 511
fome, 260, 278, 279-82, 286, 339
força laboral *ver também* trabalho obrigatório
  agricultura, 86
  belga, 300
  checa, 184, 241, 258
  contração durante a guerra, 311
  deportações e, 86
  extermínio de potenciais trabalhadores, 312, 316, 376, 382, 383
  francesa, 189, 267, 300
  guetos, 312
  judaica, 96, 302
  polaca, 89, 93, 246, 247, 258
  russa, 304
  trabalhadores estrangeiros, 189, 293-96, 303, 304, 305
  trabalhadores voluntários, 294, 297
  tratamento, 304
Foreign Affairs, 555
Forster, Albert,, 72, 252
  administração, 231-32
  e a política de repovoamento, 83
  Himmler e, 256

Lista do Povo Alemão (DVL), 192, 196
poderes, 225
política de germanização, 195-96
fracasso, 217
França
  "ultras", 415, 416, 418, 420, 421, 422, 423
  abordagem do exército secreto à resistência, 467
  administração, 234, 236, 426-35
  antissemitismo, 390, 414, 419, 421, 422
  apelos comunistas à insurreição, 503
  artes modernas, 424
  attentisme, 438
  autossuficiência, 275
  Cagoule, 418, 419, 436
  colónias, 8, 575, 582
  Comunidade Europeia do Carvão e do Aço, 562
  Conselho Nacional da Resistência, 582
  controlo pelas SS, 246
  deportação de crianças, 431
  deportações de judeus, 199, 384, 388, 391, 392, 399, 431
  desemprego, 294
  desunião (1940), 413
  detenções (1943), 436
  e a Terra dos Sudetas, 55
  e o exército europeu, 561
  e o petróleo do Médio Oriente, 288
  escassez alimentar, 278
  estabilidade económica, 270
  estrela amarela, uso pelos judeus, 423
  excedente comercial, 269
  execuções em massa, 432
  êxodo (1940), 520
  exportações ilegais de capital, 267
  fascismo, 415, 418, 421
  feito político alemão, 109
  força laboral, 258, 267
  Forças Francesas do Interior (FFI), 503, 512
  fornecimentos alimentares, 260, 265, 383, 284, 416

Frente Popular, 412, 413
ganhos na Primeira Guerra Mundial, 567
garantias à Polónia, à Roménia e à Grécia, 63, 467
gaullistas, vitórias ultramarinas, 417
germanização, 197-99
greves, 276, 473, 485
HSSPF, 240, 241
imperialismo, 582, 583
indústria do aço, 267
indústria dos têxteis artificiais, 267
julgamento de Riom (1942), 412
libertação (1944), 437, 501
Milícia, 436-39
missão civilizadora, 7
moeda, estabilidade, 270
Mouvement Social Révolutionnaire (MSR), 418
mulheres e os alemães, 438, 469
nazificação, 428
número de tropas alemãs, 432
ocupação alemã (1940), 101, 106-109, 132, 399
ocupação alemã (1942), 353, 417, 432, 434
ocupação italiana, 114, 318, 337, 398, 470
ódio aos colaboracionistas, 496
opinião da direita, 412, 413, 414
opinião pública e os invasores alemães, 468
ordem pública, 246, 285, 287, 416
pagamento dos custos da ocupação, 269
Parti Populaire Français, 415
partilha, 270
pilhagem de bens judaicos, 415, 419
pilhagem, 260, 265, 270, 284, 285, 416
poderes do SiPo/SD, 471
policiamento, 236, 472
política alimentar e ordem pública, 287
produção de carvão, 289
Quarta República, 438

Rassemblement National Populaire (RNP), 415
reabilitação de ex-nazis, 565
receios de declínio populacional (anos 50), 219
reféns, 246, 430, 431, 438
rendimento nacional, benefício alemão com, 258
represálias, 390, 430, 477
requisição do armamento, 252
reservas de ouro, 46
resistência, 239, 414, 438, 478
  aumento súbito, 437
  Conselho Nacional da Resistência, 485, 582
  controlo pós-libertação, 512
  desastre do Monte Mouchet, 502, 503
  grupos principais, 486
  objetivos políticos, violência, 510
  tensões internas, 498
  trabalho obrigatório e, 485
  valor, 510
Revolução Nacional, 109, 390, 413, 416, 438
Service d'Ordre Légionnaire (SOL), 436
Service du Travail Obligatoire (STO), 301, 485
taxa de câmbio, 268
taxa de natalidade, 287
taxas de mortalidade, 278
Terceira República, 109, 411.14, 430, 431
ver também Paris; Vichy
zona livre, 399
Zona Ocupada, 108
Francisco José, imperador, 17, 18, 30, 153, 326, 452
franco, estabilidade do, 270
Franco, general Francisco, como aliado alemão, 113, 114, 318, 338, 565
Frank, Karl Hermann, 560
  carreira, 241, 242
  e a força laboral checa, 184
  sobre a nacionalidade alemã, 185

ÍNDICE REMISSIVO | 699

Frank, Hans, 28, 73, 74, 246-53
  "liberalismo", 250
  "política de fragmentação", 88
  alvo de medidas disciplinares, 252
  aparência pessoal, 309
  conflito com Himmler, 247-53
  corrupção, 90, 249
  críticas às SS, 248-49, 252, 253
  detenção, 528
  diários, 523
  e a aniquilação dos judeus, 373, 383
  e administração, 246-48
  e Globocnik, 381
  e o massacre de Katyn, 442
  e o mercado negro, 277
  e o programa de repovoamento, 82, 85
  e os grupos nacionalistas, 245
  fuga (1945), 521-23
  perda de credibilidade, 249
  põe fim às expulsões, 487
  política agrícola, 274
  política de germanização, 192, 210-12
  política de pilhagem, 264
  política pró-polaca, 443, 445
  políticas repressivas, 89-91, 228, 246
  pretensões coloniais, 117, 246, 247
  sobre o direito, 250-51
  tentativa de assassinato, 443, 445
  vida de luxo, 90, 349, 421, 522, 523
Frankfurt, assembleia nacional de (1848), 15
Franz, Operação, 487
Frauenfeld, Alfred, 150, 225
Frente do Trabalho Alemã, 91
Freud, Sigmund, 111
Frick, Wilhelm, 72, 198, 226, 528, 529
funcionários públicos
  corrupção, 91, 276
  criatividade e dinamismo, 230
  e a "administração especial", 229
  e a centralização, 226-29
  e a identificação racial, 182
  e as novas regiões, 225
  e o Ministério do Leste, 227
  e o Partido Nazi, 231
  fraqueza, 226

inflação e rendimentos, 276
nos Estados conquistados, 263
papel no Leste, 187
Fundo Nacional Judaico (JNF), 588, 590
Funk, Walther, 121, 122, 123, 126, 266, 269, 528

Gadamer, Hans-George, 425
Galícia
  atribuição à Ucrânia, 453
  avanço do Exército Vermelho sobre, 504
  "bastiões", 207
  conflito polaco-ucraniano, 500
  germanização, 214
  massacres de judeus, 453
  no Governo-Geral, 329, 453
  recrutamento para as SS, 454

Gallimard, Gaston, 421
Galopin, Alexandre, 265
Garcia Serrano, Rafael, 113
Gauleiters, 221, 222, 226, 243
  e a política racial, 231
  e o SD/SS, 232, 253
Gaulle, Charles de
  chegada a Paris (1944), 503, 504
  controlo da resistência pós-libertação, 512
  e a federação europeia, 555
  em Argel, 435
  táticas, 503, 504
Gazelle, Península de, xxxiv-vi
Gehlen, general Reinhard, 457, 464, 564
Geibel, Paul, 508
genocídio
geopolítica, 40
germanismo
  definição, 185, 188, 195, 449
  perceção das elites, 214
  suavização dos critérios, 449
germanização, 178, 182
  arbitrariedade, 182

Boémia-Morávia, 183, 184, 186, 188, 210
conflito SS-Partido, 200, 201
da terra, 381
Danzig-Prússia Ocidental, 190
dimensão dual, 449
judeus citadinos, 83
lentidão, 215
Norte da Jugoslávia, 200
Polónia, 84, 88, 186-91, 93, 213
problemas, 202, 206, 207, 214
prussiana, 37, 192
Rússia Oriental, 189
Gesamtdeutsch, 41
Gesellschaft für Deutsche Kolonisation, 573
Gestapo
  e a resistência polaca, 466
  e o Partido Nazi, 233
  informadores, 304
  matança de "criminosos perigosos", 306
Geyer, Michael, 520
Geyl, Peter, 7
Gibraltar, 113, 114, 132, 415
Girgurtu, Ion, 118
Glaise-Horstenau, Edmund, 47
globalização, soberania nacional e, 554
Globocnik, Odilo ("Globus")
  aniquilação dos judeus, 380
  campanha anticlerical, 52
  corrupção, 91
  esquema de "bastiões", 379
  Himmler e, 378, 379, 383
  Lublin, 210, 211, 213, 283, 379
  Operação *Reinhard*, 380-83
  OSTI, 311, 312
  política de genocídio, 50, 283, 379, 410
  suicídio, 520
  Trieste, 387, 399, 492
  Viena, 50, 226
  Zamość, 487, 492
Glücks, Richard, 308, 309
Goebbels, Joseph
  "realismo" (1940), 550
  como primeiro-ministro, 523
  cruzada contra o comunismo, 5
  demissão, 525
  e a aniquilação dos judeus, 373, 389
  e a guerra total, 261
  e a indústria holandesa, 260
  e a soberania no Leste, 29
  e nacionalismo, 580
  e o massacre de Katyn, 442
  e os judeus alemães, 366, 370, 371
  e Vlasov, 462
  filmes, 178
  líder do esforço de guerra, 518
  põe fim às expulsões, 488
  propaganda antipolaca, 65
  propaganda, 178, 285, 354, 371, 518
  receio dos "Lobisomens", 539
  sobre a Boémia-Morávia, 241
  sobre a França, 107, 108
  sobre a invasão da Rússia, 132
  sobre a nova Europa, 119
  sobre a opinião pública, 370
  sobre a Polónia, 72, 73
  sobre o extermínio pelo trabalho, 308
  sobre o futuro da Europa, 545-48
  sobre o plano de repovoamento, 211
  sobre o Tratado de Versalhes, 553
  sobre Rosenberg, 143, 144
  Solução Final, 382
  visita a Łódź, 71
Goltz, Colmar von der, 27, 152
Gorgapotamos, sabotagem do viaduto, 478
Göring, Hermann, 5
  ameaça de bombardeamento aéreo de Praga, 58
  dependência da paracodeína, 528
  detenção, 528
  e a invasão soviética, 133
  e a política agrícola, 280
  e as deportações, 85
  e Kiev, 162
  e Łódź, 71
  e o *Anschluss*, 47, 54
  e o futuro da Europa, 323
  e o Ministério do Interior, 228

e o valor dos prisioneiros de guerra como mão de obra, 164
e os objetivos de Rosenberg, 148
e os territórios do Leste, 144, 487
e os trabalhadores estrangeiros, 289
e Vlasov, 462
expulsão do Partido Nazi, 523
personalidade, 225, 529
poder, 222
política alimentar, 145, 245, 283, 284
política de pilhagem, 90, 190, 263
política económica, 121, 261, 264, 268, 272
Reichswerke HG, 263, 265, 267, 289, 311
requisições na Ucrânia, 151
sobre a colaboração, 283, 416
sobre a fome na Grécia, 278
"Gotengau", repovoamento, 207
governança internacional, conceito, 592
Governo-Geral (1939)
   administração polaca, 443, 444
   administração, 73, 74, 234, 246-48
   agricultura, 274-75
   aniquilação dos judeus, 244, 252, 373, 380, 382, 383, 389
   brutalidade do regime, 443
   campos de extermínio, 89, 376, 388
   campos de prisioneiros de guerra, 158, 160
   colonização alemã, 208, 210
   como "pátria polaca", 88
   como reserva de mão de obra para a Alemanha, 88, 89, 188
   Concelho Central de Assistência, 442
   cortes no consumo local, 282
   criação, 72, 4, 76
   Departamento de Alimentação e Agricultura, 274
   deportações para, 82, 84, 188
   e a política de colaboração, 442
   escassez de mão de obra, 246, 383
   escolas de língua ucraniana, 454
   estrela amarela, 367
   evacuação do QG, 522
   fome, 260
   fracasso das requisições, 90, 274
   funcionalismo público, 248
   funcionários alemães, 443, 445
   germanização, 88-90, 188, 191
   greves, 473
   guerra de guerrilha, 67, 211, 445, 489, 499
   importância económica dos judeus, 173, 383
   integração política no Reich, 191
   pagamento dos custos da ocupação, 269
   papel, 74-75
   poder de Himmler sobre, 383
   política de pilhagem, 90, 262, 264
   política para a língua, 443, 445
   política populacional, 188
   política pró-polaca, 443
   população judaica, 96, 385-87
   população polaca, 90, 96, 262
   quota de cereais, 260, 274, 284, 445
   quotas de fornecimentos, 383
   represálias, 211, 445
   selagem da fronteira, 88
   território galício, 329, 453
   trabalho obrigatório, 297
   unidades da resistência, 445
   zlóti, 99
governos no exílio
   calendarização das insurreições, 502, 504
   planos para o pós-guerra, 554
   valor da resistência, 510
Grã-Bretanha
   "Lista Especial de Procurados GB", 111
   "Special Operations Executive" (SOE), 474, 502, 504, 508
   acesso a matérias-primas, 568
   ajuda à resistência, 474
   aliança com os soviéticos, 135, 401, 476
   ataque em Mers-el-Kebir (1940), 416, 417
   bombardeamento das cidades alemãs, 123, 133

como "raça dominante", 580
como líder da Europa, 318, 553
controlo dos mares, 119, 474
descolonização, 584
devolução das reservas de ouro checas, 261
e a confederação danubiana, 556
e a Grécia, 511
e a Terra dos Sudetas, 55
e a união da Europa, 560
e as fronteiras do Leste, 553
e Estaline, 129
garantia à Grécia, 63, 121
garantia à Polónia, 63, 121
garantia à Roménia, 63
imperialismo, 582
Operação *Unthinkable*, 557
petróleo, 288
planos alemães de invasão, 108, 110
política de apaziguamento, 62
reconquista da Somalilândia, 337
reinstalação dos judeus no pós-guerra, 591
retirada (1940), 101
taxa de natalidade, 287
grafitos da guerrilha, 470
Grande Alemanha
como espaço quase legal, 303
importância para o nazismo, 43
Grandes Potências, 475
e as transferências de alemães, 540
esferas de influência, 557
Grécia
"Livre", 511
"zonas mortas", 490
agitação industrial, 486
anexação pela Bulgária, 327
atrocidades, 491
campos de concentração, 347
coligações anticomunistas, 498
crise de assistência e refugiados, 492
decréscimo populacional, 287
dependência das importações, 259
deportações de judeus, 397
direitos das minorias, 34
EAM/ELAS, 498, 510, 511
emergência dos esquadrões da morte, 437
expansão no século XIX, 180
fome, 260, 278, 287, 340
garantia britânica, 62, 121
governo no exílio, 498
governo, 347
guerra civil, 8, 498, 511-12
inflação, 270
interesse britânico, 511
invasão alemã, 130, 131, 359
isenção dos judeus italianos, 395
missão militar britânica, 478
ocupação italiana, 130, 131, 318, 337, 339-40, 347, 395, 397
Partido Comunista, 478
partilha, 270
pilhagem, 262
planos jugoslavos para, 557
planos para o pós-guerra, 554
policiamento do mercado negro, 277
reabilitação de ex-colaboracionistas, 565
receios de uma invasão aliada, 490
receitas fiscais, 270
represálias, 491, 511
resistência, 347, 478, 479, 491, 498, 509
sobrevivência dos judeus, 400
troca de populações com a Turquia (1923), 213, 214
ver também Atenas
zonas de ocupação, 131
Greiser, Arthur
corrupção, 92
e a aniquilação dos judeus, 377
e a mão de obra polaca, 93
e a política de germanização, 80, 84
e as técnicas de gaseamento, 379
e os guetos, 86
Himmler e, 246
líder do Warthegau, 28, 71, 194
poderes, 225
greves, 277, 287, 360, 362, 473, 485, 502, 509

Grodno, conquista alemã de (1941), 156
Groscurth, Helmuth, 55, 56
Grossraum, 279
  administração, 234, 235, 243
  direito ao, 234
  Governo-Geral, 74
  hegemonia, 245
  missão civilizadora alemã, 247
Gross, Walter, 11
Gross-Rosen, campo de concentração, 124, 311
"Grot" (comandante do Exército do Interior polaco), 489
"Grupo de Trabalho para o Espaço Germânico", 449
Guadalupe, 118, 582
Guderian, general Heinz, 190
Guéhenno, Jean, 413
Guerra Civil de Espanha, 113
guerra de guerrilha
  ameaça do comunismo, 499
  após a invasão da União Soviética (1941), 236, 239, 241, 418, 430, 475
  Bielorrússia, 6, 154, 449, 459, 481-82, 483, 487
  Bósnia, 478
  decréscimo (1944-1945), 495, 508
  Eslováquia, 361-62, 454
  Eslovénia, 201
  Estaline e, 164
  estratégia e táticas, 484
  Europa de Leste, 308, 499
  França, 479
  Governo-Geral, 211, 445, 489
  Grécia, 347, 478, 479, 490, 491, 509, 510
  Hungria, 327
  Itália, 360, 490, 493, 494, 509, 510
  Jugoslávia, 451, 453, 476, 477, 478, 490, 511
  massacres de judeus e, 169
  Montenegro, 348
  Primeira Guerra Mundial, 349
  represálias policiais e, 57, 138, 348, 349, 376, 494, 498
  Sérvia, 237, 239, 348, 478
  União Soviética, 164-70, 242, 285, 456, 475, 479-84, 500, 501
  unidades locais contra, 448-49
  ustaše, 345, 347
  Wehrmacht, 347-50
guerra civil, 8, 497, 498
Guerra da Argélia, 438
Guerra Franco-Prussiana (1870-1871), 17, 268
Guerra Fria, 148, 218, 353, 547, 560, 584, 585, 594
Guerra Russo-Polaca (1919-1921), 37
guerrilheiros/*partisans*
  conscritos do Exército Vermelho, 156
  expansão, 492
  expulsões forçadas e, 488
  Hitler e, 284
  judeus, 171, 387, 483
  motivos, 492
  política de represálias e, 349
  pós-libertação, 512-13, 532
  recrutamento, política de serviço obrigatório e, 299, 360, 485, 486, 487
  suposto apoio dos judeus, 138, 168, 169
  valor militar, 498
guetos
  alemães, 535
  como fonte de fundos, 448
  criação, 86
  eliminação, 387
  fome, 277
  força laboral, 312
  Minsk, 175, 367, 368
  para judeus idosos, 375, 385
  população judaica, 386
  resistência, 387
  Varsóvia, 94, 277, 387, 442, 488, 507
Guiana, 200
Guilherme I, *Kaiser*, 17
Guilherme II, *Kaiser*, xxxviii, 28-29
  abdicação, 27, 31, 32
  antissemitismo, 29
  colonialismo, 115
  e as fronteiras orientais, 29

e o bolchevismo, 29
e os Estados independentes do Leste, 29
exílio na Holanda, 27, 29, 31, 107
Günther, Hans, 181, 558
Gürtner, Franz, 251
Gustavo VI, rei da Suécia, 400
Gustloff, fábrica de armamento, 313
Gutschmidt, Johannes, 163
Gythion, ação da Wehrmacht (1943), 491

Haakon VII, rei da Noruega, 104, 469, 470
Hácha, Emil, 55
  ameaça de deportações, 210, 478
  e a proteção do Reich, 58, 60
Hagen, Wilhelm, 410, 431
Haidari, campo de concentração, 300
Hailé Selassié, imperador da Etiópia, 338
Hainaut, greve (1941), 473
Haiphong, massacre (1946), 583
Halder, gerneral Franz, 317
Hamburgo
  bombardeamento aliado, 123
  instrução colonial, 116
  planos nazis para, 551
Hamsun, Knut, 426
Handel, G. F., 41
Hanke (Ostrava), campo de concentração, 537
Hanke, Karl, 521
Hanôver, "Casa Germânica", 449
Harrison, Frederick, 576
Hassell, Ulrich von, 54, 120, 231, 243
Hauptmann, Gerhart, 521
Havana, Conferência de, 570
Haydn, Franz Joseph, 41
Hegewald (Ucrânia), 209, 217, 449
Heidelberga, 250, 252
Heim, tenente-general Ferdinand, 1
Heinkel, força laboral, 314
Henlein, Konrad, 54, 55, 463
  como comissário para a Terra dos Sudetas, 56

política de germanização, 183
suicídio, 520
Heller, Gerhard, 421, 422
Henriot, Philippe, 436, 437, 496
Herault, taxas de mortalidade, 278
hererós, aniquilação dos, 115
"hermafroditas" *ver* "anfíbios"
Herrenvolk (raça dos senhores), 150
Herz, John, 586, 587, 588, 590
Herzegovina, 131, 344
  ver também Bósnia-Herzegovina
Hess, Rudolf, 28, 49
Heydecker, Joe, 94
Heydrich, Reinhard, 28
  abordagem do punho de ferro, 242
  administração da Boémia-Morávia, 241-42, 478
  assassínio, 242, 246, 253, 380, 391, 510
  como nacionalista alemão, 242
  criação do SD, 232
  e a emigração judaica, 366
  e a França, 236, 419
  e a pátria judaica em África, 118
  e a Solução Final, 374
  e o Plano Geral para o Leste, 204
  e os advogados, 248
  e os checos, 183
  e os judeus alemães, 367
  e os judeus soviéticos, 141
  e os nazis austríacos, 50
  esquema de triagem racial, 182
  instruções aos *Einsatzgruppen*, 172-73
  limpeza étnica, 389, 466
  liquidação da liderança polaca, 66, 67, 69
  política de deportações, 82, 96, 111
  política futura para os eslavos, 410
  querela com Best, 234, 239, 240
  rapto de crianças, 186
  sobre o Partido Nazi, 231
hidrogenação, 289
Hildebrandt, Richard, 231
Hilfspolizei, 448
Hilfswillige, 455

Himmler, Heinrich
  abordagem do punho de ferro, 242
  aniquilação dos judeus do Governo-
  -Geral, 383
  aproximações de paz, 524, 526
  assassínio de mulheres e crianças, 168
  assiste à matança de judeus, 367, 383-
  84
  campanha antiguerriha, 480
  capacidade como general, 534
  colonização da Polónia, 589
  como ministro do Interior, 253
  como sucessor natural de Hitler, 523,
  524
  conflito com Frank, 247-53, 383
  desconfiança do Partido, 231
  destruição de provas das atrocidades,
  99
  destruição de Varsóvia, 508
  disciplina, 518
  Dönitz e, 524, 526
  e a "administração especial", 231
  e a aniquilação dos judeus, 172, 176,
  207, 367, 374, 383
  e a aparência física, 192
  e a Bélgica, 106
  e a Boémia-Morávia, 241
  e a França, 236
  e a política da "mão gentil", 471
  e a produção de armamento, 311, 313
  e a região de Lublin, 211, 212, 213
  e a resistência polaca, 57, 69, 489
  e a Sérvia, 238
  e a Solução Final, 283, 368, 374, 375,
  401
  e as teorias de Höhn, 233
  e críticas, 223
  e Forster, 246
  e Globocnik, 378, 379, 383
  e Marselha, 433
  e o potencial económico dos campos
  de concentração, 306, 308, 310
  e o recrutamento local para as SS,
  449-53
  e o salvamento de judeus, 401-404
  e o secretismo, 405
  e Oberg, 246
  e os advogados, 248
  e os eslavos, 213
  e os judeus alemães, 367, 371
  e os judeus como fator de influência,
  401
  e os muçulmanos bósnios, 453
  e os trabalhadores estrangeiros, 296,
  302, 303, 305, 306
  e Rosenberg, 144, 209, 246, 372
  e Vlasov, 459, 460
  expansionismo agrário, 216, 218
  expulsão do Partido Nazi, 524
  Festgabe zum 40. Geburtstage des Reichsführer SS Heinrich Himmler, 229-
  30
  germanização da Eslovénia, 201
  investigação aos campos de concentração, 309
  jurisdição penal sobre os elementos
  associais, 302
  liquidação dos "asiáticos", 163
  mania do planeamento, 208
  misticismo racial, 196
  na URSS, 141
  nacionalismo alemão, 242
  negociações com Masur, 403, 432
  nostalgia romântica, 179, 530
  oferta de ensaios pelo aniversário,
  230, 232, 233, 234
  Operação *Reinhard*, 380, 381, 382,
  383, 387
  otimismo, 208
  Plano Geral para o Leste, 12, 202-
  -204, 207, 307, 308, 311, 312, 376,
  449
  planos para o pós-guerra, 551
  poder no Leste, 144
  poder, 222-23, 226-27, 309, 471
  política de seleção, 375, 382
  política populacional, 187-88, 189,
  195, 196
  política racial, 192, 209-10, 451, 452
  políticas de germanização, 73, 144,
  200, 237, 449
  pós-Hitler, 524, 526

programa de repovoamento, 78-80, 82, 83, 86, 540
rapto de crianças, 192
recrutas alemães étnicos, 351
relação com Hitler, 402, 524
sistema de tribunais da DVL, 193
sobre Bousquet, 434
suicídio, 526
terror em Varsóvia, 506
tomada de controlo da polícia, 231
utopias, 208
Zamość, 210, 214, 217, 248, 449, 487
Hindenburgo, Paul von Beneckendorff und von, 25
Hintersatz, Wilhelm (Harun el-Rashid Bei), 459
Hirschfeld, Max, 267
Hitler, Adolf
   "Decreto de Nero", 519
   "transição para a defesa", 372
   ambições imperiais, 1-3
   ameaças a Hácha, 478
   anexação de Danzig e Poznań, 63
   atentado à bomba (1944), 355, 361, 517
   como *Heerführer Europas*, 550
   conjura do Ministério dos Negócios Estrangeiros, 355
   desconfiança em relação ao funcionalismo público, 188-89, 223, 225, 228
   desconfiança em relação aos aliados, 317, 358, 360, 361
   discurso da "oferta de paz" (1939), 79
   discursos no Reichstag, 58, 244, 252, 577, 587
   domínio da Europa, 3, 542
   doutrina do *Herrenvolk*, 242, 583
   e a "elite judaico-bolchevique", 141
   e a aniquilação dos judeus, 11, 371-74, 389
   e a autossuficiência, 257, 272-73, 290
   e a Bélgica, 105
   e a brutalidade alemã, 68, 69
   e a Dinamarca, 103, 264
   e a Doutrina Monroe alemã, 569
   e a Eslovénia, 200
   e a Espanha, 113
   e a França, 107-108, 426
   e a Grã-Bretanha, 110-11, 227, 572, 578, 580
   e a Holanda, 104-105
   e a instalação dos judeus em África, 118, 119
   e a necessidade da guerra, 54, 101
   e a Noruega, 103
   e a produção de carvão, 290
   e a qualidade de vida, 282
   e a Roménia, 329
   e a segurança alimentar, 294
   e Antonescu, 128, 318, 334, 335
   e as deportações dos checos, 183, 210
   e Bach-Zelewski, 480
   e Bismarck, 42
   e Chamberlain, 61-62
   e concessões, 552
   e Frank, 248
   e Marselha, 433
   e Mussolini, 337, 338, 358, 363
   e o *Anschluss*, 46
   e o avanço aliado (1944), 518-19
   e o bolchevismo, 29, 320, 515
   e o colaboracionismo autóctone, 458
   e o Exército Russo de Libertação, 462
   e o futuro político da Europa, 318-19, 320, 322-24, 550-52
   e o Médio Oriente, 579-80
   e o Mediterrâneo, 112
   e o Ministério do Leste, 150, 225, 229
   e o misticismo racial de Himmler, 196
   e o Partido Nazi, 224
   e o plano de paz com os soviéticos, 357
   e o Plano Geral para o Leste, 203, 383
   e o recrutamento para as SS, 452
   e o salvamento de judeus, 402
   e os acordos de Versalhes, 43
   e os advogados, 248
   e os alemães de Itália, 78
   e os alemães dos Sudetas, 54, 55
   e os eslavos, 161, 196
   e os Estados bálticos, 152, 452

e os Estados Unidos, 2, 548
e os guerrilheiros soviéticos, 167
e os judeus alemães, 366
e os nacionalistas, 245, 580
e os prisioneiros de guerra soviéticos, 12, 160
e os revolucionários de 1948, 16, 42
e os trabalhadores soviéticos, 296
e os ucranianos, 150, 453
e Pavelić, 344, 345
e Pétain, 113, 416
e Rosenberg, 143, 144, 146, 148, 468
encontro com Molotov (1940), 129
erros estratégicos, 316
europeísmo, 547-52
expansionismo, 3-4, 587
imagem moderada original, 43-44
impacto da guerra sobre, 11-12
importância das matérias-primas, 3, 569
invasão da Polónia, 64, 71
invasão da União Soviética, 5-6, 131-34, 135, 136, 137, 139, 142, 146-48, 162, 318
isolamento e abandono, 363
nacionalismo da Grande Alemanha, 5, 7, 12, 43, 178-79, 224, 242, 593
nomeação de funcionários, 222
objetivos de guerra, 120
ódio aos judeus, 408
ordens a Kesselring (1944), 518
origens políticas, 19
pacto com a União Soviética, 64, 135
planos para a Polónia, 66, 70-76, 187, 189, 441
poder pessoal, 60, 74, 221, 224, 225, 229
política de descentralização, 226-27
política de desnacionalização, 245
política de germanização, 178, 182, 187, 189
política de não retirar, 515, 516, 518, 520
política de reféns, 237, 240
política de terra queimada, 519

política do *Lebensraum*, 2, 29, 53, 58, 136, 548, 551
política económica, 258, 260, 267
política laboral, 316
política para a Hungria, 394
política para o Norte de África, 112, 115
política para os ciganos, 409
preconceitos antirrussos, 12, 322, 456
preferência pelas táticas motorizadas, 139
preparativos para a guerra, 63
projetos de construção e de infraestruturas, 123-25
purga da Wehrmacht (1944), 517
quotas de represálias, 237, 240
racismo biológico, 180
radicalismo e exigências, 480
realismo brutal, 579
saída da Liga das Nações, 43, 45
sistema de comunicações, 125, 179
sobre o Exército Vermelho, 157
suicídio, 523, 524
testamento político, 523
totalitarismo, 9-10
utopias, 208
vida debaixo da terra, 319
visita a Paris (1940), 422, 426
Hoepner, general Erich, 141, 156
Hoeppner, Rolf-Heinz, 205
Höfle, major Hermann, 380
Hohenzollern, império, 41
Höhn, Reinhard, 16, 232, 233, 247
Holanda
  abolição das restrições ao câmbio, 272
  abordagem do exército secreto à resistência, 467
  administração, 225, 234
  Alemanha como líder, 245
  Binnenlandse Stridjdkrachten (NBS), 512
  Comunidade Europeia do Carvão e do Aço, 562
  contributo para o esforço de guerra alemão, 260

cravos, significado, 470
Departamento Central de Contratação, 267
deportações de judeus, 388, 391, 393
e a federação europeia, 557
e os nacionais judeus, 392
excedente comercial, 269
funcionalismo público, 428
germanização, 199-200
greves, 502
imperialismo, 584
Inspeção do Armamento, 263
lei marcial (1943), 486
manifestações a favor do príncipe Bernardo, 472
matança de judeus, 384
nacionalismo, 199
ocupação alemã, 49, 101, 104
Partido Nazi, 199, 200, 271
planos para, 204
política de "cooperação", 267-68
política económica alemã, 267
produção alimentar, 284
produção de carvão, 289
programa de trabalho obrigatório, 486
registo central de judeus, 393
taxa de câmbio, 268
taxa de natalidade, 287
"traição", 284
holandeses
  como raça "germânica", 91, 198, 203, 295
  e o repovoamento do Leste, 217
  nas Waffen-SS, 450
  ver também Holanda
homogeneidade étnica, 591, 592, 593
Hong Kong, invasão japonesa, 571
Hoover, presidente Herbert, 540
Horthy, almirante Miklós
  antissemitismo, 389
  demissão, 363
  detenção, 528
  e os alemães étnicos, 351
  e os judeus, 394, 400
  misticismo nacionalista, 326
  negociações com os Aliados, 360-61, 362
  substituição (1944), 401, 517
  Terror Branco, 326
Höss, Rudolf, 27, 28, 314, 391, 525
Huber, Franz Joseph, 231
Hungria
  alemães étnicos, 33, 326, 333, 351, 362
  e ataques aos judeus, 447
  amnésia no pós-guerra, 6
  anexação de território jugoslavo, 132
  anexação de território romeno, 129
  brutalidade do exército, 326, 349-50
  como aliada da Alemanha, 318, 321
  como ocupante, 326
  como refúgio para os judeus, 394
  crescimento económico durante a guerra, 558
  Cruz de Flechas, 362, 363, 400, 517
  deportações de judeus, 361, 366, 393-95, 400
  e a Rússia (pré-1914), 7
  e os direitos da minorias, 39
  Estalinegrado, 352
  expulsão de judeus para a Ucrânia, 334
  fortificações defensivas construídas por civis (1944), 517
  fuga de judeus, 401-404
  ganhos na Transilvânia, 328
  ganhos territoriais (1917), 57, 325, 326
  ganhos, 352
  golpe de Estado (1944), 517
  importância, 363
  legislação antissemita, 388
  matérias-primas, 363, 517, 519
  negociações com os Aliados, 254, 361, 362
  obliteração da vida provinciana judaica, 590
  ocupação alemã, 302, 351, 361, 363, 399
  ocupação da Ruténia eslovaca (1939), 61

ordem pública, 400
Pacto Anti-Comintern (1941), 321
parlamento, 326
pilhagem, 363
política para os ciganos, 409-10
políticas de magiarização, 326
população judaica, 393
programa de trabalho obrigatório, 302, 363, 393, 401, 402
represálias, 325
reservas de petróleo, 363, 517, 519
Terror Branco, 327
trabalhadores voluntários, 294
troca de populações com a Eslováquia, 541

Ialta, Conferência de, 157
　Declaração da Europa Libertada, 530, 536
I. G. Farben, 263, 266
Igreja Católica,
　ataque nazi, 51, 92
　campanha prussiana contra, 19
　críticas à política da eutanásia, 370
　e a guerra civil, 497
　protestos à Eslováquia, 392
　resistência e, 52
identidade nacional, eliminação, 8
Ilhas Jónicas, 491
império
　controlo através do, 586-87
　vocabulário, 584
Império Britânico
　como modelo, 2, 3, 227, 572
　e o direito internacional, 577
　entre as guerras, 567
　Hitler e, 110
　política racial, 3, 573, 576, 578, 581
　regime exclusivo, 8
Império Habsburgo, 17-18
　brutalidade do exército (1914), 327
　como espaço multinacional, 18
　desintegração, 31, 32
　língua, 35
　movimentos nacionalistas, 18
　ocupação da Sérvia (1914), 349
　solidariedade dinástica, 30
Império Português, 8
Índia
　divisão (1947), 588
　domínio britânico, 2, 227, 236, 573, 578
　e a pureza racial europeia, 207
　independência (1947), 583, 588
Índias Orientais Holandesas, 571
Índias Orientais, 583
Indochina Francesa, 571
Indochina Francesa, 571, 582, 583
indústria metalúrgica, 302
indústria mineira
　condições de trabalho, 305
　força laboral, 302, 304
　produção, 290, 296
　rações, 290
inflação, 262, 270-71, 276
informadores, 304
Informationsheft GB (Schellenberg), 111
"Ingermanland", repovoamento, 207, 217
Inglaterra (parte ocidental), planos alemães para, 108
Instituto de Investigação da Questão Judaica, 366
International Affairs, 285
invasão, deflação e, 262
Ipsen, Hans-Peter, 562
Irão, Hitler e, 203, 580
Iraque
　golpe pró-alemão, 288
　Hitler e, 580
　mandato da Liga das Nações, 577
Irlanda
　divisão e o Partido Comunista, 576
　planos alemães para, 108
Israel, 587, 589, 590, 591
Itália
　"guerra paralela", 337, 339
　alemães étnicos, 33, 79, 191
　aliança com a Alemanha, 63, 64, 318
　amnésia no pós-guerra, 6
　ataques a mulheres e crianças, 493-94

avanço aliado, 493-93
Brigadas Negras, 497
campanha da Etiópia, 338, 346, 347, 349, 577
campanha da Líbia (anos 20), 347
capitulação (1943), 358, 363
colapso do regime de Mussolini (1943), 358, 490, 491, 492
como contrapeso à Alemanha, 126
Comunidade Europeia do Carvão e do Aço, 562
   controlo pela Wehrmacht, 492-95
   crimes de guerra, 346
   desemprego, 294
   desilusão com a guerra, 352
   e a garantia alemã à Roménia, 130
   e a invasão da Polónia, 70, 71
   e as deportações de judeus, 393, 395-98
   e o *Anschluss*, 46, 47, 48
   e o plano para uma confederação europeia, 355-58
   e o território norte-africano, 112-14
   e os insurretos sérvios, 348
   e uma Doutrina Monroe para a Europa, 568
   escassez alimentar, 286
   esfera de influência, 569
   esquadrões da morte, 437
   Estalinegrado, 352
   expansão imperial, 257, 325, 337, 338
   expansionismo, 337
   exploração dos recursos agrícolas, 360
   fascismo, 224, 358, 359, 398, 497, 498, 565
   fraqueza, 126
   greves (1944), 360
   Guerra Civil de Espanha, 338
   guerra civil, 8, 497
   humanitarismo político, 396, 397-98
   Igreja Católica, 497
   importações de carvão, 289
   importância para o Reich, 359
   inferioridade racial, 295
   insurreição de Nápoles (1943), 501-502, 506, 513
   insurreições (1945), 512
   invasão da Albânia, 63, 337, 340
   invasão da França, 114, 318, 337, 398, 470
   invasão da Grécia, 130, 131, 318, 337, 339, 347
   legislação antissemita, 388
   mortes de padres, 497
   no Eixo, 114
   ocupação alemã (1943), 358-60, 399
   ocupação da Croácia, 131, 341-43, 345, 347
   ocupação da Eslovénia, 341-42
   ocupação do Montenegro, 347, 349
   Pacto Anti-Comintern, 321
   Pacto de Aço (1939), 337
   Pacto Tripartido (1940), 129, 571
   Partido Comunista, 512
   política antissemita e soberania, 398
   políticas das nacionalidades, 340-41
   rações, 360
   reabilitação dos ex-fascistas, 565
   reafirmação da liberdade (1943), 358
   rendimento nacional, 338
   represálias, 511
   sobrevivência dos judeus, 399
   resistência, 359, 492-95, 498, 509, 510
      pós-Libertação, 512-13
   violações, 493
   violência (1944), 497
   vitória na Somalilândia (1940), 337
Izbica, campo, 391
Izvestia, 39

Jäger, August, 92
"Jahr 2000, Das" (Goebbels), 545
Jamaica, sublevação (1865), 578
Japão
   "Doutrina Monroe", 571
   aliados, 357
   apelos a um Estado monopartidário, 571
   avanço anglo-americano (1945), xxxiv

declaração de guerra dos Aliados, 372
e os erros da Alemanha, 581
estratégia de colaboração indígena, 458
expansão imperial, 214, 221, 257
matérias-primas, 571
Ministério da Grande Ásia Oriental, 221
Nova Ordem, 585
Pacto Anti-Comintern, renovação (1941), 321
Pacto Tripartido (1940), 129, 571
política colonial, 579
sanções americanas, 571
Janow, condado, administração, 444
Jansa, general Alfred, 47
Jasenovac, campos de concentração, 344
Jassy (Moldávia), 331, 332
Jdanov, Andrei, 585
Jeckeln, Friedrich, 173
   Kamenets-Podolsk, massacre, 367, 376
   Riga, 372
JNF *ver* Fundo Nacional Judaico
Jodl, Alfred
   defesa, 158
   gafe, 565
   rendição, 526
Jorge II, rei da Grécia, 511
jornais clandestinos, 470
judeus
   aniquilação, problemas de mão de obra e, 383
   "aptos para o trabalho", 375
   assassínio de mulheres e crianças, 158, 168
   atitude polaca face aos, 447
   como alavanca de influência, 401
   confisco de bens, 90, 311
   decretos discriminatórios, 171, 190
   e o domínio soviético, 97, 98
   estabelecimento de um Estado nacional, 588-92
   estrangeiros na Alemanha, 388
   estrela amarela, 171, 294, 367, 369, 394, 423
   expropriação de empresas, 311
   extermínio pelo trabalho, 309, 375
   fome, 309
   fuga, 401-404
   guerrilheiros, 171, 482
   humilhação, 12, 50
   identificação com o bolchevismo, 171, 173
   identificação com os guerrilheiros, 168-70, 483
   idosos em Theresienstadt, 375, 385
   "inaptos para o trabalho", 297, 308, 487
   massacres de represália, 376
   mística da terra, 588, 590
   na Frente Leste, 138
   obrigados a queimarem cadáveres, 405
   papel económico, 173, 175, 383
   pilhagem de cadáveres, 446, 447
   política de emigração, 401, 407, 588
   política de esterilização, 382
   política de gaseamento, 377-78, 379
   política de seleção, 375, 382
   política soviética, 97
   população, 82, 174, 206
   pressão a favor dos direitos das minorias, 591
   salvamento, 401-404
   singularidade racial, 588
   sobrevivência, 399
   suposta influência sobre a política dos Aliados, 401, 402, 408
   supostas características raciais, 181
   taxa de mortalidade, 407, 408
   transporte para a Alemanha (1945), 407
   ver também deportações; guetos; judeus alemães; Solução Final
judeus alemães, 183, 366-67
   deportação para o Leste, 367, 389
   emigração forçada, 366
   opinião pública e, 369-72, 405
Jugoslávia
   abordagem do exército secreto à resistência, 467

administração italiana, 346, 347, 395-97
alemães étnicos, 33, 200, 351
atrocidades dos muçulmanos bósnios, 453
campos de concentração, 347
censo (1931), 200
chetniks, 401, 476-78
decréscimo populacional, 287
e o Pacto Anti-Comintern (1941), 342
expulsão dos húngaros e dos italianos, 541
fome, 286
germanização, 200-201
governo no exílio, 498
guerra civil, 8
ocupação alemã, 131, 360
ocupação húngara, 327
Partido Comunista, 476
partilha, 270
partisans, 451, 476-78, 498, 511
plano para federação com a Bulgária, 557
planos no pós-guerra, 554
represálias, 327, 346-47
restauração, 559
ustaše, 476
ver também por Estado componente
zonas de ocupação, 131
Jugoslávia do Norte, germanização, 200
Jünger, Ernst, 421
jurisprudência *ver* direito
Juventude Hitleriana, 304, 450

Kalavryta, massacre (1943), 491
Kalisz, expulsão dos polacos, 93
Kállay, Miklós, 393
Kaltenbrunner, Ernst, 28, 301
Kamenets-Podolsk, massacre (1941), 334, 367, 376
Kaminsky, Bronislav, 459, 460, 532
Kammler, Hans, 307, 315
Kantorowicz, Ernst, 42
Karajan, Herbert von, 425
Karski, Jan, 391
Kasche, Siegfried, 344, 345, 346

Katowice, Condado, vingança sobre os alemães, 534
Katyn, massacre (1941), 95, 99, 421, 442
Kaunas, conquista alemã (1941), 156
Kazimierz, floresta de, execuções em massa, 377
Kehrl, Hans, 226
Keitel, general Wilhelm
    detenção, 526
    e liquidação dos polacos, 69
    e prisioneiros de guerra, 158
    encontro com Hitler (julho de 1941), 146
    lealdade a Himmler, 524
    rendição, 526
Kelsen, Hans, 48
Kennan, George, 60, 448, 554, 558
Kershaw, Ian, 376
Kersten, Felix, 202, 204, 402
Kesselring, Albert,
    campanha de Itália, 493, 494
    ordens de Hitler (1944), 518
Keynes, J. M., 121, 122, 123, 536, 583
Kharkov, população, 280, 281, 494
Kiev
    "política de extermínio", 162
    Babi Yar, massacre, 168
    bombardeamento alemão, 156, 162
    cordão em torno de, 280, 321
    minas soviéticas, 322
    policiamento, 151
Killinger, Manfred von, 28, 36, 517
Kiš, Danilo, 327
Kjellén, Rudolf, 20
Klagenfurt (Caríntia), 49, 321, 551
Klessheim, Palácio de, 357, 360
Klin, casa de Tchaikovsky, 137
Klissoura, massacre, 491
Kluge, Hans von, 460
Knochen, Helmut, 431
Knopf, Hans, 360
Koch, Erich, 28, 226
    brutalidade, 151, 152, 449
    como comissário para a Ucrânia, 144, 149-55, 175, 225, 226, 245

e as SS, 253
e os grupos nacionalistas, 153, 245
e os ucranianos, 145, 150, 151, 152, 453, 458
fuga, 521, 524
massacres de judeus, 176
"muralha oriental" defensiva, 516
política de pilhagem, 150
políticas agrícolas, 281
propriedade polaca, 190
querelas, 151
Rosenberg e, 149
Koch, Hans, 151
Kohn, Hans, 589
Königsberg, 519, 521
Konin, campo de trabalho, 369
KONR *ver* Comité de Libertação dos Povos da Rússia
Kontinental Öl AG, 288
Korherr, Richard, 385, 386, 387, 388
Kosovo
  administração búlgara, 327
  apoio alemão aos albaneses, 348
  incorporação na Albânia, 132
Kovno, massacre, 371, 372
Kowkuski, distrito (Polónia), 298
Kragujevac, execuções (1941), 8, 477
Kraljevo, execuções (1941), 477
Krosigk, conde Schwerin von, 135, 270, 463, 525, 527, 528, 529
Krüger, Friedrich, 383, 488
Krüger, Wilhelm, 248
Krupp, força laboral, 314
Kube, Wilhelm, 153, 154, 170, 175, 245, 369
Kulischer, Eugene, 219
Kutno, políticas repressivas, 92
Kutschera, Franz, 201, 489

L'Oréal, 418, 419, 565
"La France Européenne", exposição (1940), 425
Lach, Robert, 41
Lammers, Hans, 249, 529
Lancet, The, 578
Languedoque, refratários, 485

Lasch, Dr., 249, 250, 523
Launoit, barão de, 266
Laval, Pierre,
  conselho a Hitler, 353
  demissão de vice-líder, 415
  e a Alemanha, 125
  e a soberania, 431
  e a vitória alemã, 414
  e as deportações de judeus, 392, 408
  e Marselha, 433, 434
  e o funcionalismo público, 430, 435
  Milícia, 436
  oposição a, 496
  relações com os EUA, 417
  Service du Travail Obligatoire (STO), 301, 485
  sobre a Alemanha nazi, 420
Leahy, almirante William, 417
Lebensraum, 20, 119
  autodeterminação nacional e, 53, 244
  como desafio, 243
  escassez populacional, 551
  expansão para o Leste, 135
  popularidade, 40
Leclerc, general Philippe, 503, 504
Legião Flamenga, 450
Légion *Wallonie*, 450
leis da cidadania, 184
Lemelsen, general Joachim, 168
Leninegrado, assédio alemão, 280
Leopoldo III, rei dos belgas, 105
Letónia
  administração alemã, 153
  alemães étnicos, 33
  aquisição alemã (1919), 26
  autoadministração, 452
  colonização alemã, 209
  genocídio dos judeus, 173-75
  independência, 452
  privatização da propriedade, 452
  recrutamento para as SS, 451
  sadismo da polícia, 446
Ley, Robert, 91, 304, 305, 528, 529
Lião, 276, 278, 485
Líbano, 288, 417, 577
Libau (Letónia), 171

Líbia, 130, 347
"liderança" como objetivo, 243, 245
Lidice, massacre, 8, 186, 478
Lie, Jonas, 200
Liebbrandt, Georg, 148
Liège, ataque (1941), 473
Liepăja (Libau), 79, 171, 371
Liga das Nações
  adesão da República de Weimar, 38
  campanha alemã contra, 40
  criação, 567
  e a crise dos refugiados (anos 30), 117
  e a independência da Áustria, 33
  e o tratamento das populações nativas, 575-76
  e os novos Estados-nações, 213
  mandatos, 592
  paternalismo, 592
  política de assimilação, 243
  reputação, 568
  saída de Hitler, 43, 45
  tratados dos direitos das minorias, 34, 35, 38, 45
Liga de Defesa dos Alemães Étnicos, 336
Liga Internacional contra o Antissemitismo, 420
Liga Pan-germânica, 5, 24, 43
Lille, ataque (1941), 473
Limburgo, ataque (1941), 473
Linha Gótica, 495
Linha Hindenburgo, 24, 519
Linha Siegfried, 24
Linz, 46, 48, 49, 263, 551
Lippmann, Walter, 584
"Lista Especial de Procurados GB", 111
Lista do Povo Alemão (DVL), 192
Lituânia
  administração alemã, 153
  aquisição pela Alemanha (1919), 27
  confisco de quintas, 210
  controlo pela Rússia, 71
  devolução de Memel, 63
  e os direitos das minorias, 39
  genocídio dos judeus, 172, 173
  ocupação alemã (1918), 26
  pilhagem de cadáveres, 446
  trabalhadores polacos, 215
Liubliana, Província de, 341, 346, 347
Łódź (Litzmannstadt)
  expulsão dos judeus, 84
  germanização, 190, 191
  gueto, 86, 367, 376, 387, 402
  Reichsgau, 71
Löhr, general Alexander, 490
Lohse, Hinrich, 152, 153, 173, 225, 371, 373, 51, 524
Lokot (Bielorrússia), 459, 460
Londres, bombardeamentos aéreos, 112
Lorena
  administração, 225, 226, 227
  expulsão dos alemães (anos 20), 39
  expulsão dos judeus (1940), 120
  germanização, 199
  ocupação alemã, 49
  purga pós-1918, 196
Lorenz, Werner, 213, 214
Lösener, Bernhard, 372
Lossain, Karl, 93
Lotnik, Alfred, 159
Lublin-Maidanek, campo de concentração, 211
  como laboratório para o Plano Geral para o Leste, 380
  dimensões, 305
  libertação, 407
  número de mortos (1942), 380
  número de prisioneiros, 306
Lublin, Província de, 50
  aniquilação dos judeus, 212
  Assembleia Nacional e Varsóvia, 508
  atividade da guerrilha, 488
  corrupção, 90
  germanização, 210-13
  judeus eslovacos enviados para, 391
  libertação, 504, 532
  Solução Final, 379, 380
  transferência soviética para o Governo-Geral, 82
Luciolli, Mario, 324
Ludendorff, general Erich, 23, 25, 35, 458

Luftwaffe
　Batalha de Inglaterra, 111, 112
　bombardeamento de Belgrado, 131
　combustível, 289
　fornecedores, 302
　Gevaert, 266
Luther (Ministério dos Negócios Estrangeiros), 389
Lutsk, assassínios do NKVD, 155
Luxemburgo
　administração, 225, 227
　anexação alemã, 203, 221, 225
　Comunidade Europeia do Carvão e do Aço, 562
Lvov
　conquista alemã (1941), 156
　crimes de guerra soviéticos, 99
　libertação, 504
　"transferências" dos judeus, 381

Macedónia
　administração búlgara, 327
　exército francês, 25
　guerrilheiros, 478
　luta (1914), 327
Maček, Vladko, 342, 343
Machine à écrire, La (Cocteau), 421
Mackinder, Halford, 3
Madagáscar
　como pátria para os judeus, 86 116-19, 366
　sublevação (1947-1948), 583
Maidanek, campo de concentração *ver* Lublin-Maidanek
Maisky, Ivan, 136, 137
Malaparte, Curzio, 332, 343
Malásia, invasão japonesa, 571
Man, Henri de, 468
Manchukuo, colonização do, 214, 579
Mandel, Georges, 437
Mannerheim, marechal Carl Gustaf, 354, 361
Manstein, general Fritz von, 169, 190
Mar Negro, política soviética para, 130
Marjolin, Robert, 561
Marrocos, 59, 113, 114, 352, 366

Marselha, "batalha" de (1942-1943), 8, 432-34
Marzabotto, massacre (1944), 494, 495, 513
Masur, Norbert, 402, 403, 404, 407, 432
matérias-primas
　escassez, 352, 354
　importância, 569
Maurícias, 570
Maurras, Charles, 413, 437
Mauthausen, campo de concentração
　força laboral industrial, 124, 311
　população, 307
　taxa de mortalidade, 310
May, Heinz, 377
Médio Oriente
　ação britânica, 189
　ação dos Aliados, 418
　Hitler e, 580
　mandatos da Liga das Nações, 577
　no sistema imperialista britânico, 583
　questão judaica, 587-92
　reservas de petróleo, 289
Mediterrâneo
　Hitler e, 112
　Itália e, 337, 339
Mediterraneo (filme), 346
Megerle, Karl, 321, 355
Mein Kampf (Hitler), 10, 43, 46, 191
Melnyk, Andriy, 453
Memel, devolução, 63
Mercado Comum, 122, 586
　Nova Ordem e, 562
mercado livre *ver* política económica
mercado negro, 260, 271, 275-78, 282, 287
mercados, poder através dos, 586
Mers-el-Kebir, ataque britânico (1940), 416, 417
Meyer, Konrad (posteriormente Meyer-Hetling)
　e a Boémia-Morávia, 210
　e a força laboral, 307
　e o Plano Geral para o Leste, 204, 207
　planos para a Polónia, 189

Meyszner, August, 238, 239
Miguel, rei da Roménia, 128, 328
Mihailovic, Draza, 476, 477, 478, 511
1005, Operação, 406
Milward, Alan, 509
Minsk, 153
    cerco (1944), 515
    cordão em redor, 280
    deportação de judeus para (1941-1942), 173
    emigrados antibolcheviques, 152
    gueto, 175, 367, 368
    prisioneiros de guerra soviéticos, 156, 160
    técnicas de gaseamento, 380
Mitau, 27
mito do século XX, O (Rosenberg), 143
Mitrovica, minas de ferro, 348
Mitterrand, François, 419, 435
Molotov, encontro com Hitler e Ribbentrop (1940), 129
Molotov-Ribbentrop, Pacto (1939), 78, 135
Moltke, Helmuth von, 152, 158
Mondorf-les-Bains (Recinto de Prisioneiros de Guerra Continental Central), 527
Monnet, Jean, 562
Monte Mouchet, desastre do Maquis, 502, 503
Montenegro
    campanha de guerrilha, 348
    ocupação italiana, 347, 349
    "reino" (1941), 340
    sublevação (1941), 237
Montgomery, marechal de campo Bernard, 526
Montoire, encontro entre Pétain e hitler (1940), 413, 416
Morgenthau, Hans, 530 531
mortalidade infantil, aumento da, 260
Moscovo, 372, 516
Mosela, Departamento do, 197
Mossad, 591
Mostar, massacres *ustaše*, 395
Moulin, Jean, 485

movimento pan-europeu, 549
movimentos populacionais
    Acordos de Munique (1938), 183
    antecedentes históricos, 213
    consequências, 85
    forçados, 178
    Primeira Guerra Mundial, 24
Mozart, W. A., 41
MSR *ver* França: Mouvement Social Révolutionnaire
mulheres
    agentes do SOE, 404
    campo de Ravensbrück, 403, 404
    confraternização com os ocupantes, 438, 469, 537
    execução, 168-69, 212, 238, 324, 368, 377, 378, 390, 397, 403, 443, 490, 494
    informadoras, 496
    plano de esterilização, 294
    trabalho obrigatório, 89
    violações, 333, 493, 533
Müller, Heinrich, 231, 368, 405
Mundo de Ontem, O (Zweig), 111
munições, indústria das, trabalhadores estrangeiros, 302
Munique
    planos nazis para, 551
    Putsch (1923), 49, 103, 143
Munique, Acordos de (1938), 55-58, 64, 126, 183
música (Grande Alemanha), 41
Mussert, Anton, 199, 200, 352
Mussolini, Benito
    aliado da Alemanha, 114
    ambições imperiais, 6, 338-39
    amnistia aos guerrilheiros, 496
    antissemitismo, 389
    colapso do regime (1943), 358, 461, 490, 492, 565
    como influência moderadora, 126
    e a brutalidade do exército, 347
    e a colonização alemã, 578
    e a garantia alemã à Roménia, 130
    e a invasão da Polónia, 70, 71
    e as deportações de judeus, 396-97

e o *Anschluss*, 47
e o Eixo, 125-26
e o futuro da Europa, 319-21, 324, 325
e os alemães étnicos, 78
e uma paz negociada com Estaline, 355-57
empenhamento das tropas, 318
encontros com Hitler, 320, 321
execução, 512
fraqueza, 396
governo de Salò, 359, 363, 492, 497
Hitler e, 337-39
invasão da Grécia (1940), 130, 131
liderança, 338
política das nacionalidades, 341
popularidade, 497
queixas acerca do comportamento da Wehrmacht, 493
salvamento pelas SS, 359
sobre os nazis, 552
Mussolini, Bruno, 320
Musy, Jean-Marie, 402
Mutschmann, Martin, 226, 231

Naboliki, emboscada (1942), 481
nacionalidade, definição oficial, 185-86, 190, 192-96
nacional-socialismo *ver* Partido Nazi
nacionalismo
  capacidade de violência, 553
  colonial, 582
  Europa de Leste, 553
nacionalismo da Grande Alemanha, 179
  Império Habsburgo e, 30
  influência do passado, 179
  inversão (1944), 218
  origens, 5, 15, 16
Nações Unidas, 560, 592
Namier, Lewis, 15, 16, 567
Nantes, greves, 485
Nápoles, insurreição (1942), 500, 506, 513
Natzweiler, campo de concentração, 124

NBS *ver* Holanda: Binnenlandse Stridjdkrachten
Nebe, Arthur, 169
Nederlandse Unie, 200, 471
Nedić, general Milan, 238, 239, 244, 497, 498
Negri, general Paride, 395
Neubacher, Hermann, 239, 277
Neuhaus am Schliersee, 522
Neumann, Sigmund, 555
Neurath, Konstantin, barão von, 177
  como protetor em Praga, 60, 74, 241
  e a força laboral checa, 184
Nigéria, domínio britânico, 115
NKVD
  assassínios, 155, 171, 172
  detenções pós-libertação, 511
  e a polícia, 172
Noite das Facas Longas (1934), 28, 231, 345
Noite de Cristal, 50, 183
nomes huguenotes, 199
nomes, germanização, 198
Normandia, desembarque, 362, 400, 509, 516
Norte, Departamento do, 106
Norte de África
  espionagem alemã, 418
  Hitler e, 112, 115
  invasão aliada, 354, 417, 432, 489
  Itália e, 338, 339
  purga do funcionalismo público, 435
Noruega
  abordagem do exército secreto à resistência, 467
  administração, 225, 226
  Alemanha como líder, 245
  aliada da Alemanha, 362
  "Dez Mandamentos", 469
  e a federação europeia, 555
  e as deportações de judeus, 393
  governo no exílio, 104, 471-72
  greves, 276
  importações, 259, 290
  movimento de resistência Milorg, 472, 502

nacionalismo, 199
Nasjonal Samling (NS), 104
ocupação alemã, 101, 102, 103, 110, 221, 569
  pagamento dos custos da ocupação, 269
Partido Nazi, 199
planos para, 204
produção alimentar, 284
racionamento, 276
recrutamento para as SS, 449
resistência, 472, 486, 502
táticas de terra queimada, 511, 529
transição política deficiente, 472
Nouvelle Revue Française, 421
Nova Bretanha, ilha, xxxiv
Nova Guiné, alemães étnicos, xxxiv, xxxviii
Nova Iorque, Museu de Arte Moderna de, 424
Nova Ordem, 42
  colapso, 565
  como empresa alemã, 10
  contributo dos povos "germânicos", 449
  desemprego, 120
  destruição do acordos de Versalhes, 39
  destrutividade, 555
  direito, 250
  Europa Ocidental, 468
  fachada eslovaca, 62
  gestão da agricultura, 275
  Holocausto, 12
  lições, 593
  objetivos, 8
  obliteração da vida judaica, 590
  origens, 30
  para a Europa, 102
  política económica, 258-60
  separatismo étnico, 243
  significado, 129
Nova Pomerânia, xxxiv
Novi Sad, massacres, 326, 327, 349
Novo America, aldeia, 336
Nuremberga, julgamentos de, 158, 314, 523

Nuremberga, Leis de, 230, 372

Oberkommando des Heeres (OKH), 166
Oberg, Carl-Albrecht, 240
  e a polícia francesa, 435, 436
  e Marselha, 433, 434
  Himmler e, 246
Oberländer, Theodor, 31, 44, 564
Oberost, 23, 25
Observer, 560
OCEE *ver* Organização para a Cooperação Económica Europeia
ocupação
  custos, 269
  economia, 271
  ética, 469
Odessa
  assassínio de judeus, 6, 399
  declínio populacional, 330
  ocupação pelo Eixo, 322
  ocupação romena, 6, 328, 329, 334
  pilhagem de negócios judaicos, 330
  reinstalação dos judeus, 336
  represálias, 334
Ohlendorf, Otto, 525
  assassínio de judeus, 251
  e a reputação do SD, 525
  e as políticas inadequadas, 251, 252
  e o sadismo romeno, 333
OKH *ver* Oberkommando des Heeres
OKW *ver* Terceiro Reich: Alto Comando das Forças Armadas
opinião pública e a campanha de eutanásia, 369-72, 389, 405, 408
Oradour, massacre, 8, 513
Oranienburg, campo de concentração, 88, 314, 404
ordem pública
  França, 246, 285, 288, 416
  Hungria, 401
  prioridade, 416, 471
  requisições e, 284, 288
  resistência como ameaça, 496
  supostas ameaças, 303, 401
  trabalho obrigatório e, 300, 401

Oregon, comunidades alemãs, 574
Organização Central Europeia dos Transportes Interiores, 560
Organização dos Nacionalistas Ucranianos (OUN), 453
Organização Europeia do Carvão, 560
Organização para a Cooperação Económica Europeia (OCEE), 561
"Orientações para a Conduta das Tropas na Rússia", 140
Orwell, George, 581, 582
Oshima, Hiroshi, 580, 581
Osnabrück, estrangeiros em, 302
OSS, sobre a resistência polaca, 499
OSTI, 311, 312
Ostland
  administração alemã, 147, 152, 153
  guetos, 173
  massacres de judeus, 174
Ostmark, 48, 49
Ostrauch, 4
Ostrava, fábricas de ferro e aço, 261, 537
Ostruppen, 458
OUN *ver* Organização dos Nacionalistas Ucranianos
Oyonnax, Maquis de, 486

Pacto Anti-Comintern (1939), 389
  renovação (1941), 321, 322-24
Pacto de Aço (1939), 337
Pacto Tripartido (1940), 129, 362, 571, 572
padrão ouro, 120, 269
Países Baixos
  acordo do Benelux, 554
  conflito SS-Partido,
  germanização, 199
  invasão alemã, 28, 103, 290
  recrutamento para as SS, 449
Palacký, František, 18
Palatinado, 556
Palestina
  expulsões étnicas, 588
  fundação do Estado nacional judaico, 588-602
  otomana, 589
  saída britânica, 583
Palestina, Departamento da, 588
Palmiry, local de execuções, 89
Papandreo, Georgios, 511
Papen, Fritz von, 125
Papon, Maurice, 438, 565
Paquistão, fundação, 588
Paraguai, comunidade alemã, 570
Paris
  como foco político, 415
  deportações de judeus (1941), 421
  detenção de judeus nascidos no estrangeiro, 431
  insurreição, 510-11
  libertação, 4, 503-504, 512
  lutas entre as agências alemãs, 419
  morte de manifestantes argelinos (1961), 565
  ocupação alemã, 107-108
  pilhagem alemã, 262
  taxas de mortalidade, 279
  "ultras", 415-22
Paris, Conferência de (1919), 567
Parkinson, Richard, xxxvi
Partido do Centro (Áustria), 41
Partido dos Trabalhadores Polacos, 536
Partido Nazi
  ascensão (anos 30), 39
  ataque à Igreja Católica, 51
  base da hierarquia racial, 577
  conceção da Europa, 548-52
  corrupção, 249
  defesa doméstica (1944), 517
  definição oficial da nacionalidade, 188
  Departamento Político-Racial, 187
  direito e, 250
  disciplina, 223, 224, 225
  e o Estado policial, 250, 252
  e os nazis noruegueses/holandeses, 199-200
  e os trabalhadores estrangeiros, 294, 295
  expansionismo, 548
  frio e realista, 29
  impacto da guerra sobre, 11
  impacto sobre o imperialismo, 584

importância do conceito da Grande Alemanha, 43
libertação colonial e derrota, 583
liderança, 523
nomeações de membros do Partido, 221
objetivo da autossuficiência, 586
objetivo político primário, 293
política racial, 303
recusa de aceitar compromissos, 563
revivalismo, 224-26
separação étnica e, 243
triunfo (1938), 49
Partido Nazi-Estado, dilema, 224, 253
Pascoli, Giovanni, 320
Pas-de-Calais, Departamento do, 105
Pavelić, Ante, 343-46, 348, 363, 396
Pavone, Claudio, xxx, 492
Pearl Harbor, ataque (1941), 372
Peloponeso, ação da Wehrmacht no (1943), 490, 491
Pequeno Reich Alemão, 17, 41
Perham, Margery, 575
pessoas deslocadas, 463
 cuidados no pós-guerra, 592-93
 judeus, 591
Pétain, marechal Henri-Philippe, 238
 antissemitismo, 389, 409
 cautela, 416
 conservadorismo, 414-15, 428
 credibilidade, 439
 culto da personalidade, 414, 424
 e a continuidade, 427
 Hitler e, 416
 lealdade à Alemanha, 417
 perda de apoio (1941-1942), 418
 poderes, 109, 239
 política de colaboração, 411, 412, 414
 política para o futuro, 323
 popularidade, 438, 486, 496
 posição pró-alemã, 418
 purga da maçonaria, 414-15, 422
 termos do armistício, 106-109, 113
Peters, Karl, 573
"Petição dos Intelectuais", 24

Petsamo (Finlândia), produção de níquel, 569
Picasso, Pablo, 421, 422, 424
Pièche, Giuseppe, 396, 397, 398
Piemonte repubblicano, 497
Pietromarchi, 395, 396, 398
Pilsudski, Józef, 66, 442
Pindos, Montes, guerrilheiros, 490
Pinsk, massacre de judeus, 168
Pîntea, Gherman, 329, 335
Pintor, Gaime, 426
Pio XII, 398, 400
planeamento, 217, 236, 284, 307, 308, 379, 383, 559, 590
Plano Geral para o Leste, 202-208
Plano Marshall, 561, 594
plano para uma confederação europeia, 356, 555
Pleiger, Paul, 289, 304
Plön, base naval, 524
Pohl, 307, 308, 311, 314
polacos
 deportações, 80, 81
 discriminação, 91-93, 97, 279, 294
 e a saudação hitleriana, 92
 e os bolcheviques, 211
 expulsão para o Governo-Geral, 96
 extermínio pelo trabalho, 308
 extermínio, 85, 89, 187, 188, 211, 212, 310
 fugidos (1940), 88
 germanização, 188, 195, 213
 importância da mão de obra, 85, 89, 93, 185, 246, 247, 258
 na Prússia, 18-22
 política soviética, 97
 políticas de Bismarck, xxxvi-xxxvii
 reinstalação, 207, 410
 trabalho agrícola, 294
 trabalho obrigatório, 96
Polícia Secreta Militar, 287, 526
Polish Fortnightly Review, 212
Política Agrícola Comum, 562, 586
política da raça dos senhores, 235, 242, 583

política dos "amos", 243
política económica
  europeia, 119-23
  fascista, 119-20
  laissez-faire, 121, 123, 563
  mercado livre, 122, 123
  padrão ouro, 120, 121, 123
  ver também por país
Polónia
  Ação AB (Operação Especial de Pacificação), 88, 89, 95, 466
  adiamento da resistência armada, 499
  agricultura, 169, 170, 273, 274
  Akcja Wisła, Operação (1947), 541
  alemães étnicos, 33, 34, 35, 36-38, 40, 44, 45, 68, 540
  alienação da minoria polaca, 194
  atitude dos cristãos face aos judeus, 408
  aviso às mulheres, 469
  Batalhões Camponeses, 499
  Baudienst, 446
  "caçadores de terras", 189
  campos de extermínio, 172
  checos, compromisso de uma relação mais estreita com, 553
  classificação racial, 184
  combates (1944-1945), 518
  Comité Cívico Anticomunista, 499
  comunistas, 489, 499, 541
  confisco de matérias-primas, 262
  Conselho Nacional da Pátria, 499
  Conselho Principal de Defesa Nacional, 466
  declínio da população judaica, 385-87
  decréscimo populacional, 287
  Delegação do Governo, 441
  deportação de ferroviários, 85
  desmembramento, justificação do, 75, 76, 188
  destruição da vida do *shtetl*, 590
  e o Tratado de Versalhes, 5
  emigração judaica, 51
  encerramento das universidades, 74
  escassez alimentar, 279
  espírito de resistência (1942-1943), 487-89
  Estado clandestino, 467
  estratégias de desgermanização, 40
  ética durante a guerra, 441
  execuções durante a invasão, 77
  Exército do Interior (União para a Luta Armada, ZWZ), 441
    criação, 466
    detenções da Gestapo, 467
    detenções do NKVD, 511
    Direção de Resistência Clandestina, 499
    e o Exército Vermelho, 504-505
    e os guerrilheiros soviéticos, 500
    Insurreição de Varsóvia, 488, 489, 505, 508
    reconhecimento, 507
  valor, 510
  expansão (século XIX), 180
  extermínio dos judeus, 77, 85, 252, 283, 312, 313, 476, 382, 388, 408
  fronteira alemã, 187, 531
  fuga de refugiados alemães (anos 20), 37
  garantia britânica, 63, 67
  germanização, 186, 187, 188, 189-96
  governação militar austríaca (1915), 23
  governo no exílio, 97, 441, 447, 499, 504, 507, 554
  guerrilheiros judeus, 499
  guetos, 278
  importância económica, 187
  insurreição (1918), 466
    calendarização, 504-508
  intelectuais, liquidação de, 72, 74, 84, 89
  invasão alemã (1939), 53, 54, 64-74, 101, 465
  invasão soviética (1944), 501
  libertação, 504, 532
  limpeza étnica, 465
  massacres antissemitas, participação em, 441
  moralidade, 441
  motins antissemitas (1945), 541
  NSZ, 489, 499, 500

Organização de Combate Judaica (ZOB), 488
partilha (século XVIII), 19, 23
partilha, 270
pilhagem da economia, 90
Plano Geral para o Leste, 210
plano para um governo fantoche, 442
planos no pós-guerra, 554, 556
planos para a expulsão dos alemães, 536
política alemã de terror, 444-45
Primeira Guerra Mundial, 23-26, 73
programa de repovoamento, 78, 79
qualidade de vida, 540
queda do rendimento nacional, 264
rapto de crianças, 186
"razias", 521
reforma agrária
  anos 20, 37
  pós-guerra, 535, 540
repovoamento no pós-guerra, 540, 541
repovoamento, 189-90
represálias, 66-58, 89, 490
repúdio das obrigações impostas pela Liga das Nações, 45
resistência, 404, 409, 465, 486, 499, 506
  abordagem do exército secreto à, 464
resistência anticomunista, 499
restauração, 559
soberania, 75
SOE, largadas de armamento, 504
tendência política pró-alemã, 442
trabalho obrigatório, 89, 298-99
transferência de poder pós-Versalhes, 36-37
troca populacional com a URSS, 537-41
ver também Governo-Geral (1939); Polónia Ocidental; Polónia Oriental
  vingança sobre os alemães, 535
  violações cometidas pelo Exército Vermelho, 533
Polónia Ocidental
  anexação, 72
  comissariado civil, 104
  corrupção na burocracia, 91
  deportações (1945), 536, 539, 540
  germanização, 83, 214
  guetos, 86
Polónia Oriental
  abolição do zlóti, 99
  alemães étnicos, 84
  ataque soviético ao capitalismo, 99
  deportações soviéticas, 96
  execuções soviéticas, 96
  guerra contra os ucranianos, 499
  invasão soviética (1939), 70, 79, 95, 98, 154
  massacres SS, 168, 499
  programa de repovoamento, 80, 81, 379
  receios alemães da invasão soviética, 81
  resistência, 482
  Ruténia Branca, 153
  shtetls, 447
Pomerants, Grigori, 534
Ponary, massacres de judeus, 446
Poniatowec (Warthegau), 177
Ponomarenko, Panteleimon, 482
Porsche, força laboral, 315
Posen (cidade), 19
Posen, Província de
  alemães étnicos, 40
  transferência para a Polónia, 36
  minoria polaca, 19, 21, 22, 27
Potências Centrais, 23, 32, 442
Potsdam, Conferência de (1945), 214, 530, 531
Poznań
  anexação alemã, 62
  cerco pelo Exército Vermelho, 534
  expulsão dos polacos, 98
  Reichsgaue, 71
Poznânia, emigração alemã (1918-1926), 37
Praga
  administração, 74
  alemães étnicos, 210
  ataques de vingança (1945), 537
  censo realizado durante a guerra, 183

deportações de judeus, 367
detenção de académicos, 74
exército de Vlasov, 463
invasão (1938), 56, 61, 183, 568
libertação, 537
luta entre checos e alemães, 536
rações, 74
universidade, 35
Pravda, 482
Predöhl, Andreas, 120
Priester, Karl-Heinz, 563, 564
Primeira Guerra Mundial (1914-1918), 23-27
bloqueio britânico, 257, 272
brutalidade búlgara, 327
brutalidade do exército húngaro, 327
e o petróleo do Médio Oriente, 288
escassez alimentar, 286
exército alemão como força de ocupação, 24-26
guerra de guerrilha, 349
movimentos populacionais, 24
muçulmanos bósnios, 452
necessidades dos civis, 280
partilha da Polónia, 23
plano para um exército polaco, 458
política de terra queimada, 519
regras, 350
reparações, 31, 39
resistência polaca, 466
taxa de natalidade, 286
prisioneiros, tratamento, 308, 309
prisioneiros de guerra
aliados, 470
alsacianos, 197
belgas, 294
campos, 158, 159, 163, 310
canibalismo, 12, 124
condições, 163
Convenções de Genebra, 108-109, 157, 480
extermínio pelo trabalho, 309
fome, 162, 167, 311
franceses, 107, 294
holandeses, 294, 487
italianos, 157, 306

jugoslavos, 157
marchas da morte, 159
na força laboral, 294, 295
noruegueses, 291
soviéticos, 156-64
taxas de mortalidade, 161, 163
valor potencial, 164
Wehrmacht e, 157-64
prisões, fome nas, 277
problemas ambientais, 404-406
produção de aviões, 314
Prússia
campanha anticatólica, 19
classe de proprietários de terras, 233
emigração, 20
minoria polaca, 19-23
política de germanização, 192
relações com a Áustria, 17
ver também Prússia Ocidental; Prússia Oriental
Prússia Ocidental
deportações de polacos e judeus, 81
emigração alemã (1918-1926), 36
tipos populacionais, 194, 195
transferência para a Polónia, 36
triagem racial, 180
Prússia Oriental, 37
emigração alemã (1937-1938), 78
fronteira oriental, 40
"muralha oriental" defensiva, 516
refugiados (1944), xxxiii, 516
tipos populacionais, 194
vingança do Exército Vermelho, 532, 533
Prützmann, Hans-Adolf, 525, 538, 539
punições coletivas, 349
Puy de Dôme e o regime de Vichy, 438

Quénia, 576, 584
"Questão Judaica", 304, 588
aspetos, 366
Estados bálticos, 172, 174
Himmler e, 202
Hitler sobre, 366-67, 373, 374
plano para uma reserva em África, 117
política italiana, 398

política nazi, 388
Rosenberg sobre, 143, 365, 367
solução sérvia, 238
ver também Solução Final
Quisling, Vidkung, 357
   aliado da Alemanha, 339, 353, 362
   forma governo provisório, 103
   impopularidade, 103, 472
   opinião nazi sobre, 199

Rab, ilha de, prisioneiros, 347, 396
Rademacher, Fritz, 117, 118, 119
Rádio Moscovo, 560
Radnóti, Miklós, 363
raça
   ciência da, 179, 180
   avaliação das origens raciais, 180, 182, 189
   pureza racial, 10
   mito da solidariedade racial, 217
   Segunda Guerra Mundial e, 11-12
racionamento, 270, 276-77
   cortes (1942), 282
   níveis, 286
Rainer, Friedrich, 378
Ranshofen-Wertheimer, Egon, 554
Rathenau, Walter von, 36
Ratzel, Friedrich, 19
Raumforschung und Raumordnung, 204
Ravensbrück, campo de concentração, 306, 402, 403, 404
"razias", 300
Rebatet, Lucien, 421, 424
rede ferroviária
   Alemanha como nó, 125
   sabotagem, 125, 502
Reeder, Eggert, 106
reféns
   França, 246, 430, 431, 438
   Grécia, 491, 511
   judeus, 171
   libertação, 472
   Odessa, 430
   orientações militares, 66, 69
   polacos, 89, 444, 465

política italiana, 346, 347
política, 171
quotas, 237, 240
refugiados, cuidados no pós-guerra, 592-93
Regresso a casa (filme), 178
Reich, Volksordnung, Lebensraum (RVL), 243
Reichswerke HG, 289
   aço francês, 267
   posição dominante, 263, 311
Reichenau, general Walther von, 36, 168, 169
Reichsgaue, 72, 224
Reichsmark, sobrevalorização, 262
Reinhard, Operação, 311, 380-87
   destruição dos campos (1943), 406
   experiências de gaseamento, 380
   problemas ambientais, 405
   secretismo, 380, 404
   Solução Final, 407
Renânia, evacuação francesa, 39
Renner, Karl, 32, 51
Renthe-Fink, Cecil von, 103
reparações, imposição de, 269
repovoamento, programa de, 78-99
   fornecimento alimentar, 273
   hiato (1940), 85-87
   lentidão, 87
   voluntários, 217
represálias, 8-9, 165
   legalidade, 69, 140, 495
   matança de camponeses, 170, 281
   matança de judeus, 170, 237, 377
   política, 170, 211, 242, 246, 349, 510
   quotas, 240, 358
   resistência e, 349, 477, 481, 489, 509
requisições, 83, 90, 152, 260, 270, 275, 278, 468
   corrupção, 330
   fracasso, 274
   ordem pública, 285, 288
   Wehrmacht, 261, 262, 279, 492, 527
resistência
   abordagem dos exércitos secretos, 467, 501

calendarização das insurreições, 501-502
caráter político, 510
controlo pós-libertação, 511-513
custos, 509
fragmentação, 511
geopolítica, 474, 475
invasão soviética e, 236, 239, 241
localismo e regionalismo, 511-14
publicações clandestinas, 470
represálias e, 349, 477, 489, 509
sabotagem, 475
tensões internas, 498
valor, 508-14
ver também guerra de guerrilha; *por país*
violência para fins políticos, 510
revoluções de 1848, 15-17, 41
Ribbentrop, Joachim von, 525
"Manifesto Europeu", 321
conspiração contra, 354
detenção, 529
e a confederação europeia, 354, 355
e a Doutrina Monroe alemã, 569
e a expedição à Síria, 289
e a Hungria, 394
e a Itália, 114, 395, 396
e a paz com Estaline, 354
e as deportações de judeus, 393
e as SS, 344
e uma pátria para os judeus em África, 118
encontro com Molotov (1940), 129
inaptidão para o cargo, 354, 357
Ministério dos Negócios Estrangeiros, 47, 222, 353
negociações com os soviéticos, 79
querela com Hitler, 320
Ribbentrop-Molotov, Pacto (1939), 64, 95
Richter, *Sturmbannführer* SS, 84
Richtofen, conde Manfred von, 521, 522
Riga
carrinhas de gaseamento, 380
censo realizado durante a guerra, 182

conquistas do Exército Vermelho (1918), 26
conquistas dos Corpos Francos (1919), 26
deportações de judeus para (1941-1942), 173
domínio alemão, 152, 153
escândalo (1953), 352
gueto, 368
massacres bolcheviques (1918), 79
Rivalland, M., 433
RKFDV *ver* Comissão do Reich para o Reforço do Germanismo
RNP *ver* França: Rassemblement National Populaire
Roatta, general Mario
e a insurreição, 348
e as deportações de judeus, 396, 397
implacabilidade, 346, 347
Robotti, general, 346
Rokossovski, marechal Konstantin, 534
Roma, 358, 493
Roménia,
alemães étnicos, 33, 351
aliada da Alemanha, 317, 318, 321, 325, 328
amnésia no pós-guerra, 6
antissemitismo, 328, 330, 331, 392
brutalidade, 328-29, 330-33
campos petrolíferos, 128-29, 131, 288, 289, 517
capitulação, 363
crescimento económico durante a guerra, 558
deportações de judeus, 366, 392-93, 399
deserção, 362, 399, 517
e a política antissemita, 328, 331-37, 388, 399
Estalinegrado, 352
expansão (século XIX), 180
ganhos, 328-29, 352
garantia alemã, 129, 130
garantia britânica, 63, 121
golpe pró-soviético (1944), 362
Guarda de Ferro, 129, 328, 331

Hitler e, 317, 321
importância económica dos judeus, 392
massacres de judeus, 331-37, 367, 405
missão alemã, 339
nacionais judeus, 399
negociações com os Aliados, 328-37
obliteração da vida provinciana judaica, 590
ocupação alemã (1918), 26
Pacto Anti-Comintern (1941), 321
política cigana, 331, 410
política das nacionalidades, 329-30
política de limpeza étnica, 331-37
represálias, 335
Solução Final, 390
território ucraniano, 453
territórios cedidos à Hungria e à Bulgária, 128
Tratado de Versalhes (1919), 5
Rommel, marechal de campo Erwin, 339
Ronikier, Adam, 442
Roosevelt, F. D.
 Carta do Atlântico (1941), 136, 318
 e a aliança com os soviéticos, 402
 e a Hungria, 400
 e o futuro da Europa, 547
 e Pétain, 417
 política de rendição incondicional, 402
 rearmamento, 570
 reeleição, 570
Roques, general Karl von, 151, 170
Rosenberg, Alfred
 capitulação quanto à Solução Final, 371
 como ministro para o Leste, 144, 228, 365-66
 demissão, 525
 detenção, 529
 e a Dinamarca, 197
 e a Ucrânia, 453
 e as transferências transfronteiriças, 381
 e o plano para um "contragoverno russo", 457
 e o recrutamento para o trabalho obrigatório, 299
 e os Estados bálticos, 152
 e os prisioneiros de guerra soviéticos, 162, 163
 Himmler e, 209, 210, 246, 371
 plano alternativo para a criação de um exército russo, 457
 plano para a administração do território soviético, 142-55
 plano para um congresso antissemita, 353, 354, 366
 plano para uma cruzada antibolchevique, 209
 poder, 148
 política antissemita, 173, 176, 365, 367, 371
 sobre Himmler, 162
 sobre o Império Britânico, 85
Roterdão, destruição de, 104, 123
Rousseau, Jean-Jacques, 19
RSHA ver Departamento Principal de Segurança do Reich
Rügen, campo de férias, 124
Rundstedt, Karl Rudolf von, 85, 786
Ruppin, Arthur, 588, 589, 590
Rur
 bombardeamentos aliados, 289
 força laboral russa, 304, 305
 produção de carvão e aço, 266, 296
Rússia
 colapso do regime imperial, 26
 e a Hungria (pré-1914), 7
 e a Prússia, 22
 pogroms czaristas, 175
 Zona de Residência (judeus), 177, 447
russos
 nas forças armadas alemãs, 450
 reinstalação, 206
Ruténia Branca, 152-153

sabotagem, 237, 471, 502
 agricultores, 275
 Bélgica, 472
 caminhos de ferro, 509
 Dinamarca, 362

Grécia, 478
guerrilheiros soviéticos, 161
insignificância económica, 509
Protetorado, 241
resistência e, 474
Sachsenhausen, campo de concentração 306
  força laboral, 314
  técnicas de gaseamento, 380
  unidades da OUN-B, 453
Sakowicz, Kazimierz, 446
Salaspils (Letónia), campo de trabalho, 309
Salazar, António de Oliveira, 125, 414
Salò, governo de Mussolini, 359, 362, 497
San Pracazio di Bucine, massacre (1944), 494
Sant'Anna di Stazzema, massacre (1944), 494
Sarraut, Maurice, 437
Sarre, expulsão dos judeus (1940), 118
Sauckel, Fritz, 311, 360
  controvérsia com Speer, 301, 302
  programa de trabalho obrigatório, 6, 261, 297-302, 303, 435
  recrutamento para a guerrilha e, 484, 485, 486
saudação hitleriana, 92
Saxónia, administração, 228, 231
Scavenius, Erik, 322
Schacht, Hjalmar, 219, 585
Schellenberg, major Walter, 525
  conversas com Masur, 402, 403
  e Ribbentrop, 355
  manual para a Gestapo, 111
Schenckendorff, general von, 167
Schlageter, Leo, 28
Schleswig-Holstein, 152
Schlotterer, Gustav, 266
Schmitt, Carl, 425
  conceito de *Grossraum*, 234, 571, 593
  conservadorismo, 242
  Doutrina Monroe alemã, 568-69, 572
Schörner, general Ferdinand, 518
Schubert, Helmut, 215, 216

Schulte, Eduard, 384
Schumann, Robert, 562
Schuschnigg, Kurt von, 47, 48, 49
Schutzmannschaft, 448
Schutzstaffel (SS)
  aniquilação dos judeus, 119, 173, 175, 374, 375, 376
  atrocidades checas (1945), 537
  Britisches Freikorps (BFK), 450
  brutalidade, 10, 252
  campos de trabalho, 306-10
  confiança de Hitler, 189
  conflito com Frank, 247-53
  departamento de povoamento racial, 227
  Departamento Económico e Administrativo Principal (WVHA), 307, 314
  Direção de Construção, 315
  Divisão *Charlemagne*, 438
  Divisão *Handschar*, 452
  Divisão *Wiking*, 507
  e a corrupção no Partido, 249
  e a política de germanização, 189
  e Bousquet, 434
  e o Exército do Interior, 489
  e o *Lebensraum*, 233
  e o Ministério do Interior, 231
  e o Partido Nazi, 231
  e o Plano Geral para o Leste, 204
  e o sistema jurídico alemão, 303
  e o Volksdeutsche Mittelstelle, 44
  esquadrões da morte, 174, 368
  exigência da morte de mulheres e crianças, 168
  expansão durante a guerra, 223, 224
  expropriação de terras checas, 184
  França, 426
  gestão de negócios, 311-14
  indústria do armamento, 311, 312
  invasão da Polónia, 65-66
  jurisdição penal sobre os trabalhadores estrangeiros, 303, 304
  liquidação dos "asiáticos", 163
  "modelo de Viena", 50
  no Ocidente, 246
  nostalgia romântica, 179

Operação *Cottbus*, 480
papel, 244
pilhagem, 312
poder na Polónia, 80
poderes no Reich, 372
policiamento de França, 240
policiamento do Leste, 11, 246
política antissemita, 172, 173
potencial económico do sistema de campos, 124, 261
Primeiro Plano de Curto Prazo (1939), 84
recrutamento local, 445-46, 449-53
sobre o programa de repovoamento, 199
tendências destrutivas, 311
tratamento dos eslavos, 10
tratamento dos prisioneiros, 308
ver também Waffen-SS
visão do nacional-socialismo, 223
Schwalbova, Margita, 390
SD *ver* Sicherheitsdienst
Segonzac, André de, 425
Segunda Guerra Mundial
brutalidade alemã, 139
colaboração, 6-7
como continuação de guerras anteriores, 5
como Idade de Ouro, 593
continuidade do Estado, 427
desvantagens logísticas, 139
efetivos aliados na Frente Ocidental, 315
expansão territorial, 325
Frente Leste, 136, 218, 236
  atividade da guerrilha, 509
  como guerra de desgaste, 293
  divisões ucranianas, 454
  Recrutas "alemães", 450
  tropas italianas, 338
ganhos alemães iniciais, 101
guerra em duas frentes, 132, 139
justiça mais severa, 252
meses finais, 304, 306
perdas militares, 4, 296, 315, 321
resultados da violência, 11

retirada da Finlândia, 354
taxa de natalidade, 286
Seichau (Silésia), 521, 522, 523
Seipel, Ignaz, 33
Seldte, Franz, 525
Sérvia
administração búlgara, 327
administração, 237, 270
campanha antiguerrilha, 348
campanha antissemita nacionalista, 238
chetniks, 345, 348, 349, 452, 476-78, 498, 511
direitos das minorias, 34
e os sérvios croatas, 201
execuções de judeus, 237-39
expansão (século XIX), 180
inflação, 270
insurreição (1941), 237
ocupação alemã, 132
represálias (1941), 8, 237, 246, 348, 477
transferências de judeus, 368
Service du Travail Obligatoire (STO), 301, 485
serviços de informações polacos, 474, 475
Seward, William, 2, 3
Seyss-Inquart, Arthur
como comissário para a Holanda, 49, 105, 263, 560
detenção, 528
e o *Anschluss*, 47-49, 104
Shinkolobwe (Congo), minas, 570
shtetls, pilhagem, 447
Sibéria, reinstalação de polacos, 96, 183
Sicherheitsdienst (SD)
análises do moral, 520
desdém pelo Partido Nazi, 232
gueto de Łódź, 232
projeto das "esferas da vida", 232
recrutamento nas universidades, 232
relatórios pessimistas, 251
reputação, 525
sobre o moral do público, 282
visão do nacional-socialismo, 223

ÍNDICE REMISSIVO | 729

Sicherheitspolizei (SiPo), 431
   e Deloncle, 419
   Grécia, 301
   Kiev, 152
   limpeza dos locais de matança, 406
   Naliboki, emboscada (1942), 481
   poder na Europa Ocidental, 471
   Polónia, 467
Siemens, 404
Sigmaringen, governo de Vichy em, 437, 461
Sikorski, Wladyslaw, 37
   federalismo, 554
   governo no exílio, 441
Silésia
   emigração alemã (1937-1938), 78
   fronteira oriental, 40
   indústria química, 315
   industrialização, 191
   nacionalidade, 217, 218
   ver também Alta Silésia
Simenon, Georges, 425
Singapura, invasão japonesa, 571, 582
sionismo, 587-92
SiPo/SD *ver* Sicherheitspolizei
Síria
   acordos de Versalhes, 33
   invasão aliada, 417
   mandato da Liga das Nações, 577
   negociações alemãs pelo petróleo, 288
Siro, ilha de, fome, 340
sistema de acordos de compensação, 269
sistema jurídico, 251-52, 261, 303
Smolensk
   conquista alemã (1941), 156
   guerrilheiros, 480
soberania
   abolição, 578
   deportações de judeus e, 396, 397-98
   idade nuclear, 587
   pós-guerra, 554, 557, 561
Sobibor, campo de concentração, 50, 283, 383
   como campo de extermínio, 381
   crematórios, 406
   número de mortos (1942), 380, 382
   revolta (1943), 312
Sociedade da Herança Ancestral Alemã, 179
SOL *ver* França: Service d'Ordre Légionnaire
Solução Final, 375-80
   "programas", 376
   administrações locais e, 445
   aquiescência do público, 447
   crise alimentar e, 283
   cumplicidade a título de lealdade, 400, 409
   destruição de provas, 404-407
   extensão, 389, 390
   força laboral e, 310
   fornecimento de prisioneiros, 308, 391
   fronteiras, 409
   movida pela ideologia nazi e por Hitler, 407
   rapidez, 252, 382
   resistência, 408
   secretismo, 380-81, 382, 405
   sensibilidade da questão, 409
   técnicas de gaseamento, 377-78, 379
Somalilândia, vitória italiana (1940), 337
South River (Nova Jérsia), 464
Soutine, Chaim, 422, 424
Speer, Albert, 123, 124, 203, 204, 524, 530
   ascensão, 313
   controvérsia com Sauckel, 301
   e a economia de guerra, 297
   e a ineficiência das SS, 309
   e o "Decreto Nero", 519
   e o trabalho obrigatório, 301
   e os planos para o Leste, 551
   eficiência, 313
   em Paris (1940), 422
   estratégia industrial, 289
   força laboral, 261, 315
   Ministério do Armamento, 201, 309
   sobre a gafe de Jodl, 565
   sobre a resistência francesa, 509
   sobre os suicídios, 520

Sperrle, marechal de campo Hugo, 502
Srbik, Heinrich Ritter von, 41
SS *ver* Schutzstaffel
SS-GB (Deighton), 111
St. Nazaire, instalações navais, 124
Stahlecker, Franz, 51, 172, 173
Stahlhelm, movimento paramilitar, 525
Stanislau, corrupção SS, 91
Stauffenberg, Claus von, 456
Stein, Walter, 258
Stephen, Fitzjames, 578
STO *ver* França: Service du Travail Obligatoire
Strang, *Sir* William, 556
Streccius, general, 472
Streit, Clarence, 553
Stresemann, Gustav, 38, 39, 40, 43
Struye, Paul, 470, 496
Stuckart, Wilhelm, 28, 247
   detenção, 529
   diplomacia cultural, 353
   e a Boémia-Morávia, 58, 60
   e a centralização, 226-33, 235, 238
   e a diferença nacional, 244
   e a homogeneidade étnica, 243
   e a incorporação da Áustria, 48, 56, 60
   e os planos de Rosenberg, 144
   no governo de Dönitz, 525
   planos para a França, 108
   sobre os desafios políticos (1940), 102
Stülpnagel, Otto von
   e a Wehrmacht, 419
   e as represálias, 240
   e as requisições, 270
   e as SS, 419
Stutthof, campo de concentração, 306
Suécia
   Cruz Vermelha, 402, 403, 404
   e a Polónia, 75
   minério de ferro, 569
   planos para, 204
   prisioneiros dinamarqueses e norugueses enviados para, 402
Suíça, 110, 196
suicídios, derrota e, 520
superpotências, anti-imperialistas, 586

Surabaya, movimento independentista de, 583
Suriname, bauxite, 570
Szálasi, Ferenc, 363
   antissemitismo, 362, 401
   e as deportações de judeus, 401
   retirada de Budapeste (1944), 401
Sztójay, László, 384, 394

tártaros na Wehrmacht,
Täubner, Max, 461
taxas de câmbio, utilização indevida, 268
taxas de natalidade, aumento durante a guerra, 260
Taylor, A. J. P., 180
Tchaikovsky, P. I., 137
Teoria dos Lugares Centrais, 590
Terboven, Josef, 103-104, 283
   e o racionamento, 276
   implacabilidade, 103
   suicídio, 103, 520
Terceiro Mundo, comunismo no, 585
Terceiro Reich
   acordo de policiamento com a França (1942), 430-32, 436
   administração, 54, 225-26, 236
   aliança com a Itália, 63, 64
   Alto Comando das Forças Armadas (OKW)
      e a existência da Polónia, 75
      e os custos da ocupação, 269
      e os prisioneiros de guerra, 158
      luta contra o bolchevismo, 171
   ambições imperiais, 1, 2, 3, 279, 573-76
   Anschluss, abordagem gradual, 46
   anti-habsburguismo, 30
   apoio ao separatismo regional, 428
   aumento do consumo, 258
   autoestradas, 125
   bilhetes de identidade para os alemães, 182
   bombardeamento aliado das infraestruturas de comunicações, 290
   brutalidade contra os civis, 511

campanha no Ocidente (1940), 101-14
campanha norte-africana, 115-19
camuflagem dos assassínios, 100, 404-407
cidadania, 7, 45, 98, 184-85, 188
colónias europeias, 569
colónias ultramarinas, xxxviii-xxxix
como árbitro da Europa, 3, 56, 126-28, 549, 569
como líder da Europa, 6, 270, 318-19, 320, 322-24, 350
conquista das cidades (1944), 519
Conselho de Defesa do Reich, 225
consumo de aço, 258
consumo de cereais, 129, 133, 246, 258, 273, 285, 286
controlo do serviço postal, 225
criação da homogeneidade nacional, 242-44
crimes de guerra, 384
debates internos, 10-11
declaração de guerra aos EUA, 372
declínio da população judaica, 82, 385-87
"Decreto dos Comissários", 140
definição oficial da nacionalidade, 7, 185
Departamento Jurídico e os judeus estrangeiros, 389
dependência dos recursos soviéticos, 129, 132-33, 135
desafio político (1940), 102
desconfiança das iniciativas políticas, 374
diplomacia cultural, 353, 424, 425-26
direito, base racial do, 53, 97, 98
direito, indiferença pelo, 5, 11, 44
"Doutrina Monroe" alemã, 568-59
e a guerra preventiva, 11
e a neutralidade francesa, 417-18
e a opinião pública, 370, 371, 389, 404
e as políticas do *Kaiser*, 29
e as populações minoritárias, 97-99
e o direito internacional, 44, 75, 351
e o nacionalismo, 580
e o plano para uma confederação europeia, 354-58
e os assuntos das minorias alemãs, 44
e os povos vencidos, 7-8
economia de guerra, 145, 258, 290, 297, 302
economia energética, 296
economia, arianização da, 122
emigração dos judeus, 50, 82, 366, 385
escalada do terror durante a guerra, 10
escassez alimentar, 145, 160, 161, 282, 285
escassez de capital, 272
escassez de habitação, 366, 375
escassez de mão de obra, 120, 164, 258, 382, 487
estratégias de exploração, 268
expansionismo, 54, 60, 587
experiências de gaseamento, 376-78
exportabilidade, 10
extremismo civil, 350
falta de matérias-primas, 257, 261, 569
falta de realismo político, 540
fomentação da guerra civil, 498
forças armadas, estrangeiros nas, 449
fornecimento alimentar, 257, 260, 272, 273-88, 285
fracasso da centralização, 226-29
fronteira oriental, 21, 24, 27, 71, 213, 574
fuga dos civis (1944), 521
gestão laboral, 316
Haupttreuhandstelle Ost, 229
humanitarismo como sinal de fraqueza, 214
importações, 258, 285, 288
impostos, 270
incapacidade de planear com antecedência, 48, 56, 69, 77, 79
indústria de armamento, 311
  força laboral, 297, 302, 313-14, 402, 404
invasão da União Soviética (1941), 550

invasão pelas tropas aliadas (1944), 519
liberalismo alemão e, 15
luta contra o bolchevismo, 99, 137, 140, 171, 318, 349, 442
marinha e a guerra no Mediterrâneo, 112
medidas de contrainsurreição, 479
Ministério da Agricultura e Alimentação, 279
Ministério da Economia, 266, 271, 272
Ministério da Justiça, 303
Ministério da Propaganda, 426, 452
Ministério do Armamento, 271, 309
Ministério do Interior, 230
  e a política de genocídio, 389
  e a aniquilação dos judeus, 374
  e o poder pessoal de Hitler, 229
  Himmler sobre, 253
  jurisdição sobre a cidadania alemã, 372
  política de centralização, 222, 225, 226, 227, 228
Ministério do Leste, 148-49, 209, 210, 280, 281, 457
  criação, 3, 225, 228, 229, 323, 365
  dissolução, 461
  e a aniquilação dos judeus, 371, 374
Ministério dos Negócios Estrangeiros
  conversações com Itália, 354
  "*entente* económica", 266
  e a aniquilação dos judeus, 374
  e os judeus estrangeiros, 389
  influência sobre Hitler, 356
  lutas internas, 222
  plano de paz (1942), 353
  rivalidades internas, 395
nacionalismo da Grande Alemanha, 5, 178
nacionalismo radical, 9
nostalgia romântica, 179
ocupação de Itália (1943), 359-60
Ordem *Barbarossa*, 140
"Orientações para a Conduta das Tropas na Rússia", 140

Pacto Anti-Comintern, renovação (1941), 321, 322-24
Pacto de Aço (1939), 337
Pacto Ribbentrop-Molotov (1939), 64, 95
Pacto Tripartido (1940), 129, 571, 572
patrocínio da ciência racial, 180
perda dos campos petrolíferos da Roménia, 517
plano de autossuficiência, 284
planos de construção e infraestruturas, 122-24
planos para o futuro, 562-63
planos para o território soviético, 138-55
política das nacionalidades, 108
política de aniquilação dos judeus, 174-75, 374, 375, 389, 400
política de assimilação, 181, 244, 342
política de deportação dos judeus, 51, 83, 86, 96, 180, 335, 410
política de germanização, 53, 83, 178, 181, 182
política de limpeza étnica, 84, 499-500, 588
política de nutrição, 272-73, 286
política de pilhagem, 258-60, 268-70
política de repovoamento colonial, 178, 182, 214
política de represálias, 8
política de terra queimada, 519
política económica, 260-61, 262-65, 268, 270, 289-90, 301-302
  europeia, 120-23
política externa, 2, 3, 18, 42, 43, 143, 243, 345
política financeira, 268-72
política industrial, 257-68
política para as pessoas com deficiências, 409
política racial, 179-82, 187
população alemã, 242
população eslava, 187
postura mais suave (1942), 354
preparativos para a guerra, 63

pretensões em África, 114
pretensões sobre os alemães étnicos, 351
produção de armamento, 313-14
produção de carvão, 289-90
produção industrial, 262
programa de repovoamento, 79-99, 206
racionamento, 270, 276, 282, 283
racismo biológico, 5, 78
rearmamento (anos 30), 260
receios de uma guerra em duas frentes, 132, 138
rendição, 526, 536
rendimento nacional, 314
reservas de combustível, 288-91, 517
saúde, 285-87
sentenças de morte, 252
sentido de urgência, 579
Serviço de Trabalho, 450
sistema judicial, 252, 261, 303-304
sistematização do extermínio em massa, 580
taxa de natalidade, 218-19, 286
territórios anexados
  exploração, 258, 272, 273
  população judaica, 82
  população polaca, 78, 79, 97
totalitarismo, 9-10
trabalhadores estrangeiros, 306
trabalhadores judeus, 313
transferências populacionais forçadas, 178
tribunais militares, 140
unificação europeia, 560
ver também germanização; Nova Ordem; Wehrmacht
vingança sobre, 532-37
violência extrema patológica, 9
Volkssturm, 518
zona comercial, 272
Terezin, campo de concentração, 535, 537
terra
  mística, 587
  significado perdido no pós-guerra, 586

Terra dos Sudetas
  anexação (1938), 53, 54-56, 225
  comissariado civil, 104
  corrupção na burocracia, 91
  declínio da população judaica, 385-87
  emigração alemã (1937-1938), 78
  germanização, 183-86
  minoria étnica alemã, 183, 184
  nacionalidade, 217, 218
  ver também Boémia-Morávia, Protetorado da
"Terra sem Povo", planos (1915), 77
territórios ocupados do Leste
  "extermínio pelo trabalho", 376
  "transferências", 282, 487
  administração, 144, 145, 149, 228, 229
  alemães étnicos, 34, 86, 190
  atitude face aos judeus, 448
  colonização "germânica", 552
  como modelo, 25
  como muralha fronteiriça, 204, 217, 218
  crise de refugiados no pós-guerra, 218
  deportações, 209, 210, 240, 373, 387, 393-94, 588
  escassez de mão de obra, 458
  eslavos, 293
  expulsão dos alemães (1945), 213, 219, 531
  fome, 260
  germanização da terra, 381
  germanização, 179, 192, 202-208, 215, 233, 381
  guerra de guerrilha, 309, 509
  importância, 3, 4, 5, 27, 29, 55, 574
  industrialização, 267
  libertação soviética, 517
  limpeza étnica, 499-500, 588
  massacres de judeus, 366, 367-71, 375, 377, 385, 408
  Ministério, criação, 225, 228, 229, 323, 365
  monopólio estatal da terra, 207
  movimentos nacionalistas, 580
  número de mortos (1944-1945), 520

Operação *Bamberg*, 479
pagamento dos custos da ocupação, 269
pilhagem de bens judaicos, 90
pilhagem, 260, 263
planos de repovoamento, 550
planos nazis para, 53, 77, 102, 116, 155, 354, 461, 551
policiamento, 11, 132, 142, 445-49
política de genocídio, 389
política de seleção da população rural, 487
população polaca, 19, 96
povos não germanizáveis, 205
produção alimentar, 273, 360
produção de cereais, 283-84
recrutamento para as SS, 451
recrutamento para o trabalho obrigatório, 297, 302, 375
trabalho obrigatório, 297-99
ver respetivos países
Tessalónica, deportações de judeus, 397
Texcier, Jean, 469
Theresienstadt, 210
  gueto pata judeus idosos, 375, 385
Thierack, Otto
  acordo com Himmler, 303, 308
  demissão, 525
  e a força laboral prisional, 315
  política cigana, 410
Times, The, 568, 578
Tirol do Sul, acordos de Versalhes, 33
Tiso, Joseph, 362, 363
  antissemitismo, 389
  carreira, 61
  colaboração, 62, 510
  como líder, 342, 343
  e a independência da Eslováquia, 58, 61, 121
Tito, marechal
  federalismo, 557
  libertação de Belgrado, 533
  plano de guerra dos *partisans*, 476, 477, 478
  tomada de controlo pelos *partisans*, 511

Todt, Fritz, 124
Togliatti, Palmiro, 512
Tomislav III, rei da Croácia, 343
totalitarismo, 9
trabalhadores estrangeiros *ver* força laboral
trabalhadores *ver* força laboral
trabalho escravo, 252, 298, 306, 307, 390
  SS como fornecedoras, 261
  ver também trabalho obrigatório
trabalho obrigatório, 11, 96, 270, 480
  Eslováquia, 390
  Europa Ocidental, 300-301
  Hungria, 401, 402
  resistência e, 299, 360, 485, 486, 487
  SS como fornecedoras, 261
  territórios ocupados do Leste, 297-300, 376
Transilvânia
  fuga dos romenos (1940), 329
  ocupação húngara, 128, 328, 329
  Roménia e, 352, 393
trânsito, campos de, 309, 381
Transnístria
  abastecimento alimentar, 331
  administração romena, 328-32
  como compensação, 352
  como lixeira étnica, 331-32, 335
  declínio populacional, 329
  reinstalação dos judeus, 337
Treblinka, campo de concentração, 50, 95, 283, 328
  como campo de extermínio, 381
  crematórios, 405
  número de mortos (1942), 380
  problemas ambientais, 410
  revolta (1943), 314
Três Grandes, 136
  Conselho de Ministros dos Negócios Estrangeiros, 530
  Declaração de Ialta, 545
  estabelecimento da aliança, 538
Tribunal Europeu, 561
Trier, destruição de, 529
Trieste, 492, 312, 387, 399

trigo, 273, 279, 280, 352
Trondheim, instalações navais, 124
Truman, presidente Harry S., 530
Turner, Harold, 237-39, 244, 245
Turquia
  neutralidade, 361
  troca de população com a Grécia (1923), 183

Ucrânia
  administração alemã, 151-152, 153
  administração, 226
  alemães étnicos, 209
  "bastiões", 207
  brutalidade húngara, 325-26
  camponeses, 500-501
  declínio populacional, 287
  depósitos de manganésio, 569
  destruição da vida do *shtetl*, 590
  Exército Insurreto (UPA), 499, 500
  garantias de independência, 581
  germanização, 214
  guerra civil, 8
  guerrilheiros, 483
  instalações móveis de gaseamento, 175
  massacres de judeus, 172, 175, 176, 251
  mortes civis (1941), 167
  ocupação alemã (1918), 26
  ocupação alemã (1941), 155
  ocupação romena, 329-32
  OUN-B, 453, 499
  perdas alemãs, 239
  pilhagem alemã, 151, 262
  pilhagem de cadáveres, 447
  plano para um exército nacional, 461
  planos alemães para, 132, 133, 145, 146, 147
  polícia auxiliar, 449
  população não alemã, 206
  produção de cereais, 280
  QG de Himmler, 144
  recrutamento para as SS, 453-55
  recrutamento para o trabalho obrigatório, 300
  recursos, 29, 135-36, 145, 154

Região Militar Sul, 151
  relato de Rosenberg, 154
  represálias, 170
  retirada alemã, 214
Ucrânia Ocidental, guerra contra os polacos, 499-500
ucranianos
  desaparecimento, 188
  tratamento pelos soviéticos, 98
Uiberreither, Siegfried, 200
Ulitz, Dr., 39
união aduaneira, 272
União dos Escritores Europeus, 426
União dos Grupos Nacionais Alemães, 34
União Europeia como sonho nazi, 547-48
União Federalista Europeia, 561
União Soviética (URSS)
  administração alemã, 147
  agricultura, 279, 280, 281
  alemães étnicos, 190
  aliança com a Grã-Bretanha, 135
  anexação de territórios, 97
  anti-imperialismo, 585
  campos petrolíferos, 258, 288, 316
  cidadania, 98
  coerção dos trabalhadores, 297, 298
  Comintern e os *partisans* jugoslavos, 476
  como árbitro da Europa, 541, 559
  como pátria para os judeus, 143
  conquistas alemãs (1918), 26
  conquistas alemãs (1941), 1, 5, 321
  contraterrorismo alemão, 479
  contratos de fornecimento, 129, 132
  crimes de guerra, 96, 99
  decréscimo da população laboral, 316
  e a Lituânia, 70
  e o esquema para a união europeia (1945), 559
  e o governo de Dönitz, 527, 530
  e os Estados balcânicos, 129
  economia, 315
  equilíbrio de poder, 593

escassez alimentar (1941-1942), 161, 285
escassez de mão de obra, 316
Estado-Maior Central do Movimento de Guerrilha, 482
excedentes de cereais, 280
Exército Russo de Libertação, planos alemães para, 458, 459, 462
extensão territorial, 559
federalismo, oposição ao, 556, 557, 559, 560
fome, 279-82, 286
fracasso da política agrícola alemã, 260
fronteira como "reserva judaica", 82
gendarmaria alemã, 175
"guerra de aniquilação" nazi, 137, 138, 139
guerra de guerrilha, 164-70, 241, 284, 456, 479-84
guerrilheiros, 479-84, 510
  controlo pós-libertação, 511
Guerra de inverno (1939-1940), 126, 132, 138
industrialização, 279
Insurreição de Varsóvia, 507
invasão alemã (1941), 28, 99, 131-37, 321, 550
  desvantagens, 135-36
  devastação provocada, 558
  guerra de guerrilha, 418, 430
  massacres de judeus, 367, 408
  movimentos de resistência, 236-37, 238, 241, 418, 430, 471-72
  perdas alemãs, 137, 238
  secretismo, 319
Katyn, massacre (1941), 95, 99, 421, 442
Lend-Lease, 316, 534
libertação do território (1944), 484
massacres de judeus, 51, 168-76
matérias-primas, 29, 135, 279
minorias, 97-99
mortes civis, 4
ocupação da Polónia, 95, 155, 169
ocupação dos Estados bálticos, 70, 95, 155

Pacto Ribbentrop-Molotov (1939), 64, 95
perdas, 316
plano para um "contragoverno", 457
plano para uma reserva de mão de obra judaica, 336
planos alemães para, 142-55
planos nazis para, 138-55
planos para o pós-guerra, 557, 558
policiamento do mercado negro, 277
política externa, 129
população judaica, 174
produção de armamento, 316
programa de repovoamento, 80
qualidade de vida, 316
quintas coletivas, 271
quotas de cereais, 133
rapidez da mobilização, 316
rearmamento, 314-15
recrutamento de muçulmanos, 459
recuperação no armamento, 581
relações com a Grã-Bretanha, 476
represálias, 166
resistência continuada, 136, 314, 319, 321
revivalismo do bolchevismo, 580
Roménia e, 6
sabotagem, 161, 484
táticas de terra queimada, 139, 155, 160, 166, 279, 347, 502, 513, 519
taxas de mortalidade, 279, 280, 281
transferência da indústria e da força laboral, 322
Tratado de Brest-Litovsk (1918), 26
troca de populações com a Polónia, 500, 537, 541
trocas de população com a Ucrânia (1944), 500
utilização do direito, 98
ver também bolcheviques; Exército Vermelho
Union Minère de Katanga, 570
Union Now (Streit), 553
URSS *ver* União Soviética
Ústí nad Labem (Aussig), explosão (1945), 539

ÍNDICE REMISSIVO

V-2, produção, força laboral, 315
valas comuns, remoção, 406
Valdmanis, Alfred, 452
Valéry, Paul, 422
Vallat, Xavier, 409, 429
valões, 200, 318, 450, 451
Varsóvia
  ameaça de greve (1941), 473
  aviso às mulheres, 469
  "blocos", 300
  destruição, 123, 507-508, 511
  expulsão de polacos, 93-95
  grafitos da guerrilha, 470
  gueto, 94-95, 272, 387, 442
  insurreição (1944), 4, 459-60, 488-89, 504
  número de mortos provocados pelas SS, 506
  ocupação alemã (1915), 23
  Palmiry, local de execuções, 89
Varzin (Warcino), propriedade de Bismarck, xxxiii, xxxv-xxxviii
Varzin, xxxiv-xxxvi
Vaticano *ver* Igreja Católica
VDA *ver* Verein für das Deutschtum in Ausland
Veesenmayer, Edmund, 342
Veneza, império marítimo, 352
Vercors, desastre do Maquis, 503
Verdun, Batakha de (1916), 516
Verein für das Deutschtum in Ausland (VDA), 40, 44
Vernant, Jacques, 591
Versalhes, Tratado de (1919)
  Áustria pós-tratado, 30, 33, 35
  criação de Estados-nações, 132, 213, 552, 577
  e a política económica, 122
  ganhos da Polónia, 5
  ganhos da Roménia, 5
  substituição do povoamento (anos 30), 45, 46
Verschuer, Otto von, 181
vestuário e dissidência, 470
Vichy, regime de, 108-109
  abolição dos sindicatos, 416
  acordo de policiamento (1942), 430-32, 436
  como potência colonial, 116, 570
  conservadorismo, 424
  continuidade, 411-12, 427
  controlo do processo judicial, 430
  cooperação industrial, 300, 301
  e a Grã-Bretanha, 417
  e as deportações de judeus, 408-409
  e Marselha, 432
  e os nacionais judeus, 392, 431
  e os refratários, 484-85
  escassez alimentar, 278
  funcionalismo público, 412, 426-35, 438, 439
  impopularidade, 485
  neutralidade, 416, 417
  operação de espionagem alemã, 418
  oposição a, 496
  perda de apoio (1941-1942), 418
  polícia, 237, 430-35, 436-39, 472
  política de colaboração, 284, 285, 301, 302, 354, 411, 412, 438, 550
    artes e, 420-24
    como equilibrismo, 413-14, 418
    estabilidade e, 414
    opinião pública e, 412-13, 414, 418
  política de emigração maciça dos estrangeiros, 119
  preservação da soberania, 413, 431, 439
  presidentes de câmara, 427
  racionamento, 275
  serviço de contraespionagem, 418
  serviços de segurança, 429
  Sigmaringen, 437, 461
  trabalho obrigatório, 300, 3001, 435
Vida é Bela, A (filme), 346
Viena
  deportações de judeus, 367
  enfraquecimento do poder (1938), 49
  pogrom (1938), 49-50
Viet Minh, declaração de independência, 583
Vietname, Guerra do, 587
Vilna, gueto de, resistência, 500

Vilnius, 156, 387, 446, 499, 504
Vitebsk, cerco de (1944), 515
Vlaminck, Maurice de, 425
Vlasov, Andrey, 441, 457-63
Vlissingen, Fentener van, 266
Volínia
　avanço do Exército Vermelho, 504
　controlo ucraniano, 500-501
　guerrilheiros soviéticos, 500
　nacionalidade, 218
　reinstalação dos alemães, 81
Volga, alemães do, deportação, 367
Volksdeutsche Mittelstelle, 44
Volkssturm, 362
Volkswagen, força laboral, 314, 315
VoMi, agência de repovoamento, 213

Wächter, Otto, 453
Waffen-SS
　armamento, 401
　brutalidade, 450, 491
　Divisão *Charlemagne*, 438, 450
　Divisão *Galizien*, 453, 454
　Divisão *Prinz Eugen*, 451
　e o Exército Russo de Libertação, 462
　expansão, 351
　prisioneiros de guerra britânicos nas, 450
　recrutamento de alemães, 450, 451
　recrutas alemães étnicos, 351, 361, 363
　recrutas estrangeiros, 197, 438, 449-51, 459
Wagner, Eduard, 67,
Wagner, Robert, 197-99
Wall Street, queda da bolsa, 43
Wannsee, Conferência de, 206, 230, 374, 389
Warthegau, província
　campanha contra a Igreja, 88, 92
　DVL, 192-95, 217
　estrela amarela, 367
　expulsão dos proprietários de terras, 189
　germanização de crianças, 213
　germanização, 80, 84, 189
　guetos, 86
　Himmler e, 246
　leis matrimoniais, 213
　nacionalidade, 218
　orfanatos, 213
　Partido Nazi, 92
　política de assimilação, 193
　políticas repressivas, 92-93, 213
　produtividade, 87
　repressão dos polacos, 84, 213
　ritmo do repovoamento, 210
　Solução Final, 375, 376-78
　tipos populacionais, 194
　triagem racial, 181
Weber, Alfred, 594
Weber, Max, 21, 22, 233
Wehrmacht
　bases nas Canárias, 113, 114
　brutalidade, 10, 138, 349-50, 468, 493-94, 511
　campanhas antiguerrilha, 171, 347-50, 479-80, 481, 489-91
　capacidade de combate, 316
　combate urbano, 506
　como força de ocupação, 24-26
　conquistas (1941), 147
　conquistas do Exército Vermelho (1941), 1, 5-6
　controlo de Itália, 491-94
　cooperação com as SS, 171
　desaprovação da brutalidade romena, 333
　desejo de regresso a casa, 12
　e a França, 237, 239
　e a resistência, 509
　e as batidas para o trabalho obrigatório, 300, 301
　e as manufaturas polacas, 312
　e o mercado negro, 277-78
　e os albaneses do Kosovo, 348
　e os guerrilheiros soviéticos, 165-67
　e os judeus deportados, 367
　e os massacres de judeus, 168-76, 368, 369
　e os prisioneiros de guerra, 157-64
　e os ucranianos, 151-52
　e os *ustaše*, 345

ÍNDICE REMISSIVO | 739

e Vlasov, 457
força, 137, 505
fornecimento alimentar, 161, 281
Frente Leste, 136, 137-38, 296
Grupo de Exércitos do Centro, 460, 484
Grupo de Exércitos do Norte, 483
imagem dos soldados soviéticos, 157
insultos aos alemães dos Sudetas, 182
invasão da Polónia, 65-70, 72
invasão da União Soviética (1941), 155-57
judeus vistos como guerrilheiros, 138, 167-69, 483
objetivos (1941), 25
ocupação da Hungria (1944), 400-401
perdas (1944), 515-16, 517
plano de retirada (1944), 516
poder de compra dos soldados, 260
política de terra queimada, 511, 519
política económica, 263, 267, 271
punição dos desertores, 518
purga (1944), 517
recrutamento, 450
recrutas estrangeiros, 351, 455-56
requisição de mão de obra judaica, 402
requisições, 262, 263, 279
retirada, 268
sobreextensão, 138, 142, 349, 511
subjugação pelo Exército Vermelho (1944), 517-18
sucessos (1944), 517
Sul da Europa, 489-95
tratamento dos eslavos, 10
Wehrmacht, corpo de calmucos, 456
Weimar, República de
  adesão à Liga das Nações, 38
  apoio eleitoral aos nazis, 43
  como protetora das minorias, 38, 40
  crise terminal, 46
  e a fronteira com a Polónia, 37-38
  e a Polónia, 36
  e as minorias étnicas alemãs, 33

fundação, 17
  Partido do Centro, 41
  resolução a favor do *Anschluss*, 36
Weimar, plano para conferência de nacionalistas ucranianos em, 461
Weiss, família, fuga, 401
Weizsäcker, Ernst von, 120
Welles, Sumner, 554, 569
Wetzel, Erhard, 206, 207, 379
Wilhelm Gustloff, afundamento (1945), 534
Wilson, presidente Woodrow, 461, 567
Winkelman, general Henri, 471
Wirth, Christian, 382
Wisła, Operação (*Akcja Wisła*) (1947), 541
Wisliceny, Dieter, 388
Witos, Wincenty, 442
Witzleben, marechal de campo Erwin von, 472
Włocławek, expulsão dos polacos, 93
Wrasnytschi, 298
WVHA *ver* SS: Departamento Económico e Administrativo Principal

Young, Plano, 39

Zagreb, 342
Zaleski, August, 39
Zamość, projeto de povoamento, 210, 248, 309, 449
  fracasso, 214, 217, 488
  planos nazis para, 210, 551
Zamość, projeto piloto de, 210, 214, 217, 449
Zhukov, marechal G. K., 164
Złoczew, incêndio (1939), 67
Zuckmayer, Carl, 49
Zweig, Stefan, 111
ZWZ *ver* Polónia: União para a Luta Armada
Zylberberg, Michael, 448